USA Westen

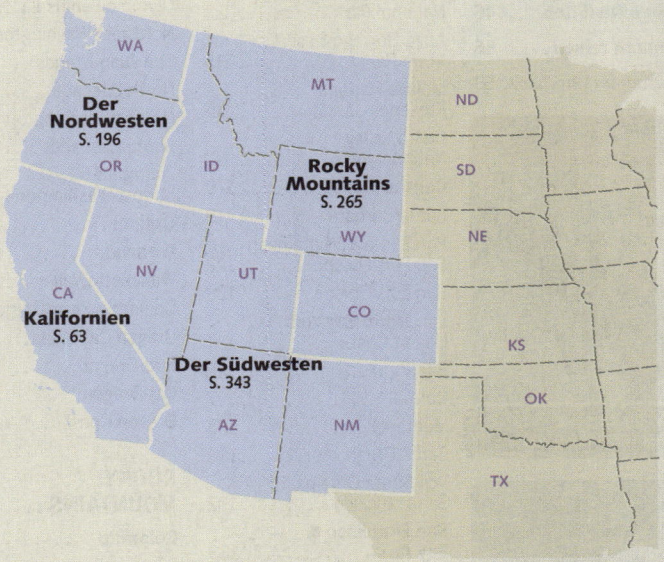

Der Nordwesten
S. 196

Rocky Mountains
S. 265

Kalifornien
S. 63

Der Südwesten
S. 343

WA

MT

ND

OR

ID

SD

WY

NE

NV

UT

CA

CO

KS

OK

AZ

NM

TX

Amy C. Balfour,

Sandra Bao, Michael Benanav, Greg Benchwick, Sara Benson,

Alison Bing, Celeste Brash, Lisa Dunford, Carolyn McCarthy,

Christopher Pitts, Brendan Sainsbury

REISEPLANUNG

Willkommen im Westen
der USA 4

Karte 6

Der Westen der USA –
Top 25 8

Gut zu wissen 20

Wie wär's mit … 22

Monat für Monat 26

Reiserouten 31

Route 66 &
Panoramastraßen 36

Outdoor-Aktivitäten 46

Mit Kindern reisen 56

Der Westen im Überblick . 59

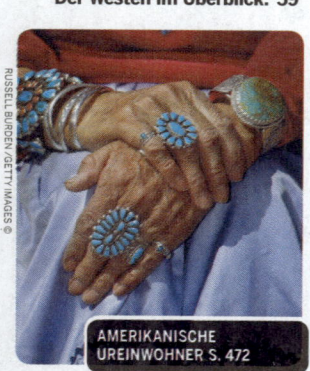

RUSSELL BURDEN /GETTY IMAGES ©

AMERIKANISCHE
UREINWOHNER S. 472

ERIC LO /GETTY IMAGES ©

LAS VEGAS S. 348

REISEZIELE IM WESTEN DER USA

KALIFORNIEN 63

Los Angeles 69

**Kalifornische
Südküste 95**

Disneyland & Anaheim . . . 95

Strände des Orange
County 98

San Diego 99

Rund um San Diego 110

**Palm Springs &
Wüsten 110**

Palm Springs 110

Joshua Tree
National Park 113

Anza-Borrego Desert
State Park 115

Mojave National
Preserve 116

Death Valley
National Park 117

Central Coast 119

Santa Barbara 119

Von Santa Barbara nach
San Luis Obispo 122

San Luis Obispo 123

Von Morro Bay zum
Hearst Castle 124

Big Sur 125

Carmel 127

Monterey 128

Santa Cruz 130

Von Santa Cruz nach
San Francisco 132

**San Francisco &
Bay Area 133**

San Francisco 133

Marin County 163

Berkeley 165

Nord-Kalifornien 166

Wine Country 167

Nordküste 172

Sacramento 177

Gold Country 179

Northern Mountains 182

Sierra Nevada 184

Yosemite National Park . . 184

Sequoia & Kings Canyon
National Parks 188

Eastern Sierra 191

Lake Tahoe 193

**DER NORD-
WESTEN 196**

Washington 202

Seattle 202

Rund um Seattle 217

Olympic Peninsula 218

Nordwest-Washington . . . 222

San Juan Islands 223

North Cascades 226

Nordost-Washington 228

South Cascades 229

Zentral- &
Südost-Washington 231

Oregon 232

Portland 233

Willamette Valley 245

Columbia River Gorge . . . 248

Oregon Cascades 249

Süd-Oregon 254

Ost-Oregon 257

Oregon Coast 259

**ROCKY
MOUNTAINS 265**

Colorado 271

Denver 272

Boulder 280

Northern Mountains 284

Zentrales Colorado 289

Südliches Colorado 301

Wyoming 311

Cheyenne 311

Laramie 312

Lander 313

Maek

Inhalt

Cody 314
Yellowstone
National Park 314
Grand Teton
National Park 321
Jackson 323
Montana **326**
Bozeman 326
Gallatin Valley &
Paradise Valley 328
Absaroka Beartooth
Wilderness 329
Billings 329
Helena 329
Missoula 330
Flathead Lake 332
Bob Marshall Wilderness
Complex 333
Whitefish 333
Glacier National Park . . . 334
Idaho **336**
Boise 336
Ketchum & Sun Valley . . . 338
Stanley 340
Idaho Panhandle 342

DER SÜDWESTEN . . 343
Nevada **345**
Las Vegas 348
Rund um Las Vegas 362
West-Nevada 363
Great Basin, Nevada 367
Arizona **369**
Phoenix 370
Flagstaff 380
Zentral-Arizona 382
Grand Canyon
National Park 386
Rund um den
Grand Canyon 393
Nordost-Arizona 394
West-Arizona 397
Tucson 397

Rund um Tucson 401
Südost-Arizona 403
Utah **404**
Salt Lake City 405
Park City & Wasatch
Mountains 411
Nordost-Utah 415
Moab & Südost-Utah . . . 416
Zion & Südwest-Utah . . . 421
New Mexico **427**
Albuquerque 427
An der I-40 433
Santa Fe 434
Rund um Santa Fe 441
Taos 443
Nordwestliches
New Mexico 446
Nordöstliches
New Mexico 447
Südwestliches
New Mexico 448
Südöstliches
New Mexico 451

USA WESTEN VERSTEHEN
**Der Westen der USA
aktuell** **456**
Geschichte **458**
Land & Leute **468**
**Amerikanische
Ureinwohner** **472**
**Die Küche des
Westens** **477**
Kunst & Architektur . . . **483**
Natur & Umwelt **490**

PRAKTISCHE INFORMATIONEN
**Allgemeine
Informationen** **500**
**Verkehrsmittel &
-wege** **513**
Register **532**
Kartenlegende **541**

SONDERSEITEN

**Route 66 &
Panoramastraßen** **36**
**Outdoor-
Aktivitäten** **46**
**Alcatraz
in 3D** **146**
**Geologie des Grand
Canyon** **494**

Tuod

Willkommen im Westen der USA

*Landschaften und Legenden locken
Abenteurer in den Westen der USA, wo
zu einem schönen Tag auch gutes Essen,
Weinproben in den Weingütern und eine
Prise Wild-West-Romantik gehören.*

Großartige Outdoorabenteuer

Die Landschaften im Westen sind an sich
schon inspirierend, doch der Ruf des Aben-
teuers macht sie noch verlockender. Surfer
tummeln sich an der Westküste, die sich von
den sonnigen Ufern San Diegos nordwärts
bis nach Zentralkalifornien und weiter
zu den felsigen Stränden von Oregon und
Washington erstreckt. Rote Felsen, tiefe
Schluchten und von Kakteen übersäte Wüsten locken Wanderer und Motorradfahrer
in den Südwesten. Seine Hauptattraktion
ist der 445 km lange Grand Canyon. In den
Rockies hingegen kann man wundervoll Ski
und Mountainbike fahren oder Eisklettern.

Lokales Essen & Wein

Berühmte Köstlichkeiten sind Fischtacos in
San Diego, Sonoran Dogs in Tucson, Steak
in den Rockies, Green Chili Sauce in New
Mexico und Wildlachs im Nordwesten. Die
regionalen Spezialitäten sind vielfältig,
haben jedoch eines gemeinsam: frische und
lokale Zutaten – ein Trend, der im Westen
der USA entstand. Dieses Ökobewusstsein
wurde auch von den Weinproduzenten
übernommen, die zunehmend entsprechende Anbauprinzipien anwenden. Und
Napa und Sonoma sind inzwischen ebenso
berühmt für ihre Weine wie Washington,
Oregon, Zentralkalifornien und Arizona.

Urbane Oasen

Die Städte im Westen haben alle ihren
ganz eigenen Charme. In Kalifornien sind
es die glitzernden Lichter von L.A., die
ungezwungene Freundlichkeit von San
Diego und die lebenskünstlerische Coolness
von San Francisco. In Seattle treffen heiße
Trends auf Bodenständigkeit, in Denver
begegnen sich kosmopolitischer Chic und
Western-Charme, und herausgeputzte
Innenhöfe und Wellness-Oasen verleihen
Phoenix ein fesselndes Flair. Und dann
gibt's da noch Las Vegas, die in Neonfarben
glitzernde Spielwelt, wo man heiraten, die
Flitterwochen in Paris verbringen und sein
Haus verwetten kann – und all das an nur
einem einzigen Wochenende.

Geschichte zum Anfassen

Museen? Die kann man sich auch für später
aufheben. Zuerst sollte man auf Holzleitern
zu Klippenhäusern klettern, die Ruinen eines Pony-Express-Bahnhofs erkunden oder
einfach einen Gottesdienst in einer spanischen Mission aus dem 18. Jh. besuchen.
Und was gibt's hier sonst noch zu erleben
und zu entdecken? Beispielsweise antike
Felsmalereien, verlassene Bergbaustädte,
ein ehemaliges Titan-Raketensilo, Wanderungen zu historischen Stätten und die
interessante Geschichte der Region.

Warum ich den amerikanischen Westen so liebe

Von Amy C. Balfour, Autorin

Nachdem ich in den 1990er-Jahren mein Examen in Virginia abgelegt hatte, fuhr ich in den Westen, um einen klaren Kopf zu bekommen und ein wenig Spaß zu haben. Meinen ersten Blick (seit einem Besuch als Kleinkind) warf ich nach einer wilden Fahrt zum Mather Point auf den Grand Canyon. Seitdem bin ich ganz verrückt nach dieser Region. Also lebte ich sieben Jahre in Los Angeles und nutzte die Stadt als Basislager für die Erkundung der westlichen Strände, Wüsten, Berge und einiger wundervoller Nationalparks und, nicht zu vergessen, auch vieler toller Restaurants. Der Westen ist einfach wundervoll – und eine lange Reise wert.

Mehr Infos zu unseren Autoren gibt's auf S. 542.

Oben: Grand Canyon National Park (S. 386)

Der Westen der USA

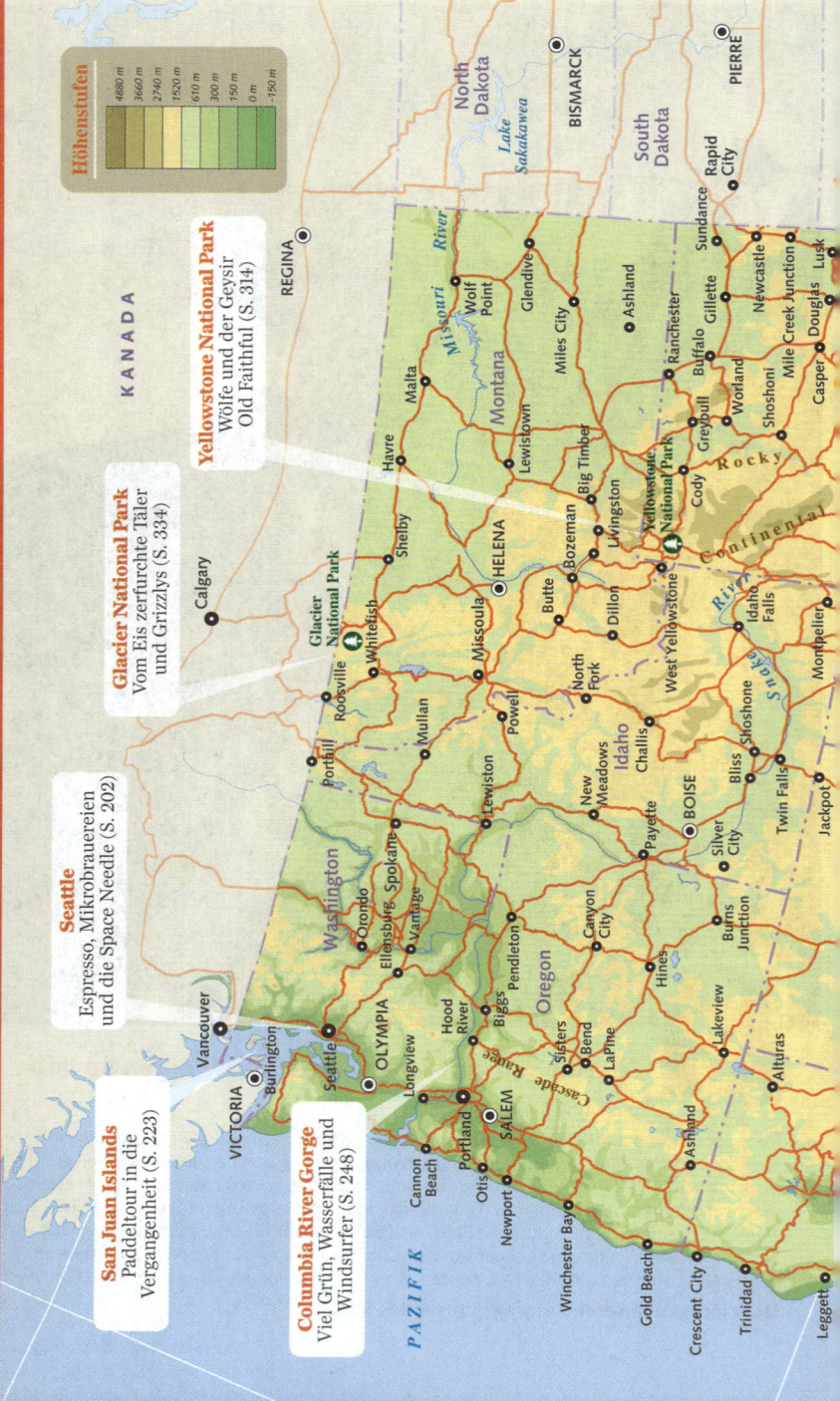

Höhenstufen

4880 m · 3660 m · 2740 m · 1520 m · 610 m · 300 m · 150 m · 0 m · -150 m

500 km
300 Meilen

Seattle
Espresso, Mikrobrauereien und die Space Needle (S. 202)

San Juan Islands
Paddeltour in die Vergangenheit (S. 223)

Glacier National Park
Vom Eis zerfurchte Täler und Grizzlys (S. 334)

Yellowstone National Park
Wölfe und der Geysir Old Faithful (S. 314)

Columbia River Gorge
Viel Grün, Wasserfälle und Windsurfer (S. 248)

KANADA

North Dakota

South Dakota

Montana

Washington

Oregon

Idaho

Rocky

PAZIFIK

Lake Sakakawea

Missouri River

Snake River

Cascade Range

Continental

BISMARCK · PIERRE · REGINA · HELENA · OLYMPIA · SALEM · BOISE

Rapid City · Sundance · Newcastle · Mile Creek Junction · Lusk · Douglas · Casper · Gillette · Buffalo · Worland · Shoshoni · Greybull · Cody · Ranchester · Ashland · Glendive · Wolf Point · Miles City · Malta · Havre · Shelby · Whitefish · Calgary · Lewistown · Big Timber · Bozeman · Livingston · Yellowstone National Park · West Yellowstone · Butte · Dillon · Idaho Falls · Montpelier · Jackpot · Twin Falls · Shoshone · Bliss · Silver City · Challis · New Meadows · Payette · Powell · North Fork · Lewiston · Mullan · Porthill · Roosville · Vancouver · Victoria · Burlington · Seattle · Longview · Cannon Beach · Otis · Newport · Winchester Bay · Gold Beach · Crescent City · Trinidad · Leggett · Portland · Hood River · Biggs · Pendleton · Vantage · Ellensburg · Spokane · Orondo · Sisters · Bend · LaPine · Hines · Canyon City · Burns Junction · Lakeview · Ashland · Alturas · Wolf Point · Glacier National Park

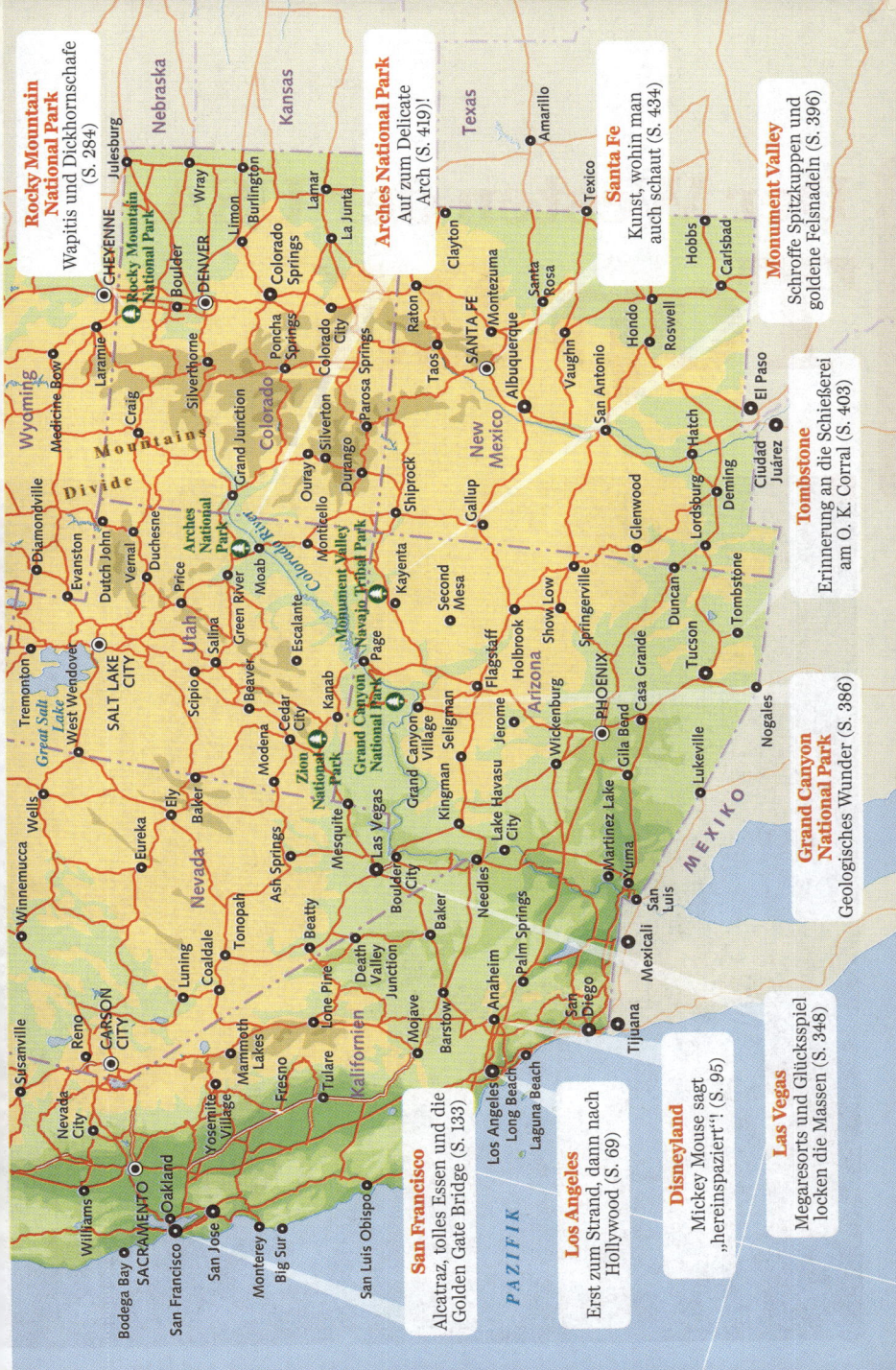

Rocky Mountain National Park (S. 284)
Wapitis und Dickhornschafe

Arches National Park
Auf zum Delicate Arch (S. 419)!

Santa Fe
Kunst, wohin man auch schaut (S. 434)

Monument Valley
Schroffe Spitzkuppen und goldene Felsnadeln (S. 396)

Tombstone
Erinnerung an die Schießerei am O. K. Corral (S. 403)

Grand Canyon National Park
Geologisches Wunder (S. 386)

San Francisco
Alcatraz, tolles Essen und die Golden Gate Bridge (S. 133)

Los Angeles
Erst zum Strand, dann nach Hollywood (S. 69)

Disneyland
Mickey Mouse sagt „hereinspaziert"! (S. 95)

Las Vegas
Megaresorts und Glücksspiel locken die Massen (S. 348)

Der Westen der USA
Top 25

Yellowstone National Park

1 Was macht Yellowstone (S. 314) zum Nationalpark aller Nationalparks? Natürlich seine geologischen Wunder – von Geysiren und Thermalquellen bis hin zu Fumarolen und Schlammtöpfen! Zudem liegt hier der Mt. Washburn, der einen atemberaubenden Ausblick bietet. Dazu ein gewaltiger Wasserfall, ein historischer Gasthof sowie jede Menge Bisons, Wapitis und Bären – und das Naturparadies ist perfekt. Nicht zu vergessen sind die Wölfe, die hier 1996 wiederangesiedelt wurden; inzwischen gibt es etwa 80 Exemplare im Park. Und schließlich ist da noch der Old Faithful – ein fontänensprühender Geysir.
Unten links: Yellowstone National Park

San Francisco

2 Das in Nebel getauchte und vom Klappern der alten Cable Cars erfüllte San Francisco (S. 133) lädt mit großartigen Indie-Läden, erstklassigen Restaurants und unkonventionellen Bars zu ausgedehnten Streifzügen durch seine Viertel ein. Highlights sind beispielsweise der Blick in die Zellen von Alcatraz, ein Bummel über die Golden Gate Bridge und ein Abendessen im Ferry Building. Man sollte natürlich mindestens einmal mit der Cable Car fahren. Und man hat hier einfach einen unschlagbaren Blick aufs Wasser! Unten: Powell Cable Car mit Alcatraz in der Ferne

DOUGLAS STEAKLEY / GETTY IMAGES ©

SABRINA DALBESIO / GETTY IMAGES ©

California Wine Country

3 Die wogenden Weinberge im Napa Valley (S. 167), in Sonoma (S. 169) und im Russian River Valley (S. 170) locken Traveller über San Francisco hinaus nach Norden. Wie wär's mit einem erstklassigen Cabernet im schicken Napa, einem Picknick im entspannten Sonoma oder einem Outdoor-Abenteuer mit edlem Pinot Noir am Russian River? Aber das ist längst nicht alles: Kalifornien hat mehr als 100 anerkannte Weinregionen. Eine davon ist das östlich von Santa Barbara gelegene pittoreske Weinbaugebiet, das 2004 durch den Film „Sideways" berühmt geworden ist – wobei der Wein eine besondere Rolle spielte. Unten: Napa Valley Weinberg

Las Vegas

4 Man könnte meinen, der Westen sei überall erhaben und erbaulich – aber nur, wenn man Las Vegas (S. 348) nicht kennt, das wie ein provozierendes Showgirl lasziv die Hüften schwingt. Las Vegas bietet eine umwerfende Show: mit tanzendem Wasser in Springbrunnen, einem Vulkan und einem Eiffelturm. In den Spielhöllen zeigt sich sein Charme von der gefährlichsten Seite, denn die Hallen mit ihren bunten Farben wurden nur für ein einziges Ziel gebaut: um den Leuten das Geld aus der Tasche zu ziehen. Wer standhaft ist, hält sich lieber an die guten Restaurants, an den Cirque du Soleil und das neue Mob Museum.

BILLY HUSTACE / GETTY IMAGES ©

ERIC LO / GETTY IMAGES ©

Grand Canyon National Park

5 Was einen hier zuerst fasziniert, ist die schiere Unermesslichkeit des Grand Canyons (S. 386). Der 2 Mrd. Jahre alte Riss durch die Landschaft deckt zweifellos die Geheimnisse der Geologie auf. Aber es sind die künstlerischen Einfälle von Mutter Natur, die einen innehalten und in Ehrfurcht verweilen lassen: die in Sonnenlicht getauchten Grate und blutroten Felskuppen, die üppigen Oasen und das lange Band des Flusses. Schon Theodore Roosevelt wusste: Dieses Wunder der Natur „hat auf Erden nicht seinesgleichen". Oder – wie wir wohl sagen würden – „wow!"

Wild-West-Städte

6 Jerome (S. 385) war früher einmal als *The Wickedest Town in America* (die krasseste Stadt Amerikas) bekannt, und Tombstone (S. 403) als *The Town Too Tough to Die* (die Stadt, die zu zäh zum Untergehen ist) – es sind die faszinierendsten alten Goldgräberstädte im Wilden Westen. *The Richest Place on Earth* (der reichste Ort auf Erden) meint Silver City in New Mexico (S. 450). Sie alle haben die raue Goldsucherära erlebt, liegen an einer Panoramastraße und haben abgedrehte Einwohner, die in B & Bs, Saloons und Museen den Wilden Westen lebendig halten. Oben rechts: Jerome (S. 385)

Los Angeles

7 Der ständige Zustrom von Träumern, Erfolgshungrigen und Gaunern verleiht der schillernden Küstenstadt (S. 69) eine energiegeladene Atmosphäre. Man kann im Filmstudio die Tricks des Filmemachens kennenlernen, in der akustisch perfekten Walt Disney Concert Hall Symphonien lauschen und durch die Gärten und Galerien des Getty Center schlendern. Für Sterngucker gibt's das Griffith Observatory. Wer mehr auf irdische Sternchen steht, findet sie im Grove. Nach einer Pause am Strand hat man den für L. A. so typischen Schimmer auf der Haut. Oben: Hollywood Walk of Fame (S. 76)

Disneyland, California Adventure & Orange County

8 In Disneyland (S. 95) laufen beliebte Comicfiguren die Main Street USA entlang, Raketen zischen durch die Dunkelheit des aufregenden Space Mountain und Feuerwerke explodieren direkt über dem Sleeping Beauty Castle. Gleich nebenan zeigt California Adventure (S. 96) das Beste des Landes mit einem nachgebauten Hollywood-Studiogelände, einer Strandpromenade und einer Terrasse, auf der man wunderbare kalifornische Weine genießen kann. Orange County (S. 98) hingegen lockt Traveller mit Luxusmalls, vogelreichen Naturreservaten und traumhaften Stränden. *Unten: Laguna Beach (S. 98)*

Yosemite National Park

9 Willkommen in dem Park (S. 184), den Umweltschützer John Muir als seinen „Vergnügungspark" und „großen Tempel" bezeichnete. Hier wandert man durch Wildblumenwiesen und Täler, die von Gletschern und Erdbeben geformt wurden und genießt die majestätische Schönheit der Natur: die donnernden Wasserfälle, die von nackten Klippen stürzen, die riesigen Granitkuppeln und die uralten Wälder aus Riesenmammutbäumen, den größten Bäumen der Erde. Für die schönsten Ausblicke besucht man den Glacier Point (S. 185) bei Vollmond oder fährt im Sommer die schwindelerregende Hochlandstraße Tioga Road entlang. *Rechts: Yosemite Falls*

8

M.SOBIERIA / ALAMY ©

EMILY RIDDELL / GETTY IMAGES ©

ANTHONY PIDGEON / GETTY IMAGES ©

RICHARD CUMMINS / GETTY IMAGES ©

Portland

10 Wie kann man Portland (S. 233) verbessern? Ein Charakter der Serie *Portlandia* würde sagen: *Put a bird on it!* (frei übersetzt: „Mach ein Schleifchen dran!"). Die Satireshow macht klar, dass Portland ein skurriler, liebenswerter Ort ist: eine freundliche Großstadt, in der Studenten, Künstler, Hipster, Familien, Althippies, Ökofreaks und viele mehr leben. Die Stadt bietet großartiges Essen, tolle Musik und viel Kultur und ist so umweltfreundlich, wie es nur geht. Man sollte unbedingt nach Portland kommen, aber Vorsicht – man wird vielleicht hierherziehen wollen! *Oben rechts: Imbisswagen in Portland (S. 240)*

Route 66

11 Kommt man in Seligman, Arizona (S. 384) zum Snow-Cap-Drive-In, weiß man schon, dass jetzt irgendein Lausbubenstreich folgt, z.B. ein Spritzer falscher Senf oder merkwürdiges Wechselgeld. Das ist zwar etwas aufgesetzt, aber man ist irgendwie enttäuscht, wenn der Besitzer einen nicht auf die Schippe nimmt. Kitschige Details machen die Mutter aller Straßen (S. 36) unvergesslich – sie führt durch Kalifornien, Arizona und New Mexico. Bettelnde Esel, das Wigwam Motel, die Neonschilder von Tucumcari und falscher Senf schlagen McBurger allemal. *Oben: Wigwam Motel (S. 384), Route 66*

Seattle

12 Das kreative Seattle (S. 202) am Pazifik hat die unheimliche Angewohnheit, lokal ausgebrütete Ideen in global bekannte Marken zu verwandeln. Mit seiner berühmten Musikszene, seiner lebhaften Kaffeekultur und der Vorliebe für internetgesteuerte Innovationen hat es sich seinen Platz im Olymp der US-Metropolen erobert. Während Seattles Trendsetter schon das nächste große Ding austüfteln, wachen die Traditionalisten über den Geist der Stadt mit ihren Stadtvierteln, der eigenständigen Esskultur und dem besten Markt des Landes, dem Pike Place.
Oben: Space Needle (S. 207)

Mt. Rainier

13 An klaren Tagen sieht man den Mt. Rainier (S. 229) hoch über Seattle thronen – eine atemberaubende Kulisse für die grüne Stadt mit dem Beinamen Emerald City (Smaragdstadt). Der 4392 m hohe Berg ist ein schlafender Vulkan und bildet das Zentrum des Mt. Rainier National Park, der einen der seltenen gemäßigten Regenwälder im Landesinneren, Wanderwege über alpine Wildblumenwiesen und den 150 km langen Wonderland Trail bietet. Wer abenteuerlustig ist, kann versuchen, den Berg zu besteigen – und dabei einige der größten Gletscher außerhalb Alaskas überqueren.

San Juan Islands

14 Wer mit der Fähre zu den San Juan Islands (S. 223) fährt, macht eine Reise in die Vergangenheit. Der Archipel liegt nördlich vom Puget Sound zwischen Washington und Vancouver Island. Von den mehr als 450 „Inseln" (die meisten sind nichts weiter als aus dem Wasser ragende Felsen) sind nur etwa 60 bewohnt und nur vier werden regelmäßig von Fähren bedient. Hier hat die Natur das Sagen und jede Insel hat ihren ganz eigenen geografischen Charakter. Was man so unternehmen kann? Rad oder Kajak fahren, Orkas beobachten – oder einfach mal entspannen. *Oben: Orca Luftsprung, San Juan Islands*

Coastal Highways

15 Umwerfende Highways führen entlang der Westküste und durch Kalifornien, Oregon und Washington. In Kalifornien geht's auf dem Hwy 1, dem Hwy 101 und der I-5 zu Meeresklippen, idyllischen Strandorten und Großstädten: San Diego, L. A. und San Francisco. Der Hwy 101 führt nach Oregon, vorbei an Kaps, Gezeitenbecken und dem Ecola State Park (S. 261) – der in der Vampir-Saga *Twilight* für La Push, Washington, die Heimat der Werwölfe, steht. Überquert man den Columbia River, kommt man nach Washington und zum Olympic National Park (S. 219).
Unten: Hwy 1, in der Nähe von Montara

Die Wüsten

16 Der an eine menschliche Gestalt erinnernde Saguaro-Kaktus ist eines der ewigen Symbole des Westens. Heimisch in der Sonora-Wüste, ist er erprobt im Überlebenskampf in der unerbittlichen, aber wundersam schönen Landschaft. Über den gesamten Südwesten (S. 343) erstrecken sich vier Wüsten: die Sonora-Wüste, die Mojave-Wüste, die Chihuahua-Wüste und die Great-Basin-Wüste. Jede hat ihr eigenes Klima und eine große Vielfalt gut angepasster Tiere und Pflanzen. Ein Spaziergang durch die Wüsten ist eine einzigartige Erfahrung. Unten: Saguaro National Park (S. 398)

15

16

Indigene Kultur & Geschichte

17 Im Südwesten gibt es eine Menge faszinierender Stätten der amerikanischen Indianer. Wer etwas über die ersten Bewohner des Kontinents lernen will, sollte in Colorado und New Mexico die Hügel hinaufkraxeln und sich die Häuser der Anasazi (Ancestral Puebloans) anschauen oder die Petroglyphen in Sedona studieren. Die Kultur der heute noch existenten Indianervölker erlebt man in Arizona bei den Navajo und den Hopi. Hier sieht man, dass diese Stämme auch herrliche moderne Kunst hervorbringen. Viele Formen haben zwar eine religiöse Bedeutung, aber die Korbwaren, Teppiche und Schmuckstücke von heute bringen oftmals frischen Wind in uralte Traditionen. Unten: Navajo-Frau mit türkisen Schmuckstücken

Rocky Mountain National Park

18 Angesichts der vielen Wohnmobile, die auf der Trail Ridge Rd entlangkriechen, wirkt der Rocky Mountain National Park (S. 284) vielleicht ziemlich überlaufen. Aber wenn man den Wanderweg dann vor sich hat, entfaltet sich die majestätische, ungezähmte Pracht des Parks – ein Besuch ist ein unvergessliches Erlebnis. Von langen Ausflügen auf dem Continental Divide National Scenic Trail bis hin zu familienfreundlichen Kurztrips rund um den Bear Lake findet sich außerdem für jeden Geschmack etwas. Und mitunter fühlt man sich so, als habe man die ganze Gegend für sich allein.

RUSSELL BURDEN / GETTY IMAGES ©

WAYNE BOLAND / GETTY IMAGES ©

Zion & Bryce Canyon National Parks

19 Der Zion National Park (S. 425) hat riesige rote Felsen, die schöne Wasserfälle umgeben, schmale Canyons und hängende Gärten. Dieses üppige Wunderland liegt im Schatten von Angels Landing, dem Endpunkt des Angels Landing Trail. Fotografen und Panoramafans sollten nach Norden zum Bryce Canyon National Park (S. 423) fahren: Hier schimmern rotgoldene Felsnadeln wie Bäume in einem magischen Steinwald – ein hypnotischer Ort, der an einen Tolkienroman erinnert. Oben: Zion National Park

Santa Fe & Taos

20 Santa Fe (S. 434) hat kürzlich den 400. Geburtstag gefeiert, aber die stylishe Stadt schwingt ihr Tanzbein noch wie ein Teenager. Freitags treffen sich Kunstfans auf der Canyon Road, um zu quatschen, Wein zu trinken und die über 75 Galerien zu erkunden. Außerdem bietet die Stadt jede Menge Museen; Essen und Einkaufsmöglichkeiten sind erstklassig. Künstler versammeln sich auch in Taos (S. 443), wo es viele Galerien gibt und die Atmosphäre skurriler ist: mit Skifans, Ökos und Promis, die für Exzentrik sorgen. Oben: Allan-Houser-Skulpturgärten, Santa Fe (S. 434)

Kleinbrauereien

21 Kleinbrauereien (S. 481) sind eine Spezialität des Westens, und in jeder noch so abgelegenen Stadt – von Moab bis Missoula – ist mindestens eine zu finden. Obwohl sie in jeder Stadt anders sind, haben die beliebten Kneipen ein paar Gemeinsamkeiten: lärmende Biertrinker, geschmackvolle Biere mit lokalen Namen sowie höhlenartige Kneipenzimmer, die nach Schweiß und Abenteuer riechen. Und was denkwürdige Slogans betrifft, hat die Wasatch Brew Pub & Brewery in Park City, Utah, mit ihrem polygamen Werbespruch „Warum denn nur einen?" viel Aufmerksamkeit auf sich gezogen.

Columbia River Gorge

22 Die Columbia River Gorge (S. 248) ist ein geologisches Wunder, das entstand, als sich die Kaskadenkette erhob und der Columbia River sich in den Fels eingrub. Die Schlucht ist auch die Grenze zweier Bundesstaaten: Nordwärts liegt Washington, südlich Oregon. Es gibt unzählige Wasserfälle und Wandermöglichkeiten sowie ertragreichen Obstbau. Wer auf Windsurfen oder Kiteboarden steht, ist im sportlichen Städtchen Hood River richtig. Ob Apfelliebhaber oder Adrenalin-Junkie – diese Schlucht bietet für jeden etwas.

Boulder, CO

23 Boulder (S. 280) liegt an den Ausläufern der Rocky Mountains. Es hat eine schöne Lage und eine fortschrittliche Seele, was eine hippe Mischung von Unternehmern, Hippies und Hardcore-Sportlern anzieht. Viele Radfahrer zieht es zum Boulder-Creek-Fahrradweg, der zu zahlreichen Parks führt. Die Fußgängerpromenade Pearl Street Mall ist sehr lebhaft, besonders nachts, wenn die Studenten der University of Colorado und der Naropa University sich hier treffen. In vielerlei Hinsicht ist nicht Denver, sondern Boulder das wichtigste Touristenzentrum des Staates. Oben: Pearl Street Mall

Glacier National Park

24 Ja, es ist wahr: Die Gletscher im Glacier National Park (S. 334) schmelzen langsam dahin. 1850 gab es in der Gegend 150 Gletscher, heute sind es noch 25. Dennoch lohnt der weitläufige Nationalpark in Montana einen längeren Besuch. Wer gern Auto fährt, kann sich an der 50 Meilen (80 km) langen Going-to-the-Sun-Road versuchen. Tierbeobachter können sich auf die Suche nach Wapitis, Wölfen und Grizzlybären (aber nicht zu nah rangehen!) machen. Und auf 1126 km an Wanderwegen kann man die Flora erkunden (z. B. Moose, Pilze und Wildblumen).

Monument Valley & Canyon de Chelly

25 „Mag ich in Schönheit wandeln" lautet die letzte Zeile eines Navajo-Gebets. Im Navajo-Reservat zeigt sich die Schönheit in vielen Formen – die berühmteste ist das Monument Valley (S. 396) mit seinen zerklüfteten Felsen und Felstürmen wie aus einer anderen Welt. Von großer Schönheit ist auch der Canyon de Chelly (S. 395), wo Bauern nahe alten Klippenbehausungen heute noch ihr Land bewirtschaften. Ein Glücksfall sind aber auch die Menschen hier – von den Dozenten, die über die Navajo-Clans aufklären, bis hin zu den Guides, die tolle Fototipps geben.

Gut zu wissen

Weitere Infos gibt's im Abschnitt „Allgemeine Informationen" (S. 500)

Währung
US-Dollar (US$)

Sprache
Englisch

Visa
Besucher aus Deutschland, Österreich und der Schweiz benötigen für Besuche unter 90 Tagen kein Visum. Die vorherige ESTA-Registrierung online ist obligatorisch.

Geld
Geldautomaten gibt es quasi überall. Für Hotelreservierungen und Mietwagen braucht man meist eine Kreditkarte.

Handys
In den USA funktionieren nur Tri- oder Quadband-Handys. Die Netzabdeckung in abgelegenen oder bergigen Gebieten ist nicht überall gut.

Zeit
Mountain Standard Time (MEZ −8 Std.): Denver, Santa Fe, Phoenix; Pacific Standard Time (MEZ −9 Std.): Seattle, L. A., San Francisco, Las Vegas; Näheres zur Zeit in Arizona s. S. 512.

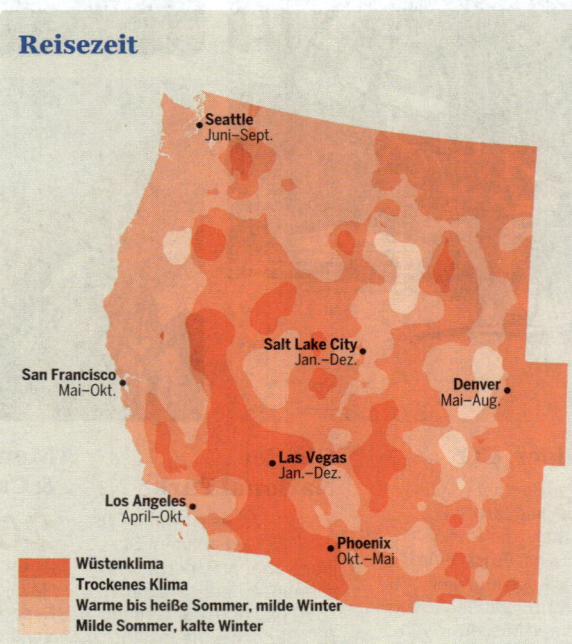

Reisezeit

Seattle Juni–Sept.
Salt Lake City Jan.–Dez.
San Francisco Mai–Okt.
Denver Mai–Aug.
Las Vegas Jan.–Dez.
Los Angeles April–Okt.
Phoenix Okt.–Mai

Wüstenklima
Trockenes Klima
Warme bis heiße Sommer, milde Winter
Milde Sommer, kalte Winter

Hauptsaison
(Juni–Aug.; Sept.–April)

➡ Sonnige Tage, höhere Übernachtungspreise; geschäftigste Zeit

➡ An der Südküste können im Mai und Juni Wolken aufziehen

➡ Hochsaison in den Bergen ist Januar bis März, in der Wüste September bis April

Zwischensaison
(April & Mai; Sept. & Okt.)

➡ An der Küste und in den Bergen fallen die Preise; die Besuchermassen dünnen aus

➡ Mild; ideal, um Nationalparks zu besuchen

➡ Frühlingsblumenblüte; buntes Herbstlaub

Nebensaison
(Nov.–März)

➡ An der Küste sinken die Preise für Unterkünfte

➡ Eher dunkle, winterliche Tage, im Norden Schnee und heftigere Regenfälle

Infos im Internet

American Southwest (www.americansouthwest. net) Infos über Parks und Landschaften.

Lonely Planet (www.lonely planet.de/reiseziele/usa) Reiseinfos, Hotelbuchungen und Foren.

National Park Service (www. nps.gov) Informationen zu Nationalparks und Denkmälern.

Recreation.gov (www.recreati on.gov) Stellplatzreservierungen auf bundesstaatlichem Gebiet.

Roadside America (www.road sideamerica.com) Einzigartige, skurrile Sehenswürdigkeiten.

Wichtige Telefonnummern

Um herkömmliche Anschlüsse zu erreichen, wählt man die Ortsvorwahl gefolgt von der siebenstelligen Telefonnummer.

Landesvorwahl USA	☎1
Vorwahl für internationale Gespräche aus den USA	☎011
Notfall	☎911
Hotline für Opfer von Sexualdelikten	☎800-656-4673
Telefonauskunft	☎411
Straßenbedingungen im ganzen Staat	☎511

Wechselkurse

Eurozone	1 €	1,37 US$
	1 US$	0,73 €
Schweiz	1 SFr	1,12 US$
	1 US$	0,89 SFr

Aktuelle Wechselkurse sind unter www.xe.com abrufbar.

Tagesbudget

Günstig – weniger als 100 US$

➡ Campingplätze und B im Schlafsaal: 10–40 US$

➡ Gratis-Aktivitäten (Strand, Konzerte im Park): 0 US$

➡ Essen auf Märkten, in Taquerias, an Imbissständen: 3–12 US$

➡ Bus, U-Bahn: 0–5 US$

Mittelteuer – 100–200 US$

➡ Kleine, familiäre Motels, günstige Ketten: 60–100 US$

➡ Museen, National und State Parks: 8–25 US$

➡ Diner, gute lokale Restaurants: 8–35 US$

➡ Mietwagen: ab 33 US$/Tag zzgl. Versicherung & Kraftstoff

Teuer – über 200 US$

➡ B & Bs, Boutiquehotels, Resorts: ab 185 US$

➡ Mahlzeit in einem Top-Restaurant: 25–75 US$ zzgl. Wein

➡ Guide anheuern; Top-Shows: ab 100 US$

➡ Mietcabrio: ab 100 US$/Tag

Öffnungszeiten

Die Öffnungszeiten variieren saisonal; viele Sehenswürdigkeiten und Visitor Centers haben in der Hauptsaison länger geöffnet. Hier die Hauptsaisonzeiten:

Banken Mo–Do 8.30–16.30, Fr bis 17.30 Uhr (manche auch Sa 9–12 Uhr)

Bars So–Do 17–24, Fr & Sa bis 2 Uhr

Cafés 7.30–20 Uhr

Geschäfte Mo–Sa 10–18, So 12–17 Uhr

Restaurants 11–14.30 & 17–21 Uhr

Ankunft am …

Denver International Airport (DEN; S. 271) Das Ground Transportation Center befindet sich im 5. Stock; Busse fahren vor Tür 506 am West Terminal und vor Tür 511 am East Terminal ab, Fahrten kosten 9 bis 13 US$ bis Stapleton, nach Downtown und in die Vororte. Fürs Taxi zahlt man 60 US$ bis nach Downtown Denver; Shuttles in den Großraum Denver kosten ab 22 US$.

Los Angeles International Airport (LAX; S. 93) Taxis kosten zwischen 30 und 47 US$ bis nach Downtown, Tür-zu-Tür-Shuttles mit mehreren Personen 15 US$; Gratis-Shuttle C zur Metro Rail Green Line Station und zum Parkplatz C neben dem LAX Transit Center; FlyAway-Bus nach Downtown-L.A. ab 7 US$.

Seattle-Tacoma International Airport (SEA; S. 217) Light-Rail-Züge fahren von 5 bis 1 Uhr (2–2,75 US$) regelmäßig ab dem 4. Stock des Parkhauses nach Downtown; Taxis findet man im 3. Stock des Parkhauses; Fahrten kosten 40 US$ bis nach Downtown.

Unterwegs vor Ort

Auto Die beste Option, um die Städte zu verlassen und National Parks und abgelegenere Gebiete zu erkunden. Es wird rechts gefahren.

Bus Billiger und langsamer als Züge; gute Alternative, wenn man in Städte will, die nicht von Amtrak bedient werden.

Zug Amtrak kann wegen der vielen Verspätungen lahm sein, sonst sind Züge eine bequeme Option, um an der Pazifikküste entlangzufahren. Strecken über Land nach Chicago gibt's ab San Francisco und Los Angeles.

Mehr zu **Verkehrsmitteln & -wegen** gibt's auf S. 513

Wie wär's mit…

Geologie

Grand Canyon Ein 446 km langer Fluss durchschneidet 2 Mrd. Jahre alte Felsen, deren Schichten sich rund 1600 m hoch auftürmen. (S. 368)

Yellowstone National Park Geysire, in allen Farben schillernde heiße Quellen, ein schlummernder Supervulkan – der Nationalpark bietet eine wahrlich spektakuläre Show. (S. 314)

Chiricahua National Monument Ein wildes Wunderland aus Felsen, die Regen und Wind zu Nadeln, Brücken und anderen faszinierenden Formationen geschliffen haben. (S. 403)

Sand Dunes Die Gips- und Kalkdünen des White Sands National Monument sind von hypnotischer Schönheit. (S. 310)

Carlsbad Caverns Die Wanderung durch einen unterirdischen Gang endet in einem riesigen Raum – einer regelrechten Tropfstein-Kathedrale, die in einem gewaltigen Höhlensystem verborgen liegt. (S. 435)

Vulkane Durch Verschiebungen in der Erdkruste sind in Washington mächtige Vulkane entstanden. Hier kann man um den Mount Rainer wandern oder den Mount St. Helens besuchen, um etwas über dessen gewaltigen Ausbruch im Jahre 1980 zu erfahren. (S. 229) (S. 230)

Stätten des Wilden Westens

Der Südwesten, besonders Arizona und New Mexico, ist das beste Ziel, wenn man in den Fußstapfen der Cowboys und Revolverhelden wandeln will – die Stätten sind jeweils nur eine Tagesfahrt voneinander entfernt.

Lincoln Billy the Kids altes (Schieß)Revier im Lincoln-County-Rinderkrieg. (S. 452)

Tombstone Die staubige Stadt ist berühmt für die Schießerei am O.K. Corral. Hier befinden sich auch der Boothill-Friedhof und das Bird Cage Theater. (S. 403)

WIE WÄR'S MIT…ETWAS GESCHICHTE VON LAS VEGAS?

Im neuen Mob-Museum im Zentrum kann man ein Verbrecherfoto von sich machen lassen und etwas über die Mafiosi-Vergangenheit der Sin City lernen. Danach geht's zu den kultigen Neonschildern des Neon Museums. (S. 353)

Whiskey Row Ein Block mit Saloons aus der viktorianischen Zeit im Zentrum von Prescott, der Feuersbrünste, Filmemacher und Touristen überlebt hat. (S. 368)

Pony-Express-Stationen Die Route 50 durch Nevada, bekannt als Loneliest Road, folgt der Route des Pony Express; an der Straße stehen noch mehrere verfallene Stationen. (S. 368)

Virginia City Hier begann nach der Entdeckung der Comstock Lode ein Silberrausch. Virginia City erlangte traurige Berühmtheit in Mark Twains halbautobiografischem Buch *Durch Dick und Dünn*. (S. 367)

Dampfzug Mit einem Dampfzug, der seit über 125 Jahre zwischen Durango und Silverton unterwegs ist, den Wilden Westen entdecken. (S. 308)

Film- & TV-Drehorte

Los Angeles Hier stand Hollywoods Wiege. Die Filmgeschichte verfolgt einen auf Schritt und Tritt, vom Mulholland Dr bis nach Malibu. (S. 69)

Monument Valley Im Schatten der berühmten Monolithen wandelt man in den Fußstapfen von John Wayne. (S. 396)

Las Vegas Eine Handvoll Bad Boys und ihre waghalsigen

Aktionen brachten die Stadt der Sünde mit Filmen wie *Ocean's Eleven* und *Hangover* wieder zurück auf die Leinwand. (S. 348)

Moab & Umgebung Die Regisseure von *Thelma & Louise* und *127 Hours* drehten hier ihre dramatischsten Szenen. (S. 416)

Albuquerque Heute locken steuerliche Anreize Produktionsfirmen an. Albuquerque war Kulisse für die TV-Serie *Breaking Bad.* Weitere Filme der letzten Jahre: *Crazy Heart, Thor* und *True Grit* von den Coen-Brüdern. (S. 427)

Geniales Essen

San Francisco Echte Taquerías und Trattorias, erstklassige vietnamesische Restaurants, prächtige Farmers Markets und gefeierte Köche – Gourmets haben die Qual der Wahl. (S. 133)

Chez Panisse Mit Gerichten aus regionalen und saisonalen Zutaten aus der Bay Area revolutionierte die Küchenmeisterin Alice Waters in den 1970er-Jahren die kalifornische Küche. (S. 166)

Food Trucks In L. A. nahm die Gourmet-Revolution auf vier Rädern ihren Anfang. Inzwischen gibt sie's auch in **San Francisco** und **Portland.** (S. 240)

Grüne Chilis sind New Mexicos Stolz. Großzügig werden sie auf Enchiladas geschmiert, in Cheeseburgern verbaut und in Eintöpfe geworfen. Wer's scharf mag, sollte das Green Chile Stew im **Frontier** versuchen. Auch das **Horseman's Haven** in Santa Fe lohnt den Besuch. (S. 431) (S. 438)

Aufstrebende Wein-Regionen

Verde Valley Wine Country Heimat einer aufstrebenden Weinstraße in Arizona, die sich an

(Oben) Monument Valley (S. 396), Arizona–Utah
(Unten) Farmers Market beim Ferry Building (S. 153), San Francisco

den Kellereien und Weinbergen von Cottonwood, Jerome und Cornville entlangschlängelt. (S. 379)

Willamette Valley Aus der fruchtbaren Region im Umland von Portland, OR, stammen einige der leckersten Pinot Noirs der Welt. (S. 245)

Walla Walla Angesagte Weinanbaugegend in Washington, mit gleichnamiger Stadt als hübschem Mittelpunkt. (S. 231)

Santa Barbara Wine Country Seit den 1980er-Jahren wird hier im großen Stil Wein angebaut. Das Klima ist sowohl in Küstennähe als auch weiter im Landesinneren für Pinot-Weine ideal. (S. 119)

Wandern

Grand Canyon Rim to Rim Wer die klassische, gut 27 km lange Route zwischen den südlichen und den nördlichen Rändern des Grand Canyons meistert, darf zu Recht stolz sein. (S. 386)

Red Rock Country Wanderungen zu den energetischen Wirbeln in Sedona, den Hoodoos im Bryce Canyon und den Felsbögen in den Nationalparks Arches und Canyonlands. (S. 343).

Rocky Mountain National Park Longs Peak kriegt zwar den meisten Glanz ab, aber es gibt einige weitere Rundwanderwege, für die man am besten zwei, drei Übernachtungen einplant. (S. 284)

Wonderland Trail Auf den rund 150 km um den Gipfel des Mt.

Rainier wandert man inmitten spektakulärer Natur. (S. 229)

Palm Springs & Wüsten Abgelegene Palmoasen wollen erobert, Salzebenen durchquert und die Canyons der Ureinwohner Amerikas auf einer entdeckt werden. (S. 110)

Los Angeles Stadtwanderungen sind nirgendwo besser als hier: Bergkuppenwege mit Küstenblick und eine bei Promis beliebte Schluchtenstraße unweit von Hollywood. (S. 69)

Nationalparks

Nachdem er im Yellowstone zelten war, sagte Theodore Roosevelt, man läge „in einer gewaltigen Kathedrale, weit größer und schöner als alle von Menschenhand erschaffenen." Ähnliches Lob passt auf fast alle großen Parks des Westens.

Yellowstone National Park Eine Wucht: Seen, Wasserfälle, Berge, Geysire, Quellen und Tiere in Hülle und Fülle. (S. 314)

Grand Canyon National Park Ja, ja, 2 Mrd. Jahre Erdgeschichte sind sicher beeindruckend – aber diese Aussicht … die haut einen um! (S. 386)

Glacier National Park Man kommt der Gletscher wegen und bleibt wegen der Going-to-the-Sun Road, der prächtigen alten Lodges und der Wildtiere. (S. 334)

Yosemite National Park Flankiert vom El Capitan und dem Half Dome gleicht das Yosemite Valley tatsächlich einer Kathe-

drale, aber auch das üppige Hinterland von Tuolomne lässt Traveller jauchzen. (S. 184)

Süd-Utah Es ist einfach zu viel der roten Pracht, um ein paar Favoriten hervorzuheben: Arches, Canyonlands, Bryce, Zion und Capitol Reef. Alle anschauen! (S. 416)

Kurioses

Route 66 Diese zweispurige Ode an Amerika ist von zahlreichen verrückten Straßenattraktionen gesäumt, besonders im Westen von Arizona. (S. 36)

Burning Man Festival Eine temporäre Stadt in der Wüste von Nevada, die jedes Jahr eine Woche lang 55 000 Feierwütige anzieht. (S. 364)

Roswell Ist 1947 bei Roswell, NM, ein UFO abgestürzt? Museen und ein UFO-Festival erkunden, ob die Wahrheit da draußen ist. (S. 453)

Seattle's Public Sculptures In Fremont sollte man nach einem autofressenden Troll, einem Hund mit Menschengesicht und nach Leuten Ausschau halten, die für ewige Zeiten auf den Zug warten. (S. 202)

Venice Boardwalk Den menschlichen Zoo von Kettensägen-Gauklern, medizinischen Marihuana-„Klinikern" und knapp bekleideten Schlangenbeschwörern bestaunen. (S. 82)

Museen

Getty Center & Villa Diese Kunstmuseen in West-L.A. und Malibu sind so schön wie ihre Ozeanblicke. (S. 79)

Los Angeles County Museum of Art Über 150 000 Kunstwerke aus aller Welt, die jede Epoche umspannen. (S. 78)

WE WÄR'S MIT … EIN WENIG SELFMADE-GÄNSEHAUT?

Man stellt sich auf die Glasplatte, die den 582 m tiefen Bergbauschacht im Audrey Headframe Park (S. 385) in Jerome, Arizona, bedeckt – und sieht hinunter.

UFO-Festival in Roswell (S. 454), New Mexico

California Academy of Sciences Das Museum in SF hat ein ökozertifiziertes Design mit einem vierstöckigen Regenwald und lebendigem Dach. (S. 145)

Balboa Park Den Tag beim Museumshopping in San Diegos beliebtesten Park verbringen, wo man tolle Kunst-, Geschichts- und Wissenschaftsausstellungen besuchen kann. (S. 101)

Heard Museum Dokumentiert Geschichte und Kultur der südwestlichen Stämme. (S. 370)

Mini Time Machine Museum of Miniatures In diesem neuen Museum in Tucson sind kleine Exponate zu sehen – von Puppenhäusern bis zu Taschendrachen ist alles dabei. (S. 399)

Historisches

Dinosaur National Monument OK, es ist eine *prä*historische Stätte, aber ein 150 Mio. Jahre altes Fossil zu berühren, ist einfach zu cool, um es zu verpassen. (S. 415)

Mesa Verde Hier kann man hinauf zu Klippenhäusern klettern, in denen vor über 700 Jahren die frühen Pueblo-Indianer lebten. (S. 306)

Manzanar National Historic Site Das japanisch-amerikanische Internierungslager aus dem Zweiten Weltkrieg dokumentiert ein schmerzhaftes Kapitel der japanisch-amerikanischen Vergangenheit. (S. 192)

Little Bighorn Battlefield National Monument Schlachtfeld auf dem General George Custer gegen die Lakota Sioux unterlag. (S. 330)

Los Alamos Der Ort war im Zweiten Weltkrieges top secret, denn hier arbeiteten Wissenschaftler an der Atombombe. (S. 441)

Spas & Resorts

Truth or Consequences Über Thermalquellen neben dem Rio Grande errichtet, blubbert hier mit beruhigender und heilsamer Erdwärme erhitztes Wasser in Wannen und Pools. (S. 448)

Ten Thousand Waves Die von Wald umgeben Pools dieses kleinen, japanischen Spas liegen auf einem Hügel. (S. 436)

Phoenix & Scottsdale Flitterwöchner, Familien, Golfer – innerhalb weniger Kilometer der Camelback Rd findet sich für jeden ein Resort. (S. 370)

Las Vegas Encore, Bellagio, Wynn und weitere Tophotels verwöhnen die Gäste. (S. 348)

Sheraton Wild Horse Pass Resort & Spa Das Resort in der Gila Indian Reservation pflegt sein indianisches Erbe mit Stil. (S. 375).

Monat für Monat

Januar

In den Skiresorts überall in der Region wimmelt es von Gästen. Palm Springs und die mit Saguaros überzogenen Wüsten im Süden locken Besucher an, die es in wärmere Gefilde zieht.

⭐ Tournament of Roses

Am Neujahrstag findet der berühmte Umzug mit blumengeschmückten Wagen, Blaskapellen und tänzelnden Pferden statt. Das Spektakel lockt kurz vor dem College-Footballspiel im Rose Bowl mehr als 100 000 Zuschauer ins kalifornische Pasadena.

⭐ Sundance Film Festival

Ende Januar rollt die Stadt Park City in Utah den roten Teppich für Indie-Filmemacher, Schauspieler und Kinogänger aus. Eine Woche lang laufen bei dem Filmfestival die allerneusten Streifen.

⭐ Cowboy-Poesie

In Elvo, NV, treffen sich eine Woche lang die Cowboys, um Gedichte vorzutragen und Folklorevorführungen zu geben. Das Event wurde im Jahr 1985 ins Leben gerufen und hat zu Cowboy-Poesielesungen in der gesamten Region angeregt.

Februar

Die Skisaison erreicht ihren Höhepunkt. Aber auch wer nicht die Abhänge hinunterdüsen möchte, findet in der Region viel Zerstreuung: Die Wüstenwildblumen blühen, die Wale ziehen vor der kalifornischen Küste vorbei, und die Ferienranches im südlichen Arizona satteln die Pferde.

⭐ Karneval in Colorado

Karneval trifft Berge in Breckenridge, wo die Leute mit einem Maskenball und einer Faschingsdienstagsparade feiern.

⭐ Juwelen- und Mineralienshow in Tucson

Bei der größten Mineralien- und Juwelenshow der USA verkaufen am zweiten Februarwochenende 250 Händler Schmuck, Fossilien, Kunsthandwerk und unzählige Steine. Das Wochenende wird durch Seminare und eine Stille Auktion abgerundet.

⭐ Oregon Shakespeare Festival

Tausende Theaterfans feiern dieses neunmonatige Festival in Ashland, das im Februar beginnt und erstklassige Theaterstücke und elisabethanische Dramen zeigt.

⭐ Art Feast

Essen, trinken und fröhlich sein beim Galeriehopping in Santa Fe, NM. Das Wochenendfestival Ende Februar wärmt den Winter mit Fashionshows und Weinverkostungen auf.

März

Wenn der Frühling erwacht, drehen sich die Gedanken junger Männer nur noch um Bier, Jetskis und Partys! Der März ist die Spring-Break-Saison, und die Studenten strömen in Scharen zu den Seen in Arizona. Die Familien gehen Skifahren oder besuchen die Parks in den wärmeren Gegenden.

🏃 Spring Whale-Watching Week

An der Pazifikküste ziehen Grauwale vorbei. Rund um Depoe Bay in Oregon gibt es an speziellen Aussichtspunkten teilweise organisierte Treffen zum Beobachten der Wale, bei denen Fachleute die Einzelheiten erklären. Die Wanderung der Wale Richtung Norden kann man dann im Juni beobachten.

☆ Cactus League

Im März und Anfang April zieht es die Fans von Major-League-Baseball ins südliche Arizona, wo die vorsaisonale Cactus League stattfindet und ein paar der besten Profiteams in Phoenix und Tucson auflaufen.

🎆 Frozen Dead Guy Days

In Nederland, CO, wird das mithilfe von Trockeneis konservierte Stadtmaskottchen „Grandpa Bredo" mit einem Schneeschuh-Wettlauf, einem Wettbewerb darum, wer am meisten wie eine Leiche aussieht, und Unmengen an Bier gefeiert.

April

Die Zugvögel fliegen die Naturschutzgebiete im südlichen Arizona an, und in den Wüsten Kaliforniens blühen die Wildblumen. In den Bergen ist gerade Zwischensaison, sodass die Zimmerpreise etwas niedriger sind (außer am Osterwochenende).

☆ Coachella Music & Arts Festival

Indie-Rockbands, Kult-DJs, Superstar-Rapper und Popdiven finden sich außerhalb von Palm Springs zu diesem dreitägigen Musikfestival zusammen.

☆ Gathering of Nations

Mehr als 3000 Tänzer und Sänger von US-amerikanischen und kanadischen Indianerstämmen treten Ende April in Albuquerque, NM, bei diesem riesigen Powwow gegeneinander an. Es gibt hier auch einen indianischen Markt, an dem sich mehr als 800 Künstler und Kunsthandwerker beteiligen.

Mai

Die meisten Nationalparks sind bereit für den Sommeransturm, aber weil die Kinder noch zur Schule gehen, tauchen die Massen erst am Memorial-Day-Wochenende, also dem letzten Maiwochenende, auf.

🎆 Cinco de Mayo

Der Sieg der mexikanischen Streitkräfte über die französische Armee in der Schlacht von Puebla am 5. Mai 1862 wird mit Margaritas, Musik und Heiterkeit gefeiert. Ganz besonders stilvoll geht's in Denver, Los Angeles und San Diego zu.

🏃 Bay to Breakers

Am Dritten Sonntag im Mai rennen Tausende Teilnehmer kostümiert, nackt und/oder mit einem Bier in der Hand in San Francisco vom Embarcadero nach Ocean Beach.

🎆 Boulder Creek Festival

Der Sommer beginnt am Wochenende des Memorial Day in den Rockys mit Essen, Trinken, Musik, einem Gummientenrennen und herrlichem Sonnenschein. Es endet mit Bolder Boulder, einem 10 km langen Wettrennen, das von den schreienden Massen gefeiert wird.

Juni

Für den Großteil des Westens beginnt jetzt die Hauptsaison. Die schroffen Bergpässe sind freigegeben, die Flüsse schwellen aufgrund der Schneeschmelze an, und in den Bergen blühen die Wildblumen. Manchmal macht sich über den Stränden im südlichen Kalifornien der sogenannte June Gloom (ein grauer Nebel) breit.

🎆 Pride Month

Den ganzen Juni über finden in Kalifornien Schwulen- und Lesbenfeiern mit Kostümumzügen, Coming-out-Partys, Livemusik u. a. statt. Die größten und ausgelassensten Veranstaltungen gibt es in San Francisco und Los Angeles.

☆ Bluegrass in the Mountains

Mitte Juni mischt man sich am besten unter die Festival-Teilnehmer im wunderschönen, von Bergen umringten Telluride in Colorado und genießt erstklassigen Bluegrass.

Juli

Urlauber bevölkern die Strände, Themenparks, Gebirgsresorts, State Parks und Nationalparks. Die glühend heißen Wüstenparks meidet man am besten.

Aspen Music Festival

Von Ende Juni bis Mitte August präsentieren hochrangige Interpreten klassischer Musik spektakuläre Shows, während kleinere Studentengruppen aus Orchestern, die von begehrten Dirigenten geleitet werden, Leben auf die Straßen bringen.

Independence Day

Überall im Westen wird der Unabhängigkeitstag am 4. Juli mit Rodeos, Musikfesten, Umzügen und Feuerwerken gefeiert.

Oregon Brewers Festival

Während des vergnüglichen Bierfests in Portland, auf dem es auch sehr viel Gutes zu essen gibt, hauen Bierfreunde ungefähr 80 000 Biersorten aus Kleinbrauereien am Ufer des Willamette River auf die Pauke.

Comic-Con International

Die „Nerd Prom" ist das landesweit größte jährliche Treffen (nicht nur) der Comicszene, bei der Liebhaber von Comics, Science-Fiction-Filmen und -Serien, Animation und Pop-Kultur Ende Juli in San Diego alles finden, was ihr Herz erfreut. Mit über 100 000 Besuchern.

(Oben) Weingut im Willamette Valley (S. 245), Oregon
(Unten) Feierlichkeiten am Día de los Muertos

August

Überall im Südwesten kann man auf den Kunstmärkten, Märkten und zeremoniellen Treffen mehr über die Kultur der amerikanischen Ureinwohner erfahren. In Colorado und Arizona sind Rodeos sehr beliebt.

⭐ Old Spanish Days Fiesta

Anfang August steigt in Santa Barbara das Fest der frühen Rancho-Kultur mit Paraden, einem Rodeo, Kunsthandwerksausstellungen und Shows.

◉ Perseiden

Mitte August erreichen die jährlichen Meteoritenschauer ihren Höhepunkt – die beste Zeit, um mit bloßem Auge oder auch mithilfe einer Digitalkamera Sternschnuppen zu beobachten. Den großartigsten Blick auf das Spektakel hat man in den Wüsten im Süden.

⭐ Santa Fe Indian Market

Das berühmteste Festival von Santa Fe wird in der dritten Augustwoche auf der historischen Plaza der Stadt durchgeführt. Mehr als 1100 Künstler aus 200 Stämmen und Pueblos stellen hier ihre Werke zur Schau.

⭐ Hatch Chile Festival

Am Wochenende des Labor Day, dem letzten Wochenende im Monat, treffen sich 30 000 Chili-Liebhaber in Hatch, NM, wo eine Parade, Mariachi-Wettkämpfe und Chili-Wettessen stattfinden.

September

Die letzte Jubelstimmung des Sommers kommt am Labor-Day-Wochenende auf. Besonders schön ist es jetzt im Nordwesten, wo die Nächte kühl, die Tage aber noch sonnig sind. In den Rockies machen sich die Herbstfarben breit.

⭐ Burning Man

Das Open-Air-Festival in der Wüste ist nicht nur eine große Kunstausstellung, sondern gleichzeitig auch ein Ort intensiver Selbstdarstellung und eine Tauschbörse. Den krönenden Abschluss bildet das Verbrennen der Figur des Burning Man. Während des Festivals in der Woche vor dem Labor Day entsteht mitten in der Wüste Nevadas eine temporäre Stadt aus Zelten.

🍷 Great American Beer Festival

Dieses dreitägige Bierfestival in Denver ist so beliebt, dass es immer weit im Voraus ausverkauft ist. 600 US-amerikanische Brauereien nehmen daran teil, und es werden über 2800 Biersorten angeboten.

⭐ Bumbershoot

Seattles größte Kunst- und Kulturveranstaltung präsentiert Hunderte von Musikern, Künstlern, Theaterensembles und Autoren auf zwei Dutzend Bühnen.

Oktober

Schillernde Espen in all ihrer Herbstpracht locken Jahr für Jahr Traveller nach Colorado und ins nördliche New Mexico. Dämonen, Geister und Partyverrückte freuen sich auf Halloween am 31. Oktober.

⭐ International Balloon Fiesta

Anfang Oktober lohnt sich in Albuquerque, New Mexiko, der Blick in den Himmel, denn hier gibt's dann die weltweit größte Ansammlung von Heißluftballons.

⭐ Sedona Arts Festival

Bei dieser Kunstshow Anfang Oktober werden reichlich Schmuck, Keramik, Glas und Skulpturen gezeigt, wenn 125 Künstler ihre Werke in der Red Rock High School in Sedona ausstellen.

⭐ Litquake

Autorenlesungen, Diskussionen und Literaturevents wie der legendäre Pub Crawl. Steigt Mitte Oktober in San Francisco.

⭐ Halloween

Hunderttausende kostümierte Feierlustige strömen nach L.A. ins Schwulen- und Lesbenviertel West Hollywood, wo den ganzen Tag Party, Tanz, Liveunterhaltung und Kinderaktivitäten angesagt sind.

November

Im ganzen Westen sinken die Temperaturen. In den meisten Küstengebieten, Wüsten und Naturparks ist jetzt deutlich weniger los – mit Ausnahme von Thanksgiving. Die Skisaison beginnt.

🎎 Día de los Muertos

Die mexikanischen Gemeinden ehren am 2. November ihre Verstorbenen mit Kostümumzügen, Schädeln aus Zucker, Friedhof-Picknicks, Kerzenprozessionen und prächtig geschmückten Altären.

🍷 Wine Country Thanksgiving

Mehr als 150 Weingüter im Willamette Valley öffnen drei Tage lang ihre Tore für die Öffentlichkeit.

🏃 Yellowstone Ski Festival

Die Woche der Thanksgiving-Feiern in West Yellowstone ist eine tolle Zeit für erfahrene Skiläufer und Neulinge. Zu den Highlights gehören Ski-Kliniken und Vorführungen von Ausrüstung. Auch der nordische Skisport beginnt in dieser Zeit.

Dezember

Dies ist die Zeit der Krippenspiele, festlicher Beleuchtung und von allem anderen, was irgendwie mit Weihnachten zusammenhängt. Die Feierlichkeiten dauern bis Silvester an. In den Skiresorts muss man mit einem großen Ansturm und natürlich auch höheren Preisen rechnen.

☆ Weihnachtsbeleuchtung

In den Gemeinden werden Boote, Parks und Einkaufszentren mit zahllosen, manchmal ziemlich wild blinkenden Lichterketten geschmückt. In Kalifornien kann man in Newport Beach und San Diego bunte Bootsparaden beobachten, und in L.A. ist der Griffith Park mit beleuchteten Symbolen geschmückt. Wunderschön beleuchtet sind auch die Desert Botanical Gardens in Phoenix sowie das Tlaquepaque Arts & Crafts Village in Sedona.

🎎 Snow Daze

In Vail, CO, wird der Beginn der Skisaison mit einem einwöchigen Festival gefeiert, bei dem Skivorführungen, Partys und zahlreiche Livekonzerte namhafter Künstler stattfinden.

Reiserouten

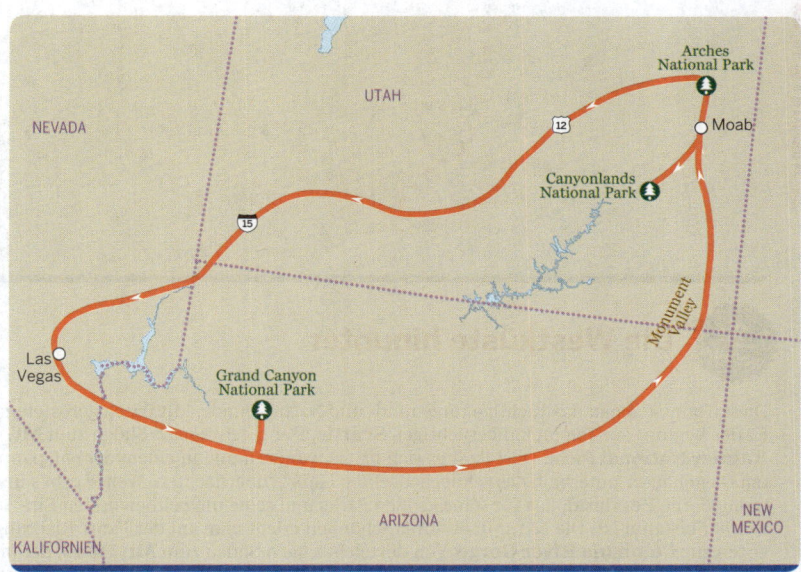

2 WOCHEN Das Beste im Südwesten

Hier stehen die größten Wahrzeichen des Südwestens im Zentrum. Man erlebt die berühmteste Stadt der Region, den größten Canyon und eine atemberaubende Landschaft aus roten Felsen. Die Tour beginnt in **Las Vegas**, wo man ein paar Tage verbringt und den Strip erkundet. Genug Dekadenz geschnuppert? Dann auf nach Osten, ins Land des Grand Canyon. Lust auf ein einmaliges Erlebnis? Wer auf dem Rücken eines Maultiers am South Rim in die Schlucht hinabsteigt und die Nacht auf dem Grund des Canyons in der Phantom Ranch verbringt, wird sich sicher sein Leben lang daran erinnern.

Vom Grand Canyon geht's nordostwärts zum **Monument Valley**. Die Landschaft unterwegs wirkt wie aus einem Hollywood-Western. Ein paar der schönsten Ecken des Landes findet man in den Nationalparks im Südwesten Utahs. Man kann durch die wundersam geformten Slot Canyons im **Canyonlands National Park** wandern, im **Arches National Park** den Sonnenuntergang bewundern oder außerhalb von **Moab** eine Mountainbike-Tour auf dem Slickrock Trail unternehmen. Auf dem spektakulären **Highway 12** geht's nach Westen, wo man auf die I-15 trifft, die einen zurück nach Las Vegas bringt.

Die Westküste hinunter

Diese Tour ist genau das Richtige für Strand- und Naturfreunde. Mit frisch geröstetem Kaffee beginnt der Tag im kaffeesüchtigen **Seattle**. Dann geht's nach Süden zum **Mt. Rainier National Park**. Dort lässt es sich prima wandern und in einem der entspannten Gästehäuser unterhalb des schneebedeckten Gipfels übernachten. Weiter geht's ins topmoderne **Portland**, das für seine großen Parks und seine umweltbewussten Einwohner bekannt ist. Die Natur in all ihrer Schönheit erlebt man auf der Fahrt Richtung Osten zur **Columbia River Gorge**. Von dort geht's nach Süden zum **Mt. Hood**, der im Winter ideal zum Skifahren und im Sommer zum Wandern ist. Noch mehr Abenteuer erwarten einen bei den **Sisters**, einem Berg-Trio mit einer Höhe von rund 3050 m, und dem kristallblauen **Crater Lake**. Im sonnigen **Ashland** kann man sich ein Shakespeare-Stück ansehen und dann über die Berge zur nebligen Küste fahren. Der Hwy 199 bringt einen nach Kalifornien, wo man in den **Redwood National and State Parks** durch majestätische, uralte Wälder wandert.

Weiter geht's die Küste entlang nach Süden durch das flippige **Arcata** und **Eureka**. Nachdem man sich an der **Lost Coast** buchstäblich verloren (und wiedergefunden) hat, geht's auf dem Hwy 1 durch das idyllische **Mendocino**, dessen malerische Landzungen und zerklüftete Küste zum Wandern einladen. Nun wird's Zeit für ein paar Weinproben vor pittoresker Kulisse, denn landeinwärts liegen das **Napa** und das **Sonoma Valley**. Weiter im Süden gelangt man zum romantisch hügeligen, schon immer freigeistigen **San Francisco**. Es geht zurück auf den Hwy 1 und durch das vom Surfen besessene **Santa Cruz**, das stattliche, in einer Bucht gelegene **Monterey** und das von Beatniks geprägte **Big Sur**. In null Komma nix erreicht man das surreal anmutende **Hearst Castle** und das entspannte, vom College-Leben geprägte **San Luis Obispo**.

Weiter ins mediterran angehauchte **Santa Barbara**, und in Ventura dann auf die Fähre zu den tierreichen **Channel Islands**. Die von **Los Angeles** ausgehende Anziehungskraft ist sehr stark. Am besten lässt man sich treiben und streift durch die von Palmen gesäumten Viertel von L.A. Danach zieht man weiter gen Süden. In **Laguna Beach** schlendert man die Uferklippen entlang, und dann geht's nach **San Diego**.

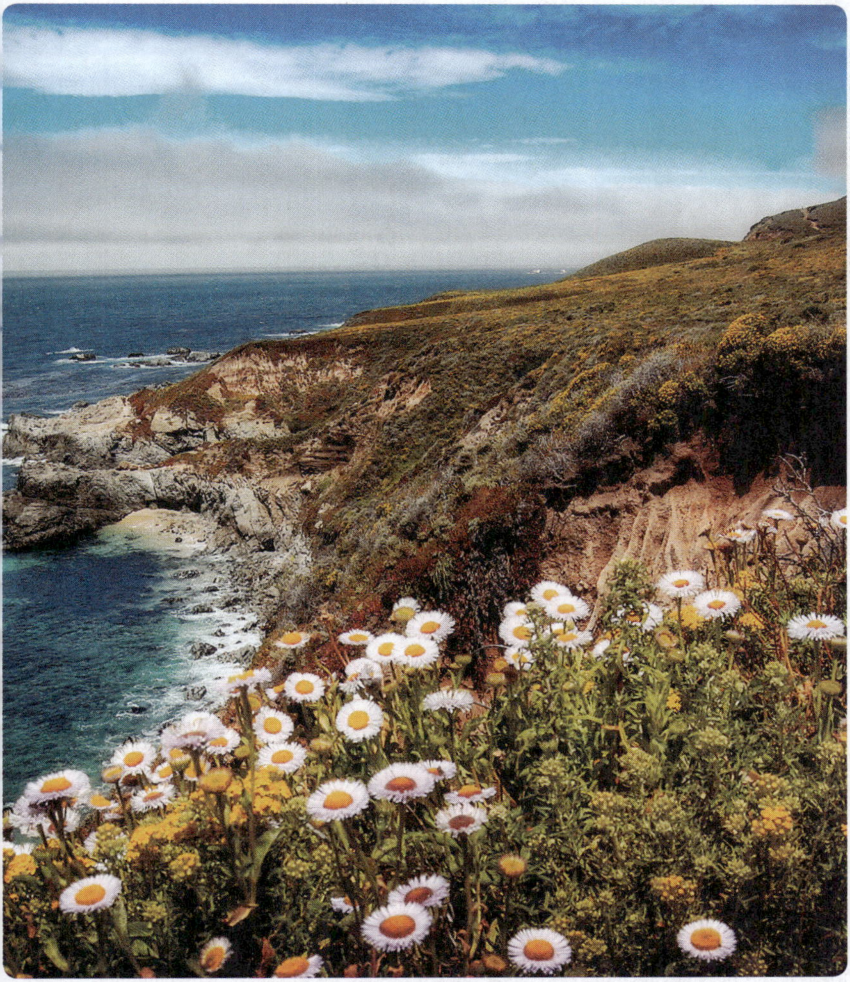

PILLARS OF CREATION PHOTOGRAPHY / GETTY IMAGES ©

IMAGE SOURCE / GETTY IMAGES ©

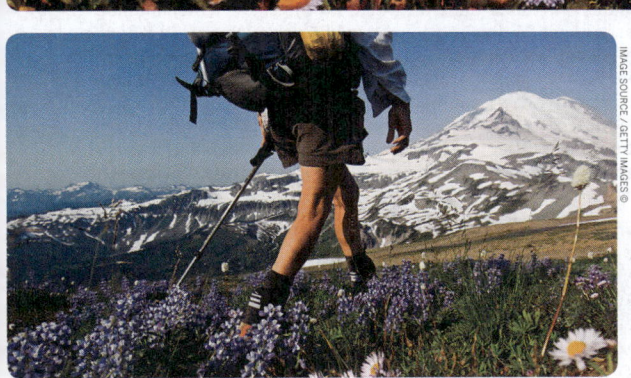

Oben: Big Sur (S. 125), Kalifornien

Links: Mt. Rainier National Park (S. 229), Washington

Rocky Mountain High

Badesachen, Mountainbike und Wanderstiefel zusammenpacken, denn es geht hinauf zur Kontinentalen Wasserscheide. Die ersten zwei Tage genießt man die Kleinbrauereien und die Mountainbike-Pfade in **Durango**, einem Gebirgsstädtchen, wie es im Buche steht. Von hier fährt man auf dem Million Dollar Hwy (Hwy 550) nach Norden durch die San Juan Mountain Range, besucht **Silverton** und nimmt ein Bad in den Thermalquellen in **Ouray**. Ein Abstecher nach **Telluride** lohnt sich, wenn gerade ein Fest stattfindet – und im Sommer gibt's fast an jedem Wochenende eins. Von Montrose fährt man auf dem Hwy 50 gen Osten. Unterwegs kann man im **Black Canyon of the Gunnison National Park** stoppen und einen Blick in die Schlucht werfen. Dann geht's weiter nach Norden zum Hwy 24. Die erste Woche endet stilvoll mit einer Übernachtung im noblen **Vail**.

Kajakfahren, Klettern und Leute beobachten stehen in **Boulder** auf dem Programm. Dann geht's zum Wandern und Reiten in den **Rocky Mountain National Park**. Auf jeden Fall sollte man auch die Fahrt über die Trail Ridge Rd wagen, die einen atemberaubenden Blick in die Berge bietet. Weiter geht's auf der I-25 nach Norden. In Wyoming nimmt man die I-80 nach Westen zum Hwy 287. Ihm folgt man bis **Lander** und klettert ein bisschen auf den Felsen rum. Es geht weiter Richtung Norden nach **Jackson Hole**, ein weiteres Städtchen, in dem man viel Spaß haben kann. Vielleicht schaut man sich ein Rodeo an oder macht eine Raftingtour auf dem Snake River. Von hier ist es nicht weit zum **Grand Teton National Park**. Hier kann man an einem idyllischen See entpannen und in den Bergen wandern. Als Nächstes ist der gewaltige **Yellowstone National Park** dran, dessen Highlights Geysire, Bisons und tolle Wanderungen sind.

Die letzte Woche beginnt mit einer Fahrt auf dem Beartooth Hwy nach Montana. Dort wechselt man auf die I-90 Richtung Westen nach **Bozeman** und **Missoula**. Beide Orte sind ideal, um sich vor dem Finale noch einzudecken. Natur satt gibt's im **Bob Marshall Wilderness Complex**. Auch der **Glacier National Park** verdient einen Besuch, denn noch sind die rund 25 Gletscher vorhanden, aber wer weiß, wie lange das noch so bleibt. Bei einer Wanderung kann man sich nach Tieren in freier Natur umschauen. Zum Abschluss unternimmt man noch eine Fahrt auf der tollen Going-to-the-Sun-Road.

Große Rundtour durch den Westen

4 WOCHEN

Diese Tour führt führt zu den Highlights des Westens: entlang der kalifornischen Küste, vorbei an den üppigen Landschaften des Nordwestens, den Skiorten in den Rockies, dem glühenden Red Rock im Südwesten und zum Schluss zurück nach Kalifornien.

Vom **San Diego** folgt man zunächst dem Hwy 1 nach Norden durch die Surfer-Dörfer des **Orange County** mit einem Abstecher nach **Disneyland** bis nach **L. A.** Auf dem Hwy 1 geht es weiter die Küste hinauf. Erster Halt ist im glänzenden **Santa Barbara**. Nachdem man das **Hearst Castle** bestaunt hat, geht's weiter nordwärts durch das bewaldete **Big Sur**. In der Künstlerhochburg **San Francisco** kann man essen, shoppen und Alcatraz besichtigen, bevor man wieder zurück auf den Hwy 1 fährt.

Nachdem man die riesigen Bäume in den **Redwood National and State Parks** bewundert hat, fährt man weiter nach Oregon und nimmt sich Zeit für etwas Outdoor-Spaß in **Bend**. Die Landschaft auf dem Weg nach Westen an der **Columbia River Gorge** entlang ist einfach prächtig. Danach sind ein paar Tage **Portland** angesagt, wo man das Bier und die tolle Aussicht genießt. In **Seattle** geht's erst mal die Space Needle hinauf. Dann führt die Fahrt weiter gen Osten ins weit offene Montana mit den Naturwundern im **Glacier National Park**. Von dort geht's nach Süden zum **Yellowstone National Park**. Unter majestätischen Bergen rauscht man weiter in den **Grand Teton National Park**, danach fährt man nach Südosten und durch die weiten Prärien Wyomings.

In Colorado holt man erst im Outdoor-Zentrum **Boulder** tief Luft und lässt sich dann vom Großstadtleben in **Denver** verführen. Auf dem Programm stehen jetzt die Bergwerksorte in den San Juan Mountains und der **Mesa Verde National Park**. Südlich davon, in New Mexico, sind die Künstlerzentren **Taos** und **Santa Fe** perfekt für tolle Geschenke. In **Albuquerque** gibt's zur Stärkung einen Chili-Eintopf, und dann geht's über die Route 66 Richtung Westen nach Arizona, mit Stopp am **Meteor Crater** und am **Grand Canyon National Park**. Die Fahrt geht weiter nach Westen nach **Las Vegas**. Dann führt der Weg nach Zentralkalifornien in die Nationalparks **Death Valley**, **Sequoia**, **Kings Canyon** und **Yosemite**. Die Tour endet mit einem Glas kalifornischen Wein in San Francisco.

Reiseplanung
Route 66 & Panoramastraßen

Silber, Gold und andere Mineralien lockten die Goldgräber im 19. Jh. in den Westen. Heute sind es die schönen Straßen, die die Massen anziehen. Von einsamen Wüstenwegen bis hin zu aufregenden Bergstraßen ist der Westen voller malerischer Strecken.

Alles dabei?

Vorbereitung ist das A und O bei einer Straßentour, besonders im Westen der USA, wo die Straßen einsam sind und das Wetter launisch ist.

Im Fahrzeug sollten ein Ersatzreifen, ein Werkzeugkasten (mit Wagenheber, Starthilfekabel, Eiskratzer usw.) und ein Verbandskasten vorhanden sein. Falls man einen Mietwagen fährt, sollte man den Kauf entsprechender Dinge in Erwägung ziehen.

Unbedingt gute Karten mitführen, vor allem wenn man abseits der Highways unterwegs ist: In abgelegenen Gebieten ist auf GPS kein absoluter Verlass!

Zusätzliches Wasser mitnehmen – das braucht man, falls das Auto in der Wüste eine Panne hat.

Regelmäßig nachtanken: Die Tankstellen können weit voneinander entfernt liegen.

Stets Führerschein und Versicherungsnachweis dabei haben.

Top-Restaurants unterwegs

Turquoise Room, Route 66, Winslow, AZ

Hell's Backbone Grill, Hwy 12, Boulder, UT

Asylum Restaurant, Hwy 89/89A, Jerome, AZ

Frontier, Route 66, Albuquerque, NM

Santa Barbara Shellfish Co, Pacific Coast Highway, Santa Barbara, CA

Route 66

„Kitsch satt auf der Route 66" wäre das passende Motto für den rauen Abschnitt der Mother Road, der durch Kalifornien, Arizona und New Mexico führt: Ein Motel in Gestalt eines Wigwams. Ein Meteoritenkrater. Bettelnde Esel. Und ein von Solarenergie gespeistes Riesenrad mit Blick auf den Pazifik. All das liegt ein bisschen abseits, aber die Leute vor Ort freuen sich, wenn man vorbeikommt.

Auf zur Route 66!

Geschichte, Landschaften und die offene Straße. Diese spannende Kombination macht eine Tour auf der Route 66 so genial. Fahrer sollten beachten, dass die I-40 und die Route 66 sich in Großteilen von New Mexico und Arizona überschneiden.

In New Mexico bereiten die Neonschilder von Tucumcari ein fröhliches Willkommen im Westen. Sie sorgen auch für Abenteuerstimmung – die richtige Stimmung, bevor man in das taucherfreundliche Blue Hole in Santa Rosa abtaucht. Zunächst gibt's einen köstlichen Chilieintopf im Frontier in Albuquerque, dann geht's ab ins 1937 gegründete El Rancho Motel (John Wayne hat hier übernachtet!) in Gallup.

In Arizona lockt ein Abstecher vom Highway für eine großartige Fahrt durch den Petrifed Forest National Park. Man wird mit wundervollen Ausblicken auf die Painted Desert belohnt. Näher hinsehen lohnt sich im südlichen Teil des Parks, wo unweit der Hauptstraße 225 Mio. Jahre alte Fossilienholzblöcke liegen. Die Nacht verbringt man in einem Beton-Tipi in Holbrook, westlich des Parks. Der nächste Halt ist die *Take It Easy*-Stadt Winslow, *where there's a girl, my Lord, in a flatbed Ford*, wie die Eagles sangen. Nachdem man ein Foto von der berühmten Ecke gemacht hat, gibt's ein tolles Abendessen im Turquoise Room des La Posada Hotel. Der Meteor Crater östlich von Flagstaff ist ein riesig großes Loch im Boden – und ein guter Ort, um zur Ruhe zu kommen und durchzuatmen. Von hier verläuft die Route 66 parallel zu den Eisenbahnschienen ins lebhafte Flagstaff. Unterwegs kommt man an dem wundervollen Museum Club vorbei, einem hüttenartigen Gebäude, in dem einfach jeder Spaß hat. Dann folgt Williams, eine Stadt an der Bahnlinie mit Motels mit Innenhöfen und viel Kleinstadtcharme.

Seligman ist ein schrulliges kleines Dorf, das Reisende mit Retro-Motels, einem Roadkill Cafe – was übersetzt soviel bedeutet wie „totgefahrenes Tier" und zum Motto *you kill it, we grill it* passt – und einem Spritzer unechtem Senf im Snow-Cap Drive In begrüßt. Alte Burma-Shave-Werbeschilder locken einen mit lustigen Botschaften zu den Grand Canyon Caverns, wo man 21 Stockwerke unter der Erde eine Höhlenwanderung unternehmen und auch übernachten kann. Die nun folgenden Highlights an der Strecke sind ein bunt gemischter Kramladen in Hackberry, das Route 66 Museum in Kingman und die auf Heu versessenen Esel unter der sengenden Sonne von Oatman.

Die gleißende Sonne begleitet einen auch in Kalifornien, wo die Mother Road in die Mojave-Wüste eintaucht, vorbei an Geisterstädten, die auf die einsame Bahnschilder hinweisen. In Victorville gibt's in Emma Jeans Holland Burger Café den scharf gewürzten „Brian Burger". Im modischen Pasadena steigt die Stimmung, ehe die Straße den Pazifik erreicht. Am Santa Monica Pier dreht man eine Runde auf dem mit Solarstrom betriebenen Riesenrad und gönnt sich zum Abschluss der Fahrt den weiten Blick in den Sonnenuntergang.

Reisezeit

Eine Tour auf der Route 66 bietet sich besonders zwischen Mai und September an, wenn es warm ist und mehrere verschiedene Outdoor-Aktivitäten zur Wahl stehen.

Die Route

Die Fahrt beginnt in Tucumcari, NM, dann geht es Richtung Westen durch Arizona und Kalifornien bis nach Barstow in Kalifornien ungefähr parallel zur I-40. Nach Barstow führt die Route 66 südwärts durch San Bernardino auf der I-15 und knickt dann westwärts nach Pasadena ab, von wo aus man der I-110 zum Santa Monica Blvd westwärts in die Küstenstadt Santa Monica folgt.

Dauer & Strecke

➡ Dauer: Wer es eilig hat, kann die Tour in zwei oder drei Tagen bewältigen. Mehr Spaß macht es, wenn man sechs Tage einplant.

➡ Strecke: Rund 1250 Meilen (2010 km), je nachdem, auf welchen Abschnitten man fährt.

DIE GESCHICHTE DER ROUTE 66

Die 1926 geschaffene Route 66 erstreckte sich von Chicago bis Los Angeles und verband auf ihrem Verlauf durch acht Bundesstaaten unzählige Kleinstädte und Landstraßen. Berühmt-berüchtigt wurde die Straße während der Weltwirtschaftskrise, als auf ihr die Farmer aus dem Dust Bowl über die Great Plains Richtung Westen zogen. Der Spitzname „Mother Road" fand sich erstmals in John Steinbecks Roman *Die Früchte des Zorns*, der diese Ära behandelte. Nach dem Zweiten Weltkrieg ging es zunächst weniger krisenhaft und lustiger zu, als sich, beflügelt vom neuen Wohlstand, viele Amerikaner hinters Steuer setzten, um ihr Land zu erkunden. Aber gerade als alles in Gang gekommen war, begann die Bundesregierung mit dem Aufbau des Interstate-Netzes, welches schließlich das Aus für die Mother Road brachte. Als letzte Stadt an der Route 66 erhielt schließlich 1984 selbst Williams in Arizona eine Interstate-Umgehung.

Panoramastraßen

| | 0 | 1000 km |
| | 0 | 500 Meilen |

- **1** Route 66
- **2** Pacific Coast Highway
- **3** Highway 89/89A
- **4** Million Dollar Highway
- **5** Beartooth Highway
- **6** Highway 12
- **7** High Road to Taos
- **8** Going-to-the-Sun Road
- **9** Historic Columbia River Highway

Pacific Coast Highway

Liebende, Bummler und Bohemiens: Los geht's! Die Highways, die Kanada mit Mexiko entlang der Westküste verbinden, sind ideal für Touren mit dem Auto; darunter ist auch der unglaublich malerische Pacific Coast Highway (PCH).

Auf zum Pacific Coast Highway!

Auf der epischen Strecke an der Westküste, die durch Kalifornien, Oregon und Washington führt, besucht man kosmopolitische Städte, Surferparadiese und charmante Küstenenklaven, die entdeckt werden wollen. Für viele Traveller ist die großartige Landschaft das eigentliche Highlight: wilde, einsame Strände, Blicke von den Klippen hinunter auf brechende Wellen, sanfte Hügel und Wälder voller Redwood- und Eukalyptusbäume. Aber die Strecke sieht nicht nur wunderbar aus; sie hat Persönlichkeit – und neben dem Highway gibt's jede Menge Abenteuer für Surfer, Kajakfahrer, Gerätetaucher und Wanderer.

Die besonderen Leckerbissen? Da sind zunächst einmal die Städte. Die Küstenhighways verbinden einige der hinreißendsten Metropolen an der Westküste miteinander, angefangen vom surferverrückten San Diego in Südkalifornien über das hedonistische Los Angeles bis zum unkonventionellen San Francisco. Noch weiter im Norden lohnt sich ein Abstecher ins kunstsinnige und politisch progressive Seattle im Bundesstaat Washington.

Wer die städtischen Gebiete meiden will, hält sich einfach an die Orte dazwischen. In Südkalifornien passiert der PCH die fast schon zu perfekten Strände des Orange County („OC") und von Santa Barbara (die „Amerikanische Riviera"). Weiter im Norden führt der Hwy 1 durchs verrückte Santa Cruz (zugleich Universitätsstadt und Surferparadies) und dann an der Küste von Big Sur und nördlich von Mendocino durch Redwoodwälder. Weiter im Norden folgen am Hwy 1 Sanddünen, Erholungsorte am Meer und Fischerdörfer im Küstenstaat Oregon und schließlich in Washington die unberührte Natur der Olympic Peninsula mit gemäßigten Regenwäldern und die idyllisch ländlichen, mit Küstenfähren erreichbaren San Juan Islands.

Reisezeit

Die Strecke kann man zu jeder Jahreszeit gut fahren, im Norden muss man im Winter aber natürlich mit Regen und

Schnee rechnen. Die Hauptsaison ist in der Regel von Juni bis Ende August, das ist allerdings nicht unbedingt die beste Zeit für eine Reise, weil im Frühsommer viele Abschnitte der Küste im Nebel (dem „June Gloom") liegen können. Idealere Bedingungen können die Zwischensaisons bieten: Die Zeiträume vor dem Memorial Day (April & Mai) sowie nach dem Labor Day (also Sept. & Okt.) zeichnen sich durch Sonnenschein und kühle Nächte aus. Hinzu kommt, dass dann der Massenandrang um einiges geringer ist als zur Hauptsaison.

Die Route

Die Highways haben eine Gesamtlänge von fast 1500 Meilen (2400 km) von Grenze zu Grenze – nämlich von Tijuana in Mexiko bis hinauf zur kanadischen Provinz British Columbia. In Kalifornien wechselt die Küstenstrecke zwischen der I-5, dem Hwy 101 und dem Hwy 1 (im Zweifel einfach immer an der Küste bleiben!), in Oregon und Washington verläuft sie dagegen durchgängig auf dem Hwy 101.

Dauer & Strecke

➡ Dauer: Es ist kein längerer Aufenthalt vorgesehen? Trotzdem braucht man etwa vier Tage, weil einen dichter Verkehr und zweispurige Straßen zum langsameren Fahren zwingen; um alles zu sehen und zu genießen, sollte man aber schon 10 bis 14 Tage einplanen.

➡ Strecke: Rund 1500 Meilen (2400 km).

Highway 89/89A: Von Wickenburg zum Oak Creek Canyon

Der Hwy 89 und seine Nebenstrecke, der Hwy 89A sind bei Travellern beliebt, die Arizona auf der Straße erkunden wollen, denn sie führen durch einige der malerischsten und interessantesten Regionen in diesem Bundesstaat. Die hier beschriebene Strecke führt über die Weaver und Mingus Mountains hinunter nach Sedona und zum Oak Creek Canyon.

Auf zum Highway 89/89A!

Diese Strecke ist unsere Lieblingstour in Arizona. Es ist zwar nicht die schönste oder wildeste Strecke, aber hier bekommt man einen greifbaren Einblick in den Wilden Westen, so als ob man mit der Zeitmaschine in die Vergangenheit gereist sei. Aber die Route bleibt nicht im 19. Jh. hängen – nein, weit gefehlt: Hier findet man Kunstwege, einen Weinpfad, stilvolle Geschäfte und tolle Restaurants, die der Region einem modernen Touch geben. Wer sich für Cowboy-Geschichte interessiert, sollte etwas Zeit in Wickenburg und auf dessen Ferienranches verbringen. Der Hwy 89 führt über den Hwy 93 aus der Stadt heraus und nach kurzer Zeit zu den Weaver Mountains, wo er auf einer Strecke von 6,4 km um 762 m steigt. In Yarnell auf der Spitze des Berges wird die Straße wieder ebener – hier kam es im Sommer 2013 zu einem verheerenden Brand. Weiter geht's an Viehherden und Felstürmen vorbei ins Peeples Valley. Von hier aus erreicht man die berüchtigte Whiskey Row von Prescott, wo der historische Palace Saloon steht. Thumb Butte ist ein kaum zu verfehlendes Wahrzeichen westlich des Zentrums, und auf dem Weg aus der Stadt passiert man die ungewöhnlichen Felsen von Granite Dells.

Nun folgt man dem Hwy 89A nach Jerome – festhalten! Dieser Serpentinenabschnitt der Straße duldet keine Ablenkungen, er verläuft ganz eng am Mingus Mountain entlang. Wer sich traut, schaut nach Osten, um einen faszinierenden Ausblick auf das Verde Valley zu erhaschen. Ihren kurvigen Höhepunkt erreicht die Zick-Zack-Route in Jerome, einer früheren Bergbaustadt, die förmlich am Hang des Cleopatra Hill zu kleben scheint. Hier warten Kunstgalerien, Verkaufs- und Verkostungsräume, skurrile Pensionen und eine ungewöhnliche hohe Anzahl von Geistern. Im Audrey Headframe State Park kann in einen 582 m tiefen Schacht blicken und dann das Bergbaumuseum im benachbarten Jerome State Historic Park besuchen. Auf dem Weg nach Old Town Cottonwood führt der Hwy 89A durch eine weitere Bergbaustadt: Clarkdale. In Richtung Sedona lohnen sich Abstecher zu Weingütern an der Page Springs Rd oder eine Rundfahrt durch die Stadt über den Cathedral Rock und die Red Rock Loop Rd. Sedona ist ein Erholungsort, ein hübsches Städtchen zum Dinieren und Einkaufen von Kunst und Navajo-Teppichen. Die Tour endet am Oak Creek Canyon, dessen namensgebendes Flüsschen im Schatten

ALAN MAJCHROWICZ / GETTY IMAGES ©

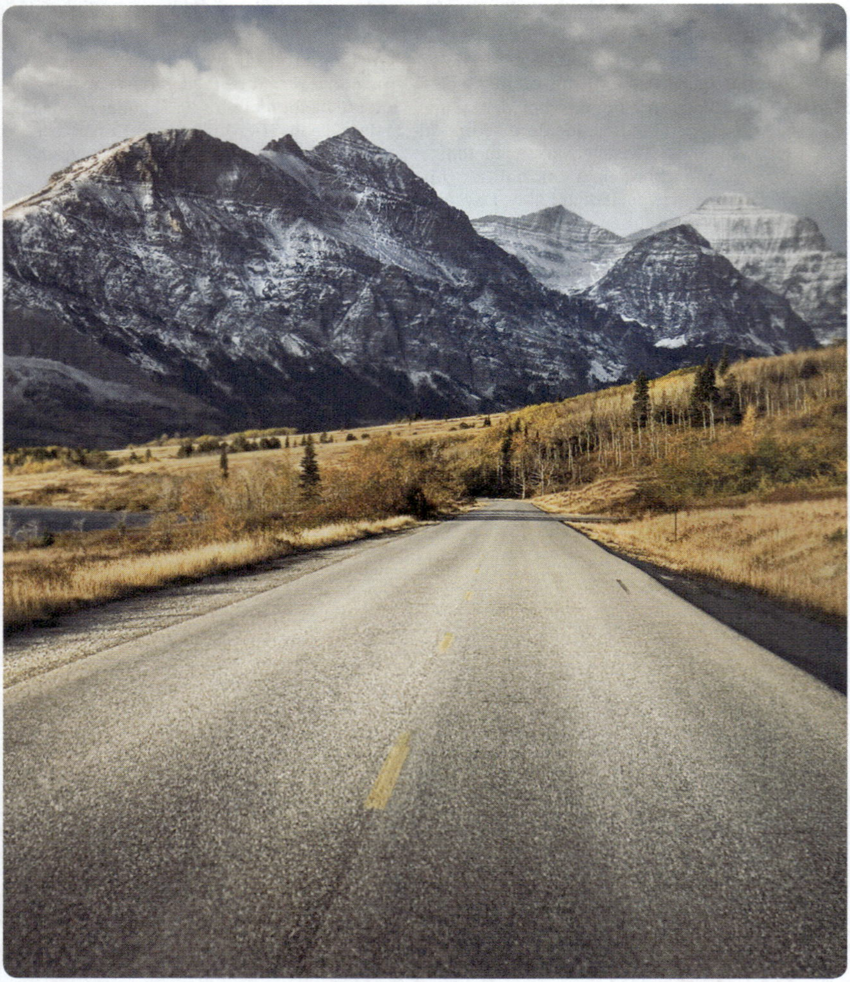

KEVIN T. LEVESQUE / GETTY IMAGES ©

Oben: Going-to-the-Sun Road, Glacier National Park (S. 334), Montana

Rechts: Route 66, Williams (S. 382), Arizona

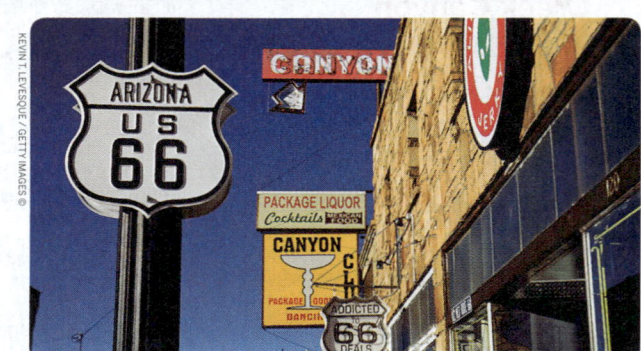

eines riesigen Korridors aus roten Felsen durch üppiges Grün plätschert.

Reisezeit

Diese Tour ist im Frühjahr, Sommer und Herbst am angenehmsten; den winterlichen Schneefällen geht man besser aus dem Weg – allerdings kann man in den Bergen auch im April noch Schneeflocken sehen. Im Hochsommer ist der Aufenthalt im tief gelegenen, glühend heißen Wickenburg kein Vergnügen.

Die Route

Von Wickenburg aus dem Hwy 93 zum Hwy 89 folgen und dann weiter nordwärts nach Prescott fahren. Nördlich der Stadt auf den Hwy 89A wechseln und diesem bis Sedona folgen!

Dauer & Strecke

➡ Dauer: Die Strecke lässt sich an einem halben Tag bewältigen, aber um sie richtig zu genießen, sollten zwei bis drei Tage eingeplant werden.

➡ Strecke: 134 Meilen (216 km).

Million Dollar Highway

Die Strecke zwischen Ouray und Silverton im südlichen Colorado ist eine der schönsten Gebirgsstraßen der USA. Dieser Teil des 236 Meilen (380 km) langen San Juan Skyway und Abschnitt der US 550 ist als Million Dollar Highway bekannt, weil das Straßenbett mit goldhaltigem Erz ausgefüllt sein soll.

Auf zum Million Dollar Highway!

25 Meilen (40 km) schlängelt sich die Fahrbahn über drei Gebirgspässe und bietet einen Blick auf viktorianische Wohnhäuser, schneebedeckte Berggipfel, die Eingänge von Minenschächten und eine von Felsen umsäumte Schlucht. Aber der Reiz liegt nicht nur in der wunderbaren Aussicht, auch ein Teil der Fahrt verspricht Nervenkitzel pur. Haarnadelkurven, gelegentliche Felsrutsche und die schmale, sich an Berghänge schmiegende Strecke sorgen dafür, dass die Fahrt stellenweise nicht an einen Sonntagnachmittagsausflug, sondern an ein Nascar-Abenteuer erinnert. Das char-

mante Ouray liegt auf fast 2375 m Höhe und ist von hoch aufragenden Gipfeln umgeben. Der Ort liegt vor der Uncompahgre Gorge, einem steilen, felsigen Canyon, der für seine Möglichkeiten zum Eisklettern bekannt ist. Es lohnt sich, von dem Ort aus eine Wanderung zu machen oder ein Bad in den Thermalquellen der Stadt zu nehmen. Hinter Ouray schmiegt sich der 1884 nach dreijähriger Bauzeit fertiggestellte Million Dollar Highway an den Rand der Schlucht und windet sich an alten, in die Gebirgshänge geschlagenen Bergwerken, vorbei. Aufpassen muss man auf die masochistischen Radler, die in ihren Elastananzügen auf der schmalen Straße über die Gebirgspässe preschen. In Silverton sollte man aussteigen und die mit Espen bewachsenen Berge genießen. Und wenn möglich sollte man zusehen, wie der Dampfzug der Durango & Silverton Narrow Gauge Railroad in die Stadt hinein tuckert.

Reisezeit

Der Sommer ist die beste Reisezeit. Im Winter sind die höchsten Pässe manchmal gesperrt und wenn nicht, braucht man Schneeketten. Auch im Sommer kann durchaus noch Schnee liegen, aber die Straße ist durchgängig geräumt.

Die Route

Von Ouray dem Hwy 550 südwärts nach Silverton folgen.

Dauer & Strecke

➡ Dauer: Die Strecke lässt sich in wenigen Stunden bewältigen, aber um sich alles Sehenswerte anzuschauen, sollte man schon einen ganzen Tag einplanen.

➡ Strecke: 25 Meilen (40 km).

Abstecher

Die Strecke zwischen Ouray und Telluride misst 50 Meilen (80 km) – wenn man sich an die befestigte Straße hält. Mit einem geeigneten fahrbaren Untersatz können Abenteuerlustige die 16 Meilen (25,7 km) lange Straße über den Imogene Pass nehmen. Auf dieser Bergwerksstraße überquert man Wildbäche, fährt durch Bergwiesen und über die höchsten Pässe im Bundesstaat. Unterwegs passiert man auch eine alte Mine. Für diese „Abkürzung" braucht man aber drei Stunden. Na, immer noch Lust?

Beartooth Highway

Der himmelhohe Beartooth Highway ist, will man manchen Leuten glauben, die beste Zufahrt zum Yellowstone National Park. Motorradfahrer schwärmen von ihm als der schönsten Strecke für Motorradtouren im Westen. Und wieder andere nennen ihn den malerischen Highway in den USA – und vielleicht treffen sogar alle drei Behauptungen zu.

Auf zum Beartooth Highway!

Manchmal möchte man einfach einen Ort finden, der so anregend und schön ist, dass man anhalten, aussteigen, sich auf die Brust schlagen oder die Haare schütteln und einfach „Yeah" brüllen muss. Im Westen der USA ist der Beartooth Highway dafür der richtige Ort.

Von Red Lodge, MT, führt die abenteuerliche Strecke in das Gletschertal des Rock Creek Canyon über eine Reihe von Haarnadelkurven hinauf und gewinnt dabei in wenigen Kilometern erstaunliche 1500 m an Höhe. Am Rock Creek Vista Point Overlook sollte man Halt machen, um die wunderbare Aussicht zu genießen – der kurze Spazierweg zum Aussichtspunkt ist auch für Rollstuhlfahrer geeignet. Die Straße setzt sich auf dem Hochplateau an der „Mae West Curve" vorbei bis nach Wyoming fort. In Twin Lakes hat man einen Blick auf das kesselförmige Tal; hier gibt es außerdem bis ins Frühjahr einen Skilift zu einer extremen Skipiste für Wagemutige. Nach einer Reihe von Serpentinen kommen im Nordwesten das Hellroaring Plateau und der schroffe Bears Tooth (3539 m) in Sicht. Die Strecke, die durch alpine Tundra führt, erreicht am Beartooth Pass West Summit mit 3345 m ihren höchsten Punkt. Hier findet man manchmal auch im Juni oder sogar Juli noch über 4 m hohe Schneewehen.

Vorbei an weiteren Seen führt die Strecke hinter der Beartooth Butte, einem großen Brocken des Sedimentgesteins, das früher die Beartooths bedeckte, wieder ins Tiefland hinunter. Hier gibt's mehrere ausgezeichnete Stellen zum Fischen am Clarks Fork, ehe die Straße wieder nach Montana zurückgeht und über den 2486 m hohen Colter Pass Cooke City erreicht. Der nordöstliche Eingang zum Yellowstone Park ist 4 Meilen (6,4 km) von Cooke City entfernt.

Reisezeit

Wer neben der Autofahrt auch noch etwas wandern möchte, sollte im August kommen. Dann ist das Wetter normalerweise für Outdoor-Aktivitäten besonders gut.

Die Route

Von Red Lodge dem Hwy 212 westwärts – durch Wyoming hindurch – nach Cooke City in Montana folgen!

Dauer & Strecke

➡ Dauer: Auf dem kurvenreichen Beartooth Highway ist ein Durchrauschen nicht möglich, man braucht schon einen ganzen Vor- oder Nachmittag.

➡ Strecke: 68 Meilen (109 km).

Highway 12

Utahs wahrscheinlich vielfältigste und schönste Straße, der Hwy 12, führt durch abgelegene, zerklüftete Canyon-Landschaften und verbindet mehrere Nationalparks und State Parks in dem Gebiet des Bundesstaats, wo sich die roten Felsen konzentrieren. An der Strecke gibt's auch ein paar fantastische Restaurants.

Auf zum Highway 12!

Mit seiner faszinierenden Mischung aus purpurnen Canyons, weitläufigen Wüsten, dichten Wäldern und luftigen Gipfeln eignet sich der Hwy 12 im Süden Utahs hervorragend für abenteuerlustige Entdecker. Der Trip beginnt am Bryce Canyon National Park, dessen rotgoldene Felsnadeln den passenden Startpunkt für die farbenprächtige Reise setzen, die einen erwartet.

In Richtung Osten fahrend, erwartet einen das erste Highlight in Form des Kodachrome Basin State Park, in dem versteinerte Geysire und Dutzende rote, pinkfarbene und weiße Sandsteinkamine stehen – einige sind über 50 m hoch. Nun fährt man durch das winzige Escalante und erreicht nach 13 km die Straße herunter den Aussichtspunkt Head of the Rocks Overlook auf dem Aquarius Plateau. Von hier blickt man auf riesige Tafelberge, hohe Bergkuppen, tiefe Schluchten und wogende, glattgeschliffene Felsrücken, die förmlich in Farben zu explodieren scheinen.

Das nahe Grand Staircase-Escalante National Monument ist mit fast 7689 km² der größte Park im Südwesten. Die Lower Calf Creek Recreation Area im Park und neben dem Hwy 12 bietet einen Picknickbereich und einen hübschen Campingplatz. Hier beginnt auch die 9,6 km lange Rundwanderung zu den beeindruckenden, 38 m hohen Wasserfällen Lower Calf Creek Falls. Auch die schmale Hogback Ridge zwischen Escalante und Boulder ist sehr beeindruckend.

Der interessanteste Abschnitt der Route sind für viele die Serpentinen und versteinerten Sanddünen zwischen Boulder und Torrey. Doch diese Region hat nicht nur tolle Ausblicke zu bieten. In Boulder lohnt sich z.B. eine herrliche Mahlzeit aus lokalen Zutaten im Hell's Backbone Grill; danach gibt's hausgemachte Cookies und Kuchen im Burr Trail Grill & Outpost. Oder man genießt ein köstliches südwestliches Gericht im Cafe Diablo weiter nördlich in Torrey.

Reisezeit

Das beste Wetter und die besten Streckenbedingungen – vor allem bei der Fahrt über den 3353 m hohen Boulder Mountain – bietet der Hwy 12 zwischen Mai und Oktober.

Die Route

Vom US Hwy 89 in Utah den Hwy 12 ostwärts zum Bryce Canyon National Park nehmen! Die Straße wendet sich am Kodachrome Basin State Park nach Norden und führt weiter nach Torrey.

Dauer & Strecke

➡ Dauer: Die Strecke lässt sich problemlos in einigen wenigen Stunden abfahren. Wenn man die Gegend ein wenig kennen lernen will, sollte man aber zwei oder drei Tage einplanen.

➡ Strecke: 124 Meilen (200 km).

High Road to Taos

Diese Nebenstraße im nördlichen New Mexico verbindet Santa Fe mit Taos und führt durch Dörfer mit Lehmziegelbauten und vorbei an von Bergen flankierten Aussichtspunkten in und bei den Truchas Peaks.

Auf zur High Road to Taos!

Santa Fe und Taos sind bekannte Künstlergemeinden, schöne Orte voller Galerien,

Studios und Museen. Zwei so tolle Städte sollten durch eine landschaftlich schöne Straße verbunden sein, und die bergige High Road to Taos wird diesem Anspruch gerecht.

Von Santa Fe folgt man Hwy 84/285 nach Norden. Dann fährt man auf den Hwy 503 in Richtung Nambe, wo man zu Wasserfällen wandern oder einfach am gleichnamigen See meditieren kann. Von hier führt die Straße nach Norden ins malerische Chimayo. Die Mauern im Santuario de Chimayo, das auch „Lourdes von Amerika" genannt wird, sind von herrenlosen Krücken gesäumt. 1816 wurde diese Lehmkapelle mit zwei Türmen über einem Ort erbaut, der wundersame heilende Kräfte haben soll. Man sollte sich Zeit nehmen, um die Gemeinde zu erkunden und die edlen Web- und Schnitzarbeiten in den familiengeführten Galerien zu bewundern. Unweit von Truchas, einem Dorf aus Galerien und jahrhundertealten Lehmhütten, befindet sich der High Road Marketplace. Diese Kooperative am SR 676 verkauft eine Vielzahl an Kunstwerken regionaler Künstler. Wer den Hwy 76 zur Kirche von San José de Gracia hinauffährt – einer der schönsten Kirchen der USA aus dem 18. Jh. –, kann hier gut erhaltene Originalgemälde und -schnitzereien bewundern.

Als nächstes erreicht man Picuris Pueblo, das einst zu den mächtigsten Pueblos der Region gehörte. Die Route endet in Penasco, einem Tore zur Pecos Wilderness, wo sich auch das experimentelle Penasco Theatre befindet. Von hier aus folgt man den Hwys 75 und 518 bis nach Taos.

Reisezeit

Die Hauptsaison ist der Sommer, aber die Fahrt ist auch im Frühling dank der Blütenpracht sehr schön. Im Herbst präsentiert sich die Landschaft als eine Show aus buntem Laub. Da die Strecke durch die Berge führt, ist der Winter für eine Fahrt nicht gerade ideal.

Die Route

Von Santa Fe aus den Hwy 84/285 westwärts nach Pojoaque nehmen und dann rechts auf den Hwy 503 Richtung Nambe abbiegen. Vom Hwy 503 auf den Hwy 76 und dann auf den Hwy 75 wechseln und schließlich über den Hwy 518 nach Taos fahren.

Dauer & Strecke

➡ Dauer: Ohne Pause sollte diese Fahrt einen halben Tag dauern, aber wenn man sich etwas umschauen und einen Einkaufsbummel machen will, sollte man schon einen ganzen Tag einplanen.

➡ Strecke: 85 Meilen (137 km).

Going-to-the-Sun Road

Die 53 Meilen (85 km) lange Going-to-the-Sun Road ist ein heißer Anwärter auf den Titel der spektakulärsten Straße Amerikas. Sie ist die einzige befestigte Straße, die durch den Glacier National Park, MT, führt.

Auf zur Going-to-the-Sun Road!

Gletscher! Grizzlybären! Eine Straße, die sich als Wunder moderner Ingenieurskunst an den Berg schmiegt! Ja, die Going-to-the-Sun Road provoziert Superlative und Ausrufezeichen und das ganz zu Recht. Die 1933 fertiggestellte Straße durchquert eine raue, aber wunderschöne Berglandschaft und führt in vielen Kurven über die hochgelegene kontinentale Wasserscheide, die üblicherweise schneebedeckt ist. Vom Westeingang des Parks aus schmiegt sich die Straße an den schimmernden Lake McDonald. Vor einem liegt nun der hochragende Garden Wall, der 2700 m hohe Grat

---

DIE GOING-TO-THE-SUN-ROAD: WAHRZEICHEN UND LEGENDE

Die Going-to-the-Sun Road wurde nach dem Going-to-the-Sun Mountain benannt. Nach einer Legende – oder einer Geschichte, die in den 1880er-Jahren zusammenfabuliert wurde – soll ein Gott den Stammesmitgliedern der Blackfeet einst das Jagen beigebracht haben. Nach der Lehrstunde hinterließ er ein Abbild von sich auf dem Berg, um den Stamm zu inspirieren, und stieg dann wieder zur Sonne hinauf. Heute ist die Straße ein National Historic Landmark und zugleich ein National Civil Engineering Landmark – die einzige Straße im Land, die beide Titel auf sich vereint.

der Kontinentalscheide, die die Ostseite des Parks von der Westseite trennt. Die Straße überquert die Kontinentalscheide über den Logan Pass (2097 m). Von hier aus folgt der 18,5 Meilen (29,8 km) lange Highline Trail dem Felsrückgrat des Parks und bietet eine großartige Aussicht auf Gletschertäler, schroffe Gipfel, Wildblumen und Tiere in freier Wildbahn. Und Letztere sind absolut sehenswert: Schneeziegen, Dickhornschafe und Elche. Vielleicht erblickt man sogar einen Grizzlybär oder einen der scheuen Vielfraße. Etwas Platz sollte man aber noch auf seiner Speicherkarte lassen, denn hinter dem Logan Pass kommt die Straße am Jackson Glacier Overlook vorbei, wo man die schmelzenden Monolithe des Parks bestaunen kann. Nach Ansicht von Experten dürften angesichts der globalen Erwärmung die letzten Gletscher des Parks bis zum Jahr 2020 verschwunden sein. Höchste Zeit also, sie zu besichtigen!

Reisezeit

Die schneereiche Straße wird erst spät im Jahr frei gegeben und früh wieder gesperrt; die Strecke ist in der Regel zwischen Mitte Juni und Mitte September befahrbar. 2011 wurde die Strecke allerdings aufgrund ungewöhnlich starker Schneefälle erst am 13. Juli geöffnet.

Die Route

Vom Westeingang des Glacier National Park folgt man der Going-to-the-Sun Road östlich nach St. Mary.

Dauer & Strecke

➡ Dauer: Die hängt ganz von den Straßenbedingungen ab, aber mindestens einen halben Tag muss man schon einplanen.

➡ Strecke: 53 Meilen (85,3 km).

Historic Columbia River Highway

Üppiges Grün und die Geschichte der Erschließung des Westens sind die Highlights auf dem US 30, einer sorgsam geplanten Nebenstraße die östlich von Portland, Oregon, an der Columbia River Gorge entlangführt.

Auf zum Historic Columbia River Highway!

Am Historic Columbia River Hwy reiht sich ein Wasserfall an den anderen. Die ursprüngliche, 1922 fertiggestellte Straße verband Portland mit The Dalles. Als erste befestigte Straße im Nordwesten wurde sie genau geplant: Die Aussichtspunkte wurden sorgfältig gewählt und Steinwände und Brücken geschmackvoll in die Landschaft eingefügt. Bemerkenswert ist auch die Geschichte der Route: Lewis und Clark zogen hier entlang, als sie 1805 zum Pazifik vordrangen. 50 Jahre später endete der Überlandtreck der Pioniere auf dem Oregon Trail mit der Überwindung der tückischen Gewässer der Schlucht. Heute sind zwar Teile der ursprünglichen Straße geschlossen oder von der US 84 ersetzt worden, aber viele Abschnitte der US 30 können noch befahren und einige geschlossene Abschnitte zu Fuß oder per Fahrrad erkundet werden. Ein Highlight an der Strecke ist der Portland Women's Forum Park, von wo aus man einen der schönsten Blicke in die Schlucht hat. Im nahen, 1916 errichteten Vista House, das zu Ehren der Pioniere des Oregon Trail gebaut wurde, ist heute ein Visitor Center. Das Haus thront auf dem Crown Point, einem Aussichtspunkt, der zugleich das westliche Ende der Schlucht markiert. Und was die tosenden Wasserfälle betrifft: Da sollte man sich keinesfalls die Multnomah Falls entgehen lassen, den mit 196 m höchsten Wasserfall Oregons.

Reisezeit

Die Wasserfälle führen zwischen Februar und Mai das meiste Wasser. Für Wanderungen bietet sich vor allem der Sommer an.

Die Route

Um den historischen Highway zu erreichen, muss man östlich von Portland Exit 17 oder 35 von der I-84 nehmen und ostwärts fahren. Der westliche Abschnitt der ursprünglichen Fernstraße endet bei Multnomah Falls. Dort wechselt man auf die I-84 und fährt nach Osten bis zum Exit 69 bei Mosier, wo man auf den Hwy 30 zurückkehrt.

Dauer & Strecke

➡ Dauer: Ein Tag.

➡ Strecke: 100 Meilen (161 km).

Reiseplanung

Outdoor-Aktivitäten

Abenteuerer erwartet im Westen der USA ein Paradies. Ob Stubenhocker, Wochenendtarzan oder Ironman, der Westen hat Oudoorspaß für alle zu bieten. Und als Sahnehäubchen gibt's meist noch atemberaubende Landschaften obendrauf. Man kann sich in einem Reifen treiben lassen, nach Kolibris Ausschau halten, über versteinerte Dünen brausen, über verschneite Hänge wedeln, auf mächtigen Wellen surfen oder im berühmtesten Canyon der Welt wandern.

Ultimative Outdoor-Erlebnisse

Raften auf dem Colorado River – und zwar mitten durch den Grand Canyon, AZ

Zum Gipfel des Half Dome, Yosemite National Park, CA, wandern

Radfahren in den Maroon Bells, Aspen, CO

Klettern im Joshua Tree National Park, CA

Am Angels Landing, Zion National Park, UT, herumkraxeln

Planschen in den Havasu Falls, AZ

Skifahren in Vail, CO

Eisberge berühren im Glacier National Park, MT

Wildtiere beobachten

Bären: Glacier National Park, MT

Wapitis, Bisons und Wölfe: Yellowstone National Park, WY

Vögel: Patagonia-Sonoita Creek Preserve, AZ

Wale und Delfine: Monterey Bay, CA

Campen

Camper haben die Qual der Wahl. In Colorado kann man sein Zelt an Bergseen und Bächen aufstellen, in Süd-Arizona unter Saguaro-Kakteen und in Kalifornien an prächtigen Sandstränden.

Standards

➡ **Einfache Campingplätze** haben meist Feuerstellen, Picknicktische und Zugang zu Trinkwasser und Plumps-/Kompostiertoiletten. Man findet sie vor allem in National Forests (USFS) oder in vom Bureau of Land Management (BLM) verwalteten Gebieten.

➡ **Erschlossene Campingplätze** bieten mehr Komfort, sie haben u. a. WCs, Grills und gelegentlich auch Warmwasserduschen und Münz-Waschmaschinen. Man findet sie in der Regel in State Parks und Nationalparks.

➡ **Stromanschluss für Wohnmobile** und **Müllsammelstellen** Beides gibt es auf vielen privaten Campingplätzen, aber nur auf wenigen Campingplätzen auf öffentlichem Land.

➡ **Private Campingplätze** sind in den meisten Fällen für Wohnmobile gedacht. Sie haben Warmwasserduschen, Swimmingpools, WLAN-Zugang und Hütten für Familien. Zeltstellplätze sind hier eher Mangelware und wenig einladend.

NATIONALPARKS IM WESTEN DER USA

PARK	HIGHLIGHTS	AKTIVITÄTEN	BESTE ZEIT
Arches	mehr als 2500 Sandstein-bögen	Panoramafahrten, Tages-wanderungen	Frühjahr–Herbst
Bryce Canyon	leuchtend bunte, erodierte Felsnadeln (Hoodoos)	Tages- & Backcountry-Wanderungen, Ausritte	Frühjahr–Herbst
Canyonlands	Südwest-Panorama der Canyons, Mesas & Buttes	malerische Aussichtspunkte, Backcountry-Wanderungen, Wildwasserfahrten	Frühjahr–Herbst
Carlsbad Caverns	weitläufige Höhlensysteme; Kolonie von Bulldoggfledermäusen	Höhlentouren, Backcountry-Wanderungen	Frühjahr–Herbst
Death Valley	heiße, dramatische Wüste & einmalige Ökologie	Panoramafahrten, Tageswanderungen	Frühjahr
Glacier	eindrucksvolle Gletscherlandschaft, Schneeziegen	Tages- & Backcountry-Wanderungen, Panoramafahrten	Sommer
Grand Canyon	spektakulärer, 446 km langer und 1600 m tiefer Canyon	Tages- & Backcountry-Wanderungen, Touren mit Mulis, Flussfahrten	Frühjahr–Herbst
Grand Teton	hochragende Granitgipfel; Elche, Bisons, Wölfe	Tages- & Backcountry-Wanderungen, Klettern, Angeln	Frühjahr–Herbst
Sequoia & Kings Canyon	Riesenmammutbaum-Haine, Granitcanyon	Tages- & Naturwanderungen, Skilanglauf	Sommer–Herbst
Mesa Verde	antike Felsbehausungen der Ansazi-Kultur, historische Stätten, Mesas & Canyons	kurze Wanderungen	Frühjahr–Herbst
Olympic	gemäßigte Regenwälder, Bergwiesen, Mt. Olympus	Tages- & Backcountry-Wanderungen	Frühjahr–Herbst
Petrified Forest	versteinerte Bäume, Petroglyphen, Painted-Desert-Landschaft	Tageswanderungen	Frühjahr–Herbst
Redwood	unberührter Küstenmammutbaumwald, die höchsten Bäume der Erde; Wapitis	Tages- & Backcountry-Wanderungen	Frühjahr–Herbst
Rocky Mountain	beeindruckende Gipfel, Gebirgstundra, die kontinentale Wasserscheide; Wildtiere wie Wapitis, Dickhornschafe, Elche, Biber	Tages- & Backcountry-Wanderungen, Skilanglauf	Sommer–Herbst
Saguaro	riesige Saguaro-Kakteen, Wüstenlandschaft	Tages- & Backcountry-Wanderungen	Frühjahr–Herbst
Yellowstone	Geysire & Thermalbecken, eindrucksvolle Canyons; viele Wildtiere	Tages- & Backcountry-Wanderungen, Radfahren, Skilanglauf	das ganze Jahr über
Yosemite	Tal mit nackten Granitwänden, Wasserfälle, Bergwiesen	Tages- & Backcountry-Wanderungen, Klettern, Skifahren	das ganze Jahr über
Zion	gewaltiger Canyon mit roten Felsen, Virgin River	Tages- & Backcountry-Wanderungen, Canyoning	Frühjahr–Herbst

➡ **Nur zu Fuß erreichbare Campingplätze** bieten mehr Ruhe und Privatsphäre. Einige auf öffentlichem Land sind für Langstreckenwanderer und Radfahrer reserviert.

Preise & Reservierungen

Viele öffentliche und private Campingplätze nehmen Reservierungen für einige oder alle ihrer Stellplätze an, auf manchen werden die Stellplätze nur nach dem Prinzip „Wer zuerst kommt, mahlt zuerst" vergeben. Die einfachsten Campingplätze sind kostenlos, bei gut zugänglichen Wohnmobilparks zahlt man für einen Platz mit Stromanschluss bis zu 50 US$ oder mehr; der Rest liegt preislich irgendwo dazwischen.

Folgende Adressen helfen bei der Suche nach Campingplätzen und geben Auskunft über ihre Ausstattung. Online erfährt man, ob etwas frei ist und kann reservieren:

Recreation.gov (www.recreation.gov) Reservierung von Stellplätzen und Hütten in Nationalparks, National Forests, auf BLM-Land usw.

ReserveAmerica (www.reserveamerica.com) Reservierung von Stellplätzen in State Parks,

---

TOP-TRAILS IM WESTEN DER USA

Wenn man zehn Leute nach ihrer Lieblings-Wanderroute im Westen fragt, wird man zehn verschiedene Antworten erhalten. Und weil das Land so groß ist und die Entfernungen riesig sind, ist das auch kein Wunder. Bei den folgenden Empfehlungen darf man trotzdem sicher sein, nicht daneben zu liegen.

➡ **South Kaibab/North Kaibab Trail, Grand Canyon, AZ** (☑928-878-9378, 877-716-9378; www.destinationgrandcanyon.com; Touren 50–350 US$/Pers.) Eine mehrtägige Wanderung durch den Canyon am Colorado River entlang und zurück, hinauf zu seinem Rand.

➡ **Longs Peak Trail, Rocky Mountain National Park, CO** (S. 284) Sehr beliebter, 24 km langer Rundweg zum felsigen Gipfel des 4346 m hohen Longs Peak mit Ausblick auf schneebedeckte Berge.

➡ **Angels Landing, Zion National Park, UT** (S. 425) Nach einer waghalsigen Kletterei über einen schmalen Grat mit steilem Abgrund auf beiden Seiten werden Wanderer mit einem weiten Blick über den Zion Canyon belohnt. Der Rundweg hat eine Länge von 8 km.

➡ **Mt. Washburn Trail, Yellowstone National Park, WY** (S. 314) Vom Dunraven Pass aus führt der von Wildblumen gesäumte Weg 4,8 km hinauf zum Gipfel des 3122 m hohen Mt. Washburn, von dem man eine schöne Aussicht genießt. Tipp: Unterwegs nach Dickhornschafen Ausschau halten!

➡ **Pacific Crest Trail** (PCT; www.pcta.org) Der Weg verläuft über 4264 km von Kanada bis nach Mexiko, folgt dabei dem Kamm der Cascades und der Sierra Nevada und durchquert dabei nahezu alle Ökosysteme Nordamerikas.

➡ **Half Dome im Yosemite National Park, CA** (S. 184) Der Weg ist furchteinflößend und anstrengend, der Blick ins Yosemite Valley jedoch wunderschön ... und am Ende weiß man befriedigt, was man vollbracht hat.

➡ **Enchanted Valley Trail, Olympic National Park, WA** (S. 219) Ein prächtiger Blick auf die Berge, umherschweifende Wildtiere und üppiger Regenwald erwarten einen auf der 20,9 km langen Wanderung in abgelegener Natur.

➡ **Great Northern Traverse, Glacier National Park, MO** (www.nps.gov/glac) Der 93 km lange Weg führt durchs Zentrum des Grizzlylands und überquert dabei die kontinentale Wasserscheide.

➡ **Big Loop, Chiricahua National Monument, AZ** (S. 403) Die 15,3 km lange Wanderung im Südosten von Arizona führt auf verschiedenen Wegen an einer „Armee" wundersamer Felspfeiler vorbei, die Apachenkrieger einst als Versteck benutzten.

➡ **Tahoe Rim Trail, Lake Tahoe, CA** (S. 193) Der 265 km lange Allzweckweg umkreist hoch oben den See und bietet einen tollen Ausblick in die Sierra.

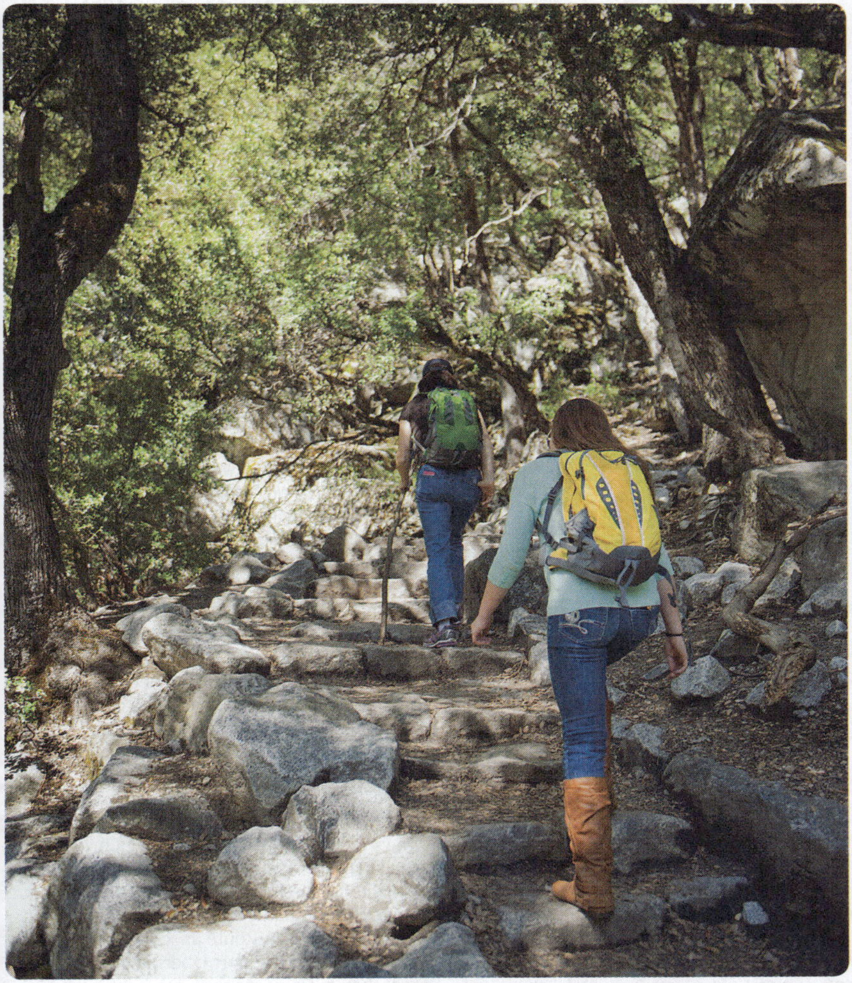

Oben: Wanderung zu den Yosemite Falls, Yosemite National Park (S. 184), Kalifornien

Rechts: Klettern im Joshua Tree National Park (S. 113), Kalifornien

PANORAMIC IMAGES / GETTY IMAGES ©

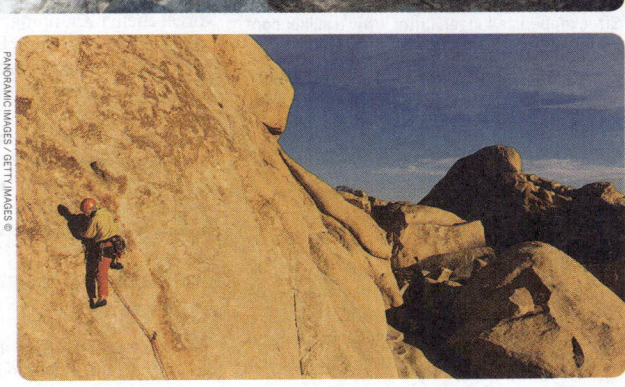

Regional Parks und auf einigen privaten Campingplätzen. Die Telefonnummern für die einzelnen Bundesstaaten sind auf der Website zu finden.

Kampgrounds of America (KOA, ☎406-248-7444; www.koa.com) Kette verlässlicher, aber recht teurer privater Campingplätze mit kompletter Ausstattung, auch für Wohnmobile.

Wandern

An tollen Wanderwegen herrscht im Westen wahrlich kein Mangel. Fitness wird überall großgeschrieben und im Umfeld der meisten Metropolen gibt es zumindest einen großen Park mit Wanderwegen. Nationalparks und National Monuments sind ideale Orte für längere und kürzere Wanderungen. Falls man auf einer Wanderung aber unterm Sternenzelt übernachten will, ist es unbedingt geboten, sich dafür vorab eine Genehmigung zu beschaffen, ganz besonders an Orten wie dem Grand Canyon – die Plätze sind begrenzt, und vor allem im Sommer gibt es Engpässe.

Infos im Internet

➡ **Wilderness Survival** Das Buch von Gregory Davenport ist der wahrscheinlich beste Ratgeber zum Überleben in fast jeder Notlage.

➡ **American Hiking Society** (www.american hiking.org) Links zu örtlichen Wanderclubs und zu Ferienjobs beim Anlegen neuer Wege.

➡ **Backpacker** (www.backpacker.com) Erstklassiges landesweites Magazin für Backpacker, egal ob Anfänger oder alte Hasen.

➡ **Rails-to-Trails Conservancy** (www.railsto trails.org) Die Organisation baut stillgelegte Bahnstrecken zu Wander- und Radwegen um; Streckenbeurteilungen unter www.traillink.com.

➡ **Survive Outdoors** (http://www.surviveout doors.com) Tipps zu Sicherheit und Erster Hilfe, außerdem hilfreiche Fotos gefährlicher Tiere.

Gebühren & Genehmigungen

➡ State Parks erheben in der Regel eine Eintrittsgebühr von 5 bis 15 US$; diese ist geringer oder entfällt, wenn man zu Fuß oder mit dem Rad kommt.

➡ Die Zufahrtsgebühr für Nationalparks beträgt durchschnittlich 10 bis 25 US$ pro Fahrzeug und gilt für sieben aufeinanderfolgende Tage; in einigen Nationalparks ist der Besuch kostenlos.

➡ Der „America the Beautiful"-Pass (80 US$) berechtigt ein Jahr lang zu unbegrenztem Zutritt zu Nationalparks, National Forests und anderen Erholungsgebieten unter föderaler Verwaltung.

➡ Für größere eintägige, vor allem aber für mehrtägige Wanderungen sind häufig Genehmigungen („Wilderness Permits") erforderlich, die in den Rangerstationen und Besucherzentren in den Parks ausgegeben werden. In Spitzenzeiten – also zwischen Spätfrühjahr und Frühherbst – wird der Zugang mit Tagesquoten reguliert.

➡ Manche dieser Genehmigungen können vorab reserviert werden; sehr beliebte Wege (z. B. Half Dome, Mt. Whitney) sind oft schon mehrere Monate im Voraus ausgebucht.

➡ In einigen National Forests Südkaliforniens kann nur parken, wer einen **National Forest Adventure Pass** (5/30 US$ pro Tag/Jahr) besitzt. Wer rund um Sedona, AZ, wandern will, braucht einen **Red Rock Pass** (www.redrockcountry.org; 5/15 US$ pro Tag/Woche). Die Pässe gibt's bei USFS-Rangerstationen, an Kiosken (einiger Startpunkte) und in manchen Geschäften vor Ort.

Radfahren

Radfahren wird in den USA immer beliebter, und die Städte legen neue Radwege an und werden fahrradfreundlicher. Auch auf dem Land entstehen immer mehr Wege. Radbegeisterte gibt's überall und zahlreiche Veranstalter bieten geführte Touren jeder Länge und jedes Schwierigkeitsgrads an.

In vielen Bundesstaaten finden mehrtägige Fahrradveranstaltungen statt, etwa „Ride the Rockies" in Colorado. Gegen eine geringe Gebühr kann man sich dem Pulk auf der malerischen Route anschließen; das Gepäck wird zum zur Übernachtung vorgesehenen Campingplatz gebracht. Eine weitere tolle Fahrt führt zum Mt. Lemmon in Arizona – ein kräftezehrender, 45 km langer Anstieg aus dem Talgrund der Sonora-Wüste zum 2791 m hohen Gipfel. Inzwischen kann man auch am Südrand des Grand Canyon im Nationalpark Fahrräder mieten. Auf der Hermit Rd radelt man nach Hermit's Rest oder man fährt auf dem Greenway Trail, der stetig verlängert wird.

Die fahrradfreundlichsten Städte

➡ **San Francisco, CA** Bei einer Radtour über die Golden Gate Bridge landet man auf den

MOUNTAINBIKER AUFGEPASST!

Mountainbiker finden ihr Dorado in Boulder, CO, Moab, UT, Bend, OR, Ketchum, ID, oder Marin, CA, wo Gary Fisher und Co. den Sport pushten, indem sie auf selbst zusammengebastelten Rädern die felsigen Flanken des Mt. Tamalpais hinunterpreschten. Zu den weiteren tollen Strecken gehören:

➡ **Kokopelli's Trail, UT** (http://www.blm.gov/ut/st/en/fo/moab/recreation/mountain_bike_trails/kokopelli_s_trail.html) Eine der besten Moutainbikestrecken im Südwesten. Sie erstreckt sich über 225 km auf gebirgigem Terrain zwischen Loma in Colorado und Moab in Utah. Zu den weiteren Optionen in der Nähe zählen die von Hütte zu Hütte führende Tour zwischen Telluride in Colorado und Moab in Utah sowie die ebenfalls wunderschöne, kürzere, aber sehr herausfordernde Route von Aspen nach Crested Butte.

➡ **Sun Top Loop, WA** (www.visitrainer.com) Die 35,4 km lange Route mit anstrengenden Steigungen bietet einen wunderbaren Blick auf den Mt. Rainier und die umliegenden Gipfel an den Westhängen der Cascades in Washington.

➡ **Downieville Downhill, Downieville, CA** (www.sierracountychamber.com) Dieser Weg in der Nähe der gleichnamigen Ortschaft in den Ausläufern der Sierra im Tahoe National Forest ist nichts für Biker mit schwachen Nerven: Die Abfahrt verläuft an den Klippen über dem Fluss sowie durch alte Kiefernwälder und bewältigt in weniger als 23 km einen Höhenunterschied von 1280 m!

➡ **McKenzie River Trail, Willamette National Forest, OR** (www.fs.usda.gov/activity/willamette/recreation, www.mckenzierivertail.com) Der 35,4 km lange, einspurige Trail windet sich durch dichte Wälder und vulkanische Formationen. Der Ort McKenzie liegt ungefähr 80 km östlich von Eugene.

➡ **Porcupine Rim, Moab, UT** (www.blm.gov/ut) Der 48 km lange, ehrwürdige Rundweg um Moab führt im Schatten der Berge durch die Wüste und hält tolle Ausblicke und haarige Abfahrten bereit. Es ist eine schwierige Strecke, man sollte also ausreichend Wasser dabei haben.

wunderschönen, erstaunlich hügeligen Marin Headlands.

➡ **Boulder, CO** Das Mekka für Outdoor-Begeisterte bietet viele tolle Radwege, darunter auch den 25,7 km langen Boulder Creek Trail.

➡ **Portland, OR** Eine Schatztruhe voller toller Radtouren (auf Straßen und querfeldein).

➡ **Los Angeles, CA** Das Radfahren in den Straßen ist nicht so toll, aber der sonnige South Bay Trail ist ein malerischer, ebener Radweg, der die ganze Strecke zwischen Santa Monica und Redondo Beach an der Küste entlang verläuft.

Surfen

Die besten Wellen Nordamerikas brechen sich an der Küste Kaliforniens. Es gibt viele Optionen – vom schrägen und entspannten Santa Cruz bis zu San Franciscos Ocean Beach (nicht unbedingt was für Anfänger) oder dem bohemehaften Bolinas, 48 km weiter nördlich. Im Süden warten in San Diego, La Jolla, Malibu und Santa Barbara starke Wellen und Santa-Ana-Winde; außerdem gibt es dort wärmeres Wasser, weniger Weiße Haie und eine hippe, für Südkalifornien typische Strandszene. Die besten Bedingungen findet man zwischen September und November vor. An der Küste von Oregon und Washington gibt's kilometerweite einsame Strände und überall kleine Surfergemeinden.

Die schönsten Surf-Spots in Kalifornien

Huntington Beach (alias Surf City, USA) ist so etwas wie die Surferhauptstadt: pausenlos Sonnenschein und perfekte Brecher, besonders im Winter bei wenig Wind.

➡ **Huntington Beach, Orange County** Das Zentrum der Surferwelt ist ideal, um einen Einblick in die Szene zu gewinnen und um ein paar Unterrichtsstunden zu nehmen.

➡ **Oceanside Beach, Oceanside** Im Sommer bietet der familienfreundliche Strand, der zu den schönsten Südkaliforniens zählt, mit die beständigsten Wellen weltweit.

➡ **Rincon, Santa Barbara** Einer der besten Surfspots des Planeten: Praktisch jeder Champion in dieser Sportart hat sich in Rincon bereits blicken lassen.

➡ **Steamer Lane und Pleasure Point, Santa Cruz** An diesen beiden netten Spots gibt es elf Breaks von Weltklasse, darunter die Pointbreak über felsigem Untergrund.

➡ **Swami's, Encinitas** Der beliebte Surfstrand unter dem Seacliff Roadside Park bietet vielseitige Breaks, sodass man immer mit fantastischen Wellen rechnen kann.

Leihausrüstung & Surfunterricht

Surfbretter werden praktisch an jedem Strand verliehen, wo Surfen möglich ist. Für einen halben Tag zahlt man rund 30 US$, für einen Neoprenanzug kommen noch 10 US$ dazu.

Zweistündigen Gruppenunterricht für Anfänger gibt's ab 75 US$ pro Person, für zweistündigen Einzelunterricht muss man zwischen 85 und 120 US$ berappen. Und wer noch tiefer in die Tasche greift, für den bieten Surfschulen teurere Wochenend-Kurse und einwöchige „Surfari"-Camps an.

Stehpaddeln (SUPen) ist leichter zu erlernen und gewinnt immens an Popularität. Bretter und Paddel gibt's zu vergleichbaren Preisen überall an der Küste von San Diego bis nördlich der San Francisco Bay.

Infos im Internet

➡ **Surfline** (www.surfline.com) Umfassender Atlas, Live-Webcams und Surfberichte über das Gebiet von San Diego bis Santa Barbara.

➡ **Surfer** (www.surfermag.com) Web-Magazin aus Orange County mit Reiseberichten, Bewertung von Ausrüstung, News-Blogs und Videos.

➡ **Surfrider** (www.surfrider.org) Umweltbewusste Surfer können sich dieser gemeinnützigen Organisation anschließen, die sich dem Schutz der Küsten verschrieben hat.

Raften

Optionen für malerische und spektakuläre Wildwasserfahrten gibt's im Westen der USA allerhand. In Kalifornien locken der Tuolumne River und der American River mit mittelschweren bis sehr schweren Stromschnellen, und in Idaho bietet der Middle Fork des Salmon River alles, was das Rafter-Herz begehrt: eine reiche Fauna, prickelnde Stromschnellen, Wasserfälle, Thermalquellen und die Geschichte der Siedler obendrein. Der North Fork des Owyhee River, der sich aus dem Hochplateau im Südwesten von Oregon bis in die Prärien Idahos schlängelt, ist populär und entzückt mit hohen Hoodoos. In Utah kann man nördlich von Moab bei einer leichten Fahrt auf dem Colorado River nach Wildtieren Ausschau halten oder sich im Canyonlands National Park an eine Wildwasserfahrt durch Kategorie-V-Stromschnellen inmitten roter Felsen heranwagen.

Wer einen Platz für eine Fahrt auf dem Colorado River durch den Grand Canyon ergattern will – und das ist der Trip schlechthin! –, muss mindestens ein Jahr im Voraus reservieren. Übrigens: Auch wer sich nicht auf nervenaufreibende Stromschnellen einlassen will, kann Spaß haben: Viele Flüsse haben Abschnitte, auf denen man sich gemächlich auf einem Floß oder in einem Reifen *(tube)* treiben lassen kann.

Kajak- & Kanufahren

Zur Erkundung ruhiger Gewässer (ohne Stromschnellen und Wellenbrecher) sind Kajaks oder Kanus ideal. Für große Seen oder das offene Meer bietet sich ein seetüchtiges Kajak an. Beachtet werden muss, dass Kajaks zum Transport von sperrigem Gepäck nicht immer geeignet sind.

Will man eine malerische Tour mit einem Kajak unternehmen, kann man praktisch überall an der kalifornischen Küste sein Boot in die Wellen schieben. Beliebte Stellen sind u. a. La Jolla und die State Parks an der Küste, unmittelbar nördlich von Santa Barbara. Im Nordwesten garantieren die Gewässer rund um die San Juan Islands und die Olympic Peninsula sowie der Puget Sound Kajakspaß von Weltklasse. Mondschein-Paddeltouren sind in der Richardson Bay bei Sausolito in Kalifornien möglich. Durchschnittlich 20 bis 40 US$ kostet es, ein seetüchtiges Kajak für zwei Stunden zu leihen. Anbieter mit guter Reputation werden einen über den Gezeitenverlauf und die Windbedingungen auf der vorgesehenen Route informieren.

Im Nordwesten, wo das Wasser von eisbedeckten Vulkanen herabströmt, sind auch Wildwasser-Kajakfahrten beliebt. Auf dem Upper Sgakit River kann man dabei nach Weißkopfseeadlern spähen, während es auf dem Klickitat River durch wilde, abgelegene Schluchten geht. In der Nähe von Portland sind der Clackamas und der North Santiam River lohnende Ziele. Was Wildwasserfahrten in städtischer Umgebung angeht, sind Colorados Wildwasserparks nicht zu schlagen. Recht neue Wildwasserparks gibt's z.B. in Boulder, Denver und Fort Collins.

Infos im Internet

American Canoe Association (www.american canoe.org) Infos über Kajak- und Kanufahrten.

American Whitewater (www.americanwhitewater.org) Die Gruppe setzt sich für nachhaltigen Freizeitspaß und den Schutz wilder Flüsse ein.

Canoe & Kayak (www.canoekayak.com) Fachzeitschrift für Paddelsportler.

Kayak Online (www.kayakonline.com) Tipps zum Kauf von Ausrüstung und hilfreiche Links zu Kajakveranstaltern, Schulen und Verbänden.

Skifahren & Wintersport

In allen Bundesstaaten im Westen gibt es Skiresorts, selbst in Arizona. Colorado hat einige der besten Skigebiete des Westens, aber auch Kalifornien und Utah punkten mit alpinem Wintersport von Weltklasse. Die Skisaison dauert in der Regel von Mitte Dezember bis April, in manchen Resorts aber auch länger. Im Sommer verwandeln sich viele Resorts dank ihrer Sessellifte in Tummelplätze von Mountainbikern und Wanderern. Pauschalangebote (mit Anreise, Hotelunterkunft und Lifttickets) sind über Resorts, Reisebüros und Online-Webportale leicht zu buchen und können durchaus eine gute Alternative sein, wenn man in erster Linie Ski fahren möchte.

Doch wo auch immer man auf die Bretter steigt – billig ist dieser Spaß nicht. Am günstigsten wedelt man die Pisten hinunter, wenn man werktags kommt, Mehrtagestickets kauft und sich für weniger bekannte Resort-„Ableger" (z.B. Alpine Meadows in der Nähe von Lake Tahoe) oder Berge entscheidet, an deren Hänge sich vor allem Menschen aus der jeweiligen Region tummeln, beispielsweise die Santa Fe Ski Area oder Wolf Grade in Colorado.

Die besten Skiresorts

➡ **Schnee, Höhenlage und Ambiente** Vail, CO, Squaw Valley, CA, und das mondäne Aspen, CO.

➡ **Entspannte Szene und steile Abfahrten** Alta, UT, Telluride, CO, Jackson, WY, und Taos, NM.

WALE BEOBACHTEN

Grau- und Buckelwale legen bei ihren Wanderungen die längsten Strecken unter allen Säugetiere zurück: mehr als 8000 km von der Arktis bis nach Mexiko und wieder zurück. Die meisten Tiere passieren dabei die Küste der Nordweststaaten zwischen November und Februar (südwärts) und noch einmal zwischen März und Juni (nordwärts). Vor der Küste Kaliforniens kann man Grauwale zwischen Dezember und April erspähen, während Buckel- und Pottwale im Sommer und Herbst vorüberziehen. Fernglas nicht vergessen! Zu den besten Stellen zur Walbeobachtung zählen:

➡ **Depoe Bay & Newport, OR** Gute Infrastruktur für Walbeobachter; Tourboote.

➡ **Long Beach & Westport, WA** Beobachtungen vom Strand aus.

➡ **Puget Sound & San Juan Islands, WA** Ortsansässige Schwertwal-Population.

➡ **Klamath River Overlook, CA** Von Klippen aus Wale beobachten.

➡ **Point Reyes Lighthouse, CA** Im Dezember und Januar ziehen Grauwale vorbei.

➡ **Monterey, CA** Walbeobachtung ganzjährig möglich.

➡ **Channel Islands National Park, CA** Wale während einer Tour oder durch das Teleskop im Turm des Besucherzentrums beobachten.

➡ **Point Loma, CA** Der Cabrillo National Park ist die beste Stelle, um in San Diego zwischen Januar und März den Zug der Grauwale zu beobachten.

Snowboarden

Auf den Pulverschneehängen überall in den USA ist das Snowboarden so populär wie der Abfahrtslauf – und zwar dank dem „Schneesurf"-Pionier Jake Burton Carpenter, der Mitte der 1970er-Jahre in seiner Vermonter Garage eine Werkstatt einrichtete und mit dem Bau von Snowboards begann. Snowboarder tummeln sich also auch fast überall im Westen des Landes, so in Sun Valley, Tahoe und Taos. In den Sommermonaten bietet sich ein Trip zum Mt. Hood in Oregon an – mehrere Resorts in der Gegend veranstalten dann Snowboard-Camps.

Skilanglauf & Schneeschuhwandern

In den meisten Resorts mit Abfahrten gibt's auch Loipen. Im Winter finden sich in vielen Arealen von Nationalparks, National Forests und städtischen Parks Langlauf- und Schneeschuhwege sowie Eisbahnen.

EBENFALLS ERWÄHNENSWERT

AKTIVITÄT	ORT	BESCHREIBUNG	INFOS IM INTERNET
Reiten	Freizeit-Ranches im südlichen Arizona, AZ	Wildwest-Landschaft; die meisten Ranchs sind im Sommer wegen der Hitze geschlossen	www.azdra.com
	Südrand des Grand Canyon, AZ	Ausritte mit Themenschwerpunkt; herrliche Sonnenuntergänge	www.apachestables.com
	Santa Fe, NM	Ausritte für Kinder und bei Sonnenuntergang	www.bishopslodge.com
	Telluride, CO	ganzjährig Ausritte in die Hügel	www.ridewithroudy.com
	Durango, CO	Tagesritte und mehrtägige Ausritte mit Campen in der Weminiuche Wilderness	www.vallecitolakeoutfitter.com
	Yosemite National Park, CA	Ausritte im Yosemite Valley, den Tuolumne Meadows und in der Nähe von Wawona	www.yosemitepark.com
	Florence, OR	romantische Ausritte zum Strand	www.oregonhorsebackriding.com
Tauchen	Blue Hole near Santa Rosa, NM	24,69 m tiefer artesischer Brunnen; das blaue Wasser mündet in eine 39,93 m lange Höhle	www.santarosanm.org
	La Jolla Underwater Park, CA	gut geeignet für Anfänger; Schnorchler tummeln sich in der nahen La Jolla Cove	www.sandiego.gov/lifeguards/beaches
	Channel Islands National Park, CA	Kelpwälder, Meereshöhlen vor den Küsteninseln	www.nps.gov/chis; www.islandpackers.com/watersports.html
	Point Lobos State Reserve, CA	fantastische Tauchmöglichkeiten vor der Küste; flache Riffe, Höhlen, Seelöwen, Seehunde, Otter	www.mbdscuba.com
	Puget Sound, WA	klares Wasser, vielfältiges Meeresleben (Riesenkraken!)	www.underwatersports.com; www.pugetsounddivecharters.com
Ballonfahren	Sedona, AZ	im Heißluftballon über Red-Rock-Country schweben; Champagner-picknick	www.northernlightballoon.com
	Napa Wine Country, CA	mit bunten Ballons über den Weinbergen schweben	www.balloonrides.com; www.napavalleyballoons.com

Ein erstklassiges Netz an Routen für Langläufer und Schneeschuhwanderer findet sich in der Royal Gorge in Kalifornien (Nordamerikas größtem nordischen Skigebiet) und im herrlichen, vom Massenandrang verschonten Methow Valley in Washington. Wer abseits gespurter Wege auf Ski- oder Schneeschuhwanderungen gehen will, kommt überall in der Sierra Nevada mit ihren vielen Skihütten auf seine Kosten. In den San Juan Mountains in Colorado (www.sanjuanhuts.com) verteilen sich auf die insgesamt 100 km langen Wege fünf Skihütten; ferner verwaltet die 10th Mountain Division Association mehr als zwei Dutzend Hütten in den Rocky Mountains (www.huts.org). Hübsche Gegenden für winterliche Erkundungstouren sind auch die Südkante des Grand Canyon und der umliegende Kaibab National Forest.

Infos im Internet

➡ **Cross-Country Ski Areas Association** (www.xcski.org) Umfassende Infos und Hinweise zur Ausrüstung für Skifahrer und Schneeschuhwanderer in ganz Nordamerika.

➡ **Cross Country Skier** (www.crosscountry skier.com) Magazin zum nordischen Skisport, mit Loipeninfos, Sport- und Eventkalender.

➡ **Powder** (www.powdermag.com) Online-Angebot des Skisportmagazins *Powder*.

➡ **Ski Resorts Guide** (www.skiresortsguide. com) Ausführlicher Resort-Führer mit Wegekarten zum Download, Infos zu Unterkünften u. v. m.

➡ **SkiNet** (www.skinet.com) Onlineportal der Zeitschriften *Ski*, *Skiing* und *Snow*.

➡ **SnoCountry Mountain Reports** (www. snocountry.com) Schnee- und Wetterbericht für Nordamerika, außerdem Veranstaltungskalender, News und Links zu Resorts.

Klettern & Canyoning

In Kalifornien können Kletterfans im Yosemite National Park ihren Mut an erstklassigen Felswänden, Granitkuppeln und Findlingen beweisen; die Saison dauert dort von April bis Oktober. Kletterer strömen auch in den Joshua Tree National Park, eine irgendwie außerirdisch wirkende Landschaft in der sonnenversengten Wüste Südkaliforniens. Inmitten der schroffen Monolithe und der ältesten Bäu-

me des Landes finden sich Routen über Steilwände, st unzählige Spalten. Für Anfä Veranstalter in beiden Parks ge tertouren und Kletterunterricht a

Im Zion National Park in Utah le bei mehrtägigen Canyoning-Kursen di hohe Kunst des Absteigens: das Abseilen an nackten Sandsteinklippen hinunter in prächtige, baumbestandene Red-Rock-Canyons. Für manche der anspruchsvolleren Stellen braucht man einen Neoprenanzug, denn es geht an den Flanken tosender Wasserfälle hinab in eiskalte Wasserbecken.

Zum Eisklettern empfiehlt sich der Ouray Ice Park in Südwest-Colorado, abseits des Million Dollar Highway. In dem schmalen Slot Canyon befinden sich mit dickem Eis gepanzerte, 60 m hohe Wände und Wasserfälle.

Weitere tolle Kletterstellen sind:

➡ **Grand Teton National Park, Wyoming** Geeignet für alle Leistungsklassen: Für Anfänger gibt's Einführungskurse, erfahrenere Kletterer können sich zweitägigen Expeditionen zum Gipfel des Grand Teton anschließen – der 4197 m hohe Gipfel bietet eine majestätische Aussicht.

➡ **City of Rocks National Reserve, Idaho** Mehr als 500 Kletterrouten führen auf windgepeitschte Granitfelsen und Felsspitzen, die so hoch wie ein 60 Stockwerke zählendes Gebäude sind.

➡ **Bishop, Kalifornien** Das verschlafene Städtchen in der Eastern Sierra ist der Ausgangspunkt für tolle Kletterpartien in der nahe gelegenen Owens River Gorge und in den Buttermilk Hills.

➡ **Red Rock Canyon, Nevada** 16 km westlich von Las Vegas liegt eines der weltweit schönsten Sandstein-Kletterparadiese.

➡ **Rocky Mountain National Park, Colorado** Alpiner Kletterspaß unweit von Boulder.

➡ **Flatirons, Colorado** Gute mehrstufige Kletterstellen, ebenfalls in der Nähe von Boulder.

Infos im Internet

➡ **American Canyoneering Association** (www.canyoneering.net) Canyon-Datenbank im Internet mit Links zu Kletterkursen, Klettervereinen vor Ort und mehr.

➡ **Climbing** (www.climbing.com) Bietet seit 1970 topaktuelle News und Infos zum Klettern.

➡ **SuperTopo** (www.supertopo.com) Kletterführer, kostenlose topografische Karten und Routenbeschreibungen.

Mit Kindern reisen

Der familienfreundliche Westen der USA bietet fantastische Attraktionen für alle Altersstufen: Vergnügungsparks, Aquarien, Zoos, Wissenschaftsmuseen, Campingplätze, Wanderwege in Naturschutzgebieten, Surfen in der Strandbrandung und entspannte Radtouren durch malerische Wälder. Die meisten National und State Parks haben für Kinder Ausstellungen, Pfade und Programme (z. B. Junior-Ranger-Aktivitäten) zu bieten.

Die besten Regionen für Kinder im Westen der USA

Grand Canyon & Südarizona

Durch den Grand Canyon wandern, in Oak Creek baden und bei Tucson Kakteen bewundern. Wasserparks, Ferienranches und Geisterstädte sollten die Kids ziemlich gut unterhalten.

Los Angeles & südliches Kalifornien

Promi-Handabdrücke in Hollywood, Studiotouren in Burbank, Santa Monicas Strände und viele Themenparks in Orange County bzw. San Diego.

Colorado

Komplett kinderfreundlich: die Museen in Denver, Outdoor-Fun in den Rockies, zahllose Skiorte und Rafting bei Buena Vista oder Salida.

Der Westen für Kinder

Im gesamten Buch werden kinder- und familienfreundliche Aktivitäten beschrieben, und bei einigen Großstadtkapiteln finden sich Kästen, die sich Angeboten für Kinder widmen. Um familienorientierte Sehenswürdigkeiten, Aktivitäten, Unterkünfte, Restaurants und Unterhaltungsangebote zu finden, sucht man einfach nach dem Zeichen für „kinderfreundlich" (🚼).

Betreuung

Resorts haben häufig Babysitter, die auf Abruf bereitstehen – andernfalls einfach bei der Rezeption oder dem Portier um Vermittlung bitten! Babysitter sollten offiziell zugelassen sein und zu einer Firma gehören. Ebenfalls wichtig sind der Stundensatz pro Kind, die eventuelle Mindestgebühr und Zusatzkosten für Anfahrt oder Essen. Die meisten Touristeninformationen führen Verzeichnisse mit Betreuungssowie Freizeitoptionen, Ärzten usw.

Essen

Die Restaurantbranche setzt auf Familienservice, Kinder sind fast überall willkommen. Der Nachwuchs bekommt oft spezielle Kindermenüs (kleinere Portionen zu niedrigeren Preisen). In manchen Lokalen isst er bis zu einer gewissen Altersgrenze sogar gratis. Restaurants stellen in der Regel Hochstühle und Sitzerhöhungen zur Verfügung. Mancherorts gibt's auch Malstifte und Puzzles.

Restaurants ohne Kindermenüs haben nicht unbedingt etwas gegen kleine Gäste; bei teureren Lokalen kann dies jedoch der Fall sein. Aber: Wer attraktivere Lokale früh besucht, isst meist relativ stressfrei. Man kann nachfragen, ob (man sollte nach dem Preis fragen) die Küche kleinere Portionen zubereiten oder normale Gerichte auf zwei Teller aufteilen kann.

Unterkunft

Motels und Hotels haben meist Doppelzimmer, die ideal für Familien sind. Manchmal kann man sich gegen einen Aufpreis auch Beistell- oder Gitterbetten bringen lassen. Das sind oft multifunktionale, transportable Klappvarianten (Reisebett), die allerdings nicht alle Kinder mögen. Einige Hotels lassen Kinder bis zwölf oder gar 18 Jahre gratis übernachten. Viele B & Bs akzeptieren keine Kids – daher unbedingt gleich beim Buchen erkundigen! Die meisten Resorts sind kinderfreundlich und offerieren entsprechende Beschäftigungsprogramme. Aber auch hier gilt: Besser beim Buchen nachfragen!

Ermäßigungen

Kinderrabatte betragen bis zu 50 % des Erwachsenenpreises; sie werden oft bei geführten Touren, Eintrittsgeldern und Verkehrsmitteln angeboten. Das Maximalalter liegt für gewöhnlich zwischen zwölf und 16 Jahren. Bei einigen Sehenswürdigkeiten werden auch Familienrabatte gewährt. Für Kids unter zwei Jahren ist der Eintritt oft frei.

Reiseplanung

Beim Planen eines Familienurlaubs im Westen der USA sind Wetter und Menschenmassen die wichtigsten Faktoren. Während der Hauptsaison (Juni–Aug.) sind die Schulen geschlossen und es ist am wärmsten. Dann ist mit hohen Preisen und riesigen Besucherscharen zu rechnen –

und damit mit quälend langen Schlangen vor Vergnügungs- oder Badeparks, frühzeitig ausgebuchten Resorts und viel Verkehr. Populäre Ziele bedingen daher rechtzeitige Reservierung. Dasselbe gilt von Januar bis März für Wintersportgebiete (z. B. Rockies, Lake Tahoe).

Was kommt ins Gepäck?

Man sollt euaf jeden Fall genug Sonnencreme mitbringen, besonders wenn man viel Zeit draußen verbringen wird.

Zum Wandern braucht man eine Babytrage (für Kinder unter einem Jahr) oder eine Rückentrage (für Kinder bis zu vier Jahren) mit einem eingebauten Schattenverdeck. Sie können in der gesamten Region gekauft oder gemietet werden. Ältere Kinder brauchen feste Schuhe und Wassersandalen zum Spielen im Wasser.

Weitere hilfreiche Utensilien sind Handtücher (für unterwegs), Regenkleidung, ein warmer Fleecepullover (selbst im Sommer, die Wüstennächte können kalt sein), Sonnenhüte (besonders wenn man zeltet) und Insektenschutzmittel.

Um die Probleme mit den Hotelbetten zu minimieren, bringt man am besten eine tragbare Krippe für Babys und Schlafsäcke für ältere Kinder mit.

Highlights für Kinder
Aquarien & Zoos

➡ **Arizona-Sonora Desert Museum** (S. 389) Kojoten, Kakteen und Shows sind Highlights dieses Tucsoner Naturkundemuseums mit Innen- und Außenbereichen – genau das Richtige für kleine Naturforscher.

➡ **Monterey Bay Aquarium** (S. 128) Die Bewohner der Tiefe im größten Meeresschutzgebiet an Kaliforniens Zentralküste beobachten.

➡ **Aquarium of the Pacific** (S. 83) Das Hightech-Aquarium in Long Beach deckt ein Artenspektrum von der Baja California bis hin zum kühlen Nordpazifik ab; ein Haibecken gibt's auch.

Infos für Familien
Umfassendere Infos und Tipps gibt's im Lonely Planet Band *Travel with Children*.

➡ Viele öffentliche Toiletten haben Wickeltische (manchmal auch in den Herren-WCs) und auf den Flughäfen gibt's geschlechterübergreifende „Familien"-Einrichtungen.

➡ Die Autovermietungen sollten Kindersitze zur Verfügung stellen, denn diese sind in jedem Bundesstaat erforderlich – aber man muss bei der Buchung danach fragen und um die 10 US$ mehr pro Tag zahlen.

➡ Die Inlandsfluggesellschaften lassen Kinder unter zwei Jahren gratis mitfliegen. Kinder ab zwei Jahren brauchen einen Sitzplatz, Rabatte sind unwahrscheinlich. Ganz selten bieten Resorts (wie Disneyland) Aktionen an, bei denen Kinder kostenlos fliegen. Amtrak und andere Zugunternehmen offerieren manchmal ähnliche Deals, bei denen Kinder bis 15 Jahre auf verschiedenen Routen kostenlos fahren können. Zurzeit erhalten Kinder bis 15 Jahre 50 % Rabatt auf den niedrigsten Amtrak-Zugpreis, wenn sie mit einem zahlenden Erwachsenen reisen.

Für Tipps zu Outdooraktivitäten liest man *Kids in the Wild: A Family Guide to Outdoor Recreation* von Cindy Ross und Todd Gladfelter sowie Alice Carys *A Trailside Guide: Parents' Guide to Hiking & Camping*. Hilfreiche Websites sind **Family Travel Files** (www.thefamilytravelfiles.com) mit Urlaubsideen, Urlaubsziel-Profilen und Reisevorschlägen nach Altersklasse sowie **Kids.gov** (www.kids.gov), die riesige nationale Infoquelle, wo man Songs herunterladen und etwas über Geschichte lernen kann.

Outdoor-Abenteuer

➡ **Yellowstone National Park** (S. 314) Hier kann man mächtige Geysire bewundern, Tiere beobachten und herrlich wandern.

➡ **Grand Canyon National Park** (S. 386) Das riesige Naturwunder ist auch für Kids ein fantastischer Anblick. Wissbegierige Kinder können den Rangern Löcher in den Bauch fragen, aktive wandern oder Rad fahren.

➡ **Olympic National Park** (S. 219) In einem der wenigen gemäßigten Regenwälder des Planeten lässt sich die ungezähmte Wildnis erkunden.

➡ **Oak Creek Canyon** (S. 383; Hwy89 A NE Sedona) Im Slide Rock State Park (Arizona) macht es besonders viel Spaß, über die roten Felsen hinwegzuflitzen.

Für Regentage

➡ **Museen in L. A.** Die Sterne im Griffith Observatory (L. A.) ansehen und Dino-Knochen im Natural History Museum of L. A. County und im Page Museum (La Brea Tar Pits) betrachten; dann im coolen California Science Center selbst Hand anlegen.

➡ **Museen in S. F.** Die San Francisco Bay Area ist das reinste Klassenzimmer für Kinder – vor allem dank des interaktiven Exploratoriums, des multimedialen Zeum und der umweltfreundlichen California Academy of Sciences.

➡ **Pacific Science Center** (S. 210) Das Wissenschaftszentrum in Seattle begeistert mit IMAX-Kino, Planetarium, Lasershows und tollen Exponaten zum Anfassen.

➡ **Museum of Natural History & Science** (S. 429) Pflicht ist die Hall of Jurassic Supergiants in Albuquerque.

Themenparks

➡ **Disneyland** (S. 95) Mickey Mouses bezaubernd gestaltetes Disneyland im Herzen von Orange County (Kalifornien) verblüfft vor allem mit seiner Detailverliebtheit.

➡ **SeaWorld** (S. 104) Orca-Shows, Spaßtrips und viel weiterer Fun – in San Diegos Meeres-Themenpark ist für Abwechslung gesorgt.

➡ **Universal Studios** (S. 77) Action-Rides zu Hollywoodfilmen, Special-Effects-Shows und eine Minibahntour hinter den Kulissen eines aktiv genutzten Studiogeländes in L. A.

Der Westen im Überblick

Welche Assoziationen weckt der Begriff „Der Westen"? Saguaro-Kakteen oder die Schieße-rei am O.K. Corral? Das trifft natürlich zu – auf den Süden Arizonas. Doch der Westen der USA hat noch viel mehr zu bieten: üppige Wäl-der im Nordwesten, Kaliforniens sonnenver-wöhnte Strände, Wanderwege durchs Grüne in den Rockies und Utahs purpurrote Buttes und Hoodoos – Landschaften für alle Stimmungen und Abenteuergelüste.

Kulturinteressierte können Stätten der Ureinwohner in Arizona und New Mexico erkunden. L.A., San Francisco und Seattle stehen für Luxusshopping, Spitzenrestaurants und Großstadttrubel. Auf Geschichtsfans warten Utahs Mormonendörfer, Kaliforniens spanische Missionen und Wildweststädte an fast jeder Ecke. Bereit, einen draufzumachen? Zwei Wörter: Las Vegas.

Kalifornien

Strände
Outdoor-Abenteuer
Essen & Wein

Tolle Strände

Kalifornien protzt mit Stränden – im Norden schroff und unberührt, im Süden wunderschön und voller Menschen. Entlang der ganzen Küstenlinie (über 1770 km) kann man überall prima surfen, Seekajak fahren oder nur strandwandern.

Outdoor-Paradies

Schussfahrten auf ver-schneiten Hängen, Wild-wasserrafting, Paddeln um Küsteninseln, Wasserfall-wanderungen, Felsbrocken in der Wüste erklettern … Hier besteht kein Mangel an Auswahl, sondern an Zeit, um alles zu erleben.

Spitzenküche

Fruchtbare Felder, talen-tierte Köche und unersätt-licher Hunger nach Neuem machen Kalifornien zum Top-Gastroziel. Also los: örtliche Lebensmittelmärk-te durchforsten, Pinot oder Chardonnay auf tollen Weingütern verkosten und Essen mit frischen Zutaten vom Bauernhof genießen!

S. 63

Der Nordwesten

**Radfahren
Essen & Wein
Nationalparks**

Pedalenpower

Man kann auf den friedlichen San Juan Islands die Sträßchen entlangradeln, auf dem Hwy 101 die klippengesäumte Küste von Oregon erkunden oder sich per Drahtesel die Straßen von Portland „er-fahren", einer Stadt, die sehr fahrradfreundlich ist und unzählige Radwege, Themenrouten und Fahrradshows bietet.

Einheimische Zutaten & Spitzenweine

Nordwestliche Städte wie Portland und Seattle gelten als innovativ: Küchenchefs kombinieren hier Fisch aus lokalen Gewässern mit Gemüse aus den paradiesischen Tälern am Columbia River. Washingtons Wein wird nur vom kalifornischen übertroffen.

Klassiker

Hier gibt's vier Nationalparks, darunter drei Klassiker, die gegen Ende des 19. bzw. Anfang des 20. Jhs. gegründet wurden – Olympic, Mount Rainier und Crater Lake – und der neueste, North Cascades.

S. 196

Rocky Mountains

**Outdoor-Abenteuer
Westernkultur
Landschaften**

Wilder Spaß

Skipisten, Wanderwege und Radwege von Weltrang machen die Rockies zu einem Top-Ziel für Adrenalin-Junkies. Jeder ist willkommen, es gibt Hunderte Angebote und Gruppentouren sowie eine unglaubliche Infrastruktur aus Parks, Radwegen und Abenteuerhütten.

Moderne Cowboys

Die heutigen freiheitsliebenden Rocky-Bewohner, die einst Cowboyhüte und Prärieleidung trugen, sind heute meist in Lycra zu sehen, wenn sie mit dem Mountainbike umherfahren oder ein Bier oder Latte in einem sonnigen Freiluftcafé trinken. Hier dreht sich immer noch alles um Spaß und einen gemächlichen Lebensrhythmus.

Alpines Wunderland

Die schneebedeckten, roten Rockies mit ihren schroffen Gipfeln und klaren Flüssen sind äußerst majestätisch. Sie empfangen Besucher mit viel sauberer Bergluft und ein paar der berühmtesten Parks des Planeten.

S. 265

Der Südwesten

**Naturlandschaften
Einheimische Kulturen
Essen**

Das Land der roten Felsen

Der Südwesten ist berühmt für den Grand Canyon, die dramatischen Steintürme des Monument Valley, die karmesinroten Gewölbe von Moab und die feuerroten Monolithen von Sedona – und das sind nur einige der vielen geografischen Wunder in den und um die spektakulären Nationalparks und Wälder.

Pueblos & Reservate

Wer die Hopi und Navajo oder eines der 19 Pueblo-Völker New Mexicos besucht, bekommt einen guten Einblick in das Leben der Ureinwohner. Hier kann man prima Kunsthandwerk bestaunen und kaufen.

Gutes Essen

Wir empfehlen Chili-Hühnchen-Enchilada in New Mexico, Hotdog in Tucson oder ein herzhaftes Steak. In Vegas kann man sich ein kostspieliges und extravagantes Essen vom Buffet gönnen. Für Gourmets empfehlen sich die Lokale abseits des Strips.

S. 343

Reiseziele USA Westen

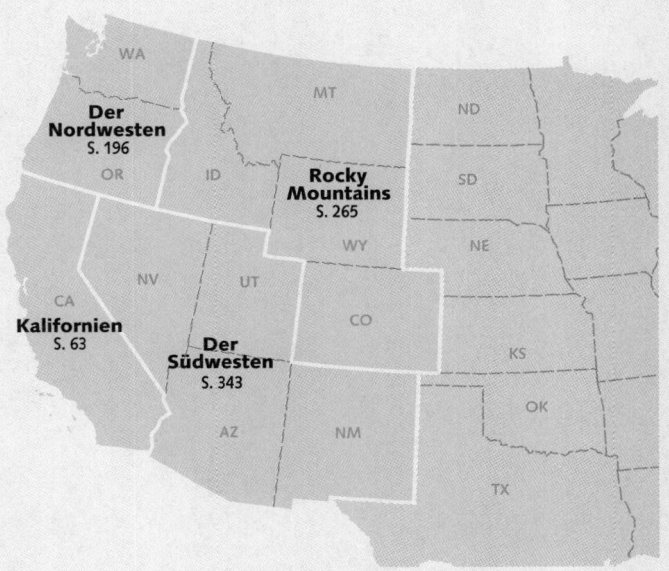

WA

Der
Nordwesten
S. 196

MT

ND

OR

ID

Rocky
Mountains
S. 265

SD

WY

NE

NV

UT

CA

Kalifornien
S. 63

Der
Südwesten
S. 343

CO

KS

AZ

NM

OK

TX

Kalifornien

Inhalt ➡

Los Angeles 69
San Diego 99
Palm Springs 110
Joshua Tree
National Park 113
Death Valley
National Park 117
Santa Cruz 130
San Francisco 133
Yosemite National
Park 184

Gut essen

➡ Benu (S. 154)

➡ Chez Panisse (S. 166)

➡ French Laundry (S. 169)

➡ George's at the Cove (S. 108)

➡ Bazaar (S. 88)

Schön wandern

➡ Yosemite National Park (S. 184)

➡ Sequoia & Kings Canyon National Park (S. 188)

➡ Marin County (S. 163)

➡ Redwood National & State Park (S. 175)

Auf nach Kalifornien!

Boheme und Hightech, dazu die Freude am genussvollen Leben – Kalifornien übertrifft die Erwartungen, die Hollywood weckt, noch um Längen. Ob man sich eine gute Flasche Zinfandel genehmigen, einen 4000 m hohen Gipfel besteigen oder im Pazifik surfen möchte – alles ist möglich!

Vor allem aber ist Kalifornien Kult. Hier setzte Mitte des 19. Jh. der große Goldrausch ein, hier sang der Naturforscher John Muir sein Loblied auf die Sierra Nevada, und hier definierten Jack Kerouac und die Beat Generation, was Unterwegssein wirklich bedeutet.

Kaliforniens multikultureller Schmelztiegel köchelt, seit Spanien und Mexiko dieses reiche, verheißungsvolle Land für sich beanspruchten. Und auch heute noch strömen Einwanderer aus aller Welt herbei, um an den palmengesäumten Pazifikstränden ihren amerikanischen Traum zu leben.

In Kalifornien können Besucher darüber staunen, wie Zukunft gemacht wird – und danach geht's an den Strand.

Reisezeit
Los Angeles

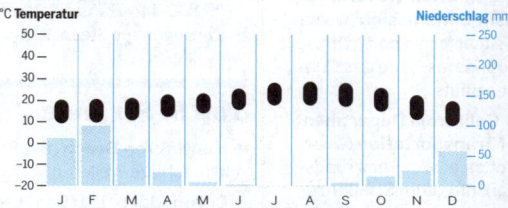

Juni–Aug. Es ist meist sonnig. Ab und zu gibt's Küstennebel. In den Ferien strömen die Massen herbei.

April–Mai & Sept.–Okt. Es ist meist wolkenlos, nachts aber kühler. Zeit für Schnäppchen!

Nov.–März In den Skigebieten sowie in den warmen Wüstenregionen Südkaliforniens ist Hauptsaison.

Kurzinfos

➡ **Größte Städte** Los Angeles (3 819 702 Ew.), San Francisco (812 826 Ew.)

➡ **Fahrtzeit** Los Angeles–San Francisco (5½ Std. über die Fwys I-5 & I-580 im Binnenland, 8½ Std. über die Hwys 101 & 1 längs der Küste)

➡ **Zeitzone** Pacific Standard Time (MEZ −9 Std.)

Schon gewusst?

In Kalifornien wurden u. a. das Internet und das iPad, Poweryoga und Reality-TV, das Space Shuttle und Mickey Maus, der Cobb Salad und der Glückskeks erfunden.

Infos im Internet

➡ **California Travel & Tourism Commission** (www.visitcalifornia.com) Offizielle Tourismus-Seite des Bundesstaats.

➡ **California Department of Transportation** (www.dot.ca.gov/cgi-bin/roads.cgi) Infos zum Straßenzustand und zu Sperrungen von Highways.

➡ **USGS Earthquake Hazards** (http://quake.usgs.gov/recenteqs/latest.htm) Echtzeit-Karten zur Erdbebengefahr.

Anreise & Unterwegs vor Ort

Die größten internationalen Flughäfen sind Los Angeles (LAX) und San Francisco (SFO). Die kleineren Flughäfen von San Diego, Orange County, Oakland, San Jose, Sacramento, Burbank, Long Beach und Santa Barbara wickeln in erster Linie Inlandsflüge ab.

Vier Amtrak-Fernzüge verbinden Kalifornien mit dem Rest der USA: der *California Zephyr* (Chicago–San Francisco Bay Area), der *Coast Starlight* (Seattle–L.A.), der *Southwest Chief* (Chicago–L.A.) und der *Sunset Limited* (New Orleans–L.A.). Innerhalb des Bundesstaats betreibt Amtrak u. a. den *Pacific Surfliner* (San Diego–L.A.–Santa Barbara–San Luis Obispo), den *Capitol Corridor* (San Jose–Oakland–Berkeley–Sacramento) sowie den *San Joaquin* (Bakersfield–Oakland oder Sacramento, mit Bussen ins Yosemite Valley ab Merced).

Die Greyhound-Busse erreichen viele Ecken im Bundesstaat. Wer Kalifornien aber gründlich erkunden will, ist – vor allem abseits der Küste – auf das Auto angewiesen.

NATIONALPARKS & STATE PARKS

1890 wurden Yosemite und Sequoia Kaliforniens erste Nationalparks. Inzwischen sind sieben weitere hinzugekommen: Kings Canyon, Death Valley, Joshua Tree, Channel Islands, Redwood, Lassen Volcanic und Pinnacles. Der **National Park Service** (www.nps.gov) verwaltet zudem rund 20 historische Stätten, Denkmäler und Naturschutzgebiete. In manchen ist der Eintritt frei, in anderen kostet er für sieben Tage bis zu 25 US$ pro Fahrzeug; ein Stellplatz kostet bis zu 20 US$ pro Nacht. **Recreation.gov** (☎877-444-6777, 518-885-3639; www.recreation.gov) reserviert Stellplätze in den bundesstaatlichen Gebieten.

Kaliforniens 280 **State Parks** (☎800-777-0369, 916-653-6995; www.parks.ca.gov) umfassen Meeresschutzgebiete, Wälder und ein Drittel der Küste. Das Netz an Wander-, Rad- und Reitwegen ist rund 4800 km groß. Wegen Haushaltskürzungen können einige Parks geschlossen sein, daher vorher nachfragen. Die Gebühren für den Parkeintritt liegen zwischen 4 und 15 US$, Stellplätze kosten 5 bis 75 US$ pro Nacht. **ReserveAmerica** (☎800-444-7275; www.reserveamerica.com) nimmt Reservierungen für Stellplätze in den State Parks vor.

Top 5: Strände

➡ **Huntington Beach** (S. 98) Lagerfeuer, Beachvolleyball und mächtige Wellen in „Surf City USA".

➡ **Coronado** (S. 101) San Diegos endloser Silver Strand.

➡ **Zuma** (S. 80) Klares blaues Wasser, schäumende Brandung und gelbbrauner Sand in der Nähe von Malibu.

➡ **Santa Cruz** (S. 130) An der Strandpromenade des Surferparadieses herrscht Volksfeststimmung rund um die Uhr.

➡ **Point Reyes** (S. 165) An den wilden und windigen Stränden kann man wandern und den Sonnenuntergang bestaunen.

Geschichte

Bei der Ankunft der ersten europäischen Siedler im 16. Jh. hatte Kalifornien um die 300 000 Ureinwohner. Die spanischen Konquistadoren nannten es „Alta California" (Oberes Kalifornien). Nachdem sie Letzteres vergeblich nach einer sagenhaften „Goldstadt" durchsucht hatten, überließen sie das Gebiet praktisch sich selbst. Erst während der Missionsperiode (1769–1833) unternahm Spanien dort ernsthafte Besiedlungsversuche: Insgesamt 21 katholische Missionsstationen wurden größtenteils von dem franziskanischen Pater Junípero Serra gegründet, um die Ureinwohner zu bekehren. Parallel entstanden Militärforts (*presidios*), um Briten und Russen fernzuhalten.

1821 erlangte Mexiko seine Unabhängigkeit von Spanien und herrschte kurz über Kalifornien, nur um es im Mexikanisch Krieg (1846–1848) an die noch jungen USA zu verlieren. Nur 10 Tage vor Unterzeichnung des Abtretungsvertrags von Guadalupe Hidalgo wurde das erste Gold gefunden. Die Bevölkerungszahl der nicht einheimischen Bewohner verfünffachte sich 1850 in Kalifornien auf 92 000, während es im selben Jahr zum 31. Bundesstaat der USA wurde. Die transkontinentale Eisenbahn wurde 1869 mithilfe Tausender chinesischer Fremdarbeiter fertiggestellt. Sie erschloss neue Märkte und verstärkte die Einwanderung in den Golden State.

Das Erdbeben von San Francisco (1906) war quasi nur ein Schluckauf, während Kalifornien weiterhin an Ausdehnung, Vielfalt und Bedeutung zulegte. Mexikanische Immigranten kamen zu Zeiten der Mexikanischen Revolution (1910–1920) ins Land und milderten später den Arbeitskräftemangel im Zweiten Weltkrieg. Letzterer machte Kalifornien zu einem Standort der Militärindustrie, während viele japanischstämmige Amerikaner wegen antiasiatischer Ressentiments illegal in Lagern (z. B. in Manzanar in der östlichen Sierra) interniert wurden.

Dank großer Fläche, gebündeltem Reichtum, vielen verschiedenen Einwanderern und technischer Innovation war Kalifornien seit jeher gesellschaftlich avantgardistisch: Hollywood hypnotisiert die Welt seit Anfang des 20. Jh. mit seiner cineastischen Traumwelt. Auf die banale Selbstgefälligkeit seiner Nachkriegsvororte reagierte San Francisco mit Beat-Poesie in den 1950er-, freier Hippieliebe in den 1960er- und Gay Pride in den 1970er-Jahren. Die Hightech-Visionäre des Silicon Valley traten die Internetrevolution

KURZINFOS KALIFORNIEN

Spitzname Golden State

Staatsmotto Eureka („Heureka")

Bevölkerung 38 Mio.

Fläche 403 932 km^2

Hauptstadt Sacramento (472 178 Ew.)

Weitere Städte Los Angeles (3 819 702 Ew.), San Diego (1 326 179 Ew.), San Francisco (812 826 Ew.)

Verkaufssteuer 7,5 %

Geburtsort von Schriftsteller John Steinbeck (1902–1968), Fotograf Ansel Adams (1902–1984), US-Präsident Richard Nixon (1913–1994), Popkultur-Ikone Marilyn Monroe (1926–1962)

Heimat des höchsten (Mt. Whitney) und des tiefsten Punktes (Death Valley) der US-Kernstaaten, der weltweit ältesten, höchsten und mächtigsten Bäume (Langlebige Kiefern, Küsten- bzw. Riesenmammutbäume)

Politische Ausrichtung Mehrheitlich Demokraten (multiethnisch), Minderheit Republikaner (überwiegend Weiße), jeder fünfte kalifornische Wähler wählt unabhängig

Berühmt für Disneyland, Erdbeben, Hollywood, Hippies, Silicon Valley, Surfen

Kitschigstes Souvenir „Mystery Spot"-Autoaufkleber

Entfernungen Los Angeles–San Francisco 380 Meilen (611 km), San Francisco–Yosemite Valley 200 Meilen (322 km)

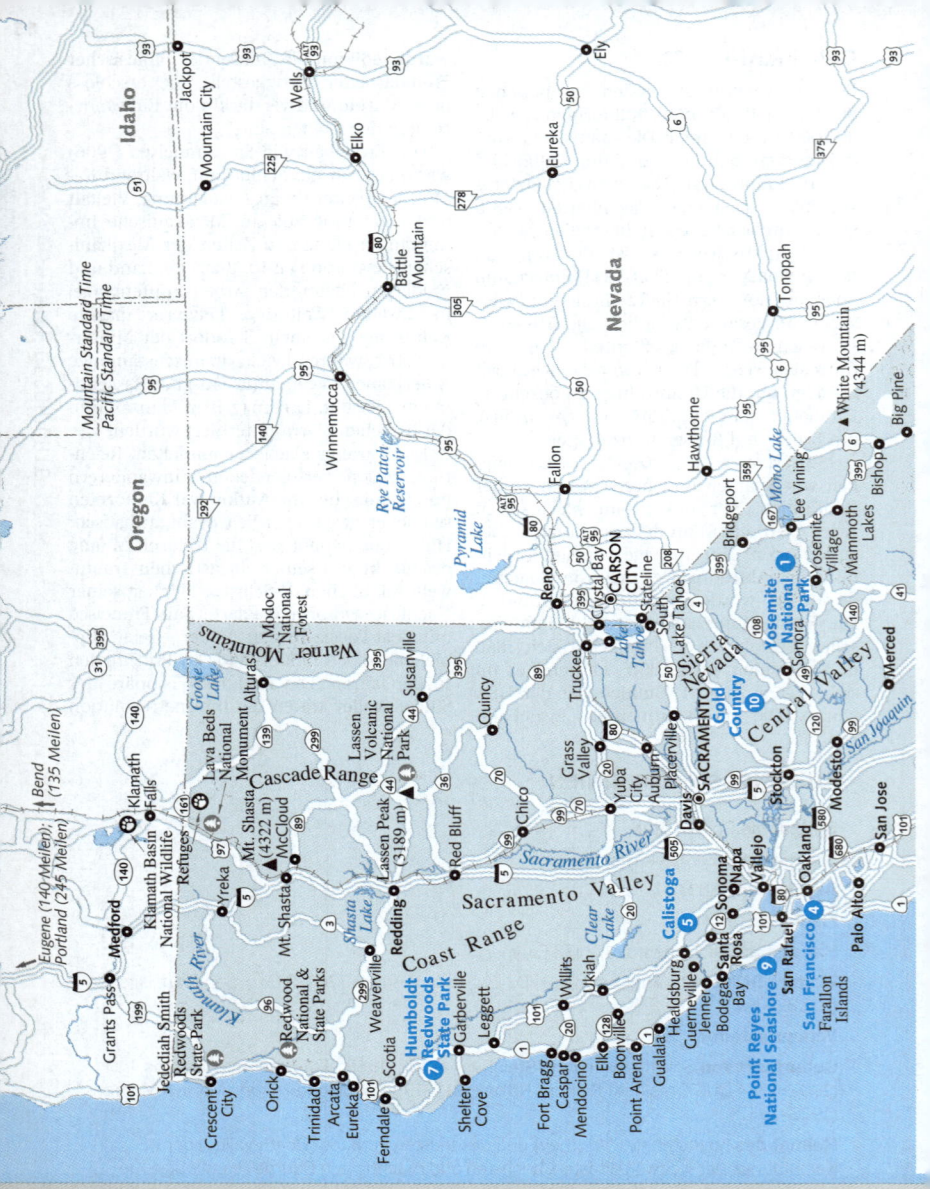

Highlights

1 Die Wasserfälle und Granitgipfel im **Yosemite National Park** (S. 184) bewundern

2 In **Los Angeles** (S. 69) die multikulturellen Viertel und das glamouröse Nachtleben Hollywoods bestaunen

3 Auf dem Hwy 1 über ausgewaschenen Meeresklippen längs der felsigen Küste von **Big Sur** (S. 125) fahren

4 Im Ferry Building in **San Francisco** (S. 133) frische Lebensmittel vom Bauernhof genießen

5 In **Calistoga** (S. 167) nahe den berühmten Weingütern des Napa Valley ein Schlammbad nehmen

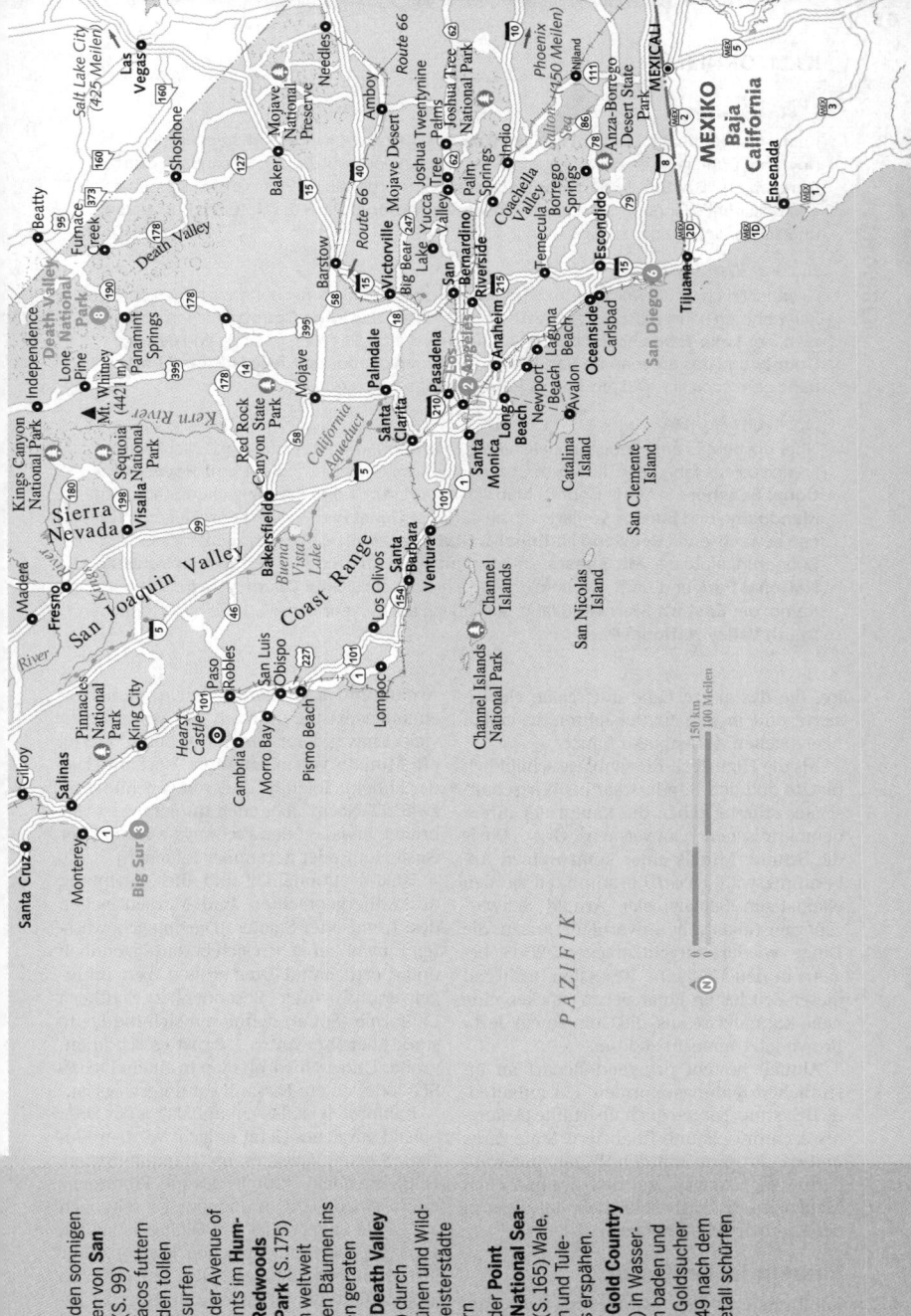

6 An den sonnigen Stränden von **San Diego** (S. 99) Fisch-Tacos futtern und in den tollen Wellen surfen

7 An der Avenue of the Giants im **Humboldt Redwoods State Park** (S. 175) vor den weltweit höchsten Bäumen ins Staunen geraten

8 Im **Death Valley** (S. 117) durch Sanddünen und Wildwest-Geisterstädte wandern

9 In der **Point Reyes National Seashore** (S. 165) Wale, Robben und Tule-Wapitis erspähen

10 Im **Gold Country** (S. 179) in Wasserlöchern baden und wie ein Goldsucher von 1849 nach dem Edelmetall schürfen

Salt Lake City (425 Meilen)

Las Vegas

Salt Lake City

Phoenix

Saltion (450 Meilen)

MEXICALI

MEXIKO
Baja California

Ensenada

Tijuana

San Diego

Escondido

Carlsbad

Oceanside

Laguna Beach

Newport Beach

Long Beach

Santa Monica

Catalina Island

Avalon

San Clemente Island

San Nicolas Island

Channel Islands

Channel Islands National Park

Ventura

Santa Barbara

Los Olivos

Lompoc

Pismo Beach

Cambria

Morro Bay

San Luis Obispo

Paso Robles

King City

Pinnacles National Park

Hearst Castle

Big Sur

Monterey

Santa Cruz

Gilroy

Salinas

Coast Range

San Joaquin Valley

Madera

Fresno

Visalia

Sierra Nevada

Kings Canyon National Park

Sequoia National Park

Independence

Lone Pine

Mt. Whitney (4421 m)

Red Rock Canyon State Park

Buena Vista Lake

Bakersfield

Mojave

Palmdale

Santa Clarita

Pasadena

Los Angeles

Anaheim

San Bernardino

Riverside

Temecula

Borrego Springs

Anza-Borrego Desert State Park

Coachella Valley

Palm Springs

Indio

Big Bear Lake

Yucca Valley

Joshua Tree National Park

Twentynine Palms

Mojave Desert

Victorville

Barstow

Route 66

Amboy

Needles

Baker

Mojave National Preserve

Shoshone

Death Valley

Furnace Creek

Death Valley National Park

Paramint Springs

Beatty

California Aqueduct

Kern River

River

Los Kings River

PAZIFIK

150 km
100 Meilen
0
0

MEX 5

MEX 3

MEX 1

MEX 1D

MEX 2

KALIFORNIEN IN ...

... einer Woche

Kalifornien kompakt: Los geht's in **Los Angeles**, gefolgt von einem Abstecher nach **Disneyland**. Dann geht es die windige Central Coast hinauf, mit Zwischenstopps in **Santa Barbara** und **Big Sur**. In **San Francisco** steht eine ordentliche Prise Großstadtkultur an. Von dort geht's landeinwärts, um im **Yosemite National Park** die Natur zu bestaunen, und schließlich wieder zurück nach L. A.

... zwei Wochen

Grundsätzlich ist die Reiseroute die gleiche wie bei einer Woche, nur dass man sich mehr Zeit nehmen kann. Als zusätzliche Abstecher locken das **Wine Country** in Nordkalifornien, der **Lake Tahoe** hoch oben in der Sierra Nevada, die tollen Strände von **Orange County** und das entspannte **San Diego**, aber auch der **Joshua Tree National Park** nahe dem schicken Wüsten-Resort **Palm Springs**.

... einem Monat

Über die bereits angegebenen Ziele hinaus sind noch weitere Ausflüge möglich. Von San Francisco aus fährt man die North Coast hinauf, angefangen mit der **Point Reyes National Seashore** in Marin County. Man schlendert durch die viktorianischen Städtchen **Mendocino** und **Eureka**, verliert sich an der **Lost Coast** und wandert durch die mit Farnen bewachsenen **Redwood National & State Parks**. Im Binnenland schießt man ein Erinnerungsfoto des **Mt. Shasta**, unternimmt einen Abstecher in den **Lassen Volcanic National Park** und zieht durch Kaliforniens historisches **Gold Country**. Man folgt dem Kamm der **Eastern Sierra** und fährt schließlich auf kurvenreicher Straße hinunter in den **Death Valley National Park**.

los, die das ganze Land aufs Neue elektrisierte und in den 1990er-Jahren zu einem überzogenen Aktienboom führte.

Als die High-Tech-Börsenblase schließlich platzte und den Bundesstaat ins Wirtschaftschaos stürzte, gaben die Kalifornier ihrem demokratischen Gouverneur Gray Davis die Schuld. Mittels einer kontroversen Abberufungswahl *(recall)* bestimmten sie den ehemaligen Schauspieler Arnold Schwarzenegger (alias „The Governator") dazu, die Dinge wieder zurechtzubiegen. 2008 begann in den USA eine Rezession, während dieser Zeit lösten Finanzierungslücken eine neue Kapitalkrise aus, die Gouverneur Jerry Brown jetzt versucht zu lösen.

Aktuell besteht dringend Bedarf an öffentlichen Bildungsreformen. Für anhaltende Belastung sorgen auch überfüllte Gefängnisse, chronisch unterfinanzierte State Parks und das Problem mit den illegal eingewanderten Mexikanern, die den dramatischen Mangel an Billigarbeitskräften vor allem in der Landwirtschaft beheben.

Einheimische Kultur

Kalifornien ist die neuntgrößte Volkswirtschaft der Erde und ein Staat voller Extreme, wo in den Ballungsgebieten bittere Armut und sagenhafter Reichtum nebeneinander existieren. Nach wie vor strömen viele Einwanderer ins Land, deren Viertel oft Miniaturversionen ihrer Herkunftsländer ähneln. Toleranz anderen gegenüber ist zwar die Norm, aber auch Intoleranz ist verbreitet, etwa auf den Freeways während der Rush Hour oder gegenüber Rauchern.

Unkonventionalität und die Ablehnung des Althergebrachten sind Markenzeichen des Trendsetter-Staates. Die imagebewussten Einwohner geben sich betont jugendlich und sportlich und legen großen Wert auf Eigenverantwortung. Besonders in Southern California (SoCal) definieren sich die Leute stark über ihre Autos – da ist es schon ein großer Unterschied, ob man in einem Luxus-SUV oder einem Nissan Leaf unterwegs ist.

Kalifornien ist das Zukunftslabor der USA. Sobald ein neues Gerät erdacht wird, produziert Silicon Valley es im Handumdrehen. Falls irgendein Promi, dessen Prominenz nur darin besteht, prominent zu sein, sich zur Mode äußert oder im Gefängnis landet, sorgt das überall für Aufsehen. Die Popkultur keines anderen Bundesstaates hat einen so großen Einfluss darauf, wie in Amerika gearbeitet, gegessen, geliebt und konsumiert, ja sogar darauf, wie Abfall verwertet wird.

LOS ANGELES

Los Angeles County – der bevölkerungsreichste Landkreis der USA – spiegelt die Nation in all ihren Extremen wider. Seine Menschen gehören zu den reichsten und ärmsten im Land. Viele leben seit Generationen hier, andere sind frisch angekommen. Hier leben Elegante und Ungehobelte, Schöne und Aufgeschönte, Gebildete und Schwachköpfe. Und sogar die Landschaft präsentiert sich als ein Mikrokosmos der USA mit ihren filmreifen Stränden und schneebedeckten Bergen, Wolkenkratzern, Vorstadtsiedlungen und einsamer Wildnis, durch die Pumas streifen.

Wer glaubt, dass er Los Angeles durchschaut hat, und die Stadt auf Promiluder, Smog, Staus, Bikini-Girls und Popsternchen reduzieren will, sollte noch einmal genauer hinschauen. Die Stadt ist unbestritten ein Zentrum der Unterhaltungsindustrie, aber ihren wahren Charakter gibt sie keinesfalls auf der Kinoleinwand oder in Realityshows preis, sondern nur Stück für Stück im normalen Alltag. Die Einwohner verbindet, dass sie Suchende – oder die Nachkommen von Suchenden – sind, die der Traum von Ruhm, Reichtum oder Wiedergeburt hierher lockte.

Momentan ist genau der richtige Zeitpunkt für einen Trip nach Los Angeles: Hollywood und die Downtown erleben eine Renaissance, und Kunst, Musik, Mode und Gastronomie blühen. Und je genauer man „La-La Land" erkundet, umso mehr wird man es lieben.

Geschichte

Das Jäger-und-Sammler-Leben der indigenen Tongva (Gabrieleño) und Chumash endete mit der Ankunft spanischer Missionare und Pioniere im späten 18. Jh. Die erste zivile Siedlung der Spanier, das 1781 gegründete El Pueblo de Nuestra Señora la Reina de Los Ángeles, blieb noch Jahrzehnte lang nicht mehr als ein abgelegenes Bauerndorf. Erst 1850 erhielt Los Angeles das Stadtrecht.

Der Zusammenbruch des kalifornischen Goldrauschs, der Bau der transkontinentalen Eisenbahn, das Aufblühen des Zitrusfrüchteanbaus, die Entdeckung von Öl, die Schaffung des Hafens, die Entstehung der Filmindustrie und der Bau des California Aqueduct waren Faktoren, die die Stadt rapide wachsen ließen. Nach dem Zweiten Weltkrieg verdoppelte sich die Bevölkerung von knapp 2 Mio. im Jahr 1950 auf heute annähernd 4 Mio.

Das Wachstum von L.A. brachte Probleme mit sich, u.a. Zersiedelung und Luftverschmutzung. Dank streng durchgesetzter Umweltgesetze geht die Smogbelastung aber seit dem Beginn der Aufzeichnungen kontinuierlich zurück. Ernsthafte Probleme bleiben das Verkehrschaos, ein fluktuierender Grundstücksmarkt und gelegentlich Erdbeben und Waldbrände. Dank der vielfältigen

LOS ANGELES IN...

Die Entfernungen in Los Angeles sind gigantisch. Angesichts des dichten Verkehrs sollte man sich für den einzelnen Tag nicht zu viel vornehmen.

...einem Tag

Nach dem Frühstück im **Griddle Cafe** kann man auf dem **Hollywood Walk of Fame** am Hollywood Blvd die Sterne der Stars suchen. Echte Promis sieht man vielleicht in den trendigen Boutiquen am paparazziverseuchten **Robertston Blvd**, wenn man nicht eine Prise Natur im **Griffith Park** vorzieht. Anschließend führt die Fahrt nach Westen zum wundervollen **Getty Center** oder hinaus zum **Venice Boardwalk**, um den Rummel am Ufer zu erleben. Zum Abschluss des Tages sieht man in **Santa Monica** zu, wie die Sonne im Pazifik versinkt.

...zwei Tagen

Am zweiten Tag erkundet man die sich rapide entwickelnde Downtown. Im **El Pueblo de Los Angeles** geht man den Spuren der Anfänge nach und katapultiert sich dann mit dem Anblick der spektakulären **Walt Disney Concert Hall** und dem gesamten **Cultural Corridor** direkt in die Zukunft. Nach dem Mittagessen vertritt man sich zwischen den historischen Gebäuden der Downtown und den Kunstgalerien des nahe gelegenen **Little Tokyo** etwas die Beine. Im **LA Live**, dem schicken Entertainment-Center von South Park, durchstöbert man das multimediale **Grammy Museum** und entdeckt dann echte Prominente, die im **Staples Center** nebenan den LA Lakers zujubeln.

Wirtschaft und einer sinkenden Kriminalitätsrate behauptet sich L. A. aber bestens.

⊙ Sehenswertes

Die rund 12 Meilen (ca. 20 km) vom Pazifik entfernte Downtown bietet Geschichte und intellektuelle Kunst und Kultur. Nordwestlich von Downtown erwartet einen das wieder angesagte Hollywood, während urbaner Designerschick und eine schwul-lesbische Szene West Hollywood prägen. Südlich von West Hollywood ist die Museum Row der Hauptanziehungspunkt von Mid-City. Weiter westlich liegen das noble Beverly Hills,

Großraum Los Angeles

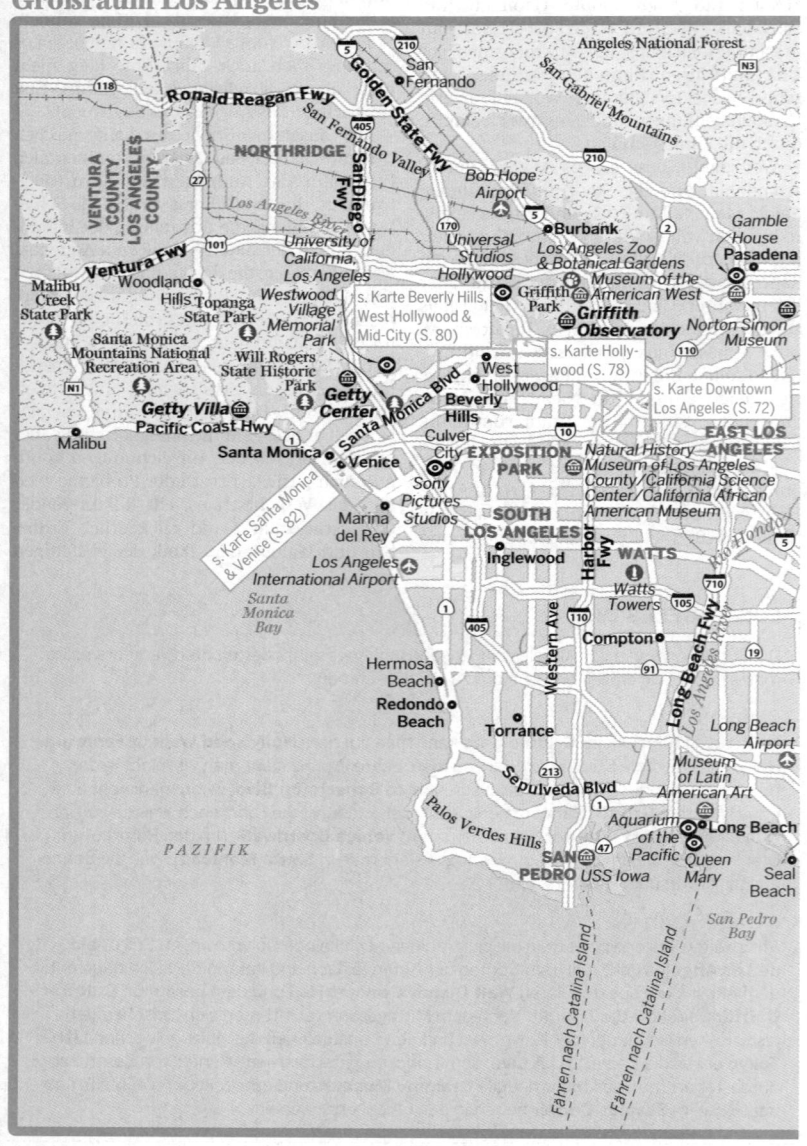

Westwood (nahe dem Campus der UCLA) und West L. A. Zu den Strandorten gehören das kinderfreundliche Santa Monica, Venice mit seinem Boheme-Flair, Malibu mit seinen Stars und das pulsierende Long Beach. Nordöstlich von Downtown liegt das elegante Pasadena.

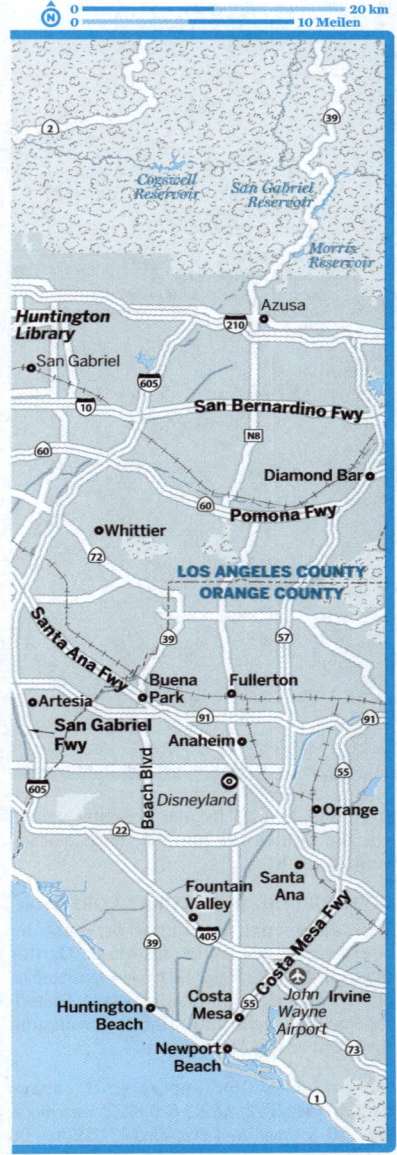

◉ Downtown

Jahrzehntelang war Downtown, das historische Zentrum der Stadt und ihr wichtigstes Geschäfts- und Verwaltungsviertel, nachts und an den Wochenenden leer und verlassen. Heute aber strömen die Massen zu den Veranstaltungsorten und in die Unterhaltungsstätten. Yuppies und Künstler beziehen neue Lofts, und Bars, Restaurants und Kunstgalerien folgen auf dem Fuße. Ein zweites Manhattan darf man zwar hier nicht erwarten, aber abenteuerlustige Großstädter kommen in Downtown allemal auf ihre Kosten.

Am leichtesten lässt sich das Viertel zu Fuß, verbunden mit ein paar kurzen U-Bahn- und DASH-Minibus-Fahrten erkunden. Die billigsten Parkplätze (ab 6 US$/ Tag) findet man rund um Little Tokyo und Chinatown.

EL PUEBLO DE LOS ANGELES & UMGEBUNG

Das kompakte, bunte und autofreie historische Viertel führt einen zurück in die spanisch-mexikanische Vergangenheit der Stadt. Sein Rückgrat bildet die fröhlich-kitschige Olvera St, in der man sich mit handgefertigtem Folklore-Schnickschnack eindecken, Tacos futtern und mit Zucker bestreute Churros verschlingen kann.

Rund 800 m nördlich liegt um Broadway und Hill St „New" Chinatown mit jeder Menge Dim-Sum-Restaurants, Heilkräuterhandlungen, Trödelläden und avantgardistischen Kunstgalerien in der Chung King Rd.

La Plaza de Cultura y Artes   MUSEUM

(Karte S. 72; ☎213-542-6200; www.lapca.org; 501 N Main St; ◷Mi–Mo 12–19 Uhr) GRATIS Das 2010 eröffnete Museum zeichnet das Leben der mexikanischstämmigen Einwohner von Los Angeles seit den Tagen der Zoot Suit Riots bis zum Chicano Movement und dem Aufkommen der Latino-Kunst nach. Gleich daneben steht die 1822 erbaute Kirche La Placita (Karte S. 72; www.laplacita.org; 535 N Main St).

Avila Adobe   MUSEUM

(Karte S. 72; ☎213-628-1274; http://elpueblo. lacity.org; Olvera St; ◷9–16 Uhr) GRATIS Das Viehzüchterhaus von 1818 soll das älteste Gebäude in Los Angeles sein und ist mit Möbeln aus der Entstehungszeit eingerichtet. Ein Video informiert über seine Geschichte und die Highlights im Viertel.

Downtown Los Angeles

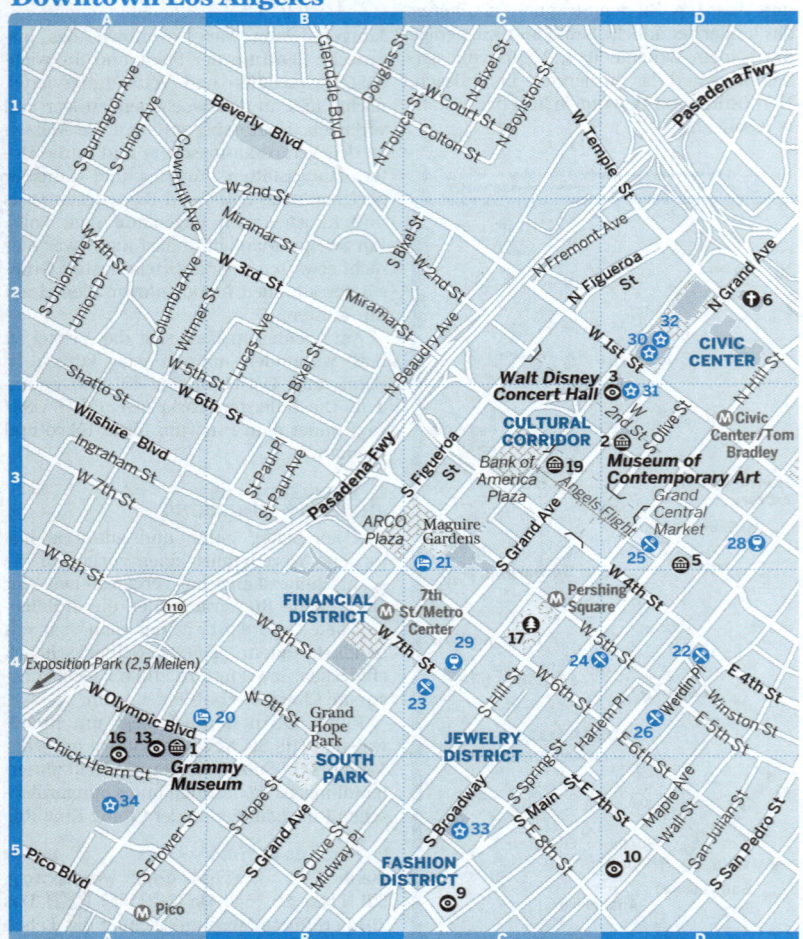

Union Station
WAHRZEICHEN

(Karte S. 72; 800 N Alameda St; P) Das glamouröse Art-déco-Interieur der Union Station, des letzten majestätischen Bahnhofsgebäudes der USA (1939), war schon in vielen Filmen und TV-Serien zu sehen, z. B. in *Blade Runner, 24* und *Speed*. Ein Parkplatz kostet ab 2 US$ für 20 Minuten (ganzer Tag 6 US$).

Chinese American Museum
MUSEUM

(Karte S. 72; 213-485-8567; www.camla.org; Garnier Bldg, 425 N Los Angeles St; Erw./Kind 3/2 US$; Di–So 10–15 Uhr) Das kleine, aber schöne Museum residiert in einem chinesischen Ladengebäude und Gemeindezentrum aus dem 19. Jh., das errichtet wurde, ehe die Chinatown von L.A. nach Norden verlegt wurde.

CIVIC CENTER & CULTURAL CORRIDOR

Den Mittelpunkt des „Kulturkorridors" der North Grand Ave bildet das **Music Center** (Karte S. 72; 213-972-7211; www.musiccenter. org; 135 N Grand Ave) mit dem Dorothy Chandler Pavilion, dem Mark Taper Forum und dem Ahmanson Theater.

★ Museum of Contemporary Art
MUSEUM

(MOCA; Karte S. 72; 213-626-6222; www.moca. org; 250 S Grand Ave; Erw./Kind 12 US$/frei, Do

Downtown Los Angeles

◎ **Highlights**
1 Grammy Museum A4
2 Museum of Contemporary Art..........D3
3 Walt Disney Concert Hall D3

◎ **Sehenswertes**
4 Avila Adobe.......................................E2
5 Bradbury Building.............................D3
6 Cathedral of Our Lady of the
Angels..D2
7 Chinese American Museum E2
8 City Hall E3
9 Fashion District C5
10 Flower Market D5
11 Geffen Contemporary at MOCA E3
12 Japanese American National
Museum E4
13 LA Live..A4
14 La Placita..E2
15 La Plaza de Cultura y Artes E2
16 Nokia Theatre...................................A4
17 Pershing Square C4
18 Union Station....................................F3
19 Wells Fargo History Museum C3

◎ **Schlafen**
20 Figueroa Hotel A4
21 Standard Downtown LA....................C3

◎ **Essen**
22 Bäco Mercat D4
23 Bottega Louie C4
24 Gorbals...C4
25 Grand Central Market D3
26 Nickel Diner D4
27 Philippe the Original F2

◎ **Ausgehen & Nachtleben**
28 Edison...D3
29 Seven Grand C4

◎ **Unterhaltung**
30 Los Angeles Opera............................D2
31 Los Angeles Philharmonic D3
32 Music Center of LA County D2
33 Orpheum Theatre C5
34 Staples Center A5

17–20 Uhr frei; ◷ Mo & Fr 11–17, Do bis 20, Sa & So bis 18 Uhr) In dem von Arata Isozaki entworfenen Gebäude des MOCA Grand Ave werden regelmäßig schlagzeilenträchtige Sonderausstellungen gezeigt. Die ständige Sammlung des Museums präsentiert Werke von Schwergewichten der Kunstszene, die von der Nachkriegszeit bis zur Gegenwart reichen. Ein Parkplatz an der Walt Disney Concert Hall kostet ab 9 US$ (nur Barzahlung möglich). Das Museum of Contemporary Art besitzt auch noch zwei Ableger: das Geffen Contemporary in Little Tokyo und das Pacific Design Center in West Hollywood.

★ **Walt Disney Concert Hall**

KULTURZENTRUM

(Karte S. 72; ☑ Infos 213-972-7211, Tickets 323-850-2000; www.laphil.org; 111 S Grand Ave; ◷ Führungen in der Regel Di–Sa 10.30 & 12.30 Uhr; Ⓟ) GRATIS Das 2003 errichtete Gebäude des Architekten Frank Gehry ist zu einem Wahrzeichen geworden: eine der Schwerkraft trotzende Raumskulptur mit gebogenen, schwingenden Wänden aus Edelstahl, in dem das Los Angeles Philharmonic (S. 90) seine Spielstätte hat. Laufgänge umgeben das labyrinthische Dach und die Fassade des Gebäudes. Kostenlose Führungen werden angeboten, sofern der Spielplan das zulässt. Selbstgeführte Audioführungen sind in der Regel täglich zwischen 10 und 14 Uhr möglich. Alle Führungen müssen vorab reserviert werden. Ein Parkplatz kostet ab 9 US$ (nur Barzahlung).

Cathedral of Our Lady of the Angels
KIRCHE

(Karte S. 72; ☑ 213-680-5200; www.olacathed ral.org; 555 W Temple St; ⊙ Mo–Fr 6.30–18, Sa ab 9, So ab 7 Uhr; P) GRATIS In der 2002 errichteten, mit vielen Kunstwerken geschmückten Bischofskirche des Erzbistums von Los Angeles verband der Architekt José Rafael Moneo gotische Proportionen mit einer kühnen, hochmodernen Formensprache. Das weiche Licht, das durch die Alabasterfenster dringt, lässt den Raum heiter und feierlich wirken. Die beliebten Führungen (Mo–Fr 13 Uhr) und Orgelkonzerte (Mi 12.45 Uhr) sind kostenlos.

Werktags kosten Parkplätze ab 4 US$ (15 Min.; max. 18 US$/Tag); an Wochenenden und Feiertagen gilt ein Einheitspreis von 5 US$.

City Hall
WAHRZEICHEN

(Karte S. 72; ☑ 213-978-1995; www.lacity.org; 200 N Spring St; ⊙ Mo–Fr 9–17 Uhr) GRATIS Bis in die Mitte der 1960er-Jahre war die 1928 erbaute City Hall das höchste Gebäude der Stadt. Seine zikkuratförmige Spitze war u. a. schon in den Fernsehserien *Superman* und *Polizeibericht* sowie in dem Science-Fiction-Klassiker *Kampf der Welten* (1953) zu sehen. Von der Aussichtsterrasse hat man einen wundervollen Blick auf die Stadt und die Berge. Die Führungen (vormittags an Werktagen) sind kostenlos; man muss sich aber vorab anmelden.

Wells Fargo History Museum
MUSEUM

(Karte S. 72; ☑ 213-253-7166; www.wellsfargo history.com; 333 S Grand Ave; ⊙ Mo–Fr 9–17 Uhr) GRATIS Mit einer originalen Concord-Postkutsche, einem ca. 2,8 kg schweren Goldnugget und vielen anderen historischen Artefakten zeichnet das kleine, aber interessante Museum, das von der in Kalifornien ansässigen Wells Fargo Bank finanziert wird, die Geschichte des Goldrauschs nach.

ANGELS FLIGHT

Der **Angels Flight** (☑ 213-626-1901; http://angelsflight.org/; zw. 351 S Hill St & 350 S Grand Ave; einfache Strecke 0,50 US$; ⊙ 6.45–22 Uhr), halb Touristenattraktion, halb Pendlerzug für Bequeme, ist eine 1901 eingerichtete Standseilbahn, die als „kürzeste Bahnstrecke der Welt" (91 m) angepriesen wird. Die hübschen Wagen tuckern zwischen der Hill St und der California Watercourt Plaza den steilen Bunker Hill hinauf und hinunter.

LITTLE TOKYO

In Little Tokyo finden sich dicht an dicht Einkaufszentren, buddhistische Tempel, Kunst im öffentlichen Raum, traditionelle Gärten, authentische Sushibars und Nudelrestaurants sowie eine Zweigstelle des **MOCA** (Karte S. 72; ☑ 213-626-6222; www.moca.org; 152 N Central Ave; Erw./Kind 12 US$/frei; ⊙ Mo & Fr 11–17, Do bis 20, Sa & So bis 18 Uhr).

Japanese American National Museum
MUSEUM

(Karte S. 72; ☑ 213-625-0414; www.janm.org; 100 N Central Ave; Erw./Kind 9/5 US$; ⊙ Di–Mi & Fr–So 11–17, Do 12–20 Uhr) Das Museum gibt einen umfassenden Einblick in das Leben der japanischen Einwanderer – auch das schmerzliche Kapitel der US-amerikanischen Internierungslager während des Zweiten Weltkriegs wird nicht ausgespart. Bei den Wanderausstellungen stehen asiatischamerikanische Kunst und die Bürgerrechte im Vordergrund. Auf der Website stehen die Termine von Stadtspaziergängen durch das Viertel, von Filmvorführungen, japanischen Kochkursen und Volkskunst-Workshops.

SOUTH PARK

South Park ist nicht wirklich ein Park, sondern ein aufstrebendes Stadtviertel rund um das **LA Live** (Karte S. 72; www.lalive.com; 800 W Olympic Blvd), ein Gastronomie- und Veranstaltungszentrum mit dem Staples Center (S. 90) und dem **Nokia Theatre** (Karte S. 72; ☑ 213-763-6030; www.nokiatheatrelive. com; 777 Chick Hearn Court), in dem die MTV Music Awards und die Finals von *American Idol* stattfinden. Parkplätze am LA Live oder auf privaten Plätzen in der Nähe sind teuer; der Einheitspreis liegt zwischen 10 und 30 US$.

★ Grammy Museum
MUSEUM

(Karte S. 72; www.grammymuseum.org; 800 W Olympic Blvd; Erw./Kind 13/11 US$, nach 18 Uhr 8 US$; ⊙ Mo–Fr 11.30–19.30, Sa & So ab 10 Uhr; ♿) Musikfans aller Richtungen sind von der bewusstseinserweiternden interaktiven Ausstellung zur Geschichte der amerikanischen Musik begeistert. In den Sound-

DIE HISTORISCHE DOWNTOWN VON L.A.

Das Zentrum des historischen Bereichs von Downtown bildet der **Pershing Square** (Karte S. 72; www.laparks.org/pershingsquare; 532 S Olive St), der heute von Hochhäusern umgebene, vielfach modernisierte älteste öffentliche Park (1866) von Los Angeles. Öffentliche Kunst, Sommerkonzerte und Freiluftkino machen ihn zu einem beliebten Ziel.

In der Nähe befinden sich einige original erhaltene Gebäude aus der Zeit um 1900. Einen Blick lohnt das 1893 errichtete **Bradbury Building** (Karte S. 72; www.laconser vancy.org; 304 S Broadway; ☺ Lobby in der Regel 9–17 Uhr), dessen prächtiges, mit Galerien versehenes Atrium in mehreren Filmen, z.B. *Blade Runner, (500) Days of Summer* und *The Artist,* zu sehen war.

Im frühen 20. Jh. war der Broadway eine glamouröse Einkaufs- und Kinomeile, wo Megastars wie Charlie Chaplin ihren Limousinen entstiegen, um in den prächtigen Filmpalästen Premieren beizuwohnen. Einige, darunter das 1926 erbaute **Orpheum Theater** (Karte S. 72; www.laorpheum.com; 842 S Broadway), wurden restauriert und sind heute wieder Schauplätze von Filmvorführungen und Veranstaltungen. Ansonsten kommt man in sie am besten bei einem Stadtspaziergang der Los Angeles Conservancy (S. 84) hinein (Wochenende; Reservierung empfohlen).

Kapseln kann man Pop- und Rockhits neu mixen und mit den Stars singen und rappen.

EXPOSITION PARK & UMGEBUNG

Gleich südlich des Campus der University of Southern California (USC) bietet dieser Park so viele kinderfreundliche Museen, dass man hier gut einen ganzen Tag verbringen kann. Zu den besonderen Sehenswürdigkeiten gehören der **Rose Garden** (www.la parks.org; 701 State Dr; Eintritt frei; ☺ 15. März–31. Dez. 9 Uhr–Sonnenuntergang) und das 1923 errichtete **Los Angeles Memorial Coliseum,** die Austragungsstätte der Olympischen Sommerspiele von 1932 und 1984. Ein Parkplatz kostet ab 8 US\$. Von der Downtown aus die Metro Expo Line oder den DASH-Minibus F nehmen.

★ Natural History Museum of Los Angeles
MUSEUM

(☎ 213-763-3466; www.nhm.org; 900 Exposition Blvd; Erw./Kind 12/5 US\$; ☺ 9.30–17 Uhr; ⏣) Von Dinos bis zu Diamanten, von Bären über Käfer bis hin zu einem extrem seltenen Riesenmaulhai – ein Besuch in diesem Museum führt einen rund um den Globus und Millionen Jahre zurück in die Vergangenheit. Kinder buddeln im Discovery Center begeistert nach Fossilien und staunen in der kürzlich wiedereröffneten **Dinosaur Hall** über die riesigen Skelette.

California Science Center
MUSEUM

(☎ Filmprogramm 213-744-2109, Infos 323-724-3623; www.californiasciencecenter.org; 700 Exposition Park Dr; ☺ 10–17 Uhr; ⏣) GRATIS Der Erdbebensimulator, der Kükenbrutkasten

und Tess, die riesige Techno-Puppe, lassen in diesem großartigen, interaktiven Museum jeden wieder zum Kind werden. Hier hat auch das außer Dienst gestellte Space Shuttle *Endeavour* seine neue Heimat gefunden (Besichtigung nur mit Reservierung). Die Filme im IMAX-Kino (Erw./Kind 8,25/5 US\$) sind ein guter Ausklang für einen erlebnisreichen Tag.

California African American Museum
MUSEUM

(☎ 213-744-7432; www.caamuseum.org; 600 State Dr; ☺ Di–Sa 10–17, So ab 11 Uhr) GRATIS Das Museum zeigt eine schöne Ausstellung zur afroamerikanischen Kunst, Kultur und Geschichte mit dem Schwerpunkt auf Kalifornien und dem Westen der USA.

Watts Towers
DENKMAL

(www.wattstowers.org; 1727 E 107th St; Erw./Kind 7 US\$/frei; ☺ Art Center Mi–Sa 10–16, So ab 12 Uhr; Ⓟ) Stolz und Freude von South Los Angeles sind die weltberühmten Watts Towers, eine riesige, fantastische abstrakte Skulptur, die der naive Künstler Simon Rodia aus Fundstücken wie 7-Up-Flaschen, Muscheln und Tonscherben geschaffen hat. Die Besichtigung ist nur im Rahmen einer Führung möglich (alle 30 Min.; Do, Fr & Sa 10.30–15, So ab 12.30 Uhr).

☺ Hollywood

Genau wie manch alternder Filmstar hat sich auch Hollywood liften lassen. Zwar ist der Glanz seines goldenen Zeitalters (Mitte des vergangenen Jhs.) noch nicht zurück-

EIN BESUCH IN DEN STUDIOS

Für Hollywood-Besucher besteht die Hälfte des Vergnügens in der Hoffnung, den einen oder anderen Star zu Gesicht zu bekommen. Als Zuschauer bei der Aufzeichnung einer Sitcom oder Spielshow, die in der Regel zwischen August und März aufgezeichnet werden, hat man bessere Chancen dazu. Kostenlose Tickets gibt's bei **Audiences Unlimited** (☑818-260-0041; www.tvtickets.com).

Einen echten Blick hinter die Kulissen ermöglichen die Kleingruppentouren im Shuttle, die die **Warner Bros. Studios** (☑877-492-8687, 818-972-8687; www.wbstudiotour.com; 3400 W Riverside Dr, Burbank; Führung ab 49 US$; ◷Mo–Sa 8.15–16 Uhr, So wechselnde Zeiten) und **Paramount Pictures** (☑323-956-1777; www.paramount.com; 5555 Melrose Ave; Führung ab 48 US$; ◷Führungen Mo–Fr 9.30–14 Uhr, Sa & So wechselnde Zeiten) anbieten, genauso wie die geführten Rundgänge durch die **Sony Pictures Studios** (☑310-244-8687; www.sonypicturesstudiostours.com; 10202 W Washington Blvd; Führung 35 US$; ◷Führungen normalerweise Mo–Fr 9.30–14.30 Uhr). Bei all diesen Touren besucht man die Studiohallen und Außenkulissen, außerdem auch Bereiche wie Garderobe oder Maske. Reservierung (es gilt ein Mindestalter) und die Vorlage eines Lichtbildausweises sind erforderlich.

gekehrt, aber so schäbig wie vor einigen Jahren ist die Gegend nicht mehr. Der **Hollywood Walk of Fame** (Karte S. 78; www.walkoffame.com; Hollywood Blvd) ehrt mehr als 2000 Berühmtheiten mit Sternen im Bürgersteig.

Die Metro Red Line hält unter dem **Hollywood & Highland** (Karte S. 78; ☑323-467-6412; www.hollywoodandhighland.com; 6801 Hollywood Blvd), einem mehrstöckigen Einkaufszentrum mit schönem Blick auf den Hügel mit dem **Hollywood Sign**, das 1923 als Werbung für eine neue Wohnsiedlung namens Hollywoodland angebracht wurde. Ein Parkplatz im Zentrum kostet (mit Einkauf in bestimmten Shops) 2 US$ (2 Std.; max. 13 US$/Tag).

TCL Chinese Theatre   KINO
(Karte S. 78; ☑Infos zu Führungen 323-461-3331; 6925 Hollywood Blvd) Selbst den abgebrühtesten Besuchern dürfte im Hof des Grauman's Chinese Theatre, wo sich Generationen von Leinwandlegenden in Zement verewigt haben, ein Schauer den Rücken hinunterlaufen. Neben den Abdrücken von Füßen, Händen, Dreadlocks (Whoopi Goldberg) u.a. sieht man hier auch die Abdrücke der Zauberstäbe der jungen Stars der *Harry Potter*-Filme. Als Superman, Marilyn Monroe usw. zurechtgemachte Darsteller posieren (gegen ein Trinkgeld) für Erinnerungsfotos, und außerdem werden hier oft Gratistickets für Fernsehshows angeboten.

Dolby Theatre   KINO
(Karte S. 78; ☑323-308-6300; www.dolbytheatre.com; Führung Erw./Kind 17/12 US$; ◷Führungen in der Regel 10.30–16 Uhr) Echte Promis stolzieren während der Oscar-Verleihungen über den roten Teppich des Theaters; die Titel preisgekrönter Filme sind in die Säulen am Eingang eingraviert. Bei den kostspieligen 30-minütigen Führungen besichtigt man den Zuschauerraum, die VIP-Lounge und bekommt eine echte Oscar-Trophäe zu sehen.

Hollywood Forever Cemetery   FRIEDHOF
(☑323-469-1181; www.hollywoodforever.com; 6000 Santa Monica Blvd; ◷8–17 Uhr; P) Rock'n'Roll-Fans strömen auf diesem historischen Friedhof zum Denkmal von Johnny Ramone. Zu den weiteren Berühmtheiten, die hier begraben liegen, gehören Rudolph Valentino, Cecil B. DeMille und Bugsy Siegel. Ein Online-Kalender informiert über hier (ja, wirklich!) stattfindende Filmvorführungen und Konzerte.

Hollywood Museum   MUSEUM
(Karte S. 78; www.thehollywoodmuseum.com; 1660 N Highland Ave; Erw./Kind 15/5 US$; ◷Mi–So 10–17 Uhr) Im vom Art déco geprägten Max Factor Building zeigt das leicht muffige Museum als Hommage an die Filmstars auf mehr als 3200 m² Kitsch, Kostüme, Schnickschnack und Kulissen von Marilyn Monroe bis *Glee*.

◉ Griffith Park

Amerikas größter **Stadtpark** (☑323-913-4688; www.laparks.org/dos/parks/griffithpk; 4730 Crystal Springs Dr; ◷5–22.30 Uhr, Wanderwege Sonnenaufgang–Sonnenuntergang; P) GRATIS ist fünfmal so groß wie der New Yorker Central Park. Man findet hier ein Freiluftkino, einen Zoo, ein Observatorium, ein Museum, ein Karussell, alte Kleinbahnen, Kinderspielplätze, Golf- und Tennisanlagen und mehr als 80 km an Wanderwegen, die auch zu der originalen Höhle aus der Fernsehserie *Batman* führen.

⭐ **Griffith Observatory** MUSEUM
(☎213-473-0800; www.griffithobservatory.org; 2800 E Observatory Rd; Eintritt frei, Planetarium Erw./Kind 7/3 US$; ⏰Di–Fr 12–22, Sa & So ab 10 Uhr; 🅿♿) GRATIS Unter den drei charakteristischen Kuppeln dieses 1935 im Griffith Park errichteten Observatoriums befinden sich ein hochmodernes Planetarium und das Leonard Nimoy Event Horizon Multimedia Theater. In klaren Nächten hat man oft Gelegenheit, Himmelskörper durch die Teleskope zu beobachten.

Los Angeles Zoo & Botanical Gardens ZOO
(☎323-644-4200; www.lazoo.org; 5333 Zoo Dr; Erw./Kind 17/12 US$; ⏰10–17 Uhr; 🅿♿) In diesem auf Naturschutz eingestellten Zoo kann man mit 1100 Flossen, Federn oder Pelz tragenden Tieren Bekanntschaft schließen. Besondere Attraktionen sind das Campo Gorilla Reserve und die Sea Life Cliffs, ein originalgetreuer Nachbau der kalifornischen Küste, der von Seehunden bewohnt wird.

Museum of the American West MUSEUM
(☎323-667-2000; www.autrynationalcenter.org; 4700 Western Heritage Way; Erw./Kind 10/4 US$, am 2. Di im Monat Eintritt frei; ⏰Di–Fr 10–16, Sa & So bis 17 Uhr; 🅿) Auch, wer sich gar nicht für Cowboys interessiert, wird von den Ausstellungsstücken, die zeigen, was die Ausbreitung der Neuamerikaner nach Westen an Großartigem, Schlimmem und Scheußlichem mit sich brachte, gefesselt sein. Zu den Highlights gehören die große Colt-Sammlung, ein prächtig verzierter Saloon, Artefakte indianischer Völker und Relikte des kalifornischen Goldrauschs.

⊙ West Hollywood

Über dem Santa Monica Blvd wehen stolz die Regenbogenfahnen, und Promis beglücken die Klatschreporter mit Eskapaden in den Clubs am sagenhaften **Sunset Strip**. Willkommen in West Hollywood (WeHo). Die Boutiquen am Robertson Blvd und an der Melrose Ave versorgen Hollywoodgrößen mit gewagtem Schick. Darüber hinaus ist WeHo ein Nährboden für avantgardistisches Wohndesign, vor allem im Bereich der **Avenues of Art, Fashion & Design** (www.avenueswh.com).

Pacific Design Center GEBÄUDE
(PDC; Karte S. 80; www.pacificdesigncenter.com; 8687 Melrose Ave; ⏰Mo–Fr 9–17 Uhr) Rund 120 Galerien und Ausstellungsräume füllen die

---

NICHT VERSÄUMEN

UNIVERSAL STUDIOS HOLLYWOOD

Die **Universal Studios Hollywood** (www.universalstudioshollywood.com; 100 Universal City Plaza; Eintritt ab 80 US$, Kind unter 3 Jahren frei; ⏰tgl., wechselnde Zeiten; 🅿♿) wurden 1915 der Öffentlichkeit zugänglich gemacht, als Studiochef Carl Laemmle Besucher einlud, für 0,25 US$ bei den Dreharbeiten von Stummfilmen zuzuschauen – ein Lunchpaket gab's auch noch mit dazu. Fast 100 Jahre später gehört Universal immer noch zu den weltgrößten Filmstudios.

Im heutigen Themenpark stehen die Chancen, einen echten Dreh mitzuerleben, nahezu bei null, aber Generationen von Besuchern haben sich hier prächtig amüsiert. Zu Anfang empfiehlt sich die kommentierte **Studiotour** (45 Min.) an Bord einer riesigen Bahn. Auf der Fahrt kommt man an benutzten Studiohallen, Freiluftsets und an **King Kong 360** vorbei, dem größten 3-D-Erlebnis weltweit. Zudem muss man einen Haiangriff wie in *Der weiße Hai* überstehen. Das Ganze ist kitschig, aber lustig.

Zu den Dutzenden weiterer Attraktionen gehören Rides wie der **Simpsons Ride**, ein computeranimierter Spaß, die Sturzfahrt hinunter zu den Dinos des **Jurassic Park** und der Kampf gegen die Decepticons in **Transformers: The Ride 3-D**. Auf der **Special-Effects-Bühne** erfährt man ein bisschen etwas über Filmtricks. **Waterworld** war als Film zwar ein Flop, aber die darauf basierende Liveshow ist ein Actionhit mit Elementen wie riesigen Feuerbällen und einem notlandenden Wasserflugzeug.

Die Studios sind mit dem Auto (Parkplatz 15 US$, nach 15 Uhr 10 US$) oder der Metro Red Line erreichbar.

Hollywood

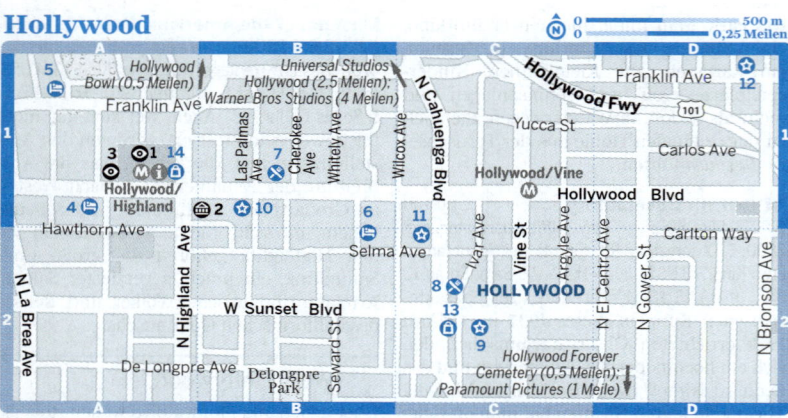

Hollywood

◉ Sehenswertes
1 Dolby Theatre A1
2 Hollywood Museum B1
3 TCL Chinese Theatre A1

🏨 Schlafen
4 Hollywood Roosevelt Hotel A1
5 Magic Castle Hotel................................A1
6 USA Hostels Hollywood B2

✖ Essen
7 Musso & Frank Grill B1
8 Umami Urban C2

✿ Unterhaltung
9 Arclight Cinemas C2
10 Egyptian Theater B1
11 Hotel Cafe C2
12 Upright Citizens Brigade
    Theatre..D1

🛍 Shoppen
13 Amoeba Music C2
14 Hollywood & Highland A1

monolithischen blauen, grünen und roten „Wale" des von Cesar Pelli entworfenen Gebäudes, in dem auch eine Filiale des **MOCA** (Karte S. 80; ☎213-621-1741; www.moca.org; ⊙Di–Fr 11–17, Sa & So bis 18 Uhr) GRATIS ist. Besucher können sich in den Galerien umschauen, die meisten verkaufen aber nur an Händler. Parken kostet ab 6 US\$ (max. 13 US\$/Tag).

◉ Mid-City

Einige der besten Museen der Stadt säumen die „Museum Row", einen kurzen Abschnitt des Wilshire Blvd östlich der Fairfax Ave.

★ Los Angeles County Museum of Art
MUSEUM

(LACMA; Karte S. 80; ☎323-857-6000; www.lacma.org; 5905 Wilshire Blvd; Erw./Kind 15 US\$/frei; ⊙Mo–Di & Do 11–17, Fr bis 21, Sa & So 10–19 Uhr; P) Das LACMA ist eines der wichtigsten Kunstmuseen des Landes und das größte im Westen der USA. In den sieben Gebäuden des Museums sind unzählige Gemälde, Skulpturen und kunstgewerbliche Arbeiten zu sehen. Man findet Gemälde von Rembrandt, Cézanne und Magritte, antike Töpferwaren aus China, der Türkei und dem Iran, Fotografien von Ansel Adams und ein Schmuckkästchen voller japanischer Skulpturen und bemalter Wandschirme.

In dem von Renzo Piano entworfenen **Broad Contemporary Art Museum** des LACMA finden sich bahnbrechende Arbeiten von Jasper Johns, Cindy Sherman und Ed Ruscha sowie zwei gigantische Plastiken Richard Serras aus verrostetem Stahl. Darüber hinaus zeigt das LACMA häufig noch schlagzeilenträchtige Sonderausstellungen.

La Brea Tar Pits
ARCHÄOLOGISCHE STÄTTE

(Karte S. 80) Zwischen 40 000 und 11 000 v. Chr. versanken Säbelzahntiger, Mammute und andere heute ausgestorbene Tiere der Eiszeit hier in der teerartigen, blubbernden Erdölmasse. Ihre fossilen Überreste werden dort immer noch gefunden und im **Page Museum** (Karte S. 80; ☎323-934-7243; www.tarpits.org; 5801 Wilshire Blvd; Erw./Kind 12/5 US\$, 1. Di im Monat von Sept–Juni Eintritt frei; ⊙9.30–17 Uhr; P♿) ausgestellt. Durch Glasfenster kann man Paläontologen bei ihrer Grabungstätigkeit zusehen. Ein Parkplatz kostet 7–9 US\$ (nur Barzahlung möglich).

Petersen Automotive Museum MUSEUM
(Karte S. 80; www.petersen.org; 6060 Wilshire
Blvd; Erw./Kind 12/3 US$; ☺ Di–So 10–18 Uhr; P)
Das vierstöckige Museum – eine Ode an das
Automobil – zeigt jede Menge schicker Old-
timer und eine lustige Straßenlandschaft,
die verdeutlicht, wie sehr das Auto zum
Anwachsen der Stadt beigetragen hat. Ein
Parkplatz kostet ab 2 US$ (max. 12 US$).

Beverly Hills & Umgebung

Beim Begriff Beverly Hills fallen einem un-
willkürlich Maseratis, sorgfältig gepflegte
Villen und superreiche Millionäre ein. Und
tatsächlich ist das modische und elegante
Viertel eine Anlaufstelle für Gutbetuchte
und Berühmte. Es gibt sogar eine spezielle
Busrundfahrt, bei der die Teilnehmer einen
Blick auf die Häuser von diversen Stars werfen können.

Obwohl teuer und protzig, gehört der **Rodeo Drive** doch zum absoluten Pflichtpro-
gramm. Entlang dieser drei Blocks durchforsten weibliche Mode-Klone die Designer-
Boutiquen nach Fummeln von internationalen Designern von Armani bis Zegna. Wer
angesichts der Preise hyperventiliert, findet
am Beverly Dr einen Block weiter östlich
günstigere Boutiquen.

In vielen städtischen Parkhäusern und
auf den Parkplätzen kann man zwei Stunden lang kostenlos parken.

**Paley Center for
Media** RUNDFUNK- UND FERNSEHMUSEUM
(Karte S. 80; ☎ 310-756-1000; www.paleycenter.
org; 465 N Beverly Dr; empfohlene Spende Erw./
Kind 10/5 US$; ☺ Mi–So 12–17 Uhr; P) Fern-
seh- und Radiofans können ihre Passion in
diesem hinreißenden Museum ausleben,
das Rundfunk- und Fernsehsendungen von
1918 bis ins Internetzeitalter archiviert. Man
sucht sich aus, was einen interessiert, und
schaut sich die Sendung auf einem eigenen
Monitor an. Darüber hinaus gibt's Vorträge
und Filmvorführungen.

**Annenberg Space for
Photography** MUSEUM
(www.annenbergspaceforphotography.org; 2000
Ave of the Stars; ☺ Mi–Fr 11–18, Sa 11–19.30, So
11–18 Uhr; P) GRATIS Im kameraförmigen In-
nenraum dieses Museums inmitten der Wolkenkratzer der Century City gleich westlich
von Beverly Hills sind interessante und provokante Wechselausstellungen zu sehen. Ein
Parkplatz mit Parkschein kostet mittwochs
bis freitags 3,50 US$ (1 US$ nach 16.30 Uhr)
und am Wochenende 1 US$.

West LA

★ Getty Center MUSEUM
(☎ 310-440-7300; www.getty.edu; 1200 Getty Center Dr, abseits des I-405 Fwy; ☺ Di–So 10–17.30, Sa
bis 21 Uhr; P) GRATIS Ein dreifaches Vergnügen
bieten die traumhafte Kunstsammlung mit
Werken von Renaissance-Meistern bis zu
David Hockney, das sagenhafte Gebäude von
Richard Meier und der sich ständig verändernde Park von Robert Irwin. An klaren Tagen kommt noch der tolle Blick auf die Stadt
und den Ozean hinzu. Am späten Nachmittag wird der Andrang geringer. Ein Parkplatz
kostet 15 US$ (nach 17 Uhr 10 US$).

**University of California, Los
Angeles** UNIVERSITÄT
(UCLA; www.ucla.edu; P) Westwood wird von
dem weitläufigen Campus der angesehenen
UCLA mit seinen eindrucksvollen botanischen und Skulpturengärten dominiert. Das
ausgezeichnete, universitätseigene **Ham-
mer Museum** (http://hammer.ucla.edu; 10899
Wilshire Blvd; Erw./Kind 10 US$/frei, Do frei; ☺ Di–
Fr 11–20, Sa & So bis 17 Uhr) zeigt avantgardistische zeitgenössische Kunst. Ein Parkplatz
mit Parkschein kostet 3 US$.

Westwood Village Memorial Park FRIEDHOF
(www.dignitymemorial.com; 1218 Glendon Ave; ☺ 8
Uhr–Sonnenuntergang) Versteckt inmitten der
Hochhäuser von Westwood finden sich auf
dem winzigen Friedhof die Grabstätten solcher Berühmtheiten wie Marilyn Monroe
oder Dean Martin. Das Eingangstor liegt
südlich vom Wilshire Blvd, einen Block östlich des Westwood Blvd.

Malibu

Malibu erstreckt sich auf 43 spektakulären
Kilometern längs dem Pacific Coast Hwy und
ist seit langem ein Synonym für Surfen und
Hollywood-Stars. Tatsächlich aber wirkt der
Stadtteil weit weniger schick, als die Hoch-
glanzmagazine einen glauben machen wollen. Trotzdem geben sich hier seit den 1930er-
Jahren Promis die Klinke in die Hand. Steven
Spielberg, Barbra Streisand, Dustin Hoffman
und andere Berühmtheiten wohnen hier und
können manchmal beim Einkaufen im **Malibu Country Mart** (www.malibucountrymart.com;
3835 Cross Creek Rd) oder dem schlichteren
Malibu Colony Plaza (www.malibucolonyplaza.
com; 23841 W Malibu Rd) gesichtet werden.

Beverly Hills, West Hollywood & Mid-City

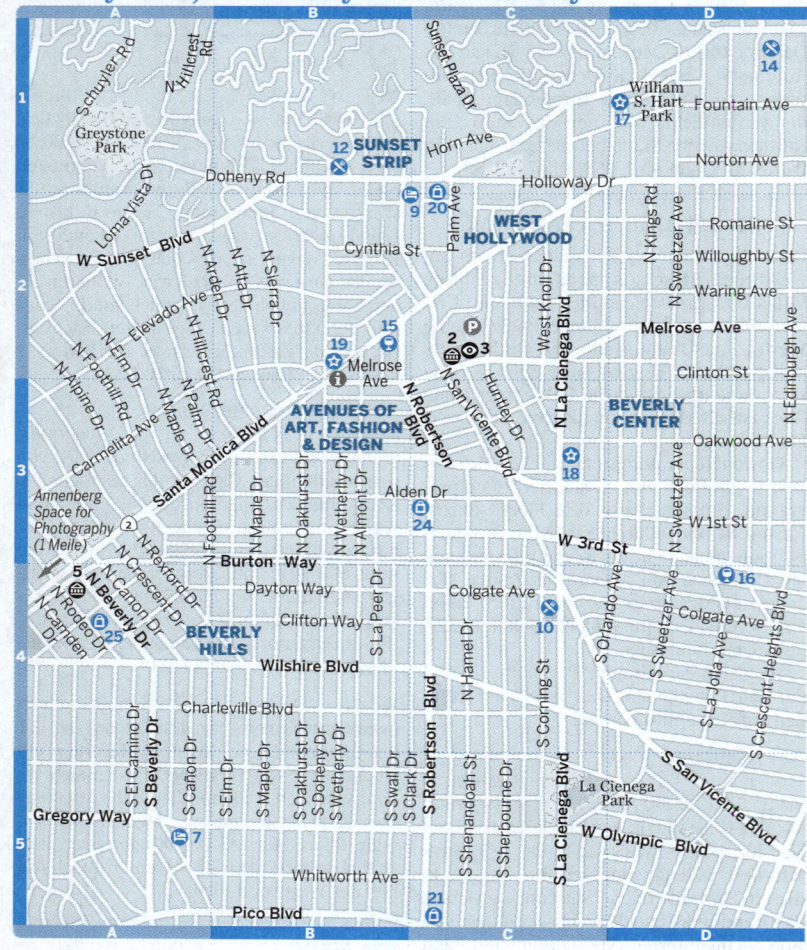

Daneben punktet Malibu mit zwei Naturattraktionen: dem bergigen **Malibu Creek State Park** (☏ 818-880-0367; www.malibucreekstatepark.org; ☉ Sonnenaufgang–Sonnenuntergang), einem beliebten Drehort für Film und TV mit vielen Wanderwegen (Parkplatz 12 US$), sowie seinen Stränden, darunter dem treffend benannten **Surfrider** westlich vom Malibu Pier, dem wilderen **Point Dume State Beach** und dem familienfreundlichen **Zuma Beach** (Parken am Strand 10 US$).

★ **Getty Villa**   MUSEUM
(☏ 310-430-7300; www.getty.edu; 17985 Pacific Coast Hwy; ☉ Mi–Mo 10–17 Uhr; ℗) GRATIS Ma-

libus Kulturhighlight ist dieser Nachbau einer von Kolonnaden und Kräutergärten eingefassten römischen Villa, die eine fantastische Kulisse für die ausgestellten griechischen, römischen und etruskischen Altertümer bildet. Die Besichtigung ist nur mit Tickets mit genauer Terminvorgabe möglich (keine Spontanbesuche, Reservierung erforderlich). Ein Parkplatz kostet 15 US$.

◉ Santa Monica

Der schöne Strandort verbindet urbane Coolness mit relaxter Atmosphäre. Touristen, Teenager und Straßenkünstler sorgen in

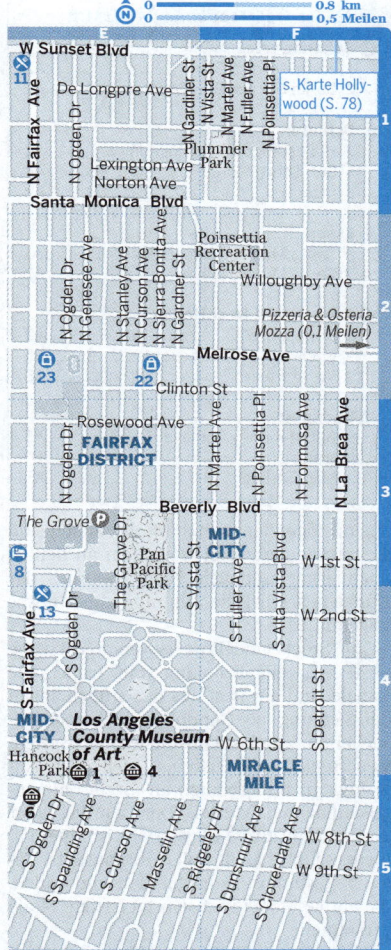

Beverly Hills, West Hollywood & Mid-City

◎ **Highlights**
1 Los Angeles County Museum of Art ..E4

◎ **Sehenswertes**
La Brea Tar Pits........................(siehe 4)
2 MOCA Pacific Design Center C2
3 Pacific Design Center C2
4 Page Museum E4
5 Paley Center for Media A4
6 Petersen Automotive Museum E5

🛏 **Schlafen**
7 Avalon Hotel A5
8 Farmer's Daughter Hotel E3
9 London West Hollywood B2

🍴 **Essen**
10 Bazaar C4
11 Griddle Café..E1
12 Night + Market B1
13 Original Farmers Market E4
14 Veggie Grill D1

🍸 **Ausgehen & Nachtleben**
15 Abbey B2
16 El Carmen D4

🎭 **Unterhaltung**
17 House of Blues D1
18 Largo at the Coronet C3
19 Troubadour B2

🛍 **Shoppen**
20 Book Soup C1
21 It's a Wrap C5
22 Melrose Avenue E2
23 Melrose Trading Post E2
24 Robertson Boulevard C3
25 Rodeo Drive A4

der autofreien, von Ladenketten gesäumten **Third Street Promenade** für Trubel. Mehr Lokalkolorit bieten die bei Promis beliebte **Montana Avenue** und die bodenständigere **Main Street**, das Zentrum des Viertels, das als Geburtsstätte des Skateboardens früher den Spitznamen „Dogtown" trug.

In den meisten öffentlichen Parkhäusern im Zentrum kann man 90 Minuten kostenlos parken.

Santa Monica Pier   VERGNÜGUNGSPARK
(Karte S.82; http://santamonicapier.org; Tageskarte für die Rides 13–20 US$; P 🚶) GRATIS Kinder lieben den altehrwürdigen Pier, zu dessen

Attraktionen ein altmodisches Karussell und ein mit Solarstrom betriebenes Riesenrad gehören. Im winzigen **Aquarium** (Karte S.82; ☎ 310-393-6149; www.healthebay.org; 1600 Ocean Front Walk; Erw./Kind 5 US$/frei; ⊙ Di–Fr 14–17, Sa & So 12.30–17 Uhr; 🚶) kann man sehen, was sich unter dem Pier tut. Die Preise für einen Parkplatz variieren saisonal.

Bergamot Station Arts Center   KUNSTZENTRUM
(www.bergamotstation.com; 2525 Michigan Ave; ⊙ Di–Fr 10–18, Sa 11–17.30 Uhr; P) Kunstfreunde zieht es landeinwärts zu diesem avantgardistischen Kunstzentrum, einer ehemaligen Straßenbahnstation, in der heute 35 Avantgarde-Galerien und das progressive **Santa Monica Museum of Art** (www.smmoa.org; 2525 Michigan Ave; empfohlene Spende

Santa Monica & Venice

Santa Monica & Venice

◎ Sehenswertes
1 Santa Monica Pier.................................A2
2 Santa Monica Pier Aquarium A2

🛏 Schlafen
3 HI Los Angeles-Santa Monica A2
4 Sea Shore Motel..................................A4
5 Viceroy A2

✖ Essen
6 Santa Monica Farmers Markets A1
7 Santa Monica Place A2

🍸 Ausgehen & Nachtleben
8 Copa d'Oro A2
9 Intelligentsia Coffeebar.......................B5
10 Roosterfish A5

🛍 Shoppen
11 Abbot Kinney Boulevard A5
12 Magellan...B1
13 Main Street A3

einem singenden Sikh auf Rollschuhen sind so gut wie garantiert, vor allem an heißen Sommernachmittagen. Nach Einbruch der Dunkelheit wird die Stimmung aber etwas ungemütlich.

Ein Stück landeinwärts versprechen die **Venice Canals** Erholung vom Trubel. Die Kanäle sind ein Rest aus den frühen Tagen der Siedlung, als Gondoliere hier noch Besucher durch das künstliche Kanalsystem steuerten. Heute erfreuen sich hier Anwohner in Ruderbooten an ihrem blumengeschmückten Viertel. Der schrille, aber angesagte **Abbot Kinney Blvd** ist eine palmengesäumte Meile voller Restaurants, Cafés, Yogastudios, Kunstgalerien und Läden, die antike Möbel und selbstgefertigte Mode verkaufen.

Nahe dem Abbot Kinney Blvd gibt's Straßenparkplätze, das Parken am Strand kostet 5 bis 15 US$.

Erw./Kind 5/3 US$; ⊙ Di–Sa 11–18 Uhr) untergebracht sind.

◎ Venice

Freakshow, Menschenzoo und irrer Karneval: der **Venice Boardwalk** (Ocean Front Walk) ist eine weitere Pflichtstation bei jeder echten L.A.-Reise. In diesem Hexenkessel der Gegenkultur kann man sich Zöpfe flechten lassen, sich eine Qi-Gong-Rückenmassage gönnen, billige Sonnenbrillen oder gewebte Armbänder kaufen. Begegnungen mit Bodybuildern, Spinnern, einem Schlangenbeschwörer in knapper Badehose oder

◎ Long Beach

Long Beach nimmt die südliche Seite des L.A. County ein. Hier befindet sich der nach Singapur und Hongkong drittgrößte Containerhafen der Welt. In der belebten Downtown – in der **Pine Ave** gibt's viele Restaurants und Bars – und an der aufgemöbelten Uferpromenade ist davon allerdings wenig zu spüren.

Die Metro Blue Line verbindet Long Beach mit Downtown L.A. (ca. 1 Std.); mit den kostenlosen Minibussen von **Passport** (www.lbtransit.com) kann man bequem die wichtigsten Sehenswürdigkeiten abklappern (sonstige Fahrten im Ort 1,25 US$).

Queen Mary — SCHIFF
(www.queenmary.com; 1126 Queens Hwy; Tour Erw./Kind ab 14/7 US$; ⊙ 10–18.30 Uhr; P) Long Beachs „Flaggschiff" ist dieser hier dauerhaft vertäute britische Kreuzfahrtriese, auf dem es spuken soll. Noch größer und schicker als die *Titanic,* transportierte der Oceanliner bei seinen 1001 Atlantiküberquerungen zwischen 1936 und 1964 Blaublütige, Würdenträger, Einwanderer und Soldaten. Ein Parkplatz kostet 12 US$.

Aquarium of the Pacific — AQUARIUM
(☑ Tickets 562-590-3100; www.aquariumofpacific.org; 100 Aquarium Way; Erw./Kind 26/15 US$; ⊙ 9–18 Uhr; 🖐) Kinder amüsieren sich bei einem Hightech-Streifzug durch die Unterwasserwelt mit pfeilschnellen Haien, tanzenden Quallen und spielenden Seelöwen. Kombitickets einschließlich des Besuchs der *Queen Mary* oder des Los Angeles Zoo gibt's online noch billiger. Parkplätze mit Parkschein kosten zwischen 8 und 15 US$.

USS Iowa — MUSEUM, GEDENKSTÄTTE
(☑ 877-446-9261; www.pacificbattleship.com; 250 S Harbor Blvd, Berth 87; Erw./Kind 18/10 US$; ⊙ 10–17 Uhr, Juni–Aug. ab 9 Uhr; P) Nahe dem Hafen von San Pedro kann man das Fallreep des ausgemusterten Pazifik-Schlachtschiffs betreten und eine selbstgeführte Audiotour machen. Während des Zweiten Weltkriegs transportierte es Franklin D. Roosevelt und General MacArthur, und auch während des Kalten Kriegs war es noch im Einsatz. Ein Parkplatz kostet ab 1 US$.

Museum of Latin American Art — MUSEUM
(www.molaa.org; 628 Alamitos Ave; Erw./Kind 9 US$/frei, So frei; ⊙ Mi–So 11–17, Do bis 21 Uhr; P) Das Museum ist zwar klein, aber das einzige im Westen der USA, das sich ganz auf die zeitgenössische Kunst Lateinamerikas spezialisiert hat. Spiritualität und Landschaften sind Schwerpunkte der Dauerausstellung, hinzu kommen farbenfrohe Sonderausstellungen und ein Skulpturengarten hinter dem Gebäude.

👁 Pasadena
Reich und vornehm erstreckt sich Pasadena unterhalb der hohen San Gabriel Mountains. Das urbane Los Angeles wirkt hier weltweit entfernt. Pasadena ist berühmt für seine schönen Arts-and-Crafts-Bauten vom Anfang des 20. Jhs. und die Tournament of Roses Parade am Neujahrstag.

Man kann zwischen den Läden, Cafés, Bars und Restaurants der Old Town Pasadena am Colorado Blvd östlich der Pasadena Ave herumschlendern. Die Züge der Metro Gold Line verbinden Pasadena mit Downtown L. A. (30 Min.).

★ Huntington Library — MUSEUM, GARTEN
(☑ 626-405-2100; www.huntington.org; 1151 Oxford Rd, San Marino; Erw. werktags/Wochenende & Feiertage 20/23 US$, Kind 8 US$, 1. Do im Monat Eintritt frei; ⊙ Juni–Aug. Mi–Mo 10.30–16.30 Uhr, Sept.–Mai Mo & Mi–Fr 12–16. 30, Sa, So & Feiertage ab 10.30 Uhr; P) Der Name dieser Einrichtung ist eigentlich eine große Untertreibung, denn in dieser Bibliothek werden zwar kostbare Bücher aufbewahrt, darunter eine Gutenbergbibel, aber darüber hinaus besitzt die „Bibliothek" auch noch eine großartige Sammlung europäischer Kunst und wunderschöne Gärten: Im Rose Garden blühen mehr als 1200 Rosenarten, und der Desert Garden lässt einen an Dr. Seuss denken. Für den kostenlosen Eintritt am ersten Donnerstag jedes Monats muss man sein Ticket vorab bestellen.

Gamble House — ARCHITEKTUR
(☑ Info 626-793-3334, Tickets 800-979-3370; www.gamblehouse.org; 4 Westmoreland Pl; Führung Erw./Kind ab 12,50 US$/frei; ⊙ Führungen Do–So 12–15 Uhr, Souvenirshop Di–Sa 10–17, So 11.30–17 Uhr; P) Mit dem Gamble House von 1908 schufen Charles und Henry Greene ein Meisterwerk der kalifornischen Arts-and-Crafts-Architektur. Im Film *Zurück in die Zukunft* „spielte" es das Haus von Doc Brown. Das Haus ist nur im Rahmen einer Führung zu besichtigen (Reservierung empfohlen).

Norton Simon Museum — MUSEUM
(www.nortonsimon.org; 411 W Colorado Blvd; Erw./Kind 10 US$/frei; ⊙ Mi–Mo 12–18, Fr bis 21 Uhr; P) Westlich der Old Town erblickt man Rodins *Denker,* der aber nur die Ouvertüre zu der reichen Sammlung europäischer, asiatischer, moderner und zeitgenössischer Kunst in diesem bescheidenen Museum bildet. Auch kostbare Druckgrafiken und Fotografien sind zu bewundern.

🏃 Aktivitäten
Radfahren & Inlineskaten
Radfahren oder skaten auf dem asphaltierten South Bay Bicycle Trail, der auf der

35 km langen Strecke zwischen Santa Monica und Pacific Palisades meist parallel zum Strand verläuft, stärkt die Kondition in reizvoller Umgebung. In den Strandorten gibt's jede Menge Läden, die Räder und Skates vermieten. Aber Achtung: An den Wochenenden ist der Trail überlaufen!

Schwimmen & Surfen

Prima Badestrände sind der **Zuma Beach** in Malibu, der **Santa Monica State Beach** und der **Hermosa Beach** von South Bay. Der **Surfrider Beach** in Malibu ist ein legendärer Surfspot. Der Preis für einen Parkplatz variiert saisonal.

Bezogen auf die Wassertemperaturen ist der „nie endende Sommer" leider nur ein Mythos. Die meiste Zeit im Jahr sollte man sich nur mit Neoprenanzug in den Pazifik wagen. Ab Juni ist die Temperatur erträglich und erreicht mit rund 21 °C im August und September ihren Höchstwert. Die Wasserqualität ist unterschiedlich; Infos findet man auf der „Beach Report Card" unter www.healthebay.org.

Wandern

Wer mitten zwischen den gestählten Körpern im **Runyon Canyon Park** oberhalb von Hollywood wandern geht, sollte unbedingt seinen Promi-Radar aktivieren. Auch im **Griffith Park** gibt's diverse Wanderwege. Wer längere Ausflüge unternehmen möchte, macht sich auf in die Santa Monica Mountains, wo der **Will Rogers State Historic Park**, der **Topanga State Park** und der **Malibu Creek State Park** ausgezeichnete Ausgangspunkte zum Wandern in schöner Natur sind (Parkplatz 8–12 US$).

Geführte Touren

★ Esotouric   BUSTOUR
(☎ 323-223-2767;   www.esotouric.com;   Tour 58 US$) Angesagte, abgedrehte, interessante und unterhaltsame Touren mit Themen wie „Orte berühmter Verbrechen" („Fall der schwarzen Dahlie"), „Gefeierte Autoren" (von Chandler bis Bukowski) oder „Historische Stadtviertel".

Los Angeles Conservancy   STADTSPAZIERGANG
(☎ Info 213-430-4219, Reservierungen 213-623-2489; www.laconservancy.org; Tour Erw./Kind 10/5 US$) Thematisch ausgerichtete Stadtspaziergänge, meist in Downtown L.A. mit dem Schwerpunkt auf Architektur und Geschichte. Vorschläge für selbstgeführte Audiotouren finden sich auf der Website.

Museum of Neon Art   BUSTOUR
(☎ 213-489-9918;   http://neonmona.org;   Tour 55 US$; ☉ Juni–Sept. Sa) Nächtliche geführte Bustour durch den Neondschungel der Stadt. Los geht's in Downtown L.A.

Melting Pot Tours   STADTSPAZIERGANG
(☎ 800-979-3370; www.meltingpottours.com; Tour Erw./Kind ab 53/28 US$) Bei diesen Touren kann man sich über den Original Farmers Market, durch die Thai Town oder die lateinamerikanische Küche von East L.A. schlemmen.

Dearly Departed   BUSTOUR
(☎ 800-979-3370;   www.dearlydepartedtours.com; Tour 45–75 US$) Die manchmal gruseligen, manchmal tragikomischen Geschichtstouren führen zu Orten, wo berühmte Stars den Löffel abgaben.

Feste & Events

Zu den monatlichen Straßenfesten mit geöffneten Galerien und Läden sowie vielen Imbisswagen gehören der **Downtown L.A. Art Walk** (www.downtownartwalk.com; ☉ 2. Do im Monat) und die **First Fridays in Venice** (☉ 1. Fr im Monat).

Tournament of Roses   UMZUG, SPORT
(www.tournamentofroses.com) Neujahrsumzug mit blumengeschmückten Wagen auf Pasadenas Colorado Blvd, gefolgt von einem College-Footballspiel in der Rose Bowl.

Fiesta Broadway   STRASSENFEST
(http://fiestabroadway.la) Bei dem mexikanisch aufgemachten Straßenfest in Downtown L.A. treten am letzten Aprilsonntag Latinostars auf.

Watts Towers Day of the Drum & Jazz Festivals   KUNST, MUSIK
(http://wattstowers.org) Ende September gibt's in South L.A. zwei Tage lang Trommel-Sessions, Jazz-Jams und einen Kunstgewerbe-Markt.

West Hollywood Halloween Carnaval   STRASSENFEST
(www.visitwesthollywood.com) Am 31. Oktober füllen exzentrische, oft nicht jugendfreie Kostüme, Livebands und DJs den Santa Monica Blvd.

Schlafen

Wer das Strandleben genießen will, sollte in Santa Monica, Venice oder Long Beach absteigen. Coole Partylöwen werden sich in Hollywood oder West Hollywood am wohlsten fühlen, Kulturfans hingegen in Downtown L. A. Auf die Zimmerpreise werden noch 12 bis 14 % Übernachtungssteuer aufgeschlagen.

🛏 Downtown

Figueroa Hotel HISTORISCHES HOTEL **$$**
(Karte S. 72; ☎213-627-8971, 800-421-9092; www.figueroahotel.com; 939 S Figueroa St; Zi. 148–194 US$, Suite 225–265 US$; P❄@🛜🏊🐾) Die weitläufige Oase aus den 1920er-Jahren gegenüber dem LA Live begrüßt ihre Gäste mit einer üppig gefliesten Lobby im spanischen Stil, an die sich ein funkelnder Pool anschließt. Die in diversen Stilen (beispielsweise marokkanisch, mexikanisch, Zen) eingerichteten Zimmer unterscheiden sich in Größe und Ausstattung. Parkplätze kosten 12 US$.

Standard Downtown LA BOUTIQUEHOTEL **$$$**
(Karte S. 72; ☎213-892-8080; http://standard hotels.com/downtown-la; 550 S Flower St; Zi. 245–525 US$; Suite 1150–1300 US$; P❄@🛜🏊🐾) Das designverliebte Hotel in einem früheren Bürogebäude zielt vor allem auf junge, hippe und balzfreudige Gäste ab, und in der Dachterrassenbar geht die Party richtig ab. Wer eine ruhige Nacht verbringen will, ist hier also fehl am Platz. Die modernen, minimalistischen Zimmer sind mit hochbeinigen Bettgestellen und durchsichtigen Duschkabinen ausgestattet. Parkplätze kosten ab 33 US$.

🛏 Hollywood & West Hollywood

USA Hostels Hollywood HOSTEL **$**
(Karte S. 78; ☎800-524-6783, 323-462-3777; www.usahostels.com; 1624 Schrader Blvd; B 28–41 US$, Zi. ohne Bad 81–104 US$; ❄@🛜) Das energiegeladene Hostel im Herzen von Hollywoods Partymeile ist sicher nichts für Introvertierte. Bei den Grill- und Comedyabenden, Stadttouren sowie dem Frühstück in der Gästeküche mit Obst und Pfannkuchen schließt man schnell neue Bekanntschaften.

★ Magic Castle Hotel HOTEL **$$**
(Karte S. 78; ☎323-851-0800; http://magiccastle hotel.com; 7025 Franklin Ave; Zi. mit Frühstück ab 175 US$; P❄@🛜🏊🦽) Die renovierten Apartments in diesem Gebäude mit Innenhof haben zwar dünne Wände, bieten aber

moderne Möbel und hübsche Kunstwerke, die Suiten haben zudem ein separates Wohnzimmer. Man bekommt kostenlose Snacks und Zugang zu einem Privatclub für Zauberer. Parkplätze kosten 10 US$.

Hollywood Roosevelt Hotel BOUTIQUEHOTEL **$$$**
(Karte S. 78; ☎323-466-7000, 800-950-7667; www.hollywoodroosevelt.com; 7000 Hollywood Blvd; Zi. ab 330 US$; P❄@🛜🏊) Seit der ersten Oscar-Verleihung im Jahr 1929 sind schon viele Topschauspieler in dem altehrwürdigen Hotel abgestiegen. Es kombiniert eine prächtige spanische Lobby mit schicken modern-asiatischen Zimmern, einer glamourösen Poolszene und tollen Restaurants und Bars. Parkplätze kosten 33 US$.

London West Hollywood LUXUSHOTEL **$$$**
(Karte S. 80; ☎866-282-4560; www.thelondon westhollywood.com; 1020 N San Vicente Blvd; Suite mit Frühstück ab 279 US$; P❄@🛜🏊🐾) Das wie Harry-Winston-Diamanten funkelnde London prunkt gleich südlich vom Sunset Strip mit schickem Design, einem noblen Restaurant von Hell's Kitchen-Chefkoch Gordon Ramsay und einem Pool auf dem Dach, von dem aus man einen Panoramablick auf die Hollywood Hills genießt. Parkplätze kosten 30 US$.

🛏 Mid-City & Beverly Hills

StayOn Beverly HOSTEL $
(www.stayonbeverly.com; 4619 Beverly Blvd; Zi. ohne Bad 50–55 US$; P ❄ ✿ 🛜) Das von einem dänischen Fotografen geführte schlichte Hostel in Koreatown ist eine solide und sichere Bleibe für Back- und Flashpacker. Die zehn einfachen Zimmer sind alle mit einem kleinen Kühlschrank ausgestattet; in der gemeinsamen Kaffeestube teilt man sich eine Mikrowelle. Es gibt eine begrenzte Zahl kostenloser Parkplätze.

Farmer's Daughter Hotel MOTEL $$
(Karte S.80; ☎ 323-937-3930, 800-334-1658; www.farmersdaughterhotel.com; 115 S Fairfax Ave; Zi. ab 185 US$; P ❄ @ 🛜 🏊) Die schon seit langem beliebte Unterkunft gegenüber dem Original Farmers Market und den CBS Studios punktet mit ihrem kecken „Stadtcowboy"-Look. Abenteuerlustige Turteltäubchen buchen den No Tell Room. Parkplätze kosten 18 US$.

Avalon Hotel HOTEL $$$
(Karte S.80; ☎ 310-277-5221, 800-670-6183; www.viceroyhotelgroup.com/avalon; 9400 W Olympic Blvd; Zi. ab 210 US$; ❄ @ 🛜 🏊 🐾) In diesem bei Modebewussten beliebten Hotel erhält der Modernismus der 1950er-Jahre einen zeitgenössischen Dreh. Seinerzeit, als das Gebäude noch ein Apartmenthaus war, hatte Marilyn Monroe hier ihre Bleibe. Heute lassen es die Schönen, Reichen und Metrosexuellen in der schicken Restaurantbar über dem stundenglasförmigen Pool mächtig krachen. Parkplätze kosten 30 US$.

🛏 Santa Monica

★HI Los Angeles-Santa Monica HOSTEL $
(Karte S.82; ☎ 310-393-9913; www.hilosangeles.org; 1436 2nd St; B 38–49 US$, Zi. ohne Bad 99–159 US$; ❄ @ 🛜) Wesentlich schickere Hotels beneiden das Hostel um seine Lage nahe dem Strand und der Third Street Promenade. Die 260 Betten in nach Geschlechtern getrennten Schlafsälen und die winzigen Doppelzimmer mit Gemeinschaftsbad sind sauber und sicher, und es gibt viele tolle öffentliche Bereiche zum Abhängen und Surfen im Internet. Alle Zimmer haben Gemeinschaftsbäder.

Sea Shore Motel MOTEL $$
(Karte S.82; ☎ 310-392-2787; www.seashoremotel.com; 2637 Main St; Zi. ab 110 US$; P ❄ 🛜) Die sichere, freundliche, von einer Familie geführte Unterkunft liegt zwei Blocks abseits vom Strand direkt an der angesagten Main St – man muss also eine gewisse Geräuschkulisse in Kauf nehmen. Die spanisch gefliesten Zimmer sind einfach, aber hübsch; die Suiten mit Küche bieten genug Platz für Familien.

★Viceroy BOUTIQUEHOTEL $$$
(Karte S.82; ☎ 310-260-7500, 800-622-8711; www.viceroysantamonica.com; 1819 Ocean Ave; Zi. ab 350 US$; P ❄ @ 🛜 🏊 🐾) Am besten ignoriert man einfach die hässliche Hochhausfassade und schwelgt im kitschigen „Hollywood Regency"-Dekor der *Top-Design*-Jurorin Kelly Wearstler, das in der Farbpalette delfingrau bis mambagrün gehalten ist. Ansonsten gibt's hier Cabanas am Pool, italienische Designerbettwäsche und ein schickes Barrestaurant. Parkplätze kosten 35 US$.

🛏 Long Beach

Hotel Varden BOUTIQUEHOTEL $$
(☎ 562-432-8950, 877-382-7336; www.thevardenhotel.com; 335 Pacific Ave; Zi. mit kontinentalem Frühstück ab 119 US$; P ❄ @ 🛜 🏊) Bei der modernistischen Renovierung der 35 winzigen Zimmer in diesem zwei Blocks westlich der munteren Pine Ave gelegenen Hotel von 1929 hatten die Innenarchitekten gewiss einen Riesenspaß: Hier gibt's winzige Schreibtische, winzige Waschbecken, jede Menge rechte Winkel, kuschelige Betten und das alles in Weiß, Weiß und noch mehr Weiß. Parkplätze kosten 11 US$.

🛏 Pasadena

Saga Motor Hotel MOTEL $
(☎ 626-795-0431, 800-793-7242; www.thesagamotorhotel.com; 1633 E Colorado Blvd; Zi. mit Frühstück 79–99 US$; P ❄ @ 🛜 🐾) Das an der historischen Route 66 gelegene, modernistische Motel aus den 1950er-Jahren bietet makellose Zimmer, die aber gewiss keinen neuen Stiltrend schaffen. Auf den Stühlen rund um den beheizten Pool genießt man den Sonnenschein Südkaliforniens.

🍴 Essen

Die kulinarische Szene von L.A. ist die lebendigste und facettenreichste Kaliforniens. Hier zaubern berühmte Köche Gerichte aus Lebensmitteln von Bauernmärkten, und Restaurants aus aller Welt bieten bodenständig authentische, globale Küche. Angesichts der rund 140 Nationalitäten, die in Los Angeles vertreten sind, gibt's für Gourmets viele ethnische Viertel zu erkunden, darunter **Little Tokyo** und **Chinatown** in Downtown, **Koreatown** in Mid-City, die **Thai Town** östlich von Hollywood, das mexikanisch geprägte **Boyle Heights** in East L.A., die japanischen Restaurants in **Torrance** an der South Bay und schließlich die Dim-Sum-Lokale und die Restaurants mit regionaler chinesischer Küche in **Monterey Park** und **Alhambra**, östlich von Pasadena.

✕ Downtown

Für einen preiswerten Happen zwischendurch schaut man sich an den internationalen Imbissständen des historischen **Grand Central Market** (Karte S. 72; www.grandcentralsquare.com; 317 S Broadway; ⊙ 9–18 Uhr) um.

Philippe the Original   DINER $
(Karte S. 72; ☏ 213-628-3781; www.philippes.com; 1001 N Alameda St; Hauptgerichte 4–10 US$; ⊙ 6–22 Uhr; P 🚻) LAPD-Männer, gestresste Anwälte und Urlauber aus dem Mittleren Westen strömen in das legendäre „Heim des französischen Dip-Sandwichs", das es schon seit 1908 gibt. Man bekommt sein Fleisch auf einem knusprigen, in Bratensaft getauchten Brötchen und pflanzt sich an einen der Gemeinschaftstische auf dem mit Sägemehl bestreuten Boden. Nur Barzahlung.

Gorbals   OSTEUROPÄISCH $$
(Karte S. 72; ☏ 213-488-3408; www.thegorbalsla.com; 501 S Spring St; Gerichte 6–43 US$; ⊙ mittags & abends) *Top Chef*-Preisträger Ilan Hall bietet traditionelle jüdische Speisen: mit Speck umwickelte Matzeknödel, Kartoffelpuffer mit geräuchertem Apfelmus, *gribenes* (knusprig gebratene Hühnchenhaut) mit Salat und Tomate. Das Lokal versteckt sich hinten in der Lobby des Alexandria Hotel.

Nickel Diner   DINER $$
(Karte S. 72; ☏ 213-623-8301; http://nickeldiner.com; 524 S Main St; Hauptgerichte 7–14 US$; ⊙ Di-So 8–15.30, Di–Sa 18–22.30 Uhr) Im historischen Theaterviertel in Downtown wirkt dieser Diner mit roten Vinylsitzen, als sei er direkt den 1920er-Jahren entsprungen. Die Speisen allerdings sind topaktuell: Avocados, gefüllt mit Quinoa-Salat, Chili-Burger und wunderbare Donuts. Lange Warteschlangen sind die Regel.

Bäco Mercat   TAPAS $$$
(Karte S. 72; ☏ 213-687-8808; http://bacomercat.com; 408 S Main St; kleine Speisen 8–19 US$; ⊙ Mo–Do 11.30–14 & 17.30–23, Fr & Sa 11.30–15 & 17.30–24, So 11.30–15 & 17–22 Uhr) Das elegante Downtown-Lokal serviert an den Tischen auf der Terrasse kühn-kreative asiatische und kalifornische Abwandlungen traditioneller spanischer Tapas. Die Spezialität sind *bäco* (Fladenbrot-Sandwiches), gefüllt mit allem Möglichen von Ochsenschwanz-Hack bis zu Schweine-Carnitas.

Bottega Louie   ITALIENISCH $$$
(Karte S. 72; ☏ 213-802-1470; www.bottegalouie.com; 700 S Grand Ave; Hauptgerichte 8–35 US$; ⊙ Mo–Do 8–23, Fr 8–24, Sa 9–24, So 9–23 Uhr) Die große Marmorbar zieht kunstbegeisterte Loftbewohner und Büroangestellte gleichermaßen an. Die weiß gekleidete Küchencrew grillt in der offenen Küche im ganz in Weiß gehaltenen, riesigen Speisesaal hausgemachte Würstchen und schiebt Pizzas mit dünnem Boden in die Holzofen. Hier ist immer viel los.

✕ Hollywood

Griddle Café   FRÜHSTÜCK $$
(Karte S. 80; ☏ 323-874-0377; www.thegriddlecafe.com; 7916 W Sunset Blvd; Hauptgerichte 10–18 US$; ⊙ Mo–Fr 7–16, Sa & So ab 8 Uhr) Wegen der „Zuckerbomben"-Pfannkuchen, den riesigen Rührei-Portionen und dem Kaffee aus der Presskanne sind die Holztische und die U-förmige Theke dieses bei Hollywoods Jungen und Zerzausten beliebten Cafés den ganzen Tag lang gut ausgelastet. An den Wochenenden kämpfen die Massen draußen mit ihrem Kater.

Umami Urban   BURGER $$
(Karte S. 78; ☏ 323-469-3100; www.umami.com; 1520 N Cahuenga Blvd; Hauptgerichte 10–15 US$; ⊙ So–Do 11–23, Fr & Sa bis 24 Uhr) Im hippen Einkaufszentrum Space 15 Twenty bietet das Umami Gourmetburger u.a. mit grünen Hatch-Chilis und geräucherten Zwiebelringen. Dazu bestellt man Poutines (Fritten mit Käse), Bier aus Kleinbrauereien oder Pfefferminz-Limonade. Weitere Filialen gibt's in Los Feliz, Santa Monica, Westwood und Mid-City.

★ Pizzeria & Osteria Mozza   ITALIENISCH $$$
(☏ 323-297-0100; www.mozza-la.com; 6602 Melrose Ave; Pizza 11–20 US$, Hauptgerichte abends 27–38 US$; ⊙ Pizzeria tgl. 12–24 Uhr, Osteria Mo–Fr 17.30–23, Sa 17–23, So 17–22 Uhr) Im angesagtesten italienischen Restaurant von L.A., das die berühmten Chefköche Mario Batali und Nancy Silverton führen, muss man Wo-

chen im Voraus reservieren. In dem Gebäude gibt es gleich zwei Lokale: In der Osteria bekommt man traditionelle italienische Gerichte, in der Pizzeria kundig zubereitete Pizzas und pikante Antipasti.

Musso & Frank Grill   AMERIKANISCH $$$

(Karte S.78; 323-467-7788; www.mussoandfrank.com; 6667 Hollywood Blvd; Hauptgerichte 9–45 US$; Di–Sa 11–23 Uhr) Das älteste Lokal am Boulevard strotzt nur so vor Hollywood-Geschichte. Die Kellner balancieren Platten voller Steaks, Koteletts, gebratener Leber und anderer Gerichten aus der Zeit, als noch niemand wusste, was Cholesterin ist. Der Service ist gut – genau wie die Martinis.

West Hollywood, Mid-City & Beverly Hills

Veggie Grill   VEGETARISCH $

(Karte S.80; 323-822-7575; www.veggiegrill.com; 8000 W Sunset Blvd; Hauptgerichte 7–10 US$; 11–23 Uhr;) Wem Crispy Chickin' Wings oder Carne-asada-Sandwiches nicht gerade vegetarisch vorkommen, irrt in diesem Fall, denn die leckere lokale Restaurantkette setzt auf fermentierte pflanzliche Proteine (hauptsächlich Tempeh). Es gibt hier auch nuss- oder glutenfreie Angebote. Filialen sind in Hollywood, Mid-City, Westwood, Santa Monica und Long Beach.

Original Farmers Market   MARKT $

(Karte S.80; www.farmersmarketla.com; 6333 W 3rd St; Hauptgerichte meist 6–12 US$; Mo–Fr 9–21, Sa bis 20, So 10–19 Uhr;) In dem inzwischen stark kommerzialisierten Markt gibt's immer noch ein paar lohnende, preisgünstige Restaurants, die das Essen größtenteils unter freiem Himmel servieren. Besonders zu empfehlen sind der klassische Diner Du-par's, die Cajun-Küche des Gumbo Pot und der mexikanische Grill ¡Loteria! Mit Parkschein kann man zwei Stunden kostenlos parken.

★ Night + Market   THAILÄNDISCH $$

(Karte S.80; 310-275-9724; www.nightmarketla.com; 9041 W Sunset Blvd; Hauptgerichte 10–19 US$; Di–So 18–22.30 Uhr, letzte Bestellung 21.45 Uhr) Lust auf scharfe Thai-Gerichte? Dann ist man in dem winzigen Lokal am Sunset Strip genau richtig. Hier gibt's Imbiss-Essen wie Fisch in Salzkruste, Enten-Laap und gegrilltes Schweinefleisch. Um hierher zu kommen, geht man durch das Restaurant Talesai und dann den roten Vorhang neben der Theke.

★ Bazaar   SPANISCH $$$

(Karte S.80; 310-246-5555; www.thebazaar.com; SLS Hotel, 465 S La Cienega Blvd; kleine Gerichte 8–42 US$; So–Mi 18–22.30, Do–Sa bis 23.30 Uhr) Das Bazaar im SLS Hotel glänzt mit dem Topdesign von Philippe Starck und den „Molekulargastronomie"-Tapas von José Andrés. Die gefüllten Piquillo-Paprika und die Seeigel-Sandwiches sind eine echte Gaumenfreude. Ebenfalls superb sind die superzarte Gänseleberpastete und das Philly-Käsesteak auf luftigem Brot mit Fleisch vom Wagyu-Rind.

Malibu

Malibu Seafood   SEAFOOD $$

(310-456-3430; www.malibuseafood.com; 25653 Pacific Coast Hwy; Hauptgerichte meist 8–15 US$; 11–20 Uhr;) Der bei den Einheimischen beliebte Meeresfrüchtemarkt am Straßenrand brät schmackhafte, einfach zubereitete Fischfilets und bietet körbeweise gebratene Meeresfrüchte, Sandwiches und Salate. Sehr zu empfehlen sind die hausgemachte Tartar-Sauce und der Muscheleintopf.

Paradise Cove Beach Cafe   AMERIKANISCH $$$

(310-457-2503; www.paradisecovemalibu.com; 28128 Pacific Coast Hwy; Hauptgerichte 11–36 US$; 8–22 Uhr;) Südkalifornien wie aus dem Bilderbuch: In der zwanglosen Institution an dem Privatstrand, an dem einst der Strandparty-Streifen *Beach Blanket Bingo* gedreht wurde, streckt man die Füße in den Sand, schlürft Piña Coladas und futtert Fischtacos. Ein Parkplatz mit Parkschein kostet 6 US$ (4 Std.).

Santa Monica & Venice

★ Santa Monica Farmers Markets   MARKT $

(Karte S.82; www.smgov.net/portals/farmersmarket; Arizona Ave, zw. 2nd & 3rd St; Mi 8.30–13.30, Sa bis 13 Uhr;) Selbst Starköche stöbern auf dem zweimal die Woche stattfindenden Bauernmarkt in der Downtown von Santa Monica in den frischen, häufig ökologisch produzierten Lebensmitteln, und örtliche Restaurants bauen ihre Stände im Imbisszelt auf. Der Markt am Samstagvormittag in der Main St ist hingegen mehr ein kommunales Straßenfest.

Lemonade   KALIFORNISCH $$

(http://lemonadela.com; 1661 Abbot Kinney Blvd; kleine Gerichte 5–11 US$; 11–21 Uhr) Das Lokal hat ein einfallsreiches saisonales Angebot an Salaten wie Kopfsalat mit Grapefruit, dazu Meeresfrüchtegerichte wie gebratenen Thunfisch mit Wassermelonentunke, Jerk-Hühnchen mit Ananas, nach Kundenwunsch zubereitete Sauerteig-Sandwiches und eine Riesenauswahl an Limonade – selbst in der Geschmacksrichtung Blaubeer-Minze. Weitere Filiale finden sich in Downtown L.A., in Mid-City, in Pasadena und am Flughafen von Los Angeles.

Santa Monica Place EINKAUFSZENTRUM $$
(Karte S. 82; www.santamonicaplace.com; 395 Santa Monica Pl; ⊘Restaurants tgl., wechselnde Öffnungszeiten; ♿) Wir würden normalerweise eigentlich nicht in einem Einkaufszentrum essen, aber dieses punktet mit der latino-asiatischen Fusionküche im Zengo, der Holzofenpizza im Antica und der veganischen Cuisine im M.A.K.E. Die meisten Restaurants im 3. Stock haben Sitzbereiche mit Blick auf die Dächer der Umgebung – einige bieten auch einen Ausblick auf den Ozean. Stände bieten alles von *salumi* bis zu Soufflés. In der True Food Kitchen im Erdgeschoss gibt's gesunde Kost, darunter auch vegetarische und glutenfreie Angebote.

Father's Office PUB $$
(☎310-736-2224; www.fathersoffice.com; 1018 Montana Ave; Gerichte 5–15 US$; ⊘Mo–Mi 17–22, Do 17–23, Fr 16–23, Sa 12–23, So 12–22 Uhr) In diesem munteren, immer rappelvollen Pub schließt man schnell Bekanntschaften, und die Barkeeper geben Auskunft über die Dutzende von Fassbieren. An den dekadenten Burgern sollte man nicht herummäkeln. Die Bar ist täglich bis Mitternacht oder auch noch länger geöffnet. Eine zweite Filiale gibt's in Culver City.

✖ Long Beach

George's Greek Café GRIECHISCH $$
(☎562-437-1184; www.georgesgreekcafe.com; 135 Pine Ave; Hauptgerichte 9–26 US$; ⊘So–Do 10–22, Fr & Sa bis 23 Uhr) Auf der großen Eingangsterrasse im Herzen der Pine-Ave-Restaurantmeile begrüßt George seine Gäste manchmal persönlich. Die Einheimischen sind süchtig nach dem *saganaki* (flambiertem Käse), dem frischen Pita und den Lammkoteletts

✖ Pasadena

Ración SPANISCH $$
(☎626-396-3090; http://racionrestaurant.com; 119 W Green St; Teller für 2 Pers. 5–27 US$; ⊘Di–

Do 18–22, Fr 18–23, Sa 11–14 & 17.30–23, So 11–14 & 17.30–22 Uhr) Zwei Blocks südlich der Old Town Pasadena kann man in dieser freundlichen Tapasbar baskisch inspirierte Gerichte probieren. Es gibt selbst produzierte Wurstwaren, importierten Käse und saisonal geräuchertes Gemüse.

♟ Ausgehen

Hollywood ist schon seit der Zeit noch vor dem Rat Pack eine legendäre Ausgehmeile und der brummende Sunset Strip ist fast noch genauso sehr eine Partyzone wie in den 1960er-Jahren. Kreative Cocktails sind das Highlight der neugestalteten Pubs in Downtown L.A. und in den raueren Vierteln. An den Stränden findet man die ganze Palette von Surferkneipen und nicht besonders authentischen Irish Pubs bis hin zu Cocktail-Lounges mit Kerzenlicht.

★ Edison BAR
(Karte S. 72; ☎213-613-0000; www.edisondowntown.com; 108 W 2nd St, abseits der Harlem Pl; ⊘Mi–Fr 17–2, Sa ab 19 Uhr) In dieser Kellerkneipe im Industriechick trifft *Metropolis* auf *Blade Runner*. Man trinkt seinen kunstvoll gemixten Cocktail inmitten von Turbinen und anderen Maschinen aus der Zeit, als der Keller noch ein Kesselraum war. Heute stehen hier hübsche schokofarbene Ledersofas. Es gibt drei große Bars. Achtung: Dresscode!

Copa d'Oro BAR
(Karte S. 82; www.copadoro.com; 217 Broadway, Santa Monica; ⊘Mo–Mi 17.30–24, Do–Sa bis 2 Uhr) Ein ruhiges, vom Lampen erhelltes Ambiente erwartet Gäste in diesem Refugium in Santa Monica. Die kunstvollen Cocktails werden aus erstklassigen Spirituosen und frischen Kräutern, Früchten und sogar Gemüse vom Bauernmarkt gemixt. Abstinenzler halten sich an frisch gepresste Bio-Säfte und die hausgemachten Limonaden.

Seven Grand BAR
(Karte S. 72; ☎213-614-0737; http://sevengrandbars.com; 2. Stock, 515 W 7th St; ⊘Mo–Mi 17–2, Do & Fr ab 16, Sa ab 19 Uhr) Hier sieht's aus, als ob Hipster die Jagdhütte ihrer Eltern – mit Karo-Teppichen und Hirschgeweihen an den Wänden – besetzt hätten. Whiskey spielt die Hauptrolle: es gibt mehr als 100 Sorten aus Tennessee, Schottland, Irland und Japan. Streng durchgesetzter Dresscode.

El Carmen BAR
(Karte S. 80; 8138 W 3rd St; ⊘Mo–Fr 17–2, Sa & So ab 19 Uhr) Stierköpfe und Masken vom *lucha*

libre (mexikanisches Wrestling) schaffen eine Stimmung à la Tijuana-Nord. Da lässt sich das vor allem der Unterhaltungsindustrie entstammende Publikum nicht lange bitten. In der Kneipe gibt's zur Happy Hour Margaritas und außerdem mehr als hundert Sorten Tequila und Mezcal.

Intelligentsia Coffeebar   CAFÉ
(Karte S. 82; www.intelligentsiacoffee.com; 1331 Abbot Kinney Blvd; ☺ Mo–Mi 6–20, Do & Fr bis 23, Sa 7–23, So 7–20 Uhr; 🕾) In dem hippen, minimalistischen Kaffeetempel in Venice versorgen einen kundige Baristas mit Koffein und Milchschaum; die direkt bezogenen Bohnen werden kunstvoll geröstet. Weitere Filialen finden sich in Silver Lake und Pasadena.

☆ Unterhaltung

LA Weekly (www.laweekly.com) und die *Los Angeles Times* (www.latimes.com) enthalten Veranstaltungskalender. Tickets gibt's online, an den Abendkassen oder bei **Ticketmaster** (☑213-480-3232; www.ticketmaster.com). Tickets mit Rabatt oder zum halben Preis für Bühne, Konzerte, Comedy und Sportveranstaltungen bekommt man bei **Goldstar** (www.goldstar.com) und **ScoreBig** (www.scorebig.com), Theaterfans versuchen es bei **LAStage Alliance** (www.lastagealliance.com) oder **Plays 411** (www.plays411.com).

Um alle Vorurteile über L. A. bestätigt zu finden, muss man nur einen glamourösen Nachtclub in Hollywood besuchen – vorausgesetzt, man kommt heiß aufgemacht und mit dicker Brieftasche an den Türstehern vorbei. Die Clubs sind generell donnerstags bis sonntags von 21.30 bis 2 Uhr geöffnet, der Grundpreis beträgt durchschnittlich 20 US$ - Ausweis mit Lichtbild nicht vergessen!

★ Hollywood Bowl   LIVEMUSIK
(☑323-850-2000; www.hollywoodbowl.com; 2301 N Highland Ave; ☺ Juni–Sept.; ♿) Das historische Freiluft-Amphitheater ist die Sommerheimat des L. A. Phil und zudem ein toller Ort, um Rock-, Jazz-, Blues- oder Popgrößen zuzuhören. Da heißt es früh kommen und ein Picknick vor der Show genießen (Alkohol erlaubt).

Staples Center   SPORT, LIVEMUSIK
(Karte S. 72; ☑213-742-7340; www.staplescenter.com; 1111 S Figueroa St; ♿) In der an eine fliegende Untertasse erinnernden Halle spielen die drei Basketballteams – die Lakers, die Clippers und die Sparks – sowie das Eishockeyteam Kings. Hier treten aber auch Popstars wie Bruno Mars oder Justin Bieber auf.

Los Angeles Philharmonic   ORCHESTER
(Karte S. 72; ☑323-850-2000; www.laphil.org; 111 S Grand Ave) In der Walt Disney Concert

---

SCHWULEN- & LESBENSZENE IN LOS ANGELES

„Boystown", der Santa Monica Blvd in West Hollywood (WeHo), ist das Zentrum der Schwulenszene. Dort gibt's Dutzende dynamische Bars, Cafés, Restaurants, Fitnessstudios und Nachtclubs, die vor allem von homosexuellen Männern besucht werden. Silver Lake, die erste Schwulenenklave von L. A., zieht heute neben Leder- und Jeansträgern auch multiethnische Trendsetter an. Die schwule Community in Long Beach gibt sich entspannter.

Out & About (www.outandabout-tours.com) veranstaltet an den Wochenenden Spaziergänge zu den Wahrzeichen der schwul-lesbischen Kultur in der Stadt. Zum **L. A. Pride** (www.lapride.org) strömen Mitte Juni Hunderttausende schwul-lesbische Einheimische und Zugereiste, um nonstop zu feiern und am Umzug auf dem Santa Monica Blvd teilzunehmen.

Abbey (Karte S. 80; www.abbeyfoodandbar.com; 692 N Robertson Blvd; Hauptgerichte 9–13 US$; ☺8–2 Uhr) Das wichtigste schwule Barrestaurant in WeHo. Das Spektrum an Orten zum Abhängen oder Feiern reicht von einem grünen Patio über die Tanzfläche bis zur schicken Lounge. Die Gäste laben sich an Martinis und gehobenem Kneipenessen. Ein Dutzend weitere Bars und Nachtclubs liegen in Gehweite.

Akbar (www.akbarsilverlake.com; 4356 W Sunset Blvd) Die beste Jukebox der Stadt und ein Publikum, das nahezu stündlich wechselt: Schwule, Heteros und Hipster, die aber nicht so hip sind, dass es nervt. An manchen Abenden wird der hintere Raum zum Dancefloor.

Roosterfish (Karte S. 82; www.roosterfishbar.com; 1302 Abbot Kinney Blvd; ☺11–2 Uhr) Seit über 30 Jahren steht die älteste Schwulenbar von Venice im Dienst der Boys. Der Laden ist dunkel und hat Kneipenflair, ist aber cool. Es gibt einen Pooltisch und hinten eine Terrasse.

Hall (S. 73) präsentieren L.A.s Weltklasse-Philharmoniker Klassiker und topaktuelle Stücke unter Leitung des venezolanischen Dirigenten-Phänomens Gustavo Dudamel.

★ Upright Citizens Brigade Theatre   COMEDY
(Karte S. 78; ☎323-908-8702; http://losange les.ucbtheatre.com; 5919 Franklin Ave; Tickets 5–10 US$) Der in New York-City von *Saturday Night Live*-Zögling Amy Poehler und anderen gegründete Club für Sketche und Improvisationskomik wird gern von Hollywood-Drehbuchschreibern und jungen Fernsehstars besucht.

★ Egyptian Theater   KINO
(Karte S. 78; ☎323-466-3456; www.americancine matheque.com; 6712 Hollywood Blvd) Der exotische Filmpalast von 1922 ist Sitz der American Cinematheque, die hier anspruchsvolle Retrospektiven und Fragestunden mit Regisseuren, Drehbuchautoren und Schauspielern veranstaltet.

Actors' Gang Theater   THEATER
(www.theactorsgang.com; 9070 Venice Blvd, Culver City) Die von Tim Robbins mitbegründete sozialkritische Truppe hat für kühn-innovative Inszenierungen klassischer und neuer, aus Ensemble-Workshops hervorgegangener Stücke schon viele Preise gewonnen.

Arclight Cinemas   KINO
(Karte S. 78; ☎323-464-1478; www.arclightcine mas.com; 6360 W Sunset Blvd; Ticket 14–16 US$) In diesem hochmodernen Cineplex im Cinerama Dome ist die Chance, Stars zu sehen, besonders gut. Die Plätze müssen vorab reserviert werden, kein Nacheinlass.

House of Blues   LIVEMUSIK
(Karte S. 80; ☎323-848-5100; www.hob.com; 8430 W Sunset Blvd) Von außen sieht der Laden am Sunset Strip zwar wie ein Mississippi-Blues-Schuppen im Disney-Stil aus, aber drinnen treten gute und manchmal schräge Rock-, Hip-Hop-, Jazz- und Bluesmusiker auf.

Center Theatre Group   THEATER
(☎213-628-2772; www.centertheatregroup.org) Das Programm aus neuen Stücken, Klassikern und Musicals (z. B. tourende Broadway-Produktionen) wird auf drei Bühnen in der Downtown und in Culver City dargeboten.

Largo at the Coronet   LIVEMUSIK, DARSTELLENDE KUNST
(Karte S. 80; ☎310-855-0530; www.largo-la.com; 366 N La Cienega Blvd) Dieses Labor der Pop-kultur bringt schrille Comedy (Sarah Silverman), neue Hörspiele (*Thrilling Adventure Hour*) und Indie-Bands auf die Bühne des historischen Theaters in Mid-City.

Hotel Cafe   LIVEMUSIK
(Karte S. 78; ☎323-461-2040; www.hotelcafe. com; 1623½ N Cahuenga Blvd; Tickets 10–20 US$) *Der* angesagte Laden für selbstgeschriebene Musik ist ein Startpunkt für engagierte Nachwuchs-Liedermacher. Früh kommen und den Eingang an der Gasse benutzen.

Troubadour   LIVEMUSIK
(Karte S. 80; ☎ Tickets 877-435-8949; www.trouba dour.com; 9081 Santa Monica Blvd) Auch Jahrzehnte, nachdem Joni Mitchell und Tom Waits hier zu Stars wurden, kann man im Troubadour immer noch die Stars von morgen erleben.

Los Angeles Opera   OPER
(Karte S. 72; ☎213-972-8001; www.laopera.com; 135 N Grand Ave, Dorothy Chandler Pavilion) Das renommierte Opernensemble um Plácido Domingo setzt auf Klassiker wie *Tosca*.

Will Geer's Theatricum Botanicum   THEATER
(☎310-455-3723; www.theatricum.com; 1419 N Topanga Canyon Blvd, Topanga; ♿) Zauberhaftes Sommertheater im Wald mit Shakespeare- und familienfreundlichen Stücken.

Dodger Stadium   BASEBALL
(☎866-363-4377; www.dodgers.com; 1000 Elysian Park Ave; ◷ April–Sept.) Das Major-League-Baseballteam von L.A. spielt in diesem Stadion in der Nähe von Downtown.

🛍 Shoppen

Der Rodeo Drive ist die berühmteste Einkaufsmeile in L.A., aber die Stadt hat Shoppingsüchtigen noch viel mehr zu bieten. Neben den unten genannten Orten sind auch die **Main Street** (Karte S. 82; zw. Bay & Marine St) in Santa Monica, der **Abbot Kinney Boulevard** (Karte S. 82) in Venice und die **Vermont Avenue** (zw. Franklin & Prospect Ave) in Los Feliz Einkaufsmeilen ohne Ladenketten.

Rodeo Drive   EINKAUFSSTRASSE
(Karte S. 80; zw. Wilshire Blvd & Santa Monica Blvd) Die berühmteste Einkaufsmeile von L.A.; in Beverly Hills.

Robertson Boulevard   EINKAUFSSTRASSE
(Karte S. 80; zw. Beverly Blvd & 3rd St) Hier in Mid-City sammeln sich Modebewusste und Paparazzi.

KLEIDER MACHEN LEUTE

Einmal wie ein Filmstar aussehen – in Originalklamotten? Von Trägerhemd bis zum Smoking verkauft **It's a Wrap** (Karte S. 80; ☎ 310-246-9727; www. itsawraphollywood.com; 1164 S Robertson Blvd; ⊙ Mo–Fr 10–20, Sa & So 11–18 Uhr) zahllose ausgediente Schauspieler- und Statistenkostüme aus Fernseh- und Filmproduktionen. Codierte Etiketten ermöglichen es, herauszufinden, wo die Sachen früher zum Einsatz kamen. Das Stammhaus befindet sich in Burbank.

Montana Avenue EINKAUFSSTRASSE
(zw. Lincoln Blvd & 20th St) Die schickste Einkaufsstraße in Santa Monica.

Melrose Avenue EINKAUFSSTRASSE
(Karte S. 80; zw. San Vicente Blvd & La Brea Ave) In West Hollywood ist die Melrose Ave bei männlichen Trendsettern immer noch beliebt – vor allem auch der wöchentliche Flohmarkt im **Melrose Trading Post** (Karte S. 80; http://melrosetradingpost.org; Fairfax High School, 7850 Melrose Ave; Eintritt 2 US$; ⊙ So 9–17 Uhr). Promis lassen sich oft im **Book Soup** (Karte S. 80; ☎ 310-659-3110; www.booksoup. com; 8818 W Sunset Blvd; ⊙ Mo–Sa 9–22, So bis 19 Uhr) am Sunset Strip blicken.

Amoeba Music MUSIK
(Karte S. 78; ☎ 323-245-6400; www.amoeba. com; 6400 W Sunset Blvd; ⊙ Mo–Sa 10.30–23, So 11–21 Uhr) Groovige Platten gibt's in Hollywood in diesem Laden, dessen Stammsitz in San Francisco ist.

Sunset Junction EINKAUFSSTRASSE
(Sunset Blvd, zw. Santa Monica Blvd & Griffith Park Blvd) In Silver Lake östlich von Hollywood findet man coolen Kitsch, Sammlerstücke und aufstrebende Designer aus L.A., vor allem an diesem Abschnitt des Sunset Blvd.

Retro Row EINKAUFSSTRASSE
(E 4th St, zw. Cherry Ave & Junipero Ave) In Long Beach gibt's in der Retro Row jede Menge Läden, die Vintage-Klamotten und Möbel der 1950er-Jahre zu Preisen zwischen annehmbar und deftig verkaufen.

Distant Lands BÜCHER
(☎ 626-449-3220; www.distantlands.com; 20 S Raymond Ave; ⊙ Mo–Do 10.30–20, Fr & Sa bis 21, So 11–18 Uhr) Der Buchladen in Pasadena ist eine Schatztruhe voller Reiseliteratur und Gadgets.

Rose Bowl Flea Market MARKT
(www.rgcshows.com; 1001 Rose Bowl Dr, Pasadena; Eintritt ab 8 US$; ⊙ 2. So im Monat 9–16.30 Uhr, letzter Einlass 15 Uhr) Hier schlagen jeden Monat mehr als 2500 Verkäufer und 15000 Kauflustige auf.

Fashion District MODE
(Karte S. 72; www.fashiondistrict.org) Schnäppchenjäger mit einer Vorliebe für Couture sind auf den Märkten in Downtown genau richtig. Der 100 Blocks umfassende Fashion District bietet eine faszinierende Auswahl an Probe- und Ausverkaufsstücken sowie Originalentwürfen zu deutlich reduzierten Preisen – Feilschen ist hier die Regel. Ganz in der Nähe sind Gold und Diamanten die Hauptthemen im **Jewelry District** an der Hill St.

Flower Market MARKT
(Karte S. 72; www.laflowerdistrict.com; Wall St; Eintritt Mo–Fr 2 US$, Sa 1 US$; ⊙ Mo, Mi & Fr 8–12, Di, Do & Sa 6–12 Uhr) Der Blumenmarkt in Downtown L.A. ist der größte in den USA; es gibt ihn schon seit 1919.

① Praktische Informationen

GEFAHREN & ÄRGERNISSE

Am niedrigsten sind die Verbrechensraten in West L.A., in Beverly Hills, in den Strandorten (mit Ausnahme von Venice und Long Beach) sowie in Pasadena. Allein und nach Einbruch der Dunkelheit sollte man die „Skid Row" in Downtown – ungefähr das Gebiet zwischen 3rd, Alameda, 7th und Main St – meiden.

GELD

TravelEx (☎ 310-659-6093; www.travelex.com; US Bank, 8901 Santa Monica Blvd, West Hollywood; ⊙ Mo–Do 9.30–17, Fr 9–18, Sa 9–13 Uhr) Die weiteren Filialen in Hollywood, Mid-City und Santa Monica sind nur werktags geöffnet.

INFOS IM INTERNET

Daily Candy LA (www.dailycandy.com/los-angeles/) Appetithappen aus dem stylischen L.A.

Discover Los Angeles (http://discoverlosangeles.com) Offizielle Website der Touristeninformation.

Experience LA (www.experiencela.com) Umfassender Kulturveranstaltungskalender.

LAist (http://laist.com) Tratsch zu Kunst, Unterhaltung, Gastronomie, Events und Popkultur.

LA Observed (www.laobserved.com) Nachrichtenblog, der den etablierten Medien oft um eine Nasenlänge voraus ist.

INTERNETZUGANG

Cafés bieten oft WLAN-Zugang für Gäste an (manchmal kostenlos).

Los Angeles Public Library (📞 213-228-7000; www.lapl.org; 630 W 5th St; ⊙ Mo–Do 10–20, Fr & Sa bis 17.30 Uhr; @ 📶) Kostenloses WLAN und Computer mit Internetverbindung. Standorte der Zweigstellen und deren Öffnungszeiten der Website entnehmen oder telefonisch erfragen.

Santa Monica Public Library (📞 310-458-8600; www.smpl.org; 601 Santa Monica Blvd, Santa Monica; ⊙ Mo–Do 10–21, Fr & Sa bis 17.30, So 13–17 Uhr; @ 📶) Kostenloses WLAN und Computer mit Internetverbindung.

MEDIEN

KCRW 89.9 FM (www.kcrw.org) Der Sender des National Public Radio (NPR) bringt avantgardistische Musik, Nachrichten und Berichte zum Zeitgeschehen.

KPCC 89.3 FM (www.kpcc.org) Dieser NPR-Sender bringt BBC-Beiträge und anspruchsvolle örtliche Talkshows.

LA Weekly (www.laweekly.com) Kostenloses alternatives Wochenmagazin mit Nachrichten, Berichten zu Kunst und Unterhaltung sowie einem aktuellen Veranstaltungskalender.

Los Angeles Magazine (www.lamag.com) Monatlich erscheinendes Lifestyle-Magazin mit nützlichem Restaurantführer.

Los Angeles Times (www.latimes.com) Mit Pulitzer-Preisen ausgezeichnete Tageszeitung, die auch eine informative Website bietet.

MEDIZINISCHE VERSORGUNG

Cedars-Sinai Medical Center (📞 310-423-3277; http://cedars-sinai.edu; 8700 Beverly Blvd, West Hollywood) Mit rund um die Uhr geöffneter Notaufnahme.

TELEFON

Für L. A. County gelten diverse Ortsvorwahlen. Bei allen Telefonaten müssen vor der siebenstelligen Anschlussnummer die 📞 1 und die jeweilige Ortsvorwahl gewählt werden.

TOURISTENINFORMATION

Beverly Hills Visitor Center (Karte S. 80; 📞 310-248-1015; www.lovebeverlyhills.com; 9400 S Santa Monica Blvd, Beverly Hills; ⊙ Mo–Fr 9–17, Sa & So ab 10 Uhr)

Downtown L. A. Visitor Information Center (Karte S. 72; http://discoverlosangeles.com; 800 N Alameda St, Union Station; ⊙ Mo–Fr 9–17 Uhr)

Hollywood Visitor Information Center (Karte S. 78; 📞 323-467-6412; http://discoverlos angeles.com; Hollywood & Highland Complex, 6801 Hollywood Blvd; ⊙ Mo–Sa 10–22, So bis 19 Uhr)

Santa Monica Visitor Center (Karte S. 82; 📞 800-544-5319, 310-393-7593; www.santa monica.com; 1920 Main St, Santa Monica; ⊙ Mo–Fr 9–17.30, Sa & So bis 17 Uhr) Weitere Informationsstände gibt's am Santa Monica Pier, im Palisades Park und an der Third St Promenade.

ℹ An- & Weiterreise

AUTO

Die üblichen internationalen Autovermieter sind mit Filialen am Flughafen und überall in Los Angeles vertreten.

BUS

Der **Greyhound-Hauptbusbahnhof** (📞 213-629-8401; www.greyhound.com; 1716 E 7th St) liegt in einer zwielichtigen Ecke in Downtown; man sollte besser nicht nach Einbruch der Dunkelheit hier ankommen. Wenn es sich nicht vermeiden lässt, innerhalb des Busbahnhof ein Taxi rufen.

FLUGZEUG

Das Hauptzugangstor nach L. A. ist der **Los Angeles International Airport** (LAX; 📞 310-646-5252; www.lawa.org/lax; 1 World Way; 📶), der zweitgrößte Flughafen der USA. Der kostenlose Shuttlebus A verbindet die neun Terminals jeweils auf der unteren Ebene (Ankunft). Auch die Shuttles von Hotels und Autovermietern halten dort.

Der **Long Beach Airport** und der **Bob Hope Airport** (BUR; 📞 818-840-8840; www.burbank airport.com; 2627 N Hollywood Way) in Burbank wickeln hauptsächlich Inlandsflüge ab.

ZUG

Die Fernverkehrszüge der Amtrak nutzen die historische **Union Station** (📞 800-872-7245; www.amtrak.com; 800 N Alameda St) in Downtown. Der Regionalzug *Pacific Surfliner* fährt südwärts nach San Diego (37 US$, 2¾ Std.) und nordwärts nach Santa Barbara (25–30 US$, 3 Std.) und San Luis Obispo (40 US$, 5½ Std.).

ℹ Unterwegs vor Ort

AUTO & MOTORRAD

Autofahren muss in der Stadt nicht mühsam sein (GPS ist hilfreich), allerdings gilt es werktags in der Rushhour (ungefähr 7.30–9 und 16–18.30 Uhr) eine der grässlichsten Verkehrssituationen im Land zu meistern.

Motels haben in der Regel kostenlose Parkplätze, in Hotels zahlt man zwischen 10 und 35 US$. Restaurants, Hotels und Veranstaltungsorte bieten meist einen Parkservice (durchschnittlich 3–10 US$).

VOM/ZUM FLUGHAFEN

Die Tür-zu-Tür-Shuttlebusse von **Prime Time** (📞 800-733-8267; www.primetimeshuttle.

com) und **Super Shuttle** (☎ 800-258-3826; www.supershuttle.com) fahren von der unteren Ebene der Terminals aus ab; ausgewählte Preise: Santa Monica (19 US$), Hollywood (25 US$), Downtown (16 US$). Der **Disneyland Express** (☎ 714-978-8855; http://graylineanaheim. com; einfache Strecke/hin & zurück 22/32 US$; ☺ 7.30–22.30 Uhr) verkehrt mindestens stündlich zwischen dem LAX und den Hotels auf dem Disneyland-Gelände; eine Familienkarte kostet 99 US$ (hin & zurück).

Fahrzeugabfertiger am Straßenrand besorgen einem am LAX ein **Taxi**. Für die Fahrt nach Downtown (46,50 US$) und Santa Monica (30–35 US$) gilt ein Pauschaltarif. Ansonsten gelten die üblichen Fahrpreise (zzgl. 4 US$ Flughafen-Aufschlag), sodass sich für Fahrten nach Hollywood ein Preis von ca. 40 US$. 45 bis 55 US$ und nach Disneyland ein Preis von bis zu 95 US$ (ohne Trinkgeld) ergibt.

Die **LAX FlyAway Buses** (☎ 866-435-9529; www.lawa.org; einfache Strecke 7 US$) fahren von den LAX-Terminals jede halbe Stunde nach Westwood (10 US$, 25–45 Min., tgl. 6–23 Uhr) und zur Union Station in Downtown (7 US$, 30–50 Min., 24 Std.).

Andere öffentliche Verkehrsmittel sind langsamer und unbequemer, dafür aber billiger. Vor der unteren Ebene aller LAX-Terminals fährt der kostenlose Shuttlebus C zum Metro Bus Center, einem Knotenpunkt zu Bussen in alle Gebiete von L. A. Alternativ fährt Shuttlebus G zur Aviation Station, an der die Metro-Green-Line-Stadtbahn hält. An der Willowbrook Station steigt man in die Blue Line um, mit der man in die Downtown von L. A. oder nach Long Beach gelangt.

ÖFFENTLICHE VERKEHRSMITTEL

Wenn man nicht gerade in Eile ist, kommt man in den Touristengebieten von L. A. durchaus mit öffentlichen Verkehrsmitteln aus – das gilt aber nicht unbedingt für die Fahrt vom einen Viertel zum anderen.

Lokale **DASH-Minibusse** (☎ 323-808-2273, 213-808-2273; www.ladottransit.com; Fahrpreis 0,50 US$; ☺ 6–19 Uhr) fahren in Downtown, in Hollywood und in Los Feliz. Von Santa Monica aus bedient **Big Blue Bus** (☎ 310-451-5444; www.bigbluebus.com; Fahrpreis ab 1 US$) einen großen Teil von West L. A., darunter Westwood, Venice und den Flughafen (LAX); der Rapid 10 Freeway Express dieses Unternehmens verbindet Santa Monica mit Downtown (2 US$, 1 Std.).

Bei der Reiseplanung hilft **Metro** (☎ 323-466-3876; www.metro.net); das Unternehmen betreibt neben 200 Buslinien auch die folgenden sechs U-Bahn- bzw. Straßenbahnstrecken:

Blue Line Von Downtown (7th St/Metro Center) nach Long Beach

Expo Line Von Downtown (7th St/Metro Center) über Exposition Park nach Culver City

Gold Line Von der Union Station nach Pasadena und East L. A.

Green Line Von Norwalk nach Redondo Beach

Purple Line Von Downtown nach Koreatown

Red Line Von Downtown (Union Station) über Hollywood und Universal City nach North Hollywood

Der Fahrschein für Metro-Busse und -Züge kostet 1,50 US$. Bei Bussen passend zahlen und dem Fahrer Bescheid sagen, wenn man einen Umsteigefahrschein braucht. Die Umsteigetickets gelten nicht für den Wechsel von Zug zu Bus und umgekehrt, aber mit der „TAP Card" (pro Tag/Woche/Monat 5/20/75 US$) kann man unbegrenzt fahren. Zugtickets und TAP Cards gibt's an den Automaten in den Bahnhöfen, weitere Verkaufsstellen sind unter www. metro.net zu finden.

INSIDERWISSEN

FUSSGÄNGER IN L. A.

„In L. A. geht niemand zu Fuß", sang die Band Missing Persons in den 1980er-Jahren. Und so war das damals wirklich. Genervt von Staus, Smog und hohen Benzinpreisen entwickelt die Stadt, die der Inbegriff der Autokultur war, nun aber doch eine Fußgängerkultur. Die Angelenos ziehen in dichter besiedelte Stadtviertel, in denen man sich besser zu Fuß, mit dem Fahrrad oder mit öffentlichen Verkehrsmitteln bewegen kann.

Die U-Bahnstrecke Metro Red Line verbindet Downtown L. A. mit Koreatown, Hollywood und den Universal Studios. Wenn man in der Nähe einer der kunstvoll gestalteten Bahnhöfe absteigt, braucht man kein Auto. Die Tagestickets sind mit 5 US$ sehr günstig, und außerdem ist man angesichts der legendären Verkehrsstaus in L. A. unterirdisch oft auch noch schneller am Ziel.

Die „U-Bahn ans Meer" ist jedoch noch ein Fernziel – nach Mid-City, Beverly Hills, Westwood und Santa Monica ist man derzeit noch auf Busse angewiesen. Von der Red Line (Bhf. Wilshire/Vermont) oder der Purple Line (Bhf. Wilshire/Western) nimmt man die Schnellbuslinie Rapid 720; dieser Bus hält an einigen Haltestellen am Wilshire Blvd. Weitere Infos finden sich unter www.metro.net.

TAXI

Taxis warten vor den Flughäfen, Bahnhöfen, Busbahnhöfen und größeren Hotels direkt auf Passagiere, ansonsten bestellt man sie am besten telefonisch. Die Taxis fahren mit Taxameter, der Fahrpreis beträgt 2,85 US$ Grundgebühr plus 2,70 US$ pro Meile. Die Fahrer akzeptieren Kreditkarten, wenn auch zuweilen widerwillig.

Checker (☑ 800-300-5007; http://ineedtaxi.com)

Independent (☑ 800-521-8294; http://taxi4u.com)

KALIFORNISCHE SÜDKÜSTE

Disneyland & Anaheim

Als Mutter aller Themenparks der Westküste und angeblich „glücklichster Ort auf Erden" bildet Disneyland eine zugleich blitzsaubere, bezaubernde und irrwitzige Parallelwelt. Disneys erster Themenpark ist kleiner und irgendwie bescheidener als Disneyworld in Florida. Er träumte seinen berühmten Traum von einem „magischen Park", in dem Kinder und ihre Eltern gemeinsam Spaß haben sollten. Trotz seiner Visionen von Wasserfällen, Schlössern und gigantischen Teetassen war Disney aber auch ein praktisch denkender Geschäftsmann. Und so beschloss er, seinen fantastischen Park dort zu errichten, wo er vom Großraum Los Angeles aus leicht zu erreichen war.

Der Park wurde 1955 mit großem Tamtam eröffnet, und das prosaische Anaheim wuchs drum herum; heute umfasst das Disneyland Resort den ursprünglichen Park und den neueren California Adventure Park. Abgesehen von dem Disney-Giganten hat Anaheim kaum Attraktionen zu bieten.

◉ Sehenswertes & Aktivitäten

Man kann beide **Themenparks** (☑ 714-781-4636; www.disneyland.com; 1313 Harbor Blvd; Tageskarte Erw./Kind 3–9 Jahre 92/86 US$, 2-Tages-Pass für beide Parks 210/197 US$; ⊙ tgl., saisonal wechselnde Öffnungszeiten) an einem Tag besuchen. Wer aber alle Rides („Fahrgeschäfte") erleben will, braucht mindestens zwei Tage, da die Wartezeiten bei Top-Attraktionen eine Stunde und mehr betragen können. Um die Wartezeit, vor allem im Sommer, zu reduzieren, sollte man werktags noch vor der Öffnung kommen, sein Ticket online kaufen und ausdrucken und das Fastpass-System nutzen, das einem für ausgewählte Rides und Attraktionen einen festen Zeitpunkt zugeteilt. Die saisonalen Öffnungszeiten und die Termine von Paraden, Shows und Feuerwerk stehen auf der Website. Die Eintrittspreise, Kontaktdaten und Öffnungszeiten sind bei beiden Parks gleich, allerdings muss man das teurere „Park-Hopper Ticket" kaufen, wenn man zwischen den Parks hin und her wechseln will.

Disneyland Park   THEMENPARK

(🚹) Das makellose, saubere Disneyland entspricht immer noch Walts ursprünglichen Plänen. Die **Main Street USA**, eine Fußgängerstraße mit altmodischen Eisdielen und Läden, bildet den Zugang. Am Ende der Straße steht das **Sleeping Beauty Castle**, ein unverzichtbares Fotomotiv und zentrales Wahrzeichen, dessen blaue Turmspitzen aus vielen Bereichen des Parks aus zu sehen sind.

Die einzelnen, mit Rides und Attraktionen gespickten Themenbereiche des Parks verteilen sich um das Sleeping Beauty Castle wie die Speichen eines Rades. Während Kids meist schnurstracks zu den Rides wollen, werden Erwachsene an den alten Fotos und historischen Exponaten der **Disneyland Story** gleich hinter dem Haupteingang ihren Spaß haben.

Fantasyland bietet die beste Chance, Prinzessinnen und anderen kostümierten Figuren zu begegnen; hier befinden sich auch die rotierenden Teetassen der Mad Tea Party, Peter Pan's Flight und It's a Small World. Mehr Tempo hat die aufregende Achterbahn Space Mountain in **Tomorrowland** zu bieten, wo außerdem noch die Finding Nemo Submarine Voyage und die Star Wars' Jedi Training Academy warten.

Das immer beliebte Indiana Jones Adventure ist die Hauptattraktion in **Adventureland**. In der Nähe bietet der **New Orleans Square** gleich mehrere Attraktionen: die Haunted Mansion (für ältere Kinder nicht zu gruselig), den Ride Pirates of the Caribbean, wo mit Kanonen über das Wasser geschossen wird, Mädchen versteigert werden und der mechanische Jack Sparrow gruselig lebensecht wirkt. Eine weitere beliebte Achterbahn ist die Big Thunder Mountain Railroad im Widwestteil, dem **Frontierland**.

Wer kleine Kinder im Schlepptau hat, wird auch einige Zeit in **Mickey's Toontown** und im **Critter Country** zubringen, wo sich Familien bei der Wildwasserfahrt Splash Mountain abkühlen können.

Disney's California Adventure THEMENPARK
(DCA;) Der größere und weniger überlaufene Disney-Park feiert die Natur und
die Pop-Kultur des Golden State, hat aber
nicht so viele Attraktionen wie Disneyland
und bleibt auch in Sachen Fantasie dahinter
zurück. Die besten Rides sind die virtuellen
Drachenflüge bei Soarin' Over California,
der berühmte Twilight Zone Tower of Terror,
in dem man in einem Fahrstuhl in die Tiefe
saust und die Grizzly River Run Attraktion,
eine Wildwasserbahn.

Die jüngeren Besucher lieben A Bug's
Land und die Radiator Springs Racers, eine
Slotcar-Achterbahn, die der Route 66 aus
dem Film *Cars* nachempfunden ist. Nach
Einbruch der Dunkelheit sollte man sich am
Paradise Bay die World of Color Light Show
(der Sound und die Special Effects sind
spektakulär) ansehen.

🛏 Schlafen

Im angrenzenden Anaheim sind jede Menge
Motel- und Hotelketten vertreten.

HI Fullerton HOSTEL $
(714-738-3721; www.hiusa.org; 1700 N Harbor
Blvd, Fullerton; B 24–27 US$; ⊙ Mitte Juni–Anf.
Sept.;) Knapp 10 km nördlich von
Disneyland bietet die zweistöckige Hazienda
einer alten Milchfarm 20 Betten in gemischten und in nach Geschlechtern getrennten
Schlafsälen. Ein kontinentales Frühstück
ist im Preis inbegriffen. In der Nähe halten
auch öffentliche Busse.

Hotel Menage HOTEL $$
(714-758-0900; www.hotelmenage.com; 1221
S Harbor Blvd; Zi. 100–200 US$;)
Abseits des Fwy I-5 verströmt das stilvolle
moderne Hotel mit lederüberzogenen Kopf-

brettern, Plasma-TV und einigen Schlafsofas
städtisches Flair. Die Tiki-Bar am Pool ver-
spricht Erholung nach einem langen Tag in
Disneys Mäuseburg.

Alpine Inn MOTEL $$
(714-772-4422; www.alpineinnanaheim.com; 715
W Katella Ave; Zi. mit Frühstück 79–149 US$;
) Freunde von Kitsch werden von
dieser Berghütte, die bis zur Spitze der Nur-
dach-Konstruktion mit künstlichem Schnee
und Eiszapfen bedeckt ist, hell begeistert
sein. Die kompakten Zimmer bieten modernen Komfort, aber eigentlich zählt nur die
praktische Lage direkt vor dem Haupteingang zum Disneyland Resort.

Paradise Pier Hotel HOTEL $$$
(Info 714-999-0990, Reservierung 714-956-6425;
http://disneyland.disney.go.com/paradise-pier
-hotel; 1717 S Disneyland Dr; DZ ab 240 US$;
) Alles ist eine große Surfer-Safari im
sonnigen Paradise Pier Hotel, dem buntes-
ten und glücklichsten der drei Hotels des
Disneyland Resort. Hier gibt's peppige Far-
ben, Beach-Boys-Musik, fröhliches Personal
und eine Dachterrasse mit Pool und Wasser-
rutsche. Abends kann man von der Terrasse
aus das Feuerwerk sehen. Vom Hotel sind es
zehn Gehminuten bis Downtown Disney.

🍴 Essen & Ausgehen

Es gibt Dutzende Möglichkeiten, sich inner-
halb der Themenparks zu verpflegen – es
gehört einfach mit dazu, sich an den Stän-
den mit riesigen Truthahnkeulen oder mit
Zucker bestäubten Churros vollzustopfen.

Bei **Disney Dining** (714-781-3463; http://
disneyland.disney.go.com/dining) kann man
Plätze in den Lokalen im Disneyland Resort
reservieren und sich über sie informieren.

ABSTECHER

KNOTT'S BERRY FARM

War Disney nicht genug? Noch mehr Rides und Zuckerwatte bietet der Wildwest-Ver-
gnügungspark **Knott's Berry Farm** (714-220-5200; www.knotts.com; 8039 Beach Blvd,
Buena Park; Erw./Kind 60/31 US$; ⊙ tgl. ab 10 Uhr, saisonal unterschiedliche Schließzeit zw. 18 &
23 Uhr;). Hier kühlen jugendliche Tempofanatiker ihr Mütchen mit einer Reihe ziemlich
heftiger Rides. Für Unbehagen im Magen sorgen z.B. der furchterregende Boomerang,
der hölzerne GhostRider und der Xcelerator im Stil der 1950er-Jahre. Kleine Kinder er-
freut deutlich zahmere Unterhaltung im Camp Snoopy. Von Ende September bis Ende
Oktober verwandelt sich der Park, Halloween geschuldet, in „Knott's Scary Farm".

Abkühlung in der Sommerhitze verspricht gleich nebenan der Wasserpark **Soak City
OC** (714-220-5200; www.soakcityoc.com; 8039 Beach Blvd, Buena Park; Erw./Kind 3–11 Jahre
35/25 US$; ⊙ Mitte Mai–Mitte Sept. 10–17, 18 oder 19 Uhr). Zeit und Geld spart, wer die Ti-
ckets für beide Parks zu Hause online kauft und ausdruckt. Ein Parkplatz kostet 15 US$.

Im Disneyland Park ist Alkohol verboten, nicht aber im DCA und in Downtown Disney. Kostenbewusste Besucher und Familien mit Kindern verstauen ihre Speisen und Getränke (keine Gläser) in den Schließfächern (7–15 US$), die sich an der Main Street USA in Disneyland, an der Buena Vista Street im DCA sowie vor dem Haupteingang beider Parks befinden.

In der Freiluftmall **Downtown Disney** (http://disneyland.disney.go.com/downtown-disney/; ☺ tgl., saisonal unterschiedliche Öffnungszeiten) neben den Parks gibt's durchschnittliche, aber familienfreundliche Restaurantketten; gleiches gilt für den **Anaheim GardenWalk** (www.anaheimgardenwalk.com; 321 W Katella Ave; ☺ 11–21 Uhr, einige Restaurants öffnen später), die Freiluftmall gleich östlich der Parks. Wer Abstand zu Mickey gewinnen will, hält sich ans altmodisch aufgemachte **Old Towne Orange** (11 km südöstlich), ans **Little Arabia** (5 km westlich) oder ans **Little Saigon** (19 km südwestlich).

Earl of Sandwich DELI $
(www.earlofsandwichusa.com; Downtown Disney; Gerichte 2–8 US$; ☺ So–Do 8–23, Fr & Sa bis 24 Uhr; ✦) Hier bilden sich lange Schlangen – aber hier gibt es auch das beste günstige Essen in Downtown Disney: kalte und warme Sandwiches, Wraps, Salate und Suppen sowie warme, ofenfrische Kekse und all das zu Preisen, die man sich leisten kann.

Café Orleans CAJUN, KREOLISCH $$
(Disneyland Park; Hauptgerichte 15–20 US$; ☺ saisonal unterschiedliche Öffnungszeiten; ✦) In Disneylands New Orleans Sq tischt diese Südstaaten-Cafeteria Schüsseln mit Jambalaya und Gumbo auf, serviert in der Pfanne gebratene Monte-Cristo-Sandwiches und mixt alkoholfreie Mint-Juleps. Reservierungen möglich.

Napa Rose KALIFORNISCH $$$
(Grand Californian Hotel; Hauptgerichte 38–45 US$, 4-Gänge-Festpreismenü ab 90 US$; ☺ 17.30–22 Uhr; ✦) Das Spitzenrestaurant bei Disney! Der hohe Speisesaal im amerikanischen Craftsman-Stil besitzt bleiverglaste Fenster. Zu dem Verkostungsmenü mit saisonalen Zutaten gibt es passende kalifornische Weine. Reservierung erforderlich.

Catal Restaurant & Uva Bar MEDITERRAN $$$
(☎ 714-774-4442; www.patinagroup.com/catal; Downtown Disney; Hauptgerichte morgens 10–15 US$, abends 23–41 US$; ☺ 8–22 Uhr; ✦) Eine etwas raffiniertere, aber trotzdem schnör-kellose Küche bietet dieses Restaurant in Downtown Disney mit seinen mediterran beeinflussten Tapas und Grillspeisen. Dazu gibt's Cocktails und Bier aus Kleinbrauereien. Reservierung empfohlen, insbesondere für einen Tisch auf dem Balkon.

❶ Praktische Informationen

Vor dem Haupteingang der Parks kann man Kinderwagen (15 US$/Tag) mieten und sein Haustier abgeben (20 US$/Tag).

Anaheim/Orange County Visitor & Convention Bureau (www.anaheimoc.org) Kostenlose Website und Smartphone-App zur Reiseplanung.

Disneyland City Hall (☎ 714-781-4565; Main Street USA) Eines von mehreren Besucherinformationszentren in den Themenparks. Hier kann man auch ausländisches Geld tauschen.

MousePlanet (www.mouseplanet.com) Internetadresse mit Nachrichten, aktuellen Informationen, Tipps zur Reiseplanung und Diskussionsforen.

MouseWait (www.mousewait.com) Die kostenlose App gibt minütlich Updates zu den Wartezeiten und Infos zu sonstigen Events in den Parks.

Touring Plans (http://touringplans.com) Kostenlose App mit Lageplänen der Parks, Speisekarten der Restaurants und Infos zu Besucherzahlen und Wartezeiten.

❶ Anreise & Unterwegs vor Ort

Das Disneyland Resort liegt gleich abseits der I-5 (Santa Ana Fwy), rund 30 Meilen (48 km) südöstlich von Downtown L. A. Wenn man sich dem Disneygelände nähert, verraten über der Straße angebrachte Schilder, welche Abfahrt man zu den Themenparks, den Hotels oder zu den Straßen von Anaheim zu nehmen hat.

Fast stündlich halten Amtrak-Züge auf der Fahrt von der Union Station in L. A. (14 US$, 40 Min.) nach San Diego (28 US$, 2 Std.) in Anaheim. Der **Bahnhof** (☎ 714-385-1448; 2150 E Katella Ave) neben dem Angel Stadium liegt nur eine kurze Bus- oder Taxifahrt östlich von Disneyland. Die Pendlerzüge von **Metrolink** (☎ 800-371-5465; www.metrolinktrains.com), die von der Union Station in Los Angeles starten (8,75 US$, 45 Min.), halten am gleichen Bahnhof.

Anaheim Resort Transit (ART; ☎ 714-563-5287; www.rideart.org; Tageskarte Erw./Kind 5/2 US$) bietet häufige Busverbindungen zwischen dem Disneyland Resort und vielen Hotels und Motels in der Gegend.

Eine kostenlose Tram fährt vom Hauptparkplatz (15–20 US$/Tag) des Disneyland Resort nach Downtown Disney. Von dort ist es nur ein kurzer Fußmarsch zu den Themenparks.

Strände des Orange County

Viele, die *O. C., California* oder *Real Housewives* gesehen haben, glauben zu wissen, was sie von der riesigen Vorstadtansammlung zwischen L.A. und San Diego mit 68 km an prächtigen Stränden zu erwarten haben. Tatsächlich aber hat jeder Strandort des Orange County sein eigenes Flair. Gut gebaute Typen im Hummer und Botox-Schönheiten leben hier Seite an Seite mit entspannten Surfern und herumgammelnden Künstlern.

Das altmodische **Seal Beach,** gleich hinter der Grenze zwischen dem L.A. County und O.C., ist ein erfrischend unkommerzielles Städtchen mit einem netten, zu Fuß erkundbaren Zentrum. 9 Meilen (14,5 km) den Pacific Coast Hwy (Hwy 1) weiter nach Süden folgt **Huntington Beach** (alias Surf City, USA), der Inbegriff des kalifornischen Surfer-Lebensstils. In den Bars und Cafés an der Main St gibt's Fischtacos und Happy-Hour-Sonderangebote zuhauf und ganz in der Nähe ist auch das winzige **Surfing Museum** (☎714-960-3483; www.surfingmuseum. org; 411 Olive Ave; Eintritt gegen Spende; ⏲So & Mo 12–17, Di bis 21, Mi–Fr bis 19, Sa 11–19 Uhr).

Als nächstes folgt die schickste der Strandgemeinden von O.C.: **Newport Beach** mit seinen Jachten. Familien und Teens zieht es zur Balboa Peninsula mit ihren Stränden, dem alten Holzpier und dem idyllischen Vergnügungszentrum. Nahe dem 1906 errichteten Balboa Pavilion bringt die **Balboa Island Ferry** (www.balboaislandferry.com; 410 S Bay Front; Erw./Kind 1/0,50 US$, Auto & Fahrer 2 US$; ⏲So–Do 6.30–24, Fr & Sa bis 2 Uhr) Passagiere über die Bay zur Balboa Island, wo man historische Strandhäuser bewundert und die Boutiquen an der Marine Ave inspiziert.

Auf der Fahrt weiter nach Süden führt der Hwy 1 an den wilden Stränden des **Crystal Cove State Park** (☎949-494-3539; www.parks. ca.gov; 8471 N Coast Hwy; 15 US$/Auto, Stellplatz 25–75 US$) vorbei und schließlich hinunter nach **Laguna Beach**, dem charmantesten und kultiviertesten Strandort im Orange County. Hier schaffen abgeschiedene Strände, niedrige Wellen und mit Eukalytusbäumen bewachsene Hügel eine echte Riviera-Atmosphäre. Kunstgalerien säumen die engen Straßen des „Dorfs" und den Coastal Highway, wo das auf einer Klippe stehende **Laguna Art Museum** (☎949-494-8971; www.lagunaartmuseum.org; 307 Cliff Dr; Erw./Kind 7 US$/frei; ⏲in der Regel Fr–Di 11–17, Do bis 21 Uhr)

moderne und zeitgenössische Kunst aus Kalifornien zeigt. Mitten im Ortszentrum kann man am **Main Beach** in die Schönheit der Natur eintauchen.

Weitere 10 Meilen (16 km) südlich liegt im Binnenland die **Mission San Juan Capistrano** (☎949-234-1300; www.missionsjc.com; 26801 Ortega Hwy, San Juan Capistrano; Erw./Kind 9/6 US$; ⏲9–17 Uhr), eine der am schönsten restaurierten Missionen Kaliforniens mit Blumengärten, einem Hof mit Springbrunnen und der bezaubernden, 1778 erbauten Serra Chapel.

🛏 Schlafen & Essen

Die auf der Meeresseite des PCH (Hwy 1) liegenden Motels und Hotels sind erstaunlich teuer, vor allem an den Wochenenden im Sommer. Günstiger sind die Unterkünfte nahe den Freeways im Binnenland.

⭐**Crystal Cove Beach Cottages** HÜTTEN **$$** (☎Reservierung 800-444-7275; www.crystalcove beachcottages.com; 35 Crystal Cove, Newport Beach; Zi. ohne Bad 42–127 US$, Cottage 162–249 US$; ⏲Check-In 16–21 Uhr; ⊞) Um eine der historischen, aus der Mitte des vorigen Jahrhunderts stammenden Strandhütten im Crystal Cove State Park zu ergattern, muss man sieben Monate vor dem geplanten Aufenthalt am ersten Tag des Monats buchen – oder darauf hoffen, dass irgendwer im letzten Moment absagt.

Shorebreak Hotel BOUTIQUEHOTEL **$$$** (☎714-861-4470; www.shorebreakhotel.com; 500 Pacific Coast Hwy, Huntington Beach; Zi. 189–495 US$; ⊞@🛈🛏) Das modisch-hippe Hotel sorgt mit einem Surf-Concierge, Sitzsäcken in der Lobby und geometrisch gemusterten Zimmern für Laune. Den Cocktail zum Sonnenuntergang nimmt man auf der Terrasse im Obergeschoss. Ein Parkplatz kostet 27 US$.

Zinc Cafe & Market VEGETARISCH **$** (www.zinccafe.com; 350 Ocean Ave, Laguna Beach; Hauptgerichte 6–11 US$; ⏲Markt 7–18 Uhr, Café bis 16 Uhr; ⊘) Vielleicht sind die fröhlichen tomatenfarbenen Wände oder der offene Hof der Grund, weshalb die Jungen und Schönen kommen. Auf der Speisekarte des vegetarischen Cafés stehen Quiches zum Frühstück und mittags kleine Pizzas, gartenfrische Salate und Deli-Sandwiches.

Bear Flag Fish Company SEAFOOD **$$** (☎949-673-3434; www.bearflagfishco.com; 407 31st St, Newport Beach; Gerichte 8–15 US$; ⏲Di–

Sa 11–21, Mo & So bis 20 Uhr; 🚶) Der Meeres-
früchtemarkt bietet knackfrische Austern,
Fischtacos, hawaiianisches *poke* und vieles
mehr. Man wählt die Ware aus der eisge-
kühlten Theke. Lange Warteschlangen sind
die Regel. Nur Barzahlung.

San Diego

Gleichermaßen schamlos und zärtlich bezeichnen die Einwohner San Diegos ihre
Heimat als „tollste Stadt der Welt". Selbstge-
fällig? Vielleicht, aber einfach zu verstehen:
Das Küstenklima mit Temperaturen, die das
ganze Jahr um 20 °C schwanken, sorgt für
perfektes Wetter und die Strände sind selten mehr als zehn Autominuten entfernt.
Obwohl San Diego mit 1,3 Mio. Menschen
die achtgrößte US-Stadt und nach L.A. die
zweitgrößte Kaliforniens ist, gibt's wohl
kaum eine entspanntere Metropole.

Diese dümpelte bis zum Zweiten Weltkrieg
noch relativ verschlafen vor sich hin. Der japanische Angriff auf Pearl Harbor veranlasste
die US-Marine jedoch, ihre Pazifikflotte von
Hawaii in den natürlichen Hafen San Diegos
zu verlegen. Militär, Tourismus, Bildungs-
und Forschungseinrichtungen (vor allem im
Bereich Medizin und Ozeanografie) sowie
Hightech-Unternehmen in landeinwärts gelegenen Tälern formten das Bild der Stadt.
All dies macht San Diego trotz der Nähe zu
Mexiko irgendwie typisch amerikanisch.

🔘 Sehenswertes

Mittelpunkt der kompakten Innenstadt von
San Diego ist das historische Gaslamp Quarter, in dem abends viel los ist. In südwest-
licher Richtung führt eine beeindruckende
Brücke nach Coronado. Balboa Park mit seinen Museen (und dem San Diego Zoo) liegt
nördlich der Downtown. Im Nordwesten
grenzt Hillcrest an den Park, das Zentrum
der schwul-lesbischen Gemeinde der Stadt,
in dessen Restaurants, Cafés, Bars und Läden alle willkommen sind. Weiter westlich
liegen das touristische Old Town und der
Wasserspielplatz Mission Bay.

Entlang der Küste in nördlicher Richtung
versprühen Ocean Beach, Mission Beach
und Pacific Beach den relaxten SoCal-Vibe,
das hübsche La Jolla liegt dagegen etwas
privilegierter. Weiter nördlich befinden sich
die bunt gemischten Strandorte des North
County: das schicke Del Mar, das designverliebte Solana Beach, das esoterische Encinitas und das blumengeschmückte Carlsbad,

NICHT VERSÄUMEN

LAGUNAS FESTIVAL OF ARTS

Nanu, hat sich das Bild gerade bewegt?
Willkommen beim **Pageant of the
Masters** (📞800-487-3378; Tickets ab
15 US$; 🕐Mitte Juli–Aug. tgl. 20.30 Uhr).
Auf der Freiluftbühne werden berühmte
Gemälde penibel von kostümierten
Schauspielern nachgestellt. Als Beiwerk
zu Laguna Beachs **Festival of the Arts**
(www.foapom.com; Eintritt 7–10 US$; 🕐in
der Regel Juli & Aug. 10–23.30 Uhr) fand
dieses Schauspiel erstmals 1933 statt
und ist seither ein echter Publikums-
magnet. Wir beobachten am liebsten,
wenn sich die Gemälde wieder auflösen.

die Heimat von Legoland. Der Freeway I-5
führt von Nord nach Süd durch die Region.

🔘 Downtown & Embarcadero

Alonzo Hortons geschickte Grundstücksspe-
kulationen führten in den 1860er-Jahren zur
Entstehung der sogenannten „New Town",
der heutigen Downtown San Diegos. Die
5th Ave, früher unter dem Namen Stingaree
eine berüchtigte Meile aus Saloons, Spielhöllen und Bordellen, ist die Hauptstraße
der Downtown. Sie wurde schön restauriert
und ist heute das pulsierende Zentrum des
Gaslamp Quarter, einer Spielwiese von Restaurants, Bars, Clubs, Läden und Galerien.

Am Nordrand der Downtown hat sich
Little Italy (www.littleitalysd.com) zu einem
zu einem der angesagtesten Viertel zum
Wohnen, Ausgehen und Shoppen entwickelt. Die Hauptgeschäftsstraße des Viertels
ist die **India St**.

⭐ USS Midway Museum   MUSEUM

(Karte S.100; 📞619-544-9600; www.midway.org;
910 N Harbor Dr; Erw./Kind 19/10 US$; 🕐10–17
Uhr, letzter Einlass 16 Uhr; 🅿🚶) Hier kann man
im Rahmen einer selbstgeführten Audiotour
die dienstältesten Flugzeugträger der US-
Marine (1945–1991) besichtigen. Zu sehen
gibt's die Mannschaftsquartiere, die Kombü-
se, das Lazarett und natürlich das Flugdeck
mit restaurierten Maschinen, darunter einer
F-14 Tomcat. Die Benutzung des Flugsimu-
lators kostet extra. Parkplätze kosten 5 bis
20 US$.

⭐ Maritime Museum   MUSEUM

(Karte S.100; 📞619-234-9153; www.sdmaritime.
org; 1492 N Harbor Dr; Erw./Kind 16/8 US$; 🕐Ende

Großraum San Diego

s. Karte Downtown San Diego (S. 102)

KALIFORNIEN KALIFORNISCHE SÜDKÜSTE

Torrey Pines
State Beach

Torrey Pines
State Natural
Reserve

Legoland (17 Meilen)

University of
California, San
Diego (UCSD)

La Jolla
Village Dr

Marine Corps
Air Station
(MCAS) Miramar

San Diego Zoo
Safari Park (20 Meilen)

Scripps
Pier

Birch
Aquarium
at Scripps

MCASD
La Jolla

Torrey Pines Rd

LA JOLLA

Clairemont Mesa Blvd

PACIFIC
BEACH

Soledad Mountain Rd

Balboa Ave

Pacific
Beach

La Jolla Blvd

Mission Blvd

Garnet Ave
Grand Ave

Crystal Pier

Ocean Front
Walk

Mission
Beach

Belmont
Park

Mission
Bay

Ingraham St

SeaWorld
San Diego

Junípero Serra
Museum

Linda Vista Rd

Friars Rd

MISSION
VALLEY

Mission
San Diego
de Alcalá

UNIVERSITY
HEIGHTS

Ocean Beach
Park

Ocean
Beach Pier

Newport
Ave

Ocean
Beach

OCEAN
BEACH

Sunset Cliffs Blvd

Nimitz Blvd

San Diego
International
Airport

Harbor Dr

**Old Town State
Historic Park**

OLD
TOWN

HILLCREST

Washington St

Pacific Hwy

University Ave

NORTH
PARK

**San Diego
Zoo**

Balboa Park
Visitors Center

6th Ave

Park Blvd

30th St

Balboa
Park

Broadway

Market St

Sunset Cliffs
Park

Catalina Blvd

Cabrillo Memorial Dr

Shelter
Island

Harbor
Island

North Island
Naval
Air Station

Orange
Ave

Coronado

Coronado
Ferry

Coronado Bay
Bridge

Silver Strand Blvd

Harbor Dr

Mexico (12 Meilen)

Mexico (12 Meilen)

Point Loma

Cabrillo
National
Monument

Old Point Loma
Lighthouse

PAZIFIK

*San Diego
Bay*

0   5 km
0   2,5 Meilen

Mai–Anfang Sept. 9–21 Uhr, ansonsten bis 20 Uhr; 🔊) Die *Star of India* von 1863 ist eines von sieben historischen Segelschiffen, die man hier besichtigen kann. Sehenswert ist auch das U-Boot B-39 der sowjetischen Kriegsmarine. Die 45-minütige historische Kreuzfahrt durch die Bucht kostet nur 5 US$ zusätzlich.

Museum of Contemporary Art   MUSEUM
(MCASD Downtown; Karte S.100; ☑ 858-454-3541; www.mcasc.org; 1001 Kettner Blvd; Erw./Kind 10 US$/frei, 3. Do im Monat 17–19 Uhr Eintritt frei; ◷ Do–Di 11–17 Uhr, 3. Do im Monat bis 19 Uhr) Das Museum legt seinen Schwerpunkt auf Minimalismus, Pop Art, Konzeptkunst und grenzüberschreitende Kunst. Das 1100 Kettner Bldg befindet sich im historischen Santa Fe Depot. Das Museum hat noch eine Zweigstelle in La Jolla (S. 104). Das sieben Tage gültige Ticket gilt für alle drei Stätten.

Gaslamp Museum   MUSEUM
(Karte S.100; ☑ 619-233-4692; www.gaslampquarter.org; 410 Island Ave; Erw./Kind 5/4 US$; ◷ Di–Sa 10–17, So 12–16 Uhr) Das mit historischen Exponaten gespickte viktorianische Haus mit dem sich einseitig herunterziehendem Dach war früher das Heim von William Heath Davis, dem Gründer von „New Town". Geführte historische Spaziergänge durch das Viertel starten in der Regel samstags um 11 Uhr (Erw./Kind 15 US$/frei).

Petco Park   STADION
(Karte S.100; ☑ 619-795-5011; www.padres.com; 100 Park Blvd; Führungen Erw./Kind/Senioren 11/7/8 US$) In der südöstlichen Ecke des Gaslamp Quarter befindet sich das Heimstadion des Major-League-Baseballteams San Diego Padres. Bei den ganzjährig angebotenen Führungen blickt man hinter die Kulissen; die Termine der Führungen telefonisch erfragen.

◉ Coronado

Coronado Island ist eigentlich nur eine Halbinsel und mit dem Festland über eine hoch aufragende, bumerangförmige Brücke verbunden. Die Hauptattraktion ist das Hotel del Coronado (S. 106), das für seine viktorianische Architektur und sein illustres Gästebuch bekannt ist, in das sich u. a. Thomas Edison, Brad Pitt und Marilyn Monroe eingetragen haben (im Filmklassiker *Manche mögen's heiß* war es als ein Hotel zu sehen, das angeblich in Miami steht).

Die **Coronado Ferry** (Karte S.100; ☑ 619-234-4111; www.sdhe.com; einfache Strecke 4,25 US$; ◷ 9–22 Uhr) legt stündlich am Broadway Pier des Embarcadero (990 N Harbor Dr) sowie am San Diego Convention Center in Downtown ab. Alle Fähren legen in Coronado am Fuß der 1st St an. Dort vermietet **Bikes & Beyond** (☑ 619-435-7180; http://hollandsbicycles.com; 1201 1st St, Coronado; Rad ab 7/25 US$ pro Std./Tag; ◷ 9 Uhr–Sonnenuntergang) Fahrräder und Tandems, die ideal sind, um Coronados Strände zu erkunden, die sich südwärts längs des **Silver Strand** erstrecken.

◉ Balboa Park

Der Balboa Park ist eine städtische Oase mit mehr als einem Dutzend Museen, prächtigen Parks, schönen Bauten, Veranstaltungsstätten und dem Zoo. Die Plazas an der von Osten nach Westen verlaufenden Promenade El Pardo säumen Gebäude im Beaux-Arts- und im spanischen Kolonialstil aus dem frühen 20. Jh. – Überbleibsel von Weltausstellungen. Karten, Infos zu Events und Rabattkarten für Attraktionen erhält man im Balboa Park Visitors Center (S. 109). Die kostenlosen Parkplätze abseits des Park Blvd sind an den Wochenenden schnell besetzt. Balboa Park ist von der Downtown aus mit dem MTS-Bus 7 (2,25 US$, 20 Min.) zu erreichen. Eine kostenlose Tram fährt die Besucher auf dem Gelände herum, aber besser schlendert man zu Fuß durch den botanischen Garten, vorbei am **Spreckels Organ Pavilion**, den Läden und Galerien des **Spanish Village Art Center** und den international gestalteten Ausstellungspavillons am **United Nations Building**.

★ San Diego Zoo   ZOO
(☑ 619-231-1515; www.sandiegozoo.org; 2920 Zoo Dr; Erw./Kind 44/34 US$; ◷ Mitte Juni–Anfang Sept. 9–21 Uhr, sonst bis 17 oder 18 Uhr; 🅿🔊) 🏳 Fast alles, was gleitet, kriecht, stampft, schwimmt, springt oder fliegt, ist in diesem berühmten Zoo zu finden. Auf den wunderschön gestalteten Anlagen (z. B. austalisches Outback, Panda Canyon) leben mehr als 4000 Tiere, die zu mehr als 800 Arten gehören. Im Eintritt ist eine 35-minütige kommentierte Rundfahrt mit einem Doppeldeckerbus enthalten. Wer wilde Tiere in freierer Wildbahn erleben möchte, sollte mit einem Kombiticket auch den San Diego Zoo Safari Park (S. 110) in Escondido besuchen.

Museum of Man   MUSEUM
(☑ 619-239-2001; www.museumofman.org; Plaza de California, 1350 El Prado; Erw./Kind 12,50/5 US$;

Downtown San Diego

10–16.30 Uhr) In dem von einer prächtigen, blaugelb gefliesten Kuppel bekrönten, im Stil des Churriguerismus erbauten **California Building** ist das Museum of Man, das Töpferwaren, Schmuck, Körbe und anthropologische Artefakte aus Nord- und Südamerika zeigt. Hinter dem Museum liegen die **Old Globe Theaters**, ein historischer Theaterkomplex mit drei Bühnen, wo jedes Jahr ein Shakespeare-Sommerfestival stattfindet.

San Diego Air & Space Museum MUSEUM
(619-234-8291; www.sandiegoairandspace.org; 2001 Pan American Plaza; Erw./Kind 18/7 US$; Juni–Aug. 10–17.30 Uhr, Sept.–Mai bis 16.30 Uhr;
) Zu den Highlights zählen die originale Apollo 9-Kommandokapsel und ein Nachbau von Charles Lindberghs *Spirit of St. Louis*. Die Flugsimulatoren kosten extra.

San Diego Natural History Museum MUSEUM
(619-232-3821; www.sdnhm.org; 1788 El Prado; Erw./Kind 17/11 US$; 10–17 Uhr;) Das Naturkundemuseum lockt Familien mit Dinosaurierskeletten, Skorpionen, die im Dunkeln leuchten, sowie Naturfilmen, die in einem gigantischen 3D-Kino gezeigt werden.

Timken Museum of Art MUSEUM
(619-239-5548; www.timkenmuseum.org; 1500 El Prado; Di–Sa 10–16.30, So ab 13.30 Uhr) GRATIS Das kleine, aber feine Museum zeigt Meisterwerke europäischer und amerikanischer Meister von Rembrandt bis Cézanne sowie westliche Landschaftsmalerei.

San Diego Museum of Art MUSEUM
(619-232-7931; www.sdmart.org; 1450 El Prado; Erw./Kind 12/4,50 US$; Mo–Di & Do–Sa 10–17, So ab 12 Uhr, Juni–Sept. Do auch 17–21 Uhr) Das Museum ist bekannt für seine Kollektion europäischer alter Meister sowie gut präsentierte amerikanische und asiatische Kunst.

Mingei International Museum MUSEUM
(619-239-0003; www.mingei.org; 1439 El Prado; Erw./Kind 8/5 US$; Di–So 10–16 Uhr;) Das

Downtown San Diego

◎ **Highlights**
1 Maritime Museum A1
2 USS Midway Museum A2

◎ **Sehenswertes**
3 Gaslamp Museum D3
4 Museum of Contemporary Art...........B2
5 Petco Park E4

➕ **Aktivitäten, Kurse & Touren**
6 Another Side of San Diego D3

🛏 **Schlafen**
7 500 West Hotel C2
8 HI San Diego Downtown Hostel D3
9 Hotel Indigo E3
10 USA Hostels San Diego....................D3

✖ **Essen**
11 Cafe 21...D3
12 Hodad's E2
13 Neighborhood E3

🍷 **Ausgehen & Nachtleben**
14 Noble Experiment E3
15 Prohibition D3
16 Tipsy Crow D2

✦ **Unterhaltung**
17 Arts Tix D2

Franziskanerpaters Junípero Serra die erste der 21 kalifornischen Missionen auf San Diegos Presidio Hill; drum herum entstand ein kleines Dorf (*pueblo*). Die Stelle erwies sich aber schnell als ungünstig, und so wurde die Mission 1774 rund 11 km flussaufwärts verlegt, näher an beständige Wasservorkommen und fruchtbare Böden heran.

Museum zeigt eindrucksvolle Volkskunst aus aller Welt und hat einen schönen Museumsshop.

Reuben H. Fleet Science Center   MUSEUM
(☎ 619-238-1233; www.rhfleet.org; 1875 El Prado; Erw./Kind 12/10 US$, inkl. IMAX-Film 16/13 US$; ⊙ Mo–Do 10–17, Fr bis 20, Sa bis 19, So bis 18 Uhr; 🚼) Das familienfreundliche, interaktive Technikmuseum mit IMAX-Kino liegt nahe beim Springbrunnen.

San Diego Model Railroad Museum   MUSEUM
(☎ 619-696-0199; www.sdmrm.org; Casa de Balboa, 1649 El Prado; Erw./Kind 8 US$/frei; ⊙ Di–Fr 11–16, Sa & So bis 17 Uhr; 🚼) Das Modelleisenbahnmuseum ist das größte seiner Art und zeigt schön gestaltete „Zuglandschaften".

◉ Old Town & Mission Valley

1769 gründete ein Trupp von spanischen Soldaten und Missionaren unter Führung des

⭐**Old Town State Historic Park**   HISTORISCHE STÄTTE
(☎ 619-220-5422; www.parks.ca.gov; 4002 Wallace St; ⊙ Visitor Center & Museen Okt.–April 10–16 Uhr, Mai–Sept. bis 17 Uhr; 🅿) GRATIS In dem Park stehen fünf originale Adobegebäude und mehrere Nachbauten aus dem ersten Pueblo, u. a. ein Schulhaus und ein Zeitungsgebäude. In den meisten Bauten sind heute Museen, Läden oder Restaurants untergebracht. Das Visitor Center veranstaltet kostenlose Führungen (tgl. 11 & 14 Uhr).

Mission Basilica San Diego de Alcalá   KIRCHE
(☎ 619-281-8449; www.missionsandiego.com; 10818 San Diego Mission Rd; Erw./Kind 3/1 US$; ⊙ 9–16.45 Uhr; 🅿) Abgeschieden in einer Ecke des heutigen Mission Valley liegen ver-

steckt inmitten von Bougainvilleen-Gärten die wunderschön restaurierten Gebäude von Kaliforniens „Mutter der Missionen". Von hier aus hat man einen schönen Blick über das Tal bis zum Ozean.

Junípero Serra Museum   MUSEUM

(☑ 619-232-6203; www.sandiegohistory.org; 2727 Presidio Dr; Erw./Kind 6/3 US$; ⊙ Mitte Sept.–Mai Sa & So 10–16 Uhr, Juni–Mitte Sept. Fr–So 10–17 Uhr; ℗ 🚻) Auf dem Presidio Hill erinnert das in einem hübschen Spanish-Revival-Gebäude aus den 1920er-Jahren untergebrachte Museum mit multikulturellen historischen Exponaten an das Leben in den stürmischen Anfangstagen der Stadt.

⊙ Point Loma

Die Halbinsel legt sich um den Eingang der sichelförmigen San Diego Bay.

Cabrillo National Monument   MONUMENT

(☑ 619-557-5450; www.nps.gov/cabr; 1800 Cabrillo Memorial Dr; 5 US$/Auto; ⊙ 9–17 Uhr, letzter Einlass 16.30 Uhr; ℗) Von dem Denkmal aus, das dem Führer der ersten spanischen Entdeckungsreise an der Westküste (1542) gewidmet ist, hat man einen atemberaubenden Panoramablick. Man kann hier auch wandern oder in Gezeitenbecken baden. Das nahegelegene Old Point Loma Lighthouse von 1854 ist heute ein kleines Museum.

⊙ Mission Bay & Strände

An San Diegos drei Strandorten blüht der Hedonismus: Armeen gebräunter, straffer Körper tummeln sich im Sand.

Westlich der amöbenförmigen Mission Bay sind der surferfreundliche Mission Beach und sein nördlicher Nachbar Pacific Beach (PB) durch den autofreien Ocean Front Walk verbunden, der von Skatern, Joggern und Radfahrern wimmelt. Der kleine Belmont Park (☑ 858-458-1549; www.belmontpark.com; 3146 Mission Blvd; 2–6 US$/Ride, Tageskarte Erw./Kind 27/16 US$; ⊙ tgl. ab 11 Uhr, unterschiedliche Schließzeiten; ℗) in Mission Beach lockt mit einer historischen Holzachterbahn, Wellensimulatoren und einem Hallenbad.

Südlich von Mission Bay gibt's im bohemehaften Ocean Beach (OB) ein Angelpier, Beachvolleyballfelder und gute Surfbedingungen. An der Hauptstraße, der Newport Ave, finden sich jede Menge gammelige Bars, lässige Restaurants, Tattoo-Shops und Läden, die Surfausrüstung, alte Klamotten und Trödel verkaufen.

SeaWorld San Diego   THEMENPARK

(☑ 800-257-4268; www.seaworld.com/seaworld/ca; 500 SeaWorld Dr; Erw./Kind 3–9 Jahre 70/62 US$; ⊙ Mitte Juni–Mitte Aug. So–Do 9–22, Fr & Sa bis 23 Uhr, sonst kürzere Öffnungszeiten; ℗ 🚻) In Mission Bays Vier-Sterne-Attraktion kann man gut einen ganzen Tag zubringen. Der größte Publikumsmagnet sind die Tiershows, es gibt aber auch Tiergehege wie in einem Zoo und ein paar Rides. In letzter Zeit gab es nach dem Tod eines Trainers Kritik an mangelnden Sicherheitsvorkehrungen, und auch die Frage, ob es vertretbar ist, Schwertwale und Delfine in Gefangenschaft zu halten, bleibt umstritten. Parkplätze kosten 15 US$.

⊙ La Jolla

Der Nobelvorort La Jolla (spanisch für „Juwel"; ausgesprochen la-*hoi*-ja) mit schimmernden Stränden und einem schickem Zentrum voller Boutiquen schmiegt sich an einen der schönsten südkalifornischen Küstenstreifen. Zu den Highlights am Meer gehören der Children's Pool (in dem sich heute keine Kinder, sondern bellende Seelöwen tummeln), Kajakfahren und das Erkunden von Unterwasserhöhlen in der La Jolla Cove sowie Schnorcheln im San Diego-La Jolla Underwater Park.

Torrey Pines State Natural Reserve   PARK

(☑ 858-755-2063; www.torreypine.org; 12600 N Torrey Pines Rd, La Jolla; 10 US$/Auto; ⊙ 7.15 Uhr–Sonnenuntergang, Visitor Center Okt.–April 10–16 Uhr, Mai–Sept. 9–18 Uhr; ℗) 🐾 Weiter die Küste hinauf nahe Del Mar schützt dieses Reservat gefährdete Torrey-Kiefern und bietet sich für entspannte Spaziergänge am Meeresstrand sowie Vogelbeobachtungen an.

Birch Aquarium at Scripps   AQUARIUM

(☑ 858-534-3474; http://aquarium.ucsd.edu; 2300 Exhibition Way, La Jolla; Erw./Kind 14/9,50 US$; ⊙ 9–17 Uhr; ℗ 🚻) 🐾 In dem von der Universität betriebenen Aquarium am Meer können Kinder Gezeitenbecken, Tangwälder, schwimmende Seepferdchen und ein Riff mit Haien entdecken.

MCASD La Jolla   MUSEUM

(☑ 858-454-3541; www.mcasd.org; 700 Prospect St, La Jolla; Erw./Kind 10 US$/frei, 3. Do im Monat 17–19 Uhr Eintritt frei; ⊙ Do–Di 11–17 Uhr, 3. Do im Monat bis 19 Uhr) Eine Filiale des Museums in der Downtown; das Ticket gilt für beide Stätten (einzulösen innerhalb von 7 Tagen).

🏃 Aktivitäten

San Diego bietet hervorragende Möglich-keiten zum Surfen und Windsurfen (Surf-infos: ☎619-221-8824); leider nerven in ei-nigen Gebieten einheimische Platzhirsche.

Pacific Beach Surf School   SURFEN
(☎858-373-1138; www.pbsurfshop.com; 4150 Mission Blvd; ⊙Laden 9–19 Uhr, Surfunterricht stündl. bis 16 Uhr) In der Surfschule lernt man spektakuläre Brettmanöver (Privatstunde 85 US$) oder mietet einfach Brett und Neo-prenanzug (ab 35 US$/halber Tag) in San Diegos ältestem Surfshop.

Surf Diva   SURFEN
(☎858-454-8273; www.surfdiva.com; 2160 Aveni-da de la Playa; ⊙Laden 9–17.30 Uhr) In La Jolla bringen Surflehrerinnen ihren Schülerin-nen im Einzelunterricht (Privatstunde ab 75 US$) und in Wochenendkursen bei, die Wellen zu bezwingen.

OEX Dive & Kayak   WASSERSPORT
(☎858-454-6195; www.oexcalifornia.com; 2243 Avenida de la Playa; ⊙Mo–Fr 9–18, Sa & So ab 8 Uhr) Der Laden in La Jolla vermietet Ka-jaks sowie Ausrüstung fürs Schnorcheln, Tauchen und Stehpaddeln; er bietet auch geführte Touren an. Eine weitere Filiale be-findet sich in Mission Bay (☎619-866-6129; www.oexcalifornia.com; 1010 Santa Clara Pl; ⊙Mo–Fr 8–18, Sa & So 9–17 Uhr).

Hike, Bike, Kayak San Diego   ABENTEUERSPORT
(☎858-551-9510; www.hikebikekayak.com; 2216 Avenida de la Playa) Wie der Name schon sagt, veranstaltet das Unternehmen mit Sitz in La Jolla Wander-, Rad- und Kajaktouren. Darüber hinaus vermietet es Wassersport-ausrüstung sowie Fahrräder und gibt Unter-richt im Stehpaddeln.

🖝 Geführte Touren

Another Side of San Diego   GEFÜHRTE TOUR
(Karte S. 100; ☎619-239-2111; www.anotherside ofsandiegotours.com; 308 G St; Tour ab 30 US$) Der Veranstalter bietet Segway-Touren im gesamten Stadtgebiet sowie kulinarische und historische Stadtspaziergänge durch das Gaslamp Quarter.

Old Town Trolley Tours   TOUR
(☎888-910-8687; www.trolleytours.com; Erw./Kind 36/18 US$) Die kommentierte Trolleytour mit beliebigem Ein- und Aussteigen zieht eine Schleife um die touristischen Haupt-attraktionen der Stadt.

🛏 Schlafen

Im Sommer explodieren die Preise, vor al-lem in den Unterkünften an den Stränden. Zu Ketten gehörende Hotels und Motels ballen sich im Binnenland an den größeren Freeways und im Mission Valley. Überwie-gend wird eine Übernachtungssteuer von 10,5 % erhoben.

🛏 Downtown

HI San Diego Downtown Hostel   HOSTEL $
(Karte S. 100; ☎619-525-1531; www.sandiegohos tels.org; 521 Market St; B/DZ mit Gemeinschafts-bad & Frühstück ab 31/75 US$; ✳@🛜) Das gut geführte Hostel in einem Hotel des 19. Jhs. bietet viel Platz für Geselligkeit. Die Schlaf-säle sind trist, aber sauber. Ein Pfannku-chenfrühstück ist im Preis enthalten. Eine weitere, ruhigere Filiale ist in Point Loma (☎619-223-4778; www.sandiegohostels.org; 3790 Udall St; B/Zi. mit Gemeinschaftsbad & Frühstück 25/54 US$; P@🛜).

★ USA Hostels San Diego   HOSTEL $
(Karte S. 100; ☎800-438-8622, 619-232-3100; www.usahostels.com; 726 5th Ave; B/Zi. mit Ge-meinschaftsbad & Frühstück ab 30/71 US$; @🛜) In einem umgebauten Bordell aus viktoria-nischer Zeit im Gaslamp Quarter bietet das Hostel freundliche Zimmer, eine Gemein-schaftsküche und eine einladende Lounge. Im Preis inbegriffen ist das Pfannkuchen-frühstück. Preisgünstig sind das Taco-Abendessen und die Touren nach Tijuana.

500 West Hotel   HOSTEL $
(Karte S. 100; ☎Info 619-234-5252; Reservierung 619-231-4092; www.500westhotelsd.com; 500 W Broadway; EZ/DZ mit Gemeinschaftsbad ab 59/79 US$; @🛜) Die Zimmer in dieser re-novierten YMCA-Herberge aus den 1920er-Jahren sind winzig, und die Bäder befinden sich am Ende des Korridors. Trendbewuss-ten Reisenden mit kleinem Budget gefallen jedoch das bunte Dekor, die Gemeinschafts-küche und das Fitnessstudio (5 US$).

★ Hotel Indigo   BOUTIQUEHOTEL $$
(Karte S. 100; ☎619-727-4000; www.hotelinsd. com; 509 9th Ave; Zi ab 149 US$; P✳@🛜⛱❄) 🏳 Das erste Hotel mit LEED-Zertifikat (Leadership in Energy and Environmental Design) in San Diego ist ein schick gestalte-tes Boutiquehotel. Die Innenarchitektur ist modern und farbenfroh; die Gästezimmer haben wandhohe Fenster, Regenduschen und Hartholzböden. Parkplätze kosten

38 US$. Eine weitere Filiale befindet sich im Küstenort Del Mar.

Hotel Vyant
B&B $$

(☎ 800-518-9930; www.hotelvyant.com; 505 W Grape St; Zi. mit/ohne Bad ab 149/109 US$; ✦ ☎) Das hübsche und charmante B & B in Little Italy hat zwei Dutzend Zimmer mit einladenden Betten und flauschigen Bademänteln. Die Deluxe-Zimmer bieten zusätzlich eine Whirlpool-Wanne oder eine Kochnische. Wer eine komplett ausgestattete Küche möchte, zahlt den Aufpreis für ein städtisch-schick eingerichtetes Apartment.

🛏 Strände

Pearl
MOTEL $$

(☎ 619-226-6100, 877-732-7574; www.thepearlsd. com; 1410 Rosecrans St; Zi. ab 130 US$; P ✦ ☎ ☎) Die swingende Mischung aus Boutiquehotel und einem Motel der 1960er-Jahre lockt coole Gäste an. In jedem der kecken Zimmer gibt es einen Goldfisch, und noch das kleinste hat einen Spiegel an der Decke. Filmabende am Pool und eine Cocktailbar sorgen für Laune. Parkplätze gibt's in begrenzter Zahl für 10 US$ (kein Parkservice).

Best Western Island Palms
MOTEL $$

(☎ 800-922-2336, 619-222-0561; www.island palms.com; 2051 Shelter Island Dr; Zi. ab 149 US$; P ✦ @ ☎ ☎ 🅗) In dem polynesisch angehauchten Motel auf Shelter Island – von Downtown aus gleich auf der anderen Seite der Bucht – blickt man auf die schaukelnden Boote im Jachthafen. Die frischen Zimmer im Tropeninsel-Stil haben Balkone, auf denen man die Meeresbrise genießt.

Ocean Beach Hotel
HOTEL $$

(☎ 619-223-7191; www.obhotel.com; 5080 Newport Ave; Zi. ab 100 US$; ✦ ☎ ☎) Das umgestaltete Hotel im Surferstädtchen OB ist vom Strand nur durch die Straße getrennt. Die blitzblanken Gästezimmer sind recht klein und der französische Landhausstil wirkt ein bisschen altmodisch, aber alle Zimmer bieten einen kleinen Kühlschrank und eine Mikrowelle.

★ Hotel del Coronado
LUXUSHOTEL $$$

(☎ 619-435-6611, 800-468-3533; www.hoteldel. com; 1500 Orange Ave; Zi. ab 325 US$; P ✦ @ ☎ ☎) San Diegos Hotelikone mit mehr als hundertjähriger Geschichte prunkt mit Tennisplätzen, einem Spa, Läden, schicken Restaurants, gepflegten Anlagen und einem weißen Sandstrand. Im viktorianischen Altbau hat man allerdings keinen Blick aufs Meer. Parkplätze kosten 30 US$.

Crystal Pier Hotel & Cottages
COTTAGE $$$

(☎ 800-748-5894, 619-483-6983; www.crystalpier. com; 4500 Ocean Blvd; DZ ab 175 US$; P ☎ 🅗) Die weißen Schindelhäuschen mit blauen Fensterläden – einige stammen noch aus den 1930er-Jahren und alle haben Einbauküchen – stehen direkt über dem Crystal Pier in Pacific Beach. Von den privaten Terrassen bietet sich ein einmaliger Blick auf den Ozean. Bis zu elf Monate im Voraus buchen.

Tower23
BOUTIQUEHOTEL $$$

(☎ 866-869-3723; www.t23hotel.com; 723 Felspar St; Zi. ab 249 US$; ✦ @ ☎ ☎) Blaugrüne Töne und ein gewisser Humor zeichnen dieses kastenartige, schneeweiße Hotel aus, das eine modernistische Kulisse für einen coolen Strandaufenthalt bietet. In der Cocktailbar und auf der Dachterrasse kann man den Sonnenuntergang genießen. Parkplätze kosten 20 US$.

Inn at Sunset Cliffs
HOTEL $$$

(☎ 866-786-2453, 619-222-7901; www.innatsunset cliffs.com; 1370 Sunset Cliffs Blvd; Zi./Suite ab 175/289 US$; P ✦ @ ☎ ☎ 🅗) In diesem luftigen, charmanten Hotel aus den 1960er-Jahren mit einem blumengeschmückten Innenhof hört man, wie die Brandung gegen die Felsküste donnert. Die kürzlich renovierten Zimmer sind lichtdurchflutet, wenn auch etwas klein; einige Suiten bieten eine Küche.

Essen

San Diegos dynamische Gastronomie ist auf jeden Geschmack und jeden Geldbeutel eingerichtet. Generell finden sich feine Steakhäuser und Meeresfrüchtetempel vor allem am Ufer von Downtown, ausgelassene Gastropubs im Gaslamp Quarter, zwanglose Meeresfrüchte- und Burgerlokale an den Stränden, angesagte Restaurants in den Vierteln rund um den Balboa Park – und Tacos und Margaritas gibt's praktisch überall.

✕ Downtown & Embarcadero

Neighborhood
PUB $$

(Karte S. 100; www.neighborhoodsd.com; 777 G St; Hauptgerichte 7–14 US$; ⊘12–24 Uhr) Das Ecklokal ist bodenständiger als andere angesagte Gastropubs und versorgt seine Gäste mit beliebten Speisen wie Chipotle-Burgern, leckeren Jalapeño-Käsemakkaroni oder Hotdogs mit geschmortem Schweinefleisch und Spiegelei. Dazu gibt's Bier aus Kleinbrauereien – je nach Wunsch hopfig, fruchtig, malzig oder sauer.

Underbelly
ASIATISCH, FUSION $$
(☎619-269-4626; 750 W Fir St; Gerichte 5–12 US$; ⊙11.30–24 Uhr) Abseits des munteren Streifens mit Pizzerien und Weinbars tischt dieser schnittige Nudelladen in Little Italy dampfende Schüsseln von Ramen mit Ochsenschwanz-Bällchen, Rippchen mit Hoisin-Sauce und geräucherter Rinderbrust mit Speck auf. Es gibt auch vegetarische Angebote und außerdem zwei Dutzend Biere vom Fass aus Kleinbrauereien.

Cafe 21
FRÜHSTÜCK $$
(Karte S.100; ☎619-795-0721; www.cafe-21.com; 750 5th Ave; Hauptgerichte morgens 9–15 US$; ⊙So–Do 8–22, Fr & Sa bis 23 Uhr; 🖭) Das beliebte Brunch-Lokal im Gaslamp Quarter serviert Arme Ritter mit Frischkäse und Agavensirup, mit Früchten belegte Pfannkuchen und Frittata aus farmfrischen Eiern in kleinen Eisenpfannen. Die hausgemachte Sangria ist der Renner.

Island Prime
SEAFOOD, STEAKHAUS $$$
(☎619-298-6802; www.islandprime.com; 880 Harbor Island Dr; Hauptgerichte Restaurant 25–52 US$, Lounge 15–30 US$; ⊙Restaurant So–Do 17–21, Fr & Sa bis 22 Uhr, Lounge tgl. ab 11.30 Uhr) In dem eleganten Meeresfrüchterestaurant am Harbor Island (westlich von Downtown) hat man eine weite Aussicht auf die Bucht. Zu den allzeit beliebten Gerichten gehören das Hummer-Sandwich mit Salat und Tomate, das gebratene Thunfischsteak und Garnelen mit Maisgrütze. Werktags gibt's zur Happy Hour in der Lounge (C Level) „Happen, Bier und Trankopfer" für 5 US$.

✕ Balboa Park & Umgebung

★ Carnitas' Snack Shack
KALIFORNISCH, MEXIKANISCH $
(http://carnitassnackshack.com; 2632 University Ave; Hauptgerichte 7–9 US$; ⊙Mi–Mo 12–24 Uhr; 🖭) Wie ein Imbisswagen, der auf einem Platz im angesagten North Park Station bezogen hat, bietet diese schlichte Bude eine täglich wechselnde Karte mit Gerichten vom Schwein: Carnitas-Tacos, Schweinefleischburger mit Verhackertem, Schweineschnitzel-Sandwiches, Pulled-Pork-Poutine mit Schinkenwürfeln usw.

Bread & Cie
BÄCKEREI, CAFÉ $
(www.breadandcie.com; 350 University Ave; Hauptgerichte 5–11 US$; ⊙Mo–Fr 7–19, Sa bis 18, So 8–18

Uhr; 🅿) Knusprige Sandwiches, Salate, französische Quiches und dekadentes Gebäck (z.B. das schon lächerlich riesige *pain au chocolat*) machen diese geschäftige Bäckerei mit Café zu einer Institution in Hillcrest. Auf dem Grundstück hinten gibt's kostenlose Parkplätze.

★ Buona Forchetta
ITALIENISCH $$
(www.buonaforchettasd.com; 3001 Beech St; Pizza 7–15 US$, kleine Gerichte 5–13 US$; ⊙So & Di–Do 17–22, Fr & Sa bis 23 Uhr; 🖭) Aus dem golden angemalten, mit Holz befeuerten Ziegelofen, der eigens aus Italien beschafft wurde, wandern die authentisch neapolitanischen Pizzas direkt auf die lustig zusammengerückten Tische dieser Trattoria in South Park, die eine hundefreundliche Terrasse besitzt. Auch die grünen Salate, hausgemachten Pasta und *dolci* (süße Nachspeisen) lassen nichts zu wünschen übrig. Keine Reservierung.

Hash House a Go Go
AMERIKANISCH $$
(☎619-298-4646; www.hashhouseagogo.com; 3628 5th Ave; Hauptgerichte morgens 9–18 US$, abends 15–29 US$; ⊙Mo–Fr 7.30–14, Sa & So bis 14.30 Uhr, Abendessen Di–Do 17.30–21, Fr–So bis 21.30 Uhr; 🖭) In diesem Bungalow in Hillcrest gibt's große Teller mit „abgewandelten Bauerngerichten": Pies mit Würstchensaft, riesige Sandwiches mit Hackfleisch, Pfannkuchen von der Größe eines Traktorrads und sieben Versionen Bratkartoffeln. Zum Brunch sollte man viel Hunger mitbringen.

★ Prado
KALIFORNISCH $$$
(☎619-557-9441; www.pradobalboa.com; House of Hospitality, 1549 El Prado; Hauptgerichte mittags 12–21 US$, abends 22–35 US$; ⊙Mo–Fr 11.30–15, Sa & So ab 11 Uhr, So & Di–Do 17–21, Fr & Sa bis 22 Uhr) Das beliebte Restaurant im Balboa Park serviert frische kalifornisch-mediterrane Küche mit lateinamerikanischem und asiatischem Einschlag, z.B. Meeresfrüchte-Paella, Chorizo-Burger und gehackte Salate. Die luftigen Plätze draußen sind genauso einladend wie der bunt gefliese Innenraum. Zur Happy Hour gibt's Speisen und Getränke zum Schnäppchenpreis.

✕ Strände

South Beach Bar & Grille
SEAFOOD, MEXIKANISCH $
(www.southbeachob.com; 5059 Newport Ave, Ocean Beach; Gerichte meist 3–12 US$; ⊙11–2 Uhr) Vielleicht liegt es an den kurz gebratenen Goldmakrelen und Wahoos. Oder an der peppigen weißen Sauce. Oder auch an den

Schichten frischen Kohls und der scharfen Tomaten-Salsa. Was auch immer das Geheimnis sein mag: Die Fischtacos in dieser rauen Strandbar sind wundervoll (und dienstags noch billiger).

Hodad's BURGER $
(www.hodadies.com; 5010 Newport Ave, Ocean Beach; Gerichte 3–10 US$; ⊙ So–Do 11–21, Fr & Sa bis 22 Uhr) OB's legendärer Burgerladen bietet köstliche Shakes, bergeweise Zwiebelringe und in Papier eingewickelte Hamburger. Die Wände zieren Nummernschilder, und der bärtige, tätowierte Kellner macht es sich beim Aufnehmen der Bestellung schon mal neben den Gästen auf der Bank bequem. Ein weitere Filiale gibt's in **Downtown** (Karte S. 100; 945 Broadway Ave; ⊙ So–Do 11–21, Fr & Sa bis 22 Uhr).

Point Loma Seafoods SEAFOOD $$
(http://pointlomaseafoods.com; 2805 Emerson St; Gerichte 3–16 US$, Hauptgerichte 9–13 US$; ⊙ Mo–Sa 9–19, So ab 10 Uhr; P ✦) Einfach hineingehen und in diesem Fischmarkt mit Grill, Deli und Sushibar direkt an der Theke bestellen – fast alles hier kommt frisch vom Boot. Der Laden ist in Sachen Meeresfrüchte eine Institution in San Diego. Essen kann man draußen an den Picknicktischen.

★ **George's at the Cove** KALIFORNISCH $$$
(☎ 858-454-4244; www.georgesatthecove.com; 1250 Prospect St, La Jolla; Hauptgerichte 18–50 US$; ⊙ Mo–Do 11–22, Fr–So bis 23 Uhr) Trey Foshees europäisch-kalifornische Küche ist

so spektakulär wie die Lage des Restaurants am Ozean. Das George's hat schon auf so ziemlich jeder Liste von Spitzenrestaurants in Kalifornien gestanden. Hier gibt's drei Lokalitäten in unterschiedlichen Preiskategorien: **George's Bar** (Hauptgerichte mittags 10–18 US$), **Ocean Terrace** (Hauptgerichte abends 18–35 US$) und **California Modern** (Hauptgerichte abends 30–50 US$). In die Bar kommt man auch ohne Reservierung (Happy Hour werktags 15.30–18.30 Uhr).

Ausgehen & Unterhaltung

Im Gaslamp Quarter befinden sich die ausgelassensten Bars und heißesten Nachtclubs. Welche aktuellen Events gerade in der Stadt anstehen, erfährt man im *San Diego Reader* (www.sandiegoreader.com) oder bei *U-T San Diego* (www.utsandiego.com). **Arts Tix** (Karte S. 100; ☎ 858-381-5595; www.sdartstix.com; Lyceum Theatre, 79 Horton Plaza; ⊙ unterschiedliche Öffnungszeiten) verkauft Karten mit Rabatt oder zum halben Preis für Theater, Comedy, Konzerte und vieles mehr.

Prohibition LOUNGE
(Karte S. 100; www.prohibitionsd.com; 548 5th Ave; ⊙ Mi–Sa 19–2 Uhr) In der eleganten Bar im Stil der 1930er-Jahre werden Musik und Cocktails zelebriert. Die Hausordnung ist durchaus kein Scherz: Handys an der Theke werden nicht geduldet und der Dresscode wird durchgesetzt. Nach 21 Uhr gibt's live Jazz, Blues, Soul oder Musik aus der Südsee.

NICHT VERSÄUMEN

KLEINBRAUEREIEN IN SAN DIEGO

Die Einwohner San Diegos nehmen Bier sehr ernst – selbst in der raubeinigsten Kneipe sprechen Einheimische oft kennerhaft von Hopfen- und Fässerqualität. Größere und winzige Kleinbrauereien haben sich auf alle möglichen Biere spezialisiert. Lohnend sind u. a.:

Stone Brewing Company (☎ 760-471-4999; www.stonebrew.com; 1999 Citracado Pkwy, Escondido; ⊙ Führungen tgl. 12–18 Uhr) Nach der Führung (3 US$) folgt die Verkostung von „Oaked Arrogant Bastard Ale" und „Old Guardian Barley Wine".

Lost Abbey (☎ 800-918-6816; www.lostabbey.com; Suite 104, 155 Mata Way, San Marcos; ⊙ Mo & Di 13–18, Mi & Fr bis 21, Do bis 20, Sa 11.30–20, So 12–19 Uhr) Im Probierstübchen gibt's mehr als 20 Biere (1 US$/Probe) vom Fass – darunter die nach belgischer Art gebrauten Ales „Judgment Day" und „Red Barn".

Green Flash (☎ 858-622-0085; www.greenflashbrew.com; 6550 Mira Mesa Blvd; ⊙ Di–Do 15–21, Fr bis 22, Sa 12–21, So 12–18 Uhr) In dem Freiluft-Biergarten gibt's amerikanische und belgische Ales (1 US$/Probe); Führungen vorab online buchen (5 US$).

AleSmith (☎ 858-549-9888; www.alesmith.com; 9366 Cabot Dr; ⊙ Di–Do 14–20, Fr bis 21, Sa 11–20, So 11–18 Uhr) Die besten Biere hier sind das schottische Ale „Wee Heavy", das zitronige „Horny Devil" und das „Speedway Stout" (1–2 US$/Probe).

Noble Experiment BAR

(Karte S.100; ☎619-888-4713; http://nobleexperi
mentsd.com; 777 G St; ⊙Di–So 19–2 Uhr) Man
klopft an die versteckte Tür dieser modernen Flüsterkneipe, deren Wände mit goldenen Totenschädeln geschmückt sind und auf
deren Karte 400 Cocktails stehen. Zum Reservieren eine Woche vorab eine Nachricht
schicken, dann erhält man eine kryptische
Wegbeschreibung.

Hamilton's Tavern BAR

(http://hamiltonstavern.com; 1521 30th St; ⊙Mo–
Fr 15–2, Sa & So ab 13 Uhr; 🍺) Ein Abstecher
nach South Park führt einen zu diesem
entspannten Treff mit Shuffleboard, Billardtischen und erstklassigem Kneipenessen.
Auf dem Barhocker kann man die unglaublich vielfältige Bierkarte studieren.

Tipsy Crow BAR

(Karte S.100; ☎619-338-9300; http://thetipsy
crow.com; 770 5th Ave; ⊙Mo–Fr 15–2, Sa & So ab
12 Uhr) Die stimmungsvolle Bar in einem
historischen Gebäude im Gaslamp Quarter
bietet das an eine Lounge erinnernde „Nest"
(wo sich früher ein Bordell befunden haben
soll) und den mit Ziegelmauern versehenen
„Underground" mit Dancefloor, Livemusik
und Comedy.

Casbah LIVEMUSIK

(☎619-232-4355; www.casbahmusic.com; 2501
Kettner Blvd; Karten 5–45 US$) Im funkigen
Casbah haben schon MGMT, Liz Phair und
die Smashing Pumpkins auf ihrem Weg in
die Charts gerockt; lokale Bands und Indie-
Rockstars erlebt man hier und im legendären **Belly Up** (☎858-481-8140; www.bellyup.
com; 143 S Cedros Ave, Solana Beach; Karten 10–
45 US$) in Solana Beach.

La Jolla Playhouse THEATER

(☎858-550-1010; www.lajollaplayhouse.org; 2910
La Jolla Village Dr; Karten 15–70 US$) Preisge-
krönte Stücke und Weltpremieren von Musicals, die es manchmal später auf den Broadway schaffen, bilden das Programm dieses
Theaterzentrums mit mehreren Bühnen.

❶ Praktische Informationen

GELD

TravelEx (www.travelex.com) Tauscht ausländische Devisen. Standorte: am Flughafen (s.
rechte Spalte), in Downtown (☎619-235-0901;
www.travelex.com; 177 Horton Plaza; ⊙Mo–Fr
10–19, Sa bis 18, So 11–16 Uhr), Fashion Valley
(☎619-542-1173; www.travelex.com; 7007
Friars Rd; ⊙Mo–Sa 10–21, So 11–19 Uhr) und

La Jolla (☎858-457-2412; www.travelex.com;
University Town Centre, 4417 La Jolla Village
Dr; ⊙Mo–Fr 10–19, Sa bis 18, So 11–16 Uhr).

INFOS IM INTERNET

Gaslamp Quarter Association (http://gas
lamp.org) Alles Wissenswerte zum Gaslamp
Quarter, auch über versteckte Parkplätze.
San Diego Convention & Visitors Bureau
(www.sandiego.org) Offizielle Seite der Touristeninformation.

INTERNETZUGANG

Cafés bieten Internetzugang (manchmal kostenlos), wenn man etwas bestellt.
San Diego Public Library (☎619-236-5800;
www.sandiego.gov/public-library; 820 E St;
⊙Mo & Mi 12–20, Di 6 Do–Fr 9.30–17.30, Sa
9.30–14.30, So 13–17 Uhr; @🛜) Kostenloses
WLAN und öffentliche Computer. Weitere
Filialen sind telefonisch oder über die Website
zu ermitteln.

MEDIEN

San Diego Magazine (www.sandiegomagazine.
com) Monatliches Hochglanzmagazin.
San Diego Reader (www.sandiegoreader.com)
Kostenloses alternatives Wochenblatt.
U-T San Diego (www.utsandiego.com) Die
größte Tageszeitung der Stadt.

MEDIZINISCHE VERSORGUNG

Scripps Mercy Hospital (☎619-294-8111;
www.scripps.org; 4077 5th Ave) Hat eine rund
um die Uhr geöffnete Notaufnahme.

TOURISTENINFORMATION

Balboa Park Visitors Center (☎619-239-
0512; www.balboapark.org; House of Hospitality, 1549 El Prado; ⊙9.30–16.30 Uhr) Verkauft
ermäßigte Tageskarten (39 US$) und sieben
Tage gültige Pässe (Erw./Kind 39/27 US$, mit
Zoo 85/49 US$) für die Museen im Park.
San Diego Visitor Information Centers
(☎619-236-1212; www.sandiego.org) Downtown (Karte S.100; 1140 N Harbor Dr; ⊙Juni–
Sept. 9–17 Uhr, Okt.–Mai bis 16 Uhr) La Jolla
(☎858-454-5718; www.sandiego.org; 7966
Herschel Ave; ⊙Juni–Sept. 11–18 Uhr, Okt.–Mai
bis 16 Uhr) Die am Ufer gelegene Downtown-
Filiale verkauft ermäßigte Tickets für Attraktionen und Touren.

❶ An- & Weiterreise

Auf dem **San Diego International Airport** (SAN;
☎619-400-2404; www.san.org; 3325 N Harbor
Dr). 3 Meilen (4,8 km) nordwestlich von Downtown, starten und landen vor allem Inlandsflüge
sowie Flüge von/nach Mexiko.
Busse von **Greyhound** (Karte S.100; ☎619-
515-1100; www.greyhound.com; 1313 National

Ave) fahren stündlich direkt nach Los Angeles (19 US$, 2–3 Std.).

Der *Pacific Surfliner* von **Amtrak** (☎ 800-872-7245; www.amtrak.com) fährt vom historischen **Santa Fe Depot** (1055 Kettner Blvd, Downtown) mehrmals täglich nach Los Angeles (37 US$, 2¾ Std.) und Santa Barbara (41 US$, 5¾ Std.).

Alle großen Autovermieter haben Schalter am Flughafen. Das kleinere, selbständige Unternehmen **West Coast Rent a Car** (☎ 619-544-0606; http://sandiegoautos.org; 834 W Grape St; ☉ Mo–Sa 9–18, So bis 17 Uhr) vermietet auch an Menschen unter 25 Jahre und holt Kunden kostenlos vom Flughafen ab.

ℹ Unterwegs vor Ort

Das **Metropolitan Transit System** (MTS; ☎ 619-557-4555; www.sdmts.com) betreibt die städtischen Busse (2,25–2,50 US$) und Trolleys (2,25 US$), darunter auch Strecken Richtung Süden bis zur mexikanischen Grenze. Im **Transit Store** (Karte S. 100; ☎ 619-234-1060; 102 Broadway; ☉ Mo–Fr 9–17 Uhr) von MTS gibt's regionale Fahrkarten (1/2/3/4 Tage 5/9/12/15 US$); Tageskarten erhält man auch direkt beim Busfahrer.

Der MTS-Bus 992 (2,25 US$) fährt täglich zwischen 5 und 23 Uhr alle 15 bis 30 Minuten vom Flughafen ins Zentrum. Flughafenshuttles wie **Super Shuttle** (☎ 800-258-3826; www.supershuttle.com) nehmen 8 bis 10 US$ für die Fahrt nach Downtown. Ein Taxi vom Flughafen nach Downtown kostet zwischen 10 und 15 US$, zuzüglich Trinkgeld.

Bei Taxis mit Taxameter beträgt der Grundpreis 2,80 US$, die Meile kostet 3 US$.

Rund um San Diego

San Diego Zoo Safari Park

Ein Gefühl von Wildnis vermittelt dieser rund 728 ha große **Zoo** (☎ 760-747-8702; www.sdzsafaripark.org; 15500 San Pasqual Valley Rd; Erw./Kind ab 44/34 US$, 2-Tage-Ticket inkl. San Diego Zoo 79/61 US$; ☉ Ende Juni–Mitte Aug. 9–19 Uhr, sonst bis 17 oder 18 Uhr; P♿), in dem sich Giraffen, Löwen und Nashörner mehr oder weniger frei in einem Tal tummeln. Bei der Afrika-Tramtour kommt Safaristimmung auf; man durchquert dabei den zweitgrößten Kontinent der Erde in gerade einmal 25 Minuten.

Der Park liegt in Escondido, rund 35 Meilen (56 km) nordöstlich der Downtown von San Diego. Um hinzukommen, den I-15 Fwy an der Ausfahrt zum Via Rancho Pkwy verlassen und der Ausschilderung folgen. Parkplätze kosten 10 US$.

Legoland

Die Rides, Shows und Attraktionen dieses lustigen **Themenparks** (☎ 760-918-5346; http://california.legoland.com; 1 Legoland Dr, Carlsbad; Erw./Kind ab 78/68 US$; ☉ Mitte März–Aug. tgl., Sept.–Mitte März nur Mi–So, saisonal unterschiedliche Öffnungszeiten; P) zielen vor allem auf kleinere Kinder ab. Der Nachwuchs kann hier „Dinoknochen" ausbuddeln, „Hubschrauber fliegen" und seinen „Führerschein" machen. Familien mit kleinen Kindern können in dem brandneuen, farbenfrohen Lego-Themenhotel übernachten. Legoland liegt rund 33 Meilen (53 km) nördlich vom Zentrum San Diegos; den I-5 Fwy nordwärts bis zur Ausfahrt Cannon Rd in Carlsbad nehmen.

PALM SPRINGS & WÜSTEN

Das einsame Wüstengebiet zwischen dem mondänen Palm Springs und dem faszinierendem Death Valley nimmt 25 % der Fläche Kaliforniens ein. Obwohl auf den ersten Blick vielleicht nur grauenhaft öde, offenbart die Wüste bald eine perfekte Schönheit: Verwitterte Vulkangipfel, sinnliche Sanddünen, violett getönte Berge, Kaktusgärten, unzählige Sterne am Nachthimmel, umherflitzende Eidechsen unter Felskolossen und winzige Wildblumen, die im Frühling aus dem steinharten Boden sprießen. Die Ruhe, Spiritualität und Eleganz der kalifornischen Wüsten üben auf Künstlertypen, Filmstars, Kletterer und Allrad-Abenteurer gleichermaßen einen unwiderstehlichen Reiz aus.

Palm Springs

Das Rat Pack ist wieder da – jedenfalls sein Lieblingstreff. In den 1950er- und 1960er-Jahren war das rund 100 Meilen (160 km) östlich von L.A. gelegene Palm Springs (45 573 Ew.) die swingende Sommerfrische von Sinatra, Elvis und anderen großen Stars. Danach allerdings eroberten Rentner in Golfklamotten den Ort. Erst seit kurzem begeistert sich eine neue Generation für den altmodisch schicken Charme der nierenförmigen Pools, der Bungalows von Stararchitekten, der klassisch-modernistischen Boutiquehotels und Bars mit perfekt gemixten Martinis. So vereint Palm Springs heute hippe Typen, Senioren und eine große schwullesbische Gemeinde.

⊙ Sehenswertes & Aktivitäten

Palm Springs ist das Zentrum im Coachella Valley, in dem sich mehrere Wüstenstädte am Hwy 111 reihen. Durch Palm Springs' kompakte Downtown läuft der Palm Canyon Dr als Einbahnstraße nach Süden und der Indian Canyon Dr parallel dazu nach Norden.

★ Palm Springs Aerial Tramway SEILBAHN

(☎ 888-515-8726; www.pstramway.com; 1 Tram Way; Erw./Kind 24/17 US$; ⊙ Mo–Fr 10–20, Sa & So ab 8 Uhr, letzte Talfahrt 21.45 Uhr) Die 4 km lange Gondelbahn mit tollem Ausblick trägt Passagiere aus der sonnenverbrannten Wüste hinauf auf dem Gipfel des Mt. San Jacinto, in ein alpines Wunderland voller duftender Kiefern. Oben kann es kalt werden – eine Jacke mitnehmen! Wanderwege führen durch die umliegende Wildnis. Schneeschuhe und Langlaufski vermietet das Mountain Station's **Winter Adventure Center** (Schneeschuhe/Skier 18/21 US$ pro Tag; ⊙ Do–Fr & Mo 10–16, Sa & So ab 9 Uhr, letzte Ausleihe 14.30 Uhr) an der Bergstation.

Living Desert Zoo & Gardens ZOO

(☎ 760-346-5694; www.livingdesert.org; 47900 Portola Ave, Palm Desert, abseits des Hwy 111; Erw./Kind 17,25/8,75 US$; ⊙ Okt.–Mai 9–17 Uhr, Juni–Sept. 8–13.30 Uhr) 🍃 In diesem entzückenden Zoo abseits des Hwy 111 können Kinder nordamerikanische und afrikanische Wildtiere erleben, eine Runde auf dem Karussell der bedrohten Arten drehen und das Tierkrankenhaus besuchen. Der Park ist die halbstündige Fahrt hinunter ins Tal wirklich wert.

Palm Springs Art Museum MUSEUM

(☎ 760-322-4800; www.psmuseum.org; 101 Museum Dr; Erw./Kind 12,50 US$/frei, Do 16–20 Uhr Eintritt frei; ⊙ Di–Mi & Fr–So 10–17, Do 12–20 Uhr) Der künstlerische Mittelpunkt der Downtown gibt einen guten Überblick über die Entwicklung der amerikanischen Malerei, Bildhauerei, Fotografie und Architektur in den letzten hundert Jahren. Eine zweite Filiale ist in Palm Desert.

Palm Springs Air Museum MUSEUM

(☎ 760-778-6262; www.air-museum.org; 745 N Gene Autry Trail; Erw./Kind 15/8 US$; ⊙ 10–17 Uhr) Nahe dem Flughafen zeigt das Museum eine außergewöhnliche Sammlung von Maschinen aus dem Zweiten Weltkrieg und von Erinnerungsstücken und Fotos zur Luftfahrt.

Tahquitz Canyon WANDERN

(☎ 760-416-7044; www.tahquitzcanyon.com; 500 W Mesquite Ave; Erw./Kind 12,50/6 US$; ⊙ Okt.–

Juni 7.30–17 Uhr, Juli–Sept. nur Fr–So) Der Canyon ist bekannt für uralte Felszeichnungen und seinen saisonalen Wasserfall; 1937 diente er Frank Capra als Kulisse für den Film *In den Fesseln von Shangri-La.* Man kann den Canyon auf eigene Faust erkunden oder sich einer von Rangern geführten Wanderung anschließen.

Indian Canyons WANDERN

(☎ 760-323-6018; www.indian-canyons.com; abseits des S Palm Canyon Dr; Erw./Kind 9/5 US$, 90-minütige geführte Wanderung 3/2 US$; ⊙ Okt.–Juni 8–17 Uhr, Juli–Sept. nur Fr–So) Das angestammte Territorium der indigenen Cahuilla verspricht herrliche Wüstenwanderungen im Schatten von Fächerpalmen und hochragenden Felswänden – besonders im Frühling, wenn die Wildblumen blühen.

Knott's Soak City SCHWIMMEN

(☎ 760-327-0499; www.soakcityps.com; 1500 S Gene Autry Trail; Erw./Kind 35/25 US$; ⊙ Mitte April–Anfang Okt., unterschiedliche Öffnungszeiten) Ein riesiger Wellenpool, hohe Wasser- und Reifenrutschen sorgen für Abkühlung an heißen Tagen. Verbilligte Tickets gibt's online. Parkplätze kosten 12 US$.

🛏 Schlafen

Angegeben sind die Preise der winterlichen Hauptsaison; günstiger sind die Zimmer werktags und im Sommer. Motelketten finden sich am Hwy 111 südöstlich der Downtown. Es empfiehlt sich, im Voraus zu buchen.

Caliente Tropics MOTEL $

(☎ 800-658-6034, 760-327-1391; www.calientetropics.com; 411 E Palm Canyon Dr; Zi. ab 60 US$; 📶 ❄ ♿ 🐾) Im Pool der polynesisch angehauchten Motorlodge hat schon Elvis geplanscht. Die Unterkunft hat erstaunlich geräumige Zimmer mit komfortablen Betten.

★ Orbit In BOUTIQUEHOTEL $$

(☎ 877-966-7248, 760-323-3585; www.orbitin.com; 562 W Arenas Rd; Zi. mit Frühstück ab 149 US$; ❄ 📶 🏊) In diesem Anwesen im typischen 1950er-Jahre-Stil rund um einen Meerwasserpool und einen Whirlpool fühlt man sich in die Zeit des Rat Packs zurückversetzt. Die Zimmer sind mit Designermöbeln (Eames, Noguchi usw.) ausgestattet, als kostenlose Extras gibt's eine Cocktailstunde, einen Fahrradverleih und tagsüber Limos und Snacks.

Del Marcos Hotel BOUTIQUEHOTEL $$

(☎ 800-676-1214, 760-325-6902; www.delmarcoshotel.com; 225 W Baristo Rd; Zi. mit Frühstück 139–

WORLD'S BIGGEST DINOSAURS

Westlich von Palm Springs wird man nahe den Outlet-Malls von Cabazon seinen Augen kaum trauen, wenn man die **World's Biggest Dinosaurs** (☎951-922-0076; www.cabazondinosaurs. com; 50770 Seminole Dr, Cabazon; Erw./ Kind 8/7 US$; ⊙Mo–Fr 10–17.30, Sa & So 9.30–18.30 Uhr) entdeckt. Claude K. Bell, ein Bildhauer der Knott's Berry Farm (S. 96), verbrachte mehr als zehn Jahre mit der Anfertigung dieser Betonriesen. Heute gehören sie christlichen Kreationisten. Im Souvenirladen findet man daher neben dem in Naturkundemuseen üblichen Dino-Kram auch allerlei Traktate über die angeblichen Schwindeleien und Irrtümer der Evolution und des Darwinismus. Um hinzukommen, vom I-10 Fwy die Ausfahrt zur Main St in Cabazon nehmen.

189 US$; ✺ 🛜 🖵 🏊) In dem 1947 von William F. Cody entworfenem architektonischen Schmuckstück lockt coole Musik zum Meerwasserpool und den unglaublich schicken Zimmern (teils mit Einbauküche), die nach berühmten modernistischen Architekten der Mitte des vorigen Jahrhunderts benannt sind. Gäste können kostenlos Fahrräder ausleihen. Kinder sind unerwünscht.

Ace Hotel & Swim Club
HOTEL $$
(☎760-325-9900; www.acehotel.com/palm springs; 701 E Palm Canyon Dr; Zi. ab 100 US$; ✺ @ 🛜 🖵 🏊) Keck, aber nicht arrogant: Mit diesem Hipster-Hotel geht Palm Springs auf Hollywood zu. Die Zimmer (viele mit Terrasse) muten wie prächtige Zelthütten an und bieten alles für den gehobenen digitalen Lebensstil. Abends gibt's ulkiges Karaoke, Quiz und Bingo, DJs und Livebands.

El Morocco Inn & Spa
BOUTIQUEHOTEL $$$
(☎760-288-2527, 888-288-9905; www.elmorocco inn.com; 66814 4th St, Desert Hot Springs; Zi. mit Frühstück 179–219 US$; ✺ 🛜 🏊) Die Kasbah lässt grüßen! In diesem Refugium mit zehn Zimmern rund um eine Poolterrasse kommen Gäste in den Genuss von Extras wie einem Spa, einem von natürlichen Quellen gespeisten Pool sowie hausgemachtem Pfefferminztee und „Morocco-tinis". Das Hotel befindet sich 20 Autominuten nördlich von Palm Springs.

 **Essen**

Manche Restaurants haben im Sommer kürzere Öffnungszeiten oder bleiben sogar ein paar Wochen geschlossen.

Tyler's Burgers
BURGER $
(http://tylersburgers.com; 149 S Indian Canyon Dr; Gerichte 2–9 US$; ⊙Mo–Sa 11–16 Uhr; 🖵) Die besten Burger vor Ort. Damit ist alles gesagt. Warteschlangen sind die Regel.

Native Foods
VEGAN $
(☎760-416-0070; www.nativefoods.com; Smoke Tree Village, 1775 E Palm Canyon Dr; Hauptgerichte 8–11 US$; ⊙Mo–Sa 11–21.30 Uhr; 🖊 🖵) Frisch zubereitete Salate, Wraps und Obstschalen. Alles Bio, kein Fleisch, und in Sachen Geschmack ist alles top!

★Cheeky's
KALIFORNISCH $$
(☎760-327-7595; www.cheekysps.com; 622 N Palm Canyon Dr; Hauptgerichte 8–13 US$; ⊙Mi–Mo 8–14 Uhr, letzte Bestellung 13.30 Uhr) 🖊 Von den oft langen Warteschlangen sollte man sich nicht abschrecken lassen, denn die Gerichte sind einfallsreich und die Zutaten kommen von der Farm direkt auf den Tisch. Die Speisekarte wechselt wöchentlich, aber immer wieder stehen Tomatillo-Chilaquiles, Speckstreifen und Granatapfel-Cocktails darauf.

Sherman's
FEINKOST, BÄCKEREI $$
(☎760-325-1199; www.shermansdeli.com; 401 E Tahquitz Canyon Way; Hauptgerichte 8–18 US$; ⊙7–21 Uhr; 🖵) Das jüdische Deli aus den 1950er-Jahren hat eine Terrasse an der Straße und lockt mit 40 Sandwichvarianten (toll ist das scharfe Pastrami-Sandwich), leckeren Grillhähnchen und exquisiten Pies jede Menge Kunden aller Altersstufen an. Auch in **Palm Desert** (760-568-1350; www.shermans deli.com; 73–161 County Club Dr; Hauptgerichte 8–18 US$; ⊙7–21 Uhr; 🖵).

Trio
KALIFORNISCH $$$
(☎760-864-8746; www.triopalmsprings.com; 707 N Palm Canyon Dr; Hauptgerichte 13–29 US$; ⊙11–22 Uhr) Das Erfolgsgeheimnis des modernistischen Restaurants aus den 1960er-Jahren: aufpolierte typisch US-Gerichte (Yankee-Schmorbraten und Käse-Makkaroni), schöne Kunstwerke und Panoramafenster. Vor 18 Uhr gibt's ein Drei-Gänge-Menü zum Festpreis von 19 US$.

Copley's
AMERIKANISCH $$$
(☎760-327-9555; www.copleyspalmsprings.com; 621 N Palm Canyon Dr; Hauptgerichte 19–39 US$; ⊙Ende Aug.–Mitte Juni tgl. ab 17.30 Uhr, Mitte

Juni–Anf. Juli nur Di–So, Anfang Juli–Aug. geschl.) Erstklassiges amerikanisches Essen auf dem früheren Anwesen von Cary Grant. Der „Oh My Lobster Pot Pie" wird wohl nie aus der Mode kommen. Seine Liebste bzw. seinen Liebsten einladen und die Platinkarte von American Express nicht vergessen!

 Ausgehen & Unterhaltung

Die Arenas Rd östlich des Indian Canyon Dr bildet das Zentrum des schwul-lesbischen Nachtlebens.

Koffi CAFÉ
(www.kofficoffee.com; 1700 S Camino Real; ⊗5.30–19 Uhr) Das minimalistische Kaffee versorgt Feinschmecker mit Backwaren, Bio-Kaffee und kunstvoll gebrautem Espresso. Eine zweite Filiale ist in der Downtown (515 N Palm Canyon Dr).

Birba BAR
(www.birbaps.com; 622 N Palm Canyon Dr; ⊗So & Mi–Do 17–23, Fr & Sa bis 24 Uhr) Wandhohe Glas-Schiebetüren öffnen sich in dieser verführerischen Cocktailbar zu der mit Hecken eingefriedeten Terrasse, in die Feuerstellen eingelassen sind.

Shanghai Red's BAR
(www.fishermans.com; 235 S Indian Canyon Dr; ⊗Mo–Sa 16 Uhr–Open End, So ab 12 Uhr) Hinter einem zwanglosen Fischrestaurant liegt die Terrasse dieser Bar mit Sonderangeboten zur Happy Hour. Am Freitag- und Samstagabend gibt's Live-Blues.

 Shoppen

Kunstgalerien, Läden für modernes Design und Modeboutiquen, darunter das sagenhafte **Trina Turk** (☎760-416-2856; www.trinaturk.com; 891 N Palm Canyon Dr; ⊗Mo–Fr 10–17, Sa bis 18, So 12–17 Uhr), finden sich „uptown" am North Palm Canyon Dr. Retro-Fans können sich in den Secondhand- und Kommissionsläden im Zentrum und am Hwy 111 umsehen. Die örtliche Version des Rodeo Dr ist **El Paseo** in Palm Desert.

 Praktische Informationen

Desert Regional Medical Center (☎760-323-6511; www.desertregional.com; 1150 N Indian Canyon Dr) Hat eine rund um die Uhr geöffnete Notaufnahme.

Palm Springs Library (www.palmspringsca.gov; 300 S Sunrise Way; ⊗Mi–Sa 10–17, Di bis 19 Uhr; @ ☎) Kostenloses WLAN und öffentliche Computer mit Internetzugang.

Palm Springs Official Visitors Center (☎760-778-8418; www.visitpalmsprings.com; 2901 N Palm Canyon Dr; ⊗9–17 Uhr) Das Visitor Center ist einer 1965 von Albert Frey entworfenen Tankstelle an der Abzweigung zur Seilbahn, 3 Meilen (4,8 km) nordwestlich der Downtown.

ⓘ Anreise & Unterwegs vor Ort

Der **Palm Springs International Airport** (PSP; ☎760-323-8299; www.palmspringsairport.com; 3400 E Tahquitz Canyon Way) liegt ca. 3 Meilen (4,8 km) östlich der Downtown und wird von inländischen und kanadischen Fluglinien benutzt. Größere Autovermieter haben hier Filialen.

Dreimal wöchentlich halten Amtrak-Züge von/nach Los Angeles (40 US\$, 2¾ Std.) an der personalfreien, etwas gruseligen North Palm Springs Station, die sich 6 Meilen (9,6 km) nördlich der Downtown befindet. Mehrmals täglich halten hier auch Greyhound-Busse auf dem Weg von/nach Los Angeles (26 US\$, 3 Std.).

SunLine (www.sunline.org; Einzelfahrschein/Tageskarte 1/3 US\$) betreibt die langsamen Regionalbusse im Tal.

Joshua Tree National Park

Wie Erfindungen aus einem Buch von Dr. Seuss heißen die seltsamen Josua-Palmlilien (eigentlich baumhohe Yuccapalmen) die Besucher in dem Naturpark an der Grenze zwischen der Sonora- und der Mojave-Wüste willkommen. Die meisten Attraktionen, darunter auch alle Josua-Palmlilien, befinden sich in der Nordhälfte. Der Nationalpark ist beliebt, weil man hier Klettertouren und Tageswanderungen machen kann. Vor allem im Frühling, wenn die Josua-Palmlilien cremefarbene Blüten treiben. Viele Künstler ließen sich schon von der mystischen Atmosphäre der kahlen Felslandschaft inspirieren; das berühmteste Beispiel ist die Band U2.

⊙ Sehenswertes & Aktivitäten

Das sagenhafte **Wonderland of Rocks,** ein Mekka für Kletterer, dominiert den Norden des **Parks** (☎760-367-5500; www.nps.gov/jotr; 7-Tage-Eintritt 15 US\$/Auto). Der Blick von **Keys View** reicht an klaren Tagen über die San-Andreas-Verwerfung hinweg bis nach Mexiko und ist bei Sonnenuntergang am schönsten. Fans der Wildwest-Geschichte besuchen die **Keys Ranch** (☎Reservierungen 760-367-5555; www.nps.gov/jotr; Erw./Kind 5/2,50 US\$; ⊗Ende Sept.–Anf. April 10 & 13 Uhr). Wanderer können Oasen mit endemischen Petticoat-Palmen wie die **49 Palms Oasis** (hin & zurück 4,8 km) oder die **Lost Palms**

PIONEERTOWN

Rund 4,5 Meilen (7,2 km) nördlich von Yucca Valley wurde 1946 **Pioneertown** als Wildwest-Filmkulisse für Hollywood errichtet. Seither hat sich hier wenig verändert. Auf der Mane St finden nachgestellte Schießereien statt (April–Okt. Sa 14.30 Uhr). **Pappy & Harriet's Pioneertown Palace** (☎760-365-5956; www.pappyandharriets.com; 53688 Pioneertown Rd; Hauptgerichte 8–29 US$; ⏱Do–So 11–2, Mo ab 17 Uhr) wartet mit Gegrilltem, billigem Bier und Livemusik in Spelunken-Atmosphäre auf. Übernachten kann man im **Pioneertown Motel** (☎760-365-7001; www. pioneertown-motel.com; 5040 Curtis Rd; Zi. 70–120 US$; ✢🖘🗙). Die schlichten Zimmer, in denen früher Filmstars abstiegen, sind voller Western-Andenken.

Oasis (hin & zurück 11,5 km) erkunden. Zu den kinderfreundlichen Naturwanderungen zählen **Barker Dam** (Rundweg 1,8 km), auf der man an Petroglyphen der Ureinwohner vorbeikommt, **Skull Rock** (Rundkurs 2,7 km) und **Cholla Cactus Garden** (Rundkurs 0,4 km). Die holperige, 18 Meilen (29 km) lange **Geology Tour Road** ist eine malerische Strecke für Geländewagen und steht auch Mountainbikern offen.

🛏 Schlafen

Im Nationalpark gibt's nur Campingplätze, am Hwy 62 liegen aber viele Motels (die teils selbständig sind, teils zu Ketten gehören).

Campingplätze im Joshua Tree National Park CAMPING $
(www.nps.gov/jotr; Stellplatz für Zelt & Wohnmobil 10–15 US$; 🖘🗙) Von den neun Campingplätzen im Park haben nur Cottonwood und Black Rock Trinkwasser und Toiletten mit Wasserspülung. Indian Cove und Black Rock nehmen für Oktober bis Mai **Reservierungen** (☎518-885-3639, 877-444-6777; www. recreation.gov) an, bei den anderen gilt das Prinzip „wer zuerst kommt, mahlt zuerst" – im Frühjahr sind bis 10 Uhr oft alle Plätze belegt. **Joshua Tree Outfitters** (☎760-366-1848; www.joshuatreeoutfitters.com; 61707 Hwy 62) vermietet Campingausrüstung.

Harmony Motel MOTEL $
(☎760-367-3351; www.harmonymotel.com; 71161 Hwy 62; Zi. 65–90 US$; ✢@🖘🗙) Das minimalistische Motel, in dem U2 ihr Album *The Joshua Tree* schrieben, gibt sich mit seinen stilistisch bunt gestalteten, übergroßen Zimmern und Hütten ein bisschen designverliebt. Es gibt eine Gemeinschaftsküche und eine Bibliothek.

⭐**Kate's Lazy Desert** INN $$
(☎845-688-7200; www.lazymeadow.com; 58380 Botkin Rd, Landers; DZ 175–200 US$; ✢🖘🗙🖶) In dem um einen kleinen Pool liegenden Wüstencamp, das Kate Pierson von den B-52s gehört, stehen sechs Airstream-Wohnwagen mit Einbauküche, die im Pop-Design (von Südseeromantik bis Holzhüttenkitsch) ausstaffiert sind. Die Anlage liegt 30 Autominuten nördlich von Yucca Valley, nahe dem durchgeknallten **Integratron** (☎760-364-3126; www.integratron.com; 2477 Belfield Boulevard, Landers; „Sound-Bath" 20–80 US$).

Spin & Margie's Desert Hide-a-Way INN $$
(☎760-366-9124; www.deserthideaway.com; 64491 Hwy 62; Suite 135–175 US$; ✢🖘) Der als Hazienda aufgemachte Gasthof in der Nähe des Parks hat fünf, mit Einbauküchen ausgestattete Suiten in bunten Farben und auffälliger Deko in Form von Wellblech, alten Nummernschildern und Cartoons. Mindestaufenthalt zwei Nächte.

🍴 Essen & Ausgehen

Natural Sisters Cafe VEGETARISCH $
(☎760-366-3600; 61695 Hwy 62, Joshua Tree; Gerichte 4–8 US$; ⏱7–19 Uhr; 🖘🗙) Das beliebte Café in Joshua Tree bietet Frucht-Smoothies, frische Salate, Tofu-Wraps, vegane Currys und hausgemachtes Kombucha.

⭐**Palm Kabob House** NAHÖSTLICH $$
(☎760-362-8583; 6341 Adobe Rd, Twentynine Palms; Hauptgerichte 6–14 US$; ⏱11–21 Uhr; 🗙🖶) Nahe dem Stützpunkt der Marines in Twentynine Palms bietet dieses Lokal hausgemachte Pita, Schawarma mit Lamm oder Hühnchen, erfrischen kühle Auberginen-Dips und Gemüsesalate.

Pie for the People PIZZERIA $$
(http://pieforthepeople.com; 61740 Hwy 62, Joshua Tree; Pizzas 13–25 US$; ⏱Mo–Do 11–21, Fr & Sa bis 22, So bis 20 Uhr; 🖶) Gleich außerhalb des Parks bekommt man hier Pizzas New Yorker Art mit dünnem Boden, Calzone und andere sättigende italoamerikanische Gerichte.

Ma Rouge CAFÉ
(www.marouge.net; 55844 Hwy 62, Yucca Valley; ⏱7–18 Uhr) Das Nachbarschaftscafé bietet

seinen Gästen Bio-Kaffee, Espresso und Backwaren.

❶ Praktische Informationen

Infos zum Parks gibt's in den NPS Visitor Centers in **Joshua Tree** (6554 Park Blvd; ⊗8–17 Uhr), **Oasis** (74485 National Park Dr; ⊗8–17 Uhr) und **Cottonwood** (Cottonwood Springs, 8 Meilen – 12,9 km – nördlich des I-10 Fwy; ⊗9–15 Uhr) sowie im **Black Rock Nature Center** (9800 Black Rock Canyon Rd; ⊗ Okt.–Mai Sa–Do 8–16, Fr 12–20 Uhr; ♿). Außer Toiletten gibt's im Park keine Einrichtungen, doch kann man sich in den drei durch den Twentynine Palm Hwy (Hwy 62) verbundenen Wüstengemeinden an der Nordgrenze des Parks mit Benzin und Lebensmitteln versorgen. Das bodenständige Yucca Valley ist die Gemeinde mit den meisten Einrichtungen (Banken, Supermärkte, Postamt, öffentliche Bibliothek mit Computern und kostenlosem WLAN usw.), während sich im lässigen Joshua Tree die Outdoor-Ausrüster ballen. In Twentynine Palms ist der größte US-Stützpunkt der Marines.

Anza-Borrego Desert State Park

Der von einem Urmeer und tektonischen Kräften geformte Anza-Borrego Desert State Park ist der größte US-amerikanische State Park außerhalb Alaskas. Um das einzige Geschäftszentrum der Gegend, das winzige Borrego Springs (3429 Ew.) liegt ein 243 000 ha großes Gelände aus Bergen, Canyons und Ödland. Man findet hier eine ungeheure Vielfalt an Tieren und Pflanzen sowie interessante historische Relikte von indigenen Völkern, spanischen Entdeckern und Pionieren aus der Zeit des Goldrauschs. Hauptsaison ist die Zeit, wenn die Wildblumen blühen (meist Ende Feb.–Ende April; aktuelle Infos unter ☎760-767-4684); danach sind Erkundungstouren bei Tag aufgrund der höllischen Hitze gefährlich.

❂ Sehenswertes & Aktivitäten

Das **Visitor Center** (☎760-767-4205; www. parks.ca.gov; 200 Palm Canyon Dr; ⊗ Okt.–Mai 9–17 Uhr, Juni–Sept. nur Sa & So) des Parks mit naturkundlichen Exponaten, Infomaterial und aktuellen Informationen zum Straßenzustand liegt 2 Meilen (3,2 km) westlich von Borrego Springs. Die Fahrt durch den Park ist kostenlos. Wer campen, wandern oder picknicken will, muss eine Tagesgebühr (5–8 US$/Auto) entrichten. Die rund 800 unbefestigten Pistenkilometer in der Wildnis sind nur mit Geländewagen befahrbar.

ABSEITS DER ÜBLICHEN PFADE

SALTON SEA & SALVATION MOUNTAIN

Östlich des Anza-Borrego Desert State Park und südlich des Joshua Tree National Park erwartet einen ein höchst überraschender Anblick: der **Salton Sea** (http://saltonsea.ca.gov), Kaliforniens größter Binnensee, der mitten in der größten Wüste des Bundesstaats liegt. 1905 trat der Colorado River über seine Ufer; 1500 Arbeiter mussten fast eine halbe Million t Gestein bewegen, um ihn wieder in sein Flussbett zu bringen. Der Wasserspiegel des künstlichen Sees, der keinen natürlichen Abfluss hat, liegt 67 m unter dem Meeresspiegel, und sein Wasser ist um 30 % salzhaltiger als der Pazifik – ein ökologischer Alptraum, für den keine einfache Lösung in Sicht ist.

Ein noch seltsamerer Anblick ist der **Salvation Mountain** (www.salvation mountain.us) nahe dem Ostufer des Sees. Die Vision des Volkskünstlers Leonard Knight ist ein 15 m hoher, bunt mit Acrylfarbe bemalter und mit Fundstücken und christlichen Botschaften verzierter Hügel aus von Hand angerührtem Lehm. Das Projekt befindet sich in Niland, rund 3 Meilen (4,8 km) östlich des Hwy 111, zu erreichen über die Main St und die Beal Rd.

Bei Wander- oder Mountainbiketouren ausreichend Trinkwasser mitnehmen!

Zu den Highlights im Park gehören: der **Fonts Point** mit Blick in die Wüste, Vogelbeobachtungen am **Clark Dry Lake,** der **Elephant Tree Discovery Trail** nahe den Wind Caves am Split Mountain sowie das **Blair Valley** mit Felsbildern und *morteros* (Mahlsteinen) amerikanischer Ureinwohner. Weiter südlich gibt's Thermalquellen im **Agua Caliente County Park** (☎760-765-1188; www.sdcounty.ca.gov/parks/; 39555 Rte S2; Eintritt 5 US$/Auto; ⊗ Sept.–Mai 9.30–17 Uhr).

🛏 Schlafen & Essen

Freies Campen auf offenem Gelände ist abseits der Straßen überall ohne Genehmigung erlaubt, sofern ein Mindestabstand von 100 Fuß (30 m) zu Gewässern und Straßen eingehalten wird. Lagerfeuer und das Sammeln von Pflanzen sind ausdrücklich verboten.

30 Meilen (48 km) südwestlich von Borrego Springs lockt die Goldgräbersiedlung **Ju-**

lian (www.julianca.com) mit B & Bs im Country-Stil und ihrem berühmten Apfelkuchen.

Campingplätze im Anza-Borrego Desert State Park

CAMPING $

(☑ Reservierungen 800-444-7275; www.reserveamerica.com; Stellplatz für Zelt/Wohnmobil 25/35 US$; ⚑ ☻) Die Stellplätze auf dem gut besuchten Borrego Palm Canyon Campground, 3 Meilen (4,8 km) nordwestlich von Borrego Springs, sollte man vorab reservieren. Gleiches gilt für das kleinere, aber schattigere Gelände Tamarisk Grove 12 Meilen (19,3 km) weiter südlich nahe dem Hwy 78. Auf diesem Platz gibt es kein Trinkwasser.

Borrego Springs Motel

MOTEL $

(☑ 760-767-4339; www.borregospringsmotel.com; 2376 Borrego Springs Rd; Zi. 75–95 US$; ☺ Ende Sept.–Anfang Juni; ⚑ 🛜 ☻ 🐾) 🐾 Im Ort gleich nördlich vom Christmas Circle bietet das renovierte (und jetzt mit Solarstrom versorgte) Motel aus den 1940er-Jahren acht pieksaubere, spartanisch eingerichtete Zimmer mit erstklassigen Matratzen. An der Feuerstelle draußen kann man den Sternenhimmel bestaunen.

Borrego Valley Inn

INN $$$

(☑ 800-333-5810, 760-767-0311; www.borregovalleyinn.com; 405 Palm Canyon Dr; Zi. mit Frühstück 180–280 US$; ⚑ 🛜 ☻) Das intime Spa-Resort hat elegante 15 Adobe-Zimmer im südwestamerikanischen Dekor (einige davon mit Einbauküchen), zwei Pools (einer davon auch FKK) und ein Heißwasserbecken. Kinder sind unerwünscht.

Carlee's Place

AMERIKANISCH $$

(660 Palm Canyon Dr; Hauptgerichte mittags 7–14 US$, abends 12–23 US$; ☺ 11–21 Uhr) Hier gibt's ordentliches Kneipenessen und Grillgerichte, Billardtische und abgefahrene Karaoke-Abende.

❶ Praktische Informationen

Am Palm Canyon Dr in Borrego Springs gibt's Banken mit Geldautomaten, Tankstellen, ein Postamt, einen Supermarkt und eine Bibliothek mit kostenlosem Internetzugang und WLAN.

Mojave National Preserve

Wer auf der Suche nach der „Mitte von Nirgendwo" ist, liegt mit der Wildnis des **Mojave National Preserve** (☑ 760-252-6100; www.nps.gov/moja) GRATIS sicher nicht falsch. Die rund 5600 km² große Einöde aus Sand-

dünen, Josua-Palmlilien und Schlackekegeln vulkanischen Ursprungs ist Lebensraum von Wüstenschildkröten, Präriehasen und Kojoten. Tankstellen gibt's hier nicht.

Südöstlich von Baker und dem I-15 Fwy führt die Kelbaker Rd durch eine gespenstische Landschaft aus Schlackekegeln, ehe sie das **Kelso Depot** erreicht, einen Bahnhof aus den 1920er-Jahren im Mission-Revival-Stil. Drinnen befinden sich heute die Hauptstelle des **Visitor Center** (☑ 760-252-6108; ☺ Fr–Di 9–17 Uhr) (☑ 760-252-6108; ☺ 9–17 Uhr) des Parks mit ausgezeichneten naturkundlichen und kulturgeschichtlichen Exponaten sowie ein altmodischer Mittagsimbiss. Weitere 11 Meilen (17,7 km) Richtung Südwesten liegen die „singenden" **Kelso Dunes**. Bei günstigen Bedingungen erzeugt der wandernde Sand ein tiefes Dröhnen. Dieses lässt sich manchmal auch spontan auslösen, wenn man die Dünenflanken hinabrennt.

Am Kelso Depot zweigt die Kelso–Cima Rd nach Nordosten ab. Nach 19 Meilen (30,6 km) führt die Cima Rd zurück zur I-15 und rund um den **Cima Dome**, einen 460 m hohen Granitfelsen mit krustigen Lava-Vorsprüngen. An seinen Hängen wächst der weltweit größte **Josua-Palmlilien-Wald**. Rund 6 Meilen (9,7 km) nordwestlich von Cima beginnt der Weg zum **Teutonia Peak** (hin & zurück 4,8 km), von dem aus man die gesamte Gegend betrachten kann.

Weiter östlich ist die Mojave Rd ein Schleichweg zu den beiden mit Trinkwasser versehenen **Campingplätzen** (Stellplatz 12 US$; keine Reservierung) Mid Hills (keine Wohnmobile) and Hole-in-the-Wall. Sie liegen an der holperigen, 12 Meilen (19,2 km) langen **Wild Horse Canyon Rd**, die sich für Panoramafahrten anbietet und nahe dem **Visitor Center** (☑ 760-252-6104; ☺ Okt.–April Mi–So 9–16 Uhr, Mai–Sept. Sa 10–16 Uhr) von Hole-in-the-Wall und dem durch einen schmalen Canyon führenden **Rings Loop Trail** endet. Beide Straßen sind unbefestigt, doch in der Regel auch für normale Autos befahrbar.

🛏 Schlafen & Essen

Campen auf freiem Gelände und am Straßenrand ist im Park an allen Stellen erlaubt, die bereits für diesen Zweck genutzt wurden. Wo diese sich befinden, erfährt man im Visitor Center oder in der kostenlosen Parkzeitung.

Historisches Ambiente bietet das **Hotel Nipton** (☑ 760-856-2335; http://nipton.com; 107355 Nipton Rd; Hütte/Zi. mit Gemeinschaftsbad ab 65/80 US$; ☺Rezeption 8–18 Uhr; ☎); die Anlage in einem einsamen Eisenbahnvorposten nordöstlich vom Schutzgebiet umfasst eine hundert Jahre alte Adobe-Villa mit rustikalen Zimmern sowie Zelthütten. Eingecheckt wird in dem Laden neben dem mexikanisch-amerikanischen Café **Oasis** (Gerichte 7–10 US$; ☺üblicherweise So–Fr 11–18, Sa bis 20 Uhr).

Abseits der I-15 ist Baker (35 Meilen – 56 km – nordwestlich von Kelso) die nächstgelegene Ortschaft mit schlichten Motels und Fastfood-Restaurants. Das 50 Meilen (80 km) nordöstlich, direkt hinter der Grenze gelegene Primm, Nevada, hat abgewohnte Hotelcasinos und Restaurants an einer Outlet-Mall.

Death Valley National Park

Allein schon der Name beschwört Höllenbilder einer gnadenlosen, kahlen und lebensfeindlichen Einöde alttestamentarischen Ausmaßes herauf. Bei näherer Betrachtung entpuppt sich das Death Valley aber als eine Landschaft voller vom Wasser geformten Canyons, vom Wind verwehter Sanddünen, zerklüfteter Berge und einer vielfältigen Tier- und Pflanzenwelt. Der Park ist eine Region der Superlative – hier gibt es die landesweit höchsten Temperaturen (57°C), dem tiefsten Punkt (Badwater, 86 m unter dem Meeresspiegel) und dem größten US-amerikanischen Nationalpark außerhalb Alaskas (über 12 949 m²). Die meisten Besucher kommen im Frühling, wenn die Wildblumen blühen.

◉ Sehenswertes & Aktivitäten

Von **Furnace Creek**, der zentralen Anlaufstelle des **Parks** (☎760-786-3200; www.nps.gov/deva; 7-Tage-Eintritt 20 US$/Auto) führt die Fahrt südostwärts zum **Zabriskie Point**, von dem aus sich bei Sonnenuntergang ein spektakulärer Blick über das Tal und auf die spektakulären Wellen, Falten und Schluchten einer goldenen, erodierten Einöde bietet. Rund 20 Meilen (32 km) weiter südlich kann man von **Dante's View** zugleich den höchsten (Mt. Whitney, 4421 m) und den tiefsten Punkt (Badwater) der kontinentalen USA außerhalb Alaskas sehen.

Die zeitlose, von zerrissenen Salzwüsten geprägte Landschaft von **Badwater** liegt 17 Meilen (27,4 km) südlich von Furnace Creek. Unterwegs lassen sich der **Golden Canyon** und die **Natural Bridge** bei kurzen, leichten Wanderungen von Parkplätzen aus erkun-

den, die am Straßenrand liegen. Der 9 Meilen (14,5 km) lange Abstecher **Artists Drive** ist besonders schön am späten Nachmittag, wenn die erodierten Hügel in einem Farbenmeer erstrahlen.

Nördlich von Furnace Creek kann man in der Nähe von Stovepipe Wells Village an den Marmorwänden des **Mosaic Canyon** klettern und die an die Sahara erinnernden **Mesquite-Flat-Sanddünen** hinunterrollen – bei Vollmond ein magisches Erlebnis.

Rund 35 Meilen (56,3 km) nördlich von Furnace Creek liegt das skurrile **Scotty's Castle** (☎Reservierungen 877-444-6777; www.recreation.gov; Führung Erw./Kind ab 15/7,50 US$; ☺Gelände 7–17.30 Uhr, Führungstermine variieren), in dem kostümierte Führer die seltsame Geschichten des Gauners „Death Valley Scotty" nacherzählen (Reservierung empfohlen). 5 Meilen (8 km) westlich des Knotenpunkts Grapevine kann man den vulkanischen **Ubehebe Crater** und den zweiten, jüngeren Krater umrunden.

Im Sommer sollten nur befestigte Straßen benutzt werden, da Fahrzeuge auf unbefestigten Pisten schnell überhitzen. Außerdem ist es besser, Überanstrengungen zu vermeiden und höher gelegenes Terrain zu besuchen. 8 Meilen (12,9 km) westlich von Stovepipe Wells beginnt z. B. die malerische Straße in den **Emigrant Canyon**, von der Abzweigungen zu Geisterstädten abgehen. Die Straße endet mit einem 3 Meilen (4,8 km) langen, unbefestigten Abschnitt, der hinauf zu den historischen, an Bienenkörbe erinnernden **Charcoal Kilns** führt. Ganz in der Nähe beginnt der 13,5 km lange Rundweg auf den **Wildrose Peak** (2755 m). Am Westrand des Parks wartet das abgelegene **Panamint Springs** mit einem weiten Rundumblick und einem 3,2 km langen Rundweg zu den kleinen Darwin Falls.

Zu den Aktivitäten, die auf der Ranch at Furnace Creek angeboten werden, gehören Ausritte, Golf, Mountainbiketouren und das Baden in Thermalquellen.

🛏 Schlafen & Essen

Die Unterkünfte im Park sind im Frühling häufig ausgebucht. Dann sind oft sogar die Campingplätze schon am Vormittag belegt, vor allem an den Wochenenden. Campen im freien Gelände (kein Lagerfeuer) ist auf bereits dafür genutztem Gelände 2 Meilen (3,2 km) abseits befestigter Straßen und abseits erschlossener und genutzter Gebiete erlaubt, wobei ein Mindestabstand von 100

RHYOLITE

4 Meilen (6,4 km) westlich von Beatty, Nevada, befindet sich die Abzweigung zur Geisterstadt **Rhyolite** (www.rhyolite site.com; abseits Hwy 374; ☺ Sonnenaufgang–Sonnenuntergang) GRATIS, die den turbulenten Aufstieg und Niedergang so vieler Städte im Westen aus der Goldrauschzeit widerspiegelt. Sehenswert sind z. B. das „Flaschenhaus" von 1906 und die Überreste der dreistöckigen Bank. Das bizarre **Goldwell Open Air Museum** (www.goldwellmuseum.org; abseits Hwy 374; ☺ 24 Std.) GRATIS nebenan ist eine schräge Kunstinstallation, die 1984 von dem belgischen Künstler Albert Szukalski begonnen wurde.

Yards (91,44 m) zu allen Wasserstellen eingehalten werden muss; kostenlose Genehmigungen gibt's im Visitor Center.

Der nächstgelegene Ort mit preiswerteren Unterkünften ist Beatty in Nevada (40 Meilen, 64,3 km, nordöstlich von Furnace Creek), die Auswahl in Las Vegas (120 Meilen, 193 km, südöstlich) und Ridgecrest. Kalifornien (120 Meilen, 193 km, südwestlich) ist allerdings größer.

Campingplätze im Death Valley National Park
CAMPING **$**

(www.nps.gov/deva; Stellplatz frei–30 US$; ⊞ 🐾) Von den neun Campingplätzen im Park nimmt nur Furnace Creek von Mitte Oktober bis Mitte April **Reservierungen** (☎ 518-885-3639, 877-444-6777; www.recreation.gov) an. Im Sommer heißt es auch dort „wer zuerst kommt, mahlt zuerst" – und außerdem sind von den anderen Plätzen dann nur noch Mesquite Spring nahe Scotty's Castle und die Plätze an der Emigrant Canyon Rd geöffnet. Einige Plätze sind nur für Fahrzeuge mit hohem Radstand erreichbar. Andere Campingplätze im Tal – z. B. die auf Wohnmobile ausgerichteten Stovepipe Wells und Sunset sowie der schattigere, für Zelter geeignete Texas Springs – sind von Oktober bis April geöffnet.

Ranch at Furnace Creek
MOTEL, HÜTTEN **$$**

(☎ 760-786-2345, 800-236-7916; www.furnacecreek resort.com; Hwy 190; DZ 139–219 US$; ⊞ ❄ 🐾 ♿) Das auf Familien zugeschnittene weitläufige Resort bietet Lodge-Zimmer in Wüstenfarben mit Fenstertüren, die sich zu Veranden oder Terrassen öffnen, und außerdem Duplex-Hütten. Auf dem Gelände gibt es einen von einer Quelle gespeisten Pool, eine Golfanlage und Tennisplätze. Das **49'er Cafe** (Hauptgerichte 10–25 US$) liefert ordentliche, typisch amerikanische Gerichte. Bier und Pizza gibt's im **Corkscrew Saloon**.

Cynthia's
HOSTEL, GASTHOF **$$**

(☎ 760-852-4580; www.discovercynthias.com; 2001 Old Spanish Trail Hwy, Tecopa; B 22–25 US$, Zi. 75–140 US$, Tipi 165 US$; ☺ Einchecken 15–20 Uhr; 🛜) Die Unterkunft bietet etwas für jeden Geldbeutel: Private Zimmer mit bunt zusammengewürfelter Einrichtung und Betten in alten Wohnwagen mit Gemeinschaftsküchen sowie draußen auf der China Ranch indianisch anmutende Tipis mit dicken Decken, einer Feuerstelle und großen Betten. Reservierung erforderlich. Die Unterkunft befindet sich in der für ihre natürlichen Thermalquellen bekannten Ortschaft Tecopa, 70 Meilen (112,6 km) südöstlich von Furnace Creek.

Stovepipe Wells Village
MOTEL **$$**

(☎ 760-786-2387; www.escapetodeathvalley.com; Hwy 190; Stellplatz für Wohnmobile 33 US$, Zi. 95–160 US$; ⊞ @ 🛜 ❄ ♿ 🐾) Die frisch aufgemöbelten Zimmer sind mit hochwertiger Bettwäsche und bunten Bettdecken im Stil der amerikanischen Ureinwohner ausgestattet. Der kleine Pool bringt Abkühlung und das Restaurant im Westernstil (Hauptgerichte 6–23 US$) liefert drei anständige, aber sonst kaum erwähnenswerte Mahlzeiten pro Tag.

Inn at Furnace Creek
HOTEL **$$$**

(☎ 800-236-7916, 760-786-2345; www.furnacecreek resort.com; Hwy 190; Zi./Suite ab 345/450 US$; ☺ Mitte Okt.–Mitte Mai; ⊞ ❄ ♿) In diesem minimalistischen, 1927 erbauten Hotel im Missionsstil kann man vom von einer Quelle gespeisten Pool oder beim Blick aus den Fenstern die idyllische Aussicht ins Tal genießen. Das elegante Restaurant (abends herrscht Dresscode) ist nur zum sonntäglichen Brunch-Büffet (25 US$) zu empfehlen. Bei Sonnenuntergang kann man auf der Terrasse einen Cocktail schlürfen.

❶ Praktische Informationen

Die Eintrittskarten in den Park (20 US$/Auto) sind sieben Tage gültig und an SB-Zahlstationen überall im Park erhältlich. Das **Visitor Center** (☎ 760-786-3200; www.nps.gov/deva; ☺ 8–17 Uhr) in Furnace Creek verteilt gegen Vorlage der Quittung kostenlos eine Karte plus Zeitung. Hier gibt's auch einen Gemischtwarenladen, eine Tankstelle, ein Postamt, einen Geldautomaten, einen Waschsalon und Duschen. Stovepipe Wells Village, 30 Autominuten nordwestlich, hat einen Gemischtwarenladen, eine Tankstelle, einen Geldautomaten und Duschen. In Panamint Springs am Westrand des Parks gibt's einen Geldautomaten, Benzin, WLAN, Snacks und Getränke. Die Netzabdeckung im Park ist schlecht bis gar nicht vorhanden.

CENTRAL COAST

Keine Reise durch Kalifornien wäre komplett ohne die surreale Schönheit der Central Coast, die sich entlang einer der legendärsten US-Straßen erschließt: Der Hwy 1 passiert – oft in Sichtweite des Pazifiks – das vornehme Santa Barbara, das altmodische Pismo Beach, das studentische San Luis Obispo, das fantastische Hearst Castle, den faszinierenden Big Sur, das kitschige Carmel, das bodenständige Monterey und den Hippietreff Santa Cruz. Achtung: Wie ihre Weine will diese idyllische Küstengegend ganz langsam genossen werden!

Santa Barbara

Im Küstenort Santa Barbara ist das Leben süß. Dieses von perlweißen Stränden umgebene Shangri-La duftet nach Zitrusfrüchten und Jasmin, und an seinen weißgetünchten Gebäuden mit spanischen, roten Ziegeldächern blühen Bougainvilleen. Die hässlichen Ölfördertürme draußen im Meer einfach ignorieren! Lebensader der Downtown ist die **State St** mit vielen Bars, Cafés, Theatern und Boutiquen.

◉ Sehenswertes

Mission Santa Barbara KIRCHE
(www.santabarbaramission.org; 2201 Laguna St; Erw./Kind 5/1 US$; ⊙ 9–16.15 Uhr) Die 1786 gegründete, auf einem Hügel thronende „Königin der Missionen" war die einzige in Kalifornien, die unter mexikanischer Herrschaft der Säkularisierung entkam. Im Innern der eingewölbten Kirche finden sich Kunstwerke der Chumash. Ungewöhnlich sind die zwei Glockentürme, die das Gebäude bekrönen. Hinter der Kirche liegt ein stimmungsvoller Friedhof.

Santa Barbara Museum of Art MUSEUM
(www.sbma.net; 1130 State St; Erw./Kind 10/6 US$, Do 17–20 Uhr Eintritt frei; ⊙ Di–Mi & Fr–So 11–17, Do bis 20 Uhr) Die Galerien in der Downtown zeigen eine eindrucksvolle, gut ausgewählte

Sammlung zeitgenössischer kalifornischer Kunst, Werke moderner Meister wie Matisse und Chagall, Fotografien des 20. Jhs. und asiatischer Kunst. Außerdem gibt's spannende Sonderausstellungen.

County Courthouse HISTORISCHES GEBÄUDE
(☑ 805-962-6464; www.sbcourts.org; 1100 Anacapa St; ⊙ Mo–Fr 8–16.45, Sa & So ab 10 Uhr) GRATIS Das im spanisch-maurischen Stil erbaute Gebäude ist ein absurd schöner Ort für Gerichtsprozesse. Man bestaunt die bemalten Decken und feinen Wandmalereien und erklimmt dann den schwindelerregenden Uhrenturm, von dem aus sich ein Panoramablick bietet. Kostenlose Führungen (tgl., Termine telefonisch erfragen).

Santa Barbara Historical Museum MUSEUM
(www.santabarbaramuseum.com; 136 E De La Guerra St; Spende erbeten; ⊙ Di–Sa 10–17, So ab 12 Uhr) GRATIS In dem an einem romantischen Hof mit Kreuzgängen gelegenen Museum findet sich ein faszinierender Mix von Artefakten, darunter auch Flechtkörbe der Chumash. Man erfährt verblüffende historische Details, z.B. über die Mitwirkung der Stadt am Sturz der letzten chinesischen Kaiserdynastie.

Santa Barbara Maritime Museum MUSEUM
(www.sbmm.org; 113 Harbor Way; Erw./Kind 7/4 US$, 3. Do im Monat Eintritt frei; ⊙ 10–17 Uhr, Ende Mai–Anfang Sept. bis 18 Uhr; 🚻) Am Hafen ehrt dieses zweistöckige Museum die Seefahrergeschichte der Stadt mit historischen Fundstücken, Exponaten zum Anfassen, Virtual-Reality-Elementen und Dokumentarfilmen.

Santa Barbara Botanic Garden GARTEN
(www.sbbg.org; 1212 Mission Canyon Rd; Erw./Kind 8/4 US$; ⊙ 9–18 Uhr, Nov.–Feb. bis 17 Uhr; 🚻) Oberhalb der Mission widmet sich dieser Garten der kalifornischen Pflanzenwelt. Sanft auf und ab führende Wege schlängeln sich zwischen den Kakteen und Wildblumen hindurch. In der Nähe gibt's ein Naturkundemuseum für Kinder.

🏃 Aktivitäten

Inmitten der gut besuchten städtischen Strände liegt der **Stearns Wharf** von 1872, der von allen Holzpiers im amerikanischen Westen am längsten nonstop in Betrieb ist. Heute säumen ihn Restaurants und Touristenläden. Außerhalb der Stadt am Hwy 101 locken die größeren, palmengesäumten **State Beaches** (www.parks.ca.gov; 10 US$/ Auto; ⊙ 8 Uhr–Sonnenuntergang) von Carpinte-

ABSEITS DER ÜBLICHEN PFADE

WER NOCH EIN PAAR TAGE ZEIT HAT

Der abgelegene, raue **Channel Islands National Park** (www.nps.gov/chis) wird wegen seiner einmaligen Tier- und Pflanzenwelt auch „Kaliforniens Galápagos" genannt. Die Inseln bieten fulminante Möglichkeiten zum Schnorcheln, Tauchen und Kajakfahren im Meer. Besonders schön ist hier der Frühling, wenn die Wildblumen blühen, während auf den oft knochentrockenen Sommer und Herbst ein manchmal stürmischer Winter folgt.

Das nur eine einstündige Bootsfahrt vom Festland entfernte Anacapa ist mit seinen leichten Wanderstrecken und unvergesslicher Aussicht für Tagesausflügler am besten geeignet. Santa Cruz ist die größte Insel und bietet sich für Ausflüge mit Übernachtung an. Hier kann man campen, wandern und Kajak fahren. Für andere Inseln weiter draußen muss man mehrere Tage einplanen, und die Überfahrt dauert länger: San Miguel ist oft nebelverhangen; das winzige Santa Barbara ein Tummelplatz von Meeresvögeln und Robben – genau wie Santa Rosa, wo es überdies noch archäologische Stätten der Chumash gibt.

Die Boote legen in Ventura Harbor abseits des Hwy 101 ab. Das dortige **Visitor Center** (☎805-658-5730; 1901 Spinnaker Dr, Ventura; ⏰8.30–17 Uhr) des Parks bietet Infos und Karten. Größter Anbieter von Bootstouren ist **Island Packers** (☎805-642-1393; www.islandpackers.com; 1691 Spinnaker Dr; Bootstour Erw./Kind ab 36/26 US$); im Voraus buchen! Stellplätze auf den sehr einfachen Campingplätzen der Inseln müssen vorab über Recreation.gov (S. 64) gebucht und Verpflegung und Wasser mitgebracht werden.

ria, 12 Meilen (19,3 km) östlich, sowie von El Capitan und Refugio, die mehr als 20 Meilen (32 km) westlich der Stadt liegen.

Santa Barbara Sailing Center WASSERSPORT (☎800-350-9090, 805-962-2826; www.sbsail.com; abseits des Harbor Way; Kajak-/Stehpaddelvermietung ab 10/15 US$, Fahrt/Tour ab 25/50 US$) Vermietet Kajaks, gibt Segelunterricht und veranstaltet Cocktailfahrten in den Sonnenuntergang, Walbeobachtungsfahrten sowie geführte Paddeltouren.

Channel Islands Outfitters WASSERSPORT (☎Vermietung 805-617-3425, Touren 805-899-4925; www.channelislandso.com; 117b Harbor Way; Surfbrett-/Kajak-/Stehpaddelvermietung ab 10/25/40 US$) Das freundliche Unternehmen vermietet Kajaks, Surfbretter und Stehpaddel-Ausrüstung und veranstaltet geführte Kajaktouren entlang der Küste.

Wheel Fun RADFAHREN (www.wheelfunrentalssb.com; 22 State St & 23 E Cabrillo Blvd; Fahrradvermietung ab 9/24 US$ pro 1 Std./halber Tag; ⏰8–20 Uhr, Nov.–Feb. bis 18 Uhr) Mit dem Rad kann man auf dem asphaltierten Freizeitweg fahren, der kilometerweit an den schönen Stränden entlangführt.

Santa Barbara Adventure Co WASSERSPORT, RADFAHREN (☎877-885-9283, 805-884-9283; www.sbadventureco.com; 720 Bond Ave; geführte Tour/Unterricht ab 49/109 US$) Geführte Kajak- und Radtouren sowie Surf- und Stehpaddelunterricht.

🛏 Schlafen

Der Preisschock ist vorprogrammiert: selbst einfache Motelzimmer kosten im Sommer über 200 US$. Günstigere Motels gibt's am oberen Abschnitt der State St nördlich der Downtown und am Hwy 101. Stellplätze auf den Campingplätzen im State Park außerhalb der Stadt können **reserviert** (☎800-444-7275; www.reserveamerica.com; Stellplatz 10–70 US$; 🚗🐾) werden.

Santa Barbara Auto Camp CAMPING $$ (☎888-405-7553; http://sbautocamp.com; 2717 De La Vina St; Wohnwagen 4BZ 139–199 US$; ❄ 📶🚗🐾) 🅿 Hier schläft man in einem alten Airstream-Wohnwagen, dekoriert in minimalistisch-modernem Dekor. Die Anlage legt Wert auf Nachhaltigkeit. Es gibt eine komplett ausgestattete Küche, eine Holzterrasse und einen Grillplatz im Freien. Weit im Voraus buchen (Mindestaufenthalt 2 Nächte).

Agave Inn MOTEL $$ (☎805-687-6009; http://agaveinnsb.com; 3222 State St; Zi. ab 119 US$; ❄📶) Das günstige Motel-Schmuckstück legt sich stilistisch mit einer Mischung aus mexikanischem Pop und Modernismus mächtig ins Zeug. Die Zimmer haben Einbauküchen und sind groß genug für Familien. Nachteile: dünne Wände und nur wenige Parkplätze.

Marina Beach Motel MOTEL $$ (☎877-627-4621, 805-963-9311; www.marinabeachmotel.com; 21 Bath St; Zi. mit Frühstück 15–210 US$;

(❋ ❂ ❂) Die altmodische, einstöckige Motel-anlage liegt in kurzer Gehentfernung vom Strand. Die Zimmer sind mit frischer Bett-wäsche und Jalousien ausgestattet, manche haben auch eine Einbauküche. Kostenloser Fahrradverleih.

El Capitan Canyon
HÜTTEN, CAMPING $$$

(☎ 866-352-2729, 805-685-3887; www.elcapitan canyon.com; 11560 Calle Real, abseits des Hwy 101; Safarizelt 155 US$, Hütte ab 225 US$; ❂❂❂) ✐ Diese autofreie Zone nahe dem El Capitan State Beach, von der Stadt aus in einer halb-stündigen Autofahrt über den Hwy 101 Rich-tung Westen zu erreichen, steht für Luxus-camping. Die Safarizelte sind rustikal, die an einem Bach stehenden Zedernholzhütten bieten wundervolle Betten und Feuerstellen vor dem Haus.

Spanish Garden Inn
BOUTIQUEHOTEL $$$

(☎ 805-564-4700; www.spanishgardeninn.com; 915 Garden St; DZ mit Frühstück ab 319 US$; ❋ @ ❂❂) Das elegante Hotel in der Downtown im spanischen Kolonialstil bietet zwei Dut-zend romantische Luxuszimmer und -suiten mit Blick auf einen schönen Hof mit einem Springbrunnen. Sehr guter Portierservice!

✖ Essen

Silvergreens
KALIFORNISCH $

(www.silvergreens.com; 791 Chapala St; Gerichte 4–10 US$; ⊙ Mo–Fr 7–22, Sa & So ab 8 Uhr; ❂) ✐ Warum sollte Fast Food nicht frisch und schmackhaft sein? Getreu dem Grundsatz „smart essen, gut leben" liefert dieses son-nenverwöhnte Café ernährungsphysiolo-gisch gute Salate, Suppen, Sandwiches, Bur-ger, Frühstücks-Burritos und vieles mehr.

Lilly's Taquería
MEXIKANISCH $

(http://lillystacos.com; 310 Chapala St; ab 1,75 US$/ Stück; ⊙ So–Mo & Mi–Do 10.30–21, Fr & Sa bis 22 Uhr) Hier bildet sich fast immer eine Schlan-ge – also schnell die Bestellung aufgeben! Die Einheimischen sind mächtig versessen auf die authentischen Tacos mit *adobada* (mariniertem Schweinefleisch) oder *lengua* (Rinderzunge).

Olio Pizzeria
ITALIENISCH $$

(☎ 805-899-2699; www.oliopizzeria.com; 11 W Vic-toria St; Hauptgerichte 9–18 US$; ⊙ So–Do 11.30–21, Fr & Sa bis 22 Uhr) Die gemütliche Pizzeria mit hohen Decken und munterer Wein-bar bietet eine verführerische Auswahl an knusprigen Pizzas, importiertem Käse und Wurstwaren sowie traditionellen Antipasti und *dolci* (Desserts).

Santa Barbara Shellfish Company
SEAFOOD $$

(www.sbfishhouse.com; 230 Stearns Wharf; Ge-richte 3–16 US$; ⊙ 11–21 Uhr) „Vom Meer über die Pfanne direkt auf den Teller", lautet das Motto dieser an gleicher Stelle schon seit 30 Jahren bestehenden Krabbenbude (eher eine Imbisstheke) am Ende des Piers, die mit wundervollen Crab Cakes und dem Blick aufs Meer punktet.

♈ Ausgehen & Unterhaltung

Das Zentrum des Nachtlebens ist die untere State St. Längs des Urban Wine Trail (www. urbanwinetrailsb.com) liegen ein Dutzend Weinprobierstuben. Einen Veranstaltungs-kalender findet man im kostenlosen alter-nativen Wochenblatt *Santa Barbara Inde-pendent* (www.independent.com).

Brewhouse
BRAUEREI

(www.brewhousesb.com; 229 W Montecito St; ⊙ So–Do 11–23, Fr & Sa bis 24 Uhr; ❂) Das raubeinige Brauhaus unten bei den Gleisen braut eigene Biere in kleinen Chargen. Von Mittwoch bis Samstag gibt's abends Livemusik.

Soho
LIVEMUSIK

(☎ 805-962-7776; www.sohosb.com; Suite 205, 1221 State St; Tickets 5–30 US$) In dem schlich-ten Backsteinsaal im Obergeschoss hinter einer McDonald's-Filiale treten fast jeden Abend Livebands auf, die Indie-Rock, Funk, Folk, Weltmusik, Jazz oder Blues spielen.

ⓘ Praktische Informationen

Santa Barbara Car Free (www.santabarbara carfree.org) Tipps zum umweltbewussten Reisen und über lohnende Rabatte.

Santa Barbara Visitors Center (☎ 805-965-3021; www.santabarbaraca.com; 1 Garden St; ⊙ Mo–Sa 9–17, So ab 10 Uhr, Nov.–Jan. bis 16 Uhr) Das Visitor Center nahe dem Ufer bietet Karten und Broschüren zu Touren auf eigene Faust.

ⓘ Anreise & Unterwegs vor Ort

Vom **Bahnhof** (209 State St) südlich von Down-town fahren Amtrak-Züge nach Los Angeles (25–30 US$, 3 Std.) und San Luis Obispo (28–34 US$, 2¾ Std.). Vom **Busbahnhof** (☎ 805-965-7551; 224 Chapala St) in Downtown fahren täglich ein paar Greyhound-Busse nach L. A. (19 US$, 2–3 Std.) sowie über San Luis Obispo (28 US$, 2 Std.) nach Santa Cruz (53 US$, 6 Std.) und San Francisco (57 US$, 9 Std.).

Metropolitan Transit District (MTD; ☎ 805-963-3366; www.sbmtd.gov) betreibt Busse (1,75 US$) im gesamten Stadtgebiet sowie elektrische Shuttles (0,50 US$) von der State St in Downtown zum Stearns Wharf und am Strand längs dem Cabrillo Blvd.

Von Santa Barbara nach San Luis Obispo

Über den Hwy 101 kann man in nur zwei Stunden nach San Luis Obispo brausen – man kann aber auch einen ganzen Tag damit zubringen, Abstecher zu Weingütern, historischen Missionen und versteckten Stränden zu machen.

Nördlich von Santa Barbara führt der Hwy 154 als malerische Nebenstrecke durchs Hinterland zu den guten Tropfen im **Wine Country** (www.sbcountywines.com) des Santa Ynez und des Santa Maria Valley. Wer umweltbewusste Weingüter besichtigen will, macht eine Tour mit **Sustainable Vine** (☎805-698-3911; www.sustainablevine.com; ganztägige Tour 125 US$) oder folgt dem **Foxen Canyon Wine Trail** (www.foxencanyonwinetrail.com) nach Norden zu den angesagten Weingütern. In dem Städtchen **Los Olivos** gibt's neben zwei Dutzend anderen Weinprobierstuben das **Los Olivos Cafe & Wine Merchant** (☎805-688-7265; www.losoliscafe.com; 2879 Grand Ave; Hauptgerichte 12–29 US$; ☺11.30-20.30 Uhr), ✐ ein charmantes kalifornisch-mediterranes Bistro mit einer Weinbar.

Weiter südlich begeistert das von dänischen Einwanderern gegründete Dorf **Solvang** (www.solvangusa.com) Kitschliebhaber mit schmucken Windmühlen und Bäckereien wie aus dem Märchenbuch. Im **Succulent Cafe & Trading Company** (☎805-691-9235; www.succulentcafe.com; 1555 Mission Dr; Hauptgerichte morgens & mittags 8–12 US$; ☺Mi-So 9–11 & 13–15, Do–Sa 17.30–21 Uhr) ✐ kann man sich an Frühstücksbrötchen mit Buffalo-Chicken-Wings, Schweinebauch-Sandwiches mit Zimt und Kreuzkümmel und an thailändischen Bio-Salaten laben. Der **El Rancho Marketplace** (www.elranchomarket.com; 2886 Mission Dr; ☺6–22 Uhr) verkauft Vorräte für Mittagspicknicke und Gegrilltes zum Mitnehmen. Er liegt östlich von Solvangs aus dem 19. Jh. stammender spanischer **Mission** (☎805-688-4815; www.missionsantaines.org; 1760 Mission Dr; Erw./Kind 5 US$/frei; ☺9–16.30 Uhr). Westlich vom Hwy 101 in Bullelton hängen Einheimische gern in der Weinbar **Avant** (www.avantwines.com; 35 Industrial Way; ☺11–21 Uhr) sowie bei der **Figueroa Mountain Brewing Co** (www.figmtnbrew.com; 45 Industrial Way; ☺Mo–Do 16–21, Fr–So ab 11 Uhr) ab.

Vom Hwy 101 führt der Hwy 246 auf ca. 15 Meilen (24 km) westwärts zum **La Purísima Mission State Historic Park** (www.lapurisimamission.org; 2295 Purisima Rd; 6 US$/Auto; ☺9–17 Uhr, Führung 13 Uhr). Die exquisit restaurierte Mission gehört zu den stimmungsvollsten kalifornischen Missionen aus der spanischen Kolonialzeit mit blühenden Gärten, Viehpferchen und Adobegebäuden. Südlich von Lompoc windet sich abseits des Hwy 1 die Jalama Rd auf 14 Meilen (22,5 km) zum abgelegenen **Jalama Beach County Park** (☎805-736-3616; www.sbparks.org; 9999 Jalama Rd; 10 US$/Auto). Für die recht neuen, mit Einbauküchen ausgestatteten Holzhütten des irrwitzig beliebten **Campingplatzes** (http://sbparks.org/reservations; Stellplatz Zelt/Wohnmobil 28/43 US$, Hütte 110–210 US$) muss man vorab reservieren.

Wer auf dem Hwy 1 weiter nach Norden fährt, kommt in das raue **Guadalupe**, das Tor zu den größten Küstendünen Nordamerikas. Im Sand vergraben liegt hier die **Lost City of DeMille** (www.lostcitydemille.com), die Kulisse für den Monumentalfilm *Die zehn Gebote* von 1923. Auch Szenen von *Hidalgo – 3000 Meilen zum Ruhm* (2004) und *Fluch der Karibik – Am Ende der Welt* (2007) wurden hier gedreht. Den besten Zugang zu den Dünen hat man westlich von Ort über den Hwy 166.

Pismo Beach an der Einmündung des Hwy 1 in den Hwy 101 hat einen schönen langen Sandstrand und einen **Schmetterlingshain** (www.monarchbutterfly.org), in dessen Eukalyptusbäumen die wandernden Monarchfalter von Ende Oktober bis Februar rasten. In der Nähe liegt der **North Beach Campground** (☎800-444-7275; www.reserveamerica.com; Hwy 1; Stellplatz 35 US$; ☎), mit Strandzugang und Warmwasserduschen. Dutzende von Motels und Hotels stehen am Strand und am Hwy 101, aber besonders an Wochenenden sind schnell alle Zimmer ausgebucht. Die **Pismo Lighthouse Suites** (☎805-773-2411, 800-245-2411; www.pismolighthousesuites.com; 2411 Price St; Suite mit Frühstück ab 219 US$; P🏊@🛜♨🖥) bieten alles, was Urlauberfamilien brauchen, von Einbauküchen bis hin zu einem riesigen Gartenschachbrett im Freien – in der Nebensaison nach Rabatt fragen! Nahe dem Pier von Pismo versorgt eine die Bäckerei **Old West Cinnamon Rolls** (www.oldwestcinnamon.com; 861 Dolliver St; Stück 3–5 US$; ☺6.30–17.30 Uhr) mit süßen Leckereien. Hügelauf im **Cracked Crab** (www.crackedcrab.com; 751 Price

St; Hauptgerichte 9–53 US$; ⊗So–Do 11–21, Fr & Sa bis 22 Uhr; ☷) muss man sich schnell ein Plastiklätzchen umbinden, ehe die frischen Meeresfrüchte eimerweise auf dem mit Fleischerpapier belegten Tisch landen.

Der nahe Ort Avila Beach hat eine sonnige Uferpromenade, ein aus Holz gezimmertes stimmungsvolles, knarrendes altes Angelpier und einen historischen **Leuchtturm** (☎Wanderinfos 805-541-8735, Trolleytour 855-533-7843; www.sanluislighthouse.org; Eintritt 5 US$/Wanderer, Trolleytour 20 US$; ⊗nur Sa, Reservierung erforderlich). Wieder zurück am Hwy 101 kann man am Stand der **Avila Valley Barn** (http://avilavalleybarn.com; 560 Avila Beach Dr; ⊗9–18 Uhr) Beeren pflücken und Ziegen füttern und dann in den **Sycamore Mineral Springs** (☎805-595-7302; www.sycamoresprings.com; 1215 Avila Beach Dr; 1 Std. 13,50–17,50 US$/Pers.; ⊗8–24 Uhr, letzte Reservierung 22.45 Uhr) von einer mit heißem Wasser gefüllten Wanne aus in die Sterne gucken.

San Luis Obispo

Auf halbem Wege zwischen L.A. und San Francisco liegt das entspannte San Luis Obispo. Die Studenten der California Polytechnic State University sorgen für gut gelaunten Betrieb in den Straßen, Kneipen und Cafés. Munter ist es vor allem während des wöchentlichen **Farmers Market** (⊗Do 18–21 Uhr; ☷), wenn sich die Higuera St im Zentrum in eine Partyzone mit Livemusik und Grillen auf dem Bürgersteig verwandelt. Wie mehrere andere kalifornische Städte wuchs auch San Luis Obispo (SLO) rund um eine katholische **Mission** (☎805-543-6850; www.missionsanluisobispo.org; 751 Palm St; Spende 2 US$; ⊗9–17 Uhr, Anfang Nov.–Mitte März bis 16 Uhr) der Spanier; gegründet wurde sie 1772 von Junípero Serra. Nahe SLO florieren heute die **Weingüter des Edna Valley** (www.slowine.com), die für fruchtigen Chardonnay und samtigen Pinot Noir bekannt sind.

🛏 Schlafen

Nördlich des Zentrums von SLO reihen sich Motels an der Monterey St aneinander. Motelketten finden sich am Hwy 101.

HI Hostel Obispo HOSTEL **$**
(☎805-544-4678; www.hostelobispo.com; 1617 Santa Rosa St; B 25–28 US$, Zi. ab 55 US$; ⊗Check-in 16.30–22 Uhr; @☎) ⊘ Das gemütliche, mit Solarstrom versorgte Ökohostel befindet sich in einem viktorianischen Gebäude nahe dem Bahnhof. An Einrichtungen gibt's u.a. eine Gemeinschaftsküche und einen Fahrradverleih (ab 10 US$/Tag). Keine Kreditkarten, keine Sperrstunde, eigene Handtücher mitbringen! Alle Zimmer haben Gemeinschaftsbäder.

Peach Tree Inn MOTEL **$$**
(☎805-543-3170, 800-227-6396; www.peachtreeinn.com; 2001 Monterey St; Zi. mit Frühstück 70–175 US$; ☀@☎☷) Die schlichten Motelzimmer im Folk-Stil wirken entspannend, vor allem die am Bachufer und jene, in denen man vom Schaukelstuhl aus auf den Rosengarten blickt. Zum Frühstück gibt's selbstgebackenes Brot.

Madonna Inn HOTEL **$$$**
(☎805-543-3000; www.madonnainn.com; 100 Madonna Rd; Zi. 189–309 US$; ☀@☎☒) Vom Hwy 101 fällt der Blick auf die durchgeknallt-kitschige Hotelpraline. Touristen aus Übersee, Urlauber aus dem Mittleren Westen und Trash liebende Hipster sind von den 110 Themenzimmern begeistert, z.B. dem „Caveman" mit Felswänden oder dem knallrosa „Floral Fantasy" (Fotos gibt's online).

🍴 Essen & Ausgehen

Im Zentrum finden sich eine Menge Cafés, Restaurants, Weinstuben und Bierschenken sowie das erste mit Solarenergie versorgte Kino der USA, das **Palm Theatre** (☎805-541-5161; www.thepalmtheatre.com; 817 Palm St; Tickets 5–8 US$) ⊘, das Indie-Filme zeigt.

Firestone Grill GRILL **$**
(www.firestonegrill.com; 1001 Higuera St; Gerichte 4–10 US$; ⊗So–Mi 11–22, Do–Sa bis 23 Uhr; ☷) Hier kann man sich an authentischen Santa Maria-Steaksandwiches auf getoastetem Knoblauchbrot und an Cobb Salad mit Steak laben.

Sidecar KALIFORNISCH **$$**
(☎805-540-5340; http://sidecarslo.com; 1127 Broad St; Hauptgerichte 7–22 US$; ⊗Mo–Fr 11–23, Sa & So ab 10 Uhr) ⊘ Man setzt sich in eine Essnische wie aus den 1950er-Jahren und widmet sich den kreativen, saisonalen Gerichten mit Zutaten von regionalen Farmen und Ranches. Der Wochenend-Brunch ist eine gesellige Angelegenheit; auf der Karte stehen Weine aus der Region.

Big Sky Café KALIFORNISCH **$$**
(www.bigskycafe.com; 1121 Broad St; Hauptgerichte 9–20 US$; ⊗Mo–Do 7–21, Fr bis 22, Sa 8–22,

PINNACLES NATIONAL PARK

Der **Pinnacles National Park** (☏831-
389-4485; www.nps.gov/pinn; 5000 Hwy
146, Paicines; 5 US$/Auto) ist mit seinen
zerklüfteten Monolithen, Canyons mit
nackten Felswänden und den Überbleib-
seln uralter Vulkane geologisch besonders dramatisch. Benannt ist er nach
den Felsnadeln, die schroff inmitten der
mit Chapparal (Gebüschvegetation)
bedeckten Hügel in den Himmel ragen.
Neben Wanderungen und Kletterpartien
sind die Talus-Höhlen und die seltenen
Kalifornischen Kondore die besonderen
Highlights im Park. Besuchen sollte
man den Park im Frühjahr oder Herbst
– im Sommer herrscht große Hitze bei
extremer Trockenheit. Ein **Campingplatz** (☏877-444-6777; www.recreation.
gov; Stellplatz Zelt/Wohnmobil 23/36 US$;
🚻🚿) für Familien befindet sich nahe
dem Osteingang des Parks abseits des
Hwy 25 nordwestlich von King City,
zwei Autostunden nördlich von San Luis
Obispo.

So 8–21 Uhr; 🖥) 🍴 „Analoges Essen für die
digitale Welt" lautet das Motto des lässigen, umweltbewussten Cafés, das für seine
marktfrischen Frühstücksgerichte (tgl. bis
13 Uhr), die großen Portionen gesunder Gerichte zum Abendessen, die hausgemachten
Suppen und das Maisbrot Spitzenbewertun-
gen erntet.

ℹ Praktische Informationen

San Luis Obispo Car Free (http://slocarfree.
org) Tipps zum umweltbewussten Reisen und
zu Sonderangeboten.
Visitor Center (☏805-781-2777; www.visitslo.
com; 895 Monterey St; ⊙So–Mi 10–17, Do–Sa
bis 19 Uhr) Im Zentrum nahe der Higuera St.

ℹ Anreise & Unterwegs vor Ort

Die Amtrak-Züge aus Santa Barbara (28–
34 US$, 2¾ Std.) und Los Angeles (40 US$,
5½ Std.) halten am **Bahnhof** (1011 Railroad Ave),
der rund 1 km südöstlich der Downtown von SLO
liegt. Der Busbahnhof befindet sich unbequeme
2,5 Meilen (4 km) südöstlich der Downtown
abseits des Hwy 101. Von dort fahren ein paar
Busse von **Greyhound** (1460 Calle Joaquin)
täglich nach Santa Barbara (28 US$, 2 Std.), Los
Angeles (40 US$, 5 Std.), Santa Cruz (42 US$,
4 Std.) und San Francisco (53 US$, 7 Std.).

Die im gesamten County verkehrenden Busse
der **SLO Regional Transit Authority** (☏805-
541-2228; www.slorta.org; Ticket 1,50–3 US$,
Tageskarte 5 US$) fahren am Wochenende nur
eingeschränkt. Knotenpunkt ist das **Transit
Center** (Ecke Palm & Osos St) in der Innenstadt.

Von Morro Bay zum Hearst Castle

Rund 12 Meilen (19 km) nordwestlich von
San Luis Obispo kommt **Morro Bay** am
Hwy 1 in Sicht, ein Fischerstädtchen, in dem
der **Morro Rock**, ein aus dem Meer empor-
ragender Vulkangipfel, einen ersten Vorge-
schmack auf die sich anschließende dramatische Küstenlandschaft liefert – unschön
sind nur die Kraftwerksschlote im Hintergrund. Am Embarcadero kann man eine
Bootstour starten und Kajaks mieten. Hier
sind viele Touristenläden, Cafés und Bars
zu finden. Das **Giovanni's** (www.giovannis
fishmarket.com; 1001 Front St; Hauptgerichte
6–17 US$; ⊙11–18 Uhr; 🅿) ist ein klassisch-
kalifornischer Seafood-Laden, in dem tolle
Knoblauchfritten und Fish & Chips serviert
werden. Mittelklassemotels ballen sich weiter oben rund um die Harbor und Main St
sowie am Hwy 1.

In der Nähe verlocken fantastische State Parks zu Küstenwanderungen und zum
Campen (☏800-444-7275; www.reserveamerica.
com; Stellplatz 5–50 US$; 🚻🚿). Südlich des
Embarcadero liegt der **Morro Bay State
Park** (☏805-772-2694; www.parks.ca.gov; Eintritt
frei, Museum Erw./Kind 2 US$/frei) mit einem
Naturkundemuseum und einer Reiherko-
lonie. Weiter südlich in Los Osos, westlich
des Hwy 1, warten im wilderen **Montaña
de Oro State Park** (www.parks.ca.gov; Pecho
Valley Rd) GRATIS Küstenklippen, Gezeitenbecken, Sanddünen, Gipfelwanderungen und
Mountainbikestrecken. Der spanische Name
(„Goldberg") rührt vom heimischen Mohn
her, der im Frühling die Hänge bedeckt.

Nördlich des Zentrums von Morro Bay
passiert der Hwy 1 zwei bei Surfern beliebte
Lokale: Der kalifornisch-mexikanische **Taco
Temple** (2680 Main St; Hauptgerichte 8–15 US$;
⊙Mo & Mi–Sa 11–21, So bis 20.30 Uhr) akzeptiert
nur Barzahlung; **Ruddell's Smokehouse**
(www.smokerjim.com; 101 D St; Gerichte 4–16 US$;
⊙11–18 Uhr) serviert seine Räucherfischtacos
am Strand von Cayucos. Altmodische Motels
säumen die Ocean Ave in Cayucos, darunter
das nette, familiengeführte **Seaside Motel**
(☏805-995-3809; www.seasidemotel.com; 42 S

Ocean Ave; DZ 80–160 US$; ☎), das Zimmer mit Kochnischen hat. In dem historischen Haus eines Schiffskapitäns vermietet das **Cass House Inn** (☏ 805-995-3669; http://casshouseinn.com; 222 N Ocean Ave; Zi. mit Frühstück 175–365 US$; ☎) schicke Zimmer. Einige davon sind mit Badewannen und alten Kaminen ausgestattet, die den kalten Küstennebel auf Abstand halten. Im Erdgeschoss bietet ein elegantes **Restaurant** (4-Gänge-Festpreismenü 68 US$; ☺ Do–Mo 17.30–19.30 Uhr) saisonale französisch-kalifornische Gerichte.

Nördlich von Harmony (Bevölkerung: gerade einmal 18 Seelen) führt der Hwy 46 nach Osten zu den Weingütern des **Paso Robles Wine Country** (www.pasowine. com). Weiter nordwärts auf dem Hwy 1 gibt's im idyllischen **Cambria** Unterkünfte am unglaublich schönen Moonstone Beach. Das **Blue Dolphin Inn** (☏ 805-927-3300, 800-222-9157; www.cambriainns.com; 6470 Moonstone Beach Dr; Zi. mit Frühstück ab 179 US$; ☎☺) hat frische, moderne Zimmer mit romantischen Kaminen. Weiter landeinwärts bietet das **HI Cambria Bridge Street Inn** (☏ 805-927-7653; www.bridgestreetinncambria.com; 4314 Bridge St; B 25–28 US$, Zi. 49–75 US$, alle mit Gemeinschaftsbad; ☺ Check-in 17–21 Uhr; ☎) Hostelbetten im Ambiente eines großmütterlichen B&B. Das altmodische **Cambria Pines Motel** (☏ 866-489-4485, 805-927-4485; www.cambriapalmsmotel.com; 2662 Main St; Zi. 89–139 US$; ☺ Check-in 15–21 Uhr; ☎☺☺) hat gut geschnittene Zimmer, von denen einige über eine Einbauküche verfügen. Der Käse- und Weinladen **Indigo Moon** (☏ 805-927-2911; www.indigomooncafe.com; 1980 Main St; Hauptgerichte mittags 9–14 US$, abends 14–35 US$; ☺10–21 Uhr) serviert mittags an den luftigen Bistrotischen Salate und Sandwiches mit frischen Zutaten vom Markt. Das **Linn's Easy as Pie Cafe** (www.linnsfruitbin.com; 4251 Bridge St; Hauptgerichte 7–12 US$; ☺10–18 Uhr; ☺) hat eine sonnige Terrasse und einen Take-Away-Schalter. Der Laden ist bekannt für seinen Olalliebeeren-Pie.

Rund 10 Meilen (16 km) nördlich von Cambria steht auf einem Hügel das **Hearst Castle** (☏ Reservierungen 800-444-4445; www.hearstcastle.org; 750 Hearst Castle Rd; Führung Erw./Kind ab 25/12 US$; ☺üblicherweise 9 Uhr–Sonnenuntergang), Kaliforniens berühmtestes Denkmal für Reichtum und Ehrgeiz. Der Zeitungstycoon William Randolph Hearst bewirtete auf seinem fantastischen Anwesen voller europäischer Antiquitäten, schimmernder Teiche und blühender Gär-ten Hollywoodstars und gekrönte Häupter. Man sollte versuchen, Führungen vorab zu reservieren, ganz besonders gilt das für die abendlichen Living-History-Programme in den Weihnachtsferien.

Auf der anderen Seite des Hwy 1 verkauft der **Sebastian's Store** (442 Slo San Simeon Rd; Hauptgerichte 6–12 US$; ☺Mi–So 11–17 Uhr, Deli bis 16 Uhr) über einen historischen Walfang-Pier Hearst-Ranch-Rindfleischburger und gigantische Sandwiches für ein improvisiertes Strandpicknick. Auf der Fahrt nach Süden auf dem Hwy 1 passiert man zunächst Budget- und Mittelklassemotels in San Simeon, die man getrost vergessen kann, und erreicht nach 5 Meilen (8 km) den **San Simeon State Park** (☏800-444-7275; www.reserveamerica.com; Stellplatz 20–35 US$; ☺☺), in dem sehr einfache und erschlossene Stellplätze am Ufer eines Bachs angeboten werden.

Weiter nördlich lebt am Strand von Point Piedras Blancas eine riesige **Kolonie von Seeelefanten**, die sich dort fortpflanzen, dösen, schlafen, vergnügen und gelegentlich auch bekriegen. Unbedingt ausreichend Abstand zu diesen wilden Tieren wahren, die sich auf dem Sand schneller bewegen können als jeder Mensch! Der wichtigste Beobachtungspunkt (mit Erklärungstafeln) befindet sich 4,5 Meilen (7,2 km) nördlich vom Hearst Castle. Die Tiere leben hier zwar das ganze Jahr, aber der Valentinstag ist der Höhepunkt der besonders spannenden Brunft- und Wurfzeit (Jan.–März). Die nahegelegene **Piedras Blancas Light Station** (☏805-927-7361; www.piedrasblancas.org; Führung Erw./Kind 10/5 US$; ☺Führungen üblicherweise Mitte Juni–Aug. Mo–Sa 9.45 Uhr, Sept.–Mitte Juni Di, Do & Sa) von 1875 bietet einen besonders malerischen Anblick; die Termine und den Treffpunkt der Führungen vorab telefonisch erfragen!

Big Sur

Schon viele haben die raue Schönheit und Energie der 100 Meilen (160 km) langen, zerklüfteten Küste beschrieben, die sich südlich von Monterey Bay erstreckt. Big Sur, eine Region ohne Ampeln, Banken und Einkaufszonen, ist eher ein Geisteszustand als eine geografische Fläche auf der Landkarte. Wenn die Sonne untergegangen ist, sorgen nur der Mond und die Sterne für Licht – vorausgesetzt, der Sommernebel verdunkelt sie nicht.

Zimmer, Verpflegung und Benzin sind hier rar und entsprechend teuer. Da die

Zimmernachfrage das ganze Jahr über vor allem an den Wochenenden hoch ist, empfiehlt es sich, vorab zu buchen. Unterwegs ist überall die sehr informative Gratis-Zeitung *Big Sur Guide* (www.bigsurcalifornia. org) erhältlich. Die Parkgebühr von 10 US$ gilt für alle regionalen State Parks, die man am gleichen Tag besucht.

Etwa 25 Meilen (40 km) vom Hearst Castle entfernt liegt das winzige Nest Gorda mit dem **Treebones Resort** (☎ 877-424-4787, 805-927-2390; www.treebonesresort.com; 71895 Hwy 1; DZ mit Gemeinschaftsbad & Frühstück ab 199 US$; 📶 🔲 📶). Es bietet naturnahe Jurten an der Steilküste und ein **Restaurant** (Hauptgerichte abends 24–33 US$; ⏱ 12–14 & 17.30–20 Uhr) mit regionalen Gerichten und Sushibar. Einfache **USFS-Campingplätze** (☎ 877-444-6777, 518-885-3639; www.recreation.gov; Stellplatz 22 US$; 📶) gibt's gleich abseits vom Hwy 1 bei Plaskett Creek und Kirk Creek.

10 Meilen (16 km) nördlich von Lucia bietet das esoterische **Esalen Institute** (☎ 831-667-3047; www.esalen.org; 55000 Hwy 1) New-Age-Workshops und Thermalwasserpools mit Meerblick. Mit Reservierung kann man in den Pools von 1 bis 3 Uhr nackt baden (25 US$, nur Kreditkarten) – sehr surreal!

3 Meilen (4,8 km) weiter nördlich erstreckt sich der **Julia Pfeiffer Burns State Park** mit Kaliforniens einzigem Küstenwasserfall. Die 24,4 m hohen McWay Falls sind auf einem leichten Spaziergang (rund 400 m) erreichbar. 2 Meilen (3,2 km) weiter nördlich beginnt ein unbefestigter Steilpfad an einer Haarnadelkurve des Hwy 1. Er führt

---

ℹ DIE FAHRT AUF DEM HWY 1

Die Fahrt auf dem schmalen, zweispurigen Highway durch Big Sur kann ziemlich langsam verlaufen. Für die Fahrt ohne Zwischenstopp zwischen dem Hearst Castle und der Monterey Bay muss man mindestens 2½ Stunden einplanen – und wesentlich mehr, wenn man unterwegs anhalten und die Gegend erkunden will. Nach Einbruch der Dunkelheit ist die Fahrt auf der Strecke riskant und außerdem sinnlos, weil einem dann die Schönheit der Landschaft entgeht. Auf Radfahrer achten und die ausgeschilderten Ausweichstellen nutzen, um schnellere Fahrzeuge passieren zu lassen! Aktuelle Infos zum Straßenzustand erhält man telefonisch unter ☎ 800-427-7623.

---

hinunter zur atemberaubend wilden **Partington Cove**, wo salzige Gischt die Haut benetzt. Die Stelle ist zwar unbeschreiblich malerisch, aber zum Schwimmen absolut ungeeignet.

Nach weiteren 7 Meilen (11,3 km) Richtung Norden kommt zwischen Küstenmammutbäumen und Glyzinien das idyllische **Deetjen's Restaurant** (☎ 831-667-2378; www. deetjens.com; Deetjen's Big Sur Inn, 48865 Hwy 1; Hauptgerichte abends 24–38 US$; ⏱ Mo–Fr 8–12, Sa & So bis 12.30, tgl. 18–21 Uhr) in Sicht, dessen Restaurant ländliche Hausmannskost serviert. Gleich nördlich davon fungiert die unkonventionelle **Henry Miller Memorial Library** (☎ 831-667-2574; www.henrymiller.org; 48603 Hwy 1; ⏱ Mi–Mo 11–18 Uhr) als künstlerisches Zentrum der Big-Sur-Boheme. Dazu gehören ein übervoller Buchladen, Musik live und von DJs, Open-Mike-Abende und Filmvorführungen im Freien. Gegenüber spielt das Essen angesichts des fulminanten Meerblick im hoch auf der Klippe thronenden **Nepenthe** (☎ 831-667-2345; www.nepenthe-bigsur.com; 48510 Hwy 1; Hauptgerichte 15–42 US$; ⏱ 11.30–16.30 & 17–22 Uhr) nur die Nebenrolle, obwohl der Ambrosia-Burger dieser „Insel ohne Sorgen" (so die Übersetzung von „Nepenthe") auch recht bekannt ist.

Weiter nördlich informiert die **Big Sur Station** (☎ 831-667-2315; www.fs.usda.gov/lpnf/; ⏱ 8–16 Uhr, Okt.–April Mo & Di geschl.) über die örtlichen Wander- und Campingoptionen. Die Ranger verteilen Parkscheine (5 US$) und Lagerfeuergenehmigungen (kostenlos) für die Ventana Wilderness, in der Wanderer u. a. gern zu den Sykes Hot Springs trekken (einfache Strecke 16 km). Gleich südlich zweigt auf der anderen Seite des Hwy 1 die nur undeutlich markierte, schmale und kurvenreiche Sycamore Canyon Rd ab, die in 2 Meilen (3,2 km) zum halbmondförmigen **Pfeiffer Beach** (5 US$/Auto; ⏱ 9–20 Uhr) hinunterführt, vor dem ein hoher Felsbogen aus dem Meer ragt. Zum Schwimmen ist es hier wegen starker Strömungen zu gefährlich, aber man kann sich prima in dem violetten (!) Sand niederlassen.

Als nächstes folgt der **Pfeiffer Big Sur State Park** mit sonnigen Wanderwegen durch Redwoodwälder, zu denen auch der 2,2 km lange Rundweg zu den Pfeiffer Falls gehört, die nur saisonal Wasser führen. Parkbesucher können Stellplätze auf **Campingplätzen** reservieren (☎ 800-444-7275; www.reserveamerica.com; Stellplatz 35–50 US$; 📶 📶) oder in der weitläufigen, altmodischen **Big Sur Lodge** (☎800-424-4787, 831-667-3100; www.bigsurlodge.com; 47225 Hwy 1; DZ 205–365 US$; ⛵🅿) absteigen. Hier gibt es rustikale Reihenbungalows (teilweise mit Küche und Kaminen mit Holzfeuerung), einen gut bestückten Gemischtwarenladen und ein einfaches **Restaurant** (Hauptgerichte 10–27 US$; ⏱8–11.30 & 12–22 Uhr).

Mit Läden, Tankstellen, privaten Campingplätzen, rustikalen Hütten, Motels und Restaurants ist das Gebiet gleich nördlich am Hwy 1 das kommerzielle Zentrum des Big Sur. Das **Glen Oaks Motel** (☎831-667-2105; www.glenoaksbigsur.com; 47080 Hwy 1; DZ ab 225 US$; 📶), eine umgestaltete 1950er-Jahre-Motorlodge aus Redwood und Lehmziegeln, vermietet gemütliche Zimmer und Holzhütten mit Gaskaminen. Burritos und Frucht-Smoothies bekommt man hinten an der Theke des **General Store** (http://bigsur riverinn.com; 46840 Hwy 1; Hauptgerichte 6–9 US$; ⏱11–19 Uhr) im Big Sur River Inn. Das nahe **Maiden Publick House** (☎831-667-2355; Hwy 1; ⏱Mo–Fr 15–2, Sa & So ab 12 Uhr) punktet mit ellenlanger Bierkarte und Jamsessions. Weiter südlich nahe dem Postamt bekommt man im **Big Sur Deli** (http://bigsurdeli.com; 47520 Hwy 1; Gerichte 1,50–7 US$; ⏱7–20 Uhr) Sandwichs. Der Laden gehört zum entspannten **Big Sur Taphouse** (www.bigsurtaphouse.com; 47520 Hwy 1; ⏱Mo–Do 12–22, Fr & Sa bis 24, So 10–22 Uhr; 📶), einem Bierhaus mit Kneipenessen, Brettspielen und Sportfernsehen.

Bei der Weiterfahrt nach Norden übersehen viele Traveller den **Andrew Molera State Park**, der mit einer wundervollen Mischung aus Wanderwegen, grasbewachsenen Wiesen, Wasserfällen, Ozeanklippen und rauen Stränden aufwarten kann. Im **Discovery Center** (☎831-624-1202; www.ven tanaws.org; ⏱Ende Mai–Anfang Sept. Sa & So 10–16 Uhr; ♿) GRATIS des Parks erfährt man alles über den bedrohten Kalifornischen Kondor; die beliebten Vogelbeobachtungstouren (50 US$) im Voraus reservieren! Vom Parkplatz führt ein 650 m langer Weg zu einem sehr einfachen **Campingplatz** (www.parks. ca.gov; Stellplatz Zelt 25 US$; keine Reservierung).

6 Meilen (9,7 km) vor der berühmten Bixby Creek Bridge lohnt sich eine Führung durch die 1889 erbauten **Point Sur Lightstation** (☎831-625-4419; www.pointsur. org; Erw./Kind ab 12/5 US$). Die Termine der Führungen – darunter saisonal auch Mondscheinwanderungen – und die Wegbeschreibung zum Treffpunkt erfährt man telefonisch oder online. Unbedingt früh kommen,

weil die Teilnehmerzahl begrenzt und keine Reservierungen möglich ist!

Carmel

Der frühere Künstlertreff am Meer, das idyllische Carmel-by-the-Sea, hat heute das Flair eines gepflegten Countryclubs. Von jedem Café an der Ocean Ave, der ruhigen Hauptstraße des Ortes, kann man beobachten, wie Hut tragende Damen mit Einkaufstüten schicker Labels und adrette Herren in offenen Cabrios unterwegs sind.

⊙ Sehenswertes & Aktivitäten

Der oft nebelverhangene, städtische **Carmel Beach** ist ein prächtiger, halbmondförmiger weißer Sandstrand, an dem die lieben Vierbeiner ohne Leine laufen dürfen.

★ Point Lobos State Natural Reserve
PARK

(www.pointlobos.org; Hwy 1; 10 US$/Auto; ⏱8 Uhr–19 Uhr, schließt von Anfang Nov.–Mitte März 30 Min. nach Sonnenuntergang) Die brüllenden, bellenden, badenden und drollig anzuschauenden Seelöwen sind die Stars in diesem Park 4 Meilen (6,4 km) südlich der Stadt, wo die spektakulär felsige Küste ausgezeichnete Möglichkeiten zur Erkundung von Gezeitenbecken eröffnet. Die gesamte Rundwanderung umfasst 9,7 km, aber auch bei kürzeren Wanderungen kommt man an Bird Island, Piney Woods und der Whalers Cabin vorbei. An Wochenenden früh kommen, denn die Zahl der Parkplätze ist begrenzt!

San Carlos Borroméo de Carmelo Mission
KIRCHE

(www.carmelmission.org; 3080 Rio Rd; Erw./Kind 6,50/2 US$; ⏱Mo–Sa 9.30–17, So ab 10.30 Uhr) Eine Oase der Ruhe und Feierlichkeit: Diese prächtige Mission liegt, umgeben von Blumengärten, etwa 1 Meile (1,6 km) südlich vom Zentrum Carmels. In der aus Stein errichteten Basilika finden sich originale Kunstwerke; in einer separate Kapelle steht das Grabmal Junípero Serras, des Gründers der peripatetischen Missionen Kaliforniens.

Tor House
HISTORISCHES GEBÄUDE

(☎831-624-1813; www.torhouse.org; 26304 Ocean View Ave; Erw./Kind 10/5 US$; ⏱Fr & Sa 10–15 Uhr) Das Haus mit dem keltisch anmutenden Hank Tower wurde von Robinson Jeffers eigenhändig erbaut. Auch wer von diesem Dichter des 20 Jhs. noch nie etwas gehört hat, bekommt hier einen faszinierenden

Einblick in die Künstlerszene des alten Carmel. Die Besichtigung ist nur mit einer Führung möglich (Reservierung erforderlich).

✕ Essen & Ausgehen

Bruno's Market & Deli
FEINKOST, MARKT **$**
(www.brunosmarket.com; Ecke 6th & Junípero Ave; Sandwichs 6–9 US$; ☉ 7–20 Uhr) Hier kann man sich ein saftiges Steaksandwich gönnen und bekommt alles für ein Strandpicknick.

Mundaka
SPANISCH **$$**
(☎ 831-624-7400; www.mundakacarmel.com; San Carlos St, zw. Ocean Ave & 7th Ave; kleine Gerichte 7–20 US$; ☉ So–Mi 17.30–22, Do–Sa bis 23 Uhr) Der Hof dieses Lokals ist ein prima Versteck vor der Menge der steifen Frischverheiraten oder „Fast-Toten". Man futtert spanische Tapas, trinkt hausgemachten Sangria zur Musik von DJs oder Flamencogitarristen.

Katy's Place
AMERIKANISCH **$$**
(http://katysplacecarmel.com; Mission St, zw. 5th & 6th Ave; Hauptgerichte 11–21 US$; ☉ 7–14 Uhr; 🖶) In einem niedlichen Landhaus tischt dieses beliebte Frühstückslokal sechzehn Versionen von Eggs Benedict auf (z. B. mit Krabbenfleisch oder auf Cajun-Art), darüber hinaus gibt's ebenso sättigende Omelettes, mit Obst belegte Pfannkuchen, Chef's Salads und Clubsandwiches.

Monterey

In Monterey dreht sich alles ums Meer. Die Arbeiterstadt lockt Besucher mit einem tollen Aquarium an, das der Unterwasserwelt der Bucht angemessen huldigt. Die Monterey Bay ist seit 1992 ein staatliches Meeresschutzgebiet und schreit geradezu danach, im Rahmen eines Kajak-, Boots-, Tauch- oder Schnorcheltrips erkundet zu werden. Dsd historische Zentrumsbezirk bewahrt Kaliforniens Wurzeln mit restaurierten Gebäuden aus spanisch-mexikanischen Tagen. Zeitraubende Touristenfallen sind dagegen Fisherman's Wharf und Cannery Row. Letztere verewigte John Steinbeck einst in Romanform – zu einer Zeit, als das Viertel noch hektisches und stinkendes Zentrum der Sardinenkonservenindustrie war, die Monterrey bis in die 1950er-Jahre ernährte.

◉ Sehenswertes

★ Monterey Bay Aquarium
AQUARIUM
(☎ Infos 831-648-4800, Tickets 866-963-9645; www.montereybayaquarium.org; 886 Cannery Row; Erw./Kind 35/22 US$; ☉ Juni–Aug. Mo–Fr 9.30–18, Sa & So bis 20 Uhr, Sept.–Mai tgl. 10–17 oder 18 Uhr; 🖶) 🖉 In diesem Museum, für dessen Besuch man mindestens einen halben Tag einplanen sollte, kann man Haien und Sardinen beim Versteckspiel in den Seetangwäldern zusehen, possierliche Otter beobachten, über fragile Quallen meditieren oder auf Tuchfühlung mit Seegurken, Kalifornischen Adlerrochen und anderen Tieren gehen, die in Gezeitenbecken existieren. Für Beobachtungen am besten geeignet sind die Fütterungszeiten, gerade auch bei den Pinguinen. Um dem größten Massenandrang zu entgehen, kauft man sein Ticket besser vorab und kommt, wenn das Aquarium öffnet.

Monterey State Historic Park
HISTORISCHE STÄTTE
(☎ Audiotour 831-998-9458; www.parks.ca.gov) In Old Monterey (Downtown) stehen ein paar liebevoll restaurierte Backstein- und Lehmziegelbauten aus dem 19. Jh., darunter die Pension, in der der Romancier Robert Louis Stevenson wohnte, und das Cooper-Molera Adobe, das einst ein Kapitän zur See baute. Der Eintritt in die Parkanlagen ist frei, die Eintrittspreise sowie die Öffnungs- und Führungszeiten der einzelnen Gebäude variieren. Infos zu den aktuellen Terminen und einen Lageplan für Spaziergänge erhält man im **Pacific House** (☎ 831-649-7118; www.parks. ca.gov; 20 Custom House Plaza; Eintritt 3 US$, inkl. Führung 5 US$; ☉ Fr–Mo 10–16 Uhr), einem multikulturellen Geschichtsmuseum.

Museum of Monterey
MUSEUM
(☎ 831-372-2608; http://museumofmonterey.org; 5 Custom House Plaza; Eintritt 5 US$; ☉ Ende Mai– Anfang Sept. Di–Sa 10–19 & So 12–17 Uhr, Anfang Sept.–Ende Mai Mi–Sa 10–17 & So 12–17 Uhr) Nahe dem Ufer informiert diese große, moderne Ausstellungshalle über Montereys wild bewegte Vergangenheit: Von der Kolonialzeit als spanische Missionssiedlung bis hin zum achterbahnartigen Aufstieg und Niedergang der Ölsardinenindustrie, durch welche die Cannery Row entstand. Zu den Highlights gehören eine Sammlung von Buddelschiffen und die alten Fresnel-Linsen der Point Sur Lightstation.

Point Pinos Lighthouse
LEUCHTTURM
(☎ 831-648-3176; www.pointpinos.org; 90 Asilomar Ave, Pacific Grove; Erw./Kind 2/1 US$; ☉ Do–Mo 13–16 Uhr) Der älteste ununterbrochen betriebene Leuchtturm an der Westküste warnt Schiffe schon seit 1855 vor diesem gefährlichen Punkt an der Halbinsel. Drinnen

finden sich Exponate zur Geschichte des Leuchtturms und Fundstücke aus Schiffen, die hier trotzdem scheiterten.

Monarch Grove Sanctuary Park PARK
(www.ci.pg.ca.us; abseits der Ridge Rd, Pacific Grove; ⏱ Sonnenaufgang–Sonnenuntergang) GRATIS Zwischen Oktober und Februar sammeln sich mehr als 25 000 wandernde Monarchfalter im Eukalyptusdickicht abseits der Lighthouse Ave.

🕴 Aktivitäten

Tauchen und Schnorcheln stehen an erster Stelle, obwohl das Wasser selbst im Sommer recht kalt ist. Das ganze Jahr über starten am Fisherman's Wharf Walbeobachtungstouren. Beliebt ist auch das Wandern oder Radfahren auf dem asphaltierten **Monterey Peninsula Recreation Trail**, der an der Cannery Row vorbei die Küste entlangführt und bei Lovers Point in Pacific Grove endet. Der hochgejubelte **17-Mile Drive** (www.pebble beach.com; 10 US$/Auto; Fahrrad frei) ist eine Mautstraße, die Monterey und Pacific Grove mit Carmel-by-the-Sea verbindet.

Adventures by the Sea WASSERSPORT, RADFAHREN
(☎ 831-372-1807; http://adventuresbythesea.com; 299 Cannery Row; Kajak oder Fahrrad 30 US$/ Tag; Stehpaddelausrüstung 50 US$) Das Unternehmen vermietet Fahrräder und Wassersportgeräte, erteilt Stehpaddel-Unterricht (60 US$) und veranstaltet Kajaktouren (ab 60 US$). Eine zweite Filiale befindet sich in der Downtown (210 Alvarado St).

Monterey Bay Kayaks KAJAKFAHREN
(☎ 800-649-5357; www.montereybaykayaks.com; 693 Del Monte Ave; Kajak oder Stehpaddelausrüstung ab 30 US$/Tag) Vermietet Kajaks und Stehpaddelausrüstung, bietet Paddelunterricht (ab 50 US$) und veranstaltet geführte Touren (ab 50 US$) in der Monterey Bay und Elkhorn Slough, darunter auch Touren bei Sonnenaufgang und bei Vollmond.

Sanctuary Cruises WALBEOBACHTUNG
(☎ 831-917-1042; www.sanctuarycruises.com; Erw./ Kind 50/40 US$) 🖋 Von Moss Landing, mehr als 20 Meilen (32 km) nördlich von Monterey, startet das mit Biodiesel betriebene Boot ganzjährig zu Walbeobachtungstouren (Reservierung erforderlich).

Seven Seas Scuba TAUCHEN
(☎ 831-717-4546; http://sevenseasscuba.com; 225 Cannery Row; Schnorchel-/Tauchausrüstung

35/65 US$ pro Tag) Wer Tauchgeräte mieten oder an geführten Tauchgängen an der Bucht (50–100 US$), u.a. bei Point Lobos, teilnehmen will, ruft vorher an.

🛏 Schlafen

Wer auf Extras verzichtet, kann mit den Motels an der Munras Ave südlich vom Zentrum sowie an der N Fremont St östlich vom Hwy 1 eine Menge sparen. Camper fahren weiter nach Süden bis Big Sur.

HI Monterey Hostel HOSTEL $
(☎ 831-649-0375; www.montereyhostel.org; 778 Hawthorne St; B 27–35 US$; Zi. Ab 99 US$; ⏱ Check-in 16–22 Uhr; @ 🖥) Das einfache, saubere Hostel, vier Blocks von der Cannery Row entfernt, ist die beste Option für Backpacker mit begrenzten Mitteln (Reservierung dringend empfohlen!). Von der Transit Plaza im Zentrum den MST-Bus 1 nehmen! Alle Zimmer sind mit Gemeinschaftsbad.

Asilomar Conference Grounds LODGE $$
(☎ 888-635-5310, 831-372-8016; www.visitasilo mar.com; 800 Asilomar Ave; Zi. mit Frühstück 115–175 US$; @ 🖥 🏊 ♿) Die Gebäude der küstennahen State-Park-Lodge stammen von Julia Morgan, der Architektin des Hearst Castle. Die historischen Zimmer sind klein und haben dünne Wände, wirken aber gleichwohl charmant. Im Freizeitraum der Lodge mit Kamin gibt's Billardtische. Vor Ort befindet sich auch ein Fahrradverleih.

Monterey Hotel HISTORISCHES HOTEL $$
(☎ 800-966-6490, 831-375-3184; www.monterey hotel.com; 406 Alvarado St; Zi. 80–195 US$; 🖥) Direkt im Zentrum werden in dem anheimelnden Gebäude von 1904 kleine, nicht ganz lärmgeschützte, aber frisch renovierte Zimmer mit Reproduktionen viktorianischer Möbel vermietet. Kein Fahrstuhl. Parkplätze kosten 17 US$.

InterContinental–Clement HOTEL $$$
(☎ 866-781-2406, 831-375-4500; www.ictheclement monterey.com; 750 Cannery Row; Zi. ab 220 US$; ❄ @ 🖥 🏊 ♿) Wie die exklusive Version eines Schindelhauses am Meer residiert dieses Resort oberhalb der Cannery Row. Wer richtig luxuriös wohnen möchte, bucht eine Suite mit Meerblick, eigenem Balkon und Kamin. Parkplätze kosten 21 US$.

🍴 Essen & Ausgehen

Restaurants, Bars und Livemusiktreffs gibt's an der Cannery Row und an der Alvarado St im Zentrum.

First Awakenings
DINER $$

(www.firstawakenings.net; American Tin Cannery, 125 Oceanview Blvd; Hauptgerichte 6–13 US$; ⊗Mo–Fr 7–14, Sa & So bis 14.30 Uhr; 🖼) Das in einer Mall nahe dem Aquarium versteckte Café ist dank seiner kreativen Frühstücks- und Mittagsgerichte (süß oder herzhaft), der riesigen Becher mit Kaffee und einer Terrasse immer einen Besuch wert.

Cannery Row Brewing Co
PUB $$

(📞831-643-2722; www.canneryrowbrewingcompany.com; 95 Prescott Ave; Hauptgerichte 8–18 US$; ⊗11.30–23 Uhr, Bar So–Do bis 24, Fr & Sa bis 2 Uhr) Dutzende Biere von Kleinbrauereien aus aller Welt locken ein feuchtfröhliches Publikum in diese Bar/dieses Grilllokal mit knisternden Feuerstellen auf der Terrasse hinter dem Haus. Zu essen gibt's ordentliche Burger, Grillspeisen, Salate und Knoblauchfritten.

★ Passionfish
SEAFOOD $$$

(📞831-655-3311; www.passionfish.net; 701 Lighthouse Ave; Hauptgerichte 16–26 US$; ⊗So–Do 17–21, Fr & Sa bis 22 Uhr) Hier ist es nun endlich: das perfekte Meeresfrüchterestaurant! Es gibt frischen Fisch aus ökologischem Fang, gut zubereitete, schmackhafte Gerichten und erschwingliche Weine. Unbedingt reservieren!

East Village Coffee Lounge
CAFÉ

(www.eastvillagecoffeelounge.com; 498 Washington St; ⊗Mo–Fr 6 Uhr–open end, Sa & So ab 7 Uhr) Schickes Kaffeehaus mit Schanklizenz, Livemusik, DJ- und Open-Mike-Abenden.

❶ Praktische Information

Monterey Visitors Center (📞877-666-8373, 831-657-6400; www.seemonterey.com; 401 Camino El Estero; ⊗Mo–Sa 9–18, So bis 17 Uhr, Nov.–März Mo–Sa bis 17, So bis 16 Uhr) Nach der kostenlosen *Monterey County Literary & Film Map* fragen.

❶ Anreise & Unterwegs vor Ort

Die Linien der Regional- und Nahverkehrsbusse von **Monterey-Salinas Transit** (MST; 📞888-678-2871; www.mst.org; Ticket 1,50–3 US$, Tageskarte 10 US$) treffen an der **Transit Plaza** (Ecke Pearl St & Alvarado St) im Zentrum zusammen. Von dort fahren die Busse u. a. nach Pacific Grove, Carmel, Big Sur (nur im Sommer) und Salinas (dort besteht Anschluss zu Greyhound-Bussen und Amtrak-Zügen). Im Sommer fahren kostenlose Trolleys zwischen der Downtown von Monterey und der Cannery Row sowie rund um Pacific Grove.

Santa Cruz

In Santa Cruz trifft südkalifornische Strand- auf nordkalifornische Gegenkultur. Dank der Studenten der University of California wird die altgediente Revoluzzerhochburg jugendlicher, hipper und linksgerichteter. Manche fürchten, dass der Verrücktheitsgrad in Santa Cruz abnehmen könnte, aber wenn man sich die Freakshow (und der Begriff ist freundlich gemeint) auf der Pacific Ave anschaut, braucht man deshalb nicht weiter beunruhigt zu sein.

⊙ Sehenswertes & Aktivitäten

Die meiste Action konzentriert sich auf den **Main Beach**, eine Meile (1,6 km) südlich vom Zentrum. Die Einheimischen bevorzugen die weniger überlaufenen Strände abseits des E Cliff Dr.

Santa Cruz Beach Boardwalk
VERGNÜGUNGSPARK

(📞831-423-5590; www.beachboardwalk.com; 400 Beach St; Rides 3–6 US$, Tageskarte 32 US$; ⊗Ende Mai–Anfang Sept. tgl., Nebensaison wechselnde Öffnungszeiten; 🖼) In Gehentfernung vom städtischen Kai liegt dieser echt amerikanische Vergnügungspark, der älteste an einem Strand der Westküste. Zu den Attraktionen zählen die Achterbahn „Giant Dipper" von 1924 und das Looff-Karussell von 1911. Im Sommer gibt's kostenlose Konzerte und Freiluftkino.

Santa Cruz State Parks
PARK

(www.thatsmypark.org; 8–10 US$/Auto; ⊗Sonnenaufgang–Sonnenuntergang) Wanderwege an Bächen, die durch Mammutbaumwälder führen, erwarten Besucher im Henry Cowell Redwoods State Park, im Big Basin Redwoods State Park abseits des Hwy 9 nördlich der Stadt in den Santa Cruz Mountains sowie im Forest of Nisene Marks State Park südlich der Stadt bei Aptos abseits vom Hwy 1. Mountainbikefahrer erkunden den Wilder Ranch State Park weiter nördlich abseits des Hwy 1.

Santa Cruz Surfing Museum
MUSEUM

(www.santacruzsurfingmuseum.org; 701 W Cliff Dr; Eintritt gegen Spende; ⊗4. Juli–Anfang Sept. Mi–Mo 10–17 Uhr, Anfang Sept.–3. Juli Do–Mo 12–16 Uhr) Rund 1 Meile (1,6 km) südwestlich des Kais steht ein alter Leuchtturm voller Surf-Memorabilien, zu denen auch alte Surfbretter aus Redwood gehören. Vom Museum fällt der Blick auf zwei beliebte Breaks: die

Steamers Lane für erfahrene Surfer und den für Anfänger geeigneten **Cowells**.

Natural Bridges State Beach   STRAND

(www.parks.ca.gov; 2531 W Cliff Dr; 10 US$/Auto; ☺8 Uhr–Sonnenuntergang) Der malerische Küstenradweg endet rund 3 Meilen (4,8 km) südwestlich vom Kai an diesem hübschen Strand mit Gezeitenbecken und Laubbäumen, in denen von Oktober bis Februar Monarchfalter überwintern.

Seymour Marine Discovery Center   MUSEUM

(☎831-459-3800; http://seymourcenter.ucsc.edu; Ende der Delaware Ave; Erw./Kind 6/4 US$; ☺Di–Sa 10–17, So ab 12 Uhr; ♿) ✒ Das universitätseigene Long Marine Lab hat eine coole interaktive Naturkundeausstellung für Kinder. Drinnen gibt's Streichelbecken, draußen ist das weltweit größte Blauwalskelett zu sehen.

Sanctuary Exploration Center   MUSEUM

(☎831-421-9993; http://montereybay.noaa.gov; 35 Pacific St; ☺Mi–So 10–17 Uhr; ♿) ✒ GRATIS In diesem lehrreichen Mini-Museum am Kai kann man eine virtuelle Reise in die Kelpwälder und zu den Unterwasserschluchten des Monterey Bay National Marine Sanctuary unternehmen.

Venture Quest   KAJAKFAHREN

(☎831-425-8445, 831-427-2267; www.kayaksanta cruz.com; Municipal Wharf; Kajakverleih ab 30 US$) Man erkundet die schroffe Küstenlinie bei geführten Kajaktouren (Erw./Kind ab 60/35 US$), bei denen man Meereshöhlen erkundet oder Tiere beobachtet. Auch Touren nach Elkhorn Slough und Paddeltrips bei Mondschein sind im Angebot.

Roaring Camp Railroads   ZUGFAHRT

(☎831-335-4484; www.roaringcamp.com; Erw./Kind ab 26/19 US$; ♿) Ein Spaß für die ganze Familie ist eine Fahrt mit den Schmalspur-Dampfzügen hinauf in die Mammutbaumwälder oder eine Tour mit der Normalspurbahn, die an der Uferpromenade startet.

O'Neill Surf Shop   SURFEN

(☎831-475-4151; www.oneill.com; 1115 41st Ave; Neoprenanzug/Surfbrett 10/20 US$; ☺Mo–Fr 9–20, Sa & So ab 8 Uhr) Der international renommierte Surfbretthersteller hat sein Hauptgeschäft weiter östlich in Capitola, ist aber auch mit einer kleineren Filiale in der Downtown vertreten (110 Cooper St).

Santa Cruz Surf School   SURFEN

(☎831-426-7072; www.santacruzsurfschool. com; 131 Center St; Gruppen-/Einzelunterricht ab 90/120 US$; ♿) Die freundlichen Leute bringen einem bei, auf den Wellen zu reiten (Surfbrett und Neoprenanzug für den Unterricht sind im Kurspreis enthalten).

🛏 Schlafen

Gute Adressen für Motelzimmer sind die Ocean St nahe der Downtown, die Mission St am Unicampus und der Hwy 1 Richtung Süden. Stellplätze auf State-Park-**Campingplätzen** (☎800-444-7275; www.reserveamerica. com; Stellplatz 35–65 US$; ♿ 🐾) an den Stränden abseits des Hwy 1 und in den Wäldern abseits des Hwy 9 können reserviert werden.

HI Santa Cruz Hostel   HOSTEL $

(☎831-423-8304; www.hi-santacruz.org; 321 Main St; B 26–29 US$, Zi. 60–110 US$; ☺Check-in 17–22 Uhr; @) Das reizende Hostel bei den Carmelita Cottages ist der Liebling aller Budget-Traveller. Inmitten von Blumengärten steht es nur zwei Blocks vom Strand entfernt. Reservierung empfohlen. Nur Gemeinschaftsbäder. Parkplätze kosten 2 US$.

Adobe on Green B & B   B&B $$

(☎831-469-9866; www.adobeongreen.com; 103 Green St; Zi. inkl. Frühstück 149–219 US$; 🛜) ✒ Hier herrschen Ruhe und Frieden: Die Eigentümer beweisen überall Umsicht – bei den exquisiten Einrichtungen mit den geräumigen, mit Solarstrom versorgten Zimmern genauso wie beim Frühstück mit Zutaten aus dem hauseigenen Bio-Garten. Und trotzdem sind sie quasi unsichtbar.

Pelican Point Inn   APARTMENT $$

(☎831-475-3381; www.pelicanpointinn-santacruz. com; 21345 E Cliff Dr; Suite 109–199 US$; 🛜♿🐾) Die geräumigen, an Apartments erinnernden Unterkünfte nahe dem kinderfreundlichen Twin Lakes Beach sind für Familien ideal. Sie sind mit allem ausgestattet, was man für einen entspannten Strandurlaub braucht, auch mit Einbauküchen. Es kann etwas lauter werden.

Dream Inn   HOTEL $$$

(☎866-774-7735, 831-426-4330; www.dreaminn santacruz.com; 175 W Cliff Dr; Zi. 200–380 US$; ❄@♿🏊) Von seinem Standort an einem Hügel blickt dieses retro-schicke Boutiquehotel – das stilvollste in Santa Cruz – hinunter auf die Anlegestelle. Die Zimmer bieten alle modernen Annehmlichkeiten, und der Strand ist nur ein paar Schritte entfernt. In der Bar des Restaurants Aquarius lässt sich bei Meerblick die Happy Hour genießen. Parkplätze kosten 24 US$.

✕ Essen

Im Zentrum gibt's viele recht mittelmäßige Cafés. Günstige Takeaways und ethnische Lokale befinden sich in der Mission St nahe dem Campus der Universität sowie an der 41st Ave im benachbarten Capitola.

Picnic Basket FEINKOST, BÄCKEREI **$**
(http://thepicnicbasketsc.com; 125 Beach St; 3–8 US$/Stück; ☺7–21 Uhr, Nebensaison kürzere Öffnungszeiten; ♿) Das Lokal auf der dem Ufer abgewandten Seite der Strandpromenade liefert kreative Sandwiches, Suppen, Obstsäfte und Backwaren aus Zutaten lokaler Anbieter.

Penny Ice Creamery DESSERTS **$**
(http://thepennyicecreamery.com; 913 Cedar St; 2–4 US$/Portion; ☺12–23 Uhr) 🍦 Die Eisdiele bietet interessante Kreationen aus lokalen, oft ökologisch produzierten Zutaten wie Avocado, Meyer-Zitronen (eine Kreuzung aus Zitrone und Mandarine oder Orange) und Wildblütenhonig.

Hula's Island Grill FUSION **$$**
(☎831-426-4852; www.hulastiki.com; 221 Cathcart St; Hauptgerichte abends 11–20 US$; ☺So & Di–Do 11.30–21.30, Fr & Sa bis 23, Mo 16.30–21.30 Uhr) In der als Grashütte aufgemachten und mit Laternen beleuchteten Tiki-Bar nimmt man einen tropischen Cocktail und fühlt sich bei Fischtacos, *ahi* (Thunfisch) mit Macadamia-Kruste oder Schweinebraten wie bei einem hawaiianischen Luau.

Laili AFGHANISCH **$$$**
(☎831-424-4545; www.lailirestaurant.com; 101 Cooper St; Hauptgerichte abends 13–26 US$; ☺11.30–15 & 17–22 Uhr) In dem schicken Speisesaal mit hoher Decke gibt's delikate Gerichte von der Seidenstraße: Aubergine mit Grantapfelsirup, Lamm-Kebap, Linsensuppe mit Joghurt und würziges Fladenbrot.

Soif BISTRO **$$$**
(☎831-423-2020; www.soifwine.com; 105 Walnut Ave; kleine Gerichte 5–17 US$, Hauptgerichte 19–26 US$; ☺So–Do 17–21, Fr & Sa bis 22 Uhr) Bonvivants kommen in Scharen in diesen Weinladen (hat auch einen Lieferservice) im Zentrum, der eine berauschende Auswahl von 45 internationalen Tischweinen und eine raffinierte europäisch-kalifornische Speisekarte zu bieten hat.

🍸 Ausgehen & Unterhaltung

Im Zentrum gibt's viele Bars, Livemusiktreffs, entspannte Nachtclubs und Kaffeehäuser. Eine Übersicht über die Orte und aktuelle Events ist im kostenlosen *Santa Cruz Weekly* (www.santacruzweekly.com) zu finden.

Santa Cruz Mountain Brewing BRAUEREI
(www.scmbrew.com; 402 Ingalls St; ☺12–22 Uhr) Hier bekommt man starke Öko-Biere. Die Brauerei liegt westlich vom Zentrum und abseits der Mission St zwischen mehreren Weinstuben, in denen man Tropfen aus den Kellereien der Santa Cruz Mountains probieren kann.

Caffe Pergolesi CAFÉ
(www.theperg.com; 418 Cedar St; ☺7–23 Uhr; 🕿) Auf einer begrünten Terrasse am Straßenrand kann man bei starkem Kaffee, Bio-Säften oder einem Bier über Kunst oder Verschwörungstheorien diskutieren.

Surf City Billiards & Café BAR
(http://surfcitybilliardscafe.com; 931 Pacific Ave; ☺So–Do 17–24, Fr & Sa bis 2 Uhr) Billardtische, Dartboards, Großbild-TVs und verdammt gutes Kneipenessen.

Catalyst LIVEMUSIK
(☎831-423-1338; www.catalystclub.com; 1011 Pacific Ave) Im Lauf der Jahre sind in der kultigen Konzertstätte im Zentrum schon viele landesweit bekannte Bands (von Nirvana bis zu den Cold War Kids) aufgetreten.

❶ Praktische Informationen

KPIG 107.5 FM Der Sender sorgt für den klassischen Santa-Cruz-Soundtrack (Bob Marley, Janis Joplin, Willie Nelson etc.).

Santa Cruz Visitor Center (☎800-833-3494, 831-425-1234; www.santacruzca.org; 303 Water St; ☺Mo–Fr 9–16, Sa & So 10–15 Uhr; 🕿)

❶ An- & Weiterreise

Die Linien der Regionalbusse von **Santa Cruz Metro** (☎831-425-8600; www.scmtd.com; Ticket/Tageskarte 2/6 US$) laufen am **Metro Center** (920 Pacific Ave) in der Downtown zusammen. Von dort fahren täglich Greyhound-Busse nach San Francisco (16 US$, 3 Std.), San Luis Obispo (42 US$, 4 Std.), Santa Barbara (53 US$, 6 Std.) und Los Angeles (59 US$, 9 Std.). Der Trolley (0,25 US$) zwischen der Downtown und dem Kai verkehrt im Sommer täglich und im Herbst an den Wochenenden.

Von Santa Cruz nach San Francisco

Der kurvige, 70 Meilen (113 km) lange Abschnitt des Hwy 1 ist malerischer als jeder

Freeway. Er passiert wilde Strände, Verkaufsstände von Bio-Bauern und Küstendörfer, die wie verstreute Diamanten in rauer Landschaft wirken.

Der **Año Nuevo State Park** (Tourreservierung 800-444-4445; www.parks.ca.gov; 10 US$/ Auto, Tour 7 US$/Pers.; April–Aug. 8.30–17 Uhr, letzter Einlass 15.30 Uhr, Sept.–Nov. bis 16 Uhr, letzter Einlass 15 Uhr, Touren nur Mitte Dez.–März) rund 20 Meilen (32 km) nordwestlich von Santa Cruz ist die Heimat der weltweit größten Kolonie Nördlicher Seeelefanten auf dem Festland. Wer hier während der geräuschvollen Brunft- und Wurfzeit im Winter an den geführten Wanderungen (2½ Std., 4,8 km) teilnehmen möchte, muss vorab telefonisch reservieren.

Weiter nördlich thront das öko-zertifizierte **HI Pigeon Point Lighthouse Hostel** (650-879-0633; www.norcalhostels.org/pigeon; 210 Pigeon Point Rd; B 26–30 US$, Zi. 75–180 US$, alle mit Gemeinschaftsbad; Check-in 15.30–22.30 Uhr; @) ruhig über der windumtosten Küste. Das Hostel in den historischen Wohnhäusern der Leuchtturmwärter ist beliebt, darum vorab reservieren! Komfortabler nächtigt man in den Zeltbungalows oder den gemütlichen Hütten mit Kamin im **Costanoa** (877-262-7848, 650-879-1100; www.costanoa.com; 2001 Rossi Rd; Zelt/Hütte mit Gemeinschaftsbad ab 89/179 US$;).

5 Meilen (8 km) nördlich von Pigeon Point lockt der **Pescadero State Beach** (www.parks.ca.gov; 8 US$/Auto; 8 Uhr–Sonnenuntergang) Strandgutsammler und Vogelbeobachter in sein naheliegendes sumpfiges Naturschutzgebiet. Ein Stück landeinwärts bekommt man im Dorf Pescadero im Bäckerei-Deli der **Arcangeli Grocery Co** (www.normsmarket.com; 287 Stage Rd; 10–18 Uhr) Vorräte für ein Strandpicknick. Ganz in der Nähe bietet das Personal des familieneingeführten **Harley Farms Cheese Shop** (650-879-0480; www.harleyfarms.com; 250 North St; Do–So 10–17 Uhr;) am Wochenende auch Führungen durch die Ziegenfarm an (Reservierung erforderlich).

15 Meilen (24 km) weiter nördlich liegt an der belebten Half Moon Bay der hübsche, 6,4 km lange **Half Moon Bay State Beach** (www.parks.ca.gov; 10 US$;) mit malerischen **Campingplätzen** (800-444-7275; www.reserveamerica.com; Stellplatz 35–50 US$). Aufs Wasser kommt man mit **Half Moon Bay Kayak** (650-773-6101; www.hmbkayak.com; Pillar Point Harbor; Kajakvermietung/Kajaktour ab 25/75 US$). Luxus am Meer findet man in den geräumigen, romantischen Zimmern des **Inn at Mavericks** (650-728-1572; www.innatmavericks.com; 364 Princeton Ave; Zi. ab 209 US$;). Vom Gasthof blickt man hinunter auf den Pillar Point Harbor, wo es ein ordentliches Brauhaus mit einer Terrasse zum Genießen des Sonnenuntergangs gibt. Weiter südlich säumen im idyllischen Zentrum von Half Moon Bay, landseitig gleich hinter dem Hwy 1, Cafés, Restaurants und bunte Läden die Main St. Der Meeresfrüchte-Imbiss mit den leckersten Sachen ist der **Flying Fish Grill** (650-712-1125; www.flyingfishgrill.net; 211 San Mateo Rd; Gerichte 5–17 US$; Mi–Mo 11–20.30;).

Nördlich vom Hafen weisen Schilder den Weg vom Hwy 1 zur **Moss Beach Distillery** (www.mossbeachdistillery.com; 140 Beach Way; So–Do 12–20.30, Fr & Sa bis 21 Uhr), einem historischen Schwarzbrennertreff mit hundefreundlicher Terrasse, von der aus man bei einem Drink aufs Meer blicken und den Sonnenuntergang genießen kann. Gleich nördlich davon findet man im **Fitzgerald Marine Reserve** (www.fitzgeraldreserve.org; Ende der California Ave; 8 Uhr–Sonnenuntergang;) GRATIS Gezeitenbecken mit einer bunten Meeresfauna – den Besuch auf die Ebbe abstimmen! 1 Meile (1,6 km) weiter nördlich steht das umweltfreundliche **HI Point Montara Lighthouse Hostel** (650-728-7177; www.norcalhostels.org/montara; 16th St & Hwy 1; B 27–30 US$, Zi. 74–110 US$, alle mit Gemeinschaftsbad; Check-in 15.30–22.30 Uhr; @) mit seinem kleinen Privatstrand (Reservierung erforderlich). Von dort sind es über den Pacifica Tunnel und den Devil's Slide Tunnel keine 20 Meilen (32 km) mehr bis nach San Francisco.

SAN FRANCISCO & BAY AREA

San Francisco

Wer sich schon immer gefragt hat, was passiert, wenn Grenzen überschritten werden, findet hier die Antwort: Bewusstseinsverändernde Drogen, neueste Technologien, die Schwulenbewegung, grüne Unternehmen, Redefreiheit und kulinarische Experimente sind in San Francisco schon seit Langem eine Selbstverständlichkeit. Nach 160 Jahren voller Booms und Pleiten ist es hier zu einem beliebten Zeitvertreib geworden, sich auszuziehen, ob nun beim Bay-to-Breakers-Lauf

(Kleidung optional), bei der Pride Parade oder an warmen Sonntagen am Baker Beach. In San Francisco fallen die Hemmungen!

Geschichte

Ehe das Gold alles veränderte, war San Francisco eine glücklose spanische Mission, die von indigenen Zwangsarbeitern aus den Gemeinden der Ohlone und Miwok errichtet wurde. Da sie keine Immunabwehr gegen von Europäern eingeschleppte Krankheiten besaßen, erkrankten rund 5000 der indigenen Arbeiter und starben; sie sind neben der Mission Dolores aus dem 18. Jh. beerdigt, die ihren Namen „Mission der Leiden" völlig zu Recht trägt.

Der Goldrausch von 1849 verwandelte das Dorf mit seinen 800 Seelen in eine Hafenstadt mit 100 000 Menschen – Goldsuchern, Betrügern, Prostituierten und anständigen Leuten. Panik breitete sich aus, als Australien 1854 den Markt mit Gold überschwemmte – der Zorn der Bergleute richtete sich irrationalerweise gegen die chinesische Gemeinde der Stadt, die von 1877 bis 1943 durch rassistische Gesetze gezwungen wurde, nur in Chinatown leben und arbeiten zu dürfen. Von den 1860er- bis in die 1890er-Jahre hatten chinesische Arbeitskräfte kaum andere Möglichkeiten, als sich beim Eisenbahnbau zu verdingen – für die Gangsterkönige der Stadt, die sich ihren Weg durch den Goldenen Westen sprengten, gruben und rodeten und prächtige Villen auf dem Nob Hill oberhalb von Chinatown errichteten.

Die hochfliegenden Träume der Stadt stürzten zusammen, als 1906 das Erdbeben und die anschließenden Brände den größten Teil der Stadt in Trümmer legten. Aber die Einwohner bauten San Francisco in erstaunlichem Tempo (15 Gebäude wurden pro Tag fertiggestellt) wieder auf, und schon 1915 konnte man die Panama-Pacific International Expo in großem Stil feiern.

Während des Zweiten Weltkriegs wurden in San Francisco Soldaten unter dem Vorwurf der Homosexualität und Insubordination unehrenhaft entlassen und blieben vor Ort, was den Ruf der Stadt als Zentrum der Gegenkultur begründete. Der Summer of Love brachte freie Liebe, freies Essen und freie Musik ins Haight, und in den 1970er-Jahren schufen wagemutige schwule Aktivisten die offene, stolze Schwulengemeinde in Castro.

Die unkonventionelle Denkweise der Einwohner beflügelte Mitte der 1990er-Jahre das Internet und steht auch hinter dem heutigen Boom der Sozialen Netzwerke, Apps und Biotechnologie. Traveller sind also genau zur richtigen Zeit hier – der nächste wilde Ritt beginnt!

◉ Sehenswertes

San Franciscos 43 Hügel und über 80 Kunstmuseen und -galerien halten Beine und Phantasie gleichermaßen auf Trab. Unter-

SAN FRANCISCO IN ...

...einem Tag
Seit dem Goldrausch beginnen alle großen San-Francisco-Abenteuer in **Chinatown**, wo sich immer noch das Glück finden lässt – jedenfalls in den Glückskeksen. Anschließend kann man im **City Lights Bookstore** in Beatpoesie schwelgen. An der **Transamerica Pyramid** vorbei begibt man sich zum **City View** zum Klößeessen. Nach den **Galerien** der Downtown steht ein Besuch im **Asian Art Museum** an, dessen Kunstwerke einen auf eine Reise durch die Jahrhunderte und über den Ozean mitnehmen. Abends steht die gruselige Besichtigung von **Alcatraz** auf dem Programm. Glücklich der Gefängnisinsel entkommen, speist man im **Ferry Building** zu Abend und stürzt sich anschließend in den Clubs von **SoMa** auf die Tanzfläche.

...zwei Tagen
Der Tag beginnt mit den Wandbildern auf den Garagentoren an der **Balmy Alley**, dann folgen das Stöbern im Piratenkram des **826 Valencia** und fischige Späße im Fish Theater. Nach einer Pause bei Burritos geht's nach Haight, wo man in Secondhand-Boutiquen Flashbacks erlebt und sich den Schauplatz des Summer of Love anschaut: den **Golden Gate Park**. Vom Dach des **MH de Young Museum** genießt man den Blick auf die Golden Gate Bridge, ehe man in der **California Academy of Sciences** durch die Wildnis spaziert. Bei kalifornisch-marokkanischen Bio-Gerichten im **Aziza** klingt der Abend aus.

San Francisco & Bay Area

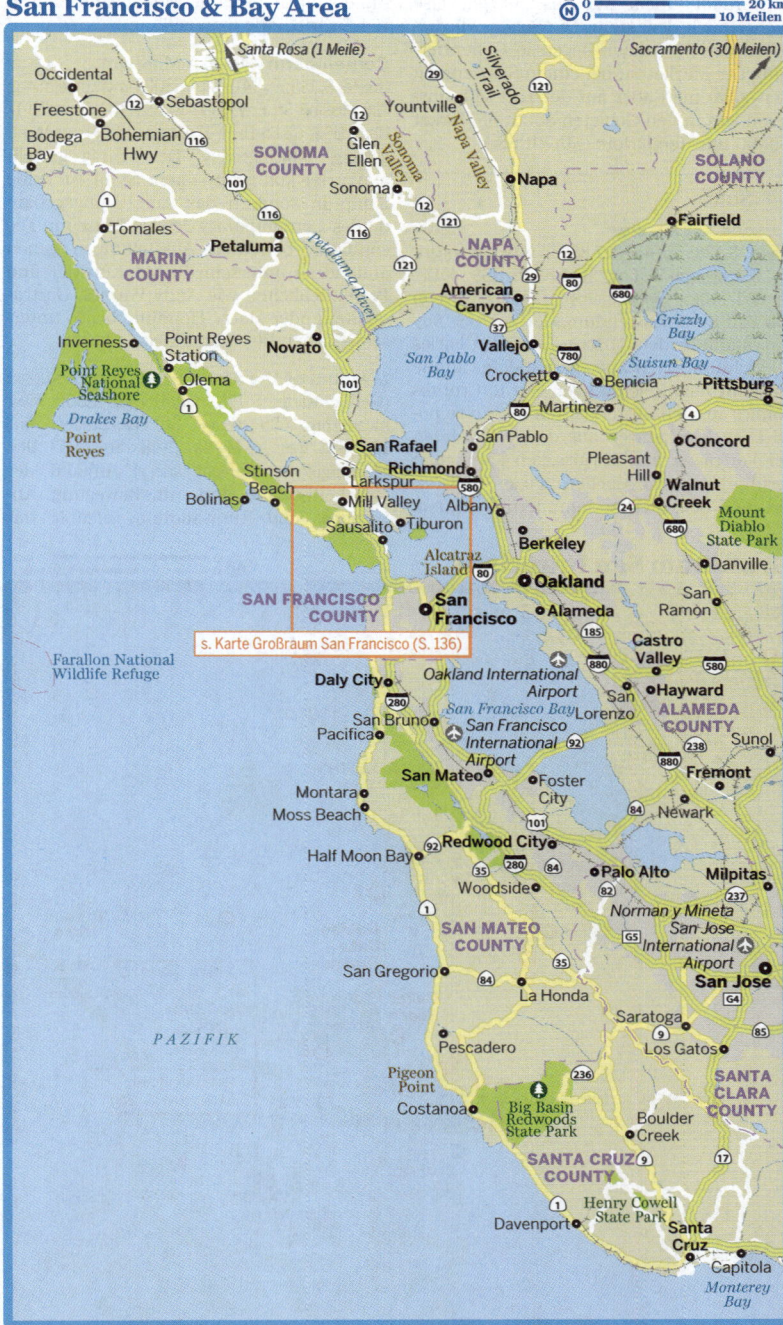

s. Karte Großraum San Francisco (S. 136)

wegs raubt einem die Aussicht teilweise buchstäblich den Atem. Die Sehenswürdigkeiten der Downtown liegen in Gehentfernung der Market St; bei einem Spaziergang hier sollte man aber auf der Hut sein, insbesondere in den Gebieten South of Market (SoMa) und Tenderloin (5th–9th St).

◉ SoMa

Cartoon Art Museum MUSEUM
(Karte S. 138; ☑ 415-227-8666; www.cartoonart.org; 655 Mission St; Erw./Student 7/5 US$; ⊙ Di–So 11–17 Uhr; Ⓜ Montgomery, Ⓑ Montgomery) Das mit einer Zuwendung der aus der Bay Area stammenden Cartoon-Legende Charles M. Schultz (*Peanuts*) gegründete kühne Museum zeigt Zeichnungen von R. Crumbs Comics aus den 1970er-Jahren bis hin zu politischen Karikaturen aus dem *Economist*. Bei Vorträgen und Vernissagen kann man berühmten Comic-Machern, Pixar-Studioleitern und begeisterten Sammlern begegnen.

Am ersten Dienstag im Monat zahlt man so viel Eintritt, „wie man will".

Contemporary Jewish Museum MUSEUM
(Karte S. 138; ☑ 415-344-8800; www.thecjm.org; 736 Mission St; Erw./Kind 10 US$/frei, Do nach 17 Uhr 5 US$; ⊙ Fr–Di 11–17, Do 13–20 Uhr; Ⓜ Montgomery, Ⓑ Montgomery) Der schräg gestellte Würfel aus gebürstetem Stahl ist keine Skulptur, sondern das Ausstellungsgebäude des Contemporary Jewish Museum. Die sorgfältig betreuten Ausstellungen gehen anhand so unterschiedlicher Künstler und Persönlichkeiten wie Andy Warhol, Gertrude Stein oder Harry Houdini ebenso unterschiedlichen Ideen und Idealen nach.

Museum of the African Diaspora MUSEUM
(MoAD; Karte S. 138; ☑ 415-358-7200; www.moadsf.org; 685 Mission St; Erw./Student/Kind 10/5 US$/frei; ⊙ Mi–Sa 11–18, So 12–17 Uhr; Ⓜ Montgomery, Ⓑ Montgomery) Anhand der vier Leitbegriffe Herkunft, Bewegung, Anpassung und Umwandlung erzählt das

Großraum San Francisco

s. Karte Downtown San Francisco (S. 138)

MoAD die lange Geschichte der Diaspora. Sehenswert ist das bewegende Video mit den Erzählungen von Sklaven, die Maya Angelou vorträgt.

◉ Union Square

Der von Luxuswarenhäusern umgebene Union Sq (an der Kreuzung von Geary St, Powell St, Post St & Stockton St) trägt seinen Namen wegen der Demonstrationen, die vor 150 Jahren – zur Zeit des amerikanischen Bürgerkriegs – hier zugunsten der Union stattfanden. Vom Emporio Rulli aus kann man bei einem Espresso Leute beobachten. Theaterkarten zum halben Preis bekommt man am Schalter von TIX Bay Area.

Powell St Cable Car Turnaround   WAHRZEICHEN

(Karte S. 138; Ecke Powell St & Market St; Ⓜ Powell, Ⓑ Powell) Die Cable Cars können nicht rückwärts fahren, daher werden die Wagen am Endbahnhof Powell St von Hand mithilfe einer Drehscheibe gewendet. Mit der Strecke Powell-Mason gelangt man am schnellsten zu den Anlegestellen, auf der Strecke Powell-Hyde sieht man aber mehr, weil mehr Hügel zu überwinden sind.

◉ Civic Center

Asian Art Museum   MUSEUM

(Karte S. 138; ☏ 415-581-3500; www.asianart.org; 200 Larkin St; Erw./Student/Kind 12/8 US\$/frei, 1. So im Monat Eintritt frei; ⊘ Feb.–Sept. Di–So 10–17, Do bis 21 Uhr; Ⓜ Civic Center, Ⓑ Civic Center) Auf drei Stockwerken, die 6000 Jahre asiatischer Kunst umspannen, geht die Fantasie auf eine Reise, die von mittelalterlichen persischen Miniaturen bis zu aktueller japanischer Mode führt. Mit 18 000 Stücken ist die Sammlung die größte ihrer Art außerhalb Asiens. Es bietet darüber hinaus ausgezeichnete Veranstaltungen – von Schattenspiel-Vorführungen bis zu multikulturellen Events mit DJs.

City Hall   HISTORISCHES GEBÄUDE

(Karte S. 138; ☏ Infos zu Kunstausstellungen 415-554-6080, zu Führungen 415-554-6023; www.ci.sf.ca.us/cityhall; 400 Van Ness Ave; ⊘ Mo–Fr 8–20 Uhr, Führungen 10, 12 & 14 Uhr; 🚻; Ⓜ Civic Center, Ⓑ Civic Center) GRATIS Die mächtige Beaux-Arts-Kuppel wacht über San Franciscos kühnste Hoffnungen und den Nonkonformismus der Stadt. Die 1915 errichtete Rotunde sollte Paris und die Kuppel des Capitols in Washington übertreffen, blieb aber statisch instabil. Erst nach dem Erdbeben von 1989 wurde die Situation durch den Einbau von Schwingungsdämpfern im Fundament entschärft.

◉ Financial District

Im „FiDi" bestimmen Schlipsträger das Bild, es gibt aber noch ein paar lohnende Kuriositäten: Über den Wracks alter Walfängerschiffen unter der raketenförmigen **Transamerica Pyramid** (Karte S. 138; www.thepyramidcenter.com; 600 Montgomery St; ⊘ Mo–Fr 9–18 Uhr; Ⓜ Embarcadero, Ⓑ Embarcadero) hat sich ein Mammutbaumwäldchen angesiedelt, und exzentrische Kunstsammler flattern von ihren Villen auf den Hügeln hinunter zu den First-Thursday-Galerieeröffnungen in der **14 Geary**, **49 Geary** und **77 Geary**, die alle von der **San Francisco Art Dealers Asso-**

Großraum San Francisco

◉ **Highlights**
1 Baker Beach C3
2 Golden Gate Bridge C3

◉ **Sehenswertes**
3 Alcatraz C2
4 Bay Area Discovery Museum C2
5 Bay Model Visitor Center B2
6 California Palace of the Legion of
  Honor C3
7 Golden Gate National Recreation
  Area B2
8 Lands End B3
9 Legion of Honor B3
10 Marine Mammal Center B2
11 Mt. Tamalpais State Park...................... A1
12 Muir Woods.. A1
13 Muir Woods National Monument A1
14 Ocean Beach.. B3
15 Point Bonita Lighthouse B3
16 Sutro Baths B3

🛏 **Schlafen**
17 Cavallo Point C2
18 HI Marin Headlands Hostel B2
19 Pantoll Campground A1
20 West Point Inn A1

🍴 **Essen**
21 Aziza C3
22 Outerlands B4

🎭 **Unterhaltung**
23 San Francisco 49ers D4

Downtown San Francisco

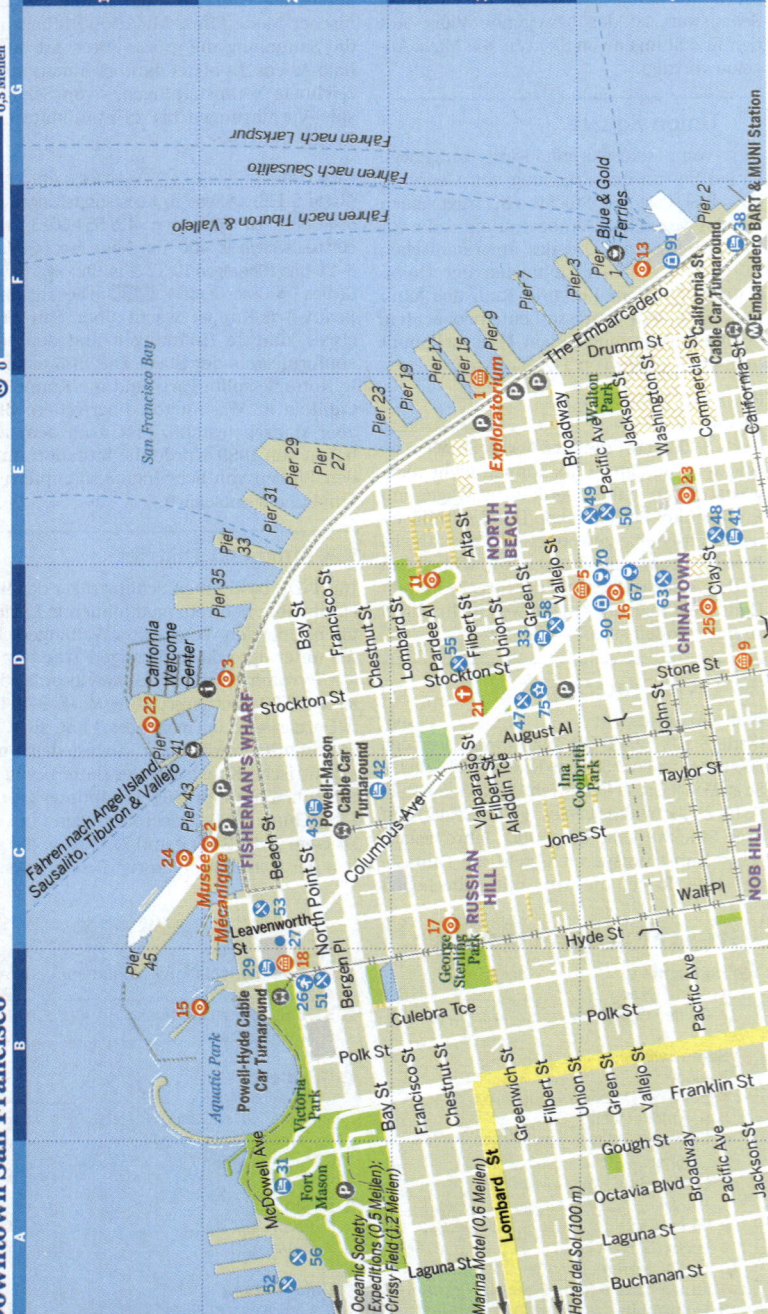

KALIFORNIEN SAN FRANCISCO & BAY AREA

Fahren nach Larkspur
Fahren nach Sausalito
Fahren nach Tiburon & Vallejo

Pier Blue & Gold Ferries

San Francisco Bay

The Embarcadero

California Welcome Center

FISHERMAN'S WHARF

NORTH BEACH

Exploratorium

CHINATOWN

Musée Mécanique

RUSSIAN HILL

George Sterling Park

NOB HILL

Aquatic Park

Powell-Hyde Cable Car Turnaround

Victoria Park

Fort Mason

McDowell Ave

Oceanic Society Expeditions (0,5 Meilen);
Crissy Field (1,2 Meilen)

Marina Motel (0,6 Meilen)

Hotel del Sol (100 m)

Lombard St

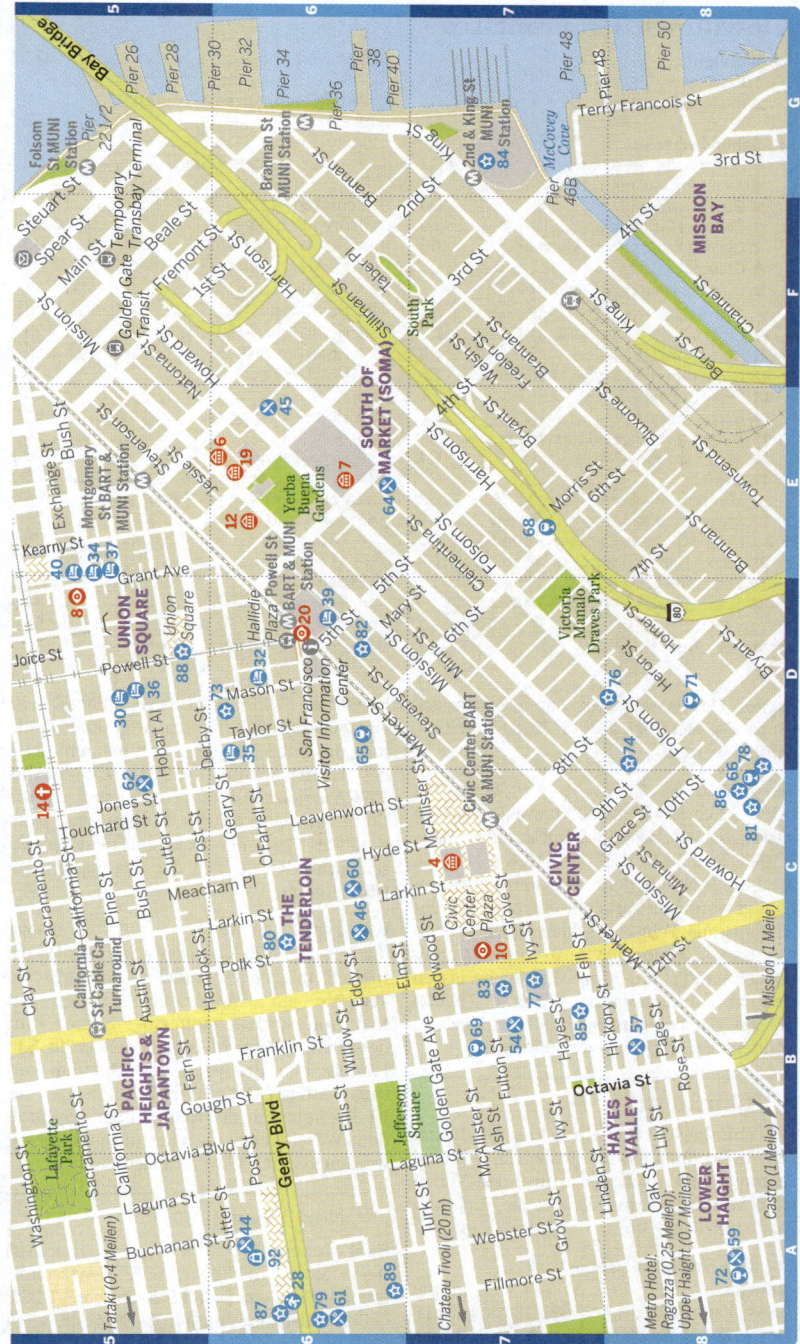

Bay Bridge

Folsom St MUNI Station
Pier 221/2
Pier 26
Pier 28
Pier 30
Pier 32
Pier 34
Pier 36
Pier 38
Pier 40
Pier 48
Pier 46B
Pier 50

2nd & King St MUNI Station
MUNI 84 Station
Terry Francois St

McCovey Cove
3rd St

MISSION BAY

Channel St
Berry St
King St

Golden Gate Temporary Transbay Terminal
Branan St MUNI Station

Steuart St
Spear St
Main St
Beale St
Fremont St
1st St
Harrison St
Branan St
2nd St
3rd St
4th St
South Park
Welsh St
Freelon St
Brannan St
5th St
Zoe St
6th St
Bluxome St
Townsend St
Brannan St
Bryant St

Mission St
Howard St
Natoma St
Minna St
1st St
Stevenson St
Jessie St
Tehama Pl
Clementina St
Harrison St
Folsom St
Howard St
Natoma St
Minna St
Mission St
Morris St

SOUTH OF MARKET (SOMA)

Yerba Buena Gardens

Exchange St
Bush St
Kearny St
Montgomery St BART & MUNI Station
Grant Ave

UNION SQUARE

Union Square

Stockton St
Powell St BART & MUNI Station

Plaza Powell St
Hallidie Plaza
5th St
6th St
7th St
8th St
9th St
10th St
11th St
12th St

Joice St
Powell St
Mason St
Taylor St
Hobart Al
Derby St
Jones St
Leavenworth St
Hyde St
Larkin St
Polk St
Van Ness Ave

Sacramento St
Clay St
California St California St
Pine St
Bush St
Sutter St
Post St
Geary St
O'Farrell St
Ellis St
Eddy St
Turk St
Golden Gate Ave
McAllister St
Ash St
Fulton St
Grove St
Hayes St
Hickory St
Page St
Rose St

Victoria Manalo Draves Park

Heron St
Homet St
Folsom St
Harrison St
Bryant St

THE TENDERLOIN

Meacham Pl
Larkin St
Hemlock St
Austin St

CIVIC CENTER

Civic Center BART & MUNI Station
Civic Center Plaza
Redwood St
Elm St
Ivy St

Grace St
Minna St
Natoma St
Howard St

PACIFIC HEIGHTS & JAPANTOWN

California Cable Car Turnaround
Touchard St
Fern St
Cedar St
Myrtle St
Olive St
Willow St
Franklin St
Gough St
Octavia St
Laguna St

Jefferson Square
Octavia Blvd

HAYES VALLEY
Octavia St
Fell St
Oak St
Linden St
Lily St
Hickory St

Lafayette Park

Washington St
Sacramento St
Clay St
California St
Laguna St
Buchanan St
Webster St
Fillmore St

Geary Blvd

Post St
Sutter St

Turk St (20 m)
Chateau Tivoli
Grove St

LOWER HAIGHT

Castro (1 Meile)
Mission (1 Meile)

Metro Hotel; Ragazza (0,25 Meilen); Oak St; Upper Haight (0,7 Meilen)

Tataki (0,4 Meilen)

14
8
40
34
37
30
36
88
73
35
62
87
79
61
28
44
92
89
72
59
83
77
69
54
85
57
4
10
46
60
80
65
82
20
39
32
12
19
6
45
7
64
68
76
71
74
66
78
86
81

Downtown San Francisco

◉ Highlights
1 Exploratorium E3
2 Musée Mécanique C2

◉ Sehenswertes
3 Aquarium of the Bay D2
4 Asian Art Museum C7
5 Beat Museum D4
6 Cartoon Art Museum E6
7 Children's Creativity Museum E6
8 Chinatown Gate D5
9 Chinese Historical Society of
   America D4
10 City Hall C7
11 Coit Tower D3
12 Contemporary Jewish Museum E6
13 Ferry Building F4
14 Grace Cathedral C5
15 Hyde Street Pier Historic Ships B1
16 Jack Kerouac Alley D4
17 Lombard St C3
18 Maritime Museum B2
19 Museum of the African Diaspora E6
20 Powell St Cable Car Turnaround D6
21 Saints Peter & Paul Church D3
22 Sea Lions at Pier 39 .... D1
23 Transamerica Pyramid & Redwood
   Park E4
24 USS Pampanito C1

25 Waverly Place D4

◉ Aktivitäten, Kurse & Touren
26 Blazing Saddles B2
27 Fire Engine Tours C2
28 Kabuki Springs & Spa A6

◉ Schlafen
29 Argonaut Hotel B2
30 Golden Gate Hotel D5
31 HI San Francisco Fisherman's
   Wharf A2
32 Hotel Abri D6
33 Hotel Bohème D3
34 Hotel des Arts E5
35 Hotel Monaco D6
36 Hotel Rex D5
37 Hotel Triton E5
38 Hotel Vitale F4
39 Hotel Zetta D6
40 Orchard Garden Hotel E5
41 Pacific Tradewinds Hostel E4
42 San Remo Hotel C2
43 Tuscan Inn C2

◉ Essen
44 Benkyodo A6
45 Benu E6
46 Brenda's French Soul Food C6

ciation (SFADA; www.sfada.com; ⊙Öffnungszeiten der Galerien Di–Fr 10.30–17.30, Sa 11–17 Uhr). geführt werden.

Ferry Building   WAHRZEICHEN
(Karte S. 138; ☎415-983-8000; www.ferrybuilding marketplace.com; Market St & Embarcadero; ⊙Mo–Fr 10–18, Sa 9–18, So 11–17 Uhr; ▭2, 6, 9, 14, 21, 31, Ⓜ F, J, K, L, M, N, T) In dem zum Gourmetwarenhaus gewordenen Verkehrszentrum blüht der Hedonismus: Feinschmecker verpassen beim Genuss von regionalen Austern und Champagner häufig ihre Fähre. Starköche lassen sich oft auf dem Farmers Market (S. 153) blicken, der das ganze Jahr über dienstags, donnerstags und samstags stattfindet.

◉ Chinatown

Die chinesische Gemeinde der Stadt hat seit 1848 Aufständen, Erdbeben, Alkohol schmuggelnden Gangstern und den Versuchen von Politikern getrotzt, sie Richtung Küste umzusiedeln.

Chinese Historical Society of
America   MUSEUM
(CHSA; Karte S. 138; ☎415-391-1188; www.chsa. org; 965 Clay St; Erw./Kind 5/2 US$, 1. Do im Monat

Eintritt frei; ⊙Di–Fr 12–17, Sa 11–16 Uhr; ▭1, 30, 45, ⬚California St) In dem Architekturdenkmal, das Julia Morgan (die Chefarchitektin des Hearst Castle) 1932 als Chinatowns YWCA errichtete, erfahren Besucher, wie die Chinesen während des Goldrauschs, während des Baus der transkontinentalen Eisenbahn oder zur Zeit der Beatniks in den USA lebten.

Waverly Place   STRASSE
(Karte S. 138; ▭30, ⬚California St, Powell-Mason) In den flaggengeschmückten historischen Tempeln am Waverly Place finden seit 1852 Gottesdienste statt – der Betrieb wurde selbst 1906 nicht unterbrochen, als San Francisco in Erdbeben und Bränden versank. Aufgrund rassistischer Gesetze des 19. Jhs. mussten die Tempel über Friseurläden, Wäschereien und Restaurants gebaut werden, die den Waverly Place säumten.

◉ North Beach

Beat Museum   MUSEUM
(Karte S. 138; ☎1-800-537-6822; www.kerouac. com; 540 Broadway; Eintritt Erw./Student 8/5 US$; ⊙Di–So 10–19 Uhr; ☎; ▭10, 12, 30, 41, 45, ⬚Po-

47 Cinecittà D3
48 City View E4
49 Coi E4
50 Cotogna E4
51 Gary Danko B2
   Gott's Roadside .... (siehe 13)
52 Greens A2
   Hog Island Oyster Company ..... (siehe 13)
53 In-N-Out Burger C2
54 Jardinière B7
55 Liguria Bakery D3
   Mijita .... (siehe 13)
56 Off the Grid A2
57 Rich Table B8
58 Ristorante Ideale D3
59 Rosamunde Sausage Grill A8
60 Saigon Sandwich Shop C6
   Slanted Door .... (siehe 13)
61 State Bird Provisions A6
62 Sweet Woodruff C5
63 Z & Y D4
64 Zero Zero E6

🍸 **Ausgehen & Nachtleben**
65 Aunt Charlie's D6
66 Bar Agricole C8
67 Comstock Saloon D4
68 EndUp E7
69 Smuggler's Cove B7

70 Specs Museum Cafe D4
71 Stud D8
72 Toronado A8

🎭 **Unterhaltung**
73 American Conservatory
   Theater D6
74 AsiaSF D8
75 Beach Blanket Babylon D3
76 Cat Club D8
77 Davies Symphony Hall B7
78 DNA Lounge D8
79 Fillmore Auditorium A6
80 Great American Music Hall C6
81 Honey Soundsystem C8
82 Mezzanine D6
83 San Francisco Ballet B7
84 San Francisco Giants G7
   San Francisco Opera .... (siehe 83)
85 SFJAZZ Center B7
86 Slim's C8
87 Sundance Kabuki Cinema A6
88 TIX Bay Area D5
89 Yoshi's A6

🛍 **Shoppen**
90 City Lights D4
91 Ferry Plaza Farmers Market F4
92 New People A6

well-Hyde, Powell-Mason) In dieser obsessiven Sammlung mit Zeugnissen zur Literaturszene in San Francisco zwischen 1950 und 1969 lebt der Geist der Beatniks weiter. Die verbotene Ausgabe von Allen Ginsbergs *Howl* ist die entscheidende Trophäe im Kampf für die Redefreiheit, aber bei den Wackelkopfpuppen von Jack Kerouac kann man nur mit dem Kopf schütteln.

Jack Kerouac Alley   STRASSE

(Karte S. 138; zw. Grant & Columbus Ave; 🚌 1, 10, 12, 30, 45, 🚋 Powell-Hyde, Powell-Mason) „Die Luft war sanft, die Sterne schön, jede Kopfsteingasse versprach so viel…" Diese Ode von Jack Kerouac, dem Autor von *Unterwegs* passt genau auf die nach ihm benannte Gasse, eine angemessen poetische und leicht schmuddelige Abkürzung zwischen den Bars von Chinatown über den Buchladen City Lights nach North Beach.

👁 Russian Hill & Nob Hill

Grace Cathedral   KIRCHE

(Karte S. 138; 📞 415-749-6300; www.gracecathedral.org; 1100 California St; Spende Erw./Kind 3/2 US$, So freier Eintritt zum Gottesdienst; ⏰ 8–

18 Uhr, Gottesdienste So 8.30 & 11 Uhr; 🚌 1, 🚋 California St) Dieses Gotteshaus der Episkopalkirche wurde seit dem Goldrausch dreimal neu gebaut. Die heutige neugotische, Beton-Kathedrale schmücken Buntglasfenster, die den menschlichen Forschungsgeist preisen, darunter eines, das Albert Einstein in einem Wirbel von Elementarteilchen zeigt.

Lombard St   STRASSE

(Karte S. 138; 900er-Block der Lombard St; 🚋 Powell-Hyde) Wahrscheinlich hat man die von Blumen gesäumten Spitzkehren der Lombard Street schon einmal gesehen: Berühmt wurden sie durch Hitchcock's *Vertigo* und bekannt sind sie auch aus Tony Hawks Pro-Skater-Videospielen. In den 1920er-Jahren war das natürliche Gefälle der Lombard St mit 27% zu steil für Autos – die Grundstücksbesitzer ließen daher extra acht zusätzliche Kurven in die mit Ziegeln gepflasterte Straße einbauen.

👁 Fisherman's Wharf

⭐ Exploratorium   MUSEUM

(Karte S. 138; 📞 415-528-4444; www.exploratorium.edu; Pier 15; Erw./Kind 25/19 US$, Do abends

Stadtspaziergang
Von Chinatown zum Hafen

START DRAGON GATE IN CHINATOWN
ZIEL FERRY BUILDING
LÄNGE/DAUER 2,9 KM; 4½ STD.

Bei diesem Spaziergang folgt man der Spur revolutionärer Umtriebe, begegnet umstrittenen Büchern und speist unter den Augen Gandhis. Los geht's am **1** **Dragon Gate in Chinatown** und dann vorbei an den Drachenlaternen der Grant St zum **2** **Old St. Mary's Square**, wo vor den Bränden von 1906 ein Bordell stand. An den wimpelgeschmückten Tempelbalkonen am **3** **Waverly Place** vorbei führt der Weg zum Museum der **4** **Chinese Historical Society of America** (S. 140).

In der **5** **Spofford Alley** klappern die Mahjong-Steine, chinesische Orchester spielen und Kosmetikerinnen schwatzen. In der Prohibitionszeit lieferten sich hier Alkoholschmuggler Revierkämpfe und Dr. Sun Yat-Sen 1911 plante in Haus Nr. 36 den Sturz der letzten chinesischen Kaiserdynastie. Die einst von Bordellen wimmelnde **6** **Ross Alley** kam in *Karate Kid II* und *Indiana Jones und*

der Tempel des Todes zu Filmruhm. Im Haus Nr. 56 kann man in der **7** **Golden Gate Fortune Cookie Factory** zuschauen, wie der Glücksspruch in den Keks gepackt wird.

Zurück in der Grant St nimmt man eine Abkürzung durch die **8** **Jack Kerouac Alley** (S. 141), wo der trinkfreudige Autor von *Unterwegs* oft um die Häuser zog. Ein Zwischenstopp führt in den Buchladen **9** **City Lights** (S. 161) in der Columbus Ave, der sich für Beat-Poesie und das Recht auf freie Meinungsäußerung einsetzte. Freie Verse und Espresso gibt's im **10** **Caffe Trieste** (601 Vallejo St), in dem Francis Ford Coppola das Drehbuch zu *Der Pate* schrieb.

Nun geht's zum **11** **Coit Tower** (S. 144), um den Blick von der Aussichtsplattform zu genießen. Über die **12** **Filbert St Steps** führt der Weg nun an wilden Papageien und versteckten Landhäusern vorbei hinunter zu der nach dem Jeans-Erfinder benannten **13** **Levi's Plaza.** Rechts den Embarcadero hinunter erreicht man das **14** **Ferry Building** (S. 140), um hier am Meer im Schatten einer Statue Gandhis zu Mittag zu essen.

15 US$; ☺ Di–So 10–17, Mi bis 22, Do (nur Erw. über 18 Jahre) 18–22 Uhr; 🚻; Ⓜ F) 🖃 Anhand interaktiver Exponate von MacArthur Genius-Stipendiaten können Besucher hier das Salz singen hören, feststellen, wie Farben den Appetit anregen und herausfinden, was Kühe sehen. Der durch die Beteiligung am Manhattan Project bekannte Atomwissenschaftler Frank Oppenheimer begründete das Exploratorium im Jahr 1969, das sich der Naturwissenschaft und der menschlichen Wahrnehmung widmet. Wenn man sich durch den „Tactile Dome" tastet, kann man Flashbacks der 1960er-Jahre erleben.

★**Musée Mécanique**   VERGNÜGUNGSPARK
(Karte S.138; www.museemechanique.org; Pier 45, Shed A; ☺10–19 Uhr; 🚻; 🚌47, 🚋 Powell-Mason, Powell-Hyde, Ⓜ F) Wo sonst kann man einen Mann für einen Vierteldollar guillotinieren? Gruselige Automatenspiele des 19. Jh. wie die makabre „French Execution" konkurrieren hier mit der diabolischen Ms. Pac-Man ums Kleingeld der Besucher.

Maritime Museum   MUSEUM
(Aquatic Park Bathhouse; Karte S.138; www.maritime.org; 900 Beach St; ☺10–16 Uhr; 🚻; 🚌19, 30, 47, 🚋 Powell-Hyde) GRATIS Ein unübersehbarer Hinweis an Seeleute, die dringend ein Bad brauchen: Das 1939 erbaute schiffsförmige und schnittig-moderne Aquatic Park Bathhouse ist mit einer spielerischen Robbenskulptur von Beniamino Bufano, Unterwasser-Wandbildern von Hilaire Hiler, Reliefs von Richard Ayer sowie mit Verandamosaiken und einem Schiefervordach des avantgardistischen afroamerikanischen Künstlers Sargent Johnson geschmückt.

USS Pampanito   HISTORISCHE STÄTTE
(Karte S.138; ☎415-775-1943; www.maritime.org/pamphome.htm; Pier 45; Erw./Kind 12/6 US$; ☺Do–Di 9–20, Mi bis 18 Uhr; 🚻; 🚌19, 30, 47, 🚋Powell-Hyde, Ⓜ F) Hier steht ein restauriertes U-Boot aus dem Zweiten Weltkrieg, das sechs Kampfeinsätze überstand, zur Erkundung bereit. In der fesselnden Audio-Führung (2 US$) berichten Seeleute von Schleichfahrten und plötzlichen Angriffen. Da fühlt man sich erleichtert, wenn man wieder an Land ist.

Hyde Street Pier Historic Ships   HISTORISCHE STÄTTE
(Karte S.138; ☎415-447-5000; www.nps.gov/safr; 499 Jefferson St, Höhe Hyde St; Erw./Kind 5 US$/frei; ☺9–17 Uhr; Ⓜ F, 🚋Powell-Hyde) An diesem Pier, der zum Maritime National Historical Park gehört, laden vertäute Schiffe aus dem 19. Jh. zur Besichtigung ein, darunter der Dreimaster **Balclutha** von 1886 und das Dampfschiff **Eureka** von 1890. Im Sommer werden auch Segeltouren an Bord des eleganten, 1891 gebauten Schoners **Alma** (☺Juni–Nov.; Erw./Kind 40/20 US$) angeboten.

Seelöwen an Pier 39   NATUR
(Karte S.138; ☎981-1280; www.pier39.com; Beach St & Embarcadero, Pier 39; ☺Jan.–Juli; 🚌15, 37, 49, F) Da die kalifornischen Gesetze verlangen, dass Boote Meeressäugern zu weichen haben, überlassen die Jachtbesitzer Hunderten von Seelöwen wertvollen Platz. Die Tiere besetzen die Docks von Januar bis Juli und auch sonst, wenn sie mal ein Sonnenbad nehmen wollen.

⊙ The Marina & Presidio

★**Crissy Field**   PARK
(www.crissyfield.org; 1199 East Beach; 🅿 🚌30, PresidioGo Shuttle) Vom Asphalt befreit, dient Presidios Armeeflugplatz heute als Anlaufstelle für Küstenvögel, Drachenflieger und Windsurfer, die den beeindruckenden Blick auf die Golden Gate Bridge genießen.

★**Baker Beach**   STRAND
(Karte S.136; ☺Sonnenaufgang–Sonnenuntergang; 🅿; 🚌29, PresidiGo Shuttle) An diesem früheren Armee-Brückenkopf kann man zwar nicht baden, aber wegen des unschlagbaren Blicks auf die Golden Gate Bridge legen sich die Leute hier gern in die Sonne, vor allem am Nordende, wo FKK erlaubt ist. Der Nachmittagsnebel macht dem Spaß dann ein Ende.

⊙ The Mission

★**Balmy Alley**   STRASSENKUNST
(☎415-285-2287; www.precitaeyes.org; zw. 24th & 25th St; 🚌10, 12, 27, 33, 48, Ⓑ24th St Mission) Angeregt von Diego Riveras Wandbildern in San Francisco aus den 1930er-Jahren und erbost von der US-amerikanischen Mittelamerikapolitik machten sich Künstler in den 1970er-Jahren daran, die politische Landschaft zu verändern, indem sie ein Garagentor nach dem anderen mit Wandbildern bedeckten.

Dolores Park   PARK
(www.doloresparkworks.org; Dolores St, zw. 18th & 20th St; 🚻🚸; 🚌14, 33, 49, Ⓑ16th St Mission, Ⓜ J) Fast schon professionelles Sonnenbaden, Taco-Picknicks und alle Ostern ein Je-

COIT TOWER

Als Ausrufungszeichen in der Landschaft von San Francisco gewährt der **Coit Tower** (Karte S. 138; ☎415-362-0808; http://sfrecpark.org/destination/telegraph-hill-pioneer-park/coit-tower; Telegraph Hill Blvd; Fahrstuhlfahrt Erw./Kind 7/5 US$; ⏰März–Sept. 10–17.30 Uhr, Okt.–Feb. 9–16.30 Uhr; ☐39) einen tollen Ausblick – vor allem, wenn man zuvor die schwindelerregend steile Treppe von der **Filbert St** hinaufgelaufen ist. Von der Aussichtsplattform des Turms hat man einen Panoramablick auf die Stadt. Die Wandmalereien aus den 1930er-Jahre, die die Lobby schmücken, preisen die Arbeiter San Franciscos – einst wurden diese Bilder als kommunistisch verteufelt, heute sind sie eine geschätzte Sehenswürdigkeit. Will man auch die Malereien sehen, die sich im Treppenhaus des Coit Tower versteckten, sollte man einer kostenlosen Führung unter fachkundiger Leitung teilnehmen (Sa 11 Uhr).

sus-Schönheitswettbewerb: Im Dolores Park zeigt sich San Francisco von seiner sonnigen Seite. Hier gibt's für jeden etwas, von Tennis über politische Demonstrationen bis hin zu einem Spielplatz mit Maya-Pyramide.

★826 Valencia   KULTURSTÄTTE
(☎415-642-5905; www.826valencia.org; 826 Valencia St; ⏰12–18 Uhr; ☐14, 33, 49, ☐16th St Mission, Ⓜ J) Der exzentrische Pirate Supply Store verkauft Augenklappen, Schmalz aus einem echten Schmalzfass und McSweeneys Literaturzeitschriften, um Schreibworkshops für Jugendliche und das Fish Theater zu finanzieren. Der Laden ist viel mehr als ein Geschäft. Es gibt sogar einen Bottich, in dem Kinder nach vergrabenen „Piratenschätzen" wühlen können.

Mission Dolores   KIRCHE
(Misión San Francisco de Asís; ☎415-621-8203; www.missiondolores.org; 3321 16th St; Erw./Kind 5/3 US$; ⏰Nov.–April 9–16 Uhr, Mai–Okt. bis 16.30 Uhr; ☐22, 33, ☐16th St Mission, Ⓜ J) Dem ältesten Gebäude verdankt die Stadt ihren Namen: der weiß getünchten, aus Lehmziegeln erbauten Missión San Francisco de Asis. Die Mission wurde 1776 gegründet und 1782 von zwangsverpflichteten Ohlone und Miwok neu gebaut – die Decke zeigt die Muster von Flechtkörben der indigenen Amerikaner.

◉ The Castro

GLBT History Museum   MUSEUM
(☎415-777-5455; www.glbthistory.org/museum; 4127 18th St; Eintritt 5 US$; ⏰Mo–Sa 11–19, So 12–17 Uhr; Ⓜ Castro) Amerikas erstes Museum der Geschichte der Schwulen zeigt u. a. Harvey Milks Wahlkampfbroschüren, Filminterviews mit Gore Vidal, Zündholzheftchen aus lange verschwundenen Badehäusern und Seiten aus einem Strafgesetzbuch der 1950er-Jahre mit Strafandrohungen gegen Homosexualität.

◉ The Haight

Alamo Square Park   PARK
(Hayes & Scott St; 🐕; ☐5, 21, 22, 24) GRATIS Vom Alamo Sq blickt man über windzerzauste Kiefern und die Giebeldächer viktorianischer Häuser hinunter auf das Zentrum. Die pastellfarben angestrichenen „Painted Ladies" – die viktorianischen Villen entlang der **Postcard Row** an der Ostseite – verblassen aber im Vergleich zu den bunten Nachbarn, z. B. dem golden-grünen Westerfield House von 1889, zu dessen Bewohnern zaristische Schmuggler und Hippie-Kommunen gehörten und in dem Church-of-Satan-Gründer Anton LaVey Rituale abhielt.

Haight & Ashbury   WAHRZEICHEN
(☐6, 33, 37, 43, 71) Die legendäre psychedelische Kreuzung der 1960er-Jahre blieb ein Magnet der Gegenkultur, wo man Petitionen der Grünen Partei unterschreiben, Gedichte in Auftrag geben, Hare Krishna auf dem Keyboard und Bob Dylan auf dem Banjo hören kann. Die oben angebrachte Uhr zeigt immer 4.20 Uhr – die „International Bong-Hit Time" der Haschischraucher.

◉ Golden Gate Park & Umgebung

1865 war San Francisco seiner Zeit weit voraus, als die Stadt beschloss, aus 412 ha Sanddünen die weltweit größte städtische Grünzone zu schaffen, den **Golden Gate Park**. Der hartnäckige Parkarchitekt William Hammond Hall enteignete Hotels und Casinos, um das Naturgebiet anzulegen. Der Park endet am **Ocean Beach** (Karte S. 136; ☎415-561-4323; www.parksconservancy.org; Great Hwy; ⏰Sonnenaufgang–Sonnenuntergang; ☐5, 18, 31, Ⓜ N), wo das Restaurant **Cliff House** über der prächtigen Ruine der **Sutro Baths** (Karte S. 136; www.nps.gov/goga/historyculture/

sutro-baths.htm; Point Lobos Ave; ☺ Sonnenaufgang–Sonnenuntergang; Visitor Center 9–17 Uhr; **P**; 🚌5, 31, 38) 🚶 GRATIS thront. Ein teilweise asphaltierter Weg führt um **Lands End** herum, von wo aus man Schiffswrack sehen und den wundervollen Blick auf die Golden Gate Bridge genießen kann.

California Academy of Sciences MUSEUM

(☎415-379-8000; www.calacademy.org; 55 Music Concourse Dr; Erw./Kind 35/25 US$, mit Muni-Ticket 3 US$Rabatt; ☺Mo–Sa 9.30–17, So 11–17 Uhr; ♿; 🚌5, 6, 31, 33, 44, 71, **M**N) 🚶 Das grüne, mit LEED-Zertifikat ausgezeichnete Gebäude des Architekten Renzo Piano (2008) beherbergt unter einem „lebenden Dach" aus kalifornischen Wildblumen einen vierstöckigen Regenwald und ein Aquarium mit 38 000 sonderbaren und wundervollen Tieren. Wenn die Pinguine schlafen, setzt bei den „Academy Sleepovers" (nur für Kinder) und den „NightLife Thursdays" (nur für Menschen über 21 Jahre) ein wildes Treiben ein.

MH de Young Museum MUSEUM

(☎415-750-3600; www.famsf.org/deyoung; 50 Hagiwara Tea Garden Dr; Erw./Kind 10/6 US$, mit Muni-Ticket 2 US$ Rabatt, 1. Di im Monat Eintritt frei, Online-Buchungsgebühr 1 US$/Ticket; ☺Di–So 9.30–17.15, Mitte Jan.–Nov. Fr bis 20.45 Uhr; 🚌5, 44, 71, **M**N) Folgt man der künstlichen Verwerfungslinie im Bürgersteig – ein Werk des Bildhauers Andy Goldsworthy –, gelangt man zu dem eleganten Museumsgebäude von Herzog & de Meuron mit seiner grün oxidierten Kupferverkleidung. Die Ausstellungen drinnen erweitern mit Zeremonialmasken aus Ozeanien oder den aus Gewehrkugeln gebauten Kathedralen des Bildhauers Al Farrow den künstlerischen Horizont.

Legion of Honor MUSEUM

(Karte S. 136; ☎415-750-3600; http://legionof honor.famsf.org; 100 34th Ave; Erw./Kind 10/6 US$, mit Muni-Ticket 2 US$ Rabatt, 1. Di im Monat Eintritt frei; ☺Di–So 9.30–17.15 Uhr; ♿; 🚌1, 18, 38) Das Museum ist so exzentrisch und interessant wie die Stadt. Zu der bunt zusammengewürfelten Kunstsammlung gehören Seerosenbilder von Monet, Klanglandschaften von John Cage, antike Elfenbeinschnitzereien aus dem Irak und Comics von R. Crumb.

Conservatory of Flowers GARTEN

(☎Info 415-831-2090; www.conservatoryofflowers. org; 100 John F. Kennedy Dr; Erw./Kind 7/5 US$; ☺Di–So 10–16.30 Uhr; 🚌71, **M**N) Das kürzlich renovierte viktorianische Gewächshaus von

---

SAN FRANCISCO: STADTVIERTEL IM ÜBERBLICK

North Beach Dichter und Papageien, Straßencafés, italienische Restaurants.

Fisherman's Wharf Lustige Seelöwen, alte Videospiele, Fähren nach Alcatraz.

Downtown & Financial District Protzige Vorzeigeläden, Bistros von Spitzenköchen, Vernissagen, Räumungsverkäufe.

Chinatown Pagodendächer, Dim Sum, historische Gassen, in denen Vermögen gemacht und wieder verloren wurden.

Hayes Valley & Civic Center Prächtige Gebäude und großartige Vorstellungen, Gourmettempel und lokales Design.

Tenderloin Theaterviertel, Skid Row, Kneipen und Nudelläden.

SoMa High Tech sowie hohe Kunst, und auf dem Dancefloor lebt man sich richtig aus.

Mission Mit einem Buch in der einen und einem Burrito in der anderen Hand, sieht man sich von Wandmalereien umzingelt.

Castro Offen und stolz: mit Samba-Pfeifen, Regenbogenflaggen und politischen Grundsatzerklärungen.

Haight Flashbacks der 1960er-Jahre, alternative Mode, freie Musik und teure Skateboards.

Japantown & Fillmore Sushi, shoppen und Rock im Fillmore.

Marina & Presidio Boutiquen, Öko-Gastronomie, Natur und FKK auf einem früheren Armeestützpunkt.

Golden Gate Park & Umgebung San Franciscos kilometerlanger wilder Streifen, garniert mit Gourmet-Surfertreffs.

Alcatraz

Mit der Fähre von Pier 33 fährt man 2,4 km durch die Bucht, um das berüchtigtste ehemalige Gefängnis der USA zu erreichen. Sobald man am **Ferry Dock & Pier 1** gelandet ist, beginnt der 528 m lange Marsch zur Spitze der Insel und zum Gefängnis. Wer nicht laufen will, wartet auf die Tram, die zweimal stündlich fährt.

Beim Aufstieg zum **Wachgebäude 2** zeigt sich, wie steil die Insel ist: Ehe Alcatraz als Gefängnis diente, war es eine Festung. In den 1850er-Jahren trug das Militär die felsige Küste zu nahezu vertikalen Klippen ab. Schiffe konnten danach nur in einem einzigen Hafenbecken anlegen, das von den Hauptgebäuden durch eine Schleuse getrennt war. Drinnen kann man durch den Bodenrost einen Blick auf das ursprüngliche Gefängnis werfen.

Ehrenamtliche Helfer pflegen die **Officer's Row Gardens 3** – ein Kontrast zu den überwachsenen Rosenbüschen um die ausgebrannte Hülle des **Hauses des Direktors 4**. Auf dem Hügel, beim Eingangstor zum **Hauptzellenblock 5**, blitzt immer wieder Schönes auf, z. B. **der Blick auf die Golden Gate Bridge 6**. **Historische Zeichen und Graffiti 7** sind über dem Haupttor des Verwaltungsgebäudes zu bemerken. Nun geht es hinein in das Gefängnis, um die **ehemalige Zelle von Frank Morris 8** dem berühmtesten Ausbrecher aus Alcatraz, zu besichtigen.

TOP-TIPPS

➡ Einen Besuch ohne Führer am Tag mindestens zwei Wochen im Voraus buchen, eine Ranger geführte Abendtour noch früher. Infos zu Führungen durch die Gartenanlagen: www.alcatrazgardens.org.

➡ Auf der Insel muss man viel laufen. Mindestens 2–3 Stunden für den Besuch einplanen. Für die Rückfahrt muss man nicht reservieren, man kann jede Fähre nehmen.

➡ Auf der Insel gibt es keine Verpflegung (nur Wasser), man kann aber nahe der Anlegestelle picknicken. Das Wetter ändert sich schnell – entsprechende Kleidung mitnehmen.

JOHN A VLAHIDES ©

Historische Zeichen & Graffiti

Die amerikanischen Ureinwohner, die die Insel von 1969–1971 besetzt hielten, versahen den Wasserturm mit dem Graffiti „Home of the Free Indian Land". Über dem Tor zum Zellenblock kann man sehen, wie sie bei dem Wappen mit Adler und Fahne die roten und weißen Streifen veränderten, um damit das Wort „Free" zu schreiben.

Haus des Direktors

Während der Besetzung durch die Ureinwohner wurden das Haus des Direktors und weitere Gebäude durch Brände zerstört. Die Regierung beschuldigte die Besetzer, diese wiederum gaben Agents Provocateurs die Schuld, die die Nixon-Regierung eingeschleust hätte, um die öffentliche Sympathie für die Besetzer zu untergraben.

Paradeplatz

DAVID CLAPP / GETTY IMAGES ©

Ferry Dock & Pier

Eine riesige Wandkarte hilft, sich auf der Insel zurechtzufinden. Im nahegelegenen Bldg 64 informieren Kurzfilme und Ausstellungen über die Geschichte des Gefängnisses und über Einzelheiten der Besetzung der Insel durch amerikanische Ureinwohner.

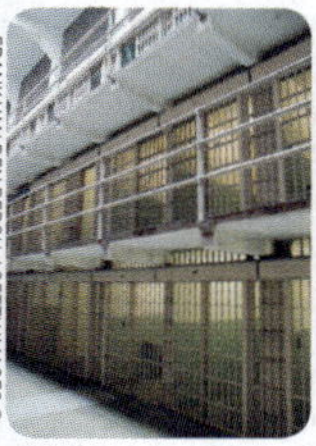

Blick auf die Golden Gate Bridge

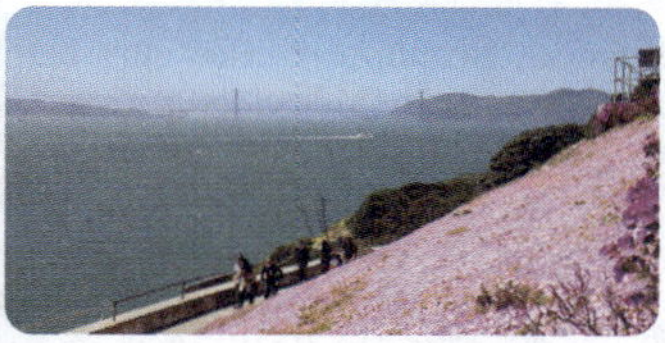

Die Golden Gate Bridge erstreckt sich über den Horizont. Den besten Blick hat man vom Gipfel der Insel an der Eagle Plaza, nahe dem Eingang zum Zellenblock sowie am Ufer entlang des Agave Trail (nur Sept.–Jan.).

Hauptzellenblock

In der Mitte des 20. Jhs. beherbergte das Hochsicherheitsgefängnis die berüchtigtsten Verbrecher jener Zeit, darunter Al Capone und Robert Stroud, den „Vogelmann von Alcatraz" (der aber seine ornithologischen Studien tatsächlich in Leavenworth durchführte).

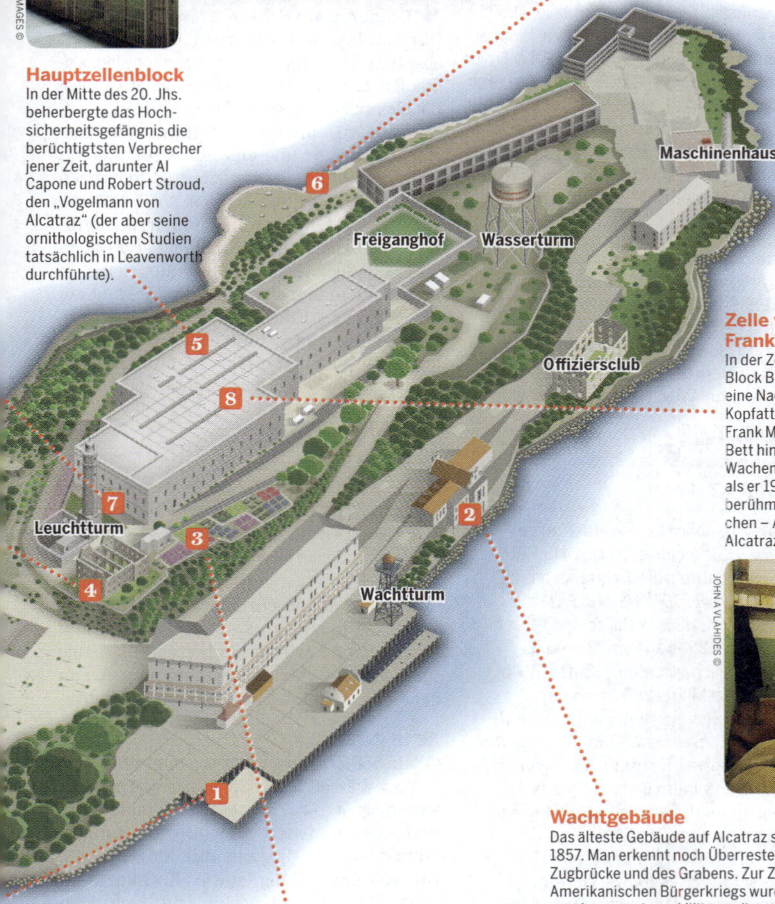

Maschinenhaus

Freiganghof   **Wasserturm**

Offiziersclub

Zelle von Frank Morris

In der Zelle 138 von Block B sieht man eine Nachbildung der Kopfattrappe, die Frank Morris in seinem Bett hinterließ, um die Wachen zu täuschen, als er 1962 seinen berühmten – erfolgreichen – Ausbruch aus Alcatraz unternahm.

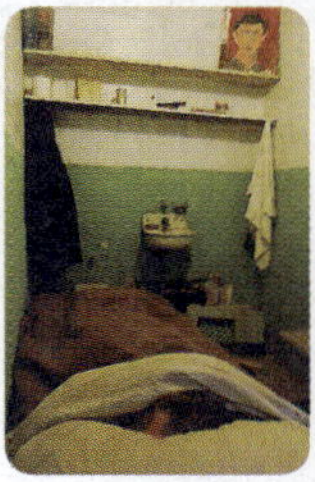

Leuchtturm

Wachtturm

Wachtgebäude

Das älteste Gebäude auf Alcatraz stammt von 1857. Man erkennt noch Überreste der früheren Zugbrücke und des Grabens. Zur Zeit des Amerikanischen Bürgerkriegs wurde das Untergeschoss zu einem Militärverlies umgebaut – der Anfang von Alcatraz als Gefängnisinsel.

Officer's Row Gardens

Im 19. Jh. brachten Soldaten Humus auf die Insel, um sie durch die Anlage von Gärten zu verschönern. Zuverlässige Gefängnisinsassen wurden später mit der Pflege betraut – Elliott Michener erzählte, dass ihn diese Arbeit bei Verstand hielt. Heute kümmern sich Historiker, Ornithologen und Archäologen um die Auswahl der Pflanzen.

1878 beherbergt außerirdisch anmutende Orchideen, zum Meditieren einladende Seerosen und gruselige, fleischfressende Pflanzen, deren Ausdünstungen nach Insektenfleisch riechen.

Japanese Tea Garden GARTEN
(☑Reservierungen für die Teezeremonie 415-752-1171; www.japaneseteagardensf.com; 75 Hagiwara Tea Garden Dr; Erw./Kind 7/5 US$, Mo, Mi & Fr vor 10 Uhr Eintritt frei; ☉März–Okt. 9–18 Uhr, Nov.–Feb. bis 16.45 Uhr; ☐5, 44, 71, Ⓜ N) Seit 1894 erblüht dieser 2 ha große Garten und Bonsai-Hain im Frühling mit der Kirschblüte, färbt sich im Herbst mit den Ahornblättern leuchtend rot und lässt im meditativen Zen-Garten alle Zeit vergessen.

San Francisco Botanical Garden GARTEN
(Strybing Arboretum; ☑415-661-1316; www.strybing.org; 1199 9th Ave; Erw./Kind 7/5 US$, 2. Di im Monat Eintritt frei; ☉April–Okt. 9–18 Uhr, Nov.–März bis 17 Uhr, Buchladen 10–16 Uhr; ☒; ☐6, 43, 44, 71, Ⓜ N) ✐ In diesem 22 ha großen Garten kann man sich seinen Weg rund um die Welt er-

NICHT VERSÄUMEN

ALCATRAZ

Mehr als 150 Jahre lang war **Alcatraz** (Karte S. 136; ☑ Alcatraz Cruises 415-981-7625; www.alcatrazcruises.com; Touren Tag Erw./Kind/Familie 30/18/92 US$, Nacht Erw./Kind 37/22 US$; ☉Callcenter 8–19 Uhr, Start der Fähren an Pier 33 9–15.55 Uhr halbstündlich, Nachttour 18.10 & 18.45 Uhr) das erste Militärgefängnis der USA, ein Hochsicherheitsgefängnis für Schwerkriminelle wie Al Capone und ein heiß umkämpftes Territorium indigener Amerikaner. Keinem Gefangenen ist es jemals gelungen, (lebend) aus Alcatraz zu fliehen, da aber der Transport von Wachen und Versorgungsgütern mehr Geld verschlang, als für die Unterbringung der Insassen im Ritz erforderlich gewesen wäre, wurde das Gefängnis schließlich 1963 geschlossen.

Tagestouren beinhalten die Hin- und Rückfahrt sowie eine faszinierende Audio-Führung, in der Gefangene und Wärter vom Leben auf dem „Felsen" (The Rock) erzählen. Die nächtlichen Führungen werden von einem Parkranger geleitet; für sie muss man mindestens zwei Wochen im Voraus reservieren.

schnuppern. Fast alles blüht in dem besonderen Mikroklima dieser Ecke des Golden Gate Park, von südafrikanischen Savannengräsern bis hin zu japanischen Magnolien.

◉ San Francisco Bay

★Golden Gate Bridge BRÜCKE
(Karte S. 136; www.goldengatebridge.org/visitors; abseits des Lincoln Blvd; nördliche Richtung frei, südliche Richtung Mautgebühr 6 US$; ☐alle Golden-Gate-Transit-Busse) San Franciscos Hängebrücke von 1937 wäre fast am Einspruch der Marine gescheitert, die eine Konstruktion mit gelb gestreiften Betonpfeilern durchsetzen wollte. Aber der Statiker Joseph B. Strauss, die Architekten Gertrude und Irving Murrow und wagemutige Arbeiter verwirklichten schließlich das Art-déco-Wahrzeichen in leuchtendem Singalorange. Für die Maut auf der südlichen Fahrbahn werden die Nummernschilder der Autos elektronisch abgelesen; Einzelheiten erfährt man unter www.goldengate.org/tolls/german.php.

🏃 Aktivitäten

★Kabuki Springs & Spa SPA
(Karte S. 138; ☑415-922-6000; www.kabukisprings.com; 1750 Geary Blvd; Eintritt 25 US$; ☉10–21.45 Uhr, Di beide Geschlechter, Mi, Fr & So nur Frauen, Mo, Do & Sa nur Männer; ☐22, 38) Hier kann man sich im gemeinschaftlichen Dampfraum mit Salz abschrubben, im Warmwasserbecken liegen, im Kaltbad abkühlen und in der Sauna wieder aufheizen. Die Stille sorgt für eine meditative Stimmung: Wenn der Gong ertönt, herrscht Schweigepflicht.

★18 Reasons KOCHEN
(☑415-568-2710; www.18reasons.org; 3674 18th St; Kurse & Events 5–35 US$; ☉variiert je nach Veranstaltung; ☒; ☐22, 33, Ⓜ J) ✐ Kulinarische Bildungserlebnisse: Shochu-Verkostungen, Workshops im Umgang mit Messern und zur Käseherstellung sowie Kochkurse in kalifornischer Küche. Man trifft sich mittwochabends zum familienfreundlichen Suppenessen und donnerstags zur Happy Hour.

Blazing Saddles RADFAHREN
(Karte S. 138; ☑415-202-8888; www.blazingsaddles.com; 2715 Hyde St; Fahrradvermietung 8–15 US$/Std., 32–88 US$/Tag; Elektrorad 48–88 US$/Tag; ☉8–19.30 Uhr; ☒; ☐Powell-Hyde) Der Anbieter liegt praktisch, wenn man auf dem Embarcadero oder zur Golden Gate Bridge radeln will. Er vermietet auch Elektroräder, sowie Räder einschließlich Ruck-

sack und Gepäckspanner. Die Rückgabe ist rund um die Uhr möglich.

☞ Geführte Touren

★ Precita Eyes Mission Mural Tours
STADTSPAZIERGANG

(☎ 415-285-2287; www.precitaeyes.org; Erw./Kind 15–20/5 US$; ⊗ Termine stehen auf der Website; ♿) Einheimische Künstler führen zweistündige Spaziergänge oder Radtouren zu 60 bis 70 Wandmalereien in einem Umkreis von sechs bis zehn Blocks um die mit Wandmalereien bedeckte Balmy Alley; die Erlöse der gemeinnützigen Organisation wandern in die Erhaltung der Malereien.

Chinatown Alleyway Tours
STADTSPAZIERGANG

(☎ 415-984-1478; www.chinatownalleywaytours. org; Erw./Student 18/12 US$; ⊗ Sa & So 11 Uhr; ♿) Jugendliche aus dem Viertel geben den Teilnehmern bei den zweistündigen Führungen der gemeinnützigen Organisation intensive und persönliche Einblicke in Chinatowns Vergangenheit (wenn das Wetter mitspielt). Fünf Tage im Voraus buchen; samstags kann man auch spontan teilnehmen, zahlt dann aber das Doppelte. Nur Barzahlung.

Oceanic Society Expeditions
TOUR

(☎ 415-474-3385; www.oceanicsociety.org; 3950 Scott St; Walbeobachtungstour 120–125 US$/Pers.; ⊗ Büro Mo–Fr 8.30–17 Uhr, Touren Sa & So; 🚌 30) Die von Naturkundlern geführten Tagesausflüge per Boot starten am Yacht Harbor. Die Teilnehmer müssen mindestens zehn Jahre alt sein. Reservierung erforderlich.

Public Library City Guides
STADTSPAZIERGANG

(www.sfcityguides.org; Spende/Trinkgeld willkommen) GRATIS Ehrenamtliche Lokalhistoriker leiten nach Vierteln und Themen unterteilte Spaziergänge. Angeboten werden beispielsweise: „Gold Rush Downtown", „Secrets of Fisherman's Wharf" und „Telegraph Hill Stairway Hike".

★彡 Feste & Events

Chinese New Year Parade
KULTUR

(www.chineseparade.com) Mit den anderen Zuschauern den 61 m langen Drachen jagen. Löwentänzer und Kung-Fu-Kids ziehen durch Chinatown.

SF International Film Festival
FILM

(www.sffs.org; ⊗ April) Beim ältesten Filmfestival der USA marschieren im April Stars auf und Regisseure feiern Premieren.

NICHT VERSÄUMEN

JAPANTOWN & PACIFIC HEIGHTS

Auf jeder Sushitheke in Japantown hebt eine Porzellankatze (*maneki neko*) die Pfote zum Dauergruß. Das Viertel lädt Besucher zum Shoppen im New People (S. 161), zu Shiatsu-Massagen im Kabuki Hot Springs & Spa (S. 148), zu Öko-Entertainment im Sundance Kabuki Cinema (S. 161), zu Weltklassejazz im Yoshi's (S. 159) oder zu fulminantem Rock im Fillmore (S. 159) ein.

Bay to Breakers
SPORT

(www.baytobreakers.com; Startgeld 58–90 US$; ⊗ Mai) Am dritten Sonntag im Mai rennen kostümierte Läufer vom Embarcadero zum Ocean Beach, während als Lachse verkleidete Jogger „stromaufwärts" ziehen.

Carnaval
KULTUR

(www.carnavalsf.com; ⊗ Mai) Echt brasilianisch oder nur mit Wachs und Kunstbräune gefaked? Ganz egal, im Mission District werden am letzten Maiwochenende die Federn geschüttelt.

SF Pride Celebration
KULTUR

(⊗ Juni) Ein Tag reicht bei Weitem nicht aus, wenn die Szene in San Francisco feiert: Der Juni beginnt mit dem **International LGBT Film Festival** (www.frameline.org) und endet stilvoll am letzten Wochenende mit dem **Dyke March** (www.dykemarch.org) am „Pinks Saturday" und einer Million ausgelassener Besucher bei der **Pride Parade** (www. sfpride.org).

Folsom Street Fair
STRASSENFEST

(www.folsomstreetfair.com; ⊗ Sept.) Am letzten Septemberwochenende in Leder schlüpfen und öffentliche Züchtigungen genießen (nur für Erwachsene) – für einen guten Zweck.

Hardly Strictly Bluegrass
MUSIK

(www.strictlybluegrass.com ⊗ Okt.) Anfang Oktober feiert San Francisco seine Western-Wurzeln drei Tage lang mit kostenlosen Konzerten im Golden Gate Park und Auftritten von Stars wie Elvis Costello oder Gillian Welch.

Litquake
LITERATUR

(www.litquake.com; ⊗ Sept.) Hier kann man signierte Bücher ergattern und nach den Lesungen bei einem Drink mit Autoren ins Gespräch kommen.

Green Festival

KULTUR

(www.greenfestivals.org; ⊗ Mitte Nov.) Mitte November stehen drei Tage lang grüne Gastronomie, Technologie, Mode und Alkoholika im Mittelpunkt.

🛏 Schlafen

San Francisco ist die Geburtsstätte des Boutiquehotels, die stilvolle Zimmer teuer anbietet: Für ein Mittelklassezimmer zahlt man 120 bis 200 US$, und hinzu kommen noch 15,5% Hotelsteuer (außer bei Hostels) und Parkplatzgebühren (35–50 US$/Nacht). Infos zu freien Zimmern und zu Sonderangeboten gibt's bei der Reservierungshotline des San Francisco Visitor Information Center (S. 162), bei **Bed & Breakfast San Francisco** (☎415-899-0060; www.bbsf.com) und bei **Lonely Planet** (http://hotels.lonelyplanet.com).

🛏 Union Square & Civic Center

⭐**Orchard Garden Hotel**　　BOUTIQUEHOTEL $$
(Karte S. 138; ☎ 888-717-2881, 415-399-9807; www.theorchardgardenhotel.com; 466 Bush St; Zi. 189–259 US$; ✳@🛜; 🚌 2, 3, 30, 45, Ⓑ Montgomery) 🛈 San Franciscos erstes Ökohotel verwendet nachhaltig erzeugtes Holz, chemiefreie Reinigungsmittel und wiederverwertete Luxusstoffe in seinen angenehm ruhigen Zimmern. Nicht entgehen lassen sollte man sich die sonnige Dachterrasse.

Hotel Rex

BOUTIQUEHOTEL $$

(Karte S. 138; ☎ 415-433-4434, 800-433-4434; www.jdvhotels.com; 562 Sutter St; Zi. 159–229 US$; ✳@🛜🖥; 🚋 Powell-Hyde, Powell-Mason, Ⓜ Powell, Ⓑ Powell) 🛈 Französische Grammofonmusik in der Lobby beschwört die Atmosphäre des New Yorker Algonquin Hotel der 1920er-Jahre herauf. In den hübschen Gästezimmern finden sich von Hand bemalte Lampenschirme, Kunstwerke aus der Region und luxuriöse Betten mit gestärkter Bettwäsche und Daunenkissen. Die Zimmer zur Straße sind hell, aber der Lärm dringt hinein. Ein Zimmer mit Klimaanlage verlangen.

Hotel Triton

BOUTIQUEHOTEL $$

(Karte S. 138; ☎800-800-1299, 415-394-0500; www.hoteltriton.com; 342 Grant Ave; Zi. 175–275 US$, Suite 350 US$; ✳@🛜🖥🐾; Ⓜ Montgomery, Ⓑ Montgomery) 🛈 Hinter der farbenfrohen Lobby, die aus einem Comic stammen könnte, verbergen sich schicke Zimmer mit San-Francisco-typischen Motiven – z. B. eine Wandtapete mit Kerouacs *Unterwegs* –, umweltfreundlichen Einrichtungen, luxuriösen Betten und Eiscreme ohne Ende. Nicht versäumen sollte man das Tarotkartenlegen und die Sesselmassagen während der Weinstunde am Abend.

Hotel Zetta

HOTEL $$

(Karte S. 138; ☎855-212-4187, 415-543-8555; www.hotelzetta.com; 55 5th St; Zi. 189–249 US$; ✳@🛜🖥🐾; Ⓑ Powell St, Ⓜ Powell St) 🛈 Das 2013 eröffnete, umweltbewusste Hotel in der Downtown ist auf spieleverliebte Technikfans eingestellt: Es gibt Billardtische, ein Shuffleboard und eine Plinko-Wand über dem mit Kunstwerken geschmückten Foyer.

SAN FRANCISCO MIT KINDERN

Zwar kommen auf San Franciscos Einwohner pro Kopf weniger Kinder als in jeder anderen US-amerikanischen Großstadt, und nach einer aktuellen SPCA-Studie gibt es hier rund 32 000 Hunde mehr als Einwohner unter 18 Jahren, aber trotzdem bietet San Francisco jede Menge für Kinder, z. B. den Golden Gate Park, das Exploratorium, die California Academy of Sciences, das Cartoon Art Museum und das Museé Mechanique. Die Babysitter von **American Child Care** (☎415-285-2300; www.americanchildcare.com; 580 California St, Suite 1600) berechnen 20 US$ pro Stunde plus Trinkgeld (mind. 4 Std.).

Im **Children's Creativity Museum** (Karte S. 138; ☎415-820-3320; www.zeum.org; 221 4th St; Eintritt 11 US$; ⊗ Sept.–Mai So 10–16 Uhr, Juni–Aug. Di–So; 🖥; Ⓜ Powell, Ⓑ Powell) gibt's Technologie, die für Schulen zu cool ist: Roboter, Videospiele mit Live-Action, selbstgemachte Musikvideos und Workshops zur 3D-Animation mit Silicon-Valley-Experten.

Im **Aquarium of the Bay** (Karte S. 138; www.aquariumofthebay.com; Pier 39; Erw./Kind/Familie 18/10/50 US$; ⊗ Sommer 9–20 Uhr, Winter 10–18 Uhr; 🖥; 🚌 49, 🚋 Powell-Mason, Ⓜ F) können Kids unter Wasser auf Transportbändern durch Glasröhren gleiten, während Haie darüber ihre Kreise ziehen.

Eine heiße Sache sind die **Fire Engine Tours** (Karte S. 138; ☎415-333-7077; www.fireenginetours.com; Abfahrt Beach St, an der Cannery; Erw./Kind 50/30 US$; ⊗ Tour 9, 11, 13, 15 Uhr), bei denen man die Golden Gate Bridge in einem alten Feuerwehrwagen überquert.

Die überdurchschnittlich großen Zimmer bieten niedrige Plattformbetten mit gepolsterten, mit Leder überzogenen Kopfstücken und internettaugliche Flachbild-TVs.

Golden Gate Hotel
HOTEL **$$**

(Karte S.138; ☎800-835-1118, 415-392-3702; www.goldengatehotel.com; 775 Bush St; Zi. mit/ohne Bad 175/115 US$; @🛜🖥; 🚋2, 3, 🚠Powell-Hyde, Powell-Mason) Das edwardianische Hotel von 1913 wirkt mit seinen freundlichen Eigentümern und den bequemen, zusammengewürfelten Möbeln wie eine altmodische Pension. Die Zimmer sind klein, aber komfortabel; die meisten haben ein eigenes Bad. Hausgemachte Kekse und eine Hauskatze sorgen nach dem Sightseeing für Gemütlichkeit.

Hotel Abri
HOTEL **$$**

(Karte S.138; ☎415-392-8800, 888-229-0677; www.hotelabrisf.com; 127 Ellis St; Zi. 169–249 US$; ❄@🛜🖥; Ⓜ Powell, Ⓑ Powell) Das zeitgemäß schicke Hotel im Schwarz und Hellbraun bietet Polsterbetten mit Federkissen, iPod-Anschlüsse, Flachbild-TVs und große Arbeitsflächen. Nur wenige Badezimmer haben Badewannen, aber die Duschkabinen mit Deckendüsen sind ein guter Ersatz.

Hotel des Arts
KUNSTHOTEL **$$**

(Karte S.138; ☎800-956-4322, 415-956-3232; www.sfhoteldesarts.com; 447 Bush St; Zi. mit Bad 119–159 US$, ohne Bad 79–99 US$; 🛜; Ⓜ Montgomery, Ⓑ Montgomery) Ein Budgethotel für Kunstfreaks mit tollen Wandmalereien von Underground-Künstlern. Nachteile: dünne Bettwäsche und kaum Lärmschutz, sodass man vielleicht Ohrstöpsel braucht. Bei den Zimmern mit eigenem Bad gilt zudem ein Übernachtungsminimum von sieben Tagen.

★Hotel Monaco
BOUTIQUEHOTEL **$$**

(Karte S.138; ☎415-292-0100, 866-622-5284; www.monaco-sf.com; 501 Geary St; Zi. 179–269 US$; ❄@🛜🖥; 🖥38, 🚠Powell-Hyde, Powell-Mason) 🖊 Im flotten Monaco stimmen die Details: Die farbenfrohen Gästezimmer sind mit hochwertiger Bettwäsche, ergonomischen Arbeitstischen und viel Schrankfläche ausgestattet. Zu den Extras gehören ein Spa mit Whirlpool, ein Fitnesseraum, Wein am Abend und Fahrräder zum Ausleihen.

🛏 Financial District & North Beach

San Remo Hotel
HOTEL **$**

(Karte S.138; ☎800-352-7366, 415-776-8688; www.sanremohotel.com; 2237 Mason St; DZ mit Gemeinschaftsbad 79–129 US$; @🛜🖥; 🖥30, 47, 🚠Powell-Mason) Zu den Hotels mit den besten Preis-Leistungs-Verhältnissen gehört dieser charmant-altmodische, mit Antiquitäten möblierte Gasthof von 1906. Die preiswertesten Zimmer öffnen sich zum Korridor, in den Familiensuiten haben fünf Personen Platz. Kein Fahrstuhl.

Pacific Tradewinds Hostel
HOSTEL **$**

(Karte S.138; ☎888-734-6783, 415-433-7970; www.sanfranciscohostel.org; 680 Sacramento St; B 30 US$; @🛜; 🖥1, 🚠California St, Ⓑ Montgomery) San Franciscos attraktivstes Hostel ohne Privatzimmer bietet blauweißes Seefahrtsdekor, eine komplett ausgestattete Küche, blitzblanke Duschen aus Glasbausteinen, keine Sperrstunde und tollen Service. Das Hostel liegt im dritten Stock, einen Fahrstuhl gibt es nicht.

★Hotel Bohème
BOUTIQUEHOTEL **$$**

(Karte S.138; ☎415-433-9111; www.hotelboheme.com; 444 Columbus Ave; Zi. 174–224 US$; @🛜; 🖥10, 12, 30, 41, 45) Dieses Hotel ist eine Ode an die Beat-Ära von North Beach, mit seinen alten Fotos, Zimmern in Goldorange, Schwarz und Graugrün im Stil der 1950er-Jahre und von Sonnenschirmen abgemilderten Deckenleuchten. Die Zimmer sind relativ klein, und einige liegen zur lauten Columbus Ave hin, aber dafür wohnt man mitten im munteren North Beach.

Hotel Vitale
BOUTIQUEHOTEL **$$$**

(Karte S.138; ☎888-890-8688, 415-278-3700; www.hotelvitale.com; 8 Mission St; Zi. ab 255 US$; ❄@🛜🖥; Ⓜ Embarcadero, Ⓑ Embarcadero) Hinter dem getönten Glas verbirgt sich ein modebewusstes Hotel mit topaktuellen Extras wie Luxusbettwäsche und einem hauseigenen Spa mit heißen Wannen auf der Dachterrasse. Von einigen Zimmern hat man zudem einen spektakulären Blick auf die Brücke.

🛏 Fisherman's Wharf & The Marina

★HI San Francisco Fisherman's Wharf
HOSTEL **$**

(Karte S.138; ☎415-771-7277; www.sfhostels.com; Bldg 240, Fort Mason; B mit Frühstück 30–40 US$, Zi. 65–100 US$; 🅿@🛜; 🖥28, 30, 47, 49) In dem Gebäude eines ehemaligen Armeehospitals finden sich preisgünstige Privatzimmer und Schlafsäle (einige nicht nach Geschlechtern getrennt) mit 4 bis 22 Betten sowie eine riesige Gästeküche. Es gibt keine Sperrstunde, aber tagsüber auch keine Heizung – warme Kleidung mitbringen! Die Zahl der kostenlosen Parkplätze ist begrenzt.

Hotel del Sol   MOTEL $$
(☎ 415-921-5520, 877-433-5765; www.thehoteldel sol.com; 3100 Webster St; DZ 189–269 US$; P⚹@🛜⛵♿🐾; 🚌22, 28, 30, 43) 🚲 Das schicke, kinderfreundliche Motel aus den 1950er-Jahren gibt sich tropisch. Der zentrale Hof ist von Palmen gesäumt, und es gibt einen beheizten Außenpool. In den Familiensuiten gibt's Ausziehbetten und Brettspiele. Die Parkplätze sind kostenlos.

Tuscan Inn   BOUTIQUEHOTEL $$
(Karte S.138; ☎800-648-4626, 415-561-1100; www.tuscaninn.com; 425 North Point St; Zi. 169–299 US$; ⚹@🛜🐾; 🚌47, 🚋Powell-Mason, Ⓜ F) 🚲 Die geräumigen, in glitzernden Farbtönen gehaltenen Zimmer dieses Hotels der modebewussten Kette Kimpton bieten mehr Ambiente als die meisten anderen Kettenhotels. Kids lieben die Nintendo-Videospielkonsolen in den Zimmern und Eltern die Weinstunden am Nachmittag.

Marina Motel   MOTEL $$
(☎800-346-6118, 415-921-9406; www.marinamo tel.com; 2576 Lombard St; Zi. 139–199 US$; P🛜🐾; 🚌28, 30, 41, 43, 45) Das Marina von 1939 wirkt mit seinem von Bougainvilleen gesäumten Hof spanisch-mediterran. Die Zimmer sind gemütlich und gepflegt, einige haben eine komplett ausgestattete Küche (zzgl. 10–20 US$).

★ Argonaut Hotel   BOUTIQUEHOTEL $$$
(Karte S.138; ☎866-415-0704, 415-563-0800; www.argonauthotel.com; 495 Jefferson St; Zi. 205–325 US$, mit Ausblick 305–550 US$; ⚹🛜🐾; 🚌19, 47, 49, 🚋Powell-Hyde) 🚲 Die beste Unterkunft in Fisherman's Wharf residiert in einer Konservenfabrik von 1908. Freiliegende Holzbalken, unverputzte Ziegelwände und nautisches Dekor bis hin zu Spiegeln in Bullaugenform prägen das Bild. Ultrakomfortable Betten und iPod-Anschlüsse sind Standard, einige Zimmer sind aber winzig und bekommen kaum Sonnenlicht ab. Wer es sich leisten kann, zahlt den Aufpreis für ein Zimmer mit tollem Blick auf die Bucht.

🛏 The Mission

Inn San Francisco   B&B $$
(☎415-641-0188, 800-359-0913; www.innsf.com; 943 S Van Ness Ave; Zi. mit Frühstück 185–295 US$,

mit Gemeinschaftsbad 135–185 US$, Cottage 325–385 US$; P@🛜; 🚌14, 49) 🚲 Die makellos gepflegte und mit Antiquitäten vollgestopfte, 1872 erbaute viktorianische Villa im italienischen Stil prunkt mit einem Redwood-Badebecken im englischen Garten und Gästezimmern mit flauschigen Federbetten, frischen Schnittblumen und teilweise auch Whirlpools. Die Zahl der Parkplätze ist begrenzt; vorab reservieren! Kein Fahrstuhl.

🛏 The Castro

Parker Guest House   B&B $$
(☎888-520-7275, 415-621-3222; www.parkerguest house.com; 520 Church St; Zi. mit Frühstück 159–269 US$; @🛜; 🚌33, Ⓜ J) Das stattlichste Schwulen-B&B im Castro belegt zwei nebeneinander stehende edwardianische Villen, die sich den Garten und das Dampfbad teilen. Die Zimmer bieten superkomfortable Betten mit Daunendecken, die Badarmaturen glänzen. Kein Fahrstuhl.

🛏 The Haight

Metro Hotel   HOTEL $
(☎415-861-5364; www.metrohotelsf.com; 319 Divisadero St; Zi. 88–138 US$; @🛜; 🚌6, 24, 71) Das zentral in Haight gelegene Hotel bietet preiswerte, saubere Zimmer mit eigenem Bad und Gartenhof. Im Erdgeschoss befindet sich die Pizzeria Ragazza (S. 156). Kein Fahrstuhl.

Red Victorian Bed, Breakfast & Art   B&B $
(☎415-864-1978; www.redvic.net; 1665 Haight St; Zi. mit Frühstück 159–189 US$, ohne Bad 99–139 US$; 🛜; 🚌33, 43, 71) 🚲 In den nach Themen wie „Sunshine", „Flower Children" oder „Summer of Love" gestalteten Zimmern des 1904 erbauten Hotels leben die ausgeflippten 1960er-Jahre weiter. Nur vier der 18 Zimmer haben ein eigenes Bad. Im Preis inbegriffen ist das Bio-Frühstück im Peace Café im Erdgeschoss.

Chateau Tivoli   B&B $$
(☎800-228-1647, 415-776-5462; www.chateautivo li.com; 1057 Steiner St; Zi. mit Frühstück 170–215 US$, ohne Bad 115–135 US$, Suite 275–300 US$; 🛜; 🚌5, 22) In dem prächtigen Chateau abseits des Alamo Sq wohnten einst Isadora Duncan und Mark Twain. Mit seinen Türmchen, Simsen und Holzverzierungen bietet es viel Ambiente. Angeblich soll hier auch der Geist einer Operndiva aus viktorianischer Zeit spuken. Kein Fahrstuhl, kein TV.

 Essen

Hunger sollte man schon mitbringen, denn in San Francisco gibt's zehnmal mehr Restaurants pro Kopf als in jeder anderen Stadt der USA. Die meisten Spitzenrestaurants der Stadt aber sind recht klein, also gleich reservieren! Günstige Happen bekommt man in den Taquerias im Mission District, in den Dim-Sum-Lokalen von Chinatown sowie in den Delis von North Beach.

✖ SOMA, Union Square & Civic Center

Saigon Sandwich Shop VIETNAMESISCH $
(Karte S. 138; ☏ 415-474-5698; saigon-sandwich. com; 560 Larkin St; Sandwichs 3,50 US$; ⏲ 7–17 Uhr; 🚇 19, 31) In einer recht zwielichtigen Straße wartet man auf sein vietnamesisches Baguette, das je nach Wunsch mit gegrilltem Schweinefleisch, Hähnchen, Gänseleberpastete, Fleischbällchen und/oder Tofu belegt und mit eingelegten Karotten, Jalapeño, Zwiebeln und Koriander gewürzt ist.

Brenda's French Soul Food KREOLISCH, SÜDSTAATENKÜCHE $$
(Karte S. 138; ☏ 415-345-8100; www.frenchsoul food.com; 652 Polk St; Hauptgerichte mittags 9–13 US$, abends 11–17 US$; ⏲ Mo & Di 8–15, Mi–Sa bis 22, So bis 20 Uhr; 🚇 19, 31, 38, 47, 49) Die Köchin und Besitzerin Brenda Buenviaje

serviert kalifornisch-kreolische Klassiker wie „Hangtown-Fry" (Eier mit Speck und gebratenen Austern), mit Shrimps gefüllten Po'boys, gebratene Hähnchen mit Gemüsekohl und scharfer Würze sowie mit Wassermelone gewürzten gesüßten Eistee.

★ Rich Table KALIFORNISCH $$$
(Karte S. 138; ☏ 415-355-9085; http://richtablesf. com; 199 Gough St; Gerichte 30–40 US$; ⏲ So–Do 17.30–22, Fr–Sa bis 22.30 Uhr; 🚇 5, 6, 21, 47, 49, 71, Ⓜ Van Ness) 🍴 Nach dem Genuss der Aprikosensuppe mit Pancetta und der Kaninchen-Cannelloni mit Brunnenkresse-Creme wird man seinen Teller ablecken wollen. Das Koch- und Eigentümerpaar Sarah und Evan Rich kreiert spielerische kalifornische Gerichte wie „Dirty Hippie": liebliche Pannacotta mit Ziegenbuttermilch und Hanfsamen. Zwei bis vier Wochen im Voraus reservieren (nur direkt telefonisch beim Restaurant)!

Sweet Woodruff CAFÉ, KALIFORNISCH $$
(Karte S. 138; ☏ 415-292-9090; www.sweetwood ruffsf.com; 798 Sutter St; Gerichte 8–13 US$; ⏲ 11–21.45 Uhr; 🚇 2, 3, 27) 🍴 Das Ladencafé ist die kleine Schwester des mit Michelinsternen ausgezeichneten Sons & Daughters. Aus saisonalen und regionalen Zutaten werden kleine Gerichte wie gebratene Pimientos de Padrón mit Frischkäse oder Seeigel mit Backkartoffeln und Schinken gezaubert. Es

---

FÜNF LECKERE GRÜNDE, DIE FÄHRE ZU VERPASSEN

Wer sich die Köstlichkeiten im Ferry Building entgehen lässt, verpasst viel mehr als nur eine Fähre.

➡ Der Fang des Tages kommt bei der **Hog Island Oyster Company** (Karte S. 138; ☏ 415-391-7117; www.hogislandoysters.com; 1 Ferry Bldg; Austern 16–20 US$/6 Stück; ⏲ Mo–Fr 11.30–20, Sa & So 11–18 Uhr; Ⓜ Embarcadero, Ⓑ Embarcadero) 🍴 auf den Tisch, zur Happy Hour kosten die Austern nur 1 US$ pro Stück.

➡ Alles für ein Gourmetpicknick liefert der **Farmers Market** (Karte S. 138; ☏ 415-291-3276; www.cuesa.org; ⏲ Di & Do 10–14, Sa ab 8 Uhr) – besonders zu empfehlen sind die 4505 Fleisch- und Wurstspezialitäten, Donnas Tamales und Namu Gajis koreanische Tacos.

➡ Lecker sind die neuen mexikanischen Straßensnacks von Iron-Chef-Köchin Traci des Jardins im **Mijita** (Karte S. 138; ☏ 415-399-0814; www.mijitasf.com; 1 Ferry Bldg; Gerichte 4–8 US$; ⏲ Mo–Do 10–19, Fr & Sa bis 20, So 8.30–15 Uhr; 🚴 ♿; Ⓜ Embarcadero, Ⓑ Embarcadero).

➡ Burger mit Öko-Rindfleisch und Süßkartoffelfritten gibt's bei **Gott's Roadside** (Karte S. 138; www.gotts.com; 1 Ferry Bldg; Burger 8–11 US$; ⏲ 10.30–22 Uhr; ♿; Ⓜ Embarcadero, Ⓑ Embarcadero) 🍴

➡ Kalifornisch-vietnamesische Glasnudeln mit Kalifornischen Taschenkrebsen locken im **Slanted Door** (Karte S. 138; ☏ 415-861-8032; www.slanteddoor.com; 1 Ferry Bldg; Hauptgerichte mittags 15–28 US$, abends 19–42 US$; ⏲ Mo–Sa 11–14.30 & 17.30–22, So 11.30–15 & 17.30–22 Uhr; Ⓜ Embarcadero, Ⓑ Embarcadero), das Charles Phan mit seiner Familie betreibt.

gibt keine Kellner und keinen Küchenherd, sondern nur einen Backofen, eine Kochplatte und die Fantasie.

Zero Zero
PIZZERIA $$

(Karte S. 138; ☑ 415-348-8800; www.zerozerosf. com; 826 Folsom St; Pizza 10–19 US$; ☺ Mo–Do 11.30–14.30 & 17.30–22, Fr bis 23, Sa 11.30–23, So 11.30–22 Uhr; ⓜ Powell, ⓑ Powell) Für den locker-knusprigen Teig wird Weichweizenmehl Typ 00 verwendet, wie das für Neapel typisch ist. Der Belag verweist jedoch auf San Francisco: So gibt es die städteübergreifende, multikulturelle „Geary" mit Venusmuscheln, Schinken und Chilischoten und die allseits beliebte „Castro" mit hausgemachten Würstchen.

★ Benu
KALIFORNISCH, FUSION $$$

(Karte S. 138; ☑ 415-685-4860; www.benusf.com; 22 Hawthorne St; Hauptgerichte 26–42 US$; ☺ Di–Sa 17.30–22 Uhr; ⓠ 10, 12, 14, 30, 45) San Francisco besitzt schon seit mehr als 150 Jahren eine raffinierte Fusion-Küche, aber niemand zelebriert sie so wie Chefkoch Corey Lee (er war früher Koch im French Laundry in Napa), der ortstypische feine Biogerichte mit pazifischem Aroma mixt und sie mit der Finesse eines DJs aus SoMa serviert. Die Kalifornischen Taschenkrebse mit schwarzer Trüffelcreme machen die falsche Haifischflossensuppe so „echt", dass man glaubt, der weiße Hai schwämme darin.

★ Jardinière
KALIFORNISCH $$$

(Karte S. 138; ☑ 415-861-5555; www.jardiniere. com; 300 Grove St; Hauptgerichte 19–37 US$; ☺ Di–Sa 17–22.30, So & Mo bis 22 Uhr; ⓠ 5, 21, 47, 49, ⓜ Van Ness) ✎ „Iron Chef"-, „Top Chef Master"- und „James Beard Award"-Preisträgerin Traci Des Jardins liebt kalifornisches Bio-Gemüse, Fleisch aus Freilandzucht und umweltverträglich geerntete Meeresfrüchte. So werden z. B. hausgemachte Tagliatelle mit Markknochen und samtige Jakobsmuscheln mit seidigen Seeigeln serviert. Montags gibt's ein dekadentes Drei-Gänge-Menü mit passendem Wein schon für 49 US$.

✕ Financial District, Chinatown & North Beach

★ Liguria Bakery
BÄCKEREI $

(Karte S. 138; ☑ 415-421-3786; 1700 Stockton St; Focaccia 4–5 US$; ☺ Mo–Fr 8–13, Sa ab 7 Uhr; ✎ ⓕ; ⓠ 8X, 30, 39, 41, 45, ⓠ Powell-Mason) Übernächtigte Kunststudenten und italienische Großmütter stehen um 8 Uhr für die Focaccia mit Zimt und Rosinen an, die warm aus dem 100 Jahre alten Ofen kommt. Herumtrödlern bleibt um 9 Uhr dann nur noch die Wahl zwischen Tomate und klassisch mit Rosmarin und Knoblauch, während Nachzügler, die um 11 Uhr kommen, ganz leer ausgehen. Nur Barzahlung.

City View
CHINESISCH $

(Karte S. 138; ☑ 415-398-2838; 662 Commercial St; Gerichte 3–8 US$; ☺ Mo–Fr 11–14.30, Sa & So ab 10 Uhr; ⓠ 8X, 10, 12, 30, 45, ⓠ California St) Im sonnigen Speisesaal wählt man von den Karren, auf denen köstliche Klößchen aus Krabben und Lauch, gebratener Kai-lan mit Knoblauch, scharfe Spareribs, mit Kokos bestäubte Puddingtörtchen und andere leckere Dim-Sum-Speisen stehen.

Cinecittà
PIZZERIA $

(Karte S. 138; ☑ 415-291-8830; www.cinecittares taurant.com; 663 Union St; Pizza 12–15 US$; ☺ So–Do 12–22, Fr & Sa bis 23 Uhr; ✎ ⓕ; ⓠ 8X, 30, 39, 41, 45, ⓠ Powell-Mason) In diesem Lokal mit nur 22 Plätzen duftet es nach römischer Pizza (mit dünnem Boden), z. B. der klassischen Travestere (mit frischem Mozzarella, Rucola und Prosciutto) oder der neapolitanischen O Sole Mio (mit Kapern, Oliven, Mozzarella und Sardellen). Örtliche Biere gibt's vom Fass, der Hauswein kostet zwischen 15 und 19 Uhr 5 US$, und das hausgemachte Tiramisu ist das beste In San Francisco.

★ Cotogna
ITALIENISCH $$

(Karte S. 138; ☑ 415-775-8508; www.cotognasf. com; 470 Pacific Ave; Hauptgerichte 14–26 US$; ☺ Mo–Sa 11.30–23.30, So 11.30–14.30 & 17–21 Uhr; ✎; ⓠ 10, 12) Seit Chefkoch und Besitzer Michael Tusk den James Beard Award als bester Koch gewonnen hat, sind Reservierungen im rustikal-italienischen Cotogna (und dem schickeren Schwesterrestaurant Quince) begehrt. Geboten werden klassische Pastagerichte, leckere Holzofenpizzas und am Drehspieß karamellisiertes Fleisch.

Z & Y
CHINESISCH $$

(Karte S. 138; ☑ 415-981-8988; www.zandyrestau rant.com; 655 Jackson St; Hauptgerichte 9–18 US$; ☺ Mo–Do 11–22, Fr–So bis 23 Uhr; ⓠ 8X, ⓠ Powell-Mason, Powell-Hyde) Das Restaurant bietet sensationelle Sichuan-Gerichte wie würzige Schweinefleischbällchen, heiße grüne Bohnen, hausgemachte Dandan-Nudeln mit Erdnuss-Chili-Sauce oder in scharfem Chili-öl gedünsteten Fisch unter roten Chilischoten. Früh kommen und darauf eingestellt sein, warten zu müssen!

Ristorante Ideale   ITALIAN $$

(Karte S.138; ☑415-391-4129; www.idealerestau
rant.com; 1315 Grant Ave; Pasta 15–18 US$; ⊙Mo–
Do 17.30–22.30, Fr–Sa bis 23, So 17–22 Uhr; ◻8X,
10, 12, 30, 41, 45, ◻Powell-Mason) Der römische
Chefkoch Maurizio Bruschi serviert authentische *bucatini ammatriciana* (Makkaroni
mit Tomaten-Pecorino-Sauce und im Haus
geräuchertem Pancetta) sowie Ravioli und
Gnocchi, die hausgemacht und handgerollt sind. Die toskanischen Kellner können
preisgünstige Weine empfehlen, und alle gehen glücklich nach Hause.

⭐**Coi**   KALIFORNISCH $$$

(Karte S.138; ☑415-393-9000; www.coirestau
rant.com; 373 Broadway; Menü 175 US$; ⊙Mi–Sa
17.30–22 Uhr; ℗; ◻8X, 30, 41, 45, ◻Powell-Mason)
🍴 Beim einfallsreichen Acht-Gänge-Verkostungsmenü von Chefkoch und Eigentümer
Daniel Patterson genießt man ein Stück kalifornischer Küste: Bei warmer Entenzunge
mit rosa Eisblumenblüten und frischem
Monterey-Bay-Seeohr mit Erbsensprossen
macht der Golden State einen glücklich.

✖ Fisherman's Wharf & The Marina

Off the Grid   IMBISSWAGEN $

(Karte S.138; www.offthegridsf.com; Gerichte
5–10 US$; ⊙Fr 17–22 Uhr; ◻22, 28) Dreißig
Imbisstrucks bilden bei Fort Mason eine
Wagenburg und laden zum Schlemmen ein.
Vor 18.30 Uhr kommen oder eine 20-minütige Wartezeit für Chairman Baos Muschelbrötchen mit Ente und Mango, Roli Rotis
mit Kräutern gebratene Hähnchen und die
Desserts des Crème Brûlée Man in Kauf nehmen. Nur Barzahlung.

In-N-Out Burger   BURGER $

(Karte S.138; ☑800-786-1000; www.in-n-out.com;
333 Jefferson St; Gerichte unter 10 US$; ⊙So–Do
10.30–1, Fr & Sa bis 1.30 Uhr; 🚻; ◻30, 47, ◻Powell-
Hyde) Der Rinderkamm wird direkt vor dem
Verarbeiten durchgedreht, dazu gibt's Fritten
und Shakes, deren Inhalt identifizierbar ist,
und das Ganze wird von Angestellten serviert, die von ihrem Gehalt leben können.
Unbedingt den Burger „animal style" nehmen (mit Senf und gebratenen Zwiebeln)!

⭐**Greens**   VEGETARISCH, KALIFORNISCH $$

(Karte S.138; ☑415-771-6222; www.greensrestau
rant.com; Bldg A, Fort Mason Center, Ecke Marina
Blvd & Laguna St; Hauptgerichte mittags 15–17 US$,
abends 17–24 US$; ⊙Di–Fr 11.45–14.30 & 17.30–21,

Sa ab 11, So 10.30–14 & 17.30–21, Mo 17.30–21
Uhr; 🅿; ◻28) 🍴 Fleischfans werden nicht
merken, dass in dem herzhaften Chili mit
schwarzen Bohnen, Crème fraîche und eingelegten Jalapeños und in den Panini mit
gebratenen Auberginen und Zutaten, die
überwiegend von einer Zen-Farm stammen,
kein totes Tier enthalten ist. Einfach das Essen mitnehmen und auf einer Bank am Kai
genießen. Fürs Abendessen am Wochenende
oder dem Sonntagsbrunch vorab reservieren!

⭐**Gary Danko**   KALIFORNISCH $$$

(Karte S.138; ☑415-749-2060; www.garydan
ko.com; 800 North Point St; 3-/5-Gänge-Menü 73/
107 US$; ⊙17.30–22 Uhr; ◻19, 30, 47, ◻Powell-
Hyde) Nur die Milchglasfenster verhindern, dass Passanten beim Anblick der mit
dem James Beard Award ausgezeichneten
Kreationen das Wasser im Mund zusammenläuft: Da gibt es gebratenen Hummer
mit Totentrompeten, Entenbrust mit Rhabarberkompott, viel Käse und drei Arten von
Crème brûlée. Reservierung erforderlich.

✖ The Mission

⭐**La Taqueria**   MEXIKANISCH $

(☑415-285-7117; 2889 Mission St; Burritos
6–8 US$; ⊙Mo–Sa 11–21, So bis 20 Uhr; 🍴
◻12, 14, 48, 49, Ⓑ24th St Mission) Der beste
Burrito im La Taqueria verzichtet auf fragwürdigen Safranreis, Spinattortillas oder
Mango-Salsa und beschränkt sich auf eine
Mehltortilla mit perfekt gegrilltem Fleisch,
langsam gegarten Bohnen und klassischer
tomatillo- oder *mesquite*-Salsa. Herzhafte
Pickles und *crema* (mexikanischer Sauerrahm) komplettieren den Burrito-Genuss.

⭐**Namu Gaji**   KOREANISCH, KALIFORNISCH $$

(☑415-431-6268; www.namusf.com; 499 Dolores St;
kleine Gerichte 8–22 US$; ⊙Di–Do 11.30–22, Fr &
Sa bis 23 Uhr; ◻22, 33, ⓂJ, Ⓑ16th St Mission) 🍴
Die koreanisch inspirierten Gerichte dieses
Lokals sind ein gutes Beispiel für San Franciscos kulinarische Standortvorteile: vor Ort
erzeugte Bio-Zutaten, pazifische Wurzeln und
Silicon-Valley-Erfindergeist. Zu den herausragenden Speisen gehören pikante Klößchen
aus Shiitake-Pilzen, zarte marinierte Rinderzunge und Steaks von Freilandrindern der
Marin Sun Farms, die in einem Steintopf auf
dampfendem Reis serviert werden.

⭐**Commonwealth**   KALIFORNISCH $$$

(☑415-355-1500; www.commonwealthsf.com;
2224 Mission St; kleine Gerichte 11–16 US$; ⊙So–

KULINARISCHES ZUM MITNEHMEN

Bi-Rite (☑ 415-241-9760; www.birite market.com; 3639 18th St; Sandwiches 7–10 US$; ☺ 9–21 Uhr; ♿; ☐ 14, 22, 33, 49, Ⓑ 16th St Mission) Als ernsthafte Konkurrenz billiger Lebensmittelläden und Gourmetoase liefert Bi-Rite im Mission District selbst hergestellte Pralinen, nachhaltige produzierte, gepökelte Fleischwaren, wundervolles Bio-Obst und dazu eine große Auswahl kalifornischer Weine und Käsesorten. Einfach ein Gourmet-Sandwich holen und im Dolores Park genießen!

Do 17.30–22, Fr & Sa bis 23 Uhr; ☑; ☐ 14, 22, 33, 49, Ⓑ 16th St Mission) Kaliforniens einfallsreichste Bauerngerichte gibt es nicht in einer urigen Scheune, sondern in einer umgebauten Kneipe aus Betonziegeln im Mission District. Chefkoch Jason Fox serviert grüne Erdbeeren und Schwarzrettich mit Fenchelsamen und gedünstete Austern auf wilden Sukkulenten und Rhabarbereis. Das leckere Festpreismenü kostet 75 US$, wovon 10 US$ für wohltätige Zwecke gespendet werden.

✕ The Castro

Chilango　　MEXIKANISCH $$
(☑ 415-552-5700; www.chilangorestaurantsf.com; 235 Church St; Gerichte 8–12 US$; ☺ 11–22 Uhr; Ⓜ Church) ✐ Besser als ein Taqueria-Imbiss: die Filet-Mignon-Tacos, saftigen *carnitas* (Schweinebraten) und das sensationelle Hühnchen mit *mole* (Kakaosauce) werden in diesem zwanglosen mexikanischen Lokal auschließlich aus Bio-Zutaten zubereitet.

Starbelly　　KALIFORNISCH, PIZZERIA $$
(☑ 415-252-7500; www.starbellysf.com; 3583 16th St; Gerichte 6–19 US$; ☺ So–Do 11.30–23, Fr & Sa bis 24 Uhr; Ⓜ Castro) ✐ Auf der beheizten Garten-Terrasse werden *salumi* (italienische Wurstwaren), marktfrische Salate, leckere Pasteten, gebratene Muscheln mit hausgemachten Würstchen und Pizzas mit dünnem Boden serviert.

★Frances　　KALIFORNISCH $$$
(☑ 415-621-3870; www.frances-sf.com; 3870 17th St; Hauptgerichte 27–28 US$; ☺ Di–So 17–22.30 Uhr; Ⓜ Castro) Die saisonalen Gerichte von Chefköchin und Besitzerin Melissa Perello bieten Luxuriös-Aromatisches wie samt-

weiche Gnocchi mit Schafsmilch-Ricotta, knusprigen Croutons und Broccolini oder gegrillte Calamari mit eingelegten Meyer-Zitronen. Dazu gibt's offene Weine aus dem Sonoma Valley.

✕ The Haight

★Rosamunde Sausage Grill　　FASTFOOD $
(Karte S.138; ☑ 415-437-6851; http://rosamunde sausagegrill.com; 545 Haight St; Würstchen 4–6 US$; ☺ 11.30–22 Uhr; ☐ 6, 22, 71, Ⓜ N) Wer gut und günstig zu Abend essen will, packt hier Bratwürste (klassisch oder z. B. aus Ente und Feigen) mit gedünsteter Paprika, gebratenen Zwiebeln, Senfkörnern und Mango-Chutney als kostenlosen Beilagen auf seinen Teller und genießt das Ganze kombiniert mit einer von hundert Bierspezialitäten in der Bier-Bar Toronado nebenan.

Ragazza　　PIZZERIA $$
(☑ 415-255-1133; www.ragazzasf.com; 311 Divisadero St; Pizza 13–18 US$; ☺ Mo–Do 17–22, Fr & Sa bis 22.30 Uhr; ♿; ☐ 6, 21, 24, 71) Lecker sind die Pizzen mit Kartoffeln und Lauch. Bei vielen Pizzas dieses Restaurants stehen aber selbstgemachte *salumi* im Mittelpunkt, so bei der Amatriciana mit Pecorino, Speck und Eiern bis hin zur Pizza mit Schweinebauch, kalabrischen Chilis und Rübengemüse. Wer einen Tisch auf der Gartenterrasse ergattern will, sollte früh kommen.

Magnolia Brewpub　　AMERIKANISCH $$
(Karte S.156; ☑ 415-864-7468; www.magnolia pub.com; 1398 Haight St; Hauptgerichte 11–20 US$; ☺ Mo–Do 11–24, Fr bis 1, Sa 10–1, So bis 24 Uhr; ☐ 6, 33, 43, 71) Kneipenkost aus Bio-Zutaten und Hausbierproben halten die Gespräche an den Gemeinschaftstischen in Gang. Gleichzeitig stillen Prather-Ranch-Burger mit Fleisch von mit Gras gefütterten Rindern auch den heftigsten Heißhunger; sie werden in den Sitznischen serviert. Der Summer of Love scheint wieder überall da zu sein – nur mit besserem Essen!

✕ Japantown & Pacific Heights

Benkyodo　　JAPANISCH $
(Karte S.138; ☑ 415-922-1244; www.benkyodoco mpany.com; 1747 Buchanan St; Gerichte 1–10 US$; ☺ Mo–Sa 8–17 Uhr; ☐ 2, 3, 22, 38) Die nette Mittagstheke im Retro-Look serviert ein Eiersalat-Sandwich alter Schule oder Pastrami für 5 US$, aber das eigentliche Highlight sind die Mochi (gefüllte japanische Reiskuchen) für 1,25 US$, die täglich im Haus zubereitet

werden. Früh kommen, wenn man beliebte Varianten (mit grünem Tee oder mit Erdbeeren und Schokolade) probieren will. Nur Barzahlung.

Tataki
JAPANISCH, SUSHI **$$**

(☎415-931-1182; www.tatakisushibar.com; 2815 California St; Gerichte 12–20 US$; ☺Mo–Do 11.30–14 & 17.30–22.30, Fr bis 23.30, Sa 17–23.30, So 17–21.30 Uhr; ⌂1, 24) ♦ Die wagemutigen Sushi-Köche Kin Lui und Raymond Ho retten Dinner-Verabredungen (und den Ozean) mit ökologisch vertretbaren Leckereien: Zarter Seesaibling mit Yuzu-Saft ersetzt hier den Lachs aus zweifelhafter Quelle. Ein hiesiger Favorit ist die „Golden State Roll" aus pikanten, handgeernteten Jakobsmuscheln, Pazifischem Thun, Bio-Apfelstücken und essbarem, 24-karätigem Gold.

State Bird Provisions
KALIFORNISCH **$$**

(Karte S.138; ☎415-795-1272; statebirdsf.com; 1529 Fillmore St; ☺Mo–Do 17.30–22, Fr & Sa bis 23 Uhr; ⌂22, 38) Kentucky Fried Chicken hat hier keine Chance: San Francisco bevorzugt sein Geflügel kreativ zubereitet, lokal gezüchtet und in Dim-Sum-Portionen serviert. Kürbissamen und Semmelbrösel geben dem Vogel des Golden State (der Wachtel) die richtige Note. Das Gericht ist das Markenzeichen dieses ambitionierten, aber entspannten kalifornischen Restaurants, das 2013 mit dem James Beard Award als bestes neues Restaurant der USA ausgezeichnet wurde. Man muss vorher reservieren, wenn man sich nicht einfach um 17 Uhr an die Theke setzen will.

✗ The Richmond

★ Outerlands
KALIFORNISCH **$$**

(Karte S.136; ☎415-661-6140; www.outerlandssf.com; 4001 Judah St; Sandwiches & kleine Gerichte 8–9 US$, Hauptgerichte 12–27 US$; ☺Di–Fr 11–15 & 18–22, Sa & So 10–15 & 17.30–22 Uhr; ⊞; ⌂18, MN) ♦ Wenn einen der windige Ocean Beach melancholisch macht, kann man in diesem Strandbistro vor Anker gehen und sich mit leckeren kalifornischen Bio-Gerichten verwöhnen. Zum Brunch gibt's holländische Pfannkuchen in der Eisenpfanne mit hausgemachtem Ricotta, zum Mittagessen gegrillte Käsesorten mit einer Suppe aus Zutaten von der Farm (12 US$) und zum Abendessen langsam gegarte Lammschulter auf Fladenbrot. Im Voraus reservieren!

★ Aziza
MAROKKANISCH, KALIFORNISCH **$$$**

(Karte S.136; ☎415-752-2222; www.aziza-sf.com; 5800 Geary Blvd; Hauptgerichte 16–29 US$;

☺Mi–Mo 17.30–22.30 Uhr; ⌂1, 29, 31, 38) Mourad Lahlou kombiniert marokkanische Küche und kalifornische Bio-Produkte zu überirdischen Gerichten wie Confit von der Sonoma-Ente mit glasierten Zwiebeln in lockerem *bastiya-Teig* oder langsam gegartes Lamm von örtlichen Farmen mit Gerste und Safran.

🍷 Ausgehen & Nachtleben

Die besten Adressen für einen Kneipenbummel sind die Saloons in North Beach oder die Bars im Mission District rund um die Valencia und die 16th St. In der Downtown servieren Spitzenkönner kunstvolle Cocktails, im Hayes Valley gibt's Weinbars und im Tenderloin Bars und raue Kneipen. Historische Schwulenbars finden sich im Castro, Lederbars in SoMa, während die Bars in Marina adrett und hetero sind und jene in Haight ein gemischtes, alternatives Publikum anlocken.

★ Bar Agricole
BAR

(Karte S.138; ☎415-355-9400; www.baragricole.com; 355 11th St; ☺So–Mi 18–22, Do–Sa open end; ⌂9, 12, 27, 47) Die hervorragende Cocktail-Recherche hätte eine akademische Auszeichnung verdient: Bellamy Scotch Sour mit Eigelb besteht die Prüfung, aber Tequila Fix mit Zitronen- und Ananassaft sowie Hellfire Bitter erhalten den Preis. Für das moderne Design aus natürlichen Materialien und die schnittige Terrasse bekam die Bar einen James Beard Award.

★ Smuggler's Cove
BAR

(Karte S.138; ☎415-869-1900; www.smugglerscovesf.com; 650 Gough St; ☺17–1.15 Uhr; ⌂5, 21, 49, MVan Ness) Jo-ho-ho und 'ne Buddel voll Rum – vielleicht probiert man aber auch einen „Dead Reckoning" mit Angostura, Rum aus Nicaragua, Portwein und Vanillelikör oder teilt mit jemandem die flambierte „Scorpion Bowl". Angesichts von 400 Rumsorten und 70 Cocktails aus aller Welt liegt man hier wahrlich nicht im Trockendock.

★ Comstock Saloon
BAR

(Karte S.138; ☎415-617-0071; www.comstocksaloon.com; 155 Columbus Ave; ☺Sa–Do 16–2, Fr ab 12 Uhr; ⌂8X, 10, 12, 30, 45, ⌂Powell-Mason) Willkommen in Barbary Coast: Die Cocktails in diesem viktorianischen Saloon atmen Geschichte: der Pisco Punch wird mit Ananassaft zubereitet, der Martini-Vorläufer Martinez besteht aus Gin, Wermut, Magenbitter und Maraschino-Likör. Wenn man eine Sitznische haben oder in dem mit Samt ausgeschlagenen Salon sitzen will, sollte man vorab anrufen.

★ Toronado
PUB

(Karte S. 138; ☎ 415-863-2276; www.toronado.com; 547 Haight St; ☺ 11.30–2 Uhr; 🚌 6, 22, 71, Ⓜ N) Bierfans können jubeln: Hier gibt's mehr als 50 Spezialbiere kleiner Brauereien und Hunderte weitere in Flaschen, darunter spektakuläre, nur saisonal erhältliche Sorten! Nur Barzahlung. Zu dem von Trappistenmönchen gebrauten Ale bestellt man sich am besten Würstchen aus dem Rosamunde nebenan.

★ Specs Museum Cafe
BAR

(Karte S. 138; ☎ 415-421-4112; 12 William Saroyan Pl; ☺ 17–2 Uhr; 🚌 8X, 10, 12, 30, 41, 45, 🚇 Powell-Mason) Die Wände sind mit Andenken an Schiffer der Handelsmarine gepflastert, und man selbst würde sturzbetrunken sein, wenn man versuchte, mit den alten Teernacken mitzuhalten, die hinten Hof halten. Die Bestellung liegt auf der Hand: einen Humpen „Anchor Steam", der kommt sofort!

★ Elixir
BAR

(☎ 415-522-1633; www.elixirsf.com; 3200 16th St; ☺ Mo–Fr 15–2, Sa & So 12–2 Uhr; 🚇 16th St Mission) 🌿 Mit gutem Gewissen trinken: Das Elixir in einem Wildwest-Saloon von 1858 ist San Franciscos erste Bar mit Umweltzertifikat. Serviert werden wundervolle Cocktails aus farmfrischen Bio-Säften und Schnäpse aus kleinen Chargen, bei denen man zur tollen Jukebox Luftgitarre spielt.

SCHWULEN-, LESBEN-, BI- & TRANSSEXUELLENSZENE IN SAN FRANCISCO

Gleichgültig, woher man kommt und wen man liebt – Schwule fühlen sich hier alle sofort zu Hause. Das Castro ist das Zentrum der schwulen Barszene, doch pulsierende Clubs gibt's in South of Market (SoMa). The Mission ist das bevorzugte Viertel von Transsexuellen aller Art. Der *Bay Area Reporter* (alias BAR; www.ebar.com) liefert Community-News und Verzeichnisse; die *San Francisco Bay Times* (www.sfbaytimes.com) enthält prima Infos für Transsexuelle, und das kostenlose *Gloss Magazine* (www.glossmagazine. net) gibt Infos zum Nachtleben. Um zu erfahren, wo die Party steigt, kann man auf die Websites von **Honey Soundsystem** (Karte S. 138; www.honeysoundsystem.com), **Juanita More** (www.juanitamore.com) und **Sisters of Perpetual Indulgence** (www.thesisters.org) schauen. San Francisco bietet Top-Stätten für Schwule, Lesben, Bi- und Transsexuelle.

Stud (Karte S. 138; ☎ 415-252-7883; www.studsf.com; 399 9th St; Eintritt 5–8 US$; ☺ 17–3 Uhr; 🚌 12, 19, 27, 47) Partys gibt es hier schon seit 1966: am „Meow Mix Tuesday" Travestieshows, am Mittwoch derbe Comedy und freitags gemischte Partys mit Mitternachtstravestie, Billard und Tanzrhythmen.

Aunt Charlie's (Karte S. 138; ☎ 415-441-2922; www.auntcharlieslounge.com; 133 Turk St; Eintritt 5 US$; Ⓜ Powell, 🚇 Powell) Im Kneipenambiente des Aunt Charlie's erwachen alte Groschenheft-Cover zum Leben: freitags und samstags bei den Travestieshows des Hot Boxxx Girls (telefonisch reservieren) und donnerstags mit der Tubesteak Connection (5 US$), bei der alte Pornos und 1980er-Jahre-Disco auf dem Programm stehen.

EndUp (Karte S. 138; www.theendup.com; 401 6th St; Eintritt 5–20 US$; ☺ Mo–Do 22–4, Fr 23–11, Sa 22–Mo 4 Uhr; 🚌 12, 27, 47) Jeder, der nach 2 Uhr an den Wochenenden unterwegs ist, fühlt sich magnetisch von den Dance-Marathons im EndUp und den schwulen „Tea Dances" am Sonntag angezogen, die schon seit 1973 brummen.

Lexington Club (☎ 415-863-2052; www.lexingtonclub.com; 3464 19th St; ☺ 15–2 Uhr; 🚌 14, 33, 49, 🚇 16th St Mission) San Franciscos Bar nur für harte Girls kann cliquenhaft sein. Am besten macht frau irgendeiner Frau ein Kompliment für ihr Hemd (selbstentworfen) oder ihr Tattoo (dito) und erwähnt, frau sei im Flippern, Billard oder Fingerhakeln ungeschlagen. Falls die andere gewinnt (weil sie hier zu Hause ist), einen Flunsch ziehen: vielleicht spendiert sie ein Bier (4 US$).

Cafe Flore (☎ 415-621-8579; www.cafeflore.com; 2298 Market St; ☺ So–Do 7–24, Fr & Sa bis 2 Uhr; 📶; Ⓜ Castro) Wer auf dem sonnigen Patio des Flore noch nicht abgehangen hat, kennt das Castro nicht. Zur Happy Hour gibt's tolle Drinks zum Sonderpreis, z. B. zwei Margaritas zum Preis von einem. WLAN gibt's nur werktags, keine Elektro-Anschlüsse vorhanden.

Zeitgeist BAR

([☎] 415-255-7505; www.zeitgeistsf.com; 199 Valencia St; [🕐] 9–2 Uhr; [🚌] 22, 49, [Ⓑ] 16th St Mission) Man hat exakt zwei Sekunden, um eines der 40 Biere vom Fass bei den derben Barfrauen zu bestellen, die daran gewöhnt sind, Macho-Biker zur Räson zu bringen. Stammgäste marschieren direkt in den großen, kiesbestreuten Biergarten, um an den langen Picknicktischen eine zu rauchen. Bargeld mitbringen – das braucht man für die Bar und für die Essensverkäufer, die spät abends mit ihrer Ware von Tisch zu Tisch gehen.

Trick Dog BAR

([☎] 415-471-2999; www.trickdogbar.com; 3010 20th St; [🕐] 15–2 Uhr; [🚌] 12, 14, 49) Die Drinks sind hier nach dem Pantone-Farbsystem benannt: Hinter „Razzle Dazzle Red" verbirgt sich der örtliche Wodka Hangar One mit Kräuterlikör, Erdbeeren und Limonensaft, hinter „Gypsy Tan" Rittenhouse-Whiskey mit Fernet, Limonen-Ginger und Muskat.

El Rio CLUB

([☎] 415-282-3325; www.elriosf.com; 3158 Mission St; Eintritt 3–8 US$; [🕐] 13–2 Uhr; [🚌] 12, 14, 27, 49, [Ⓑ] 24th St Mission) Der DJ-Mix im El Rio entspricht der Kundschaft: eklektisch, unerschrocken, funky und sexy, ohne Rücksicht auf die sexuelle Orientierung. Starke Margaritas sorgen dafür, dass die Leute zum Disco-Postpunk-Mashup tanzen und schamlos im Garten hinten flirten. Nur Barzahlung.

☆ Unterhaltung

TIX Bay Area (Karte S. 138; www.tixbayarea.org) verkauft Last-Minute-Theaterkarten zum halben Preis. Veranstaltungskalender finden sich in den Zeitschriften *7x7 magazine* (www.7x7.com), *SF Bay Guardian* (www.sfbg.com), *SF Weekly* (www.sfweekly.com) sowie im Blog **Squid List** (www.squidlist.com/events).

Livemusik

★ SFJAZZ Center JAZZ

(Karte S. 138; [☎] 866-920-5299; www.sfjazz.org; 201 Franklin St; [🕐] unterschiedliche Veranstaltungszeiten; [🚌] 5, 7, 21, [Ⓜ] Van Ness) Jazzgrößen aus dem ganzen Land sowie aus aller Welt treten in dem neuesten, größten, umweltzertifizierten Jazzcenter der USA auf die Bühne. Im Juli findet hier das San Francisco Jazz Festival statt, aber das ganze Jahr über lassen sich hier Legenden wie McCoy Tyner, Regina Carter, Bela Flek oder Tony Bennett (*I Left My Heart in San Francisco* war

schließlich einer seiner größten Hits) hier hören. Die billigen Plätze im oberen Rang sind zwar eher Hocker, bieten aber freie Sicht auf die Bühne.

Fillmore Auditorium LIVEMUSIK

(Karte S. 138; [☎] 415-346-6000; http://thefillmore.com; 1805 Geary Blvd; Eintritt 15–50 US$; [🕐] Kartenschalter So 10–16, an Veranstaltungsabenden 19.30–22 Uhr; [🚌] 22, 38) Jimi Hendrix, Janis Joplin, the Doors – sie alle sind schon im Fillmore aufgetreten. Heute kann man in der historischen, 1250 Stehplätze umfassenden Arena die Indigo Girls, Duran Duran oder Tracy Chapman bewundern. Unbedingt anschauen sollte man sich die psychedelischen Poster der 1960er-Jahre im Foyer oben.

Slim's LIVEMUSIK

(Karte S. 138; [☎] 415-255-0333; www.slims-sf.com; 333 11th St; Tickets 12–30 US$; [🕐] 17–2 Uhr; [🚌] 9, 12, 27, 47) Für tolle Stimmung sorgen Gogol Bordello, Tenacious D und die Expendables in diesem mittelgroßen Club, der dem R&B-Star Boz Skaggs gehört. Für die Shows gibt's keine Altersbegrenzung, kleine Kinder werden aber kaum etwas sehen, sobald die Leute zu tanzen beginnen. Für ein Abendessen (25 US$) und manche Plätze auf dem kleinen Balkon muss man reservieren.

Mezzanine LIVEMUSIK

(Karte S. 138; [☎] 415-625-8880; www.mezzaninesf.com; 444 Jessie St; Eintritt 10–40 US$; [Ⓜ] Powell, [Ⓑ] Powell) An großen Abenden geht es laut zu, denn das Mezzanine hat eine der besten Soundanlagen in der Stadt. Alternativ-Bands, kommende Hip-Hop-Größen und R&B-Stars wie Wyclef Jean, Quest Love, Method Man, Nas und Snoop Dogg bringen das Publikum in Rage.

Great American Music Hall LIVEMUSIK

(Karte S. 138; [☎] 415-885-0750; www.gamh.com; 859 O'Farrell St; Eintritt 12–35 US$; [🕐] Kartenschalter Mo–Fr 10.30–18 Uhr & und an Veranstaltungsabenden; [🚌] 19, 38, 47, 49) Die im Rokokostil gestaltete Great American Music Hall war früher ein Bordell. Sie hat einen Balkon mit Tischplätzen, eine erstklassige Soundanlage und ordentliches Essen und Trinken. Die Musik reicht von Alternativrock und Metal bis zu Jazz und Bluegrass.

Yoshi's JAZZ, LIVEMUSIK

(Karte S. 138; [☎] 415-655-5600; www.yoshis.com; 1300 Fillmore St; [🕐] Veranstaltungen Di–So 20 und/oder 22 Uhr, Di–So abends; [🚌] 22, 31) San Franciscos wichtigster Jazzclub lockt Spitzenmusiker aus aller Welt an und erlebt Gastauftritte von Künstlern wie Leon Redbone und Nancy Wilson. Gelegentlich gibt es auch klassische Konzerte oder Gospel. Studenten sollten nach Tickets zum halben Preis fragen.

Cafe du Nord/Swedish
American Hall
LIVEMUSIK

(☎ 415-861-5016; www.cafedunord.com; 2170 Market St; Grundpreis variiert; Ⓜ Church) Rocker, Chanteusen, Comedians, Geschichtenerzähler und Travestiekünstler treten in dieser ehemaligen Kellerkneipe mit Bar und Veranstaltungssaal auf, die immer noch so aussieht wie in den 1930er-Jahren.

Travestie

Cat Club
TRAVESTIE

(Karte S.138; www.sfcatclub.com; 1190 Folsom St; Eintritt nach 22 Uhr 5 US$; ◷ Di–So 21–3 Uhr; Ⓜ Civic Center, Ⓑ Civic Center) Man kennt seine Freunde nicht wirklich, solange man sie nicht hier *Take on Me* von A-ha bei der Retro-Danceparty am Donnerstagabend laut mitsingen hören hat. Dienstags steht Karaoke, mittwochs Bondage-a-Go-Go, freitags Goth und samstags Powerpop der 1990er-Jahre auf dem Programm (online überprüfen, damit man nicht im falschen Outfit erscheint)!

DNA Lounge
TRAVESTIE

(Karte S.138; www.dnalounge.com; 375 11th St; Eintritt 3–25 US$; ◷ Fr & Sa 21–3 Uhr, andere Abende unterschiedliche Öffnungszeiten; 🚌 12, 27, 47) In einem der letzten Megaclubs von San Francisco treten Livebands auf. Weiter gibt's hier die Mashup-Danceparty Bootie, Travestie bei Trannyshack und montags für Leute über 18 Jahre die Goth Death Guild. Wer früh kommt, kann die Grillen hören.

AsiaSF
TRAVESTIE, CABARET

(Karte S.138; ☎ 415-255-2742; www.asiasf.com; 201 9th St; ab 39 US$/Pers.; ◷ Mi & Do 19–23, Fr 19–2, Sa 17–2, So 19–22 Uhr, Reservierungen 13–20 Uhr; Ⓜ Civic Center, Ⓑ Civic Center) Cocktails und asiatisch inspirierte Gerichte werden hier mit Pfiff und einem Geheimnis serviert: Die Kellnerinnen sind Travestiekünstler. Jede Stunde tanzen sie auf der Theke, während die Mädels kreischen und errötende heterosexuelle Geschäftsleute mitmachen. Sobald der Inspiration und die Drinks wirken, mischt sich alles auf der Tanzfläche im Erdgeschoss.

Klassische Musik & Oper

★ Davies Symphony Hall
KLASSISCHE MUSIK

(Karte S.138; ☎ 415-864-6000; www.sfsymphony.org; 201 Van Ness Ave; Ⓜ Van Ness, Ⓑ Civic

Center) Die Spielstätte des neunmal mit dem Grammy ausgezeichneten San Francisco Symphony unter seinem dynamischen Musikdirektor Michael Tilson Thomas. Die Spielzeit dauert jeweils von September bis Juli.

★ San Francisco Opera
OPER

(Karte S.138; ☎ 415-864-3330; www.sfopera.com; War Memorial Opera House, 301 Van Ness Ave; Karten 10–350 US$; Ⓑ Civic Center, Ⓜ Van Ness) San Francisco ist seit den Tagen des Goldrauschs opernbegeistert, und die Oper bleibt von Juli bis Dezember ein Hauptvergnügen. Dienstags kommen die örtlichen Prominenten, wo man dann sagenhafte Kostüme und Smokings zu sehen bekommt. Nach 10 Uhr werden an der Kasse 150 Stehplätze (10 US$; nur Barzahlung) verkauft; nach der Pause ergattert man wahrscheinlich schon einen freien Sitzplatz.

San Francisco Ballet
BALLETT

(Karte S.138; ☎ 415-861-5600, Tickets 415-865-2000; www.sfballet.org; War Memorial Opera House, 301 Van Ness Ave; Karten 10–120 US$; Ⓜ Van Ness) Das San Francisco Ballet ist die älteste Ballettkompanie der USA und die erste, die den *Nussknacker* tanzte. Sie tritt regelmäßig im War Memorial Opera House auf.

Theater

★ American Conservatory
Theater
THEATER

(ACT; Karte S.138; ☎ 415-749-2228; www.act-sf.org; 415 Geary St; 🚌 38, 🚠 Powell-Mason, Powell-Hyde) Bahnbrechende Aufführungen zeigt das ACT im aus der Zeit um 1900 stammenden Geary Theater. Hier erlebten Tony Kushners *Angels in America* und Robert Wilsons *Black Rider* mit dem Libretto von William S. Burroughs und der Musik von Tom Waits, der aus der Bay Area stammt, ihre Premieren. Ende 2014 soll das **Strand Theater** (1127 Market St) als neue Spielstätte des ACT eröffnet werden.

Beach Blanket Babylon
CABARET

(BBB; Karte S.138; ☎ 415-421-4222; www.beachblanketbabylon.com; 678 Green St; Eintritt 25–100 US$; ◷ Shows Mi, Do & Fr 20, Sa 18.30 & 21.30, So 14 & 17 Uhr; 🚌 8X, 🚠 Powell-Mason) Schneewittchen sucht in San Francisco nach ihrem Prince Charming: Was kann da schiefgehen? Disney-wird hier schon seit 1974 zum Travestie-Musical-Comedy-Cabaret, doch aktuelle Witze und Perücken so groß wie Umzugswagen sorgen immer noch für Entzücken.

Kinos

★ Castro Theatre
KINO

(☎ 415-621-6120; www.castrotheatre.com; 429 Castro St; Erw./Kind 11/8,50 US$; ⏱ Di–So; Ⓜ Castro) Vor Beginn der Abendveranstaltungen tönt die Mighty Wurlitzer-Orgel aus dem Orchestergraben dieses Art-déco-Filmpalasts. Der Abend endet mit (alle mitsingen): „San Francisco open your Golden Gate/You let no stranger wait outside your door..."

★ Roxie Cinema
KINO

(☎ 415-863-1087; www.roxie.com; 3117 16th St; reguläre Filmvorführung/Matinee 10/7 US$; 🚌 14, 22, 33, 49, Ⓑ 16th St Mission) Das kleine, gemeinnützige Nachbarschaftskino hat eine bedeutende internationale Reputation, weil es unabhängig produzierte und umstrittene Filme sowie Dokumentationen zeigt, die anderswo verboten sind. Keine Werbung, zu jedem Film gibt's einen Einführungsvortrag.

Sundance Kabuki Cinema
KINO

(Karte S. 138; ☎ 415-929-4650; www.sundancecinemas.com; 1881 Post St; Erw. 9,50–15 US$, Kind 9 US$; 🚌 2, 3, 22, 38) 🅿 Das Multiplex entstand auf Initiative von Robert Redfords Sundance Institute. Gezeigt werden Filme mit großen Namen, auch Festivals finden hier statt. Zu den Veranstaltungen gibt's Pralinen und Alkoholika aus der Region. Die Sitze des umweltbewussten Kinos bestehen aus Recycling-Material.

Sport

San Francisco Giants
BASEBALL

(Karte S. 138; http://sanfrancisco.giants.mlb.com; AT&T Park; Tickets 5–135 US$) Hier erfährt man, wie es bei der World Series zugeht – inklusive wilder Bärte, Frauenunterwäsche und allem Drum und Dran.

San Francisco 49ers
FOOTBALL

(Karte S. 136; ☎ 415-656-4900; www.sf49ers.com; ab 2014 im Levi's Stadium; Tickets 25–100 US$ bei www.ticketmaster.com; Ⓜ T) Die 49ers waren von 1981 bis 1994 das Dreamteam der National Football League: Sie gewannen fünf Mal den Superbowl. Nach Jahrzehnten von Zitterspielen und einer Niederlage im Finale des Superbowl im Jahr 2012 beziehen die 49ers 2014 ein neues Domizil: das brandneue Levi's Stadium in Santa Clara.

🔒 Shoppen

★ City Lights
BÜCHER

(Karte S. 138; ☎ 415-362-8193; www.citylights.com; 261 Columbus Ave; ⏱ 10–24 Uhr; 🚌 8X, 10,

---

12, 30, 41, 45, 🚋 Powell-Mason, Powell-Hyde) 🅿 „Ihr, die ihr eintretet, lasst alle Verzweiflung fahren", fordert das Schild an der Tür dieses Buchladens, der von San Franciscos Dichterfürsten Lawrence Ferlinghetti gegründet wurde. Dieser Aufforderung lässt sich oben in dem sonnigen **Poetry Room** mit dem **Poet's Chair** gut folgen, während man frisch veröffentlichte Verse liest und den Blick auf die Jack Kerouac Alley genießt.

★ New People
KLEIDUNG, GESCHENKE

(Karte S. 138; www.newpeopleworld.com; 1746 Post St; ⏱ Mo–Sa 12–19, So bis 18 Uhr; 🚌 2, 3, 22, 38) Ein Haus voller *kawaii* (Niedlichkeit): japanische T-shirts mit Anime-Motiven, von *Alice im Wunderland* inspirierte Lolita-Mode im **Baby the Stars Shine Bright** im zweiten Stock, Ninja-Schuhe mit zeitgenössischer Grafik im **Sou-Sou**, zeitgenössische Kunst in der **Superfrog Gallery** sowie Teegebäck im **Crown & Crumpet**.

★ Betabrand
KLEIDUNG

(☎ 800-694-9491; www.betabrand.com; 780 Valencia St; ⏱ Mo–Do 11–18, Fr–Sa bis 19, So 12–18 Uhr; 🚌 14, 22, 33, 49, Ⓑ 16th St Mission) Bei Beta-

KALIFORNIEN SAN FRANCISCO & BAY AREA

brand vertraut man bei Modeentscheidungen der Schwarmintelligenz: Experimentelle Entwürfe werden online zur Abstimmung gestellt und die siegreichen dann in kleinen Serien produziert – Socken mit Würstchenmuster, wendbare Hausjacken, Discokugel-Windjacken und Hosen mit reflektierenden Streifen, die man beim Radfahren und der Arbeit tragen kann.

❶ Praktische Informationen

GELD

Bank of America (www.bankamerica.com; 1 Market Plaza; ⊘Mo–Fr 9–18 Uhr)

INFOS IM INTERNET

Die globalen sozialen Medienplattformen **Craigslist** (http://sfbay.craigslist.org), **Twitter** (www.twitter.com) und **Yelp** (www.yelp.com) wurden alle in San Francisco erfunden und sind Institutionen in der Stadt: hier findet man Infos zu neuen Läden und kostenlosen Shows, Bewertungen von Bars und Restaurants und viele andere Informationen.

INTERNETZUGANG

Überall in San Francisco finden sich kostenlose WLAN-Hotspots – wo einer in der Nähe ist, erfährt man unter www. openwifispots.com. Kostenlosen Zugang hat man beispielsweise am Union Sq und in den meisten Cafés und Hotellobbys.

Apple Store (www.apple.com/retail/sanfrancisco; 1 Stockton St; ⊘Mo–Sa 9–21, So 10–20 Uhr; @🛜; Ⓜ Powell St) Gratisnutzung von WLAN und Internetterminals.

San Francisco Main Library (www.sfpl.org; 100 Larkin St; ⊘Mo & Sa 10–18, Di–Do 9–20, Fr & So 12–17 Uhr; @🛜; ⓂCivic Center) 15 Minuten Gratiszugang zu Internetterminals; unzuverlässiger WLAN-Zugang.

MEDIEN

KALW 91.7 FM (www.kalw.org) Örtlicher Ableger von National Public Radio (NPR).
KPFA 94.1 FM (www.kpfa.org) Alternative Nachrichten und Musik.
KPOO 89.5 FM (www.kpoo.com) Lokaler Sender mit Jazz, R & B, Blues und Reggae.
KQED 88.5 FM (www.kqed.org) Ein Ableger von NPR und Public Broadcasting (PBS) mit Podcasts und Videostreams.
San Francisco Bay Guardian (www.sfbg.com) San Franciscos kostenloses und alternatives Wochenblatt mit politischen Artikeln sowie einem Eventkalender (Theater, Musik, Kunst & Kino).
San Francisco Chronicle (www.sfgate.com) Größte Tageszeitung mit Nachrichten, Unterhaltungs- und Veranstaltungstipps.

NOTFALL & MEDIZINISCHE VERSORGUNG

American College of Traditional Chinese Medicine (☑415-282-9603; www.actcm.edu; 450 Connecticut St; ⊘Mo–Do 8.30–21, Fr & Sa 9–17.30 Uhr; 🚍10, 19, 22) Akupunktur, Kräutermedizin und weitere traditionelle chinesische Heilverfahren zu geringen Kosten.

Haight Ashbury Free Clinic (☑415-762-3700; www.healthright360.org; 558 Clayton St; ⊘nach Vereinbarung; 🚍6, 33, 37, 43, 71, ⓂN) Die Klinik, die nur nach Vereinbarung aufgesucht werden kann, bietet Hilfe bei Drogenmissbrauch und psychischen Problemen.

Polizei, Feuerwehr & Ambulanz (☑Notfall 911, sonst 311)

San Francisco General Hospital (☑Notfall 415-206-8111, Zentrale 415-206-8000; www.sfdph.org; 1001 Potrero Ave; ⊘24 Std.; 🚍9, 10, 33, 48) Hilft unversicherten Patienten, auch psychiatrischer Dienst. Keine Dokumente außer einem Identitätsnachweis erforderlich.

Trauma Recovery & Rape Treatment Center (☑415-437-3000; www.traumarecoverycenter.org) 24-Std.-Hotline.

Walgreens (☑415-861-3136; www.walgreens.com; 498 Castro St, Ecke 18th St; ⊘24 Std.; 🚍24, 33, 35, ⓂF, K, L, M) Apotheke mit Dutzenden Filialen in der Stadt; auch rezeptfreie Arzneimittel.

POST

Rincon Center Post Office (Karte S. 138; ☑800-275-8777; www.usps.gov; 180 Steuart St; ⊘Mo–Fr 8–18, Sa 9–14 Uhr; ⓂEmbarcadero, ⒷEmbarcadero) Postdienstleistungen; im historischen Flügel sehenswerte Wandmalereien.

TOURISTENINFORMATION

San Francisco Visitor Information Center (Karte S. 138; ☑415-391-2000, Event-Hotline 415-391-2001; www.onlyinsanfrancisco.com; Market & Powell St, untere Ebene, Hallidie Plaza; ⊘Mo–Fr 9–17, Sa & So bis 15 Uhr; 🚋Powell-Mason, Powell-Hyde, ⓂPowell St, ⒷPowell St) Praktische Touristen-Infos. Publiziert Hochglanzbroschüren für Besucher der Stadt und betreibt eine rund um die Uhr erreichbare Event-Hotline.

❶ An- & Weiterreise

BUS

Bis 2017 bleibt das **Temporary Transbay Terminal** (Karte S. 138; Howard St & Main St) als Hauptbusbahnhof in Betrieb. Von hier aus fahren Busse von **AC Transit** (☑511; www.actransit.org) zur East Bay, von **Golden Gate Transit** (Karte S. 138; www.goldengatetransit.org) nordwärts ins Marin und ins Sonoma County und Busse von SamTrans südwärts nach Palo Alto und zur Pazifikküste. **Greyhound** (☑800-231-2222; www.greyhound.com) bietet täglich

Busse nach Los Angeles (59 US$, 8–12 Std.), Truckee (nahe Lake Tahoe; 31 US$, 5½ Std.) und zu weiteren Zielen.

FLUGZEUG

Der **San Francisco International Airport** (SFO; www.flysfo.com) liegt 14 Meilen (22,6 km) südlich der Downtown abseits des Hwy 101 und ist mit Bay Area Rapid Transit (BART) erreichbar. Der **Oakland International Airport** (OAK; ☎ 510-563-3300; www.oaklandairport.com) bedient vor allem Inlandsflüge. Er liegt von San Francisco aus jenseits der Bucht, zu erreichen in einer rund 50-minütigen Autofahrt oder mit dem BART.

ZUG

Amtrak (☎ 800-872-7245; www.amtrakcalifornia.com) bietet Zeitkarten, mit denen man in einem Zeitraum von 21 Tagen sieben Tage lang in Kalifornien fahren kann (ab 159 US$). Bei der 35 Stunden dauernden, spektakulären Fahrt des *Coast Starlight* von Los Angeles nach Seattle wird ein Halt in Oakland eingelegt, und der *California Zephyr* braucht 51 Stunden für die Fahrt von Chicago nach Oakland. Beide Züge haben Schlaf- und Speise- bzw. Loungewagen mit Panoramafenstern. Kostenlose Amtrak-Shuttlebusse fahren zum Ferry Building und zur CalTrain Station.

CalTrain (www.caltrain.com; Ecke 4th & King St) verbindet San Francisco mit den Zentren im Silicon Valley und mit San Jose.

ⓘ Unterwegs vor Ort

Fahrplan- und Transitinfos zur gesamten Bay Area gibt's online unter www.511.org oder telefonisch unter ☎ 511.

AUTO

In San Francisco sollte man aufs Autofahren besser verzichten: Straßenparkplätze sind hier selten, und die Parkuhren kennen keine Gnade. Abstellmöglichkeiten in der Downtown gibt's am Embarcadero Center, in der 5th und der Mission St, am Union Sq und in der Sutter St und der Stockton St. Die großen US-Autovermieter haben Büros am Flughafen und in der Downtown.

VOM/ZUM SAN FRANCISCO INTERNATIONAL AIRPORT

Die Taxifahrt ins Zentrum von San Francisco kostet 35 bis 50 US$.
BART (Bay Area Rapid Transit; www.bart.gov; einfache Strecke 8,25 US$) Schnelle, 30-minütige Verbindung zwischen der SFO BART Station des Internationalen Terminals und der Downtown von San Francisco.
SamTrans (www.samtrans.com; einfache Strecke 5 US$) Der Expressbus KX fährt zum Temporary Transbay Terminal (rund 30 Min.).

SuperShuttle (☎ 800-258-3826; www.supershuttle.com) fährt mit Kleinbussen in die Downtown von San Francisco (17 US$).

VOM/ZUM OAKLAND INTERNATIONAL AIRPORT

Vom Oakland International Airport fährt der AirBART-Shuttle (3 US$) zur Haltestelle Coliseum mit BART-Anschluss zur Downtown von San Francisco (3,85 US$). Alternativ bietet Super-Shuttle Kleinbusse zur Downtown (27–35 US$). Die Taxifahrt zu einem Ziel in San Francisco kostet zwischen 55 und 70 US$.

ÖFFENTLICHE VERKEHRSMITTEL

MUNI (Municipal Transit Agency; ☎ 511; www.sfmta.com) betreibt Busse, Straßenbahnen und die Cable-Car-Linien. Die detaillierte *MUNI Street & Transit Map* ist online kostenlos erhältlich. Ein einfacher Fahrschein für Bus oder Straßenbahn kostet 2 US$, für die Cable-Cars 6 US$. Mit dem **MUNI Passport** (1/3/7 Tage 14/22/28 US$) kann man im Gültigkeitszeitraum alle MUNI-Verkehrsmittel nutzen, auch die Cable-Cars; die Zeitkarten gibt's in San Franciscos Visitor Information Center und beim TIX-Bay-Area-Kiosk am Union Sq. Der **City Pass** (Erw./Kind 84/59 US$) umfasst die Nutzung der MUNI-Verkehrsmittel und den Eintritt zu vier Sehenswürdigkeiten.

Die Züge von BART verbinden San Francisco mit der East Bay. Sie fahren unterhalb der Market St, die Mission St entlang und südwärts in Richtung SFO und Millbrae, wo Anschluss zum CalTrain besteht.

SCHIFF/FÄHRE

Blue & Gold Ferries (Karte S. 138; www.blueandgoldfleet.com) betreibt von Pier 41 und dem Ferry Building aus die Alameda–Oakland-Fähre Die **Golden Gate Ferry** (www.goldengateferry.org) fährt vom Ferry Building nach Sausalito und Larkspur im Marin County.

TAXI

Der Grundpreis beträgt 3,50 US$, jede Meile kostet ungefähr 2,75 US$.
DeSoto Cab (☎ 415-970-1300)
Green Cab (☎ 415-626-4733; www.626green.com) Treibstoffsparende Hybridfahrzeuge; Fahrergenossenschaft.
Luxor (☎ 415-282-4141)
Yellow Cab (☎ 415-333-3333)

Marin County

Im wohlhabenden und entspannten **Marin County** (www.visitmarin.org) gleich jenseits der Golden Gate Bridge thronen majestätische Mammutbäume auf den Hügeln an der Küste. Seine südlichste Siedlung ist das reizende Touristenstädtchen **Sausalito** direkt an der Bucht – ein nettes Ziel für Radtouren über die Brücke (nach San Francisco zurück geht's mit der Fähre). Das coole, hydraulische **San Francisco Bay-Delta Model** (Karte S. 136; ☑ 415-332-3871; www.spn.usace.army. mil; 2100 Bridgeway Blvd, Sausalito; Eintritt gegen Spende; ⊙ Ende Mai–Anfang Sept. Di–Fr 9–16, Sa & So 10–17 Uhr, Anfang Sept.–Ende Mai Di–Sa 9–16 Uhr; ☝) am Hafen stellt die ganze Bucht plus Delta dar.

Marin Headlands

Von den vielen Wanderwegen in den schroffen, windumtosten Headlands hat man einen unglaublichen Blick auf San Francisco und die Golden Gate Bridge. Zum **Visitor Center** (Karte S. 136; ☑ 415-331-1540; www.nps. gov/goga/marin-headlands.htm; Fort Barry, Bldg 948; ⊙ April–Sept. Sa–Mo 9.30–16.30 Uhr) nimmt man nördlich der Golden Gate Bridge die Ausfahrt Alexander Ave, biegt unter dem Freeway links in die Bunker Rd ab und folgt der Ausschilderung.

Zu den Highlights in der Gegend gehören das **Point Bonita Lighthouse** (Karte S. 136; www.nps.gov/goga/pobo.htm; abseits der Field Rd; ⊙ Sa–Mo 12.30–15.30 Uhr) GRATIS, der **Rodeo Beach** und das lehrreiche **Marine Mammal Center** (Karte S. 136; ☑ 415-289-7325; www. tmmc.org; 2000 Bunker Rd; Eintritt gegen Spende; ⊙ 10–17 Uhr; ☝) ✐ in Fort Cronkite. Das interaktive **Bay Area Discovery Museum** (Karte S. 136; ☑ 415-339-3900; www.baykidsmu seum.org; 557 McReynolds Rd, Sausalito; Eintritt 11 US$, 1. Mi im Monat Eintritt frei; ⊙ Di–So 9–17 Uhr; ☝), östlich des Hwy 101 in Fort Baker, ist ein tolles Ziel für Kinder.

Auf einem bewaldeten Hügel nahe dem Visitor Center belegt das umweltbewusste **HI Marin Headlands Hostel** (Karte S. 136; ☑ 415-331-2777; www.norcalhostels.org/marin; Fort Barry, Bldg 941; B 26–30 US$, Zi. ohne Bad 72–92 US$; @) ✐ zwei historische Gebäude von 1907. Die Privatzimmer im früheren Offiziershaus sind hübsch. Luxus mit Geschichte bieten die Kaminzimmer mit Blick auf die Bucht in der umweltzertifizierten Lodge **Cavallo Point** (Karte S. 136; ☑ 415-339-4700, 888-651-2003; www.cavallopoint.com; 601 Murray Circle; Zi. ab 379 US$; ✳☏☏☝☏) ✐ in Fort Baker.

Mt. Tamalpais State Park

Der majestätische „Mt. Tam" (784 m) ist hervorragend zum Wandern und Mountainbike

fahren geeignet. Der **Mt. Tamalpais State Park** (Karte S. 136; ☑ 415-388-2070; www.friend sofmttam.org; 8 US$/Auto) umfasst 2550 ha Parkland mit mehr als 320 km an Wanderwegen. Unbedingt besuchen sollte man den Aussichtspunkt am East Peak Summit. Vom Hwy 1 führt der Panoramic Hwy durch den Park zum idyllischen Küstenstädtchen **Stinson Beach** mit seinem halbmondförmigen Sandstrand.

An der **Pantoll Station** (Karte S. 136; ☑ 415-388-2070; 801 Panoramic Hwy, Mill Valley; ⊙ Fr–So 8–19 Uhr, Winter kürzere Öffnungszeiten; ☏), dem Sitz der Parkverwaltung, starten viele Wanderwege, und hier gibt's auch einen bewaldeten **Campingplatz** (Karte S. 136; Stellplatz 25 US$, keine Reservierung). Weit im Voraus muss man buchen, wenn man eine rustikale Hütte (ohne Strom und fließendes Wasser) oder einen Stellplatz im nur zu Fuß erreichbaren **Steep Ravine** (☑ 800-444-7275; www.reserveamerica.com; Stellplatz 25 US$, Hütte 100 US$) abseits vom Hwy 1 südlich von Stinson Beach haben will. Eine weitere Option ist das ganz abgelegene **West Point Inn** (Karte S. 136; ☑ Info 415-388-9955, Reservierungen 415-646-0702; www.westpointinn.com; 100 Old Railroad Grade Fire Rd, Mill Valley; Zi. 50/25 US$ pro Erw./Kind). Proviant, Bettzeug und Handtücher muss man selbst mitbringen; Reservierung erforderlich.

Muir Woods National Monument

10 Meilen (16 km) nordwestlich der Golden Gate Bridge befindet sich das 210 ha große **Muir Woods National Monument** (Karte S. 136; ☑ 415-388-2595; www.nps.gov/muwo; Muir Woods Rd, Mill Valley; Erw./Kind 7 US$/frei; ⊙ 8–19.30 Uhr, Mitte Sept.–Mitte März kürzere Öffnungszeiten). Hier wandern Traveller durch einen uralten Bestand der höchsten Bäume der Welt. Einfache Wanderwege führen zunächst an den 1000 Jahre alten Mammutbäumen des Cathedral Grove vorbei. Am Eingang serviert ein **Café** kleine Mittagsgerichte und Getränke. Wer den Menschenmassen entgehen will, kommt werktags, frühmorgens oder am späten Nachmittag. Anfahrt: Dem Hwy 101 bis zur Ausfahrt zum Hwy 1 und dann der Ausschilderung folgen.

Zwischen Anfang Mai und Ende Oktober fährt an Wochenenden und Feiertagen der **Muir Woods Shuttle** (Marin Transit Bus 66; ☑ 415-455-2000; www.goldengatetransit.org; hin & zurück Erw./Kind 5 US$/frei) alle 10 bis 20 Minuten ab Marin City (mit schlechtem Anschluss an die Fähre in Sausalito).

Point Reyes National Seashore

Die auf einer anderen tektonischen Platte liegende, windumtoste **Point Reyes National Seashore** (www.nps.gov/pore) ragt als Halbinsel rund 16 km weit ins Meer. Über ihre 285 km² verteilen sich Strände, Lagunen und bewaldete Hügel. Im **Bear Valley Visitors Center** (☎ 415-464-5100; www.nps. gov/pore; ⊙ Mo–Fr 10–17, Sa & So ab 9 Uhr), 1,6 km westlich von Olema, gibt's Wanderkarten, Infos und naturkundliche Ausstellungen. Der knapp 1 km lange **Earthquake Trail,** der die San-Andreas-Verwerfung überquert, beginnt in der Nähe.

Das **Point Reyes Lighthouse** (Ende des Sir Francis Drake Blvd; ⊙ Do–Mo 14.30–16 Uhr, wetterabhängig) GRATIS thront auf dem westlichsten Punkt der Halbinsel und ist ideal für Walbeobachtungen im Winter. Abseits der Pierce Point Rd beginnt der **Tomales Point Trail** (hin & zurück 15,3 km), der auf windumtosten Klippen zur Nordspitze der Halbinsel führt – unterwegs kann man Herden von Tule-Wapitis beobachten. Beim Paddeln in der Tomales Bay kommt man Meeresvögeln und Robben ganz nahe; **Blue Waters Kayaking** (☎ 415-669-2600; www.bwkayak.com; Kajak/geführte Tour ab 50/70 US$; ♿) veranstaltet Touren ab Inverness und Marshall (vorab reservieren!).

Naturfans steigen in der einzigen Unterkunft im Park ab, dem **HI Point Reyes Hostel** (☎ 415-663-8811; www.norcalhostels.org/reyes; 1390 Limantour Spit Rd; B 24 US$, Zi. ohne Bad 82–120 US$; ⊙ Check-in 14.30–22 Uhr; @♿) ♠, das sich 8 Meilen (12,9 km) vom Visitor Center entfernt im Binnenland befindet. In der Nähe des Marschlands bietet das **Motel Inverness** (☎ 866-453-3839, 415-236-1967; www.motelinverness.com; 12718 Sir Francis Drake Blvd; Zi. 99–190 US$; ☎) schicke Zimmer und eine Lounge mit offenem Kamin und Billardtischen. Infos über freie Zimmer in gemütlichen Gästehäusern, Cottages und B&Bs erhält man bei der **West Marin Chamber of Commerce** (☎ 415-663-9232; www.pointreyes.org).

2 Meilen (3,2 km) nördlich von Olema finden sich in der winzigen Ortschaft **Point Reyes Station** anheimelnde Bäckereien, Cafés und Restaurants. Leckere Sachen für ein Mittagspicknick bekommt man bei der **Tomales Bay Foods & Cowgirl Creamery** (www.cowgirlcreamery.com; 80 4th St; Sandwiches 6–12 US$; ⊙ Mi–So 10–18 Uhr; ♠) ♠ und köstliche saisonale kalifornisch-italienische Gerichte gibt's in der **Osteria Stellina** (☎ 415-663-9988; http://osteriastellina.com; 11285 Hwy 1; Hauptgerichte 14–24 US$; ⊙ 11.30–14.30 & 17–21 Uhr; ♠) ♠.

Berkeley

Seit den Demos gegen den Vietnamkrieg in den 1960er-Jahren hat sich in Berkeley kaum etwas verändert: die Autoaufkleber fordern heute „No Blood for Oil" statt „Make Love Not War". Nackt auf dem Campus herumlaufen ist heute nicht mehr angesagt, doch „Berserkeley" ist immer noch das radikale Zentrum der Bay Area, bevölkert von zahllosen Studenten, respektlosen Skatern und alternden Birkenstock tragenden Hippies.

⊙ Sehenswertes & Aktivitäten

Die zum Südtor des Campus führende **Telegraph Avenue** ist mit ihren vielen Cafés, Billiglokalen, Buch- und Plattenläden so jugendlich und draufgängerisch wie die Haight St in San Francisco.

University of California, Berkeley   UNIVERSITÄT
(www.berkeley.edu) Die „Cal" ist eine der Spitzenuniversitäten des Landes und wird von mehr als 35 000 sehr unterschiedlichen, aber politisch bewussten Studenten besucht. Das **Visitor Services Center** (☎ 510-642-5215; http://visitors.berkeley.edu; 101 Sproul Hall; ⊙ Führungen üblicherweise Mo–Sa 10 Uhr, So 13 Uhr) veranstaltet kostenlose Campusführungen (Reservierung erforderlich). Mit dem Fahrstuhl kommt man auf die Spitze des 1914 errichteten **Campanile** (Sather Tower; Erw./Kind 2/1 US$; ⊙ Mo–Fr 10–15.45, Sa bis 16.45 Uhr, So 10–13.30 & 15–16.45 Uhr; ♿), der das Wahrzeichen der Uni ist. In der **Bancroft Library** ist das kleine Goldnugget ausgestellt, mit dem 1848 der kalifornische Goldrausch begann.

UC Berkeley Art Museum   MUSEUM
(☎ 510-642-0808; www.bampfa.berkeley.edu; 2626 Bancroft Way; Erw./Kind 10/7 US$; ⊙ Mi–So 11–17 Uhr) Die Ausstellungen in den elf Sälen des Museums decken ein weites Spektrum vom chinesischen Altertum bis hin zu topaktueller Kunst ab. Gegenüber laufen im **Pacific Film Archive** (PFA; ☎ 510-642-5249; www.bampfa.berkeley.edu; 2575 Bancroft Way; Erw./Kind 9,50/6,50 US$) Independent- und Avantgardefilme. Beide Institutionen sollen demnächst in ein neues Zuhause in der Oxford St zwischen Center und Addison St umziehen.

Tilden Regional Park
PARK

(www.ebparks.org/parks/tilden) Der Park in den Berkeley Hills bietet 64 km an Wander- und Radwegen, einen botanischen Garten, Badestellen am Lake Anza und Spaß für Kinder, z. B. ein Karussell und einen Dampfzug.

🛏 Schlafen

Motels säumen die University Ave westlich vom Campus.

YMCA
HOSTEL $

(☎510-848-6800; www.ymca-cba.org/downtown-berkeley; 2001 Allston Way; EZ/DZ ohne Bad ab 49/81 US$; @🛜🏊) Das kürzlich umgestaltete, 100 Jahre alte YMCA im Zentrum ist die beste Budgetoption vor Ort. Im Preis für die spartanischen Privatzimmer ist die Nutzung von Pool, Fitnessraum und der Kücheneinrichtungen inbegriffen.

Downtown Berkeley Inn
MOTEL $$

(☎510-843-4043; www.downtownberkeleyinn.com; 2001 Bancroft Way; Zi. ab 109 US$; P❄🛜) Das Motel mit 27 ordentlich großen Zimmern und moderner Ausstattung hat Elemente eines Boutiquehotels. Kostenlose Parkplätze.

Hotel Durant
BOUTIQUEHOTEL $$$

(☎510-845-8981; www.hoteldurant.com; 2600 Durant Ave; Zi. 195–309 US$; P@🛜) 🍴 Einen Block vom Campus entfernt, unterstreicht die Lobby dieses Hotels von 1928 die Verbindung zur Uni ironisch mit peinlichen Jahrbuch-Fotos. In den kleinen Zimmern dienen umfunktionierte Bongs als Nachttischlampen. Ein Parkplatz kostet 16 US$ (Hybrid-Autos frei).

🍴 Essen

Cream
DESSERTS $

(www.creamnation.com; 2399 Telegraph Ave; 2-4 US$/Stück; ⊙Mo–Mi 12–24, Do–Fr bis 2, Sa 11–2, So 11–23 Uhr) Bei den verrückt-kreativen Eiscreme-Sandwiches kann man diverse Geschmacksrichtungen kombinieren. Wie wär's mit gesalzenem Karamell und Zimtplätzchen? Nur Barzahlung.

Cheese Board Pizza
PIZZERIA $

(http://cheeseboardcollective.coop; 1512 Shattuck Ave; Stück/halbe Pizza 2,50/10 US$; ⊙Di–Sa 11.30–15 & 16.30–20 Uhr; 🍴🎵) In dieser genossenschaftlichen Pizzeria gibt's jeden Tag nur eine sagenhaft knusprige, vegetarische Pizzakreation und zudem abends oft Livemusik.

Bette's Oceanview Diner
DINER $$

(www.bettesdiner.com; 1807 4th St; Hauptgerichte 6–13 US$; ⊙Mo–Fr 6.30–14.30, Sa & So bis 16 Uhr)

In dem munteren Frühstückslokal nahe der I-80 muss man manchmal lange auf einen Tisch warten, aber die perfekt zubereiten Pfannkuchen zergehen auf der Zunge.

⭐Chez Panisse
KALIFORNISCH $$$

(☎Café 510-548-5049, Restaurant 510-548-5525; 1517 Shattuck Ave; Café Hauptgerichte 18–29 US$, Restaurant Festpreismenü 65–100 US$; ⊙Café Mo–Do 11.30–14.45 & 17–22.30, Fr & Sa bis 15 & bis 23.30 Uhr; Restaurant Platzierung 18–18.30 & 20.30–21.15 Uhr) 🍴 Hut ab für die Geburtsstätte der kalifornischen Küche! Der Gourmettempel von Alice Waters steht weiter an der Spitze der kulinarischen Szene in der Bay Area. Für die saisonal inspirierten Menüs zum Festpreis (keine Auswahl) muss man einen Monat im Voraus buchen; man kann auch für das Café im Obergeschoss reservieren, wo es Essen von der Karte gibt.

🍷 Ausgehen & Unterhaltung

Caffe Strada
CAFÉ

(2300 College Ave; ⊙6–24 Uhr; 🛜) Auf der großen Terrasse holen sich Universitätsstudenten ihren Koffeinkick, lernen, diskutieren angeregt philosophische Fragen oder machen einander schöne Augen.

Freight & Salvage Coffeehouse
LIVEMUSIK

(☎510-644-2020; http://thefreight.org; 2020 Addison St; Tickets 5–30 US$) Der legendäre Club aus den radikalen 1960er Jahren bringt für alle Altersgruppen Folk und Weltmusik auf die Bühne.

Berkeley Repertory Theatre
THEATER

(☎510-647-2949; www.berkeleyrep.org; 2025 Addison St; Tickets 35–100 US$) Seit 1968 zeigt die angesehene Truppe spannende Inszenierungen klassischer und moderner Stücke.

ℹ Anreise & Unterwegs vor Ort

AC Transit (S. 162) betreibt Stadtbusse rund um Berkeley (2,10) sowie Busse nach Oakland (2,10 US$) und San Francisco (4,20 US$).
BART-Züge (☎511, 510-465-2278; www.bart.gov) fahren von der Downtown Berkeleys, die nur einen kurzen Spaziergang vom Campus entfernt ist, nach Oakland (1,75 US$) und San Francisco (3,70 US$).

NORD-KALIFORNIEN

Im nördlichen Kalifornien (Northern California) präsentiert sich der Golden State mit riesigen Redwoods, die sich aus dem

Küstennebel recken, den Weingütern des Wine Country und Schlammbad-Gruben von seiner wilden Seite. Der dramatischen Kulisse aus Land und Meer entspricht die unglaubliche Verschiedenheit der Einwohner: Man findet hier Holzbarone und Bäume umarmende Hippies, Rastafaris mit Dreadlocks und Bio-Rancher, Cannabis-Farmer und politische Radikale jeder Richtung. Neben der Landschaft locken Spitzenweine, Restaurants mit frischen, regionalen Zutaten, Nacktbaden in Thermalquellen und ausufernde Gespräche, die mit einem „Hey, Dude" beginnen, zum Besuch der Region.

Wine Country

Ein Flickenteppich aus Weingütern erstreckt sich vom sonnigen Napa im Binnenland bis ins windige Sonoma an der Küste und bildet die wichtigste Weinbauregion der USA. In Napa findet man Probierstuben voller Kunstwerke von berühmten Architekten und entsprechende Preise, im bodenständigen Sonoma schlürft man dagegen in Schuppen und lernt wahrscheinlich den Hund des Winzers kennen. Von San Francisco aus dauert die Fahrt über den Hwy 101 oder die I-80 Richtung Norden ins Wine Country mindestens eine Stunde.

Napa Valley

Mehr als 200 Weingüter drängen sich im 48 km langen Napa Valley entlang dreier Routen: Am Hwy 29 stehen die berühmtesten Weingüter, hier ist es an den Wochenenden richtig voll. Schneller kommt man auf dem parallel verlaufenden Silverado Trail voran. Hier gibt es Boutiquewinzereien, bizarre Architektur und kultverdächtige Cabernet Sauvignons. Die berühmten Weingüter des Hwy 121 (Carneros Hwy), der nach Westen, Richtung Sonoma, führt, sind auf Schaumweine und Pinot Noir spezialisiert.

Am Südende des Tals liegt **Napa,** das prosaische Zentrum des Tals. Der Ort ist nicht rustikal, bietet aber im Zentrum trendige Restaurants und Probierstuben. Im **Napa Valley Welcome Center** (☎ 855-333-6272, 707-251-5895; www.visitnapavalley.com; 600 Main St; ☺ Sept.–April 9–17 Uhr, Mai–Okt. Mo–Do 9–17, Fr–So bis 18 Uhr) erhalten Besucher Pässe für Weinproben und Lagepläne der Weingüter.

Auf dem Weg nach Norden auf dem Hwy 29 findet man im winzigen **Yountville,** einer ehemaligen Postkutschenstation, pro Kopf

mehr mit Michelin-Sternen ausgezeichnete Restaurants als irgendwo sonst in den USA. Weitere 10 Meilen (16 km) nördlich stockt der Verkehr im bezaubernden **St. Helena** – dem Beverly Hills des Napa Valley. Hier kann man prima bummeln und shoppen, wenn man denn einen Parkplatz findet.

Am nördlichen Ende des Tals gibt's im rustikalen **Calistoga** – der am wenigsten aufgemotzten Siedlung im Tal – Thermal- und Schlammbäder, die vulkanische Asche vom nahen Mt. St. Helena nutzen.

◉ Sehenswertes & Aktivitäten

Bei den meisten Weingütern im Napa Valley muss man reservieren. Am besten macht man einen Termin aus und organisiert seinen Tag drum herum. Mehr als ein paar Weingüter an einem Tag sollte man sich nicht vornehmen.

★ **Hess Collection**   WEINGUT, GALERIE
(☎ 707-255-8584; www.hesscollection.com; 4411 Redwood Rd, Napa; Weinprobe 10 US$; ☺ 10–17 Uhr) ✎ Nordwestlich vom Zentrum gibt's hier nicht nur tolle Cabernets, sondern auch moderne Kunst, u.a. von Robert Rauschenberg. Besser reservieren!

★ **di Rosa Art + Nature Preserve**   GALERIE, GARTEN
(☎ 707-226-5991; www.dirosaart.org; 5200 Hwy 121, Napa; Eintritt 5 US$, Führung 12–15 US$; ☺ Mi–So 10–16 Uhr April–Okt. Mi–So bis 18 Uhr) Entdeckt man bei der Fahrt auf dem Carneros Hwy an den Weinbergen grasende Schafe aus Alteisen, hat man eine der besten Sammlungen nordkalifornischer Kunst erreicht. Wer an einer Führung teilnehmen will, sollte reservieren.

Frog's Leap   WEINGUT
(☎ 707-963-4704; www.frogsleap.com; 8815 Conn Creek Rd, Rutherford; Weinprobe 15 US$, inkl. Führung 20 US$; ☺ 10–16 Uhr; 🚻 👶) ✎ In diesem Weingut mit LEED-Zertifikat, das für seinen Sauvignon Blanc und Cabernet bekannt ist, schlängeln sich Spazierwege durch zauberhafte Gärten rund um eine 1884 errichtete Scheune. Führungen vorab buchen!

Pride Mountain   WEINGUT
(☎ 707-963-4949; www.pridewines.com; 3000 Summit Trail, St. Helena; Weinprobe 10 US$, inkl. Führung 15–75 US$; ☺ nach Vereinbarung) Das kultige Weingut liegt an der Grenze zwischen Sonoma und Napa und produziert erstklassigen Cabernet, Merlot, Chardonnay und Viognier. Auf dem entspannten Wein-

gut auf einem Hügel kann man hervorragend picknicken.

Casa Nuestra
WEINGUT
(☎ 866-844-9463; www.casanuestra.com; 3451 Silverado Trail, St. Helena; Weinprobe 10 US$; ☺nach Vereinbarung) 🚩 Eine Friedensflagge und ein Elvis-Porträt begrüßen die Gäste in dem kleinen, mit Solarstrom betriebenen Weingut, das für seine ungewöhnlichen Sorten bekannt ist. Neben dem Picknickgelände tollen Ziegen herum.

Castello di Amorosa
WEINGUT, BURG
(☎ 707-967-6272; www.castellodiamorosa.com; 4045 Hwy 29, Calistoga; Eintritt & Weinprobe 18–28 US$, inkl. Führung 33–69 US$; ☺9.30–18 Uhr, Nov.–Feb. bis 17 Uhr) Hier lockt der Nachbau einer toskanischen Burg aus dem 13. Jh. zur Besichtigung. Die Probierstube im Verlies ist mit italienischen Tropfen bestückt.

Indian Springs Spa
SPA
(☎ 707-942-4913; www.indianspringscalistoga.com; 1712 Lincoln Ave, Calistoga; ☺nach Vereinbarung 9–20 Uhr) Vorab reservieren, wenn man ein Schlammbad mit Vulkanasche in Calistogas originalem Thermalquellenresort aus dem 19. Jh. nehmen will; in den Anwendungen ist der Zugang zu dem von Thermalquellen gespeisten Pool mit enthalten.

🛌 Schlafen

Das beste Preis-Leistungs-Verhältnis im Napa Valley bieten werktags die nicht gerade berauschenden Motels.

Bothe-Napa Valley State Park Campground
CAMPING $
(☎ 800-444-7275; www.reserveamerica.com; 3801 Hwy 128, Calistoga; Stellplatz Zelt & Wohnmobil 35 US$; 🏊🐾🏕) Stellplätze am Hang mit Münz-Warmwasserduschen, einem Pool (nur im Sommer) und Wanderwegen unter moosbewachsenen Eichen.

Chablis Inn
MOTEL $$
(☎ 707-257-1944; www.chablisinn.com; 3360 Solano Ave, Napa; Zi. 105–179 US$; ❄@📶🏊) Bei den frischen, modernen und geräumigen Zimmern im Vorortgürtel von Napa wurde nicht gespart – in manchen gibt es sogar Whirlpool-Wannen für Paare.

EuroSpa & Inn
MOTEL $$
(☎ 707-942-6829; www.eurospa.com; 1202 Pine St, Calistoga; Zi. mit Frühstück 145–195 US$; ❄📶🏊) Das makellose, einstöckige Motel an einer ruhigen Nebenstraße bietet nur 13 Zimmer

mit Whirlpool-Wannen für zwei und Gaskaminen. Das Wellnessbad im Haus lohnt den Besuch nicht.

★ Indian Springs Resort
RESORT $$$
(☎ 707-942-4913; www.indianspringscalistoga.com; 1712 Lincoln Ave, Calistoga; Zi./Cottage ab 199/229 US$; ❄@📶🏊🚲) Das ansprechendste Thermalbad-Resort in Calistoga bietet nette Bungalows (teils mit Küche) vor einer großen Rasenfläche mit im Wind rauschenden Palmen, Shuffleboard- und Boccia-Anlagen, Hängematten und Grills. Gäste, die sich hier verwöhnen lassen, können kostenlos Fahrräder ausleihen.

🍴 Essen

Viele Restaurants im Wine Country haben im Winter und Frühjahr verkürzte Öffnungszeiten.

Oxbow Public Market
MARKT $
(☎ 707-226-6529; www.oxbowpublicmarket.com; 644 1st St, Napa; Gerichte ab 3 US$; ☺Mo–Sa 9–19, So 10–17 Uhr) In diesem Food-Court bieten mehr als 20 verschiedene Händler nachhaltig produzierte Spezialitäten an. Sehr zu empfehlen sind die Austern von Hog Island, die Muffins der Model Bakery, die knusprigen Pizzas von Ca' Momi's und das Eis mit Ökosiegel von Three Twins.

Gott's Roadside
AMERIKANISCH $$
(☎ 707-963-3486; http://gotts.com; 933 Main St, St. Helena; Gerichte 3–14 US$; ☺7–21 Uhr, Mai–Sept. bis 22 Uhr; 🚗) Der Drive-in-Diner aus den 1950er-Jahren arbeitet umweltbewusst, wie es sich im 21. Jh. gehört: Für die Burger werden Öko-Rindfleisch, Bio-Hähnchen oder Thun in Sushi-Qualität verwendet, dazu gibt's als Beilage z. B. mit Chili gewürzte Süßkartoffelfritten und außerdem selbstgemachte Milchshakes.

Oakville Grocery
FEINKOST, MARKT $$
(☎ 707-944-8802; www.oakvillegrocery.com; 7856 Hwy 29, Oakville; Sandwiches 9–14 US$; ☺6.30–17 Uhr) Neben Zutaten für ein Picknick bekommt man hier Gourmetgerichte zum Mitnehmen, z. B. Feinschmeckersandwiches aus regionalen Zutaten und leckere Desserts. Eine zweite Filiale findet man im Zentrum von Healdsburg.

Wine Spectator Greystone Restaurant
KALIFORNISCH $$$
(☎ 707-967-1010; www.ciarestaurants.com; 2555 Main St, St. Helena; Hauptgerichte abends 22–34 US$; ☺Mo–Fr 11.30–14.30 & 17–21, Sa 11.30–21,

So 12–19.15 Uhr; 🛰) In einem 1889 aus Stein errichteten Landhaus residieren das elegante Restaurant, die Bäckerei mit Café und der vollgestopfte Laden des Culinary Institute of America. Für die Kochdemonstrationen am Wochenende und die Kurse in Weinverkostung vorab reservieren!

Ad Hoc
KALIFORNISCH **$$$**

(📞707-944-2487; www.adhocrestaurant.com; 6476 Washington St, Yountville; Festpreismenü ab 52 US$; ⊙Mi–So 17–22, So zus. 10–13 Uhr) In Thomas Kellers schlichter „Experimentierküche" gibt es keine Speisekarte, denn hier kommt täglich ein anderes Vier-Gänge-Menü auf den Tisch. Gäste haben keine Wahlmöglichkeit (außer bei diätbedingten Einschränkungen), aber das ist nicht schlimm, denn alle Gerichte sind ausgezeichnet, frisch und lecker.

★ French Laundry
KALIFORNISCH **$$$**

(📞707-944-2380; www.frenchlaundry.com; 6640 Washington St, Yountville; Festpreismenü 270 US$; ⊙Fr–So 11–13 & tgl. 17.30–21.15 Uhr) Das mit drei Michelin-Sternen prunkende French Laundry bietet ein hochkarätiges kulinarisches Erlebnis voller Fantasie und Witz. Man bucht exakt zwei Monate im Voraus. Dazu um Punkt 10 Uhr anrufen (oder es um 24 Uhr unter OpenTable.com versuchen). Wer keinen Tisch ergattern konnte, kann sich nebenan in Chefkoch Thomas Kellers perfekter französischer Brasserie **Bouchon** oder mit Gebäck aus der **Bouchon Bakery** trösten.

Sonoma Valley

Das Sonoma Valley mit seinen mehr als 70 Weingütern rund um den Hwy 12 wirkt lockerer und weniger kommerziell als Napa und, anders als in Napa, hat man hier auch meist nichts gegen ein mitgebrachtes Picknick. „Sonoma" bezeichnet übrigens sowohl den Ort, als auch das Tal und das County.

◉ Sehenswertes & Aktivitäten

Sonoma war früher die Hauptstadt der kurzlebigen Republik Kalifornien. Heute finden sich an der **Sonoma Plaza** – dem größten Stadtplatz im Bundesstaat – schicke Boutiquen, historische Gebäude und das **Visitor Center** (📞866-996-1090, 707-996-1090; www. sonomavalley.com; 453 1st St E; ⊙Mo–Sa 9–17, So ab 10 Uhr).

Jack London State Historic Park
PARK

(📞707-938-5216; www.jacklondonpark.com; 2400 London Ranch Rd, Glen Ellen; 8 US$/Auto, Führung Erw./Kind 4/2 US$; ⊙Do–Mo 9.30–17 Uhr) Dort, wo der Abenteuerschriftsteller Jack London sein Traumhaus erbaute – das 1913 am Vorabend der Fertigstellung niederbrannte – kann man heute dem Ruf der Wildnis folgen. Man kann das Cottage des Autors besichtigen und sich in dem kleinen Museum, das in einem Redwood-Wäldchen steht, Erinnerungsstücke ansehen. 20 km an Wander- und Mountainbikewegen schlängeln sich durch das 567 ha große hügelige Parkgelände.

★ Bartholomew Park Winery
WEINGUT

(📞707-939-3024; www.bartpark.com; 1000 Vineyard Lane, Sonoma; Weinprobe 10 US$, inkl. Führung 20 US$; ⊙11–16.30 Uhr) 🍇 In einem 162 ha großen Naturschutzgebiet, in dem man prima picknicken kann, existiert das einer Familie gehörende Weingut schon seit 1857. Heute hat das Gut ein Umweltzertifikat und produziert fruchtig-sonnigen Sauvignon Blanc und rauchig-dunklen Merlot.

Gundlach-Bundschu Winery
WEINGUT

(📞707-939-3015; www.gunbun.com; 2000 Denmark St, Sonoma; Weinprobe 10 US$, inkl. Führung 20–50 US$; ⊙11–16.30 Uhr, Juni–Mitte Okt. bis 17.30 Uhr) 🍇 Das nachhaltig bewirtschaftete Weingut westlich das Zentrums wurde 1858 gegründet, sieht aus wie ein Märchenschloss und produziert einen legendären Tempranillo sowie einen unverkennbaren Gewürztraminer.

Kunde
WEINGUT

(📞707-833-5501; www.kunde.com; 9825 Hwy 12, Kenwood; Weinprobe & Führung 10–40 US$; ⊙10.30–17 Uhr) 🍇 Für eine Führung durch das nachhaltig bewirtschaftete Weingut, eine geführte Wanderung und eine Weinprobe oben auf dem Berg muss man reservieren. Produziert werden hier Cabernet, Zinfandel und Sauvignon Blanc.

Kaz Winery
WEINGUT

(📞707-833-2536; www.kazwinery.com; 233 Adobe Canyon Rd, Kenwood; Weinprobe 5 US$; ⊙Fr–Mo 11–17 Uhr, Di–Do nach Vereinbarung; 🎒🏠) 🍇 Nahe bei Kenwood geht's vom Hwy 12 weg zu diesem Weingut, in dessen Scheune auf einer Theke aus Fässern ausgefallen-kultige Öko-Weine kredenzt werden.

Ravenswood Winery
WEINGUT

(📞707-933-2332; www.ravenswoodwinery.com; 18701 Gehricke Rd, Sonoma; Weinprobe 10 US$, inkl. Führung 15 US$; ⊙10–16.30 Uhr) Unter dem Motto: „keine schwächlichen Weine" wird in der munteren Weinstube kräftiger Zinfandel ausgeschenkt. Uneingeweihte sind ebenfalls willkommen.

Cornerstone Sonoma
GARTEN

(☎ 707-933-3010; www.corenerstonegardens.com; 23570 Arnold Dr, Sonoma; ◷ 10–16 Uhr) GRATIS 5 Meilen (8 km) südlich von Sonomas Zentrum können Besucher hier avantgardistische Landschaftsgestaltung fern aller Tradition entdecken.

🛏 Schlafen

In Santa Rosa am nördlichen Ende des Tals gibt's günstige Motels und Hotels.

Sugarloaf Ridge State Park
CAMPING $

(☎ 800-444-7275; www.reserveamerica.com; 2605 Adobe Canyon Rd, Kenwood; Stellplatz Zelt & Wohnmobil 35 US$; 🚻🐾) Die Stellplätze befinden sich auf einer Hangwiese mit einem Bach in der Nähe der Weingüter am Mitte des Tals. Wanderwege führen durch die Wälder. Auf dem Platz gibt's Münz-Warmwasserduschen.

Sonoma Hotel
HISTORISCHES HOTEL $$

(☎ 800-468-6016, 707-996-2996; www.sonomahotel.com; 110 W Spain St, Sonoma; Zi. mit Frühstück 115–240 US$) In dem aus dem 19. Jh. stammenden Baudenkmal an der Plaza drängen sich altmodische Zimmer. Es gibt keinen Fahrstuhl und keine Parkplätze. An den meisten Wochenenden muss man mindestens zwei Übernachtungen buchen.

Beltane Ranch
B&B $$$

(☎ 707-996-6501; www.beltaneranch.com; 11775 Hwy 12, Glen Ellen; DZ mit Frühstück 150–265 US$; ☎) Das schöne, zitronengelbe Ranchhaus von 1890, das doppelte Veranden voller Schaukelstühle und weißer Korbmöbel besitzt, ist von Weideland umgeben. Es gibt weder Telefon noch TV.

Gaige House Inn
B&B $$$

(☎ 800-935-0237, 707-935-0237; www.gaige.com; 13540 Arnold Dr, Glen Ellen; DZ mit Frühstück ab 275 US$; ☎☷🚻) Dieses historische, nahe bei Weinbergen gelegene Wohnhaus bietet schicke Zimmer mit asiatischem Touch und Suiten mit Kaminen. Draußen am Pool gibt's mit Kieseln bestreute Plätze zum Meditieren. Weitere Filialen der Kette befinden sich in Sonoma, Healdsburg und Yountville.

🍴 Essen

Fremont Diner
AMERIKANISCH $$

(☎ 707-938-7370; http://thefremontdiner.com; 2698 Fremont Dr, Sonoma; Hauptgerichte morgens & mittags 6–14 US$; ◷ Mo–Mi 8–15, Do–So bis 21 Uhr; 🚻) 🍴 Dieser Diner mit Picknicktischen vor der Tür bietet von den Südstaaten inspirierte frische Farmkost. Wer nicht lang anstehen will, kommt besser frühzeitig.

Fig Cafe & Winebar
FRANZÖSISCH $$

(☎ 707-938-2130; www.thefigcafe.com; 13690 Arnold Dr, Glen Ellen; Hauptgerichte 10–20 US$; ◷ Sa & So 10–15, tgl. 17.30–21 Uhr) In dem gemütlichen Schankraum mit eingewölbter Holzdecke gibt's französisch inspirierte Gerichte wie gedünstete Muscheln oder Enten-Cassoulet. Erfreulich: Man braucht nicht zu reservieren, und für mitgebrachte Weine wird kein Korkengeld verlangt.

Red Grape
ITALIENISCH $$

(☎ 707-996-4103; http://theredgrape.com; 529 1st St W, Sonoma; Hauptgerichte 10–20 US$; ◷ 11.30–22 Uhr; 🚻) Zu den dünnen, mit Käse aus der Region belegten Pizzas, den Panini-Sandwiches und Pastagerichten gibt's in dieser sonnigen Pizzeria Weine von kleinen Produzenten aus Sonoma.

★ Cafe La Haye
KALIFORNISCH $$$

(☎ 707-935-5994; www.cafelahaye.com; 140 E Napa St, Sonoma; Hauptgerichte 20–30 US$; ◷ Di–Sa 17.30–21 Uhr) 🍴 Das winzige Bistro mit offener Küche und dicht gestellten Tischen zaubert rustikale, modern-amerikanische Gerichte aus Zutaten, die aus einem Umkreis von 100 km stammen. Reservierung empfohlen!

Russian River Valley

Mammutbäume ragen über die kleinen Weingüter im Russian River Valley, das rund 75 Meilen (120 km) nordwestlich von San Francisco (Anfahrt über die Hwys 101 und 116) im westlichen Sonoma County liegt.

Das für seine Apfelplantagen und Farmtouren bekannte Sebastopol wirkt mit seinen Buchläden, Kunstgalerien und Boutiquen im Zentrum und Antiquitätenläden weiter südlich esoterisch angehaucht. Im Biergarten der Hopmonk Tavern (☎ 707-829-9300; www.hopmonk.com; 230 Petaluma Ave; Hauptgerichte 12–23 US$; ◷ So–Mi 11.30–21, Do–Sa bis 21.30, Bar bis 1.30 Uhr; ☎) gibt's Kneipenessen und Bier sowie abends Weltmusik. 4 Meilen (6,4 km) nordwestlich bietet das Willow Wood Market Cafe (☎ 707-823-0233; www.willowwoodgraton.com; 9020 Graton Rd, Graton; Hauptgerichte meist 7–17 US$; ◷ Mo–Sa 8–21, So bis 15 Uhr; 🚻) leckere Frühstücksgerichte und mittags warme Gourmetsandwiches.

Guerneville ist die wichtigste Siedlung am Fluss mit vielen brummenden Harleys und schwulenfreundlichen Kneipen. Alte Mammutbäume kann man im **Armstrong Redwoods State Reserve** (☏ 707-869-2015; www.parks.ca.gov; 17000 Armstrong Woods Rd; 8 US$/Auto; ⊙ 8 Uhr–Sonnenuntergang; ♿) bewundern. Gleich daneben befindet sich der **Bullfrog Pond Campground** (www.stewardsof thecoastandredwoods.org; Stellplatz 25 US$; ♿ ☕), für den keine Reservierung erforderlich ist. Mit **Burke's Canoe Trips** (☏ 707-887-1222; www.burkescanoetrips.com; 8600 River Rd, Forestville; Kanuvermietung inkl. Shuttle 60 US$) paddelt man zwischen Fischreihern und Ottern hindurch flussabwärts. Weiter südöstlich kann man unter freiem Himmel in der auf einem Hügel gelegenen Probierbar der **Iron Horse Vineyards** (☏ 707-887-1507; www.ironhorsevineyards.com; 9786 Ross Station Rd, Sebastopol; Weinprobe 15 US$, inkl. Führung 20 US$; ⊙ 10–16.30 Uhr) Schaumweine schlürfen. Längs der ländlichen Westside Rd, die dem Flusslauf nach Healdsburg folgt, sind noch weitere ausgezeichnete Weingüter zu entdecken. Das **Visitor Center** (☏ 877-644-9001, 707-869-9000; www.russianriver.com; 16209 1st St; ⊙ 10–17 Uhr) in Guerneville versorgt Traveller mit Lageplänen der Weingüter und mit Infos zu Unterkünften. Guernevilles bestes Restaurant ist das kalifornisch-smarte **Boon Eat + Drink** (☏ 707-869-0780; http://eat atboon.com; 16248 Main St; Hauptgerichte abends 15–26 US$; ⊙ Mo–Di & Do–Fr 11–15, Mo–Fr 17–21, Sa & So 10–15 & 17–22 Uhr), das auch das **Boon Hotel + Spa** (☏ 707-869-2721; www.boonhotels. com; 14711 Armstrong Woods Rd; Zi. 165–275 US$; ☕ ♿ ☕) ✦ betreibt, eine minimalistische grüne Oase mit Salzwasserpool.

Südlich des Flusses gelangt man über den 10 Meilen (16 km) langen, passend benannten Bohemian Hwy ins winzige **Occidental**, wo das **Howard Station Cafe** (www.howard stationcafe.com; 3811 Bohemian Hwy; Hauptgerichte 6–11 US$; ⊙ Mo–Fr 7–14.30, Sa & So bis 15 Uhr; ♿ ☕) herzhafte Frühstücksgerichte, z.B. Blaubeerpfannkuchen aus Maismehl, serviert (nur Barzahlung) und die **Barley & Hops Tavern** (☏ 707-874-9037; www.barleyn hops.com; 3688 Bohemian Hwy; ⊙ Mo–Mi 16–21.30, Do & So 11–21.30, Fr & Sa bis 22 Uhr) Biere aus Kleinbrauereien ausschenkt. Nach weiteren 3 Meilen (4,8 km) Richtung Süden ist **Freestone** erreicht. Hier befinden sich die sagenhafte Bäckerei **Wild Flour Bread** (www. wildflourbread.com; 140 Bohemian Hwy; ab 3 US$/ Stück; ⊙ Fr–Mo 8.30–18 Uhr) und das Wellness-

bad **Osmosis** (☏ 707-823-8231; www.osmosis. com; 209 Bohemian Hwy; ⊙ nach Vereinbarung), wo man sich ein Bad mit Kiefern-Enzymen gönnen kann.

Von Healdsburg nach Boonville

Mehr als 100 Weingüter liegen in einem Umkreis von 36 km in den Tälern rund um **Healdsburg**, wo gehobene Restaurants, Probierstuben und stilvolle Hotels die spanisch anmutende Plaza umgeben. Weinprobenpässe und Karten erhält man im **Visitor Center** (☏ 800-648-9922, 707-433-6935; www. healdsburg.org; 217 Healdsburg Ave; ⊙ Mo–Fr 9–17, Sa bis 15, So 10–14 Uhr). Auf dem grünen Patio des **Barndiva** (☏ 707-431-0100; www. barndiva.com; 231 Center St; Hauptgerichte abends 25–36 US$; ⊙ Mi–Sa 12–14, So 11–14 & Mi–So 17.30–21.30, Fr & Sa bis 22 Uhr) werden Gäste mit kalifornischen Gerichten aus lokalen Zutaten verwöhnt. Nahe den Weingütern des Alexander Valley gibt's ländliche Mittagsgerichte im **Jimtown Store** (☏ 707-433-1212; www.jimtown.com; 6706 Hwy 128; Sandwiches 6–14 US$; ⊙ Mo–Do 7.30–16, Fr–So bis 17 Uhr). Übernachten kann man im altmodischen **L&M Motel** (☏ 707-433-6528; www.landmmo tel.com; 70 Healdsburg Ave; Zi. 85–165 US$; ❄ ☎ ☕ ♿ ☕) oder in den romantisch eingerichteten **Healdsburg Modern Cottages** (☏ 866-964-0110; www.healdsburgcottages.com; 425 Foss St; DZ ab 250 US$; ❄ ☎ ☕).

Im **Dry Creek Valley**, vom Zentrum Healdsburgs aus gesehen jenseits des Hwy 101, warten bilderbuchschöne Weingüter auf Farmen darauf, entdeckt zu werden. Einfach ein Fahrrad mieten, und los geht's zur Zinfandel-Verkostung bei **Truett Hurst Vineyards** (☏ 707-433-9545; www.truetthurst. com; 5610 Dry Creek Rd; Weinprobe 5–10 US$; ⊙ 10–17 Uhr) ✦ und bei **Bella Vineyards & Wine Caves** (☏ 707-473-9171; www.bellawinery. com; 9711 West Dry Creek Rd; Weinprobe 10 US$; ⊙ 11–16.30 Uhr). Mit dem Auto kann man auch Richtung Russian River fahren und im Öko-Weingut **Porter Creek Vineyards** (☏ 707-433-6321; www.portercreekvineyards.com; 8735 Westside Rd; Weinprobe 10 US$; ⊙ 10.30–16.30 Uhr) ✦ an einer Theke, die aus einer alten Bowlingbahn gezimmert wurde, Pinot Noir und Viognier verkosten.

Nördlich von Healdsburg führt der Hwy 128 durch das **Anderson Valley**, das für seine Obstplantagen und für hervorragende Weingüter wie **Navarro** (☏ 707-895-3686; www.navarrowine.com; 5601 Hwy 128, Philo; ⊙ 9–17 Uhr, Mai–Sept. bis 18 Uhr) oder **Husch** (☏ 800-

554-8724; www.huschvineyards.com; 4400 Hwy 128, Philo; ☺10–17 Uhr) bekannt ist. Außerhalb von **Boonville**, einem Ort mit Straßencafés, Bäckereien, Delis und Eisdielen, bietet sich eine Rast bei Frisbeegolf und Bier in der mit Solarenergie versorgten **Anderson Valley Brewing Company** (☎707-895-2337; www. avbc.com; 17700 Hwy 253; ☺Sa–Do 11–18, Fr bis 19 Uhr, Führungen tgl. 13.30 & 15.30 Uhr, Jan.–März Di & Mi geschl.) 🖋 an.

❶ Anreise & Unterwegs vor Ort

Die Anreise ins Wine Country mit öffentlichen Verkehrsmitteln dauert lang, ist aber gerade noch möglich; gleiches gilt für Rundreisen vor Ort.

Nach Napa nimmt man vom Ferry Building in San Francisco (13 US\$, 1 Std.) die **Vallejo Bay-link Ferry** (☎877-643-3779; www.baylinkfer ry.com). In Vallejo hat man Anschluss an Napa Valleys **Vine-Transit-Busse** (☎707-251-2800; www.ridethevine.com) nach Napa (1,50– 3,25 US\$, 40–55 Min.); einige wenige fahren auch weiter nach Yountville, St. Helena und Calistoga. Alternativ kann man mit dem BART-Zug bis zum Bahnhof El Cerrito del Norte fahren. Werktags besteht dort Anschluss zum Vine-Transit-Bus 29 nach Napa (3,25 US\$, 1¼ Std.), an den Wochenenden steigt man in den Bus 80 von **SolTrans** (☎707-648-4666; www.soltrans ride.com) nach Vallejo (1,75 US\$, 25 Min.) und dort schließlich in den Vine-Transit-Bus 11 nach Napa (1,50 US\$, 55 Min.) um.

Um nach Sonoma zu kommen, nimmt man einen **Greyhound-Bus** (☎800-231-2222; www. greyhound.com) von San Francisco nach Santa Rosa (24 US\$, 1¾ Std.). Auch **Golden Gate Transit** (☎415-455-2000, 511; http://goldengate. org) verbindet San Francisco mit Santa Rosa (10,75 US\$, 2–3 Std.). Von Santa Rosa aus fahren Busse von **Sonoma County Transit** (☎800-345-7433, 707-576-7433; www.sctransit.com) über die Ortschaften im Sonoma Valley bis nach Sonoma (3,05 US\$, 70 Min.).

Fahrräder (30–85 US\$/Tag) vermieten **Napa River Vélo** (☎707-258-8729; www.napariverve lo.com; 680 Main St, Napa), **Wine Country Cyclery** (☎707-966-6800; www.winecountrycycle ry.com; 262 W Napa St, Sonoma), der **Calistoga Bike Shop** (☎707-942-9687; www.calistogabike shop.com; 1318 Lincoln Ave, Calistoga) oder **Spoke Folk Cyclery** (☎707-433-7171; www. spokefolk.com; 201 Center St, Healdsburg).

Nordküste

Die Metropole San Francisco liegt zwar nur ein paar Stunden entfernt, aber an der schäumenden, zerrissenen und kühlen Pazifikküste, an der nur ab und zu ein paar winzige Ortschaften liegen, fühlt man sich von ihr Lichtjahre entfernt. Täler voller Mammutbäume grenzen an das düster donnernde Meer. Neben Farmen finden sich an Kaliforniens Nordküste Hippies, Kleinbrauereien und – wofür die Region vor allem bekannt ist, die höchsten Bäume der Erde. Die anstrengende Fahrt auf dem kurvenreichen, schmalen Highway wird mit jedem Kilometer prachtvoller Landschaft lohnender.

Von Bodega Bay nach Fort Bragg

Verglichen mit der berühmten Küste des Big Sur wirkt der kurvenreiche Abschnitt des Hwy 1 an der Nordküste anspruchsvoller, einsamer und echter: Sie führt an Farmen, Fischerdörfern und versteckten Stränden vorbei. Von Haltebuchten aus kann man den diesigen Horizont über dem Pazifik nach wandernden Walen absuchen und erblickt eine Küste, deren Felsformationen ständig in einer heftigen Brandung liegen. Ohne Pausen dauert die Fahrt von Bodega Bay nach Fort Bragg (110 Meilen/177 km) bei Tageslicht mindestens drei Stunden. Bei Nacht, wenn der Nebel aufzieht, braucht man stahlharte Nerven und wesentlich länger.

Bodega Bay ist die erste Perle in der Kette der verschlafenen Fischerstädtchen und der Schauplatz von Hitchcocks Horror-Klassiker *Die Vögel* (1963). Die Möwen sind zwar nicht wirklich blutrünstig, aber seinen Picknickkorb sollte man schon im Auge behalten, während man die Felsbögen, versteckten Buchten und mit Wildblumen bedeckten Klippen im **Sonoma Coast State Park** (www.parks.ca.gov; 8 US\$/Auto) erkundet, dessen Strände über das 10 Meilen (16 km) nördlich gelegene Jenner hinausreichen. **Bodega Bay Charters** (☎707-875-3495; http://bodegacharters.com; Eastshore Rd) veranstaltet im Winter Walbeobachtungstouren (Erw./Kind 50/35 US\$). **Bodega Bay Surf Shack** (☎707-875-3944; http://bodegabaysurf. com; 1400 N Hwy 1; Surfbrett/Neoprenanzug/Kajak ab 17/17/45 US\$) vermietet Surfbretter, Neoprenanzüge und Kajaks. Wer lieber an Land bleibt, wandert nach Bodega Head oder unternimmt mit **Chanslor Riding Stables** (☎707-785-8849; www.chanslorranch.com; 2660 N Hwy 1; Ausritt ab 40 US\$) einen Ausritt.

Jenner ist nicht viel mehr als eine Ansammlung von Läden und Restaurants auf den Küstenhügeln, dort, wo der breite, träge Russian River in den Pazifik mündet. Ehrenamtliche Helfer schützen die an der Flussmündung lebende Seehundkolonie und informieren Touristen während der Aufzuchtzeit (März–Aug.).

Im **Fort Ross State Historic Park** (☎ 707-847-3286; www.fortrossstatepark.org; 19005 Hwy 1; 8 US$/Auto; ◷ Sa & So 10–16 Uhr, Ende Mai–Anfang Sept. auch Fr 10–16 Uhr), 12 Meilen (19,3 km) nördlich von Jenner, finden sich die vom Salz zerfressenen Gebäude eines 1812 eingerichteten Handelspostens und einer russisch-orthodoxen Kirche. Der ruhige Ort hat eine fesselnde Geschichte: Dies war einst der südlichste befestigte Punkt der Handelsunternehmungen des russischen Zarenreichs in Nordamerika. Das kleine, nach Holz duftende Museum bietet historische Exponate und Zuflucht vor den Winden an den Klippen.

7 Meilen (11,3 km) weiter nördlich folgt der **Salt Point State Park** (☎ 707-847-3321; 8 US$/Auto; ◷ Visitor Center April–Okt. Sa & So 10–15 Uhr) mit vielen Wanderwegen, Gezeitenbecken und zwei **Campingplätzen** (☎ 800-444-7275; www.reserveamerica.com; Stellplatz 35 US$, Zeltstellplatz für Wanderer 25 US$; ⊞ ⊠). Im benachbarten **Kruse Rhododendron State Reserve** leuchten im Frühjahr rosa Blumen durch das dunstige Waldesdunkel. Kühe grasen auf den felsübersäten Wiesen hoch auf den Klippen, die sich nordwärts bis **Sea Ranch** erstrecken, wo öffentlich zugängliche Wanderwege von den Parkplätzen an der Straße hinunter zu versteckten Stränden führen.

2 Meilen (3,2 km) nördlich des Orts Point Arena führt eine Nebenstraße zum 1908 erbauten, von Stürmen umtosten **Point Arena Lighthouse** (☎ 707-882-2777; www.pointarena lighthouse.com; 45500 Lighthouse Rd; Erw./Kind 7,50/1 US$; ◷ 10–15.30 Uhr, Ende Mai–Anf. Sept. bis 16.30 Uhr). Wer die 145 Stufen hinaufsteigt, kann die Fresnel-Linse in Augenschein nehmen und den atemberaubenden Blick auf die Küste genießen. 8 Meilen (12,9 km) nördlich der Stelle, an der der Hwy 128 den Little River überquert, folgt der **Van Damme State Park** (☎ 707-937-5804; www. parks.ca.gov; 8 US$/Auto). Dort führt der beliebte **Fern Canyon Trail** (hin & zurück 8 km) durch einen üppigen Flusscanyon mit jungen Mammutbäumen sowie davor und dahinter je 1,5 km durch niedrigen Wald. Auf dem **Campingplatz** (☎ 800-444-7275; www.reserveamerica.com; Stellplätze für Wanderer/Autofahrer 25/35 US$; ⊞ ⊠) des Parks stehen Münz-Warmwasserduschen zur Verfügung.

Auf einer prächtigen Landspitze thront das historische Dorf **Mendocino**. Für die Besucher im mittleren Alter wirken die B & Bs in den neuenglisch anmutenden Giebelhäusern mit heruntergezogenem Dach auf der Rückseite, die urigen Läden und Kunstgalerien fast paradiesisch. Wilde Wege führen im **Mendocino Headlands State Park** (www.parks.ca.gov) ᴳᴿᴬᵀᴵˢ vorbei an Brombeersträuchern, Wildblumen und Zypressen, die über den Felsklippen und der tosenden Brandung Wache stehen. Im **Ford House Museum & Visitor Center** (☎ 707-537-5397; http://mendoparks.org; 735 Main St; ◷ 11–16 Uhr) kann man sich nach geführten Naturwanderungen erkundigen, die an Wochenenden angeboten werden. Gleich südlich des Ortes kann man mit **Catch a Canoe & Bicycles Too!** (☎ 707-937-0273; www.catchacanoe.com; Stanford Inn, 44850 Comptche-Ukiah Rd; Kajak & Kanuverleih Erw./Kind ab 28/14 US$; ◷ 9–17 Uhr) die Mündung des Big River hinauf paddeln.

Medocinos raue Nachbarstadt **Fort Bragg** bemüht sich, einige der gut betuchten Wochenendausflügler 10 Meilen (16 km) weiter nach Norden zu locken, hat damit aber noch so recht keinen Erfolg. Hier findet man billiges Benzin und den historischen **Skunk Train** (☎ 707-964-6371; www.skunktrain. com; Fuß der Laurel St; Erw./Kind ab 20/10 US$; ⊞ ⊠), mit dessen Diesel- und Dampfloks unterhaltsame halbtägige Ausflüge in die Wälder angeboten werden.

🛏 Schlafen

In Mendocino scheint jedes zweite Gebäude ein B & B zu sein – man hat die Auswahl unter Dutzenden, sollte aber trotzdem immer vorab reservieren. Im 10 Meilen (16 km) nördlich gelegenen Fort Bragg gibt es viele Motels.

Gualala Point Regional Park　　CAMPING $ (http://parks.sonomacounty.ca.gov; 42401 Highway 1, Gualala; Stellplatz Zelt & Wohnmobil 30–45 US$; ⊞) Ein kurzer Weg verbindet den an einem Bach im Schatten von Mammutbäumen und duftendem Gewürzlorbeer liegenden Campingplatz mit dem windumtosten Strand. Einige Stellplätze sind mit dem Auto erreichbar, andere liegen abgeschieden und sind nur zu Fuß zugänglich. Vor Ort gibt's Münz-Warmwasserduschen.

Andiorn　　HÜTTEN $$ (☎ 800-955-6478, 707-937-1543; http://theandi orn.com; 6051 N Hwy 1, Little River; Hütten meist 109–199 US$; 📶 ⊞ ⊠) 🍴 Die Hütten dieser Anlage aus den 1950er-Jahren liegen am Rand der Straße und wirken nach steifen, von Zentifolien und Spitzendecken geprägten Ästhetik in Mendocino erfrischend spielerisch. Jede Hütte bietet zwei Zimmer mit sich ergänzenden. lustigen Themen; einige haben Einbauküchen und Kamine.

★ Mar Vista Cottages HÜTTEN $$$

(☎877-855-3522,707-884-3522;www.marvistamendocino.com; 35101 S Hwy 1, Gualala; Cottages 175–295 US$; 🛜 🐾 🦮) 🍴 Die renovierten Cottages (mit Küchen) aus den 1930er-Jahren sind ein erholsames Domizil am Meer an der Anchor Bay. Die Bettwäsche wird über Lavendel auf der Leine getrocknet, die Gäste ernten ihr eigenes Abendessen in dem ökologisch bewirtschafteten Gemüsegarten, und das Frühstücksei stammt von den Hühnern, die auf dem Gelände herumlaufen. Mindestaufenthalt zwei Nächte.

Brewery Gulch Inn B&B $$$

(☎800-578-4454, 707-937-4752; www.brewerygulchinn.com; 9401 N Hwy 1, Mendocino; DZ mit Frühstück 245–495 US$; 🛜) 🍴 Gleich südlich von Mendocino überzeugt dieses umweltbewusste B&B mit modernen Luxuszimmern mit offenen Kaminen sowie Gastgebern, die zur Weinstunde kräftig ausschenken und abends für den kleinen Hunger Süßigkeiten bereitstellen. Das nach Gästewunsch zubereitete Frühstück wird in einem kleinen Speisesaal mit Blick aufs ferne Meer serviert.

✕ Essen & Ausgehen

Selbst in kleinen Küstenorten gibt's in der Regel eine Bäckerei, einen Feinkost- sowie einen Naturkostladen und ein paar Straßencafés und Restaurants.

Spud Point Crab Company MEERESFRÜCHTE $

(www.spudpointcrab.com; 1910 Westshore Rd, Bodega Bay; Gerichte 4–11 US$; ⊙9–17 Uhr; 🚐) In der Tradition der klassischen Krabbenlokale am Hafen serviert das Spud Point salzig-süße Krabben-Sandwiches und authentischen Muscheleintopf an seinen Picknicktischen mit Blick auf den Jachthafen.

Franny's Cup & Saucer BÄCKEREI $

(www.frannyscupandsaucer.com; 213 Main St, Point Arena; ab 2 US$/Stück; ⊙Mi–Sa 8–16 Uhr) Die märchenhafte Patisserie stellt in ihren niedlichen Schaufenstern farbenfrohe frische Beerentorten, hausgemachte Kekse und üppige Pralinenkompositionen aus.

GoodLife Cafe CAFÉ $

(http://goodlifecafemendo.com; 10485 Lansing St, Mendocino; 3–10 US$/Stück; ⊙8–16 Uhr) 🍴

Starker Bio-Espresso, butterige Backwaren, herzhafte Empanadas, frische Suppen, Salate und Säfte machen müde Gäste munter.

Piaci Pub & Pizzeria ITALIENISCH $$

(www.piacipizza.com; 120 W Redwood Ave, Fort Bragg; Hauptgerichte 8–18 US$; ⊙Mo–Do 11–21.30, Fr & Sa bis 22, So 16–21.30 Uhr) Diese Pizzeria ist der richtige Ort, um mit Einheimischen ins Gespräch zu kommen und sich mit Spezialbieren und fantastischen, in einem Ziegelofen mit Holzfeuerung gebackenen Pizzas, Calzones und Focaccia mit Belägen wie Pesto-Ziegenkäse oder Prosciutto und Kartoffeln zu stärken. Das Lokal ist klein, laut und lustig.

Café Beaujolais KALIFORNISCH $$$

(☎707-937-5614; www.cafebeaujolais.com; 961 Ukiah St, Mendocino; Hauptgerichte abends 23–35 US$; ⊙Mi–So 11.30–14.30 Uhr, Abendessen tgl. ab 17.30 Uhr) 🍴 Das sehr geschätzte Restaurant mit ländlicher, kalifornisch-französischer Küche residiert in einem Bauernhaus von 1893, das zu einem schicken Speisesaal umgebaut wurde, in dem man prima bei Kerzenschein Händchen halten kann. Die raffinierte und inspirierte Küche setzt auf regionale Zutaten und Gerichte der Saison.

North Coast Brewing Co BRAUEREI

(☎707-964-3400; www.northcoastbrewing.com; 444 N Main St, Fort Bragg; ⊙Mi–Do & So 16–21.30, Fr & Sa bis 22 Uhr) Die überteuerten Fish and Chips und die Knoblauchfritten können qualitativ nicht mit den wundervollen, selbstgebrauten Bieren, z.B. dem Red Seal Ale oder dem „Brother Thelonious" nach belgischer Art, mithalten, die im Schankraum vom Fass ausgeschenkt werden.

ℹ Anreise & Unterwegs vor Ort

Die Orte am Hwy 1 werden weder von Greyhound, noch von Amtrak angefahren. Der Bus 65 der **Mendocino Transit Authority** (MTA; ☎800-696-4682; www.mendocinotransit.org) fährt täglich von Fort Bragg über Ukiah nach Santa Rosa (21 US$, 2½ Std.); in Santa Rosa fährt stündlich der Bus 101 von **Golden Gate Transit** (☎415-455-2000; http://goldengate.org) nach San Francisco (10,75 US$, 2¾ Std.). Werktags pendelt der Bus 60 der MTA mehrmals täglich zwischen Fort Bragg und Mendocino (1,25 US$, 1 Std.), einer der Busse fährt weiter nach Point Arena und Gualala.

Von Ukiah nach Garberville

Die Küstenroute des Hwy 1 ist ideal zum gemächlichen Reisen, aber ein großer Teil derjenigen, die auf der Binnenlandroute des Hwy 101 unterwegs sind, fährt direkt zu den abgelegeneren Regionen hinter dem *Redwood Curtain*. Es gibt aber durchaus ein paar lohnende Abstecher, z.B. zu den bodenständigen Weingütern um Ukiah, den großen Mammutbaumwäldern nördlich von Leggett und zur verlassenen Wildnis der Lost Coast.

Ukiah ist zwar hauptsächlich nur ein Ort, um das Auto aufzutanken oder einen Happen zu essen, doch in der Nähe lockt das **Vichy Springs Resort** (☎707-462-9515; www.vichysprings.com; 2605 Vichy Springs Rd; 2 Std./Tageskarte 30/50 US$), Nordamerikas einziges Mineralbad mit natürlicher Kohlensäure (Badeanzug erforderlich).

Gleich nördlich des winzigen **Leggett** am Hwy 101 kann man in der **Standish-Hickey State Recreation Area** (☎707-925-6482; www.parks.ca.gov; 69350 Hwy 101; 8 US$/Auto; ⊞) im Eel River baden oder angeln und auf insgesamt 14,5 km an Wegen durch ursprüngliche und nachgewachsene Mammutbaumwälder wandern (dabei nach dem 68 m hohen Miles-Standish-Tree Ausschau halten!). 7 Meilen (11,3 km) südlich von **Garberville** folgt am Hwy 101 der **Richardson Grove State Park** (☎707-247-3318; www.parks.ca.gov; 8 US$/Auto), ein 567 ha großes Schutzgebiet mit ursprünglichen Mammutbaumwäldern. In beiden Parks gibt es erschlossene **Campingplätze** (☎800-444-7275; www.reserveamerica.com; Stellplatz 35–45 US$; ⊞☼).

Die **Lost Coast** ist ein echtes Wanderparadies und bietet die urtümlichsten Campingmöglichkeiten an einer rauen Küste in Kalifornien. „Verloren" ging die Küste, als der Highway um die Berge des King Range herumgeführt wurde, die wenige Kilometer vom Ozean 1200 m hoch aufragen. So blieb die Region weithin unerschlossen. Von Garberville führt eine schlechte Straße auf 23 Meilen (37 km) nach **Shelter Cove**, dem wichtigsten Versorgungszentrum der Region, das aber kaum mehr ist als ein kleiner Flecken am Meer mit einem Gemischtwarenladen, Cafés und Motels. Unbedingt die „Betreten verboten!"-Schilder beachten, wenn man querfeldein unterwegs ist: Man könnte auf Farmer treffen, die ihr illegal angebautes Marihuana entschieden verteidigen.

Der 207 km² große **Humboldt Redwoods State Park** (www.humboldtredwoods.org) `GRATIS` am Hwy 101 schützt einige der weltweit ältesten Mammutbäume. In dem Park stehen 80% der 137 höchsten Bäume des Planeten. Die prächtigen Baumgruppen können mit denen im viel weiter nördlich gelegenen Redwood National Park durchaus mithalten. Wer keine Zeit für eine Wanderung hat, sollte auf jeden Fall eine Fahrt auf der fulminanten **Avenue of the Giants** machen. Diese 32 Meilen (51,5 km) lange, zweispurige Straße verläuft parallel zum Hwy 101. Die **Stellplätze** (☎800-444-7275; www.reserveamerica.com; Stellplatz 20–35 US$; ⊞) vor Ort vorab reservieren! Wanderinfos und Karten gibt's im **Visitor Center** (☎707-946-2263; ⊙April–Okt. 9–17 Uhr, Nov.–März 10–16 Uhr).

🛏 Schlafen & Essen

Campingplätze und Wohnmobilparks gibt es am Hwy 101 zuhauf, und noch der kleinste Ort hat zumindest einen Lebensmittelladen mit Deli, einen Espressoausschank, ein von Hippies geführtes Café und ein paar Motels. Die rustikalen Hüttenanlagen und ältlichen Motels an der Avenue of the Giants sind überwiegend bestenfalls mittelmäßig.

Benbow Inn   HISTORISCHES HOTEL **$$$**
(☎707-923-2124, 800-355-3301; www.benbowinn.com; 445 Lake Benbow Dr, Garberville; Zi./Cottage ab 180/230 US$; ❄🛜🐕🏊) Zwar wirkt das elegante Dekor fast schon komisch überzogen, gleichwohl ist das 1926 erbaute Herrenhaus im Tudorstil ein denkwürdiges Refugium. Für die Gäste gibt's nachmittags kostenlos Tee und gratis Sherry in den Zimmern. Das Restaurant mit weißen Tischtüchern und die holzvertäfelte Bar sind an nebligen Abenden besonders einladend.

Ardella's   DINER **$**
(77 S Main St, Willits; Hauptgerichte 6–11 US$; ⊙Mi–Sa 7–14.45, So 8–14 Uhr; ⊞) In dem Diner am Hwy 101 streichen sich Hippie-Tramper, Trucker und Reisende die Bäuche, nachdem sie die riesigen Omelettes, den Kartoffelbrei, die Gourmet-Salate oder hausgemachte Suppen (z.B. Karotten-Ingwer-Suppe mit Curry) verputzt haben. Nur Barzahlung.

❶ Anreise & Unterwegs vor Ort

Täglich fahren Greyhound-Busse von San Francisco nach Ukiah (43 US$, 3 Std.), Willitts (43 US$, 3½ Std.) und Garberville (58 US$, 5½ Std.). Werktags fahren ein paar Busse von **Redwood Transit System** (☎707-443-0826; www.hta.org; 🚌) zwischen Garberville und Eureka (5 US$, 1¾ Std.).

Von Eureka nach Crescent City

Wer die ausufernden Einkaufszentren am Rand von **Eureka** passiert, gelangt in die

Old Town mit schönen viktorianischen Gebäuden, Antiquitätenläden und Restaurants. An Bord der blauweißen **Madaket** (☎707-445-1910; www.humboldtbaymaritimemuseum.com; Tour ab 10 US$; ⊙ Juni–Anfang Okt.) von 1910 kann man eine Hafenrundfahrt machen. Das Boot legt am Fuß der F St ab, bei der Cocktailfahrt zu Sonnenuntergang bekommt man seinen Drink an der kleinsten lizenzierten Bar Kaliforniens ausgeschenkt. Das **Visitor Center** (☎800-356-6381, 707-442-3738; www.eurekachamber.com; 2112 Broadway; ⊙ Mo–Fr 8.30–17 Uhr; @🖀) befindet sich am Hwy 101, südlich der Downtown.

Nördlich der Humboldt Bay liegt **Arcata**, eine Hippie-Hochburg linker Politik mit vielen Patchulisträuchern. Die Trucks fahren mit Biodiesel zum wöchentlichen **Farmers Market** (www.humfarm.org; Arcata Plaza; ⊙ Mitte April–Mitte Okt. 9–14 Uhr; 🖀) 🔌 auf der zentralen Plaza, an der sich Kunstgalerien, Läden, Cafés und Bars befinden. Für ein Bad in den **Finnish Country Sauna & Tubs** (☎707-822-2228; http://cafemokkaarcata.com; Ecke 5th & J St; 30-minütiges Bad Erw./Kind 10/2 US$; ⊙ So–Do 12–23, Fr & Sa bis 1 Uhr) vorher reservieren! Nordöstlich des Zentrums liegt der hübsche Campus der **Humboldt State University** (www.humboldt.edu).

16 Meilen (25,7 km) nördlich von Arcata sitzt das prosaische Fischereistädtchen **Trinidad** auf einer Klippe über einem atemberaubend schönen Hafen. Nach dem Besuch der den Gezeitenbeckenbewohnern im **HSU Telonicher Marine Laboratory** (☎707-826-3671; www.humboldt.edu/marinelab; 570 Ewing St; Spende 1 US$; ⊙ Mo–Fr 9–16.30 Uhr, Mitte Sept.–Mitte Mai zusätzlich Sa & So 12–16 Uhr; 🖀) kann man auf den Sandstränden schlendern oder kurze Wanderungen um Trinidad Head herum unternehmen. Bewaldete Campingplätze, Hütten und Lodges finden sich am Patrick's Point Dr nördlich der Stadt. Im **Patrick's Point State Park** (☎707-677-3570; www.parks.ca.gov; 4150 Patrick's Point Dr; 8 US$/Auto) gibt's eindrucksvolle felsige Landzungen, Strände, an denen man Treibgut sammeln kann und darüber hinaus die Möglichkeit, Tiere zu beobachten. Zudem kann man sich die authentische Nachbildung eines Dorfs der Yurok ansehen. Auf den **Campingplätzen** (☎800-444-7275; www.reserveamerica.com; Stellplatz 35–45 US$; 🖀🧺) im Park gibt es Münz-Warmwasserduschen.

Auf dem Weg nach Norden führt der Hwy 101 am **Thomas H. Kuchel Visitor Center** (☎707-465-7765; www.nps.gov/redw; Hwy 101, Orick; ⊙ 9–17 Uhr, Nov.–März bis 16 Uhr; 🖀) des Redwood National Park vorbei. Der Redwood National Park bildet zusammen mit den drei State Parks Prairie Creek, Del Norte und Jedediah Smith eine UNESCO-Weltnaturerbestätte; sie umfasst mehr als 40 % aller noch existierenden Mammutbaum-Urwälder Kaliforniens. Der Besuch des Nationalparks ist kostenlos; in den State Parks gilt in manchen Gebieten eine Tagesnutzungsgebühr von 8 US$, und dort befinden sich auch erschlossene **Campingplätze** (☎800-444-7275; www.reserveamerica.com; Stellplätze 35 US$; 🖀🧺).

Das kombinierte Parkgelände erstreckt sich nordwärts bis zur Grenze von Oregon, und mehrere Ortschaften liegen mittendrin. Im Süden gelangt man zunächst in den **Redwood National Park**, in dem sich ein 1,6 km langer Naturpfad durch den Lady Bird Johnson Grove windet. Für den Besuch des Tall Trees Grove, in dem mehrere der höchsten Bäume des Planeten stehen, braucht man eine Genehmigung, die man im Thomas H. Kuchel Visitor Center kostenlos nach dem Prinzip „wer zuerst kommt, mahlt zuerst" erhält.

6 Meilen (9,6 km) nördlich von Orick führt der 10 Meilen (16 km) lange Newton B. Drury Scenic Parkway parallel zum Hwy 101 durch den **Prairie Creek Redwoods State Park**. Roosevelt-Wapitis grasen auf der ländlichen Wiese vor dem **Visitor Center** (☎707-488-2039; www.parks.ca.gov; ⊙ Mai–Okt. 9–17 Uhr, Nov.–April 10–16 Uhr), an dem mehrere sonnengesprenkelte Wanderwege beginnen. 3 Meilen (4,8 km) weiter südlich führt die unbefestigte Davison Rd nach Nordwesten zum Gold Bluffs Beach und endet am üppig bewachsenen Fern Canyon, der in *Vergessene Welt: Jurassic Park* zu sehen war.

Nördlich des winzigen Klamath passiert der Hwy 101 das **Trees of Mystery** (☎800-638-3389; www.treesofmystery.net; 15500 Hwy 101; Erw./Kind 15/8 US$; ⊙ Juni–Aug. 8–18.30 Uhr, Sept.–Mai 9.30–16.30 Uhr; 🖀🧺), eine kitschige Touristenattraktion mit einer durch die Baumwipfel führenden Seilbahn. Als nächstes bietet der **Del Norte Coast Redwoods State Park** alte Mammutbaumhaine und 13 km unberührte Küste. Der Damnation Creek Trail (hin & Zurück 8 km) führt an hochragenden Mammutbäumen vorbei 330 m hinunter zu einem versteckten, felsigen Strand, den man am besten bei Ebbe besucht. Der Ausgangspunkt befindet sich an einem Parkplatz des Hwy 101, nahe Meile16.

Über eine halbmondförmige Bucht erstreckt sich Crescent City, eine eintönige Kleinstadt, die aber die einzige nennenswerte Küstensiedlung nördlich von Arcata ist. Eine Flutwelle zerstörte 1964 mehr als die Hälfte der Stadt, die danach mit hässlichen Zweckbauten wieder errichtet wurde. Das 1856 erbaute **Battery Point Lighthouse** (☎707-467-3089; www.delnortehistory.org; Erw./Kind 3/1 US$; ☺April–Okt. Mi–So 10–16 Uhr) am Südende der A St ist nur bei Ebbe zugänglich.

Der **Jedediah Smith Redwoods State Park** ist der nördlichste der zusammenhängenden Parks; er liegt 5 Meilen (8 km) jenseits von Crescent City. Die Mammutbäume stehen hier so dicht, dass es vergleichsweise wenig Wanderwege gibt. Einige leichte Wege beginnen in der Nähe von Schwimmstellen am Fluss am Hwy 199 sowie an der rauen, unbefestigten Howland Hill Rd, einer 11 Meilen (17,6 km) langen Panoramastraße. Im **Visitor Center** (☎707-458-3496; www.parks.ca.gov; Hwy 199, Hiouchi; ☺Mitte Mai–Mitte Sept. 9–17 Uhr) gibt's Karten und Infos.

🛏 Schlafen & Essen

Motels unterschiedlicher Qualität liegen am Hwy 101, u. a. in Eureka, Arcata und Crescent City. In Arcata gibt's die größte Restaurantauswahl – von Bio-Saftbars und veganischen Cafés bis hin zu Bistros mit kalifornischer und internationaler Fusionküche.

Requa Inn B&B $$
(☎707-482-1425; www.requainn.com; 451 Requa Rd, Klamath; Zi. 119–199 US$; ☎) Der einfache historische Gasthof von 1914 ist auf Wanderer eingestellt, die hier ein großes Frühstück und altmodische Zimmer mit Blick auf den Fluss finden. Keine TVs und kein Telefon.

Carter House Inns B&B $$$
(☎800-404-1390, 707-444-8062; http://carterhouse.com; 301 L St, Eureka; Zi. mit Frühstück 189–385 US$; ☎❄) Der Komplex aus liebevoll gepflegten viktorianischen Gebäuden ist die gemütlichste Unterkunft nahe der Old Town von Eureka. Viele Zimmer und Suiten haben romantische Kamine. Abends gibt's für Gäste kostenlos Wein, Vorspeisen und Milch mit Keksen. Das nobelste Lokal in der Gegend ist das hauseigene **Restaurant 301** (Hauptgerichte abends 20–30 US$; ☺18–21 Uhr) mit saisonalen kalifornisch-französischen Gerichten.

Wildberries Marketplace MARKT, FEINKOST $
(www.wildberries.com; 747 13th St, Arcata; Sandwiches 4–10 US$; ☺6–24 Uhr; ☑) Der beste Naturkostladen an der North Coast hat eine gesundheitsbewusste Feinkosttheke und eine Saftbar mit Fruchtsmoothies. Eine gute Gelegenheit, sich Snacks und Getränke für ein Strandpicknick oder eine Mittagspause beim Wandern zu holen.

Samoa Cookhouse AMERIKANISCH $$
(☎707-442-1659; www.samoacookhouse.net; 908 Vance Ave, Samoa; All-You-Can-Eat 11–16 US$; ☺7–21 Uhr; ☑) Das beliebte Lokal auf der Samoa Peninsula der Humboldt Bay war in den 1890er-Jahren ursprünglich eine Kantine für ein Holzfällerlager. Heute drängen sich Traveller und Hippies an den langen, mit rot kariertem Wachstuch bedeckten Tischen. Kinder essen zum halben Preis.

Lost Coast Brewery BRAUEREI $$
(☎707-445-4480; www.lostcoast.com; 617 4th St, Eureka; Hauptgerichte 9–15 US$; ☺So–Do 11–22, Fr & Sa bis 23 Uhr; ☎☑) In dieser legendären North-Coast-Brauerei lohnen das Downtown Brown und das Great White allemal einen Stopp, aber die Chicken Wings, Nachos und anderen Kneipengerichte sind nur mittelmäßig. Echte Bierfans sollten sich die Bio-Brauerei Eel River Brewing in Fortuna, Arcatas Redwood Curtain Brewing, die Six Rivers Brewery in McKinleyville und die Mad River Brewing Company in Blue Lake nicht entgehen lassen.

ℹ️ Anreise & Unterwegs vor Ort

Von Arcatas **Greyhound-Busdepot** (925 E St) starten täglich Busse über Eureka, Garberville, Willits und Ukiah nach San Francisco (57 US$, 7 Std.). Mehrmals täglich halten Busse von **Redwood Transit System** (☎707-443-0826; www.hta.org) auf der Strecke Trinidad–Scotia (2,75 US$, 2½ Std.) in Eureka und Arcata.

Sacramento

Kaliforniens älteste nicht von Missionaren gegründete Siedlung wurde als erste in der Goldrauschära aus dem Boden gestampft. Die Hauptstadt des Bundesstaats liegt in einer Ebene und ist damit zwar ungewöhnlich, ansonsten aber mit Schatten spendenden Bäumen, glutheißen Sommern und verstopften Highways recht uninteressant.

1839 errichtete der exzentrische Schweizer Einwanderer John Sutter hier ein Fort. Als 1848 in den nahen Ausläufern der Sierra Gold entdeckt wurde, explodierten die Bevölkerungszahlen. Nach viel parlamentarischem Hin und Her wurde Sacramento schließlich 1854 zur Hauptstadt Kaliforniens erkoren.

Old Sacramento zieht bis heute die meisten Besucher an. Mit seinen hölzernen Bürgersteigen am Flussufer macht das Viertel den Eindruck einer typischen Touristenfalle. Interessantere Restaurants und Kultureinrichtungen verbergen sich in den in einem regelmäßigen Muster angelegten Straßen von Downtown und in Midtown, wo eine aufstrebende Kunstszene daran arbeitet, dass die Stadt ihren Ruf als Kuhkaff verliert.

🅞 Sehenswertes

California Museum   MUSEUM
(www.californiamuseum.org; 1020 O St; Erw./Kind 8,50/6 US$; ⊙Mo–Sa 10–17, So ab 12 Uhr) In dem modernen Museum befindet sich die California Hall Of Fame – wohl der einzige Ort, wo man gleichzeitig Cesar Chavez, Mark Zuckerburg und Amelia Earhart begegnen kann. Die Ausstellung *California Indians: Making A Difference* wirft einen Blick auf die Kultur und Traditionen der Ureinwohner in Geschichte und Gegenwart.

California State
Capitol   HISTORISCHES GEBÄUDE
(☎916-324-0333; http://capitolmuseum.ca.gov; 1315 10th St; ⊙Mo–Fr 8–17, Sa &So ab 9 Uhr, Führungen stündl. 9–16 Uhr) GRATIS Das aus dem 19. Jh. stammende State Capitol an der 10th St ragt als brillantes, weißes Juwel aus der gepflegten Capitol Mall heraus. Drinnen finden sich Ausstellungen zur kalifornischen Kunst und Geschichte und historisch möblierte Sitzungssäle. Die beiden Kammern des kalifornischen Parlaments (Assembly und Senat) sind für die Öffentlichkeit zugänglich.

California State Railroad Museum   MUSEUM
(☎916-445-6645; www.californiastaterailroadmuseum.org; 125 I St; Erw./Kind 10/5 US$, inkl. Zugfahrt 20/10 US$; ⊙10–17 Uhr, Zugfahrten April–Sept. stündl.; 🚼) In Old Sacramento (www.oldsacramento.com), einem Viertel am Fluss mit historischen Gebäuden und kleinen Museen, kann man hier in Dutzende sorgsam restaurierte Dampf- und Dieselloks klettern.

Sutter's Fort State
Historic Park   HISTORISCHE STÄTTE
(☎916-445-4422; www.parks.ca.gov; 2701 L St; Erw./Kind 5/3 US$; ⊙10–17 Uhr) Mit der originalen Kanone und dem hämmernden Schmied fühlt man sich in den Mauern dieses restaurierten Forts in die 1850er-Jahre zurückversetzt. Gleich nebenan befindet

sich das kleine, aber faszinierende **California State Indian Museum** (☎916-324-0971; www.parks.ca.gov; 2618 K St; Erw./Kind 3/2 US$; ⊙Mi–So 10–17 Uhr).

Crocker Art Museum   MUSEUM
(☎916-264-5423; www.crockerartmuseum.org; 216 O St; Erw./Kind 10/5 US$; ⊙Di–Mi & Fr–So 10–17, Do bis 21 Uhr) Neben der schönen Villa eines Richters aus dem Obersten Kalifornischen Gericht aus dem 19. Jh. sind in modernen Galerien Werke älterer und zeitgenössischer kalifornischer Kunst zu bewundern.

🛏 Schlafen & Essen

Sacramentos Hotels sind auf Geschäftsreisende eingestellt, dementsprechend gibt es am Wochenende Preisnachlässe. An den Freeways und in den Vorstädten rund ums Zentrum finden sich viele Kettenhotels. Restaurants und Bars konzentrieren sich in Midtown, insbesondere in der J St östlich der 16th St.

HI Sacramento Hostel   HOSTEL $
(☎916-443-1691; http://norcalhostels.org/sac; 925 H St; B 30–36 US$, Zi. mit/ohne Bad ab 76/58 US$; ⊙Check-in 14–22 Uhr; @🛜) Die öffentlichen Bereiche in der restaurierten viktorianischen Villa nahe dem Capitol haben nahezu B & B-Qualität, die Schlafsäle sind geräumig, und das Personal weiß über das örtliche Nachtleben Bescheid.

Delta King   B&B $$
(☎800-825-5464, 916-444-5464; www.deltaking. com; 100 Front St; DZ mit Frühstück ab 139 US$; ✴🛜) Die kleinen Zimmer an Bord des *Delta King*, eines Schaufelraddampfers von 1927, der in Old Sacramento vor Anker liegt, sind richtig kuschelig. Auf dem Schiff gibt's ein nautisch gestaltetes Restaurant mit Bar. Parkplätze kosten 18 US$.

Citizen Hotel   BOUTIQUEHOTEL $$$
(☎Info 916-447-2700, Reservierungen 916-492-4460; www.jdvhotels.com; 926 J St; Zi. 139–269 US$; ✴@🛜✴) Die eleganten Zimmer in diesem Bürogebäude aus den 1920er-Jahren in Downtown bieten Luxusbettwäsche, kräftig gemusterte Stoffe und iPod-Anschlüsse. Auch die kleinen Details können sich sehen lassen: alte politische Karikaturen zieren die Wände, und Gäste können politische Filme ausleihen. Das Restaurant **Grange** (☎916-492-4450; www.grangesacramento.com; 926 J St; Hauptgerichte abends 19–39 US$; ⊙Mo–Fr 6.30–10.30 & 11.30–14, Sa & So 8–14, So–Do 17.30–22, Fr & Sa bis 23 Uhr; 🛜) bietet im Erdgeschoss ka-

lifornische Gerichte mit Zutaten frisch von der Farm. Hotelparkplätze kosten 25 US$.

La Bonne Soupe Cafe
FEINKOST $

(☑916-492-9506; 920 8th St; Gerichte 4–8 US$; ☺Mo–Fr 11–15 Uhr) Die von einem ausgebildeten Koch liebevoll gemachten Schlemmer-Sandwiches und die frisch zubereiteten Suppen sorgen dafür, dass die Büroangestellten der Downtown hier Schlange stehen.

Tower Cafe
CAFÉ $$

(☑916-441-0222; www.towercafe.com; 1518 Broadway; Hauptgerichte 7–18 US$; ☺So–Do 8–22, Fr & Sa bis 23 Uhr) Dieses Café in einem Art-déco-Kino von 1938 ist die beste Option für ein ausgiebiges Frühstück – z. B. Arme Ritter mit Puddingcreme und Früchten oder Chorizo mit Eiern.

Mulvaney's B & L
KALIFORNISCH $$$

(☑916-441-6022; www.mulvaneysbl.com; 1215 19th St; Hauptgerichte abends 26–38 US$; ☺Di–Fr 11.30–14.30, Di–Sa 17–22 Uhr) Das Restaurant mit der meisten Klasse in Sacramento bietet in einer Feuerwache aus den 1890er-Jahren eine saisonale, europäisch angehauchte Karte, die sich jeden Tag ändert.

▼ Ausgehen & Unterhaltung

Temple Coffee
CAFÉ

(www.templecoffee.com; 1010 9th St; ☺6–23 Uhr; ☎) ✐ An Holzbänken wird hier nachhaltig angebauter, frisch gerösteter Kaffee ausgeschenkt.

Rubicon Brewing Company
BRAUEREI

(☑916-448-7032; www.rubiconbrewing.com; 2004 Capitol Ave; ☺Mo–Do 11–23.30, Fr & Sa bis 0.30, So bis 22 Uhr) Das Brauhaus lockt mit preisgekrönten Ales, Chicken Wings und Käsefritten mit Chili.

Sacramento River Cats
SPORT

(www.milb.com; Raley Field, 400 Ballpark Dr; Tickets 5–65 US$; ☺April–Sept.) Das Minor-League-Baseballteam spielt im Raley Field mit tollem Blick auf die Tower Bridge.

❶ Anreise & Unterwegs vor Ort

Der **Sacramento International Airport** (☑919-929-5411; www.sacairports.org; 6900 Airport Blvd) liegt rund 11 Meilen (17,6 km) nordwestlich der Downtown abseits der I-5 und fertigt vor allem Inlandsflüge ab.

Vom **Bahnhof** (☑877-974-3322; www.capitolcorridor.org; 401 I St) in der Downtown fahren Amtrak-Züge: der häufige *Capitol Corridor* von der/zur San Francisco Bay Area (28–38 US$,

90 Min.–3 Std.), der zweimal täglich verkehrende *San Joaquin* mit Anschlussbus zum Yosemite Valley (37 US$, 5 Std.) sowie einmal täglich die Fernzüge *Coast Starlight* und *California Zephyr*. **Greyhound-Busse** (420 Richards Blvd) fahren mehrmals täglich nach San Francisco (27 US$, 2 Std.) und Los Angeles (78 US$, 7½–9 Std.).

Sacramento Regional Transit (www.sacrt.com; einfache Strecke/Tageskarte 2,25/6 US$) betreibt den städtischen Bus- und Straßenbahnverkehr.

Gold Country

Kaum zu glauben, dass hier alles anfing: Die ruhigen Hügelstädtchen und schläfrigen, von Eichen gesäumten Nebenstraßen des Gold Country verraten nichts von der wilden, chaotischen und oft gewalttätigen Gründung Kaliforniens. Kurz nachdem James Marshall 1848 im Sutters Creek das erste Gold erblickt hatte, setzte der Massenansturm von 300 000 „49ers" in die Ausläufer der Sierra ein. Die Goldgier nahm auf die strengen Moralvorstellungen der viktorianischen Zeit keine Rücksicht. Auch heute sind noch Spuren von den Umweltzerstörungen und den gesetzlosen Boomtowns zu entdecken.

Für Geschichtsfans ist eine Reise in die Gegend so spannend wie eine Geisterbahnfahrt, denn verblassende Hinweistafeln erzählen von Blutdurst und Banditenwesen. Friedlicher gestimmte Traveller können hier in Schwimmlöchern baden, auf Mountainbikepisten Berge hinuntersausen oder Wildwasserfahrten auf den eisigen Fluten der Flüsse American River, Stanislaus River und Tuolumne River unternehmen. Der im Central Valley ansässige Veranstalter **All-Outdoors California Whitewater Rafting** (☑800-247-2387; www.aorafting.com) bietet vom Frühjahr bis in den Herbst Rafting-Tagestouren und Touren mit Übernachtung für Interessierte aller Leistungsklassen an.

Der Hwy 50 trennt die Northern und Southern Mines voneinander. Kurviges Bindeglied ist der Hwy 49 mit vielen Haltebuchten und Ausblicken auf die umliegenden Hügel. Anregungen für Touren in der Region gibt's bei der **Gold Country Visitors Association** (www.calgold.org).

Northern Mines

Nevada City, die „Königin der Northern Mines" hat schmale Straßen mit liebevoll restaurierten Gebäuden, kleinen Theatern,

Kunstgalerien, Cafés und Läden. Im **Visitor Center** (☎530-265-2692; www.nevadacitychamber.com; 132 Main St; ⊗Mo–Fr 9–17, Sa 11–16, So 11–15 Uhr) gibt's Infos und Karten für Spaziergänge auf eigene Faust. Infos zum Campen, Wandern und Mountainbikefahren sowie die nötigen Genehmigungen erhält man am Hwy 49 in den **Tahoe National Forest Headquarters** (☎530-265-4531; www.fs.usda.gov/tahoe; 631 Coyote St; ⊗Mo–Fr 8–16.30 Uhr).

In Nevada Citys zweckmäßiger Schwesterstadt **Grass Valley**, 4 Meilen (6,4 km) südlich, lassen Künstler, Hippies und Rancher ihr Öl wechseln. Etwas mehr als eine Meile (1,6 km) östlich vom Hwy 49 bezeichnet der **Empire Mine State Historic Park** (☎530-273-8522; www.empiremine.org; 10791 E Empire St; Erw./Kind 7/3 US$; ⊗10–17 Uhr) die Stätte einer der ergiebigsten Goldminen des Staates: Zwischen 1850 und 1956 wurden hier 164,4 t des Edelmetalls mit einem heutigen Marktwert von 5 Mrd. US$ gefördert.

Bei glühender Hitze weisen Reihen parkender Autos am Rand des Hwy 49 höchstwahrscheinlich auf Schwimmlöcher hin. Eine der besten Stellen zum Abkühlen liegt dort, wo sich der Nord- und Südarm des American River vereinigen, ein paar Meilen östlich von **Auburn**, einem Zwischenstopp an der I-80 rund 25 Meilen (40 km) südlich von Grass Valley.

In **Coloma** nahm der Goldrausch seinen Anfang. Der am Fluss gelegene **Marshall Gold Discovery State Historic Park** (☎530-622-3470; www.parks.ca.gov; 6/8 US$ pro Pers./Auto; ⊗Park 8–17 Uhr, Ende Mai–Anfang Sept. bis 19 Uhr, Museum 10–15 Uhr, März–Nov. bis 16 Uhr;) ist eine Hommage an James Marshalls aufsehenerregenden Erstfund – inklusive Möglichkeiten zum Goldwaschen, restaurierten Gebäuden und einem Nachbau der Sutter's Mill. Sutter selbst ist auf einem Hügel als Statue vertreten. Auch in seinem Fall war der Goldrausch mit tragischer Ironie verbunden: Er starb mittellos als Mündel des Bundesstaats.

🛏 Schlafen & Essen

Nevada City hat das größte Angebot an Restaurants und historischen B&Bs. Motels säumen den Hwy 49 in Grass Valley und die I-80 in Auburn.

Broad Street Inn GÄSTEHAUS $$
(☎530-265-2239; www.broadstreetinn.com; 517 E Broad St, Nevada City; Zi. 110–120 US$;) 🖋 Anders als Dutzende von plüschigen B&Bs im Gold Country sind die sechs sonnigen Zimmer dieses Gästehauses mit ihrer modernen, farbenfrohen Einrichtung erfrischend schlicht.

Outside Inn MOTEL, HÜTTEN $$
(☎530-265-2233; www.outsideinn.com; 575 E Broad St, Nevada City; Zi. 79–155 US$, Cottage 200 US$;) Diese Anlage mit kiefernholzgetäfelten Zimmern (manche mit Einbauküchen), Grillstellen und freundlichen, naturbegeisterten Eigentümer ist netter als die durchschnittlichen Kettenmotels.

Treats DESSERTS $
(http://treatsnevadacity.com; 110 York St, Nevada City; 2–5 US$/Portion; ⊗So–Do 12–21, Fr & Sa bis 22 Uhr, Winter kürzere Öffnungszeiten;) Hausgemachtes Eis, oft aus Bio-Zutaten, Sorbets der Saison und weitere kalte Köstlichkeiten.

Ikedas MARKT $
(www.ikedas.com; 13500 Lincoln Way, Auburn; ab 3 US$/Stück; ⊗8–19, Sa & So bis 20 Uhr) Traveller nach Lake Tahoe decken sich hier, an der I-80 nördlich der Downtown von Auburn, mit frischem Obst, hausgemachten Pies und Sachen für ein Picknick ein.

Ike's Quarter Cafe KREOLISCH, KALIFORNISCH $$
(☎530-265-6138; www.ikesquartercafe.com; 401 Commercial St, Nevada City; Hauptgerichte 7–15 US$; ⊗Mi–Mo 8–15 Uhr;) Auf der Terrasse dieses Cafés gibt's mächtige Frühstücksgerichte wie das „Hangtown Fry" (ein Berg aus Austern und Schinken mit Maismehlkruste) oder Muffulettas à la New Orleans. Nur Barzahlung.

Southern Mines

In den Siedlungen der Southern Mines zwischen Placerville und Sonora ist nur wenig los. Ihre staubigen Straßen riechen immer noch nach Wildem Westen – auch dank des heutigen kunterbunten Einwohnermixes aus Harleyfahrern, Goldsuchern (tatsächlich!) und alternativen Weinbauern. Einige der Orte, z.B. **Plymouth** (Ole Pokerville) oder **Mokelumne Hill**, sind praktisch Geisterstädte, die langsam und fotogen vor sich hin verwittern. Andere Orte wie **Sutter Creek**, **Murphys** und **Angels Camp** sind als Zeugen des viktorianischen Amerika herausgeputzt. Hier können sich Besucher prima abseits ausgetretener Pfade bewegen und familiengeführte Weingüter und Höhlen entdecken, deren geologische Wunder für die darüberliegenden Touri-Geschenkläden entschädigen.

Ein kurzer Abstecher vom Hwy 49 führt zum **Columbia State Historic Park** (🖊20 9-588-9128; www.parks.ca.gov; 11255 Jackson St, Columbia; ⊗Museum April–Okt. 9–16.30 Uhr, Nov.–März ab 10 Uhr; 🖼) **GRATIS**. In den vier quadratischen Blocks mit Originalgebäuden aus den 1850er-Jahren trifft man heute auf historisch kostümierte Ladenbesitzer und Straßenmusikanten, während Schulkinder wie verrückt nach Gold schürfen. In der Nähe von Sonora befindet sich auch der **Railtown 1897 State Historic Park** (🖊20 9-984-3953; www.railtown1897.org; 18115 5th Ave, Jamestown; Museum Erw./Kind 5/3 US$, inkl. Zugfahrt 15/8 US$; ⊗ April–Okt. 9.30–16.30 Uhr, Nov.–März 10–15 Uhr, Zugfahrten April–Okt. Sa & So 11–15 Uhr; 🖼), in dem die Ausflugsfahrten mit dem Zug durch die umliegenden Hügel angeboten werden, in denen Hollywood-Western wie *Zwölf Uhr mittags* gedreht wurden.

🛏 Schlafen & Essen

Plüschige B&Bs, Cafés und Eisdielen gibt es in fast jeder Ortschaft. Die meisten Motels finden sich im geschäftigen Sonora, das nur etwas mehr als eine Autostunde vom Yosemite National Park entfernt ist, sowie in Placerville.

Indian Grinding Rock State Historic Park Campground   CAMPING $
(www.parks.ca.gov; 14881 Pine Grove-Volcano Rd, Pine Grove; Stellplatz Zelt & Wohnmobil 30 US$; ⊗Mitte März–Sept.; 🖼🖼) Rund 10 Meilen (16 km) nordöstlich von Sutter Creek bietet dieser idyllische Campingplatz 22 Stellplätze unter Bäumen (keine Reservierung) und Münz-Warmwasserduschen.

Gunn House Hotel   HISTORISCHES HOTEL $$
(🖊209-532-3421; www.gunnhousehotel.com; 286 S Washington St, Sonora; Zi. mit Frühstück 79–115 US$; ❄🖼) In Sachen Niedlichkeit läuft dieses historische Hotel den darauf ausgerichteten Ketten den Rang ab. Die netten Zimmer sind im Stil der Zeit eingerichtet. An Sommerabenden entspannt man sich auf den Schaukelstühlen, die auf der Veranda vorne stehen.

City & Fallon Hotels   HISTORISCHES HOTEL $$
(🖊800-532-1479; www.briggshospitalityllc.com; 22768 Main St, Columbia; Zi. mit Frühstück ohne Bad 105–175 US$; ❄🖼) Die beiden zusammengehörenden historischen Hotels in der historischen Ortschaft Columbia sind mit Möbeln von musealer Qualität ausstaffiert. Abends kann man sich einen Whiskey im What

Cheer Saloon genehmigen oder sich im Repertoiretheater des Fallon ein Stück ansehen.

Volcano Union Inn   HISTORISCHES HOTEL $$
(🖊209-296-7711; www.volcanounion.com; 21375 Consolation St, Volcano; Zi. mit Frühstück 119–149 US$; ❄🖼) Das historische Hotel hat vier liebevoll aufgemöbelte Zimmer mit knarrenden Böden, von denen zwei einen Balkon zur Straße besitzen. Der **Union Pub** (Hauptgerichte 10–19 US$; ⊗Do & Mo 17–20, Fr 15–21, Sa 12–21, So 10–20 Uhr) im Erdgeschoss bietet gutes Kneipenessen, Billard, Shuffleboard und Dart.

Cozmic Café & Pub   CAFÉ $
(www.ourcoz.com; 594 Main St, Placerville; Gerichte 4–10 US$; ⊗Di & Mi 7–18, Do–So bis 20 Uhr; 🖼🖼) Placervilles schrilles Bio-Café hat seine Tische in einem historischen Bergwerkstunnel aufgestellt. Es gibt Bier aus Kleinbrauereien vom Fass und an den Wochenenden Livemusik.

Magnolia Cafe   CAFÉ $$
(🖊209-728-2186; www.magnoliacafemurphys. com; 64 Mitchler St, Murphys; Hauptgerichte 7–13 US$; ⊗Mi–So 8–15 Uhr) Chefkoch Devon bietet zum Frühstück z.B. *tortas* mit Chorizo und Eiern oder Arme Ritter mit Vanilleschoten und mittags asiatisch gewürzte Pulled-Pork-Burritos und klassische Steaksandwiches mit Senf-Aioli.

⭐ Taste   KALIFORNISCH $$$
(🖊209-245-3463; www.restauranttaste.com; 9402 Main St, Plymouth; Hauptgerichte abends 27–43 US$; ⊗Sa & So 11.30–14, Do & Fr ab 17, Sa & So ab 16.30 Uhr) Statt Burger, wie sonst im Gold Country üblich, serviert das Taste europäisch beeinflusste kunstvolle, frische saisonale Gerichte mit passenden Weinen von Weingütern des Amador County.

ℹ Anreise & Unterwegs vor Ort

Ein paar Busse fahren gelegentlich einige der Orte an. Im Bereich der Northern Mines verbinden die Busse von **Gold Country Stage** (🖊888-660-7433, 530-477-0103; www.mynevadacounty.com; Ticket 1,50–3 US$) Nevada City, Grass Valley und Auburn, die Busse von **Placer County Transit** (🖊530-885-2877; www.placer.ca.gov/transit; Ticket 1,25 US$) fahren von Auburn nach Sacramento. Im Bereich der Southern Mines fahren (nur werktags) Busse von **Amador Transit** (🖊209-267-9395; http://amadortransit.com; Ticket 1–2 US$) zwischen Sutter Creek und Sacramento, Jackson und Plymouth. Die Busse von **Calaveras Transit** (🖊209-754-4450; http://transit.calaverasgov.us; Ticket 2 US$)

bedienen Angels Camp, Jackson und Murphys. Die Busse und Trolleys von **Tuolumne County Transit** (☎ 209-532-0404; www.tuolumncoun tytransit.com; Ticket 1,50 US$) kurven zwischen Sonora, Columbia und Jamestown herum.

Northern Mountains

Die entlegenen, einsamen und unglaublich schönen Northern Mountains gehören zu den am wenigsten besuchten Ecken Kaliforniens und bieten eine scheinbar endlose Parade an Landschaftswundern, Bergseen, Flüssen und Wüsten. Die höchsten Gipfel – Lassen Peak, Mt. Shasta und die Trinity Alps – haben in geologischer Hinsicht praktisch nichts gemeinsam, aber überall kann man hier unter den funkelnden Sternen in der Wildnis zelten. Die einsamen Orte in der Region sind durchweg nicht schön, aber geeignet, um sich für einen Ausflug in die Wildnis zu verproviantieren.

Von Redding nach Yreka

Nördlich von Redding schauen Autofahrer die meiste Zeit auf den **Mt. Shasta**, einen 4317 m hohen, schneebedeckten Goliath am Südende der vulkanischen Cascades Range. Der Anblick des dramatisch aufragenden Berges weckt die Vorfreude der Outdoorfans, die Abenteuer an seinen Hängen suchen. Eine nützliche Zwischenstation gleich abseits der I-5 ist das **California Welcome Center** (☎ 800-474-2784, 530-365-1180; www.shastacas cade.com; 1699 Hwy 273, Anderson; ◷ Mo–Sa 9–17, So 10–16 Uhr) 12 Meilen (19,2 km) südlich von Redding in der Shasta Outlets Mall.

Nicht auf die Touristenbroschüren hereinfallen: **Redding**, die größte Ortschaft in der Region, ist ziemlich langweilig. Der beste Grund für einen Abstecher von der I-5 ist die **Sundial Bridge**, eine Fußgängerbrücke mit Glasboden des spanischen Architekten Santiago Calatrava. Die Brücke führt über den Sacramento River hinüber zum **Turtle Bay Exploration Park** (☎ 800-887-8532; www.turtlebay.org; 844 Sundial Bridge Dr; Erw./Kind 14/10 US$, nach 15.30 Uhr 9/5 US$; ◷ Mo–Sa 9–17, So 10–17 Uhr, Okt.–März bis 16 Uhr; ♿), einem kinderfreundlichen Wissenschaftspark mit einem botanischen Garten.

Rund 6 Meilen (9,6 km) westlich von Redding kann man am Hwy 299 im **Shasta State Historical Park** (☎ 520-243-8194; www. parks.ca.gov; Museum Erw./Kind 3/2 US$; ◷ Fr–So 10–17 Uhr) eine echte Stadt aus der Zeit des Goldrauschs erkunden. 2 Meilen (3,2 km)

weiter westlich folgt die **Whiskeytown National Recreation Area** (☎ 530-246-1225; www.nps.gov/whis; 5 US$/Auto; ◷ Visitor Center Ende Mai–Anfang Sept. 9–17 Uhr, Anfang Sept.– Ende Mai 10–16 Uhr) GRATIS mit dem Whiskeytown Lake, an dem es Sandstrände, Wanderwege zu Wasserfällen, Wassersportmöglichkeiten und Campingplätze gibt.

In **Weaverville**, 35 Meilen (56 km) westlich von Whiskeytown, schützt der **Joss House State Historic Park** (☎ 530-623-5284; www.parks.ca.gov; Ecke Hwy 299 & Oregon St; Führung Erw./Kind 4/2 US$; ◷ Do–So 10–17 Uhr, Führungen stündl. bis 16 Uhr) einen 1874 erbauten Tempel chinesischer Einwanderer. Die **Weaverville Ranger Station** (☎ 530-623-2121; www.fs.usda.gov/stnf; 360 Main St; ◷ Mo–Fr 8–16.30 Uhr) stellt Wandergenehmigungen für das umliegende, fast unberührte Wildnisgebiet der **Trinity Alps** aus.

Nördlich von Redding überquert die I-5 den tiefblauen **Shasta Lake**, Kaliforniens größten Stausee, der infolge des hoch aufragenden **Shasta Dam** (☎ 530-275-4463; www. usbr.gov/mp/ncao/shasta/; 16349 Shasta Dam Blvd; ◷ Visitor Center 8–17 Uhr, Führungen 9–15 Uhr) GRATIS entstanden ist. Um ihn herum gibt es Uferwanderwege und Wohnmobilparks. Hoch in den Kalksteinmegalithen am Nordufer des Sees liegen die prähistorischen **Lake Shasta Caverns** (☎ 800-795-2283, 530-238-2341; http://lakeshastacaverns.com; 20359 Shasta Caverns Rd; Erw./Kind 24/14 US$; ◷ Führungen Ende Mai–Anfang Sept. 9–16 Uhr, April–Ende Mai & Sept. bis 15 Uhr, Okt.–März 10–14 Uhr; ♿). Bei den Höhlenführungen fährt man auch mit einem Katamaran.

Weitere 35 Meilen (56 km) nördlich folgt an der I-5, **Dunsmuir**, eine winzige historische Eisenbahnsiedlung mit einer idyllischen Downtown, in der es muntere Cafés und Kunstgalerien gibt. Anhalten sollte man schon deshalb, um seine Wasserflasche an den öffentlichen Brunnen aufzufüllen, denn der Ort behauptet stolz, hier gäbe es das beste Wasser auf Erden. Gleich südlich der I-5 bietet der **Castle Crags State Park** (☎ 530-235-2684; www.parks.ca.gov; 8 US$/Auto) **Stellplätze** (☎ 800-444-7275; www.reserveameri ca.com; Stellplätze 15–30 US$; ♿⛺) im Wald. Vom höchsten Punkt des **Crags Trail**, eines 8,7 km langen Rundwegs, hat man eine atemberaubende Sicht auf den Mt. Shasta.

10 Meilen (16 km) nördlich von Dunsmuir lockt die Ortschaft **Mt. Shasta** Kletterer, esoterische Aussteiger und Naturfreunde an, die alle dem majestätisch aufragenden

Berg huldigen. Der **Everitt Memorial Hwy** führt auf den Berg hinauf – bis zu einem Aussichtspunkt in etwa 2400 m Höhe, wo man prima den Sonnenuntergang genießen kann. Vom Ort aus fährt man dazu einfach auf der Lake St nach Osten und dann noch 14 Meilen (22,5 km) weiter. Für Aufstiege in über 3000 m Höhe (nur geeignet für erfahrene Bergsteiger!) benötigt man einen Summit Pass (20 US$), der in der **Mt. Shasta Ranger Station** (☎530-926-4511; www.fs.usda.gov/stnf; 204 W Alma St; ☉ Mo–Fr 8–16.30 Uhr) erhältlich ist; dort gibt es auch topografische Karten und Infos zur Wetterlage. Ausrüstung vermietet der Outdoor-Laden **Fifth Season** (☎530-926-3606; http://thefifthseason.com; 300 N Mt. Shasta Blvd) im Ortszentrum. **Shasta Mountain Guides** (☎530-926-3117; http://shastaguides.com) veranstaltet mehrtägige Bergwanderungen (ab 500 US$).

🛏 Schlafen & Essen

Motels am Straßenrand gibt's überall, außer im abgelegenen Nordosten der Region. Die meisten Kettenmotels und -hotels finden sich in Redding in der Nähe der größeren Highways. Campingplätze sind zahlreich, vor allem auf öffentlichem Land.

McCloud River Mercantile Hotel　　INN $$
(☎530-964-2330; www.mccloudmercantile.com; 241 Main St, McCloud; Zi. 139–250 US$; 🤳) Die Gäste werden mit frischen Blumen begrüßt und können auf einem Bad in einer Wanne mit Klauenfüßen gemütlich in Federbetten schlafen. Freiliegende Backsteinwände und Antiquitäten sorgen für eine ideale Mischung aus Denkmalschutz und modernem Schwung. Im Restaurant im Erdgeschoss gibt's einen Getränkespender aus den 1930er-Jahren und ländliche Gerichte (Hauptgerichte morgens & mittags 6–10 US$). Das Hotel liegt rund 10 Meilen (16 km) östlich vom Ort Mt. Shasta abseits des Hwy 89.

Railroad Park Resort　　INN, CAMPING $$
(☎530-235-4440, 800-974-7245; www.rrpark.com; 100 Railroad Park Rd, Dunsmuir; Stellplatz Zelt/Wohnmobil ab 29/37 US$; DZ 115–150 US$; ❄🤳🏊🐾🐕) Die attraktivste Übernachtungsmöglichkeit sind die holzgetäfelten Eisenbahnwagons, die abseits der I-5 gleich südlich von Dunsmuir stehen.

Sengthongs　　THAILÄNDISCH, VIETNAMESISCH $$
(☎530-235-4770; http://sengthongs.com; 5855 Dunsmuir Ave, Dunsmuir; Hauptgerichte 11–20 US$; ☉üblicherweise Do–So 17–20.30 Uhr) Das lange bestehende südostasiatische Restaurant ist beliebt. Im zugehörigen Blue Sky Room, ein paar Häuser weiter, wird Livemusik gespielt.

Café Maddalena　　BISTRO $$$
(☎530-235-2725; www.cafemaddalena.com; 5801 Sacramento Ave, Dunsmuir; Hauptgerichte 14–25 US$; ☉ Feb.–Nov. Do–So 17–22 Uhr) Chefkoch und Besitzer Bret LaMott sorgt mit mediterranen Spezialitäten und einer gut bestückten Weinbar dafür, dass der ausgezeichnete Ruf seines gemütlichen Uferrestaurants erhalten bleibt. Reservierung empfohlen!

ℹ Anreise & Unterwegs vor Ort

Die Amtrak-Züge des *Coast Starlight* halten in Redding und Dunsmuir, allerdings unpraktischerweise mitten in der Nacht. Greyhound-Busse fahren nach Redding und Weed. Die Busse von **Siskiyou County STAGE** (☎800-247-8243, 530-842-8295; www.co.siskiyou.ca.us/GS/stage.aspx; Ticket 2,50–4 US$) fahren mehrmals täglich die I-5 hinauf und hinunter und verbinden Dunsmuir, Mt. Shasta und Weed.

Northeast Corner

Das **Lava Beds National Monument** (☎530-667-8113; www.nps.gov/labe; 7 Tage gültiger Eintritt 10 US$/Auto) war die Stätte eines der letzten großen Indianerkriege in Kalifornien und von vulkanischen Zerstörungen, die sich über ca. 500 000 Jahre hinzogen. Heute ist er ein ruhiger Zeuge für Jahrhunderte der Umbrüche. Mit Lavaströmen, Kratern, Asche- und Lavakegeln sowie mehr als 500 Lavaröhren zeigt der Park das volle Vulkan-Programm. Wo einst der Modoc-Krieg tobte, sind die indigenen Amerikaner heute noch mit Felsbildern an den Höhlenwänden präsent. Infos, Karten und Taschenlampen (zur Höhlenerkundung) bekommt man im **Visitor Center** (☎530-667-8113; 1 Indian Well, Tulelake; ☉ Ende Mai–Anfang Sept. 8–18 Uhr, Mitte Sept.–Mitte Mai 8.30–17 Uhr). In der Nähe befindet sich der **Campingplatz** (Stellplatz 10 US$) des Parks. Die einfachen Stellplätze (ohne Duschen) eignen sich für Zelte und kleine Wohnwagen; Trinkwasser ist vorhanden.

Der **Klamath Basin National Wildlife Refuges Complex** (www.fws.gov/klamathbasin refuges) gleich nördlich besteht aus sechs separaten Schutzzonen. Sie sind eine wichtige Zwischenstation für Zugvögel auf der Pazifikroute und ein bedeutendes Winterquartier für Weißkopfseeadler. Das **Visitor Center** (☎530-667-2231; 4009 Hill Rd, Tulelake; ☉ Mo–Fr 8–16.30, Sa & So 9–16 Uhr) liegt abseits des Hwy 161 rund 4 Meilen (6,4 km) südlich der Grenze zu Oregon. Bei den 16 km langen Autotouren durch die Schutzgebiete Lower Klamath und Tule Lake hat man ausgezeichnete Möglichkeiten zu Vogelbeobachtungen. Benzin, Essen und Unterkunft bekommt man in Klamath Falls, Oregon.

Der **Modoc National Forest** (⌨530-233-5811; www.fs.usda.gov/modoc) bedeckt über 7770 km² des nordöstlichen Kalifornien. Die Campingplätze sind kostenlos und nehmen keine Reservierungen an, für das Entfachen von Lagerfeuern braucht man eine Genehmigung. Der **Medicine Lake**, etwa eine Autostunde südwestlich des Lava Beds National Monument ist ein urweltlicher blauer Kratersee, umgeben von Kiefernwald, gewaltigen vulkanischen Formationen und kühlen, einsamen Campingplätzen. Weiter östlich liegt das Naturdenkmal des **Glass Mountain,** wo die indigenen Amerikaner glänzend schwarzen Obsidian förderten. Östlich von Cedarville, zu erreichen über den Hwy 299, liegt nahe der Grenze zu Nevada die Hochlandwüste des **Surprise Valley**, das Tor zu den wilden **Warner Mountains**, dem vielleicht unberührtesten Gebirgszug Kaliforniens.

Hydrothermale Schwefelteiche und brodelnde Schlammtöpfe, die man vom **Bumpass Hell Boardwalk** aus beobachten kann, finden sich im eindrucksvollen **Lassen Volcanic National Park** (⌨530-595-4444; www.nps.gov/lavo; 7 Tage gültiger Eintritt 10 US$/Auto). Mit 3189 m ist der **Lassen Peak** der weltweit höchste Lavadom. Der Park hat zwei Zugänge: Der eine befindet sich eine Autostunde östlich von Redding abseits des Hwy 44 nahe dem beliebten **Manzanita Lake Campground** (⌨877-444-6777; www.recreation.gov; Stellplätze 10–18 US$, Hütten 59–84 US$), der zweite nordwestlich vom Lake Almanor abseits des Hwy 89 am **Kohm Yahma-nee Visitor Center** (⌨530-595-4480; www.nps.gov/lavo; ⊙9–17 Uhr, Nov.–März Di & Mi geschl.). Der meist schneefreie Hwy 89 führt durch den Park und ist für Autos von Mai oder Juni bis Oktober oder November geöffnet – im Winter kann man sich auf ihm mit Schneeschuhen und Langlaufskis tummeln.

SIERRA NEVADA

Die mächtige Sierra Nevada, die der Naturforscher John Muir als „Range of Light" (Gebirge des Lichts) bezeichnete, bildet das Rückgrat Kaliforniens. Die 644 km lange Phalanx aus zerklüfteten, von Gletschern und Erosion geformten Gipfeln lockt Outdoorfans an und fordert sie heraus. Mit ihren drei Nationalparks (Yosemite, Sequoia und Kings Canyon) ist die Sierra ein faszinierendes, wildes Wunderland der Superlative: Hier finden sich der höchste Gipfel der kontinentalen USA (ohne Alaska), der Mt. Whitney, der mächtigste Wasserfall Nordamerikas (Yosemite Falls) sowie die ältesten und höchsten Bäume (alte Grannen-Kiefern und Riesenmammutbäume) der Welt.

Yosemite National Park

Dieser Nationalpark ist nicht umsonst so berühmt: Zwischen seinen schwindelerregend hohen Granitgipfeln donnern diesige Wasserfälle zu Tal, und Wildblumen tauchen die Wiesen in ein buntes Farbenmeer. Zudem wirken die majestätischen Silhouetten von El Capitan und Half Dome vor dem hellblauen Himmel fast schon furchteinflößend. Hier sind wir winzig kleinen Menschen rundum von einer Traumlandschaft umgeben.

Doch leider macht das Kreischen und Dröhnen eines weiteren voll besetzten Touristenbusses urplötzlich alle Magie zunichte. So geht man den unvermeidlichen Menschenmassen möglichst gut aus dem Weg:

➡ Der Sommer ist keine gute Zeit, um herzukommen: Am schönsten wirkt der Park im Frühling – vor allem, wenn die Wasserfälle im Mai anschwellen. Der Herbst ist herrlich ruhig, und auch verschneite Wintertage können ihren Reiz haben.

➡ Das Auto stehen lassen: Schon wenn man nur eine kurze Strecke auf irgendeinem Weg geht, lässt man die autoabhängigen Horden hinter sich.

➡ Den Jetlag ignorieren: Entweder sehr früh aufstehen oder Mond und Sterne bei Nachtwanderungen bewundern!

⊙ Sehenswertes

Die Haupteingänge zum **Park** (⌨209-372-0200; www.nps.gov/yose; 7 Tage gültiger Eintritt 20 US$/Auto) sind in Arch Rock (Hwy 140), Wawona (Hwy 41) und Big Oak Flat (Hwy 120 West). Der Tioga Pass (Hwy 120 Ost) ist saisonal gesperrt.

⊙ Yosemite Valley

Dieses dramatische Tal wurde vom gewundenen Merced River gegraben. Wer von seinem Boden nach oben blickt, dem ist nach Singen zumute: wegen des wogenden Wiesengrüns, der stattlichen Kiefern, der tosenden Wasserfälle und der stillen, kühlen Wasserflächen, in denen sich gewaltige Granitmonolithen spiegeln. Im oft überlaufenen und im Verkehr erstickenden **Yosemite Village** befinden sich das größte Visitor Center (S. 188) des Parks, ein Museum, eine Fotoausstellung, ein Gemischtwarenladen und weitere Dienstleistungen. **Curry Village** ist ein weiteres Zentrum. Hier gibt's öffentliche Duschen und Läden, die Outdoor- und Campingausrüstung vermieten und verkaufen.

Während der Schneeschmelze im Frühling werden die berühmten Wasserfälle des Tals zu donnernden Katarakten. Im Spätsommer sind die meisten hingegen nicht viel mehr als zahme Rinnsale. Als Nordamerikas höchste Wasserfälle stürzen die **Yosemite Falls** (740 m) über drei Stufen in die Tiefe. Zu ihrer Basis führt ein rollstuhlgerechter Weg. Mehr Einsamkeit und ein ganz neuer Blickwinkel belohnen für den strapaziösen Aufstieg über den Serpentinenweg bis zum oberen Rand (hin & zurück 11 km). Andere Wasserfälle im Tal sind ähnlich eindrucksvoll. Nach dem anstrengenden Erklimmen der Granitstufen am **Vernal Fall** erreicht man keuchend dessen obere Fallkante. Dort schweift der Blick über Regenbögen im Gischtnebel hinunter in die Tiefe.

Der gigantische **El Capitan** (2307 m) ist ein nicht zu übersehendes Paradies für Sportkletterer. Der prächtige **Half Dome** (2693 m) thront als Yosemites spirituelles Herz über dem Tal. Beliebteste Fotolocation ist der **Tunnel View** oben am Hwy 41 bei der Einfahrt ins Tal. Ganz früh oder spät am Tag lohnt es sich, im Frühjahr oder Frühsommer vom östlichen Talboden zum **Mirror Lake** hinaufzusteigen (hin & zurück 3,2 km), um das sich ständig verändernde Spiegelbild des Half Dome auf dem stillen Wasser einzufangen.

Glacier Point

Der dramatische **Glacier Point** (2200 m) überragt die Talsole um 975 m. Hier oben befindet man sich praktisch auf Augenhöhe mit dem Half Dome. Vom Yosemite Valley aus ist diese Stelle in einer Autofahrt (ca. 1 Std.) auf der Glacier Point Rd erreichbar, die vom Hwy 41 abzweigt und normalerweise von Ende Mai bis November befahrbar ist. Wer lieber wandert, absolviert den strapaziösen **Four-Mile Trail** (einfache Strecke

---

ⓘ DER UNÜBERWINDLICHE TIOGA PASS

Der Hwy 120 ist die einzige Straßenverbindung zwischen dem Yosemite National Park und der Eastern Sierra und führt über den Tioga Pass (3031 m). Auf den meisten Karten wird diese Straße als „im Winter gesperrt" bezeichnet, was zwar richtig, aber auch irreführend ist: In der Regel bleibt die Tioga Rd vom ersten starken Schneefall im Oktober oder November bis in den Mai oder Juni geschlossen. Wer also im Frühjahr über den Tioga Pass fahren will, dürfte Pech haben. Aktuelle Infos zum Straßenzustand gibt's telefonisch unter ☎ 20 9-372-0200 oder online unter www.nps.gov/yose/planyourvisit/conditions.htm.

---

tatsächlich 7,7 km) oder den weniger frequentierten **Panorama Trail** (einfache Strecke 13,7 km) mit vielen Wasserfällen. Wer nur vom Glacier Point bergab laufen will, reserviert einen Platz im Shuttlebus (S. 188).

Wawona

Wawona liegt fast eine Fahrtstunde südlich des Yosemite Valley. Dort befindet sich das **Pioneer Yosemite History Center** mit einer überdachter Brücke, Pionierhütten und einem historischen Büro von Wells Fargo. Weiter südlich ermöglicht der **Mariposa Grove** tolle Wanderungen unter riesigen Sequoias wie dem 1800 Jahre alten Grizzly Giant. Vom Frühjahr bis in den Herbst fahren von Wawona aus Shuttlebusse zum Mariposa Grove; im Winter ist die Zufahrtsstraße für Autos meist gesperrt, dann kann man dort mit Schneeschuhen wandern.

Tuolumne Meadows

Nach 90 Minuten Autofahrt vom Yosemite Valley aus kommen die **Tuolumne Meadows** (2621 m; ausgesprochen *two*-lu-mi), die größte subalpine Wiese der Sierra Nevada, in Sicht, die Wanderer, Backpacker und Kletterer in die nördliche Wildnis des Parks locken. Mit Wildblumenfeldern, azurblauem Wasser, schroffen Granitgipfeln und blanken Felskuppen sowie vergleichsweise niedrigeren Temperaturen bildet sie einen starken Gegenpol zum Tal. Die Seen dieses vielfältigen Wander- und Kletterparadieses sind beliebte Reviere zum Baden oder Pick-

DIE WÄLDER DER RIESEN

In Kalifornien kann man unter den ältesten (langlebige Grannen-Kiefern) und unter den höchsten Bäumen (Küstenmammutbäume) stehen, aber die voluminösesten Bäume der Erde gehören zu den Riesenmammutbäumen *(Sequoiadendron giganteum)*. Diese Bäume wachsen nur an den westlichen Hängen der Sierra Nevada und sind am häufigsten in den Nationalparks Sequoia, Kings Canyon und Yosemite zu finden. John Muir nannte sie die „Meisterstücke der Natur in den Wäldern", und jeder, der sich einmal den Nacken verrenkt hat, um ihre Größe zu ermessen, wird eine gewisse Ehrfurcht empfunden haben. Diese Bäume können eine Höhe von über 90 m und einen Umfang von 30 m erreichen; geschützt durch eine bis zu 60 cm dicke Rinde. Eine Ausstellung zu der faszinierenden Ökologie der Baumriesen zeigt das Giant Forest Museum (S. 189) im Sequoia National Park.

nicken. Hierher führt die malerische, nur saisonal befahrbare Tioga Rd (Hwy 120; s. S. 185), die einer Pferdewagenstrecke aus dem 19. Jh. und einem älteren indianischen Handelsweg folgt. Westlich von Wiese und **Tenaya Lake** liegt der **Olmsted Point** mit weitem Panoramablick auf den Half Dome.

⊙ Hetch Hetchy

Hier befindet sich der wohl umstrittenste Staudamm der US-amerikanischen Geschichte. Obwohl das Tal in seinem Ursprungszustand nicht mehr existiert, ist es schön und selten überlaufen. Es liegt 64 km nordwestlich des Yosemite Valley. Auf einem 9 km langen Rundweg gelangt man jenseits des Dammes durch einen Tunnel zum Becken des **Wapama Falls**. Dort steht man aufregend nah an einer Wasserwand, die in den glitzernden Stausee stürzt und einen im Frühjahr völlig durchnässt.

🏃 Aktivitäten

Angesichts von rund 1300 km unterschiedlichster Wanderwege hat man hier die Qual der Wahl. Die leichten Wege auf dem Talboden sind eventuell stark überlaufen, aber weiter oben entgeht man den Massen. Die ultimative Wanderung zum Gipfel des **Half**

Dome (hin & zurück 22,5 km) ist sehr anstrengend und man muss sich vorab (selbst für Tageswanderungen) eine **Genehmigung** (www.nps.gov/yose/planyourvisit/hdpermits.htm; ab 12,50 US$) besorgen. Es lohnt sich aber auch, über den **Mist Trail** nur bis zur Oberkante des Vernal Fall (hin & zurück 4,8 km) oder des Nevada Fall (hin & zurück 9,3 km) zu wandern. Eine längere Alternativroute zum Half Dome führt über einen vergleichsweise leichteren Abschnitt des endlosen **John Muir Trail**.

Fürs Übernachten in der Wildnis braucht man ganzjährig eine **Genehmingung** (☎20 9-372-0826; www.nps.gov/yose/planyourvisit/wild permits.htm; ab 10 US$) – ein Quotensystem begrenzt die Zahl der Wanderer, die an den verschiedenen Ausgangspunkten starten. Reservierungen sind bis zu 24 Wochen im Voraus möglich. Ansonsten kann man sein Glück noch ab 11 Uhr am Vortag der geplanten Wanderung beim Yosemite Valley Wilderness Center oder einer der anderen Stellen versuchen, die Genehmigungen auszustellen.

Yosemite Mountaineering School KLETTERN (☎209-372-8344; www.yosemitemountaineering. com; Curry Village; ⊙ April–Okt.) Nackte Felsnadeln, glatte Kuppeln und himmelhohe Monolithe machen Yosemite zu einem Kletterparadies. Die YMS bietet erstklassige Kletterkurse für Anfänger und Fortgeschrittene, Leihausrüstung und geführte Klettertouren. Während der Hauptsaison im Sommer ist der Anbieter auch auf den Tuolumne Meadows vertreten.

Badger Pass SKIFAHREN, SNOWBOARDFAHREN (☎209-372-8430; www.badgerpass.com; Liftpass Erw./Kind 42/23 US$; ⊙ Mitte Dez.–März 9–16 Uhr) Die sanften Hänge sind ideal für Ski- und Snowboard-Anfänger. Langläufer freuen sich über 40 präparierte Loipenkilometer und 140 km an markierten Skiwanderwegen, die auch tollen Schneeschuhspaß versprechen. Vor Ort findet man Ausrüstung und Unterricht für alle Altersgruppen.

🛏 Schlafen & Essen

Die **DNC** (☎801-559-4884; www.yosemitepark. com) hat die einzige Konzession für Kost und Logis im Park; das Ergebnis sind mittelmäßige Food-Courts und Snackbars. In der Spitzensaison (Mai–Sept.) muss man Unterkünfte unbedingt reservieren (bis zu 366 Tage im Voraus). Im Sommer errichtet die DNC einfache Zelthütten im **Housekeeping**

CAMPEN IM YOSEMITE NATIONAL PARK

Von März bis Oktober braucht man für viele Campingplätze im Park eine **Reservierung** (☎ 518-885-3639, 877-444-6777; www.recreation.gov). Die Vergabe startet fünf Monate im Voraus, und regelmäßig sind alle Stellplätze dann innerhalb von Minuten online gebucht. Auf allen Campingplätzen gibt's bärensichere Schließfächer und eingefasste Feuerstellen, auf den meisten auch Trinkwasser.

Im Sommer sind die meisten Plätze laut und völlig überlaufen, ganz besonders **North Pines** (Stellplätze 20 US$; ⊘ April–Okt.; 🚻 🐻), **Lower Pines** (Stellplätze 20 US$; ⊘ April–Okt.; 🚻 🐻) und der ganzjährig geöffnete **Upper Pines** (Stellplätze $20; 🚻 🐻) im Yosemite Valley. Dasselbe gilt für **Tuolumne Meadows** (Stellplätze 20 US$; ⊘ Mitte Juli–Ende Sept.; 🚻 🐻) abseits der Tioga Rd 90 Fahrtminuten entfernt vom Tal und schließlich auch für den am Flussufer gelegenen Campingplatz in **Wawona** (Stellplätze 20 US$; 🚻 🐻), der weniger als eine Fahrtstunde vom Tal entfernt ist.

Das ganzjährig geöffnete **Camp 4** (Gemeinschaftsstellplatz 5 US$/Pers.) – ein im Tal gelegener Treff von Kletterern –, **Bridalveil Creek** (Stellplätze 14 US$; ⊘ Mitte Juli–Anfang Sept.) – 45 Autominuten vom Tal abseits der Glacier Point Rd – und **White Wolf** (Stellplätze 14 US$; ⊘ Juli–Mitte Sept.; 🐻) – eine Autostunde vom Tal abseits der Tioga Rd –, sind alles Plätze ohne Reservierung, die, besonders an Wochenenden, oft schon um 12 Uhr voll sind.

Wer eine ruhigere und urtümlichere Alternative sucht, kann sich an kleinere und primitivere Plätze (ohne Trinkwasser) wie **Tamarack Flat** (Stellplatz Zelt 10 US$; ⊘ Juli–Sept.), **Yosemite Creek** (Stellplatz Zelt 10 US$; ⊘ Juli–Mitte Sept.; 🐻) oder **Porcupine Flat** (Stellplätze 10 US$; ⊘ Juli–Sept.; 🐻) abseits der Tioga Rd halten. Bei allen diesen Plätzen gilt das Prinzip: Wer zuerst kommt, mahlt zuerst.

Camp (DZ ab 95 US$) am Flussufer, rund um die geschäftige, vom Tal 90 Fahrtminuten entfernte **Tuolumne Meadows Lodge** (DZ ab 120 US$) und um die ruhigere, eine Fahrtstunde vom Tal entfernte **White Wolf Lodge** (DZ ab 120 US$) abseits der Tioga Rd.

Curry Village   HÜTTEN $$
(DZ ohne Bad ab 95 US$; 🛜 🍴 🚻) Die Hunderte, kunterbunt zusammengewürfelten Unterkünfte des Curry Village stehen unter hohen Nadelbäumen und bieten eine nostalgische Sommerlager-Atmosphäre. Die Zelthütten ähneln mit ihren kratzigen Wolldecken den Armeebaracken aus dem amerikanischen Bürgerkrieg, die Holzhütten sind kleiner, aber gemütlich.

Wawona Hotel   HISTORISCHES HOTEL $$
(Zi. mit /ohne Bad mit Frühstück ab 225/155 US$; 🛜 🍴) Das viktorianische Hotel mit breiten Veranden, gepflegten Rasenflächen, Tennisplätzen und einem Golfplatz hat viel Flair. Die Hälfte der hellhörigen Zimmer teilen sich Gemeinschaftsbäder. Im Speisesaal werden täglich drei sehr mittelmäßige Mahlzeiten serviert (Hauptgerichte abends 19–34 US$). Wawona liegt rund 45 Autominuten südlich des Tals.

Ahwahnee Hotel   HISTORISCHES HOTEL $$$
(Zi. ab 470 US$; @ 🛜 🍴) Schon Steve Jobbs, Eleanor Roosevelt und John F. Kennedy haben in diesem nationalen historischen Wahrzeichen von 1927 übernachtet. Unter hohen Balken aus Zuckerkiefern sitzt man gemütlich am prasselnden Kamin. Statt den eleganten Speisesaal mit seinen überteuerten kalifornischen Gerichten (Hauptgerichte abends 26–46 US$) zu besuchen, trinkt man besser einen Cocktail in der Bar in der Lobby.

Yosemite Lodge at the Falls   LODGE $$$
(Zi. ab 220 US$; @ 🛜 🍴) 🅿 Von den Terrassen oder Balkonen der geräumigen, umweltfreundlich renovierten Motelzimmer blickt man auf die Yosemite Falls, Wiesen oder den Parkplatz. Im abends geöffneten Restaurant Mountain Room (keine Reservierung; Hauptgerichte 18–35 US$) kann man sich an Bachforellen aus ökologisch vertretbarem Fang oder an Bio-Gemüse laben. Die Lounge gleich nebenan hat einen gemütlichen Kamin, an dem man ein Bier oder einen kleinen Happen genießen kann.

Degnan's Deli & Loft   FEINKOST, PIZZERIA $$
(Hauptgerichte 8–12 US$; ⊘ Deli ganzjährig 7–17 Uhr, Pizzeria üblicherweise April–Sept. 17–21 Uhr; 🚻) Unten schnappt man sich ein nach Wunsch belegtes Deli-Sandwich und eine Tüte Chips, ehe man sich auf den Weg macht. Abends locken kaltes Bier und knusprige Pizza ins Obergeschoss.

🏠 Außerhalb des Yosemite National Park

Zu den umliegenden Ortschaften, in denen es ein gemischtes Angebot an Motels, Hotels, Lodges und B&Bs gibt, gehören Fish Camp, Oakhurst, El Portal, Midpines, Mariposa, Groveland und Lee Vining.

⭐ Yosemite Bug Rustic Mountain Resort
HOSTEL, HÜTTEN **$**

(☑ 866-826-7108, 209-966-6666; www.yosemite bug.com; 6979 Hwy 140, Midpines; B 23–26 US$, Zelthütten 45–75 US$, Zi. mit/ohne Bad ab 75/65 US$; ⊙ Café 7–16 & 18–20.30 Uhr; @🛜♿) 🍽 Versteckt in einem Wald rund 30 Meilen (48 km) westlich des Yosemite Valley punktet dieser Berggasthof bei Globetrottern mit sauberen Zimmern und einem entspannten Spa. Gäste dürfen die Gemeinschaftsküche und die Waschküche benutzen. Das frisch zubereitete, vegetarierfreundliche Bio-Essen des Cafés (Hauptgerichte 5–18 US$) bekommt begeisterte Kritiken.

⭐ Evergreen Lodge Resort
HÜTTEN, CAMPING **$$$**

(☑ 209-379-2606; www.evergreenlodge.com; 33160 Evergreen Rd, Groveland; Zelt 80–120 US$, Hütten 210–380 US$; @🛜♿♿) 🍽 Das rustikale Resort aus den 1920er-Jahren nahe dem Hetch Hetchy Valley begrüßt Familien und Paare mit komplett eingerichteten Zelten und luxuriösen Berghütten. Es gibt viele Outdooraktivitäten, für die auch Ausrüstung vermietet wird. Abends werden im Gemeinschaftsraum Marshmallows geröstet. Vor Ort befinden sich ein Gemischtwarenladen, eine Schenke mit Billardtisch und ein ländliches Restaurant (Hauptgerichte abends 18–30 US$), das täglich drei herzhafte Mahlzeiten serviert.

🛈 Praktische Informationen

Die Läden in Yosemite Village, Curry Village und Wawona haben alle Geldautomaten. Autofahrer sollten außerhalb des Parks tanken – möglich ist Tanken aber auch (zu heftigen Preisen) ganzjährig in Wawona oder Crane Flat und im Sommer zudem in Tuolumne Meadows. Der Handyempfang ist im Park lückenhaft. Unzuverlässige Prepaid-Internetkiosks gibt's neben dem Degnan's Deli sowie in der Yosemite Lodge, in der man auch gebührenpflichtigen, langsamen WLAN-Zugang hat.

Wawona Branch Library (www.mariposalib rary.org; Chilnualna Falls Rd; ⊙ Ende Mai–Anfang Sept. Mo–Fr 13–18, Sa 10–15 Uhr, Anfang Sept.–Ende Mai Mo, Mi & Fr 12–17, Sa 10–15 Uhr; @) Kostenlos nutzbare Internetterminals.

Yosemite Medical Clinic (☑ 209-372-4637; 9000 Ahwahnee Dr; ⊙ Ende Mai–Ende Sept. tgl. 9–19 Uhr, Ende Sept.–Ende Mai Mo–Fr 9–17 Uhr) Notfallversorgung im Yosemite Valley.

Yosemite Valley Branch Library (www.maripo salibrary.org; Girls Club Bldg, 9000 Cedar Ct; ⊙ Mo 9–12, Di 8.30–12.30, Mi 15–19 & Do 16–19 Uhr; @) Kostenlos nutzbare Internetterminals.

Yosemite Valley Visitor Center (☑ 209-372-0200; www.nps.gov/yose; ⊙ 9–18 Uhr, Winter bis 17 Uhr) Die kleineren Filialen in Wawona, Tuolumne Meadows und Big Oak Flat sind saisonal geöffnet.

Yosemite Valley Wilderness Center (☑ 209-372-0826; www.nps.gov/yose; ⊙ Mai–Okt. 8–17 Uhr, Juli & Aug. 7.30–17 Uhr) Wandergenehmigungen und Vermietung bärensicherer Behälter. Saisonal auch in Wawona, Tuolumne Meadows und Big Oak Flat.

🛈 Anreise & Unterwegs vor Ort

Der nächstgelegene Haltepunkt von Greyhound und Amtrak befindet sich in Merced. Busse von **YARTS** (☑ 877-989-2787; www.yarts.com) fahren ganzjährig von Merced über den Hwy 140 zum Yosemite Valley und halten in den Ortschaften an der Strecke. Im Sommer fahren Busse von YARTS auch aus dem Tal über Tuolumne Meadows auf dem Hwy 120 nach Mammoth Lakes. Die einfache Strecke inklusive Parkeintritt kostet ab Merced 12,50 US$ und ab Mammoth Lakes 18 US$.

Im Yosemite Valley sind kostenlose Shuttlebusse unterwegs, im Sommer auch im Bereich von Tuolumne Meadows und Wawona/Mariposa Grove. Wandererbusse von **DNC** (☑ 209-372-4386; www.yosemitepark.com) verbinden das Tal mit Tuolumne Meadows (einfache Strecke/hin & zurück 15/23 US$) und Glacier Point (einfache Strecke/hin & zurück 25/41 US$). Fahrräder (pro Std./Tag 10/28 US$) kann man saisonal in der Yosemite Lodge und im Curry Village mieten.

Im Winter werden die Straßen zu den Parks offen gehalten (mit Ausnahme der Tioga Rd/ Hwy 120, s. S. 185), dennoch braucht man eventuell Schneeketten. In der Skisaison fahren zweimal täglich kostenlose Shuttlebusse vom Yosemite Valley zum Badger Pass.

Sequoia & Kings Canyon National Parks

In diesen benachbarten Nationalparks sind die Riesenmammutbäume höher (bis zu 30 Stockwerke!) und zahlreicher als sonst irgendwo in der Sierra Nevada. Die zähen und oft vom Feuer leicht verkohlten Bäume werden locker so breit wie zwei Freewayspuren. Gigantisch sind hier auch die Berge – beispielsweise der Mt. Whitney (4421 m), der höchste Berg der USA außerhalb Alaskas. Und schließlich ist da auch noch der gewaltige Kings Canyon, den Gletschereis und ein kraftvoller Fluss in den Granit geschnitten haben. Wer Ruhe und Einsamkeit sucht und Tiere (z. B. Schwarzbären) aus der Nähe beobachten will, kann sich beim Wandern hier schnell in der Wildnis verlieren.

👁 Sehenswertes

Sequoia wurde 1890 als Nationalpark ausgewiesen, Kings Canyon 1940. Obwohl es verschiedene **Parks** (☎ 559-565-3341; www.nps. gov/seki; 7 Tage gültiger Eintritt 20 US$/Auto) sind, werden sie als eine Einheit verwaltet. Für beide gilt eine gemeinsame Eintrittsgebühr. Von Süden führt der Hwy 198 gleich hinter dem Ort Three Rivers bei Ash Mountain in den Sequoia National Park, von wo aus er als kurvenreicher Generals Hwy hinauf zum Giant Forest läuft. Von Westen führt der Hwy 180 nahe dem Grant Grove in den Kings Canyon National Park und dann die Schlucht hinunter nach Cedar Grove.

👁 Sequoia National Park

Im ca. 7,8 km² großen **Giant Forest** ist man genau richtig, um Bäume zu umarmen: Hier stehen die gewaltigsten Baumriesen des Parks, darunter mit dem **General Sherman Tree** der größte Baum der Welt. Mit lahmen Armen und harzigen Fingern kann man sich anschließend auf einem der vielen Waldwege von den Menschenmassen entfernen – Wanderkarte nicht vergessen!

Giant Forest Museum   MUSEUM
(☎559-565-4480; Generals Hwy; ⏰Mitte Mai–Mitte Okt. 9–16.30 oder 18 Uhr; 🚻) Eine kurze Auto- oder Shuttlefahrt südlich von Lodgepole Village zeigt das kleine Museum Ausstellungen zur Ökologie der Riesenmammutbäume und zum Naturschutz. Nahebei an der Crescent Meadow Rd führen steile Stufen (ca. 400 m) hinauf auf den **Moro Rock**, von dem aus man einen fantastischen Rundumblick hat.

Crystal Cave   HÖHLE
(☎Info 559-565-3759; www.sequoiahistory.org; Crystal Cave Rd; Führung Erw./Kind ab 15/8 US$; ⏰Mitte Mai–Nov.; 🚻) Die Höhle wurde 1918 entdeckt; ihre Marmorformationen sind schätzungsweise 10 000 Jahre alt. Tickets (ohne Reservierung) für die Standardführung (45 Min.) gibt's nur direkt in den Visitor Centers Lodgepole und Foothills, aber nicht an der Höhle. Eine Jacke mitbringen.

Mineral King   HISTORISCHE STÄTTE
(Mineral King Rd) Einen Abstecher lohnt Mineral King (2286 m), ein Goldgräber- und Holzfällercamp aus dem späten 19. Jh., das von zerklüfteten Gipfeln und Bergseen umgeben ist. Die 25 Meilen (40,2 km) lange malerische Zufahrt (einspurig) führt durch fast 700 halsbrecherische Kurven und ist in der Regel von Mitte Mai bis Ende Oktober offen.

👁 Kings Canyon National Park & Scenic Byway

Nördlich von Grant Grove Village strotzt der **General Grant Grove** nur so vor majestätischen Giganten. Jenseits davon windet sich der Hwy 180 auf 30 Meilen (48 km) hinunter in den **Kings Canyon**, vorbei an kantigen Felswänden mit Wasserfällen. Die Straße trifft auf den Kings River, dessen Donnern von den über 2400 m hohen Granit-Steilwänden des Canyons widerhallt, der zu den tiefsten Schluchten Nordamerikas gehört. Die malerische Nebenstraße vorbei am Hume Lake nach Cedar Grove Village ist in der Regel von Mitte November bis Mitte April gesperrt.

Cedar Grove   NATUR
Cedar Grove Village ist der letzte Vorposten der Zivilisation vor der rauen, grandiosen Wildnis der Sierra Nevada. Ein Wanderweg führt von **Roads End**, wo es am Fluss einen Strand und im Sommer Badestellen gibt, hinauf zu den tosenden **Mist Falls** (hin & zurück 13,5 km). Bei Vogelbeobachtern beliebt ist der leichte Naturpfad (Rundweg 2,4 km) rund um die **Zumwalt Meadow** gleich westlich von Roads End.

Boyden Cavern   HÖHLE
(www.boydencavern.com; Hwy 180; Führung Erw./ Kind ab 13/8 US$; ⏰Mai–Mitte Nov.; 🚻) Die Höhle ist zwar kleiner und nicht so eindrucksvoll wie die Crystal Cave im Sequoia National Park, dafür braucht man aber kein vorab besorgtes Ticket, um ihre schönen, spielerisch wirkenden Felsformationen zu bestaunen.

🏃 Aktivitäten

Über 1250 ausgeschilderte Kilometer an Wanderwegen beweisen: Hierher kommt

NICHT VERSÄUMEN

PANORAMASTRASSEN IN DER SIERRA NEVADA

Tioga Road (Hwy 120) Das Dach der Welt im Yosemite National Park

Generals Highway (Hwy 198) Historische Nebenstraße im Reich der Baumriesen

Kings Canyon Scenic Byway (Hwy 180) Eine Fahrt durch einen der tiefsten Canyons in Nordamerika

Mineral King Rd Fahrt in ein Sierra-Hochtal

Eastern Sierra Scenic Byway (US 395) Schneebedeckte Gipfel werfen ihren Schatten auf die Wüste

man zum Wandern. Cedar Grove und Mineral King sind die besten Zugänge zur Natur. Während die Wege normalerweise gegen Sommeranfang geöffnet werden, kann in der Umgebung von Foothills ganzjährig gewandert werden. Für Wildnistouren mit Übernachtung braucht man eine **Genehmigung** (☏559-565-3766; www.nps.gov/seki/planyourvisit/backpacking.htm; 15 US$/Trip), die von Ende Mai bis Ende September nach einem Quotensystem vergeben wird, also vorab reservieren!

Im Sommer kann man sich im **Hume Lake** – er befindet sich im National Forest abseits des Hwy 180 – und in beiden Parks in Schwimmlöchern am Flussufer abkühlen. Im Winter sind Skilanglauf- oder Schneeschuhtouren unter den verschneiten Sequoias möglich. Leihausrüstung gibt's im Grant Grove Village und bei der Wuksachi Lodge. Präparierte Langlaufloipen und andere Wintersportmöglichkeiten bietet die altmodische **Montecito Sequoia Lodge** abseits des Generals Hwy zwischen den beiden Parks.

🛏 Schlafen & Essen

Campingreservierungen (☏518-885-3639, 877- 477-6777; www.recreation.gov) sind nur im Sommer bei den Plätzen Lodgepole und Dorst im Sequoia National Park möglich. Bei den zwölf weiteren erschlossenen Plätzen (Stellplätze 10–20 US$) in den Parks gilt: Wer zuerst kommt, mahlt zuerst. Die Campingplätze Lodgepole, Azalea, Potwisha und South Fork sind ganzjährig geöffnet. Bei Komplettbelegung können Camper in den umliegenden Sequoia National Forest ausweichen.

Die Märkte in Grant Grove, Lodgepole und Cedar Grove haben ein begrenztes Angebot an Lebensmitteln, in den beiden letztgenannten Orten gibt's auch Snackbars, die einfache, kostengünstige Gerichte anbieten, in Grant Grove sind ein einfaches Restaurant, eine saisonal geöffnete Pizzeria und ein Espressoausschank zu finden.

Vor dem Südeingang des Sequoia National Park säumen meist recht abgewohnte eigenständige Motels, Kettenmotels, rustikale Hütten und schlichte Lokale den Hwy 198 in der Ortschaft Three Rivers.

John Muir Lodge & Grant Grove Cabins   LODGE, HÜTTEN **$$**
(☏559-335-5500, 866-522-6966; www.sequoia-kingscanyon.com; Hwy 180; Hütte ohne Bad 65–95 US$, Zi. 120–190 US$; 🛜🏄) Die aus Holz erbaute Lodge in Grant Grove Village hat geräumige, wenn auch langweilige Zimmer und eine gemütliche Lobby mit Steinkamin und Brettspielen. Das kunterbunte Hüttenspektrum reicht von dünnwandigen Zelthütten bis zu historischen Cottages.

Cedar Grove Lodge   LODGE **$$**
(☏559-335-5500, 866-522-6966; www.sequoia-kingscanyon.com; Hwy 180; Zi. 129–135 US$; ⊙Mitte Mai–Anfang Okt.; ❄🏄) Die fast zwei Dutzend motelartigen Zimmer haben Gemeinschaftsveranden mit Blick auf den Kings River. Die Zimmer sind einfach und abgewohnt, aber immer noch die beste Option im Canyon.

Montecito Sequoia Lodge   LODGE **$$**
(☏559-565-3388, 800-227-9900; www.mslodge.com; 63410 Generals Hwy; Hütte mit/ohne Bad ab 159/79 US$, Zi. 99–249 US$; 🛜🏄) Den ganzen Sommer über sorgen Familiencamps für Krach und Turbulenz. Im Winter stehen Schlittschuhlaufen und Reifenrodeln auf dem Programm. Die einfachen Zimmer in der Lodge und die rustikalen Hütten liegen auf halbem Weg zwischen beiden Parks. Im Preis sind die Mahlzeiten enthalten.

Wuksachi Lodge   LODGE **$$$**
(☏559-565-4070, 866-807-3598; www.visitsequoia.com; 64740 Wuksachi Way, abseits des Generals Hwy; Zi. ab 225 US$; ☏) Das prachtvolle Foyer kann nicht darüber hinwegtäuschen, dass die Zimmer zwar groß, aber ansonsten motelartig sind. Das Essen im noblen **Peaks Restaurant** (☏559-565-4070; www.visitsequoia.com; Hauptgerichte abends 17–32 US$; ⊙tgl. früh, mittags & abends, saisonal unterschiedliche Öffnungszeiten) ist mal so, mal so, und fürs

Abendessen muss man reservieren. Wer die nötige Kondition hat, kann 18,5 km (einfache Strecke) bis zum **Bearpaw High Sierra Camp** (☏ 866-807-3598, 801-559-4930; www.visit sequoia.com; Zelthütte inkl. alle Mahlzeiten Ez/DZ 175/225 US$; ☺ Mitte Juni–Mitte Sept.) laufen. Das Campg gehört zur Lodge und ist immer weit im Voraus ausgebucht.

ⓘ Praktische Informationen

Lodgepole Village bzw. Grant Grove Village sind die wichtigsten Anlaufstellen in den Parks. In beiden gibt es Visitor Centers, Postämter, Märkte, Geldautomaten, Waschsalons und öffentliche Duschen (nur im Sommer).

Das **Lodgepole Visitor Center** (☏ 559-565-4436; ☺ tgl. 9–16.30 oder 18 Uhr, Winter kürzere Öffnungszeiten) in Lodgepole Village, das **Foothills Visitor Center** (☏ 559-565-4212; ☺ 8–16.30 Uhr) in Ash Mountain und das **Kings Canyon Visitor Center** (☏ 559-565-4307; ☺ 8 oder 9–16.30 oder 17 Uhr, Winter kürzere Öffnungszeiten) in Grant Grove sind das ganze Jahr geöffnet. Saisonal geöffnet sind das **Cedar Grove Visitor Center** (☏ 559-565-4307; ☺ Ende Mai–Anfang Sept. 8 oder 9–16.30 oder 17 Uhr) im Kings Canyon und die **Mineral King Ranger Station** (☏ 559-565-3768; ☺ Ende Mai–Anfang Sept. 8–16 Uhr) im Sequoia National Park. Die kostenlose Parkzeitung informiert über weitere Serviceeinrichtungen für Besucher.

Benzin gibt's zu stolzen Preisen außerhalb der Parkgrenzen auf dem Gelände des National Forest in Hume Lake (ganzjährig) und in Stony Creek (nur im Sommer).

ⓘ Anreise & Unterwegs vor Ort

Von Ende Mai bis Anfang September kurven kostenlose Shuttlebusse durch die Gegend um den Giant Forest und um Lodgepole Village im Sequoia National Park, während der **Sequoia Shuttle** (☏ 877-287-4453; www.sequoiashuttle. com) den Park mit Three Rivers und Visalia (hin & zurück inkl. Parkeintritt 15 US$, Reservierung erforderlich) verbindet, wo Anschluss an die Züge der Amtrak besteht; Reservierung erforderlich. Zum Kings Canyon National Park fahren keine öffentlichen Verkehrsmittel.

Eastern Sierra

In den leeren, majestätischen Weiten der Eastern Sierra grenzen gezackte Gipfel an die Great Basin Desert – ein dramatischer Gegensatz, der für eine spektakuläre Landschaft sorgt. Der Hwy 395 folgt dem gesamten Verlauf der Sierra Nevada; entlang der Strecke führen Abzweigungen zu Kiefernwäldern, Wiesen voller Wildblumen, idyllischen Seen, heißen Quellen und von Gletschern ausgehöhlten Schluchten. Wanderer, Backpacker, Mountainbiker, Angler und Skifahrer suchen sich gern in diese Ecke zurück. Die wichtigsten Touristenzentren sind Mammoth Lakes und Bishop.

Im **Bodie State Historic Park** (☏ 760-647-6445; www.bodiefoundation.org; Hwy 270; Erw./Kind 7/5 US$; ☺ Mitte Mai–Okt. 9–18 Uhr, Nov.–Mitte Mai bis 15 Uhr) wird eine Geisterstadt aus der Zeit des Goldrausches im Zustand des „angehaltenen Verfalls" bewahrt. Wie aus der Zeit gefallen, stehen die verwitterten Gebäude in der staubigen, windigen Ebene. Um hinzukommen, nimmt man etwa 7 Meilen (11,3 km) südlich von Bridgeport den Hwy 270 und folgt diesem 13 Meilen (20,9 km) nach Osten; die letzten 3 Meilen (4,8 km) sind unbefestigt. Im Winter ist die Zufahrtstraße wegen Schnee gesperrt.

Weiter südlich liegt der **Mono Lake** (www. monolake.org) mit seinen außerirdisch wirkenden Tuffsteintürmen, die wie hingetupfte Sandburgen aus dem alkalischen Wasser ragen. Abseits vom Hwy 395 zeigt das **Mono Basin Scenic Area Visitor Center** (☏ 760-647-3044; ☺ April–Nov. 8–17 Uhr) ausgezeichnete Ausstellungen und informiert über die Termine von geführten Wanderungen und Vorträgen. Die besten Fotomotive findet man im **South Tufa Reserve** (Erw./Kind 3 US$/frei) am Südufer. Vom nahegelegenen Lee Vining führt der Hwy 120 westwärts über den nur saisonal geöffneten Tioga Pass (S. 185) in den Yosemite National Park.

Auf dem weiteren Weg nach Süden ist ein Abstecher vom Hwy 395 auf den malerischen, 16 Meilen (25,7 km) langen **June Lake Loop** möglich, wenn man nicht gleich direkt bis **Mammoth Lakes** fahren will. Das ganzjährig beliebte Resort liegt im Schatten des 3368 m hohen **Mammoth Mountain** (☏ 800-626-6684; www.mammothmountain.com; 10001 Minaret Rd) mit seinen erstklassigen Skihängen, die sich im Sommer in einen Park für Mountainbiker verwandeln, während Camper, Angler und Tageswanderer die Umgebung des Mammoth Lakes Basin und von Reds Meadow bevölkern. Ganz in der Nähe stehen die fast senkrechten, 18 m hohen Basaltsäulen des **Devils Postpile National Monument** (☏ 760-934-2289; www.nps.gov/depo; Shuttle-Tageskarte Erw./Kind 7/4 US$; ☺ Ende Mai–Okt.), die vulkanischen Ursprungs sind. Fans von Thermalquellen können südlich der Ortschaft abseits der Benton Crossing Rd in einfachen Becken baden oder ein

Stück weiter südlich das dampfende Wasser der **Hot Creek Geological Site** (www.fs.usda.gov/inyo; Hot Creek Hatchery Rd; ☺ Sonnenaufgang–Sonnenuntergang) GRATIS bestaunen. Hilfreiche Karten und Infos erhält man im Ort in der **Mammoth Lakes Welcome Center & Ranger Station** (☎ 866-466-2666; www.visitmammoth.com; 2510 Main St; ☺ 8–17 Uhr).

Weiter südlich führt der Hwy 395 ins Owens Valley hinab und erreicht schon bald **Bishop**, eine kleine Stadt mit Wildwest-Flair. Zu den kleineren Attraktionen vor Ort gehören Kunstgalerien und ein historisches **Eisenbahnmuseum** (☎ 760-873-5950; www.lawsmuseum.org; Silver Canyon Rd; Spende 5 US$; ☺ 10–16 Uhr; ♿). Von Bishop aus kommt man zu den besten Angelgründen und Kletterrevieren in der Eastern Sierra, und hier ist auch der Hauptausgangspunkt für Treks mit Packpferden.

Um einige der ältesten Lebewesen der Erde zu besuchen, sollte man einen halben Tag für den faszinierenden Ausflug zum **Ancient Bristlecone Pine Forest** (☎ 760-873-2500; www.fs.usda.gov/inyo; 6 US$/Auto; ☺ in der Regel Mitte Mai–Nov.) einplanen. Die knorrigen, außerirdisch wirkenden Langlebigen Grannen-Kiefern stehen in über 3000 m Höhe an den Hängen der White Mountains – erstaunlich, dass dort überhaupt etwas wächst. Der älteste Baum, genannt „Methusalem", soll es auf 4700 Jahre bringen. Die Zufahrtsstraße (im Winter und Frühjahr

TOP-STÄTTEN DER EASTERN SIERRA

Bodie State Historic Park (S. 191) Eine echte Geisterstadt aus der Zeit des Goldrausches.

Mono Lake (S. 191) Geheimnisvolle Mineralformationen wie aus einer anderen Welt.

Mammoth Mountain (S. 191) Wintersport und Mountainbiken oben auf dem Berg.

Ancient Bristlecone Pine Forest (s. oben) Die ältesten lebenden Bäume auf Erden.

Manzanar National Historic Site (s. rechte Spalte) Ein ungeschönter Einblick in die Internierungslager des Zweiten Weltkriegs.

wegen Schnee gesperrt) ist bis zum Visitor Center bei Schulman Grove asphaltiert. Von dort gehen Wanderwege aus. Vom Hwy 395 in Big Pine aus nehmen den Hwy 168 13 Meilen (20,9 km) nach Osten nehmen und dann von der markierten Abzweigung aus 10 weitere Meilen (16 km) auf der White Mountain Rd bergauf fahren.

Richtung Süden passiert der Hwy 395 nun Independence und die **Manzanar National Historic Site** (☎ 760-878-2194; www.nps.gov/manz; 5001 Hwy 395, Independence; ☺ Sonnenaufgang–Sonnenuntergang, Visitor Center 9–16.30 Uhrpm) GRATIS, die an das Internierungslager erinnert, in das während des Zweiten Weltkriegs nach dem Angriff auf Pearl Harbor ungerechtfertigterweise an die 10 000 japanischstämmige Amerikaner gesperrt wurden. Informative Ausstellungen und ein kurzer Film zeichnen das Leben im Lager, das man bei einer kurzen Autotour auf eigene Faust erkunden kann, auf bewegende Weise nach.

Noch weiter südlich kann man in Lone Pine schließlich einen Blick auf den **Mt. Whitney** (www.fs.usda.gov/inyo) werfen, den mit 4421 m höchsten Berg in den USA außerhalb Alaskas. Die 12 Meilen (19,2 km) lange Fahrt über die malerische **Whitney Portal Road** (im Winter geschl.) ist haarsträubend spektakulär. **Genehmigungen** (www.recreation.gov; 15 US$/Pers.) für den äußerst beliebten Aufstieg zum Gipfel werden nur nach dem Lotterieprinzip vergeben. Die bizarren Felsen der **Alabama Hills** westlich von Lone Pine dienten Hollywood bereits als Kulisse für Westernklassiker. Alte Erinnerungsstücke und Filmplakate sind im **Museum of Lone Pine Film History** (☎ 760-876-9909; www.lonepinehistorymuseum.org; 701 S Main St; Erw./Kind 5 US$/frei; ☺ Mo–Mi 10–18, Do–Sa bis 19, So bis 16 Uhr) zu bewundern. Südlich der Stadt stellt das **Eastern Sierra InterAgency Visitor Center** (☎ 760-876-6222; www.fs.fed.us/r5/inyo; Hwys 395 & 136; ☺ 8–17 Uhr) Wandergenehmigungen aus, gibt Infos zu den Outdooraktivitäten und verkauft Bücher und Landkarten.

🛏 Schlafen

Campingplätze gibt's in der Eastern Sierra en masse. Fürs Campen in der Natur braucht man eine Genehmigung, die vorab reserviert werden kann, aber auch in den Rangerstationen zu erhalten ist. Die meisten Motels finden sich in Bishop, Lone Pine und Bridgeport. Mammoth Lakes hat ein paar

Motels und Dutzende Gästehäuser, B&Bs, Apartments und Ferienwohnungen. Überall sollte man im Sommer unbedingt vorab reservieren.

El Mono Motel · MOTEL $
(☎ 760-647-6310; www.elmonomotel.com; 51 Hwy 395, Lee Vining; Zi. mit/ohne Bad ab 89/69 US$; ☺ Mitte Mai–Okt.; ☎) Die netten Motelzimmer neben einem Café nahe dem Mono Lake sind nur eine kurze Fahrt vom Tioga-Pass-Eingang des Yosemite National Park entfernt.

Whitney Portal Hostel · HOSTEL $
(☎ 760-876-0030; www.whitneyportalstore.com; 238 S Main St, Lone Pine; B/4BZ 25/84 US$; ✳☎☎) Die mit Teppichboden ausgelegten Schlafräume mit Stockbetten in diesem sehr schlichten Hostel sind bei Wanderern, die den Gipfel des Mt. Whitney stürmen wollen, beliebt. Es gibt auch öffentliche Duschen (5 US$).

★ Tamarack Lodge · LODGE, HÜTTEN $$
(☎ 800-626-6684, 760-934-2442; www.tamaracklodge.com; 163 Twin Lakes Rd, Mammoth Lakes; Zi. mit/ohne Bad ab 149/99 US$, Hütten ab 169 US$; @☎☎) ✒ Das freundliche, seit 1924 bestehende Resort am See vermietet Zimmer in der aus Holz erbauten Lodge und Hütten mit Küche – von sehr einfach bis luxuriös. Manche Hütten sind sogar mit einem Holzofen ausgestattet.

Dow Hotel & Dow Villa Motel · HOTEL, MOTEL $$
(☎ 800-824-9317, 760-876-5521; www.dowvillamotel.com; 310 S Main St, Lone Pine; Zi. 85–150 US$, ohne Bad 70 US$; ✳@☎✳☎) John Wayne und Errol Flynn waren unter den Filmstars, die in diesem 1922 erbauten und mit rustikalem Charme restaurierten Hotel übernachtet haben. Die modernen Motelzimmer sind ein bisschen komfortabler.

✗ Essen & Ausgehen

Good Life Café · AMERIKANISCH $
(http://mammothgoodlifecafe.com; 126 Old Mammoth Rd, Mammoth Lakes; Hauptgerichte 7–10 US$; ☺ 6.30–15 Uhr) Üppiges Frühstück, gesunde vegetarische Wraps, mächtige Burger, kalifornisch-mexikanische Burritos und große Schüsseln mit Salat sorgen dafür, dass dieses Lokal mit seinem sonnigen Hof immer gut besucht ist.

Raymond's Deli · DELI $
(http://raymondsdeli.com; 206 N Main St, Bishop; 5–9 US$/Stück; ☺ 10–17.30 Uhr; ☎) Die kecke

Fundgrube voller Kitsch und Flipperautomaten serviert mächtige Sandwiches mit so einfallsreichen Namen wie „When Pigs Fly" oder „Flaming Farm". Dazu kann man sich bei einem Bier aus kalifornischen Kleinbrauereien entspannen.

★ Whoa Nellie Deli · KALIFORNISCH $$
(☎ 760-647-1088; Tioga Gas Mart, 22 Vista Point Rd, abseits des Hwy 120, Lee Vining; Hauptgerichte 7–20 US$; ☺ Ende April–Anf. Nov. 7–21 Uhr; ☞) Tolles Essen an der Tanke? Warum nicht – aus Matt Toomeys wunderbarer Küche kommen jedenfalls leckere Fischtacos, Hackbraten vom Wildbüffel und Grillrippchen.

Skadi · EUROPÄISCH $$$
(☎ 760-934-3902; http://skadirestaurant.com; 587 Old Mammoth Rd, Mammoth Lakes; Hauptgerichte 24–32 US$; ☺ 17.30–21.30 Uhr) Beim Blick in die traumhafte Berglandschaft lässt man sich skandinavische Gebirgsküche schmecken – z.B. knusprig gebratener Lachs und mit Wacholderbeeren gewürzter Entenbrust mit Preiselbeeren – und trinkt dazu einen erstklassigen Wein.

Mammoth Brewing Company Tasting Room · BRAUEREI
(www.mammothbrewingco.com; 94 Berner St, Mammoth Lakes; ☺ 10–18 Uhr) Hier kann man kostenlos ein Dutzend Biere vom Fass probieren, und kauft sich dann ein IPA 395 oder ein Double Nut Brown zum Mitnehmen.

Looney Bean Coffee · CAFÉ
(www.looneybean.com; 399 N Main St, Bishop; ☺ Mo–Sa 6–18, So 7–17 Uhr; ☎) Einheimische treffen sich hier bei frisch geröstetem Kaffee, Fruchtsmoothies und Backwaren. Eine weitere Filiale ist in Mammoth Lakes.

Lake Tahoe

Der in unzähligen Grün- und Blautönen schimmernde Lake Tahoe ist der zweittiefste See in den USA. Die Fahrt auf der 72 Meilen (116 km) langen malerischen Uferstraße ist faszinierend, aber auch ganz schön anstrengend. Das ruhige Nordufer wirkt nobel, das zerklüftete Westufer eher altmodisch. Das Ostufer ist unerschlossen, und das Südufer wirkt mit seinen aufgedonnerten Casinos und den vielen Familien hektisch. Die spitzen Gipfel rund um den See (1897 m) der direkt auf der Grenze zwischen Kalifornien und Nevada liegt, dienen das ganze Jahr über als Abenteuerspielplatz.

Im Sommer, sowie an Feiertagen und Winterwochenenden ist es hier voll; dann sollte man unbedingt reservieren. Die **Lake Tahoe Visitors Authority** (800-288-2463; www.tahoesouth.com) und die **North Lake Tahoe Visitors' Bureaus** (888-434-1262; www.gotahoenorth.com) betreiben diverse Visitor Centers. Es gibt Campingplätze in **State Parks** (800-444-7275; www.reserveamerica. com; Stellplätze 35–50 US\$;) sowie auf Land des **USFS** (877-444-6777, 518-885-3639; www.recreation.gov; Stellplätze 20–40 US\$;).

South Lake Tahoe & Westufer

Die altmodischen Motels und Restaurants am stark befahrenen Hwy 50 in South Lake Tahoe sind immer gut besucht. Das Glücksspiel in den Casinohotels von Stateline gleich hinter der Grenze zu Nevada lockt Tausende an, ebenso das erstklassige Skiresort **Heavenly** (775-586-7000; www.skiheavenly.com; 3860 Saddle Rd;). Im Sommer hat man bei einer Fahrt mit Heavenlys **Seilbahn** (Erw./Kind 38/20 US\$) einen großartigen Blick auf den See und die **Desolation Wilderness**. Diese kahle, wunderschöne Landschaft mit nackten Granitgipfeln, Gletschertälern und Bergseen ist bei Wanderern sehr beliebt. Karten, Infos und **Wandergenehmigungen** (877-444-6777; www.recreation.gov; 5–10 US\$/ Erw.) erhält man beim **USFS Taylor Creek Visitor Center** (530-543-2674; www.fs.usda. gov/ltbmu; Hwy 89; Ende Mai–Okt. tgl., unterschiedliche Öffnungszeiten), das sich 3 Meilen (4,8 km) nördlich der Y-förmigen Kreuzung der Hwys 50 und 89 in der **Tallac Historic Site** (Tallac Rd; Eintritt frei, Führung Erw./ Kind 5/3 US\$; Mitte Juni–Sept. 10–16.30 Uhr, Ende Mai–Mitte Juni nur Fr & Sa;) befindet, einer geschützten Ferienanlage aus dem frühen 20. Jh.

Von der sandigen, zum Baden geeigneten **Zephyr Cove** hinter der Grenze zu Nevada oder von der Ski Run Marina im Ort pflügt **Lake Tahoe Cruises** (800-238-2463; www. zephyrcove.com; Erw./Kind ab 47/10 US\$) ganzjährig übers „Große Blau". Zu den schicken Boutiquemotels am Ufer gehören das **Alder Inn** (530-544-4485; www.thealderinn.com; 1072 Ski Run Blvd; Zi. 85–229 US\$;) und das hippe **Basecamp Hotel** (530-208-0180; http:// basecamphotels.com; 4143 Cedar Ave; Zi. mit Frühstück 115–239 US\$;), das einen Whirlpool auf dem Dach und gemeinschaftliche Feuerstellen besitzt. Zum Auftanken bieten sich die Bio-Gerichte im vegetarierfreundlichen Café **Sprouts** (3123 Harrison Ave; Hauptgerichte

6–10 US\$; 8–21 Uhr;) oder ein Burger mit Erdnussbutter und Knoblauchfritten in der **Burger Lounge** (530-542-2010; www.burger loungeintahoe.com; 717 Emerald Bay Rd; 4–9 US\$/ Stück; 10–20 Uhr, Okt.–Mai kürzere Öffnungszeiten;) an.

Der Hwy 89 schlängelt sich nordwestwärts am dicht bewaldeten Westufer entlang zum **Emerald Bay State Park** (530-541-6498; www.parks.ca.gov; 8–10 US\$/Auto; Ende Mai–Sept. tgl.), wo Granitfelsen und Kiefern eine fjordartige Bucht mit leuchtend grünem Wasser umrahmen. Ein steiler, 1,6 km langer Weg führt hinunter zum **Vikingsholm Castle** (Führungen Erw./Kind 10/8 US\$; Ende Mai–Sept. tgl. 10.30 oder 11–16 Uhr). Von dieser skandinavischen Villa aus den 1920er-Jahren führt der 7,2 km lange **Rubicon Trail** nordwärts am Seeufer entlang und vorbei an kleinen Buchten zum **DL Bliss State Park** (530-525-7277; www.parks. ca.gov; 10 US\$/Auto; normalerweise Ende Mai–Sept.;) mit seinen Sandstränden. Weiter nördlich vermietet **Tahoma Meadows B & B Cottages** (866-525-1533, 530-525-1553; www.tahomameadows.com; 6821 W Lake Blvd, Homewood; Cottage mit Frühstück 109–199 US\$;) reizende Hütten im ländlichen Stil.

Nord- & Ostufer

Als Geschäftszentrum am Nordufer ist **Tahoe City** ideal, um Vorräte zu besorgen und Outdoor-Ausrüstung zu mieten. Von hier aus ist es nicht weit nach **Squaw Valley USA** (800-403-0206; www.squaw.com; 1960 Squaw Valley Rd, Olympic Valley;), dem übergroßen Skiresort, in dem 1960 die Olympischen Winterspiele stattfanden. Zum Après-Ski geht's wieder nach Tahoe in die holzvertäfelte **Bridgetender Tavern** (www. tahoebridgetender.com; 65 W Lake Blvd; Hauptgerichte 8–12 US\$; 11–23 Uhr, Fr & Sa bis 24 Uhr). Morgens kann man sich im heimeligen **Fire Sign Cafe** (www.firesigncafe.com; 1785 W Lake Blvd, Sunnyside; Hauptgerichte 7–11 US\$; 7–15 Uhr;), 2 Meilen (3,2 km) weiter südlich am Ufer, mit Eggs Benedict und frisch geräuchertem Lachs verwöhnen.

Im Sommer kann man in **Tahoe Vista** oder **Kings Beach** schwimmen oder Kajak fahren. Übernachten kann man in der **Franciscan Lakeside Lodge** (800-564-6754, 530-546-6300; http://franciscanlodge.com; 6944 N Lake Blvd, Tahoe Vista; DZ 95–285 US\$;), die einfache Hütten, Cottages und Suiten mit Einbauküchen bietet, oder in dem gut geführten, kompakten **Hostel Tahoe** (530-

546-3266; http://hosteltahoe.com; 8931 N Lake Blvd, Kings Beach; B 32 US$; Zi. 65–80 US$; ⊙Check-in 16–19 Uhr; @♠). Östlich von Kings Beach mit seinen zwanglosen Uferlokalen führt der Hwy 28 hinüber nach Nevada. Im **Crystal Bay Club Casino** (☑775-833-6333; www. crystalbaycasino.com; 14 Hwy 28, Crystal Bay) kann man sich eine Livemusikshow ansehen. Wer Bars und Bistros sucht, in denen mehr los ist, fährt weiter nach **Incline Village**.

Mit unberührten Stränden, Seen und kilometerlangen Mehrzweckwegen ist der **Lake Tahoe-Nevada State Park** (http://parks. nv.gov; 7–12 US$/Auto) der Hauptbesuchermagnet am Ostufer. Im Sommer planschen die Massen im türkisblauen Wasser von **Sand Harbor**. Der 21,7 km lange **Flume Trail**, eine Traumroute für Mountainbikefahrer, endet weiter südlich bei **Spooner Lake**. In Incline Village vermietet **Flume Trail Bikes** (☑775-298-2501; www.flumetrailtahoe.com; 1115 Tunnel Creek Rd; Fahrradvermietung 35–90 US$/Tag, Shuttle 10–15 US$) Fahrräder und bietet einen Shuttledienst zum Startpunkt des Trails.

Truckee & Umgebung

Nördlich vom Lake Tahoe und abseits der I-80 ist Truckee nicht etwa ein Rastplatz für Trucker, sondern ein blühendes Bergstädtchen mit einem historischen Viertel voller Cafés, trendiger Boutiquen und Restaurants. Skihasen können in der Gegend aus mehreren Resorts wählen. Dazu gehören z. B. das glamouröse **Northstar-at-Tahoe** (☑800-466-6784; www.northstarattahoe.com; 5001 Northstar Dr; 👪), das von Walt Disney mitbegründete kinderfreundliche **Sugar Bowl** (☑530-426-9000; www.sugarbowl.com; 629 Sugar Bowl Rd, Norden; 👪) und das Langläuferparadies **Royal Gorge** (☑530-426-3871; www.royalgorge. com; 9411 Pahatsi Rd, Soda Springs; 👪).

Westlich des Hwy 89 befindet sich der Donner Summit, wo die berühmt-berüchtigte Donner-Party im harten Winter 1846/47 steckenblieb. Weniger als die Hälfte von ihnen überlebten – einige nur, weil sie das Fleisch der Toten aßen. Die schauerliche Geschichte wird im Museum innerhalb des **Donner Memorial State Park** (www.parks. ca.gov; Donner Pass Rd; 8 US$/Auto; ⊙Museum 10–17 Uhr, Sept.–Mai Di & Mi geschl.) nacherzählt. Im Park ist der **Donner Lake** ein beliebtes Ziel von Badelustigen und Paddlern.

Selbständige Wanderer und Skifahrer, die kleinere Arbeiten im Haushalt nicht scheuen, steigen in der roh gezimmerten **Clair Tappan Lodge** (☑800-679-6775, 530-426-3632; www.sierraclub.org/outings/lodges/ctl; 19940 Donner Pass Rd, Norden; B inkl. Mahlzeiten Erw./Kind ab 60/30 US$; 👪) 🚗 des Sierra Club außerhalb der Ortschaft ab. Am Stadtrand von Truckee bietet das mit Ökozertifikat versehene **Cedar House Sport Hotel** (☑866-582-5655, 530-582-5655; www.cedarhousesport hotel.com; 10918 Brockway Rd; Zi. mit Frühstück 170–290 US$; ♠👪) 🚗 stilvolle schicke Zimmer und einen Whirlpool im Freien. Ein großes Glas Donner Party Porter kann man in der **Fifty Fifty Brewing Co** (www.fiftyfifty brewing.com; 11197 Brockway Rd; ⊙11–21 Uhr, Fr & Sa bis 21.30 Uhr) 🚗 hinunterstürzen.

❶ Anreise & Unterwegs vor Ort

South Tahoe Express (☑866-898-2463, 775-325-8944; www.southtahoeexpress.com; einfache Strecke/hin & zurück 30/53 US$) betreibt mehrmals täglich Shuttlebusse vom Reno-Tahoe International Airport in Nevada nach Stateline. Der **North Lake Tahoe Express** (☑866-216-5222, 775-786-3706; www.northlaketahoeex press.com; einfache Strecke /hin & zurück 45/85 US$) verbindet den Flughafen von Reno mit Truckee, Northstar, Squaw Valley und den Ortschaften am Nordufer.

Vom **Amtrak-Bahnhof** (10065 Donner Pass Rd) in Truckee fahren täglich Züge nach Sacramento (50 US$, 4½ Std.) und Reno (16 US$, 1½ Std.) sowie zweimal täglich Greyhound-Busse nach Reno (18 US$, 1 Std.), Sacramento (45 US$, 2½ Std.) und San Francisco (41 US$, 6 Std.). Amtrak-Busse verbinden Sacramento mit South Lake Tahoe (34 US$, 2½ Std.).

Die Regionalbusse von **Tahoe Area Regional Transit** (TART; ☑800-736-6365, 530-550-1212; www.placer.ca.gov/tart; einfache Fahrt/Tageskarte 1,75/3,50 US$) steuern Truckee und Ziele am Nord- und Westufer an. South Lake Tahoe wird von **BlueGO** (☑530-541-7149; www.bluego. org; einfache Fahrt/Tageskarte ab 2/5 US$) angefahren. Im Sommer betreibt das Unternehmen auch den Nifty 50-Trolley, der am Westufer entlang nach Tahoma rollt, wo Anschluss zur TART besteht.

Im Winter braucht man häufig Schneeketten auf der I-80, der US 50 und anderen Highways in den Bergen; manche oder alle diese Straßen können während oder nach Schneestürmen gesperrt sein.

Der Nordwesten

Inhalt ➡

Washington................202
Seattle.........................202
Olympic-Halbinsel......218
San Juan Islands........223
North Cascades.........226
South Cascades.........229
Oregon 232
Portland 233
Willamette Valley 245
Columbia River
Gorge...........................248
Oregon Coast 259

Gut essen

➡ Cascina Spinasse
(S. 213)

➡ Saffron Mediterranean
Kitchen (S. 232)

➡ Ox (S. 240)

➡ New Sammy's Cowboy
Bistro (S. 256)

Schön übernachten

➡ Sun Mountain Lodge
(S. 227)

➡ Kennedy School
(S. 239)

➡ Oxford Hotel (S. 252)

➡ Hotel Five (S. 210)

Auf in den Nordwesten!

Der Nordwesten der USA ist Ausdruck einer besonderen Geisteshaltung. Wo schneebedeckte Vulkane von immergrünen Bäumen umrahmt werden, gedeihen Subkulturen und entstehen neue Trends. Aus zündenden Ideen, hastig auf Servietten gekritzelt, werden die erfolgreichen Unternehmen von morgen. Historisch hat diese Region nicht viel zu bieten, dafür kann man in hochdynamischen Städten wie Seattle und Portland einen Blick in die Zukunft werfen. Bekannt sind diese beiden Städte auch für Food Carts und Straßenbahnen, Kleinbrauereien und Kaffeekultur, grüne Lungen am Stadtrand und Skulpturen in den Straßen.

Der Nordwesten lockt mit seiner unglaublich sauberen Luft, die man am liebsten in Flaschen mit nach Hause nehmen möchte, und mit der Küste am Westende des Kontinents, an der man die kraftvolle Weite des größten Ozeans der Welt erlebt und es Bäume gibt, die älter sind als die Renaissancepaläste in Italien.

Reisezeit
Seattle

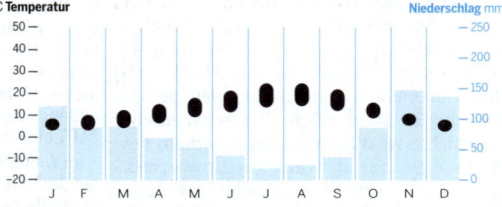

Jan.–März Schneesicherste Zeit zum Skifahren in den Cascades und deren Umgebung.

Mai Festival-Saison: Portland Rose, Seattle International Film Festival, Oregon Shakespeare.

Juli–Sept. Top zum Wandern: zwischen der Schneeschmelze und den ersten Herbststürmen.

Grunge & andere Subkulturen

Wie der Blitz schlug der Grunge in den 1990er-Jahren in Seattle ein. Die Mischung aus Wut und Angst der Generation X, gepaart mit einer fragwürdigen Einstellung zur Körperhygiene, gärte schon seit Jahren. Ende der 1970er entstand in Portland der Hardcore-Punk, mit dem sich heimische Bands wie die Wipers gegen den kommerziellen Rock absetzten. Ein anderer Stil entwickelte sich in Olympia, wo die DIY-Musiker von Beat Happening sich mit gespielter Unschuld über das Establishment lustig machten. Als Sammelbecken einer unzufriedenen Jugend wurde Seattle zur Hochburg des Grunge, in der Bands wie Pearl Jam, Soundgarden oder Alice in Chains Erfolg hatten. Weltweit bekannt wurde das Genre 1991, als Nirvana mit ihrem Album *Nevermind* tatsächlich Michael Jackson von Platz eins der Charts verdrängten. Da diese Musikrichtung aber gar nicht erfolgreich sein sollte, verschwand sie aufgrund des plötzlichen Ansehens schnell wieder in der Versenkung. Seit Mitte der 1990er-Jahren beschränken sich diese und andere Subkulturen daher auf den Nordwesten der USA, wobei die Musik nicht weniger überzeugend ist.

KLEINBRAUEREIEN

Im ganzen Land sind Bierfans auf den Geschmack des Besonderen gekommen. Der Feldzug für mehr Würze in der langweiligen, kommerziell ausgerichteten Braukunst begann in den 1980er-Jahren im Nordwesten der USA.

Eine der ersten Kleinbrauereien Amerikas war die kurzlebige Cartwright Brewing Company, die 1980 in Portland gegründet wurde. Als erstes offizielles Brauhaus eröffnete das auch nicht mehr existierende Grant's in Yakima 1982 in Washington. Mit der Eröffnung der Bridgeport Brewing Company 1984 ebenfalls in Portland breitete sich der Trend aus. Ein Jahr später legten zwei Braumeister der alten Schule, Mike und Brian McMenamin, den Grundstein zu einem einzigartigen Bierimperium, das bis heute die handwerkliche Bierbrauerei dieser Region verkörpert wie kaum ein anderes Unternehmen.

Heute gibt es in Washington und Oregon ca. 300 Kleinbrauereien (in Portland mehr als 50). Sie brauen aus Hopfen, Malz und Hefe Erstklassiges in kleinen Mengen.

Schönste State Parks

→ **Moran State Park** Orcas Island
→ **Ecola State Park** Cannon Beach
→ **Deception Pass State Park** Whidbey Island
→ **Fort Worden State Park** Port Townsend
→ **Lime Kiln Point State Park** San Juan Island
→ **Cape Perpetua State Park** nahe Yachats
→ **Smith Rock State Park** nahe Bend

NICHT VERSÄUMEN!

In Washington und Oregon liegen vier der spektakulärsten Nationalparks der USA: Mount Rainier (1899 eingerichtet), Crater Lake (1902), Olympic (1938) und North Cascades (1968).

DER NORDWESTEN

Kurzinfos

→ **Großstädte** Seattle (621000 Ew.), Portland (594000 Ew.)
→ **Entfernungen von Seattle** Portland (277 km), Vancouver BC (225 km)
→ **Zeitzone** Pacific Standard Time (PST; MEZ −9 Std.)

Schon gewusst?

Im Winter 1998/99 fiel im Skigebiet Mt. Baker im Nordwesten von Washington die Rekordmenge von 29 m Schnee – in nur einer Saison! Das war die größte jemals verzeichnete Schneemenge eines Jahres.

Infos im Internet

→ **Washington State Parks & Recreation Commission** (www.parks.wa.gov)
→ **Oregon State Parks & Recreation Department** (www.oregonstateparks.org)
→ **Washington State Tourism Office** (www.tourism.wa.gov)
→ **Oregon Tourism Commission** (www.traveloregon.com)

Highlights

1 In den ruhigeren Ecken der **San Juan Islands** (S. 223) Rad- und Kajakfahren

2 Vom malerischen Astoria bis zum entzückenden Port Orford die traumhafte **Oregon Coast** (S. 259) erkunden

3 In Washingtons **Olympic National Park** (S. 219) Bäume bewundern, die älter sind als die Renaissanceschlösser Europas

4 Der tollsten Outdoor-Show des pazifischen Nordwestens auf dem theatralischen **Pike Place Market** (S. 203) in Seattle beiwohnen

5 Gestärkt mit Bier, Kaffee und Imbiss-Leckereien durch die grünen und ruhigen Viertel von **Portland** (S. 233) schlendern

6 Die unglaublich tiefblauen Gewässer und das Panorama des **Crater Lake National Park** (S. 253) bewundern

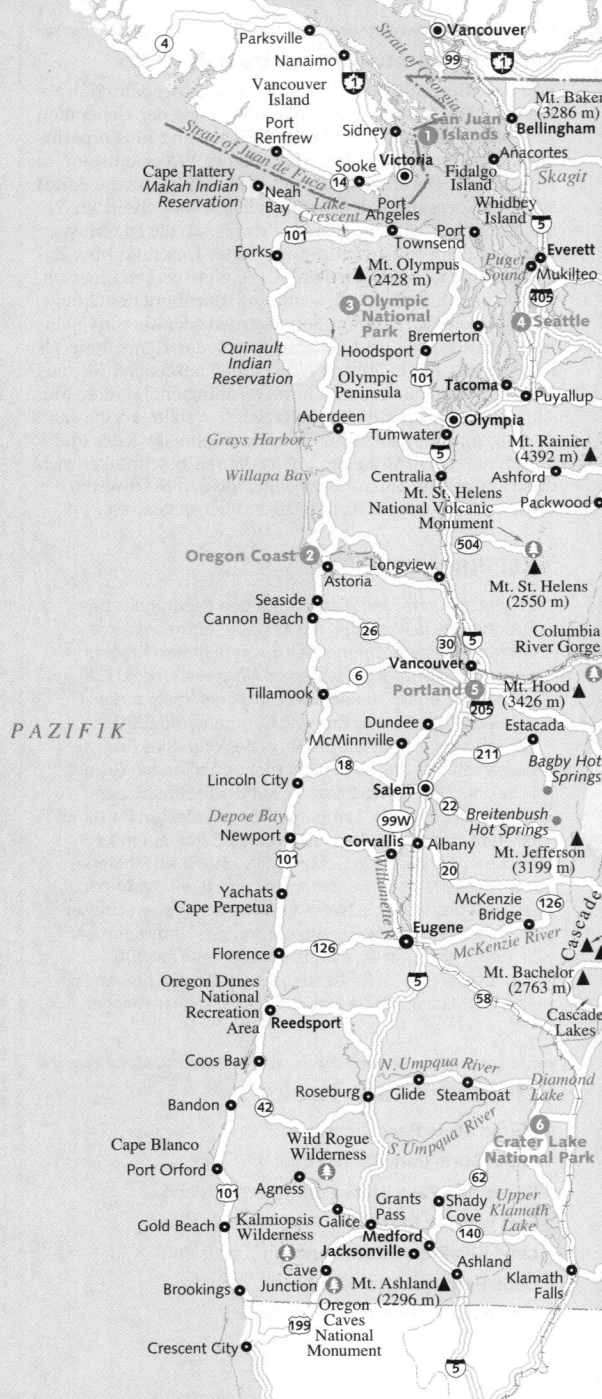

Geschichte

Als im 18. Jh. die Europäer in den Nordwesten vordrangen, waren an der Pazifikküste schon lange Indianerstämme wie die Chinook und die Salish ansässig. Im Inland, auf den trockenen Hochebenen zwischen den Cascades (Kaskadenkette) und den Rocky Mountains, lebten die Spokane, die Nez Percé und andere Stämme, die je nach Jahreszeit zwischen den Flusstälern und dem milden Hochland hin und her zogen.

300 Jahre, nachdem Kolumbus in der Neuen Welt an Land gegangen war, begannen spanische und britische Forscher, auf der Suche nach der sagenumwobenen Nordwestpassage die nördliche Pazifikküste zu erkunden. 1792 durchsegelte Kapitän George Vancouver als erster die Gewässer des Puget Sound und erklärte die ganze Region zu britischem Herrschaftsgebiet. Zur selben Zeit entdeckte der Amerikaner Robert Gray die Mündung des Columbia River. Und 1805 durchquerten die Forscher Lewis und Clark die Rocky Mountains, zogen am Columbia River entlang abwärts zum Pazifik und festigten den amerikanischen Anspruch auf die Region.

Die britische Hudson's Bay Company gründete 1824 in Washington Fort Vancouver als Hauptquartier für die Columbia-Region. Das ermöglichte Massen von Siedlern die Zuwanderung, hatte auf die Kultur und Lebensweise der Indianer allerdings einen zerstörerischen Effekt, der vor allem durch Alkohol und europäische Krankheiten bedingt wurde.

1843 stimmten die Siedler von Champoeg, das am Willamette River südlich von Portland liegt, für die Einrichtung einer provisorischen, von der Hudson's Bay Company unabhängigen Regierung. Das bedeutete den Anschluss an die Vereinigten Staaten, die das Gebiet 1846 formal per Vertrag von den Briten erwarben. Im Lauf des folgenden Jahrzehnts kamen rund 53000 neue Siedler über den 3220 km langen Oregon Trail in den Nordwesten.

Die Eisenbahn ebnete der Region den Weg in die Zukunft. Bis 1914 waren Landwirtschaft und Holz die Säulen der Wirtschaft. Mit der Eröffnung des Panamakanals und dem Ausbruch des Ersten Weltkriegs wurde der Handel in den Pazifikhäfen dann sehr viel lebendiger. Werften entstanden am Puget Sound, und der Flugzeugbauer Boeing richtete bei Seattle ein Werk ein.

Durch große Dammbauprojekte in den 1930er- und 1940er-Jahren konnte man billig Elektrizität erzeugen und Gebiete bewässern. Der Zweite Weltkrieg erhöhte erneut die Nachfrage nach Flugzeugen und Schiffen, und die Landwirtschaft blühte weiter auf. Nach dem Krieg wuchs die Bevölkerung von Washington auf das Doppelte der Einwohnerzahl von Oregon an, besonders stark in der Gegend um den Puget Sound.

In den 1980er- und 1990er-Jahren hat sich der wirtschaftliche Schwerpunkt durch den Aufschwung der Hightech-Industrie

DER NORDWESTEN IN…

…vier Tagen

An den ersten beiden Tagen hat man vollauf damit zu tun, sich in Seattle die Hauptsehenswürdigkeiten wie den Pike Place Market und das Seattle Center anzusehen. Am dritten Tag geht es nach Portland, wo man wie die Einheimischen mit dem Rad die Bars, Cafés, Lokale und Läden abklappert.

…einer Woche

In eine ganze Woche passen noch Highlights wie der **Mt. Rainier**, der **Olympic National Park**, die **Columbia River Gorge** und der **Mt. Hood**. Oder man erkundet die spektakuläre Oregon Coast (am besten die Gegend rund um den **Cannon Beach**) oder die historische Hafenstadt **Port Townsend** auf der Olympic Peninsula.

…zwei Wochen

Der **Crater Lake** ist einfach unvergesslich und kann mit einem Trip nach Ashland (und zum dortigen Shakespeare-Festival) verbunden werden. Auf keinen Fall sollte man die himmlischen **San Juan Islands** in der Nähe der Wassergrenze zu Kanada auslassen, ebenso nicht **Bend**, das größte Outdoor-Zentrum der Region. Wer gerne Wein trinkt, für den ist Walla Walla in Washington ein Mekka. Das **Willamette Valley** hingegen ist das Pinot-Noir-Paradies Oregons.

verlagert, verkörpert durch Microsoft in Seattle und Intel in Portland.

Produktion mit Wasserkraft und riesige Bewässerungsanlagen entlang des Columbia River haben jedoch in den letzten paar Jahrzehnten das Ökosystem des Flusses bedroht, und auch die Holzgewinnung hat ihre Spuren hinterlassen. Die Region hat ihren Beitrag zum Umweltschutz allerdings wieder aufgenommen, indem sie ein paar der umweltfreundlichsten Firmen des Landes angelockt hat – und die großen Städte gehören zu den grünsten der USA. In Sachen Umweltschutz gehört der Nordwesten zu den zu den engagiertesten Regionen der USA.

Einheimische Kultur

Das stereotype Bild gibt den Bewohner des amerikanischen Nordwestens als locker gekleideten, Café Latte schlürfenden Städter wieder, der einen Hybridwagen fährt, die Demokraten wählt und mit einem iPod rumläuft, aus dem unermüdlich Indie-Rock à la Nirvana dudelt. Aber wie bei den meisten kurzlebigen Verallgemeinerungen ist die Wirklichkeit viel komplexer.

Seattle und Portland, die zentralen Städte des Nordwestens, sind für ihre feine Kaffeekultur und die unzähligen Kneipen mit kleinen Hausbrauereien bekannt. Weiter im Osten im Landesinneren ist es trocken und weit weniger grün, und das Leben verläuft viel traditioneller als in den Städten an der Küste. Im Südosten Washingtons finden in den Kleinstädten im Columbia River Valley und in den Steppen wilde Rodeos statt, die Touristenzentren werben mit Cowboy-Kultur, und ein Pott Kaffee ist einfach nur ein Pott Kaffee, der nichts mit dem neumodischen Chai Latte oder den eisigen Frappés aus Seattle zu tun hat.

Im Kontrast zu Amerikas Ostküste ist das Leben im Westen sehr viel lockerer und weniger hektisch als in Städten wie New York oder Boston. Die Leute arbeiten hier, um zu leben – und nicht umgekehrt. Nach einem verregneten Winter nutzen die Bewohner des pazifischen Nordwestens jeden noch so kleinen Sonnenstrahl, um aus der Job-Tretmühle auszubrechen und einige Stunden (oder auch ganze Tage) im Freien zu verbringen. Ende Mai und Anfang Juni lösen die ersten Sommertage eine regelrechte Völkerwanderung aus. Wanderer und Radler strömen dann in die berühmten Nationalparks und in die Wildnis, für die diese Region so bekannt ist.

Kreativität ist eine weitere starke Eigenschaft der Bewohner des Nordwestens, sei es die Neudefinition der modernen Rockmusik oder die Umgestaltung des neuesten Computerprogramms von Microsoft. Der Nordwesten gibt sich nicht länger damit zufrieden, im Schatten von Kalifornien oder Hongkong zu stehen, und hat sich in den letzten Jahrzehnten durch gefeierte Fernsehserien (z. B. *Frasier* und *Portlandia*), weltbekannte Persönlichkeiten (Bill Gates) und eine innovative Musikszene, die alles vom Grunge-Rock bis hin zum Riot-Grrrl-Feminismus überspannt, international neu positioniert.

Die Gesellschaft in dieser Region ist sehr tolerant, z. B. was den Konsum leichter Drogen, die Rechte von Homosexuellen und Sterbehilfe angeht. Die Bevölkerung, die bei Präsidentschaftswahlen üblicherweise den Demokraten wählt, ist auch mit Feuer und Flamme dabei, einen „grüneren" Lebensstil in Form von umfassenden Recyclingprogrammen, nachhaltigen Restaurants und Biodiesel-Whale-Watching-Touren voranzutreiben. Greg Nickels, der ehemalige Bürgermeister von Seattle, war ein früher Vertreter von umweltfreundlichen Praktiken und ist mittlerweile ein führender Experte in Sachen Klimawandel. Das fortschrittliche Portland wird regelmäßig zu einer der nachhaltigsten und radfahrerfreundlichsten Städte Amerikas erkoren.

ⓘ Anreise & Unterwegs vor Ort

AUTO

Am bequemsten kommt man mit dem Auto durch den Nordwesten. In der ganzen Region gibt es größere und kleinere Autovermietungen. Die I-5 ist die größte Nord-Süd-Verbindung. In Washington führt die I-90 von Seattle in östliche Richtung nach Spokane und Idaho. In Oregon zweigt die I-84 von Portland an der Columbia River Gorge in östliche Richtung ab und führt nach Boise in Idaho.

BUS

Greyhound-Busse (www.greyhound.com) fahren entlang der I-5 von Bellingham im Norden Washingtons runter nach Medford im Süden Oregons. Es gibt auch Verbindungen zwischen den Staaten und Kanada. Ost-West-Verbindungen fahren nach Spokane, Yakima, Tri-Cities (Kennewick, Pasco und Richland in Washington), Walla Walla und Pullman in Washington, und nach Hood River und Pendleton in Oregon. Private Busunternehmen fahren die meisten kleineren Dörfer und Städte in der Region an, oftmals mit Verbindungen zu Greyhound oder Amtrak.

FLUGZEUG

Der Seattle-Tacoma International Airport (S. 217), kurz „Sea-Tac" genannt, und der Portland International Airport (S. 245) sind die größten Flughäfen der Gegend und bedienen viele nordamerikanische und einige internationale Reiseziele.

SCHIFF/FÄHRE

Die Washington State Ferries (WSF; S. 217) verbinden Seattle mit Bainbridge und den Vashon Islands. Weitere WSF-Routen führen von Whidbey Island nach Port Townsend auf der Olympic Peninsula und von Anacortes über die San Juan Islands nach Sidney, BC. Victoria Clipper (S. 217) bietet Verbindungen von Seattle nach Victoria, BC, und auch von Port Angeles fahren Fähren nach Victoria. Fähren von **Alaska Marine Highway** (AMHS; ☎ 800-642-0066; www.ferryalaska.com) schippern von Bellingham, WA nach Alaska.

ZUG

Amtrak (www.amtrak.com) bietet Verbindungen nach Vancouver, BC, im Norden und nach Kalifornien im Süden an und verbindet dabei Seattle, Portland und weitere große Stadtzentren mit den Cascades und den Coast-Starlight-Routen. Der berühmte *Empire Builder* fährt von Seattle und Portland (wird in Spokane zusammengeführt) Richtung Osten nach Chicago.

WASHINGTON

Die Cascade Mountains (kurz auch Cascades genannt) ziehen sich wie ein Rückgrat durch Washington und teilen den Staat der Gegensätze in zwei Welten. Die Küste im Westen mit Seattle als Zentrum ist feucht, urban, liberal und berühmt für ihre üppigen immergrünen Wälder. Die sich zwischen den weniger bekannten Städten Spokane und Yakima im Osten erstreckenden Ebenen sind trocken, ländlich, konservativ und mit endlosen Steppen übersät.

Von den beiden Hälften ist es der Westen, der die wichtigsten Sehenswürdigkeiten Washingtons bietet. Der abgeschiedenere Osten hingegen ist unbekannter, unterschätzt und voller Überraschungen.

Seattle

Man nehme die Intelligenz von Portland in OR und paare sie mit der Schönheit von

---

KURZINFOS WASHINGTON

Spitzname Evergreen State

Bevölkerung 6 897 000

Fläche 184 775 km^2

Hauptstadt Olympia (47 266 Ew.)

Weitere Städte Seattle (620 778 Ew.), Spokane (210 103 Ew.), Yakima (92 512 Ew.), Bellingham (81 862 Ew.), Walla Walla (32 148 Ew.)

Verkaufssteuer 6,5 %

Geburtsort von Sänger und Schauspieler Bing Crosby (1903–1977), Gitarrist Jimi Hendrix (1942–1970), Unternehmer Bill Gates (geb. 1955), Politikkommentator Glen Beck (geb. 1964), Musikikone Kurt Cobain (1967–1994)

Heimat des Mt. St. Helens, von Microsoft, Starbucks, Nordstrom und dem Evergreen State College

Politische Ausrichtung Demokratischer Gouverneur, demokratische Senatoren; seit 1988 bei Wahlen demokratisch

Berühmt für Grunge, Kaffee, *Grey's Anatomy*, *Twilight*, Vulkane, Äpfel, Wein, Niederschlag

Staatsgemüse Süßzwiebeln aus Walla Walla

Entfernungen Seattle–Portland 280 km, Spokane–Port Angeles 587 km

---

Vancouver in British Columbia – das Ergebnis dürfte in etwa so aussehen wie Seattle. Es ist kaum zu glauben, dass die größte Metropole des Nordwestens bis in die 1980er-Jahre nur als „zweitklassige" US-Stadt galt. Seitdem hat sie die Mischung aus wagemutiger Innovationsfreude und unerschrockenem Individualismus zu einem der größten Trendsetter des Dotcom-Zeitalters gemacht, dessen Speerspitze aus dem unglaublichen Bündnis aus Café Latte schlürfenden Computerfreaks und selbstverliebten Musikern besteht. Sich ständig neu zu erfinden, ist die moderne Zauberformel dieser Stadt, in der der Grunge Eingang in die Geschichtsbücher gefunden hat und flotte, unabhängige Kaffeeröstereien mit dem Weltkonzern Starbucks um Marktanteile konkurrieren.

Das mancherorts überraschend elegante, andernorts hypertrendige Seattle ist bekannt für den starken Zusammenhalt in

DER NORDWESTEN WASHINGTON

den einzelnen Stadtvierteln, die erstklassige Universität, monströses Verkehrschaos und proaktive Bürgermeister, die sich als grüne Umweltpolitiker verdient machen. Auch wenn die Stadt in jüngster Zeit eine eigene Popkultur hervorgebracht hat, fehlt ihr noch der Mythos einer Metropole wie New York oder Paris. Immerhin hat es den „Berg". Das besser unter dem Namen Mt. Rainier bekannte, alles und alle vereinende Symbol Seattles ist ein 4392 m hohes Massiv aus Fels und Eis, das die Einwohner der Stadt permanent daran erinnert, dass die raue Wildnis und ein möglicherweise ausbrechender Vulkan direkt vor der Haustür liegen.

⊙ Sehenswertes

◉ Downtown
★ Pike Place Market  MARKT
(www.pikeplacemarket.org; zw. Virginia St & Union St & 1st Ave & Western Ave; ⊙ Mo–Sa 9–18, So bis 17 Uhr; ◉ Westlake) 🖋 Man nehme einen Haufen Kleinunternehmer und verteile sie beliebig auf einem räumlich begrenzten Streifen am Ufer inmitten einer Menge Künstler des alten Schlags, New-Wave-Gastronomen, Umweltschützer, frecher Studenten, Maler, Straßenmusikanten und Handwerker. Heraus kommt der Pike Place Market, eine bunte Kakophonie aus Lärm, Gerüchen, Persönlichkeiten, Geplänkel und städtischem Theater, die in Sachen Weltoffenheit fast London Konkurrenz macht. Der seit 1907 existierende Pike Place ist ganz Seattle in einem – ihn zu erkunden, ist eine wunderbar „lokale" Erfahrung. Man sieht die Stadt so, wie sie wirklich ist: allumfassend, vielseitig und absolut einzigartig.

Seattle Art Museum MUSEUM
(SAM; www.seattleartmuseum.org; 1300 1st Ave; Erw./Kind 17/11 US$; ⊙ Di, Mi, Sa & So 10–17, Do & Fr bis 21 Uhr; ◉ University St) Man kann es zwar nicht mit den berühmten Museen in New York und Chicago vergleichen, aber das Se-

ABSTECHER

PIONEER SQUARE

Der Pioneer Square ist der älteste Stadtteil Seattles, für europäische Verhältnisse ist er aber nicht wirklich alt. Die meisten Gebäude stammen aus der Zeit nach dem Brand von 1889, dem 25 Blocks und das Geschäftsviertel zum Opfer fielen. Die Backsteinhäuser wurden im sogenannten Richardson-Romanesque-Stil errichtet, einen von der Romanik inspirierten Architekturstil, der damals groß in Mode war. In den Anfangsjahren, als das Viertel dank des Wirtschaftsbooms florierte, wurde aus der Hauptstraße, dem Yesler Way, die erste *skid row* – in Anspielung auf die Holzstämme, die wie auf einer Rutsche zur Sägemühle von Henry Yesler gerollt wurden, die sich unten am Pier befand. Als es mit der Holzindustrie bergab ging, wurde die Straße zur Heimat der Obdachlosen. Seitdem steht der Ausdruck *skid row* für die heruntergekommene, von Armut geprägte Gegend einer Stadt.

Dem engagierten Einsatz der Öffentlichkeit ist es zu verdanken, dass das Viertel in den 1960er-Jahren nicht der Abrissbirne zum Opfer fiel und nun als Pioneer Square–Skid Road Historic District unter Denkmalschutz steht.

Heute ist der Stadtteil sowohl historisch als auch heruntergekommen, hat aber viele Kunstgalerien, Cafés und ein reges Nachtleben zu bieten. Das Wahrzeichen des alten Stadtkerns ist der 42-stöckige **Smith Tower** (Ecke 2nd Ave S & Yesler Way; Aussichtsplattform Erw./Kind 7,50/5 US$; ⊙ 10 Uhr–Sonnenuntergang), der 1914 errichtet wurde und bis 1931 das höchste Gebäude westlich des Mississippis war. Weitere Highlights sind die **Pergola** von 1909, ein schmucker, schmiedeeiserner Unterstand, der an den Eingang einer Pariser Metrostation erinnert, und der **Occidental Park** mit den vom Künstler Duane Pasco, einem Angehörigen des Chinook-Stammes, geschnitzten Totempfählen. **Klondike Gold Rush National Historical Park** (www.nps.gov/klse; 117 S Main St; ⊙ 9–17 Uhr; International District/Chinatown) ist ein gutes Museum, das vom National Park Service geführt wird. Es zeigt Gerätschaften, Fotos und Zeitungsausschnitte aus der Zeit des Goldrauschs am Klondike River. Seit 1897 dort das erste Gold gefunden wurde, deckten sich die Schürfer aus aller Welt im boomenden Seattle mit Vorräten ein, bevor sie ins Yukon Territory aufbrachen. Überall sonst würde so ein Museum 10 US$ Eintritt kosten, hier darf man gratis rein!

Seattle

500 m
0,25 Meilen

13th Ave E
12th Ave E

E Mercer St
E Republican St
E Harrison St
E Thomas St
E John St
E Denny Way
E Howell St
E Olive St
Cascina
Spinasse
(0,1 Meilen)

37

50
11th Ave
10th Ave
58
49
E Union St
E Madison

Broadway E
Capitol Hill
Nagle Pl
Lincoln Reservoir

38
Harvard Ave E
CAPITOL HILL
Harvard Ave
Pike/Pine
39
56

Boylston Ave E
Boylston Ave
Belmont Ave E
E Howell St
Belmont Ave
E Pine St
E Pike St
Union St
Boylston Ave

Summit Ave E
Summit Ave
Summit Ave

Bellevue Ave E
Bellevue Ave
Boren Ave

Melrose Ave E
Melrose Ave
32

E Olive Way
Terry Ave

Eastlake Ave E
9th Ave
8th Ave
Hubbell Pl

Yale Ave N
John St
Minor Ave
Yale Ave
Denny Way
45
7th Ave
6th Ave

Pontius Ave N
42
Seattle Visitor Center & Concierge Services

Minor Ave N
Boren Ave
Terry Ave
9th Ave
Olive Way
Westlake

Fairview Ave N
EASTLAKE
Terry & Mercer
Harrison St
Thomas St
Terry & Thomas
Westlake St
Virginia St
Stewart St
Greyhound
Westlake Hub
Westlake Center
55

Republican St
Mercer St
Westlake & Mercer
Terry Ave N
Westlake Ave N
Westlake & Thomas
Lenora St
Westlake & 9th
Westlake & 7th
South Lake Union Street Car
Pine St
Stewart St

9th Ave N
8th Ave N
John St
Denny Park
8th Ave
7th Ave
6th Ave
31
22
Virginia St

Dexter Ave N
DENNY TRIANGLE
34
46
Stewart St
26

Aurora Ave N
6th Ave
5th Ave
19

Mercer St
Fremont (2 Meilen);
Green Lake (3 Meilen);
Ballard (5 Meilen)
Quick Shuttle
Taylor Ave N
Broad St
Denny Way
3rd Ave
Bell St
47
2
43
16
33
23
17
Battery St

5th Ave N
4th Ave N
Seattle Memorial Stadium
5
Monorail
12
Seattle Center
3
8
Vine St
Wall St
Cedar St
Clay St
4th Ave
2nd Ave
28
15
1st Ave
Western Ave
Victoria Clipper
18
Pier 66 (Bell St Pier)
Pier 67
Elliott Ave
Alaskan Way
THE WATERFRONT
BELLTOWN
Blanchard St
Lenora St

McCaw Hall
48
52
51
Key Arena
SEATTLE CENTER
Seattle Center
2nd Ave N
Warren Ave N
Eagle St
Broad St
7
Pier 69

Lower Queen Anne (100 m)

Lake Union (0,3 Meilen);
U District (3,5 Meilen);
University of Washington (3,5 Meilen)

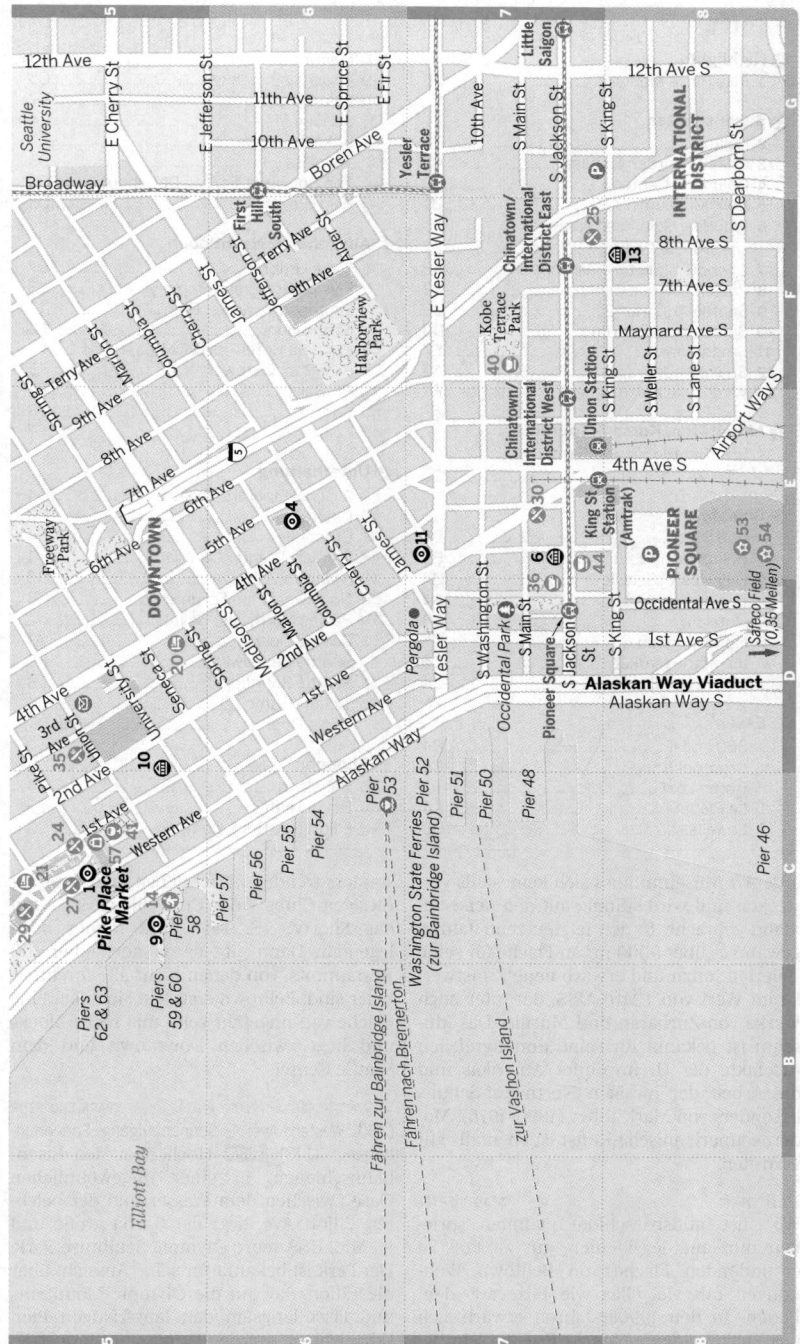

Seattle

◎ **Highlights**
1 Pike Place Market C5

◎ **Sehenswertes**
2 Belltown B4
3 Chihuly Garden & Glass A2
4 Columbia Center E6
5 EMP Museum B1
6 Klondike Gold Rush National
    Historical Park E7
7 Olympic Sculpture Park A3
8 Pacific Science Center A2
9 Seattle Aquarium C5
10 Seattle Art Museum D5
11 Smith Tower E7
12 Space Needle A2
13 Wing Luke Asian Museum F8

◎ **Aktivitäten, Kurse & Touren**
14 SBR Seattle Bicycle Rental &
    Tours C5

◎ **Schlafen**
15 Ace Hotel B3
16 Belltown Inn B3
17 City Hostel Seattle B3
18 Edgewater A4
19 Hotel Five C3
20 Hotel Monaco D5
21 Inn at the Market C5
22 Moore Hotel C4

◎ **Essen**
23 360 Local B4
24 Crumpet Shop C5
25 Green Leaf F7
26 Le Pichet C4
27 Lowells C5

28 Macrina B3
29 Piroshky Piroshky C5
30 Salumi E7
31 Serious Pie C4
32 Sitka & Spruce E3
33 Tavolàta B3
34 Top Pot Hand-Forged Doughnuts C3
35 Wild Ginger D5

◎ **Ausgehen & Nachtleben**
36 Caffè Umbria D7
37 Elysian Brewing Company G3
38 Espresso Vivace at Brix F1
39 Neighbours F3
40 Panama Hotel Tea & Coffee House ... F7
41 Pike Pub & Brewery C5
42 Re-Bar E3
43 Shorty's B3
44 Zeitgeist E7

◎ **Unterhaltung**
45 A Contemporary Theatre D4
46 Cinerama C3
47 Crocodile B4
48 Intiman Theater Company A1
49 Neumo's G3
50 Northwest Film Forum G3
51 Pacific Northwest Ballet A1
52 Seattle Opera A1
53 Seattle Seahawks E8
54 Seattle Sounders E8
55 TicketMaster D4
    Triple Door .... (siehe 35)

◎ **Shoppen**
56 Babeland F4
57 DeLaurenti's C5
58 Elliott Bay Book Company G3

attle Art Museum muss sich keinesfalls verstecken und wird ständig auf den neuesten Stand gebracht. In den letzten zehn Jahren gewann es über 9000 m² an Fläche für seine Galerien hinzu und erwarb neue Kunstwerke im Wert von 1 Mrd. US$, darunter auch Werke von Zurbarán und Murillo. Das Museum ist bekannt für seine umfangreichen Artefakte der Ureinwohner Amerikas und die Arbeit der hiesigen Northwest-Schule, besonders von Mark Tobey (1890–1976). Moderne amerikanische Kunst ist ebenfalls gut vertreten.

Belltown STADTVIERTEL
Wo einst Industrieschlote qualmten, sprießen nun auf der kleinen, gut zu Fuß zu erkundenden Fläche von Belltown Wohnungen mit viel Glas wie Pilze aus dem Boden. In den 1990er-Jahren erwarb sich das Viertel einen gewissen Ruf für sein be-

sonders trendiges Nachtleben, und zwei der hiesigen Clubs – das Crocodile (S. 215) und das Shorty's (S. 214) – sind immer noch legendär. Dann gibt es da noch über 100 Restaurants, von denen nicht alle furchtbar teuer sind. Belltown erstreckt sich über eine Fläche von ungefähr zehn mal sechs Blocks und liegt zwischen Downtown und dem Seattle Center.

Olympic Sculpture Park PARK, SKULPTUR
(2901 Western Ave; ☉ Sonnenaufgang–Sonnenuntergang; 🚌 13) GRATIS Hoch über den Eisenbahnschienen, in einer ungewöhnlichen Oase zwischen dem Wasser und der belebten Elliott Ave, liegt der 3,4 ha große und 85 Mio. US$ teure Olympic Sculpture Park. Der Park ist bekannt für seine Aussicht über die Elliott Bay auf die Olympic Mountains und lässt langsam den langfristigen Plan Wirklichkeit werden, eine alte Industrie-

brache mit belebender Kunst und viel Grün zu füllen.

International District

„International" bedeutet hier „asiatisch", denn die Geschäfte und Restaurants östlich des Pioneer Square sind überwiegend im Besitz von Chinesen, Vietnamesen und Philippinos.

Wing Luke Asian Museum   MUSEUM
(www.wingluke.org; 719 S King St; Erw./Kind 12,95/8,95 US$; ⊙ Di–So 10–17 Uhr; Chinatown/International District E) Das Museum, das sich seit der Renovierung 2008 am jetzigen Standort befindet, dokumentiert die Geschichte und Kultur der Einwanderer aus Asien und dem Pazifikraum. Dabei liegt der Schwerpunkt auf so heiklen Themen wie der Ansiedelung chinesischer Einwanderer in den 1880er-Jahren und der Internierung von japanischstämmigen Amerikanern im Zweiten Weltkrieg. Gezeigt werden auch Kunstwerke und die Originalwohnung einer Einwandererfamilie. Die angebotenen Führungen durch das Museum sind unbedingt zu empfehlen.

Seattle Center

Seit nunmehr 50 Jahren können die Überbleibsel der futuristischen Weltausstellung, die 1962 als „Ausstellung des 21. Jhs." (Century 21 Exposition) in Seattle stattfand, im Seattle Center bestaunt werden. Und was für Überbleibsel das sind! Die Ausstellung, die von 10 Mio. Menschen besucht wurde, war ein voller Erfolg – auch in finanzieller Hinsicht, was damals eher die Ausnahme war. Außerdem inspirierte sie Hollywood zu dem unter die Haut gehenden, sehr kitschigen Elvis-Film *Ob blond – ob braun* von 1963.

Space Needle   WAHRZEICHEN
(www.spaceneedle.com; 400 Broad St; Erw./Kind 19/12 US$; ⊙ So–Do 9.30–23, Fr & Sa 9–23.30, So 9–23 Uhr; M Seattle Center) Ob man aus Hamburg oder Timbuktu stammt – wohl jeder verbindet Seattle mit der Space Needle, einem windschnittigen, hypermodernen Turm, der für die World's Fair von 1962 errichtet wurde und der seit über 50 Jahren das Wahrzeichen der Stadt ist. Die Space Needle überragt die Stätte der World's Fair, die heute Seattle Center heißt, und zieht trotz der hohen Eintrittsgebühr jedes Jahr über 1 Mio. Besucher an, die auf die einer

HÖHER ALS DIE SPACE NEEDLE

Jeder macht einen großen Aufriss um die Space Needle, dabei ist sie weder der höchste noch der billigste von Seattles wundervollen Aussichtspunkten. Diese Ehre gebührt dem geschmeidigen **Columbia Center** (701 5th Ave; Erw./erm. 9/6 US$; ⊙ Mo–Fr 8.30–16.30 Uhr) mit getönten Scheiben, das 1985 erbaut wurde. Mit 284 m Höhe ist es das höchste Gebäude im Nordwesten der USA. Von der vornehmen Aussichtsplattform im 73. Stock hat man eine grandiose Aussicht über Fähren, Autos, Inseln, Dächer und – hihi, jawohl – die Space Needle!

DER NORDWESTEN SEATTLE

fliegenden Untertasse ähnelnden Aussichtsplattform hinauf wollen.

EMP Museum   MUSEUM
(www.empsfm.org; 325 5th Ave N; Erw./Kind 20/14 US$; ⊙ Juni–Mitte Sept. 10–19 Uhr, Mitte Sept.–Mai bis 17 Uhr; M Seattle Center) Dieser dramatische, supermoderne Bau, der die Geschichte des Rock'n'Roll nachzeichnet, wurde im Jahr 2000 als das Experience Music Project (EMP) eröffnet und erst kürzlich in das EMP-Museum verwandelt. Es wurde von Paul Allen, einem Mitgestalter von Microsoft, gegründet und ist von der Musik des in Seattle geborenen Kultgitarristen Jimi Hendrix inspiriert. Ursprünglich war es als Tribut für Hendrix allein gedacht, aber mittlerweile deckt die Sammlung auch andere einheimische Musiker ab.

Chihuly Garden & Glass   MUSEUM
(☎ 206-753-3527; www.chihulygardenandglass.com; 305 W Harrison St; Erw./Kind 19/12 US$; ⊙ So–Do 11–19, Fr & Sa bis 20 Uhr; M Seattle Center) Es geschieht nicht jedes Jahr, dass eine Stadt von der Größe Seattles ein so hochwertiges Museum zu seiner Liste der städtischen Attraktionen hinzufügen kann. Beim ersten Besuch dieser ausgezeichneten Ausstellung über das Leben und die Arbeit des tatkräftigen hier heimischen Glasbildhauers Dale Chihuly stockt einem beinahe der Atem. Das Museum verfestigt die Position der Metropole als das Venedig Nordamerika. Es wurde im Mai 2012 eröffnet und ist seitdem schnell zu einem Wahrzeichen der Stadt geworden, das sogar der Space Needle Konkurrenz macht.

Capitol Hill

Millionäre und Punk-Musiker – das wohlhabende, liberale, ganz und gar unkonventionelle Capitol Hill ist zu Recht bekannt für alternative Musik, experimentelles Theater, unabhängige Cafés und eine sehr lebendige Schwulen- und Lesbenszene. Hier kann man seinem Hund ein Kräuterbad spendieren, auf dem Broadway ethnisches Kunsthandwerk erstehen und sich im kunterbunten Pike-Pine Corridor unter junge Punks und alte Hippies mischen (oder auch nicht). Der Straßenzug zwischen Broadway und E John St ist das Epizentrum des Stadtteils, um das sich unzählige Restaurants, Brauhäuser, Boutiquen und schummrige, aber nicht schmuddelige Kneipen drängen.

Fremont

In Fremont mischen sich in einem ungewöhnlichen städtischen Bündnis junge Hipster unter alte Hippies. Die Gegend konkurriert mit Capitol Hill um den Titel als Seattles respektlosestes Viertel. Sie ist voller Ramschläden und städtischer Skulpturen und hat einen gesunden Sinn für die eigene Aberwitzigkeit.

Kunst im öffentlichen Raum SKULPTUREN

Kunst im öffentlichen Raum war in Fremont schon immer provokanter als anderswo. Ein gutes Beispiel dafür ist **Waiting for the Interurban** (Ecke N 34th St & Fremont Ave N), eine Figurengruppe aus Aluminiumguss, die auf einen Zug wartet. Der wird aber niemals kommen, denn der Betrieb der Interurban-Bahn, die einst zwischen Seattle und Everett verkehrte, wurde bereits in den 1930er-Jahren eingestellt. Seit 2001 fährt die Bahn zwar wieder, kommt hier aber nicht mehr vorbei. Das sehr menschliche Antlitz des Hundes trägt die Gesichtszüge von Armen Stepanian, dem ehemaligen Bürgermeister von Fremont, der es gewagt hatte, die Skulptur abzulehnen. Ebenso beeindruckend ist der **Fremont Troll** (Ecke N 36th St & Troll Ave), ein furchterregend dreinschauender, 5,5 m großer Riese, der in seiner linken Hand einen VW Käfer zerquetscht. Dagegen ist die **Fremont Rocket** (Ecke Evanston Ave & N 35th St) eine echte Rakete, die 1993 in Belltown vor dem Verschrotten bewahrt wurde und seitdem in einem Haus steckt. Na ja, interessant... Das am heftigsten umstrittene Kunstwerk in Fremont ist die **Lenin-Statue** (Ecke N 36th & St & Fremont Pl N), die nach der Wende 1989 in der Slowakei demontiert und hier wieder aufgestellt wurde. Selbst strikte Gegner des Kommunismus sind beeindruckt von diesem Kunstwerk – und der Unverfrorenheit, es aufzustellen.

Der U-District

Im U-dub, einem Viertel voller junger, lernbegieriger Auswärtiger, ist der wunderschöne, grüne Campus der University of Washington direkt neben der schäbigeren „Ave" platziert, einer ungewöhnlichen Straße mit billigen Boutiquen, Spelunken und urwüchsigen Restaurants.

University of Washington UNIVERSITÄT

(www.washington.edu; 🚇70) Die 1861 gegründete Universität von Seattle ist fast so alt wie die Stadt selbst und weltweit hoch angesehen (in dem repräsentativen Magazin *Times Higher Education* kam sie 2013 auf Platz 24 der besten Unis der Welt). Der heutige 2,8 km² große Campus liegt am Ufer des Lake Union etwa 3 Meilen (4,8 km) nordöstlich von Downtown. Er ist gesprenkelt mit stattlichen Bäumen und wunderschöner Architektur und bietet einen tollen Ausblick auf den Mt. Rainier umrahmt von Springbrunnen und Laubwerk.

Burke Museum MUSEUM

(www.burkemuseum.org; Ecke 17th Ave NE & NE 45th St; Erw./Kind 10/7,50 US$; ⊙10–17 Uhr; 🚇70) Von den beiden Museen der University of Washington ist das Burke das bessere. Die Hauptsammlung beinhaltet eine beeindruckende Menge Fossilien, darunter ein 20 000 Jahre alter Säbelzahntiger. Genauso fesselnd ist das Schwerpunktthema: 17 verschiedene Kulturen der Ureinwohner Amerikas.

Ballard

Ballard ist eine ehemalige Seefahrergemeinde mit spürbarem skandinavischem Erbe. Hier fühlt man sich immer noch wie in einer kleinen Stadt, die von einer größeren umschlossen wird. Das Viertel ist traditionell rau, nüchtern und unkommerziell, und obwohl hier langsam immer mehr moderne Wohnungen gebaut werden, ist es immer noch ein guter Ort, um ein handgebrautes Bier zu trinken oder sich eine Liveband anzusehen.

Hiram M. Chittenden Locks GÄRTEN

(3015 NW 54th St; ⊙Schleusen 24 Std., Treppe & Gärten 7–21 Uhr, Visitor Center Mai–Sept. 10–18 Uhr;

DISCOVERY PARK

Der **Discovery Park** (www.seattle.gov/parks/environment/discovery.htm; 🖳33) ist eine ehemalige Militäranlage, die in einen rauen Küstenpark umgewandelt wurde, der das Stadtbild noch nicht allzu lange prägt – offiziell wurde er 1973 eröffnet, und erst 2012 zog sich das amerikanische Militär daraus zurück. Der Park umfasst mit 2,2 km² die größte Grünfläche der Stadt und ist durchsetzt mit Klippen, Wiesen, Sanddünen, Wald und Stränden. Hier haben die Bewohner Seattles einen willkommenen Platz zum Atmen – und er ist Lebensraum für Flora und Fauna. Im **Discovery Park Environmental Learning Center** (📞206-386-4236; 3801 W Government Way; ⏱8.30–17 Uhr) in der Nähe des Government-Way-Eingangs gibt es Straßen- und Wegekarten des Parks. Der Park liegt 5 Meilen (8 km) nordwestlich von Downtown Seattle im Viertel Magnolia. Um hierher zu kommen, nimmt man Bus 33 ab der Haltestelle 3rd Ave & Union St in Downtown.

🖳62) An sonnigen Tagen schimmert Seattle rund um die Hiram M. Chittenden Locks wie ein impressionistisches Gemälde. Hier stürzt das Süßwasser des Lake Washington und des Lake Union, das durch den fast 13 km langen Lake Washington Ship Canal fließt, fast 7 m hinunter ins Salzwasser des Puget Sound. Auf der Südseite der Schleusen sieht man aus verglasten Unterwassertanks eine Fischtreppe. Die angrenzenden Carl English Jr. Botanical Gardens auf der Nordseite umfassen ein kleines Museum und ein Visitor Center, das die Geschichte der Schleusen dokumentiert.

🏃 Aktivitäten

Radfahren

Der 16,5 Meilen (30 km) lange **Burke-Gilman Trail** ist ein sehr beliebter Radweg, der von Ballard zum Log Boom Park in Kenmore in Seattles Eastside führt. Dort geht er in den 11 Meilen (20 km) langen **Sammamish River Trail** über, der am Weingut Chateau Ste Michelle in Woodinville vorbeiführt, bevor er am Marymoor Park in Redmond endet.

Auf dem beliebten Rundweg um den **Green Lake**, der gleich nördlich von Fremont und 5 Meilen (9 km) nördlich vom Stadtzentrum liegt, treten noch mehr Radler in die Pedalen. Der 2,5 Meilen (4,6 km) lange **Elliott Bay Trail** führt von Belltown am Wasser entlang nach Smith Cove.

Im Internet oder in Fahrradläden ist die *Seattle Bicycling Guide Map* erhältlich, die vom **Transportation Bicycle & Pedestrian Program** (www.cityofseattle.net/transportation/bikemaps.htm) der Stadt von Seattle herausgegeben wird.

Fahrradverleih und Touren bietet **Recycled Cycles** (www.recycledcycles.com; 1007 NE Boat St; Fahrradverleih pro 6/24 Std. 20/40 US$; ⏱Mo–Fr 10–20, Sa & So bis 18 Uhr; 🚻; 🖳66), ein netter Laden im U-District, der auch Anhänger und Fahrradausstattung für Kinder hat. Oder man geht zu **SBR Seattle Bicycle Rental & Tours** (📞800-349-0343; www.seattle-bicyclerentals.com; Pier 58; Fahrradverleih pro Std./Tag 10/40 US$; ⏱Mi–Mo 11–19 Uhr; 🚉University St), wo es gute Preise und Tagestouren gibt (online buchen!).

Wassersport

Seattle hat nicht nur ein dichtes Radwegenetz – das an Venedig erinnernde Zentrum ist von einer Vielzahl Wasserwege durchzogen, auf denen man prima paddeln kann. So verbindet der **Lakes to Locks Water Trail** den Lake Sammamish nicht nur mit dem Lake Washington und dem Lake Union, sondern auch über die Hiram-M.-Chittenden-Schleuse mit dem Puget Sound. Landkarten und Infos zu den Einstiegsstellen gibt's auf der Website der **Washington Water Trails Association** (www.wwta.org).

Northwest Outdoor Center Inc (www.nwoc.com; 2100 Westlake Ave N; Kajak 14–22 US$/Std.) Der Veranstalter am Lake Union verleiht nicht nur Kajaks, sondern bietet auch Touren und Kurse im Meer- und Wildwasserkajakfahren an.

👉 Geführte Touren

Seattle Free Walking Tours STADTSPAZIERGANG (www.seattlefreewalkingtours.org) Dieses gemeinnützige Unternehmen wurde 2012 von Weltenbummlern und Einwohnern Seattles gegründet. Die persönlichen zweistündigen Touren beginnen täglich um 11 Uhr an der Ecke Western Ave und Virginia St. Wem es gefallen hat (sehr wahrscheinlich), der wird um eine Spende von 15 US$ gebeten.

Seattle by Foot STADTSPAZIERGANG (📞206-508-7017; www.seattlebyfoot.com; geführte Touren 20–25 US$) Dieses Unternehmen organisiert Führungen wie den quasi unum-

SEATTLE MIT KINDERN

Mit Kindern sollte man schnurstracks – und vorzugsweise mit der Monorail – zum Seattle Center fahren. Hier lassen Imbissstände, Straßenkünstler, Springbrunnen und Grünflächen den Tag im Nu vergehen. Ein absolutes Muss ist das **Pacific Science Center** (www.pacsci.org; 200 2nd Ave N; Erw./Kind nur Ausstellungen 18/13 US$, inkl. IMAX 22/17 US$; ⊙ Mo–Fr 10–17, Sa & So bis 18 Uhr; Ⓜ Seattle Center), das mit virtuellen realitätsnahen Ausstellungen, Lasershows, Hologrammen, einem IMAX-Kino und einem Planetarium nicht nur unterhält, sondern auch bildet. Auch für Erwachsene sehr interessant!

In Downtown am Pier 59 befindet sich das **Seattle Aquarium** (www.seattleaquarium.org; 1483 Alaskan Way, Pier 59; Erw./Kind 19/12 US$; ⊙ 9.30–17 Uhr; 🚻; 🚇 University St), eine coole Möglichkeit, mehr über die Natur des Nordwestens zu erfahren. Noch besser ist der **Woodland Park Zoo** (☎ 206-684-4800; www.zoo.org; 5500 Phinney Ave N; Erw./Kind Okt.–April 12,50/8,75 US$, Mai–Sept. 18,75/11,75 US$; ⊙ Okt.–April 9.30–16 Uhr, Mai–Sept. bis 18 Uhr; 🚻; 🚌 5) im Viertel Green Lake, eine der größten Touristenattraktionen Seattles. Der Zoo schafft es immer wieder unter die zehn besten des Landes.

gänglichen Coffee Crawl, bei dem einem das Koffein förmlich aufgedrängt wird, während man die Nuancen der Latte-Kunst erklärt bekommt und in die Geheimnisse des Aufstiegs von Starbucks eingeweiht wird. Die Führung kostet 25 US$ inklusive Kostproben. Anmeldung ist von Donnerstag bis Sonntag um 9.50 Uhr vor dem Seattle Art Museum.

Savor Seattle FEINSCHMECKERTOUR
(☎ 206-209-5485; www.savorseattletours.com; geführte Touren 59,99 US$) Dieser Anbieter organisiert eine Handvoll gastronomischer Touren, von denen die beste die zweistündige Booze-n-Bites-Tour ist, die täglich um 16 Uhr an der Ecke Western Ave & Virginia St beginnt.

✫✫ Feste & Events

Seattle International Film Festival FILM
(SIFF; www.siff.net; Tickets 13–30 US$; ⊙ Mitte Mai) Das größte Filmfestival der Stadt nimmt ein halbes Dutzend Kinos in Beschlag und verfügt zusätzlich über ein eigenes, extra hierfür reserviertes Kino in der McCaw Hall's Nesholm Family Lecture Hall.

Seafair WASSER
(www.seafair.com; ⊙ Juli/Aug.) Zu diesem Festival auf dem Wasser kommen jede Menge Menschen. Mit dabei sind Gleitbootrennen, ein Fackelumzug, eine Luft-Show, Musik und ein Jahrmarkt.

Bumbershoot MUSIK, LITERATUR
(www.bumbershoot.com; ⊙ Sept.) Ein großes Kunst- und Kulturereignis im Seattle Center am Labor Day-Wochenende im September. Es gibt Livemusik, Autorenlesungen und jede Menge unbeschreiblichen Spaß.

🛏 Schlafen

Von Mitte November bis Ende März bieten die meisten Hotels im Stadtzentrum sogenannte Seattle Super Saver Packages – normalerweise Rabatte von 50 % plus Gutscheine für Lokale, Läden und Attraktionen. Reservieren kann man online unter www.seattlesupersaver.com.

★ Moore Hotel HOTEL $
(☎ 206-448-4851; www.moorehotel.com; 1926 2nd Ave; EZ/DZ mit Gemeinschaftsbad 68/80 US$, mit eigenem Bad 85/97 US$; 🛜; 🚇 Westlake) Das Moore ist zwar altertümlich – und angeblich spukt es hier –, aber nichtsdestotrotz hat es freundliches Personal an der Rezeption und eine erstklassige Lage. Wen das nicht überzeugt, der sollte sich die Preise anschauen. Auf dem Anwesen befinden sich auch ein nettes, kleines Café und die alternative Nitelite Lounge nebenan. Von hier aus ist es nur ein Katzensprung zum Pike Place Market.

City Hostel Seattle HOSTEL $
(☎ 206-706-3255; www.hostelseattle.com; 2327 2nd Ave; 6BZ/4BZ 28/32 US$, DZ 73 US$, alle inkl. Frühstück; 🖥🛜; 🚇 Rapid Ride D-Line) 🍃 Mitten in Belltown für fast nichts in einer Kunstgalerie übernachten – das wird in diesem neuen „Kunsthostel" zur Realität. Da kommen einem die Hostels zu Mamas und Papas Zeiten vergleichsweise spartanisch vor. Abgesehen von kunstvollen Schlafsälen gibt es hier einen Gemeinschaftsraum, einen Whirlpool, ein hauseigenes Kino (mit kostenlosen DVDs) und *All you can eat*-Frühstück.

★ Hotel Five BOUTIQUEHOTEL $$
(☎ 206-441-9785; www.hotelfiveseattle.com; 2200 5th Ave; Zi. ab 165 US$; 🅿❄🛜; 🚇 13) Diese

wundervolle Reinkarnation des alten Ramada Inn in der Fifth Ave in Belltown verbindet Möbel aus den 1970er-Jahren mit leuchtenden Farbakzenten und fabriziert so etwas unwerfend Modernes. Zudem ist es sehr zweckmäßig. Die superbequemen Betten könnten zur Behandlung gegen Schlaflosigkeit eingesetzt werden, und der große Rezeptionsbereich lädt zum Verweilen ein, besonders wenn am Spätnachmittag Cupcakes und Kaffee gratis angeboten werden.

★ Maxwell Hotel BOUTIQUEHOTEL $$
(206-286-0629; www.themaxwellhotel.com; 300 Roy St; Zi. ab 179 US$; P ✻ @ ⚡ ☀; 🚈 Rapid Ride D-Line) Ein traumhaftes Boutiquehotel im Viertel Lower Queen Anne: Die riesige Designer-Lobby des Maxwell allein reicht schon aus, um jedem die Kreditkarte aus der Tasche zu ziehen. Online gibt es oft Angebote.

Ace Hotel HOTEL $$
(206-448-4721; www.acehotel.com; 2423 1st Ave; Zi. mit Gemeinschaftsbad/eigenem Bad 109/199 US$; P ⚡; 🚈13) Das Ace eifert seinem hippen Cousin in Portland nach. Es verfügt über minimalistische, futuristische Einrichtung (alles ist weiß oder aus Edelstahl, sogar der TV), französische Armeedecken, Kondome statt Süßigkeiten auf dem Kopfkissen und eine Ausgabe des *Kamasutra* anstelle der Bibel. Parken kostet 15 US$.

Belltown Inn HOTEL $$
(206-529-3700; www.belltown-inn.com; 2301 3rd Ave; EZ/DZ 159/164 US$; P ✻ @ ⚡; 🚈 Rapid Ride D-Line) Das kann fast nicht wahr sein! Das Belltown Inn ist so ein Schnäppchen in einer dermaßen erstklassigen Lage, dass man glauben könnte, es wurde aus Versehen aus einer kleineren, preislich viel günstigeren Stadt hierher versetzt. Aber nein: saubere, zweckmäßige Zimmer, praktische Küchenzeilen, eine Dachterrasse, kostenlose Fahrräder und – sehr wichtig! – Regenschirme zum Ausleihen kosten hier nicht mehr als ein schickes Abendessen.

Mediterranean Inn HOTEL $$
(206-428-4700; www.mediterranean-inn.com; 425 Queen Anne Ave N; Zi. ab 159 US$; P ✻ @; 🚈 Rapid Ride D-Line) Irgendetwas verleiht dem erstaunlich „unmediterranen" Mediterranean Inn das gewisse Etwas. Nur was? Die Nähe zu Belltown, das reundliche Personal, die Küchenzeile in jedem Zimmer, der kleine Fitnessraum im Untergeschoss oder die fast schon sterile Sauberkeit der Zimmer? Egal – man sollte es einfach nur genießen!

★ Edgewater HOTEL $$$
(206-728-7000; www.edgewaterhotel.com; Pier 67, 2411 Alaskan Way; Zi. 420–750; P ✻ @ ⚡; 🚈13) Das Edgewater ist berühmt und berüchtigt zugleich. Das Hotel über dem Wasser auf einem Pier war einst die erste Wahl für jede wichtige Rockband, darunter die Beatles, die Rolling Stones und Led Zeppelin, die den Werbeslogan „Hier können sie aus dem Zimmerfenster angeln" zu ernst nahmen und sich Haie in ihre Suite holten.

Hotel Monaco BOUTIQUEHOTEL $$$
(206-621-1770; www.monaco-seattle.com; 1101 4th Ave; DZ/Suite 339/399 US$; P @ ⚡; 🚈 University St) ✒ Das wunderliche Downtown-Hotel Monaco mit einem Hauch europäischer Eleganz ist alle seine vier glänzenden Sterne wert. Hier wohnen Gäste zwischen gestreiften Tapeten und schweren Vorhängen.

Inn at the Market BOUTIQUEHOTEL $$$
(206-443-3600; www.innatthemarket.com; 86 Pine St; Zi. mit/ohne Blick aufs Wasser 370/255 US$; P ✻ ⚡; 🚈 Westlake) Das elegante Boutiquehotel ist die einzige Unterkunft am ehrwürdigen Pike Place Market. Es hat 70 große Zimmer, viele davon mit einem tollen Blick auf das Marktgeschehen und den Puget Sound. Ein Parkplatz kostet 20 US$.

✕ Essen

Am besten und preiswertesten isst man auf dem Pike Place Market. Selbstversorger finden dort die frischesten Zutaten, leckere Backwaren und Feinkost aller Art sowie Essen aus aller Welt zum Mitnehmen.

★ Top Pot Hand-Forged Doughnuts CAFÉ $
(www.toppotdoughnuts.com; 2124 5th Ave; Donuts ab 1,50 US$; ⊙6–19 Uhr; 🚈13) Das Top Pot verhält sich zu Donuts wie Champagner zu Wein: Das ist einfach eine andere Klasse. Und die Cafés – vor allem dieses hier in einem alten Ausstellungsraum für Autos mit deckenhohen Bücherregalen und Art-déco-Beschilderung – sind alle legendär. Der Kaffee ist auch ziemlich stark.

★ Piroshky Piroshky BÄCKEREI $
(www.piroshkybakery.com; 1908 Pike Pl; Snacks 2–7 US$; ⊙Okt.–April 8–18.30 Uhr, Mai–Sept. ab 7.30 Uhr; 🚈 Westlake) Dies ist der Beweis, dass nicht alle total beliebten Läden vom Pike Place die Welt erobern (à la Starbucks). Das Piroshky serviert seinen köstlichen Mix aus süßen und herzhaften russischen Kuchen

und Gebäck immer noch in einem Laden, in dem man sich kaum umdrehen kann. Einfach ins Getümmel stürzen und was zum Mitnehmen bestellen!

★ Salumi
SANDWICHES $

(www.salumicuredmeats.com; 309 3rd Ave S; Sandwiches 7–10 US$; ⊙ Di–Fr 11–16 Uhr; ▣ International District/Chinatown) Die Schlange vor dem Salumi gehört hier schon seit Langem zum Straßenbild. Dieser Laden hat mittlerweile schon seine eigene Gemeinde aus Chat-Besuchern, Food-Bloggern, Twitter-Nutzern und Liebhabern von Gourmet-Sandwiches, die alle ihre Einträge vergleichen. Wahrscheinlich trägt dazu auch die Tatsache bei, dass das Salumi dem Vater des berühmten Kochs Mario Batali gehört.

★ Pie
PIES $

(☏206-436-8590; www.sweetandsavorypie.com; 3515 Fremont Ave N; Pies 5,95 US$; ⊙ Mo–Do 9–21, Fr & Sa bis 14, So 10–18 Uhr; ▣ 26) ✈ Einfacher als im Pie geht es nicht: Man backe jeden Tag frische Pies, fülle sie mit Hausgemachtem (süß und herzhaft) und serviere sie in einem coolen, farbenfrohen Café in Fremont. Die Pies sind ideal als kleines Mittagessen – oder man kauft sich noch einen süßen als Nachspeise hinterher.

★ Green Leaf
VIETNAMESISCH $

(☏206-340-1388; www.greenleaftaste.com; 418 8th Ave S; Pho 7,95 US$, Angebote 11,95 US$; ⊙ 11–22 Uhr; ▣ Chinatown/International District E) So eng wie ein Zugwaggon und so überfüllt wie ein Pub voller Fans der Seattle Sounders: Im Green Leaf kommt das Essen blitzschnell aus der winzigen Küche auf die schwarz schimmernden Tische. Die Gäste schreien sich hier über den riesigen Schüsseln mit traditioneller oder vegetarischer Pho (Nudelsuppe) oder einer atemberaubenden Version von *bahn xeo* – einer Art Mischung aus Pfannkuchen und Omelette – regelrecht an.

Crumpet Shop
TEEKUCHEN $

(1503 1st Ave; Teekuchen 3–6 US$; ⊙ 7–17 Uhr; ▣ Westlake) Man nehme eine begehrte britische Erfindung (den Teekuchen) und gebe ihr einen gewissen amerikanischen Touch (viel zu verschwenderische Garnierung): Heraus kommt ein weiterer Grund, sein Frühstück oder Mittagessen im Pike Place Market einzunehmen.

Macrina
BÄCKEREI $

(☏206-448-4032; 2408 1st Ave; Gebäck 2–3,75 US$; ⊙ 7–19 Uhr; ▣ 13) Die Schlange vor dieser Bäckerei hat ihren Grund: verdammt gutes selbst gemachtes Brot (man kann durch ein Fenster den Profis beim Teigrollen zuschauen). Im Macrina gibt es zwei Möglichkeiten und zwei Schlangen. Eine ist die fantastische Theke mit Leckerbissen zum Mitnehmen (vielleicht die beste in Seattle), die andere das Café mit den Sandwiches, die so gut sind, als kämen sie aus Paris, mit Suppen und anderen Snacks. Einfach unter die anderen Fans mischen!

Lowells
DINER $

(www.eatatlowells.com; 1519 Pike Pl; Hauptgerichte 6–9 US$; ⊙ 7–18 Uhr; ▣ Westlake) Fish & Chips ist ein einfaches und oft schlecht zubereitetes Essen. Hier nicht. Vorn am Eingang bestellt man eine Portion mit Alaska-Kabeljau, geht dann einen Stock höher und genießt den Fisch bei herrlichem Blick auf den Puget Sound. Außerdem gibt's gehacktes Cornedbeef und einen ausgezeichneten Venusmuschel-Eintopf.

★ Serious Pie
PIZZA $$

(www.tomdouglas.com; 316 Virginia St; Pizza 16–18 US$; ⊙ 11–23 Uhr; ▣ Westlake) Es ist ein kühner Versuch, eine bodenständige italienische Pizza mit Feinschmecker-Touch zu pimpen, aber das einheimische, kulinarische Phänomen Tom Douglas zieht das mit lockerer Gelassenheit durch. Im beengten Raum des Serious Pie können die Gäste wunderbar fluffige Pizzaböden mit so unkonventionellen Belägen wie Muscheln, Grünkohl, Kartoffeln, Äpfeln, Pistazien etc. genießen. Das schmeckt wirklich gut!

★ Wild Ginger
ASIATISCH $$

(www.wildginger.net; 1401 3rd Ave; Hauptgerichte 15–28 US$; ⊙ Mo–Sa 11–15 & 17–23, So 16–21 Uhr; ▣ University St) In diesem sehr beliebten Fusion-Restaurant in Downtown gibt es vor allem Speisen aus der Pacific-Rim-Region: aus China, Indonesien, Malaysia, Vietnam und – natürlich – Seattle. Die typische lecker duftende Ente spült man am besten mit einem Glas Riesling runter. Das Restaurant versorgt auch den schicken Club **Triple Door** (☏206-838-4333; www.thetripledoor.net; 216 Union St; ▣ University St) im Untergeschoss mit Essbarem.

★ Toulouse Petit
CAJUN $$

(☏206-432-9069; 601 Queen Anne Ave N; Hauptgerichte 13–17 US$; ⊙ 8–2 Uhr; ▣ 13) Das Toulouse Petit ist ein Phänomen in Seattle. Wegen seiner großzügigen Happy Hours, den günstigen Brunches und der ausgelassenen

Atmosphäre ist es überaus beliebt und immer voll und laut. Irgendwo hinter dieser Kakophonie versteckt sich sehr spezielles Essen, das dem des Big Easy (New Orleans) große Konkurrenz macht.

360 Local
NORDWEST-KÜCHE **$$**

(☎206-441-9360; www.local360.org; Ecke 1st Ave & Bell St; Hauptgerichte 16–26 US$; ☺Mo–Fr 11 Uhr-open end, Sa & So 8 Uhr–open end; ◻13) 🍴 Dieses neue Restaurant bezieht 90 % seiner Zutaten aus einem Radius von 360 Meilen (580 km) und hält sich damit streng an seine ambitionierten Ökogrundsätze. Auf der Tageskarte sind die Farmen angegeben, von denen das Fleisch kommt, und die hölzerne Inneneinrichtung verleiht dem Lokal den Look einer rustikalen Scheune. Bei so einem ertragreichen Umfeld muss das Essen etwas Besonderes sein! Das Kaninchen, die Austern und den Kichererbsenkuchen probieren!

Le Pichet
FRANZÖSISCH **$$**

(www.lepichetseattle.com; 1933 1st Ave; Mittagessen/Hauptgerichte 9/18 US$; ☺8–24 Uhr; ◻Westlake) *Bienvenue* im Le Pichet in der Nähe des Pike Place Market, einem sehr französischen Bistro, in dem man Pasteten, Käse, Wein und Schokolade in edlem Pariser Flair genießen kann. Eine günstige Möglichkeit, sein Date zu beeindrucken!

★ Cascina Spinasse
ITALIENISCH **$$$**

(☎206-251-7673; www.spinasse.com; 1531 14th Ave; 2-Gänge-Menü 40 US$; ☺So–Do 17–22, Fr & Sa bis 23 Uhr; ◻11) Hinter den eher betulichen Spitzenvorhängen verbirgt sich das wahrscheinlich beste neue Restaurant Seattles. Das Spinasse hat sich auf die Küche der Piedmont-Region im Norden Italiens spezialisiert. Das heißt: köstlich zubereitete Ravioli, buttrige Risottos (mit Brennnesseln verfeinert – oho!), Fleischbällchen vom Kaninchen und geröstete Artischocken.

★ Sitka & Spruce
NORDWEST-KÜCHE **$$$**

(☎206-324-0662; www.sitkaandspruce.com; 1531 Melrose Ave E; kleine Teller 8–24 US$; ☺11.30–14 & 17.30–22 Uhr; ◻10) Das nette Lokal ist nach Capitol Hill umgezogen und serviert dort kleine Gerichte. Es löst wegen seiner lockeren Atmosphäre, der ständig wechselnden Speisekarte, einer guten Weinauswahl und des engagierten Besitzers und Kochs (er bringt das Brot selbst an den Tisch) große Begeisterung aus. Alle Zutaten kommen von regionalen Erzeugern, und die Idee ist es, dass sich die Gäste aus verschiedenen kleinen Tellern ein Gericht zusammenstellen.

Tavolàta
ITALIENISCH **$$$**

(☎206-838-8008; 2323 2nd Ave; Gerichte 40–75 US$; ☺17–23 Uhr; ◻13) An einem riesigen Gemeinschaftstisch zu essen war etwas, dass man früher nur widerstrebend in Jugendherbergen gemacht hat. Aber seit Neuestem ist das wieder richtig hip und wird in coolen Restaurants in Belltown regelmäßig praktiziert. So auch im Tavolàta, das dem aus Seattle stammenden Spitzenkoch Ethan Stowell gehört. Die Einrichtung passt ins industrielle Belltown, aber die Speisekarte erinnert eher an eine italienische Trattoria (selbst gemachte Pasta) mit einigen Einflüssen aus dem Nordwesten (Brennnesseln).

🍷 Ausgehen & Nachtleben

Wenn es um Kaffeekultur geht, ist Starbucks nur die Spitze des Eisbergs. In der Stadt gibt es noch jede Menge kleinere unabhängige Ketten, von denen viele ihre eigene Rösterei haben. Ausschau nach Uptown Espresso, Caffe Ladro und Espresso Vivace halten!

Auf dem Capitol Hill gibt es Cocktailbars, Tanzclubs und Livemusik. An der Hauptstraße in Ballard reihen sich alte und neue Backsteintavernen aneinander, in denen tagsüber eine ältere, trinkfeste Klientel und abends Indie-Rocker hocken. Belltown hat sich von schmuddelig zu schäbig-schick hochgearbeitet und bietet den Vorteil, dass sich hier viele Kneipen aneinanderreihen.

Zeitgeist
CAFÉ

(www.zeitgeistcoffee.com; 171 S Jackson St; ☺Mo–Fr 6–19, Sa & So ab 8 Uhr; 🅰; ◻Pioneer Sq) Einfach zuhören und sich vom beruhigenden Brummen der Konversation einlullen lassen: In den offenen Backsteinräumen des Zeitgeist reden die Leute tatsächlich miteinander – und sind nicht nur auf ihre Laptops fixiert. Mithilfe des die Zunge lockernden Koffeins kann man sich zu ihnen gesellen und über die herrlich glatte Oberfläche seines *doppio macchiato* oder die süße Intensität des Mandelcroissants diskutieren.

★ Pike Pub & Brewery
BRAUEREI

(www.pikebrewing.com; 1415 1st Ave; ☺11–24 Uhr; ◻University St) Diese Brauereikneipe führte die Revolution der Kleinbrauereien an und eröffnete schon 1989 unterhalb des Pike Place Market. Auch heute noch werden hier raffinierte Kneipenkost und hopfiges Bier auf mehreren neo-industriellen Ebenen serviert: das Paradies für jeden Biertrinker. Die Brauerei veranstaltet jeden Tag um 14 Uhr kostenlose Führungen.

★ Espresso Vivace at Brix   CAFÉ

(www.espressovivace.com; 532 Broadway E; ⊘6–23 Uhr; ▦60) Das Vivace wird sowohl für seinen nüchternen Verkaufsstand am Broadway als auch für dieses neuere Café (ein großer Retro-Raum mit einer wunderbar stromlinienförmigen modernen Theke) verehrt und ist dafür bekannt, sozusagen die Picassos der Latte-Kunst herzustellen. Aber hier gibt es nicht nur hübschen Milchschaum. Für viele Kaffeeexperten Seattles sind die Espressi die besten in der Stadt.

★ Fremont Brewing   BRAUEREI

(www.fremontbrewing.com; 3409 Woodland Park Ave N; ⊘Mo–Mi 11–19, Do–Sa bis 20, So bis 18 Uhr; ▦26) Diese 2008 eröffnete Brauerei ist keine normale Bar (immerhin sind wir hier in Fremont!). Sie hat nämlich einen sogenannten städtischen Biergarten! Das heißt, die Leute sitzen in der Brauerei an ein paar langen Biertischen zusammen und genießen verschiedene Biere, die als einige der besten der Stadt bejubelt werden.

★ Shorty's   BAR

(www.shortydog.com; 2222 2nd Ave; ⊘12–2 Uhr; ▦13) Im Shorty's dreht sich alles um Bier, Flippern und Musik – meistens Punk und Metal. Dieses Überbleibsel aus Belltowns schäbigeren Tagen wehrt sich dagegen, ein Anachronismus zu werden und hält das Licht schummrig (um den Schmutz zu verstecken?) und die Musik laut. In jeden Tisch ist ein Flipperautomat eingebaut, und es gibt ein paar sehr einfache Snacks (Hot Dogs, Nachos), die das Bier aufsaugen.

★ Noble Fir   BAR

(☎206-420-7425; www.thenoblefir.com; 5316 Ballard Ave NW; ⊘Mo–Mi 16–23, Do–Sa bis 1, So 12–23 Uhr; ▦17) Das Noble Fir ist wahrscheinlich die erste Bar, die sich thematisch ganz und gar dem Wandern in der Wildnis verschrieben hat. Sie ist neu in Ballard und ein helles, schickes Plätzchen mit einer Wahnsinnsbierkarte, die einen schnell die eigentlich geplanten Ausflüge im Freien vergessen lässt. Wenn der Tatendrang zu schwinden droht, sollte man sich schnell in die hintere Ecke verziehen, wo es eine kleine Bücherei mit Outdoor-Führern und Karten gibt, die einen frisch inspirieren.

Elysian Brewing Company   BRAUEREI

(www.elysianbrewing.com; 1221 E Pike St; ⊘11.30–2 Uhr; ▦Pike-Pine) Durch die riesigen Fenster des Elysian kann man wunderbar Leute beobachten – oder beobachtet werden. Es ist eine der besten Brauereikneipen Seattles und vor allem wegen seiner würzigen Kürbisbiere beliebt. Die Besitzer betreiben auch das Tangletown Pub nahe dem Green Lake.

Panama Hotel Tea & Coffee House   CAFÉ

(607 S Main St; ⊘Mo–Sa 8–19, So ab 9 Uhr; ▦Chinatown/International District W) Das Panama, ein historisches Gebäude aus dem Jahr 1910, beherbergt das einzige verbliebene japanische Bad in Amerika und dient gleichzeitig als Gedenkstätte für die japanischen Bewohner der Nachbarschaft, die während des Zweiten Weltkriegs ins Internierungslager geschickt wurden. Das wunderbar entspannte Café hat eine große Teeauswahl und ist einer der wenigen Orte in Seattle, wo italienischer Lavazza-Kaffee verkauft wird.

Caffè Umbria   CAFÉ

(www.caffeumbria.com; 320 Occidental Ave S; ⊘Mo–Fr 6–18, Sa ab 7, So 8–17 Uhr; ▦Pioneer Sq) Das Umbria verströmt mit seinen großen Cappuccinos, der redseligen Klientel, hübschen, italienischen Fliesen und Baguettes, die so frisch sind, dass sie direkt aus Mailand hergebeamt worden sein müssen, ein europäisches Flair. Perfekt für Italien-Liebhaber und Starbucks-Hasser!

Blue Moon   BAR

(712 NE 45th St; ⊘14 Uhr–open end; ▦66) Das Blue Moon ist eine legendäre Gegenkultur-Bar nahe der Uni, die erstmals 1934 öffnete, um die Aufhebung der Prohibitionsgesetze zu feiern. Die Bar hält viel auf ihre literarischen Gäste: Dylan Thomas, Allen Ginsberg und Tom Robbins werden hier oft erwähnt.

Re-Bar   SCHWULENBAR

(www.rebarseattle.com; 1114 Howell St; ▦70) Dieser sagenumwobene Club, in dem schon viele wichtige Kultur-Events Seattles stattfanden (z.B. Album-Releases von Nirvana), heißt Schwule, Heteros, Bisexuelle und unentschlossene Nachtschwärmer gleichermaßen auf seiner belebten Tanzfläche willkommen. Er befindet sich im Denny Triangle.

Neighbours   SCHWULENBAR

(www.neighboursnightclub.com; 1509 Broadway Ave E; ▦Pike-Pine) In diese immer volle Tanzfabrik der Schwulenszene strömen auch glamouröse Hetero-Mädels.

☆ Unterhaltung

Im *Stranger,* in der *Seattle Weekly* und in den Tageszeitungen finden sich Veranstaltungstipps. Tickets für große Events gibt es bei **TicketMaster** (www.ticketmaster.com). Die Karten können in Filialen der Fred-Meyer-Elektronikläden abgeholt werden. Die Adressen stehen auf der Website.

Livemusik

★ **Crocodile**   LIVEMUSIK

(www.thecrocodile.com; 2200 2nd Ave; 🚇13) Das Crocodile ist fast alt genug, um als Institution von Seattle bezeichnet zu werden. Diese lärmige Musikhalle mit Platz für 560 Leute eröffnete 1991 – gerade rechtzeitig, um die Grunge-Welle mitzunehmen. Seitdem hat hier schon jeder Musiker aus der Alternative-Szene Seattles gespielt, der etwas auf sich hält – 1992 traten hier z. B. Nirvana unangekündigt als Vorband von Mudhoney auf.

Neumo's   LIVEMUSIK

(www.neumos.com; 925 E Pike St; 🚌Pike-Pine) Das Neumo's (früher mal bekannt als Moe's), in dem Punk, Hip-Hop und Alternative-Musik gespielt wird, kann Radiohead und Bill Clinton (nicht zusammen) zu seinen ehemaligen Gästen zählen und tritt somit in die großen Fußstapfen seines ursprünglichen Namenspatrons. Ja, hier kann es heiß werden. Und ja, mitten im Konzert ist es ein langer Weg zu den Toiletten – aber hey, that's Rock'n'Roll.

Tractor Tavern   LIVEMUSIK

(☎206-789-3599; www.tractortavern.com; 5213 Ballard Ave NW; 🚇17) Die elegante Tractor Tavern in Ballard ist die erste Adresse für Folk- und akustische Musik. Hier spielen auch einheimische Songwriter und regionale Bands wie Richmond Fontaine sowie tourende Musiker wie John Doe und Wayne Hancock. Die Halle ist traumhaft und der Sound normalerweise in Top-Qualität.

Kino

Northwest Film Forum   KINO

(www.nwfilmforum.org; 1515 12th Ave; 🚌Pike-Pine) Eine Filmkunstorganisation, in deren Kino (mit zwei Sälen) ein super Programm gezeigt wird: von erneuerten Klassikern bis hin zu topaktuellen Independent- und internationalen Filmen. Das Kino liegt natürlich in Capitol Hill!

Cinerama   KINO

(www.cinerama.com; 2100 4th Ave; 🚇13) Das Cinerama ist vielleicht das beliebteste Kino in Seattle und eines von nur noch drei existierenden seiner Sorte auf der ganzen Welt (mit einer riesigen gewölbten Three-Panel-Leinwand). Regelmäßige Renovierungen – die letzte 2010 – halten das Kino modern. Hier wird eine gute Mischung aus neuen Filmen und Klassikern auf 70mm-Rollen gezeigt.

Theater

★ **A Contemporary Theatre**   THEATER

(ACT; www.acttheatre.org; 700 Union St; 🚇University St) Das ACT ist eine von drei großen Kompanien in der Stadt. Die 30 Mio. US$ teuren Räumlichkeiten am Kreielsheimer Place werden für Vorführungen mit Seattles besten Schauspielern und gelegentlich für Shows von weltbekannten Theatergrößen genutzt. Die Sitzplätze verteilen sich terrassenförmig rund um die Bühne, und der Innenraum ist mit wunderschönen architektonischen Verzierungen geschmückt.

Intiman Theater Company   THEATER

(☎206-269-1900; www.intiman.org; 201 Mercer St; 🕐Ticketschalter Di–So 12–17 Uhr; Ⓜ Seattle Center) In einer schockierenden Aktion wurde das Intiman Theatre, das schon einen Tony Award gewonnen hat, im April 2011 plötzlich geschlossen – als Opfer der Finanzkrise. Aber Ikonen der Stadt dürfen nicht sterben. Das Theater hat die nötigen 1 Mio. US$ aufgebracht und ist 2012 spektakulär wiedereröffnet worden. Jetzt zeigt es wieder das, wofür es bekannt ist: großartige Stücke von Shakespeare und Ibsen.

Seattle Opera   KLASSISCHE MUSIK

(www.seattleopera.org; Ⓜ Seattle Center) Zeigt jede Saison ein Programm aus vier oder fünf großen Opern in der McCaw Hall des Seattle Center, u. a. mit Wagners Nibelungenzyklus, der im Sommer immer ausverkauft ist.

On the Boards   THEATER

(☎206-217-9888; www.ontheboards.org; 100 W Roy St; 🚇13) Das gemeinnützige On the Boards ist im kuscheligen Behnke Center for Contemporary Performance im Viertel Lower Queen Anne untergebracht. Gezeigt werden innovative und manchmal auch verrückte Tanz- und Musikshows.

Pacific Northwest Ballet   TANZ

(www.pnb.org; Ⓜ Seattle Center) Das Top-Ensemble des Nordwestens tanzt in einer Saison von September bis Juni mehr als 100 Shows in der McCaw Hall des Seattle Center.

Sport

Seattle Mariners   BASEBALL

(www.mariners.org; Tickets 7–60 US$) Die Mariners wurden 1977 gegründet, müssen es aber erst noch in die World Series schaffen. Sie spielen auf dem Safeco Field.

Seattle Seahawks   FOOTBALL
(www.seahawks.com; Tickets 42–95 US$) Die Seahawks unterlagen beim Super Bowl von 2006 den Pittsburgh Steelers und spielen auf dem CenturyLink Field.

Seattle Sounders   FUSSBALL
(✆206-622-3415; www.seattlesounders.net; Tickets ab 37 US$) Teilen sich das CenturyLink mit den Seahawks. Die Sounders sind mit durchschnittlich 43 000 Besuchern das Team mit den meisten Fans in der Major League Soccer.

Shoppen

Die wichtigsten Einkaufsmeilen befinden sich in Downtown zwischen der 3rd und der 6th Ave sowie zwischen University und Stewart St. Im Labyrinth des Pike Place Market gibt's neben Galerien und kleinen Geschäften auch jede Menge Stände, an denen Kunst und Kunsthandwerk verkauft wird. Rund um den Pioneer Square und in Capitol Hill befinden sich kleine Souvenir- und Secondhandläden. Die folgenden Geschäfte findet man wirklich nur in Seattle:

Elliott Bay Book Company   BÜCHER
(www.elliottbaybook.com; 1521 10th Ave; ⊘Mo–Fr 10–22, Sa 10–23, So 11–21 Uhr; 🚌Pike-Pine) Der Himmel bewahre uns vor dem Tag, an dem E-Books die Buchläden überflüssig machen. Wohin geht man dann samstagnachmittags, wenn es zwischen den 150 000 Büchern bei Elliott Bay keine Autorenlesungen, Diskussionsrunden, Besprechungen und stundenlanges Schmökern mehr gibt?

★DeLaurenti's   ESSEN
(✆206-622-0141; Ecke 1st Ave & Pike Pl; ⊘Mo–Sa 9–18, So 10–17 Uhr; 🚇University St) DeLaurenti's ist ein Muss für jeden italienischen Koch oder Liebhaber von kontinentalem Essen. Hier gibt es nicht nur eine erstaunliche Auswahl von Käse, Wurst, Schinken und Pasta, sondern auch das größte Sortiment von Kapern, Olivenöl und Anchovis, das man außerhalb Genuas finden kann.

★Bop Street Records   MUSIK
(www.bopstreetrecords.com; 2220 NW Market St; ⊘Di–Mi 12–20, Do–Sa bis 22, So bis 17 Uhr; 🚌17) Das, was man in den vollen Regalen von Bop Street Records im nördlichen Stadtviertel Ballard zu sehen bekommt, ist wahrscheinlich die eindrucksvollste Vinylsammlung,

die einem je untergekommen ist. Die mehr als 500 000 Platten stammen aus jedem Genre – es gibt sogar Klassiker von 1978.

Babeland   SEXSHOP
(www.babeland.com; 707 E Pike St; ⊘Mo–Sa 11–22, So 12–19 Uhr; 🚌Pike-Pine) Wie war das mit den rosa Plüschhandschellen oder dem Glasdildo, nach dem man schon überall gesucht hat? Die Suche hat ein Ende.

❶ Praktische Informationen

GELD

Travelex-Thomas Cook-Currency Services Flughafen (⊘6–20 Uhr); Westlake Center (400 Pine St, Level 3; ⊘Mo–Sa 9.30–18, So 11–17 Uhr) Die Wechselstube im Hauptterminal des Flughafens befindet sich hinter dem Schalter von Delta Airlines.
American Express (Amex; 600 Stewart St; ⊘Mo–Fr 8.30–17-30 Uhr)

MEDIEN

KEXP 90.3 FM Legendärer Lokalsender mit Independent-Musik.
Seattle Times (www.seattletimes.com) Die größte Tageszeitung des Bundesstaats.
The Stranger (www.thestranger.com) Respektloses Wochenblatt, herausgegeben von Dan Savage vom berühmten „Savage Love".

NOTFALL & MEDIZINISCHE VERSORGUNG

45th St Community Clinic (✆206-633-3350; 1629 N 45th St) Medizinische und zahnärztliche Versorgung.
Harborview Medical Center (✆206-731-3000; 325 9th Ave) Komplette medizinische Versorgung mit Notaufnahme.
Polizei (✆206-625-5011)
Washington State Patrol (✆425-649-4370) Die örtliche Verkehrspolizei.

POST

Post (301 Union St; ⊘Mo–Fr 8.30–17.30 Uhr)

TOURISTENINFORMATION

Seattle Visitor Center & Concierge Services (✆206-461-5840; www.visitseattle.org; Washington State Convention Center, E Pike St & 7th Ave; ⊘9–17 Uhr)

❶ An- & Weiterreise

BUS

Mehrere Intercity-Busse halten an verschiedenen Stellen in Seattle.
Greyhound (www.greyhound.com; 811 Stewart St; ⊘6–24 Uhr) verbindet Seattle mit Städten im ganzen Land, z. B. Chicago (228 US$ einfache Strecke, 2 Tage, 2-mal tgl.), Spokane

(51 US$, 8 Std., 3-mal tgl.), San Francisco (129 US$, 20 Std., 3-mal tgl.) und Vancouver, BC (32 US$, 4 Std., 5-mal tgl.). Das Unternehmen hat seinen eigenen Busbahnhof im Denny Triangle, der von Downtown zu Fuß zu erreichen ist.

Der schnelle, effiziente **Quick Shuttle** (www.quickcoach.com; ☎) fährt fünf- bis sechsmal täglich nach Vancouver (43 US$). Abfahrt ist am Best Western Executive Inn in der Taylor Ave N in der Nähe des Seattle Center. Die Monorail nehmen oder zu Fuß nach Downtown laufen! Im Bus gibt es kostenloses WLAN.

Der **Bellair Airporter Shuttle** (www.airporter.com) betreibt Busse nach Yakima, Bellingham und Anacortes und hält am King-Street-Bahnhof (nach Yakima) und am Convention Center in Downtown (nach Bellingham und Anacortes).

FLUGZEUG

Vom **Seattle-Tacoma International Airport** (Sea-Tac; ☑206-787-5388; www.portseattle.org/sea-tac; 17801 International Blvd), 21 km südlich von Seattle an der I-5, fliegen täglich Flugzeuge nach Europa, Asien, Mexiko und in verschiedene Städte in den USA und in Kanada, z. B. regelmäßig Flüge nach und von Portland, OR, und Vancouver, BC.

SCHIFF/FÄHRE

Victoria Clipper (www.clippervacations.com) betreibt mehrere Hochgeschwindigkeitsfähren nach Victoria, BC, und zu den San Juan Islands. Über die Website können auch im Voraus Touren gebucht werden. Der Victoria Clipper fährt bis zu sechsmal täglich von Seattle nach Victoria (hin & zurück Erw./Kind 149/74,50 US$).

Auf der Website der **Washington State Ferries** (WSF; www.wsdot.wa.gov/ferries) finden sich Karten, Preise, Zeiten, Routenplaner und Wettervorhersagen – sogar die voraussichtlichen Wartezeiten für beliebte Strecken sind angegeben. Die Preise sind abhängig von der Strecke, der Größe der Fähre und der Dauer der Fahrt. Je nachdem von welchem Terminal man abfährt, wird entweder für die einfache Strecke oder für Hin- und Rückfahrt gezahlt.

ZUG

Amtrak (www.amtrak.com) hält in Seattle an der **King Street Station** (303 S Jackson St; ◷6–22.30 Uhr, Ticketschalter 6.15–20 Uhr). Drei große Züge fahren durch die Stadt: der *Amtrak Cascades* (verbindet Vancouver, Seattle, Portland und Eugene), der *Coast Starlight* (verbindet Seattle, Oakland und Los Angeles miteinander) und der *Empire Builder* (ein Langstreckenzug nach Chicago).

Chicago, IL (ab 227 US$, 46 Std., tgl.)
Oakland, CA (131 US$, 23 Std., tgl.)
Portland, OR (25 US$, 3–4 Std., 5-mal tgl.)
Vancouver, BC (30 US$, 3–4 Std., 5-mal tgl.)

❶ Unterwegs vor Ort

AUTO & MOTORRAD

Seattle liegt auf einem schmalen Streifen zwischen den Bergen und dem Meer und ist ein schlimmer Verkehrsengpass. Die fürchterlichen Staus von Seattle sind regelrecht berühmt. Auf der I-5 gibt es eine Schnellspur für Fahrzeuge mit zwei oder mehr Personen. Ansonsten sollte man die langwierigen Rush Hours vermeiden.

VOM/ZUM FLUGHAFEN

Es gibt verschiedene Möglichkeiten, die 21 km lange Strecke vom Flughafen nach Downtown Seattle zu bewältigen. Die beste ist die neue Stadtbahn von Sound Transit (S. 217).

Der **Shuttle Express** (☑800-487-7433; www.shuttleexpress.com) hält im 2. Stock des Flughafenparkhauses, kostet um die 18 US$ und ist vor allem bequem, wenn man viel Gepäck hat.

Taxis stehen im 3. Stock des Parkhauses ebenfalls bereit. Eine Fahrt in die Innenstadt kostet durchschnittlich 42 US$.

ÖFFENTLICHE VERKEHRSMITTEL

Die Busse werden von **Metro Transit** (www.metro.kingcounty.gov), Teil des King County Department of Transportation, betrieben. Die Fahrten kosten schlappe 2,50 US$ (Nebensaison 2,25 US$).

Die **Seattle Street Car** (www.seattlestreetcar.org) fährt auf einer 2,6 Meilen (4,2 km) langen Strecke vom Westlake Center zum Lake Union. An elf Haltestellen kann man in Busse umsteigen. 2014 wird eine zweite Strecke vom Pioneer Square über First Hill nach Capitol Hill eröffnet.

Seattles Link Light Rail (Stadtbahn) von **Sound Transit** (www.soundtransit.org) verkehrt von 5 bis 24 Uhr alle 15 Minuten zwischen dem Sea-Tac Airport und Downtown (Westlake Center). Die Fahrt dauert 36 Minuten und kostet 3 US$. Es gibt weitere Haltestellen am Pioneer Sq und im International District.

TAXI

Alle Taxis in Seattle verlangen die Preise, die vom King County vorgegeben werden: 2,50 US$ für die Anfahrt und dann 2,70 US$ pro Meile.
Orange Cab Co (☑206-444-0409; www.orangecab.net)
Yellow Cab (☑206-622-6500; www.yellowtaxi.net)

Rund um Seattle

Olympia

Klein, aber oho: Olympia, die Hauptstadt des Bundesstaats, hat musikalisch, politisch und outdoormäßig viel zu bieten. Das sieht man schon an den Straßenkünstlern auf der 4th Ave, die akustische Grunge-Klänge schmettern, an den elegant gekleideten Büro-Typen, die über den Rasen der Staatslegislative marschieren, und an den in Gore-Tex gehüllten Outdoor-Fans, die hier übernachten, bevor es in die Olympic Mountains geht. Das fortschrittliche Evergreen State College hat der Stadt lange einen künstlerischen Touch verliehen (Matt Groening, der Erfinder der *Simpsons*, hat hier studiert), während die Bars und Second-Hand-Gitarrenläden ein Sprungbrett für die Riot-Grrrl-Musik und den Grunge darstellten.

👁 Sehenswertes & Aktivitäten

Washington State Capitol   WAHRZEICHEN
(🕐 8–16.30 Uhr) GRATIS Die Anlage des Capitols sieht wie ein griechischer Tempel aus und liegt in einem 12 ha großen Park mit Blick auf den Capitol Lake. Dieses Wahrzeichen dominiert die Stadt. Das Highlight des Komplexes ist das prächtige **Legislative Building** (1927), das von einer 87 m hohen Kuppel gekrönt wird, die nur ein bisschen kleiner ist als ihr Namensvetter in Washington, DC. Kostenlose Führungen werden angeboten.

State Capital Museum   MUSEUM
(211 W 21st Ave; Eintritt 2 US$; 🕐 Di–Fr 10–16, Sa ab 12 Uhr) Erläutert die Geschichte des Staates Washington, vom Stamm der Nisqually bis zum heutigen Tag.

Olympia Farmers Market   MARKT
(700 Capitol Way N; 🕐 April–Okt. Do–So 10–15 Uhr, Nov.–Dez. Sa & So) 🍴 Einer der besten Märkte des Bundesstaats am nördlichen Ende des Capitol Way mit frischen regionalen Produkten, Kunsthandwerk und Livemusik.

🛏 Schlafen & Essen

Phoenix Inn Suites   HOTEL $$
(☎ 360-570-0555; www.phoenixinn.com; 415 Capitol Way N; Zi. 139–179 US$; ✳🛜🏊) Die vornehmsten Unterkünfte der Stadt sind schick, zweckmäßig und auf die Ansprüche von anspruchsvollen Beamten der Staatsregierung eingestellt.

Traditions Cafe & World Folk Art   AMERIKANISCH $
(www.traditionsfairtrade.com; 300 5th Ave SW; Sandwiches 8,25 US$; 🕐 Mo–Fr 9–18, Sa & So 10–17 Uhr; 🍴) Eine Fair-Trade-Hippie-Enklave mit leckeren Salaten, Sandwiches (mit Fleisch, vegetarisch und vegan), ein paar mexikanischen und italienischen Gerichten,

Kaffee und einer Auswahl Kräutertees. Unbedingt den zugehörigen vielseitigen Volkskunstladen besuchen.

🍷 Ausgehen & Nachtleben

Die unermüdliche Musikszene der Stadt ist besonders auf der 4th Ave aktiv: in der nachgerüsteten **4th Avenue Tavern** (210 4th Ave E) oder in dem mit Graffitis verzierten **Le Voyeur** (404 4th Ave E), einer anarchistischen, veganerfreundlichen Spelunke mit einem Straßenmusiker, der ständig die Tür bewacht. Den bekanntesten Kaffee gibt es im **Batdorf & Bronson** (Capitol Way S; 🕐 Mo–Fr 6–17, Sa & So 7–18 Uhr) 🍴.

Fish Tale Brew Pub   BRAUEREI
(515 Jefferson St) Fish Brewing hat eine edle Auswahl Bio-Biere, starker Ciders und India Pale Ales, welche die Brauerei zu einer der bekanntesten Washingtons machen.

Burial Grounds   CAFÉ
(406 Washington St SE; Spezial-Latte 3,50 US$; 🕐 Mo–Sa 10–24, So bis 22 Uhr) Hier gibt es fantastische Kaffeevariationen wie den Zombie Attacker Latte (mit Muskat und Mandel), in dessen Milchschaum ein Totenkopf gezeichnet ist. Die Gothic-Einrichtung wirkt wie dem Schlafzimmer eines von Horrorfilmen besessenen Teenagers entnommen.

ℹ Praktische Informationen

Das **State Capitol Visitor Center** (Ecke 14th Ave & Capitol Way; 🕐 Okt.–April 10–14 Uhr, Mai–Sept. bis 16 Uhr) bietet Infos über den Capitol-Komplex, die Gegend rund um Olympia und den Staat.

Olympic Peninsula

Die abgelegene, an drei Seiten vom Meer umspülte Olympic Peninsula ähnelt eher einer ausgewachsenen Insel als einer Halbinsel. Sie ist so „wildwestlich", wie Amerika nur sein kann. Dass es hier keine Cowboys gibt, wird durch eine seltene, vom Aussterben bedrohte Tier- und Pflanzenwelt und dichten Urwald wettgemacht. Etwa die Hälfte der Halbinsel gehört zum bekanntermaßen feuchten Olympic National Park. Die Küstengebiete befinden sich größtenteils in den Händen der Holzindustrie und der amerikanischen Ureinwohner. Hier gibt's ein paar vereinzelte kleine, aber interessante Siedlungen wie Port Townsend zu sehen. Im Westen, dem abgeschiedenen Ende der „Lower 48", treffen der tosende Ozean und der Nebelwald mit seinen uralten Bäumen in feuchter Harmonie aufeinander.

Olympic National Park

1909 wurde der 3600 km² große **Olympic National Park** (www.nps.gov/olym) zum Naturschutzgebiet, 1938 zum Nationalpark erklärt. Er umfasst einen einzigartigen gemäßigten Regenwald und einen fast 92 km langen, rauen Küstenstreifen, der erst 1953 eingegliedert wurde. Die Möglichkeiten, die Gegend auf eigene Faust zu entdecken, sind nahezu unbegrenzt. Und natürlich steht auch sportliche Betätigung hoch im Kurs: Man kann wandern, angeln, Kajak fahren und Ski laufen.

ÖSTLICHE ZUGÄNGE

Die unbefestigte Dosewallips River Rd folgt ab der US 101 (Abzweigung 1 km bzw. 0,6 Meilen nördlich des Dosewallips State Park) über 15 Meilen (24 km) dem Lauf des Flusses bis zur **Dosewallips Ranger Station**, an der die Wanderwege beginnen; Infos über den Straßenzustand gibt's unter ☑ 360-565-3130. Auch wenn man nur eine kurze Tour auf einem der beiden langen Wanderwege plant, lohnt sich ein Ausflug ins Tal, nicht zuletzt wegen der eindrucksvollen Sicht auf die Gletscher des **Mt. Anderson**. Ein weiterer Parkzugang für Wanderer im Osten ist die **Staircase Ranger Station** (☑ 360-877-5569; ⊙ Mai–Sept.) am Rand des Nationalparks. Von Hoodsport aus sind es 15 Meilen (24 km) auf der US 101 dorthin. Bei Campern sehr beliebt sind die beiden State Parks am Ostrand des Nationalparks: der **Dosewallips State Park** (☑ 888-226-7688; Stellplatz Zelt/Wohnmobil 23/32 US\$) und der **Lake Cushman State Park** (☑ 888-226-7688; Stellplatz Zelt/Wohnmobil 22/28 US\$). Beide bieten fließendes Wasser, Toiletten und ein paar Stromanschlüsse. Reservierung ist möglich.

NÖRDLICHE ZUGÄNGE

Der am leichtesten zu erreichende und folglich beliebteste Eingang findet sich beim **Hurricane Ridge** 18 Meilen (29 km) südlich von Port Angeles. Am Straßenende steht ein Infozentrum, von dem aus man den Mt. Olympus (2427 m) und Dutzende anderer Berggipfel erspähen kann. In einer Höhe von 1585 m muss man auf schlechtes Wetter und (wie der Name schon sagt) starken Wind gefasst sein. Im Sommer bieten sich zahlreiche Trekking- und Wandermöglichkeiten. In den USA gibt's nur zwei Nationalparks, in denen man Ski fahren kann. Einer von ihnen ist dieser hier. Die Anlagen werden von dem kleinen, familienfreundlichen Unternehmen **Hurricane Ridge Ski & Snowboard Area** (www.hurricaneridge.com; ⊞) betrieben.

Beliebt bei Bootsbesitzern und Anglern ist der **Lake Crescent**, an dem auch die älteste **Lodge** (☑ 360-928-3211; www.olympicnationalparks.com; 416 Lake Crescent Rd; Zi. Lodge 153 US\$, Cottage 162–300 US\$; ⊙ Mai–Okt.; Ⓟ✳@) steht. Die Preise sind recht annehmbar. In dem umweltbewusst geführten Restaurant der Lodge werden opulente, köstliche Gerichte serviert. Von der **Storm King Information Station** (☑ 360-928-3380; ⊙ Mai–Sept.) am Südufer des Sees windet sich ein 1,6 km langer Wanderweg durch uralten Wald zu den Marymere Falls hinauf.

Am Sol Duc River findet sich das **Sol Duc Hot Springs Resort** (☑ 360-327-3583; www.northolympic.com/solduc; 12076 Sol Duc Hot Springs Rd, Port Angeles; Stellplatz Wohnmobil 36 US\$, Zi. 172–210 US\$; ⊙ Ende März–Okt.; ✳✉), das Kost und Logis, Massagen und natürlich ein Thermalbad (Erw./Kind 10/7,50 US\$) anbietet. Von hier aus kann man wunderschöne Tagesausflüge unternehmen.

WESTLICHE ZUGÄNGE

Die pazifische Seite der Olympic Mountains ist durch ihre Entfernung sehr isoliert und weist eines der regenreichsten Mikroklimata des Landes auf. Außerdem ist sie die rauere. Zu den bekannten gemäßigten Regenwäldern und der wilden Küstenlinie gelangt man nur über die US 101. Der **Hoh River Rainforest** am Ende der 19 Meilen (30 km) langen Hoh River Rd ist ein Labyrinth aus tropfenden Farnen und moosbewachsenen Bäumen à la Tolkien. Das **Hoh Visitor Cent-**

ⓘ WASHINGTON STATE DISCOVER PASS

Um auf den Hunderttausenden Hektar Fläche der Erholungsgebiete von Washington (von State Parks bis hin zu Ausgangspunkten von Wanderwegen) parken zu dürfen, braucht man einen Discover Pass (Tages-/Jahrespass 10/30 US\$). Die Pässe gibt es an Automaten bei vielen größeren Parkplätzen, die zu den Gebieten gehören, und beim Hauptquartier der State Parks, „wenn Personal zur Verfügung steht". Online zahlt man eine Bearbeitungsgebühr von 10 % (www.fishhunt.dfw.wa.gov).

DER NORDWESTEN WASHINGTON

er und der Campingplatz (☎360-374-6925; Stellplatz 12 US$; ◷ Juli–Aug. 9–18 Uhr, Sept.–Juni bis 16.30 Uhr) haben Informationen zu Führungen und längeren Wanderungen im Hinterland. Hier gibt es keinen Strom und keine Duschen; wer zuerst kommt, mahlt zuerst.

Etwas weiter südlich liegt der **Lake Quinault**, ein schöner Gletschersee, der von bewaldeten Gipfeln umgeben ist. Er ist sehr beliebt zum Angeln, Bootfahren und Schwimmen und wird von einigen der ältesten Bäume des Landes umrahmt. Die **Lake Quinault Lodge** (☎360-288-2900; www.olympicnationalparks.com; 345 S Shore Rd; Zi. 202–305 US$; ❈☎❋), eine luxuriöse Unterkunft aus der Zeit der „Parkitektur" in den 1920er-Jahren, verfügt über einen beheizten Pool, eine Sauna, einen lodernden Kamin und einen unvergesslichen Speisesaal. Wer eine günstigere Unterkunft in der Nähe sucht, sollte das superfreundliche **Quinault River Inn** (☎360-288-2237; www.quinaultriverinn.com; 8 River Dr; Zi. 79–119 US$; ❈☎) in Amanda Park ausprobieren, das bei Anglern beliebt ist.

Direkt vor der Lake Quinault Lodge beginnen ein paar kurze Wanderwege. Oder man versucht sich am längeren **Enchanted Valley Trail**, einer mittelschweren, 21 km langen Wanderung, die bei den Graves Creek Ranger-Station am Ende der South Shore Rd beginnt und bis zu einer Wiese mit Wildblumen und zu Erlenwäldchen hinaufführt.

ℹ Praktische Informationen

Das Ticket kostet 5/15 US$ pro Person/Fahrzeug, ist eine Woche gültig und kann an den Parkeingängen bezahlt werden. Viele Visitor Centers der Parks sind Ranger-Stationen des United States Forestry Service (USFS), an denen es Genehmigungen zum Campen gibt (5 US$/Gruppe, 14 Tage gültig, zzgl. 2 US$ pro Pers. & Nacht).
Forks Visitor Information Center (1411 S Forks Ave; ◷10–16 Uhr) Routenvorschläge und Infos für jede Jahreszeit.
Olympic National Park Visitor Center (3002 Mt. Angeles Rd, Port Angeles; ◷9–17 Uhr) Das beste Visitor Center liegt am Hurricane-Ridge-Zugang, 1 Meile (1,6 km) vom Hwy 101 entfernt.
Wilderness Information Center (3002 Mt Angeles Rd, Port Angeles; ◷Mai–Sept. So–Do 7.30–18, Fr & Sa bis 20 Uhr, Okt.–April tgl. 8–16.30 Uhr) Hier gibt's Karten, Genehmigungen und Infos.

Port Townsend

Historisch Interessantes ist im Nordwesten kaum zu finden. Umso faszinierender ist daher das Städtchen Port Townsend, in dem die Zeit stehengeblieben zu sein scheint. Der kleine, nostalgische Ort mit der lebendigen Kulturszene ist ein Musterbeispiel der viktorianischen Architektur der 1890er-Jahre, das „New York des Wilden Westens, das es niemals gab". Die früher boomende Stadt war Anfang des 20. Jhs. pleite und wurde erst 70 Jahre später von einer Gruppe vorausschauender Einheimischer wieder zum Leben erweckt. Heute ist Port Townsend eine dynamische Mischung aus innovativen Restaurants, eleganten Hotels im Stil des Fin de siècle und schrägen Festivals.

◉ Sehenswertes

Jefferson County Historical Society Museum   MUSEUM
(210 Madison St; Erw./Kind unter 12 Jahren 4/1 US$; ◷März–Dez. 11–16 Uhr) Das gepflegte, von der historischen Gesellschaft der Stadt unterhaltene Museum erläutert ausführlich den Aufstieg, Fall und zweiten Anlauf der bezaubernden Hafenstadt. Zu sehen sind auch die originalgetreuen Nachbildungen eines Gerichtssaals und einer Zelle des 19. Jhs.

Fort Worden State Park   PARK
(www.parks.wa.gov/fortworden; 200 Battery Way) In dem interessanten Park, der sich im Stadtgebiet von Port Townsend befindet, sind die Überreste einer großen Befestigungsanlage aus den 1890er-Jahren zu sehen. Das weitläufige Gelände und die verschiedenen historischen Gebäude wurden in den vergangenen Jahren in einen Natur- und Geschichtspark mit Wohnungen und Hotels umgewandelt. Das herrschaftliche **Commanding Officer's Quarters** (Eintritt 4 US$; ◷Juni–Aug. tgl. 10–17 Uhr, März–Mai & Sept.–Okt. Sa & So 13–16 Uhr), ein Wohnhaus mit zwölf Schlafzimmern, kann im Rahmen einer Führung besichtigt werden. In einer ehemaligen Kaserne ist heute das **Puget Sound Coast Artillery Museum** (Eintritt 2 US$; ◷Di–So 11–16 Uhr) untergebracht, das die Geschichte der Befestigungsanlagen an der Pazifikküste erläutert.

Rund um die Landspitze kann man zum Leuchtturm der **Point Wilson Lighthouse Station** und den wundervollen, windgepeitschten Stränden wandern.

🛏 Schlafen

Palace Hotel   HISTORISCHES HOTEL **$**
(☎360-385-0773; www.palacehotelpt.com; 1004 Water St; Zi. 59–109 US$; ❈☎) Dieses wunder-

schöne viktorianische Gebäude wurde 1889 erbaut und war früher ein Bordell, das von der hier berüchtigten Madame Marie geleitet wurde, die ihre Geschäfte im Eckzimmer im 1. Stock erledigte. Es wurde in ein hübsches, historisches Hotel mit Antiquitäten und freistehenden Badewannen verwandelt.

Waterstreet Hotel — HOTEL $

(☎ 360-385-5467; www.waterstreethotelporttownsend.com; 635 Water St; Zi. 60–160 US$; ⊜✳☎) Von den alten Hafenhotels in Port Townsend ist das günstige Waterstreet das beste Schnäppchen der Stadt. Die vielen Zimmer bieten Platz für zwei bis sechs Personen. Einige teilen sich ein Gemeinschaftsbad.

✖ Essen

Waterfront Pizza — PIZZERIA $$

(951 Water St; große Pizzas 11–21 US$) In dieser bei Einheimischen beliebten Pizzeria kann man auch Pizzastücke kaufen. Hier werden sogar die verwöhntesten Großstadtgaumen zufrieden sein. Ist das Geheimnis der knusprige Sauerteigboden oder der kreative, nicht zu üppige Belag? Wer weiß…

★ Sweet Laurette Cafe & Bistro — FRANZÖSISCH $$

(1029 Lawrence St; Hauptgerichte 12–28 US$; ☽ Mi & Do 8–17, Fr & Sa bis 21, So bis 15 Uhr) Das wunderbare französische Café mit schäbiger Eleganz serviert Frühstück, Mittag- und Abendessen im Bistro und zwischen den Essenszeiten köstlichen Kaffee und leckeres Gebäck.

❶ Praktische Informationen

Im **Visitor Center** (www.ptchamber.org; 2437 E Sims Way; ☽ Mo–Fr 9–17, Sa & So bis 16 Uhr) erfährt man alle Fakten über die Geschichte dieser Stadt, die Hochs und Tiefs wie auf einer Achterbahn durchgestanden hat.

❶ An- & Weiterreise

Von Seattle aus gelangt man mit der Fähre und dem Bus nach Port Townsend: am Colman Dock in Seattle die Fähre rüber nach Bainbridge Island nehmen, von dort Bus 90 nach Poulsbo und dann Bus 7 nach Port Townsend! Die **Washington State Ferries** (☎ 206-464-6400; www.wsdot.wa.gov/ferries) fahren nach und von Coupeville auf Whidbey Island (Fahrer mit Auto 10,25 US$; Fußgänger 3,10 US$, 35 Min.).

Port Angeles

Abgesehen vom Namen hat Port Angeles nichts Spanisches oder gar Engelhaftes an sich. Der Ort wurde wegen der Holzindustrie errichtet und hat die steile Seite der Olympic Mountains als Kulisse. Besucher kommen meist nicht hierher, um die Stadt selbst zu besichtigen, sondern eher um die Fähre nach Victoria, BC, zu nehmen oder einen Ausflug in den nahe gelegenen Olympic National Park zu machen. Das **Visitor Center** (www.portangeles.org; 121 E Railroad Ave; ☽ Mitte Mai–Mitte Okt. 8–20 Uhr, Mitte Okt.–Mitte Mai 10–16 Uhr) befindet sich direkt am Fährterminal. Infos über den Nationalpark gibt's im Olympic National Park Visitor Center (S. 220) gleich außerhalb der Stadt.

Der **Olympic Discovery Trail** (www.olympicdiscoverytrail.com) ✐ ist eine 48 km lange Wander- und Radstrecke zwischen Port Angeles und Sequim. Sie beginnt am Ende der **Ediz Hook**, der Sandbank rund um die Bucht. Mieträder gibt's bei **Sound Bikes & Kayaks** (www.soundbikekayaks.com; 120 Front St; Leihfahrrad pro Std./Tag 9/30 US$).

Die komfortabelste Unterkunft in Port Angeles ist die **Olympic Lodge** (☎ 360-452-2993; www.olympiclodge.com; 140 Del Guzzi Drive; Zi. ab 119 US$; ✳@☎⊜) mit Pool, Bistro, sauberen, wie neu erscheinenden Zimmern und Gratiskeksen und -milch. Backpacker können ihr Glück im neuen, gut geführten, geselligen **Toadlily House** (☎ 360-797-3797; www.toadlilyhouse.com; 105 E 5th St; 25 US$/Pers.; ☎) versuchen.

★ Das **Bella Italia** (118 E 1st St; Hauptgerichte 12–20 US$; ☽ ab 16 Uhr) gibt es schon viel länger als Bella, die Heldin der *Twilight*-Saga, aber die Erwähnung des Restaurants in dem Buch als der Ort, an dem Bella und Edward ihr erstes Date hatten, hat das ohnehin beliebte Lokal kultig werden lassen. Unbedingt Muschel-Linguine, Chicken-Marsala oder die geräucherte Entenbrust probieren!

Die **Coho Vehicle Ferry** (www.cohoferry.com; Passagier/Auto 15,50/55 US$) fährt in eineinhalb Stunden von und nach Victoria, BC. **Olympic Bus Lines** (www.olympicbuslines.com) fahren zweimal täglich vom öffentlichen Busbahnhof an der Ecke Oak St und Front St nach Seattle (39 US$). Die Busse von **Clallam Transit** (www.clallamtransit.com) fahren nach Forks und Sequim, wo es Umsteigemöglichkeiten in andere Nahverkehrsbusse gibt. Das ermöglicht einem die komplette Umrundung der Olympic Peninsula.

Nordwestliche Halbinsel

Verschiedene Reservate der amerikanischen Ureinwohner befinden sich ganz im Nord-

DIE TWILIGHT-ZONE

Der kleine Holzfällerort Forks am Hwy 101 war nicht viel mehr als ein Fleck auf der Landkarte, als Stephenie Meyer hier 2003 ihre berühmten *Twilight*-Vampirromane spielen ließ. Als 2008 die Vermarktung der *Twilight*-Filme begann, verzeichnete die Tourismusbranche von Forks einen Anstieg um 600 %. Jetzt, wo die Bücher- und Filmreihe abgeschlossen ist, sinken diese Zahlen allerdings wieder. Viele der Besucher sind unter 15-Jährige mit weit aufgerissenen Augen, die mehr als überrascht sind, wenn sie herausfinden, was Forks wirklich ist: erschreckend normal (und nass).

Vampirfans kommen im Fantasy-Forks in ein paar *Twilight*-Shops oder bei täglichen **Twilight Tours** (Erw./Kind 39/25 US$; ⊙ 8, 11.30, 15 & 18 Uhr), bei denen die meisten in Meyers Büchern erwähnten Orte besucht werden, auf ihre Kosten.

Weitere Orte, die in den Büchern und Filmen vorkommen, sind Port Angeles, der Ecola State Park, der Silver Falls State Park und die Werwolfhöhle von La Push (eigentlich eine Quileute Indian Reservation, in der einer lokalen Legende zufolge die Bewohner von Wölfen in Menschen verwandelt wurden).

---

westen des Kontinents und heißen Besucher willkommen. Die kleine, sturmerprobte Siedlung **Neah Bay** am Hwy 112 ist die Stätte der Makah Indian Reservation, in deren **Makah Museum** (www.makah.com; 1880 Bayview Ave; Eintritt 5 US$; ⊙ 10–17 Uhr) Artefakte aus einem der bedeutendsten archäologischen Funde im 500 Jahre alten Makah-Dorf von Ozette ausgestellt sind. Ein paar Meilen hinter dem Museum führt ein kurzer Fußweg zum atemberaubenden **Cape Flattery**, einem 91 m hohen Felssporn, der den nordwestlichsten Punkt der unteren 48 Staaten markiert.

Nicht weit weg vom Hoh River Rainforest und der Küstenlinie liegt **Forks**, ein kleines Holzfällerdorf, das wegen des *Twilight*-Hypes berühmt ist. Der Ort ist ein Ausgangspunkt für Ausflüge in den Olympic National Park. Das **Miller Tree Inn** (☎ 360-374-6806; www.millertreeinn.com; 654 E Division St; Zi. 115–230 US$; 🛜 🐾) ist eine gute Unterkunft.

Nordwest-Washington

Der Nordwesten Washingtons liegt zwischen Seattle, den Cascades und Kanada und wird somit von drei Seiten beeinflusst. Das Zentrum ist das akademische Bellingham, das Outdoor-Highlight bilden die ländlichen San Juan Islands, ein großer Archipel, der wirkt wie ein sepiafarbener Schnappschuss aus einer anderen Zeit. Anacortes ist der Hauptausgangspunkt für Fähren zu den San Juan Islands und nach Victoria, BC.

Whidbey Island

Whidbey Island ist zwar nicht ganz so abgeschirmt (eine Brücke verbindet die Insel mit dem angrenzenden Fidalgo Island am nördlichsten Punkt) oder so nonkonformistisch wie die San Juans, aber das Leben hier ist fast genauso langsam, ruhig und ländlich. Zu den Highlights zählen auf jeden Fall sechs State Parks, jede Menge B&Bs, zwei historische Fischerdörfer (Langley und Coupeville), bekanntermaßen gute Muscheln und eine florierende Künstlergemeinde.

Der **Deception Pass State Park** (☎ 360-675-2417; 41229 N State Hwy 20) erstreckt sich beiderseits der gleichnamigen Wasserkluft, die zwischen Whidbey und Fidalgo Island liegt, und umfasst Seen, Inseln, Campingplätze und insgesamt 43 km Wanderwege.

Das **Ebey's Landing National Historical Reserve** (www.nps.gov/ebla; ⊙ Mitte Okt.–März 8–17 Uhr, April–Mitte Okt. 6.30–22 Uhr) GRATIS umschließt 70 km² Land mit bewirtschafteten Höfen, geschützten Stränden, zwei State Parks und dem Ort **Coupeville**. Diese kleine Siedlung ist eine der ältesten Städte Washingtons mit einer hübschen Uferpromenade, alten Läden und vielen Gasthäusern. Das **Coupville Inn** (☎ 800-247-6162; www.thecoupevilleinn.com; 200 Coveland St; Zi. mit/ohne Balkon inkl. Frühstück 150/110 US$; 🐾 🛜) z.B. preist sich selbst als Motel im französischen Stil an (wenn das mal kein Widerspruch in sich ist!), mit schicken Möbeln und üppigem Frühstück. Die berühmten frischen Muscheln gibt's u.a. bei **Christopher's** (☎ 360-678-5480; www.christophersonwhidbey.com; 103 NW Coveland St; Hauptgerichte 15–23 US$; ⊙ Mo–Fr 11.30–14, Sa & So 12–14.30, tgl. ab 17 Uhr).

Die **Washington State Ferries** (WSF; www.wsdot.wa.gov/ferries) verbinden Clinton mit Mukilteo (Auto & Fahrer 8 US$, Fußgänger frei, 20 Min., alle 30 Min.) und

Coupeville mit Port Townsend (Auto & Fahrer 10,25 US$, Fußgänger 3,10 US$, 35 Min., alle 45 Min.). Täglich außer sonntags fahren stündlich kostenlose **Island Transit-Busse** (www.islandtransit.org) 🧭 vom Fährterminal in Clinton über ganz Whidbey.

Bellingham

Willkommen in einer politisch grünen, liberalen, herrlichen Stadt, in der sich die freiheitliche, alles tolerierende Einstellung von Oregons „Stadt der Rosen" mit einem ganz besonderen Washingtoner Einschlag verbindet. Die „Stadt der gedämpften Begeisterung", wie sie einer ihrer Bürgermeister einmal nannte, hat nicht nur ein mildes Klima, sondern auch eine milde Erscheinung. Hier lebt eine unglaubliche Mischung aus Espresso trinkenden Studenten, ehrwürdigen Ruheständlern, Wind-und-Wetter-Triathleten und Transparente schwingenden Friedensaktivisten. In Zeitschriften wie dem *Outside Magazine* wird Bellingham ständig für das vielfältige Angebot von Outdoor-Aktivitäten gelobt.

🏃 Aktivitäten

Bellingham bietet Outdoor-Optionen in Hülle und Fülle. Der **Whatcom Falls Park** ist eine ursprüngliche Wildnis, die die östlichen Vororte von Bellingham in zwei Teile teilt. Auf unterschiedlichen Höhen befinden sich vier Wasserfälle, darunter die **Whirlpool Falls**, die im Sommer ein beliebtes Badebecken bieten. Die recht langen innerstädtischen Wanderwege führen im Süden bis zum beliebten Larabee State Park, der sich über 4 km entlang der postindustriellen Uferpromenade von Bellingham erstreckt. **Fairhaven Bike & Mountain Sports** (www.fairhavenbike.com; 1103 11th St) verleiht Fahrräder ab 40 US$ pro Tag und hat Infos und Karten zu Radwegen in der Gegend.

Die Boote von **Victoria/San Juan Cruises** (www.whales.com; 355 Harris Ave) zur Walbeobachtung fahren zu den San Juan Islands. Los geht's beim Bellingham Cruise Terminal in Fairhaven.

🛏 Schlafen

Guesthouse Inn   MOTEL **$**
(📞 360-671-9600; www.bellinghamvaluinn.com; 805 Lakeway Dr; Zi. ab 95 US$; ❈ 🖥) Das saubere, persönliche Guesthouse Inn liegt gleich neben der I-5 und zu Fuß nur 15 Minuten vom Zentrum Bellinghams entfernt. Hier hält auch der Vancouver–Seattle Bellair

Airporter Shuttle (S. 217), was vor allem für diejenigen praktisch ist, die die Gegend rund um Bellingham erkunden wollen.

★**Hotel Bellwether**   BOUTIQUEHOTEL **$$$**
(📞 360-392-3100; www.hotelbellwether.com; 1 Bellwether Way; Zi. 165–284 US$, Leuchtturm ab 398 US$; ❈ 🖥 🐾) Bellinghams schönstes und charismatischstes Hotel liegt direkt am Ufer mit Blick auf den walrückenartigen Buckel von Lummi Island. Das absolute Highlight ist die 84 m² große Leuchtturmwohnung, ein dreistöckiger ehemaliger Leuchtturm mit einer tollen privaten Aussichtsplattform.

🍴 Essen

Old Town Cafe   CAFÉ **$**
(316 W Holly St; Hauptgerichte 6–9 US$; ⏱ 6.30–15 Uhr) Dies ist ein klassisches, unkonventionelles Frühstückslokal, in dem man bei frischem Gebäck, Espresso und ausgezeichneten *huevos rancheros* die Einheimischen kennenlernen kann. Manchmal schauen tourende Musiker hier vorbei, um die unbeschwerte Atmosphäre noch aufzupeppen.

★**Pepper Sisters**   MODERN AMERIKANISCH **$$**
(www.peppersisters.com; 1055 N State St; Hauptgerichte 9–16 US$; ⏱ Di–So ab 17 Uhr; ♿) Die Leute kommen von nah und fern, um dieses Kultrestaurant mit seinen helltürkisfarbenen Nischen zu besuchen. Unbedingt die Koriander-Pesto-Quesadillas, die Maisbrei-*rellenos* (gefüllte Paprika) oder die Kartoffel-Knoblauch-Burritos probieren.

ℹ Praktische Informationen

Die beste Touristeninformation im Zentrum ist die **Visitor Info Station** (www.downtownbellingham.com; 1304 Cornwall St; ⏱ 9–18 Uhr).

ℹ An- & Weiterreise

Fähren von **Alaska Marine Highway** (AMHS; www.dot.state.ak.us/amhs; 355 Harris Ave) fahren nach Juneau (60 Std.) und zu anderen Häfen im Südosten Alaskas (ab 326 US$ ohne Auto). Der Bellair Airporter Shuttle (S. 217) fährt zum Sea-Tac Airport (34 US$) mit Verbindungen nach Anacortes und Whidbey Island.

San Juan Islands

Wer mit der Fähre von Anacortes in Richtung Westen fährt, wird sich schnell wie am Ende der Welt fühlen. Gefühlte 1000 Meilen entfernt von der städtischen Hektik am Puget Sound, zaubert die in Nebel gehüllte

Inselgruppe der San Juans die Proust'sche Atmosphäre einer längst verlorenen Zeit herbei, die sich so amerikanisch – pardon, kanadisch (die Inseln werden schließlich an zwei Seiten von Kanada begrenzt) – anfühlt.

Der riesige Archipel besteht aus 172 Inselchen. Wer es sich aber nicht leisten kann, eine Jacht oder ein Wasserflugzeug zu chartern, der wird nur in den Genuss der vier großen Inseln – San Juan, Orcas, Shaw und Lopez – kommen, die täglich von den Washington State Ferries angesteuert werden. Die Inseln sind bekannt für ihre Ruhe, die Möglichkeit, Wale zu beobachten oder im Kajak über die Gewässer zu gleiten, und für ihren rebellischen Nonkonformismus.

Eine tolle Möglichkeit, die San Juan Islands zu erkunden, ist es, mit dem Seekajak oder dem Fahrrad unterwegs zu sein. Eine geführte Halbtagestour kostet zwischen 45 und 65 US$. Die flache, ländliche Insel Lopez eignet sich ebenso wie San Juan gut für einen Tagesausflug mit dem Rad. Wesentlich anspruchsvoller ist das hügelige Gelände der Orcas mit dem 8 km langen, steilen Anstieg auf den Mt. Constitution.

ⓘ Anreise & Unterwegs vor Ort

Die San Juan Islands werden u. a. von **San Juan Airlines** (www.sanjuanairlines.com) und **Kenmore Air** (www.kenmoreair.com) angeflogen.

Die Fähren von **Washington State Ferries** (WSF; www.wsdot.wa.gov/ferries) fahren von Anacortes zu den San Juans, einige auch weiter bis nach Sidney in der Nähe von Victoria in British Columbia. Angelegt wird auf Lopez Island (45 Min.), in Orcas Landing (60 Min.) und Friday Harbor auf San Juan (75 Min.). Der Fahrpreis richtet sich nach der Saison. Hin- und Rückfahrkarten werden nur auf den Fähren in Richtung Westen verkauft, mit Ausnahme der Fähren, die von Sidney in British Columbia zurück in die USA schippern. Wer alle Inseln des Archipels besuchen will, startet am besten in Friday Harbor und hüpft dann von Insel zu Insel zurück zum Ausgangspunkt – das ist auch am preiswertesten.

In den Sommermonaten verkehren Shuttle-Busse auf den Inseln Orcas und San Juan.

San Juan Island

San Juan Island ist die inoffizielle Hauptinsel des Archipels: eine harmonische Mischung aus niedrigen, bewaldeten Hügeln und kleinen, ländlichen Farmen, die reich sind an spektakulärer und ungewöhnlicher Geschichte aus dem 19. Jh. Die einzige wirkliche Siedlung hier ist Friday Harbor. Hier hat die **Handelskammer** (www.sanjuanisland.

org; 135 Spring St; ⊙ Mo–Fr 10–17, Sa & So bis 16 Uhr), die auch die Touristeninformation beherbergt, in einer kleinen Mall abseits der Hauptstraße ihren Sitz.

⊙ Sehenswertes & Aktivitäten

San Juan Island National Historical Park
HISTORISCHE STÄTTE
(www.nps.gov/sajh; ⊙ 8.30–16 Uhr, Touristeninformation Do–So 8.30–16.30, Juni–Sept. tgl.) ✎ **GRATIS** San Juan Island war Schauplatz eines der seltsamsten politischen Konflikte des 19. Jhs.: den sogenannten Schweinekonflikts zwischen den USA und Großbritannien. Dieser seltsamen Pattsituation des Kalten Krieges wird in zwei historischen Parks jeweils am Ende der Insel gedacht, wo sich einst die gegnerischen amerikanischen und britischen Militärlager befanden. Am Südende der Insel liegt das **American Camp** mit einem kleinen **Visitor Center**, den Überresten eines Forts, abgeschiedenen Stränden und mehreren Lehrpfaden. Am anderen Ende der Insel befindet sich 9 Meilen (14,5 km) nordwestlich von Friday Harbor das **English Camp** mit den Überresten britischer Militäreinrichtungen aus den 1860er-Jahren.

Lime Kiln Point State Park
PARK
(⊙ Mitte Okt.–März 8–17 Uhr, April–Mitte Okt. 6.30–22 Uhr) ✎ Dieser schöne Park an der felsigen Westküste von San Juan Island überblickt die tiefe Haro Strait und ist – angeblich – einer der besten Plätze der Welt, um von der Küste aus Wale zu beobachten.

🛏 Schlafen & Essen

Auf der ganzen Insel liegen Hotels, B&Bs und Resorts verstreut, aber in Friday Harbor befinden sich die meisten.

Wayfarer's Rest
HOSTEL **$**
(☏ 360-378-6428; 35 Malcolm St; B 35 US$, Zi. 65–80 US$; 🖥) Das einzige Backpacker-Hostel der Insel liegt nur einen kurzen Fußmarsch von der Fähranlegestelle entfernt. Sparsame Traveller werden die bequemen Schlafsäle und die günstigen Privatzimmer lieben, aber Vorsicht: Es kann voll werden!

Roche Harbor Resort
RESORT **$$**
(☏ 800-451-8910; www.rocheharbor.com; Roche Harbor; Zi. mit Gemeinschaftsbad 149 US$, Apt. mit 1–3 Schlafzi. 275–450 US$, Stadthaus mit 2 Schlafzi. 499 US$; ✳🖥🛁) Dieser Küstenurlaubsort liegt an der Stelle der ehemaligen Kalkbrennerei und des Anwesens von Kalksteinkönig John McMillin und ist ein toller Zufluchts-

ort. Das Herzstück bildet das alte Hotel de Haro, dessen enge Zimmer dadurch aufgewertet werden, dass sich John Wayne hier einst die Zähne geputzt hat.

Juniper Lane Guest House INN $$
(☎ 360-378-7761; www.juniperlaneguesthouse.com; 1312 Beaverton Valley Rd; Zi. 85–135 US$; ☎) 🖉
Die paar holzgetäfelten Zimmer hier sind mit einer bunten und vielseitigen Mischung aus sanierten oder wiederaufbereiteten Kunstwerken und Möbeln dekoriert. Das Ergebnis ist eine unglaublich gemütliche und wohnliche Kombination aus gehobenem Backpacker-Hostel und Gasthaus.

Market Chef DELI $
(225 A St; ☺ 10–18 Uhr) Hunderte Einheimischer können doch nicht irren, oder? Die Spezialität des „Chefs" sind überaus originelle Sandwiches, die vor den Augen der in langen Schlangen anstehenden Kundschaft mit frischen Zutaten aus der Region zubereitet werden.

Orcas Island

Die schöne, unberührte Insel Orcas mit ihrer wild zerklüfteten Steilküste ist das grüne Schmuckstück der San Juan Islands. Hier kann man nicht nur herrlich wandern, sondern seit Neuestem auch bestens schlemmen. Der Fähranleger befindet sich in Orcas Landing, 8 Meilen (12,8 km) südlich des Hauptortes Eastsound.

Auf dem östlichen Zipfel der Insel erstreckt sich der **Moran State Park** (☺ April–Sept. 6.30 Uhr–Sonnenuntergang, Okt.–März 8 Uhr–Sonnenuntergang), der vom 734 m hohen Mt. Constitution überragt wird. Von dort hat man einen fantastischen Rundumblick auf weitere Berge und das ganze Naturschutzgebiet. Dieses durchziehen Wanderwege in einer Gesamtlänge von fast 65 km.

Im ruhigen Küstengewässer kann man prima Kajak fahren. Boote und Infos hat **Shearwater** (www.shearwaterkayaks.com; 138 North Beach Rd, Eastsound), das auch dreistündige geführte Touren ab 75 US$ anbietet.

🛏 Schlafen

Doe Bay Village Resort
& Retreat HOSTEL, RESORT $
(☎ 360-376-2291; www.doebay.com; B 55 US$, DZ Hütte ab 90 US$, Jurte ab 120 US$; ☎) 🖉 In Doe Bay herrscht eine Atmosphäre à la Künstlerkommune gemischt mit Hippie-Enklave. Zu den Übernachtungsmöglichkeiten gehören

Stellplätze mit Meerblick, ein kleines Hostel mit Schlafsaal und Privatzimmern sowie verschiedene Hütten und Jurten, von denen die meisten Blick aufs Wasser bieten.

Golden Tree Hostel HOSTEL $
(☎ 360-317-8693; www.goldentreehostel.com; 1159 North Beach Rd, Eastsound; B/DZ mit Gemeinschaftsbad 38/88 US$; @☎) Ein denkmalgeschütztes Herrenhaus aus dem 1890er-Jahren, das mit Whirlpool und Sauna im Freien cool aufgewertet wurde. Es gibt makellose, nach Geschlechtern getrennte Schlafsäle mit sechs Betten sowie helle Privatzimmer.

Outlook Inn HOTEL $
(☎ 360-376-2200; www.outlookinn.com; 171 Main St, Eastsound; Zi. mit Gemeinschaftsbad/eigenem Bad ab 79/119 US$; ☎) Das Outlook Inn (1888) ist eine Institution auf der Insel, die es geschafft hat, mit der Zeit zu gehen, indem sie sich in eine majestätisch weiße (aber trotzdem recht kleine) Ferienanlage am Meer verwandelt hat. Vor Ort befindet sich auch das schicke New Leaf Cafe.

🍴 Essen & Ausgehen

⭐ Mijita's MEXIKANISCH $$
(310 A St, Eastsound; Hauptgerichte 13–22 US$; ☺ Mi–So 16–21 Uhr) Ein Hoch auf die Familienrezepte des mexikanischen Kochs, z.B. langsam geschmorte Rinderrippchen mit Brombeer-Mole oder die vegetarischen Quinoa-Kuchen mit Pilzen, Ziegenmilchkäse, Mandeln und *pipian* (pikante Sauce)!

Island Hoppin' Brewery BRAUEREI
(www.islandhoppinbrewery.com; 33 Hope Lane, Eastsound; ☺ Di–So 16–21 Uhr) Das ist der perfekte Ort für sechs verschiedene Biere vom Fass, während man Kontakt zu den Bierfans unter den Inselbewohnern aufnimmt. Am Wochenende gibt's hier oft Livemusik.

Lopez Island

Wer nach Lopez – oder „Slow-pez", wie die Einheimischen es gern nennen – kommt, sollte die Insel mit dem Rad erkunden. Mit dem hügeligen Gelände und den grußfreudigen Einwohnern (die bekannt sind für ihr Winken mit drei Fingern) ist Lopez die ideale Insel für Radfahrer. Eine gemütliche Spritztour durch die Landschaft kann an einem Tag bewältigt werden. Neben dem Jachthafen bietet das **Lopez Islander Resort** (☎ 800-736-3434; www.lopezfun.com; Fisherman Bay Rd; Zi. ab 139 US$; ☎ 🏊) gute Übernachtungsmöglichkeiten mit Restaurant, Fitnessstudio, Pool und kostenlosen Parkplätzen in Anacortes (ein weiterer Anreiz, das Auto stehen zu lassen). Wer kein eigenes Rad hat, wendet sich an **Village Cycles** (☏ 360-468-4013; www.villagecycles.net; 9 Old Post Rd; Fahrradverleih pro Std./Tag ab 7/30 US$; ☺ Mi–So 10–16 Uhr), die einem ein Fahrrad zur Fähranlegestelle bringen können.

North Cascades

Zerklüftete Gipfel, Hunderte Gletscher und zahlreiche Schichtvulkane unterschiedlichster Beschaffenheit prägen die North Cascade Mountains, die sich in geologischer Hinsicht deutlich von der südlichen Kaskadenkette unterscheiden. Da der Gebirgszug praktisch unüberwindbar ist, stellte er bis vor gar nicht so langer Zeit ein ungelöstes Rätsel der Menschheit dar. Die erste Straße durch die North Cascades wurde 1972 gebaut, und so ist diese Region bis heute einer der abgelegensten Außenposten des Nordwestens.

Mt. Baker

Wie ein dämonischer Wächter der Geisterwelt erhebt sich der schneebedeckte Mt. Baker über dem glitzernden Wasser des Puget Sound und zieht seit Jahrhunderten Besucher des Nordwestens in seinen Bann. Seit dem letzten Ausbruch in den 1850ern ruht der 3286 m hohe Vulkan, der von zwölf Gletschern umgeben ist. 1999 fiel hier die Rekordmenge von 29 m Schnee in einer Saison.

Der als „Mt. Baker Scenic Byway" bekannte, gut ausgebaute Hwy 542 windet sich zum 1550 m hoch gelegenen **Artist Point** hinauf, der 56 Meilen (90 km) entfernt von Bellingham liegt. Ganz in der Nähe befindet sich das **Heather Meadows Visitor Center** (Mile 56, Mt. Baker Hwy; ☺ Mai–Sept. 8–16.30 Uhr), wo zahlreiche Wanderwege beginnen. So führt der 12 km lange Chain Lakes Loop rund um mehrere eisige Seen, die von Wiesen voller Heidelbeersträucher gesäumt sind.

In der **Mt. Baker Ski Area** (www.mtbaker skiarea.com) gibt es jährlich mehr Schnee als in jedem anderen Skigebiet in Nordamerika. Geboten sind 38 Pisten, acht Lifte und ein Höhenunterschied von über 450 m. Das Gebiet hat unter Snowboardern Kultstatus: Seit 1985 kommen sie jeden Januar zum Legendary Baker Banked Slalom hierher.

An den etwa 100 Tagen im Jahr, an denen der Mt. Baker durch die Wolken ragt, ist die Aussicht von der Sonnenterrasse des **Inn at Mt. Baker** (☏ 360-599-1359; www.theinnatmt-baker.com; 8174 Mt Baker Hwy; Zi. 155–165 US$; ☏) 7 Meilen (11 km) östlich von Maple Falls besonders überwältigend. Auf dem Weg den Berg hinauf sollte man an einen Happen am **Graham's** (9989 Mt. Baker Hwy; Hauptgerichte 4–14 US$; ☺ Mo–So abends, Sa & So morgens & mittags; wechselnde Öffnungszeiten) vorbeischauen, einem Restaurant mit authentischer Spelunke. Oder man holt sich bei **Wake & Bakery** (6903 Forest St, Glacier; Snacks ab 4 US$; ☺ 7.30–17 Uhr) etwas für unterwegs. Beide befinden sich im Ort Glacier.

Leavenworth

Das gibt's doch nicht – ein Alpendorf mitten im amerikanischen Nordwesten? Tatsächlich wurde dem ehemaligen Holzfällerort Leavenworth in den 1960er-Jahren ein bayerisches Facelifting verpasst, um den drohenden Ruin nach der Verlegung der transkontinentalen Eisenbahnlinie zu verhindern. Das Holzgeschäft wurde kurzerhand durch den Tourismus ersetzt, und Leavenworth hat sich sehr erfolgreich in ein typisches Alpendorf verwandelt. Überall gibt's Bier und Schnitzel, und die Einwohner, von denen ein Viertel Deutsche sind, tragen Lederhosen und Dirndl. Zum Erfolg beigetragen haben natürlich das tolle Bergpanorama und die Tatsache, dass Leavenworth ein günstiges Basislager für Ausflüge in die nahe gelegene Alpine Lakes Wilderness darstellt.

Auskunft über die Outdoor-Angebote in der Gegend erteilt die **Leavenworth Ranger Station** (600 Sherbourne St; ☺ Mitte Juni–Mitte Okt. tgl. 7.30–16.30 Uhr, Mitte Okt.–Mitte Juni Mo–Fr 7.45–16.30 Uhr). Zu den Highlights dieser Aktivitäten gehört der beste Klettersteig in ganz Washington, der sich am **Castle Rock** im Tumwater Canyon befindet, etwa 3 Meilen (4,8 km) nordwestlich an der US 2.

Der Devil's Gulch ist eine beliebte Mountainbike-Strecke durchs Gelände (40 km, 4–6 Std.). Der einheimische Ausstatter **Der Sportsmann** (☏ 509-548-5623; www.dersports mann.com; 837 Front St; Fahrrad-/Langlaufskiverleih pro Tag ab 25/14 US$; ☺ 9–18 Uhr) verleiht Mountainbikes ab 25 US$ pro Tag.

🛏 Schlafen & Essen

Hotel Pension Anna   HOTEL $$
(☏ 509-548-6273; www.pensionanna.com; 926 Commercial St; Zi. inkl. Frühstück 155–250 US$, Kapellen-Suite 240–360 US$) Das „alpenländischste" Hotel der Stadt: Jedes Zimmer ist

mit importierter österreichischer Einrichtung ausgestattet, und das Frühstück im europäischen Stil entlockt so manchem den einen oder anderen frohen Jodler. Die angrenzende St.-Josefs-Kapelle (welche die Besitzer 1992 gerettet und mit hierher genommen haben) eignet sich perfekt für Familien.

Enzian Inn   HOTEL **$$**
(☎509-548-5269; www.enzianinn.com; 590 Hwy 2; DZ 110–205 US$, Suite 215–375 US$; ☎☀) Noch mehr Alpenromantik geht kaum: Zum Frühstück, das im sonnigen Frühstücksraum serviert wird, tritt der Besitzer in Lederhosen persönlich als Alphornbläser auf. Danach können die Gäste Golf auf dem 18-Loch-Platz oder Racquetball, eine Art Squash, spielen.

München Haus   DEUTSCH **$**
(www.munchenhaus.com; 709 Front St; Snacks ab 6 US$; ☉Mai–Okt. 11–23 Uhr, Nov.–April Mo–Fr geschl.) In dem Biergarten gibt's die besten auf Holzkohle gegrillten bayerischen Würstchen jenseits des Atlantik.

Lake Chelan

Der lange, schmale Lake Chelan ist der Wasserspielplatz Zentral-Washingtons. Der **Lake Chelan State Park** (☎509-687-3710; S Lakeshore Rd; Stellplatz f. Zelt/Wohnmobil 23/32 US$) verfügt über 144 Stellplätze, von denen ein paar am See nur mit dem Boot zu erreichen sind. Wer lieber in einem richtigen Bett schläft, sollte sich im günstigen **Midtowner Motel** (☎509-682-4051; www.midtowner.com; 721 E Woodin Ave; Zi. 65–120 US$; ✴@☎☀) in der Stadt einquartieren. Der Ort **Chelan** an der südöstlichsten Spitze des Sees ist der erste Anlaufpunkt für Unterkünfte und Dienstleistungen. Hier befindet sich auch eine **USFS-Ranger-Station** (428 Woodin Ave). In der Gegend haben auch mehrere Weingüter eröffnet, und viele von ihnen verfügen über ausgezeichnete Restaurants. Ein guter Tipp ist **Tsillan Cellars** (www.tsillancellars.com; 3875 Hwy 97A; ☉So–Do 12–17, Fr & Sa bis 18 Uhr).

Busse von **Link Transit** (www.linktransit.com) verbinden Chelan mit Wenatchee und Leavenworth (1 US$).

Der hübsche Ort **Stehekin** am Nordende des Lake Chelan kann nur mit dem **Boot** (www.ladyofthelake.com; hin & zurück ab Chelan 39 US$), dem **Wasserflugzeug** (www.chelanairways.com; hin & zurück ab Chelan 159 US$) oder durch eine lange Wanderung über den Cascade Pass, 45 km vom See entfernt, erreicht werden. Unter www.stehekin.com findet

man jede Menge Infos zu den Themen Wandern, Campingplätze und Miethütten. Die meisten Einrichtungen haben von Mitte Juni bis Mitte September geöffnet.

Methow Valley

Die Kombination aus Pulverschnee im Winter und jeder Menge Sonnenschein im Sommer hat das Methow Valley zu einer der beliebtesten Urlaubsregionen Washingtons gemacht. Hier kann man im Sommer Rad fahren, wandern und angeln und im Winter mit den Langlaufskiern das zweitgrößte Loipensystem der USA erkunden.

Die insgesamt 200 km langen Strecken werden von der gemeinnützigen Organisation **Methow Valley Sport Trails Association** (MVSTA; www.mvsta.com; 209 Castle Ave, Winthrop) ✐ gepflegt, die im Winter auch das größte zusammenhängende Netzwerk von Skirouten von Hütte zu Hütte (und Hotel zu Hotel) in ganz Nordamerika bietet. Das Gute daran ist, dass anscheinend nicht viele Leute davon wissen. Klassische Unterkünfte und einen guten Ausgangspunkt für Ski-, Wander- und Mountainbike-Touren bietet die exquisite **Sun Mountain Lodge** (☎509-996-2211; www.sunmountainlodge.com; Box 1000, Winthrop; Zi. 175–375 US$, Hütte 150–750 US$; ☉21. Okt.–7. Dez. geschl.; ✴☎☀), 10 Meilen (16 km) westlich der Stadt Winthrop. Die Zimmer sind im gemütlichen Hüttenstil gehalten (inklusive vieler ausgestopfter Tiere). Es sind eher die Aussicht von hier oben und die vielen Wander- und Langlaufstrecken rund ums Resort, die es so besonders machen.

North Cascades National Park

Sogar die Namen der leicht ausgetretenen und spektakulären Berge im **North Cascades National Park** (www.nps.gov/noca) klingen wild und ungezähmt: Desolation Peak, Jagged Ridge, Mt. Despair und Mt. Terror. Es überrascht nicht, dass die Gegend einige der besten Outdoor-Abenteuer außerhalb Alaskas bietet.

Erste Anlaufstelle für Besucher ist das **North Cascades Visitor Center** (502 Newhalem St; ☉Mitte April–Okt. 9–16.30 Uhr, Nov.–März Mo–Fr geschl.) in dem kleinen Ort Newhalem am Hwy 20. Die Mitarbeiter sind erfahrene Ranger, die gern ausführlich über die Highlights des Parks informieren.

Übernachten kann man in der außergewöhnlichsten Unterkunft des Staates Washington, dem **Ross Lake Resort** (☎206-386-

4437; www.rosslakeresort.com; Hütte 155–315 US$; ⊙Mitte Juni–Okt.) am westlichen Ufer des gleichnamigen Sees. Die auf Stegen im Wasser stehenden Blockhütten wurden in den 1930er-Jahren für die Holzfäller errichtet, die beim Bau des Ross Dam mitarbeiteten, durch den bald darauf das ganze Tal im Wasser versank. Da zu dem Resort keine Straße führt, müssen Gäste entweder die 3,2 km vom Hwy 20 zu Fuß gehen oder das Auto auf dem Parkplatz beim Diablo Dam abstellen und das Shuttle-Boot des Hotels nutzen.

Nordost-Washington

Spokane

Nach der baumlosen Einöde des östlichen Columbia Plateau ist die zweitgrößte Metropole in Washington eine willkommene Abwechslung – und immer für eine Überraschung gut. Die unaufdringliche, aber selbstbewusste Stadt liegt im Zentrum des sogenannten „Inland Empire" des Nordwestens. Sie erstreckt sich zu beiden Seiten des Spokane River, an dem britische Pelzhändler 1810 für kurze Zeit einen Handelsposten errichteten. Auch wenn Spokane kaum eine touristische Destination an sich ist, hat es doch einiges zu bieten: Der alljährlich im Mai stattfindende Bloomsday Run ist die weltweit größte Laufveranstaltung für Breitensportler.

Sehenswertes & Aktivitäten

Riverfront Park PARK
(www.spokaneriverfrontpark.com) Die grüne Lunge mitten in der Stadt befindet sich auf dem Gelände der Weltausstellung von 1974. In den letzten Jahren wurde der Park um einen Skulpturenpfad mit 17 Stationen und eine Vielzahl von Brücken und Wegen erweitert, um die Bedürfnisse der großen Läufergemeinde der Stadt zu befriedigen. Prunkstück des Parks sind die Spokane Falls, eine spektakuläre Folge malerischer Wasserfälle und schäumender Stromschnellen. Den rauschenden Fluss kann man von zahlreichen Aussichtspunkten bewundern oder aus einer Gondel der kleinen Seilbahn (⊙April–Sept. So–Do 11–18, Fr & Sa 11–22 Uhr), die direkt über den Wasserfällen schwebt. Spaziergänger und Jogger tummeln sich auf dem Spokane River Centennial Trail (www.spokanecentennial trail.org), der mitten durch die Stadt und über

fast 60 km weiter bis nach Idaho führt. Der Park hat auch eine Eisbahn, ein IMAX-Kino und ein Karussell; auf der Website finden sich weitere Infos.

Northwest Museum of Arts & Culture MUSEUM
(www.northwestmuseum.org; 2316 W 1st Ave; Erw./Kind 7/5 US$; ⊙Mi–So 10–17 Uhr) Das Museum in einem eindrucksvollen, sehr modernen Gebäude im Nobelviertel Browne's Addition hat – so heißt es – eine der besten Sammlungen von Kunsthandwerk und Gebrauchsgegenständen der Ureinwohner des Nordwestens.

Schlafen & Essen

Hotel Ruby BOUTIQUEMOTEL $
(☎509-747-1041; www.hotelrubyspokane.com; 901 W 1st Ave; Zi. 68–110 US$; ❀❀❀) Dieses einfache Motel in schicken rot-schwarzen Farbtönen besticht durch seine unschlagbar zentrale Lage gegenüber vom Davenport.

★**Davenport Hotel** HISTORISCHES HOTEL $$
(☎509-455-8888; www.thedavenporthotel.com; 10 S Post St; Davenport Hotel/Davenport Tower-Zi. ab 130/120 US$; ❀❀❀) Das historische Wahrzeichen von Spokane (1914 eröffnet) soll eines der besten Hotels der USA sein. Wer sich kein Zimmer leisten kann, sollte wenigstens mal in der exquisiten Lobby abhängen. Der angrenzende Davenport Tower ist die moderne Version des ganzen Glamours mit überraschend raffiniertem Safari-Motto.

★**Mizuna** FUSION-KÜCHE $$
(☎509-747-2004; 214 N Howard St; Hauptgerichte mittags/abends 10/28 US$; ⊙Mo–Sa 11–22, So 16–22 Uhr; ❀) Ein gut beleuchtetes, altes Backsteingebäude mit einfachen Holzmöbeln und frischen Blumen auf den Tischen. Zu den Gerichten wie grünem Zitronengras-Curry mit Jakobs- und Venusmuscheln oder den ähnlich guten vegetarischen Spezialitäten gibt es ausgezeichneten Wein. Einfach himmlisch!

Ausgehen & Unterhaltung

Die Studenten der Gonzaga University in Spokane sorgen für eine lebendige Kneipen- und Nachtclubszene.

Northern Lights Brewing Company BRAUEREI
(www.northernlightsbrewing.com; 1003 E Trent Ave) Die beste Kleinbrauerei der Stadt befindet sich in der Nähe der Universität.

DER GRAND COULEE DAM

Während den berühmteren Hoover Dam (günstig gelegen zwischen Las Vegas und dem Grand Canyon) jährlich rund 1,6 Mio. Menschen besuchen, bekommt der viermal größere und wohl bedeutendere Grand Coulee Dam (weitab von allem) nicht viel Aufmerksamkeit. Er ist der größte Betonbau der USA und auch der größte Stromlieferant des Landes.

Das **Grand Coulee Visitor Arrival Center** (☎509-633-9265; ⊙9–17 Uhr) beschreibt die Geschichte des Dammes und der umliegenden Gegend mit Filmen, Fotos und interaktiven Ausstellungen. Von Mai bis September werden zur vollen Stunde zwischen 10 und 17 Uhr kostenlose **Führungen** durch die Anlage angeboten, bei denen Besucher u.a. in einem gläsernen Aufzug 142 m in die Tiefe zur Third Power Plant (Drittes Kraftwerk) hinunterfahren und bei einer Plattform die Spitzen der Generatoren ansehen können.

Fast genauso spektakulär ist die abendliche **Lasershow** (⊙Mai–Sept. nach Einbruch der Dunkelheit) – angeblich die größte der Welt –, die die Geschichte des Columbia River und seiner zahlreichen Dämme vor einer herrlich lebendigen Kulisse veranschaulicht.

Bing Crosby Theater THEATER
(www.mettheater.com; 901 W Sprague Ave) Im früheren Met, das nach dem Sohn der Stadt Bing Crosby umbenannt wurde, finden Konzerte, Theateraufführungen, Filmfestivals und Vorstellungen der Spokane Opera in recht intimer Atmosphäre statt.

❶ Praktische Informationen

Das **Spokane Area Visitor Information Center** (www.visitspokane.com; 201 W Main Ave at Browne St; ⊙Mo–Fr 8.30–17, Sa & So 9–18 Uhr) hält für Interessierte eine Fülle von Informationsmaterial bereit.

❶ An- & Weiterreise

Busse und Züge fahren an der **Spokane Intermodal Transportation Station** (221 W 1st Ave) ab. **Amtrak** (www.amtrak.com) fährt mit dem berühmten *Empire Builder* einmal täglich nach Seattle (53 US$, 7½ Std.), Portland (53 US$, 9½ Std.) und Chicago (163 US$, 45 Std.).

South Cascades

Die South Cascades sind größer und ausgedehnter als ihre nördlichen Pendants. Sie erstrecken sich vom Snoqualmie Pass östlich von Seattle bis hinunter zum mächtigen Columbia River an der Grenze zu Oregon. Höhepunkt im wahrsten Sinne des Wortes ist der 4392 m hohe Mt. Rainier. Auch der Mt. St. Helens (2549 m), der sich noch immer von seinem verheerenden Ausbruch im Jahr 1980 erholt, hat seinen Reiz – wenn auch aus anderen Gründen. Sobald der kurze, intensive Sommer beginnt, sind die Bergwiesen des weniger bekannten Mt. Adams (3742 m) übersät mit Heidelbeersträuchern und Wildblumen.

Mt. Rainier National Park

Der vierthöchste Berg der USA (außerhalb Alaskas) ist zugleich einer der verführerischsten. Der majestätische Mt. Rainier liegt in einem 953 km^2 großen Nationalpark (bei seiner Eröffnung 1899 der fünfte Nationalpark der Welt), und auf dem schneebedeckten Gipfel und in den bewaldeten Ausläufern des Berges gibt es zahlreiche Wanderwege, riesige blumenbedeckte Wiesen und eine verlockende, kegelförmige Spitze, die eine ausgezeichnete Herausforderung für ehrgeizige Kletterer darstellt.

Der **Mt. Rainier National Park** (www.nps.gov/mora; Eintritt pro Fußgänger/Auto 5/15 US$) verfügt über vier Zugänge. Infos zu den Straßenverhältnissen gibt's unter ☎800-695-7623. Die Website des National Park Service (NPS) bietet Karten und Beschreibungen von 50 Wegen im Park zum Downloaden. Die bekannteste Strecke ist der knallharte, 150 km lange Wonderland Trail, der den Mt. Rainier komplett umrundet und etwa zehn bis zwölf Tage in Anspruch nimmt.

Wer im Park übernachten will, braucht eine kostenlose Campinggenehmigung von den Ranger-Stationen oder den Visitor Centers. Die sechs Campingplätze verfügen über fließendes Wasser und Toiletten, haben aber keine Stromanschlüsse. In den Sommermonaten ist es dringend empfohlen, für die **Park-Campingplätze** (☎800-365-2267; www.mount.rainier.national-park.com/camping.htm; reservierter Stellplatz 12–15 US$) zu reservieren. Dies kann bis zu zwei Monate im Voraus per Telefon oder online geschehen.

Evergreen Escapes (www.evergreenescapes.com; 10-stündige Tour 195 US$) bietet geführte Deluxe- und Öko-Busfahrten ab Seattle.

NISQUALLY-ZUGANG

Der Nisqually-Zugang ist das beliebteste und praktischste Tor zum Mt. Rainier National Park und liegt am Hwy 706 (über Ashford) in der Nähe der südwestlichen Ecke des Parks. Er ist ganzjährig geöffnet. In Longmire, 7 Meilen (11 km) hinter dem Nisqually-Zugang, gibt es ein **Museum mit Information Center** (Juni–Sept. 9–18 Uhr, Okt.–Mai bis 17 Uhr) GRATIS, einige wichtige Ausgangspunkte für Wanderungen und das rustikale **National Park Inn** (360-569-2275; www.guestservices.com/rainier; Zi. mit Gemeinschaftsbad/eigenem Bad 116/164 US$, Wohneinheit 244 US$; P) mit einem ausgezeichneten Restaurant. 12 Meilen (19 km) weiter östlich beim vornehmeren Paradise, das vom Personal des informativen **Henry M. Jackson Visitor Center** (360-569-2211, Durchwahl 2328; Paradise; Juni–Okt. tgl. 10–19 Uhr, Okt.–Dez. Sa & So 10–17 Uhr) betrieben wird, und beim traditionellen **Paradise Inn** (360-569-2275; www.mtrainierguestservices.com; Zi. mit Gemeinschaftsbad/eigenem Bad ab 69/114 US$; Mai–Okt.), einem historischen „Parkitektur"-Gasthaus aus dem Jahre 1916 und langjährigem Bestandteil des Nationalparkgefüges, gibt es weitere Wanderwege und Lehrpfade. Vom Gasthaus führen Kletterpfade zum Gipfel des Mt. Rainier. Ausgezeichnete viertägige Besteigungen werden von **Rainier Mountaineering Inc** (www.rmiguides.com; 30027 SR706 E, Ashford; 4-tägige Besteigung 991 US$) geleitet.

WEITERE ZUGÄNGE

Die drei anderen Zugänge zum Mt. Rainier National Park sind die folgenden: **Ohanapecosh** am Hwy 123 ist über den Ort Packwood erreichbar, wo es auch Unterkünfte gibt; über **White River** abseits des Hwy 410 kommt man auf der Höhenstraße (1950 m) zum wunderschönen Aussichtspunkt bei der **Sunrise Lodge Cafeteria** (360-569-2425; Snacks 5–7 US$; 30. Juni–16. Sept. 10–19 Uhr); und vom abgeschiedenen Zugang **Carbon River** in der nordwestlichen Ecke aus kommt man zum Regenwald im Innern des Parks.

National Volcanic Monument Mt. St. Helens

Was dem Mt. St. Helens an Höhe fehlt, macht er durch Verrufenheit wieder wett: 57 Menschen starben am Berg, als er am 18. Mai 1980 mit der Wucht von 1500 Atombomben ausbrach. Die Katastrophe begann mit einem Erdbeben der Stärke 5,1 auf der Richterskala, das den größten Erdrutsch der vom Menschen aufgezeichneten Geschichte auslöste und fast 600 km² Waldfläche unter Millionen Tonnen Vulkangestein und Asche begrub. Heute findet sich hier eine faszinierende Landschaft mit sich erholenden Wäldern, neuen Flusstälern und aschebedeckten Hängen. Der Eintritt zur Gedenkstätte kostet 8 US$.

Wer kein Auto hat, kann den Mt. St. Helens im Rahmen einer eintägigen Bustour von Portland aus mit **Eco Tours of Oregon** (www.ecotours-of-oregon.com; 3127 SE 23rd Ave, Portland; 59,50 US$) besichtigen. Und wer auf eigene Faust unterwegs ist, kann sich zwischen drei Zugängen zum Berg entscheiden. Es gibt jede Menge kurze und lange Wanderstrecken. Von Mitte Juni bis September ist der Hwy 25 geöffnet, der den östlichen und den südöstlichen Eingang miteinander verbindet.

NORDÖSTLICHER ZUGANG

Vom Haupteingang im Nordosten am Hwy 504 ist der erste Stopp das **Silver Lake Visitor Center** (3029 Spirit Lake Hwy; Eintritt 3 US$; 9–17 Uhr), das Filme, Ausstellungen und kostenlose Infos über den Berg (darunter auch Wanderkarten) bietet. Einen besseren Eindruck von der zerstörerischen Gewalt der Natur bekommt man im **Johnston Ridge Observatory** (Mitte Mai–Ende Okt. 10–18 Uhr) am Ende des Hwy 504, von wo aus man direkt in den Krater blicken kann.

In einer Gegend, die nur wenige Unterkünfte bietet, ist das **Eco Park Resort** (360-274-6542; www.ecoparkresort.com; 14000 Spirit Lake Hwy; Stellplatz 20 US$, Jurte 75 US$, Hütte 100–110 US$) eine willkommene Anlaufstelle. Es bietet sieben Zimmer in einem großen Haus gegenüber dem Silver Lake Visitor Center.

SÜDÖSTLICHER & ÖSTLICHER ZUGANG

Wer über den Südost-Zugang beim Städtchen **Cougar** am Hwy 503 kommt, kann sich echten Lavaboden anschauen – u.a. die 3,6 km lange Lavaröhre **Ape Cave**, die ganzjährig zugänglich ist. Allerdings herrschen hier immer nur frostige 5 °C. Jeder Erwachsene sollte zwei Lichtquellen mitbringen oder sich bei **Apes' Headquarters** (8303 Forest Rd; Juni–Sept. 10.30–17 Uhr) für jeweils 5 US$ Laternen ausleihen.

Der östliche Eingang ist der abgelegenste, aber der schwer zugängliche Aussichtspunkt **Windy Ridge** vermittelt hier einen greifbaren und zugleich unheimlichen

Eindruck von der Zerstörung durch den Ausbruch – er ist oft bis Juni geschlossen. Ein paar Meilen weiter kann man auf dem 1,6 km langen **Harmony Trail** (Wanderweg 224) 183 m zum Spirit Lake hinuntersteigen.

Zentral- & Südost-Washington

Die sonnigen, trockenen Teile in der Mitte und im Südosten Washingtons erinnern an Kalifornien und verfügen über eine nicht ganz so geheime Geheimwaffe: Wein. Das fruchtbare Land, das an die Flusstäler des Yakima und des Columbia River (welche wiederum an den Nil erinnern) grenzt, wird von geschäftstüchtigen neuen Weingütern überflutet, deren hervorragende Trauben mittlerweile mit denen aus dem Napa und dem Sonoma Valley um nationale Anerkennung konkurrieren. Bisher waren Yakima und das noch attraktivere Ellensburg sehr angesagt, aber heute heißt der echte Star Walla Walla: Talentierte Gastronomen und ein sehr aktiver Gemeinderat machen aus der Stadt ein ausgezeichnetes Ziel für Weinkenner.

Yakima & Ellensburg

Die Stadt Yakima liegt im gleichnamigen Flusstal und ist ein eher trostloses Handelszentrum, das seiner touristischen Bezeichnung „Palm Springs von Washington" nicht wirklich gerecht wird. Der Hauptgrund für einen Zwischenstopp in dem Ort ist der Besuch eines der zahlreichen Weingüter zwischen Yakima und Benton City; Karten gibt's im **Yakima Valley Visitors & Convention Bureau** (www.visityakima.com; 10 N 8th St; ⊙ Mo–Sa 9–17, So 10–16 Uhr).

Ein besserer Aufenthaltsort ist Ellensburg, eine winzige Siedlung 36 Meilen (58 km) nordwestlich von Yakima. Hier findet jedes Jahr am Labor Day das größte Rodeo des Bundesstaates statt, und im Ortszentrum gibt es (angeblich) mehr Cafés pro Kopf als irgendwo anders auf der Welt. Am besten beim einheimischen Kaffeeröster **D&M Coffee** (www.dmcoffee.com; 301 N Pine St; ⊙ 7–17 Uhr) 🖉 einen Latte bestellen und im zentral gelegenen und bezaubernden viktorianischen **Guesthouse Ellensburg** (☎ 509-962-3706; www.guesthouseellensburg.com; 606 Main St; Zi. 145 US$) übernachten, welches auch das ausgezeichnete **Yellow Church Cafe** (www.yellowchurchcafe.com; 111 S Pearl St; Brunch 8–10 US$, Abendessen 13–23 US$; ⊙ Mo–Fr 11–20, Sa & So 8–20 Uhr) betreibt!

Greyhound (www.greyhound.com) lässt Busse von beiden Orten nach Seattle, Spokane und zu Zielen dazwischen fahren.

Walla Walla

In den letzten zehn Jahren hat sich Walla Walla von einem unbedeutenden, landwirtschaftlich geprägten Provinznest, das nur für seine Süßzwiebeln und das größte Gefängnis des Staates bekannt war, in ein

---

NICHT VERSÄUMEN

YAKIMA-VALLEY-WEINTOUR

Wer zwischen Ellensburg und Walla Walla unterwegs ist, sollte sich selbst den Gefallen tun und auf dem Weg an einer richtigen Weinprobe mit Spülen und Spucken teilnehmen. Das hört sich zwar unappetitlich an, aber genauso machen es die Kenner – und man ist auf der sicheren Seite. Die Yakima Valley AVA (Amerikanische Weinbaugegend) ist die älteste, größte und vielseitigste des Bundesstaates. Die Website www.wineyakimavalley. org ist eine gute Hilfe bei der Suche nach hervorragenden Weingütern.

Bonair Winery (www.bonairwine.com; 500 S Bonair Rd, Zillah; ⊙ 10–17 Uhr) In den Rattlesnake Hills in der Nähe von Zillah; hübsche Gärten und ein entspanntes Plätzchen, um köstliche Rotweine zu probieren.

Terra Blanca (www.terrablanca.com; 34715 N DeMoss Rd, Benton City; ⊙ 11–18 Uhr) Eines der schicksten Weingüter in majestätischer Lage auf dem Red Mountain mit Ausblick über das ganze Tal; perfekt für die Verköstigung von süßen Dessertweinen auf der Veranda.

Maison Bleue (☎ 509-378-6527; www.mbwines.com; 357 Port Ave, Studio D, Prosser; ⊙ nach Vereinbarung) Die gepriesenen Weine im Rhone-Stil können nach Vereinbarung im Vinter's Village in Prosser verköstigt werden. Das Dorf ist zwar nicht gerade hübsch, aber die Weine sind köstlich.

anerkanntes Weinanbaugebiet außerhalb von Kalifornien verwandelt. Das ehrwürdige Marcus Whitman College ist das kulturelle Wahrzeichen der Stadt, in der es neben schicken Weinprobierstuben auch skurrile Cafés, herrliche Gebäude im Queen-Anne-Stil und einen der besten und lebhaftesten Bauernmärkte in Washington gibt.

◉ Sehenswertes & Aktivitäten

Man muss nicht weinselig sein, um das historische und kulturelle Erbe von Walla Walla schätzen zu können. Die geschichtsträchtige Hauptstraße erhält immer wieder Auszeichnungen und Preise. Bei den interessanten Stadtführungen, die die **Chamber of Commerce** (www.wallawalla.org; 29 E Sumach St; ⊙ Mai–Sept. Mo–Fr 8.30–17, Sa & So 9–16 Uhr) zusätzlich zu Broschüren und Stadtplänen anbietet, wird die Vergangenheit lebendig. Infos zum Weinanbau in der Region gibt's auf der Website der **Walla Walla Wine News** (www.wallawallawinenews.com).

Fort Walla Walla Museum   MUSEUM
(755 Myra Rd; Erw./Kind 7/3 US$; ⊙10–17 Uhr; 🅿) Das eigentliche „Museum" in dem Dorf mit 17 historischen Gebäuden aus der Pionierzeit befindet sich in den ehemaligen Stallungen der Kavallerie. Die Ausstellung enthält eine Sammlung landwirtschaftlicher Geräte, Utensilien aus der Viehwirtschaft und das größte Plastik-Maultiergespann der Welt.

Waterbrook Wine   WEINGUT
(www.waterbrook.com; 10518 W US 12; ⊙ Mo–Do 11–18, Fr & Sa bis 20 Uhr) Auf der Veranda dieses riesigen Weinguts etwa 10 Meilen (16 km) westlich der Stadt kann man sich an warmen Tagen am Seeufer wunderbar verschiedene Weine einverleiben. Freitags und samstags werden überragend gute Tacos (2 Stück 6 US$) serviert.

Amavi Cellars   WEINGUT
(3796 Peppers Bridge Rd; ⊙10–16 Uhr) Südlich von Walla Walla, inmitten hübscher Weinberge und Apfelgärten kann man einige der bekanntesten Weine des Tals probieren (unbedingt den Syrah und den Cabernet Sauvignon kosten!). Die elegante, aber trotzdem gemütliche Veranda im Freien bietet Blick auf die Blue Mountains.

🛏 Schlafen & Essen

Colonial Motel   MOTEL $
(☎509-529-1220; www.colonial-motel.com; 2279 Isaacs Ave; Zi. ab 70 US$; ❋🛜) Das Colonial ist ein einfaches, radfahrerfreundliches und einladendes Motel im Familienbetrieb auf halbem Weg zum Flughafen. Hier gibt es sichere Abstellmöglichkeiten für die Räder und jede Menge Karten von der Umgebung.

Marcus Whitman Hotel   HOTEL $$
(☎509-525-2200; www.marcuswhitmanhotel.com; 6 W Rose St; Zi. 119–325 US$; ❋🛜❄) Um das Image der gut erhaltenen Siedlung aufrecht zu erhalten, wurde dieses wunderschöne Ziegelhaus aus dem Jahr 1928 sehr elegant renoviert: Die vielen Zimmer sind in Rost- und Brauntönen gehalten und mit Möbeln im italienischen Stil eingerichtet.

Graze   CAFÉ $
(5 S Colville St; Sandwiches ab 8 US$; ⊙ Mo–Sa 10–19.30, So bis 15.30 Uhr; 🖉) Die wunderbaren Sandwiches kann man sich entweder für ein Picknick einpacken lassen oder direkt in dem einfachen Café essen. Unbedingt das Moschus-Kürbis-Panino mit Mozzarella, geröstetem Knoblauch, Salbei und Provolone oder die Flankensteak-Torta mit eingelegten Jalapenos, Avocado, Tomate, Koriander und Chipotle-Dressing probieren!

★ Saffron Mediterranean Kitchen   MEDITERRAN $$$
(☎509-525-2112; www.saffronmediterraneankitchen. com; 125 W Alder St; Hauptgerichte 15–27 US$; ⊙14–22 Uhr, Winter bis 21 Uhr) Der Koch des Saffron nimmt saisonale, regionale Zutaten und verwandelt sie in pures Gold. Auf der mediterran inspirierten Speisekarte stehen Gerichte wie Fasan, Ricotta-Gnocchi, köstliche Fladenbrote und verrückte Joghurt-Gurken-Suppen, die es mit allem, was es in Seattle gibt, aufnehmen könnten.

❶ An- & Weiterreise

Alaska Airlines bedient den **Walla Walla Regional Airport** (www.wallawallaairport.com) mit vier täglichen Flügen nach Seattle.

Greyhound-Busse (www.greyhound.com) fahren einmal täglich über Yakima und Ellensburg nach Seattle. Wer nach Spokane und weiter nach Osten will, muss in Pasco in einen anderen Bus umsteigen.

OREGON

Es ist schwer, die Geografie und die Menschen Oregons mit wenigen Worten zu beschreiben. Die Landschaft hat alles Mögliche zu bieten, von zerklüfteten Küstenstrei-

KURINFOS OREGON

Spitzname Beaver State

Bevölkerung 3 900 000

Fläche 248 633 km²

Hauptstadt Salem (157 000 Ew.)

Weitere Städte Portland (594 000 Ew.), Eugene (157 000 Ew.), Bend (78 000 Ew.)

Verkaufssteuer keine

Geburtsort von Präsident Herbert Hoover (1874–1964), Autor und Spaßvogel Ken Kesey (1935–2001), Schauspielerin und Tänzerin Ginger Rogers (1911–1995), Simpsons-Erfinder Matt Groening (geb. 1954), Regisseur Gus Van Sant (geb. 1952)

Heimat des Oregon Shakespeare Festival, von Nike und dem Crater Lake

Politische Ausrichtung demokratischer Gouverneur, demokratische Mehrheit im Kongress, seit 1984 bei Wahlen demokratisch

Berühmt für Wälder, Regen, Bier, Kaffee, Death with Dignity Act (Gesetz des Staates Oregon über Sterben in Würde)

Staatsgetränk Milch (die Molkerei wird hier großgeschrieben)

Entfernungen Portland–Eugene (110 Meilen) 177 km, Portland–Astoria (96 Meilen) 155 km; in Oregon kann man nicht selbst tanken

fen und üppigen, immergrünen Wäldern bis hin zu öden, mit Fossilien übersäten Wüsten, Vulkanen und Gletschern. Was die Einwohner betrifft – auch hier gibt es alles von konservativen Holzfällern bis hin zu liberalen Umweltschützern. Aber etwas haben sie alle gemeinsam: den unabhängigen Geist, die Liebe zur Natur und die leidenschaftliche Hingabe an ihren Wohnort.

Portland

Wie auch immer man es nennen mag – PDX, Stumptown, Stadt der Rosen, Bridge City, Beervana oder Portlandia – Portland ist einfach genial. Es ist eine Stadt mit lebhaftem Zentrum, hübschen Wohnvierteln, sehr ökologischer Ausrichtung und verrückten Charakteren. Hier gibt es mehr liberale Idea-

listen als konservative Sturköpfe, in edlen Restaurants sind auch GoreTex-Jacken erlaubt, und alle mögen die zahllosen Kneipen, Cafés, Hausfrauenbunde, lesbischen Dinnerpartys und vielseitigen Buchclubs. Portland ist eine aufstrebende Stadt, die es endlich geschafft hat. Wer im Nordwesten unterwegs ist, sollte dieses attraktive Reiseziel nicht versäumen.

◉ Sehenswertes

◉ Downtown

★**Tom McCall Waterfront Park** PARK
Dieser gewundene, 3,6 km lange Park am Westufer des Willamette River ist das inoffizielle Trainingsgelände für Mittagspausenjogger und die Pendelstrecke für die eifrigen Radfahrer der Stadt. Er ist auch tollfür ein Picknick und Schauplatz vieler Sommerfeste.

★**Pioneer Courthouse Square** WAHRZEICHEN
Dieser menschenfreundliche Backsteinplatz ist Portlands Stadtzentrum und lockt Touristen, Sonnenanbeter, Büroangestellte in der Mittagspause, Straßenkünstler und den einen oder anderen politischen Aktivisten an. Der Platz war früher ein Parkplatz, davor stand darauf ein schickes Hotel, und heute finden hier Konzerte, Feste, Kundgebungen und Bauernmärkte statt. Auf der anderen Seite der 6th Ave steht das protzige **Pioneer Courthouse**, das älteste Staatsgebäude im Nordwesten.

Portland Building WAHRZEICHEN
(Ecke SW 5th Ave & SW Main St) In der Innenstadt, in der es keine hohen Wolkenkratzer gibt, erhebt sich das Wahrzeichen der Stadt. Das 1980 von Michael Graves entworfene Portland Building ist für die einen ein Meisterwerk der Postmoderne, für die anderen einfach ein unpraktischer Klotz. Die **Portlandia-Statue** mit Dreizack, die die Göttin des Handels darstellt (nach der Freiheitsstatue die zweitgrößte aus Kupfer gefertigte Statue der USA), ziert das 15-stöckige Gebäude.

Oregon Historical Society MUSEUM
(☏ 503-222-1741; www.ohs.org; 1200 SW Park Ave; Erw./Kind 6–18 Jahre 11/5 US$; ◉ Mo–Sa 10–17, So 12–17 Uhr) An der von Bäumen beschatteten Grünfläche der South Park Blocks erstreckt sich das bedeutendste historische Museum von Oregon. Die Ausstellungen widmen sich vor allem der Geschichte Oregons und den Pionieren und Siedlern, die diesen Staat schufen. In weiteren Abteilungen werden

Portland

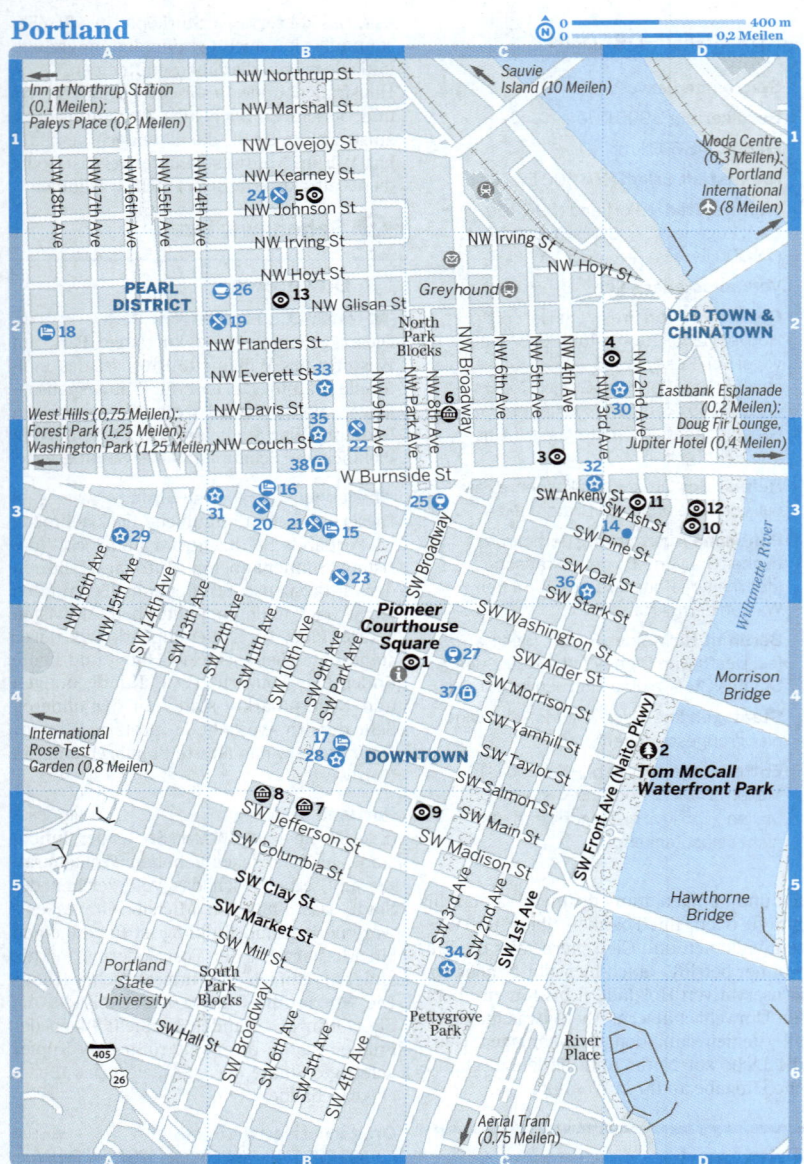

interessante Exponate der amerikanischen Indianerstämme gezeigt, und es wird von den Strapazen des Oregon Trail erzählt.

Portland Art Museum   MUSEUM
(☎ 503-226-2811; www.portlandartmuseum.org; 1219 SW Park Ave; Erw./Kind 15 US$/frei; ☺ Di,

Mi & Sa 10–17, Do & Fr 10–20, So 12–17 Uhr) Das Kunstmuseum gleich an den South Park Blocks verfügt über ausgezeichnete Exponate: Schnitzereien der amerikanischen Ureinwohner, asiatische und amerikanische Kunst, englisches Silber und vieles mehr. Außerdem beherbergt das Museum mit dem

Portland

◉ Highlights
1 Pioneer Courthouse
   Square C4
2 Tom McCall Waterfront
   Park....... .... D4

◎ Sehenswertes
3 Chinatown Gates C3
4 Classical Chinese Gardens D2
5 Jamison Square Fountain...................... B1
6 Museum of Contemporary
   Craft.................................. C2
7 Oregon Historical Society..................... B5
8 Portland Art Museum B5
9 Portland Building C5
10 Saturday Market D3
11 Shanghai Tunnels D3
12 Skidmore Fountain D3
13 Pearl District............................ B2

◆ Aktivitäten, Kurse & Touren
14 Pedal Bike Tours D3

◉ Schlafen
15 Ace Hotel................................ B3
16 Crystal Hotel............................ B3
17 Heathman Hotel...................... B4
18 Northwest Portland
   Hostel A2

✪ Essen
19 Andina.................................... B2
20 Jake's Famous Crawfish.................B3
21 Kenny & Zuke's..........................B3
22 Little Big Burger.........................B3
23 Nong's Khao Man Gai...................B3
24 Piazza Italia B1

◉ Ausgehen & Nachtleben
25 Bailey's Taproom C3
26 Barista.....................................B2
27 Departure Lounge C4

◉ Unterhaltung
28 Arlene Schnitzer Concert
   Hall..B4
29 Artists Repertory Theatre A3
30 CC Slaughters............................D2
31 Crystal Ballroom..........................B3
32 Dante's....................................C3
   Darcelle XV ....(siehe 30)
33 Jimmy Mak's C3
34 Keller Auditorium C5
35 Portland Center Stage......................B3
36 Silverado...................................C3

◉ Shoppen
37 Pioneer Place C4
38 Powell's City of Books...........................B3

Whitsell Auditorium ein erstklassiges Kino, in dem regelmäßig internationale und seltene Filme gezeigt werden.

Aerial Tram   SEILBAHN
(www.gobytram.com; 3303 SW Bond Ave; Hin- und Rückfahrt 4 US$; ☺Mo–Fr 5.30–21.30, Sa 9–17 Uhr) Die Seilbahn schwebt von einer Straßenbahnhaltestelle im Süden des Waterfront Parks auf den Marquam Hill hinauf. Dabei überwindet sie auf der gut 1 km langen Strecke einen Höhenunterschied von 150 m. Die Fahrt dauert drei Minuten. Als die Seilbahn 2007 in Betrieb ging, war sie wesentlich teurer als geplant und in der Öffentlichkeit heftig umstritten.

◉ Altstadt & Chinatown

Im Zentrum des wilden Portland aus den 1890er-Jahren – der einst berüchtigten Altstadt – trieben sich damals widerliche Typen herum. Heute gibt es hier mehr Disko-Queens als Drogendealer. Nach Einbruch der Dunkelheit ist es einer der lebhafteren Orte in der Stadt, denn dann öffnen die Clubs und Bars ihre Türen und die Hipster kriechen aus ihren Löchern.

Shanghai Tunnels   HISTORISCHE STÄTTE
(www.shanghaitunnels.info; Erw./Kind 13/8 US$) Unter den Straßen der Old Town erstreckt sich ein Netz aus unterirdischen Gängen, durch die skrupellose Menschenhändler in den 1850er-Jahren betrunkene Männer verschleppten oder „schanghaiten“, um sie an Schiffskapitäne zu verkaufen, die immer billige Arbeitskräfte brauchten. Die Führungen durch das Tunnelsystem, die freitags und samstags jeweils um 18.30 und 20 Uhr starten, müssen per Internet gebucht werden.

Chinatown   STADTVIERTEL
Die verzierten **Chinatown Gates** (Ecke W Burnside St & NW 4th Ave) bilden die südliche Grenze von Portlands Chinatown, in der es ein paar chinesische Restaurants gibt (die meisten in der 82nd Ave im östlichen Teil). Die Hauptattraktion ist der **Classical Chinese Garden** (☎503-228-8131; www.lansugarden.org; 239 NW Everett St; Erw./Kind 8/7 US$; ☺10–18 Uhr), eine wunderbar ruhige Anlage mit spiegelnden Teichen und gepflegtem Grün.

Saturday Market   MARKT
(☎503-222-6072; www.portlandsaturdaymarket. com; SW Ankeny St & Naito Pkwy; ☺März–Dez. Sa

10–17, So 11–16.30 Uhr) Die beste Zeit für einen Spaziergang am Fluss ist das Wochenende. Dann wird hier dieser berühmte Markt mit Handwerkskunst, Straßenkünstlern und Imbissständen abgehalten.

Skidmore Fountain BRUNNEN

(SW 1st Ave & Ankeny St) Der aus der viktorianischen Ära stammende Skidmore Fountain (1888) unterhalb der Burnside Bridge wurde idealistisch mit drei „Trink-Etagen" entworfen: die oberste für Menschen, die mittlere für Pferde und die unterste für Hunde.

⊙ Pearl District & Nordwesten

Pearl District STADTVIERTEL

(www.explorethepearl.com) Nordwestlich von Downtown liegt der Pearl District, ein altes Industrieviertel, das seine einst schäbigen Lagerhallen in teure Lofts, gehobene Boutiquen und kreative Restaurants umgewandelt hat. Am ersten Donnerstag im Monat verlängern die zahlreichen Kunstgalerien im Viertel ihre Öffnungszeiten, wodurch sich eine Art schicke Straßenparty entwickelt. Der Jamison Square Fountain (810 NW 11th Ave) ist einer der hübscheren Flecken der Stadt. Auf keinen Fall sollte man das Museum of Contemporary Craft (☑503-223-2654; www.museumofcontemporarycraft.org; 724 NW Davis St; Eintritt 4 US$; ⊙Di–Sa 11–18, 1.Do im Monat bis 20 Uhr) verpassen, in dem jede Menge schöne Keramik ausgestellt ist.

Northwest 23rd Ave STADTVIERTEL

Die NW 23rd Ave („Trendy-third") ist eine edle Einkaufsstraße nahe den West Hills, die überquillt vor Klamottenboutiquen, Einrichtungsläden und Cafés. Die Restaurants in dieser Gegend – u.a. einige der besten Portlands – liegen entlang der parallel verlaufenden NW 21st Ave. Diese Straße eignet sich hervorragend für Spaziergänge, Schaufensterbummel, Kaffeepausen und einen Blick auf schöne Arts-&-Crafts-Häuser.

⊙ West Hills

Hinter Downtown liegt das Viertel West Hills, das bekannt ist für seine exklusiven Wohnhäuser, die riesigen Parks und eine astreine Aussicht auf bis zu fünf Vulkane der Cascades – wenn man Glück hat.

★ Forest Park PARK

(www.forestparkconservancy.org) Nicht viele Städte haben über 2000 ha gemäßigten Regenwalds innerhalb ihrer Grenzen zu bieten – aber es gibt ja auch nicht viele Städte wie Portland. An den gepflegten Washington Park im Westen grenzt der sehr viel wildere Forest Park, dessen üppiges Blattwerk Tieren und begeisterten Wanderern gleichermaßen Platz bietet. Die Portland Audubon Society (☑503-292-6855; www.audubonportland.org; 5151 NW Cornell Rd; ⊙9–17 Uhr, Naturladen Mo–Sa 10–18, So bis 17 Uhr) betreibt einen Buchladen sowie ein Wildtierzentrum und pflegt 6,4 km Wanderwege innerhalb des Forest-Park-Naturschutzgebiets.

Die Hauptattraktion im Park ist die Pittock Mansion (☑503-823-3623; www.pittockmansion.org; 3229 NW Pittock Dr; Erw./Kind 6–18 Jahre 8,50/5,50 US$, Eintritt aufs Gelände kostenlos; ⊙11–16 Uhr), eine Villa, die 1914 von Henry Pittock erbaut wurde, der die in Portland beheimatete Zeitung aus Oregon wiederbelebte. Allein das Gelände ist einen Besuch wert. Hier kann man bei einem Picknick die atemberaubende Aussicht genießen.

Washington Park PARK

(www.washingtonparkpdx.org) Westlich vom Forest Park liegt der weitläufige Washington Park mit mehreren Attraktionen auf seinen 162 ha großen Grünflächen. Das Hoyt Arboretum (☑503-865-8733; www.hoytarboretum.org; 4000 Fairview Blvd; ⊙Wanderwege 6–20 Uhr, Touristeninformation Mo–Fr 9–16, Sa & So 11–15 Uhr) GRATIS zeigt über 1000 Arten einheimischer und exotischer Bäume und wird von einem fast 20 km großen Netz aus Wanderwegen durchzogen. Im Herbst ist es hier am schönsten. Die International Rose Test Gardens (☑503-823-3636; www.rosegardenstore.org/rose-gardens.cfm; 400 SW Kingston Ave; ⊙7.30–21 Uhr) GRATIS bieten eine schöne Aussicht auf die Stadt und bilden das Herzstück von Portlands berühmter Rosenblüte. Hier gibt es über 500 verschiedene Rosenarten zu sehen. Weiter bergauf liegt der Japanese Garden (☑503-223-1321; www.japanesegarden.com; 611 SW Kingston Ave; Erw./Kind 6–17 Jahre 9,50/6,75 US$; ⊙Mo 12–19, Di–Fr & So 9–19, Sa 9–21 Uhr), eine weitere Oase der Ruhe.

⊙ Nordosten & Südosten

Von Downtown aus auf der anderen Seite des Willamette River liegt das Lloyd Center, Oregons größte Shopping-Mall mit der Eislaufbahn, auf der die berüchtigte Eis-Königin Tonya Harding ihre ersten Runden gedreht hat. Ein paar Straßen weiter südwestlich stehen die unübersehbaren Glastürme des Oregon Convention Center, und ganz in der Nähe befindet sich das **Moda Center** (ehemals bekannt als Rose Garden Arena), wo das Profi-Basketballteam Trailblazers seine Spiele austrägt.

Ein Stückchen weiter den Willamette River hinauf liegt die **N Mississippi Avenue**, die früher von heruntergekommenen Gebäuden gesäumt war, in der es heute aber jede Menge angesagte Läden und Lokale gibt. Im Nordosten liegt die künstlerische **NE Alberta Street**, ein langer Streifen mit Kunstgalerien, Boutiquen und Cafés (am letzten Donnerstag im Monat findet hier das Last-Thursday-Straßenkunst-Event statt). Den **SE Hawthorne Boulevard** (nahe der SE 39th Ave) haben die Hippies voll im Griff: mit Souvenirläden, Cafés, Coffee-Shops und zwei Filialen von Powell's Buchgeschäften. Eine begrünte Meile weiter südlich hat sich die **SE Division Street** in ein Paradies für Feinschmecker verwandelt. Hier gibt es jede Menge ausgezeichnete Restaurants, Bars und Kneipen. Das Gleiche gilt für die Ecke **E Burnside und NE 28th Avenue**, nur dass hier alles ein bisschen komprimierter und gehobener ausfällt.

⚹ Aktivitäten

Wandern & Trekken

Die besten Wandermöglichkeiten bietet der Forest Park (S. 236) mit seinem Netz aus unglaublichen 129 km Wanderwege. Hier kommt man sich eher vor wie in den Ausläufern des Mt. Hood als wie am Stadtrand von Portland! Der **Wildwood Trail** beginnt am Hoyt Arboretum und schlängelt sich auf 48 km durch grüne Wälder. Die vielen Abzweigungen eignen sich gut für Rundwanderungen. Weitere Ausgangspunkte in den Forest Park liegen jeweils am westlichen Ende der NW Thurman St und der NW Upshur St.

Radfahren

Portland wurde von Medien wie CNN Travel, NBC News und *Bicycling Magazine* schon mehrmals zur radlerfreundlichsten Stadt der USA erkoren. Viele Straßen eignen sich gut zum Radeln, und die Autofahrer sind es gewohnt, auf Radler achtzugeben. Wer am Fluss entlang durch Downtown radelt, bekommt einen tollen Eindruck von der Stadt.

Der **Springwater Corridor** im Osten beginnt an der Rückseite des Oregon Museum of Science & Industry (als Verlängerung der Eastbank Esplanade) und führt den ganzen Weg bis zum 21 Meilen (34 km) entfernten Vorort Boring. Im Nordwesten befindet sich der **Leif Erikson Drive**, eine alte Holzfäller-

straße, die knapp 11 Meilen (18 km) in den Forest Park hineinführt und ein paar schöne Ausblicke auf die Stadt gewährt.

Malerisches Farmland gibt's auf **Sauvie Island**, 10 Meilen (16 km) nordwestlich von Downtown. Die Insel ist wie geschaffen für Radler – sie ist flach, hat relativ wenig Verkehr, und der Großteil ist Naturschutzgebiet.

Leihräder gibt's bei **Waterfront Bicycle Rentals** (☎ 503-227-1719; www.waterfrontbikes.com; 10 SW Ash St; 40 US$/Tag). Im Visitor Center und jedem Radgeschäft bekommt man gute Fahrradkarten.

Kajakfahren

Da Portland in der Nähe des Zusammenflusses des Columbia und des Willamette River liegt, verfügt es über viele befahrbare Kanäle. Die **Portland Kayak Company** (☎ 503-459-4050; www.portlandkayak.com; 6600 SW Macadam Ave) verleiht Kajaks, gibt Einführungen und bietet geführte Touren wie die dreistündige Umrundung von Ross Island im Willamette River an. Verleih, Einführung und Touren rund um Sauvie Island bietet **Scappoose Bay Kayaking** (☎ 503-397-2161; www.scappoosebaykayaking.com; 57420 Old Portland Rd) in Scappoose, 20 Meilen (32 km) nordwestlich von Portland.

☞ Geführte Touren

Pedal Bike Tours   FAHRRADTOUR
(☎ 503-243-2453; www.pedalbiketours.com; 133 SW 2nd Ave) Radtouren mit verschiedenen Schwerpunkten: Geschichte, Essen, Bier. Man kann an die Küste oder zur Schlucht fahren.

Portland Walking Tours   STADTSPAZIERGANG
(☎ 503-774-4522; www.portlandwalkingtours.com) Führungen zu Themen wie Essen, Schokolade – und Geister.

Forktown   FEINSCHMECKERTOUR
(☎ 503-234-3663; www.forktown.com) Hier werden die Lokale von Stumptown besichtigt.

Pubs of Portland Tours   BIERTOUR
(☎ 512-917-2464; www.pubsofportlandtours.com) Führungen durch verschiedene Brauereien und Kneipen mit Informationen über die Bierbrauerei und verschiedene Biersorten und natürlich mit Verköstigung.

✹ Feste & Events

Portland Rose Festival   ROSENFEST
(www.rosefestival.org; ☉ Ende Mai–Mitte Juni) Rosenbedeckte Flöße, Drachenbootrennen,

Feuerwerk, Seemänner und die Krönung einer Rosenkönigin machen dieses Fest zum größten in Portland.

Oregon Brewers Festival
BIERFEST

(www.oregonbrewfest.com; ☺ Juli & Dez.) Selbst gebrautes Bier im Tom McCall Waterfront Park im Sommer (Ende Juli) und am Pioneer Courthouse Sq im Winter (Anfang Dez.).

Bite of Oregon
FEINSCHMECKERFEST

(www.biteoforegon.com; ☺ Anfang Aug.) Jegliches Essen (und Bier), das man sich nur vorstellen kann: Vieles kommt aus den ausgezeichneten einheimischen Restaurants und manches auch von den mittlerweile berühmten Imbisswagen. Hier gibt es auch gutes, selbst gebrautes Bier. Bite of Oregon sponsert die Special Olympics Oregon.

Art in the Pearl
KUNSTFEST

(www.artinthepearl.com; ☺ 1. Mo im Sept. & das Wochenende davor) Am Labor-Day-Wochenende kommen über 100 sorgfältig ausgewählte Künstler zusammen, um hier ihre schönen Arbeiten zu zeigen und zu verkaufen. Es gibt auch jede Menge Essen und Livemusik.

🛏 Schlafen

Für den Sommer schon im Voraus buchen!

Hawthorne Portland Hostel
HOSTEL $

(☎ 503-236-3380; www.portlandhostel.org; 3031 SE Hawthorne Blvd; B 28 US$, DZ mit Gemeinschaftsbad 60 US$; ➔ ✱ @ 🛜) 🚲 Dieses umweltfreundliche Hostel verfügt über eine gute Atmosphäre und eine tolle Lage in Hawthorne. Die Privatzimmer sind ordentlich und die Schlafsäle geräumig. Im grasbewachsenen Hinterhof werden im Sommer Open-Mike-Nights veranstaltet. Fahrräder können ausgeliehen werden. Das Hawthorne ist sehr umweltbewusst: Hier wird kompostiert, recycelt, Regenwasser für die Toilettenspülung verwendet, und es gibt eine hübsche Dachbegrünung. Rabatt für Radfahrer; Nicht-HI-Mitglieder zahlen 3 US$ extra.

Northwest Portland Hostel
HOSTEL $

(☎ 503-241-2783; www.nwportlandhostel.com; 425 NW 18th Ave; B 20–29 US$, DZ mit Gemeinschaftsbad 65 US$; ➔ ✱ @ 🛜) Dieses freundliche und saubere Hostel in perfekter Lage zwischen dem Pearl District, der NW 21st Ave und der 23rd Ave und besteht aus vier Gebäuden mit vielen Gemeinschaftsbereichen (und einer kleinen Sonnenterrasse) und Fahrradverleih. Die Schlafsäle sind geräumig, und die Privatzimmer sind fast so hübsch wie Hotelzimmer – obwohl sie alle nur Gemeinschaftsbäder haben. Nicht-HI-Mitglieder zahlen 3 US$ zusätzlich.

★ Ace Hotel
BOUTIQUEHOTEL $$

(☎ 503-228-2277; www.acehotel.com; 1022 SW Stark St; DZ mit Gemeinschaftsbad/eigenem Bad ab 135/185 US$; ➔ ✱ @ 🛜) Portlands angesagteste Unterkunft ist dieses einzigartige Hotel, das klassischen, Industrial-, minimalistischen und Retro-Stil vereint. Vom Passfotoautomaten und der Sofaecke in der Lobby bis hin zu den recycelten Stoffen und Möbeln in den Zimmern: Im Ace funktioniert das Lagerhaus-Feeling einfach. Ein Stumptown-Coffeeshop auf dem Gelände sorgt für noch mehr Bequemlichkeit. Parken kostet 25 US$.

Crystal Hotel
HOTEL $$

(☎ 503-972-2670; www.mcmenamins.com/Crystal Hotel; 303 SW 12th Ave; Zi. 85–165 US$; ✱ 🛜) Zimmereinrichtungen, die von Grateful Dead inspirierte psychedelische Kunst mit dem Innern eines viktorianischen Boudoirs vereinen, können nur eines bedeuten: Willkommen im neuesten McMenamins-Hotel mit 51 Gästezimmern (das billigste mit Bad am anderen Ende des Ganges), von denen jedes durch einen Song inspiriert wurde! Im Untergeschoss befindet sich ein wundersames Salzwasserschwitzbad.

Jupiter Hotel
BOUTIQUEMOTEL $$

(☎ 503-230-9200; www.jupiterhotel.com; 800 E Burnside; DZ ab 159 US$; ➔ ✱ 🛜 🛁) Dieses raffiniert umgestaltete Motel ist das angesagteste Hotel in der Stadt. Es ist von Downtown aus zu Fuß erreichbar und steht direkt neben der Doug Fir Lounge (S. 243), einem spitzenmäßigen Veranstaltungsort für Livemusik. Die Standardzimmer sind winzig. Die bessere Wahl ist ein Metropolitan-Zimmer, und da sollte man nach einem fragen, das weit genug von der Bambusveranda entfernt liegt, wenn man lieber schläft als lange aufbleibt. Auch Kitchenettes und Leihfahrräder sind verfügbar; wer nach Mitternacht ankommt, bekommt Rabatt.

Clinton St Guesthouse
PENSION $$

(☎ 503-234-8752; www.clintonstreetguesthouse. com; 4220 SE Clinton St; DZ 100–145 US$; ➔ ✱ 🛜) Dieses Arts-&-Crafts-Haus in einem Wohnviertel bietet vier einfache, hübsche Zimmer (zwei mit Gemeinschaftsbad). Die Möbel sind elegant, die Bettwäsche luxuriös und die Gastgeber nett. Die Pension liegt in einer schönen Wohngegend mit vielen Lokalen.

⭐ **McMenamins Edgefield** HOTEL $$
(☑503-669-8610; www.mcmenamins.com/54-edge
field-home; 2126 SW Halsey St, Troutdale; B 30 US$,
DZ mit Gemeinschaftsbad 70–115 US$, mit eigenem
Bad 120–155 US$; ☺✷☎) Diese ehemalige „Ar-
menfarm" wurde von den McMenamin-Brü-
dern restauriert und ist jetzt ein einzigartiger,
15 ha großer Hotelkomplex mit einer schwin-
delerregenden Vielfalt von Dienstleistun-
gen. Hier können die Gäste Wein und selbst
gebrautes Bier kosten, Golf spielen, Filme
schauen, im Souvenirladen einkaufen, Live-
musik hören, in den weitläufigen Gärten spa-
zieren gehen und in einem der Restaurants
essen. Die Anlage liegt eine etwa 20-minütige
Autofahrt von Downtown entfernt.

⭐ **Kennedy School** HOTEL $$
(☑503-249-3983; www.mcmenamins.com; 5736
NE 33rd Ave; DZ 115–155 US$; ☺☎) Diese In-
stitution von Portland ist eine ehemalige
Grundschule, die heute ein Hotel (ja, die
Zimmer waren einst Klassenzimmer), ein
Lokal, mehrere Bars, eine Hausbrauerei und
ein Kino beherbergt. Außerdem gibt es ein
Schwitzbad. Die Schule ist mit Mosaiken,
Gemälden und historischen Fotos verziert.

Inn at Northrup Station BOUTIQUEHOTEL $$
(☑503-224-0543; www.northrupstation.com;
2025 NW Northrup St; DZ ab 174 US$; ☺✷@)
Mit seinen hellen Farben und dem schril-
len Dekor ist dieses superangesagte Hotel
fast ein bisschen *too much*. Viele der riesi-
gen künstlerischen Suiten verfügen über
Terrasse oder Balkon, und alle haben eine
Küchenzeile oder komplette Küche. Es gibt
eine tolle Dachterrasse mit Pflanzen, und im
Preis sind Straßenbahntickets enthalten (die
Straßenbahn fährt direkt vor der Haustür).

Heathman Hotel LUXUSHOTEL $$$
(☑503-241-4100; www.heathmanhotel.com; 1001
SW Broadway; DZ ab 249 US$; ✷@☎) Das
Heathman ist eine Institution in Portland
mit erstklassigem Service und einem der
besten Restaurants der Stadt. Die Zimmer
sind elegant, stilvoll und luxuriös – und
zentral gelegen ist das Ganze auch noch.
Am Nachmittag wird hier Tee angeboten,
abends gibt es Jazzmusik, und in der Bibliothek stehen Bücher, die von den Autoren
signiert worden sind, die hier schon übernachtet haben. Parken kostet 32 US$.

🍴 **Essen**

Portlands schnell wachsende Restaurantszene hat das Regelwerk schon vor Jahren

missachtet und sich in unzählige Genres
und Subgenres aufgeteilt. Weit verbreitet
sind vegetarisches Essen, Brunch, asiatische
Fusion-Küche und das eher lockere Konzept
der Küche des Nordwestens. Dann gibt es
noch die berühmten Imbisswagen der Stadt,
bei denen es verschiedenste Speisen und ei-
genartige Feinschmeckerkreationen gibt.

Little Big Burger BURGER $
(☑503-274-9008; www.littlebigburger.com; 122
NW 10th Ave; Burger 4 US$; ☺11–22 Uhr) Eine
einfache Speisekarte mit nur sechs Punkten – die Mini-Burger aus erstklassigen
Zutaten heben Fast Food auf die nächste
Stufe. Unbedingt den Beef Burger mit Ched-
dar, Schweizer Käse, Ziegenmilchkäse oder
Blauschimmelkäse mit getrüffelten Pommes
probieren! Das Ganze spült man am besten
mit einem leckeren Rootbeer runter. Es gibt
mehrere Filialen; die Website checken!

Pok Pok THAI $$
(☑503-232-1387; www.pokpokpdx.com; 3226 SE
Division St; Hauptgerichte 11–16 US$; ☺11.30–
22 Uhr) Würzige thailändische Straßensnacks
locken jede Menge Feinschmecker in dieses
bekannte Lokal. Auf keinen Fall die berühm-
ten Chicken Wings auslassen! Um die unver-
meidlich lange Schlange besser zu ertragen,
kann man in der Bar des Restaurants, der
Whiskey Soda Lounge, einen Trinkessig pro-
bieren, der besser schmeckt, als es sich an-
hört. In der 1469 NE Prescott St gibt es noch
eine zweite Filiale.

Navarre EUROPÄISCH $$
(☑503-232-3555; www.navarreportland.blogspot.
com; 10 NE 28th Ave; kleine Teller 4–8 US$, große
Teller 10–18 US$; ☺Mo–Do 16.30–22.30, Fr bis
23.30, Sa 9.30–23.30, So bis 22.30 Uhr) Auf der
Karte dieses industriell-eleganten Restaurants stehen verschiedene kleine Gerichte
(auf keinen Fall Tapas nennen!), die täglich
wechseln. Ein paar beliebte Klassiker bleiben aber immer gleich. Hier erwarten die
Gäste einfache, aber köstliche Krabbenküchlein, Lamm und geröstetes Gemüse. Der
Brunch am Wochenende ist genauso gut.

Piazza Italia ITALIENISCH $$
(☑503-478-0619; www.piazzaportland.com; 1129
NW Johnson St; Pasta 13–17 US$; ☺Mo–Do
11.30–15 & 17–21, Fr–So bis 22 Uhr) Wer denkt
nicht mit Wehmut an das großartige *ragù*
(Fleischsauce) zurück, das es in Bologna
gab? Oder an diese unvergesslichen *vongole*
(Muscheln) von Sizilien? Nun, all das findet
man hier in diesem sehr authentischen Res-

PORTLANDS IMBISSWAGEN

Eine coole Art und Weise, die Küche von Portland kennenzulernen, sind die Imbisswagen. Diese „Küchen auf Rädern" stehen auf Parkplätzen in der ganzen Stadt, meist sind es gleich mehrere. Oft verfügen sie über ihre eigenen Gemeinschaftstische, Geldautomaten und Dixi-Klos. Da viele der Besitzer Immigranten sind (die sich eine teure Restauranteröffnung nicht leisten können), ähneln die Stände einem internationalen Buffet.

Die Imbisswagen stehen an mehreren Orten, aber die bedeutendste Ansammlung befindet sich an der Ecke SW Alder St und SW 9th Ave. Eine aktuelle Liste und etwas Hintergrundinformationen gibt es unter www.foodcartsportland.com. Die Highlights der stark konkurrierenden Szene sind:

Nong's Khao Man Gai (☎971-255-3480; www.khaomangai.com; SW 10th & SW Alder St; Hauptgerichte 7 US$; ☺Mo–Fr 10–16 Uhr) Weich pochiertes Hähnchen mit Reis. Das war's – und es ist genug. Steht auch in der 411 SW College St und in der 609 SE Ankeny St.

Viking Soul Food (www.vikingsoulfood.com; 4262 SE Belmont Ave; Hauptgerichte 5–6 US$; ☺Di–Do 12–20, Fr & Sa 11.30–21.30, So 11.30–20.30 Uhr) Köstliche süße und herzhafte Wraps.

Rip City Grill (www.ripcitygrill.com; Ecke SW Moody & Abernathy, Südufer; Sandwiches 5–7 US$; ☺Mo–Fr 10–14 Uhr) Das dreieckige Steaksandwich ist der Brüller.

Thrive Pacific NW (www.thrivepacificnw.com; Hauptgerichte 5–8 US$) Exotische Gerichte, mit Bio- bzw. Freiland-Zutaten; auch glutenfrei möglich. Auf der Website finden sich die wechselnden Standorte und Öffnungszeiten.

Pepper Box (www.pepperboxpdx.com; 2737 NE Martin Luther King Jr. Blvd; Tacos & Quesadillas 3,50–4 US$; ☺Di–Fr 9–14, Sa bis 13 Uhr) Hervorragende Frühstücks-Tacos und raffinierte Quesadillas.

taurant, dem gelingt, woran so viele scheitern: den wahren Kern des italienischen Essens hier in Nordamerika zu erfassen.

Pambiche   KUBANISCH **$$**
(☎503-233-0511; www.pambiche.com; 2811 NE Glisan St; Hauptgerichte 12–17 US$; ☺Mo–Do 11–22, Fr bis 24, Sa 9–24, So bis 22 Uhr) Das beste kubanische Essen Portlands wird in aufrührerisch farbenfroher Atmosphäre serviert. Hier gibt es die klassischen Lieblingsgerichte aus Kuba, z.B. *ropa vieja* (Rinderhack in Tomatensauce), und auch für den Nachtisch sollte man Platz im Magen lassen. Ein guter Tipp ist auch die Happy Hour (Mo–Fr 14–18, Fr & Sa 10–24 Uhr). Aufs Abendessen muss man ein bisschen warten.

Kenny & Zuke's   FEINKOST **$$**
(☎503-222-3354; www.kennyandzukes.com; 1038 SW Stark St; Sandwiches 10–15 US$; ☺Mo–Do 7–20, Fr bis 22, Sa 8–22, So bis 20 Uhr) Der einzige Ort der Stadt, an dem es richtige jüdische Delikatessen gibt: Bagels, eingelegten Hering, hausgemachte Essiggurken und Latkes. Aber das Beste ist die Haus-Pastrami, nach Wunsch geschnitten und mit Liebe in eines der besten Reuben-Sandwiches gelegt, die man je gegessen hat. Lohnt sich auch fürs Frühstück (Filiale in North Portland).

⭐**Ox**   STEAK **$$$**
(☎503-284-3366; www.oxpdx.com; 2225 Martin Luther King Jr. Blvd; Hauptgerichte 19–38 US$; ☺Di–So 17–22 Uhr) Dieses gehobene Steakhouse ist momentan das beliebteste Lokal Portlands (wer hat behauptet, in Portland würde nur vegetarisch gegessen?). Eine gute Wahl ist „Gusto" (Rib-Eye vom grasgefütterten Rind für 38 US$). Für zwei Personen eignet sich das *asado*, wenn man verschiedene Fleischsorten probieren will (60 US$). Reservieren und den Geldbeutel nicht vergessen!

Paley's Place   FRANZÖSISCH, FUSION-KÜCHE **$$$**
(☎503-243-2403; www.paleysplace.net; 1204 NW 21st Ave; Hauptgerichte 23–36 US$; ☺Mo–Do 17.30–22, Fr & Sa bis 23, So 17–22 Uhr) Gegründet von Vitaly und Kimberly Paley und eines der führenden Restaurants Portlands. Geboten wird eine kreative Mischung aus französischer Küche und der Küche des Nordwestens. Ob man sich für sautierten Alaska-Heilbutt oder Kalbbries mit Puffbohnenpüree entscheidet: Hier genießt man stets Frisches und ausgezeichneten Service.

Andina   PERUANISCH **$$$**
(☎503-228-9535; www.andinarestaurant.com; 1314 NW Glisan St; Hauptgerichte mittags 14–

17 US$, abends 22–30 US$; ⊙ So–Do 11.30–14.30 & 17–21.30, Fr & Sa bis 22.30 Uhr) Hier wird traditionelles peruanisches Essen mit modernem Einschlag serviert. Zu den leckeren Hauptgerichten gehören Jakobsmuscheln in Quinoa-Kruste gebettet auf Blattspinat oder langsam gegarte Lammkeule in Koriander-Dunkelbier-Sauce. An der Bar gibt es leichtere Gerichte wie Tapas, großartige Cocktails und lateinamerikanische Livemusik.

Jake's Famous Crawfish   SEAFOOD $$$

(☑ 503-226-1419; 401 SW 12th Ave; Hauptgerichte Mittagessen 10–16 US$, Abendessen 19–39 US$; ⊙ Mo–Do 11.30–22, Fr & Sa bis 24, So 15 –22 Uhr) In altmodisch-eleganter Atmosphäre gibt es hier einige der besten Seafood-Gerichte Portlands. Die Austern sind göttlich, die Krabbenküchlein eine Offenbarung, und der Wildheilbutt in Macadamiakruste ist die Eintrittskarte ins Paradies. Zur Happy Hour sind die Köstlichkeiten erschwinglicher.

Ausgehen & Nachtleben

Portland ist bekannt für seinen Kaffee und kann sich über 50 Brauereien innerhalb der Stadtgrenzen rühmen – mehr als jede andere Stadt der Welt. Außerdem gibt es hier eine große Bandbreite ausgezeichneter Bars, von Spelunken über Hipster-Lokale und Kneipen bis hin zu ultramodernen Lounges. Hier muss keiner durstig bleiben.

★ Barista   CAFÉ

(☑ 503-274-1211; www.baristapdx.com; 539 NW 13th Ave; ⊙ Mo–Fr 6–18, Sa & So 7–18 Uhr) Einer der besten Coffee-Shops Portlands gehört dem preisgekrönten Barista Billy Wilson und ist bekannt für seine Lattes. Die Bohnen kommen aus speziellen Kaffeeröstereien. Weitere Filialen gibt's in der 529 SW 3rd Ave und in der 1725 NE Alberta St.

Amnesia Brewing   BRAUEREI

(☑ 503-281-7708; www.amnesiabrews.com; 832 N Beech St; ⊙ Mo 15–24, Di–So 12–24 Uhr) Dieses Brauerei in der angesagten Mississippi St (die offizielle Adresse lautet Beech St) hat Picknicktische im Freien und eine sehr lockere Atmosphäre. Zu den ausgezeichneten (und trotz des Namens unvergesslichen) Biersorten zählen Desolation IPA, Amnesia Brown oder Wonka Porter. Auf einem Grill im Freien liegen Burger und Würstchen, und am Wochenende wird Livemusik geboten.

Horse Brass Pub   KNEIPE

(☑ 503-232-2202; www.horsebrass.com; 4534 SE Belmont St; ⊙ 11–14.30 Uhr) Portlands glaub-

würdigstes English Pub wird wegen seines urig-dunklen Flairs, der ausgezeichneten Fish & Chips und ungefähr vier Dutzend Bieren vom Fass geschätzt. Hier können Gäste Dart spielen, Fußball gucken oder einfach nur relaxen.

Coava Coffee   CAFÉ

(☑ 503-894-8134; www.coavacoffee.com; 1300 SE Grand Ave; ⊙ Mo–Fr 6–18, Sa 7–18, So 8–18 Uhr) Die Deko schöpft das Konzept des Neo-Industrial-Stils bis ins Extrem aus, aber die meisten Leute lieben das – und das Coava erfüllt eben alle Wünsche. Man bekommt handgebrühten Java, und auch der Espresso ist außergewöhnlich.

Bailey's Taproom   BRAUEREI

(☑ 503-295-1004; www.baileystaproom.com; 213 SW Broadway; ⊙ 14–24 Uhr) Die einzigartige und beliebte Bierkneipe bietet eine wechselnde Auswahl von 20 unterschiedlichen Bieren aus Oregon und Umgebung an. Auf der coolen digitalen Speisekarte steht alles über Bier und wie viel von den jeweiligen Sorten noch übrig ist. Hier wird kein Essen serviert, man kann sich aber was mitbringen.

Belmont Station   BRAUEREI

(☑ 503-232-8538; www.belmont-station.com; 4500 SE Stark St; ⊙ 12–23 Uhr) Mehr als 20 wechselnde ausgezeichnete Fassbiere in einem einfachen „Biercafé" mit Tischen auf dem Gehsteig. Liegt neben einem der besten Alkoholläden der Stadt, der über 1200 Biersorten verkauft und jedem Kunden, der bar zahlt, einen kleinen Rabatt gewährt.

Departure Lounge   BAR

(☑ 503-802-5370; www.departureportland.com; 525 SW Morrison St; ⊙ So–Do 16–24, Fr & Sa bis 1 Uhr) Dieses Bar-Restaurant auf der Dachterrasse des Nines Hotel (im 15. Stock) stillt eine tiefe Sehnsucht der Städter: Sie wollen eine coole Bar mit unvergesslicher Aussicht. Die Atmosphäre ist eindeutig die eines Raumschiffs (moderne Sofas, schicke Beleuchtung). Wer mal etwas anderes probieren möchte, sollte sich den ungewöhnlichen Tasho-Macho-Cocktail bestellen.

Ristretto Roasters   CAFÉ

(☑ 503-288-8667; www.ristrettoroasters.com; 3808 N Williams Ave; ⊙ Mo–Sa 6.30–18, So 7–18 Uhr) Medium geröstete, klein gemahlene und sortenreine Kaffees ergeben eine Tasse milden und feinen Java-Kaffee. Freitags um 13 Uhr finden kostenlose Kaffeeproben statt. Weitere Filialen in der 555 NE Couch St und

SCHWULEN- & LESBENSZENE IN PORTLAND

Aktuelles findet man in Portlands kostenloser, zweiwöchentlich erscheinender Schwulenzeitschrift *Just Out*. In der Stark St rund um die SW 10th St gibt es einige trendige Schwulenbars.

CC Slaughters (☑503-248-9135; www.ccslaughterspdx.com; 219 NW Davis St) Beliebter und alteingesessener Nachtclub mit großer, lauter Tanzfläche, Laser-Show und DJs. Sonntagabends finden Drag-Shows statt, und es gibt Motto-Nächte. In der entspannten Lounge kann man sich gut unterhalten.

Darcelle XV (☑503-222-5338; www.darcellexv.com; 208 NW 3rd Ave; ⊙Shows Mi–Sa) Portlands Kabarettshow im Las-Vegas-Stil: schillernde Drag Queens mit großen Perücken, falschem Schmuck und vollgestopften BHs. Freitags und samstags treten um Mitternacht männliche Stripper auf.

Silverado (☑503-224-4493; www.silveradopdx.com; 318 SW 3rd Ave) Fast jeden Abend Stripshows für Männer (Mo Karaoke). Gemischtes Publikum, billige Getränke und eventuell fummelnde, muskelbepackte Tänzer – man sollte viele Dollar-Scheine mitbringen und sich auf einen wilden Abend gefasst machen.

in der 2181 NW Nicolai St (in einem coolen Gebäude von Schoolhouse Electric).

Breakside Brewery   BRAUEREI
(☑503-719-6475; www.breakside.com; 820 NE Dekum St; ⊙Mo–Do 15–22, Fr & Sa 12–23, So 12–22 Uhr) Hier gibt es mehr als 20 Biersorten vom Fass – die verrücktesten und leckersten, die man je getrunken hat. Sie werden mit Obst, Gemüse und Gewürzen verfeinert. Zu den neuesten Kreationen gehören ein Meyer-Lemon-Kölsch, ein Mango-India-Pale-Ale und ein Rübenbier mit Ingwer. Wenn man Glück hat, gibt es als Nachtisch das gesalzene, karamellisierte Milch-Starkbier. Außerdem bietet die Brauerei auch gutes Essen und schöne Sitzgelegenheiten im Freien.

Stumptown Coffee Roasters   CAFÉ
(☑503-230-7702; www.stumptowncoffee.com; 4525 SE Division St; ⊙Mo–Fr 6–19, Sa & So 7–19 Uhr) Die erste Kleinrösterei, die Portland zu einer Nummer in der Kaffeeszene hat werden lassen, und immer noch der bekannteste Coffee-Shop der Stadt. Bei Stumptown ist man stolz darauf, direkt mit den Kaffeepflückern zu verhandeln und somit qualitativ hochwertige Bohnen zu bekommen. Auf der Website stehen noch andere Filialen in Portland und den USA.

Green Dragon   BRAUEREI
(☑503-517-0660; www.pdxgreendragon.com; 928 SE 9th Ave; ⊙So–Mi 11–23, Do–Sa bis 1 Uhr) Obwohl es sich im Besitz der Rogue Breweries befindet, serviert das Green Dragon unglaubliche 62 verschiedene Biersorten vom Fass – eine absolut vielseitige Mischung. Dazu gibt es anständige Kneipenkost. Die Brauerei befindet sich in einer großen Lagerhalle der Eastside, und an warmen Tagen kann man auf der Veranda sitzen.

Rontoms   BAR
(☑503-236-4536; 600 E Burnside St; ⊙16.30–2.30 Uhr) Zuerst der Nachteil dieser Bar im industriellen Schick: Das Essen ist nur o.k., der Service kann sehr mittelmäßig sein, und wenn man kein Hipster ist, fühlt man sich hier vielleicht fehl am Platz. Aber an schönen Tagen ist die große Veranda auf der Rückseite *das* Plätzchen schlechthin. Die Bar liegt an der Ecke E Burnside und 6th (sie ist zu cool für ein Schild).

Hopworks Urban Brewery   BRAUEREI
(☑503-232-4677; www.hopworksbeer.com; 2944 SE Powell Blvd; ⊙So–Do 11–23, Fr & Sa bis 24 Uhr) 🌿 Bio-Biere aus Zutaten der Region werden in einem umweltfreundlichen Bau mit Fahrradrahmen über der Bar serviert. Gute Speiseauswahl in familienfreundlicher Atmosphäre; an warmen Tagen ist die Sonnenterrasse auf der Rückseite Gold wert. Es gibt noch eine Filiale in der 3947 N Williams Ave.

Sterling Coffee Roasters   CAFÉ
(www.sterlingcoffeeroasters.com; 417 NW 21st Ave; ⊙Mo–Fr 7–16, Sa & So 8–16 Uhr) Sehr kleiner, aber eleganter Coffee-Shop, der komplexe, aromatische Röstungen herstellt. Einfache Speisekarte, großartiger Cappuccino und Espresso sowie sachkundige Baristas. Ein weiterer Ableger befindet sich in der 1951 W Burnside (hier heißt es Coffeehouse Northwest).

☆ Unterhaltung

Der beste Guide in Sachen Unterhaltung ist die kostenlose *Willamette Week* (www.wweek.com), die jeden Mittwoch erscheint und Theater, Musik, Clubs, Kino und Events im Stadtgebiet auflistet. Der *Portland Mercury* (www.portlandmercury.com) ist auch sehr informativ.

Bezüglich Open-Air-Konzerten im Sommer sollte man checken, was im Oregon Zoo los ist.

Livemusik

Doug Fir Lounge
LIVEMUSIK
(☑ 503-231-9663; www.dougfirlounge.com; 830 E Burnside St) An diesem ultra-trendigen Veranstaltungsort treffen Paul Bunyan und die Jetsons aufeinander. Die Doug Fir Lounge bucht angesagte, umschwärmte Talente und zieht damit von tätowierten Jugendlichen bis hin zu spießigen Yuppies jede Menge Publikum an. Das nette Restaurant neben dem bei Rockstars beliebten Jupiter Hotel hat lange Öffnungszeiten.

Dante's
LIVEMUSIK
(☑ 503-345-7892; www.danteslive.com; 350 W Burnside St) In dieser dampfigen, roten Bar treten nationale Bands wie die Dandy Warhols und Concrete Blonde auf, und es wird Varieté geboten. Sonntagabends steht das vielseitige Sinferno Cabaret auf dem Programm.

Crystal Ballroom
LIVEMUSIK
(☑ 503-225-0047; www.mcmenamins.com; 1332 W Burnside St) In dieser riesigen historischen Konzerthalle haben schon Größen wie Grateful Dead, James Brown und Jimi Hendrix gespielt. Die bewegliche Tanzfläche macht das Tanzen zu einem Balanceakt. Wer auf die 1980er steht, sollte freitags runter in den Lola's Room gehen.

Mississippi Studios
LIVEMUSIK
(☑ 503-288-3895; www.mississippistudios.com; 3939 N Mississippi Ave) Traulicher Veranstaltungsort für angehende Akustik-Stars und bekanntere Alternative-Bands. Hervorragendes Sound System. Nebenan gibt es ein gutes Bar-Restaurant mit Terrasse.

Jimmy Mak's
LIVEMUSIK
(☑ 503-295-6542; www.jimmymaks.com; 221 NW 10th Ave; ☉ Musik ab 20 Uhr) Stumptowns führende Jazz-Kneipe, in deren schickem Speisesaal auch ausgezeichnete mediterrane Küche serviert wird. Im Untergeschoss gibt es eine gemütliche Bar mit Billardtischen und Dartscheiben.

Kino

Kennedy School
KINO
(☑ 503-249-3983; www.mcmenamins.com; 5736 NE 33rd Ave) McMenamins' führendes Kino in Portland zeigt 3-US$-Filme in der alten Turnhalle.

Bagdad Theater
KINO
(☑ 503-249-7474; www.mcmenamins.com; 3702 SE Hawthorne Blvd) Ein tolles McMenamins-Kino, in dem man günstig Filme gucken kann.

Laurelhurst Theater
KINO
(☑ 503-232-5511; www.laurelhursttheater.com; 2735 E Burnside St) Tolles Kino, in dem es leckere Pizza und eine Kleinbrauerei gibt; in der Nähe der nächtlichen Action.

Cinema 21
KINO
(www.cinema21.com; 616 NW 21st Ave) Im besten Programmkino Portlands werden auch ausländische Filme gezeigt.

Theater & Klassische Musik

Portland Center Stage
THEATER
(☑ 503-445-3700; www.pcs.org; 128 NW 11th Ave) Das beste Ensemble der Stadt spielt in der Portland Armory, dem frisch renovierten Wahrzeichen im Pearl District, das mit der neuesten Bühnentechnik ausgestattet ist.

Arlene Schnitzer Concert Hall
KLASSISCHE MUSIK
(☑ 503-228-1353; www.pcpa.com/schnitzer; 1037 SW Broadway) In dieser schönen, wenn auch akustisch nicht ganz so tollen Konzerthalle im Zentrum Portlands ist Oregons Symphonieorchester zu Hause.

Artists Repertory Theatre
THEATER
(☑ 503-241-1278; www.artistsrep.org; 1515 SW Morrison St) In zwei kleinen Theatersälen werden einige der besten Stücke Portlands aufgeführt, darunter auch regionale Premieren.

Keller Auditorium
THEATER
(☑ 503-248-4335; www.pcpa.com/keller; 222 SW Clay St) Hier treten die Portland Opera und das Oregon Ballet Theatre auf. Außerdem werden einige Broadway-Stücke gezeigt.

Sport

Portlands Trailblazers spielen im **Moda Center** (☑ 503-235-8771; www.rosequarter.com; 300 N Winning Way). Die städtischen Fußballteams der A-Liga sind die **Timbers** (www.portlandtimbers.com), die zusammen mit ihren weiblichen Kolleginnen, den **Thorns** (www.portlandtimbers.com/thornsfc) auf dem Jeld-Wen Field spielen. Die Frauenmannschaft gewann 2013 im ersten Jahr in der Liga gleich die Meisterschaft. Weitere wichtige Sportmannschaften sind die **Winter Hawks** (www.winterhawks.com), die im Moda Center

Eishockey spielen, und die **Rose City Rollers** (www.rosecityrollers.com), ein Roller-Derby-Team, das im Hangar im Oaks Amusement Park Wettkämpfe austrägt.

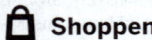 ## Shoppen

Portlands Shoppingzone in Downtown erstreckt sich vom Pioneer Courthouse Sq aus über zwei Blocks und beherbergt die üblichen Verdächtigen. Die schicke Mall **Pioneer Place** (☑ 503-228-5800; www.pioneerplace.com; 700 SW 5th Ave; ☺ Mo–Sa 10–20, So 11–18 Uhr) liegt östlich des Platzes. Im Pearl District wimmelt es von teuren Galerien, Boutiquen und Inneneinrichtungsläden. Am Wochenende sollte man dem Saturday Market (S. 235) am Skidmore Fountain einen Besuch abstatten. Eine sehr angenehme und vornehme Einkaufsstraße ist die NW 23rd Ave.

In Eastside gibt es viele angesagte Einkaufsstraßen, in denen auch Restaurants und Cafés ansässig sind. Der SE Hawthorne Blvd ist die größte, die N Mississippi Ave ist die neueste, und die NE Alberta St ist die künstlerischste und flippigste der Shoppingmeilen. Weiter im Süden ist Sellwood bekannt für seine Antiquitätenläden.

ⓘ Praktische Informationen

GELD

Travelex (☺ 5.30–16.30 Uhr) Downtown (900 SW 6th Ave); Portland International Airport (☑ 503-281-3045; ☺ 5.30–16.30 Uhr) Geldwechsel.

NICHT VERSÄUMEN

POWELL'S CITY OF BOOKS

Kann sich noch jemand an Buchläden erinnern? Nein, sie sind nicht alle ausgestorben. Willkommen in **Powell's City of Books** (☑ 503-228-4651; www.powells.com; 1005 W Burnside St; ☺ 9–23 Uhr), einem Bücherparadies, das auf mehreren Stockwerken einen ganzen Straßenblock einnimmt und das einst der „größte unabhängige Buchladen der Welt" war. Wer in Portland ist, sollte diese lokale Institution und Touristenattraktion auf keinen Fall verpassen. Es lohnt sich, hier ein paar Stunden zu verbringen – und die braucht man durchaus für den ganzen Laden. In der Stadt verteilt und am Flughafen gibt es noch weitere Filialen, aber keine ist so groß wie diese hier.

INFOS IM INTERNET

Oregon Live (www.oregonlive.com) Die Website des *Oregonian* mit Nachrichten, Sport und Unterhaltung.

Portland Food & Drink (www.portlandfood anddrink.com) Unvoreingenommene Kritiken über Portlands Restaurants mit Facharktikeln.

Portland Monthly (www.portlandmonthlymag. com) Auf der Website der Zeitschrift *Portland Monthly* gibt's interessante lokale Themen.

Travel Portland (www.travelportland.com) Was man unbedingt tun muss, wohin man gehen sollte und wie man sparen kann.

INTERNETZUGANG

Backspace (☑ 503-248-2900; www.back space.bz; 115 NW 5th Ave; ☺ Mo–Fr 7–24, Sa & So 10–24 Uhr) Treffpunkt für Jugendliche; Spielautomaten, Kaffee, lange Öffnungszeiten und sogar Livemusik.

Central Library (☑ 503-988-5123; www.mult colib.org; 801 SW 10th Ave) In Downtown; weitere Filialen finden sich auf der Website.

MEDIEN

KBOO 90.7 FM (www.kboo.fm) Progressiver Lokalsender von Freiwilligen; alternative Nachrichten und Ansichten.

Portland Mercury (www.portlandmercury.com) Kostenloses Pendant zu Seattles *Stranger*.

Willamette Week (www.wweek.com) Kostenlose Wochenzeitung mit lokalen Nachrichten und Kultur.

NOTFALL & MEDIZINISCHE VERSORGUNG

Legacy Good Samaritan Medical Center (☑ 503-413-7711; www.legacyhealth.org; 1015 NW 22nd Ave)

Polizei (☑ 503-823-0000; www.portlandore gon.gov/police; 1111 SW 2nd Ave)

POST

Post (☑ 503-525-5398; www.usps.com; 715 NW Hoyt St; ☺ Mo–Fr 8–18.30, Sa 8.30–17 Uhr) Dies ist die Hauptfiliale, aber es gibt noch viele weitere in ganz Portland.

TOURISTENINFORMATION

Portland Oregon Visitors Association (www. travelportland.com; 701 SW 6th Ave; ☺ Mo–Fr 8.30–17.30, Sa 10–16, So bis 14 Uhr) Am Pioneer Courthouse Sq. Hier gibt es ein kleines Kino mit einem zwölfminütigen Film über die Stadt sowie Ticketschalter für den Tri-Met-Bus und die Stadtbahn.

ⓘ An- & Weiterreise

 ### BUS

Greyhound (☑ 503-243-2361; www.greyhound. com; 550 NW 6th Ave) Greyhound-Busse verbinden Portland mit den Städten an der I-5 und der I-84. Ziele sind u. a. Chicago, Boise, Denver, San Francisco, Seattle und Vancouver, BC.

Bolt Bus (☑ 877-265-8287; www.boltbus.com) Wer zwischen Portland, Seattle und Vancouver, BC, hin- und herreist, sollte den Bolt Bus nehmen. Große Busse mit WLAN und Steckdosen.

FLUGZEUG

Portland International Airport (PDX; ☑ 503-460-4234; www.flypdx.com; 7000 NE Airport Way) Vom Portland International Airport gehen täglich Flüge in die ganzen USA und zu mehreren internationalen Reisezielen. Der Flughafen liegt östlich der I-5 am Ufer des Columbia River (eine 20-minütige Fahrt von Downtown über die Steel Bridge in nordöstliche Richtung). Hier gibt es Wechselstuben, Restaurants, Buchläden (darunter auch drei Filialen von Powell's) und Service-Einrichtungen für Geschäftsreisende wie kostenloses WLAN.

ZUG

Amtrak (☑ 503-273-4865; www.amtrak.com; 800 NW 6th Ave) Amtrak-Züge fahren die Westküste rauf und runter. Der *Empire Builder* fährt nach Chicago, der *Cascades* nach Vancouver, BC, und der *Coast Starlight* verkehrt zwischen Seattle und L. A.

❶ Unterwegs vor Ort

AUTO

Die meisten großen Autovermietungen haben sowohl Büros in Downtown als auch am Portland International Airport (PDX). Viele von den Agenturen haben Hybrid-Fahrzeuge in ihre Flotte aufgenommen. **Zipcar** (www.zipcar.com) ist eine beliebte Car-Sharing-Firma von vielen. Infos zu günstigen Parkplätzen in der Innenstadt gibt es unter www.portlandoregon.gov/transportation/35272.

CHARTER-SERVICE

Für Bus- oder Van-Chartertouren ist **EcoShuttle** (☑ 503-548-4480; www.ecoshuttle.net) zuständig. Die Fahrzeuge laufen zu 100 % mit Bio-Diesel.

FAHRRAD

In Portland, der Stadt, die mehrmals zur radfahrerfreundlichsten Stadt Amerikas gewählt wurde, macht es richtig Spaß, Rad zu fahren.

Zu den Fahrradverleihen zählen u. a. **Clever Cycles** (☑ 503-334-1560; www.clevercycles.com/rentals; 900 SE Hawthorne Blvd) und Waterfront Bicycle Rentals (S. 237).

VOM/ZUM FLUGHAFEN

Der Portland International Airport (PDX) liegt etwa 10 Meilen (16 km) nordöstlich von Downtown am Columbia River. Die Stadtbahn MAX von Tri-Met braucht ungefähr 40 Minuten von der Innenstadt zum Flughafen. Wer lieber mit dem Bus fährt, sollte den Shuttle-Bus von **Blue Star** (☑ 503-249-1837; www.bluestarbus.com) wählen; er verkehrt vom Flughafen zu mehreren Haltestellen in Downtown.

Taxifahrer verlangen um die 34 US$ für die Fahrt vom Flughafen nach Downtown (Trinkgeld nicht inbegriffen).

ÖFFENTLICHE VERKEHRSMITTEL

Portland verfügt über ein gutes öffentliches Nahverkehrsnetz, das aus Stadtbussen, Straßenbahnen und der Stadtbahn MAX besteht. Alle werden von **TriMet** (☑ 503-238-7433; www.trimet.org; 701 SW 6th Ave) betrieben; am Pioneer Courthouse Sq gibt es einen Infoschalter.

Die Fahrkarten sind in allen öffentlichen Verkehrsmitteln für zwei Stunden nach dem Kauf gültig. Bustickets kauft man beim Einsteigen an den Automaten, Straßenbahntickets gibt es entweder an den Haltestellen oder direkt in der Straßenbahn. Tickets für die MAX müssen vor dem Einsteigen an Ticketschaltern der MAX-Stationen gekauft werden – in der Bahn gibt es keinen Fahrer oder Fahrscheinautomaten (aber Kontrolleure!).

Nachteulen sei gesagt, dass nachts nicht ganz so viele Busse und Bahnen fahren. Nach 1 Uhr verkehren nur noch sehr wenige. Details zu den einzelnen Nachtlinien gibt es auf der Website.

PEDICAB

Als umweltfreundliche Alternative gibt es mehrere Rikscha-Anbieter in der Stadt, darunter **PDX Pedicab**. (☑ 503-828-9888; www.pdxpedicab.com) Die Fahrradrikschas sind in der ganzen Innenstadt unterwegs.

TAXI

Taxis können telefonisch rund um die Uhr bestellt werden. In Zentrum muss man sie oft nur anhalten. Gute Tipps sind **Broadway Cab** (☑ 503-333-3333; www.broadwaycab.com) und **Radio Cab** (☑ 503-227-1212; www.radiocab.net).

Willamette Valley

Das fruchtbare, 96 km breite Willamette Valley war für die Pioniere, die vor mehr als 150 Jahren auf dem Oregon Trail gen Westen zogen, der Heilige Gral. Für die Menschen von heute ist es der Gemüsegarten, in dem mehr als 100 verschiedene Produkte geerntet werden – u. a. gedeiht hier auch ein Pinot Noir (s. S. 246). Salem, die Hauptstadt Oregons, liegt ungefähr eine Autostunde von Portland entfernt am nördlichen Ende des Willamette Valley. Die meisten anderen

WEINBAUREGION WILLAMETTE VALLEY

Nur eine einstündige Autofahrt von Portland entfernt liegt das Willamette Valley, wo sich Hunderte Weingüter angesiedelt haben, auf denen die edelsten Tropfen hergestellt werden – vor allem Pinot Noir. In McMinnville, Newberg und Dundee gibt es die meisten Einrichtungen der Gegend, darunter einige sehr gute Restaurants, Läden, B&Bs und Verkostungsstuben. Mehr Infos über die Weingüter der Gegend lassen sich unter www.willamettewines.com einholen.

Durch üppig grüne Hügel auf kurvigen Landstraßen von einem Weingut zum anderen zu fahren, ist eine wunderbare Möglichkeit, den Nachmittag zu verbringen – man sollte vorher nur einen Fahrer bestimmen. Wer lieber eine Tour mitmachen möchte, sollte sich an **Grape Escape** (☑ 503-283-3380; www.grapeescapetours.com) wenden. Und wer gerne Rad fährt, kann bei Pedal Bike Tours (S. 237) in Portland fünfstündige Touren buchen.

Intellektueller geht es im **Evergreen Aviation Museum** (☑ 503-434-4180; www.evergreenmuseum.org; 500 NE Captain Michael King Smith Way; Erw./Kind 25/23 US$ (inkl. 3-D-Film); ⊙ 9–17 Uhr; 🚻) von McMinnville zu. Hier steht Howard Hughes' **Spruce Goose**, das größte Holzflugzeug der Welt. Außerdem gibt es noch eine Nachbildung vom *Flyer* der Gebrüder Wright zu sehen, ein 3-D-Kino und – seltsamerweise – einen tollen Wasserpark.

Eine interessante Übernachtungsmöglichkeit bietet sich im **McMenamins Hotel Oregon** (☑ 503-472-8427; www.mcmenamins.com; 310 NE Evans St, McMinnville; DZ 75–145 US$; 😊 🐾 🛜 🍴), einem älteren Gebäude, das in ein charmantes Hotel umgewandelt wurde. Es verfügt über eine wunderbare Dachterrassenbar. Wer auf der Suche nach einem außergewöhnlichen Restaurant ist, der sollte ins **Joel Palmer House** (☑ 503-864-2995; www.joelpalmerhouse.com; 600 Ferry St, McMinnville; Menü 49–80 US$; ⊙ Di–Sa 16.30–21.30 Uhr) 🌿 gehen. Die Gerichte sind mit Wildpilzen aufgepeppt, die die Köche persönlich in der Gegend sammeln.

Sehenswürdigkeiten sind ebenfalls im Rahmen eines Tagesausflugs zu erreichen. Weiter im Süden liegt Eugene, eine dynamische Universitätsstadt, in der man sich gut und gerne einige Tage aufhalten kann.

Salem

Oregons Hauptstadt (nicht das Salem mit den Hexen – das liegt in Massachusetts) ist bekannt für ihre Kirschbäume, das Artdéco-Kapitol und die Willamette University.

Im **Hallie Ford Museum of Art** (900 State St; Erw./ unter 12 Jahren Eintritt 3 US$/frei; ⊙ Di–Sa 10–17, So ab 13 Uhr) der Willamette University ist die beste Sammlung von Kunst aus dem Nordwesten zu besichtigen, darunter eine beeindruckende Galerie der amerikanischen Ureinwohner.

Das **Oregon State Capitol** (900 Court St NE) GRATIS aus dem Jahr 1938 wirkt wie eine Kulisse aus einem opulenten Film von Cecil B. DeMille. Es werden kostenlose Führungen angeboten. Das weitläufige **Bush House** (☑ 503-363-4714; www.salemart.org; 600 Mission St SE; Erw./Kind 6–15 Jahre 6/3 US$; ⊙ Mi–So 13–16 Uhr, Jan. & Feb. geschl.) aus dem 19. Jh. ist ein Herrenhaus im italienischen Stil, das heute ein Museum mit historischen Akzenten wie Originaltapeten und Marmorkaminen beherbergt.

Das **Visitors Information Center** (www.travelsalem.com; 181 High St NE; ⊙ Mo–Fr 8.30–17, Sa 10–16 Uhr) ist eine gute Orientierungshilfe.

Salem wird täglich von **Greyhound-Bussen** (☑ 503-362-2428; www.greyhound.com; 500 13th St SE) und **Amtrak-Zügen** (☑ 503-588-1551; www.amtrak.com; 500 13th St SE) angesteuert.

Eugene

Das vielschichtige Eugene – auch bekannt als „Tracktown" – ist von jugendlicher Energie und liberaler Politik geprägt. Die Stadt ist bekannt für ihre Leichtathletik-Champions (immerhin stammt auch das Unternehmen Nike von hier). Die meisten Bewohner sind Arbeiter in der Holz- und Fertigungsbranche, aber es leben auch einige unkonventionelle Leute hier – von Ex-Hippie-Aktivisten über anarchistische Umweltschützer bis hin zu vornehmen Unternehmern und Führungsposten der Hightech-Industrie.

Eugene hat eine großartige Kunstszene, außergewöhnlich gute Restaurants, ausgelassene Festivals, kilometerlange Uferpfade und einige hübschen Parks zu bieten. Es ist eine wunderbare Stadt – sowohl für dynamische Traveller als auch für die Glücklichen, die hier wohnen dürfen.

◉ Sehenswertes

Alton Baker Park   PARK
(100 Day Island Rd) Dieser beliebte, 1,6 km² große Park am Fluss ist ein Paradies für Radfahrer und Jogger. Er bietet Zugang zum **Ruth Bascom Riverbank Trail System**, einem 12 Meilen (19 km) langen Radweg, der sich auf beiden Seiten des Willamette River erstreckt. Der Park ist ungefähr zur Hälfte unterteilt in wilde und gepflegte Flächen. Der an den Fluss grenzende Park ist über drei Fußgängerbrücken mit Eugenes weiterem Wanderwegenetz verbunden. Gleich nordwestlich des Alton Baker Park auf der anderen Seite des Flusses liegt der Hügel **Skinner Butte** (208 m), ein Wahrzeichen voller Wiesen, Wanderwege und mit einer prima Aussicht auf die Stadt.

University of Oregon   UNIVERSITÄT
(☏ 541-346-1000; www.uoregon.edu) Die Universität von Oregon wurde 1872 gegründet und ist die führende Einrichtung des Staates in Sachen höhere Bildung. Ihre Schwerpunkte sind die Künste, Wissenschaft und Recht. Der Campus ist voller historischer efeubewachsener Gebäude, und es gibt sogar einen **Pionierfriedhof** mit Grabsteinen, die einen Eindruck vom Leben und Sterben in der früheren Siedlung vermitteln. Ein Highlight des Campus ist das **Jordan Schnitzer Museum of Art** (☏ 541-346-3027; www.jsma.uoregon.edu; 1430 Johnson Lane; Erw./Kind Eintritt 5 US$/frei; ⊙ Di–So 11–17, Mi bis 20 Uhr), das eine wechselnde Dauerausstellung mit Weltklassekunst von koreanischen Schriftrollen bis hin zu Gemälden von Rembrandt beherbergt. Das **Museum of Natural and Cultural History** (☏ 541-346-3024; http://natural-history.uoregon.edu; 1680 E 15th Ave; Erw./3–18 Jahre 3/2 US$, Mi Eintritt frei; ⊙ Mi–So 11–17 Uhr) lohnt sich ebenfalls wegen seiner Ausstellungen über die Ureinwohner Amerikas.

🛏 Schlafen

In Eugene gibt es die üblichen Hotel- und Motelketten. Bei wichtigen Football-Spielen und Abschlussfeiern steigen die Preise.

Campus Inn   MOTEL $
(☏ 541-343-3376; www.campus-inn.com; 390 E Broadway; DZ 70–80 US$; ⊛✻@🛜✻) Sehr angenehmes Motel mit geräumigen Zimmern im Business-Stil und einfacher, aber doch eleganter Einrichtung. Für 10 US$ extra hat man ein größeres Bett und mehr Platz. Kleiner Fitnessraum, Gemeinschafts-Whirlpool und Dachterrasse sind vorhanden.

Eugene Whiteaker Hostel   HOSTEL $
(☏ 541-343-3335; www.eugenehostels.com; 970 W 3rd Ave; B inkl. Frühstück 25 US$, Zi. inkl. Frühstück 40–70 US$; ⊛@🛜) Gemütliches Hostel in

DER NORDWESTEN WILLAMETTE VALLEY

ABSTECHER

THERMALQUELLEN

In Oregon gibt es jede Menge Thermalquellen, und einige sind nicht weit von Salem entfernt. Ein paar Autostunden östlich der Stadt liegen die **Bagby Hot Springs** (www.bagbyhotsprings.org; 5 US$/Pers.), rustikale Thermalquellen mit verschiedenen Holzzubern in halbprivaten Badehäusern. Die Quellen sind über einen hübschen, 2,4 km langen Wanderweg zu erreichen. Von Estacada geht es über den Hwy 224 42 km in Richtung Süden. Die Straße wird dann zur Forest Rd 46. Hier noch weitere 3,5 Meilen (5,6 km) geradeaus fahren, dann rechts auf die Forest Rd 63 abbiegen und nach 3,6 Meilen (5,8 km) auf die USFS Rd 70 einbiegen. Dann geht es nochmal nach rechts, bevor man nach 6 Meilen (9,6 km) den Parkplatz erreicht.

Ebenfalls gute Quellen sind die **Terwilliger Hot Springs** (auch Cougar Hot Springs genannt), eine schöne Ansammlung terrassenförmiger Naturbecken, die von großen Felsen eingerahmt werden (6 US$/Pers.). Sie sind rustikal, aber gut gepflegt. Die heißeste Quelle befindet sich ganz oben. Vom Parkplatz aus muss man 400 m zu den Quellen laufen. Um hierher zu gelangen, biegt man vom Hwy 126 in Richtung Süden auf den Aufderheide Scenic Byway ab und fährt noch etwa 7,5 Meilen (12 km).

Ein bisschen besser erschlossen sind die **Breitenbush Hot Springs** (☏ 503-854-7174; www.breitenbush.com), ein schickes Spa mit Massage- und Yoga-Angebot sowie vegetarischem Essen. Breitenbush liegt östlich von Salem am Hwy 46, direkt hinter dem Ort Detroit.

einem alten, weitläufigen Gebäude. Gäste genießen das Künstlerflair, die hübschen Veranden zum Abhängen auf der Vorder- und Rückseite und ein einfaches, kostenloses Frühstück. Auch Campingstellplätze sind vorhanden (15 US$/Pers.), und die Straße runter gibt es noch ein Nebengebäude.

⭐ **C'est La Vie Inn** B&B **$$**
(☎ 541-302-3014; www.cestlavieinn.com; 1006 Taylor St; DZ 150–170 US$; ⊖※@📶) Dieses traumhafte viktorianische Haus, das von einer freundlichen Französin und ihrem amerikanischen Ehemann geführt wird, ist das Highlight im Viertel. Wunderschöne Antikmöbel stehen in den Wohn- und Speiseräumen, und die drei geschmackvoll eingerichteten Zimmer bieten Komfort und Luxus. Auch eine unglaubliche Suite mit Kitchenette steht bereit (260 US$).

✖ Essen

Sweet Life Patisserie CAFÉ, BÄCKEREI **$**
(☎ 541-683-5676; www.sweetlifedesserts.com; 755 Monroe St; Gebäck 2–5 US$; ⊖ Mo–Fr 7–23, Sa & So ab 8 Uhr) 🍴 Im besten Süßwarenladen Eugenes gibt es klebrige Pekannussbrötchen, leckere Croissants und *pain au chocolat*. Auch das Gebäck vom Vortag, das oft zum halben Preis verkauft wird, schmeckt noch vorzüglich. Es gibt auch Bio-Kaffee.

Belly Taqueria MEXIKANISCH **$**
(☎ 541-687-8226; www.eatbelly.com; 291 E 5th Ave; Tacos 3–4 US$, Tostadas 5–6 US$; ⊖ Mo–Do 17–21, Fr & Sa bis 22 Uhr) Hier stehen Mais-Tortilla-Tacos auf dem Programm – unbedingt die *carnitas* (langsam gekochtes Fleisch), *camarones* (Shrimps), Muscheln (in Bierteig gebraten) oder die *lengua* (Kuhzunge – nicht gleich ablehnen!) probieren!

⭐ **Beppe & Gianni's Trattoria** ITALIENISCH **$$**
(☎ 541-683-6661; www.beppeandgiannis.net; 1646 E 19th Ave; Hauptgerichte 15–25 US$; ⊖ So–Do 17–21, Fr & Sa bis 22 Uhr) Eines der beliebtesten Restaurants in Eugene und sicherlich das beste für italienisches Essen. Ein Highlight ist die selbst gemachte Pasta, und auch die Nachspeisen sind ausgezeichnet. Wartezeit einplanen!

McMenamins North Bank AMERIKANISCH **$$**
(☎ 541-343-5622; www.mcmenamins.com; 22 Club Rd; Hauptgerichte 9–20 US$; ⊖ So–Do 11–23, Fr & Sa bis 24 Uhr) Dieses Kneipen-Restaurant in herrlicher Lage am Ufer des mächtigen Willamette River gewährt eine wunderbare Aussicht. An warmen, sonnigen Tagen sollte man sich einen Tisch auf der Terrasse zum Fluss hin schnappen und einen Cheeseburger bestellen. Dazu ein Hammerhead Ale, und der Tag ist perfekt!

❶ Praktische Informationen

Alle möglichen Infos gibt's im **Visitor Center** (www.eugenecascadecoast.org; 754 Olive St; ⊖ Mo–Fr 8–17 Uhr).

❶ Anreise & Unterwegs vor Ort

Von Eugenes **Amtrak-Bahnhof** (☎ 541-687-1383; www.amtrak.com; Ecke E 4th Ave & Willamette St) fahren täglich Züge nach Vancouver, BC, nach L. A. und zu allen Orten auf den *Cascade*- und *Coast Starlight*-Strecken. Busse von **Greyhound** (☎ 541-344-6265; www.greyhound.com; 987 Pearl St) fahren Richtung Norden nach Salem und Portland und Richtung Süden nach Grants Pass und Medford. Täglich fährt ein Bus von **Porter Stage Lines** (www.kokkola-bus.com) vor dem Bahnhof ab zur Küste.

Lane Transit District (☎ 541-682-6100; www.ltd.org; 3500 E 17th Ave) betreibt Stadtbusse. Leihräder gibt's bei **Paul's Bicycle Way of Life** (152 W 5th St; ⊖ Mo–Fr 9–19, Sa & So 10–17 Uhr).

Columbia River Gorge

Der mächtige Columbia River – gemessen an den Wassermengen ist er der viertgrößte Fluss der USA – bahnt sich seinen 2000 km langen Weg von Alberta in Kanada bis zum Pazifik direkt westlich von Astoria. Auf den letzten 500 km bildet die stark gestaute Wasserweg die Grenze zwischen Washington und Oregon, schneidet sich tief in die Cascade Mountains und erzeugt die spektakuläre Columbia River Gorge. Der Uferstreifen mit seinen vielen Ökosystemen, Wasserfällen und grandiosen Aussichtspunkten ist als National Scenic Area eingestuft. Dieses Gebiet ist ein beliebter Treffpunkt für Windsurfer, Radler, Angler und Wanderer.

Nicht weit von Portland entfernt ziehen die **Multnomah Falls** viele Traveller an, und das **Vista House** gewährt einen umwerfenden Blick auf die Schlucht. Für alle, die sich die Beine vertreten möchten, ist der **Eagle Creek Trail** der beste Wanderweg der Gegend – vorausgesetzt, man hat keine Höhenangst.

Hood River & Umgebung

Die kleine Stadt Hood River, 63 Meilen (101 km) östlich von Portland an der I-84, ist bekannt für ihre Obstplantagen und Weingüter und außerdem ein Mekka für Windsurfer und Kiteboarder. Starke Flussströmungen, die hier vorherrschenden Westwinde und der gewaltige Columbia River sorgen für die perfekten Voraussetzungen für diese Windsportarten.

◉ Sehenswertes & Aktivitäten

Die 22 Meilen (35 km) lange **Mount Hood Railroad** (☎ 800-872-4661; www.mthoodrr.com; 110 Railroad Ave) wurde 1906 für den Holztransport zum Columbia River fertiggestellt. Heute tuckert sie im Sommer mit Travellern vorbei an duftenden Obstplantagen bis unter den schneebedeckten Gipfel des Mt. Hood. Im Voraus buchen!

Lust auf eine Weinverkostung? Ganz in der Nähe liegt die **Cathedral Ridge Winery** (☎ 800-516-8710; www.cathedralridgewinery.com; 4200 Post Canyon Dr).

Wer die Windsportarten von Hood River ausprobieren möchte, wendet sich für Verleih und Unterricht an **Hood River Waterplay** (☎ 541-386-9463; www.hoodriverwaterplay.com; Hafen von Hood River Marina). Die Gegend eignet sich auch hervorragend zum **Mountainbiken**; Infos und Verleih hat **Discover Bicycles** (☎ 541-386-4820; www.discoverbicycles.com; 210 State St; ⊙ Mo–Sa 10–18, So bis 17 Uhr).

🛏 Schlafen & Essen

Inn of the White Salmon INN, HOSTEL **$$**
(☎ 509-493-2335; www.innofthewhitesalmon.com; 172 West Jewett Blvd; DZ 129–189 US$; ⊗❋🛜) In White Salmon, Washington, steht dieses sehr nette und moderne Gasthaus mit 18 gemütlichen Zimmern und einem hübschen Garten mit Terrasse. Außerdem gibt es noch einen schönen Schlafsaal mit acht Betten (Einzelbett 29 US$, Queen-Size-Bett f. 2 Pers. 40 US$) und eine Gemeinschaftsküche.

Hood River Hotel HISTORISCHES HOTEL **$$**
(☎ 541-386-1900; www.hoodriverhotel.com; 102 Oak St; DZ 99–179 US$; ⊗❋🛜🐾) Im Zentrum von Hood River bietet dieses nette Hotel aus dem Jahr 1913 gemütliche, altmodische Zimmer mit winzigen Bädern. Die Suiten sind am besten ausgestattet und haben die schönste Aussicht. Auch Küchenzeilen verfügbar.

Double Mountain Brewery KLEINBRAUEREI **$**
(☎ 541-387-0042; www.doublemountainbrewery.com; 8 4th St; Sandwiches 7,50–10 US$, Pizzas 16–22 US$; ⊙ So–Do 11.30–23, Fr & Sa bis 24 Uhr) Dieses beliebte Brauerei-Restaurant in Hood River eignet sich bestens für ein leckeres Sandwich, ausgezeichnete Holzofenpizza und selbst gebrautes Bier. Am Wochenende gibt's Livemusik.

ℹ Praktische Informationen

Die **Handelskammer** (☎ 541-386-2000; www.hoodriver.org; 720 E Port Marina Dr; ⊙ ganzjährig Mo–Fr 9–17 Uhr, April–Okt. Sa & So 10–17 Uhr) hält viele Informationen parat.

ℹ An- & Weiterreise

Greyhound-Busse (☎ 541-386-1212; www.greyhound.com; 110 Railroad Ave) fahren täglich von Hood River nach Portland. **Amtrak-Züge** (www.amtrak.com) verbinden Hood River mit Washington.

Oregon Cascades

Die Oregon Cascades sind von unzähligen Vulkanen geprägt, die schon von fern zu sehen sind. Der Mt. Hood an der Columbia River Gorge ist der höchste Berg Oregons. Hier kann man das ganze Jahr über Ski fahren, auch die Wanderung zum Gipfel stellt kein größeres Problem dar. In Richtung Süden schließen sich der Mt. Jefferson und die Three Sisters an, bevor man den spektakulären Crater Lake erreicht. Der See entstand durch den Ausbruch des Mt. Mazama vor etwa 7000 Jahren, bei dem die gesamte Spitze des Vulkans weggesprengt wurde und der Berg in sich zusammenstürzte.

Mt. Hood

Der höchste Gipfel des Bundesstaates, der Mt. Hood (3426 m), ist an sonnigen Tagen von großen Teilen Nord-Oregons aus zu sehen und wirkt auf Skifahrer, Wanderer und Touristen unweigerlich wie ein Magnet. Im Sommer blühen auf den Berghängen Wildblumen, und versteckte Teiche schimmern blau – das macht jede Wanderung zu einem unvergesslichen Erlebnis. Im Winter haben die Leute hier nur Skifahren und Langlaufen im Sinn.

Der Mt. Hood ist ganzjährig über die US 26 von Portland aus und über den Hwy 35 von Hood River aus zu erreichen. Zusammen mit dem Columbia River Hwy bilden diese Straßen den Mt. Hood Loop, eine beliebte, landschaftlich sehr schöne Strecke. Am Pass über den Mt. Hood liegt Government Camp, das Zentrum der Action auf dem Berg.

☆ Aktivitäten

Skifahren

Der Mt. Hood wird zu Recht wegen seiner Skihänge geliebt. Auf dem Berg gibt es sechs Skigebiete, darunter **Timberline** (☏503-272-3158; www.timberlinelodge.com; Liftkarte Erw./Kind 15–17/7–14 Jahre 68/56/42 US$), das einzige ganzjährig geöffnete Skigebiet der USA. Nicht ganz so weit von Portland entfernt liegt **Mt. Hood SkiBowl** (☏503-272-3206; www.skibowl.com; Liftkarte Erw./Kind 7–12 Jahre 49/30 US$) – auch nicht von schlechten Eltern. Es ist das größte Nacht-Skigebiet des Landes und vor allem bei Städtern sehr beliebt, die mit der Metro einem lustigen Abend im Pulverschnee entgegenfahren können. Das größte Skigebiet des Berges heißt **Mt. Hood Meadows** (☏503-337-2222; www.skihood.com; Liftkarte Erw./Kind 7–14 74/39 US$). Hier herrschen normalerweise die besten Schneebedingungen.

Wandern & Trekken

Der Mt. Hood National Forest umfasst erstaunliche 1931 km Wanderwege. An den meisten Ausgangspunkten ist der Northwest Forest Pass (5 US$) erforderlich.

Ein beliebter Rundwanderweg führt über 11 km von der Nähe des Dörfchens Zigzag zu den schönen **Ramona Falls**, die moosbedeckten Basalt hinunterstürzen. Ein weiterer Weg führt 2,4 km von der US 26 rauf zum **Mirror Lake**, 800 m rund um den See und nochmal 3,2 km weiter zu einem Bergkamm

Der 66 km lange **Timberline Trail** umringt den Mt. Hood und geht durch schöne Wildnis. Mögliche Abstecher sind die Wanderung zum McNeil Point und die kurze Klettertour zum Bald Mountain. Von der Timberline Lodge führt ein 7,2 km langer Rundweg zum Zigzag Canyon Overlook. Zum Zeitpunkt der Recherche waren Teile des Weges allerdings unterspült, und es wurde kein Datum genannt, an dem der Weg wieder instand gesetzt sein sollte.

Klettertouren auf den Mt. Hood sind kein Kinderspiel – es gibt immer wieder Todesfälle. Hundebesitzer dürfen ihre vierbeinigen Freunde ruhig mitnehmen. Die Klettertour ist an einem (langen) Tag zu schaffen. **Timberline Mountain Guides** (☏541-312-9242; www.timberlinemtguides.com) bietet geführte Touren an.

🛏 Schlafen & Essen

Im Sommer sollte man **Stellplätze** (☏877-444-6777; www.reserveusa.com; Stellplatz 12–18 US$) reservieren. Die Streamside-Campingplätze Tollgate und Camp Creek liegen an der US 26. Der große und beliebte Platz Trillium Lake bietet einen tollen Ausblick auf den Mt. Hood.

Huckleberry Inn INN $
(☏503-272-3325; www.huckleberry-inn.com; 88611 E Government Camp Loop; Zi. 85–180 US$; ⊜🛜) Hier warten einfache und gemütlich rustikale Zimmer sowie ein Schlafsaal mit Platz für 14 Leute auf Gäste. Das Gasthaus ist wunderbar zentral in Government Camp gelegen und bietet ein gemütliches Restaurant (das gleichzeitig als Hotelrezeption fungiert). In den Ferien steigen die Preise um bis zu 20%.

★ Timberline Lodge LODGE $$
(☏800-547-1406; www.timberlinelodge.com; DZ 115–290 US$; ⊜🛜⊛) Mehr Gemeindekleinod als Hotel – dieses wunderbare historische Holzgebäude aus den 1930er-Jahren bietet eine Vielzahl Zimmer: von Schlafsälen mit Platz für zehn Personen bis hin zu luxuriösen Kaminzimmern. Riesige Holzbalken wölben sich über den Kaminen, der Swimmingpool im Freien ist das ganze Jahr über beheizt, und die Skilifte sind ganz in der Nähe. Gäste kommen in den Genuss toller Ausblicke auf den Mt. Hood, bequemen Zugangs zu nahe gelegenen Wanderwegen und der Benutzung zweier Bars und eines guten Speisesaals. Unbedingt eine Übernachtung wert!

★ Rendezvous Grill & Tap Room AMERIKANISCH $$
(☏503-622-6837; www.rendezvousgrill.net; 67149 E US 26, Welches; Hauptgerichte Mittagessen 9–16 US$, Abendessen 13–22 US$; ⊗11.30–21 Uhr) Dieses ausgezeichnete Restaurant spielt in seiner eigenen Liga. Zu den hervorragenden Gerichten, die hier serviert werden, gehören Wildlachs-Zitruscurry und Schweinekotelett vom Holzkohlegrill mit Apfel-Fenchel-Chutney. Zum Mittagessen gibt es Gourmet-Sandwiches, Burger und Salate auf der Veranda.

Ice Axe Grill KLEINBRAUEREI $$
(☏503-272-3172; www.iceaxegrill.com; 87304 E Government Camp Loop, Government Camp; Hauptgerichte 12–18 US$; ⊗11–22 Uhr) Das Ice Axe ist das einzige Brauerei-Restaurant von Government Camp und weist eine freundliche, familiäre Atmosphäre auf. Es gibt hier Kneipenkost wie gute Pizzas, Shepherd's Pie und köstliche Burger. Vegetarisches Chili und Linsen-Burger sind auch im Angebot.

ℹ️ Praktische Informationen

Wer von Hood River kommt, sollte bei der **Hood River Ranger Station** (☎ 541-352-6002; 6780 Hwy 35, Parkdale; ⊙ Mo–Fr 8–16.30 Uhr) Halt machen. Die **Zigzag Ranger Station** (☎ 503-622-3191; 70220 E Hwy 26; ⊙ Mo–Sa 7.45–16.30 Uhr) liegt an der Strecke von Portland aus. Das **Mt. Hood Information Center** (☎ 503-272-3301; 88900 E US 26; ⊙ 9–17 Uhr) befindet sich in Government Camp. Das Wetter hier ändert sich schnell – im Winter an Schneeketten denken!

ℹ️ An- & Weiterreise

Von Portland ist Mt. Hood eine einstündige Autofahrt über den Hwy 26 (56 Meilen bzw. 90 km) entfernt. Alternativ kann man auch die hübschere und längere Anfahrt über den Hwy 84 nach Hood River und dann den Hwy 35 Richtung Süden wählen (1¾ Std., 95 Meilen bzw. 153 km). Der Shuttle-Bus von **Central Oregon Breeze** (☎ 800-847-0157; www.cobreeze. com) zwischen Bend und Portland hält kurz bei Government Camp, 6 Meilen (9,6 km) von der Timberline Lodge entfernt. Im Winter fahren regelmäßig **Shuttle-Busse** (www.skihood.com) von Portland in die Skigebiete.

Sisters

Der entzückende Ort Sisters liegt zwischen den Cascades und ödem Hochland, wo Latschenkiefernwälder auf Wüstensalbei und Kriechwacholder trifft. Sisters war einst ein Postkutschenstopp und ein Handelsposten für Holzfäller und Förster. Heute ist es ein beliebtes Touristenziel, dessen Hauptstraße von Boutiquen, Kunstgalerien und Lokalen in Gebäuden mit Western-Fassaden gesäumt ist. Die Besucher kommen wegen der Bergkulisse, der spektakulären Wanderwege, der tollen kulturellen Events und eines Wahnsinnsklimas hierher – es gibt jede Menge Sonne und nur wenig Niederschlag. Und obwohl die Atmosphäre der Stadt ziemlich vornehm ist, sind die Leute freundlich und die Nebenstraßen unbefahren genug, um häufig Rehe in den Kleingärten der Nachbarschaft grasen zu sehen.

Am südlichen Ende von Sisters liegt der Stadtpark mit **Stellplätzen** (15 US$) aber ohne Duschen. Wer es komfortabler mag, kann ein Zimmer in der luxuriösen **Five Pine Lodge** (☎ 866-974-5900; www.fivepine lodge.com; 1021 Desperado Trail; DZ 170–257 US$, Hütte 179–317 US$; ⊛⊛⊛⊛⊛) buchen. Etwas ruhiger und günstiger ist die **Sisters Motor Lodge** (☎ 541-549-2551; www.sistersmo torlodge.com; 511 W Cascade St; Zi. 119–225 US$;

⊛⊛⊛⊛⊛) mit elf gemütlichen Zimmern (einige mit Kitchenette).

Großartige Feinschmeckergerichte wie Trüffel-Pommes und cremiges Moschus-Kürbis-Risotto gibt es bei **Porch** (☎ 541-549-3287; www.theporch-sisters.com; 243 N Elm St; kleine Teller 6–12 US$, Hauptgerichte 15–17 US$; ⊙ Di–Sa 17–21 Uhr). Wem nach selbst gebrautem Bier und Kneipenkost zumute ist, der ist bei **Three Creeks Brewing** (☎ 541-549-1963; www.threecreeksbrewing.com; 721 Desperado Ct; ⊙ So–Do 11.30–22, Fr & Sa bis 23 Uhr) genau richtig.

Infos über die Gegend gibt's in der **Handelskammer** (☎ 541-549-0251; www.sis terscountry.com; 291 Main St; ⊙ Mo–Sa 10–16 Uhr).

Valley-Retriever-Busse (www.kokkola-bus. com/VRBSchedule.html) verbinden Sisters mit Bend, Newport, Corvallis, Salem, McMinnville und Portland. Sie halten an der Ecke Cascade St und Spruce St.

Bend

Jeder Outdoor-Freak sollte in Bend leben – das ist ein absolutes Naturparadies. Am Vormittag kann man in feinem Pulverschnee Ski fahren, am Nachmittag eine Kajaktour unternehmen und am Abend eine Runde Golf spielen. Oder doch lieber mountainbiken, wandern, bergsteigen, stehpaddeln, fliegenfischen oder klettern? Alles da, alles nah und erstklassig! Hinzu kommt, dass man die Aktivitäten mit großer Wahrscheinlichkeit bei gutem Wetter genießen kann – in dieser Gegend gibt es pro Jahr fast 300 Tage Sonnenschein.

Der hübsche Deschutes River, der sich durch das Herz der Stadt schlängelt, macht auch das Zentrum von Bend zu einer belebten und attraktiven Gegend mit Läden, Galerien und edlen Restaurants. Südlich Downtown wurde der Old Mill District in eine große Einkaufsmeile voller Markengeschäfte, schicker Lokale und moderner Kinos umgewandelt. Bend hat sich auch zum Paradies für Bierliebhaber gemausert: Hier gibt es mehr als ein Dutzend Brauereien, das sind pro Kopf mehr als in jeder anderen Stadt Oregons.

👁 Sehenswertes

⭐ **High Desert Museum** MUSEUM (☎ 541-382-4754; www.highdesertmuseum.org; 59800 S US 97; Erw./Kind 5–12 Jahre Mai–Okt. 15/9 US$, Nov.–April 12/7 US$; ⊙ 9–17 Uhr; 🎏) Dieses ausgezeichnete Museum 3 Meilen (etwa 5 km) südlich von Bend an der US 97 sollte man sich auf keinen Fall entgehen lassen. Mithilfe von Nachbildungen eines Ureinwohnerlagers, einer Hartgesteinsmine und einer alten Western-Stadt erzählt es bildlich von der Erforschung und der Besiedlung des Westens. Die Naturgeschichte der Gegend wird ebenfalls erläutert: Kinder lieben die Ausstellungen mit lebenden Schlangen, Schildkröten und Forellen. Auch den Raubvögeln und Ottern zuzuschauen, macht immer großen Spaß.

🏃 Aktivitäten

Radfahren

Bend ist ein Paradies für Mountainbiker: Hier gibt es Hunderte Kilometer grandioser Radwege zu erkunden. Bei der Touristeninformation Visit Bend und auch anderswo gibt es die gute Radkarte *Bend, Central Oregon Mountain Biking and XC Skiing* (12 US$).

Das Highlight unter den Mountainbike-Strecken Bends ist das **Phil's Trail**-Wegenetz, das eine Vielzahl ausgezeichneter schneller, einspuriger Waldwege nur ein paar Minuten von der Stadt entfernt umfasst. Wer frische Luft schnappen will, sollte den **Whoops Trail** ausprobieren.

Cog Wild (www.cogwild.com; 255 SW Century Dr) hat Leihfahrräder sowie organisierte Touren im Angebot und Shuttle-Busse zu den besten Ausgangspunkten.

Klettern

Ungefähr 25 Meilen (40 km) nordöstlich von Bend liegt der **Smith Rock State Park** (☎ 800-551-6949; www.oregonstateparks.org; 9241 NE Crooked River Dr; Tagesgebühr 5 US$), in dem 240 m hohe Klippen über dem Crooked River atemberaubende Möglichkeiten zum Vorstieg- und traditionellen Klettern bieten. Die über 1800 Routen im Park zählen zu den besten des Landes. Führer lassen sich über **Smith Rock Climbing Guides Inc** (www.smithrockclimbingguides.com) anheuern.

Skifahren

22 Meilen (35 km) südwestlich der Stadt liegt das beste Skigebiet Oregons: Das herrliche **Mount Bachelor Ski Resort** (☎ 800-829-2442; www.mtbachelor.com; Liftkarten Erw./Kind 6–12 Jahre/13–18 Jahre 59/36/49 US$) ist bekannt für seinen trockenen Pulverschnee, die lange Saison (bis Ende Mai) und jede Menge Platz (es ist das größte Skigebiet im Nordwesten). Auf dem Berg sind schon lange Abfahrtsläufer und Langläufer gemeinsam unterwegs; er bietet 56 km an Pisten und Loipen.

🛏 Schlafen

Mill Inn   INN $

(☎ 877-748-1200, 541-389-9198; www.millinn.com; 642 NW Colorado Ave; B 35 US$, DZ inkl. Frühstück 90–130 US$; ☺🛜) Ein Boutiquehotel mit zehn kleinen, eleganten Zimmern, ausgestattet mit Samtvorhängen und Daunendecken. Vier Zimmer teilen sich ein Gemeinschaftsbad. Frühstück und Benutzung des Whirlpools sind inklusive. Und es gibt eine nette Veranda im hinteren Teil sowie einen Hobbyraum im Keller. Reisende mit kleinem Budget können ein Bett im kleinen Schlafsaal buchen.

★ McMenamins
Old St. Francis School   HOTEL $$

(☎ 541-382-5174; www.mcmenamins.com; 700 NW Bond St; DZ 135–175 US$, Cottage 185–395 US$; ☺❄🛜) Dieses alte Schulgebäude wurde in ein edles Hotel mit 19 Zimmern umgewandelt und ist eine der besten Unterkünfte von McMenamins. Zwei Zimmer verfügen über eine freistehende Badewanne, und das fabelhafte, gefliese türkische Salzwasserbad ist für sich allein die Übernachtung schon wert. Nicht-Gäste können hier für 5 US$ ebenfalls ins Schwitzen kommen. Ein Kneipen-Restaurant, drei weitere Bars, ein Kino und kreative Kunstwerke runden das Bild ab.

★ Oxford Hotel   BOUTIQUEHOTEL $$$

(☎ 877-440-8436; www.oxfordhotelbend.com; 10 NW Minnesota Ave; DZ 289–549 US$; ☺❄🛜📶) 🌿 Bends bestes und sehr beliebtes Boutiquehotel. Auch die kleinsten Zimmer sind riesig (44 m²) und mit umweltfreundlichen Besonderheiten wie Sojaschaummatratzen und Korkböden ausgestattet. Technikfans kommen mit dank des iPod-Docks und des Schreibtischs mit Smart Panel voll auf ihre Kosten. Die Suiten verfügen über Küche und Dampfdusche, und das Restaurant im Untergeschoss ist sehr edel.

🍴 Essen & Ausgehen

★ Chow   AMERIKANISCH $$

(☎ 541-728-0256; www.chowbend.com; 1110 NW Newport Ave; Hauptgerichte 8–14 US$; ⏱7–14 Uhr) 🌿 Die Gerichte mit pochierten Eiern sind spektakulär, wunderschön zubereitet und die Spezialität des Hauses. Dazu gibt es Beilagen wie Krabbenküchlein, selbst ge-

räucherten Schinken und Tomaten in Mais-
mehlkruste (unbedingt die selbst gemachten
Saucen probieren!). Oder man kostet die ka-
ramellisierten Bananen-Armen-Ritter und
die Bacon-Biscuits mit Thymian. Zum Mittagessen gibt es Gourmet-Sandwiches und
Salate. Das Gemüse dafür wächst gleich im
Garten. Außerdem gibt's sehr gute Cocktails.

Jackson's Corner   AMERIKANISCH $$
(☎ 541-647-2198; www.jacksonscornerbendor.com;
845 NW Delaware Ave; Hauptgerichte 10–26 US$;
⊙ 7–21 Uhr; 🖼) Dieses gemütliche Restaurant
an der Ecke verströmt die Atmosphäre eines
Marktplatzes und ist besonders bei Famili-
en sehr beliebt. Die selbst gemachten Pizzas
und die Pasta schmecken immer gut, genau
wie die Bio-Salate (passend zu Hühnchen,
Steak oder Garnelen). Es gibt Kinderteller
und Sitzgelegenheiten im Freien für sonni-
ge Tage – nur nicht vergessen, vorher an der
Theke zu bestellen!

**Deschutes Brewery &
Public House**   BRAUEREI
(☎541-382-9242; www.deschutesbrewery.com; 1044
NW Bond St; ⊙Mo–Do 11–23, Fr & Sa bis 24, So bis
22 Uhr) Die erste Kleinbrauerei Bends serviert
in ihrem wunderschönen, riesigen, zweistö-
ckigen Restaurant mit Sitzgelegenheiten auf
dem Balkon selbst gebraute Biere wie Mirror
Pond Pale Ale, Black Butte Porter und Obsi-
dian Stout sowie jede Menge Essen. Jeden
Tag zwischen 13 und 16 Uhr werden stünd-
lich kostenlose Führungen durch die Anlage
angeboten, die sich in der 901 SW Simpson
Ave befindet.

Crux   BRAUEREI
(☎ 541-385-3333; www.cruxfermentation.com; 50
SW Division St; ⊙Di–So 11.30–22 Uhr) Die neu-
este Kleinbrauerei Bends ist absolut entzü-
ckend und befindet sich in einem industri-
ellen Viertel – nicht von den Schildern mit
der Aufschrift *private road* („Privatstraße")
verunsichern lassen! Hier herrscht eine un-
glaublich entspannte Atmosphäre. In den
Gärbehältern hinter Glasfenstern entstehen
die einzigartigen, kreativen Biere. Es gibt
Sitzgelegenheiten im Freien, die Brauerei ist
familienfreundlich und hat eine gute Aus-
wahl von mit Bier zubereiteten Gerichten.

❶ Praktische Informationen

Informationen über die ganze Gegend können
sich Traveller in der Touristeninformation **Visit
Bend** (☎ 800-949-6086; www.visitbend.com;
750 NW Lava Rd; ⊙Mo–Fr 9–17, Sa 10–16 Uhr)
geben lassen.

❶ An- & Weiterreise

Central Oregon Breeze (S. 251) fährt mindes-
tens zweimal täglich nach Portland. Der Valley
Retriever (S. 251) und die **Porter Stage Lines**
(www.kokkola-bus.com/PSLSchedule.html)
verbinden Bend mit Sisters, Orten im Willamette
Valley und der Küste.

Busse von **High Desert Point** (www.highde
sert-point.com) fahren von Bend nach Chemult,
wo der nächste Bahnhof liegt (65 Meilen bzw.
105 km südl.). High Desert Point bietet auch
Busverbindungen nach Eugene, Ontario und
Burns.

Cascades East Transit (www.cascadeseast
transit.com) ist das Regionalbusunternehmen in
Bend mit Verbindungen nach La Pine, Mt. Bache-
lor, Sisters, Prineville und Madras. Es betreibt
auch den Busverkehr innerhalb von Bend.

Newberry National Volcanic Monument

Das Newberry National Volcanic Monument
(Tagesgebühr 5 US$) zeigt, was in 400 000
Jahren dramatischer seismischer Aktivi-
täten so alles passiert. Der Besuch beginnt
im **Lava Lands Visitor Center** (☎541-593-
2421; 58201 S Hwy 97; ⊙Mitte Juni–Labor-Day-
Wochenende 9–17 Uhr, NS verkürzte Öffnungszei-
ten), 13 Meilen (21 km) südlich von Bend.
Zu den nahe gelegenen Attraktionen zählen
der **Lava Butte**, ein perfekter, 152 m hoher
Kegel, und die **Lava River Cave**, die längs-
te Lavaröhre Oregons. 4 Meilen (6,4 km)
westlich der Touristeninformation liegen
die **Benham Falls** – sie geben einen guten
Picknickplatz am Deschutes River ab.

Der **Newberry Crater** war einst einer der
aktivsten Vulkane Nordamerikas, aber nach
einer gewaltigen Eruption wurde er zur Cal-
dera. Ganz in der Nähe liegen der **Paulina
Lake** und der **East Lake**, tiefe Seen voller
Forellen. Über ihnen ragt der 2434 m hohe
Paulina Peak auf.

Crater Lake National Park

Der Crater Lake ist – ungelogen – so blau,
dass einem der Atem stockt. Und wenn man
an einem ruhigen Tag hierher kommt, spie-
geln sich die umliegenden Klippen in dem
tiefen Gewässer. Das ist ein atemberaubend
schönes Naturschauspiel. Der Crater Lake
National Park ist der einzige Nationalpark
in Oregon (Eintritt 10 US$/Fahrzeug).

Das Geheimnis liegt in der Reinheit des
Wassers. In den See münden keine Flüsse
oder Bäche, was bedeutet, das er komplett

aus Regenwasser und geschmolzenem Schnee besteht. Noch dazu ist er außergewöhnlich tief – mit 594 m der zweittiefste See der USA. Die klassische Tour ist die 53 km lange Strecke am Ufer entlang (geöffnet ca. Juni–Mitte Okt.), aber es gibt auch ausgezeichnete Wander- und Langlaufmöglichkeiten. In der Gegend fällt oft der meiste Schnee in ganz Nordamerika, und die Uferstraße sowie der Nordeingang sind manchmal bis Anfang Juli geschlossen.

Von Ende Mai bis Mitte Oktober können Besucher in den **Hütten im Mazama Village** ([phone] 541-830-8700; www.craterlakelodges.com; DZ 140 US$;) oder in der majestätischen historischen **Crater Lake Lodge** ([phone] 888-774-2728; www.craterlakelodges.com; DZ 165–292 US$;), die 1915 eröffnet wurde, übernachten. Camper versuchen es am besten auf dem **Mazama Campground** ([phone] 888-774-2728; www.craterlakelodges.com; Stellplatz f. Zelt/Wohnmobil ab 21/29 US$;).

Weitere Infos gibt's beim **Steel Visitor Center** ([phone] 541-594-3100; Mai–Okt. 9–17 Uhr, Nov.–April 10–16 Uhr).

Süd-Oregon

Dank des warmen und sonnigen Klimas des nahen Kaliforniens ist Süd-Oregon sozusagen der Bananengürtel des Staates. Zerklüftete Landschaften, schöne Flüsse und ein paar hübsche Orte stehen ganz oben auf der Liste der Highlights.

Ashland

Da Oregon zu Zeiten von William Shakespeare noch ein weißer Fleck auf der Landkarte war, ist es sehr befremdlich, dass sich das hübsche Städtchen Ashland im Süden Oregons als zweite Heimat des englischen Stückeschreibers anpreist. An diesem Widerspruch hätte auch Shakespeare selbst seine helle Freude gehabt. „Die ganze Welt ist eine Bühne", wie der große Barde einst schrieb...und so strömen die Menschen aus der ganzen Welt zu Ashlands berühmtem Shakespeare Festival, das schon seit den 1930er-Jahren in verschiedenen Formen veranstaltet wird. Dabei ist der Begriff „Festival" etwas irreführend, denn das Programm erstreckt sich über neun Monate im Jahr und zieht bis zu 400000 Theaterbesucher pro Saison an.

Aber auch ohne die Aufführungen ist Ashland interessant, gibt es hier doch zahl-

reiche Weingüter, elegante B&Bs und ausgezeichnete Restaurants.

◉ Sehenswertes & Aktivitäten

Lithia Park   PARK
(59 Winburn Way) Neben den drei prächtigen Theatern von Ashland (eines davon unter freiem Himmel) breitet sich einer der schönsten Stadtparks Oregons aus. Seine 38 ha erstrecken sich oberhalb des Stadtzentrums am Ashland Creek entlang. Untypischerweise steht der Park im Nationalregister historischer Orte und wartet mit Brunnen, Blumen, Pavillons und einer Eislaufbahn (nur im Winter) auf.

Schneider Museum of Art   MUSEUM
([phone] 541-552-6245; www.sou.edu/sma; 1250 Siskiyou Blvd; freiwillige Spende 5 US$; Mo–Sa 10–16 Uhr) Wie alle guten Kunstmuseen Oregons befindet sich auch dieses auf dem Campus der Uni und zeigt eine schöne Sammlung von Gemälden, Skulpturen und Artefakten.

Jackson Wellsprings   SPA
([phone] 541-482-3776; www.jacksonwellsprings.com; 2253 Hwy 99; 8–24 Uhr, Winter verkürzte Öffnungszeiten) Wer so richtig ins Schwitzen kommen möchte, sollte zu diesem entspannten Plätzchen im New-Age-Stil kommen und den 29 °C warmen Mineralwasserpool oder die 39 °C heißen privaten Schwitzbäder ausprobieren. Das Spa liegt ungefähr 1 Meile (1,6 km) nördlich der Stadt.

Mt. Ashland Ski Resort   SKIGEBIET
([phone] 541-482-2897; www.mtashland.com; Liftkarte Erw./Kind 7–12 Jahre 43/33 US$) In diesem Skigebiet, 18 Meilen (29 km) südwestlich von Ashland am Mt. Ashland (2296 m), gibt es erstaunlich viel Pulverschnee auf ausgezeichnetem Terrain für Fortgeschrittene.

Siskiyou Cyclery   FAHRRADVERLEIH
([phone] 541-482-1997; www.siskiyoucyclery.com; 1729 Siskiyou Blvd; Mo–Sa 10–18, So 11–16 Uhr) Wer gern in die Pedalen tritt, kann sich hier ein Rad leihen und die Landschaft als halb fertiggestellten Bear Creek Greenway erkunden, einem 21 Meilen (34 km) langen Radweg zwischen Ashland und Central Point.

🛏 Schlafen

Für den Sommer, wenn die Schauspieler in Scharen anreisen, sollte man reservieren.

Manor Motel   MOTEL $
([phone] 541-482-2246; www.manormotel.net; 476 N Main St; DZ 87–129 US$;) Niedliches

OREGON SHAKESPEARE FESTIVAL

Eines der Highlights in Süd-Oregon ist das wahnsinnig beliebte Oregon Shakespeare Festival (OSF) in Ashland. Obwohl es fest mit den Dramen von Shakespeare und dem Elisabethanischen Theater verbunden ist, werden im Rahmen des Festivals auch jede Menge Neubearbeitungen und zeitgenössische Stücke aus der ganzen Welt aufgeführt.

Die Dramen werden von Februar bis Oktober in drei Theatern nähe der Main St und der Pioneer St gezeigt: im **Elizabethan Theatre** (Juni–Okt.) im Freien, im **Angus Bowmer Theatre** und im kleinen **Thomas Theatre**. Kinder unter sechs Jahren dürfen nicht zugucken. Montags gibt es keine Aufführungen.

Die Stücke sind schnell ausverkauft; Tickets gibt's online unter www.osfashland. org. Am **Kartenschalter** (☎541-482-4331; 15 S Pioneer St; Tickets 25–95 US$) können auch Last-Minute-Tickets erworben werden. **Geführte Touren** (Erw./Kind 6–17 Jahre 15/11 US$) durch den Backstage-Bereich sollten weit im Voraus gebucht werden.

Infos zu weiteren Veranstaltungen wie wissenschaftlichen Vorträgen, Lesungen von Stücken, Konzerten und Diskussionen vor der Aufführung gibt es im **OSF Welcome Center** (76 N Main St; ⊙Di–So 10–18 Uhr).

Motel mit zwölf hübschen Zimmern und Wohneinheiten mit einem oder zwei Schlafzimmern in der Nähe von Downtown; Küchenzeilen sind auch verfügbar. Die Garden Suite hat ihren eigenen Garten.

Ashland Hostel
HOSTEL $
(☎541-482-9217; www.theashlandhostel.com; 150 N Main St; B 28 US$, DZ 45–94 US$; ⊛❋🐾) Zentrales und etwas vornehmeres Hostel (Schuhe müssen draußen ausgezogen werden!). Die meisten Zimmer teilen sich ein Gemeinschaftsbad, einige sind mit den Schlafsälen verbunden. Platz zum Entspannen bieten der gemütliche Wohnbereich im Untergeschoss und die schattige Vorderveranda. Auf dem Gelände sind Alkohol und Rauchen verboten. Vorher anrufen – die Rezeptionszeiten sind begrenzt!

Ashland Commons
APARTMENTS, HOSTEL $
(☎541-482-6753; www.ashlandcommons.com; 437 Williamson Way; B 26 US$, EZ 45–65 US$, DZ 60–80 US$; ⊛❋🐾) Interessante Unterkünfte in Schlafsälen oder Zimmern, die in drei großen Apartments untergebracht sind. Jedes Apartment hat eine andere Atmosphäre und verfügt entweder über zwei oder vier Schlafzimmer, Küche und Wohnbereich. Ideal auch für große Gruppen, da die Apartments komplett gemietet werden können!

The Palm
BOUTIQUEHOTEL $$
(☎541-482-2636; www.palmcottages.com; 1065 Siskiyou Blvd; DZ 98–239 US$; ⊛❋🐾🐾🐾) Fabelhafte, kleine Anlage, die über 16 bezaubernde Cottage-Zimmer im Garten und über Suiten (einige mit Küche) verfügt. Sie ist eine grüne Oase mit Rasen und Salzwasserpool in einer belebten Straße. In einem

Haus sind drei große Suiten untergebracht (299 US$).

Columbia Hotel
HOTEL $$
(☎541-482-3726; www.columbiahotel.com; 262 1/2 E Main St; DZ 89–179 US$; ⊛❋🐾) Toll gelegenes Hotel im europäischen Stil – was bedeutet, dass die Bewohner der meisten Zimmer sich ein Gemeinschaftsbad teilen müssen. Es ist der beste Deal im Zentrum von Ashland, mit 24 altmodischen Zimmern (kein TV), einer hübschen Lobby und historischer Atmosphäre. Die Zimmer liegen im Obergeschoss; es gibt keinen Aufzug.

✗ Essen & Ausgehen

In Ashland, wo eine Restaurantsteuer von 5% erhoben wird, gibt es jede Menge tolle Lokale. In den schickeren Restaurants sollte man im Sommer reservieren, wenn man zum Abendessen herkommen möchte.

★ Morning Glory
CAFÉ $
(☎541-488-8636; www.morninggloryrestaurant. com; 1149 Siskiyou Blvd; Hauptgerichte 11–13 US$; ⊙8–13.30 Uhr) Dieses farbenfrohe, gemütliche Café ist eines der besten Frühstückslokale Ashlands. Zu den kreativen Gerichten gehören Alaska-Krabben-Omelette, vegetarisches Hackfleisch mit gerösteten Chilis und Shrimpskuchen mit pochierten Eiern. Zum Mittagessen gibt es leckere Salate und Sandwiches. Am besten früh oder spät kommen, um lange Wartezeiten zu vermeiden!

Ashland Food Cooperative
SELBSTVERSORGER $
(☎541-482-2237; www.ashlandfood.coop; 237 N 1st St; ⊙7–21 Uhr) Wer eine Küchenzeile in seinem Hotelzimmer hat, sollte bei diesem

großartigen Supermarkt einkaufen. Hier gibt es all die landestypischen, gesunden Lebensmittel und außerdem noch ein keines Café und Gerichte zum Mitnehmen.

★ New Sammy's
Cowboy Bistro   FRANZÖSISCH, AMERIKANISCH $$$

(☑ 541-535-2779; 2210 S Pacific Hwy, Talent; Hauptgerichte 25–28 US$, Festpreismenü 45 US$; ⊗ Mi–So 12–13.30 & 17–21 Uhr) 🥢 Eines der besten Restaurants von Oregon mit nur einer Handvoll Tische und einer spektakulären Weinkarte. Es gibt nur wenige Hauptgerichte, aber die kulinarischen Kombinationen sind unglaublich. Das meiste Gemüse kommt aus dem eigenen Garten. Das Restaurant liegt in Talent, 2 Meilen (3,2 km) nördlich von Ashland. Fürs Abendessen sollte man eine Woche im Voraus reservieren.

Caldera Tap House   KLEINBRAUEREI

(☑ 541-482-4677; www.calderabrewing.com; 31 Water St; ⊗ 14 Uhr–open end) Beliebte, entspannte Kleinbrauerei mit Terrassen im Freien unter einer Straßenüberführung. Zum typischen Kneipenessen gibt's preisgekrönte Ales und Lager-Biere. Zwei- bis dreimal die Woche wird auch Livemusik geboten. In der 590 Clover St gibt's auch noch ein schickeres Restaurant.

❶ Praktische Informationen

Weitere Infos gibt's in der **Handelskammer** (☑ 541-482-3486; www.ashlandchamber.com; 110 E Main St; ⊗ Mo–Fr 9–17 Uhr).

Jacksonville

Dieser kleine, aber reizende ehemalige Goldgräberort ist die älteste Siedlung in Süd-Oregon und ein National Historic Landmark. Die Hauptstraße ist gesäumt von gut erhaltenen Gebäuden aus den 1880er-Jahren, die heute Boutiquen und Galerien beherbergen. Musikfans sollten auf keinen Fall das **Britt Festival** (www.brittfest.org; ⊗ Juni–Sept.) im September verpassen, ein musikalisches Highlight von Weltklasse mit namhaften Künstlern. Weitere Infos gibt's bei der **Handelskammer** (☑ 541-899-8118; www.jacksonvilleoregon.org; 185 N Oregon St; ⊗ Mo–Fr 10–17, Sa & So bis 15 Uhr).

In Jacksonville gibt es jede Menge schicke B&Bs. Budgetunterkünfte finden sich eher 6 Meilen (9,6 km) weiter östlich in Medford. Das **Jacksonville Inn** (☑ 541-899-1900; www.jacksonvilleinn.com; 175 E California St; DZ 159–199 US$; ❀❅☷❀) ist die schönste Unterkunft in einem kleinen Gebäude aus dem Jahr 1863. Die Zimmer in dem Downtown-Gasthaus sind mit königlich wirkenden Antiquitäten eingerichtet. Und es gibt noch ein gutes Restaurant vor Ort.

Wild Rogue Wilderness

Zwischen den Orten Grants Pass an der I-5 und Gold Beach an der Küste von Oregon liegt die passend benannte Wild Rogue Wilderness an den Ufern des tosenden Rogue River, der sich seinen Weg durch einen 64 km langen, ungezähmten und straßenlosen Canyon bahnt. Die Gegend ist bekannt für anspruchsvolle Wildwasserfahrten (Stufen III & IV) und lange Wanderungen.

Das bescheidene Örtchen **Grants Pass** ist das Tor zu jeglichen Abenteuern entlang des Rogue River. Weitere Infos gibt's bei der **Handelskammer** (☑ 541-450-6180; www.visitgrantspass.org; 1995 NW Vine St; ⊗ Mo–Fr 8–17 Uhr) direkt an der I-5, Ausfahrt 58. Rafting-Genehmigungen und Wandertipps gibt's im **Smullin Visitors Center** (☑ 541-479-3735; www.blm.gov/or/resources/recreation/rogue; 14335 Galice Rd, Galice; ⊗ 7–15 Uhr) des Bureau of Land Management in Galice, 16 Meilen (25 km) nordwestlich von Grants Pass.

Rafting auf dem Rogue River ist legendär, aber sicher nichts für Feiglinge. Ein typischer Trip dauert drei Tage und kostet 780 US$ aufwärts. Ein guter Ausstatter ist u.a. **Rogue Wilderness Adventures** (☑ 800-336-1647; www.wildrogue.com; 325 Galice Rd, Merlin). Auf dem Fluss Kajak zu fahren, ist ähnlich aufregend. Einweisung und Beratung gibt's bei **Sundance Kayak** (☑ 541-386-1725; www.sundancekayak.com).

Ein weiteres Highlight der Region ist der 67 km lange **Rogue River Trail**, ein ehemaliger Versorgungsweg von Gold Beach. Die ganze Wanderung dauert vier bis fünf Tage. Tageswanderungen führen u.a. zur Whiskey Creek Cabin (hin & zurück 9,6 km ab dem Trailhead Grave Creek). Entlang des Wanderwegs finden sich viele rustikale Lodges (110–160 US$/Pers. inkl. Essen; Reservierung erforderlich), z.B. das **Black Bar** (☑ 541-479-6507; www.blackbarlodge.com; Merlin). An der Strecke befinden sich auch einfache Campingplätze.

North Umpqua River

Der „Wild and Scenic River" eignet sich ganz ausgezeichnet zum Fliegenfischen. An seinen Ufern kann man wunderbar wandern und in aller Ruhe campen. Der fast 130 km lange **North Umpqua Trail** beginnt in der Nähe des Idleyld Park (3 Meilen bzw. 4,8 km östlich von Glide) und führt durch Steamboat bis zum Pacific Crest Trail. Ein beliebter Abstecher sind die schönen **Umpqua Hot Springs** östlich von Steamboat unweit des Toketee Lake. In der Nähe befinden sich die atemberaubend schönen, zweistufigen **Toketee Falls** (ca. 35 m), die über Basaltfelsen in die Tiefe rauschen. Die **Watson Falls** sind mit 83 m die höchsten Wasserfälle in Oregon. Weitere Infos gibt's in Glide im **Colliding Rivers Information Center** (☎541-496-0157; 18782 N Umpqua Hwy; ⊙ Mai–Sept. 9–17 Uhr) und auch nebenan beim **North Umpqua Ranger District** (☎541-496-3532; 18782 N Umpqua Hwy; ⊙ Mo–Fr 8–16.30 Uhr).

Zwischen dem Idleyld Park und dem Diamond Lake finden sich zahlreiche Campingplätze direkt am Flussufer, u. a. am lieblichen **Susan Creek** und am urwüchsigen (ausgetrockneten) **Boulder Flat**. Die Unterkünfte in der Gegend sind im Sommer schnell ausgebucht. Empfehlenswert sind die Zimmer in den Blockhütten des **Dogwood Motels** (☎541-496-3403; www.dogwoodmotel.com; 28866 N Umpqua Hwy; DZ 70–75 US$; ⊕✳🛜🐾).

Oregon Caves National Monument

Die sehr beliebte Höhle (es gibt nur eine) liegt 19 Meilen (30 km) östlich vom Ort Cave Junction am Hwy 46. Im Rahmen einer 90-minütigen Höhlentour werden 4,8 km lange Tunnel erkundet – inklusive 520 Steinstufen und tropfenden Höhlenkammern entlang des River Styx. Warm anziehen, festes Schuhwerk tragen und darauf gefasst sein, nass zu werden!

In Cave Junction, 28 Meilen (45 km) südlich von Grants Pass an der US 199 (Redwood Hwy), gibt es die meisten Einrichtungen der Gegend. Die beste Unterkunft bietet allerdings das **Holiday Motel** (☎541-592-3003; 24810 Redwood Hwy; DZ 68–78 US$; ⊕✳🛜) 2 Meilen (3,2 km) weiter nördlich in Kerby. Eine schicke Unterkunft direkt bei der Höhle ist das beeindruckende **Oregon Caves Chateau** (☎541-592-3400; www.oregoncaveschateau.com; 20000 Caves Hwy; Zi. 109–199 US$; ⊙Mitte Mai–Ende Sept.; ⊕); am altmodischen Getränkeautomat sollte man sich unbedingt einen Milchshake holen. Camper halten sich am besten an den **Cave Creek Campground** (☎541-592-4000; Stellplatz 10 US$), 14 Meilen (22,5 km) den Hwy 46 rauf und etwa 4 Meilen (6 km) von der Höhle entfernt.

Ost-Oregon

Östlich der Kaskadenkette ähnelt der Bundesstaat – geografisch wie kulturell – nur wenig den feuchteren Landstrichen im Westen Oregons. Die Gegend ist nur dünn besiedelt, die größte Stadt Pendleton hat gerade einmal 20 000 Einwohner. Dafür findet man hier wüstenähnliche Hochebenen, in allen Farben leuchtende Felsformationen, Natronseen und den tiefsten Canyon der USA.

John Day Fossil Beds National Monument

Inmitten des weichen Gesteins und des bröckligen Erdreichs des John Day Country befindet sich eine der tollsten Fossiliensammlungen der Welt; die Fossilien sind zwischen 6 und 50 Mio. Jahre alt. Damals streiften *Nimravidae* (Katzenartige), winzige Pferde, *Amphicyonidae* (Hundeartige) und andere urzeitliche Säugetiere durch die Wälder.

Das National Monument erstreckt sich auf 57 km² über drei verschiedene Zonen: die Sheep Rock Unit, die Painted Hills Unit und die Clarno Unit. Jede bietet Wanderwege und lehrreiche Ausstellungen. Um alle drei Zonen an einem Tag zu besuchen, muss man schon ein bisschen fahren. Die Fossilienstätten liegen nämlich über 100 Meilen (160 km) über nur langsam befahrbare, kurvige Straßen voneinander entfernt. Am besten lässt man es ruhig angehen und übernachtet einmal irgendwo.

Das ausgezeichnete **Thomas Condon Paleontology Center** (☎541-987-2333; www.nps.gov/joda; 32651 Hwy 19, Kimberly; ⊙10–17 Uhr, manchmal wegen Personalmangel geschl.) liegt 2 Meilen (3,2 km) nördlich der US 26 bei der **Sheep Rock Unit**. Ausgestellt sind u. a. ein Dreizehen-Pferd und versteinerte Mistkäfereier. Hinzu kommen noch viele andere Fossilien und geologisch-geschichtliche Ausstellungen. Wer gerne wandert, kann den kurzen Blue Basin Trail ablaufen.

Die **Painted Hills Unit** in der Nähe von Mitchell besteht aus flachen, bunt gestreiften Hügeln, die sich vor über 30 Mio. Jahren formten. Noch einmal 10 Mio. Jahre älter ist die **Clarno Unit** mit freigelegten Schlammläufen, die über einen Wald aus der Eozän-Ära geschwemmt wurden und markante weiße Klippen mit Steinspitzen und Türmchen geformt haben.

Rafting ist sehr beliebt auf dem John Day River, dem längsten, frei fließenden

Fluss des Staates. **Oregon River Experiences** (☎ 800-827-1358; www.oregonriver.com) veranstaltet Touren von bis zu fünf Tagen. Außerdem bieten sich gute Möglichkeiten zum Angeln von Schwarzbarschen und Regenbogenforellen. Weitere Infos gibt's beim **Oregon Department of Fish & Wildlife** (www.dfw.state.or.us).

In den meisten Städten der Gegend gibt es mindestens ein Hotel, darunter das stimmungsvolle **Historic Oregon Hotel** (☎ 541-462-3027; 104 E Main St; B 20 US$, DZ 45–69 US$; 🔊) in Mitchell und die günstige **Dreamers Lodge** (☎ 800-654-2849; 144 N Canyon Blvd; DZ ab 63 US$; 🖥✳🔊🐾) in dem Ort John Day (wo es die meisten Einrichtungen der Gegend gibt). In der Region liegen auch mehrere öffentliche Campingplätze, z. B. Lone Pine und Big Bend (Stellplatz 5 US$) am Hwy 402.

Wallowa Mountains Area

Die Wallowa Mountains gehören mit ihren gletscherbedeckten Gipfeln und den kristallklaren Seen zu den schönsten Naturgebieten in Oregon. Der einzige Nachteil sind die Unmengen Besucher, die im Sommer hierher kommen, vor allem in die hübsche Gegend um den Wallowa Lake. Aber man kann ihnen auf einer langen Wanderung in die nahe gelegene **Eagle Cap Wilderness** entkommen – z. B. im Rahmen der 9,6 km lange Tour zum **Aneroid Lake** oder dem 12,8 km langen Marsch auf dem **Ice Lake Trail**.

Nördlich der Berge im Wallowa Valley liegt **Enterprise**, ein gemütliches Provinznest mit einigen Motels wie dem **Ponderosa** (☎ 541-426-3186; 102 E Greenwood St; DZ 70–80 US$; ✳🔊🐾). Wer auf Bier und gutes Essen steht, darf auf keinen Fall die Kleinbrauerei der Stadt, **Terminal Gravity Brewing** (☎ 541-426-3000; www.terminalgravitybrewing.com; 803 SE School St; Hauptgerichte 9–12 US$; ⏰ So–Di 11–21, Mi–Sa bis 22 Uhr), verpassen. Nur 6 Meilen (9,6 km) weiter südlich liegt der Nachbarort von Enterprise, das vornehme **Joseph**. Die Hauptstraße ist gesäumt von teuren Bronze-Galerien, künstlerischen Boutiquen und einigen guten Lokalen.

Hells Canyon

Nordamerikas tiefste Schlucht (ja: vom höchsten Berggipfel aus gemessen sogar tiefer als der Grand Canyon) bietet Besuchern atemberaubende Ausblicke. Der mächtige Snake River hat 13 Mio. Jahre gebraucht, um sich seinen Weg durch die Hochplateaus von Ost-Oregon zu graben und seine heutige Tiefe von 2438 m zu erreichen. Der Canyon selbst ist raue Wildnis ohne Straßen, geöffnet für die Neugierigen und Mutigen.

Für eine tolle Aussicht sollte man 30 Meilen (48 km) nordöstlich von Joseph nach Imnaha fahren, wo eine nur langsam zu bewältigende, 24 Meilen (38 km) lange Schotterstraße zum grandiosen Aussichtspunkt **Hat Point** führt. Von hier kann man die Wallowa Mountains, die Idahos Seven Devils, den Imnaha River und die Wildnis des Canyons selbst sehen. Die Straße ist von Mai bis zum ersten Schneefall geöffnet. Man sollte jeweils zwei Stunden für Hin- und Rückfahrt einplanen.

Wem nach Wildwasser-Action und spektakulärer Landschaft zumute ist, der sollte sich auf den Weg zum **Hells Canyon Dam** machen, 25 Meilen (40 km) nördlich der kleinen Gemeinde Oxbow. Ein paar Kilometer hinter dem Damm endet die Straße am **Hells Canyon Visitor Center** (☎ 541-785-3395; ⏰ Mai–Sept. 8–16 Uhr), wo es nützliche Infos über die Campingplätze und Wanderwege der Gegend gibt. Dahinter arbeitet sich der Snake River mit wilden Strömungen um fast 400 m in die Tiefe. Der Fluss ist nur per Jetboot oder Rafting-Floß befahrbar. **Hells Canyon Adventures** (☎ 800-422-3568; www.hellscanyonadventures.com) ist der Hauptanbieter für Rafting- und Jetboot-Trips zwischen Mai und September (Reservierung erforderlich).

In der Gegend gibt es viele Campingplätze. Direkt außerhalb von Imnaha liegt das im Jagdhüttenstil gehaltene **Imnaha River Inn** (☎ 866-601-9214; www.imnahariverinn.com; 73946 Rimrock Rd; EZ/DZ ab 70/130 US$), ein B&B voller Tiertrophäen wie zu Hemingways Zeiten. In Oxbow befindet sich das preiswerte **Hells Canyon B&B** (☎ 541-785-3373; www.hcbb.us; 49922 Homestead Rd; DZ 80 US$; 🖥✳🔊). Weitere Einrichtungen gibt es in Enterprise, Joseph und Halfway.

Steens Mountain & Alvord Desert

Der höchste Gipfel in Südost-Oregon, der 2979 m hohe Steens Mountain, ist Teil eines massiven, 48 km langen Bruchschollengebirges, das sich vor ungefähr 15 Mio. Jahren gebildet hat. Auf der Westseite des Gebirges haben eiszeitliche Gletscher Gräben geformt, aus denen große, u-förmige Schluchten und Täler entstanden sind. Im Osten fallen die „Steens" – wie das Gebirge umgangssprachlich genannt wird – in die 1524 m darunterliegende Alvord Desert ab.

Die in Frenchglen (12 Ew.) beginnende, 56 Meilen (90 km) lange Schotterstraße **Steens Mountain Loop Rd** ist Oregons am höchsten gelegene Straße und bietet die besten Blicke auf den Gebirgszug. Außerdem führt sie zu Campingplätzen und Wanderwegen. Hier wachsen Salbeisträucher, Kriechwacholder und Espenwälder, bis man ganz oben schließlich auf spärliche, mit Steinen durchsetzte Tundraflora stößt. Der 25 Meilen (40 km) oberhalb von Frenchglen liegende Aussichtspunkt **Kiger Gorge** ist besonders überwältigend. Wenn man durchfährt, braucht man für den gesamten Weg etwa zwei Stunden, aber wer sich auch die Sehenswürdigkeiten anschauen möchte, sollte viel mehr Zeit einplanen. Die Ostseite der Steens ist auch von der Fields-Denio-Straße aus zu sehen, die zwischen dem Hwy 205 und dem Hwy 78 durch die **Alvord Desert** führt. Unbedingt volltanken, jede Menge Wasser mitnehmen und zu jeder Jahreszeit mit Wetterumschwüngen rechnen!

In Frenchglen steht das bezaubernde **Frenchglen Hotel** (☎541-493-2825; fghotel@ yahoo.com; 39184 Hwy 205, Frenchglen; DZ 75– 115 US$; ☉Mitte März–Okt.; ☺✳☻) mit einem kleinen Speisesaal (fürs Abendessen reservieren!), einem kleinen Laden mit saisonaler Zapfsäule und nicht viel mehr. An der Steens Mountain Loop Rd liegen Campingplätze wie der hübsche **Page Springs** von BLM, der ganzjährig geöffnet hat. Es gibt auch noch ein paar weitere schöne Campingplätze (Stellplatz 6–8 US$) an der Straße, die allerdings nur im Sommer geöffnet haben. An all diesen Plätzen steht Wasser zur Verfügung. In den Steens ist auch Wildcampen erlaubt.

Oregon Coast

Dank der weitsichtigen Regierung der 1910er-Jahre wurde die 584 km lange Pazifikküste von Oregon als Gemeindeland stillgelegt. Dieser atemberaubende Küstenstreifen liegt an der US 101, einem malerischen Highway, der durch Dörfer, State Parks (davon gibt es über 70) und Wildnis führt. Die Gegend hat für jeden – vom Camper bis zum Feinschmecker – etwas zu bieten.

Astoria

Astoria liegt an der 8 km breiten Mündung des Columbia River und war die erste amerikanische Siedlung westlich vom Mississippi. Der Ort verfügt über eine lange Seefahrergeschichte, und rund um den alten Hafen, in dem einst arme Künstler und Schriftsteller lebten, sind in den letzten Jahren schicke Hotels und Restaurants entstanden. Im Landesinnern stehen viele historische Häuser, darunter auch wunderschön restaurierte viktorianische Gebäude – ein paar von ihnen wurden in romantische B&Bs umgewandelt.

☉ Sehenswertes

Zum Stadtbild trägt auch die 6,6 km lange Astoria-Megler Bridge bei, die längste durchgehende Fachwerkbrücke in Nordamerika, die den Columbia River bis nach Washington überspannt. Sie ist vom Astoria Riverwalk aus zu sehen, welcher der Straßenbahnstrecke folgt. Pier 39 ist ein überdachter Steg mit einem inoffiziellen Konservenmuseum und ein paar netten Lokalen.

★ Columbia River Maritime Museum
MUSEUM

(☎503-325-2323; www.crmm.org; 1792 Marine Dr; Erw./Kind 6–17 Jahre 12/5 US$; ☉9.30–17 Uhr) Die Seefahrergeschichte Astorias wird in diesem wellenförmigen Museum sehr gut beschrieben. Durch das riesige Außenfenster kann man das Boot der Küstenwache im gespielten Einsatz nur schwer übersehen. Andere Ausstellungen behandeln die Geschichte der Lachsverpackung, einheimische Leuchttürme und die Handelsgeschichte des Flusses. Die Columbia-River-Bar-Ausstellung und das 3-D-Kino sind ebenfalls einen Besuch wert.

Flavel House
HISTORISCHES GEBÄUDE

(www.cumtux.org; 441 8th St; Erw./Kind 6–17 Jahre 5/4 US$; ☉10–17 Uhr) Das Queen Anne Flavel House wurde von Captain George Flavel erbaut, einem wichtigen Bürger von Astoria während der 1880er-Jahre.

Astoria Column
WAHRZEICHEN

(☎503-325-2963; www.astoriacolumn.org; Coxcomb Hill; Parken 1 US$) Die Astoria Column (1926) hoch oben auf dem Coxcomb Hill ist ein 38 m hoher Turm, bemalt mit Szenen der gen Westen strömenden, amerikanischen Forscher und Siedler. Von der Spitze des Turms (164 Stufen hoch) bietet sich eine ausgezeichnete Sicht über die ganze Gegend.

Fort Stevens State Park
PARK

(☎503-861-1671; www.oregonstateparks.org; 100 Peter Iredale Rd, Hammond; Tagesgebühr 5 US$)

LEWIS & CLARK: DAS ENDE DER REISE

Im November 1805 wankten William Clark und sein Forscherkollege Meriwether Lewis vom Corps of Discovery mit drei Dutzend Männern in eine geschützte Bucht am Columbia River, 2 Meilen (3,2 km) westlich der heutigen Astoria-Megler Bridge, und beendeten den unbestreitbar längsten Überlandmarsch der amerikanischen Geschichte.

Nach der ersten echten demokratischen Abstimmung in der amerikanischen Geschichte (bei der sowohl eine Frau als auch ein schwarzer Sklave wählen durften), entschied die Gruppe sich dafür, ihr Feldlager 5 Meilen (8 km) südlich von Astoria beim Fort Clatsop aufzuschlagen. Hier verbrachte die Truppe 1805/06 einen schrecklichen Winter. Heute heißt die Stätte **Lewis and Clark National & State Historical Parks** (www.nps.gov/lewi), und es gibt ein nachgestelltes Fort Clatsop, eine Touristeninformation und im Sommer historische Schauspiele.

10 Meilen (16 km) westlich von Astoria beherbergt dieser Park die historische Militäranlage, von der aus die Mündung des Columbia River überwacht wurde. In der Nähe des **Military Museum** (☎503-861-2000; ⏱Mai–Sept. 10–18 Uhr, Okt.–April bis 16 Uhr) GRATIS sind Kanonenreihen in den Sanddünen gegraben – interessante Überbleibsel der am stärksten zerstörten Militärgebäude des Forts. Beim kleinen Wrack der *Peter Iredale*, die 1906 aufgelaufen ist, befinden sich ein beliebter Strand, ein Campingplatz und ein Netzwerk aus 19 km geteerter Radwege.

🛏 Schlafen & Essen

Norblad Hotel & Hostel
HOTEL, HOSTEL $

(☎503-325-6989; www.norbladhotel.com; 443 14th St; B 30 US$, DZ 59–89 US$; ⊜🛜🐾) Diese zentrale Unterkunft bietet sechs einfache, aber elegante Zimmer, fünf mit Gemeinschafts- und eines mit eigenem Bad (74 US$). Es gibt auch mehrere Schlafsäle und eine Gemeinschaftsküche. Manche Zimmer verfügen über TV und Blick auf den Fluss.

★ Commodore Hotel
BOUTIQUE-HOTEL $$

(☎503-325-4747; www.commodoreastoria.com; 258 14th St; DZ mit Gemeinschaftsbad/eigenem Bad

ab 89/149 US$; ⊜☎) Coole Traveller sollten sich schnurstracks zu diesem schicken und angesagten Hotel mit kleinen, eleganten und minimalistischen Zimmern begeben. Hier haben die Gäste die Wahl zwischen Zimmern mit eigenem Bad und Zimmern im europäischen Stil (Waschbecken im Zimmer, aber Bad auf dem Gang; die Deluxe-Zimmer haben eine bessere Aussicht). Großartige Lobby im Wohnzimmer-Look mit zugehörigem Café. Von Zimmer 309 hat man die beste Aussicht auf den Fluss.

Blue Scorcher Bakery Café
CAFÉ $

(☎503-338-7473; www.bluescorcher.com; 1493 Duane St; Hauptgerichte 7–13 US$; ⏱8–17 Uhr; 🖉🐾) 🌿 Künstlerische und umweltbewusste Mischung aus einem Kaffeehaus und einer Bäckerei. Leckere Salate, Sandwiches, Pizza und Eierspeisen zum Frühstück. Vegetarier- und veganerfreundlich; donutfreie Zone.

Fort George Brewery
KLEINBRAUEREI $$

(☎503-325-7468; www.fortgeorgebrewery.com; 1483 Duane St; Hauptgerichte 9–14 US$; ⏱Mo–Do 11–23, Fr & Sa 24, So 12–23 Uhr) Stimmungsvolles Brauerei-Restaurant in einem historischen Gebäude – dies war die ursprüngliche Stätte der Siedlung Astoria. Heute bekommt man hier köstliche Burger, hausgemachte Würstchen, Bio-Salate und ein paar vielseitige Gerichte. Am Wochenende werden nachmittags Führungen durch die Brauerei angeboten.

ⓘ Praktische Informationen

Infos über die Region gibt's in der **Touristeninformation** (www.oldoregon.com; 111 W Marine Dr; ⏱9–17 Uhr).

ⓘ An- & Weiterreise

Zweimal täglich fahren Busse von **Northwest Point** (☎503-484-4100; www.northwest-point.com) nach Seaside, Cannon Beach und Portland. **Sunset Empire Transit** (☎503-861-7433; www.ridethebus.org; 900 Marine Dr) betreibt die öffentlichen Transportmittel in der Stadt, lässt aber auch Busse nach Warrenton, Cannon Beach und Seaside fahren.

Cannon Beach

Das bezaubernde Cannon Beach ist einer der beliebtesten und exklusivsten Strandorte an der Küste Oregons. Es gibt diverse Boutiquen und Kunstgalerien, und die Straße säumen bunte Blumen. Die Unterkünfte sind teuer, und die Straßen sind verstopft; an einem warmen, sonnigen Samstag muss man lange suchen, bis man einen Parkplatz findet.

◉ Sehenswertes & Aktivitäten

Das spektakulärste Wahrzeichen an der Küste von Oregon ist der 90 m hohe **Haystack Rock**. Zu dem steinernen „Heuhaufen" am südlichen Ende von Cannon Beach kann man bei Ebbe zu Fuß hinüberlaufen. An den Klippen des Basaltfelsens nisten Seevögel, an der Basis ist er von einem Ring aus Gezeitentümpeln umgeben.

Im Naturschutzgebiet des **Ecola State Park** (☎503-436-2844; Tageskarte 5 US$) im Norden von Cannon Beach präsentiert sich Oregon, wie es traumhafter nicht sein könnte: riesige Felsbrocken im Meer, schäumende Wellen, einsame Strände und ursprüngliche Wälder. Der Naturpark ist 1,5 Meilen (2,4 km) von Cannon Beach entfernt und von unzähligen Wanderwegen durchzogen, darunter auch ein Abschnitt des Oregon Coast Trail, der über Tillamook Head nach Seaside führt.

Vor Cannoch Beach selbst kann man nicht surfen, dafür aber sehr gut in der Umgebung. Zu den besten Surfstränden gehören der Indian Beach im Ecola State Park 3 Meilen (4,8 km) weiter nördlich und der Oswald West State Park 10 Meilen (16 km) weiter südlich. Im Ort befindet sich der freundliche **Cleanline Surf Shop** (www.cleanlinesurf. com; 171 Sunset Blvd), der Surfbretter und die obligatorischen Nassanzüge verleiht.

🛏 Schlafen & Essen

Cannon Beach Hotel   HISTORISCHES HOTEL $$
(☎503-436-1392; www.cannonbeachhotellodgings. com; 1116 S Hemlock St; DZ inkl. Frühstück 139–269 US$; ☞🗺) Ein stilvolles, zentral gelegenes Hotel mit nur zehn Zimmern. Die Standardzimmer sind hübsch, aber sehr klein. Sogar die normalen Suiten sind nicht sehr geräumig. Im Preis inbegriffen ist ein gutes Frühstück im Café in der Anlage.

Blue Gull Inn Motel   MOTEL $$
(☎800-507-2714; www.haystacklodgings.com; 487 S Hemlock St; DZ 119–219 US$; ☞🗺🐾) Einige der günstigeren Zimmer in der Stadt mit angenehmer Atmosphäre und zurückhaltendem Dekor. Auch Wohneinheiten mit Kitchenette und Whirlpool sind verfügbar. Wird von Haystack Lodgings betrieben.

Sleepy Monk Coffee   CAFÉ $
(☎503-436-2796; www.sleepymonkcoffee.com; 1235 S Hemlock St; ⊙Mo–Di 8–14, Fr–So bis

---

ABSTECHER

SCENIC DRIVE: DIE DREI CAPES

Cape Meares, Cape Lookout und Cape Kiwanda liegen ungefähr auf halbem Weg zwischen Cannon Beach und Newport und gehören zu den schönsten Landzungen der Küste. Sie sind verbunden durch eine nur langsam befahrbare, kurvenreiche und manchmal holprige, 40 Meilen (64 km) lange Alternativroute zur US 101. Die Strecke lohnt sich auf jeden Fall, auch wenn im März 2013 ein Teil der Straße nördlich vom Cape Meares begonnen hat abzusinken und geschlossen wurde. Instandsetzungsmaßnahmen laufen noch – es kann also sein, dass man über Netarts und Oceanside zum Cape Meares fahren und dann den Weg zurücktuckern muss.

Vom 11,5 m hohen Leuchtturm (dem kleinsten Oregons) auf der bewaldeten Landzunge des **Cape Meares** bietet sich eine hervorragende Aussicht. Kurze Wege führen zu Oregons größter Sitka-Fichte und dem „Oktopus-Baum", einer weiteren Sitka-Fichte mit der Form eines Kronleuchters.

Die Panoramaaussicht von den 244 m über dem Pazifik aufragenden Klippen macht den **Cape Lookout State Park** zu einem Highlight. Im Winter drängen sich auf der Spitze des Kaps, das fast 1,6 km ins Meer ragt, Walbeobachter. Hier gibt es breite Sandstrände, Wanderwege und einen beliebten Campingplatz in Wassernähe.

Und dann ist da noch das **Cape Kiwanda**, eine Sandsteinklippe, die gleich nördlich vom kleinen Ort Pacific City in den Himmel ragt. Hier kann man auf hohe Dünen steigen oder mit dem Truck am Strand entlangfahren. Es ist das am besten erschlossene der drei Kaps und bietet jede Menge Einrichtungen in der Nähe. Wer Bier mag, sollte sich das **Pelican Brewpub** (Cape Kiwanda; Hauptgerichte 12–32 US$; ⊙So–Do 8–22, Sa & So bis 23 Uhr) nicht entgehen lassen. Hier kann man zusehen, wie die Fischer mit ihren Schiffen in See stechen oder nach einem Tag Fischfang so weit oben am Strand wie möglich wieder ankommen.

16 Uhr) 🍴 Wer biologisch angebauten, geprüften Fair-Trade-Kaffee möchte, der sollte in dieses kleine Café in der Hauptstraße gehen. Es hat dieselben Betreiber wie das **Irish Table**, ein ausgezeichnetes Restaurant im selben Gebäude.

★ Newman's at 988
FRANZÖSISCH, ITALIENISCH $$$

(☎ 503-436-1151; www.newmansat988.com; 988 S Hemlock St; Hauptgerichte 22–36 US$; ☺ 1. Juli–15. Okt. tgl. 17.30–21 Uhr, 16. Okt.–30. Juni Di–So) Kleines, aber erstklassiges Restaurant in der Hauptstraße. Der preisgekrönte Koch John Newman tischt eine Mischung aus französischen und italienischen Gerichten auf. Die Nachspeisen sind erste Sahne.

❶ Praktische Informationen

Infos gibt's in der **Handelskammer** (☎ 503-436-2623; www.cannonbeach.org; 207 N Spruce St; ☺10–17 Uhr).

❶ An- & Weiterreise

Northwest Point-Busse (www.northwest-point. com) fahren jeden Morgen von Astoria nach Portland (und zurück) und halten am Cannon Beach. Karten gibt's beim Beach Store neben Cannon Beach Surf.

Der **Cannon Beach Shuttle** (☎ 503-861-7433; www.ridethebus.org), auch bekannt als „The Bus", fährt die ganze Hemlock St entlang bis zum Ende des Tolovana Beach. Der Fahrplan ändert sich je nach Jahreszeit. Beide Busse fahren auch nach Seaside und Astoria.

Die **Wave-Busse** (www.tillamookbus.com) fahren mehrmals täglich Richtung Süden nach Manzanita und Lincoln City.

Newport

Newport, der Standort von Oregons größter kommerzieller Fischereiflotte, ist eine lebhafte Touristenstadt mit einigen schönen Stränden und einem Weltklasseaquarium. Seit 2011 hat hier die NOAA, die National Oceanic and Atmospheric Administration (Nationale Ozean- und Atmosphärenverwaltung) ihren Sitz. In dem Küstenort mit langer Geschichte gibt es jede Menge gute Restaurants sowie ein paar kitschige Attraktionen, Souvenirshops und brüllende Seelöwen. Das unkonventionelle Nye Beach bietet Kunstgalerien und eine freundliche Dorfatmosphäre. Die Gegend wurde in den 1860er-Jahren von Fischern entdeckt, die am oberen Ende der Yaquina Bay Austernbänke gefunden hatten.

Das spitzenmäßige **Oregon Coast Aquarium** (☎ 541-867-3474; www.aquarium.org; 2820 SE Ferry Slip Rd; Erw./Kind 13–17 Jahre/3–12 Jahre 18,95 US$/16,95/11,95; ☺ 9–18 Uhr; 🚻) ist eine Attraktion, die man auf keinen Fall auslassen sollte. Hier gibt es ein Seeotterbecken, surreale Quallentanks und Plexiglastunnel durch ein Haifischbecken. Das nahe gelegene **Hatfield Marine Science Center** (☎ 541-867-0100; www.hmsc.oregonstate.edu; 2030 SE Marine Science Dr; ☺ 10–17 Uhr; 🚻) GRATIS ist viel kleiner, aber trotzdem einen Besuch wert. Großartige Gezeitentümpel und tolle Aussichten bietet die **Yaquina Head Outstanding Area** (☎ 541-574-3100; 750 NW Lighthouse Dr; Eintritt 7 US$; ☺ Sonnenaufgang–Sonnenuntergang, Bildungszentrum 10–18 Uhr). Hier befinden sich der größte Leuchtturm der Küste und ein interessantes Bildungszentrum.

Camper kommen im großen und beliebten **South Beach State Park** (☎ 541-867-4715; www.oregonstateparks.org; Stellplatz f. Zelt/Wohnmobil/Jurte 21/27/40 US$; 🏕) 2 Meilen (3,2 km) südlich an der US 101 unter. Buchliebhaber können im **Sylvia Beach Hotel** (☎ 541-265-5428; www.sylviabeachhotel.com; 267 NW Cliff St; DZ inkl. Frühstück 115–220 US$; ☺) übernachten. Die einfachen, aber gemütlichen Zimmer sind alle nach einem berühmten Autor benannt. Eine Reservierung ist erforderlich.

Ausgezeichnetes Seafood gibt's bei **Local Ocean Seafoods** (☎ 541-574-7959; www. localocean.net; 213 SE Bay Blvd; Hauptgerichte 11–23 US$; ☺ So–Do 11–20.30, Fr & Sa bis 21 Uhr) 🍴 – besonders empfehlenswert zum Mittagessen, wenn die Glaswände zum Hafen hin geöffnet werden.

Infos gibt's bei der **Handelskammer** (☎ 541-265-8801; www.newportchamber.org; 555 SW Coast Hwy; ☺ Mo–Fr 8–17, Sa 10–15 Uhr).

Yachats & Umgebung

Eines der am besten bewahrten Geheimnisse der Oregon Coast ist der hübsche und freundliche kleine Ort Yachats („Ja-hots"). Die Menschen kommen hierher und in die kleinen, abgelegenen Gasthäuser und B&Bs gleich südlich des Ortes, um dem Alltag zu entfliehen. Das ist an dieser relativ unerschlossenen Küste nicht allzu schwer.

Das hohe **Cape Perpetua** 3 Meilen (4,8 km) weiter südlich wurde erstmals 1778 von Kapitän Cook gesichtet. Vulkanische Aktivitäten haben eine wunderschöne, zerklüftete Küstenlinie mit spektakulären Merkmalen wie dem Devil's Churn geschaffen. Hier krachen gewaltige Wellen in einen 9 m langen Meeresarm. Wer Lust hat auf eine einfache Wanderung, der kann den geteerten **Captain Cook Trail** (hin & zurück 1,9 km) runter zu den Gezeitentümpeln in der Nähe von Cooks Chasm laufen. Bei Flut spritzt hier ähnlich wie bei einem Geysir das Wasser aus einer Meereshöhle empor. Mehr Infos gibt's im **Cape Perpetua Visitor Center** (☑541-547-3289; www.fs.usda.gov/siuslaw; ⊙März–Mai & Sept.–Okt. tgl. 10-16 Uhr, Juni–Aug. bis 17 Uhr, Nov.–Feb. Di geschl.).

15 Meilen (24 km) weiter südlich an der US 101 liegen die sehr touristischen, aber trotzdem sehenswerten **Sea Lion Caves** (☑541-547-3111; www.sealioncaves.com; 91560 US 101; Erw./Kind 6–12 Jahre 14/8 US$; ⊙9–18 Uhr), eine Grotte voller laut brüllender Seelöwen, die nur mit einem Lift zugänglich ist.

Einen Campingplatz gibt's beim **Beachside State Park** (☑800-551-6949; www.oregonstateparks.org; Stellplatz f. Zelt/Wohnmobil/Jurte 21/26/40 US$; ☀), 8 km nördlich von Yachats an der US 101. Das **Ya'Tel Motel** (☑541-547-3225; www.yatelmotel.com; Ecke US 101 & 6th St; DZ 64–84 US$; ⊖@☎☀) ist eine gute, preiswerte Übernachtungsmöglichkeit, und im **Green Salmon Coffee House** (☑541-547-4409; www.thegreensalmon.com; 220 US 101; Hauptgerichte 7–11 US$; ⊙7.30–14 Uhr; ☑) gibt's Snacks.

Oregon Dunes National Recreation Area

Die Oregon Dunes erstrecken sich über 80 km zwischen Florence und Coos Bay und bilden die größte Dünenfläche in den USA. Sie sind bis zu 150 m hoch und ragen etwa 4,8 km ins Landesinnere, wo sie auf Küstenwälder mit sonderbaren Ökosystemen und jeder Menge Flora und Fauna treffen. Hier gibt es Wanderwege, Reitwege und Gelegenheiten zum Bootfahren und Schwimmen. Den Abschnitt südlich von Reedsport sollte man allerdings meiden, da hier viele lärmende Strandbuggys unterwegs sind. Touristeninfos gibt's im **Hauptquartier** (☑541-271-3495; www.fs.usda.gov/siuslaw; 855 Highway Ave; ⊙Mo–Fr 8–16.30, Sa & So bis 16 Uhr)

der Oregon Dunes National Recreation Area in Reedsport.

State Parks, in denen man campen kann, sind u.a. der beliebte **Jessie M. Honeyman** (☑800-452-5687, 541-997-3641; www.oregonstateparks.org; 84505 US 101 S; Stellplatz f. Zelt/Wohnmobil/Jurte 21/26/39 US$; ☀), 3 Meilen (4,8 km) südlich von Florence, und der schöne **Umpqua Lighthouse** (☑800-452-5687, 541-271-4118; www.oregonstateparks.org; 460 Lighthouse Rd; Stellplatz f. Zelt/Wohnmobil/Jurte/Hütte/Deluxe-Jurte 19/24/36/39/76 US$; ☀), 4 Meilen (6,4 km) südlich von Reedsport. In der Gegend gibt es noch jede Menge andere Campingplätze.

Port Orford

Der hübsche Weiler Port Orford liegt auf einer Landzunge zwischen zwei grandiosen State Parks an der Stelle eines ungewöhnlichen Naturhafens und bietet spektakuläre Ausblicke. Der **Cape Blanco State Park**, 9 Meilen (14,4 km) weiter im Norden, ist der zweitwestlichste Punkt auf dem Festland der USA. Die Landspitze wird oft von starken Winden mit Geschwindigkeiten von bis zu 160 km/h heimgesucht. Besucher können hier nicht nur wandern, sondern auch das **Cape Blanco Lighthouse** (☑541-332-2207; www.oregonstateparks.org; US 101; Eintritt 2 US$; ⊙Mi–Mo 10–15.30 Uhr) besichtigen, das 1870 erbaut wurde und der älteste und höchste funktionsfähige Leuchtturm in Oregon ist.

Im **Humbug Mountain State Park**, 6 Meilen (9,6 km) südlich von Port Orford, treffen Berge und Meer in feuchter Disharmonie samt wütender Brandung aufeinander. Den 533 m hohen Gipfel kann man über einen 4,8 km langen Wanderweg durch alte Zedernhaine erklimmen.

Eine günstige Unterkunft ist das **Castaway-by-the-Sea Motel** (☑541-332-4502; www.castawaybythesea.com; 545 W 5th St; DZ 85–145 US$; ⊖@☎☀). Wer in dem Fischerdorf essen gehen möchte, muss im schicken **Redfish** (☑541-336-2200; www.redfishportorford.com; 517 Jefferson St; Hauptgerichte 21–29 US$; ⊙Mo–Fr 11–21, Sa & So 9–21 Uhr) ☑ unbedingt das beste Seafood des Ortes probieren.

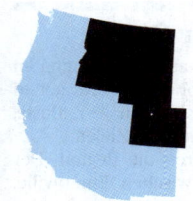

Rocky Mountains

Inhalt ➡

Colorado 271
Denver 272
Boulder 280
Wyoming 311
Yellowstone
National Park 314
Montana 326
Idaho 336

Gut essen

➡ Root Down (S. 277)

➡ Salt (S. 283)

➡ Rickshaw (S. 340)

➡ Pine Creek Cookhouse
(S. 296)

➡ Silk Road (S. 332)

Schön
übernachten

➡ Curtis (S. 275)

➡ Boise Guest House
(S. 337)

➡ Chautauqua Lodge (S. 281)

➡ Alpine House (S. 324)

➡ Old Faithful Inn (S. 319)

Auf in die Rocky Mountains!

Als Rückgrat der „Lower 48" bieten die Rockies Natur pur: Verschneite Gipfel, Schluchten und Flüsse ziehen sich über den ganzen Westen der USA. Angesichts dieser Schönheit und Kraft verwundert es nicht, dass sich vor 100 Jahren Kranke mit letzter Hoffnung auf Genesung hierher schleppten.

Die Rocky Mountains haben ihre Heilkraft nicht verloren. Besucher haben die Wahl zwischen Idylle (z. B. in Wyoming, dem bevölkerungsärmsten US-Bundesstaat) und Adrenalinkicks (gemessen in Höhenmetern). Die Einheimischen stehen auf Schnee-, Wasser- oder Schlammabenteuer – und bei jeder Menge Möglichkeiten zum Klettern, Skifahren oder Paddeln fällt das Mitmachen leicht. Danach heißt's unter Sternen in Thermalquellen relaxen und Regionalbier schlürfen oder ein Festmahl aus frischen Zutaten genießen.

Auf keinen Fall die reizvollen Nationalparks Yellowstone, Rocky Mountain, Grand Teton und Glacier auslassen: Dort streifen die „Big Five" (Grizzlys, Elche, Bisons, Berglöwen und Wölfe) bis heute frei durch die Natur!

Reisezeit

Denver

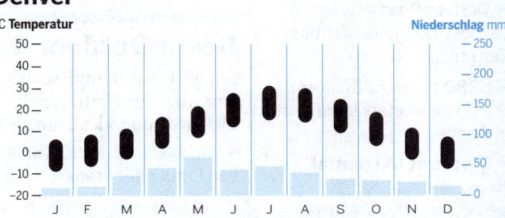

°C Temperatur — Niederschlag mm

Juni–Aug. Lange Sonnentage eignen sich zum Radfahren, Wandern, für Märkte und Festivals.

Sept. & Okt. Das Herbstlaub und sagenhafte Unterkunftsangebote – perfekte Kombi.

Jan. & Feb. Mit Schnee bestäubte Berggipfel, Pulverschneeabfahrten und Après-Ski deluxe.

NICHT VERSÄUMEN!

Einen Cowboyhut aufsetzen und durch die mit Wüstenbeifuß bewachsene Wildnis von Wyoming oder Montana traben – Ferien-Ranches bieten unvergessliche Sommerritte durch die Rockies an.

Kurzinfos

➡ **Wichtigste Stadt** Denver (600 000 Ew.)

➡ **Berge** Innerhalb der Festlands-USA hat Colorado die meisten Gipfel über 4250 m

➡ **Zeitzone** Mountain Standard bzw. Daylight Time (MST/MDT; MEZ –8 Std.)

Schon gewusst?

Wenn man sein Zelt im Yellowstone National Park aufstellt, schläft man auf einem der größten Supervulkane der Welt. Er wird alle 640 000 Jahre aktiv: Ein Ausbruch steht demnächst an – plus/minus 10 000 Jahre.

Infos im Internet

➡ **Denver Post** (www.denverpost.com) Die wichtigste Zeitung der Region

➡ **5280** (www.5280.com) Die beste Monatszeitschrift in Denver

➡ **Discount Ski Rental** (www.rentskis.com) In den wichtigsten Resorts vertreten

➡ **14ers** (www.14ers.com) Ausrüster für Wanderer, die die höchsten Gipfel der Rockies erklimmen wollen

Anreise & Unterwegs vor Ort

Denver hat den einzigen großen internationalen Flughafen der Region. Von Denver und von Colorado Springs gehen Flüge mit kleineren Flugzeugen nach Jackson, WY, Boise, ID, Bozeman, MT, Aspen, CO, und zu anderen Zielen.

Zwei Linien von Amtrak durchqueren die Region. Der *California Zephyr* verkehrt täglich zwischen Emeryville, CA und Chicago, IL, und hat sechs Stopps in Colorado, einschließlich Denver, Fraser-Winter Park, Glenwood Springs und Grand Junction. Der *Empire Builder* verkehrt täglich von Seattle, WA, oder Portland, OR, nach Chicago, IL, mit zwölf Stopps in Montana (inkl. Whitefish und East und West Glacier) und einem Stopp in Idaho bei Sandpoint.

Greyhound bedient Teile der Rocky Mountains. Aber um wirklich auf Tour zu gehen, braucht man ein Auto.

NATIONALPARKS

In der Region liegen einige der größten Nationalparks der USA. In Colorado bietet der **Rocky Mountain National Park** sagenhafte Wandermöglichkeiten durch Hochgebirgswälder und Tundra. Außerdem finden sich hier das saharaartige Wunder des **Great Sand Dunes National Park** und der **Mesa Verde National Park**, ein archäologisches Reservat mit kunstvollen Grubenhäusern.

Wyoming beherbergt den **Grand Teton National Park** mit seinen aufregenden Berggipfeln und den **Yellowstone National Park**, den ältesten Nationalpark des Landes. Letzterer ist ein Wunderland voller Geysire, Thermalquellen und bewaldeter Berge. In Montana sieht man im **Glacier National Park** stark sedimentierende Berggipfel, Gletscher und jede Menge Wildtiere, etwa Grizzlybären. In Idaho liegt die **Hells Canyon National Recreation Area**. Hier formt der Snake River den tiefsten Canyon Nordamerikas. Der **National Park Service** (NPS; www.nps.gov) verwaltet außerdem über ein Dutzend weitere Historic Sites, Monuments, Natur Preserves und Recreationonal Areas in Idaho.

Beste Outdoor-Kurse

Mit viel Natur und schwierigem Gelände sind die Rockies eine von der Natur geschaffene Schule für alle Outdoor-Fähigkeiten und ideal, um sich nach draußen zu begeben.

➡ **Chicks with Picks** (S. 302) Tolle „Ice-Climbing Clinics" von Frauen für Frauen.

➡ **Yellowstone Institute** (www.yellowstoneassociation.org) Im Park mit Experten Wölfe, Ökologie und Kunst studieren.

➡ **Teton Science Schools Ecology** (S. 324) Am besten für Kids; hier können sie etwas über die Natur lernen und sie hautnah erleben.

➡ **Colorado Mountain School** (S. 286) Einen Berggipfel sicher erklettern und lernen, wie man sich sichert.

Geschichte

Vor dem späten 18. Jh., als französische Trapper und Spanier ins Land kamen, waren die Rocky Mountains ein von vielen Stämmen bewohntes Gebiet. Nez Percé, Schoschonen, Crow (Absarokee), Lakota und Ute lebten hier.

Meriwether Lewis und William Clark errangen unsterblichen Ruhm, nachdem die USA 1803 im Louisiana Purchase den Großteil der heutigen Bundesstaaten Montana, Wyoming und des östlichen Colorados erworben hatten. Die beiden Forscher machten sich auf, das Land zu vermessen und bewältigten in drei Jahren fast 15 000 km. Ihr Erfolg ermutigte weitere Abenteurer, wodurch die Besiedlung in Bewegung kam. Bis ins 20. Jh. zogen Wagentrecks in die Ro-

DIE ROCKY MOUNTAINS IN ...

... zwei Wochen

Am besten beginnt man die Reise in der Gegend von **Denver**. Dort geht man zum Tubing, shoppt Vintage-Klamotten oder geht im outdoorverrückten, total künstlerischen **Boulder** Radfahren und nimmt dann in einem Straßencafé die liberale Atmosphäre in sich auf. Als nächstes genießt man die Aussicht im **Rocky Mountain National Park**, bevor man sich auf der I-70 Richtung Westen aufmacht, um sich in den Bergen rund um **Breckenridge** auszutoben. Hier gibt's auch die besten Anfängerhügel von Colorado. Bevor man die Grenze nach Wyoming überquert, sollte man sich unbedingt das Ski- und Mountainbike-Mekka von **Steamboat Springs** ansehen.

Der erste Stopp in diesem Staat sollte **Lander** sein – ein Bergsteigerparadies der Extraklasse. Von hier aus geht's weiter Richtung Norden zum schicken **Jackson** und dem sagenhaften **Grand Teton National Park** und dann mit dem **Yellowstone National Park** zu einem echten Wahrzeichen. Für dieses Wunderland voller Geysire sollte man mindestens drei Tage einplanen.

Dann überquert man die Grenze zum „Big Sky Country" und setzt den Weg langsam Richtung Nordwesten durch Montana fort. Im flippigen **Bozeman** und lebhaften **Missoula** legt man einen Stopp ein, bevor man den **Flathead Lake** besucht. Die Tour beendet man in Idaho. Im Sommer kann man auf dem Wildwasser der **Hells Canyon National Recreation Area** paddeln, bevor man ins aufstrebende **Boise** weiterfährt. Man beendet den Trip mit ein paar Tagen Skifahren im **Sun Valley** und Partyfeiern in **Ketchum**. Die Stadt und das Skiresort sind, obwohl sie *der* momentane Winterspielplatz für Hollywood sind, erfrischend schlicht und erschwinglich.

... einem Monat

Wer einen ganzen Monat zur Verfügung hat, kann so richtig in die Region eintauchen und all die Schätze abseits der ausgetretenen Pfade besichtigen. Zunächst kann man dem Fahrplan für zwei Wochen folgen, dann aber in Colorado Richtung Südwesten – in die aufstrebende Weinregion – abdrehen, bevor man Wyoming besucht. Dann geht's auf die nur für Autos mit Allradantrieb geeigneten Pfade rund um **Ouray**. Unbedingt einen Besuch wert sind die alten Grubenhäuser im **Mesa Verde National Park**.

In Montana bietet sich eine Rucksacktour im **Bob Marshall Wilderness Complex** an, und auch den **Glacier National Park** sollte man besuchen, bevor alle Gletscher verschwunden sind. In Idaho verbringt man dann mehr Zeit mit Herumstreifen in **Sun Valley** und sollte auf alle Fälle die Läden, Pubs und köstlichen Bio-Restaurants im herrlichen kleinen **Ketchum** erkunden. Auf einem Trip, der einen Monat dauert, hat man auch die Zeit, ein paar der fantastisch abgelegenen, malerischen Nebenstrecken von Idaho entlangzufahren. Auf jeden Fall sollte man dem Hwy 75 von Sun Valley Richtung Norden nach **Stanley** folgen. Dieses atemberaubende Bergdörfchen liegt an den weiten Ufern des Salmon River und ist vollkommen vom Gebiet des National Forest und von Natur umgeben. Aber ganz abgesehen von der Schönheit der Wildnis ist Stanley zudem mit der Möglichkeit zum Weltklasse-Forellenfischen und zahmem bis wildem Rafting gesegnet. Die malerische Fahrt auf dem Hwy 21 von Stanley nach Boise führt durch kilometerlange, dichte Ponderosa-Wälder und an ein paar ausgezeichneten, völlig einsamen Campingplätzen am Fluss vorbei – von denen einige über eigene natürliche Thermalquellen mit Becken verfügen.

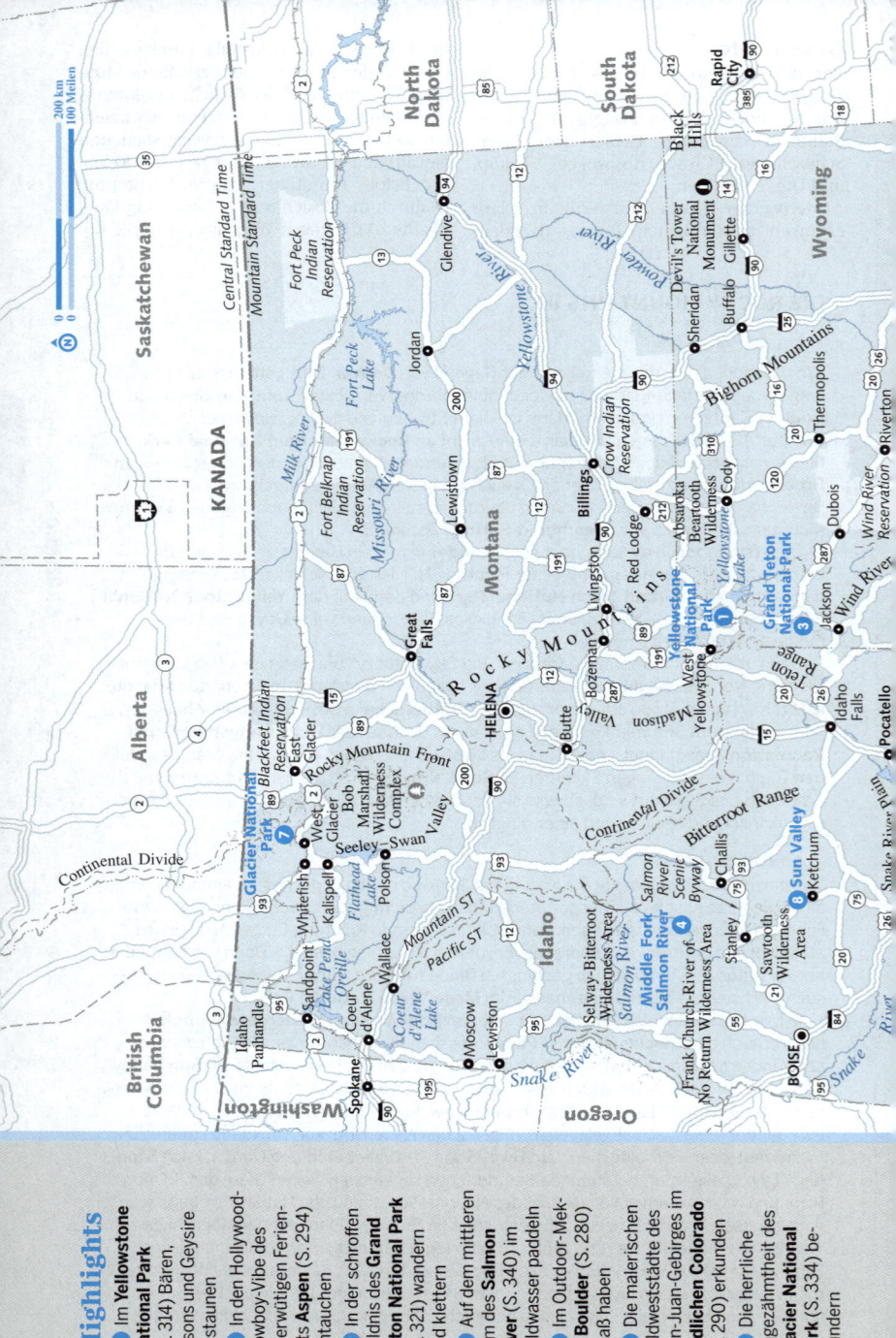

Highlights

1 Im **Yellowstone National Park** (S. 314) Bären, Bisons und Geysire bestaunen

2 In den Hollywood-Cowboy-Vibe des feierwütigen Ferienorts **Aspen** (S. 294) eintauchen

3 In der schroffen Wildnis des **Grand Teton National Park** (S. 321) wandern und klettern

4 Auf dem mittleren Arm des **Salmon River** (S. 340) im Wildwasser paddeln

5 Im Outdoor-Mekka **Boulder** (S. 280) Spaß haben

6 Die malerischen Wildweststädte des San-Juan-Gebirges im **südlichen Colorado** (S. 290) erkunden

7 Die herrliche Ungezähmtheit des **Glacier National Park** (S. 334) bewundern

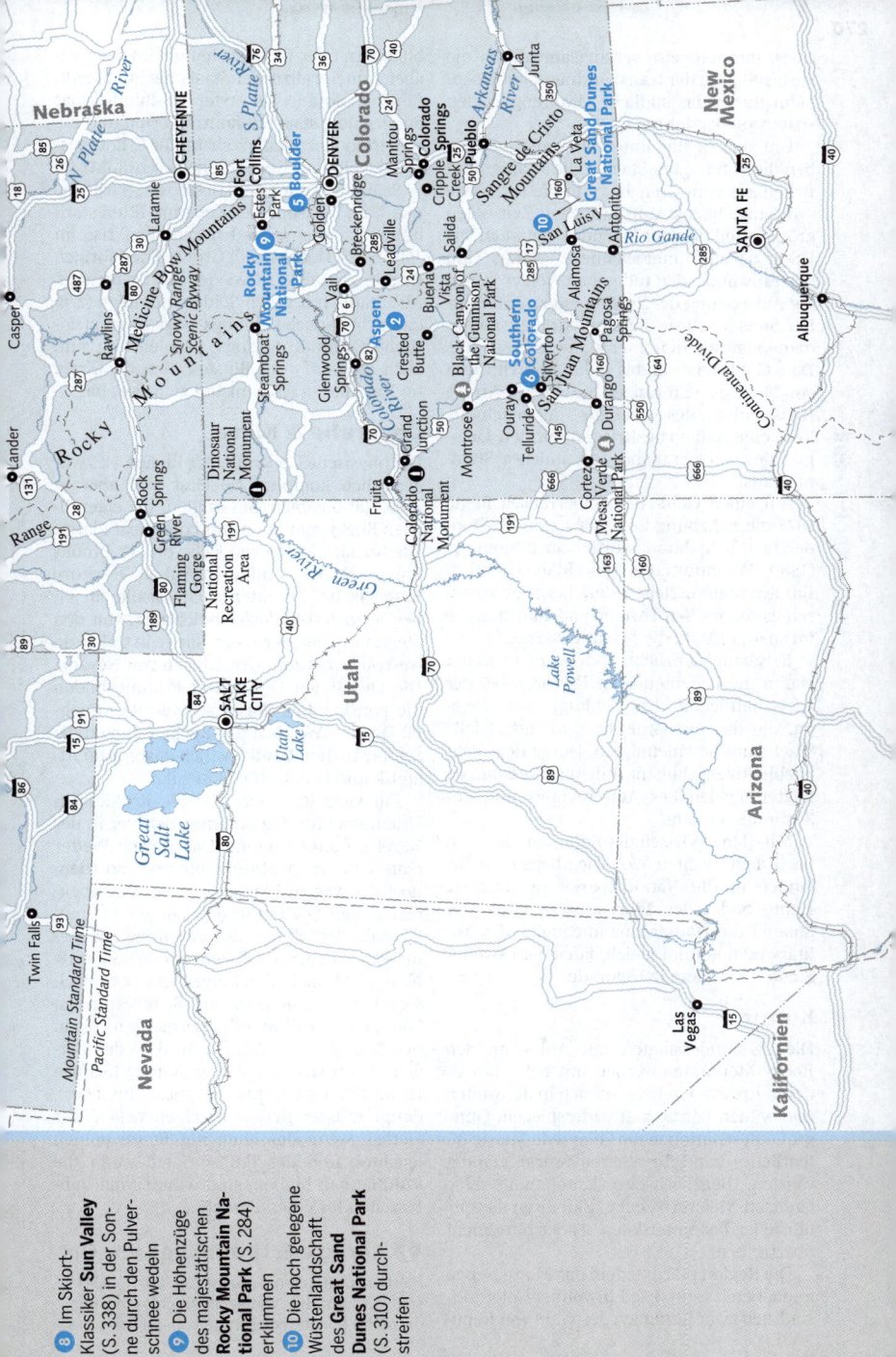

Nebraska

New Mexico

CHEYENNE

Fort Collins

Boulder ⑤

DENVER

Colorado

Rocky Mountain National Park ⑨

Golden

Estes Park

Laramie

Breckenridge

Manitou Springs
Colorado Springs
Cripple Creek
Pueblo

Sangre de Cristo Mountains

Great Sand Dunes National Park

SANTA FE

Vail

Leadville

Buena Vista

Salida

La Veta

Albuquerque

Snowy Range
Scenic Byway

Steamboat Springs

Aspen ②

Crested Butte

Black Canyon of the Gunnison National Park ④

San Luis V

Alamosa

Rio Gande

Casper

Rawlins

Glenwood Springs

Colorado River

Southern Colorado ⑥

Montrose

Ouray
Telluride ③
Silverton

San Juan Mountains

Pagosa Springs

Antonito

Continental Divide

Lander

Rocky

Mountains

Grand Junction

Durango

Medicine Bow Mountains

Rock Springs
Green River

Dinosaur National Monument

Fruita

Colorado National Monument

Cortez

Mesa Verde National Park ①

Range

Flaming Gorge National Recreation Area

Twin Falls

SALT LAKE CITY

Utah Lake

Utah

Lake Powell

Arizona

Great Salt Lake

Green River

Mountain Standard Time

Pacific Standard Time

Nevada

Las Vegas

Kalifornien

⑧ Im Skiort-Klassiker **Sun Valley** (S. 338) in den Sonne durch den Pulverschnee wedeln

⑨ Die Höhenzüge des majestätischen **Rocky Mountain National Park** (S. 284) erklimmen

⑩ Die hoch gelegene Wüstenlandschaft des **Great Sand Dunes National Park** (S. 310) durchstreifen

ckies, nur zeitweise verlangsamt durch die Fertigstellung der transkontinentalen Eisenbahn durch das südliche Wyoming in den späten 1860er-Jahren.

Um die Siedler unterzubringen, vertrieben die Vereinigten Staaten die Spanier und Briten aus dem Grenzland im Westen sowie – in einer höchst unrühmlichen Zeit – den größten Teil der hier lebenden Indianer. Die US-Regierung unterzeichnete Verträge, um die Einwände der indigenen Völker gegen die Ausweitung der Siedlungen zu entschärfen. Stets brach sie diese und drängte die Indianerstämme in immer kleinere Reservate. Dass Goldsucher in das Indianerterritorium von Montana vordrangen und die US-Armee Forts entlang des Bozeman Trail errichtete, löste eine Reihe von Kriegen mit den Lakota, Cheyenne, Arapaho und anderen Stämmen aus.

Auf einen Gold- und Silberrausch folgte 1876 die Erhebung Colorados zum US-Bundesstaat. Bald darauf wurden auch Montana (1889), Wyoming (1890) und Idaho (1890) zu Bundesstaaten. Neben den Bergleuten waren es die weißen Farmer und Rancher, die im späten 19. Jh. die Macht besaßen.

Bergbau, Viehzucht und Holzgewinnung waren die bedeutendsten Faktoren bei der wirtschaftlichen Entwicklung der Region, die das ökonomische und industrielle Wachstum beschleunigten. Durch den nicht nachhaltigen Umgang mit den Ressourcen folgten Zyklen des Aufschwungs und des Zusammenbruchs.

Mit dem Wirtschafts-Boom in der Zeit nach dem Zweiten Weltkrieg begannen Urlauber, in die Nationalparks zu strömen. Heute bildet der Tourismus in allen vier Staaten die Haupteinnahmequelle, das Militärwesen kommt gleich danach an zweiter Stelle – vor allem in Colorado.

Kultur

Die US-Bundesstaaten mit Anteil an den Rocky Mountains werben mit einer besonderen Art von Freiheit, die sich in der weiten und wilden Landschaft widerspiegelt. Ohne große Restriktionen darf hier jede Menge öffentliches Land für allerlei Zwecke genutzt werden. Beispielsweise kann man seine Grenzen vielerorts beim Skifahren abseits offizieller Pisten ausloten – aber bitte nicht übertreiben!

Die Region pflegt zudem das Motto „leben und leben lassen". Die Einwohner Colorados sind sich zwar bezüglich der Wahl von Repu-

blikanern oder Demokraten uneinig, lehnen aber zumeist allzu viel Staatsmacht ab. 2013 führte Colorado als erster US-Bundesstaat den legalen, staatlich kontrollierten und besteuerten Marihuanakonsum für Erholungszwecke ein (auf Erwachsene beschränkt).

Selbst die reichsten Urlaubsorte wie Aspen, Vail, Jackson oder Ketchum litten stark unter der Finanz- und Immobilienkrise im Jahr 2008. Doch wie im Großteil der übrigen Region geht es dort wieder kräftig bergauf. Alle Städte mit vielen Soldatenfamilien (z. B. das proletarische Billings oder das patriotische Colorado Springs) erholen sich nun auch langsam vom Blutzoll, den der Krieg im Irak und in Afghanistan gefordert hat.

Geografie & Klima

Die physische Geografie der Region ist zwar eigentlich komplex, sie lässt sich aber in zwei Hauptgebiete unterteilen: die eigentlichen Rocky Mountains und die Great Plains. Die Rockies erstrecken sich von der Brooks Range Alaskas und dem Yukon Territory Kanadas bis hinunter nach Mexiko in einer Nordwest-Südost-Ausrichtung, von den Steilabbrüchen der Front Range in Colorado westwärts bis zum Great Basin von Nevada. Die gewaltigen Gipfel und Kämme bilden die kontinentale Wasserscheide (Continental Divide): Westlich der Rockies fließen die Ströme in den Pazifik; östlich davon zum Atlantik und zum Golf von Mexiko.

Für viele Reisende sind die Rockies ein Urlaubsziel für den Sommer, der hier in der Regel im Juni beginnt. Das warme Wetter dauert bis etwa Mitte September an (dennoch ist warme Kleidung an Sommerabenden in den Städten in den Bergen zu empfehlen). Der Winter, der gewaltige Schneemassen bringt, setzt üblicherweise erst Ende November ein. In den Bergen kann es jedoch schon im September zu Schneestürmen kommen. Der Winter dauert meistens bis in den März oder bis Anfang April. In den Bergen ändert sich das Wetter ständig (Schnee ist im Sommer nichts Außergewöhnliches), darauf müssen Reisende sich einstellen. Der Herbst, wenn das Laub der Espen golden leuchtet, und der Frühsommer, wenn die Wildblumen blühen, sind wundervolle Jahreszeiten für einen Besuch.

ℹ Anreise & Unterwegs vor Ort

Hierher zu kommen, braucht Zeit. Die Rockies sind infrastrukturell schlecht erschlossen, und die Attraktionen verteilen sich über ein riesiges

Gebiet. Verbunden sind sie durch Straßen, die sich durch Berge und Canyons winden. Da es nur wenige öffentliche Verkehrsmittel gibt, ist ein eigenes Fahrzeug am besten. Und schließlich ist „Roadtripping" einer der Gründe, warum man diese malerische Gegend erforscht.

In den ländlichen Gebieten gibt es nur sehr wenige Tankstellen – die I-80 durch Wyoming ist hier besonders berüchtigt. Es ist durchaus nicht ungewöhnlich, dass zwischen zwei Tankstellen mehr als 150 km liegen. Wer sich nicht sicher ist, sollte lieber volltanken.

Der **Denver International Airport** (DIA; ☑ Information 303-342-2000; www.flydenver. com; 8500 Peña Blvd; ☺ 24 Std.; ☎) ist der Hauptflughafen der Region. Plant man allerdings An- oder Weiterreise als Inlandsflug, sollte man auch mal dem **Colorado Springs Airport** (www.springsgov.com/airportindex.aspx) schauen. Die Preise sind oft geringer, die Anfahrt geht schneller als beim DIA, und er ist genauso praktisch. Sowohl Denver als auch Colorado Springs bieten Flüge in kleineren Maschinen zu den wichtigeren Städten und Erholungsorten der Gegend – Jackson, WY, Boise, ID, Bozeman, MT, und Aspen, CO, sind nur einige der Möglichkeiten. Salt Lake City, UT, hat auch Verbindung zu Zielen in allen vier Staaten.

Greyhound (☑ 800-231-2222; www.greyhound.com) hat feste Routen durch die Rockies und bietet den umfassendsten Busservice.

Diese Züge der Amtrak (S. 279) fahren Ziele in und um die Region herum an:

California Zephyr Täglich zwischen Emeryville, CA (in der San Francisco Bay Area), und Chicago, IL, mit sechs Stopps in Colorado, darunter Denver, Fraser-Winter Park, Glenwood Springs und Grand Junction.

Empire Builder Fährt täglich von Seattle, WA, oder Portland, OR, nach Chicago, IL, mit zwölf Stopps in Montana (darunter Whitefish sowie East und West Glacier) und einem Halt in Idaho in Sandpoint.

COLORADO

Von starken Espressos bis hin zu Extremskipisten mit doppeltem Diamantsymbol – Colorado steht für Vitalität. Zudem ist dies der amerikanische Bundesstaat mit den meisten Gipfeln über 4267 m (bzw. 14.000 Fuß, daher auch „14ers" genannt). Doch nicht alles dreht sich hier nur um Outdoor-Abenteuer: Universitäten und High-Tech zeigen die fleißige Seite Colorados. Allerdings feiern wohl selbst manche Workaholics krank, sobald vor Ort der erste Schnee fällt.

Es ist kein Wunder, dass der sonnige Bundesstaat so viele Kalifornier und Ost-

küstenbewohner anzieht. Auch Latinos sind dem Ruf nach Unterstützung des gewaltigen regionalen Tourismussektors schon gefolgt. Und obwohl Colorado größtenteils als ziemlich konservativ gilt, teilen die Einheimischen allesamt eine fanatische Liebe zur Wildnis in der Region und eine sehr freundliche, erfrischende Einstellung, dass alles möglich ist, wenn man es nur versucht.

❶ Praktische Informationen

Colorado Road Conditions (☑ 877-315-7623; www.state.co.us) Bietet Informationen zu den Highways.

Colorado State Parks (☑ 303-470-1144; www. parks.state.co.us) Stellplätze fürs Zelt oder den Wohnwagen kosten zwischen 10 und 24 US$ die Nacht, je nach Einrichtungen. Einfache

---

KURZINFOS COLORADO

Spitzname Centennial State

Bevölkerung 5 Mio.

Fläche 269 601 km²

Hauptstadt Denver (566 974 Ew.)

Andere Städte Boulder (91 500 Ew.), Colorado Springs (372 400 Ew.)

Verkaufssteuer 2,9 % staatliche Steuer plus unterschiedliche Steuern je nach Stadt

Geburtsort von Ute-Stammesführer Chief Ouray (1833–1880), South-Park-Schöpfer Trey Parker (geb. 1969), Schauspielerin Amy Adams (geb. 1974), dem in *127 Hours* porträtierten Aron Ralston (geb. 1975), Bergsteiger Tommy Caldwell (geb. 1978)

Heimat von der Naropa University (einst von den Beat-Dichtern gegründet), Abfahrten mit Pulverschnee, Boutique-Bier

Politische Ausrichtung Wechselnde politische Ausrichtung

Berühmt für Sonnentage (300 im Jahr), die höchstgelegenen Weinberge und längste Ski-Abfahrt in den kontinentalen USA

Kitschigstes Souvenir Flaschenöffner aus Wildhufen

Entfernungen Denver–Vail 100 Meilen (160 km), Boulder–Rocky Mountain National Park 38 Meilen (61 km)

Hütten und Jurten sind in einigen Parks auch zu haben, welche mit Holzöfen das ganze Jahr über. Bei bestimmten Campingplätzen kann man im Voraus reservieren, muss aber eine Buchungsgebühr von 10 US$ bezahlen, die nicht zurückerstattet wird. Die Reservierung zu ändern, kostet 6 US$.

Colorado Travel & Tourism Authority (☎ 800-265-6723; www.colorado.com) Dies ist die Touristeninformation, die für den ganzen Bundesstaat zuständig ist.

Denver Post (www.denverpost.com) Die *Dever Post* ist die bedeutendste Tageszeitung vor Ort.

Denver

Denvers extrem starke Anziehungskraft erfasst alles und jeden in den westlichen Rockies. Hierfür sorgen z. B. glitzernde Wolkenkratzer im Stadtzentrum, bierselige Brauereikneipen, Ausgabestellen für Cannabis, Wanderwege und wettergegerbte Gipfelkrieger. Zudem prägt nun eine Art internationale Verrücktheit dieses frühere Kuhkaff – dank eines wachsenden Weltbürgertums im Gewand des amerikanischen Westens, das die Hipness der sich entwickelnden Kunst-, Bar- und Restaurantszene nährt.

Der stärkste Touristentrubel konzentriert sich auf die Bezirke von Downtown und Lower Downtown (LoDo). Besucher mit Durchblick bevorzugen jedoch Viertel wie Highlands, Washington Park, Cherry Creek, Five Points, South Santa Fe oder River North (RiNo), um weiter draußen ins lebhafte Herz von Denvers ständig wachsender Kulturszene einzutauchen.

Gekrönt wird das Ganze von der unmittelbaren Nähe zu den Rockies, einem der besten Mountainbike-Trailnetze der USA und vielen Parks, Freiflächen und Flussufern mit sonnigen Sitzplätzen – ideal, wenn man sich psychedelischen Höhenflügen hingeben möchte.

◉ Sehenswertes & Aktivitäten

★ Denver Art Museum MUSEUM
(DAM; ☎ Ticket-Hotline 720-865-5000; www.denverartmuseum.org; 100 W 14th Ave; Erw./Kind/Student 13/5/10 US$, am 1. Sa des Monats Eintritt frei; ⏰ Di–Do & Sa–So 10–17, Fr 10–20 Uhr ; Ⓟ ♿ ; ▣ 9, 16, 52, 83L RTD) ✎ Das DAM besitzt eine der größten Sammlungen indigener Kunst in den USA und präsentiert auch avantgardistische Multimedia-Sonderausstellungen. Die Abteilung Western American Art, die zur ständigen Sammlung gehört, ist zu Recht berühmt. Das keinesfalls konservative Museum steht auch bei Kindern hoch im Kurs – am allerbesten sind die interaktiven Exponate.

Das markant verwinkelte Hamilton Building für 110 Mio. US$ (benannt nach Frederic C. Hamilton, entworfen von Daniel Libeskind) ist schlicht umwerfend. Egal, ob

Denver

◉ Highlights
1 Denver Art Museum C5

◉ Sehenswertes
2 Clyfford Still Museum......................... C5
3 History Colorado Center....................... C5
4 Museum of Contemporary Art.............. A2

🛏 Schlafen
5 11th Avenue Hotel C6
6 Brown Palace Hotel C4
7 Curtis B4
8 Denver International Youth
    Hostel D4
9 Hotel Monaco B3
10 Patterson Historic Inn D6
11 Queen Anne Bed & Breakfast Inn C3

🍴 Essen
12 Buenos Aires Pizzeria B2
13 City O' City C5
14 Rioja A3
15 Root Down A1
16 Snooze C2

17 Steuben's Food Service.......................... D4

◉ Ausgehen & Nachtleben
18 Ace... D4
19 Bar Standard... C6
20 Denver Wrangler....................................... C4
21 Great Divide Brewing Company C2
22 Matchbox.. C1
23 The Church... C5

◉ Unterhaltung
24 Cinco de Mayo C5
25 Comedy Works B3
26 Coors Field B2
27 Denver Performing Arts Complex.......... B2
28 El Chapultepec B2
29 Great American Beer Festival................. B4
30 Lannie's Clocktower Cabaret B3
31 Ogden Theatre... D4
32 Taste of Colorado..................................... C5

🛍 Shoppen
33 Tattered Cover Bookstore A3
34 Wax Trax Records D5

man es nun als wachsende Kristalle, Bergensemble oder einfach nur als architektonische Schwelgerei interpretiert – dies ist ein modernes Meisterstück. Wer das Äußere für abgefahren hält, sollte einen Blick ins Innere werfen: Wegen des Designes und der Verwendung von Tageslicht-Effekten verän-dern sich die Raumformen dort mit jedem Perspektivenwechsel.

Clyfford Still Museum
MUSEUM

(☎720-354-4880; www.clyffordstillmuseum.org; 1250 Bannock St; Erw./Kind 10/3 US$; ☺So–Do 10–17, Fr 10–20 Uhr) Das faszinierende Muse-

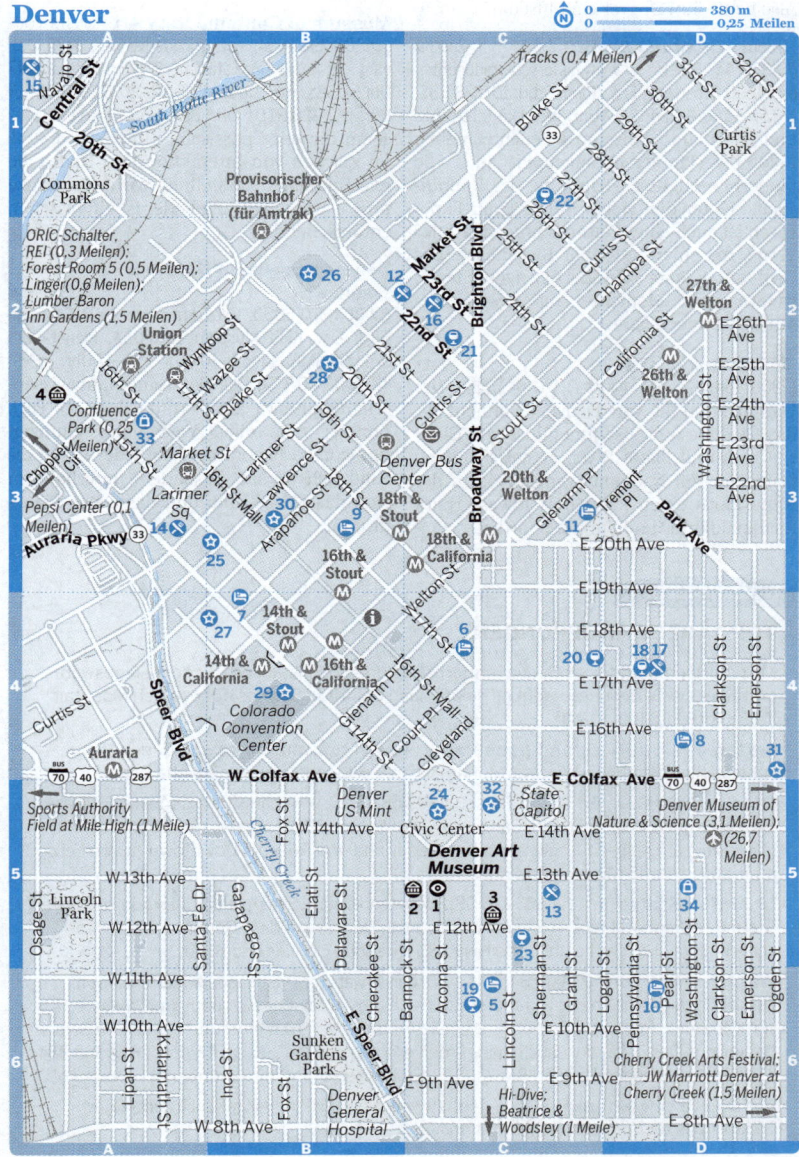

Denver

ROCKY MOUNTAINS DENVER

um ist ausschließlich dem Werk und Erbe von Clyfford Still, einem Vertreter des amerikanischen abstrakten Expressionismus, gewidmet. Die Sammlung umfasst über 2400 ausdrucksstarke Werke dieses narzisstischen Meisters des Kühnen. Bei seinem Tod (1980) hatte Still testamentarisch verfügt, dass sein Werk an einem einzigen Ort auszustellen sei. Also baute ihm Denver ein Museum.

History Colorado Center   MUSEUM

(☑ 303-447-8679; www.historycoloradocenter. org; 1200 Broadway; Erw./Kind/Stud. 10/8/8 US$; ⏰ Mo–Sa 10–17, So 12–17 Uhr; 🅿) Das elegante und charmante Museum beleuchtet neben Colorados Pioniervergangenheit auch die modernen Hightech-Triumphe des Bundesstaats. Unter den vielen interaktiven Exponaten ist auch eine „Zeitmaschine" à la Jules Verne, die einen auf einer Riesenkarte des Centennial State (Hundertjährigen Staats) wegweisende Momente aus dessen Geschichte erleben lässt.

★ Confluence Park   PARK

(2200 15th St; 🚻; 🚌10 RTD) 🚶GRATIS) Der Haupttreffpunkt von Denvers Sonnenfans, das Gelände am Zusammenfluss von Cherry Creek und Platte River, eignet sich auch prima für ein Nachmittagspicknick. In der Nähe gibt's einen kleinen Wildwasserpark für Kajakfahrer und Tubing-Sportler.

Von hier aus führt der Cherry Creek Trail südwärts bis zum Cherry Creek Shopping Center und dann noch weiter zum Cherry Creek Reservoir. Wer dem Platte Trail gen Südwesten folgt, erreicht schließlich das Chatfield Reservoir. In Richtung Norden gelangt man zum Clear Creek Trail und über diesen nach Golden.

Museum of Contemporary Art   KUNSTGALERIE

(☑ 303-298-7554; www.mcadenver.org; 1485 Delgany St; Erw./Kind/Student 8/1/5 US$, nach 17 Uhr 5 US$; ⏰ Di–Do 12–19, Fr 12–20, Sa & So 10–19 Uhr; 🅿; 🚌6 RTD) Der Bau von Denvers Museum für zeitgenössische Kunst stand stets im Zeichen von Interaktion und Dialog. Je nach aktueller Ausstellung wirkt das Ganze provokativ, entzückend oder ist ein bisschen enttäuschend.

Denver Museum of Nature & Science   MUSEUM

(☑ 303-370-6000; www.dmns.org; 2001 Colorado Blvd; Erw./Kind Museum 13/8 US$, Planetarium 5/4 US$, IMAX-Kino 8–10 US$; ⏰9–17 Uhr; 🅿🚻; 🚌20, 32, 40 RTD) Das klassische Naturwissenschaftsmuseum am Ostrand des City Park punktet mit tollen Wechselausstellungen und coolen Panoramen, die jeder schon als Kind geliebt hat. Besonders unterhaltsam sind das IMAX-Kino und das Gates Planetarium.

ABSTECHER

TOP-TAGESWANDERUNGEN

Maximal eine Stunde von Denver entfernt beginnen buchstäblich Hunderte Tageswanderungen. Viele Besucher zieht es hinauf nach Colorado Springs oder zu den Mountain Parks von Boulder.

Jefferson County Open Space Parks (www.jeffco.us/openspace; 🚻) Zu den Highlights zählen Matthews Winters, Mount Falcon, Elk Meadow und Lair o' the Bear.

Golden Gate Canyon State Park (☑303-582-3707; www.parks.state.us/parks; 92 Crawford Gulch Road, Golden; Eintritt/Camping 7/24 US$; ⏰5–22 Uhr) Dieser riesige State Park (48,6 km²) auf halber Strecke zwischen Nederland und Denvers Downtown ist von Letzterer aus in ca. 45 Minuten erreichbar.

Staunton State Park (☑303-816-0912; www.parks.state.co.us/parks) Colorados neuester State Park liegt 40 Meilen (64 km) westlich von Denver auf dem Gelände einer historischen Ranch. Hin geht's über den Hwy 285 zwischen Conifer und Bailey.

Waterton Canyon (☑303-634-3745; www.denverwater.org/recreation/watertoncanyon; Kassler Center) Südlich der Stadt erstreckt sich diese hübsche Schlucht gleich westlich vom Chatfield Reservoir. Ein leicht zu meisternder Pfad (10,5 km) führt darin zum Strontia Springs Dam. Von dort aus gelangt man entlang des **Colorado Trail** (CTF; ☑303-384-3729; www.coloradotrail.org; PO Box 260876; ⏰Mo–Fr 9–17 Uhr) bis hinüber nach Durango!

Buffalo Creek Mountain Bike Area (www.frmbp.org; Pine Valley Ranch Park) Rund 64 km Trails für Singletrack-Mountainbiker.

✦✦ Feste & Events

Cinco de Mayo
KULTUR

(www.cincodemayodenver.com; ☉ Mai; ☝) GRATIS
Eines der größten Cinco-de-Mayo-Feste des
Landes mit Salsamusik und Margaritas fin-
det am ersten Maiwochenende statt.

Cherry Creek Arts Festival
KUNST

(www.cherryarts.org; Ecke Clayton St & E 3rd Ave;
☝) Weitläufiges Nachbarschaftsfest, bei
dem 250 000 Besucher in bildender, darstel-
lender und kulinarischer Kunst schwelgen.

Taste of Colorado
ESSEN

(☎ 303-295-6330; www.atasteofcolorado.com;
Civic Center Park; ☝) Festival am Labor Day.
Mit dabei sind Imbissstände von über 50 Restaurants, viele alkoholische Getränke, Livemusik und Kunsthandwerkshändler.

Great American Beer Festival
BIER

(☎ 303-447-0816; www.greatamericanbeerfestival.
com; 700 14th St; Eintritt 75 US$; ☉ Anfang Sept.;
☝; 🚌 101 D-Line, 101 H-Line, 🚌 1, 8, 30, 30L, 31, 48
RTD) ✍ Colorado hat mehr Kleinbrauereien
als jeder andere US-Bundesstaat. Karten für
dieses äußerst beliebte Event sind meist im
Voraus ausverkauft.

🛏 Schlafen

Abgesehen von den hier aufgelisteten Optio-
nen gibt's in ganz Denver auch Ketten- und
Privatmotels (Zi. ab 75 US$) – über Online-
Buchungsportale lässt sich kräftig Bares
sparen. Die Hostels der Stadt zielen eher auf
Durchreisende als auf Backpacker ab.

Denver International Youth Hostel
HOSTEL $

(☎ 303-832-9996; www.youthhostels.com/denver;
630 E 16th Ave; B 19 US$; Ⓟ@🛜; 🚌 15, 15L, 20
RTD) Wenn ein günstiger Preis wirklich
wichtig ist, könnte dieses einfache, leicht
chaotische und charmant schäbige Hostel in
super Zentrumslage die richtige Wahl sein:
Alle Schlafsäle haben eigene Bäder. Der Ge-
meinschaftsbereich im Keller punktet mit
Großbild-TV, Bibliothek und Gäste-PCs.

11th Avenue Hotel
HOTEL $

(☎ 303-894-0529; www.11thavenuehotel.com;
1112 Broadway; B 19–22 US$, Zi. mit/ohne Bad
45/39 US$; ☉✳🛜) Eine anständige Adresse
für Budgetreisende: Das Billighotel eignet
sich für Kunstfans und wartet mit guten
Sicherheitsmaßnahmen und prima Lage im
Bezirk Golden Triangle auf. Die Lobby erinnert irgendwie an einen Jim-Jarmusch-Film.
Die Zimmer im Obergeschoss (z. T. mit eigenen Bädern) sind spartanisch, aber sauber.

✦ Curtis
BOUTIQUEHOTEL $$

(☎ 303-571-0300; www.thecurtis.com; 1405 Curtis
St; DZ 159–279 US$; ☉✳@🛜; 🚌 15 RTD) Dieser
postmoderne Popkultur-Tempel ist vor Ort
absolut einzigartig und scheint Gäste in ein
verrücktes Wunderland à la Warhol zu ver-
setzen. Ob beim Service oder beim Zimmer-
dekor: Überall regiert Detailverliebtheit.

Jedes der insgesamt 13 Stockwerke steht
unter einem eigenen Motto, das jeweils ein
anderes Genre der US-Popkultur repräsen-
tiert. Die geräumigen, sehr modernen Zim-
mer sind für eine entspannte Nachtruhe
nicht zu abgefahren. Dennoch könnte der
erfrischend andere Ansatz des Hotels für
manche Gäste zu kitschig sein (man kann
sich z.B. von Elvis per Telefon wecken las-
sen). Wer aber eine tolle Alternative zu den
üblichen langweiligen internationalen Ket-
ten sucht, findet sie eventuell hier im Her-
zen Downtowns.

✦ Queen Anne Bed & Breakfast Inn
B&B $$

(☎ 303-296-6666; www.queenannebnb.com; 2147
Tremont Pl; Zi. inkl. Frühstück 135–215 US$; Ⓟ☉
✳🛜) ✍ Dieses umweltbewusste B&B befindet sich in zwei viktorianischen Wohnhäusern aus den späten 1800er-Jahren. Sanft
wabernde Kammermusik in den Gemeinschaftsbereichen, frische Blumen, gepflegte
Gärten und abendliche Weinproben verleihen ihm eine romantische Atmosphäre.
Dank der viktorianischen Antiquitäten,
einem Whirlpool und exquisiten Wandbildern hat jedes Zimmer einen individuellen
Charakter.

Den hiesigen Sinn für Nachhaltigkeit de-
monstrieren z.B. umweltfreundlich herge-
stellte Textilien, leckeres Bio-Frühstück oder
Grüntee-Matratzen mit recycelten Sprungfe-
dern. Produkte und Essenszutaten werden
möglichst bei örtlichen Händlern gekauft.
Für Gäste gibt's sogar kostenlose Leihfahrräder.

Patterson Historic Inn
HISTORISCHES HOTEL $$

(☎ 303-955-5142; www.pattersoninn.com; 420 E
11th Ave; Zi. inkl. Frühstück ab 169 US$; ✳@🛜)
Das prächtige Château (erb. 1891) mit klei-
nem Gartengelände war einst das Wohnhaus
eines Senators. Als eines von Denvers besten
historischen B&Bs überzeugt es heute u. a.
mit viktorianischem Charme und üppigem
Frühstück. In den neun gut gepflegten Zim-
mern warten moderne Annehmlichkeiten
wie Daunendecken, Flachbildfernseher und
Bademäntel aus Seide.

Lumber Baron Inn Gardens   B&B $$

(☎ 303-477-8205; www.lumberbaron.com; 2555 W 37th Ave; Zi. 149–239 US$; ⓟ 🚌 ❄ 🐾; 🚊 38 RTD) 🔖 Krimidinner und romantische Suiten heben das schräge, aber elegante B&B im entspannten Viertel Highlands von seiner Konkurrenz ab – sogar einheimische Übernachtungsgäste spielen hier gerne Wochenenddetektiv! Die fünf verschiedenen Suiten verfügen alle über Whirlpools und riesige Plasmafernseher.

Brown Palace Hotel   HISTORISCHES HOTEL $$$

(☎ 303-297-3111; www.brownpalace.com; 321 17th St; Zi. ab 299 US$; ⓟ 🚌 ❄ @ 🛜) Wer staunend unter dem Buntglasdach des Atriums steht, wird begreifen, warum dieser Palast zur engeren Auswahl der besten historischen Hotels Amerikas zählt. Hierfür sorgen auch dekorative Kunst, importierter Marmor, ein Vier-Sterne-Spa und Personal, das diskret durch die Korridore schwebt.

Seit den Tagen Teddy Roosevelts haben die Zimmer diverse Präsidenten beherbergt. Sie verbreiten die einzigartige Eleganz früherer Zeiten, wirken aber nach heutigem Standard etwas beengt.

JW Marriott Denver at Cherry Creek   HOTEL $$$

(☎ 303-316-2700; www.jwmarriottdenver.com; 150 Clayton Ln; DZ ab 245 US$; ⓟ 🚌 ❄ 🛜 🐾; 🚊 1, 2, 3, 46 RTD) Wie die Lobbys werden die geräumigen Zimmer von lokaler Kunst und bunten Glasbläsereien geziert. Die Quartiere warten mit sehr hochwertiger Bettwäsche und dick gepolsterten Betten auf – ebenso mit Marmorbädern, in denen man Nobelseifen und -shampoos findet. An der gleichermaßen sehr coolen Hotelbar lassen sich eventuell sogar Teammitglieder der Denver Broncos blicken.

Hotel Monaco   BOUTIQUEHOTEL $$$

(☎ 303-296-1717, 800-990-1303; www.monaco -denver.com; 1717 Champa St; Zi. ab 127 US$; ⓟ ❄ 🛜 🐾; 🚊 0, 6, 30, 30L, 31, 36, 48, 52 RTD) Dieses ultrastilvolle Boutiquehotel steht bei Promis hoch im Kurs. In den modernen, in kräftigen Farben gehaltenen Zimmern im französischen Stil mit Art-déco-Elementen stehen gute europäische Betten. Auf keinen Fall die abendliche „Altitude Adjustment Hour" („Höhengewöhnungsstunde") verpassen, bei der Erwachsene mit Gratiswein und fünfminütigen Massagen verwöhnt werden! Das Monaco ist 100 % haustierfreundlich – wer möchte, bekommt sogar einen Goldfisch (mit Namen) aufs Zimmer gebracht.

 Essen

Die größte Vielfalt und Raffinesse weisen die Restaurants in Downtown auf. Insider zieht es jedoch in Viertel wie Highlands, Cherry Creek, South Pearl Street, Uptown, Five Points, Washington Park oder Old Town Littleton: Dort lassen sich kleine Geschäftsmeilen (jeweils ca. fünf Blocks) mit ein paar der besten örtlichen Lokale zu Fuß abklappern. Über Neueröffnungen informieren Websites wie www.5280.com oder www.diningout.com/denver.

Snooze   FRÜHSTÜCK $

(☎ 303-297-0700; www.snoozeeatery.com; 2262 Larimer St; Hauptgerichte 6–12 US$; ⏲ Mo–Fr 6.30–14.30, Sa & So 7–14.30 Uhr; ❄ 🐾) 🔖 Das fröhliche Frühstücks- und Brunch-Lokal zählt zu den angesagtesten After-Party-Versorgungsstationen der Stadt. Es serviert z. B. spektakuläre Morgen-Burritos und super Eggs Benedict mit Lachs. Dazu gibt's stets guten Kaffee oder alternativ eine frühe Bloody Mary. Am Wochenende kann die Wartezeit bis zu einer Stunde betragen.

City O' City   VEGETARISCH, VEGAN $

(☎ 303-831-6443; www.cityocitydenver.com; 206 E 13th Ave; Hauptgerichte 8–15 US$; ⏲ Mo–Fr 7–2, Sa 8–2, So 8–24 Uhr; 🚲 🐾; 🚊 2, 9, 52 RTD) 🔖 Das beliebte Restaurant mit vegetarischer bzw. veganer Küche verfolgt bezüglich Gemüse, Getreide, Fleischersatz und Müsli einen innovativen Ansatz. Heraus kommen u. a. Tapas-Platten, üppige Salate, ein paar internationale Nudelgerichte und Denvers beste vegane Pizza.

Buenos Aires Pizzeria   ARGENTINISCH $

(☎ 303-296-6710; www.bapizza.com; 1307 22nd St; Empanadas 2,50 US$, Hauptgerichte 6–10 US$; ⏲ Di–Sa 11.30–22, So 12–20 Uhr) Echte argentinische Aromen im Herzen des ländlichen Colorado: Diese weitläufige Pizzeria punktet mit authentischem Look und Ambiente. Am besten genehmigt man sich zwei bis drei Empanadas (gefüllte Teigtaschen) oder eines der leckeren Sandwiches. Alternativ sind hier Pizza und Pasta überdurchschnittlich gut. Steaks kommen hier leider nicht auf den Tisch.

⭐ Beatrice & Woodsley   TAPAS $$

(☎ 303-777-3505; www.beatriceandwoodsley.com; 38 S Broadway; kleine Teller 9–13 US$; ⏲ Mo–Fr 17–23, Sa & So 10–14 & 17–22 Uhr; 🚌 0 RTD) Das am kunstvollsten eingerichtete Restaurant der Stadt: In die Wände eingelassene Kettensägen dienen als Regalstützen, und hinten wächst eine Amerikanische Espe durch den Raum. Das Ambiente entspricht dem einer Berghütte, die auf elegante Weise von der Natur zurückerobert wird. Das Angebot von verspielten, kleinen Gerichten ist europäisch angehaucht.

★ **Steuben's Food Service** AMERIKANISCH $$
(☏ 303-803-1001; www.steubens.com; 523 E 17th Ave; Hauptgerichte 8–21 US$; ☺ So–Do 11–23, Fr & Sa 11–24 Uhr; 🚗) 🏍 Das Steuben's ist zwar im Stil eines Drive-in-Diners aus den 1950er-Jahren gestaltet, beweist aber clever einen Sinn fürs Zeitgemäße – zu erkennen an der Solarstromküche und dem raffinierten Umgang mit Hausmannskost (u.a. Käsemakkaroni, Brathähnchen, Hummerbrötchen). Im Sommer sorgen offene Garagentore zur Straße hin für eine luftige Atmosphäre. Ab 22 Uhr gibt's das ultimative Sonderangebot der ganzen Gegend: einen Burger, ein Bier und handgeschnittene Pommes für zusammen 5 US$.

★ **Root Down** MODERN-AMERIKANISCH $$$
(☏ 303-993-4200; www.rootdowndenver.com; 1600 W 33rd Ave; kleine Portionen 7–17, Hauptgerichte 18–28 US$; ☺ So–Do 17–22, Fr & Sa 17–23 Uhr, Brunch Sa & So 10–14.30 Uhr; 🍴) 🏍 In einer umgebauten Tankstelle hat der Küchenchef Justin Cucci einen der ehrgeizigsten kulinarischen Pläne in die Tat umgesetzt. Er hat seine Angewohnheit, nachhaltig angebaute Produkte direkt vom Bauern zu verarbeiten, mit höchst anspruchsvoller Fusion-Küche und einem sanften, energieeffizienten Ethos verbunden. Die Speisekarte wechselt je nach Jahreszeit, aber man kann sich auf jeden Fall glücklich schätzen, wenn gerade Falafel aus Süßkartoffeln oder Hoisin-Ente-Confit-Slider drauf stehen.

★ **Rioja** MODERN-AMERIKANISCH $$$
(☏ 303-820-2282; www.riojadenver.com; 1431 Larimer St; Hauptgerichte 18–29 US$; ☺ Mi–Fr 11.30–14.30, Sa & So 10–14.30, Mo–So 17–22 Uhr; ✳🍴; 🚌 2, 12, 15, 16th St Shuttle) Eines von Denvers innovativsten Restaurant ist wie Colorado: fesch, nobel und geschäftig, zugleich aber entspannt und zwanglos. Die Küche mit traditionell italienischen und spanischen Einflüssen wird durch moderne kulinarische Ansätze verfeinert.

🍷 Ausgehen

Zu den besten Ausgehzonen zählen Uptown (Schwulenbars, junge Yuppies), LoDo

(lärmige Sportsbars, hier wird getrunken und getanzt), River North (Hipster), Lower Highlands (bunter Mix, reizende Sonnenterrassen) oder Cherry Creek (Leute ab 35 Jahren). Broadway und Colfax stehen jeweils für Oldschool-Möchtegerns.

★ **Forest Room 5** BAR
(☏ 303-433-7001; www.forestroom5.com; 2532 15th St; ☺ 16–2 Uhr) Dieser Moloch in LoHi (Lower Highlands) zählt definitiv zu Denvers besten Bars. Hierfür sorgen u.a. eine Freilufterrasse mit Feuerstellen (dort darf geraucht werden!), mehrere Bäche und ein abgefahrener Airstream-Wohnwagen.

Linger LOUNGE
(☏ 303-993-3120; www.lingerdenver.com; 2030 W 30th Ave; Hauptgerichte 8–14 US$; ☺ Di–Sa 11.30–14.40 & 16–2, So 10–14.30 Uhr) Dieser weitläufige LoHi-Komplex befindet sich im früheren Bestattungsinstitut Olinger (das „O" auf dem originalen Namensschild wird abends ausgeblendet). Zur taghell erleuchteten Dachbar gehört ein Nachbau des berühmten Wohnmobils aus dem Bill-Murray-Filmhit *Ich glaub', mich knutscht ein Elch!*

Bar Standard NACHTCLUB
(☏ 303-534-0222; www.coclubs.com; 1037 Broadway; ☺ Fr & Sa 20–2 Uhr; 🚇 0 RTD) Dieser Laden ist supercool, ohne arrogant zu wirken. Wenn der richtige DJ an den Tellern steht, wird er zu einem von Denvers besten Tanztempeln.

Die dazugehörige Milk Bar orientiert sich am Romanklassiker *Uhrwerk Orange* von Anthony Burgess.

Tracks SCHWULENCLUB
(☏ 303-863-7326; www.tracksdenver.com; 3500 Walnut St; ☺ Fr & Sa 21–2 Uhr, So–Do wechselnde Öffnungszeiten) In Denvers bestem Schwulen-Tanzclub darf man ab 18 Jahren (Do) tanzen, sich Travestieshows (Fr) ansehen und den Lesben-Abenden (nur 1-mal pro Monat) beiwohnen.

Denver Wrangler SCHWULENBAR
(☏ 303-837-1075; www.denverwrangler.com; 1700 Logan St; ☺ 11–2 Uhr; 🚇 101 RTD) Denvers führende „Bären-Bar" liegt sehr zentral und zieht nach Feierabend ein sympathisches Publikum aus schwulen Yuppies an.

Great Divide Brewing Company BRAUEREIKNEIPE
(www.greatdivide.com; 2201 Arapahoe St; ☺ Mo & Di 14–20, Mi–Sa 14–22 Uhr) Die hervorragende Lokalbrauerei tut gut daran, statt schicker

Quartiere und der üblichen Burger ihre Stärke in den Mittelpunkt zu stellen: spitzenmäßiges Bier.

Ace · BAR

(☎ 303-800-7705; www.acedenver.com; 501 E 17th Ave; ☺ Mo–Fr 11–24, Sa & So 14–24 Uhr) In Denvers bester Tischtennisbar wird nach Straßenregeln gespielt.

Matchbox · BAR

(www.matchboxdenver.com; 2625 Larimer St; ☺ Mo–Fr 16–2, Sa & So 12–2 Uhr) Diese Minibar im Künstlerviertel RiNo (River North) zieht Bluejeans-Träger mit fetten Brillen an.

The Church · NACHTCLUB

(www.coclubs.com; 1160 Lincoln St) Hier warten Akrobaten, drei Tanzflächen, ein paar Lounges und sogar eine Sushibar!

☆ Unterhaltung

Das Gratismagazin Westword (www.westword.com) informiert über aktuelle Veranstaltungen im Bereich der darstellenden Künste (u. a. Musik, Theater).

★ Denver Performing Arts Complex · THEATER

(☎ 720-865-4220; www.artscomplex.com; Ecke 14th & Champa St) Dieser Riesenkomplex ist einer der größten seiner Art. In insgesamt vier Gebäudeblocks beherbergt er mehrere große Theater wie das historische Ellie Caulkins Opera House oder den Seawell Grand Ballroom. Das Colorado Ballet, das Denver Center for the Performing Arts, die Opera Colorado und das Colorado Symphony Orchestra sind ebenfalls hier zu Hause.

★ El Chapultepec · LIVEMUSIK

(☎ 303-295-9126; www.thepeclodo.com; 1962 Market St; ☺ 7–2 Uhr, Musik ab 21 Uhr) Der verrauchte Oldschool-Jazzschuppen mit buntem Besuchermix wurde 1951 eröffnet. Seitdem sind hier Frank Sinatra, Tony Bennett, Ella Fitzgerald, Jagger und Richards aufgetreten.

Red Rocks Amphitheatre · FREILUFTBÜHNE

(☎ 303-640-2637; www.redrocksonline.com; 18300 W Alameda Pkwy; ☺ 5–23 Uhr; ♿) Rund 15 Meilen (24 km) südwestlich von Denver liegt diese Freiluftbühne inmitten 122 m hoher Sandsteinfelsen. Die Akustik ist so gut, dass hier viele Künstler schon Live-Alben aufgenommen haben.

Hi-Dive · LIVEMUSIK

(☎ 303-733-0230; www.hi-dive.com; 7 S Broadway) Das Hi-Dive liegt im Zentrum von Denvers

Livemusikszene. Auf seiner Bühne stehen sowohl lokale Rockhelden als auch tourende Indie-Bands.

Grizzly Rose · LIVEMUSIK

(☎ 303-295-1330; www.grizzlyrose.com; 5450 N Valley Hwy; ☺ Di–So ab 18 Uhr; ♿) Mit heißer Livemusik auf 3716 m² lockt diese super Spelunke echte Cowboys an, die teilweise sogar aus dem weit entfernten Cheyenne kommen.

Bluebird Theater · LIVEMUSIK

(☎ 303-377-1666; www.bluebirdtheater.net; 3317 E Colfax Ave; ♿; ☐ 15, 15L RTD) In diesem mittelgroße Laden hat man freien Zugang zu den Stehplätzen. Zudem punktet das Bluebird mit großartiger Akustik und ungehindertem Blick von der Galerie.

Ogden Theatre · LIVEMUSIK

(☎ 303-832-1874; www.ogdentheatre.net; 935 E Colfax Ave; ♿; ☐ 15 RTD) Einer von Denvers besten Livemusik-Clubs.

Comedy Works · COMEDY

(☎ 303-595-3637; www.comedyworks.com; 1226 15th St; ☐ 6, 9, 10, 15L, 20, 28, 32, 44, 44L RTD) Denvers bester Comedy-Club befindet sich in einem Kellergeschoss am Larimer Sq. Hinunter geht's über eine Treppe an der Ecke Larimer und 15th St.

Lannie's Clocktower Cabaret · KABARETT

(☎ 303-293-0075; www.lannies.com; 1601 Arapahoe St; Tickets 25–40 US$; ☺ Di 13–17, Mi & Do 13–23, Fr & Sa 13–1.30 Uhr; ☐ Arapahoe) Schlüpfrig, frech und seltsam romantisch: Dieses Kabarett ist eine wilde Ausnahme unter den ansonsten recht braven bzw. zumindest heteromäßig geprägten Nightspots von LoDo.

Coors Field · BASEBALL

(☎ 800-388-7625; www.mlb.com/col/ballpark/; 2001 Blake St; ♿) Die Colorado Rockies spielen Baseball auf dem sehr geschätzten Coors Field. Tickets für das Nebenfeld (The Rockpile) kosten günstige 4 US$.

Sports Authority Field at Mile High · STADION

(☎ 720-258-3000; www.sportsauthorityfieldatmilehigh.com; 1701 S Bryant St; ♿) Die gefeierten Denver Broncos (Football) und die Denver Outlaws (Lacrosse) treten 1 Meile (1,6 km) westlich der Innenstadt im Mile High Stadium an.

Pepsi Center · STADION

(☎ 303-405-1111; www.pepsicenter.com; 1000 Chopper Circle) Dieser Gigant beheimatet die

Denver Nuggets (Basketball), die Colorado Mammoth (National Lacrosse League) und die Colorado Avalanche (Eishockey).

🔒 Shoppen

Wer im Zentrum shoppen will, begibt sich nach LoDo oder zur Einkaufsmeile an der 16th St. Cherry Creek, Highlands Square und South Broadway sind weitere Top-Jagdreviere.

⭐ Tattered Cover Bookstore   BÜCHER

(www.tatteredcover.com; 1628 16th St; ⏲ Mo–Fr 6.30–21, Sa 9–21, So 10–18 Uhr) Denvers beliebter Independent-Buchladen ist in der Stadt gleich zweimal vertreten. Viele gemütliche Ecken laden hier zum Schmökern ein.

⭐ REI   OUTDOOR-AUSRÜSTUNG

(Recreational Equipment Incorporated; ☎ 303-756-3100; www.rei.com; 1416 Platte St; ♿) Neben hochwertiger Outdoor-Ausrüstung gibt's hier auch Karten, einen Verleihservice und eine Kletterwand.

Wax Trax Records   MUSIK

(☎ 303-831-7246; www.waxtraxrecords.com; 638 E 13th Ave; 🚌 2, 10, 15, 15L RTD) Beste Adresse für Schallplattenfans.

ℹ Praktische Informationen

Visitors & Convention Bureau Information Center (☎ 303-892-1112; www.denver.org; 1600 California St; 📞📶; 🖥 California)

ORIC-Schalter (Outdoor Recreation Information Center; ☎ REI-Zentrale 303-756-3100; www.oriconline.org; 1416 Platte St; 📞) Für Outdoortrips empfiehlt sich dieser Schalter im REI-Laden.

Polizeihauptquartier (☎ 720-913-2000; 1331 Cherokee St)

Hauptpost (www.usps.com; 951 20th St; ⏲ Mo–Fr 8–18.30, Sa 9–18.30 Uhr)

University of Colorado Hospital (☎ 720-848-0000; www.uch.edu; 12605 E 16th Ave, Aurora; ⏲ 24 Std.) Mit Notaufnahme.

ℹ An- & Weiterreise

Greyhound-Busse halten am **Denver Bus Center** (☎ 303-293-6555; 1055 19th St), wo u. a. Verbindung nach Boise (ab 151 US$, 19 Std.) und Los Angeles (ab 125 US$, 22 Std.) besteht.

Der Denver International Airport (DIA; S. 271) wird von ca. 20 Airlines angesteuert und bietet Anschluss zu fast allen Großstädten in den USA. Er liegt 24 Meilen (38,6 km) östlich der Innenstadt und ist über den 12 Meilen (19,3 km) langen Peña Blvd mit der I-70 (Exit 238) verbunden. Touristen- und Flughafeninfos

liefert ein **Schalter** (☎ 303-342-2000) in der zentralen Halle des Terminals.

Mit dem **Colorado Mountain Express** (CME; ☎ 800-525-6363; www.coloradomountainexpress.com; 📞) geht's ab DIA, Stadtzentrum und Morrison zum Summit County, wo z. B. Breckenridge und Keystone (35–49 US$, 2,5 Std.) oder Vail (45–82 US$, 3 Std.) bedient werden.

Zwischen Chicago und San Francisco hält der *California Zephyr* der Amtrak in Denver. Bis zum für 2014 geplanten Abschluss der Stadtbahnsanierung in der **Union Station** (☎ Amtrak 303-534-2812; www.denverunionstation.org; Ecke 17th & Wynkoop St; 🚌 31X, 40X, 80X, 86X, 120X RTD) benutzen alle Züge den **provisorischen Bahnhof** (Temporary Station; 1800 21st St) hinter dem Coors Field. Bei der **Amtrak** (☎ 800-872-7245; www.amtrak.com) kann man auch Zugtickets reservieren und Fahrplaninfos einholen.

ℹ Unterwegs vor Ort

AUTO & MOTORRAD

An der Straße einen Parkplatz zu finden, kann eine langwierige Qual sein, aber es gibt eine Menge kostenpflichtiger Parkhäuser in Downtown und LoDo. Beinahe alle wichtigen Autovermieter haben am DIA einen Schalter, manche haben auch Büros in Downtown.

FAHRRAD

BikeDenver.org (www.bikedenver.org) und die **Stadtverwaltung** (City of Denver; www.denvergov.org) haben Radkarten zum Download. **Denver B-Cycle** (denver.bcycle.com) heißt das erste großstadtweite Bikesharing-Programm der USA. Die Website informiert über die jeweilige Lage der über 80 Verleihstationen in ganz Denver. Schutzhelme sind in der Gebühr nicht enthalten, vor Ort aber auch nicht vorgeschrieben. 30 Radelminuten gibt's gratis.

VOM/ZUM FLUGHAFEN

Alle Schalter der Verkehrsbetriebe liegen in der Nähe der Gepäckausgabe. Stadtbusse des **Regional Transit District** (RTD; ☎ 303-299-6000; www.rtd-denver.com) fahren stündlich auf der SkyRide-Linie vom Flughafen nach Downtown (9–13 US$, 1 Std.). RTD fährt auch von der **Market Street** (Ecke 16th St & Market St) nach Boulder (13 US$, 1½ Std.). **Shuttle King Limo** (☎ 303-363-8000; www.shuttlekinglimo.com) berechnet für Fahrten vom DIA zu Zielen in und um Denver 65 US$. **SuperShuttle** (☎ 303-370-1300; www.supershuttle.com) hat Kleinbusse (ab 22 US$), die in der ganzen Region von Denver bis zum Flughafen verkehren.

ÖFFENTLICHE VERKEHRSMITTEL

Der RTD (Regional Transportation District) betreibt Nahverkehrsmittel im gesamten Bereich von Denver und Boulder. Kostenlose Shuttle-Busse verkehren entlang der 16th St Mall. Die RTD-Stadtbahnen bedienen insgesamt 46 Stationen an sechs Linien (1–2 Stationen/3 Zonen/alle Zonen 2,25/4/5 US$).

TAXI

Einen Taxiservice rund um die Uhr bieten:
Metro Taxi (✆303-333-3333; www.metrotaxi denver.com)
Yellow Cab (✆303-777-7777; www.denver yellowcab.com)

Boulder

In reizender Lage schmiegt sich dieses idyllische Städtchen an die schroffen, fast senkrechten Felswände der Flatirons. Sein spürbarer Idealismus wirkt auf Unternehmer, Sportler, Hippies und Hartgesottene wie ein Magnet. Außerdem sind hier die University of Colorado und die während der Beat-Periode gegründete Naropa University mit buddhistischem Touch zu Hause.

Boulders fanatische Liebe zur Natur wurde 1967 gesetzlich untermauert, als die Stadt als erste in den USA eine spezielle Steuer für den Freiflächenschutz erhob. Dank dieser Voraussicht flitzen heute ganze Rudel von Radlern den Boulder Creek Corridor entlang, der Boulder mit den Regionalparks verbindet, welche vom Steuergeld gekauft wurden. Die verkehrsberuhigte, belebte Pearl Street Mall eignet sich perfekt zum Umherspazieren – vor allem abends, wenn sich dort bis in die Puppen Einheimische tummeln.

In vielerlei Hinsicht ist Boulder die regionale Drehscheibe (und nicht etwa Denver). Die Stadt liegt etwa gleich weit vom Denver International Airport entfernt. Besucher genießen zudem eine vergleichsweise größere Nähe zu örtlichen Wanderrouten in den Gebirgsausläufern – ebenso zum Rocky Mountain National Park und zu den großen Skiorten, welche die I-70 gen Westen säumen.

◉ Sehenswertes & Aktivitäten

In Sachen Sehen und Gesehenwerden in Boulder konzentriert sich die Action vor allem auf zwei Bereiche abseits des Broadways: auf die Pearl Street Mall im Zentrum und auf den Bezirk University Hill neben dem Unigelände. In „The Hill" treibt sich aber kaum jemand über 25 Jahren herum. Im Westen wird die Stadt von den markanten Felsformationen der Flatirons überragt.

★**Chautauqua Park**   PARK
(www.chautauqua.com; 900 Baseline Rd; Eintritt frei; 🚌HOP 2) GRATIS Dieses historische Wahrzeichen ist das Tor zu Boulders herrlichster Freifläche (den Flatirons). Die weiten, saftigen Parkwiesen locken viele Picknicker an. Hinzu kommen scharenweise Wanderer, Kletterer und Jogger. Jeden Sommer spielen Weltklassemusiker im Konzertsaal. Die örtliche Dining Hall beherbergt ein gutes Restaurant.

Boulder Creek Bike Path   RADFAHREN
(Eintritt frei; ⊙24 Std.; 🚻) GRATIS Der meistgenutzte Radweg für Pendler in der Stadt ist fabelhaft: Der flache und größtenteils gerade, befestigte Weg am Bach folgt dem Boulder Creek vom Foothill Parkway den ganzen Weg, bis westlich der Innenstadt der Four Mile Canyon Dr vom Boulder Canyon Dr abzweigt. Das ergibt eine Strecke von 8 km. Vom Pfad hat man auch Zugang zu Fahrradwegen in die Stadt, die dort überall hinführen.

**Eldorado Canyon
State Park**   OUTDOOR-AKTIVITÄTEN
(✆303-494-3943; ⊙Visitor Center 9–17 Uhr) Eine der beliebtesten Gegenden des Landes zum Felsklettern bietet Touren der Klassen I (5.5) bis IX (5.12) und ein paar schöne Wanderwege. Der Eingang zum Park liegt am Eldorado Springs Dr, westlich vom Hwy 93. Infos bekommt man im Boulder Rock Club.

University Bicycles   RADFAHREN
(www.ubikes.com; 839 Pearl St; 4 Std. Leihgebühr 15 US$; ⊙Mo–Sa 10–18, So 10–17 Uhr) Wer radeln will, findet jede Menge Anbieter vor, die Räder verleihen. U Bike hat aber die größte Auswahl und hilfsbereites Personal.

Boulder Rock Club   KLETTERN
(✆303-447-2804; http://boulderrockclub.com; 2829 Mapleton Ave; Tagespass Erw./Kind 17/10 US$; ⊙Mo 8–22, Di–Do 6–23, Fr 8–23, Sa & So 10–20 Uhr; 🚻) In dieser riesigen Lagerhalle voller künstlicher Felswände mit Vorsprüngen und Routen kann man drinnen klettern. Das Selbstsicherungssystem gibt auch einzelnen Kletterern eine Verankerung. Das Personal ist eine super Quelle zu Kletterrouten in der Region und hat immer Tipps auf Lager.

★ Feste & Events

Boulder Creek Festival   MUSIK, ESSEN
(✆303-449-3137; www.bceproductions.com; Canyon Blvd, Central Park; ⊙Mai; 🚻; 🚌206, JUMP) GRATIS Angekündigt wird es als der Sommer-

DIE JAHRTAUSENDFLUT

Am 12. September 2013 folgten nach dem schlimmsten Großbrand in Colorados Geschichte erst eine Dürre und dann das nächste Desaster: Die Bewohner der Front Range wurden von Hochwasser in den Canyons aus dem Schlaf gerissen. Die Überflutungen schnitten Berggemeinden von der Außenwelt ab, kosteten acht Menschen das Leben und machten Tausende obdachlos. Eine Katastrophe dieser Größenordnung wird als Jahrtausendflut betrachtet (Eintrittswahrscheinlichkeit von 0,1 %). Mit 432 mm übertraf die Regenmenge den ansonsten im September üblichen Niederschlagsdurchschnitt um das Zehnfache. Das Ereignis verursachte einen geschätzten Gesamtschaden von 2 Mrd. US$ und gilt nach dem Hurrikan Katrina als zweitgrößte Naturkatastrophe der US-Geschichte. Das betroffene Gebiet (etwa so groß wie Connecticut) wird Jahre brauchen, um sich wieder zu erholen.

anfang und gekrönt vom fabelhaften Bolder Boulder. Dieses große Festival am Wochenende des Memorial Day (Mai) bietet zehn Eventbühnen mit über 30 Liveunterhaltern und 500 Verkäufern. Es gibt Essen und Getränke, Musik und Sonne. Was braucht man noch mehr?

Bolder Boulder   LEICHTATHLETIK
(☑ 303-444-7223; www.bolderboulder.com; Erw. 44–48 US$) In dieser selbstbewusst hyperathletischen Stadt ist dies das größte Wettrennen innerhalb der Stadtgrenzen. Es nimmt sich selbst nicht allzu ernst – die Zuschauer brüllen, die Läufer sind verkleidet, und an der ganzen Strecke spielt Livemusik. Es findet am Memorial Day (Mai) statt.

🛏 Schlafen

In Boulder gibt es Dutzende Übernachtungsoptionen – einfach den Broadway oder den Hwy 36 hinunterfahren und eine auswählen! Wenn man online bucht, erhält man in der Regel die besten Rabatte.

Boulder Outlook   HOTEL $
(☑ 303-443-3322, 800-542-0304; www.boulder outlook.com; 800 28th St; DZ inkl. Frühstück 89–99 US$; P ✻ 🐾 🍴 🏊 ♿) 🚭 Von Denver aus leicht erreichbar. Boulders erstes Hotel

mit Komplettrecycling steht gleich abseits vom Highway am südlichen Stadtrand. In haustierfreundlicher, ökologisch geprägter Atmosphäre erwarten einen hier fröhliche Farben, eine Kletterwand, ein schummriges Hallenbad und eine Restaurantbar mit häufiger Bluesband-Beschallung.

Seltsamerweise sind die Motelzimmer mit Zugang zum Grünen günstiger als ihre Pendants im Hauptgebäude.

Chautauqua Lodge   HISTORISCHES HOTEL $$
(☑ 303-442-3282; www.chautauqua.com; 900 Baseline Rd; Zi. ab 73 US$, Cottage 125–183 US$; P ✻ 🐾 🍴 🍴; 🚌 HOP 2) Mit ihrer Lage direkt an den Wegen zu den Flatirons ist diese schattige Anlage mit ihren Cottages eine Top-Wahl. Es gibt historisch eingerichtete Zimmer und Cottages mit ein bis drei Schlafzimmern, Terrassen und Betten mit Patchwork-Quilts. Das Ganze eignet sich perfekt für Familien mit Haustieren. Alle Unterkünfte haben voll ausgestattete Küchen, auch wenn die rundum verlaufende Veranda der Chautauqua Dining Hall bei allen hier zum Frühstück sehr beliebt ist.

Hotel Boulderado   BOUTIQUEHOTEL $$$
(☑ 303-442-4344; www.boulderado.com; 2115 13th St; Zi. ab 264 US$; P ✻ 🍴; 🚌 HOP, SKIP) Dieses charmante, denkmalgeschützte Romantikrefugium ist seit über 100 Jahren im Geschäft. Es empfängt Gäste mit viktorianischer Eleganz, Zimmern voller Antiquitäten und Buntglas über dem Atrium. In der Lobby mit Gletscherwasserspringbrunnen dudelt normalerweise Jazz.

St. Julien Hotel & Spa   HOTEL $$$
(☑ 720-406-9696, Reservierungen 877-303-0900; www.stjulien.com; 900 Walnut St; Zi. ab 309 US$; P ✻ 🐾 @ 🍴 ♿) Das schönste Vier-Sterne-Hotel von Boulder liegt im Herzen von Downtown. Es ist modern und edel mit Fotografien der Landschaft der Umgebung und Korkwänden, die für ein warmes Ambiente im Zimmer sorgen. Auf der Terrasse nach hinten mit sagenhafter Aussicht auf die Flatirons werden Livekonzerte mit Weltmusik, Jazz oder wilde Salsapartys veranstaltet. Die Zimmer sind vornehm und die Bademäntel ebenfalls.

🍴 Essen

Boulder bietet jede Menge tolle Möglichkeiten, zu Abend zu essen. Die meisten liegen im Zentrum in der Pearl Street Mall. Schnäppchen findet man dagegen eher in

Hill. Zwischen 15.30 und 18.30 Uhr veranstaltet beinahe jedes Restaurant in Downtown eine Happy Hour mit irgendeinem erstaunlichen speziellen Angebot zum Essen oder Trinken. Das ist eine super Gelegenheit, gutes Essen zu günstigen Preisen zu probieren – auf den Websites stehen Details.

Spruce Confections
BÄCKEREI $

(☎303-449-6773; 767 Pearl St; Backwaren ab 3,25 US$; ⊗Mo–Fr 6.30–18, Sa & So 7–18 Uhr; ☷; ▯206) Boulders beste Bäckerei punktet morgens mit verführerischen Scones und Lattes. Mittags gibt's gute, selbst gemachte Suppen und Salate.

Dish
SANDWICHES $

(☎720-565-5933; www.dishgourmet.com; 1918 Pearl St; Hauptgerichte 10 US$; ⊗Mo–Fr 9–18, Sa 11–16 Uhr; ☷; ▯204, HOP) Mittags wird dieser Deli von Korbmöbeln flankiert. Die Sandwiches für 10 US$ sind nicht gerade günstig, aber qualitativ hochwertig. Als Belag stehen z. B. gebratene Truthahnstücke, Gänseleberpastete oder Bio-Rindfleisch (u. a. als langsam gegartes Bruststück) zur Auswahl. Hinzu kommen Butter-Baguettes mit erstklassigen Käsesorten.

Zoe Ma Ma
CHINESISCH $

(2010 10th St; Hauptgerichte 5–13 US$; ⊗So–Do 11–22, Fr & Sa 11–23 Uhr; ▯206, SKIP, HOP) ♠ In Boulders angesagtester Nudelbar kann man frisch zubereitete Snacks an einer langen Freilufttheke vertilgen. Die taiwanesische Matriarchin Mama trägt Kroko-Sandalen und plaudert beim Kochen mit ihrer Kundschaft. Die Bio-Nudeln und die zarten Jiaozi (Teigtaschen) mit Knoblauch-Aroma sind komplett hausgemacht.

The Sink
KNEIPE $

(www.thesink.com; 1165 13th St; Hauptgerichte 5–12 US$; ⊗11–2 Uhr, Küche bis 22 Uhr; ☷; ▯203, 204, 225, DASH, SKIP) In diesem schummrigen, geräumigen Hill-Klassiker (gegr. 1923) mit vielen bunten Wandbildern arbeitete einst Robert Redford. Schon die Inneneinrichtung allein ist fast einen Besuch wert. Fast. Wer den legendären Sink-Burger mit Regionalbier hinuntergespült hat, wird froh sein, vorbeigeschaut zu haben.

Alfalfa's
SELBSTVERSORGER $

(www.alfalfas.com; 1651 Broadway St; ⊗7.30–22 Uhr; ▯AB, B, JUMP, SKIP) Die wunderbaren Fertiggerichte (1–16 US$) des kleinen, gemeindeorientierten Bio-Markts können mitgenommen oder bei Bedarf gleich drinnen

ROCKY MOUNTAINS KULINARISCH

Man beginnt am besten damit, online die Regionalausgaben der *Edible*-Zeitschriften (www.ediblecommunities.com) zu durchforsten – eine tolle Informationsquelle für Bauernmärkte und innovative Lokale. Es gibt Ausgaben für die Front Range und Aspen.

Seit Boulder laut *Bon Appetit* „America's Foodiest Small Town" ist, lohnt sich hier ein Stopp. Im **Kitchen** (S. 283) ist montags Gemeinschaftsabend. Dann sitzt man zusammen an den Tischen und genießt ein Fünf-Gänge-Menü aus selbst angebauten Zutaten und in familiärer Atmosphäre. 20 % der Einnahmen kommen wohltätigen Zwecken zugute. Mit **Local Table Tours** (☎303-909-5747; www.localtabletours.com; Touren 25–70 US$) schaut man hinter die Kulissen. Auf der Tour erhält man einen kleinen Einblick in die hiesige Küche und Insider-Wissen zu Essen und Wein oder Kaffee und Gebäck. Die Cocktail-Tour ist der Hit!

Als elegantes Abendessen in einem Lagerhaus oder einem Flugzeughangar veranstaltet Denvers **Hush** (www.hushdenver.com) lustige Dinner mit den besten Küchenchefs der Region, aber nur auf Einladung – Kontakt nimmt man online auf.

oder draußen in einladenden Essbereichen genossen werden.

Cafe Aion
SPANISCH $$

(☎303-993-8131; www.cafeaion.com; 1235 Pennsylvania Ave; Tapas 5–13 US$; ⊗Di–Fr 11–22, Sa & So 9–15 Uhr; ▯203, 204, 225, DASH, SKIP) Das authentische, bodenständige Café an einer Seitenstraße imitiert Spaniens entspannten Rhythmus und serviert frische Tapas und leckere, selbst gemachte Sangria. Die Papas Bravas punkten mit perfekter Knusprigkeit, und die gegrillten Lauchzwiebeln und die Dolmas sind so frisch wie der Frühling. Am ganzen Dienstagabend ist Happy Hour.

Lucile's
CAJUN $$

(☎303-442-4743; www.luciles.com; 2142 14th St; Hauptgerichte 8–14 US$; ⊗Mo–Fr 7–14, Sa & So 8–14 Uhr; ☷; ▯205, 206, HOP) ♠ Dieser Diner à la New Orleans serviert perfektes Frühstück. Unter den Highlights sind Eiergerichte im Kreol-Stil (z.B. auf perfekt schwarzgebratener Forelle oder zu cremigem Spinat und Käse-Mais-Grütze). Am besten beginnt man mit einem Zichorienkaffee und einer Ladung Beignets. Die hausgemachte Marmelade passt perfekt zu den noch ofenwarmen Brötchen.

★ Salt
MODERN-AMERIKANISCH $$$

(☎303-444-7258; www.saltboulderbistro.com; 1047 Pearl St; Hauptgerichte 14–28 US$; ⊙Mo-Mi 11–22, Do-Sa 11–23, So 10–22 Uhr; ♠; 🚌208, HOP, SKIP) Frische Zutaten vom Bauernhof sind in Boulder allgegenwärtig. Dieses Lokal übertifft jedoch alle Erwartungen: Die Gartenerbsen-Ravioli mit französischer Zitronen-Butter-Sauce und gehobeltem Rettich sind eine grandiose Köstlichkeit. Das Salt kennt sich aber auch mit Fleisch vom einheimischen Freilandrind aus – zuerst wird es mit Fett übergossen, dann geschmort und langsam bis zur Perfektion gegart. Bei eventuellen Fragen einfach an die kompetenten Kellner wenden!

Die Happy Hour mit günstigen Häppchen zählt zu den besten der Stadt. Der hauseigene Barkeeper hat mehrfach die lokale Mix-Meisterschaft gewonnen.

Kitchen
MODERN-AMERIKANISCH $$$

(☎303-544-5973; www.thekitchencafe.com; 1039 Pearl St; Hauptgerichte 18–32 US$; ☎; 🚌206, HOP) ✒ Klare Linien und Frisches vom Bauernmarkt sind die Säulen von Boulders beliebtestem Restaurant. Serviert werden z.B. dünn geschnittener Prosciutto, Tapas mit gerösteten Wurzelgemüse oder in Wein und Sahne gedünstete Miesmuscheln. Die Sandwiches mit Pulled Pork rocken ebenfalls. Unbedingt noch Platz im Magen für den klebrigen Karamellpudding reservieren!

Vergleichsweise jüngere Gäste bevölkern die zwanglosere Bar im Obergeschoss und das günstigere Kitchen Next Door (Hauptgerichte 10 US$).

♟ Ausgehen & Unterhaltung

Der *Playboy* hat die CU nicht umsonst zur besten Party-Schule gewählt – die Blocks rund um die Pearl St Mall und Hill sind Garanten für puren Spaß. Viele Lokale sind gleichzeitig Bars, oder sie verwandeln sich nach 22 Uhr gleich ganz in Tanzclubs.

Mountain Sun Pub & Brewery
KLEINBRAUEREI

(1535 Pearl St; ⊙11–1 Uhr; ♠; 🚌HOP, 205, 206) Die beliebteste Brauerei von Boulder serviert eine ganze Palette Bier, von schokoladig bis fruchtig, und ist voller unterschiedlichster Gäste von Yuppies bis zu Hippies und allem dazwischen. An den Wänden hängen Wandteppiche, es gibt lustige Brettspiele und die Kneipengerichte (vor allem die Burger) sind köstlich. Sonntags- und montagabends wird normalerweise Livemusik wie Bluegrass gespielt, oder irgendeine Band jammt. Zweiter Standort: 627 S Broadway.

Bitter Bar
COCKTAILBAR

(☎303-442-3050; www.thebitterbar.com; 835 Walnut St; Cocktails 9–15 US$; ⊙Mo–Do 17–0, Fr & Sa 17–2 Uhr; 🚌HOP) Killermäßige Cocktails (z.B. der fabelhafte Blue Velvet mit Lavendel-Aroma) vernebeln den Abend in dieser schicken Bar auf angenehme Weise. Auf der Veranda kann man prima plaudern. Die Teilnehmer der Cocktail-Seminare (1-mal monatl.) lernen jeweils das Mixen von zwei Drinks, die einen „Mad Man" vor Wonne zum Weinen bringen würden. Donnerstags gibt's ab 21 Uhr Livemusik.

Boulder Dushanbe Teahouse
TEESALON

(☎303-442-4993; 1770 13th St; Hauptgerichte 8–19 US$; ⊙8–22 Uhr; 🚌203, 204, 205, 206, 208, 225, DASH, JUMP, SKIP) Dieses unglaubliche Kunstwerk ist ein Geschenk von Boulders Partnerstadt Duschanbe in Tadschikistan.

ABSTECHER

NACHHALTIG GEBRAUT

New Belgium Brewing Co (☎800-622-4044; www.newbelgium.com; 500 Lined St; ⊙geführte Touren Di–Sa 10–18 Uhr) GRATIS befriedigt Bierkenner mit seinem herzhaften Fat Tier Amber Ale und anderen Schöpfungen, etwa 1554, Trippell und Sunshine Wheat. Die Brauerei ist anerkanntermaßen eine der umweltbewusstesten der Welt und wird von einer 100 000-kW-Turbine mit Windkraft angetrieben. Sie bietet auch coole Events wie Bike-in-Kino und Schnitzeljagden in den Skiresorts. Sie befindet sich in der Collegestadt Fort Collins (die Heimat der Colorado State University). Die 46 Meilen (74 km) lange Fahrt von Boulder auf der I-25 nach Norden lohnt sich, vor allem wenn man in Richtung Wyoming unterwegs ist. Am besten vorher online Tickets reservieren – bei den beliebten Touren dürfen auch die berühmtesten Sorten und andere spezielle Brau-Ergebnisse probiert werden.

Höchste Handwerkskunst und akkurate Malereien prägen die kunterbunte Inneneinrichtung. Die internationale Küche ist leider weitaus weniger bemerkenswert. Dennoch perfekt für ein Teechen in Ehren!

Boulder Theater   KINO, MUSIK

(📞 303-786-7030; www.bouldertheatre.com; 2032 14th St) Dieser historische Treffpunkt, der früher ein Kino war, wartet mit nicht ganz so bekannten Acts wie der Jazzgröße Charlie Hunter, den verrückten Rockern von Gogol Bordello und den westafrikanischen Diven Les Nubians auf. Es werden aber auch Filmklassiker und Kurzfilm-Festivals auf die Leinwand gebracht. Ein Bier dazu – wunderbar!

Shoppen

In Boulder kann man super shoppen und in Galerien stöbern. Das Open-Air-Einkaufszentrum 29th St Mall mit einem Kino gleich an der 28th St zwischen Canyon und Pearl St ist eine eher neuere Ergänzung.

Pearl Street Mall   MALL

Die Hauptattraktion in der Innenstadt von Boulder ist die Pearl Street Mall, eine lebhafte Fußgängerzone voller Kletterfelsen für Kinder und mit einem Springbrunnen, Bars, Galerien und Restaurants.

Momentum   KUNSTHANDWERK

(www.ourmomentum.com; 1625 Pearl St; ⊙ Di–Sa 10–19, So 11–18 Uhr) 🖉 Hier sind einzigartige Geschenkartikel aus aller Welt zu finden – Drahtkörbe der Zulu, sagenhafte Schals aus Indien, Nepal und Ecuador –, alle handgemacht und zu einem fairen Preis bei benachteiligten Künstlern gekauft. Jedes gekaufte Stück trägt also ganz direkt zum wirtschaftlichen Unterhalt des Künstlers bei.

Common Threads   KLEIDUNG

(www.commonthreadsboulder.com; 2707 Spruce St; ⊙ Mo–Sa 10–18, So 12–17 Uhr) Bestes Shoppingerlebnis in Sachen Haute Couture – hier findet man Secondhand-Taschen von Choos und Prada und kann toll stöbern. Die Kleidung ist nach Farbe und Stil auf Ständern sortiert wie in einer Großstadtboutique. Bietet auch Kleidernähkurse an.

Boulder Bookstore   BÜCHER

(www.boulderbookstore.indiebound.com; 1107 Pearl St; 📶📖) Boulders beliebtester Indie-Buchladen hat im unteren Stockwerk eine riesige Abteilung zum Thema Reisen. Außerdem gibt's Lesungen und Workshops.

❶ Praktische Informationen

Boulder Visitor Center (📞 303-442-2911; www.bouldercoloradousa.com; 2440 Pearl St; ⊙ Mo–Do 8.30–17, Fr 8.30–16 Uhr) Bietet Informationen und Internetzugang.

❶ Anreise & Unterwegs vor Ort

Boulder hat sagenhaft gute öffentliche Verkehrsmittel, mit Linien, die bis nach Denver und zu dessen Flughafen reichen. Umweltfreundliche Busse werden von **RTD** (📞 303-299-6000; www.rtd-denver.com; 2–4,50 US$/Fahrt; 🚌) unterhalten. Linienpläne bekommt man beispielsweise an der **Boulder Station** (Ecke 14th & Walnut Sts). RTD-Busse (Route B) pendeln zwischen Boulder Station und Denvers Haltestelle Market St (5 US$, 55 Min.). RTDs SkyRide-Bus (Route AB) fährt zum Denver International Airport (13 US$, 1 Std., stündl.). **SuperShuttle** (📞 303-444-0808; www.supershuttle.com; einfache Strecke etwa 27 US$) bietet Shuttles von Flughafen zu den Hotels (27 US$) oder von Tür zu Tür (34 US$).

Wer auf zwei Rädern unterwegs sein möchte, findet beim **Boulder B-Cycle** (boulder.bcycle. com; 24-Std. Leihgebühr 7 US$) das neue stadtweite Programm mit Fahrrädern an strategisch günstigen Orten. Fahrer müssen sich aber vorher online registrieren!

Northern Mountains

Auf beiden Seiten der kontinentalen Wasserscheide erstrecken sich die Granit-Giganten von Colorados Northern Mountains in alle Richtungen. Unter dem weiten, blauen Himmel ermöglichen sie abgeschiedene Alpin-Abenteuer, entspannte Skifahrten und tolle Wander- oder Radtouren. Außerdem laden viele Flüsse zum Raften, Angeln und Bootfahren ein.

Rocky Mountain National Park

Der Rocky Mountain National Park weist klassische Hochgebirgslandschaft mit Wildblumenwiesen und ruhigen Bergseen unterhalb der schneebedeckten Berggipfel auf. Jährlich kommen über 4 Mio. Besucher hierher, aber viele bleiben auf den ausgetretenen Pfaden. Wer ein paar Kilometer weiterwandert, kann dagegen unglaubliche Einsamkeit genießen. Der Rothirsch ist *das* Säugetier des Parks – man sieht ihn sogar auf den Wiesen der Hotels grasen. Man sollte aber auch nach Dickhornschafen, Elchen, Murmeltieren und Schwarzbären Ausschau halten.

☉ Sehenswertes & Aktivitäten

Der Park eignet sich für Wanderer aller Leistungsstufen. Hierfür sorgt ein über 483 km langes Wegenetz, das alle Facetten des vielfältigen Terrains zeigt.

Für Besucher mit Kindern empfehlen sich die leichten Routen, die im Wild Basin zu den Calypso Falls oder im Bereich des Lumpy Ridge zu den Gem Lakes führen; eine weitere Alternative ist der Marsch zum Twin Sisters Peak südlich vom Estes Park. Extrem Ehrgeizige mit starken Beinen und ausreichend Erfahrung werden dagegen den anspruchsvollen Aufstieg zum Gipfel des Longs Peak meistern wollen.

Doch egal bei welcher Route: Vor dem Start ist es stets ratsam, zwecks Akklimatisierung mindestens einmal in 2134 bis 2438 m Höhe (7000–8000 Fuß) zu übernachten. Vor Juli sind viele Pfade noch verschneit, und starker (Schmelz-)Wasserablauf kann das Vorankommen erschweren.

Achtung: Im Winter besteht stets Lawinengefahr!

★ Moraine Park Museum   MUSEUM
(☑ 970-586-1206; Bear Lake Rd; ☺ Juni–Okt. 9–16.30 Uhr) Das Gebäude wurde 1923 vom Civilian Conservation Corps errichtet und vor ein paar Jahren renoviert. Einst diente es als Besucher-Lodge des Parks. Heute sind darin Ausstellungen zu Geologie, Gletschern, Flora und Fauna zu sehen.

🛏 Schlafen & Essen

Die einzigen Übernachtungsmöglichkeiten im Park sind Campingplätze. Restaurants und die Mehrzahl der Motel- und Hotelunterkünfte liegen rund um Estes Park oder Grand Lake auf der anderen Seite des Trail Ridge Road Passes (geöffnet Ende Mai–Okt.).

Wer außerhalb der erschlossenen Campingplätze des Parks zelten möchte, braucht eine Backcountry-Genehmigung. Auf keinem der Campingplätze gibt es Duschen, aber im Sommer Toiletten mit Wasserspülung und im Winter Möglichkeiten im Freien. Zu einem Stellplatz gehört eine Feuerstelle, ein Picknicktisch und ein Parkplatz.

Olive Ridge Campground   CAMPING $
(☑ 303-541-2500; Stellplatz 19 US$; ☺ Mitte Mai–Nov.) Der gepflegte USFS-Campingplatz bietet Zugang zu vier Trailheads (St. Vrain Mountain, Wild Basin, Longs Peak und Twin Sisters). Im Sommer ist er manchmal voll belegt. Die meisten Stellplätze können nicht reserviert werden.

Longs Peak Campground   CAMPING $
(☑ 970-586-1206; MM 9, State Hwy 7; Stellplatz 20 US$; ℗) Dieses Campinggelände ist das bevorzugte Basislager von Frühaufstehern, die den Longs Peak erklimmen wollen. Wer Letzteres in Angriff nehmen möchte, sollte schon am Vortag möglichst früh erscheinen, um übernachten zu dürfen: Reservierungen sind nicht möglich.

Moraine Park Campground   CAMPING $
(☑ 877-444-6777; www.recreation.gov; abseits der Bear Lake Rd; Stellplatz im Sommer 20 US$) Abseits der Bear Lake Rd, inmitten eines Goldkiefernhains, liegt der größte Campingplatz des Parks.

Von Ende Mai bis Ende September sind Reservierungen möglich und auch ratsam. Im übrigen Jahr gilt: Wer zuerst kommt, mahlt zuerst. An Sommerabenden leiten Ranger zahlreiche Gästeprogramme im Amphitheater.

Aspenglen Campground   CAMPING $
(☑ 877-444-6777; www.recreation.gov; State Hwy 34; Stellplatz im Sommer 20 US$) Der kleinste örtliche Campingplatz mit Reservierungsmöglichkeit hat lediglich 54 Stellplätze – viele davon nur für Zelte und z.T. nur zu Fuß erreichbar.

Timber Creek Campground   CAMPING $
(Trail Ridge Rd, US Hwy 34; Stellplatz 20 US$) Dieser Campingplatz hat 100 Plätze und ist den ganzen Winter über geöffnet. Reservierungen werden nicht akzeptiert. Es ist der einzige ausgewiesene Campingplatz auf der Westseite des Parks, und er liegt 7 Meilen (11 km) nördlich von Grand Lake.

Glacier Basin Campground   CAMPING $
(☑ 877-444-6777; www.recreation.gov; abseits der Bear Lake Rd; Stellplatz im Sommer 20 US$) Dieser Campingplatz mit Einrichtungen hat einen großen Gruppenbereich und ist auch auf Wohnmobile eingestellt. Den ganzen Sommer lang fahren Shuttle-Busse auf der Bear Lake Rd hierher. Über die Website kann reserviert werden.

ℹ Praktische Informationen

Der Parkzugang für Privatfahrzeuge (7 Tage gültig) kostet 20 US$. Wer einzeln zu Fuß, per Fahrrad, Motorrad oder Bus anreist, bezahlt 10 US$ pro Person. Alle Parkbesucher bekommen eine kostenlose Infobroschüre (auf Englisch,

Deutsch, Französisch, Spanisch und Japanisch erhältlich) mit einer guten Übersichtskarte.

Das Übernachten auf den 260 ausgewiesenen Wildnis-Campingplätzen des Parks bedingt eine entsprechende Genehmigung (Backcountry Permit; 20 US$ für Gruppen bis max. 12 Pers., 7 Tage gültig; 1. Nov.–30. April gratis). Telefonische Reservierung ist nur vom 1. März bis zum 15. Mai möglich. Im übrigen Jahr akzeptiert das **Backcountry Office** (☎ 970-586-1242; www. nps.gov/romo) persönliche und postalische Buchungen.

Das Übernachten in der Wildnis erfordert einen Bärencontainer für den Proviant. An häufig genutzten Stellplätzen sind solche Behältnisse bereits vorhanden. Ansonsten sind sie für ca. 3 bis 5 US$ pro Tag bei REI (S. 279) oder dem **Estes Park Mountain Shop** (☎ 970-586-6548; www.estesparkmountainshop.com; 2050 Big Thompson Ave; 2-Pers.-Zelt/Bärencontainer pro Nacht 10/3 US$; ⊙ 8–21 Uhr) ausleihbar.

Alpine Visitor Center (www.nps.gov/romo; Fall River Pass; ⊙ Ende Mai–Mitte Juni 10.30–16.30 Uhr, Ende Juni–Anfang Sept. 9–17 Uhr, Anfang Sept.–Mitte Okt. 10.30–16.30 Uhr; 🚻) Beliebtes Visitor Center mitten im Park, das auf 3595 m Höhe mit herrlicher Aussicht und einem Souvenirshop aufwartet.

Beaver Meadows Visitor Center (☎ 970-586-1206; www.nps.gov/romo; US Hwy 36; ⊙ Ende Juni–Ende Aug. 8–21 Uhr, übriges Jahr 8–16.30 od. 17 Uhr; 🚻) Fungiert bei Anreise aus Richtung Estes Park als Haupt-Visitor-Center und beste Quelle für Parkinfos.

Kawuneeche Visitor Center (☎ 970-627-3471; 16018 US Hwy 34; ⊙ letzte Maiwoche–Labor Day 8–18 Uhr, Labor Day–Sept. 8–17 Uhr, Okt.–Mai 8–16.30 Uhr; 🚻) Größtes Visitor Center im Westen des Parks; zeigt ein Info-Video zur örtlichen Natur und bietet Backcountry Permits an. Hinzu kommen Familienaktivitäten, Wanderungen und Gesprächsrunden unter der Leitung von Rangern.

❶ An- & Weiterreise

Die Trail Ridge Rd (US 34) ist die einzige Ost-West-Route durch den Park und im Winter geschlossen. Die direkteste Route von Boulder aus folgt der US 36 durch Lyons zu den östlichen Zufahrten.

Auf der Ostseite gibt es zwei Zufahrtsmöglichkeiten: Fall River (US 34) und Beaver Meadows (US 36). Die Grand Lake Station (ebenfalls US 34) ist der einzige Zugang auf der Westseite. Durch das Kawuneeche Valley entlang der Oberläufe des Colorado River kommt man das ganze Jahr über zum Timber Creek Campground. Die wichtigsten Zentren für Aktivitäten auf der Ostseite des Parks sind das Alpine Visitor Center, das hoch an der Trail Ridge Rd und der Bear Lake Rd gelegen ist, die zu den Campingplätzen,

Wanderwegen und dem Moraine Park Museum führen.

Nördlich vom Estes Park führt die Devils Gulch Rd zu mehreren Wanderwegen. Weiter auf der Devils Gulch Rd kommt man durch das Dorf Glen Haven. Von hier erreicht man den Startpunkt der Wanderwege und den Eingang zum Park entlang des North Folk, des Nebenflusses des Big Thompson River.

❶ Unterwegs vor Ort

Im Sommer fährt mehrmals täglich ein kostenloser Shuttle-Bus vom Estes Park Visitor Center zu einem Park-and-Ride-Platz, wo Wanderer Anschluss an weitere Shuttles haben. Der Parkplatz am Glacier Basin Richtung Bear Lake, in den tiefer gelegenen Gebieten des Parks, ist das ganze Jahr über zugänglich. Während der Hauptsaison im Sommer verkehrt ein zweites Shuttle zwischen dem Moraine-Park-Campingplatz und dem Glacier-Basin-Parkplatz. Die Shuttles sind an den Wochenenden und nur von Mitte August bis Ende September im Einsatz.

Estes Park

Eigentlich schon ziemlich ironisch: Das Tor zu einem der am wenigsten berührten Wildnisgebiete der USA hat sich in eine Naturfan-Hochburg und damit in eine Art Outdoor-Disneyland verwandelt. So findet man hier jede Menge T-Shirt-Shops und Alpinkitsch. Nichtsdestotrotz strömt ein hübscher Fluss durch den Ort, der auch mit coolen Parks, anständigen Restaurants und einem Spukhotel aufwarten kann.

🏃 Aktivitäten

⭐ **Colorado Mountain School**   KLETTERN (☎ 800-836-4008; www.totalclimbing.com; 341 Moraine Ave; geführte Halbtages-Klettertouren ab 125 US$/Pers.) Colorados beste Anlaufstelle für Kletterer offeriert z. B. Einführungskurse (wie „Into to Rock Climbing"), bei denen auch Anfänger die Rockies wunderbar intensiv kennenlernen können. Erfahrenere Kraxler können gemeinsam mit Guides ein paar der mörderisch steilen Gipfel der Umgebung erklimmen. Hauseigene Schlafsäle sind ebenfalls vorhanden.

🛏 Schlafen

Die zahlreichen Hotels von Estes Park sind im Sommer schnell ausgebucht. Trotz ein paar annehmbarer Budgetoptionen sind die vielen schönen Campingplätze der Gegend die beste Wahl. Achtung: Viele Unterkünfte haben im Winter geschlossen!

Bei der Quartiersuche hilft das **Estes Park Visitor Center** (970-577-9900; www.estesparkresortcvb.com; 500 Big Thompson Ave; Juni–Aug. tgl. 9–20 Uhr, Sept.–Mai Mo–Fr 8–17, Sa 9–17, So 10–16 Uhr) gleich östlich der Kreuzung mit der US 36.

Total Climbing Lodge
HOSTEL $

(303-447-2804; www.totalclimbing.com; 341 Moraine Ave; B 25 US$; P @) Der belebte Kletterertreff mit entspanntem Vibe ist in puncto Schlafsäle die beste Adresse vor Ort. Vorhanden sind u.a. eine Tischtennisplatte und einfache Stockbetten aus Kiefernholz.

Estes Park Hostel
HOSTEL $

(970-237-0152; www.estesparkhostel.com; 211 Cleave St; B/EZ/DZ 26/38/52 US$;) Dieses Hostel mit ein paar Schlafsälen und schlichten Privatzimmern wird nicht unbedingt als vornehmstes seiner Art in die Geschichte eingehen. Dafür punktet es mit einer Küche, erschwinglichen Preisen und einem hilfsbereiten Inhaber namens Terri.

★ YMCA of the Rockies – Estes Park Center
RESORT $$

(970-586-3341; www.ymcarockies.org; 2515 Tunnel Rd; EZ & DZ ab 109 US$, Hütte ab 129 US$; P) Keine typische YMCA-Herberge, sondern ein sehr beliebtes Feriendomizil: Auf einem Riesengelände im Hochgebirge warten noble Hütten und Zimmer im Motelstil. Reservierung ist ratsam.

Riversong
BOUTIQUEHOTEL $$

(970 586 4666; www.romanticriversong.com; 1766 Lower Broadview Dr; DZ ab 165 US$; P) Dieses Herrenhaus im Arts-and-Crafts-Stil steht am Ende einer unbefestigten Sackgassenstraße. Die neun romantischen Zimmer (Mindestaufenthalt 2 Nächte) haben eigene Bäder und bieten Aussicht auf den Big Thompson River. Die Preise variieren je nach Einrichtungsstandard. Anreise: Der Moraine Ave westlich des Orts folgen, in die Mary's Lake Rd einbiegen und dann die erste Abfahrt zur Rechten nehmen!

Stanley Hotel
HOTEL $$$

(970-577-4000; www.stanleyhotel.com; 333 Wonderview Ave; Zi. ab 199 US$; P) Das weiße Hotel im Stil des Georgian Colonial Revival steht in herrlichem Kontrast zu den hoch aufragenden Gipfeln des Rocky Mountain National Park am Horizont. Es ist ein beliebtes Luxusrefugium der Einheimischen und inspirierte einst Stephen King zu seinem berühmten Kultroman *Shining*. Die Zimmereinrichtung sorgt für etwas altmodische Wildwest-Atmosphäre, aber ansonsten sind alle modernen Annehmlichkeiten vorhanden.

✖ Essen

Estes Park Brewery
BRAUEREI

(www.epbrewery.com; 470 Prospect Village Dr; Mo–So 11–2 Uhr) In der Kneipe der Kleinbrauerei werden in einem großen, schachtelartigen Raum, der wie eine Mischung aus Klassenzimmer und Landhausküche wirkt, Pizza, Burger und Chicken Wings serviert – und mindestens acht verschiedene Biersorten des Hauses. Billardtische und Plätze im Freien sorgen dafür, dass hier bis spät in die Nacht was los ist.

Ed's Cantina & Grill
MEXIKANISCH $$

(970-586-2919; www.edscantina.com; 390 E Elkhorn Ave; Hauptgerichte 9–13 US$; tgl. 11–open end, Sa & So ab 8–22 Uhr;) Mit einer Terrasse direkt am Fluss ist das Ed's ein toller Ort, um sich bei einer Margarita und einem der täglichen Blue-Plate-Sepcials für 3 US$ (etwa gebackene, gerollte Tortillas mit Schweinehackfleisch und Guacamole) zu entspannen. Es werden mexikanische und amerikanische Grundnahrungsmittel serviert. Das Restaurant macht durch Nischen mit Lederbänken und einem gewagten Primärfarbenschema auf retro. Die Bar befindet sich in einem extra Raum mit Barhockern aus Leichtholz und bequemen hohen Rückenlehnen.

ℹ An- & Weiterreise

Vom Denver International Airport fährt das **Estes Park Shuttle** (970-586-5151; www.estesparkshuttle.com) viermal täglich nach Estes Park (einfache Strecke/hin & zurück 45/85 US$).

Steamboat Springs

Mit Skifahroptionen abseits der Piste, super Wegen zum Mountainbiken und einem lässigen Western-Feeling schlägt Steamboat andere Skistädte sowohl in Sachen Ambiente als auch beim Angebot. Die Altstadt ist cool zum Bummeln, die Thermalquellen runden einen harten, actionreichen Tag perfekt ab, und die Einheimischen könnten nicht freundlicher sein.

ℹ Sehenswertes & Aktivitäten

Steamboat Mountain Resort
WINTERSPORT

(Ticketverkauf 970-871-5252; www.steamboat.com; Liftticket Erw./Kind 94/59 US$; Ticketverkauf 8–17 Uhr) Mit seinen um 1100 m abfallenden Hängen, dem ausgezeichneten Pulverschnee und den Abfahrten in allen Schwierigkeitsgraden ist dieses Skigebiet für Besucher im Winter der Hauptanziehungspunkt. Überhaupt ist es landesweit einer der besten Orte zum Skifahren. Im Skigebiet findet man Unmengen (überteuertes) Essen und Ausrüstungsverkäufer.

Strawberry Park Hot Springs
THERMALQUELLE

(☑970-870-1517; www.strawberryhotsprings.com; 44200 County Rd; pro Tag Erw./Kind 10/5 US$; ☺So–Do 10–22.30, Fr & Sa bis 24 Uhr; 🚻) 🅿 Die beliebtesten Thermalquellen von Steamboat liegen schon außerhalb der Stadtgrenze. Aber sie bieten herrliche Zurück-zur-Natur-Entspannung. In den geschmackvollen Steinbecken, die durch fallende Tropfen geformt wurden, hat das Wasser 40 °C. Wer übernachten möchte, kann zwischen Camping und einfachen Hütten wählen. Es gibt keinen Strom (man kann Gaslaternen bekommen), und man muss seine Bettwäsche selbst mitbringen.

Eine Reservierung ist auf alle Fälle notwendig. Wer übers Wochenende hierher kommen will, muss mindestens zwei Nächte bleiben. Und es ist gut zu wissen, dass nach Einbruch der Dunkelheit in den Thermalbecken nicht unbedingt Kleidung getragen werden muss.

Orange Peel Bikes
FAHRRADVERLEIH

(☑970-879-2957; www.orangepeelbikes.com; 1136 Yampa St; Leihfahrrad 20–65 US$/Tag; ☺Mo–Fr 10–18, Sa 10–17 Uhr; 🚻) Der coolste örtliche Fahrradladen bietet u.a. Cruiser-Bikes und Highend-Mountainbikes an. Hinzu kommen super Radkarten und viele Infos zu den besten Revieren (z.B. Spring Creek, Mad Creek, Red Dirt oder Emerald Mountain gleich westlich des Orts). Mit gemieteten Cruisern können Familien dem 11,3 km langen Pfad entlang dem nahen Yampa River folgen.

Bucking Rainbow Outfitters
RAFTING, ANGELN

(☑970-879-8747; www.buckingrainbow.com; 730 Lincoln Ave; Luftschlauch 17 US$, Rafting 43–100 US$, Angeln 150–340 US$; ☺tgl.) Dieser hervorragende Ausrüster veranstaltet u.a. Rafting-Trips auf dem Yampa, Platte, Eagle und Elk River (Stromschnellen der Kategorie II–IV). Das große übrige Angebot beinhaltet z.B. angeln (ganzjährig) oder Luftschlauch-Touren (inkl. Shuttles) auf dem relativ flachen Yampa-Abschnitt im eigentlichen Ort.

Old Town Hot Springs
THERMALBAD

(☑970-879-1828; www.oldtownhotsprings.org; 136 Lincoln Ave; Erw./Kind 16/9 US$, Wasserrutsche 6 US$; ☺Mo–Fr 5.30–22, Sa 7–21, So 8–21 Uhr; 🚻) Hier, mitten in der Stadt, ist das Mineralwasser wärmer als im Großteil der übrigen Region. Seit der kürzlich erfolgten Renovierung für 5 Mio. US$ punktet der Komplex mit einem neuen Schwimmbecken, zwei Wasserrutschen (jeweils 70 m lang) und – wohl am obercoolsten – mit einer Wasser-Kletterwand. Kinder werden jubeln!

🛏 Schlafen & Essen

Es gibt jede Menge Übernachtungsmöglichkeiten; wegen Apartments und anderer Angebote in der Nähe des Skigebiets **Steamboat Central Reservations** (☑877-783-2628, www.steamboat.com; Mt. Werner Circle, abseits des Gondola Sq) kontaktieren!

Hotel Bristol
HOTEL $$

(☑970-879-3083;www.steamboathotelbristol.com; 917 Lincoln Ave; DZ 129–149 US$; 🐷🛜) Das elegante Hotel Bristol hat kleine, aber gehobene Western-Zimmer mit dunklem Holz und Messingmöbeln und Pendleton-Wolldecken auf den Betten. Es gibt ein Ski-Shuttle, einen Whirlpool (drinnen) und ein gemütliches Restaurant.

The Boathouse
MODERN-AMERIKANISCH $$

(☑970-879-4797; 609 Yampa; Gerichte 12–20 US$; ☺Restaurant 11–22, Bar 11–1 Uhr) Der Blick von der Flussterrasse ist unschlagbar – vor allem, wenn er nachmittags auf vorbeiziehende Wolken fällt. Mit innovativen Gerichten wie der pikanten Schweinskotelett-Wasabi-Kreation „When Pigs Fly" („Wenn Schweine fliegen") schickt der kreative Koch den Gaumen quasi auf Weltreise.

Carl's Tavern
AMERIKANISCH $$

(☑970-761-2060; www.carlstavern.com; 700 Yampa Ave; Gerichte 14–31 US$) Dieser Lokalfavorit beflügelt das Herz mit super Kneipenessen, einer belebten Veranda, Livemusik, coolen Kellnern und fröhlich-lauter Atmosphäre.

ℹ Praktische Informationen

Steamboat Springs Visitor Center (☑970-879-0880; www.steamboat-chamber.com; 125 Anglers Drive; ☺Mo–Fr 8–17, Sa 10–15 Uhr)

ℹ An- & Weiterreise

Die Busse von Denver nach Salt Lake City halten am **Greyhound Terminal** (☑800-231-2222; www.greyhound.com; 1505 Lincoln Ave), etwa

600 m westlich der Stadt. **Steamboat Springs Transit** (☎ 970-879-3717, zum Abholen in der Mountain Area 970-846-1279; http://steam boatsprings.net) bietet das ganze Jahr über kostenlose Busse, die zwischen der Altstadt und dem Skiresort verkehren. Steamboat liegt über die US 40 166 Meilen (267 km) nordwestlich von Denver.

Zentrales Colorado

Colorados zentrale Berge sind für zahlreiche Weltklasseskiorte, Höhenwanderrouten und Schmelzwasserflüsse berühmt. Im Südosten prägen Colorado Springs und der Pikes Peak die südliche Front Range.

Winter Park

Der bodenständige Skiort Winter Park liegt weniger als zwei Autostunden von Denver entfernt und ist bei den Front-Range-Einwohnern sehr beliebt. Die kommen jedes Wochenende sogar aus dem fernen Colorado Springs hierher, um auf frisch präparierten Pisten talwärts zu fahren. Anfänger freuen sich dabei über viele Pulverschnee-Kilometer, während Erfahrene ihre Fähigkeiten auf den erstklassigen Geländewellen von Mary Jane testen. Das **Visitor Center** (☎ 970-726-4118; www.winterpark-info.com; 78841 Hwy 40; ⊙ tgl. 9–17 Uhr) und die meisten anderen Einrichtungen befinden sich an der Hauptstraße (US 40).

Zum **Winter Park Resort** (☎ 970-726-1564; www.winterparkresort.com; Hwy 40; Liftpass Erw./Kind 104/62 US$; ⛷) südlich der Stadt

gehören fünf Berge mit einer totalen Höhendifferenz von über 793 m. Dieses Gebiet ist bei Skiprofis beliebt, da mehr als 50% der Pisten ausschließlich auf extrem erfahrene Wintersportler abzielen. Die Lifte bieten auch Zugang zu einem 72 km langen Netz von **Mountainbike-Trails** (www.trestle bikepark.com; Tagespass Erw./Kind 39/29 US$; ⊙ Mitte Juni–Mitte Sept.), das wiederum an die insgesamt 966 Wanderweg-Kilometer des Tals grenzt.

Die ★ **Devil's Thumb Ranch** (☎ 800-933-4339; www.devilsthumbranch.com; 3530 County Rd 83; Zi. in Schlafbaracke 100–180 US$; Zi. in Lodge 240–425 US$, Hütte ab 365 US$; ✻✺✻✺) ⌀ ist ein ungemein romantisches Refugium für aktiv Veranlagte. An einem 105 km langen Wegenetz findet man hier u. a. Hütten und eine Lodge im schicken Wildwest-Stil. Mit Erdwärme, Recyclingholz und emissionsreduzierten Feuerstellen zeigt die Ranch ihr Ökobewusstsein. Zudem eignet sie sich ideal zum **Skilanglaufen** und **Reiten** (☎ 970-726-5632; www.devilsthumbranch.com; 3530 County Rd 83; Loipenpass Erw./Kind 20/8 US$, Ausritte 95–175 US$; 🐎) im der Höhe.

Das beste Preis-Leistungs-Verhältnis vor Ort hat das freundliche **Rocky Mountain Chalet** (☎ 970-726-8256; www.therockymoun tainchalet.com; 15 Co Rd 72; B 30 US$, Zi. Sommer/Winter 89/149 US$; P✻☎) mit einer funkelnden Küche, Schlafsälen und vornehmen, komfortablen Doppelzimmern.

Für ein tolles Mahl empfiehlt sich die **Tabernash Tavern** (☎ 970-726-4430; www. tabernashtavern.com; 72287 US Hwy 40; Hauptge-

---

DIE ROCKIES FÜR PULVERSCHNEE-FEXE

Crested Butte ist die vierstündige Fahrt von Denver mehr als wert. Es verspricht tiefen Pulverschnee und eine herrliche, weite Landschaft gleich neben einem Bergbauaußenposten, der sich zu einer der coolsten Kleinstädte von Colorado gemausert hat.

Wer nur wenig Zeit hat, sollte sich direkt nach Summit County aufmachen. Man benutzt **Breckenridge** als Basis und geht fünf Regionen mit einem Kombi-Skipass an. Dazu gehören auch das Mastadon-Resort **Vail**, unser Liebling in Sachen abgelegenes Back-Bowl-Terrain, und die lässige **Arapahoe Basin Ski Area**. Das A-Basin ist bis in den Juni geöffnet. Dann bedeutet Skifahren im Frühjahr auch Autopartys mit Bier und Barbecue zwischen den Abfahrten.

Von Crested Butte aus kann man ein Stück weiter südlich die Hänge bei **Telluride** hinunterfahren; von Summit County und Vail ist **Aspen** nicht weit entfernt. Beides sind echte alte Goldgräberstädte. Man sollte mindestens ein paar Stunden lang die glitzernden Läden von Aspen und die bodenständigen Bars von Telluride erforschen, um ein Feeling für die historische Wildwest-Umgebung zu bekommen.

Von Aspen nimmt man einen Regionalflug zum **Jackson Hole Mountain Resort**. Hier kann man in den Grand Tetons mal so richtig vertikal die Pulverschneehänge hinunterschießen.

richte 20–34 US$; ⊙ Di–Sa 17–21 Uhr) ✎ nördlich des Ortes: Sie regt den Appetit z. B. mit Wildbret-Burgern oder Ragout von der Bisonrippe an. Reservierung ist ratsam!

Breckenridge & Umgebung

In einer Höhe von 2926 m, am Fuß einer Reihe herrlicher baumloser Bergspitzen liegt „Breck", eine niedliche, noch immer existierende Goldgräberstadt mit einer wunderschönen Altstadt. Die Stadt mit ihrer bodenständigen Anmut hat familienfreundliche Skihänge zu bieten, die niemanden enttäuschen und immer ein leichtlebiges Publikum anziehen. Wer trotzdem einmal rastlos werden sollte, findet keine Stunde entfernt fünf tolle Skiresorts und ein Outlet zum Shoppen.

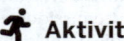 **Aktivitäten**

Breckenridge Ski Area   WINTERSPORT
(☎ 800-789-7669; www.breckenridge.com; Liftticket Erw./Kind 115/68 US$; ⊙ Lifte 8.30–16 Uhr, Nov.–Mitte April; �俗) Das Skigebiet umfasst fünf Berge und hat einige der besten Hänge für Anfänger und Fortgeschrittene im Bundesstaat (die grünen Abfahrten sind flacher als die meisten anderen in Colorado) und zudem auch mörderische Steilhänge und Rutschen für Profis sowie einen berühmten Snowboard-Park.

Arapahoe Basin Ski Area   WINTERSPORT
(☎ 970-468-0718; www.arapahoebasin.com; Hwy 6; Lift Erw./Kind/6–14 Jahre 79/40 US$; ⊙ Mo–Fr 9–16, Sa & So ab 8.30 Uhr) Das am höchsten

gelegene Resort Nordamerikas liegt etwa 12 Meilen (19 km) von Breck entfernt, ist kleiner, weniger kommerziell und in der Regel bis Mitte Juni geöffnet. Es gibt jede Menge Steilhänge, Wände und Gelände für Skitouren. Dieses Resort ist bei den Einheimischen besonders beliebt, weil es nicht Herden von Pauschaltouristen anzieht.

Peak 8 Fun Park   VERGNÜGUNGSPARK
(☎ 800-789-7669; www.breckenridge.com; Peak 8; Tagespass Kind 3–7 Jahre 34 US$, Kind ab 8 Jahren 68 US$; ⊙ Mitte Juni–Mitte Sept. 9.30–17.30 Uhr; 🚼) Die hiesige Palette an Nervenkitzeln umfasst z. B. ein großes Luftkissen-Trampolin, eine Kletterwand und einen Mountainbike-Park (Leihfahrrad halber/ganzerTag 49/59 US$). Die gefeierte SuperSlide ist eine Art Rodelbahn, auf der man per Schlitten talwärts flitzt. Wer sich den Tagespass holt, kann die gebotenen Aktivitäten der Reihe nach genießen oder einfach nur eine malerische Bergfahrt mit dem Sessellift unternehmen (ohne/mit Fahrrad 10/17 US$).

 **Feste & Events**

Ullr Fest   KULTUR
(www.gobreck.com; ⊙ Anfang–Mitte Jan.) Das viertägige Ullr Fest feiert den altnordischen Wintergott mit einem lebhaften Straßenumzug, einer Eislaufparty, einem Freudenfeuer und einer schrägen Version der Kuppelshow „Herzblatt".

International Snow Sculpture Championship   KUNST
(www.gobreck.com; ⊙ Mitte Jan.; 🚼) Zwei Wochen lang tummeln sich Bildhauer aus aller

---

ABSTECHER

VAGABOND RANCH

Auf der abgelegenen **Vagabond Ranch** (☎ 303-242-5338; www.vagabondranch.com; 50 US$/Pers.; 🚼) gibt es mehr Elche als Menschen. Es ist ein herrlicher Fleck im Hinterland von Colorados idyllischer Never Summer Range. Mit Hinterland ist eine 3 Meilen (4,8 km) lange unbefestigte Zugangsstraße gemeint – im Sommer kann man sie benutzen, aber im Winter muss man das Auto abstellen und mit Skiern oder dem Schneemobil den Winterspaß suchen gehen.

Umgeben von hohen Berggipfeln und Ponderosa-Wäldern bietet diese frühere Postkutschenstation eine Ansammlung komfortabler Hütten – von rustikal bis elegant – in 2743 m Höhe. Zu den Annehmlichkeiten gehören eine Küche, die einem Chefkoch alle Ehre macht, Feuerholz, ein angenehmer Whirlpool, Solarenergie und Komposttoiletten. Wie bei allen Skihütten, sind die Unterkünfte zum Teil für mehrere bestimmt, aber Paare und Gruppen können auch eigene Zimmer buchen (wir empfehlen für Paare das herrliche „Parkview" im Retro-Stil). Bestimmte Wege werden im Winter für Langlauf und Schneemobile präpariert. Außerdem gibt's Rückzugsorte für Yoga und Meditation.

Die Ranch liegt 22 Meilen (35 km) von Granby entfernt (in der Nähe von Winter Park).

DEN ERSTEN VIERTAUSENDER ERKLETTERN

Der **Quandary Peak** (www.f14ers.com; County Rd 851) gilt als der einfachste Viertausender Colorados. Er befindet sich in der Nähe von Breckenridge und liegt mit seiner Höhe von 4350 m im Staat an 15. Stelle. Auch wenn man hier jede Menge Hunde und Kinder sieht, ist „einfachster" irreführend – der Gipfel ist zermürbende 4,5 km vom Ende des Wanderweges entfernt. Am besten kommt man zwischen Juni und September hierher.

Der Weg steigt Richtung Westen an. Nach etwa zehn Minuten gemäßigten Anstiegs folgt man der rechten Gabelung bis zu einer Wegkreuzung. Hier geht es dann nach links. Damit umgeht man die Straße und hat fast sofort den ersten Ausblick auf den Mt. Helen und den Quandary (wenn der Gipfel auch noch nicht zu sehen ist).

Kurz unterhalb der Baumgrenze trifft man auf den Pfad vom Monte Cristo Gulch. Die Stelle sollte man sich gut einprägen, damit man auf dem Weg nach unten nicht die falsche Abzweigung nimmt. Von hier ist es ein steiler Anstieg bis zur Spitze. Man sollte früh aufbrechen und gegen Mittag umkehren. Im Sommer sind nachmittags Gewitter möglich. Hin und zurück sind es etwa 9,5 km, für die man zwischen sieben und acht Stunden benötigt. Die Colorado 9 und die County Rd 850 führen hierher. Dann geht es rechts und noch einmal rechts auf die 851. Von dort sind es 1,1 Meilen (1,8 km) bis zum nicht ausgeschilderten Anfang des Weges. Hier kann man parallel zur Feuerschneise parken.

Welt in Breck, um meisterhafte Schneeskulpturen am Riverwalk zu erschaffen.

🛏 Schlafen

Great Western Lodging (☎888-453-1001; www.gwlodging.com; 322 N Main St; Ferienwohnung Sommer/Winter ab 125/275 US$; P❄🖥) vermittelt Nobelquartiere am Pistenrand. Außerhalb des Ortes gibt's diverse **USFS-Campingplätze** (☎877-444-6777; www.recreation.gov).

Fireside Inn B&B, HOSTEL $
(☎970-453-6456; www.firesideinn.com; 114 N French St; B Sommer/Winter 30/41 US$, DZ Sommer/Winter 101/140 US$; P❄@🖥) Eine echte Entdeckung: Dieser gesellige Mix aus Hostel und B&B ist die beste Budgetoption im Summit County. Alle Gäste können sich am verschmusten Haushund und dem chlorfreien Whirlpool (in einem Fass) erfreuen. Die reizenden und sehr hilfsbereiten Eigentümer aus Großbritannien haben viele Infos zur Region. In Skistiefeln braucht man zehn Minuten bis zur Seilbahn.

⭐ **Abbet Placer Inn** B&B $$
(☎970-453-6489; www.abbettplacer.com; 205 S French St; Zi. Sommer 99–179 US$, Winter 119–229 US$; P❄@🖥) Die fünf großen Zimmer des violetten, äußerst bodenständigen Hauses warten mit Holztäfelung, iPod-Anschlüssen und flauschigen Bademänteln auf. Die Dachstube punktet zudem mit gigantischem Gipfelblick vom Balkon. Die (gast-)freundlichen Inhaber servieren üppiges amerikanisches Frühstück. Vorhanden sind auch eine Gemeinschaftsküche und eine nette Freilufterrasse mit Whirlpool. Von 16 bis 19 Uhr kann eingecheckt werden.

🍴 Essen & Ausgehen

Clint's Bakery & Coffee House CAFÉ $
(131 S Main St; Sandwiches 4,95–7,25 US$; ⏱7–20 Uhr; 🖥🍴) Kompetente Baristas brauen hier alle möglichen Latte- und Espresso-Varianten. An der Tafel stehen aber auch viele Teesorten mit Kreide angeschrieben. Wer Hunger hat, besucht die Bagel-Bäckerei (geöffnet bis 15 Uhr) im Untergeschoss: Neben leckeren Frühstücks-Bagels (z. B. mit Ei und Schinken, Räucherlachs, Würstchen oder Käse) gibt's dort auch üppige Sandwiches.

Hearthstone MODERN-AMERIKANISCH $$$
(☎970-453-1148; hearthstonerestaurant.biz; 130 S Ridge St; Hauptgerichte 26–44 US$; ⏱16 Uhr–open end; 🍴) 🌿 Das restaurierte viktorianische Haus von 1886 zählt zu Brecks beliebtesten Lokalen. Auf den Tisch kommt kreative Gebirgskost wie Wapitihirsch mit Brombeeren oder geschmorte Bisonrippe mit Tomatillos, Polenta und gerösteten Chilischoten. Das leckere und frisch zubereitete Essen ist immer einen (teuren) Besuch wert – ebenso die Happy Hour (16–18 Uhr), bei der man Gerichte für 5 US$ mit passendem Wein bekommt. Am besten reservieren!

Downstairs at Eric's BAR
(www.downstairsaterics.com; 111 S Main St; ⏱11–24 Uhr; 🍴) Diese Breckenridge-Institution in einem Untergeschoss erinnert stilmäßig an

eine Spielhalle. Viele Einheimische schwelgen hier in Burgern, leckerem Kartoffelpüree und über 100 Biersorten (20 vom Fass).

Shoppen

Outlets at Silverthorne BEKLEIDUNG
(www.outletsatsilverthorne.com; ⊙Mo–Sa 10–20, So 10–18 Uhr) Rund 15 Minuten hinter Breckenridge liegen gleich abseits der I-70 drei „Einkaufsdörfer", in denen Designer-Outlets vergünstigte Klamotten anbieten (u.a. von Calvin Klein, Nike, Levi's und Gap).

ℹ Praktische Informationen

Visitor Center (☎877-864-0868; www.gobreck.com; 203 S Main St; ⊙9–21 Uhr; 🖥 ⊕) Zum Teil in einer Blockhütte aus dem 19. Jh. untergebracht; liefert viele Infos und umfasst auch ein kleines, aber interessantes Museum.

ℹ Anreise & Unterwegs vor Ort

Rund 80 Meilen (129 km) hinter Denver liegt Breckenridge, etwa 9 Meilen (14,5 km) südlich der I-70 am Hwy 9.

Colorado Mountain Express (☎800-525-6363; www.coloradomountainexpress.com; Erw./Kind 70/36 US$; 🖥) bietet einen Shuttle-Service zwischen Breckenridge und dem Denver International Airport an.

Gratisbusse (www.townofbreckenridge.com; ⊙8–23.45 Uhr) verkehren auf vier Routen im gesamten Ort.

Busse von **Summit Stage** (☎970-668-0999; www.summitstage.com; 150 Watson Ave) pendeln kostenlos zwischen Breckenridge, Keystone und Frisco. Nach Vail geht's mit dem Shuttle-Service von **Fresh Tracks** (☎970-453-4052; www.freshtracktransportation.com; einfache Strecke 20 US$).

Vail

Dieser Lieblingsort der Reichen und (teilweise) Berühmten ist wie ein riesiger Vergnügungspark für Erwachsene. Vom Golfrasen bis hin zu den Indoor-Wasserfällen ist hier alles von Menschenhand gemacht. Der kompakte Ort ist gut zu Fuß zu erkunden. Aufgrund seiner Lage an der I-70 lässt er jedoch die dramatische Natur, die sich rund um andere Orte in den Rocky Mountains ausbreitet, vermissen. Dennoch bezweifelt kein ernsthafter Brettsportler Vails Status als Colorados bester Skiort: Auf dem obercoolen Terrain warten u.a. pulverige Back Bowls (Tal- bzw. Tiefschneeschüsseln) und Chutes (Geländerinnen).

◉ Sehenswertes & Aktivitäten

Colorado Ski Museum MUSEUM
(www.skimuseum.net; 3. Stock, ⊙10–17 Uhr; ⊕) GRATIS Das schlichte, aber informative Museum an der Parkhausausfahrt des Vail Village führt seine Besucher zurück in die Zeit der Anfänge des Skifahrens und bis hin zu den Strapazen der 10th Mountain Division. Diese hochdekorierte Gebirgsjägereinheit des Zweiten Weltkriegs trainierte einst in den hiesigen Bergen. Zu sehen gibt's außerdem witzige Vintage-Klamotten und die noch kleine Colorado Ski and Snowboard Hall of Fame.

★ Vail Mountain WINTERSPORT
(☎970-754-8245; www.vail.com; Liftpass Erw./Kind 129/89 US$; ⊙Dez.–Mitte April 9–16 Uhr; ⊕) Rund 21,4 km² Pistenfläche, 193 Wanderwege und drei Wintersportparks machen Vail Mountain zu unserem Lieblingsskigebiet in Colorado. Allerdings zählen die Liftpasspreise landesweit zu den höchsten. Für alle, die zum ersten Mal in Colorado Ski fahren, lohnt sich der vergleichsweise teure Einstieg vor Ort aber – besonders an Sonnentagen mit blauem Himmel und frischem Pulverschnee. Die Mehrtagespässe gelten für vier weitere Skigebiete. Auf der Adventure Ridge oben auf dem Berg gibt' kinderfreundliche Winter- und Sommersportoptionen. Im Sommer 2015 soll sie Teil der deutlich größeren Epic Discovery (www.epicdiscovery.com) werden.

Holy Cross Wilderness WANDERN & TREKKEN
(☎970-827-5715; www.fs.usda.gov/whiteriver; 24747 US Hwy 24, Minturn; ⊙Mo–Fr 9–16 Uhr) Der anstrengende Notch Mountain Trail bietet eine super Aussicht auf den Mt. of the Holy Cross (4269 m). Letzterer kann von sehr erfahrenen Wanderern auch selbst über den Half Moon Pass Trail bestiegen werden (Schwierigkeitsgrad II). Vor dem Aufbruch am besten immer Tipps bei den Rangern einholen!

Vail to Breckenridge Bike Path RADFAHREN
(www.fs.usda.gov) Über 14 km erstreckt sich dieser befestigte, autofreie Radweg von East Vail zum höchsten Punkt des Vail Pass (Höhenunterschied 558 m). Von dort aus führt er über 22,5 km hinunter nach Frisco. Nach Breckenridge sind es dann noch einmal 14,5 km. Wer nur bergab rollen möchte, nimmt einen Shuttle-Bus des **Fahrradverleihs** (☎970-476-5385; www.bikevalet.net; 520 E Lionshead Cir; Leihfahrrad ab 30 US$/Tag; ⊙10–17 Uhr; ⊕) und genießt dann die Rückfahrt per Rad nach Vail.

🛏 Schlafen

Vail hat die höchsten Preise Colorados. Die Qualität der Unterkünfte (zumeist privat vermietete Ferienwohnungen) variiert jedoch sehr stark.

Gore Creek Campground
CAMPING $

(☎ 877-444-6777; www.recreation.gov; Bighorn Rd; Stellplatz 18 US$; ⌚ Mitte Mai–Sept.; 🐾) Am Ende der Bighorn Rd versteckt sich dieser reservierungsfreie Campingplatz zwischen den Bäumen am Ufer des Gore Creek. Die 25 Stellplätze mit Picknicktischen und Plumpsklos liegen 6 Meilen (9,6 km) östlich des Vail Village. Hin geht's über die I-70 (Exit 180 in Richtung East Vail).

★ Minturn Inn
B&B $$

(☎ 970-827-9647; www.minturninn.com; 442 Main St; Zi. Sommer/Winter ab 100/150 US$; 🅿🖥; 🖥 ECO) Wer nicht unbedingt mitten im Geschehen wohnen muss, ist in diesem rustikalen B&B richtig. Das gemütliche Blockhaus von 1915 steht 8 Meilen (12,9 km) hinter Vail in Minturn. Mit handgezimmerten Baumstamm-Betten, Geweihdekor und offenen Kaminen aus Flussgestein versprüht es den Charme der Berge. Whirlpoolfans reservieren eines der Zimmer in der neueren River Lodge.

★ The Sebastian
HOTEL $$$

(☎ 800-354-6908; www.thesebastianvail.com; 16 Vail Rd; Zi. Sommer/Winter ab 230/500 US$; 🅿 ❄🖥🏊🐾) Das moderne, raffinierte Luxushotel punktet mit geschmackvoller zeitgenössischer Kunst und einer eindrucksvollen Liste von Annehmlichkeiten. Diese reicht vom Skiservice am Berghang bis hin zu einer spektakulären Poollandschaft, deren Whirlpools wie Schampus (über-)schäumen. Angesichts der Tarife in Vail bietet das Sebastian am meisten fürs Geld. Um die besten Preise zu bekommen, muss man jedoch Monate im Voraus reservieren.

🍴 Essen & Ausgehen

★ Yellowbelly
SÜDSTAATENKÜCHE $

(www.yellowbellychicken.com; Unit 14, 2161 N. Frontage Rd; Teller 10 US$; ⌚ 11–20.30 Uhr; 🅿🖥🐾; 🚌 Vail Transit) Das Yellowbelly versteckt sich zwar in einem Einkaufszentrum in West Vail, serviert aber gigantisch gutes Hühnchen. Der gesundheitsbewusste Ansatz (mit Grünzeug gefüttertes, gentechnikfreies Freilandgeflügel) ist definitiv ein Pluspunkt. Das Highlight ist jedoch der großartige glutenfreie Backteig. Zu den würzig-zarten Hühn-

chenstücken gibt's jeweils drei Beilagenoptionen (Rosenkohlsalat, Zitronen-Quinoa, Käsemakkaroni) und ein Getränk. Alternativ kann man auch einen ganzen Gemeinschaftsgummiadler ordern.

★ böl
MODERN-AMERIKANISCH $$

(☎ 970-476-5300; www.bolvail.com; 141 E Meadow Dr; Hauptgerichte 14–28 US$; ⌚ Sommer 17–1 Uhr, Winter 14–1 Uhr; 🖥🐾🍴) Vails definitiv abgefahrenster Treffpunkt ist halb hippes Restaurant, halb Space-Age-Bowlinghalle: Im hinteren Bereich kann der Nachwuchs die Kegel umlegen (50 US$/Std.). Hauptmagnet ist jedoch die überraschend vielfältige Karte: Das Angebot reicht vom üppigen Salat mit Hühner-Paillard und Gnocchi bis hin zu Garnelen mit Maisgrütze und Grapefruit. Für Vail ist das Essen relativ erschwinglich. Reservieren!

Matsuhisa
JAPANISCH $$$

(☎ 970-476-6628; www.matsuhisavail.com; 141 E Meadow Dr; Hauptgerichte 29–39 US$, 2 Sushirollen 8–12 US$; ⌚ 18–22 Uhr) Mit seinem modernen, luftigen Lokal im Herzen des Solaris-Komplexes hat der legendäre Küchenchef Nobu Matsuhisa den örtlichen Gastro-Standard erhöht. Er eröffnete sein erstes Restaurant einst in Peru, und das prägt seine Küche bis heute südamerikanisch. Sein modernes Sashimi nach eigenem Rezept wird durch traditionelles Sushi und Tempura ergänzt. Unter den Highlights sind Kohlenfisch mit Miso und Jakobsmuscheln mit Jalapeño-Salsa. Reservieren!

Los Amigos
BAR

(400 Bridge St; ⌚ 11.30–21 Uhr) Lust auf Aussicht, Tequila und Rock'n'Roll beim Après-Ski? Dann auf ins Los Amigos! Das mexikanische Essen ist allenfalls anständig. Für das kulinarische Defizit entschädigen die Happy-Hour-Preise und die Sitzgelegenheiten am Hang jedoch mehr als genug.

ℹ Praktische Informationen

Vail Visitor Center (☎ 970-479-1385; www.visitvailvalley.com; 241 S Frontage Rd; ⌚ Winter 8.30–17.30, Sommer 8.30–20 Uhr; ☎) Auch im Lionshead Village vertreten.

ℹ Anreise & Unterwegs vor Ort

Am **Eagle County Airport** (☎ 970-328-2680; www.flyvail.com; 219 Eldon Wilson Drive) besteht Verbindung zu Zielen in den ganzen USA (oft über Denver). Rund 35 Meilen (56,3 km) westlich von Vail sind hier auch Autovermieter vertreten.

Shuttles von **Colorado Mountain Express** (☑ 800-525-6363; www.coloradomountainex press.com; 🔊) verbinden Vail mit dem Denver International Airport (92 US$) und dem Eagle County Airport (51 US$). Auf dem Weg nach Denver (33 US$, 2½ Std.) oder Grand Junction (28 US$, 3 Std.) halten Greyhound-Busse am **Vail Transportation Center** (☑ 970-476-5137; 241 S Frontage Rd).

Vails **kostenlose Busse** (www.vailgov.com; ⊙ 6.30–1.50 Uhr) pendeln zwischen West Vail und dem Lionshead bzw. Vail Village; sie sind meist mit Skiständern ausgestattet. **Regionalbusse** (ECO; www.eaglecounty.us; Fahrt 4 US$, nach Leadville 7 US$) fahren auch nach Beaver Creek, Minturn und Leadville. Zu den Ferienorten des Summit County (z. B. nach Breckenridge) empfiehlt sich der Shuttle-Service von Fresh Tracks (S. 292).

Das übersichtliche Vail Village mit vielen teuren Restaurants, Bars und Boutiquen ist komplett autofrei: Vor dem Betreten der Fußgängerzone nahe den Sesselliften müssen Kraftfahrer im öffentlichen Parkhaus parken (Winter 25 US$/Tag, Sommer gratis). Etwa eine halbe Meile (800 m) weiter westlich liegt mit dem meist ruhigeren Lionshead eine zweite Ausgangsbasis. Auch dort gibt's ein Parkhaus (identische Preise) und direkten Liftzugang.

Aspen

Das unbescheiden schicke Aspen ist der glamouröseste Ferienort Colorados. Hierher kommen einige der reichsten Skifahrer der Welt. Die hübsche historische Innenstadt aus rotem Backstein ist ebenso anziehend wie die schimmernden Pisten, aber das allerschönste an Aspen ist die sagenhafte Landschaft. Die atemberaubende Hochgebirgslandschaft – vor allem Ende September und im Oktober, wenn die Bäume von Aspen ein spektakuläres Farbenspiel bieten – fügt dem ohnehin süßen Kuchen noch den Zuckerguss hinzu.*

⊙ Sehenswertes & Aktivitäten

⭐ Aspen Center for Environmental Studies
NATURSCHUTZGEBIET

(ACES; ☑ 970-925-5756; www.aspennature.org; Hallam Lake, 100 Puppy Smith St; ⊙ Mo–Fr 9–17 Uhr; P 🚻) GRATIS Am Roaring Fork River unterhält das Aspen Center for Environmental Studies dieses 10 ha große Naturschutzgebiet. Filialen des Zentrums sind ansonsten noch dreimal in der Region zu finden. Ganzjährig bietet es geführte Wanderungen, Vogelbeobachtungen und Schneeschuhtouren an. Super für Familien!

RADELN ZU DEN MAROON BELLS

Lokalen Radel-Gurus zufolge führt Aspens kultigste Straßenstrecke zu den atemberaubenden Maroon Bells. Der Anstieg über 11 lungenquälende Meilen (18 km) endet am Fuß eines der malerischsten Wildnisareale in den ganzen Rockies. Wer auf muskelverkaterte Waden steht, mietet seinen Drahtesel bei **Aspen Bike Tours** (☑ 970-925-9169; www.aspenbikerentals.com; 430 S Spring St; Erw. halber/ganzer Tag ab 33/40 US$, Kind 22/29 US$; ⊙ 9–18 Uhr; 🚻).

Aspen Art Museum
MUSEUM

(☑ 970-925-8050; www.aspenartmuseum.org; Ecke East Hyman Ave & Spring St; ⊙ Di–Sa 10–18, Do 10–19, So 12–18 Uhr) GRATIS Statt einer ständigen Sammlung gibt's hier nur kühn-innovative Wechselausstellungen mit zeitgenössischer Kunst. Zum Zeitpunkt der Drucklegung befand sich das neue Museumsgebäude mit Traumaussicht vom Dach gerade noch im Bau. Nach der geplanten Eröffnung (Sommer 2014) wird es Kunstfans bestimmt nicht enttäuschen.

⭐ Aspen Mountain
WINTERSPORT

(☑ 800-525-6200; www.aspensnowmass.com; Liftpass Erw./Kind 117/82 US$; ⊙ Dez.–Mitte April 9–16 Uhr; 🚻) Die Aspen Skiing Company betreibt die vier Skigebiete der Gegend: Aspen (für Fortgeschrittene/Erfahrene), Snowmass (größte Höhendifferenz in den USA), Buttermilk (für Anfänger; mit Schneeparks) und Highlands (für Erfahrene). Diese verteilen sich über das ganze Tal und sind per Gratis-Shuttle miteinander verbunden. Aspen und Snowmass haben auch im Sommer (Liftpass Erw./Kind 28/11 US$) zwecks Sightseeing, Mountainbiken oder Aktivitäten mit Kindern geöffnet.

Maroon Bells
WILDNIS

Wer sich nur einen Tag lang an einem Stück Ursprünglichkeit erfreuen kann oder will, tut dies am besten im Schatten von Colorados kultigsten Gipfeln. Die örtlichen Wanderungen reichen vom beliebten Crater Lake Trail (2,9 km) bis hin zu größeren Herausforderungen wie dem Buckskin Pass (3798 m). Um das Areal zu erreichen, muss man einen **Shuttle** (Aspen Highlands; Erw./Kind 6/4 US$; ⊙ 15. Juni–Aug. tgl. 9–16.30 Uhr, Sept.– 6. Okt. Fr–So) ab den Highlands nehmen.

Die Zugangsstraße (Benutzungsgebühr 10 US$) ist nur von 17 bis 9 Uhr für Fahrzeuge geöffnet und wird im Winter nicht geräumt. Achtung: Die Maroon Bells sind z. T. furchtbar überlaufen. Wer eher auf Einsamkeit steht, nimmt sich daher besser die Hunter-Fryingpan Wilderness bei Basalt vor.

Ashcroft Ski Touring WINTERSPORT

(☎970-925-1971; www.pinecreekcookhouse.com/tours; 11399 Castle Creek Rd; Erw./Kind 15/10 US$; 🚶) Vor traumhafter Hintergrundkulisse warten hier gepflegte Langlauf-Loipen (Gesamtlänge ca. 32 km) auf 2,4 subalpinen Quadratkilometern. Besucher können Ausrüstung ausleihen und diverse Kurse oder geführte Touren buchen. Shuttles nach/ab Aspen (35 US$) sind ebenfalls im Angebot.

🎇 Feste & Events

Aspen Music Festival MUSIK

(☎970-925-9042; www.aspenmusicfestival.com; ☉Juli & Aug.) Jeden Sommer kommen Klassikmusiker aus aller Welt nach Aspen, um aufzutreten und von den Meistern ihrer Zunft zu lernen.

🛏 Schlafen

Aspen ist ganzjährig beliebt, was bedeutet, dass man rechtzeitig reservieren muss. Der **Aspen Ranger District** (☎970-925-3445; www.fs.usda.gov/whiteriver; 806 W Hallam St; ☉Mo–Fr 8–16.30 Uhr) betreibt insgesamt ca. 20 **Campingplätze** (☎877-444-6777; www.recreation.gov; Stellplatz 15–21 US$) in den Wild-

SCENIC DRIVE: INDEPENDENCE PASS

Der Independence Pass (3686 m) am **Highway 82** (geöffnet Ende Mai–Okt.) zählt zu den höher gelegenen Pässen an der kontinentalen Wasserscheide. Die Aussicht entlang der schmalen Straße reicht von hübsch und atemberaubend bis hin zu schlichtweg umwerfend. Und sobald der Blick auf die Sommer-Schneefelder gleich unterhalb der messerscharf gezackten Gipfel fällt, erlebt man seinen eigenen IMAX-Film. Auf dem Weg nach oben empfiehlt sich ein Zwischenstopp in der Geisterstadt **Independence** (www.aspenhistorysociety.com; empfohlene Spende 3 US$; ☉Mitte Juni–Aug. 10–18 Uhr) GRATIS.

nisgebieten Maroon Bells, Independence Pass und Hunter-Fryingpan.

St. Moritz Lodge HOSTEL $

(☎970-925-3220; www.stmoritzlodge.com; 334 W Hyman Ave; B Sommer/Winter 60/66 US$, DZ Sommer 130–269 US$, Winter 155–299 US$; 🅿❄@🛜🏊) Aspens beste Budget-Bleibe punktet mit Extras wie einem beheizten Freiluftpool und einem Grillbereich, von dem aus man auf den Aspen Mountain schaut. Hinzu kommt eine Lobby mit Büchern, Gesellschaftsspielen und einem Klavier. Das große Zimmerspektrum der europäisch gestalteten Lodge reicht von ruhigen Schlafsälen bis hin zu Ferienwohnungen mit zwei Schlafzimmern. Die günstigsten Quartiere teilen sich Gemeinschaftsbäder. Im Untergeschoss gibt's eine Gästeküche.

Annabelle Inn HOTEL $$

(☎877-266-2421; www.annabelleinn.com; 232 W Main St; Zi. inkl. Frühstück Sommer/Winter ab 169/199 US$; 🅿❄@🛜) Das reizende, schräge Annabelle Inn in zentraler Lage ähnelt einer freundlichen, bodenständigen, europäischen Skihütte. Die gemütlichen Zimmer verfügen über Flachbildfernseher und warme Daunendecken. Vom Whirlpool auf dem oberen Balkon (das Hotel hat noch einen zweiten Whirlpool) kann man abends Skivideos anschauen.

⭐ Limelight Hotel HOTEL $$$

(☎800-433-0832; www.limelighthotel.com; 355 S Monarch St; Zi. Sommer/Winter ab 245/395 US$; 🅿❄🛜🏊♿) Die moderne Eleganz des trendigen Limelight aus Backstein und Glas reflektiert Aspens ungezwungenen Bergwelt-Chic. Die geräumigen Zimmer überzeugen mit Extras wie gasbefeuerten Kaminen, lederbezogenem Mobiliar und Bergblick von den Balkonen bzw. Dachterrassen. Zusätzlich zum Ski- und Shuttle-Service kann man im italienischen Lobby-Restaurant an den meisten Winterabenden Livemusik genießen. Preise inklusive Frühstück.

🍴 Essen & Ausgehen

⭐ Justice Snow's KNEIPE $$

(☎970-429-8192; www.justicesnows.com; 328 E Hyman Ave; Hauptgerichte 10–22 Uhr; ☉11–2 Uhr; 🛜🍴) 🍸 In dem umgebauten alten Saloon im historischen Wheeler Opera House wurden Antikmöbel mit einem raffinierten modernen Touch verwendet. Der Laden ist offiziell eine Bar – die Billigcocktails geben ihm seine Seele. Allerdings kommen einheimische Stammgäste auch wegen des erschwinglichen Essens (10 US$ für einen leckeren Burger! In Aspen!) aus regionalen Zutaten hierher.

The Meatball Shack ITALIENISCH $$$

(☑970-925-1349; www.themeatballshack.com; 312 S Mill Rd; Gerichte mittags 13 US$, abends 21–28 US$; ⊙11.30–23.30 Uhr; ⊛) ✎ Das Shack wird vom Florentiner Küchenchef Eddie Baida und Michael Gurtman aus New York City geleitet. Spezialität des Hauses sind natürlich Fettuccine mit Fleischbällchen (*nonnas* aus Huhn oder Kalb). Abends herrscht hier ordentlich Betrieb. Doch das sollte man einfach ausblenden und sich aufs Essen konzentrieren: Die italienische Küche ist eine der besten in den Rockies.

★ Pine Creek Cookhouse AMERIKANISCH $$$

(☑970-925-1044; www.pinecreekcookhouse.com; 12700 Castle Creek Rd; Hauptgerichte mittags & Sommer abends 13–41 US$, Winter Festpreis-Abendmenü inkl. Skitour/Schlittenfahrt 90/110 US$; ⊙tgl. 11.30–14.30 Uhr, Juni–Sept. Mi–So 14.30–20.30 Uhr, Bestuhlung tgl. 12 & 13.30 Uhr, Dez.–März auch Mi–So 19 Uhr; ✎⊛) ✎ Das Blockhütten-Restaurant mit der schönsten Lage der ganzen Gegend steht rund 30 Minuten außerhalb von Aspen und 1,5 Meilen (2,4 km) hinter der Geisterstadt Ashcroft. Im Sommer sind hier Wanderungen möglich; zur Winterzeit gleitet man dagegen per Langlaufski oder Pferdeschlitten durch die Landschaft im Schatten der herrlich verschneiten Gipfel. Auf den Tisch kommen alpine Köstlichkeiten wie selbst geräucherte Forelle, Wapitihirsch-Bratwurst oder Tenderloin vom Bison.

★ Aspen Brewing Co BRAUEREI

(www.aspenbrewingcompany.com; 304 E Hopkins Ave; ⊙tgl. 12 Uhr–open end; ☎) Sechs eigene Biersorten und ein sonniger Balkon mit Bergblick machen den zwanglosen Laden zur besten Entspannungsadresse nach einem langen Outdoor-Tag. Das Bierspektrum reicht von aromatischem This Year's Blonde, starkem Independence Pass Ale (ein India Pale Ale; IPA) und lieblicherem Conundrum Red Ale bis hin zum schokoladigen Pyramid Peak Porter.

Woody Creek Tavern KNEIPE

(☑970-923-4585; www.woodycreektavern.com; 2 Woody Creek Plaza, 2858 Upper River Rd; ⊙11–22 Uhr) Die abgefahrene Schenke war früher ein Favorit von Hunter S. Thompson und lohnt die Anfahrt ab Aspen (8 Meilen/13 km) auf jeden Fall: Auf der Karte stehen Bio-Salate, fettreduzierte (aber saftige) Burger und mexikanische Klassiker (u. a. gute Guacamole). Jede Menge Alkohol entschädigt für die weniger einfallsreiche Abendkarte – 42 ausgeschenkte Liter Margarita pro Tag sagen alles.

ⓘ Praktische Informationen

Aspen Visitor Center (☑970-925-1940; www.aspenchamber.org; 425 Rio Grande Pl; ⊙Mo–Fr 8.30–17 Uhr)

ⓘ Anreise & Unterwegs vor Ort

Der **Aspen-Pitkin County Airport** (☑970-920-5380; www.aspenairport.com; 233 E Airport Rd; ☎) liegt 4 Meilen (6,4 km) nördlich von Aspen am Hwy 82 und bietet Direktverbindung nach Denver, L. A., Dallas oder Chicago. Die Shuttles von **Colorado Mountain Express** (☑800-525-6363; www.coloradomountainexpress.com; Erw./Kind 118/61 US$; ☎) pendeln regelmäßig zwischen Aspen und dem Denver International Airport (118 US$, 3 Std.).

Busse der Roaring Fork Transit Agency (www.rfta.com) verbinden Aspen gratis mit allen vier Skigebieten und dem Aspen-Pitkin County Airport.

Selbstfahrer parken am besten im Parkhaus (15 US$/Tag) neben dem Aspen Visitor Center am Rio Grande Pl.

Salida

Das charmante Salida weist einen der größten historischen Stadtkerne Colorados auf und lädt zu Erkundungstouren ein. Hinzu kommt die unschlagbare Lage zwischen dem Arkansas River auf der einen Seite und dem Treffpunkt zweier mächtiger Bergketten auf der anderen. Hier kann man tagsüber raften, radeln oder wandern. Nach der Rückkehr gibt's dann ein stärkendes Abendessen mit gegrillten Bisonrippchen und kaltem India Pale Ale.

⚐ Aktivitäten

Die meisten Raftingveranstalter sind gleich südlich von Buena Vista ansässig (25 Meilen bzw. 40 km nördlich von Salida). In der Nähe zweigen die Hwys 24 und 285 voneinander ab.

Buffalo Joe's Whitewater Rafting RAFTING

(☑866-283-3563; www.buffalojoe.com; 113 N Railroad St; halber/ganzer Tag Erw. 64/98 US$, Kind 54/78 US$; ⊙Mai–Sept.; ⊛) Einer der besten Rafting-Veranstalter; im Zentrum von Buena Vista zu finden.

River Runners RAFTING
(☎800-723-8987; www.riverrunnersltd.com; 24070 Co Rd 301; halber/ganzer Tag Erw. 60/98 US$, Kind 50/88 US$; ⊙Mai–Sept.; 🚗) Ein weiteres empfehlenswertes Rafting-Unternehmen; in Buena Vista und an der Royal Gorge vertreten.

Absolute Bikes FAHRRADVERLEIH
(☎719-539-9295; www.absolutebikes.com; 330 W Sackett Rd; Leihfahrräder 40–80 US$, geführte Touren ab 90 US$; ⊙9–19 Uhr; 🚗) Leihfahrräder, Karten, Ausrüstung, Tipps und geführte Touren (z.B. auf dem Monarch Crest und Rainbow Trail oder drüben am anderen Flussufer).

🛏 Schlafen

Am Fluss betreibt die Arkansas Headwaters Recreation Area insgesamt sechs Campingplätze (Trinkwasser selbst mitbringen!). Der schönste davon heißt **Hecla Junction** (☎800-678-2267; http://coloradostateparks.reserveamerica.com; Hwy 285, MM135; Stellplatz 16 US$; 🏕) und liegt nördlich von Salida. Im Sommer unbedingt reservieren!

★**Simple Lodge & Hostel** HOSTEL $
(☎719-650-7381; www.simplelodge.com; 224 E 1st St; B/DZ/4BZ 24/55/76 US$; 🅿🛜🏕) Wenn Colorado bloß mehr Bleiben dieser Art hätte! Das einfache, aber stilvolle Hostel mit voll ausgestatteter Küche wird von einem super freundlichen Ehepaar (Jon und Julia) geleitet. Im behaglichen Gemeinschaftsbereich fühlt man sich wie zu Hause. Hier steigen gerne Rad-Traveller ab, die dem Hwy 50 von Küste zu Küste folgen.

✕ Essen & Ausgehen

★**Amícas** PIZZERIA, KLEINBRAUEREI $$
(www.amicassalida.com; 136 E 2nd St; Pizzas & Panini 8,10–11,55 US$; ⊙11.30–21 Uhr; 🚗🚗) Holz-ofenpizzas mit dünnem Boden plus sechs selbst gebraute Fassbiersorten gefällig? Dieser entspannte Treff mit hoher Decke (früher ein Bestattungsinstitut) ist ein echter Volltreffer – perfekt, um all die verbrannten Kalorien wieder aufzufüllen! Am besten genießt man eine Pizza Michelangelo (Pesto, Wurst, Ziegenkäse) oder eine Vesuvio (Artischockenherzen, sonnengetrocknete Tomaten, geröstete Paprika) zu einem kühlen Glas Headwaters India Pale Ale.

Fritz TAPAS $$
(☎719-539-0364; http://thefritzdowntown.com; 113 East Sackett St; Tapas 4–8 US$, Hauptgerichte 9–14 US$; ⊙11–2 Uhr; 🍴) Die witzige, abgefahrene Schenke am Flussufer serviert clever zubereitete Tapas à la USA. Aufgetischt werden z.B. Makkaroni mit drei Käsesorten und Speck, Pommes mit Trüffel-Aioli, Garnelencurry oder sogar Rindermark mit roter Zwiebelkonfitüre. Mittags gibt's Sandwiches und spitzenmäßige Burger mit Fleisch vom Freilandrind. Gute Fassbierauswahl.

ⓘ Praktische Informationen

USFS Ranger Office (☎719-539-3591; www.fs.usda.gov; 5575 Cleora Rd; ⊙Mo–Fr 8–16.30 Uhr) Am Hwy 50 östlich des Ortes bekommt man Wander- und Campinginfos zu den Collegiates oder zur nördlichen Sangre de Cristo Range.

ⓘ An- & Weiterreise

Westlich von Cañon City bzw. südlich von Leadville kreuzen sich die Highways 285 und 50 bei Salida. Die Anreise bedingt ein eigenes Fahrzeug.

Colorado Springs

Als einer der führenden Urlaubsorte der USA liegt Colorado Springs am Fuß des

ROCKY MOUNTAINS ZENTRALES COLORADO

ABSTECHER

RAFTING AUF DEM ARKANSAS RIVER

Ein Spektrum von extremen Stromschnellen bis hin zu ruhigem Flachwasser macht den Oberlauf des Arkansas River zu Colorados beliebtestem Rafting- und Kajakrevier. Die meisten Rafter befahren den Fluss von Leadville bis zur Royal Gorge. Am populärsten sind jedoch Trips entlang des 35,4 km langen Brown's Canyon mit Stromschnellen der Kategorie III/IV. Wer kleine Kinder dabeihat oder es etwas ruhiger mag, ist mit dem Bighorn Sheep Canyon gut bedient. Adrenalin-Junkies können sich flussaufwärts zu den Numbers oder flussabwärts zur Royal Gorge begeben (jeweils Kategorie IV/V).

Der Pegel variiert saisonal. Wer Lust auf einen wilderen Ritt hat, sollte Anfang Juni kommen – bereits Anfang August ist der Pegel oft ziemlich niedrig. Wichtig: Beim Rafting mit Kindern sind Mindestalter (6 Jahre) und -körpergewicht (50 lb/22,7 kg) zu beachten.

majestätischen Pikes Peak. Die Stadt ist von vier Militärstützpunkten geprägt und hatte kürzlich unter einer Reihe verheerender Waldbrände zu leiden. Mit der seltsamen, weitläufigen Verteilung der Viertel kommen Besucher am besten klar, indem sie das Ganze gedanklich in drei Bereiche splitten: Der Downtown-Bereich ist ein merkwürdiger Mix aus toller Kunst, Olympiaträumen und sozialer Verzweiflung und säumt den Hwy 24 in Ost-West-Richtung. Old Colorado City birgt historische Wildwest-Saloons und -Bordelle, die heute Restaurants und Läden beherbergen. Manitou Springs ist esoterisch bzw. hippiemäßig angehaucht und dank seiner Hanglage am besucherfreundlichsten.

◉ Sehenswertes & Aktivitäten

★ Pikes Peak
BERG

(☎ 719-385-7325; www.springsgov.com; Highway-Benutzung Erw./Kind 12/5 US$; ⊙ Juni–Aug. 7.30–20 Uhr, Sept. 7.30–17 Uhr, Okt.–Mai 9–15 Uhr; 👪) Der Pikes Peak (4300 m) ragt fast senkrecht aus der Ebene empor (Höhendifferenz 2255 m) und hieß bei den indigenen Ute einst „Sonnenberg". Er mag nicht zu den höchsten von Colorados 54 Bergen über 14 000 Fuß (4267 m) zählen, ist aber sicherlich am berühmtesten. Vielleicht, weil nur hier eine Zahnradbahn bis hinauf zum Gipfel fährt? Oder weil die Aussicht von Letzterem Katherine Bates dazu inspirierte, 1893 *America the Beautiful* zu texten?

Höchstwahrscheinlich hat die Lage als östlichster „14er" stark zum Bekanntheitsgrad des Berges beigetragen. Heute pilgern mehr als 500 000 Besucher pro Jahr hinauf zur Spitze. Die Zahnradbahn (☎ 719-685-5401; www.cograilway.com; 515 Ruxton Ave; hin & zurück Erw./Kind 35/19 US$; ⊙ Mai–Okt. 8–17.20 Uhr, übriges Jahr kürzere Betriebszeiten; 👪) startet in Manitou Springs (hin & zurück ca. 3 Std. 10 Min.). Vom Hwy 24 westlich der Stadt führt zudem der 19 Meilen (30,6 km) lange Pikes Peak Highway hinauf zum Gipfel (hin & zurück ca. 5 Std.). Für ein Erlebnis der ganz anderen Art empfiehlt sich jedoch eine Bergwanderung (s. rechte Spalte).

Garden of the Gods
PARK

(www.gardenofgods.com; 1805 N 30th St; ⊙ Mai–Okt. 5–23 Uhr, Nov.–April 5–21 Uhr; 🅿👪) GRATIS Diese herrliche Ader aus rotem Sandstein (ca. 290 Mio. Jahre alt) tritt auch anderswo entlang von Colorados Front Range zutage. Die hiesige Hintergrundkulisse aus wunderschön schlanken Felsnadeln ist jedoch besonders herrlich. Parkbesucher können auf befestigten oder unbefestigten Wegen wandeln, ein Picknick genießen und Kletterer beobachten, die ihre Fähigkeiten am teilweise bröckeligen Fels testen.

Im Sommer öffnet die Rock Ledge Ranch (www.rockledgeranch.com; Erw./Kind 8/4 US$; ⊙ Juni–Mitte Aug. Mi–Sa 10–17 Uhr; 👪) als lebendiges Geschichtsmuseum nahe dem Parkeingang. Ein Besuch lohnt sich für alle, die sich für das regionale Leben der indigenen Amerikaner und Farmer im 19. Jh. interessieren.

★ Colorado Springs Fine Arts Center
MUSEUM

(FAC; ☎ 719-634-5583; www.csfineartscenter.org; 30 W Dale St; Erw./Student 10/8,50 US$; ⊙ Di–So 10–17 Uhr; 🅿) Eines von Colorados besten Museen für schöne Künste: Die anspruchsvolle Sammlung umfasst z. B. Blockdrucke, tolle lateinamerikanische Stücke, mexikanische Tonfiguren, Abstraktes von einheimischen Künstlern sowie Korbwaren und Decken der indigenen Amerikaner.

US Air Force Academy
MILITÄRAKADEMIE

(☎ 719-333-2025; www.usafa.af.mil; I-25/Exit 156B; ⊙ Besucherzentrum 9–17 Uhr; 🅿) GRATIS Eine der berühmtesten US-Militärakademien: Campusbesucher erhalten einen begrenzten, aber faszinierenden Einblick in das Leben einer Gruppe von Elite-Kadetten. Das Besucherzentrum hat allgemeine Infos zur Akademie. Anschließend kann man hinüber zur spektakulären Kapelle von 1963 laufen oder an einer Autotour über das Gelände teilnehmen. Der Zugang erfolgt über das Nordtor (North Gate), das 14 Meilen (22,5 km) nördlich von Colorado Springs liegt.

Barr Trail
WANDERN & TREKKEN

(www.barrcamp.com; Hydro Dr) Über eine knackige Höhendifferenz von 2255 m führt der anstrengende Barr Trail (20,1 km) zum Gipfel des Pikes Peak. Die meisten Wanderer verteilen den Trip auf zwei Tage und übernachten auf halber Strecke im Barr Camp. Wer nur einen Tagestrek machen möchte, kann zum Camp eine Einzelfahrt mit der Zahnradbahn buchen (22 US$; nur erste oder letzte Fahrt des Tages). Kurz oberhalb von deren Depot in Manitou Springs befindet sich der Trailhead. Das Parken kostet 5 US$.

★★ Feste & Events

Colorado Balloon Classic
BALLONFAHREN

(☎ 719-471-4833; www.balloonclassic.com; 1605 E Pikes Peak Ave; ⊙ Labor-Day-Wochenende; 👪) In den letzten 40 Jahren haben jedes Jahr direkt nach Sonnenaufgang Amateure und Profis bunte Ballons gestartet. Das Fest findet an drei aufeinanderfolgenden Tagen über das Wochenende vom Labour Day statt. Um alles zu sehen, muss man mit den Hähnen aufstehen, aber es lohnt sich.

🛏 Schlafen

Barr Camp
CAMPING $

(www.barrcamp.com; Zeltplatz 12 US$, Anbau 17 US$, Hütte B 28 US$; 🚻) Auf halbem Weg auf dem Barr Trail, etwa 10,5 km von der Spitze des Pikes Peak entfernt, kann man ein Zelt aufschlagen, in einem Anbau nächtigen oder sich eine sehr einfache Hütte reservieren. Es gibt Trinkwasser und Duschen; mittwochs bis sonntags kann man Abendessen bekommen (8 US$). Reservierungen sind unbedingt notwendig und müssen im Voraus online vorgenommen werden. Das Camp ist das ganze Jahr über geöffnet und auch im Winter voll ausgebucht.

Mining Exchange
HOTEL $$

(☏719-323-2000; www.wyndham.com; 8 S Nevada Ave; Zi. 135–200 US$; P❄🛜) Das stilvollste örtliche Hotel (eröffnet 2012) befindet sich in der historischen Bank, in der Cripple-Creek-Goldsucher ihre Funde um die vorletzte Jahrhundertwende herum zu Bargeld machten. Hiervon zeugt bis heute die Tresorraumtür in der Lobby. Rund 3,65 m hohe Decken, freiliegende Backsteinwände und lederbezogenes Mobiliar sorgen für einladendes, modernes Flair. Der Innenstadtlage mangelt es am Charme von Manitou Springs. Dafür ist das Preis-Leistungs-Verhältnis top.

Two Sisters Inn
B&B $$

(☏719-685-9684; www.twosisinn.com; 10 Otoe Pl; Manitou Springs; Zi. ohne Bad 79–94 US$, mit Bad 135–155 US$; P❄🛜) Dieses Haus ist schon lange ein Liebling der B&B-Fans. Es hat fünf Zimmer (einschließlich dem Honeymoon-Cottage im hinteren Bereich). Das Two Sisters Inn ist ein rosafarbenes viktorianisches Haus, das 1919 von zwei Schwestern gebaut worden war. Ursprünglich war es eine Pension für Lehrer und ist nun seit 1990 ein Gasthaus. Die traumhafte Eingangstür ist aus buntem Glas, und im Salon steht ein Klavier von 1896; für seine Frühstücksrezepte hat sie Preise gewonnen.

Broadmoor
RESORT $$$

(☏855-634-7711; www.broadmoor.com; 1 Lake Ave; Zi. ab 280–500 US$; P❄🛜♨🚻) Das rundum exquisite Broadmoor mit 744 Zimmern zählt zu den führenden Fünf-Sterne-Resorts der USA und erfreut sich einer Bilderbuchlage vor den blau-grünen Hängen des Cheyenne Mountain. Zu dem großen, grünen Gelände gehören ein See, ein schimmernder Pool, ein erstklassiger Golfplatz, ein unglaubliches Spa und zahllose Bars bzw. Restaurants. Das Design der ultrakomfortablen Zimmer wirkt jedoch etwas „großmütterlich“.

Es hat schon seinen Grund, warum hier bereits Hunderte Hollywoodstars, Top-Profisportler und fast alle US-Präsidenten seit Franklin D. Roosevelt zu Gast waren.

🍴 Essen & Ausgehen

Shugas
CAFÉ $

(www.shugas.com; 702 S Cascade St; Gerichte 8–9 US$; ⏰11–24 Uhr; 🚻) Wer bisher dachte, dass Colorado Springs nicht hip sein kann, der wird im Shugas eines Besseren belehrt. Das Personal des Cafés im Südstaaten-Stil hat ein Händchen für leckere Espressogetränke und heiße Cocktails. Das kleine weiße Haus mit Papierkranichen und roten Vinylstühlen ist unglaublich niedlich ausgestattet. Man kann auch auf der Terrasse sitzen. Das Essen – BLT-Sandwich (Schinken, Salat, Tomate) mit Brie auf Rosmarintoast oder brasilianische Kokos-Shrimp-Suppe – ist klasse. Auf keinen Fall die Oldie-Filmnacht am Samstag versäumen!

⭐ Marigold
FRANZÖSISCH $$

(☏719-599-4776; www.marigoldcafeandbakery.com; 4605 Centennial Blvd; Gerichte mittags 8,25–11 US$, abends 9–19 US$; ⏰Bistro Mo–Sa 11–14.30 & 17–21 Uhr, Bäckerei 8–21 Uhr) Dieses brummende Bäckerei-Bistro à la Frankreich liegt weit draußen beim Garden of the Gods. Das leckere Essen schmeichelt gleichermaßen dem Gaumen und dem Geldbeutel. Serviert werden neben super Salaten und Pizzas z. B. auch Marseillaise mit Schnapper oder Knoblauch-Brathähnchen mit Rosmarin. Unbedingt Platz im Magen für die Zitronentörtchen und den Schokoladenkuchen mit Doppel- oder Dreifach-Mousse (!) reservieren!

Adam's Mountain Cafe
MODERN-AMERIKANISCH $$

(☏719-685-1430; www.adamsmountain.com; 934 Manitou Ave; Hauptgerichte 9–19 US$; ⏰tgl. 8–15, Di–Sa 17–21 Uhr; 🛜🅿🚻) Dieses Slowfood-Café in Manitou Springs empfiehlt sich für einen netten Zwischenstopp. Zum Frühstück gibt's u. a. *huevos rancheros* (Eier und Bohnen auf einer Tortilla) oder Arme Ritter mit Mandeln

DIE KASINOS VON CRIPPLE CREEK

Nur eine Stunde und doch gefühlte Lichtjahre von Colorado Springs entfernt versetzt einen Cripple Creek zurück in den legendären Wilden Westen. Bis 1952 wurden in dieser einst vom Glück gesegneten Stadt unglaubliche 413 Mio. US$ in Gold gefördert.

Auch heute wird hier noch intensiv gebechert und gezockt. Die alten Saloons und Bordelle sind aber inzwischen moderne Spielkasinos. Wer sich mehr für Regionalgeschichte interessiert oder einfach eine Pause von den einarmigen Banditen braucht, sollte das **Heritage Center** (www.visitcripplecreek.com; 9283 Hwy 67; ⊙8–19 Uhr; 🚻) besuchen. Nett sind auch die beliebte **Goldminentour** (www.goldminetours.com; 9388 Hwy 67; Erw./Kind 18/10 US$; ⊙Mitte Mai–Okt. 8.45–18 Uhr; 🚻) und die **Schmalspurbahn** (http://cripplecreekrailroad.com; Bennet Ave; Erw./Kind 13/8 US$; ⊙Mitte Mai–Mitte Okt. 10–17 Uhr; 🚻📷) zum historischen Victor.

Cripple Creek liegt 50 Meilen (80,5 km) südwestlich von Colorado Springs am malerischen Hwy 67. Für einen noch eindrucksvolleren Trip empfiehlt es sich, bei der Rückfahrt ab Victor die alte Gold Camp Rd (Hwy 336; ca. 90 Min.) zu nehmen: Diese Straße ist schmal und unbefestigt, punktet aber mit toller Aussicht. Alternativ fährt die Busfirma **Ramblin' Express** (☎719-590-8687; www.ramblinexpress.com; hin & zurück 25 US$; ⊙Abfahrt Mi–So 7–24 Uhr) vom 8th Street Depot in Colorado Springs nach Cripple Creek.

und Orange. Gerichte wie marokkanisches Hühnchen, Pasta Gremolata oder Wassermelonen-Grillsalat machen das Mittag- bzw. Abendessen wunderbar vielfältig. Marmorböden und freiliegende Deckenbalken prägen das luftige, hübsche Innere. Hinzu kommen Innenhoftische und gelegentlich Livemusik.

Jake & Telly's
GRIECHISCH $$

(☎719-633-0406; www.greekdining.com; 2616 W Colorado Ave; Gerichte mittags 9–12 US$, abends 16–24,50 US$; ⊙tgl. 11.30–21 Uhr; 🤳🚻) Dieses Lokal zählt zu den besten Adressen in Old Colorado City, wirkt aber mit vielen Wandbildern von griechischen Bauwerken und landestypischer Hintergrundmusik recht touristisch. Nichtsdestotrotz ist das Essen hervorragend. Serviert werden prima Sandwiches mit hellenischem Touch und Traditionelles wie Souvlaki, Dolmas oder Spanakopita. All das gibt's im 2. Stock auf einem Balkon oberhalb eines Zauberladens.

★ Swirl
WEINBAR

(www.swirlwineemporium.com; 717 Manitou Ave; ⊙So–Do 12–22, Fr & Sa 12–24 Uhr) Diese verwinkelte Bar hinter einem stilvollen Spirituosenladen in Manitou Springs wirkt gleichsam cool und traulich. Die Gartenveranda zieren baumelnde Lampen und Weinreben, während drinnen Antiksessel und ein offener Kamin warten. Für Hungrige gibt's Tapas und selbst gemachte Pasta.

Bristol Brewing Co
BRAUEREI

(www.bristolbrewing.com; 1604 S Cascade Ave; ⊙11–22 Uhr; 🤳) Diese Brauerei war 2013 die erste Pächter-Partei des neuen Gemeindezentrums in der früheren Ivywild Elementary School. Im südlichen Colorado Springs liegt sie zwar etwas abseits vom Schuss, ist aber wegen ihres Laughing-Lab-Ales und des Kneipenessens mit Blue-Star-Touch durchaus sehr besuchenswert. Unter den anderen „Schulrückkehrern" sind eine Bäckerei, ein Feinkostladen, ein Café, eine Kunstgalerie und ein Kino in der alten Turnhalle.

🛈 Praktische Informationen

Colorado Springs Convention and Visitors Bureau (☎719-635-7506; www.visitcos.com; 515 S Cascade Ave; ⊙8.30–17 Uhr; 🤳)

🛈 Anreise & Unterwegs vor Ort

Der **Colorado Springs Municipal Airport** (☎719-550-1900; www.springsgov.com; 7770 Milton E Proby Parkway; 🤳) ist eine brauchbare Alternative zum Flughafen von Denver. Taxis des Unternehmens **Yellow Cab** (☎719-777-7777) verbinden ihn für 30 US$ mit dem Stadtzentrum.

Zwischen Cheyenne (Wyoming) und Pueblo (Colorado) halten Busse täglich am **Greyhound-Terminal** (☎719-635-1505; 120 S Weber St). Die **Mountain Metropolitan Transit** (www.springsgov.com; Einzelfahrt/Tageskarte 1,75/4 US$) liefert Fahrplan- und Routeninfos zu allen Lokalbussen (für detailliertere Informationen s. Website).

Da es hier nur Straßenparkplätze mit Parkuhren gibt, brauchen Selbstfahrer jede Menge Vierteldollarmünzen.

Südliches Colorado

Colorados untere Hälfte mit den Bergketten San Juan und Sangre de Cristo ist genauso schön wie der Norden des Bundesstaats. Zudem gibt es hier viele Aktivitäten und Sehenswürdigkeiten, aber vergleichsweise wenige Menschen.

Crested Butte

Crested Butte ist absolut schneesicher und hat sich seinen ländlichen Charakter besser erhalten als die meisten Skiresorts in Colorado. Es liegt weit ab vom Schuss und wird von drei Wildnisgebieten umgeben. Deshalb wird das ehemalige Bergbaudorf zu den besten Skiresorts in Colorado gerechnet (einige sagen, es sei *das* beste). Das Zentrum in der Altstadt besteht aus herrlich erhaltenen Gebäuden aus der viktorianischen Zeit, in denen heute Läden und Geschäften untergebracht sind. Der gemütliche Verkehr mit den Zweirädern passt zur lässigen, fröhlichen Atmosphäre.

Fast alles, was in der Stadt von Bedeutung ist, befindet sich in der Elk Ave, auch das **Visitor Center** (☏ 970-349-6438; www.crestedbuttechamber.com; 601 Elk Ave; ☺ 9–17 Uhr).

Das **Crested Butte Mountain Resort** (☏ 970-349-2222; www.skicb.com; 12 Snowmass Rd; Lift-Tticket Erw./Kind 98/54 US$; ♿) liegt 2 Meilen (3,2 km) nördlich der Stadt am Fuß des beeindruckenden Berges gleichen Namens und ist von Wäldern, zerklüfteten Berggipfeln und den West Elk, Raggeds und Maroon Bells-Snowmass Wilderness Areas umgeben. Die Landschaft ist atemberaubend schön. Hier sind in der Regel fortgeschrittene und erfahrene Skifahrer zugange.

Crested Butte ist auch ein Mekka der **Mountainbiker** mit zahlreichen herrlichen, schmalen Wegen in großer Höhe. Bei **Alpineer** (☏ 970-349-5210; www.alpineer.com; 419 6th St; Leihfahrrad 20–50 US$/Tag; ♿) bekommt man Karten, Informationen und kann Mountainbikes ausleihen.

Das **Crested Butte International Hostel** (☏ 970-349-0588, gebührenfrei 888-389-0588; www.crestedbuttehostel.com; 615 Teocalli Ave; B 35 US$, DZ mit Gemeinschaftsbad 65–110 US$, Zi. 99–109 US$; ☎) ist eines der schönsten Hostels Colorados. Die besten Privatzimmer haben ein eigenes Bad. Die Kojen in den Schlafsälen sind mit Leselampen und verschließbaren Schubladen versehen. Der Gemeinschaftsraum bietet ländliche Bergstimmung mit Steinkaminen und bequemen Sofas. Die Preise sind je nach Saison sehr unterschiedlich. Im Herbst ist es am günstigsten.

Einheimische schätzen das zwanglosabgefahrene **Secret Stash** (☏ 970-349-6245; www.thesecretstash.com; 303 Elk Ave; Hauptgerichte 8–20 US$; ☺ 8 Uhr–open end; ♿ ♨) für authentische Cocktails und großartiges Essen. Spezialität des Hauses ist Pizza: Die Notorious Fig (Prosciutto, frische Feigen, Trüffelöl) hat bereits die Pizza-Weltmeisterschaft gewonnen. Zwecks Frühstück empfiehlt sich das **Izzy's** (218 Maroon Ave; Hauptgerichte 7–9 US$; ☺ Mi–Mo 7–13 Uhr), das an stets stark besetzten Picknicktischen frische Bagels, Eier und Kartoffelpuffer serviert.

Vor Ort findet man auch die gefeierte originale **Montanya-Destillerie** (130 Elk; Snacks 3–12 US$; ☺ 11–21 Uhr). Deren Basiltini (Rum mit Basilikum-Aroma, frischer Grapefruit- und Limettensaft) lässt einen förmlich abheben. In puncto Musik zählt der belebte **Eldo Brewpub** (☏ 970-349-6125; www.eldobrewpub.com; 215 Elk Ave; wechselnde Grundpreise; ☺ 15 Uhr–open end, Musik ab 22.30 Uhr; ♨) zu den beliebtesten lokalen Kleinbrauereien. Der Laden hat eine tolle Terrasse und lässt auch die meisten auswärtigen Bands auftreten.

Rund 28 Meilen (45 km) weiter südlich sorgt der **Gunnison County Airport** (☏ 970-641-2304) für Anbindung an die Außenwelt. Ansonsten fährt auch **Alpine Express** (☏ 970-641-5074; www.alpineexpressshuttle.com; 34 US$/Pers.) nach Crested Butte – im Sommer rechtzeitig reservieren!

Mit **The Mountain Express** (☏ 970-349-7318; www.mtnexp.org) geht's gratis von Crested Butte zum Mt. Crested Butte (Winter alle 15 Min., übriges Jahr weniger häufig). Fahrplandetails hängen an Bushaltestellen aus.

Ouray

Selbst für Colorado ist Ouray ein besonderes Naturparadies: Herrliche Eiswasserfälle zieren die Sackgassenschlucht, und den Talboden sprenkeln herrliche Themalquellen. Mit seinem rauen und mitunter atemberaubenden Charme begeistert dieses Top-Ziel für Eiskletterer auch Wanderer und Geländewagenfans. Der eigentliche Ort (Gesamtlänge ungefähr 400 m) ist ein gut erhaltenes Bergbaustädtchen zwischen den imposanten Gipfeln.

Die befestigte US 550 zwischen Silverton und Ouray zählt zu Colorados schönsten Autorouten. Bei Regen oder Schnee wird die

Fahrt aber ganz schön gruselig – daher immer Vorsicht walten lassen!

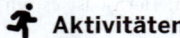 Aktivitäten

Das Visitor Center im Thermalbad verteilt Broschüren zu seinen hervorragenden Stadtspaziergängen. Im Rahmen dieser besichtigt man ein Dutzend Häuser, die einst zwischen 1880 und 1904 entstanden.

Ouray Ice Park
EISKLETTERN

(☎970-325-4061; www.ourayicepark.com; Hwy 361; ⊙Mitte Dez.–März 7–17 Uhr;👪) Fans aus aller Welt kommen in den weltweit ersten öffentlichen Eispark, um hier zu klettern. Er umfasst einen 3,2 km langen Abschnitt der Uncompahgre Gorge. Diese aufregende (wenn auch etwas frostige) Erfahrung ist mit verschiedenen Schwierigkeitsgraden möglich.

⭐ Chicks with Picks
KLETTERN, EISKLETTERN

(☎Handy 970-316-1403, Büro 970-626-4424; www.chickswithpicks.net; 163 County Rd 12, Ridgway; Preise variieren) Diese Gruppe berühmter weiblicher Athleten bewaffnet Frauen mit Eiswerkzeug und Kletterreisen und gibt allen, die kommen (auch Anfängern), im Felsklettern, Bouldering und Eisklettern Unterricht. Das Programm ist lustig und wechselt regelmäßig. Es gibt mehrtägige Ausflüge oder Kurse, die in der Stadt durchgeführt werden. Mit den Climbing Clinics sind die Lehrerinnen in den ganzen USA unterwegs.

Ouray Hot Springs
THERMALQUELLE

(☎970-325-7073; www.ourayhotsprings.com; 1220 Main St; Erw./Kind 12/8 US$; ⊙Juni–Aug. 10–22 Uhr, Mo–Fr 12–21 Uhr & Sa–So 11–21 Uhr; 👪) Ein heilendes Bad gefällig? Dann bieten sich die historischen Ouray Hot Springs an. Das kristallklare natürliche Quellwasser ist frei von dem Schwefelgeruch, mit dem andere Thermalquellen in der Gegend geschlagen sind. Der riesige Pool gewährt eine Reihe von Bademöglichkeiten mit Temperaturen von 35 bis 41 °C. In dem Komplex gibt es auch ein Fitnesscenter und Massagen.

San Juan Mountain Guides
KLETTERN, SKIFAHREN

(☎800-642-5389, 970-325-4925; www.ourayclimbing.com; 725 Main St; 👪) Ourays eigener Verband von Profi-Guides und -kletterern hat ein offizielles Zertifikat der International Federation of Mountain Guides Association (IFMGA). Er ist auf Eis- bzw. Felsklettern und Skifahren in der Wildnis spezialisiert.

⭐ Feste & Events

Ouray Ice Festival
EISKLETTERN

(☎970-325-4288; www.ourayicefestival.com; Abendevents Eintritt gegen Spende; ⊙Jan.; 👪) Das Ouray Ice Festival bietet im Januar vier Tage lang Kletterwettbewerbe, Abendessen, Diavorträge und Beratung. Es gibt sogar eine Kletterwand für die Kids. Das Zuschauen

---

NICHT VERSÄUMEN

SCENIC DRIVE: SAN JUAN MOUNTAIN PASSES

Mit den zerklüfteten Bergen und tiefen, steilen Canyons ist die Schönheit der San Juan Mountain Range kaum zu schlagen. Der **Million Dollar Highway** (US 550) eignet sich für alle Fahrzeuge und trägt seinen Namen wegen des wertvollen Erzes im Straßenbett. Aber auch die Umgebung ist golden – die befestigte Straße schmiegt sich an die bröckelnden Berge und führt an alten Minenzugängen und grandioser Hochgebirgsszenerie vorbei.

Eine anspruchsvolle, aber fantastische Strecke ist der 65 Meilen (105 km) lange **Alpine Loop Backcountry Byway** (www.alpineloop.com). Er beginnt in **Ouray** und führt östlich nach **Lake City** – ein Besuch in dem traumhaften Gebirgsdorf lohnt sich wirklich –, bevor er in einer Schleife zum Ausgangspunkt zurückführt. Auf dem Weg passiert man zwei 3360 m hohe Pässe und tauscht Straßenbelag und Menschenmengen gegen Einsamkeit, sagenhafte Aussicht und verlassene Bergbauschlupfwinkel. Man benötigt ein höhergelegtes Fahrzeug mit Allradantrieb und etwas Erfahrung darin, abseits der Straße zu fahren, um diese Strecke zu bewältigen; sechs Stunden einplanen!

Vor allem im Herbst wegen der Schönheit der gelben Pappeln ist der **Ophir Pass** spektakulär. Er verbinden Ouray mit Telluride über eine frühere Planwagenstraße. Die moderate Strecke für Allradfahrzeuge führt an ehemaligen Minen vorbei und steigt langsam auf 3593 m an. Von Ouray verläuft der Hwy 550 18,1 Meilen (29,1 km) lang Richtung Süden bis zur Abzweigung nach rechts zum National Forest Access und Ophir Pass.

Wie bei allen Strecken für Allradfahrzeuge und Gebirgspässe sollte man sich vorher erkundigen, ob sie auch geöffnet sind.

bei den Wettbewerben ist kostenlos, aber wer bei den verschiedenen Abendveranstaltungen dabei sein möchte, muss eine Spende für den Eispark leisten. Wenn man mal dabei ist, bekommt man Freibier von der beliebten Colorado-Kleinbrauerei New Belgium.

🛏 Schlafen & Essen

Amphitheater Forest Service Campground
CAMPING $
(☎877-444-6777; www.recreation.gov; US Hwy 550; Stellplatz 16 US$; ⊗Juni–Aug.) Mit seinen tollen Zeltplätzen unter den Bäumen ist dieser Hochgebirgscampingplatz ein Volltreffer. An den Wochenenden in den Ferien muss man mindestens drei Nächte bleiben. Südlich der Stadt, am Hwy 550, nimmt man einen ausgeschilderten Weg nach links.

★ Wiesbaden
HOTEL $$
(☎970-325-4347; www.wiesbadenhotsprings.com; 625 5th St; Zi. 132–347 US$; ⊛🐾📶) Nur wenige Hotels können sich einer eigenen natürlichen Dampfhöhle (in diesem Fall einst von Häuptling Ouray benutzt) unter ihrem Dach rühmen. Ansonsten punktet diese schräge New-Age-Bleibe mit gesteppten Tagesdecken, kostenlosem Bio-Kaffee und einem großen Thermalwasserpool im Freien. Gäste können den Aveda-Salon aufsuchen oder ihre eigene Wasserfallwanne buchen (mit FKK-Option; 35 US$/Std.).

Box Canyon Lodge & Hot Springs
LODGE $$
(☎970-325-4981, 800-327-5080; www.boxcanyon ouray.com; 45 3rd Ave; Zi. 110–165 US$, Apt. 278–319 US$; 📶) 🌿 Geothermalwärme macht die geräumigen Zimmer mit Kiefernholzböden wohlig warm. Romantisches Baden unterm Sternenzelt ermöglicht eine Reihe fassförmiger, quellgespeister Freiluft-Whirlpools. Unbedingt rechtzeitig reservieren!

Buen Tiempo Mexican Restaurant & Cantina
MEXIKANISCH $$
(☎970-325-4544; 515 Main St; Hauptgerichte 7–20 US$; ⊗6–22 Uhr; 🐾) Das Buen Tiempo liefert alles – von mit Chili eingeriebenem Filet bis zur Posole (herzhaften Maismehlsuppe) mit warmen Tortillas. Man startet mit einer der einzigartigen Margaritas, die mit Chips und hausgemachter scharfer Salsa serviert werden.

ℹ Praktische Informationen

Visitor Center (☎970-325-4746; www.ouray colorado.com; 1220 Main St; ⊗9–17 Uhr)

ℹ An- & Weiterreise

Ouray liegt 24 Meilen (38,5 km) nördlich von Silverton an der US 550 und ist am besten mit dem eigenen Fahrzeug zu erreichen.

Telluride

Auf drei Seiten ist das exklusive Telluride von riesigen Berggipfeln umgeben. So fühlt es sich an, als wäre man hier von der Hektik der Außenwelt völlig abgeschnitten, und meistens ist das auch so. Früher war der Ort eine raue Bergbaustadt. Heute findet man hier ein Loser-trifft-Diva-Ambiente, wo sich die wenigen, die sich die Immobilien hier leisten können, mit denen mischen, die gerade so über die Runden kommen. Im Stadtzentrum ist immer noch der Charme der alten Zeiten spürbar, und die Umgebung ist einfach traumhaft.

In der Colorado Ave, auch als Main St bekannt, befinden sich die meisten Geschäfte. Von der Innenstadt kann man die Skihänge mit zwei Liften oder dem Gondellift erreichen. Letzterer verbindet auch Telluride mit dem Mountain Village, der eigentlichen Basis für die Telluride Ski Area. Mountain Village ist über den Hwy 145 7 Meilen (11 km) von Telluride und damit eine Fahrt von 20 Minuten Richtung Osten entfernt, mit der Gondel allerdings nur zwölf Minuten (für Fußgänger kostenl.).

ℹ Sehenswertes & Aktivitäten

Telluride Ski Resort
WINTERSPORT
(☎970-728-7533, 888-288-7360; www.telluride skiresort.com; 565 Mountain Village Blvd; LiftTickets 98 US$) Das Telluride Ski Resort umfasst drei eigenständige Gebiete und wird von 16 Liften bedient. Die meisten Pisten eignen sich für erfahrene und fortgeschrittene Skifahrer, aber es gibt auch genug Auswahl für Anfänger.

★☆ Feste & Events

Mountainfilm
FILM
(www.mountainfilm.org, ⊗Memorial-Day-Wochenende, Mai) Am Wochenende des Memorial Day (Mai) werden vier Tage lang Natur- und Abenteuerfilme gezeigt.

Telluride Bluegrass Festival
MUSIK
(☎800-624-2422; www.planetbluegrass.com; 4-Tage-Pass 195 US$; ⊗Ende Juni) Das ausgelassene Fest wird im Juni abgehalten. Den ganzen Tag und Abend gibt's Musik, Imbissstände und Bier aus den Kleinbrauereien der Regi-

on. Camping ist während des Festivals sehr beliebt. Auf der Website findet man Infos zu den Plätzen, Shuttle-Services und Kombitickets für Eintrittskarten und Camping in einem – es ist alles gut organisiert!

Telluride Film Festival FILM

(☑603-433-9202; www.telluridefilmfestival.com) Anfang September werden in der ganzen Stadt nationale und internationale Filme uraufgeführt. Das Event zieht auch die ganz großen Stars an. Infos zum recht komplizierten Preissystem findet am auf der Website des Filmfestivals.

🛏 Schlafen

Die Unterkünfte in Telluride können schnell voll sein. Die besten Preise bekommt man, wenn man online bucht. Wer nicht gerade

---

VON HÜTTE ZU HÜTTE DURCH COLORADO

Die **San Juan Hut Systems** (☑970-626-3033; www.sanjuanhuts.com; 30 US$/ Pers.) bieten eine einzigartige Möglichkeit, im Sommer Hunderte Kilometer schmaler Straßen oder im Winter weite Strecken jungfräulichen Schnees genießen zu können. Sie führen mit fünf abgeschieden liegenden Berghütten die europäische Tradition fort, von Hütte zu Hütte zu ziehen. Man muss nur sein Essen, eine Taschenlampe (Fackel) und einen Schlafsack mitbringen: Zur Ausstattung gehören jeweils gepolsterte Kojen, Propangasherde, Holzhöfen zum Heizen und Feuerholz.

Die Mountainbike-Routen gehen von Durango oder Telluride nach Moab und winden sich durch das Hochgebirge und durch Wüstenregionen. Man kann sich auch eine Hütte als Basis für eine paar Tage aussuchen, um von hier aus Langlauf zu betreiben oder zu reiten. Es ist Gelände aller Schwierigkeitsgrade vorhanden, aber Skifahrer sollten sich vorher nach der Schnee- und Lawinensituation erkundigen. Wer sich nicht auskennt, sollte einen Führer anheuern.

Auf der Website stehen hilfreiche Tipps und Informationen zu Ski- und Fahrradvermietung sowie (optional) Führern, die man in Redgway oder Ouray findet.

---

zum Campen herkommt, darf aber keine Budgetpreise erwarten. Die Aktionen und Festivals von Telluride sorgen dafür, dass hier das ganze Jahr über etwas los ist. Wer eine Ferienwohnung mieten will, wendet sich an die angesehene Agentur **Telluride Alpine Lodging** (☑888-893-0158; www.telluridelodging.com; 324 W Colorado Ave).

Telluride Town Park Campground CAMPING $

(☑970-728-2173; 500 E Colorado Ave; Stellplatz mit/ohne Parkplatzfläche 23/15 US$; ⊙Mitte Mai–Mitte Okt.; 🐾) Diese 20 Stellplätze im Ortszentrum bieten Zugang zu Duschen, Schwimmbecken und Tennisplätzen. Zu manchen Stellplätzen gehört keine zusätzliche Parkplatzfläche; man kann sein Fahrzeug aber direkt neben dem Gelände abstellen. In der Hauptsaison ist hier alles schnell ausgebucht. Das Visitor Center informiert über weitere Campingplätze im Umkreis von 10 Meilen (16 km).

Victorian Inn LODGE $$

(☑970-728-6601; www.victorianinntelluride.com; 401 W Pacific Ave; Zi. inkl. Frühstück ab 124 US$; 🐾❄🐾) In unschlagbarer Zentrumslage begrüßt eine von Tellurides besseren Bleiben ihre Gäste mit dem Duft frischer Zimtschnecken. Ansonsten warten hier komfortable Zimmer (z. T. mit Kochgelegenheit), freundliches Personal und Rabatte auf Liftpässe. Im netten Gartenbereich gibt's einen Whirlpool und eine Trockensauna. Kinder bis zwölf Jahre übernachten gratis.

Hotel Columbia HOTEL $$$

(☑970-728-0660, gebührenfrei 800-201-9505; www.columbiatelluride.com; 300 W San Juan Ave; DZ/Suite ab 175/305 US$; 🅿🐾❄🐾🐾) Das stilvolle Columbia mit hohem Verwöhnfaktor und einheimischen Eigentümern bzw. Betreibern liegt genau gegenüber dem Seilbahn. So lässt man seine Skiausrüstung am besten im entsprechenden Aufbewahrungsraum zurück und begibt sich direkt zu einem der Zimmer. Dort sind jeweils beheizte Fliesenböden, eine Espressomaschine und ein offener Kamin vorhanden. Shampoo-Spender und Recycling-Maßnahmen machen das Hotel recht umweltfreundlich. Weitere Highlights sind ein Fitnessraum und ein Whirlpool auf dem Dach.

🍴 Essen & Ausgehen

Am günstigsten sind die Imbisskarren, die entlang der Colorado Ave mediterrane Speisen, Hotdogs, Tacos und Kaffee feilbieten.

La Cocina de Luz

MEXIKANISCH, BIODYNAMISCH $$

(www.lacocinatelluride.com; 123 E Colorado Ave; Hauptgerichte 9–19 US$; ⊙9–21 Uhr; 🅿) 🍴 Der gesundheitsbewusste Taco-Schuppen tischt mexikanisches Essen aus Bio-Zutaten auf (in Colorado sehr gefragt). Kein Wunder, dass die Warteschlange mittags sehr lang ist! Zu den leckeren Gerichten zählen selbst gemachte Tortillas, eine Chips- und Salsabar sowie Margaritas mit Bio-Limette und Agavennektar. Vegane und glutenfreie Optionen sind ebenfalls bestellbar.

The Butcher & The Baker

CAFÉ $$

(☎970-728-3334; 217 E Colorado Ave; Hauptgerichte 10–14 US$; ⊙Mo–Sa 7–19, So 8–14 Uhr; 🖑) 🍴 Zwei Veteranen der lokalen Nobel-Restaurantszene betreiben dieses zauberhafte Café, das in puncto Frühstück unschlagbar ist. Bio-Zutaten und Fleisch aus einheimischer Produktion heben den Laden von seiner Konkurrenz ab. Als köstlicher Wanderproviant eignen sich am besten die Sandwiches zum Mitnehmen.

Brown Dog Pizza

PIZZERIA $$

(☎970-728-8046; www.browndogpizza.net; 10 E Colorado Ave; Pizzas 10–22 US$; ⊙11–22 Uhr) Die dünnbödigen Pizzas mit gutem Preis-Leistungs-Verhältnis zählen zu den günstigsten Gerichten am Strip. Allerdings ist das Publikum der Hauptgrund für einen Besuch: Wer sich bei Pizza und einem günstigen Humpen Pabst an den Tresen setzt, ist nach zehn Minuten ein echter Experte in Sachen Lokaltratsch.

New Sheridan Bar

BAR

(☎970-728-3911; www.newsheridan.com; 231 W Colorado Ave; ⊙17–2 Uhr) Die historische Bar vereint echten Lokalkolorit mit Sehen und Gesehenwerden. Der Großteil der Einrichtung hat den Niedergang des Bergbaus überdauert – obwohl das angrenzende Hotel einst Kronleuchter verkaufen musste, um seine Rechnungen bezahlen zu können. Man beachte die Einschusslöcher in den Wänden!

There

COCKTAILBAR

(☎970-728-1213; http://therebars.com; 627 W Pacific Ave; Hauptgerichte 4 US$; ⊙Mo–Fr 17–24, Sa & So 10–15 Uhr) In dieser hippen Bar trifft man sich zu Cocktails und Häppchen oder zum Wochenend-Brunch. Bei größerem Hunger helfen teilbare Hauptgerichte à la „Osten trifft Westen" (u. a. leckere Kopfsalat-Wraps, Ramen mit Ente oder Sashimi-Tostadas).

NICHT VERSÄUMEN

TELLURIDES TOLLE OUTDOOR-MÖGLICHKEITEN

Die Festivals sind toll, aber ein Sommer in Telluride hat noch viel mehr zu bieten.

Mountainbiken

Man folgt vom Town Park gut 3 km weit dem River Trail bis zum Hwy 145. Westlich der Texaco-Tankstelle nimmt man den Mill Creek Trail. Er führt bergauf, folgt der Form der Berge und endet am Jud Wiebe Trail (nur für Wanderer).

Wandern

Auf etwas über 3 km steigt der Bear Creek Trail 320 m zu einem schönen Kaskadenwasserfall an. Von hier hat man Zugang zum anstrengenden Wasatch Trail, einer knapp 20 km langen Schleife, die Richtung Westen über die Berge zu den Bridal Veil Falls führt – den beeindruckendsten Wasserfällen vor Ort. Der Ausgangspunkt des Bear Creek Trail befindet sich am Südende der Pine St, gegenüber vom San Miguel River.

Radfahren

Auf einem 50 km langen Trip (einfache Strecke) bietet der Lizard Head Pass ein erstaunliches Bergpanorama.

Dazu gibt's authentische, von Hand gemixte Drinks – einer unserer Favoriten war der Jalapeño Kiss.

☆ Unterhaltung

Fly Me to the Moon Saloon

LIVEMUSIK

(☎970-728-6666; 132 E Colorado Ave; ⊙15–2 Uhr) Haare aufmachen und losschwofen: Dieser Salon ist Tellurides beste Adresse, um zur Musik von Livebands abzutanzen.

Sheridan Opera House

THEATER

(☎970-728-4539; www.sheridanoperahouse.com; 110 N Oak St; 🖑) Der historische Bau mit burleskem Charme ist stets das Zentrum von Tellurides Kulturleben.

ℹ Praktische Informationen

Visitor Center (☎888-353-5473, 970-728-3041; www.telluride.com; 398 W Colorado Ave; ⊙9–17 Uhr)

ℹ Anreise & Unterwegs vor Ort

Pendlerflugzeuge bedienen den Telluride Airport (☎970-778-5051; www.tellurideairport.

com; Last Dollar Rd) auf dem Hochplateau, 5 Meilen (8 km) östlich der Stadt. Wenn das Wetter zu schlecht ist, kann es passieren, dass die Flüge nach Montrose, 65 Meilen (104 km) nördlich, umgeleitet werden. Wer ein Auto mieten möchte, findet am Flughafen Zweigstellen von National und Budget.

Während der Skisaison bietet der Montrose Regional Airport 66 Meilen (106 km) nördlich Direktflüge von und nach Denver (mit United), Houston, Phoenix und zu ein paar Städten an der Ostküste.

Gemeinschafts-Shuttles von **Telluride Express** (☑ 970-728-6000; www.tellurideexpress. com) fahren für 15 US$ vom Telluride Airport in die Stadt oder nach Mountain Village. Shuttles von/zum Montrose Airport und Telluride kosten 50 US$.

Mesa Verde National Park

Der Mesa Verde Nationalpark hüllt sich in Mysterien. Die Erkundung des Nationalparks mit seinen Felsbehausungen und den grünen Talscheiden ist faszinierend, aber auch etwas unheimlich. Gerade hier scheint die Zivilisation der Pueblobewohner um 1300 n. Chr. verschwunden zu sein. Sie hinterließen eine komplexe Zivilisation aus Klippenwohnungen, die zum Teil nur kletternd erreicht werden können. Mesa Verde ist in seinem Bemühen, die kulturellen Relikte dieser Zivilisation zu erhalten, einzigartig. So können sich auch kommende Generationen weiterhin über diese verwirrende Siedlung den Kopf zerbrechen und darüber, warum sie aufgegeben und die Gegend verlassen wurde.

Mesa Verde belohnt alle Traveller, die sich einen oder mehrere Tage Zeit nehmen, um eine von Rangern geführte Tour durch den Cliff Palace und das Balcony House zu machen, die Wetherill Mesa zu erforschen oder an einem der schönen Lagerfeuerfeste teilzunehmen. Wer aber nur für einen kurzen Besuch Zeit hat, sollte sich auf jeden Fall das Chapin Mesa Museum ansehen und durch das Spruce Tree House gehen. Dort kann man eine Holzleiter in die kühle Kammer einer Kiva (Zeremonialraum, meist teilweise unterirdisch) hinunterklettern.

◉ Sehenswertes & Aktivitäten

Chapin Mesa Museum   MUSEUM
(☑ 970-529-4475; www.nps.gov/meve; Chapin Mesa Rd; Eintritt im Parkeintritt enthalten; ⊙ April–Mitte Okt. 8–18.30 Uhr, Mitte Okt.–April 8–17 Uhr; ℙ 🚻) Mit detaillierten Dioramen und Ausstellungen zum Park ist das Museum eine gute erste Anlaufstelle. Es fungiert auch als Visitor Center, wenn die Parkverwaltung am Wochenende geschlossen hat.

Chapin Mesa   ARCHÄOLOGISCHE STÄTTE
Die größte Ansammlung von archäologischen Stätten der Pueblobewohner befindet sich bei Chapin Mesa. Dort sind die dicht gedrängte Far View Site und das große Spruce Tree House zu sehen. Sie sind am besten zugänglich und mit einem befestigten, 600 m langen Rundweg ausgestattet.

Wer den Cliff Palace oder das Balcony House sehen möchte, muss eine einstündige Führung mit einem Ranger machen, die im Voraus beim Visitor Center gebucht werden muss (3 US$). Diese Touren sind beliebt; am besten kommt man zum Buchen früh am Morgen oder einen Tag vorher. Im Balcony House muss man zwei 9,75 und 18,2 m lange Leitern besteigen – wer gesundheitliche Probleme hat, sollte das ausfallen lassen.

Wetherill Mesa   ARCHÄOLOGISCHE STÄTTE
Dies ist die zweitgrößte Siedlung. Besucher können gesicherte Stätten auf der Hochebene und zwei Klippenbehausungen betreten. Auch das Long House, geöffnet von Ende Mai bis Ende August, gehört dazu. Südlich vom Hauptquartier des Parks verbindet die 9,5 km lange Mesa Top Road die auf dem Berg ausgegrabenen Stätten, zugängliche Klippenbehausungen und Aussichtspunkte miteinander, an denen man vom Rand des Tafelberges aus die unzugänglichen Behausungen sehen kann.

Aramark Mesa Verde   WANDERN
(☑ 970-529-4421; www.visitmesaverde.com; Erw. 42–48 US$) Diese Rangertouren durchs Hinterland werden sehr empfohlen. Der Konzessionsinhaber des Parks führt sie durch. Die Wanderungen sind schnell ausgebucht, da man auf ihnen ausführlichen Zugang zum Square House (nach einer 1,2 km langen Wanderung ohne Schatten) und zum Spring House (eine achtstündige Tour über 12,8 km) erhält. Alle Touren finden zwischen Mai und Mitte Oktober täglich statt. Es sind sehr persönliche Trips zu ausgegrabenen Tiefenwohnungen, Klippenbehausungen und dem Spruce Tree House dabei. Tickets gibt es nur online.

🛏 Schlafen & Essen

In den nahe gelegenen Städten Cortez und Mancos findet man jede Menge Mittelklassehotels; im Park gibt's Campingmöglichkeiten und eine Lodge.

Morefield Campground CAMPING $
([☎] 970-529-4465; www.visitmesaverde.com; North
Rim Rd; Stellplatz 20 US$, Zelt/Wohnmobil 29/
37 US$; [⊙] Mai–Anfang Okt.; [🚻]) Luxuscamper
werden die großen, mit zwei Liegen und einer Laterne ausgestatteten Zelte mögen. Der
Campingplatz des Parks befindet sich 4 Meilen (6,5 km) vom Eingangstor entfernt und
bietet außerdem 445 reguläre Zeltplätze auf
grasbewachsenem Boden. Sie liegen günstig
in der Nähe von Morefield Village. Hier findet man einen Gemischtwarenladen, eine
Tankstelle, ein Restaurant, kostenlose Duschen und eine Wäscherei.

Zwischen Memorial Day (Mai) und Labor
Day (September) finden im Amphitheater des
Morefield Campground jeden Abend kosten-
lose bunte Programme am Lagerfeuer statt.

Far View Lodge LODGE $$
([☎] 970-529-4421, gebührenfrei 800-499-2288;
www.visitmesaverde.com; North Rim Rd; Zi. 115–
184 US$; [⊙] Mitte April–Okt.; [P][⊙][🚻]) Diese ge-
schmackvolle Lodge im Pueblo-Stil thront
auf der Hochebene 15 Meilen (24 km) vom
Parkeingang entfernt. Sie bietet 150 Zim-
mer, einige davon mit Kiva-Feuerstellen. Die
Standardzimmer haben keine Klimaanlage
(und keinen Fernseher), und im Sommer
kann es tagsüber heiß werden. Die Kiva-
Zimmer im Stil des Südwestens sind ein loh-
nendes Upgrade. Sie bieten Balkone, gehäm-
merte Kupferwaschbecken und bunt gemus-
terte Decken. Für 10 US$ extra pro Nacht
kann man sogar seinen Hund mitbringen.

Far View Terrace Café CAFÉ $
([☎] 970-529-4421, gebührenfrei 800-449-2288;
www.visitmesaverde.com; North Rim Rd; Gerichte ab
5 US$; [⊙] Mai–Mitte Okt. 7–10, 11–15 & 17–20 Uhr;
[✎][🚻]) Günstiges SB-Lokal in der Far View
Lodge. Unbedingt den Navajo-Taco (Spezia-
lität des Hauses) probieren!

Metate Room MODERN-AMERIKANISCH $$$
([☎] 800-449-2288; www.visitmesaverde.com; North
Rim Rd; Hauptgerichte 15–28 US$; [⊙] ganzjährig
17–19.30 Uhr, April–Mitte Okt. auch 7–10 Uhr; [✎][🚻])
[🍴] Im Lokal der Far View Lodge wartet Re-
gionales mit innovativem Touch (z.B. Chili-
Schweinefleisch mit Zimt, Shepherd's Pie
mit Wapitihirsch-Hack oder Forelle in Pini-
enkern-Kruste). Dazu gibt's eine schöne Aussicht und einheimische Biere aus Colorado.

ℹ Praktische Informationen

Der Parkeingang liegt abseits der US 160 auf
halbem Weg zwischen Cortez und Mancos.

Das 2012 eröffnete **Mesa Verde Visitor and
Research Center** ([☎] 800-305-6053, 970-
529-5034; www.nps.gov/meve; North Rim Rd;
[⊙] Juni–Anfang Sept. tgl. 8–19 Uhr, Anfang
Sept.–Mitte Okt. 8–17 Uhr, Mitte Okt.–Mai ge-
schl.; [♿]) in der Nähe liefert Infos und Aktuelles
zu Sperrzeiten (viele Parkbereiche sind im
Winter geschlossen). Es verkauft auch Tickets
für **geführte Touren** (3 US$) zum herrlichen Cliff
Palace oder Balcony House.

Durango

Durango ist der Archetyp einer alten Bergbaustadt in Colorado. Sie ist der Liebling der
Region und einfach nur wunderbar. Die eleganten Hotels, die Soloons aus der viktorianischen Zeit und die von Bäumen gesäumten Straßen und verschlafenen Bungalows
laden dazu ein, herumzuradeln und dieses
gute Gefühl aufzusaugen. Es gibt jede Menge draußen zu tun. Stilmäßig ist Durango
hin und her gerissen zwischen seiner Rag-
time-Vergangenheit und der coolen, innovativen Zukunft, in der Townie Bikes, Koffein
und Bauernmärkte das Bild beherrschen.

Das historische Zentrum der Stadt beherbergt Boutiquen, Bars, Restaurants und
Theater. Feinschmecker werden die innovativen Gerichte aus biologisch angebauten
Zutaten aus der Region genießen. Sie sind
dafür verantwortlich, dass man hier im
ganzen Bundesstaat am besten essen kann.
Aber auch die interessanten Galerien und
die Livemusik machen Durango zu einem
herrlichen Ort für einen Besuch – vor allem
wenn man die entspannten und sympathischen Einwohner berücksichtigt.

Mountainbiken MOUNTAINBIKEN
Von steilen, schmalen Strecken bis zu malerischen Straßenrouten: Durango ist das
Mountainbike-Zentrum des Landes. Der
leichte **Old Railroad Grade Trail** verläuft
auf einer fast 20 km langen Schleife, die sowohl den US Hwy 160 als auch eine nicht
asphaltierte Straße einbezieht, die den
Schienen der früheren Eisenbahnstrecke
folgt. Von Durango aus nimmt man Hwy
160 durch die Stadt Hesperus hindurch.
Dann biegt man rechts in die Cherry Creek
Picnic Area ab, wo der Trail beginnt. Wer etwas mehr gefordert werden will, kann am
Dry Fork Loop versuchen. Er ist über den
Lightner Creek gleich westlich der Stadt zu
erreichen. Hier gibt es ein paar tolle Abfahrten, unübersichtliche Kurven und schöne
Pflanzen. Die Fahrradläden in der Main
oder Second Ave verleihen Mountainbikes.

Durango & Silverton Narrow Gauge Railroad
ZUGFAHRT

(970-247-2733, gebührenfrei 977-872-4607, www.durangotrain.com; 479 Main Ave; Erw./Kind hin & zurück ab 85/51 US$; Abfahrten 8, 8.45, 9.30 Uhr;) Eine Fahrt mit der Durango & Silverton Narrow Gauge Railroad ist in Durango ein Muss! Die Oldtimer-Dampflokomotiven fahren seit über 125 Jahren die malerische, 72 km lange Strecke Richtung Norden nach Silverton (einfache Strecke 3½ Std.). Auf der umwerfenden Tour hat man zwei Stunden Zeit, um Silverton zu erforschen. Dieser Trip ist allerdings nur zwischen Mai und Oktober im Angebot. Die Abfahrtszeiten für den Winter findet man online.

Durango Mountain Resort
WINTERSPORT

(970-247-9000; www.durangomountainresort.com; 1 Skier Pl; Lift-Tickets Erw./Kind ab 75/45 US$; Mitte Nov.–März;) Dieses Resort ist auch als Purgatory bekannt und liegt 25 Meilen (40 km) nördlich an der US 550. Es bietet ein Skigebiet von 486 ha Größe mit verschiedenen Schwierigkeitsgraden und kann sich mit 6,6 m Neuschnees pro Jahr rühmen. Zwei Geländeparks bieten Snowboardern jede Menge Möglichkeiten, frische Luft zu schnappen. Günstige Angebote und Doppelpässe bekommt man auch in den Lebensmittelläden der Gegend oder über die Zeitungen.

Schlafen

Hometown Hostel
HOSTEL $

(970-385-4115; www.durangohometownhostel.com; 736 Goeglein Gulch Rd; B 28 US$; Rezeption 15.30–20 Uhr;) Das tollste aller Hostels befindet sich in einem Haus im Vorortstil an der gewundenen Straße, die zum College hinaufführt, gleich neben einem praktischen Radweg. Es ist ideal für Backpacker mit höheren Ansprüchen. Alles ist inklusive, auch Bettwäsche, Handtücher, Schließfächer und WLAN. Es gibt zwei nach Geschlechtern getrennte Schlafsäle und einen größeren gemischten, außerdem eine super Gemeinschaftsküche und eine Lounge. Je länger man bleibt, desto günstiger wird es.

Adobe Inn
MOTEL $

(970-247-2743; www.durangohotels.com; 2178 Main Ave; DZ 84 US$;) Einheimischen zufolge bietet dieses sympathische Motel vor Ort am meisten fürs Geld. Hierfür sorgen freundlicher Service und saubere, anständige Zimmer. Wer spätabends ankommt, kann bisweilen sogar den niedrigsten möglichen Preis herausholen. Interessant ist auch die Infobroschüre zu Durango.

Rochester House
HOTEL $$

(970-385-1920, gebührenfrei 800-664; www.rochesterhotel.com; 721 E 2nd Ave; DZ 169–229 US$;) Das Rochester ist von alten Western inspiriert (mit Filmpostern und Marquee Lights in den Gängen) und wirkt ein bisschen wie altes Hollywood im modernen Westen. Es gehört zu dem kleineren Hotel auf der anderen Straßenseite, dem Leland House, wo alle Gäste einchecken. Die Zimmer sind in beiden Häusern geräumig, aber etwas abgewohnt. Einige haben Kitchenettes. Unschlagbar sind die coolen Townie Bikes, die Gäste für eine Runde durch die Stadt nehmen können. Zimmer für Gäste mit Haustier haben direkten Zugang nach draußen.

Strater Hotel
HOTEL $$

(970-247-4431; www.strater.com; 699 Main Ave; DZ 197–257 US$;) In diesem historischen Durango-Hotel wird die Vergangenheit durch Antiquitäten aus Walnussholz, von Hand mit Schablonen bemalte Tapeten und Relikte wie einer Stradivari-Geige und einer vergoldeten Winchester wieder lebendig. Und wir wollen auch das freundliche Personal loben, das keine Mühen scheut, um die Fragen der Gäste zu beantworten. Die Zimmer sind recht romantisch, und die komfortablen Betten stehen zwischen Antiquitäten, Kristall und Spitzen. Der Whirlpool ist ein romantisches Plus (kann stundenweise reserviert werden), genauso wie das im Sommer vom Hotel aufgeführte Theaterstück. Im Winter fallen die Preise bis zu 50 % – das grenzt schon fast an Diebstahl. Im Internet nachschauen!

Essen & Ausgehen

Durangos hervorragende Lokale überzeugen vor allem mit regionalen Bio-Zutaten. Örtliche Restaurantführer (bei den meisten Hotels und beim Visitor Center erhältlich) informieren über alle Optionen. Auch ein paar Brauereien sind hier zu Hause.

Homeslice
PIZZERIA $

(970-259-5551; http://homeslicedelivers.com; 441 E College Ave; Pizzastück 4 US$; 11–22 Uhr) Üppige Pies mit Sriracha-Chilisauce und Blasen werfender Kruste (auf Wunsch glutenfrei) locken scharenweise Einheimische in die schlichte Pizzeria. Terrassentische und Salate gibt's ebenfalls.

Durango Diner
DINER **$**

(☎970-247-9889; www.durangodiner.com; 957 Main Ave; Hauptgerichte 7–18 US$; ⊙Mo–Sa 6–14, So 6–13 Uhr; 🖶🖵) In dieser herrlichen Kneipe genießt man den Blick direkt aufs Backblech und die riesigen Portionen Eier, gefüllte Burritos oder Arme Ritter. Eine lokale Institution!

Jean Pierre Bakery
FRANZÖSISCH, BÄCKEREI **$$**

(☎970-247-7700; www.jeanpierrebakery.com; 601 Main Ave; Hauptgerichte 9–22 US$; ⊙8–21 Uhr; 🖶🖵) Diese französische Patisserie verkauft verlockende, durch und durch selbst gemachte Köstlichkeiten. Die Preise sind heftig, aber das Mittags-Special aus Suppe und Sandwich plus üppigem gefülltem Gebäck (wir empfehlen die klebrigen Pekannuss-Brötchen) für 15 US$ ist ein Schnäppchen.

East by Southwest
FUSION, SUSHI **$$**

(☎970-247-5533; http://eastbysouthwest.com; 160 E College Dr; Sushi 4–13 US$, Hauptgerichte 12–24 US$; ⊙Mo–Sa 11.30–15 & 17–22, So 17–22 Uhr; 🖶🖵) 🍴 Der schummrige, aber belebte Laden ist zu Recht ein Lokalfavorit. Am besten lässt man die Standardgerichte links liegen und widmet sich den Spezialitäten des Hauses (z. B. Sashimi mit Jalapeños oder Mango-Röllchen mit Wasabi-Honig). Der Fisch ist frisch und stammt aus nachhaltigem Fang. Das umfangreiche Fusion-Menü umfasst auch thailändische, vietnamesische und indonesische Optionen. Die kreativen Martinis und Sake-Cocktails sind eine prima Ergänzung. Für Sparfüchse empfehlen sich die Happy-Hour-Gerichte (17–18.30 Uhr).

Steamworks Brewing
KLEINBRAUEREI

(☎970-259-9200; www.steamworksbrewing.com; 801 E 2nd Ave; Hauptgerichte 10–15 US$; ⊙Mo–Do 11–24, Fr– So 11–2 Uhr) DJs und Livemusik sorgen in dieser industriellen Kleinbrauerei mit hohen, schrägen Dachbalken und Metallröhren für die Lautstärke. College-Kids bevölkern die große Bar. Aber es gibt auch einen eigenen Speiseraum mit einer von Cajun inspirierten Speisekarte.

Diamond Belle Saloon
BAR

(☎970-376-7150; www.strater.com; 699 Main Ave; ⊙11 Uhr–open end; 🖵) Die elegante, altmodische Bar nimmt eine lärmige Ecke des historischen Strater Hotels ein. Die Kellnerinnen tragen Netzstrümpfe zu ihrer Vintage-Kluft im viktorianischen Stil. Die live gespielte Ragtime lockt stets viele auswärtige Besucher an – während der Happy Hour (tgl. 16–18 Uhr) sind nur noch Stehplätze

vorhanden. Das Essen ist allerdings unterdurchschnittlich.

ℹ Praktische Informationen

Visitor Center (☎800-525-8855; www.durango.org; 111 S Camino del Rio) Südlich der Stadt an der US-550-Ausfahrt Santa Rita.

ℹ Anreise & Unterwegs vor Ort

Der **Durango-La Plata County Airport** (DRO; ☎970-247-8143; www.flydurango.com; 1000 Airport Rd) liegt 18 Meilen (29 km) südwestlich von Durango (Anfahrt über US 160 & Hwy 172). Vom **Durango Bus Center** (☎970 259 2755; 275 E 8th Ave) fährt Greyhound täglich nordwärts nach Grand Junction und südwärts nach Albuquerque (New Mexico).

Nahverkehrsinfos gibt's bei der **Durango Transit** (☎970-259-5438; www.getaround durango.com). Alle Stadtbusse verfügen über Fahrradständer. Entlang der Main St pendelt der kostenlose rote „T"-Shuttlebus.

Durango liegt an der Kreuzung von US 160 und US 550 – 42 Meilen (67,5 km) östlich von Cortez, 49 Meilen (79 km) westlich von Pagosa Springs und 190 Meilen (306 km) nördlich von Albuquerque.

Silverton

Silverton ist umringt von schneebedeckten Berggipfeln und eingetaucht in die rußigen Geschichten einer kitschigen Bergbaustadt. So scheint es eigentlich eher nach Alaska als in die „Lower 48" zu gehören. Aber hier ist es nun mal. Egal, was man möchte – Motorschlittenfahren, Skifahren im Pulverschnee, Fliegenfischen, Bier vom Fass oder einfach nur in der Hochgebirgssonne baden: Silverton liefert alles.

Es gibt hier zwei Straßen, aber nur eine ist asphaltiert. In der Hauptstraße, der Greene St, finden sich die meisten Geschäfte. Die berüchtigte Blair St, die immer noch unbefestigt ist, verläuft parallel zur Greene und bietet eine Begegnung mit der Vergangenheit. Während des Silberrauschs gab es in der Blair St florierende Bordelle und Saufkneipen.

🏃 Aktivitäten

Im Sommer findet man in Silverton einige der besten Wege für Fahrzeuge mit Vierradantrieb im ganzen Westen. Bei **San Juan Backcountry** (☎970-387-5565, gebührenfrei 800-494-8687; www.sanjuanbackcountry.com; 1119 Greene St; 2 Std.-Tour Erw./Kind 60/40 US$; ⊙Mai–Okt.; 🖵) reist man in umgebauten

Chevy Suburbans ohne Dach. Sowohl Touren als auch Mietjeeps sind im Angebot.

🛏 Schlafen & Essen

Red Mountain Motel & RV Park   MOTEL, CAMPING **$$**
(☎970-382-5512, gebührenfrei 800-970-5512; www.redmtmotelrvpk.com; 664 Greene St; Motelzi. ab 110 US$, Hütte ab 120 US$, Stellplatz f. Zelt/Wohnmobil 22/38 US$; ⊙ganzjährig; P⊜📶) Ist haustierfreundlich und hat ganzjährig geöffnet.

Inn of the Rockies at the Historic Alma House   B&B **$$**
(☎970-387-5336, gebührenfrei 800-267-5336; www.innoftherockies.com; 220 E 10th St; Zi. inkl. Frühstück 109–173 US$; P⊜❄) Romantisches Schwelgen mit Freiluft-Whirlpool und Frühstück à la New Orleans.

Stellar   ITALIENISCH **$$**
(☎970-387-9940; 1260 Blair St; Hauptgerichte 8–20 US$; ⊙16–21.30 Uhr; ⏍) Die stimmungsvolle Pizzeria mit voll ausgestatteter Bar und Fassbier ist die beste Wahl für eine Mahlzeit im Sitzen. Möglichst die Lasagne bestellen (falls noch nicht ausverkauft)!

🍷 Ausgehen

★**Montanya Distillers**   BAR
(www.montanyadistillers.com; 1309 Greene St; Hauptgerichte 6–13 US$; ⊙12–22 Uhr) Vor Ort findet man diverse Saloons im Wildweststil. Diese fesche Bar ist jedoch etwas Besonderes: Neben einer Sommerterrasse auf dem Dach gibt's hier auch exotische Cocktails mit selbst gemachtem Sirup und preisgekröntem Rum. Hinzu kommt leckeres Essen (z.B. Bio-Tamales).

ℹ An- & Weiterreise

Silverton liegt abseits der US 550, rund 50 Meilen (80,5 km) nördlich von Durango und 24 Meilen (39 km) südlich von Ouray.

Great Sand Dunes National Park

Im wandernden Sanddünenmeer des **Great Sand Dunes National Park** (☎719-378-6399; www.nps.gov/grsa; 11999 Hwy 150; Erw./Kind 3 US$/frei; ⊙Visitor Center Sommer 8.30–18.30 Uhr, übriges Jahr kürzere Öffnungszeiten) prallen Landschaften aufeinander – man meint, per Raumschiff in einer anderen Welt gelandet zu sein. Der höchste Sandgipfel ragt 213 m über dem Talboden empor. Das 142 km² große Gebiet erstreckt sich zwischen dem trockenen, flachen Buschland des San Luis Valley und zwei schroffen Bergketten mit über 14000 Fuß (4267 m) Höhe: den Sangre de Cristo und den San Juan Mountains.

Der Park hat ein super Preis-Leistungs-Verhältnis (3 US$ Eintritt sind spottbillig) und wird am besten bei Vollmond besucht. Da heißt es Vorräte besorgen (inkl. ausreichend Trinkwasser!), beim Visitor Center gratis eine Genehmigung fürs Wildnis-Camping holen und dann die surreale Landschaft durchwandern, um irgendwo im Nirgendwo zu zelten – Enttäuschungen sind so gut wie ausgeschlossen.

Unter den vielen **Wanderrouten** ist z.B. der coole Marsch zu den **Zapata Falls** (800 m; BLM Road 5415), der durch eine schmale Klamm führt (rutschfeste Schuhe tragen – es muss manchmal gewatet werden!). Zudem ist stets **Sandboarden** (Snowboarden auf Dünensand) möglich; dies empfiehlt sich aber eher nur für Leute, die bereits Snowboard-Erfahrung haben.

Im Juni, dem beliebtesten Monat für einen Besuch, führt der Medano Creek Wasser und bereitet hineinwatenden Kindern eine natürliche Erfrischung. Achtung: Unbedingt genügend Trinkwasser mitbringen! Laufen im lockeren Sand ist anstrengend, und die Temperaturen in den Dünen können im Sommer über 54 °C erreichen.

🛏 Schlafen

Pinyon Flats Campground   CAMPING **$**
(☎888-448-1474; www.recreation.gov; Great Sand Dunes National Park; Stellplatz 20 US$; ❄) Im Nationalpark gibt's hier 88 Stellplätze und ganzjährig Trinkwasser.

Zapata Falls Campground   CAMPING **$**
(www.fs.usda.gov; BLM Road 5415; Stellplatz 11 US$; ⊙ganzjährig; ❄) Etwas abgeschiedener liegt dieser Campingplatz mit tollem Talpanorama rund 7 Meilen (11 km) weiter südlich am Ende einer steilen, unbefestigten Zufahrtspiste (3,6 Meilen bzw. 5,8 km). Trinkwasser ist selbst mitzubringen.

Zapata Ranch   RANCH **$$$**
(☎719-378-2356; www.zranch.org; 5303 Hwy 150; DZ inkl. Vollpension 300 US$) Die exklusive Rinder- und Bison-Ranch inmitten von Schwarzpappel-Hainen ist ideal für alle, die gerne reiten. Eigentümer und Bewirtschafter des Ganzen ist die Nature Conservancy. Als Hauptgebäude dient ein restauriertes Blockhaus (erb. im 19. Jh.) mit Blick auf die fernen Sanddünen.

ℹ An- & Weiterreise

Der Nationalpark ist nicht mit öffentlichen Verkehrsmitteln erreichbar. Er liegt ca. 35 Meilen (56 km) nordöstlich von Alamosa und 250 Meilen (402 km) südlich von Denver. Ab Letzterem folgt man der I-25 südwärts bis zum Hwy 160, fährt diesen westwärts entlang und nimmt dann den Hwy 150 gen Norden.

WYOMING

Mit Wind, wogenden Graslandschaften und dem weiten blauen Himmel bietet der am dünnsten besiedelte Bundesstaat jede Menge Einsamkeit. Die Autorin Annie Proulx hat ihn „Bunchgrass end of the World" („das Grasbüschel am Ende der Welt") genannt. Wyoming mag geborgen im Schoß von Amerika liegen, aber gerade die Leere prägt diesen Staat entscheidend.

Obwohl die Ranch-Kultur hier groß geschrieben wird – man muss sich nur die Ansammlung von Stetsons bei der hiesigen Genossenschaftsbank ansehen –, steht Wyoming bei der Kohleproduktion der USA an Stelle Nummer eins und hat außerdem jede Menge Erdgas, Rohöl und Diamanten. Da man hier extrem konservativ ist, hat die Hinwendung zur Industrie dazu geführt, dass das Land hier nicht immer gut pflegt wird.

Aber die Natur könnte Wyomings größtes Pfand sein. In der Nordwestecke liegen die sagenhaften Nationalparks Yellowstone und Grand Teton. Das schicke Jackson und das progressive Lander sind super Ausgangspunkte für lange Wander-, Kletter- und Skitouren. Wer wirklich vom Western-Leben kosten möchte, sollte sich die einfachen Präriestädte Laramie und Cheyenne ansehen.

ℹ Praktische Informationen

Sogar über die Highways sind die Entfernungen sehr groß und die Abstände zwischen den wenigen Tankstellen weit. Zu den Gefahren während der Fahrt gehören häufige, sehr böige Winde und rasante Schneestürme, aus denen sich blendende Blizzard-Verhältnisse entwickeln können. Wenn das Wetter zu rau wird, sperrt die Autobahnpolizei die gesamte Autobahn, bis es wieder aufklart.

Wyoming Road Conditions (☎307-772-0824, 888-996-7623; www.wyoroad.info)
Wyoming State Parks & Historic Sites (☎307-777-6323; www.wyo-park.com; Eintritt 6 US$, historische Stätte 4 US$, Stellplatz 17 US$/Pers.) Wyoming hat zwölf State Parks.

KURZINFOS WYOMING

Spitzname Equality State
Bevölkerung 576 000
Fläche 253 336 km²
Hauptstadt Cheyenne (60 100 Ew.)
Verkaufssteuer 4 %
Geburtsort von Künstler Jackson Pollock (1912–1956)
Heimat des Frauenwahlrechts, Kohleabbaus, von Geysiren und Wölfen
Politische Ausrichtung Konservativ bis ins Mark
Berühmt für Rodeo, Ranches, den früheren Vizepräsidenten Dick Cheney
Kitschigstes Souvenir ein Fellsuspensorium aus einer der Boutiquen in Jackson
Entfernungen Cheyenne–Jackson 440 Meilen (708 km)

Reservierungen zum Camping lassen sich online oder per Telefon vornehmen.
Wyoming Travel & Tourism (☎800-225-5996; www.wyomingtourism.org; 1520 Etchepare Circle, Cheyenne)

Cheyenne

So manche Cowboymelodie wurde schon über die Hauptstadt und größte Stadt Wyomings geschrieben. Cheyenne ähnelt jedoch eher einer Stadt aus einem Hollywood-Western, *bevor* die Schießerei anfängt. Allerdings nur bis zum Frontier Day Festival im Juli. Dann wird der Cowboy-Spaß lärmend gefeiert. Da Cheyenne an der Kreuzung der I-25 und der I-80 liegt, eignet es sich gut als Boxenstopp.

◉ Sehenswertes & Aktivitäten

Cheyenne Gunslingers WILDWEST-SHOW
(☎800-426-5009; www.cheyennegunslingers.com; Ecke W 15th & Pioneer Ave; ⏱ Juni Sa 12 & Do–Fr 18 Uhr, Juli Sa 12 & Mo–Fr 18 Uhr; 🅿) GRATIS Von Beinahe-Hinrichtungen am Galgen bis hin zu gewagten Gefängnisausbrüchen inszeniert diese nichtkommerzielle Schauspielertruppe eine lebhafte (wenn auch nicht historisch exakte) Wildwest-Show. Unter den Stars sind korrupte Richter, lächelnde Helden und natürlich richtig böse Banditen.

Frontier Days Old West Museum   MUSEUM

(☎307-778-7290; www.oldwestmuseum.org; 4601 N Carey Ave; Erw./Kind 10/5 US$; ☉Sommer Mo–Fr 8–18, Sa & So 9–17 Uhr, Winter Mo–Fr 9–17, Sa & So 10–17 Uhr) Das lebhafte Museum an der I-25-Ausfahrt 12 gibt Einblicke in die Pioniergeschichte. Seine große Rodeo-Sammlung reicht von Sätteln bis hin zu Pokalen. Wer eine Audio-Tour machen möchte, wählt ☎307-316-0071.

✦ Feste & Events

★ Cheyenne Frontier Days   RODEO

(☎1-800-227-6336; www.cfdrodeo.com; 4501 N Carey Ave; Eintritt frei–32 US$; ☉Ende Juli; ♿) Wer noch nie einen Stierringer in Aktion gesehen hat, bekommt bei Wyomings größtem Festival garantiert einen Eindruck von diesem Geschehen. Das zehntägige Event im typischen Stil des US-Westens wartet mit Rodeos, Konzerten, Tanzveranstaltungen, Flugshows, Chili-Kochwettbewerben, einem Kunstmarkt und einem „Indianerdorf" auf. Gratis sind u. a. das Pfannkuchenfrühstück, die Paraden und die Rodeo-Qualifikationsrunden (slacks) am Morgen.

🛏 Schlafen & Essen

Während der Frontier Days ist Reservierung Pflicht: Dann verdoppeln sich die Preise, und im Umkreis von 50 Meilen (80,5 km) ist alles ausgebucht. Verfügbarkeits-Checks sind unter www.cheyenne.org/availability möglich. Die günstigsten Motels säumen den lärmigen Lincolnway (Exit 9 der I-25).

Nagle Warren Mansion Bed & Breakfast   B&B $$

(☎307-637-3333; www.naglewarrenmansion.com; 222 E 17th St; Zi. inkl. Frühstück ab 155 US$; ❄ 🛜🐾) Dieses weitläufige, opulente B&B ist eine großartige Entdeckung: Das historische Herrenhaus (erb. 1888) in einem schnell trendiger werdenden Viertel ist mit regionalen Antiquitäten aus dem späten 19. Jh. eingerichtet. Der geräumige, elegante Bau punktet mit einem Whirlpool, einem Lese-Erker und Schwinn-Leihfahrrädern im klassischen Stil von 1954. Eigentümer Jim unterhält Gäste mit seinem tiefgehenden Wissen über die Lokalgeschichte.

Auch die hervorragende Kunstgalerie nebenan ist einen Besuch wert.

Tortilla Factory   MEXIKANISCH $

(715 S Greeley Hwy; Hauptgerichte 3–10 US$; ☉Mo–Sa 6–20, So 8–17 Uhr) Das mexikanische Billiglokal serviert neben leckeren selbst gemachten Tamales (1,50 US$) auch authentische Klassiker wie huevos rancheros oder Tacos mit Rinderhack.

Shadows Pub & Grill   BRAUEREI $

(Depot Station; Hauptgerichte 8–15 US$; ☉Mo–Do 11–23, Fr & Sa 11–1, So 11–21 Uhr) Das Ambiente dieser Brauereikneipe im Union-Pacific-Depot aus den 1860er-Jahren ist kaum zu toppen. Für das standardmäßige Essen entschädigt der attraktive Backsteinbau mit einer breiten Sonnenterrasse und guten Hausbieren vom Fass.

🛍 Shoppen

Boot Barn   BEKLEIDUNG, SOUVENIRS

(1518 Capitol Ave; ☉Mo–Sa 9–21, So 9–18 Uhr) Lust auf einen Stetson, eine strassbesetzte Gürtelschnalle oder echte Cowboystiefel? Dann ist dies hier die richtige Adresse: In diesem Wildwest-Bekleidungszentrum warten zahllose Schätze.

✦ Praktische Informationen

Cheyenne Visitor Center   (☎307-778-3133; www.cheyenne.org; 1 Depot Sq; ☉Mo–Fr 8–17, Sa 9–17, So 11–17 Uhr, Winter Wochenenden geschl.) Eine tolle Informationsquelle.

✦ Anreise & Unterwegs vor Ort

Vom **Cheyenne Airport** (CYS; ☎307-634-7071; www.cheyenneairport.com; 200 E 8th Ave) gehen täglich Flüge nach Denver. Die Greyhound-Busse fahren täglich am **Black Hills Stage Lines** (☎307-635-1327; www.blackhills stagelines.com; 5401 Walker Rd) nach Billings, MT (84 US$, 9½ Std.) und Denver, CO, (31 US$, 2¾ Std.) sowie zu weiteren Zielen.

Werktags unterhält das **Cheyenne Transit Program** (☎307-637-6253; Erw. 1 US$, 6–18 Jahre 0,75 US$; ☉Service Mo–Fr 6–19, Sa 10–17 Uhr) sechs Buslinien in der Stadt. Außerdem fährt der **Cheyenne Street Railway Trolley** (☎800-426-5009; 121 W 15th St; Erw./Kind 10/5 US$; ☉Mai–Sept.) Besucher auf Touren durch die Innenstadt.

Laramie

Der Standort der einzigen Vier-Jahres-Universität des Bundesstaats kann zugleich hip und ungestüm sein – ein Flair, das die meisten Präriestädte Wyomings vermissen lassen. Erkundenswert ist das kleine historische Zentrum: Über fünf belebte Straßenzüge hinweg säumen dort attraktive, zweistöckige Backsteinbauten mit handgemalten Schildern und Wandbildern die Bahngleise.

Für eine Dosis Kultur empfehlen sich die Museen auf dem Campus der University of Wyoming (UW): Das frisch renovierte Geological Museum (☎ 307-766-2646; www.uwyo.edu/geomuseum; Kreuzung Hwy 287 & I-80; ⏰ Di–Fr 10–16, Sa & So 10–15 Uhr) GRATIS zeigt eine eindrucksvolle Sammlung von Dinosaurierknochen (u. a. vom *Tyrannosaurus rex*). Große und kleine Kinder erfreuen sich am abgefahrenen Wyoming Frontier Prison (☎ 307-745-616; www.wyomingfrontierprison.org; 975 Snowy Range Rd; Erw./Kind 7/6 US$; ⏰ 8–17 Uhr; ♿), dem ältesten und inzwischen renovierten Staatsgefängnis Wyomings (heute ein Museum).

Viele günstige Unterkünfte säumen die I-80-Ausfahrt 313. Gärten, tolles selbst gemachtes Müsli und drei gemütliche Zimmer lassen das Mad Carpenter Inn (☎ 307-742-0870; madcarpenter.com; 353 N 8th St; Zi. inkl. Frühstück 95–125 US$; 🛜) sehr sympathisch wirken. Hierzu trägt auch der umfangreich ausgestattete Spieleraum mit Billard und Tischtennis bei. Das haustierfreundliche Gas Lite Motel (☎ 307-742-6616; 960 N 3rd St; Zi. 61 US$; ❄🛜♿🐾) im Zentrum setzt beim Anpreisen seiner günstigen Quartiere auf grausigen Kitsch (z. B. Plastikpferde, Cowboy-Pappaufsteller).

Das moderne, stilvolle Coal Creek Coffee Co (110 E Grand Ave; Hauptgerichte 3–6 US$; ⏰ 6–22 Uhr; 🛜) punktet mit grandiosem Fair-Trade-Kaffee zu leckeren Sandwiches (z. B. Panini mit Blauschimmelkäse und Portobello-Pilzen). Das Sweet Melissa's (213 S 1st St; Hauptgerichte 8–10 US$; ⏰ Mo–Sa 11–21 Uhr; 🌿) serviert zweifellos das gesündeste Essen im weiten Umkreis. Seine gute vegetarische Hausmannskost sorgt mittags stets für Hochbetrieb.

Die beliebte Old Buckhorn Bar (☎ 307-742-3554; 114 Ivinson St; ⏰ So–Mi 9–24, Do–Sa 9–2 Uhr) empfiehlt sich für billiges Bier und live gespielte Countrymusik. Sie ist Laramies älteste historische Schenke und hat eine Toilette, in der ein alter Kondomautomat und viele Kritzeleien zu bewundern sind.

Der Laramie Regional Airport (☎ 307-742-4164) mit täglicher Flugverbindung nach Denver (einfache Strecke 98 US$) liegt westlich der Stadt (4 Meilen/6,4 km; Anfahrt über I-80/Exit 311). Greyhound (☎ 307-742-5188) hält an der Diamond-Shamrock-Tankstelle (1952 Banner Road). Am besten Tank und Magen in Laramie auffüllen: Auf den nächsten 75 Meilen (121 km) gen Westen gibt's an der I-80 keinerlei Einrichtungen.

Lander

Wyoming hat viele Nester mit nur einer einzigen Straße – und Lander ist vielleicht das coolste davon. Das freundliche, bodenständige Kletterer- und Bergsteiger-Mekka liegt nur einen Steinwurf von der Wind River Reservation entfernt. Hier, in den Ausläufern der Rockies, ist auch die NOLS (National Outdoor Leadership School; www.nols.edu; 284 Lincoln St.) zu Hause. Diese renommierte Outdoor-Schule bietet geführte Trips in der örtlichen Wind River Range und anderswo auf der Welt an.

Das Lander Visitor Center (☎ 307-332-3892; www.landerchamber.org; 160 N 1st St; ⏰ Mo–Fr 9–17 Uhr) ist eine gute Quelle für allgemeine Infos. Wanderer, Kletterer und Camper schauen am besten beim Sportgeschäft Wild Iris Mountain Sports (☎ 307-332-4541; 166 Main St) vorbei, das Kletterausrüstung und Schneeschuhe verleiht. Zudem gibt's dort prima Tipps und einen Flyer mit Lokalinfos. Wer die schmalen Singletrails außerhalb des Orts ausprobieren möchte, sollte sich an Gannett Peak Sports (351B Main Street; ⏰ Mo–Fr 10–18, Sa 9–17 Uhr) wenden.

Rund 6 Meilen (9,7 km) südlich von Lander liegt der wunderschöne Sinks Canyon State Park (☎ 307-332-3077; 3079 Sinks Canyon Rd; Eintritt 6 US$; ⏰ Visitor Center Juni–Aug. 9–18 Uhr) mit einem merkwürdigen unterdischen Fluss: Der mittlere Arm des Popo Agie River strömt hier durch eine schmale Schlucht und verschwindet dann durch die sogenannten Sinks im porösen Madison-Kalkstein. Rund 400 m flussabwärts tritt er dann in einem Becken namens The Rise wieder zutage – allerdings mit höherer Temperatur. Die malerischen Campingplätze (Stellplatz 17 US$) werden von Einheimischen wärmstens empfohlen.

Eine günstige Alternative zu den Kettenhotels an der Main St ist die Holiday Lodge (☎ 307-332-2511; www.holidaylodgelander.com; 210 McFarlane Dr; Camping 10 US$/Pers., Zi. inkl. Frühstück ab 50 US$; ❄🛜) in einheimischem Besitz. Sie mag zwar nach 1961 aussehen, ist aber blitzblank und freundlich. Unter den nützlichen Extras sind Bügeleisen, Make-up-Entferner und Nähsets. Die empfehlenswerten Stellplätze am Fluss gibt's inklusive Frühstück und Duschenbenutzung.

Mit seinem Hinterhof verspricht der Gannett Grill (☎ 307-332-8227; 128 Main St; Hauptgerichte 6–9 US$; ⏰ 11–21 Uhr) Erholung von langen Reisestrecken oder Abenteuern. Gäste dieser örtlichen Institution holen sich ein Regionalbier in der benachbarten **Lander Bar** (☎ 307-332-8228; 126 Main St; Hauptgerichte 6–9 US$; ⏰ 11 Uhr–open end) und laufen dann zurück zu ihrem Picknicktisch im Schatten. Dort werden dann Steinofenpizzas, Pommes und Burger aus einheimischem Rindfleisch vertilgt. Wenn's etwas anspruchsvoller bzw. gehobener sein darf, empfiehlt sich abends das ebenfalls benachbarte **Cowfish** unter derselben Leitung. An vielen Abenden erklingt zudem Livemusik.

Seine Dosis Koffein holt man sich am besten im **Old Town Coffee** (300 Main St; ⏰ 7–19 Uhr; 📶) das jede Tasse auf Bestellung und so stark wie gewünscht braut.

Die Busse der **Wind River Transportation Authority** (☎ 307-856-7118; www.wrtabuslines.com) bedienen u.a. Jackson (160 US$); Fahrplandetails stehen auf der Website.

Cody

Das laute Cody pflegt eifrig sein Wild-West-Image (es ist benannt nach dem legendären Showman William „Buffalo Bill" Cody). Mit einer Reihe gekonnt inszenierter „Jeehaws" spinnt die Stadt fröhlich ihr Seemansgarn über ihre Vergangenheit (nicht die ganze Vergangenheit, das muss man dazusagen). Der Sommer ist Hauptsaison. Dann veranstaltet Cody eine ordentliche Wildwest-Show für die Besucherscharen auf dem Weg zum Yellowstone National Park, der 52 Meilen (83,5 km) weiter westlich liegt. Von Cody aus ist die Fahrt ins Geysirland durch das Wapiti Valley gelinde gesagt aufregend. Präsident Teddy Roosevelt hat einmal gesagt, dass dieses Stück Asphalt die „50 malerischten Meilen der Welt" seien.

Das **Visitor Center** (☎ 307-587-2777; www.codychamber.org; 836 Sheridan Ave; ⏰ Juni–Aug. Mo–Sa 8–18, So 10–15 Uhr, Sept.–Mai Mo–Fr 8–17 Uhr) ist der logische Ausgangspunkt.

Codys Hauptattraktion für Touristen ist das fantastische **Buffalo Bill Historical Center** (www.bbhc.org; 720 Sheridan Ave; Erw./Kind 18/10 US$; ⏰ Mai–Okt. 8–18 Uhr, Nov., März & April 10–17 Uhr, Dez.–Feb. Do–So 10–17 Uhr). Der weitläufige Komplex aus fünf Museen zeigt alles, was mit Western zu tun hat: von Postern, unscharfen Filmen und anderen Sagen, die etwas über Buffalo Bills berühmte Wildwest-Shows mitteilen, bis hin zu Ausstellungen mit Kunstwerken aus den Grenzgebieten und einem Museum, das den Ureinwohnern Amerikas gewidmet ist. Das Draper Museum of Natural History ist eine tolle Einführung in das Ökosystem von Yellowstone, es hat Informationen zu allem von Wölfen bis zu Grizzlys.

Beliebt ist auch das **Cody Nite Rodeo** (www.codystampederodeo.com; 519 West Yellowstone Ave; Erw./Kind 7–12 Jahre 18/8 US$), das von Juni bis August jeden Abend stattfindet.

Der reizende **Chamberlin Inn** (☎ 307-587-0202; 1032 12th St.; DZ/Suite 185/325 US$) ist ein elegantes Refugium im Zentrum. Das **Irma Hotel** (☎ 307-587-4221; www.irmahotel.com; 1192 Sheridan Ave; Hauptgerichte 8–23 US$; 🌐) wurde 1902 vom guten alten Bill selbst erbaut. Heute ist es eher für sein Restaurant bekannt: Die prächtige Einrichtung aus Kirschholz war einst ein Geschenk der britischen Königin Victoria. Von Juni bis Ende September brechen vor dem Hotel nachgestellte Schießereien aus (tgl. 18 Uhr).

Die historische **Silver Dollar Bar** (1313 Sheridan Ave; Hauptgerichte 7–12 US$; ⏰ 11–24 Uhr) empfängt Gäste mit Pooltischen, tollen Burgern und allabendlicher Livemusik auf der Freiluftterrasse.

Rund 1 Meile (1,6 km) östlich von Cody besteht am **Yellowstone Regional Airport** (COD; www.flyyra.com) täglich Flugverbindung nach Salt Lake City und Denver.

Yellowstone National Park

Tiere und Geysire sind in Yellowstone die großen Themen schlechthin. Der Yellowstone National Park ist der älteste Nationalpark Amerikas und die Vorzeigeattraktion von Wyoming. Von zottigen Grizzlys bis zu übergroßen Bisons und prachtvollen Wolfsrudeln kann der Park sich der sagenhaftesten Ansammlung von Wildtieren der gesamten „Lower 48" rühmen. Dazu kommen noch die Hälfte aller Geysire der Welt, der größte Hochgebirgssee des Landes und eine Fülle von blauen Flüssen und Wasserfällen, die alle malerisch auf einem gigantischen Supervulkan gelegen sind. Da merkt man schnell, dass man über eine der märchenhaftesten Schöpfungen von Mutter Natur gestolpert ist!

Als John Colter die Region 1807 als erster weißer Mann besuchte, waren die einzigen Bewohner hier die Tukadikas (alias Schafesser), die zu den Shoshonen-Bannock-Stämmen gehörten und hier die Dickhornschafe jagten. Colters Berichte über seine Erforschung von Geysiren und brodelnden Schlammlöchern (zunächst als Lügengeschichten verlacht) zogen schnell weitere Expeditionen an, und das Interesse des Tourismus wurde geweckt und zusätzlich durch die Eisenbahn angeheizt. Der Park wurde 1872 eingerichtet (als weltweit erster), um die spektakuläre Landschaft von Yellowstone zu erhalten: die geothermischen Phänomene, die fossilen Wälder und den Yellowstone Lake.

Der 8987 km² große Park ist in fünf Regionen eingeteilt (im Uhrzeigersinn von Norden nach Süden): Mammoth, Roosevelt, Canyon, Lake und Geyser Countries.

Von den fünf Eingängen zum Park ist nur der North Entrance in der Nähe von Gardiner, MT, das ganze Jahr über geöffnet. Die anderen sind in der Regel von Mai bis Oktober offen und bieten Zugang von Nordosten (Cooke City, MT), Osten (Cody, WY), Süden (Grand Teton National Park) und Westen (West Yellowstone, MT). Die Hauptstraße durch den Park ist die malerische Strecke über die 142 Meilen (228,5 km) lange Grand Loop Rd.

◉ Sehenswertes & Aktivitäten

Einfach nur auf der Terrasse des Old Faithful Inn zu sitzen und mit einem Cocktail in der Hand darauf zu warten, dass der Old-Faithful-Geysir ausbricht, kann man schon als ausfüllende Beschäftigung ansehen. Aber es gibt hier natürlich noch viel anderes zu tun, etwa wandern und trekken oder Kajak fahren und fliegenfischen. Die meisten Wege durch den Park werden nicht gepflegt, aber auf den ungeräumten Straßen und Wegen kann man Langlauf betreiben.

Yellowstone ist in fünf unterschiedliche Regionen aufgeteilt, und jede hat einzigartige Attraktionen zu bieten. Wenn man den Nationalpark betritt, erhält man eine einfache Karte und die Zeitung des Parks. Hier findet man Infos über die ausgezeichneten von Rangern gehaltenen Vorträge und geführten Wanderungen (die sich wirklich lohnen). An den Auskunftsschaltern aller Visitor Center stehen Parkranger zur Verfügung und helfen Travellern dabei, sich eine Wanderung nach eigenem Geschmack zurechtzuschneidern, z. B. mit tollen Plätzen zum Fotografieren oder Orten, wo man die besten Chancen hat, Bären zu sichten.

Geyser Country   GEYSIRE, WANDERN & TREKKEN
Das Upper Geyser Basin umfasst die dichteste Konzentration geothermischer Besonderheiten der Region und 180 der 250 und mehr Geysire des Parks. Der berühmteste ist

der **Old Faithful**, der etwa alle anderthalb Stunden 14 000 bis 32 000 l Wasser zwischen 30 und 55 m hoch in die Luft speit. Wer eine einfache Tour machen möchte, erkundigt sich beim brandneuen Visitor Center nach den voraussichtlichen Eruptionszeiten und folgt dann dem einfachen Bohlenweg auf dem Upper Geyser Loop. Die schönste thermische Besonderheit des Parks ist die **Grand Prismatic Spring** im Midway Geyser Basin. Am Firehole und den Madison Rivers kann man super fliegenfischen und Wildtiere beobachten.

Mammoth Country   QUELLEN, WANDERN & TREKKEN
Mammoth Country ist vor allem berühmt für seine geothermischen Gebiete und Elchherden im historischen **Mammoth** sowie die Thermalquellen im **Norris Geyser Basin**. Mammoth Country ist die unruhigste und älteste bekannte thermische Gegend Nordamerikas, die ununterbrochen aktiv war. Richtung Nordwesten erheben sich die

---

ℹ DEN MASSEN ENTGEHEN

Das Wunderland von Yellowstone zieht im Juli und August täglich 30 000 Besucher und im ganzen Jahr über 3 Mio. Eindringlinge an. Wenn man sich an die folgenden Ratschlägen hält, kann man dem Schlimmsten entgehen:

➜ Am besten im Mai, September oder Oktober kommen – dann ist das Wetter ordentlich, und es sind nur wenige andere Besucher da. Der Winter ist auch eine Möglichkeit.

➜ 95 % der Massen kann man hinter sich lassen, wenn man auf einem Weg im Hinterland unterwegs ist. 99 % verschwinden, wenn an einer Stelle im Hinterland die Nacht verbringt (Genehmigung erforderlich!).

➜ Die Wildtiere machen's vor: Die goldenen Stunden nach der Morgen- und kurz vor der Abenddämmerung sind die besten Zeiten.

➜ Zum Mittagessen etwas mitnehmen und auf einem der malerischen Picknickplätze des Parks essen! In den Lodges isst man am besten spät (nach 21 Uhr) zu Abend.

➜ Reservierungen für die Lodges im Park sollte man Monate und die Genehmigungen für die Campingplätze *mindestens* einen Tag im Voraus buchen.

Yellowstone & Grand Teton National Parks

N

20 km
10 Meilen

Big Sky Resort
64
191
Bozeman (40 Meilen)

Gallatin Rd.

Gallatin Valley

Ramshorn Peak (3288 m)

Paradise Valley

Gallatin National Forest

MONTANA

Red Lodge (74 Meilen); Billings (MT) (107 Meilen)

Helena (155 Meilen)

287

Gallatin River

Gardiner

North Entrance Station

29
5

Roosevelt Country

Northeast Entrance Station

Cooke City

Silver Gate

Tower Junction

31
9

Lamar Valley

Lamar River

Hebgen Lake

Mt. Washburn (3122 m)

Norris Geyser Basin

Canyon Village

18
13

West Entrance Station

Madison

Norris

14
3

West Yellowstone

28

Hayden Canyon Valley Country

Continental Divide

Lower Geyser Basin

11

Fairy Falls

27 21
6
10
16

Fishing Bridge

Lake Village

East Entrance

Macks Inn

4
30
8

Old Faithful
Visitor Information Center

Bridge Bay

East Entrance

12

Lone Star Geyser

West Thumb

Grant Village

24

Yellowstone Lake

Cody (33 Meilen)

Shoshone Geyser Basin

Shoshone Lake

23

Heart Lake

Eagle Peak (3462 m)

South Entrance

Grassy Lake

Yellowstone River

Idaho Falls (78 Meilen)

John D. Rockefeller Jr. Memorial Parkway

89
191

22

Grand Teton National Park

Jackson Lake

287

Teton National Forest

Colter Bay Village

20
25

32

Jackson Lake Junction
Moran Junction

Mt. Moran (3892 m)

26

Leigh Lake

Mt. Owen (3940 m)

Signal Mountain (2314 m)

Grand Teton Park Entrance (Moran)

Driggs

Grand Teton (4197 m)

19

Snake R.

North South Hwy

287
26

Craig Thomas Discovery & Visitor Center

Laurance S. Rockefeller Preserve

33

Grand Teton Park Entrance (Moose)

Victor

Jackson Hole Airport

WYOMING

Jackson Hole Mountain Resort

Wilson

26
89

Teton Village

National Elk Refuge

IDAHO

189

Teton Pass (2570 m)

Jackson

s. Detailplan

Bridger-Teton National Forest

Hoback Junction

26
189

Detailplan

0   1 Meile

1
National Museum of Wildlife Art

15
37
35
34

7
2
36
17
38

Yellowstone & Grand Teton National Parks

◎ **Highlights**
1 National Museum of Wildlife Art A6

◎ **Sehenswertes**
2 Center for the Arts A7
3 Grand Canyon of the
   Yellowstone C3
4 Grand Prismatic Spring B3
5 Mammoth Hot Springs C2
6 Mud Volcano... C3
7 National Elk Refuge A7
8 Old Faithful B3
9 Tower Falls C2

➕ **Aktivitäten, Kurse & Touren**
10 Elephant Back Trailhead C3
11 Fairy Falls Hiking Trail B3
12 Lone Star Geyser Trailhead................. B3
13 Mt. Washburn Trail............................... C2
14 South Rim Trail C3

🛏 **Schlafen**
15 Alpine House A7
16 Bridge Bay Campground C3
17 Buckrail Lodge A7
18 Canyon Campground C2
   Canyon Lodge & Cabins ....(siehe 18)
19 Climbers' Ranch..................................... B6
20 Colter Bay Village.................................. C5
21 Fishing Bridge RV Park C3
22 Flagg Ranch Resorts C5

23 Grant Village...C4
24 Grant Village Campground C4
25 Jackson Lake Lodge..............................C5
26 Jenny Lake Lodge..................................C6
   Lake Lodge Cabins ....(siehe 27)
27 Lake Yellowstone Hotel C3
28 Madison Campground B3
29 Mammoth Hot Springs Hotel &
   Cabins C2
30 Old Faithful Inn......................................B3
   Old Faithful Lodge Cabins ....(siehe 30)
   Old Faithful Snow Lodge ....(siehe 30)
31 Roosevelt Lodge Cabins C2
32 Signal Mountain Lodge C5
33 Spur Ranch Log Cabins C6

🍴 **Essen**
34 Bubba's Bar-B-Que A7
35 Coco Love A7
   Lake Yellowstone Hotel Dining
   Room ....(siehe 27)
   Mural Room...................................(siehe 25)
   Old Faithful Inn Dining Room .....(siehe 30)
   Peaks...(siehe 32)
   Pioneer Grill.................................(siehe 25)
36 Snake River Grill A7

🍷 **Ausgehen & Nachtleben**
37 Million Dollar Cowboy Bar A7
38 Snake River Brewing Co A7

ROCKY MOUNTAINS YELLOWSTONE NATIONAL PARK

Gipfel der Gallatin Range. Sie überragen die Seen, Creeks und zahlreichen Wanderwege der Region.

Roosevelt Country   WILDTIERE, WANDERN & TREKKEN
Fossile Wälder, das eindrucksvolle **Lamar River Valley** und seine Zuflüsse voller Forellen, die **Tower Falls** und die zerklüfteten Gipfel der Absaroka Mountains sind die Highlights von Roosevelt Country, der abgelegensten, malerischsten und am wenigsten erschlossenen Region des Parks. In der Nähe der **Tower Junction** beginnen mehrere gute Wanderwege.

Canyon Country   AUSSICHTSPUNKTE, WANDERN & TREKKEN
Eine Reihe traumhafter Ausguckmöglichkeiten, verbunden durch Wanderwege, sind das Highlight der farbenfrohen Schönheit und Herrlichkeit des Grand Canyon im Yellowstone National Park und seiner beeindruckenden **Lower Falls**. Der South Rim Dr führt zum spektakulärsten Ausblick des Canyons beim Artist Point. **Mud Volcano** ist die wichtigste geothermische Region von Canyon Country.

Lake Country   SEEN, BOOTFAHREN
Der **Yellowstone Lake**, einer der größten Gebirgsseen der Welt, bildet den Mittelpunkt von Lake Country. Vulkanische Strände säumen die Gewässer des Gebiets. Am besten erkundet man sie mit dem Boot oder dem Seekajak. Die raue und mit Schnee bedeckte Absaroka Range erhebt sich von den Seen Richtung Osten und Südosten und verbirgt die wildeste Landschaft der „Lower 48". Sie eignet sich perfekt für herrliches Backpacking und für Ausritte.

Wanderwege   WANDERN & TREKKEN
Wanderer können das Hinterland des Yellowstone National Park von mehr als 92 Trailheads aus erforschen. Sie bieten Zugang zu insgesamt 1770 km an Wegen. Um in der Wildnis zu übernachten, braucht man eine kostenlose Backcountry-Permit (Genehmigung). Man erhält sie in allen Visitor Centers und Ranger-Stationen. Backcountry-Camping ist an 300 ausgewiesenen Stellen erlaubt. Davon kann man 60 % per Mail im Voraus reservieren; alle Buchungen, die mehr als drei Tage im Voraus getätigt werden, kosten eine Gebühr von 25 US$.

Nach zahlreichen hitzigen Diskussionen und nachdem wir eine Prügelei gerade noch verhindern konnten, haben wir uns auf die folgenden besten fünf Tageswanderungen im Park geeinigt:

→ Lone Star Geyser Trail

Der für eine Wanderung mit der Familie und für Radfahrer gut geeignete Weg führt über eine frühere Zufahrtsstraße zu einem Geysir, der alle drei Stunden ausbricht. Los geht es am Parkplatz der Kepler Cascades, südöstlich des Old Faithful Areals (8 km, einfach).

→ South Rim Trail

Ein Netz miteinander verbundener Wege verläuft am Rand des spektakulären Yellowstone Canyon entlang, vorbei an den Lower Falls bis zum malerischen Artists Point und zum Lily Pad Lake. Dann kommt man an thermisch aktiven Gebieten und dem Clear Lake vorbei und zurück zum Ausgangspunkt eines Wanderwegs bei Uncle Tom (5,5 km, einfach).

→ Mt. Washburn

Die recht anstrengende Wanderung führt vom Startpunkt eines Wanderwegs am Dunraven Pass zu einem Fire Tower auf dem Berggipfel. Von dort hat man eine wunderbare Panoramaaussicht über den ganzen Park und auf die Dickhornschafe (10,3 km, mittelschwer).

→ Elephant Back Mountain

Dies ist ein 240 m Höhenmeter überwindender Anstieg vom nahen Lake Hotel zu einem Panoramaaussichtspunkt mit Blick über den Yellowstone Lake (5,6 km, mittelschwer).

→ Fairy Falls

Abseits der Wege klettert man zum Aussichtspunkt über der spektakulären Grand Prismatic Spring. Dann wandert man durch Murraykieferwälder zu den Wasserfällen und weiter zum schönen Imperial Geyser (9,7 km, einfach).

Radfahren   RADFAHREN

Radfahrer dürfen die öffentlichen Straßen und ein paar ausgewiesene Zugangsstraßen benutzen, jedoch nicht die Wege im Hinterland. Die beste Zeit, um im Yellowstone National Park auf Radtour zu gehen, liegt zwischen April und Oktober. Dann sind die Straßen in der Regel schneefrei. Von Mitte März bis Mitte April ist die Strecke zwischen Mammoth und dem West Yellowstone Park für Autos gesperrt, aber für Radfahrer geöffnet. Dann kann man eine lange, aber stressfreie Strecke fahren.

Yellowstone Raft Company   ABENTEUERTOUR
(☎ 800-858-7781; www.yellowstoneraft.com; halber Tag Erw./Kind 40/30 US$) Auf dem Yellowstone River gleich nördlich der Parkgrenze

---

WO BÄREN UND BISONS UMHERSTREIFEN

Neben Großsäugern (Grizzlys, Schwarzbären, Elche, Bisons) beheimatet der Yellowstone National Park auch Wapitihirsche, Gabelböcke und Dickhornschafe. Seit ihrer Auswilderung (1996) bevölkern Wölfe den Nationalpark ebenfalls wieder; außerhalb von dessen Grenzen werden sie aber heute legal bejagt. Wölfe und Bisons waren schon immer hier heimisch, am Ende des letzten Jahrhunderts aber jeweils durch Bejagung und das Vordringen des Menschen fast ausgestorben. Die Bestände beider Arten haben sich inzwischen erholt und sind daher von der Roten Liste gestrichen worden. Somit darf ihnen außerhalb des Parks nachgestellt werden.

Das **Hayden Valley** zwischen Yellowstone Lake und Canyon Village ist das beste Revier, um alle möglichen Tiere im Herzen des Parks zu beobachten. Die Sichtungschancen sind am höchsten, wenn man in der Morgen- oder Abenddämmerung eine beliebige Abzweigung der Grand Loop Rd observiert. Genügend Geduld und ein Fernglas mitbringen: Eventuell trottet einem ein Grizzly oder ein brünftiger Wapitihirsch vor die Linse! Vielleicht erklingt auch das Röhren eines einsamen Elchs, den es zum Trinken an den Fluss zieht.

Wölfe wurden erstmals im **Lamar Valley** (Nordosten) wieder ausgewildert und sind dort auch am besten zu beobachten. Optimalerweise fragt man die Parkranger nach den Aufenthaltsorten der aktivsten Rudel oder nimmt an einer Wolfsbeobachtung (bzw. anderen Exkursion) des empfehlenswerten **Yellowstone Institute** (www.yellowstoneassociati on.org) teil. Es wirkt magisch und urweltlich zugleich, wenn das Tal in der Abenddämmerung vom Geheul widerhallt.

in Montana durch den Yankee Jim Canyon sind die Strömungen zum Raften geeignet. Die Raft Company bietet von Gardiner aus eine Reihe begleiteter Abenteuertouren an. Sie beginnen Ende Mai.

🛏 Schlafen

Im Park sind Campingplätze – vom NPS oder privat betrieben –, Hütten, Lodges und Hotels zu finden. Im Sommer muss man unbedingt reservieren. Um ein Plätzchen auf einem Campingplatz, in einer Hütte oder Lodge zu buchen, kontaktiert man am besten **Xanterra** (☎ 307-344-5395; www.yellowstonenationalparklodges.com), den Konzessionshalter des Parks.

An den Zufahrten Cody, Gardiner und West Yellowstone findet man ebenfalls jede Menge Unterkünfte.

Die günstigsten Möglichkeiten sind die sieben vom National Park Service geführten Campingplätze (Stellplatz ab 15–20 US$) in **Mammoth** (Zeltplatz 14 US$; ☉ ganzjährig), **Tower Fall**, **Indian Creek**, **Pebble Creek**, **Slough Creek**, **Norris** und **Lewis Lake**. Grundsätzlich gilt: Wer zuerst kommt, mahlt zuerst. Xanterra unterhält weitere fünf Campingplätze (hier aufgeführt; Reservierungen werden akzeptiert, 45 US$/Nacht). Sie bieten alle Bäder mit kaltem Wasser, Toiletten mit Wasserspülung sowie Trinkwasser. Stellplätze für Wohnwagen mit entsprechenden Anschlüssen findet man in Fishing Bridge.

Von Xanterra geführte Hütten, Hotels und Lodges sind im ganzen Park verteilt und von Mai oder Juni bis Oktober geöffnet. Die Ausnahmen sind das Mammoth Hot Springs Hotel und die Old Faithfull Snow Lodge. Sie sind auch von Mitte Dezember bis Ende März offen. Das Rauchen ist in allen diesen Quartieren verboten, und es gibt keine Klimaanlagen oder gar Fernseher. Wo es Internetverbindungen gibt, sind diese kostenpflichtig.

Bridge Bay Campground   CAMPING $
(Stellplatz 21 US$) Der Bridge Bay Campground liegt nahe dem Westufer des Yellowstone Lake und ist bei Bootfahrern beliebt; er hat 425 Stellplätze für Zelte und Wohnmobile.

Canyon Campground   CAMPING $
(Stellplatz 25,50 US$) Münzduschen und -waschmaschinen (dicht beieinander) plus 250 zentral gelegene Stellplätze für Zelte oder Wohnmobile.

Fishing Bridge RV Park   CAMPING $
(Stellplatz 45 US$) Strom- und Wasseranschlüsse nur für Wohnmobile mit fester Karosserie (37 US$), Münzduschen bzw. -waschmaschinen sowie 325 Stellplätze.

Grant Village Campground   CAMPING $
(Stellplatz 25,50 US$) Am Südwestufer des Yellowstone Lake; 400 Wohnmobil- oder Zeltstellplätze, Münzduschen und -waschmaschinen gibt's ganz in der Nähe.

Madison Campground   CAMPING $
(☎ 307-344-7311; www.yellowstonenationalparklodges.com; Stellplatz 21 US$; ☉ Anfang Mai–Ende Okt.) Liegt dem Old Faithful am nächsten und hat 250 Stellplätze für Zelte oder Wohnmobile.

Old Faithful Lodge Cabins   HÜTTEN $
(Hütte 69–115 US$) Einfache, rustikale Hütten mit Blick auf den Old Faithful.

Roosevelt Lodge Cabins   HÜTTEN $$
(☎ 866-439-7375; www.yellowstonenationalparklodges.com; Hütte 69–115 US$; 🐾) Die familienfreundliche Hüttenanlage mit Cowboy-Vibe veranstaltet jeden Abend ein „Old West Dinner Cookout". Dabei begeben sich Gäste per Pferd oder Planwagen zu einer großen Wiese, um ca. 5 km von der Lodge entfernt ein Buffet im Freien zu genießen (Reservierung ratsam).

Lake Lodge Cabins   HÜTTEN $$
(Hütte 75–188 US$) Zum Haupthaus gehören eine große Veranda mit See- bzw. Bergblick und ein gemütlicher Raum mit zwei offenen Kaminen. Gemietet werden können rustikale Holzhütten aus den 1920er-Jahren oder modernere Wohneinheiten im Motelstil.

Old Faithful Snow Lodge   HOTEL $$
(Hütte 99–155 US$, Zi. ab 229 US$; 📶) Stilvolles und modernes Hotel im Blockhaus-Stil, das zeitgemäße Einrichtungen mit Nationalpark-Motiven paart.

⭐ Old Faithful Inn   HOTEL $$
(☎ 866-439-7375; www.yellowstonenationalparklodges.com; Altbau-DZ mit Gemeinschaftsbad/eigenem Bad ab 103/140 US$, Standardzi. ab 164 US$; ☉ Anfang Mai–Anfang Okt.) Der prächtige, denkmalgeschützte Inn neben dem namengebenden Geysir ist die gefragteste Unterkunft des Parks. Die riesige Lobby aus Holz hat riesige offene Steinkamine und sehr hohe Decken aus Astloch-Kiefer. Die Zimmer decken alle Preisbereiche ab. Viele der interessantesten historischen Quartiere tei-

len sich Gemeinschaftsbäder. Die Gemeinschaftsbereiche sind ebenfalls sehr hübsch.

Am besten plant man hier zwei Übernachtungen ein, um die Atmosphäre richtig genießen zu können.

Lake Yellowstone Hotel HOTEL $$

(☎866-439-7375; www.yellowstonenationalpark lodges.com; Hütte 130 US$, Zi. 149–299 US$; ◷ Mitte Mai–Sept.) Das vornehme historische Romantikhotel versprüht das mondäne Ambiente des US-Westens der 1920er-Jahre. Es besitzt Yellowstones herrlichste Lounge, die zum Tagträumen wie gemacht ist. Hierfür sorgen große Panoramafenster mit Seeblick, viel Tageslicht und ein Streichquartett, das live im Hintergrund spielt. Die Hütten sind etwas rustikaler als die gut ausgestatteten Zimmer.

Canyon Lodge & Cabins HÜTTEN $$

(Hütte 99–188 US$, Zi. 185 US$) Sauber, ordentlich und zentral gelegen.

Mammoth Hot Springs Hotel & Cabins HOTEL $$

(Hütte 86–229 US$, Zi. mit/ohne Bad 123/87 US$; ☎) Großes Unterkunftsspektrum; auf dem Rasen vorn grasen oft Wapitihirsche.

Grant Village HOTEL $$

(Zi. 155 US$) Nahe dem südlichen Parkrand gibt's hier komfortable, wenn auch langweilige Zimmer im Motelstil. Zwei benachbarte Restaurants punkten mit super Seeblick.

✖ Essen

Snackbars, Feinkostläden, Burgertheken und Lebensmittelläden sind überall im Park verteilt. Zusätzlich bieten die meisten Lodges ein Frühstücksbuffet, Salatbars und Mittag- und Abendessen in formellen Speisesälen an. Das Essen ist nicht immer herausragend, aber wenn man bedenkt, für wie viele Leute der Küchenchef kocht, recht gut – und in Anbetracht der sagenhaften Aussicht nicht übeteuert.

★ Lake Yellowstone Hotel Dining Room AMERIKANISCH $$$

(☎307-344-7311; Hauptgerichte 13–33 US$; ◷6.30–10, 11.30–14.30 & 17–22 Uhr; ☎) Bitte ein Outfit knitterfrei halten: Das Restaurant des Lake Yellowstone Hotel ist das beste des Parks und ermöglicht eine stilvolle Mahlzeit. Mittags kommen z.B. tolle Salate, Bison-Burger oder Mini-Burger mit Hack vom Montana-Lamm auf den Tisch, ergänzt durch Regionaltypisches und glutenfreie

Optionen. Das Abendessen (Reservierung wärmstens empfohlen) ist vergleichsweise gehaltvoller.

Old Faithful Inn
Dining Room AMERIKANISCH $$$

(☎307-545-4999; Hauptgerichte abends 13–29 US$; ◷6.30–10.30, 11.30–14.30 & 17–22 Uhr; ☎) Die hiesigen Buffets maximieren die verfügbare Zeit fürs Geysir-Gucken. Die Kost à la carte (z.B. Wapitihirsch-Burger, Bison-Schmorfleisch oder das stets beliebte Ossobuco) ist jedoch einfallsreicher. Glutenfreie Gerichte sind ebenfalls bestellbar. Reservierung ist ratsam.

❶ Praktische Informationen

Eigentlich ist der Park das ganze Jahr über geöffnet, aber viele Straßen sind im Winter gesperrt. Die Eintrittskarten (Fußgänger/Fahrzeug 12/25 US$) gelten für sieben Tage und berechtigen zum Besuch des Yellowstone und des Grand Teton National Park. Die Visitor Center sind nur im Sommer geöffnet und gleichmäßig im Abstand von 20 bis 30 Meilen (32–48 km) an der Grand Loop Rd verteilt.

Albright Visitors Center (☎307-344-2263; www.nps.gov/yell; ◷Juni–Sept. 8–19 Uhr, Okt.–Mai 9–17 Uhr) Dient als Hauptquartier des Parks. Die Website des Parks ist eine tolle Informationsquelle.

❶ An- & Weiterreise

Die am nächsten gelegenen Flughäfen, die das ganze Jahr über in Betrieb sind, sind: Yellow-

---

ABSTECHER

SCENIC DRIVE: DAS DACH DER ROCKIES

Die malerischste Zugangsstraße zu Yellowstone ist der 68 Meilen (109 km) lange **Beartooth Highway** (US 212; www.beartoothhighway.com; ◷Juni–Mitte Okt.) zwischen Red Lodge, Cooke City und dem Nordeingang des Parks. Die unglaubliche Fahrt passiert 3353 m hohe Gipfel und alpine Tundra voller Wildblumen. Sie ist schon als Amerikas schönste Autoroute und als Motorradstrecke Nummer eins bezeichnet worden. Entlang des Highways liegen zahlreiche USFS-Campingplätze (Reservierungen teilweise unter www. recreation.gov möglich) – vier davon maximal 12 Meilen (19,3 km) von Red Lodge entfernt.

stone Regional Airport (COD) in Cody (52 Meilen, 84 km), Jackson Hole Airport (JAC) in Jackson (56 Meilen, 90 km), Gallatin Field Airport (BZN) in Bozeman, MT (65 Meilen, 105 km) und Idaho Falls Regional Airport (IDA) in Idaho Falls, ID (107 Meilen, 172 km). Der Flughafen (WYS) in West Yellowstone, MT, ist in der Regel von Juni bis September geöffnet. Es kann sich auch lohnen, nach Billings, MT (170 Meilen, 274 km), Salt Lake City, UT (390 Meilen, 628 km) oder Denver, CO (563 Meilen, 906 km), zu fliegen und ein Auto zu mieten.

Zum oder innerhalb des Yellowstone National Park gibt's keine öffentlichen Verkehrsmittel.

Grand Teton National Park

Mit seinen gezackten, felsigen Berggipfeln, kühlen Gebirgsseen und duftenden Wäldern zählt der Grand Teton National Park zum Schönsten, was Amerika an Landschaft zu bieten hat. Er liegt direkt südlich vom Yellowstone National Park und besitzt zwölf von Gletschern geformte Berge. Sie umrahmen den einzigartigen Grand Teton (4197 m). Für Bergfans ist das großartige und verrückte Gelände aufregend. Der Teton ist weniger überlaufen als der Yellowstone National Park und bietet ebenso jede Menge Ruhe und Wildtiere wie Bären, Elche, Raufußhühner und Murmeltiere.

Es gibt zwei Eingänge zum Park: Moose (im Süden) an der Teton Park Rd westlich von Moose Junctio und Moran (im Osten), an der US 89/191/287 nördlich von Moran Junction. Der Park ist das ganze Jahr über geöffnet, allerdings werden einige Straßen und Eingänge ab November bis zum 1. Mai geschlossen, einschließlich Teile der Moose-Wilson Rd. Damit wird der Zugang zum Park von Teton Village aus eingeschränkt.

Aktivitäten

Angesichts eines 322 km langen Netzes von Wanderwegen kann man wirklich nichts falsch machen. Beim Visitor Center gibt's Infos, Wanderkarten und die obligatorischen Gratis-Genehmigungen fürs Übernachten in der Wildnis. Die Tetons sind auch für tolle kurze Kletterrouten bekannt – ebenso für längere Klassiker, die beispielsweise zu den Gipfeln des Grant Teton, des Mt. Moran oder des Mt. Owen führen.

Angeln ist eine weitere Attraktion: In den örtlichen Flüssen bzw. Seen gedeihen z.B. Cutthroat-Forellen, Seeforellen oder -saiblinge und diverse Maränenarten. Genehmigungen bekommt man bei der Signal

Mountain Lodge, an der Colter Bay Marina und im Dorfladen des Moose Village.

Skilanglauf und Schneeschuhwandern sind die besten Methoden, um den Winter im Park zu genießen. Das Craig Thomas Discovery & Visitor Center verteilt eine Broschüre mit detaillierten Routeninfos.

Jenny Lake Ranger Station KLETTERN
(☎ 307-739-3343; ☉ Juni–Aug. 8–18 Uhr) Kletterinfos.

Exum Mountain Guides KLETTERN
(☎ 307-733-2297; www.exumguides.com) Kletterkurse und geführte Touren.

Schlafen

Drei verschiedene Konzessionshalter führen die sechs Campingplätze im Park. Von Anfang August bis zum Labor Day ist der Andrang groß. Die meisten Campingplätze sind ab 11 Uhr voll (Jenny Lake sogar viel früher, Gros Ventre meist gar nicht). Colter Bay und Jenny Lake haben nur Plätze für Zelte, die für Backpacker und Radfahrer reserviert sind.

Climbers' Ranch HÜTTEN $
(☎ 307-733-7271; www.americanalpineclub.org; Teton Park Rd; B 25 US$; ☉ Juni–Sept.) Diese rustikalen Blockhütten des American Alpine Club dienten ursprünglich als Refugium für ernsthafte Kletterer. Heute stehen sie auch Wanderern offen, die genauso von der spektakulären Lage im Park profitieren. Vorhanden sind ein Sanitärhäuschen mit Duschen und ein geschützter Kochbereich mit abschließbaren Kühlfächern. Schlafsack und Kopfkissen müssen selbst mitgebracht werden (die Stockbetten sind ohne Bettzeug, aber dafür spottbillig).

Flagg Ranch Resorts CAMPING $
(www.flaggranch.com; Stellplatz für 2 Pers. 35 US$) Akzeptiert Online-Reservierungen für den Flagg-Ranch-Campingplatz und hat auch Hütten. Forever Resorts verwaltet die Campingplätze Signal Mountain und Lizard Creek innerhalb des Parks.

Grand Teton Lodge Company UNTERKUNFTSSERVICE $
(☎ 307-543-2811; www.gtlc.com; Stellplatz 21 US$) Betreibt neben den meisten privaten Lodges bzw. Hütten des Parks auch die Campingplätze Colter Bay, Jenny Lake und Gros Ventre. Per Telefon lässt sich ermitteln, ob aktuell etwas wegen einer Stornierung in letzter Minute frei geworden ist. Dennoch

empfiehlt sich rechtzeitige Reservierung, da bis Anfang Juni fast alle Unterkünfte komplett ausgebucht sind. Jede Lodge hat einen Schalter für Aktivitäten.

Colter Bay Village · HÜTTEN $$

(☑ 307-543-2811; www.gtlc.com; Zelthütte 57 US$, Blockhütte mit Bad 135–239 US$, Blockhütte ohne Bad 73 US$; ⊙ Juni–Sept.) Eine halbe Meile (800 m) westlich der Colter Bay Junction warten hier zwei Arten von Bleiben: Die spartanischen Zelthütten (verfügbar Juni-Anfang Sept.) haben Stockbetten ohne Bettzeug und teilen sich Gemeinschaftsbäder in einem separaten Gebäude. Angesichts ihres Preises ist man aber als Camper besser dran. Die deutlich komfortableren und z.T. originalen Blockhütten (verfügbar Ende Mai-Ende Sept.) haben da ein besseres Preis-Leistungs-Verhältnis.

Signal Mountain Lodge · LODGE, CAMPING $$

(☑ 307-543-2831; www.signalmtnlodge.com; Stellplatz 21 US$, Zi. 194–230 US$, Hütte 156–185 US$; ⊙ Mai–Mitte Okt.) Die spektakulär gelegene Lodge am Rand des Jackson Lake vermietet gemütliche und gut ausgestattete Hütten. Hinzu kommen außerdem recht vornehme Zimmer mit hervorragendem See- und Bergblick.

★ Jenny Lake Lodge · LODGE $$$

(☑ 307-733-4647; www.gtlc.com; Jenny Lake; Hütte inkl. HP 655 US$; ⊙ Juni–Sept.) Abgenutztes Holz, Daunendecken und farbenfrohe Steppdecken verleihen dieser eleganten Option abseits der Teton Park Rd ein gemütliches Ambiente. Der nicht gerade günstige Preis beinhaltet das Frühstück, ein fünfgängiges Abendessen, die Leihfahrradbenutzung und geführte Ausritte. Regentage kann man mit einem Gesellschaftsspiel oder einem Buch am offenen Kamin des Haupthauses verbringen. Die Blockhütten haben jeweils eine Terrasse, aber kein TV oder Radio (Telefon auf Anfrage).

Jackson Lake Lodge · LODGE $$$

(☑ 307-543-2811; www.gtlc.com; Zi. & Hütte 249–335 US$; ⊙ Juni–Sept.; 🛜 🏊 🐾) Weiche Bettwäsche, ein beheizter Pool, gewundene Pfade, die perfekt sind für lange Spaziergänge, und riesige Panoramafenster mit Blick auf die glitzernden Gipfel machen diese haustierfreundliche Lodge zur idealen Unterkunft für Frischverliebte. Dennoch könnte man die 348 Hütten aus Schlackenbetonblöcken im Großen und Ganzen als überteuert bezeichnen.

Spur Ranch Log Cabins · HÜTTEN $$$

(☑ 307-733-2522; www.dornans.com; Hütte 185–265 US$; ⊙ ganzjährig) Die ruhigen Doppelhütten am Snake River in Moose stehen auf einer großen Wildblumenwiese und sind über Kieswege miteinander verbunden. Mobiliar aus Murraykiefer, Daunenbettzeug und Design à la US-Westen verleihen ihnen Behaglichkeit. Größter Pluspunkt ist jedoch die Aussicht.

 Essen

Signal Mountain, Moose Junction, das Colter Bay Village und die Jackson Lake Lodge haben jeweils mehrere Cafés, die Frühstück und Schnellgerichte zu erschwinglichen Preisen servieren.

Pioneer Grill · DINER $$

(☑ 307-543-1911; Jackson Lake Lodge; Hauptgerichte 9–23 US$; ⊙ 6–22.30 Uhr; 👶) Dieser zwanglose Klassiker mit seinen vielen Kunstlederstühlen kredenzt Wraps, Burger und Salate. Kinder freuen sich über die Eisbecher mit Fondantkaramell- und Schokoladensauce. Am Take-away-Fenster bekommt man Lunchboxen (am Vortag bestellen!) und kann Pizza aufs Zimmer bestellen (17–21 Uhr), wenn man vom Wandern zu erschöpft zum Essengehen ist.

Mural Room · MODERN-AMERIKANISCH $$$

(☑ 307-543-1911; Jackson Lake Lodge; Hauptgerichte 22–40 US$; ⊙ 7–21 Uhr) Man hat von hier eine atemberaubende Sicht auf die Tetons – und eine Feinschmeckerauswahl von Wildgerichten und einfallsreichen Kreationen wie in Sushi-Reis verpackte Forelle mit Sesam. Das Frühstück ist gut; zum Abendessen empfiehlt es sich, eine Reservierung vorzunehmen.

Peaks · AMERIKANISCH $$$

(☑ 307-543-2831; Signal Mountain Lodge; Mahlzeiten 18–28 US$) Man wählt aus einer Auswahl von Käse und Obst, Rindfleisch von Rindern aus der Gegend und Bio-Polentakuchen seine Favoriten aus. Kleine Snacks wie Wild-Burger sind ebenfalls erhältlich. Drinnen ist das Ambiente eher langweilig. Aber auf der Terrasse, wo der Sonnenuntergang über dem Jackson Lake und die sagenhaften Heidelbeer-Margaritas die Hauptrolle spielen, ist schnell kein Tisch mehr zu haben.

ℹ Praktische Informationen

Die Eintrittskarten (Wanderer/Fahrzeug 12/25 US$) sind sieben Tage lang gültig und berechtigen zum Besuch des Yellowstone und des Grand Teton National Park. Es ist als ohne Weiteres möglich, in einem Park zu übernachten und den anderen von dort aus zu besuchen.

Craig Thomas Discovery & Visitor Center
(☑ 307-739-3399, Backcountry Permits 307-739-3309; Teton Park Rd; ☺ Juni–Aug. 8–19 Uhr, übriges Jahr 8–17 Uhr) Befindet sich in Moose.

Laurance S Rockefeller Preserve Center
(☑ 307-739-3654; Moose-Wilson Rd; ☺ Juni–Aug. 8–18 Uhr, übriges Jahr 9–17 Uhr) Dieses kürzlich eröffnete Center hat Informationen über das neue und sehr empfehlenswerte Rockefeller Preserve. Diese weniger überlaufene Wandermöglichkeit liegt 4 Meilen (6,5 km) südlich von Moose.

Park Headquarters (☑ 307-739-3600; www.nps.gov/grte; ☺ Juni–Aug. 8–19 Uhr, übriges Jahr 8–17 Uhr) Befindet sich im gleichen Gebäude wie das Craig Thomas Center.

Jackson

Dies ist tatsächlich Wyoming, auch wenn es schwer zu glauben ist. Mit einem Bevölkerungsdurchschnittsalter von 32 Jahren hat sich diese Western-Stadt in ein Mekka für Bergliebhaber, Extrem-Bergsteiger und Skifahrer verwandelt, was man leicht an den sonnengebräunten Baristas erkennen kann. Was dazu antreibt, schick und beliebt zu sein? In Jackson brummt das Leben: Es gibt Unmengen Wanderwege und Outdoor-Möglichkeiten. Täglich wird frisches Sushi eingeflogen, und die Großzügigen, bei denen das Geld locker sitzt, sorgen für ein blühendes Kulturleben. Die Souvenirs sollte man links liegen lassen und sich daran erinnern, warum man eigentlich nach Jackson gekommen ist: um den traumhaften Hinterhof des Ortes zu besuchen, den Grand Teton National Park.

◉ Sehenswertes

In der Innenstadt von Jackson steht eine Handvoll historischer Gebäude.

National Museum of Wildlife Art   MUSEUM
(☑ 307-733-5771; www.wildlifeart.org; 2820 Rungius Rd; Erw./Kind 12/6 US$; ☺ 9–17 Uhr) Wenn man nur ein Museum in dieser Gegend besuchen möchte, sollte es dieses sein. Die Hauptwerke von Bierstadt, Rungius, Remington und Russell jagen einem Schauer über den Rücken. In der Discovery Gallery findet man ein Atelier für Kinder. Sie können dort zeichnen und Drucke anfertigen – Mama und Papa werden neidisch sein! Auf der Website

stehen die Filmangebote für den Sommer und auch, welche Kunstkurse vor Ort angeboten werden.

Center for the Arts   KUNSTZENTRUM
(☑ 307-733-4900; www.jhcenterforthearts.org; 240 S Glenwood S) Hier gibt es alles von Kultur, Star-Konzerten und Theateraufführungen, Kursen und Kunstausstellungen bis zu speziellen Events. Das Programm steht auf der Homepage.

Jenny Lake Lodge
Dining Room   MODERN-AMERIKANISCH $$$
(☑ 307-543-3352; Frühstück 24 US$, Hauptgerichte mittags 12–15 US$, Festpreis-Abendmenü 85 US$; ☺ 7–21 Uhr) Gäste des teuren Lokals genießen eventuell das einzige Fünf-Gänge-Wildnismenü ihres Lebens. Doch der Laden ist sein Geld vollauf wert: Die Eggs Benedict mit Krabbenküchlein zum Frühstück sind perfekt zubereitet. Die Forelle mit Polenta und knackigem Spinat stärkt hungrige Wanderer. Zudem ist die heimelige Atmosphäre mitten in den Tetons unschlagbar. Abends (Reservierung erforderlich) schick in Schale werfen!

National Elk Refuge   NATURSCHUTZGEBIET
(☑ 307-733-9212; www.fws.gov/nationalelkrefuge; Hwy 89; Pferdeschlittenfahrt Erw./Kind 18/14 US$; ☺ Sept.–Mai 8–17 Uhr, Juni–Aug. 8–19 Uhr, Pferdeschlittenfahrten Mitte Dez.–März 10–16 Uhr) GRATIS Das Refugium schützt Tausende wandernder Wapitihirsche zwischen November und März. Die angebotenen **Pferdeschlittenfahrten** sind die größte Besucherattraktion im Winter.

Town Square Shootout   WILDWESTSHOW
(☺ Sommer Mo–Sa 18.15 Uhr; ♿) GRATIS Kitschiger Touristenmagnet.

🏃 Aktivitäten

★Jackson Hole Mountain
Resort   WINTERSPORT
(☑ 307-733-2292; www.jacksonhole.com; Liftpass Erw./Kind 99/59 US$) Das Jackson Hole Mountain Resort zählt zu den führenden Skigebieten in den USA und weist die größte durchgängige Höhendifferenz des Landes auf. Diese erstreckt sich zwischen dem Teton Village (1924 m) und dem Gipfel des Rendezvous Mountain (3185 m). Das größtenteils recht anspruchsvolle Terrain punktet mit viel lockerem Pulverschnee und Felskanten, die zu Sprüngen einladen. Bei Onlinebuchung sind die Liftpässe etwas günstiger.

Nach der Schneeschmelze bietet das Resort zahllose Sommeraktivitäten an (für Details s. Website).

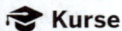 Kurse

Teton Science Schools Ecology BILDUNG
(☎ 307-733-1313; www.tetonscience.org) In puncto empirische Bildung mit viel Spaß ist diese nichtkommerzielle Einrichtung unschlagbar. Die Programme reichen von GPS-Schnitzeljagden bis hin zu Öko-Expeditionen. Anfragen sind über die Website möglich.

Schlafen

Jacksons zahlreiche Unterkünfte verteilen sich auf den eigentlichen Ort und die Umgebung des Skibergs. Im Sommer wie im Winter sind Reservierungen unbedingt erforderlich.

Hostel HOSTEL $
(☎ 307-733-3415; www.thehostel.us; 3315 Village Dr; B/DZ 34/99 US$; ⊙ während der Zwischensaison im Frühjahr und Herbst geschl.; @) Die alte Skilodge ist die einzige Budgetbleibe im Teton Village. Neben privaten Doppelzimmern vermietet sie auch Schlafsäle (max. 4 Pers.) mit Stockbetten und renovierten Duschen. Die geräumige Lounge mit offenem Kamin eignet sich ideal zum Filmegucken oder für Scrabble-Turniere. Gäste können einen Mikrowellenofen, einen Freiluftgrill und Münzwaschmaschinen benutzen. Zudem gibt's ein Spielzimmer für Kinder und einen Bereich zum Wachsen der Ski.

Buckrail Lodge MOTEL $
(☎ 307-733-2079; www.buckraillodge.com; 110 E Karnes Ave; Zi. ab 93 US$; ✳ 🛜) Dieses zentral gelegene Schnäppchen besitzt charmante und geräumige Zimmer im Blockhüttenstil. Auf dem weitläufigen Gelände gibt's auch einen Whirlpool im Freien.

Golden Eagle Motor Inn MOTEL $$
(☎ 307-733-2042; 325 E Broadway; Zi. 148 US$; ✳) Superfreundlich und gerade weit genug vom Rummel entfernt. Das neu eingerichtete Motel mit freundlichen Gastgebern ist eine solide Wahl im Zentrum.

Alpine House B&B $$$
(☎ 307-739-1570; www.alpinehouse.com; 285 N Glenwood St; DZ/Cottage 25/450 US$; @) Zwei frühere Olympiateilnehmer im Skifahren haben dieses Heim in der Innenstadt mit sonnigem skandinavischem Stil und persönlichen Kleinigkeiten, beispielsweise tollem Service und einer gemütlichen Bergsteigerbibliothek, ausgestattet. Zu den Annehmlichkeiten vor Ort gehören vornehme Bademäntel, Daunendecken, eine finnische Gemeinschaftssauna und ein Whirlpool im Freien. Für das kreative Frühstück sollte man Hunger mitbringen. Es gibt am Morgen z. B. pochierte Eier über Ricotta mit Spargel oder Mehrkorn-Arme-Ritter.

Essen & Ausgehen

Jackson wartet mit Wyomings raffiniertesten und exotischsten Gerichten auf. Viele Restaurants sind gleichzeitig Bars und während ihrer Happy Hours am günstigsten.

★ Coco Love DESSERTS $
(☎ 307-733-3253; 55 N Glenwood Dr; Desserts 5–8 US$; ⊙ 9–20 Uhr) Dessertmeister Oscar Ortega beweist seine französische Ausbildung anhand von vielen kunstvollen Süßspeisen. Auch seine gleichsam exquisiten und von Hand hergestellten Schokoladensorten jagen einem eine erwartungsfreudige Gänsehaut über den Rücken. Auf geht's – lecker!

Pica's Mexican Taqueria MEXIKANISCH $$
(1160 Alpine Lane; Hauptgerichte 7–15 US$; ⊙ Mo–Fr 11.30–21, Sa & So 11–16 Uhr; 🖶) Günstig und mehr als nur zufriedenstellend: Es gibt z. B. Baja Tacos, die in hausgemachte Maistortillas gewickelt sind, oder *cochinita pibil* (in Chili mariniertes Schweinefleisch), serviert mit Mexican Soda. Die Einheimischen lieben es – die Taqueria hat das beste Angebot in der Gegend.

Pizzeria Caldera PIZZERIA $$
(☎ 307-201-1472; 20 West Broadway; Pizzas 12–16 US$; ⊙ 11–21.30 Uhr; 🖶) 🌿 Die fröhliche, schlichte Pizzeria in einem Obergeschoss setzt auf Böden der dünneren Art – idealerweise belegt mit Kalamata-Salzoliven oder duftender Bison-Salbei-Wurst. Dazu passt perfekt eines der Fassbiere. Für die Salate werden Rucola und Rote Bete aus einheimischer Produktion verwendet.

Bubba's Bar-B-Que BBQ $$
(☎ 307-733-2288; 100 Flat Creek Dr; Hauptgerichte 6–20 US$; ⊙ 7–22 Uhr; 🖶) In diesem freundlichen und vitalen Bring-your-own-Bottle-Imbiss (BYOB bedeutet, dass man den Alkohol selbst mitbringen kann) bekommt man die größten und luftigsten Cookies im Umkreis von Meilen zum Frühstück. Für später gibt es eine ordentliche Salatbar und eine Reihe Grillfleischgerichte.

★ **Snake River Grill** MODERN-AMERIKANISCH $$$
(☎307-733-0557; 84 E Broadway; Hauptgerichte 21–52 US$; ☺ab 17.30 Uhr) Das Grillrestaurant mit langer Weinkarte, feschen weißen Tischtüchern und einem bollernden offenen Kamin aus Stein serviert bemerkenswerte US-Spitzenküche. Für den Anfang empfiehlt sich das Brechbohnen-Tempura mit scharfem Sriracha-Dip. Das knusprige Schweinefleisch fällt quasi von selbst vom Knochen, während die gegrillten Wapiti-Koteletts für köstliche Rustikalität stehen. Die opulenten Desserts (z. B. Crème brûlée oder selbst gemachte Eiscreme) reichen locker für zwei Personen.

Stagecoach Bar BAR
(☎307-733-4407; 5755 W Hwy 22, Wilson) In Wyoming gibt es keinen besseren Ort, um ein bisschen mit dem Hintern zu wackeln. Montags wird Reggae gespielt, Dienstag ist Diskonacht, und jeden Sonntag singt die Hausband schmachtend bis 22 Uhr Country-&-Western-Schlager. Da lohnt sich die kurze Fahrt nach Wilson (gleich jenseits der Teton Village Abzweigung)!

Snake River Brewing Co KLEINBRAUEREI
(☎307-739-2337; 265 S Millward St; ☺11.30–24 Uhr) Bei einem Arsenal von 22 hier hergestellten Biersorten – einige davon preisgekrönt – wundert es nicht, dass die Brauereikneipe ein beliebter Treffpunkt ist. Zum Essen gibt es Holzofenpizza und Pasta (Hauptgerichte 6–18 US$). Die Happy Hour geht von 16 bis 18 Uhr.

Million Dollar Cowboy Bar BAR
(25 N Cache Dr) Die dunkle Schenke ist touristisch bis zum Anschlag, aber nichtsdestotrotz verführerisch und eine Pflichtstation bei Trips durch den US-Westen. Gäste können ihre vier Buchstaben auf Sattelhockern platzieren. Am Wochenende dröhnt Karaoke, und auf der Tanzfläche zucken die Tänzer.

❶ Praktische Informationen

Jackson Hole Wyoming (www.jacksonholenet. com) Gute Website mit Regionalinfos.
Valley Bookstore (125 N Cache St) Verkauft Regionalkarten.
Visitor Center (☎307-733-3316; www.jacksonholechamber.com; 532 N Cache Dr; ☺9–17 Uhr)

❶ Anreise & Unterwegs vor Ort

Der **Jackson Hole Airport** (JAC; ☎307-733-7682) liegt 7 Meilen (11,3 km) nördlich von Jackson im Grand Teton National Park, abseits der US 26/89/189/191. Es besteht täglich Flugverbindung nach Denver, Salt Lake City, Dallas und Houston; am Wochenende geht's per Flieger auch nach Chicago.

Busse von **Alltrans' Jackson Hole Express** (☎307-733-3135; www.jacksonholebus.com) fahren zum Flughafen (16 US$) und zum Grand Teton National Park (14 US$/Tag). Zudem bre-

WER NOCH EIN PAAR TAGE ZEIT HAT …

Wyoming ist voller Orte, an denen man hängenbleiben kann. Leider sind es zu viele, um sie alle in diesem Band zu behandeln – aber hier sind ein paar Appetithappen:

Mit weiten Wiesenflächen, einem Meer aus Wildblumen und friedlichen Koniferenwäldern sind die **Bighorn Mountains** im nördlich-zentralen Wyoming einfach atemberaubend. Dazu kommen noch rauschende Wasserfälle und eine Unmenge Wildtiere. Das ergibt dann einen umwerfenden Spielplatz in der Natur mit Hunderten Kilometern ausgeschilderter Wanderwege.

Der fast senkrechte Monolith, das **Devil's Tower National Monument**, ragt sagenhafte 386 m über dem Belle Fourche River in die Höhe und ist ein unglaublicher Anblick. Bei einigen der mehr als 20 Indianerstämme, für die er ein Heiligtum ist, ist er als Bears Lodge bekannt. Wer zwischen den Black Hills (an der Grenze zwischen Wyoming und South Dakota), dem Tetons und Yellowstone unterwegs ist, darf diesen Berg keinesfalls verpassen!

Westlich von Laramie erstreckt sich der hoch gelegene National Forest auf den **Medicine Bow Mountains** und der **Snowy Range**. Das ist eine wilde und schroffe Gegend, ideal für mehrtägige Wander- und Campingtouren.

Sheridan schmiegt sich in den Schatten der Bighorn Mountains und bietet 100 Jahre alte Häuser, die einst die Heimstätten der Rinderbarone von Wyoming waren. Heute ist das Örtchen bei den Abenteuerfans beliebt, die hierher kommen, um sich in den Bighorns auszutoben.

chen sie am Maverik County Store (Ecke Hwy 89 S und S Park Loop Rd) gen Salt Lake City auf (70 US$, 5½ Std., tgl. 6.30 Uhr).

MONTANA

Vielleicht resultiert Montanas Motto „Leben und leben lassen" aus dem Pioniergeist des Bundesstaats – eigenständig, wild, frei und typisch amerikanisch. Der Himmel erscheint hier höher und blauer, außerdem liegt Kieferduft in der frischen Luft. Ob sanft gewelltes Weideland unter steilen Berghängen, planschende zottelige Grizzlys an eisblauen Gletscherseen oder Brauereien aus Backstein: Das herrliche Montana lässt einen ganz euphorisch werden. Und es bleibt einem noch lange nach der Abreise im Gedächtnis.

❶ Praktische Informationen

Montana Fish, Wildlife & Parks (☎ 406-444-2535; http://fwp.mt.us) Auf einem der 24 Campingplätze in Montanas State Parks zu zelten kostet etwa 15/23 US$ pro Nacht für Anwohner/Nichtanwohner. Plätze mit Anschlüssen für Wohnmobile (wenn vorhanden) kosten nochmal 5 US$. Man kann über ☎ 1-855-922-6768 oder http://montanastateparks.reserveamerica.com reservieren.

Montana Road Conditions (☎ 800-226-7623, innerhalb von Montana 511; www.mdt.mt.gov/travinfo)

Travel Montana (☎ 800-847-4868; www.visitmt.com)

Bozeman

Inmitten von sanften grünen Hügeln, Kiefernwäldern und verschneiten Gipfeln verteidigt Bozeman seinen Titel als Montanas coolste Stadt. Backsteinbauten mit Brauereien und Boutiquen säumen die historische Main St. Hier mischen sich Künstlerstil, Cowboy-Coolness und Triathlon-Leidenschaft. Die großartige Lage zwischen den Bridger und Gallatin Mountains macht Bozeman außerdem zu einem der allerbesten Outdoor-Reviere im Westen der USA.

◉ Sehenswertes & Aktivitäten

Museum of the Rockies
MUSEUM
(☎ 406-994-2251; www.museumoftherockies.org; 600 W Kagy Blvd; Erw./Kind 14/10 US$; ⊙ 8–20 Uhr; ⊞) Das Museum der Montana State University (MSU) ist eines der besten in

---

Montana, und man sollte es auf keinen Fall auslassen. Es gibt Abteilungen über Astronomie, über Dinosaurier, über die Kunst der frühen Ureinwohner Amerikas und Laser-Planetarium-Shows.

Bridger Bowl Ski Area
WINTERSPORT
(☎ 406-587-2111; www.bridgerbowl.com; 15795 Bridger Canyon Rd; Tages-Lifticket Erw./Kind unter 12 Jahren 49/16 US$; ⊙ Mitte Dez.–März) Nur in Bozeman ist ein nicht auf möglichst viel Profit ausgerichtetes Ski-Resort zu finden. Diese ausgezeichnete Einrichtung, die sich im Besitz der Gemeinde befindet, liegt 16 Meilen (25,5 km) nördlich von Bozeman. Sie ist für ihren lockeren, leichten Pulverschnee und die wirklich unschlagbaren Preise berühmt – vor allem für Kinder unter zwölf Jahren.

🛏 Schlafen

Die volle Bandbreite von Kettenmotels ist nördlich der Innenstadt in der 7th Ave zu finden, nahe der I-90. Östlich der Innenstadt, in der Main St, gibt's noch mehr Budgetunterkünfte mit Zimmern ab 50 US$, je nach Saison.

Bear Canyon Campground
CAMPING $

(☎ 800-438-1575; www.bearcanyoncampground. com; Stellplatz Zelt 20 US$, Stellplatz Wohnmobil 28–33 US$; ⊙ Ma–Mitte Okt.; 🌐 🐕) 3 Meilen (8,4 km) östlich von Bozeman, an der I-90 Exit 313, liegt der Bear Canyon Campground auf der Spitze eines Hügels mit herrlicher Aussicht in das Tal rundherum. Es gibt sogar einen Pool.

Howlers Inn
B&B $$

(☎ 406-586-0304; www.howlersinn.com; 3185 Jackson Creek Rd; DZ inkl. Frühstück 110–150 US$, Hütte f. 2 Pers. 195 US$; 🌐) Dieses B&B wird Wolfsfans begeistern: Rund 15 Minuten außerhalb von Bozeman finanziert es ein eingezäuntes Reservat (1,6 ha) für gerettete „Haustierwölfe" (in Gefangenschaft geboren). So werden Gäste mit etwas Glück angenehm in den Schlaf geheult. Eine Hütte mit zwei Schlafzimmern ergänzt die drei geräumigen Haupthauszimmer im Stil des US-Westens. Exit 319 der I-90 nehmen!

Lewis & Clark Motel
MOTEL $$

(☎ 800-332-7666; www.lewisandclarkmotelboze man.com; 824 W Main St; Zi. werktags/Wochenende 99/159 US$; ❄ 🌐) Das schrille Motel in einheimischem Besitz ist ein Stück Las Vegas in Montana. Die großen Zimmer haben vorn deckenhohe Fenster, und die dudelnde 1950er-Musik trägt zum altmodischen Rat-Pack-Vibe bei. Mit Whirlpool und Dampfsauna.

🍴 Essen & Ausgehen

Da Bozeman eine Collegestadt ist, gibt es keinen Mangel an auf Studenten eingestellten günstigen Imbissen und natürlich genügend Kneipen, um den Durst eines College-Footballteams zu löschen. Fast alle sind in der Main St.

La Tinga
MEXIKANISCH $

(12 E Main St; Hauptgerichte 1,50-7 US$; ⊙ 8.30–14.30 Uhr) Einfach, günstig und authentisch: Das La Tinga bietet schlichtes, unglaublich leckeres Essen an. In der winzigen Taco-Kneipe bestellt man an der Theke und bekommt die köstliche Version des mexikanischen Schweinfleischgerichts, nach dem der Laden benannt wurde, und jede Menge frisch gemachte Tacos für nur 1,50 US$ aufwärts. Man kann auch das tägliche Kombiangebot zum Mittagessen für weniger als 7 US$ wählen.

Community Co-Op
SUPERMARKT $

(www.bozo.coop; 908 W Main; Hauptgerichte 5–10 US$; ⊙ Mo–Sa 7–22, So 8–22 Uhr; 🌐 📶) 🌱 Dieser Lokalfavorit ist die beste Adresse, um sich mit Bio-Produkten und Lebensmitteln aus Massenproduktion einzudecken. Zudem können Suppen, Salate und warme Gerichte vor Ort vertilgt oder auch mitgenommen werden. Zur Filiale an der W Main St gehört außerdem ein tolles Bio-Café im Obergeschoss.

Plonk
WEINLOKAL $$

(www.plonkwine.com; 29 E Main St; abends Hauptgerichte 13–32 US$; ⊙ 11.30–24 Uhr) Wo geht man hin, wenn man ein ausgiebiges Mittagessen mit einem Schwatz und drei Martinis genießen möchte? Das Plonk hat eine umfassende Speisekarte, auf der leichte Snacks genauso stehen wie volle Mahlzeiten, von denen die meisten aus Bio-Produkten der Region hergestellt werden. Im Sommer wird die gesamte Front des Plonk geöffnet. Dann strömt ein kühles Lüftchen durch das ganze lange Gebäude. Außerdem gibt's eine Shotgun-Bar, und die Decke ist aus gepresstem Blech.

John Bozeman's Bistro
AMERIKANISCH $$$

(☎ 406-587-4100; www.johnbozemansbistro.com; 125 W Main St; Hauptgerichte 14–34 US$; ⊙ Di–Sa 11.30–14.30, 17–21.30 Uhr) Das beste Restaurant von Bozeman bietet thailändische, kreolische oder panasiatische Anklänge. Wie wär's mit Cowboysteak zum Dinner? Und dazu eine Vorspeise wie Hummersuppe? Wöchentlich wechselt das „Superfood"-Special mit besonders nahrhaften vegetarischen Gerichten je nach Saison.

Molly Brown
BAR

(www.mollybrownbozeman.com; 703 W Babcock) Diese laute Kneipe ist vor allem bei den Studenten der MSU beliebt. Es gibt 20 Biersorten vom Fass und acht Billardtische, an denen man ein Spielchen wagen kann.

Zebra Cocktail Lounge
LOUNGE

(☎ 406-585-8851; 15 N Rouse St; ⊙ 8–2 Uhr) Dieser Ort im Bozeman Hotel ist das Epizentrum der Livemusik, vor allem in Sachen Club und Hip-Hop.

FLIEGENFISCHEN UNTER WEITEM HIMMEL

Seit Robert Redford und Brad Pitt in dem Klassiker *In der Mitte entspringt ein Fluss* von 1992 dafür gesorgt haben, dass es sexy aussieht, ist Montana eng mit der Coolness des Fliegenfischens verbunden. Gleichgültig, ob man noch am Lernen oder ein Weltklasse-Forellenangler ist, die weiten, schnell fließenden Flüsse sind immer traumhaft schön und voller Fische. Nur für Filmfans: Auch wenn der Film – und das Buch, auf dem er basiert – in Missoula und dem nahen Blackfoot River spielt, wurde der Film selbst tatsächlich rund um Livingston, im Yellowstone National Park und am Gallatin Rivers gedreht. Das ist auch die Region, auf die wir uns hier konzentrieren.

Zum Do-it-Yourself-Fischen bietet der Gallatin River, 8 Meilen (13 km) südwestlich von Bozeman am Hwy 191, die Stellen, die am besten zugänglich und zuverlässig voller Fische sind, dicht gefolgt vom schönen Yellowstone River, 25 Meilen (40 km) östlich von Bozeman, im Paradise Valley.

Einen Exklusivbericht über den Unterschied zwischen einer Regenbogen-, See- oder Cutthroat-Forelle sowie Fliegen, Angelruten und eine Angelerlaubnis für Montana bekommt man im **Bozeman Angler** (406-587-9111; www.bozemanangler.com; 23 E Main St, Bozeman; Mo–Sa 9.30–17.30, So 10–15 Uhr). Der Laden in der Innenstadt ist seit über 15 Jahren im Besitz eines Paares aus der Gegend und bietet zwischen Mai und September an jedem zweiten Samstag im Monat einen tollen Einführungskurs ins Fliegenfischen (125 US$/Pers., Casting-Kurse 40 US$/Std.) an.

❶ Praktische Informationen

Visitor Center (406-586-5421; www.boze manchamber.com; 1003 N 7th Ave; Mo–Fr 8–17 Uhr) Infos zu regionalen Unterkünften und Sehenswürdigkeiten.

❶ An- & Weiterreise

Der **Gallatin Field Airport** (BZN; 406-388-8321; www.bozemanairport.com) liegt 8 Meilen (13 km) nordwestlich der Innenstadt. Die Busse von **Karst Stage** (406-556-3540; www.karst stage.com) fahren von Dezember bis April täglich vom Flughafen nach Big Sky (51 US$, 1 Std.) und West Yellowstone (102 US$, 2 Std.); im Sommer muss man reservieren.

Die Busse von Rimrock Stages starten am **Busdepot** (406-587-3110; www.rimrock trailways.com; 1205 E Main St), eine halbe Meile (600 m) von der Innenstadt entfernt. Sie bedienen alle Städte in Montana, die an der I-90 liegen.

Gallatin Valley & Paradise Valley

Outdoor-Fans könnten tagelang die weitläufige Schönheit rund um das Gallatin und das Paradise Valley erforschen. Das **Big Sky Resort** (800-548-4486; www.bigskyresort.com; Lift-Ticket Erw. 89 US$) mit seinen zahlreichen Bergen, 10 m Neuschnee jährlich und dem längsten Gefälle in ganz Montana (1325 m) ist eines der beliebtesten Ziele in Sachen Abfahrt- und Langlaufski, vor allem seit es sich

mit dem benachbarten Moonlight Basin zusammengeschlossen hat. Die Schlangen an den Liften sind in den Rockies die kürzesten, und wer mit Kindern reist, sollte sich das Big Sky auf keinen Fall entgehen lassen – Kinder und zehn Jahren dürfen dort kostenlos Skifahren, und sogar bei den Teenagern spart man 20 US$ im Gegensatz zum Preis für den Erwachsenenpass. Im Sommer kann man mit dem Gondellift zum Wandern und Mountainbiken hinauffahren.

Zum Backpacking und Skitourengehen macht man sich zum Spanish Peaks Gebiet in der **Lee Metcalf Wilderness** auf. Es umfasst 1008 km^2 des Gallatin National Forest und Beaverhead National Forest westlich der US 191. Auf der Ostseite der US 191 schmiegen sich zahlreiche malerische USFS-Campingplätze an die Gallatin Range.

20 Meilen (32 km) südlich von Livingston, an der US 89 auf dem Weg zum Yellowstone National Park, haben die bescheidenen **Chico Hot Springs** (406-333-4933; www.chicohotsprings.com; 2-Pers. Cabin 225 US$, Hauptlodge Zi. 93 US$; 8–23 Uhr;) in den vergangenen paar Jahren eine richtige Fangemeinde gewonnen. Sie ziehen sogar berühmte Bewohner aus Hollywood an. Einige kommen her, um in den Becken mit warmem Wasser unter freiem Himmel zu baden, die die Größe von Swimmingpools haben (Eintritt für diejenigen, die hier nicht wohnen 7,50 US$). Andere kommen wegen der lebhaften Bar, in der

am Wochenende schwungvolle Country-&-Western-Tanzbands auftreten. Das Restaurant auf dem Gelände (Hauptgerichte 20–32 US$) ist für seine tollen Steaks und Meeresfrüchte berühmt. Man hier auch übernachten. Nicht umsonst nennt man die Gegend hier Paradise Valley.

Absaroka Beartooth Wilderness

Die fabelhafte Absaroka Beartooth Wilderness mit ihren zahlreichen schönen Ausblicken umfasst mehr als 3817 km² und eignet sich perfekt für ein einsames Abenteuer. In dieser Wildnis findet man alles Mögliche vor, von dichten Wäldern bis zu zerklüfteten Bergen und sagenhaften einsamen Gebieten mit Gebirgstundra. Sie liegt zwischen dem Paradise Valley im Westen und dem Yellowstone National Park im Süden. Die dicht bewaldete Absaroka Range beherrscht die westliche Hälfte der Region und ist am besten vom Paradise Valley aus oder über den Boulder River Corridor zu erreichen. Die Hochebene der Beartooth Range und die Gebirgsseen erreicht man am leichtesten vom Beartooth Hwy südlich von Red Lodge. Wegen seiner Nähe zum Yellowstone National Park fließen durch die Beartooth Region zwei Drittel des Verkehrs in diesem Gebiet.

Red Lodge ist eine malerische alte Bergbaustadt mit fröhlichen Bars und Restaurants und einer guten Auswahl von Übernachtungsmöglichkeiten. Außerdem kann man von hier tolle Tageswanderungen unternehmen, mit dem Rucksack wandern und im Winter gleich in der Nähe der Stadt Ski fahren. Das **Red Lodge Visitor Center** (☎ 406-446-1718; www.redlodge.com; 601 N Broadway Ave; ⊙ Mo–Fr 8–18, Sa & So 9–17 Uhr) hat Infos zu den Übernachtungsmöglichkeiten.

Billings

Kaum zu glauben: Das ruhige kleine Billings ist Montanas größte Stadt. Das freundliche Öl- und Viehzuchtzentrum zählt nicht gerade zu den Pflichtattraktionen, eignet sich aber gut, wenn man einmal übernachten will oder muss. Die historische Innenstadt wirkt kaum kosmopolitisch, hat jedoch ihren eigenen rauen Charme.

Müde Traveller werden sich über die nette **Dude Rancher Lodge** (☎ 800-221-3302; www.duderancherlodge.com; 415 N 29th St; DZ ab 89 US$; @ ☎) im Zentrum freuen: Das freundliche Motel wartet mit Western-Dekor, Flachbild-TV, Kaffee auf den Zimmern und coolen Eichenmöbeln aus den 1940er-Jahren auf.

Das vornehme **Harper & Madison** (☎ 406-281-8550; 3115 10th Av N; Hauptgerichte 4–10 US$; ⊙ Mo–Fr 7–18, Sa 7–13 Uhr) ist sehr gut im Geschäft. Kein Wunder: Hier bekommt man klasse Kaffee, selbst gemachte Quiches und leckere Grillsandwiches – mit einer kräftigen Dosis Martha Stewart. Wer schnell weiterfahren will, nimmt sich am besten ein paar französische Backwaren mit.

Das gehobene **Walkers Grill** (www.walkersgrill.com; 2700 1st Ave N; Tapas 8–14 US$, Hauptgerichte 17–33 US$; ⊙ 17–22 Uhr) hat eine Bar mit raffiniertem Western-Dekor, die gute Grillgerichte und prima Tapas serviert. Für klassisches Kneipen-Ambiente empfiehlt sich das **Angry Hank's** (☎ (406) 252-3370; 2405 1st Ave N; ⊙ Mo–Sa 16–20 Uhr) in einer früheren Autowerkstatt, die nun eine beliebte Brauereikneipe ist.

Der **Logan International Airport** (BIL; www.flybillings.com) mit Direktflügen nach Salt Lake City, Denver, Minneapolis, Seattle, Phoenix und zu Zielen innerhalb Montanas liegt 2 Meilen (3,2 km) nördlich der Innenstadt. Ab dem **Busbahnhof** (☎ 406-245-5116; 2502 1st Ave N; ⊙ 24 Std.) besteht Verbindung nach Bozeman (30 US$, 3 Std.) und Missoula (61 US$, 8 Std.).

Helena

Als eine der kleinsten US-Staatshauptstädte ist das winzige Helena (28 000 Ew.) einerseits tief in der Cowboy-Legende verwurzelt – hier wurde Gary Cooper geboren. Andererseits steht es für die hippere, weniger stereotype Idylle des heutigen Montana. Politiker in weißen Hemden erlassen hier Gesetze, während wagemutige Abenteurer in die Ausläufer der Rockies hasten, um Montanas anderer typischer Leidenschaft zu frönen.

Zurück in der Stadt findet man zwischen den Outdoor-Läden mit Gore-Tex-Klamotten etwas Unerwartetes: eine neugotische Kathedrale mit französischen Einflüssen. Eine weitere nette Überraschung ist das komplett verkehrsberuhigte, künstlerisch angehauchte Einkaufsviertel.

◉ Sehenswertes & Aktivitäten

Bei vielen Stätten in Helena hat man kostenlosen Eintritt, auch in die eleganten alten

CUSTERS LETZTES GEFECHT

Der schönste Abstecher von Billings aus führt zum **Little Bighorn Battlefield National Monument** (☎406-638-3224; www.nps.gov/libi; Eintritt 10 US$/Auto; ◷8–21 Uhr). Es befindet sich 65 Meilen (105 km) außerhalb der Stadt in der trockenen Ebene des Absarokee-(Crow-)Reservats. Hier stößt man auf eines der bekanntesten Indianerschlachtfelder. Darauf stellte sich General George Custer zu seinem berühmten „letzten Gefecht". Custer und 272 Soldaten hatten sich einmal zu viel mit den Ureinwohnern angelegt (einschließlich Crazy Horse von den Lakota Sioux). Diese überwältigten die Truppe in einem (oft im Bild dargestellten) Massaker. In einem Visitor Center wird die Geschichte erzählt. Besser ist es, über **Apsalooke Tours** (☎406-638-3897; apsaalooketourism@gmail.com; ◷Memorial Day–Labor Day) eine der fünftägigen Touren mit einem Crow-Guide zu machen. Der Eingang liegt 1 Meile (1,6 km) östlich der I-90 an der US 212. Wer am letzten Juniwochenende hier ist, kann das jährliche Geheule beim **Custer's Last Stand Re-Enactment** (www.custerslaststand.org; Erw./Kind US$20/10), 6 Meilen (9,5 km) westlich von Hardin, miterleben.

Gebäude entlang der Last Chance Gulch (Helenas Fußgänger-Shoppingmeile) und in die hier aufgelisteten Sehenswürdigkeiten.

State Capitol
WAHRZEICHEN

(Ecke Montana Ave & 6th St; ◷Mo–Fr 8–18 Uhr) Dieses stattliche neoklassizistische Gebäude wurde 1902 fertiggestellt und ist für seine leuchtfeuerähnliche Kuppel bekannt. Sie ist innen mit goldgerahmten Gemälden verziert.

Cathedral of St. Helena
KIRCHE

(530 N Ewing St) Diese neugotische Kathedrale erhebt sich wie eine Erscheinung aus Europa über der Stadt und wurde 1914 fertiggestellt. Zu den Highlights gehören das Baptisterium, die Orgel und die aufwendigen bunten Glasfenster.

Holter Museum of Art
MUSEUM

(www.holtermuseum.org; 12 E Lawrence St; ◷Di–Sa 10–17.30, So 12–16 Uhr) Stellt moderne Werke von Künstlern aus Montana aus.

Mt. Helena City Park
OUTDOOR-AKTIVITÄTEN

Durch den Mt. Helena City Park winden sich neun Wander- und Mountainbikewege. Einer davon führt auf den 1664 m hohen Gipfel des Mt. Helena.

🛏 Schlafen & Essen

Östlich der Innenstadt, nahe der I-15, befindet sich die übliche Reihe von Kettenhotels. Die meisten Zimmer kosten zwischen 70 und 95 US$ und beinhalten kostenloses kontinentales Frühstück, einen Pool und Whirlpool.

Sanders
B&B $$

(☎406-442-3309; www.sandersbb.com; 328 N Ewing St; Zi. inkl. Frühstück 130–145 US$; ❄) Das historische B&B hat ein wunderschönes altes Wohnzimmer, vorn eine luftige Veranda und sieben elegante Gästezimmer mit individueller, sehr geschmackvoller Einrichtung. Der Inhaber ist mit der Betreiberfamilie des Ringling Brothers Circus verwandt – daher auch die entsprechenden Erinnerungsstücke.

Fire Tower Coffee House
CAFÉ, FRÜHSTÜCK $

(www.firetowercoffee.com; 422 Last Chance Gulch; Frühstück 4–9 US$; ◷Mo–Fr 6.30–18, Sa 8–15 Uhr; 🖥) Dies ist die beste örtliche Adresse für Kaffee, kleine Gerichte und Livemusik (Fr abends). Zum Frühstück gibt's Müsli und Burritos, während mittags eine interessante Auswahl von gesunden Sandwiches serviert wird.

❶ Praktische Informationen

Helena Visitor Center (☎406-442-4120; www.helenachamber.com; 225 Cruse Ave; ◷Mo–Fr 8–17 Uhr)

❶ Anreise & Unterwegs vor Ort

Der **Helena Regional Airport** (HNL; www.helenaairport.com) liegt 2 Meilen (3,2 km) nördlich der Innenstadt und bietet Flüge zu den meisten anderen Flughäfen in Montana sowie nach Salt Lake City, Seattle und Minneapolis. Rimrock Trailways startet in Helenas **Transit Center** (630 N Last Chance Gulch; ◷2–16, 20–21 Uhr). Von hier fahren mindestens einmal täglich Busse nach Missoula (25 US$, 2¼ Std.), Billings (52 US$, 4¾ Std.) und Bozeman (22 US$, 2 Std.).

Missoula

Während der ersten 30 Minuten in Missoula fragen sich die meisten Fremden, ob sie wohl falsch abgebogen und nun vielleicht in

Austin (Texas), Portland (Oregon) oder sogar in Kanada gelandet sind. Die Verwirrung ist verständlich: Der Stadt mangelt es an den üblichen Montana-Klischees. Hier gibt's keine Wildwest-Saloons und schon gar keine umherziehenden Cowboys. Stattdessen ist Missoula eine kultivierte Universitätsstadt mit weitläufigen Grünflächen und großem Lokalpatriotismus.

Es überrascht nicht, dass diese Metro-West-mäßige Freigiebigkeit wie ein Magnet wirkt und Missoula zu einer der am schnellsten wachsenden Städte der USA macht. Dank intelligenter Planung wirkt Missoula dennoch ziemlich ruhig. Das kleine, verkehrsberuhigte Zentrum birgt eine interessante Reihe historischer Gebäude. Zudem steht Radfahren hier stets hoch im Kurs.

◉ Sehenswertes

Missoula eignet sich einfach super zum Herumlaufen, vor allem im Frühling und Sommer. Dann strömen so viele Leute auf die Straße, dass man sich schon wie in einer Großstadt fühlt.

Smokejumper Visitor Center   MUSEUM
(W Broadway; ⊙ Juni–Aug. 10–16 Uhr) 7 Meilen (11 km) westlich der Innenstadt befindet sich diese aktive Basis jener heroischen Männer und Frauen, die mit dem Fallschirm in Wälder abspringen, um dort Waldbrände zu bekämpfen. Das Visitor Center zeigt in Ton und Bild Ausstellungen, die zum Nachdenken anregen und auf tolle Weise das Leben eines Feuerwehrmanns im Westen illustrieren.

Missoula Art Museum   MUSEUM
(www.missoulaartmuseum.org; 335 North Pattee; ⊙ Mo–Do 10–17, Fr–So 10–15 Uhr) Alle bejubeln eine Stadt, die frei denkende Künstler nicht nur ermutigt, sondern die Werke dieser in einem schicken, neuen Gebäude ausstellt, das sich nahtlos als schnittiger, zeitgenössischer Anbau an ein 100 Jahre altes Gebäude anschließt.

◉ Aktivitäten

Clark Fork River
Trail System   RADFAHREN, WANDERN
Missoula liegt am Ufer des Clark Fork River und ist mit einem Netz hübscher Wege am Fluss gesegnet, das auch noch durch zahlreiche Parks unterstützt wird. Der **Caras Park** liegt zentral und ist die lebhafteste Grünanlage. Hier finden jährlich über ein Dutzend

Festivals statt. Außerdem gibt es ein einzigartiges **Karussell** mit holzgeschnitzten Figuren.

Mt. Sentinel   WANDERN & TREKKEN
Der steile Serpentinenpfad hinter dem Footballstadion führt zu einem geweißten „M" aus Beton (das man noch in kilometerweiter Entfernung sehen kann) am Gipfel des 1572 m hohen Mt. Sentinel. Am besten nimmt man den Berg an einem warmen Sommerabend in Angriff. Dann hat man nämlich einen traumhaften Blick über diese so tolle Stadt und ihre spektakuläre Umgebung.

★ Adventure Cycling HQ   RADFAHREN
(www.adventurecycling.org; 150 E Pine St; ⊙ Mo–Fr 8–17 Uhr, Juni–Aug. auch Sa) ✎ Die Zentrale von Amerikas führender nichtkommerzieller Radreisen-Organisation ist eine Art Wallfahrtsort für Biker, die quer über den Kontinent strampeln: Viele davon planen Missoula in ihre Route ein. Das freundliche Personal hat jede Menge Informationen für Radler auf Lager.

Fliegenfischen   ANGELN
Aus der Mitte entspringt ein Fluss (in Wirklichkeit außerhalb von Bozeman gedreht) spielt hier. Auf Fliegenfischer warten ein paar der tollsten Angelreviere des Bundesstaats. Ganzjährig am besten ist der **Rock Creek**, ein staatlich prämierter Forellenbach, der sich 21 Meilen (34 km) weiter östlich erstreckt.

🛏 Schlafen

Mountain Valley Inn   MOTEL **$**
(☎ 800-249-9174; www.mountainvalleyinnmissoula.com; 420 W Broadway; DZ ab 79 US$; P ❋ 🛜) Für seine Innenstadtlage hat das Mountain Valley ein ziemlich gutes Preis-Leistungs-Verhältnis. Es bietet zwar wenig Überraschendes, punktet aber mit Relevantem: sauberen Zimmern und einem freundlichen Empfang.

Goldsmith's Bed & Breakfast   B&B **$$**
(☎ 406-728-1585; www.missoulabedandbreakfast.com; 809 E Front St; Zi. 124–169 US$; ❋ @) Die umlaufende Veranda des reizenden B&Bs am Flussufer ist ideal, um mit einem guten Buch inmitten der anderen Gästen zu relaxen. Die gemütlichen Zimmer im viktorianischen Stil sind einfach entzückend. Manche davon verfügen über Privatterrassen, offene Kamine, Leseecken und Aussicht auf den Fluss.

✕ Essen & Ausgehen

Liquid Planet   CAFÉ **$**
(www.liquidplanet.com; 223 N Higgins; Hauptgerichte 4–9 US$) ✦ Dieser Mix aus Bio-Café und
Weinladen wurde 2003 von einem Univer-
sitätsprofessor eröffnet. Zu allen Flaschen
gibt's handschriftliche Empfehlungen. Auch
die Kaffeesorten werden clever erklärt. Bei
Tee, Gebäck und Frucht-Shakes sind Gäste
jedoch auf sich allein gestellt.

★ **Silk Road**   INTERNATIONAL **$$**
(www.silkroadcatering.com; 515 S Higgins; Tapas
4–12 US$; ⏱ 17–22 Uhr) Das Silk Road wid-
met sich weniger bekannten Küchen aus
aller Welt und setzt diese zumeist auch
authentisch um. Auf der Karte stehen Ge-
richte von der Elfenbeinküste genauso wie
solche aus dem Piedmont. Die Gerichte im
Tapas-Format erlauben individuelle Kombi-
nationen. Der Empfang ist herzlich; Kissen,
Kerzenlicht und Wandteppiche prägen das
Ambiente.

Caffe Dolce   MODERN-AMERIKANISCH **$$**
(☎ 406-830-3055; www.caffedolcemissoula.com;
Ecke Brooks & Beckwith; Hauptgerichte 11–30 US$;
⏱ Mo–Do 7–21, Fr 7–22, Sa 8–21, So 8–15 Uhr) Diese schicke Neueröffnung in einem stattlichen
Steingebäude verköstigt viele gut gekleidete
Einheimische mit Eiscreme, Gebäck, Wein
und super Salaten. Die exotischen Pizzas
(z. B. mit gesalzenen Feigen und Prosciutto)
sind eine leichtere, günstigere Alternative zu
den mitunter teuren Abendgerichten. Kaffee
wird hier ernst genommen und stammt von
Montanas besten Röstereien. Das Lokal hat
auch Terrassentische und liegt jenseits der
Brücke nördlich vom Stadtzentrum.

Iron Horse Brewpub   KLEINBRAUEREI **$**
(www.ironhorsebrewpub.com; 501 N Higgins St;
⏱ 11.30–open end) Für die Kneipe einer Kleinbrauerei ist das Brewpub recht protzig. Zum
Iron Horse gehört auch eine schicke Bar
im oberen Stock, komplett mit Salzwasser-
Aquarium. Es ist bei Studenten wegen seiner Biersorten und der traditionellen amerikanischen Kneipenkost beliebt.

ℹ Praktische Informationen

Visitor Center (☎ 406-532-3250; www.mis
soulacvb.org; 101 E Main St; ⏱ Mo–Fr 8–17 Uhr)

ℹ Anreise & Unterwegs vor Ort

Der **Missoula County International Airport**
(MSO; www.flymissoula.com) liegt 5 Meilen
(8 km) westlich von Missoula an der US 12 W.

Greyhound-Busse bedienen fast den ganzen
Bundesstaat und halten am **Depot** (1660 W
Broadway) 1 Meile (1,6 km) westlich der Stadt.
Die Busse von **Rimrock Trailways** (www.
rimrocktrailways.com) mit Anschluss nach
Kalispell, Whitefish, Helena und Bozeman halten
ebenfalls hier.

Flathead Lake

Der größte natürliche Süßwassersee westlich des Mississippi liegt keine Autostunde
vom Glacier National Park entfernt und setzt
den schon umwerfenden Attraktionen der
Natur im Westen Montanas die Krone auf.
Das Nordufer des Sees wird von der nichts-
sagenden Stadt Kalispell beherrscht; das
Südufer ist sehr viel interessanter. Hier liegt
die kleine, blitzblanke Siedlung **Polson**. Sie
befindet sich am Rand der Flathead Indian
Reservation. Hier gibt es ein **Visitor Center**
(www.polsonchamber.com; 418 Main St; ⏱ Mo–Fr
9–17 Uhr) und eine Handvoll Unterkünfte,
z. B. das am Ufer gelegene **Kwataqnuk Resort**   (☎ 406-883-3636; www.kwataqnuk.com;
49708 US 93; Zi. ab 130 US$; ▣✳🐕❄). Es ist
ein überdurchschnittliches Best Western
mit einem Bootsanleger, einem Frei- und einem Hallenbad und einem recht harmlosen
Spielezimmer. Direkt gegenüber liefert das
schreiend pinke **Betty's Diner** (49779 US 93;
Mahlzeiten 10–15 US$) bodenständiges ameri-
kanisches Essen mit dem üblichen Charme
von Montana. Von der Stadt aus kann man
für gut 3 km einen Weg nach Süden laufen,
der an der 7th Ave E beginnt und zum verblüffenden **Miracle of America Museum**
(www.miracleofamericamuseum.org; 58176 Hwy 93;
Eintritt 5 US$; ⏱ 8–20 Uhr) führt. Halb wahl-
los, halb faszinierend besteht es aus einem
2 ha großen Gelände voller Überbleibsel der
amerikanischen Geschichte. Man wandert
an merkwürdigen Ausstellungsstücken vorbei, etwa dem größten (jetzt ausgestopften)
je in Montana dokumentierten Büffel.

Das Ostufer des Flathead Lake wird von
den geheimnisvollen Mission Mountains
geküsst. Der Westen dagegen umfasst eher
ländliche Gebiete mit Apfelplantagen und
mit Gras bewachsenen Hügeln. Den besten
Rundumblick hat man vom Wasser aus.
Solisten können mit dem Kajak oder Kanu
dem **Flathead Lake Marine Trail** folgen. Er
verbindet mehrere Parks des Bundesstaates und **Campingplätze** (☎ 406-751-4577;
Stellplatz ab 10 US$) rund um den See mitei-
nander. Am nächsten an Polson liegt Finley
Point: übers Wasser 9 km.

Rundfahrten über den See (www.kwataq nuk.com) werden vom Kwataqnuk Resort in Polson durchgeführt. Die eineinhalbstündige Bay Cruise beginnt täglich um 10.30 Uhr und kostet 15 US$. Die Dinner-Fahrten im Sommer starten um 16 Uhr mittwochs und samstags (30 US$/Pers.)

Bob Marshall Wilderness Complex

Fernab der Pazifikküste beherbergt der Nordwesten der USA einige der am dünnsten bevölkerten Regionen in den „Lower 48". Der Grund: der Bob Marshall Wilderness Complex, ein erstaunliches 6000 km² großes Gebiet, das von 5150 km an Wegen durchzogen ist. Manche Gegenden sind eine über 60 km lange Schinderei von der nächsten Straße entfernt. Wer hat gleich gedacht, die USA seien autobesessen und niemand ginge hier zu Fuß?

Das Gebiet erstreckt sich etwa von der Südgrenze des Glacier National Park im Norden bis zum Rogers Pass (am Hwy 200) im Süden. Es gibt innerhalb des Geländes drei ausgewiesene Naturregionen: Great Bear, Bob Marshall und Scapegoat. State Forests umgeben den Komplex und bieten Campingplätze, Zufahrtswege zu Wanderstrecken und ruhigere Gegenden, wenn im Herbst die Jäger „Bob" (wie die Einheimischen und Parkranger das Gebiet nennen) unsicher machen.

Der wichtigste Zufahrtsweg zum Bob von Süden aus führt über den Hwy 200 an der **Monture Guard Station Cabin** (Hütten 60 US$) an der Grenze des Gebietes vorbei. Um dorthin zu kommen, muss man zunächst 7 Meilen (11 km) von Ovando nach Norden fahren und dann mit den Schnee- oder Wanderschuhen die letzte Meile zu den privaten Domizilen am Rand der traumhaften Lewis and Clark Range zurücklegen. Für Reservierungen kann man USFS kontaktieren.

Andere Zugangspunkte zum Bob sind das Seeley-Swan Valley im Westen, das Hungry Horse Reservoir im Norden und die Rocky Mountain Front im Osten. Die einfachste (und belebteste) Zugangsroute beginnt am Benchmark Trailhead und dem Gibson Reservoir Trailhead in der Rocky Mountain Front.

Die Wanderwege sind in der Regel zu Beginn sehr steil und erreichen nach etwa gut 10 km den Rand der Wildnisregion. Um wirklich ins Herz von Bob zu kommen, muss man noch weitere 16 km zurücklegen. Von allen Seiten aus kann man schöne Tageswanderungen unternehmen. Zwei Distrikte des USFS sind für Bob zuständig: **Flathead National Forest Headquarters** (406-758-5208; www.fs.fed.us/r1/flathead; 650 Wolfpack Way; Mo–Fr 8–16.30 Uhr) und **Lewis & Clark National Forest Supervisors** (406-791-7700; www.fs.fed.us/r1/lewis-clark; 1101 15th St N; Mo–Fr 8–16.30 Uhr).

Whitefish

Das winzige Whitefish (8000 Ew.) mit einer Fläche von 2,6 km² zieht Besucher mit dem rustikalen Chic des modernen Westens der USA schnell in seinen Bann. Das charismatische Städtchen wurde einst als Haupttor zum grandiosen Glacier National Park (max. einen Radfahrtag entfernt) beworben. Heute ist es ein eigenständiges Ziel, das die lange Anfahrt lohnt: Neben vielen Cafés findet man hier auch attraktive Restaurants und einen historischen Bahnhof, der gleichzeitig ein **Museum** (www.stumptownhistorical society.org; 500 Depot St; Mo–Sa 10–16 Uhr) GRATIS ist. Hinzu kommt das unterbewertete **Whitefish Mountain Resort** (406-862-2900; www.bigmtn.com), das bis 2008 noch Big Mountain hieß. Auf seinen 12 km² Fläche mit unterschiedlichen Pisten kann am Wochenende auch nachts gewedelt werden. Im Sommer gibt's dagegen Seilrutschen und Mountainbiken mit Lift-Support.

Weitere Infos zu Aktivitäten liefert das **Whitefish Visitor Center** (www.whitefishvisit. com; 307 Spokane Ave; Mo–Fr 9–17 Uhr).

Südlich von Whitefish säumen Kettenmotels die US 93. Wer Bescheid weiß, wählt jedoch das fröhliche **Downtowner Inn** (406-862-2535; www.downtownermotel.cc; 224 Spokane Ave; DZ 123 US$;), das in der Stadt mit einem Fitnessraum, einem Whirlpool und einer morgendlichen Bagel-Bar aufwartet. Die luxuriösere **Pine Lodge** (406-862-7600; www.thepinelodge.com; 920 Spokane Ave; DZ 145 US$;) gewährt außerhalb der Spitzenzeiten kräftige Rabatte. An anständigen Restaurants und Bars herrscht vor Ort kein Mangel. Die meisten Einheimischen empfehlen einem aber das **Buffalo Café** (www.buffalocafewhitefish.com; 514 3rd St E; Frühstück 7–10 US$), ein beliebtes Frühstücks- und Mittagslokal. Zwecks Brauereiführung mit Bierprobe bietet sich später ein Abstecher zu **The Great Northern Brewing Co** (406-

863-1000; www.greatnorthernbrewing.com; 2 Central Ave; ◷ Führungen Mo–Do 13 & 15 Uhr) an.

Auf dem Weg nach West Glacier (7 US\$, 30 Min.) und East Glacier (15 US\$, 2 Std.) halten Amtrak-Züge täglich am Whitefishs **Bahnhof** (☏ 406-862-2268; 500 Depot St; ◷ 6–13.30 & 16.30–24 Uhr). Von dort aus schickt **Rimrock Trailways** (www.rimrocktrailways.com) jeden Tag Busse nach Kalispell und Missoula.

Glacier National Park

Nur wenige Naturwunder der Welt können mit den Nationalparks der USA mithalten, und nur wenige Nationalparks sind so grandios und ursprünglich wie der Glacier. Er wurde 1910 während der ersten Blüte der Naturschützer-Bewegung in den USA eingerichtet. Er gehört zu den Klassikern der Nationalparks wie Yellowstone, Yosemite und Grand Canyon und ist für seine „Parkitecture"-Lodges, die spektakuläre Hauptverkehrsstraße (die Going-to-the-Sun Road) und das intakte präkolumbische Ökosystem berühmt. Dies hier ist der einzige Ort in den Bundesstaaten der „Lower 48", wo immer noch Grizzlys in großer Zahl unterwegs sind und das clevere Parkmanagement den Ort zugänglich und gleichzeitig authentisch wild gestaltet hat (wie in Banff oder Jasper gibt es keine besiedelten Städte). Neben einer Reihe von Outdoor-Attraktionen ist der Park besonders für seine Möglichkeiten zum Wandern, Wildtierebeobachten und glitzernde Seen berühmt, die sich perfekt zum Bootfahren und Fischen eignen.

Auch wenn die Touristenzahlen im Glacier relativ hoch liegen (2 Mio./Jahr), verlassen nur wenige Besucher die Going-to-the-Sun Road. Und die meisten kommen zwischen Juni und September. Wer in den richtigen Moment wählt, findet sagenhafte Einsamkeit. Der Park ist das ganze Jahr über geöffnet; die meisten Dienstleistungen sind allerdings nur von Mitte Mai bis September verfügbar.

Die 4045 km² des Glacier sind in fünf Regionen unterteilt, jede mit einer Ranger-Station in ihrem Zentrum: Polebridge (Nordwesten), Lake McDonald (Südwesten) einschließlich des West Entrance und Apgar Village, Two Medicine (Südosten), St. Mary (Osten) und Many Glacier (Nordosten). Die 50 Meilen (80 km) lange Going-to-the-Sun Road ist die einzige befestigte Straße, die den Park durchquert.

◉ Sehenswertes & Aktivitäten

Going-to-the-Sun Road OUTDOOR-AKTIVITÄTEN
(◷ Mitte Juni–Ende Sept.) Die denkmalgeschützte Going-to-the-Sun Road (53 Meilen bzw. 85 km) mit ihrem Bergpass ist ein heißer Anwärter auf den Titel als Amerikas spektakulärste Straße. Sie wird von Wanderwegen gesäumt und von einem Gratis-Shuttle angesteuert.

Die Straße führt nahe am schimmernden Lake McDonald vorbei und vollführt dann einen scharfen Knick in Richtung Garden Wall (Hauptgrenze zwischen westlichem und östlichem Parkteil). Vom Logan Pass aus kann man zum Hidden Lake Overlook spazieren (2,4 km); sportlichere Wanderer wählen den 12 km langen Highline Trail. Am westlichen Straßenrand halten die Shuttle-Busse dort, wo die leichte Wanderung zum Avalanche Lake (hin & zurück 6,4 km) beginnt. Viele tröpfelnde Wasserfälle machen diesen herrlichen See in einem Bergkessel noch schöner.

Many Glacier WANDERN
Dieses malerische Tal auf der Ostseite des Parks hat sein Zentrum bei der historischen Many Glacier Lodge von 1915 und ist mit mehr Seen gesprenkelt als mit Gletschern. Es ermöglicht einige sagenhafte Wanderungen, die zum Teil Verbindung zur Going-to-the-Sun Road haben. Ein Favorit ist der gut 15 km lange **Iceberg Lake Trail** (hin & zurück), ein stiller, aber lohnender Ausflug durch Blumenwiesen und Kiefernwälder zu einem von Eisschollen bedeckten See.

Glacier Park Boat Co. BOOTFAHREN, WANDERN & TREKKEN
(☏ 406-257-2426; www.glacierparkboats.com; Bootsfahrt auf dem St. Mary Lake Erw./Kind 25/12 US\$) Leihkanus bzw. -kajaks, geführte Wanderungen und beliebte Bootsfahrten ab fünf Stellen im Glacier National Park.

🛏 Schlafen

Im Park gibt es 13 **NPS-Campingplätze** (☏ 406-888-7800; http://reservations.nps.gov; Stellplatz f. Zelt & Wohnmobil 10–23 US\$) und sieben historische Lodges, die von Mitte Mai bis Ende September in Betrieb sind. Von den Plätzen kann man nur bei Fish Creek und St. Mary im Voraus reservieren (bis zu fünf Monate). Vor allem im Juli und August sind sie ab dem Vormittag voll.

Im Glacier findet man auch sieben historische Lodges, die vom Anfang des 20. Jhs. stammen.

Many Glacier Hotel
HOTEL **$$**

(☎ 406-732-4411; www.glacierparkinc.com; Zi. 163–250 US$; ☺ Mitte Juni–Mitte Sept.; ☏) Dieses nationale Wahrzeichen am Swiftcurrent Lake wurde nach dem Vorbild eines Schweizer Chalets gestaltet und ist das größte Hotel im Park. Die 208 Zimmer bieten Panoramablick. Abendunterhaltung, eine Lounge und ein tolles Lokal, das sich auf Fondue spezialisiert hat, tragen zum Reiz des Hotels bei.

Lake McDonald Lodge
HOTEL **$$**

(☎ 406-888-5431; www.glacierparkinc.com; Hütte/Lodge Zi. Ab 137/79 US$; ☺ Mai–Sept.; ☏) Diese alte Jagdlodge wurde 1913 gebaut, ist mit ausgestopften Tiertrophäen ausgestattet und strahlt Entspannung aus. Die 100 Zimmer sind im Stil einer Lodge, eines Chalets oder eines Motels gestaltet. Abendliche Vorträge von Park-Rangern und Ausfahrten auf dem See tragen zum ländlichen Ambiente bei. Es gibt ein Restaurant und eine Pizzeria.

Glacier Park Lodge
HOTEL **$$**

(☎ 406-226-5600; www.glacierparkinc.com; Zi. ab 152–235 US$; ☺ Ende Mai–Sept.) Die Vorzeige-Lodge des Parks ist ein anmutiges, elegantes Gebäude mit Balkonen, die von Säulen aus Douglasienholz getragen werden, und einem riesigen Steinkamin in der Lobby. Es ist ein ästhetisch ansprechender, historisch verzaubernder und sehr komfortabler Platz zum Schlafen. Und dazu gibt's noch neun Golfbahnen zum Einlochen und Lese-Ecken.

Rising Sun Motor Inn
MOTEL **$$**

(☎ 406-732-5523; www.glacierparkinc.com; Zi. 134–142 US$; ☺ Ende Mai–Anfang Sept.) Das Rising Sun ist eines von zwei klassischen Holzmotels aus den 1940er-Jahren. Es liegt am Nordufer des St. Mary Lake innerhalb eines kleinen Komplexes, zu dem auch ein Laden, ein Lokal und ein Bootsanleger gehören. Die rustikalen Zimmer und Hütten bieten alles, was sich erschöpfte Wanderer nur wünschen können.

✖ Essen

Im Sommer findet man in Apgar, in der Lake Mcdonald Lodge, beim Rising Sun und dem Swiftcurrent Motor Lebensmittelläden mit ein wenig Campingausstattung. In den meisten Lodges gibt es ein Restaurant. Die Essensoptionen in West Glacier und St. Mary bestehen vor allem in Herzhaftem für Wanderer.

Polebridge Mercantile
BÄCKEREI, SUPERMARKT **$**

(Polebridge Loop Rd, North Fork Valley; Snacks 4 US$; ☺ Mai–Nov. 8–18 Uhr; ☏) Die Zimtschnecken sind bekannt dafür, müden Wandererbeinen wieder für einige Stunden Kraft zu geben.

Park Café
AMERIKANISCH **$**

(www.parkcafe.us; US 89, St. Mary; Frühstück 7–12 US$; ☺ Juni–Sept. 7–22 Uhr) Serviert herzhaftes Frühstück und empfiehlt sich auch für selbst gemachte Pies, die mit Schlagsahne oder Eiscreme garniert sind.

Ptarmigan Dining Room
INTERNATIONAL **$$$**

(Many Glacier Lodge; Hauptgerichte 15–32 US$; ☺ Mitte Juni–Anfang Sept. 6.30–21.30 Uhr) Das nobelste der Lodge-Restaurants punktet mit Seeblick, Wein und Regionalbieren.

ℹ Praktische Informationen

Die Visitor Centers und Ranger-Stationen im Park verkaufen Führer und stellen Karten zur Verfügung. Die Stationen in Apgar und St. Mary sind von Mai bis Oktober täglich geöffnet; das Visitor Center am Logan Pass hat dann offen, wenn auch die Going-to-the-Sun Road zugänglich ist. Die Ranger-Stationen von Many Glacier, Two Medicine und Polebridge schließen Ende September. Das **Park Headquarters** (☎ 406-888-7800; www.nps.gov/glac; ☺ Mo–Fr 8–16.30 Uhr) in West Glavier zwischen der US 2 und Apgar ist das ganze Jahr über geöffnet.

Die Eintrittskarten für den Park (Fußgänger/Fahrzeug 12/25 US$) sind sieben Tage gültig. Wer nur einen Tag hier wandert, benötigt keine Erlaubnis, Backpacker, die über Nacht bleiben wollen (nur Mai–Okt.), schon. Die Hälfte des Kontingents wird nach dem Motto „wer zuerst kommt, mahlt zuerst" vom **Apgar Backcountry Permit Center** (Genehmigung pro Pers. & Tag 4 US$; ☺ 1. Mai–31. Okt.), dem St. Mary Visitor Center und den Ranger-Stationen von Many Glacier, Two Medicine und Polebridge ausgegeben.

Die zweite Hälfte des Kontingents kann im Apgar Backcountry Permit Center, in den Visitor Centers St. Mary und Many Glacier sowie bei den Ranger-Stationen Two Medicine und Polebridge reserviert werden.

ℹ Anreise & Unterwegs vor Ort

Der *Empire Builder* von Amtrak hält täglich auf der Strecke zwischen Seattle und Chicago in West Glacier (das ganze Jahr über) und East Glacier (April–Okt.). Im **Glacier National Park** (www.nps.gov/glac) gibt es Shuttles (Erw./Kind 10/5 US$) auf der Going-to-the-Sun Road von Apgar Village nach St. Mary. Die *East Side Shuttles* (Erw./Kind 10/5 US$) von **Glacier Park, Inc** (www.glacierparkinc.com) auf der Ostseite des Parks kosten etwas und bieten täglich Verbindungen nach Waterton (Kanada), Many Glacier, St. Mary, Two Medicines und East Glacier.

IDAHO

Der 43. US-Bundesstaat ist berühmt dafür, nicht sonderlich berühmt zu sein. Seine unberührte Wildnis im Alaska-Format wird vom Durchgangsverkehr gen Seattle (Westen) oder Montana (Osten) einfach ignoriert. Tatsächlich hat sich diese wenig besuchte Region seit den Tagen von Lewis und Clark kaum verändert – so auch das 15 000 km² große „Loch" in der Mitte, in dem es keinerlei Zivilisationsspuren wie Straßen oder Siedlungen gibt.

Der flachere und trockenere Süden Idahos wird vom Snake River geprägt, der den frühen Siedlern als wichtiger Transportweg entlang des Oregon Trails diente und heute parallel zum verkehrsreichen Hwy 84 verläuft. Doch abseits dieses schmalen, bevölkerten Streifens ist Idahos Landschaft erfrischend frei von den seelenlosen Einkaufsmeilen und Fast-Food-Ketten, die im Rest der USA so allgegenwärtig sind.

Boise

Unterschätzt und unterbewertet: Außerhalb des Nordwestens der USA ist Idahos Staatshauptstadt (und größte Stadt) nur wenig bekannt. Im hübschen Zentrum erwartet engstirnige Auswärtige ein gewisses bescheidenes Außenseiterflair. Ebenso überraschend sind die baskische Lokalkultur, Idahos grandioses Staatskapitol oder die recht große Anzahl teurer Bars und Bistros im Pariser Stil. Zudem hat Boise einen Universitätscampus und trägt den Spitznamen „Stadt der Bäume" nicht nur als Werbeslogan. So hinterlässt es einen tiefen und bleibenden Eindruck – vor allem, weil damit kaum jemand rechnet.

⊙ Sehenswertes & Aktivitäten

Der Hauptgeschäftsbezirk wird von State, Grove, 4th und 9th St begrenzt und ist eine Erkundung wert.

★ Basque Block   STADTVIERTEL

(www.thebasqueblock.com) Vielen dürfte nicht bekannt sein, dass Boise eine der größten baskischen Gemeinden außerhalb Spaniens beheimatet. Die ersten europäischen Auswanderer kamen in den 1910er-Jahren nach Idaho, um als Schafhirten zu arbeiten. Elemente ihrer charakteristischen Kultur sind entlang der Grove St zwischen 6th St und Capitol Blvd zu sehen.

Das **Basque Museum & Cultural Center** (www.basquemuseum.com; 611 Grove St; Erw./Seni-

---

KURZINFOS IDAHO

Spitzname Gem State

Bevölkerung 1 596 000

Fläche 216 445 km²

Hauptstadt Boise (210 100 Ew.)

Andere Städte Idaho Falls (57 600 Ew.)

Verkaufssteuer 6 %

Geburtsort von der Führerin von Lewis und Clark, Sacagawea (1788–1812); Politikerin Sarah Palin (geb. 1964); Dichter Ezra Pound (1885–1972)

Heimat von Sterngranaten (Edelsteinen), Sun Valley (Skiort)

Politische Ausrichtung Zumeist republikanisch mit kleinen demokratischen Enklaven (z. B. Sun Valley)

Berühmt für Kartoffeln, Wildnis, den ersten Sessellift der Welt

Nordamerikas tiefste Flussschlucht Idahos Hells Canyon (2,4 km)

Entfernungen Boise–Idaho Falls 280 Meilen (450 km), Lewiston–Coeur d'Alene 116 Meilen (187 km)

---

or & Student 5/4 US$; ⊗ Di–Fr 10–16, Sa 11–15 Uhr) quetscht sich zwischen all die ethnischen Kneipen, Restaurants und Bars. Es steht für die löbliche Bemühung, die Komplexität der baskischen Kultur und deren Weg westwärts gen Idaho (9565 km) zu porträtieren. Vor Ort finden Kurse in Euskara (Europas ältester Sprache) statt. Zum benachbarten **Anduiza Fronton Building** (619 Grove St) gehört ein baskischer Handballplatz, auf dem leidenschaftlich der Traditionssport Pelota ausgeübt wird.

Idaho State Capitol   WAHRZEICHEN

Das Tolle an US-Staatskapitolen ist, dass deren Besucher ein paar der schönsten Bauten des Landes gratis bewundern können. Die hiesige Variante aus einheimischem Sandstein zelebriert den neoklassizistischen Stil, der zum Errichtungszeitpunkt in den 1920er-Jahren gerade angesagt war. Der Komplex erlebte 2010 eine umfassende Renovierung und wird heute mit geothermischem Warmwasser geheizt.

Boise River & Greenbelt   PARK, MUSEUM

🏊 Der grüne Uferstreifen am Boise River (angelegt in den 1960er-Jahren) verkörpert

Boises Ruf als „Stadt der Bäume". Entlang des 48 km langen Netzes von autofreien Wegen warten Parks, Museen und Wasserspaß.

Floßfahren und Tubing auf dem Fluss sind ungemein beliebt. Startpunkt ist jeweils der **Barber Park** (Eckert Rd; Leihschlauch 12 US$) rund 6 Meilen (9,7 km) östlich vom Zentrum. Unterwegs kann an vier Uferstellen eine Pause eingelegt werden. Die Fahrt endet dann 8 km stromabwärts im Ann Morrison Park, wo auch Shuttle-Busse (3 US$) warten.

Der am zentralsten gelegene und belebteste Teil des Greenbelt ist der Julia Davis Park (36 ha) mit seinem hübschen Rosengarten. Zudem findet man dort das **Boise Art Museum** (www.boiseartmuseum.org; 670 N Julia Davis Dr; Erw./Senior & Student 6/3 US$; ☺ Di–Sa 10–17, So 12–17 Uhr) sowie das **Idaho State Historical Museum** (610 N Julia Davis Dr; Erw./Kind 5/3 US$; ☺ Di–Fr 9–17, Sa 11–17 Uhr) mit clever in Szene gesetzten Ausstellungen zu Lewis und Clark.

Ridge to Rivers Trail System — WANDERN

(www.ridgetorivers.org) Die mit Gestrüpp und Gebüsch bedeckten Hügel oberhalb der Stadt sind schroffer als der Greenbelt und bieten 120 km lange Pfade für malerische, manchmal auch anstrengende Wander- und Mountainbike-Touren. Der kürzeste Zugang von der Innenstadt führt über den Fort Boise Park an der E Fort St, fünf Blocks südöstlich des State Capitol Building.

🛏 Schlafen

Hier gibt's drei echte Juwelen.

Leku Ona — HOTEL $

(☎ 208-345-6665; www.lekuonaid.com; 117 S 6th St; Zi. 65–85 US$; 🕾) Ein baskischstämmiger Einwanderer ist Inhaber dieses leicht verwohnt wirkenden Hotels in zentraler Lage. Die zweifellos günstigen Preise entschädigen für den mitunter großen Umgebungslärm am Wochenende. Das benachbarte Restaurant serviert leckere *pintxos* (baskische Tapas).

★ Boise Guest House — PENSION $$

(☎ 208-761-6798; boiseguesthouse.com; 614 North 5th St; Suite 89–119 US$; 🕾🕮) Es gibt wohl kaum ein schöneres Zuhause auf Reisen: Diese Pension in Besitz eines Künstlers hat eine Handvoll stilvoller Suiten mit Küchen und Wohnbereichen. Alles ist skurril, aber geschmackvoll gestaltet. Die reizende Einrichtung umfasst hübsche Lokalkunst und

ein Regal mit guten Büchern. Die gratis ausleihbaren Cruiser-Bikes mit Lenkerpuscheln (wow!) laden zu weiteren Erkundungen ein.

Modern Hotel — BOUTIQUEMOTEL $$

(☎ 208-424-8244; www.themodernhotel.com; 1314 W Grove St; DZ ink. Frühstück ab 99 US$; 🅿🌼🕾) Das Modern Hotel macht aus einem Widerspruch in sich (ein Boutiquemotel!?) ein Modestatement. Es bietet inmitten der Innenstadt retro-trendige minimalistische Zimmer mit einer angesagten Bar. Die Powerduschen sind riesig, und der Service wird einem Fünf-Sterne-Hotel gerecht.

🍴 Essen & Ausgehen

Restaurants und Nachtclubs findet man in der Innenstadt an der von Backsteinhäusern gesäumten und verkehrsberuhigten Grove-Plaza und im aufgewerteten Stadtviertel zwischen der 8th St und der Idaho Ave. Man kann sich auf einige aufregende baskische Spezialitäten, auf eine Vielzahl authentischer französischer Bistros und auf einige außergewöhnliche Lokale freuen.

★ Fork — MODERN-AMERIKANISCH $$

(☎ 207-287-1700; www.boisefork.com; 199 North 8th St; Hauptgerichte 8–29 US$; ☺ 11–22 Uhr; 🍴) 🌿 Vor 20 Jahren wäre diese Art von grünzeuglastigem Nobelmenü in Idaho als Ketzerei betrachtet worden. Heute nicht mehr. Als Einstieg in die hiesige Hausmannkost empfiehlt sich das Brathuhn aus der Gusseisenpfanne, zu dem Waffeln und Balsamico-Ahornsirup gereicht werden. Parallel gibt's üppige Salate, geschmortes Gemüse und einheimisches Fleisch. Auch viele der anderen Zutaten stammen aus der Region. Unbedingt die Pommes mit Parmesan und Rosmarin probieren! Der stets starke Betrieb verlangsamt mitunter den Service.

Vietnam Pho Nouveau — VIETNAMESISCH $$

(☎ 208-367-1111; www.phonouveau.com; 780 West Idaho St; Hauptgerichte 9–15 US$; ☺ Mo–Do 11–21.30, Sa 11–22.30, So 12–20.30 Uhr) Das fesche, kleine Café mit viel coolem Understatement ist Boises Hochburg des asiatischen Soulfood. Es serviert z. B. Crêpes à la Saigon, Lilienblüten-Salat mit zartem Schweinehack oder *bun* (große Schüssel Nudeln mit Grillfleisch und viel Gemüse).

Grape Escape — WEINBAR $$

(800 W Idaho St; Vorspeisen 7–11 US$; Hauptgerichte 11–18 US$; ☺ 11 Uhr–open end) Im Freien schlürft man hier seinen Pinot Noir zu leichten Abendgerichten (Bruschetta, Salate,

höchst kreative Pizzas). Dabei fällt der Blick auf zahllose Innenstadtradler, heimliche Intellektuelle und junge Schöne beim Genuss von frühabendlichen Aperitifs. Die Weinkarte ist fast so gut wie die Möglichkeit zum Leutegucken. Sonntags gibt's Jazz.

Bittercreek Ale House & Red Feather Lounge
MODERN-AMERIKANISCH $$
(www.justeatlocal.com; 246 N 8th St; Hauptgerichte 7–15 US$; ⏱11.30 Uhr–open end) 🅿 Diese direkt benachbarten und sehr charaktervollen Restaurants haben jeweils ein lebhaftes, trauliches Ambiente. Beide servieren gesunde Kost mit Schwerpunkt auf Zutaten aus nachhaltiger (und zumeist einheimischer) Produktion. Auf der modern-amerikanischen Karte steht auch eine gute Auswahl vegetarischer Optionen. Das etwas noblere Red Feather tischt zudem leckere Holzofenpizzas auf.

Idealerweise probiert man einen der Whiskey-Cocktails nach alten Rezepten aus den Jahren vor der Prohibition.

Bar Gernika
KNEIPE
(www.bargernkia.com; 202 S Capitol Blvd; Gerichte mittags 8–10 US$; ⏱Mo–Do 11–24, Fr & Sa 11–1 Uhr) Sowas gibt's nur in Boise: *Ongi etorri* (willkommen) in einer sympathischsten Schenken des baskischen Viertels. Der Menüschwerpunkt liegt auf Klassikern aus dem Mutterland – darunter Lammkebab, Chorizo und Rinderzunge (nur Sa). Dazu passt prima ein Regionalbier oder ein großes Guinness (0,6 l).

Bardenay
KNEIPE
(www.bardenay.com; 610 Grove St; Hauptgerichte 8–18 US$; ⏱11 Uhr–open end) Die einst allererste „Destilleriekneipe" der USA ist bis heute eine einzigartige Adresse und erntet beständig gute Kritiken. Ausgeschenkt werden selbst gebrannter Wodka, Rum und Gin in zwanglosem, luftigem Ambiente.

ⓘ Praktische Informationen

Visitor Center (☎208-344-7777; www.boise.org; 250 S. 5th St, Ste. 300; ⏱Juni–Aug. Mo–Fr 10–17, Sa 10–14Uhr, Sept.–Mai Mo–Fr 9–16 Uhr) Einen Besuch wert.

ⓘ Anreise & Unterwegs vor Ort

Am **Boise Municipal Airport** (BOI; I-84, Exit 53) besteht täglich Flugverbindung nach Denver, Las Vegas, Phoenix, Portland, Salt Lake City, Seattle und Spokane. Ab dem **Busbahnhof** (1212 W Bannock St) fährt Greyhound nach Spokane, Pendleton, Portland, Twin Falls und Salt Lake City.

Ketchum & Sun Valley

In einer von Idahos schönsten Naturlandschaften liegt ein Stück Skigeschichte: Sun Valley war einst das erste gezielt angelegte Skigebiet der USA. In den 1930er-Jahren wurde es nach intensiver Suche selbst und sorgfältig von William Averell Harriman (Sohn des Union-Pacific-Railroad-Eisenbahnmoguls E. H. Harriman) ausgewählt; Promis wie Ernest Hemingway, Clark Gable und Gary Cooper rührten die Werbetrommel. Bei seiner Eröffnung (1936) protzte Sun Valley mit dem weltersten Skilift und seinem Prunkstück: der „Parkitektur"-Lodge, die bis heute das führende Resort vor Ort ist.

Sun Valley hat seine vornehmen Gäste aus Hollywood behalten und sich zudem um den legendären Bald Mountain erweitert. Dennoch wirkt es immer noch hübsch und kultiviert – Fast-Food-Ketten und wuchernde Apartmentblocks gibt's hier nicht. Das Skigebiet wird landesweit sehr für seine verlässlich guten Schneeverhältnisse, die große Höhendifferenz und das fast windstille Wetter geschätzt. Das Nachbardorf Ketchum (1 Meile bzw. 1,6 km entfernt) hat sich seine rustikale Schönheit trotz der „Ski-Invasion" bewahrt. Hemingways früheres Jagd- und Angelrevier Nummer eins ist heute im Sommer von breiten Reifen geprägt.

🏃 Aktivitäten

In der Main St zwischen der 1st und der 5th St findet man fast alle Geschäfte. Sun Valley und seine Lodge liegen 1 Meile (1,6 km) Richtung Norden und sind zu Fuß gut erreichbar. 12 Meilen (19 km) südlich von Ketchum, auch am Hwy 75, liegt Hailey, eine weitere herrliche Kleinstadt mit mehreren Bars.

Wood River Trail
WANDERN & TREKKEN, RADFAHREN
Rund um Ketchum und Sun Valley gibt es zahlreiche Wander- und Mountainbikewege sowie ausgezeichnete Plätze zum Angeln. Der Wood River Trail ist die alles miteinander verbindende Arterie. Sie verknüpft Sun Valley mit Ketchum und führt 32 idyllische Meilen (51,5 km) nach Süden über Hailey bis Bellevue. Fahrräder kann man sich bei **Pete Lane's** (35 US$/Tag) im Einkaufszentrum gleich neben der Sun Valley Lodge ausleihen.

Sun Valley Resort
WINTERSPORT
(www.sunvalley.com; Erw./Kind Bald Mountain 95/54 US\$, Dollar Mountain 54/39 US\$) Das zweiteilige Skigebiet ist für Promis und locker-leichten Pulverschnee bekannt. Es besteht aus dem anspruchsvolleren **Bald Mountain** und dem harmloseren **Dollar Mountain**, zu dem auch ein **Tubing-Hügel** gehört. Im Sommer kann man per Sessellift zu beiden Gipfeln hinauffahren (Erw./Kind 15/10 US\$) und dann jeweils hinunterwandern oder -radeln. Die Einrichtungen sind erwartungsgemäß nobel.

🛏 Schlafen

Im Sommer ist sehr kostenloses Camping auf einem Gelände des Bureau of Land Management (BLM), also sehr nahe am Ort, möglich. Infos liefert das Visitor Center.

Lift Tower Lodge
MOTEL \$
(📞 208-726-5163; 703 S Main St; Zi. 89–109 US\$; 🅿 🛜) Nach ihrem Treff mit Millionären können sich Normalsterbliche in dieses freundliche, günstige, kleine Motel zurückziehen. Hier, am höchsten Punkt von Ketchum, warten u. a. feste Betten mit Steppdecken. Abends fällt Flutlicht auf einen markanten Museumssessellift (erb. 1939).

Tamarack Lodge
HOTEL \$\$
(📞 208-726-3344; www.tamaracksunvalley.com; 500 E Sun Valley Rd; Zi. 149–169 US\$; ❄🛜♨) Die gut gepflegte Lodge vermietet geschmackvolle Zimmer mit Balkon, offenem Kamin und vielen Extras. Vorzüge sind auch der Whirlpool, das Hallenbad und der tadellose Service. Unter der Woche und in der Nachsaison gibt's oft Ermäßigungen.

Sun Valley Lodge
HOTEL \$\$\$
(📞 208-622-2001; www.sunvalley.com; 1 Sun Valley Rd; Zi. 287–405 US\$; ❄@🛜♨) In dieser eleganten Schönheit aus dem 1930er-Jahren vollendete Hemingway seinen Roman *Wem die Stunde schlägt*. Seitdem hat das Hotel nur wenig von seinem luxuriösen Vorkriegsglanz verloren. Die komfortablen Zimmer locken mit altmodischer Eleganz, sind aber nach heutigem Standard z. T. klein. Unter den Annehmlichkeiten sind ein Fitnessraum, ein Spielezimmer, eine Bowlingbahn, eine Sauna, ein Ski-Shuttle und ein Kinderprogramm.

🍴 Essen & Ausgehen

Despo's
MEXIKANISCH \$
(📞 208-726-3068; 211 4th St; Hauptgerichte 7–14 US\$; ⏰Mo–Sa 11.30–22 Uhr) Der gesundheitsbewusste Mexikaner ist nicht sonderlich authentisch, wird aber von Einheimischen durchaus geschätzt. Das stets frisch zubereitete Essen wird durch üppige Salate sowie selbst gemachte, leckere Salsa-Saucen (scharf und immer noch dampfend heiß) ergänzt.

HEMINGWAYS LETZTE TAGE

Obwohl Ernest Miller Hemingway diese Gegend nie direkt in seinem Werk erwähnte, hegte der weltenbummelnde Schriftsteller eine tiefe Leidenschaft für Sun Valley und Ketchum. Nach der Erschließung des Skigebiets in den späten 1930er-Jahren zog es ihn regelmäßig hierher. Angeblich vollendete er sein Meisterwerk über den Spanischen Bürgerkrieg *(Wem die Stunde schlägt)* in Zimmer 206 der Sun Valley Lodge. Zwischendurch soll er Jagd- und Angelausflüge mit Freunden wie Gary Cooper oder Clark Gable unternommen haben.

In den 1940er- und 1950er-Jahren folgte Hemingway dem Ruf des Südens nach Key West und Kuba. Nach der kubanischen Revolution (1959) und der Enteignung seines Hauses in Havana kehrte er jedoch dauerhaft nach Idaho zurück. Unter zunehmendem Verfolgungswahn und körperlichem wie psychischem Verfall leidend, lud der Schriftsteller am 2. Juli 1961 sein Lieblingsgewehr. Dann nahm er es mit hinaus auf die Veranda seines Hauses abseits der Warm Springs Rd und schoss sich mit 61 Jahren in den Kopf.

Überraschender- und glücklicherweise wird um Hemingway in Ketchum nicht viel Aufhebens gemacht. Nur mit Mühe findet man am Hwy 75 den kleinen schmucken **Friedhof**, auf dem er eine halbe Meile (800 m) nördlich vom Zentrum neben seiner Enkelin Margaux ruht. Pennys, Zigarren und gelegentlich auch Schnapsflaschen zieren sein schlichtes Grab. Hemingways Haus ist für die Öffentlichkeit gesperrt. Rund 1 Meile (1,6 km) hinter der Sun Valley Lodge ehrt ihn jedoch ein **Denkmal** nahe dem Trail Creek. Seine Lieblingskneipen in Ketchum waren der Casino Club (S. 340) und der Alpine Club, der heute **Whiskey Jacques** (📞 208-726-5297; 251 Main St; Grundpreis max. 5 US\$; ⏰16–2 Uhr) heißt.

⭐ **Rickshaw**   ASIATISCH $$

(www.eat-at-rickshaw.com; 460 Washington Ave N; kleine Gerichte & Hauptgerichte 4–15 US$; ⊙Di–Sa 17.30–22.30, So 17.30–21.30 Uhr) Klein und krumm wie eine echte Rikscha, einladend und lebendig wie eine geschäftige Durchgangsstraße: Dieses brandheiße Fusion-Lokal serviert Spitzenversionen von Straßengerichten aus Vietnam, Thailand, Korea und Indonesien. Die zarten Short Ribs mit Jalapeno-Koriander-Glasur sind ein echter Kracher. Vom grünen Curry bis hin zum Wokgericht mit Cashewnüssen ist scharf hier Standard. Unbedingt hingehen!

Glow   VEGAN $$

(380 Washington 105; Hauptgerichte 7–12 US$; ⊙Mo–Fr 10–18, Sa 10–17 Uhr; ▱) Dieses Paradies für Veganer und Rohkostfans könnte auch Allesesser begeistern. Hierfür sorgen Smoothies, Bio-Salate, cremige Suppen, Chia-Pudding zum Frühstück und (zum Glück) handgemachte Schokolade. Das Publikum: makellose Sun-Valley-Typen in Yogahosen.

Pioneer Saloon   STEAK $$$

(www.pioneersaloon.com; 320 N Main St; Hauptgerichte 9–29 US$; ⊙17.30–22 Uhr) Das Pio ist seit den 1950er-Jahren in Betrieb und war ursprünglich eine illegale Spielhölle. Sein unverhohlenes Western-Dekor besteht aus Hirschköpfen, alten Schusswaffen und Schaukästen mit Munition. Nicht zu vergessen: Gutes Essen gibt's hier auch – sofern man Rindfleisch und Forelle mag.

Casino Club   BAR

(220 N Main St) In einem Skiort mit nicht einmal 75 Jahren auf dem Buckel ist diese Kaschemme der älteste Überrest aus der guten alten Zeit. Ob Schlägereien am Spieltisch, psychedelische Hippies, der Aufstieg und Fall des Ernest Hemingway oder Tätowierte, die auf Harleys durch die Eingangstür brettern: Der Laden hat schon alles Erdenkliche erlebt.

ℹ Praktische Informationen

Sun Valley/Ketchum Visitors Center (☏208-726-3423; www.visitsunvalley.com; 491 Sun Valley Rd; ⊙6–19 Uhr) Das Zentrum ist nur von 9 bis 18 Uhr besetzt. Doch auch außerhalb dieser Zeit kann man sich hier Karten und Broschüren holen. Zudem fungiert das Ganze dann netterweise als Starbucks-Café.

ℹ Anreise & Unterwegs vor Ort

Der Regionalflughafen namens **Friedman Memorial Airport** (www.flyfma.com) liegt 12 Meilen (19 km) südlich von Ketchum in Hailey. Hin und zurück geht's mit **A-1 Taxi** (☏208-726-9351; www.a1sunvalley.com).

Ein Shuttle von **Sun Valley Express** (www.sunvalleyexpress.com) pendelt täglich zwischen Sun Valley und dem Boise Airport (einfache Strecke 65 US$).

Stanley

Vor den schroffen Sawtooths liegt Stanley (100 Ew.) inmitten von National Forests und geschützter Wildnis. Mit seinen Schotterstraßen, Blockhäusern und verrosteten Blechschuppen könnte es das malerischste Dorf der USA sein. Von diesem entlegenen Außenposten an einer Biegung des Salmon River sind es Kilometer bis zu jeglicher Zivilisation. Im Hochsommer wird es hier erst nach 22 Uhr ganz dunkel, während einen das Rauschen des Flusses in den Schlaf wiegt.

🏃 Aktivitäten

Middle Fork des Salmon   RAFTING

Stanley ist der Ausgangspunkt, um auf dem legendären Middle Fork des Salmon zu raften. Beworben als „der letzte Wildfluss", ist er Teil des längsten Flusssystems ohne Staustufen außerhalb von Alaska. Vollständige Touren dauern sechs Tage und ermöglichen es, über 170 km und durch an die 300 Stromschnellen (Klasse I–IV) des 9712 km² großen Gebietes von Frank Church bis zur River of No Return Wilderness entlangzugleiten. Hier ist man Meilen von jeder Zivilisation entfernt.

Hauptarm des Salmon River   RAFTING

(⊞) Die Wildwasser-Action auf dem Hauptarm (Main Fork) des Salmon River ist nicht so spektakulär wie die auf dem Mittelarm (Middle Fork) – allerdings vergleichsweise erschwinglicher, wenn man per aufblasbarem Floß oder Kajak einen Trip auf eigene Faust unternimmt. Die ruhige, 13 km lange Strecke beginnt in Stanley. Unterwegs offenbaren sich Ausblicke auf die Sawtooth Mountains, die von der Straße aus nicht möglich sind. Angelausrüstung mitbringen!

Fliegenfischen   ANGELN

(⊙März–Nov.) Von März bis November bieten der Salmon River und die umliegenden Bergseen sensationelle Möglichkeiten zum Forellenangeln. Zwischen Ende Juni und Anfang Oktober funktionieren Trockenfliegen am besten. Zu den acht örtlichen Forellenarten zählen die legendären Steelheads (Stahlkopfforellen), die bis zu 1 m lang werden können. Diese Wanderform der Regenbogenforelle zieht am Winterende über 1448 km vom Pazifik hierher und erreicht die Gegend um Stanley im März bzw. April.

☞ Geführte Touren

White Otter   RAFTING
(☎ 208-788-5005; www.whiteotter.com; 100 Yankee Fork Road & Hwy 75, Sunbeam, ID; halber Tag Erw../ Kind 75/55 US$) Die einzige Raftingfirma unter einheimischer Leitung empfiehlt sich für witzige Tagestrips auf Stromschnellen der Kategorie III. Im Angebot sind auch Touren mit aufblasbaren Kajaks.

Solitude River Trips   RAFTING
(☎ 800-396-1776; www.rivertrips.com; 6-tägige Trips 2185 US$; ☉ Juni–Aug.) Bei den hervorragenden Mehrtagestrips auf dem berühmten

Mittelarm des Salmon River wird am Ufer gecampt. Die Guides sind spitzenmäßige Köche.

Silver Creek Outfitters   ANGELN
(☎ 207-622-5282; www.silver-creek.com; 1 Sun Valley Rd) Wird von Sun Valley aus geleitet und veranstaltet Individualtrips, die den Salmon River und entlegene Flussreviere (nur per treibendem Boot oder Belly-Boat erreichbar) zum Ziel haben.

🛏 Schlafen & Essen

Stanley hat ein halbes Dutzend Hotels im traditionellen, pioniermäßigen Blockhüttenstil. Während der kurzen Sommersaison öffnen auch ein paar Restaurants.

Sawtooth Hotel   HOTEL $
(☎ 208-721-2459; www.sawtoothhotel.com; 755 Ace of Diamonds St; DZ mit/ohne Bad 100/70 US$; ☎) Das nostalgische Blockhaus-Motel von 1931

ROCKY MOUNTAINS STANLEY

NATIONAL SCENIC BYWAYS IN ZENTRALIDAHO

Auf Wiedersehen, ihr Einkaufszentren der Vorstadt, hallo du makellose Natur! Alle drei Straßen in den abgelegenen Außenposten Stanley in Idaho sind als National Scenic Byways ausgewiesen (Stanley ist der einzige Ort in den USA, wo das der Fall ist). Wenn man bedenkt, dass es im Land nur 125 solcher Straßen gibt, bedeutet das, dass 2,4 % der schönsten Straßen von Amerika durch das idyllische Stanley verlaufen.

Sawtooth Scenic Byway
Diese 60 Meilen (96,5 km) lange Strecke folgt dem Hwy 75 am Salmon River entlang von Ketchum Richtung Norden bis Stanley. Die traumhafte Straße windet sich durch neblige, dichte Ponderosa-Kiefernwälder – wo die Luft klar und frisch ist und nach Regen und Nüssen duftet –, bevor sie bis zum 2652 m hohen **Galena Summit** ansteigt. Vom Aussichtspunkt am Gipfel hat man einen Ausblick auf die von Gletschern geformten Sawtooth Mountains.

Ponderosa Pine Scenic Byway
Der Hwy 21 zwischen Stanley und Boise ist so schön, dass es schwer wird, am Ziel anzukommen, so oft möchte man anhalten. Ab Stanley werden die Bäume immer dichter, bis man von einem süß duftenden Mantel aus Kiefern umhüllt ist – eine Umgebung, die mehr an den pazifischen Nordwesten erinnert als an die klassischen Rockies. Die schnell ziehenden Wolken bringen häufig Regenschauer, und die Straße kann sich gefährlich anfühlen. Selbst Ende Mai reichen die Schneefelder bis an den Highway heran. Zu den vielen Highlights auf dem Weg gehören einmal die **Kikham Creek Hot Springs** (Self-Pay-Stellplatz 16 US$) 6 Meilen (9,5 km) östlich von Lowman. Auf dem primitiven Campingplatz blubbern die natürlichen Thermalquellen direkt aus dem Creek hervor. Ein anderes Highlight ist **Idaho Falls**, eine alte, renovierte Stadt aus der Zeit des Goldrausches.

Salmon River Scenic Byway
Nordöstlich von Stanley führt über den Hwy 75 und die US 93 eine weitere malerische, 161 Meilen (259 km) lange Strecke am Salmon River entlang bis zum historischen **Lost Trail Pass** an der Grenze nach Montana. An diesem Punkt überquerten Lewis und Clark 1805 zum ersten Mal die kontinentale Wasserscheide. Die Landschaft in der Umgebung hat sich in den letzten 200 Jahren nur wenig verändert.

bringt den spärlichen Komfort vergangener Zeiten auf den neuesten Stand, punktet aber weiterhin mit Stanleys typischer, überschwänglicher Gastfreundlichkeit. Die sechs Zimmer (zwei davon mit eigenen Bädern) sind im altmodischen Country-Stil gestaltet; Nr. 9 ist am besten. TV und Zimmertelefon gibt's hier nicht – dafür aber super Hausmannskost.

★ **Stanley Baking Co**   BÄCKEREI, FRÜHSTÜCK **$** (www.stanleybakingco.com; 250 Wall St; Gerichte morgens & mittags 3–10 US$; ☉ Mai–Okt. 7–14 Uhr) Nach einer Reise durch eine Welt voller ungesunder Köstlichkeiten ist dieser Mix aus Bäckerei und Brunch-Lokal ein wahrer Segen. Die kleine Blockhütte mitten im Nirgendwo hat nur fünf Monate pro Jahr geöffnet und ist in Stanley wohl die einzige Einrichtung mit Warteschlangen-Wahrscheinlichkeit. Der Grund dafür: galaktisch gute, selbst gemachte Backwaren und Hafermehl-Pfannkuchen.

Idaho Panhandle

Nach einem Gebietsstreit mit Montana in den 1880er-Jahren riss sich Idaho den langen, schmalen „Pfannenstiel" an der Grenze zu Kanada unter den Nagel. Doch in puncto Erscheinung und Gesinnung hat das Gebiet mehr mit dem pazifischen Nordwesten als mit den Rockies zu tun. Regionalzentrum ist Spokane, das ein paar Kilometer gen Westen in Washington liegt. Im Großteil des Panhandle gilt die Pacific Standard Time.

Das schnell wachsende **Coeur d'Alene** (44 000 Ew.) nahe der Grenze zu Washington ist eine Erweiterung des Großraums Spokane. Die größte Stadt des Panhandle hat eine ziemlich kitschige Uferpromenade sowie eines der US-typischen Golf- und Wellnessresorts. Der angrenzende See eignet sich ideal für Wassersportarten (z. B. Stehpaddeln). Das **Coeur d'Alene Visitors Bureau** (☎ 877-782-9232; www.coeurdalene.org; 105 N 1st; ☉ Di–Sa 10–17 Uhr) liefert weitere Infos. Eine gute Bleibe ist das schräge **Flamingo Motel** (☎ 208-664-2159; www.flamingomotelidaho.com; 718 Sherman Ave; DZ/Suite 100/170 US$; ✷), das Gäste mit retromäßigen Themenzimmern (z. B. English Garden, Americana) hinter rosafarbenen Türen zurück in die 1950er-Jahre versetzt. Das **Java on Sherman** (324 Sherman, Coeur d'Alene; Hauptgerichte 4–9 US$; ☉ 6–19 Uhr) serviert neben prima Frühstück und Sandwiches auch den besten Kaffee der Stadt.

Am Lake Pend Oreille liegt **Sandpoint** inmitten einer herrlichen Umgebung aus Wildnis und Bergen. Das schönste Städtchen des Panhandle hat auch Idahos einzigen brauchbaren **Amtrak-Bahnhof**. An dem schmucken historischen Gebäude von 1916 hält täglich der *Empire Builder* (Seattle/Portland–Chicago).

Entlang seines Nordufers lässt sich Idahos größter See vom **Pend Oreille Scenic Byway** (US 200) aus bewundern. Rund 11 Meilen (18 km) nordwestlich der Stadt wird das **Schweitzer Mountain Resort** (www.schweitzer.com; Liftpass Erw./Kind 68/50 US$) u. a. sehr zum Skifahren zwischen Bäumen und sommerlichen Mountainbiken geschätzt.

Das beste Unterkunftsschnäppchen im weiten Umkreis ist der saubere, freundliche und familiengeführte **Country Inn** (☎ 208-263-3333; www.countryinnsandpoint.com; 470700 Hwy 95; EZ/DZ 64/80 US$; 🛜 ✷) rund 3 Meilen (4,8 km) südlich von Sandpoint.

Der Südwesten

Inhalt →

Nevada 345
Las Vegas 348
Arizona 369
Phoenix 370
Grand Canyon
National Park 386
Tucson 397
Utah 404
Salt Lake City 405
New Mexico 427
Albuquerque 427
Santa Fe 434

Gut essen

→ Elote Cafe (S. 385)
→ Hell's Backbone (S. 422)
→ Love Apple (S. 445)
→ Cafe Roka (S. 404)
→ Raku (S. 358)

Schön übernachten

→ Ellis Store Country Inn (S. 453)
→ El Tovar Hotel (S. 390)
→ Motor Lodge (S. 386)
→ St. Regis Deer Valley (S. 413)
→ Vdara (S. 355)

Auf in den Südwesten!

Der Südwesten ist das ungezähmte Hinterland der USA, geprägt von roten Felsen, hohen Gipfeln, glitzernden Seen und Wüsten mit Riesenkakteen. Die Landschaft ist gespickt mit Zeugen der bewegten Vergangenheit der Region, von sonderbaren Piktogrammen und verlassenen Felsbehausungen bis zu zerfallenden Missionen und alten Bergbaustädten. Doch auch heute wird auf dynamische Weise Geschichte geschrieben: Astronomen und Raketenbauer erobern den Sternenhimmel, während urbane Zentren und verschrobene Bergorte Künstler und Unternehmer anziehen.

Highlight für Besucher ist das großartige Netz malerischer Straßen, die die schönsten und bedeutendsten Attraktionen verbinden. Dabei sind es nicht nur epische Landschaften, die eine Reise durch den Südwesten zu einem unvergesslichen Erlebnis machen. Ein genauerer Blick auf einen Saguaro, ein Gespräch mit einem Hopi-Kunsthandwerker oder das Aroma eines Eintopfs mit grünem Chili – es sind vor allem diese authentischen Momente, die in Erinnerung bleiben.

Reisezeit
Las Vegas

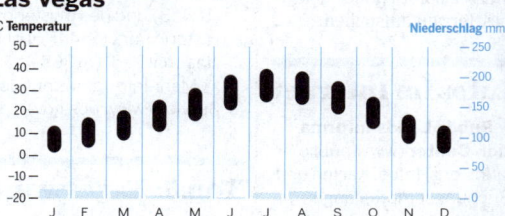

Jan. Skifahren bei Taos und Flagstaff. In Park City locken Pisten und das Sundance Film Festival.

Juni–Aug. Die beste Zeit für einen Besuch der Nationalparks in New Mexico, Utah und Nord-Arizona.

Sept.–Nov. In den Grand Canyon klettern oder die bunten Blätter im Norden von New Mexico bestaunen.

NICHT VERSÄUMEN!

Eine Wüstenwanderung. Wo? Z. B. in der Sonora- oder Chihuahua-Wüste oder in der Great Basin Desert.

Kurzinfos

→ **Größte Städte** Las Vegas (596 400 Ew.), Phoenix (1,4 Mio. Ew.), Salt Lake City (189 314 Ew.)

→ **Las Vegas–South Rim des Grand Canyon** 280 Meilen (450 km)

→ **Los Angeles–Albuquerque** 670 Meilen (1080 km)

→ **Zeitzonen** Nevada: Pacific Standard Time (MEZ −9 Std.); Utah, Arizona (keine Sommerzeit), New Mexico: Mountain Standard Time (MEZ −8 Std.)

Schon gewusst?

Mitte Juli bis Anfang September kann es plötzlich Überflutungen geben. Dann nicht auf sandigen Flächen oder in Schluchten zelten und überflutete Straßen nicht mit dem Wagen befahren. Wer zu Fuß unterwegs ist, muss bei steigendem Wasser sofort höher gelegenes Terrain aufsuchen.

Infos im Internet

→ **Public Lands Information Center** (www.public lands.org) Infos, Karten und Buchungsempfehlungen

→ **Grand Canyon Association** (www.grandcanyon. org) Online-Buchhandel

→ **Recreation.gov** (www. recreation.gov) U. a. Reservierungen von staatlichen Zeltplätzen

Anreise & Unterwegs vor Ort

Der McCarran International Airport in Las Vegas und der Sky Harbor International Airport in Phoenix sind die wichtigsten Flughäfen in der Region, gefolgt von den Flughäfen von Salt Lake City, Albuquerque und Tucson.

Greyhound-Busse halten in den größeren Städten, aber nicht in allen Nationalparks oder entlegenen Orten wie z. B. Moab. In den größeren Städten befinden sich die Busbahnhöfe manchmal in weniger netten Vierteln. (Miet-)Autos sind oft die einzigen Transportmittel, mit denen man zu entlegenen Orten gelangen kann.

Die Verbindungen mit Amtrak-Zügen sind eingeschränkter als die mit Bussen, allerdings sind viele große Städte ans Schienennetz angeschlossen, und andere Orte (z. B. Santa Fe und Phoenix) können mit Amtrak-Bussen erreicht werden. Der *California Zephyr* durchquert Utah und Nevada, der *Southwest Chief* hält in Arizona und New Mexico, und der *Sunset Limited* fährt durch Süd-Arizona und New Mexico.

NATIONALPARKS & STATE PARKS

Der Südwesten wartet mit 50 Nationalparks und National Monuments auf und ist damit ein kultureller Jackpot. Hinzu kommen mehrere beeindruckende State Parks.

Einer der populärsten Nationalparks ist der Grand Canyon National Park (S. 386) in Arizona. In diesem Bundesstaat findet man auch den Monument Valley Navajo Tribal Park (S. 396), das Canyon de Chelly National Monument (S. 395) mit seinen alten Felsbehausungen, den Petrified Forest National Park (S. 396) mit der ungewöhnlichen Kombination aus Painted Desert und versteinerten Baumstämmen und den Saguaro National Park (S. 398), eine Wüste mit riesigen Kakteen.

Das südliche Canyon Country in Utah mit seinen roten Felsen umfasst fünf Nationalparks: Arches (S. 419), Canyonlands (S. 419), Zion (S. 425), Bryce Canyon (S. 423) und Capitol Reef (S. 421), ein herrlich einsames Wildnisareal. Das Grand Staircase-Escalante National Monument (S. 423) ist eine unberührte Wüste. New Mexico ist Heimat des Carlsbad Caverns National Park (S. 453) und des mysteriösen Chaco Culture National Historic Park (S. 447). In Nevada liegt der Great Basin National Park (S. 368).

Mehr Infos gibt's auf der Website des National Park Service (www.nps.gov).

Top 5: Tageswanderungen

→ **Angels Landing** Zion National Park, UT

→ **Winsor Trail** Santa Fe, NM

→ **Navajo Loop** Bryce Canyon National Park, UT

→ **South Kaibab Trail bis zur Cedar Ridge** (S. 387) South Rim, Grand Canyon, AZ

→ **Cape Final** North Rim, Grand Canyon, AZ

Geschichte

Um 100 n.Chr. hatten sich drei vorherrschende Kulturen herausgebildet: die Hohokam im Südwesten, die Mogollon und die Anasazi. Letzteres bedeutet aus der Sprache der Navajo übersetzt „die alten Feinde", weshalb die Angehörigen dieser Kultur in den USA nun als *Ancestral Puebloans* (frühe Pueblo-Indianer) bezeichnet werden.

Die Blütezeit der Hohokam-Kultur in den Wüsten Arizonas war zwischen 300 v.Chr. und 1450 n.Chr. Die Hohokam schufen ein unglaubliches System von Bewässerungskanälen, errichteten Erdpyramiden und hinterließen ein reiches Erbe an Töpferwaren. Archäologische Funde weisen darauf hin, dass es Mitte des 15. Jhs. einen Einbruch in der Hohokam-Kultur gab, der besonders im Schwund größerer Siedlungen sichtbar wurde. Der Grund dafür ist unklar, jedoch legt die mündliche Überlieferung nahe, dass einige Hohokam-Stämme und ihre Nachfahren in der Region ansässig blieben. Zwischen 200 v.Chr. und 1450 n.Chr. lebte das Volk der Mogollon in den zentralen Bergen und Tälern des Südwestens. Die Mogollon bauten Felssiedlungen, deren Überreste heute die Gila Cliff Dwellings bilden.

Die Anasazi hinterließen ein reiches Erbe archäologischer Stätten, etwa jene im Chaco Culture National Historic Park. Ihre Nachkommen sind in der Gruppe der heutigen Pueblo-Indianer (auch Pueblos genannt) zu finden, die über ganz New Mexico verstreut leben. Auch die Hopi sind Nachfahren dieser Kultur, und ihr Dorf Old Oraibi könnte durchaus die älteste durchgehend bewohnte Siedlung Nordamerikas sein.

Im Jahr 1540 zog Francisco Vásquez de Coronado mit einer Expedition aus Mexico City in den Südwesten hinauf. Statt der erhofften Reichtümer fanden sie nur amerikanische Ureinwohner vor, von denen sie viele töteten oder verschleppten. Mehr als 50 Jahre später gründete Juan de Oñate die erste Hauptstadt New Mexicos bei San Gabriel. Viel Blut wurde vergossen, als Oñate versuchte, die Pueblos zu unterwerfen. 1608 musste er geschlagen wieder abziehen. Santa Fe wurde als die neue Hauptstadt um 1610 gegründet.

Im 19. Jh. ging die Erschließung des Südwestens massiv voran. Das war der Eisenbahn und der geologischen Kartierung zu verdanken. Als die USA nach Westen expandierten, vertrieb die Armee gewaltsam ganze Völker amerikanischer Ureinwohner.

Gold- und Silberminen zogen Glücksritter an und praktisch über Nacht schossen die gesetzlosen Goldgräberstädte des Wilden Westens aus dem Boden. Die Santa Fe Railroad profitierte von der Erschließung und brachte Scharen von Touristen in den Westen.

Die moderne Besiedlung hängt eng mit der Nutzung des Wassers zusammen. Nach dem Reclamation Act von 1902 finanzierte die Bundesregierung die Errichtung von Staudämmen, um die Flüsse zu regulieren, die Wüste zu bewässern und die Erschließung voranzutreiben. Erbitterte Debatten und Streitigkeiten über Wasserrechte dauern noch immer an, gerade angesichts des gewaltigen Booms im Wohnungsbau. Andere wichtige Themen in der heutigen Zeit sind illegale Einwanderer und fehlende Steuereinnahmen.

Einheimische Kultur

Der Südwesten ist eine der multikulturellsten Regionen des Landes, die Bevölkerung setzt sich aus Indianern, Hispaniern und Angloamerikanern zusammen. Alle diese Gruppen haben die regionale Küche, die Architektur und die Kunst beeinflusst, und die riesigen Indianerreservate des Südwestens bieten außergewöhnliche Möglichkeiten, etwas über indigene Kultur und Geschichte zu erfahren. Visuelle Kunst ist ebenfalls von großer Bedeutung: Da gibt es Künstlerkolonien in ganz New Mexico und überall Kitsch am Straßenrand, der vor allem in Kleinstädten allgegenwärtig ist.

NEVADA

Nevada steht für eine sorglose Ausgelassenheit, die regelrecht berauschend und manchmal etwas exzentrisch wirkt. Glitzernde Repliken des Eiffelturms, der Freiheitsstatue und einer ägyptischen Pyramide ragen aus der Wüste, Cowboys rezitieren Gedichte, Künstler errichten eine provisorische Stadt an einem windgepeitschten Strand, ein Stützpunkt der Air Force inspiriert zu Alien-Verschwörungstheorien, und mittendrin steht ein einsamer Baum, der von neckischen Ausflüglern mit Turnschuhen geschmückt wurde.

Auf der Karte präsentiert sich der Bundesstaat als weite überwiegend leere Wüstenfläche, gespickt mit ehemaligen Bergbaustädten, in denen längst Spielautomaten die Spitzhacken abgelöst haben. Hedonis-

Highlights

1 Den Rim Trail im **Grand Canyon National Park** (S. 386) erkunden

2 Sich im **Monument Valley** (S. 396) im Nord-osten Arizonas wie John Wayne fühlen

3 Im staubigen **Tombstone** (S. 403) seine Cowboy-Qualitäten unter Beweis stellen

4 Galerien und Schmuckläden in den eleganten Straßen von **Santa Fe** (S. 434) be-suchen

5 Beim **White Sands National Monument** (S. 451) eine schim-mernde Sanddüne hinun-terrodeln

6 Im **Carlsbad Caverns National Park** (S. 453) durch eine Traumland-schaft aus Stalaktiten spazieren

7 In das wilde Leben auf dem **Strip** (S. 352) von Las Vegas eintauchen

8 Im **Valley of Fire Sta-te Park** (S. 363) durch glühend rote Sandstein-formationen fahren

9 In **Park City** (S. 411) tolle Skipisten entdecken und das exklu-sive Nachtleben genießen

10 Im **Zion National Park** (S. 425) einen majestätischen Canyon durchqueren und Angels Landing erklimmen

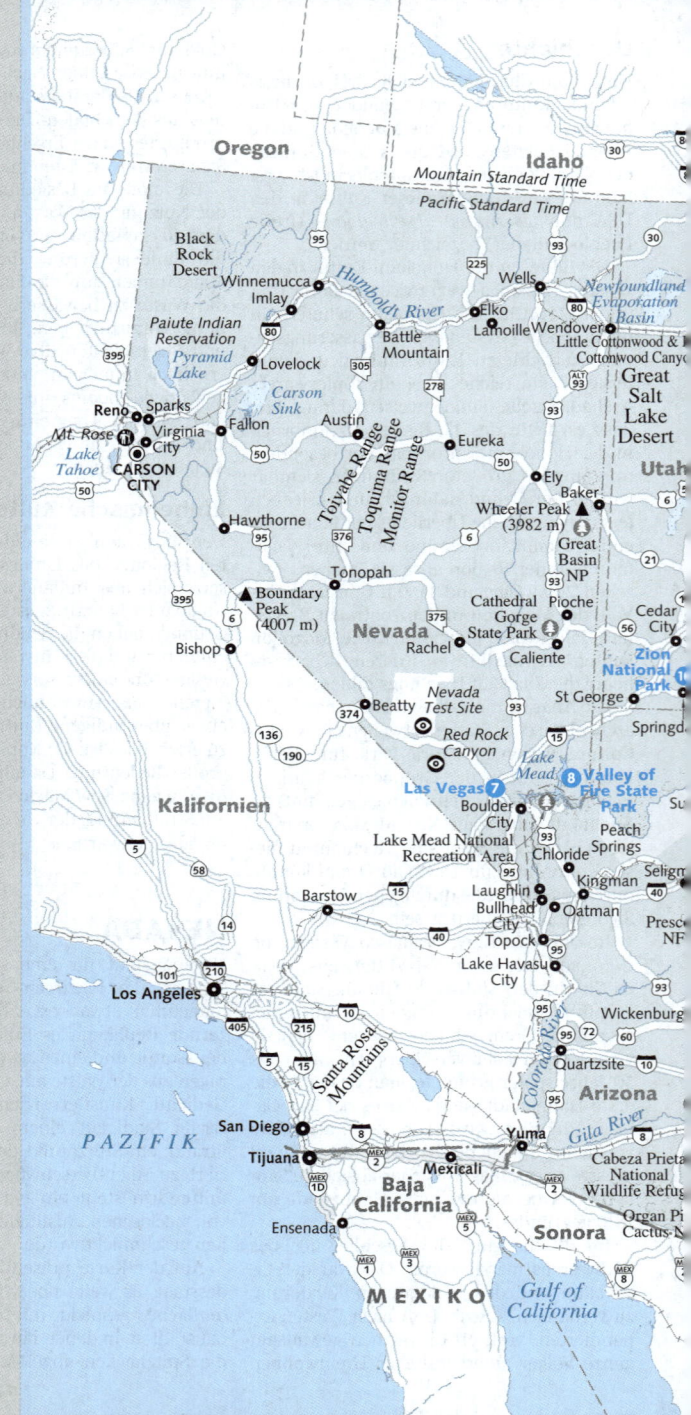

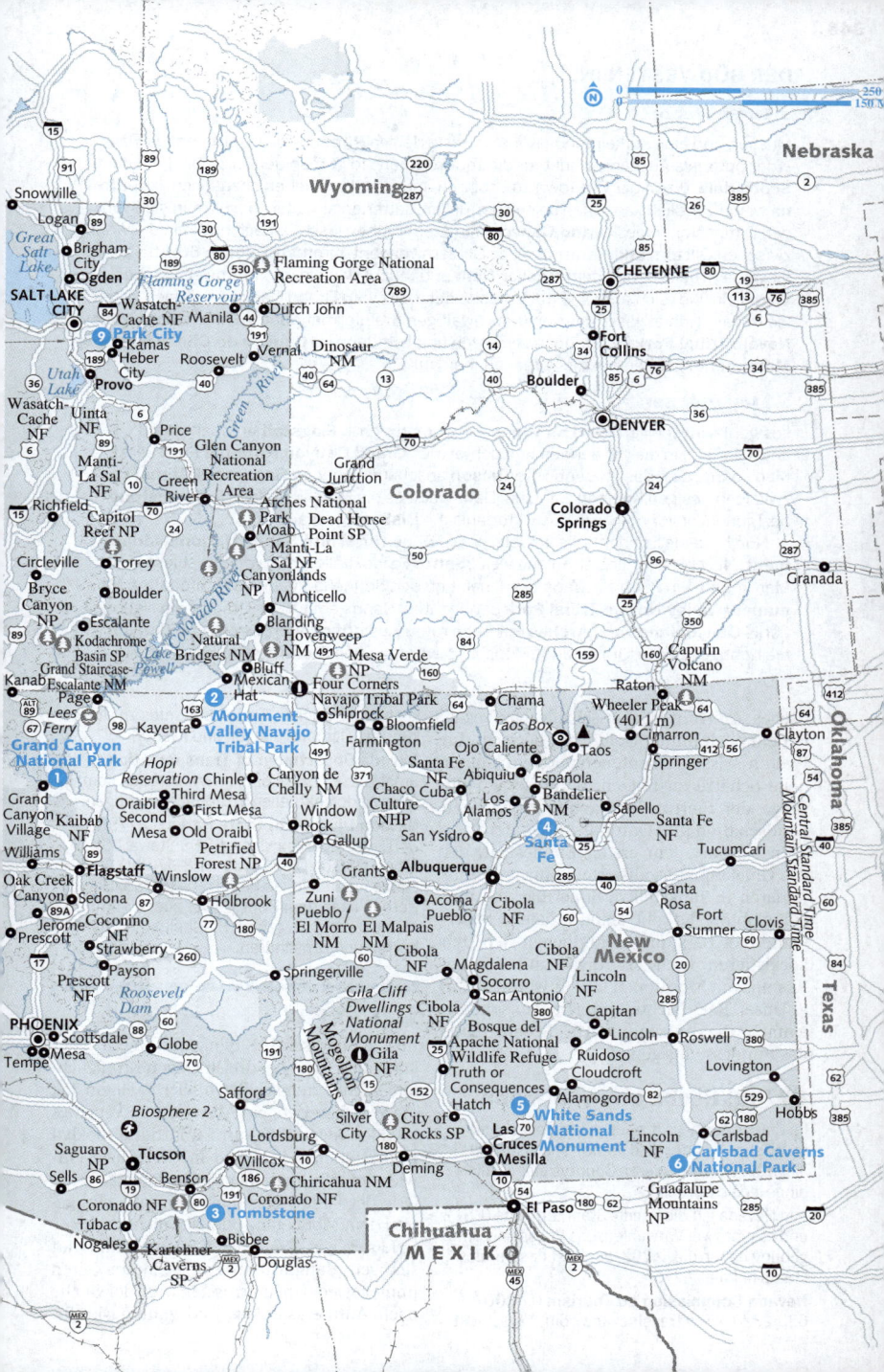

DER SÜDWESTEN IN ...

... einer Woche

Museen und eine aufkeimende Kunstszene verleihen **Phoenix** ein inspirierendes Flair – der optimale Ausgangspunkt für die Tour. Morgens folgt man der Camelback Rd nach **Scottsdale**, um in der Old Town zu shoppen und sich die Galerien anzusehen. In **Sedona** weiter nördlich kann man seine spirituellen Batterien aufladen, bevor man sich von den Dimensionen des **Grand Canyon** den Atem rauben lässt. Danach hat man die Wahl zwischen Glitzern und Natur: Wer das Glitzern vorzieht, nimmt die **Route 66**, überquert die neue Brücke neben dem **Hoover Dam** und taucht dann in die Traumwelt von **Las Vegas** ein. Wer sich für die Natur entscheidet, fährt vom Grand Canyon aus nach Osten ins Navajo-Gebiet, lässt sich von den gewaltigen Steinformationen im **Monument Valley Navajo Tribal Park** ins Staunen versetzen und tritt dann im **Canyon de Chelly National Monument** eine Reise in die Vergangenheit an.

... zwei Wochen

Los geht's im schillernden **Las Vegas**, bevor man sich in **Flagstaff** entspannt und anschließend in die gähnenden Schluchten des **Grand Canyon National Park** blickt. Man könnte sich das studentische **Tucson** anschauen oder im **Saguaro National Park** zwischen riesigen Kakteen wandeln. Dann heißt es die Revolverhelden in **Tombstone** bestaunen, bevor man sich das viktorianische **Bisbee** anschaut.

Nun bitte die Sonnenbrille aufsetzen: Die Dünen im **White Sands National Monument**, New Mexico, sind strahlend weiß. **Santa Fe** lockt alle Arten von Kunstliebhabern. Man könnte ein Pueblo in **Taos** besuchen und den Sonnenaufgang im traumhaften **Monument Valley Navajo Tribal Park** beobachten. Dann geht's nach Utah, in die Nationalparks **Canyonlands** und **Arches** mit ihren roten Felsformationen. Der **Bryce Canyon** ist die richtige Kulisse für Hoodoo-„Rituale", bevor man den **Zion Canyon** besucht.

tisches Zentrum ist das schrille Las Vegas, in dem noch immer Goldfieber herrscht. Im Westen wissen Abenteuersportveranstalter neue Schätze zu nutzen, dafür sorgen die Berge der Sierra Nevada mit großartigen Landschaften und Outdoor-Aktivitäten.

In Nevada, dem ersten Bundesstaat, der das Glücksspiel legalisierte, klingen die Automaten in Tankstellen, Supermärkten und Hotellobbys. Es gibt keine offizielle Sperrstunde für Bars und in ländlichen Gebieten koexistieren legale Bordelle und winzige Kasinos mit Mormonen und Cowboy-Kultur.

Unser Rat? Nichts hinterfragen, sondern einfach die unbekümmerte Lebensfreude des Bundesstaats genießen!

ⓘ Praktische Informationen

Im Clark County (d. h. auch in Las Vegas) und im Washoe County (inkl. Reno) ist Prostitution illegal, in vielen kleineren Countys gibt es allerdings legale Bordelle.

In Nevada gilt die Pacific Standard Time (PST), und es gibt zwei Vorwahlen: Las Vegas und Umgebung haben die ☎702, der Rest des Bundesstaats hat die ☎775.

Nevada Commission on Tourism (☎800-638-2328; www.travelnevada.com) Verschickt kostenlose Bücher, Karten und Infos zu Unterkünften, Campingplätzen und Events.

Nevada Department of Transportation (☎im Staat 511, 877-687-6237; www.nvroads.com) Alles zu den aktuellen Straßenbedingungen.

Nevada Division of State Parks (☎775-684-2770; www.parks.nv.gov; 901 S Stewart St, 5. Stock, Carson City; ⊙Mo–Fr 8–17 Uhr) Stellplätze in staatlichen Parks (10–15 US$/Nacht) werden nach dem Prinzip „wer zuerst kommt, mahlt zuerst" vergeben. Hier bekommt man Karten und Broschüren.

Las Vegas

Ach ja, das schrille blinkende Vegas. Hier kann man in einem dreistöckigen Kronleuchter Champagner schlürfen oder in einem Tag die Welt bereisen, ein Abstecher zu Venedigs Kanälen, dem Eiffelturm und der Brooklyn Bridge inklusive. Mitten in der Wüste entwickelte sich hier einer der hedonistischsten Orte der Welt, voller Illusionen und alles getreu dem Motto ganz oder gar nicht.

Las Vegas hat viele Gesichter und hat sich seit glamourösen Frank-Sinatra-Zeiten immer wieder neu erfunden. Auf der Suche nach Aufmerksamkeit und zahlungskräftigen Besuchern zeigt sich die alte Diva stets offen für Neues. Einst berühmte Neonschilder setzen Staub an, während über den Strip Baustellenlärm schallt – ständiger Wandel ist das Gebot der Stunde. In den Kasinos hingegen scheint die Zeit still zu stehen, dafür sorgen klimatisierte Luft, endlose Buffets und jede Menge Drinks.

Sin City zieht ein bunt gemischtes Publikum an. Hollywood-Größen treffen sich in exklusiven Lounges, College Kids sind auf der Suche nach möglichst viel Spaß für wenig Geld und ihre Großeltern füttern eifrig Spielautomaten. Zudem locken Designer-Martinis, erstklassige Restaurants und natürlich Kasinos, durch die man mit einem 1 m hohen Cocktailglas um den Hals schlendern kann.

Geschichte

Entgegen der landläufigen Meinung war Vegas sehr viel mehr als eine staubige Straßenkreuzung mit Spielhalle und ein paar Steppenläufern, als der Gangster Ben „Bugsy" Siegel in der Stadt eintraf und unter der gleisenden Sonne das glamouröse Kasino Flamingo im tropischen Stil eröffnete.

Die Fertigstellung einer Eisenbahnverbindung zwischen Salt Lake City und Los Angeles 1902 katapultierte Las Vegas in die Moderne, und in den 1920er-Jahren erlebte die Stadt dank staatlich geförderter Bauprojekte einen Boom. Die Legalisierung des Glücksspiels 1931 half Vegas durch die Große Depression. Der Zweite Weltkrieg brachte einen riesigen Luftwaffenstützpunkt und Raumfahrtdollars in die Region, zudem wurde eine asphaltierte Autobahn nach Los Angeles gebaut. Kurz danach entstand im Rahmen des Kalten Kriegs die Nevada Test Site. Das atomare Testgelände erwies sich als Paradebeispiel für das Motto „Jede Werbung ist gute Werbung": Während die monatlichen Atomtests die Fenster der Kasinos im Zentrum zerspringen ließen, machte Miss Mushroom Cloud im Namen der Stadt offiziell in Tourismuskampagnen Werbung für Nuklearkraft.

Mächtige Baumagnate folgten dem Beispiel des Flamingo, das 1946 eröffnet wurde, und zogen an jeder Ecke glamouröse Etablissements in die Höhe. Showgrößen wie Frank Sinatra, Liberace und Sammy Davis Jr. eroberten die Bühnen, ebenso wie spärlich bekleidete Revuegirls.

Der medienwirksame Verkauf des Desert Inn 1966 an den exzentrischen Milliardär Howard Hughes befreite die Glücksspielindustrie von ihrem Gangster-Image, und die Eröffnung des MGM Grand 1993 läutete die Ära der Megaresorts ein.

Bis heute befriedigt Sin City, eine Oase inmitten unwirtlichen Wüstenlands, vor allem die Bedürfnisse seiner vielen Besucher. Pro Jahr kommen ungefähr 39,7 Mio. Menschen, und lange galt Las Vegas als Motor von Nordamerikas am schnellsten wachsendem Ballungsraum. Die Immobilienkrise traf die Bewohner besonders hart, doch inzwischen entstehen am Strip wieder neue Bauten, und das Downtown Project haucht der Gegend rund um die Fremont St neues Leben ein.

KURZINFOS NEVADA

Spitzname Silver State

Bevölkerung 2,76 Mio.

Fläche 286 351 km²

Hauptstadt Carson City (54 800 Ew.)

Weitere Städte Las Vegas (596 400 Ew.), Reno (227 000 Ew.)

Verkaufssteuer 6,85 %

Heimat von Patricia Nixon (1912–1993), Andre Agassi (geb. 1970), Greg LeMond (geb. 1961)

Geburtsort des Spielautomaten und Burning-Man-Festivals

Politische Ausrichtung Nevada hat sechs Wahlmänner. Bei den Präsidentschaftswahlen 2012 machte Obama das Rennen, in Washington ist der Bundesstaat aber von beiden Parteien zu gleichen Teilen vertreten. Der bekannteste Politiker Nevadas ist der Demokrat Harry Reid, Majority Leader im US-Senat.

Berühmt für die Comstock Lode von 1859 (das Bergwerk mit den größten Silbervorkommen des Landes), legales Glücksspiel und legale Prostitution (mit Ausnahme einiger Countys) sowie liberale Alkoholgesetze (Bars dürfen rund um die Uhr geöffnet sein)

Bestes Las-Vegas-T-Shirt *I saw nothing at the Mob Museum* („Ich habe im Mob Museum nichts gesehen")

Entfernungen Las Vegas–Reno 452 Meilen (727 km), Great Basin National Park–Las Vegas 313 Meilen (504 km)

Las Vegas

0 _____ 1 km
0 _____ 0,5 Meilen

Downtown Las Vegas

Mob Museum 3

Stewart Ave

Neon Museum (0,3 Meilen)

Ogden Ave

9

10

DOWNTOWN

Fremont St

39 7

37

35

Carson Ave

Bridger Ave

Lewis Ave

0 _____ 200 m

Las Vegas Blvd S (The Strip)

Wyoming Ave

Downtown Arts District (0.25 Meilen)
First Friday (0.4 Meilen)

E Oakey Blvd

Gold & Silver Pawn (0.6 Meilen); Downtown Las Vegas (1 Meile; s. Detailplan)

Stratosphere

18

44

E Sahara Ave

Sahara

Sahara

Karen Ave

Wynn Golf and Country Club

Las Vegas Hilton

Meade Ave

Sirius Ave

Circus Circus Dr

16

Circus Circus

40

Riviera Blvd

Riviera

36

19

Convention Center Dr

Las Vegas Convention Center

Las Vegas Convention Center

E Desert Inn Rd

Sierra Vista Dr

Highland Dr

Industrial Rd

20

31

42

W Spring Mountain Rd

TI (Treasure Island)

Wynn

13 Palazzo

Swenson St

Polaris Ave

Procyon Ave

15 Venetian

41

11

Mirage

38

33

Harrah's/ The Quad

Ida Ave

Cassella Dr

28

The Quad

Flamingo/ Caesars Palace

Caesars Palace 26

6

8

Flamingo

Flamingo Wash

E Flamingo Rd

4

Rio

W Flamingo Rd

Palms (0,4 Meilen)

Bellagio

5

Paris Las Vegas

27

Bally's

Bally's/ Paris Las Vegas

23

Polaris Ave

17

Bellagio

Bellagio

Cosmopolitan

1

14

Planet Hollywood

Lana Ave

University of Nevada, Las Vegas

CityCenter

25

32

2 Hard Rock

Harmon Ave

29

30 45

E Harmon Ave

Koval La

34

Thomas & Mack Stadium

Monte Carlo

Tompkins Ave

New York New York

43

12

MGM Grand

MGM Grand

22

E Tropicana Ave

W Tropicana Ave

Excalibur

Tropicana

24

Reno Ave

Giles St

Paradise Rd

Swenson St

Ali Baba La

Luxor

Hacienda Ave

McCarran International Airport

Mandalay Bay

21

Las Vegas

⊙ **Highlights**
1 Cosmopolitan B5
2 Hard Rock D5
3 Mob Museum B1

⊙ **Sehenswertes**
4 Atomic Testing Museum D5
5 Bellagio... B5
  Bellagio Conservatory &
    Botanical Gardens .... (siehe 5)
  Bellagio Gallery of Fine Art .... (siehe 5)
6 Caesars Palace B5
7 Emergency Arts B2
8 Flamingo B5
9 Fremont Street Experience A1
10 Golden Nugget A1
11 Mirage.. B4
12 New York-New York B6
13 Palazzo B4
14 Paris-Las Vegas B5
15 Venetian.. B4
  Wildlife Habitat............................. (siehe 8)

⊕ **Aktivitäten, Kurse & Touren**
16 Adventuredome C2
17 Fast Lap A5
  Qua Baths & Spa ....(siehe 6)
18 Stratosphere Tower C1
19 Vegas Indoor Skydiving C3

⊛ **Schlafen**
  Caesars Palace.............................(siehe 6)
  Cosmopolitan .... (siehe 1)
20 Encore C3
  Hard Rock ....(siehe 2)
21 Mandalay Bay B7
22 MGM Grand B6
23 Platinum Hotel C5
24 Tropicana B6
25 Vdara B5

⊗ **Essen**
26 Bacchanal Buffet B5
  DOCG Enoteca .... (siehe 1)

27 Earl of Sandwich B5
28 Firefly D4
  Gordon Ramsay Steak...............(siehe 14)
  Joël Robuchon ....(siehe 22)
  L'Atelier de Joël Robuchon .... (siehe 22)
  Pink Taco .... (siehe 2)
29 Sage B6
  Secret Pizza ....(siehe 1)
30 Social House B6
31 Society Café C3
32 Todd English PUB................................. B5
  Wicked Spoon Buffet .... (siehe 1)

⊙ **Ausgehen & Nachtleben**
33 Carnaval Court....................................... B4
  Chandelier Bar .... (siehe 1)
34 Double Down Saloon..............................D6
35 Downtown Cocktail Room B2
36 Fireside Lounge C3
37 Griffin B2
  Mix ....(siehe 21)
  Parasol Up – Parasol Down ....(siehe 31)
38 Rhumbar.. B4
39 The Beat Coffeehouse B2

⊙ **Unterhaltung**
40 Circus Circus C2
  House of Blues.............................(siehe 21)
  La Rêve ....(siehe 31)
  LOVE .... (siehe 11)
  Marquee ....(siehe 1)
41 Tao.. B4
42 Ticketmaster B3
  Tix 4 Tonight .... (siehe 8)
  XS ....(siehe 20)
43 Zumanity B6

⊙ **Shoppen**
44 Bonanza Gift Shop C2
  Fashion Show Mall .... (siehe 42)
  Forum Shops .... (siehe 6)
  Grand Canal Shoppes................. (siehe 15)
  Shoppes at the Palazzo ....(siehe 13)
45 The Shops at Crystals............................B6

⊙ Sehenswertes

Der Strip, auch als Las Vegas Blvd bekannt, ist ca. 4 Meilen (6 km) lang und das Herz von Sin City. Circus Circus Las Vegas steht am nördlichen Ende dieser Straße, Mandalay Bay unweit des Flughafens markiert das Südende. Ob man nun zu Fuß unterwegs ist oder fährt, auf dem Strip verliert man leicht das Gespür für Distanzen. Bis zu einem Kasino, das ganz nah zu sein scheint, läuft man normalerweise länger als erwartet.

Downtown Las Vegas ist das ursprüngliche Stadtzentrum. Dort befinden sich die ältesten Hotels und Kasinos: Das Ganze wirkt sehr retro, Getränke sind billiger und die

Mindesteinsätze geringer als anderswo. Die wichtigste Straße hier ist die Fremont St. In der vier Häuserblocks langen überdachten Fußgängerzone findet jeden Abend eine kitschige Lightshow statt.

Die Haupttouristengegenden sind sicher. Der Abschnitt des Las Vegas Blvd zwischen Downtown und dem Strip ist hingegen recht heruntergekommen, und die Fremont St östlich des Zentrums wirkt ebenfalls zwielichtig, auch wenn sich das dank neuer Bars und Restaurants allmählich ändert.

Zum Zeitpunkt der Recherche hatte die schrittweise Eröffnung des 550 Mio. US$ teuren Einkaufs- und Unterhaltungskomplexes LINQ auf dem zentralen Strip begonnen. Hauptattraktion ist der High Roller, der mit knapp 170 m Durchmesser als das größte Riesenrad der Welt gilt. Am südlichen Ende des Strips gegenüber des Mandalay Bay entsteht Skyvue, ein über 150 m hohes Riesenrad mit elektronischer Reklametafel; die Bauarbeiten sind aber ins Stocken geraten und es kursieren Gerüchte über finanzielle Probleme.

Die Modernisierung des Viertels Fremont East geht dagegen weiter. Der riesige Onlineshop Zappos verlegte seinen Hauptsitz hierher und Firmenchef Tony Hsieh investierte im Rahmen seiner Initiative Downtown Project Hunderte Mio. Dollar in Gemeindeprojekte zur Wiederbelebung des Stadtteils.

◉ The Strip

★ **Cosmopolitan**   KASINO
(www.cosmopolitanlasvegas.com; 3708 Las Vegas Blvd S; ⊘24 Std.) Der funkelnde dreistöckige Kerzenleuchter in diesem schicken Komplex am Strip ist keineswegs nur ein modernes Kunstwerk, das von außen bewundert werden kann. Tatsächlich kann man sich im Inneren einen exklusiven Cocktail schmecken und dabei das wahrhaft märchenhafte Ambiente auf sich wirken lassen. Auf moderne Aschenputtel wartet außerdem ein Schnappschuss in einem übergroßen von Roark Gourley entworfenen Schuh. Zuviel? Eigentlich nicht; das Gesamtkonzept macht Spaß und wirkt nicht überambitioniert, auch

wenn überall kitschige Unterhaltung wartet – man denke an Art-o-Matics (altmodische Zigarettenautomaten, die lokale Kunst ausspucken) und das versteckte Secret Pizza.

★ **Hard Rock**   KASINO
(www.hardrockhotel.com; 4455 Paradise Rd; ⊘24 Std.) Das Kasinohotel erinnert an Mick Jagger – trotz seines fortgeschrittenen Alters erobert es schmolllippig und wild jede Bühne. 750 Mio. US$ wurden in zwei neue Gebäude investiert und noch immer lockt das hippe Hard Rock mit Konzerten, Flair und einer eindrucksvollen Sammlung von Rock'n'Roll-Sammlerstücken jede Menge Besucher an. Zu den Highlights gehören der von Jim Morrisons handgeschriebene Text zu einem der bekanntesten Doors-Hits und Lederjacken verschiedener Rockgrößen. Die Konzerthalle Joint, der Vanity Nightclub und die „Rehab"-Poolpartys im Sommer am Paradise Beach erfreuen sich bei der herausgeputzten flirtbereiten Promi-Klientel großer Beliebtheit.

Bellagio   KASINO
(www.bellagio.com; 3600 Las Vegas Blvd S; ⊘24 Std.) Das Bellagio besticht durch toskanische Architektur und einen gewaltigen künstlichen See inklusive tanzender Wasserfontänen mit Musikbegleitung (unbedingt ansehen!). Beim Betreten der Lobby sollte man nach oben schauen: Die Decke ziert eine von hinten beleuchtete Glasskulptur mit 2000 mundgeblasenen Blumen des bekannten Künstlers Dale Chihuly. Die Bel-

---

LAS VEGAS MIT KINDERN

Die Stadt richtet sich mittlerweile vor allem an erwachsene Besucher – das unterstreicht das kultige Motto „What happens in Vegas stays in Vegas" (Was in Vegas passiert, bleibt auch dort) – und ist deswegen keine gute Wahl für Familienurlauber. Wer noch nicht 21 ist, kann auf dem Weg zu Läden, Shows und Restaurants durch die meisten Kasinos gehen, darf jedoch nicht anhalten. Manche Häuser schreiben vor, dass Personen unter 21 von einem Erwachsenen begleitet werden müssen, wobei kleinere Kinder aus Sicherheitsgründen immer von einem Erwachsenen beaufsichtigt werden sollten. In einem Teil der Kasinos haben Besucher unter 21 keinen Zutritt.

Wer Sin City mit Kindern im Schlepptau besucht, sollte dennoch nicht verzweifeln. Das **Circus Circus** (www.circuscircus.com; 2880 Las Vegas Blvd S; ⊘24 Std.; ⊞) hat sich ganz dem Vergnügen der lieben Kleinen verschrieben, während die 2 ha große überdachte Vergnügungspark **Adventuredome** (www.adventuredome.com; Tagespass über/unter 1,20 cm 28/17 US$, 5–8 US$/Fahrgeschäft; ⊘unterschiedl.; ⊞) Kletterwände, Autoscooter und seit Ende 2013 El Loco, eine neue 110 km/h schnelle Achterbahn, bietet. Im **Midway** (⊘11–24 Uhr; ⊞) GRATIS wiederum gibt es Shows mit Tieren, Akrobaten und Zauberern.

Überschüssige Energie können Kids auf den Trampolinen in der **Skyzone** (www.skyzone.com/LasVegas; 4915 Steptoe St; 30/60 Min. 9/12 US$; ⊘Mo–Do 14–20, Fr 14–22, Sa 10–21, So 11–20 Uhr) loswerden.

lagio Gallery of Fine Art (Erw./Schüler/Kind 16/11 US$/frei; ☉10–20 Uhr) zeigt Wechselausstellungen mit Werken berühmter Künstler. Auch im **Bellagio Conservatory & Botanical Gardens** (☉ 24 Std.) GRATIS finden das ganze Jahr über Wechselausstellungen statt.

Caesars Palace KASINO
(www.caesarspalace.com; 3570 Las Vegas Blvd S; ☉ 24 Std.) Caesar? In der weitläufigen labyrinthähnlichen griechisch-römischen Fantasiewelt denkt man eher an König Minos! Die Orientierung wird durch zu wenige und unübersichtliche Pläne erschwert, dennoch fasziniert der Komplex mit Marmorimitationen klassischer Statuen wie dem 4 t schweren Brahma-Schrein nahe dem Vordereingang. Hohe Springbrunnen, als Göttinnen aufgemachte Kellnerinnen und die schicken exklusiven **Forum Shops** machen das glamouröse Gesamtpaket perfekt. Den Part des Minotauros übernimmt übrigens das neue **Bacchanal Buffet** – der Versuch, dieses zu erlegen, ist aber zum Scheitern verurteilt.

Venetian KASINO
(www.venetian.com; 3355 Las Vegas Blvd S; Gondelfahrt Erw./privat 19/76 US$; ☉ 24 Std.) Handgemalte Deckenfresken, umherspazierende Darsteller, Gondelfahrten und lebensechte Nachbauten berühmter venezianischer Sehenswürdigkeiten sind die Markenzeichen des romantischen Venetian. Auch das luxuriöse **Palazzo** (www.palazzo.com; 3325 Las Vegas Blvd S) nebenan präsentiert sich als kleines Italien, wirkt jeder weniger interessant.

Mirage KASINO
(www.mirage.com; 3400 Las Vegas Blvd S; ☉ 24 Std.) Das kuppelförmige Atrium voller Dschungelpflanzen und erfrischender Wasserfälle erschafft die Illusion einer tropischen Fantasiewelt. Gesäumt wird es von einem weitläufigen Kasino mit polynesischem Dekor. Die Spieltische befinden sich in mehreren abgetrennten Bereichen, wodurch eine vertraulichere Atmosphäre entsteht. Beliebt ist z. B. das luxuriöse Pokerzimmer. Ein Hingucker ist das mit 75 000 l Salzwasser gefüllte Aquarium mit 60 Tierarten aus den unterschiedlichsten Regionen der Welt, von Fidschi bis zum Roten Meer. Vor dem Gebäude, in der Lagune, bricht nach Sonnenuntergang bis Mitternacht stündlich ein künstlicher Vulkan aus.

Paris-Las Vegas KASINO
(www.parislv.com; 3655 Las Vegas Blvd S; ☉ 24 Std.) Das Kasino versucht durch Nach-

bauten von Pariser Wahrzeichen das Flair und die Fröhlichkeit der Stadt der Lichter einzufangen. Edle Repliken der Opéra Garnier, des Triumphbogens, der Champs-Élysées, des hoch aufragenden Eiffelturms und sogar der Seine verteilen sich in der Anlage.

Flamingo KASINO
(www.flamingolasvegas.com; 3555 Las Vegas Blvd S; ☉ 24 Std.) Das Flamingo ist ein echter Vegas-Klassiker. Wer sich durch die Spielautomaten gekämpft hat, kann im **Wildlife Habitat** (3555 S Las Vegas Blvd; ☉ 8 Uhr–Sonnenuntergang) GRATIS die chilenischen Flamingos bewundern, die auf dem 6 ha großen, tropisch gestalteten Gelände leben.

New York-New York KASINO
(www.newyorknewyork.com; 3790 Las Vegas Blvd S; ☉ 24 Std.) Die Metropole im Miniformat wartet mit kleinen Repliken des Empire State Building, der Freiheitsstatue, des 9/11 Memorial und der Brooklyn Bridge auf. Zudem gibt's eine klassische Achterbahn mit einer 44 m hohen Abfahrt (Tickets 14 US$).

☉ Downtown & Abseits des Strips

★ Mob Museum MUSEUM
(☏ 702-229-2734; www.themobmuseum.org; 300 Stewart Ave; Erw./Kind 20/14 US$; ☉ So–Do 10–19, Fr & Sa bis 20 Uhr) Bugs, Lucky oder Whitey – im neuen Mob Museum im Zentrum geben sich die großen Gangsterbosse in einem alten Bundesgebäude ein Stelldichein. Auf drei Stockwerken erläutern faszinierende, oft schockierende Ausstellungsstücke die Entwicklung des organisierten Verbrechens in den USA und dessen Verbindungen mit Las Vegas. Hier können sich Besucher über Geldwäsche informieren, Gespräche mittels Wanzen abhören, ein eigenes Fahndungsbild erstellen und die durchlöcherte mit Blut bespritzte Wand bestaunen, vor der die Opfer des Valentinstags-Massakers von 1929 erschossen wurden.

Für einen Besuch sollte man mehrere Stunden einplanen. Das Museum ist nicht für Kinder geeignet.

★ Neon Museum MUSEUM
(☏ 702-387-6366; www.neonmuseum.org; 770 Las Vegas Blvd N; Führung tagsüber Erw./Kind 18/12 US$, Führung abends 25/22 US$; ☉ Juni–Aug. 9–10 & 19.30–21 Uhr sowie zusätzliche Führungen tagsüber, ansonsten ab 10 Uhr) Ein Abstecher zu dem Friedhof ausrangierter Reklameta-

feln gibt unterhaltsame Einblicke in die Neon-Vergangenheit von Sin City. Die Guides erzählen von den ehemaligen hohen Tieren der Stadt, während sie an grellen Schildern vorbeilaufen, die einst deren Kasinos, sei es das Binion's oder das Stardust, zierten. Das neue Visitor Center ist in der Lobby des La Concha Motel untergebracht; der eindrucksvolle moderne Mid-City-Bau wurde 2005 hierher verlegt und so vor dem Abriss gerettet. Die Führungen sind obligatorisch und schnell ausgebucht, deshalb sollte man im Voraus online reservieren. Zum Zeitpunkt der Recherche veranstaltete das Museum auch Touren am Abend, dann ist ein Teil der Schilder beleuchtet. Aufgrund der Hitze finden im Sommer nachmittags keine statt. Die Führungen starten je nach Jahreszeit zu unterschiedlichen Zeiten, deswegen sollte man sich im Vorfeld telefonisch informieren.

Das Museum zeigt auch ausgelagerte Exponate in Form restaurierter alter Schilder, die sich in Downtown Las Vegas verteilen. Diese „urbane Galerie" wirkt abends mit entsprechender Beleuchtung am eindrucksvollsten. Die meisten Neontafeln befinden sich am Las Vegas Blvd zwischen Fremont St und Washington Ave.

Atomic Testing Museum   MUSEUM
(www.atomictestingmuseum.org; 755 E Flamingo Rd; Erw./Kind 14/11 US$; ☺ Mo–Sa 10–17, So 12–17 Uhr) Dieses von der Smithsonian Institution betriebene Museum erinnert an eine Zeit, als das Wort „atomar" noch gleichbedeutend war mit Fortschritt und Mysterium. Damals wurde die fantastische und zerstörerische Kraft atomarer Energie vor den Toren von Las Vegas getestet. Unbedingt anschauen sollte man sich das Ground Zero Theater, das einem Testbunker aus Beton nachempfunden ist.

Fremont Street Experience   STRASSE
(www.vegasexperience.com; Fremont St, zw. Main St & Las Vegas Blvd; ☺ 19–24 Uhr stdl.) Die vier Häuserblocks lange Fußgängerzone zwischen Main St und Las Vegas Blvd, die von einem gewölbten Stahldach mit computergesteuerter Lightshow überspannt wird, bildet die Fremont Street Experience. Die Attraktion hat Downtown Las Vegas neues Leben eingehaucht. Abend für Abend verwandelt sich das Dach in eine sechsminütige Light-and-Sound-Show mit 550 000 Watt starken Rundum-Sound, zudem spielen Bands auf mehreren Bühnen, und vom Slotzilla aus, einem zwölfstöckigen Spielautomaten, des-

sen Eröffnung zum Zeitpunkt der Recherche kurz bevorstand, kann man an zwei Ziplines durch die Luft düsen.

Golden Nugget   KASINO
(www.goldennugget.com; 129 E Fremont St; ☺ 24 Std.) Seit seiner Eröffnung 1946 ist dieses Kasinohotel in puncto Extravaganz im Downtown-Bezirk das Maß aller Dinge. Die aktuelle Hauptattraktion ist eine dreistöckige Wasserrutsche, die durch ein rund 760 000 l Wasser fassendes Haibecken nach unten führt. Im schicken ansprechenden Kasino wurde nicht an Messing und geschliffenem Glas gespart. Bekannt ist es vor allem für das Nichtraucher-Pokerzimmer und die RUSH Lounge, in der lokale Bands auftreten. Von der Hotellobby aus um die Ecke thront die riesige über 27 kg schwere „Hand of Faith", der größte Goldklumpen der Welt.

Downtown Arts District   KUNSTZENTRUM
Am **ersten Freitag** (www.firstfridaylasvegas.com; ☺ 17–23 Uhr) jedes Monats locken Galerieeröffnungen, Performance Art, Livebands und Tattoo-Künstler Zehntausende Kunstliebhaber, Hipster, Independent-Musiker und Schaulustige in das Künstlerviertel in Downtown Las Vegas. Das Geschehen konzentriert sich auf den S Casino Center Blvd zwischen Colorado Ave und California Ave nordwestlich der Stratosphere, wobei mittlerweile bis nach Fremont East Programm geboten wird.

🏃 Aktivitäten

Über Spazier- und Radwege der Gegend informiert Neon to Nature unter www.gethealthyclarkcountry.org.

Qua Baths & Spa   SPA
(☎ 866-782-0655; www.harrahs.com/qua-caesars-palace; 3570 Las Vegas Blvd S, Caesars Palace; ☺ 6–20 Uhr) In der Tee-Lounge, dem Kräuterdampfbad und dem (arktisch kalten) Eisraum, in dem es Trockeneisschneeflocken schneit, kommt man schnell mit anderen Spa-Gängern ins Gespräch.

Desert Adventures   KAJAKFAHREN, WANDERN
(☎ 702-293-5026; www.kayaklasvegas.com; 1647 Nevada Hwy, Suite A, Boulder City; Touren ab 149 US$$) Nur 30 Minuten entfernt locken der Lake Mead und der Hoover Dam. Flussbegeisterte sollten sich das Angebot von Desert Adventures mit Wanderungen, Ausritten und geführten halb-, ein- und mehrtägigen Kajaktouren anschauen.

LAS VEGAS FÜR ADRENALINJUNKIES

Autorennen Das **Richard Petty Driving Experience** (☎ 800-237-3889; www.drivepetty. com; 6975 Speedway Blvd, Las Vegas Motor Speedway, I-15 Exit 54; als Beifahrer ab 99 US\$; als Fahrer ab 449 US\$; ⏱ Öffnungszeiten unterschiedlich) bietet Fahrten in Rennwagen, alternativ gibt's bei **Fast Lap** (☎ 702-736-8113; www.fastlaplv.com; 4288 S Polaris; 25 US\$/Rennen; ⏱ Mo–Sa 10–23, So 10–22 Uhr) die eine oder andere Runde im frisierten Go-Kart.

Indoor-Fallschirmspringen Keine Zeit für einen Sprung unter freiem Himmel? Bei **Vegas Indoor Skydiving** (☎ 702-731-4768; www.vegasindoorskydiving; 200 Convention Center Dr; Fallschirmsprung 85 US\$; ⏱ 9.45–20 Uhr) lässt sich der Adrenalinstoß in einer Halle erleben.

Schießen Wer immer schon einmal eine Maschinenpistole abfeuern oder eine Glock in seinen verschwitzten kleinen Händen halten wollte, ist im **Gun Store** (☎ 702-454-1110; www.thegunstorelasvegas.com; 2900 E Tropicana Ave; ab 99 US\$; ⏱ 9–18.30 Uhr; 🚌 201) samt videogestütztem Schießstand richtig.

Stratosphere Auf dem 110-stöckigen **Kasino** (☎ 702-380-7777; www.stratospherehotel. com; Stratosphere, 2000 Las Vegas Blvd S; Fahrstuhl Erw./erm. 18/15 US\$, inkl. 3 Achterbahnfahrten 33 US\$, Tagespass 34 US\$, SkyJump 16 US\$; U-Bahn Sahara) können Adrenalinjunkies Achterbahn fahren, mit dem Big Shot 16 Stockwerke abwärts sausen, sich in luftiger Höhe herumwirbeln lassen oder sich 32 m in die Tiefe stürzen.

Ziplining Auf den vier Zipline-Routen von **Flightlinez** (☎ 702-293-6885; www.flightlinez bootleg.com; 1152 Industrial Rd, Boulder City; Erw./Kind 159/99 US\$; ⏱ 7–17 Uhr) saust man über den Bootleg Canyon hinweg. Vom zwölfstöckigen Slotzilla aus, der bald an der Fremont St öffnet, geht's über die Menschenmassen elf Etagen in die Tiefe.

Escape Adventures MOUNTAINBIKEN
(☎ 800-596-2953; www.escapeadventures.com; 10575 Discovery Dr; Touren inkl. Mountainbike ab 129 US\$) Die richtige Adresse für geführte Mountainbiketouren im Red Rock Canyon State Park.

🛏 Schlafen

Die Übernachtungspreise schwanken sehr stark. Auf den Websites mancher Hotels gibt's Kalender mit den entsprechenden saisonalen Tarifen. Die meisten Hotels auf dem Strip erheben mittlerweile täglich eine zusätzliche Resortgebühr, die im Folgenden angegeben ist.

🏨 The Strip

⭐ **Vdara** HOTEL \$\$
(☎ 702-590-2767; www.vdara.com; 2600 W Harmon Ave; Zi. 159–196 US\$; P 🛜 🖨) Kühle Raffinesse und herzliche Gastfreundschaft gehen im Vdara, einem Suite-Hotel ohne Kasino im neuen CityCenter-Komplex, problemlos Hand in Hand. Mit ihren erdfarbenen Wänden, schokoladenbraunen Möbeln und moosgrünen Kissen versprühen die Zimmer erholsames Naturflair, wie es für eine LEED-zertifizierte Anlage typisch ist. Wer sich geschickt anstellt, ergattert vielleicht

ein Zimmer mit Blick auf die Wasserspiele des Bellagio. In der Nähe befindet sich die Haltestelle Bellagio der Monorail. Resortgebühr: 28 US\$.

Tropicana KASINOHOTEL \$\$
(☎ 702-739-2222; www.troplv.com; 3801 Las Vegas Blvd S; Zi. ab 129 US\$, Suite ab 229 US\$; P ❄ @ 🛜 🖨) Nach millionenschweren Renovierungsmaßnahmen ist das Retro-Kasino, das seit 1953 Tropenflair auf dem Strip versprüht, wieder angesagt. Das Ambiente ist fast ein bisschen zu hip, mit seinen hellen Farben, den grünen erholsamen Gärten, den erdfarbenen luftigen Zimmern und Suiten mit zwei Ebenen weiß das Tropicana aber zweifellos zu überzeugen. Resortgebühr: 20 US\$.

MGM Grand KASINOHOTEL \$\$
(☎ 702-891-7777, 800-929-1111; www.mgmgrand. com; 3799 Las Vegas Blvd S; Zi. ab 122 US\$, Suite ab 150 US\$; P ❄ @ 🛜 🖨) Mit über 5000 Zimmern zählt der grüne Riese zu den größten Hotels der Welt, doch ist größer auch besser? Das ist Ansichtssache, wobei erstklassige Restaurants, ein weitläufiger Poolkomplex und eine Monorail-Haltestelle positiv ins Gewicht fallen – sofern man sein Zimmer findet. Die Standardzimmer sind wenig ansprechend eingerichtet, deswegen ist der minimalistisch-moderne West Wing vorzu-

ziehen. Die Signature Suites bieten mehr Platz, geschmackvollere Einrichtung und eine Küchenzeile. Resortgebühr: 28 US$.

Caesars Palace
KASINOHOTEL **$$**

(☎ 866-227-5938; www.caesarspalace.com; 3570 Las Vegas Blvd S; Zi. ab 197 US$; P✳@🛜🏊) Hinfort mit den Zenturien und hinein in diese stilvolle Bleibe: Das Caesars bietet die wohl edelsten Standardzimmer der Stadt. Resortgebühr: 25 US$.

Cosmopolitan
KASINOHOTEL **$$$**

(☎ 702-698-7000; www.cosmopolitanlasvegas.com; 3708 Las Vegas Blvd S; Zi./Suite ab 320/ 470 US$; P✳@🛜🏊) Das labyrinthartige Hotel erinnert an eine ausgesprochen hippe Version von Hogwarts und verzaubert seine Gäste mit eindrucksvollen Details und unterhaltsamen Überraschungen. Die wundersame Reise beginnt schon in der Lobby, wo digitale Säulen eindrucksvolle Kulissen abbilden. Die Zimmer überzeugen mit ihrem modernen Design, doch das eigentliche Highlight ist, dass man morgens um 1 Uhr noch eine Runde Billard in den Lobbys oben spielen kann, bevor man sich auf die Suche nach dem versteckten Pizzalokal macht. Resortgebühr: 25 US$.

Mandalay Bay
KASINOHOTEL **$$$**

(☎ 702-632-7777, 877-632-7800; www.mandalaybay.com; 3950 Las Vegas Blvd S; Zi. 141–291 US$; P✳@🛜🏊) Die aufwendig verzierten Zimmer versprühen Südsee-Flair und bieten Annehmlichkeiten wie Panoramafenster und luxuriöse Bäder. Wasserratten wird die Poolanlage samt Strand zum Sonnen und Surfen begeistern. Resortgebühr: 28 US$.

Encore
KASINOHOTEL **$$$**

(☎ 702-770-8000; www.encorelasvegas.com; 3121 Las Vegas Blvd S; Zi./Suite ab 303/449 US$; P✳@🛜) Edel-verspielt statt übertriebenopulent präsentiert sich das Encore. Selbst die Zuschauer am Roulettetisch scheinen ein wenig distinguierter zu klatschen. Die Zimmer sind Musterbeispiele für dezenten Luxus. Resortgebühr: 28 US$.

🛏 Downtown & Abseits des Strips

Die Hotels in der Downtown sind generell günstiger als die am Strip.

Main Street Station
KASINOHOTEL **$**

(☎ 800-713-8933, 702-387-1896; www.mainstreetcasino.com; 200 N Main St; Zi. ab 50 US$; P✳🛜) Das 17-stöckige Hotel im Zentrum mit Marmorboden in den Lobbys und viktorianischen Wandleuchtern auf den Gängen ist eine der günstigsten Optionen der Gegend. Die klassisch eingerichteten Zimmer sind nichts Besonderes, verfügen jedoch über Holzjalousien und gemütliche Betten. Das Mob Museum und die Fremont St sind zu Fuß zu erreichen, und es gibt eine hauseigene Mikrobrauerei.

Golden Nugget
KASINOHOTEL **$$**

(☎ 800-846-5336, 702-385-7111; www.goldennugget.com; 129 E Fremont St; Zi. 99–239 US$, Suite 179–269 US$; P✳@🛜🏊) Die Zimmer im Gold und Rush Tower wirken eleganter, doch auch die im traditioneller gestalteten Carson Tower können sich sehen lassen. Draußen locken eine hübsche Poollandschaft und eine dreistöckige Wasserrutsche, die durch ein Haibecken führt.

Platinum Hotel
BOUTIQUEHOTEL **$$**

(☎ 702-365-5000, 877-211-9211; www.theplatinumhotel.com; 211 E Flamingo Rd; Zi. ab 152 US$; P✳@🛜🏊) Nur ein kurzes Stück vom Strip entfernt bietet das Platinum ansprechende moderne Zimmer in einer komfortablen, weitläufigen und glücksspielfreien Anlage. Hinzu kommen tolle Extras wie Küchen, Whirlpools und teilweise auch Kamine. Der Strip ist zehn bis 15 Gehminuten entfernt. Für Haustiere muss eine einmalige Gebühr von 75 US$ entrichtet werden.

Hard Rock
KASINOHOTEL **$$$**

(☎ 800-473-7625, 702-693-5000; www.hardrockhotel.com; 4455 Paradise Rd; Zi. 122–399 US$; P✳@🛜🏊) In diesem Boutiquehotel riecht es förmlich nach Ruhm. Die Fenstertüren gewähren einen grandiosen Blick auf die Skyline und jede Menge Palmen, und die in kräftigen Farben gehaltenen, minimalistischen Zimmer warten mit genialen Stereoanlagen und Plasma-TVs auf. Wir lieben die Jukeboxen im HRH All-Suite Tower, doch die Standardzimmer sind fast genauso cool. Im opulenten Beach Club ist Party angesagt.

Red Rock Resort
RESORT **$$$**

(☎ 702-797-7777; www.redrock.sclv.com; 11011 W Charleston Blvd; Zi. 140–380 US$; P✳@🛜🏊) Wer eine Wanderung im Red Rock Canyon plant, kann in diesem paradiesisch-stilvollen Resort, 15 Meilen (24 km) westlich des Strips, die nötige Energie dafür tanken. Die Zimmer in ruhigen Grün- und dunklen Brauntönen mit vielen Kissen sind gemütlich, geräumig und gut eingerichtet. Zur Anlage gehören eine Bowlingbahn und ein Kino, zudem gibt es einen kostenlosen Transportservice zum Strip und zum Flughafen.

 Essen

Die Stadt der Sünde wartet mit unvergleichlichen Gaumenfreuden auf. In den schickeren Restaurants geht nichts ohne vorherige Reservierung.

The Strip

Auf dem eigentlichen Strip gibt es, abgesehen von den Fast-Food-Ketten, kaum preiswertes Essen.

Secret Pizza   PIZZA $

(3708 Las Vegas Blvd S, Cosmopolitan; Stück 5 US$, Pizza 25 US$; ⏱11.30–3 Uhr) Irgendwo im Cosmopolitan versteckt sich diese unbeschilderte Pizzeria. Wo genau, verraten wir nicht, wo bliebe denn da der Spaß? Wen es jedoch spätabends nach einem Stück New Yorker Pizza gelüstet, der macht sich auf den Weg in den 3. Stock und hält nach einem schmalen Gang zwischen den anderen Lokalen Ausschau oder stellt sich einfach mit den anderen Nachtschwärmern in die Schlange.

Earl of Sandwich   SANDWICHES $

(www.earlofsandwichusa.com; 3667 Las Vegas Blvd S, Planet Hollywood; Hauptgerichte bis 7 US$; ⏱24 Std.) Ja ja, schon gut, das Earls of Sandwich ist eine Kette, doch die Sandwiches sind lecker, die Preise niedrig und die Lage mitten auf dem Strip günstig. Und jeder scheint's zu mögen!

Todd English PUB   PUB $$

(www.toddenglishpub.com; 3720 Las Vegas Blvd S, Crystals; Hauptgerichte 16–24 US$; ⏱Mo–Fr 11–2, Sa & So 9.30–2 Uhr) Das unterhaltsame PUB unter der Leitung des Bostoners Todd English ist eine witzige Kreuzung aus britischem Pub und Verbindungsparty. Neben kreativen Burgern und über 80 Biersorten, zu denen auch englische Klassiker gehören, gibt's ein interessantes Angebot: Wer sein Bier in weniger als sieben Sekunden herunterkippt, muss nichts dafür bezahlen.

Society Café   CAFÉ $$

(www.wynnlasvegas.com; 3121 Las Vegas Blvd S, Encore; Frühstück 14–22 US$, Abendessen 15–39 US$; ⏱So–Do 7–23, Fr & Sa 7–23.30 Uhr) Gaumenfreuden zu erschwinglichen Preisen inmitten des schönen Ambientes des Encore. Das einfache Café hat den Standard eines No-

belrestaurants. Es gibt eine kleine Auswahl veganer Gerichte bei allen Menüs.

Social House   JAPANISCH $$

(☎702-736-1122; www.socialhouselv.com; 3720 Las Vegas Blvd S, Crystals Mall, CityCenter; Mittagsmenü 20 US$, Sushi 6–24 US$, Hauptgerichte 22–38 US$; ⏱Mo–Do 17–22, Fr & Sa 12–23, So 12–22 Uhr) In einem der fröhlichsten, wenn auch heißesten Speisesäle am Strip kann man sich über kreative Gerichte hermachen, die an japanisches Fast Food angelehnt sind. Schriftrollen mit Wasserzeichen, Holztrennwände und jede Menge rote und schwarze Visionen des Japanischen Kaiserreichs prägen das Dekor – das Sushi und die Steaks sind aber durch und durch modern.

Joël Robuchon   FRANZÖSISCH $$$

(☎702-891-7925; www.mgmgrand.com; 3799 Las Vegas Blvd S, MGM Grand; Hauptgerichte 135–175 US$, Menü 120–420 US$/Pers.; ⏱So–Do 17.30–22, Fr & Sa bis 22.30 Uhr) Ein einmaliges kulinarisches Erlebnis, für das man sich gut und gern drei Stunden Zeit nehmen sollte. Die mehrgängigen saisonal wechselnden Menüs bringen einem die traditionelle französische Küche näher. Im **L'Atelier de Joël Robuchon** (☎702-891-7358; www.mgmgrand.com; 3799 Las Vegas Blvd S, MGM Grand; Hauptgerichte 41–97 US$; ⏱17–23 Uhr) nebenan gibt's etwas preiswertere, aber immer noch köstliche Gerichte.

Picasso   FRANZÖSISCH $$$

(☎702-693-8865; www.bellagio.com; 3600 Las Vegas Blvd S, Bellagio; Menü 115 US$; ⏱Mi–Mo 17.30–21.30 Uhr) Hier kann man sich inmitten der

---

FÜR GENIESSER: DIE BESTEN BUFFETS

Extravagante All-you-can-eat-Buffets haben in Sin City Tradition. Zu den besten gehören:

Bacchanal Buffet (www.caesarspalace.com; 3570 Las Vegas Blvd S, Caesars Palace; morgens 20 US$, mittags 30 US$, abends 40 US$)

Wicked Spoon Buffet (www.cosmopolitanlasvegas.com; 2708 Las Vegas Blvd S, Cosmopolitan; Brunch 33 US$, abends 41 US$)

Buffet Bellagio (☎702-693-7111; www.bellagio.com; Bellagio, 3600 Las Vegas Blvd S; morgens 18 US$, mittags 22 US$, abends 33 US$)

Werke des großen Meisters stärken. Diese sind jedoch nicht das einzig Meisterhafte in diesem schicken französischen Restaurant unter der Leitung des Küchenchefs Julian Serrano: Die Gerichte des Vier-Gänge-Menüs sind für sich genommen kleine Kunstwerke. Die Portionen sind klein, nach mehreren Gängen ist man in der Regel dennoch satt. Die Desserts sind spektakulär.

Gordon Ramsay Steak   STEAK $$$
(☎877-346-4642; www.parislasvegas.com; 3655 Las Vegas Blvd S, Paris; Hauptgerichte 32–63 US$; ⏰16.30–22.30 Uhr, Bar Fr & Sa bis 24 Uhr) Wer Lust auf ein erstklassiges Steak hat, lässt Paris und den Eiffelturm hinter sich und betritt über den „Eurotunnel" Gordon Ramsays neues Steakhaus. Das in Rottönen gehaltene Restaurant wird von einer Kuppel mit dem Union Jack bekrönt und zählt zu den besten der Stadt. Wer nicht reserviert hat, kann sich an der Bar von den fachkundigen Barkeepern die Fleischspezialitäten und ihre Zubereitung erklären lassen. Das Beilagenbrot ist lecker, und das Angebot runden Fisch, Koteletts und ein einsames Hühnchengericht ab.

Sage   AMERIKANISCH $$$
(☎702-590-8690; www.arialasvegas.com; 3730 Las Vegas Blvd S, Aria; Hauptgerichte 35–54 US$; ⏰Mo-Sa 17–23 Uhr) Der renommierte Koch Shawn McClain kombiniert saisonale regionale Zutaten mit internationalen Einflüssen und serviert das Ganze in einem der eindrucksvollsten Speiseräume von Las Vegas. Unbedingt probieren sollte man die saisonalen Cocktails mit hausgemachten Likören, französischem Absinth und Fruchtmark.

DOCG Enoteca   ITALIENISCH $$$
(☎877-893-2003; www.cosmopolitanlasvegas.com; 3708 Las Vegas Blvd S, Cosmopolitan; Hauptgerichte 22–45 US$; ⏰18–23 Uhr) In einem geschmackvollem Raum im Stil einer *enoteca* (Weinbar), die das Flair einer festlichen Dinner-Party versprüht, kommen köstliche frische Pasta und Holzofenpizzas auf den Tisch, während das sexy Scarpetta (☎877-893-2003; www.cosmopolitalasvegas.com; 3708 Las Vegas Blvd S; Hauptgerichte 24–55 US$; ⏰18–23 Uhr) nebenan intimere gehobenere kulinarische Erlebnisse verspricht. Beide stehen unter der Leitung des fantastischen Scott Conant.

✕ Downtown & Abseits des Strips

Feinschmecker kommen abseits des Strips richtig auf ihre Kosten. Die Restaurants in Downtown bieten ein besseres Preis-Leistungs-Verhältnis als die am Strip, und rund um die E Fremont St entstehen neue Lokale.

Die asiatischen Restaurants in der Spring Mountain Rd in Chinatown sind gute Budgetoptionen und servieren viele vegetarische Gerichte.

★ Raku   JAPANISCH $$
(☎702-367-3511; www.raku-grill.com; 5030 W Spring Mountain Rd; kleine Gerichte 2–18 US$; Hauptgerichte 8–19 US$; ⏰Mo-Sa 18–3 Uhr) Der japanische Besitzer und Küchenchef Mitsuo Edo zaubert kleine Gerichte voll feiner exquisiter Aromen. Hier kann man gar nicht aufhören zu bestellen, wobei gegrilltes Fleisch, hausgemachter Tofu und saisonales Gemüse zur Wahl stehen. Empfehlenswert sind die Tofuvariationen und das Kobe-Rind mit Wasabi. Das Raku liegt eine 15-minütige Taxifahrt vom Strip entfernt. Wer nicht reserviert hat, muss mit einem Platz an der kleinen Bar vorlieb nehmen.

★ Lotus of Siam   THAILÄNDISCH $$
(☎702-735-3033; www.saipinchutima.com; 953 E Sahara Ave; Hauptgerichte 9–30 US$; ⏰Mo-Fr 11.30–14.30, Buffet bis 14, tgl. 17.30–22 Uhr) Wenn man dem *Gourmet Magazine* Glauben schenken darf, speist man hier im besten thailändischen Restaurant der USA. Ein einziger Happen vom Pad Thai oder von den anderen exotischen nordthailändischen Gerichten wirkt durchaus überzeugend.

Firefly   TAPAS $$
(www.fireflylv.com; 3824 Paradise Rd; kleine Gerichte 4–10 US$, Hauptgerichte 12–20 US$; ⏰So–Do 11.30–2 Uhr) Ein Essen im Firefly ist oft doppelt so spaßig und halb so teuer wie in einem der überzogenen Restaurants auf dem Strip, was wohl seine große Beliebtheit erklärt. Während sich Gäste traditionelle spanische Tapas schmecken lassen, schenkt der Barkeeper Sangria aus und mixt Mojitos mit verschiedenen Geschmacksrichtungen.

Eat   FRÜHSTÜCK, AMERIKANISCH $$
(☎702-534-1515; www.facebook.com/eatdowntown lv; 707 Carson Ave; Frühstück 8–20 US$, Mittagessen 9–25 US$; ⏰Mo-Fr 8–15, Sa & So bis 14 Uhr) Was den Neuzugang so besonders macht, sind vor allem die gesellige Atmosphäre und die bodenständige Küche. Tatsächlich ist man versucht, in das begeisterte Raunen der anderen Gäste miteinzustimmen, wenn am Nachbartisch ein riesiges Hühnchenschnitzel serviert wird. Zwischen Betonboden und sparsamem Dekor kann's recht laut werden,

das macht jedoch einen Teil des Charmes aus und stört beim Verdrücken von Beignets, getrüffelten Eiersandwiches oder Shrimps mit Maisgrütze überhaupt nicht.

Das Restaurant ist ein Gemeinschaftsprojekt der Köchin Natalie Young, einer Veteranin der Gastronomieszene von Las Vegas, und dem Downtown Project unter der Leitung des Zappo-Chefs Tony Hsieh.

Pink Taco
MEXIKANISCH $$
(www.hardrockhotel.com; 4455 Paradise Rd, Hard Rock; Hauptgerichte 14–21 US$; ⏰ So–Do 11–22 Uhr, Fr & Sa open end) Die Happy Hour (Margaritas für 5 US$), die grüne Terrasse am Pool und das nette Rock'n'Roll-Publikum sorgen im Pink Taco stets für einladende Partystimmung.

Hugo's Cellar
STEAK, SEAFOOD $$$
(Four Queens; ☎ 702-385-4011; www.hugoscellar. com; 702 Fremont St; Hauptgerichte 37–60 US$; ⏰ 17.30–22.30 Uhr) Hier zeigt sich Vegas von seiner altmodischen Seite, was in diesem Fall positiv gemeint ist. In den dunklen clubartigen Räumlichkeiten unter den Four Queens wird noch immer sehr viel Wert auf Service gelegt: Die Damen erhalten eine Rose, Salate werden neben dem Tisch angemacht und die Mitarbeiter sind aufmerksam und zuvorkommend. Für edles Vintage-Flair sorgen zudem Gerichte wie Veal Oscar, Filet Wellington und Kirschdesserts.

 Ausgehen

In der E Fremont St öffnen viele neue interessante Bars. Ein Zipline-Flug den Slotzilla hinunter mit anschließendem Spaziergang lohnt sich in jedem Fall.

The Strip

★ Chandelier Bar
BAR
(www.cosmopolitanlasvegas.com; 3708 Las Vegas Blvd S, Cosmopolitan; ⏰ vom Stockwerk abhängig, 1. OG 24 Std.) In einer Stadt voller opulenter Hotellobbys zieht das Chandelier sämtliche Register. Hier sitzen die Cosmopolitan-Hipster und genießen das seltsam aufregende Gefühl, sich in einem gewaltigen Kristallkronleuchter zu betrinken.

Mix
LOUNGE
(www.mandalaybay.com; 3950 Las Vegas Blvd S, 64. OG, THEhotel at Mandalay Bay; Eintritt nach 22 Uhr 20–25 US$; ⏰ So–Mi 17–1, Do bis 2, Fr & Sa bis 3 Uhr) Die Adresse für einen Cocktail bei Sonnenuntergang. Bereits im gläsernen Aufzug

hat man eine geniale Aussicht. Das Mix bietet modernste Innenarchitektur und einen Balkon in luftiger Höhe.

Rhumbar
COCKTAILBAR
(☎ 702 792-7615; www.mirage.com; 3400 Las Vegas Blvd S, Mirage; ⏰ So–Do 13–24, Fr & Sa 13–2 Uhr) Die minzigen Mojitos und Frozen Daiquiris in der karibisch anmutenden Rhumbar mit Zigarren-Lounge in praktischer Nähe zum Südeingang des Mirage zeugen von größter Cocktailkunst. Die gemütlichen Tische auf der Terrasse mit Blick auf den Strip und luftigem Strandflair laden zum Entspannen ein.

Parasol Up – Parasol Down
BAR, CAFÉ
(www.wynnlasvegas.com; 3131 Las Vegas Blvd S, Wynn; ⏰ 11–2 Uhr, Parasol Up Fr & Sa bis 4 Uhr) Hier können Gäste mit einem Mojito mit frischen Früchten an einem beruhigend plätschernden Wasserfall im Wynn entspannen und eine der erfolgreichsten Versionen des Paradieses in Las Vegas erleben.

Carnaval Court
BAR
(☎ 702-369-5000; www.harrahslasvegas.com; 3475 Las Vegas Blvd S, vor dem Harrah's; Eintritt unterschiedlich; ⏰ 11–3 Uhr) In der Freiluftbar jonglieren Barkeeper vor lärmend-geselliger Kundschaft mit Feuer. Jeden Abend sorgen Pop- und Rock-Coverbands auf der Bühne für Stimmung, die Aufmerksamkeit gehört allerdings den attraktiven Mädels an der Bar. Partystimmung pur!

 Downtown & Abseits des Strips

Wer sich zusammen mit den Einheimischen vergnügen möchte, ist in einer ihrer Lieblingsadressen genau richtig. Neue Bars und

Cafés öffnen an der E Fremont St, der besten Alternative zum Strip.

Griffin
BAR

(☎702-382-0577; 511 E Fremont St; Eintritt 5–10 US$; ☺Mo–Fr 17–3, Sa 19–3, So 20–2 Uhr) Wer dem Kasino-Hype entkommen möchte, ist in dieser Indie-Bar, einen kurzen Fußmarsch die weniger beleuchtete Fremont St entlang, richtig. Knisternde Kamine, Ledernischen und eine fast zu coole Jukebox machen das dunkle, gemütliche Griffin bei Rebellen, jungen Hipstern und sicherlich auch dem einen oder anderen Vampir beliebt.

Commonwealth
COCKTAILBAR

(www.commonwealthlv.com; 525 E Fremont St; ☺Mi–Fr 18–2, Sa & So 20–2 Uhr) Die neue Cocktailbar mit Saloon-Flair ist vielleicht etwas zu hip für die entspannte E Fremont St, die Einrichtung im Steampunk-Stil ist jedoch zweifellos einen Blick wert. Sanft flackernde Kerzenleuchter und viktorianischer Schnickschnack bilden die perfekte Kulisse für einen Drink, zudem gibt's eine Dachbar und angeblich auch eine geheime Bar.

Downtown Cocktail Room
LOUNGE

(☎702-880-3696; www.downtownlv.net; 111 Las Vegas Blvd S; Eintritt frei–10 US$; ☺Mo–Fr 16–2, Sa 19–2 Uhr) Die Kneipe mit ernstzunehmenden Retro-Cocktails, Satinkissen und Wildledersofas wirkt im Vergleich zu den mit Teppich ausgelegten klassischen Bars der Fremont St wie aus der Zeit gefallen. In echter Prohibitions-Manier ist der Eingang getarnt.

Fireside Lounge
COCKTAILBAR

(www.peppermilllasvegas.com; 2985 Las Vegas Blvd S, Peppermill; ☺24 Std.) Dieses altmodische Café ist ein völlig unerwartetes, romantisches Schlupfloch in der Nähe des Strips. Pärchen lieben die gedämpfte Beleuchtung, die in den Boden eingelassene Feuerstelle und die gemütlichen Sitznischen, in denen man einen Cocktail zu zweit trinken kann.

Double Down Saloon
BAR

(www.doubledownsaloon.com; 4640 Paradise Rd; Eintritt frei; ☺24 Std.) Der Spezialdrink in diesem Schuppen ist säuerlich und blutrot und heißt „Ass Juice" (Arschsaft) – mehr Punk-Rock-Feeling geht nicht. In der Happy Hour (12–17 Uhr) kosten alle Drinks nur 2 US$. Phänomenale Jukebox, Bezahlung nur in bar.

☆ Unterhaltung

Das allabendliche Unterhaltungsangebot in Las Vegas ist riesig. Karten für fast alle Veranstaltungen verkauft **Ticketmaster** (☎800-745-3000; www.ticketmaster.com). **Tix 4 Tonight** (☎877-849-4868; www.tix4tonight.com; 3200 Las Vegas Blvd S, Fashion Show; ☺10–20 Uhr) bietet Tickets zum halben Preis für eine begrenzte Auswahl von Vorstellungen am selben Tag sowie kleine Rabatte auf Shows, die „ständig ausverkauft" sind.

Nachtclubs & Livemusik

2012 waren sieben der zehn bestverdienenden Nachtclubs der USA in Vegas ansässig, wobei XS und Marquee jeweils über 80 Mio. US$ einnehmen. Die Eintrittspreise in den Clubs schwanken stark; es kommt immer auf die Laune des Personals am Einlass an, auf das Verhältnis zwischen Frauen und Männern und natürlich darauf, wie voll es ist. Wer im Voraus beim VIP Host des jeweiligen Clubs reserviert, erspart sich die Warteschlange; die meisten größeren Läden beschäftigen am späten Nachmittag und frühen Abend solches Türpersonal. In der Regel haben Hotel-Concierges zudem kostenlose Eintrittskarten für die Clubs oder nehmen Reservierungen vor. Eine Option ist zudem der „Bottle Service"; dabei erspart man sich gegen den Erwerb einer ganzen Flasche in der Regel Eintrittsgeld und Wartezeiten.

XS
CLUB

(www.xslasvegas.com; 3131 Las Vegas Blvd S, Encore; Eintritt 20–50 US$; ☺Fr & Sa 21.30–4, So & Mo 22.30–4 Uhr) Das beliebte XS ist der einzige Club, in dem wir Gäste gesehen haben, die zum Tanzen in den Pool gesprungen sind (und nicht von den Türstehern rausgeworfen wurden). Es zeichnet sich durch ein gemischteres Publikum aus (sprich: Mit über 30 fühlt man sich nicht fehl am Platz). Ohne schickes Outfit kommt man nicht rein.

Marquee
CLUB

(www.cosmopolitanlasvegas.com; 3708 Las Vegas Blvd, Cosmopolitan) Wenn jemand fragt, welcher Club der Coolste von Vegas ist, liegt man mit der Antwort „Marquee" ohne Zweifel richtig. Er wartet mit Berühmtheiten (wir haben Macy Gray im Vorbeitanzen gesichtet), einem Beach Club unter freiem Himmel, angesagten DJs und dem *je ne sais quoi* – dem gewissen Etwas – auf, das die Warteschlange rechtfertigt.

Tao
CLUB

(www.taolasvegas.com; 3355 Las Vegas Blvd S, Venetian; ☺Lounge So–Do 17–24, Do–Sa bis 1 Uhr, Nachtclub 22–5 Uhr) Manch erfahrener Clubgänger glaubt, dass sich das Tao überlebt hat. Unvoreingenommene hingegen bestaunen noch immer die dekadenten Details und das lüsterne Ambiente, für das u.a. ein riesiger goldener Buddha und halbnackte Go-Go-Girls, die sich aufreizend in Badewannen voller Rosenblätter rekeln, sorgen.

Stoney's Rockin' Country LIVEMUSIK

(www.stoneysrockincountry.com; 6611 Las Vegas Blvd S; Eintritt frei–20 US$; ⊙So–Mi 19–2, Do–Sa bis 3 Uhr) Die lustige Country-Western-Bar ist kürzlich näher an den Strip gezogen. Jeden Abend werden Tanzkurse angeboten, u.a. Two-Step dienstags um 19.30 Uhr. Freitags zahlen weibliche Gäste in Hot Pants und Cowboy-Stiefeln keinen Eintritt, samstags gilt All-you-can-drink für 15 US$.

Shows

Bei Hunderten Shows hat man in Vegas die Qual der Wahl. Die Auftritte des Cirque du Soleil sind generell unvergesslich.

★ LOVE DARSTELLENDE KÜNSTE

(☎800-963-9634, 702-792-7777; www.cirqueduso leil.com; Tickets 99–150 US$; ⊙Do–Mo 19 & 21.30 Uhr; ♿) Die Einheimischen, die schon viele Cirque-de-Soleil-Produktionen haben kommen und gehen sehen, sind der Meinung, dies sei die Beste. Die beliebte Show findet im Mirage statt.

Zumanity DARSTELLENDE KÜNSTE

(☎702-740-6815; www.cirquedusoleil.com; Tickets 76–138 US$) Eine sinnliche Show nur für Erwachsene im New York-New York.

La Rêve AKROBATIK

(☎888-320-7110; www.wynnlasvegas.com; 3131 Las Vegas Blvd S, Wynn; Tickets ab 105 US$; ⊙Fr–Di 19 & 21.30 Uhr) Bei La Rêve („der Traum") steht Wasserakrobatik im Zentrum. In dem Theater mit einem ca. 3 800 000 l Wasser fassenden Becken treten nur Künstler mit Tauchzertifikat auf. Achtung: Die preiswerteren Plätze liegen in der „Splash Zone".

House of Blues LIVEMUSIK

(☎702-632-7600; www.hob.com; 3950 Las Vegas Blvd S, Mandalay Bay) In der vom Mississippi-Delta inspirierten Musikbar gibt's modernen Rock, Pop und Soul.

🛍 Shoppen

Bonanza Gift Shop SOUVENIRS

(www.worldslargestgiftshop.com; 2440 Las Vegas Blvd S; ⊙8–24 Uhr) Über 3700 m² voller Krimskrams. Die beste Adresse für kitschige Mitbringsel, die es nur in Las Vegas gibt.

Gold & Silver Pawn SCHMUCK

(☎702-385-7912; http://gspawn.com; 713 Las Vegas Blvd S; ⊙Geschäft 9–21 Uhr, Nachtschalter 21–9 Uhr) Hinter der einfachen Ladenfront, bekannt aus der beliebten US-Serie *Die Drei vom Pfandhaus*, verbergen sich faszinierende Schätze, von Schrotflinten aus dem Wilden Westen und restaurierten Oldtimern aus den 1950er-Jahren bis hin zu Fanartikeln mit Autogrammen. Einfach an dem roten Absperrseil aus Samt anstellen!

Fashion Show Mall EINKAUFSZENTRUM

(www.thefashionshow.com; 3200 Las Vegas Blvd S; ⊙Mo–Sa 10–21, So 11–19 Uhr) Nevadas größte und eleganteste Mall.

Forum Shops EINKAUFSZENTRUM

(www.caesarspalace.com; 3570 Las Vegas Blvd S, Caesars Palace; ⊙So–Do 10–23, Fr & Sa bis 24 Uhr) Hochpreisige Geschäfte in einer klimatisierten Version des Alten Rom.

The Shops at Crystals EINKAUFSZENTRUM

(www.crystalsatcitycenter.com; 3720 Las Vegas Blvd S; ⊙So–Do 10–23, Fr & Sa bis 24 Uhr) Das schicke neue Einkaufszentrum neben dem Aria wartet mit über 40 Luxusläden auf, von Assouline bis zu Versace.

Grand Canal Shoppes EINKAUFSZENTRUM

(www.thegrandcanalshoppes.com; 3355 Las Vegas Blvd S, Venetian; ⊙10–23 Uhr) Italienisch anmutende Luxus-Mall inklusive Gondeln.

Shoppes at the Palazzo EINKAUFSZENTRUM

(www.theshoppesatthepalazzo.com; 3327 Las Vegas Blvd S, Palazzo; ⊙So–Do 10–23, Fr & Sa bis 24 Uhr) 60 internationale Designer unter einem Dach.

ℹ Praktische Informationen

GELD

Geldautomaten findet man in allen Hotelkasinos und Banken sowie in den meisten Lebensmittelläden. Im Großteil der Kasinos liegt die Gebühr für die Geldautomatennutzung bei rund 5 US$. Unser Tipp: Am besten eine Bank abseits des Strips suchen!

Travelex Currency Services (☎702-369-2219; 3200 Las Vegas Blvd S, Fashion Show; ⊙Mo–Sa 10–21, So 11–19 Uhr) Geldwechselstube in der Fashion Show Mall.

INTERNETZUGANG & MEDIEN

In den meisten Hotelzimmern ist WLAN (ca. 10–25 US$/Tag, manchmal in der Resortgebühr inbegriffen) verfügbar, und in den Hotellobbys gibt es häufig auch Internetkioske inklusive Druckern.

Eater Vegas (www.vegas.eater.com) Infos über die Küchenchefs und neuesten Restaurants von Sin City sowie eine regelmäßig aktualisierte Liste der 38 besten Lokale der Stadt.

Las Vegas Review-Journal (www.lvrj.com) Tageszeitung, freitags inklusive des Wochenend-Guides *Neon*.

Las Vegas Weekly (www.lasvegasweekly.com) Kostenlose Wochenzeitung mit gutem Veranstaltungskalender und Restaurantkritiken.

Vegas Chatter (www.vegaschatter.com) Aktuelle Infos über das Angebot in Vegas, von Restauranteröffnungen bis hin zu den hippsten Pools.

NOTFALL & MEDIZINISCHE VERSORGUNG

Gamblers Anonymous (☎ 855-222-5542; www.gamblersanonymous.com) Die „Anonymen Spieler" bieten Spielsüchtigen Unterstützung.

Polizei (☎ 702-828-3111; www.lvmpd.com)

Sunrise Hospital & Medical Center (☎ 702-731-8000; www.sunrisehospital.com; 3186 S Maryland Pkwy) Kinderkrankenhaus und rund um die Uhr besetzte Notfallaufnahme.

University Medical Center (☎ 702-383-2000, Notfälle 702-383-2661; www.umcsn.com; 1800 W Charleston Blvd; ☻ 24 Std.) Nevadas bestes Traumazentrum; die Notfallaufnahme ist rund um die Uhr besetzt.

POST

Post (www.usps.com; 201 Las Vegas Blvd S; ☻ Mo–Fr 9–17 Uhr) Downtown.

TOURISTENINFORMATION

Las Vegas Tourism (www.onlyinvegas.com) Offizielle Website der Tourismusbehörde.

Las Vegas Visitor Information Center (LVCVA | Las Vegas Convention & Visitors Authority; ☎ 702-892-7575, 877-847-4858; www.visitlasvegas.com; 3150 Paradise Rd; ☻ Mo–Fr 8–17.30 Uhr) Kostenlose Ortsgespräche, Internetzugang und jede Menge Karten.

Las Vegas.com (www.lasvegas.com) Besucherinfos.

Vegas.com (www.vegas.com) Besucherinfos, Buchungsservice sowie eine Liste mit kinderfreundlichen Attraktionen.

ⓘ Anreise & Unterwegs vor Ort

Der **McCarran International Airport** (LAS; ☎ 702-261-5211; www.mccarran.com; 5757 Wayne Newton Blvd; ☎) befindet sich unmittelbar südlich der großen Kasinos des Strips und ist von der I-15 aus einfach zu erreichen. Hier kommen Direktflüge aus den meisten Städten der USA und einige aus Kanada und Europa an. Die meisten Inlandflüge werden am Terminal 1 abgewickelt, internationale Flüge am neuen

Terminal 3. **Bell Trans** (☎ 702-739-7990; www.bell-trans.com) bietet einen Shuttle-Service (7 US$) zwischen Flughafen und Strip. Die Fahrt ins Zentrum ist etwas teurer. Der Schalter von Bell Trans befindet sich beim Flughafen am Ausgang 9 nahe der Gepäckausgabe.

Die meisten Sehenswürdigkeiten in Vegas bieten gebührenfreie Parkplätze oder einen Parkservice (Trinkgeld 2 US$). Die schnelle, unterhaltsame und auch für Rollstuhlfahrer geeignete **Monorail** (www.lvmonorail.com; einfache Strecke 5 US$, Ticket für 24/72 Std. 12/28 US$, Kind unter 6 Jahren frei; ☻ Mo 7–24, Di–Do bis 2, Fr–So bis 3 Uhr) verbindet die Sahara Station (die Haltestelle ist dem Circus Circus am nächsten) mit dem MGM Grand und hält unterwegs an den wichtigsten Mega-Resorts des Strip. Der **Deuce** (☎ 702-228-7433; www.rtcsouthernnevada.com; Ticket für 2/24 Std. 6/8 US$), ein Doppeldecker-Bus, pendelt rund um die Uhr regelmäßig zwischen dem Strip und Downtown.

Rund um Las Vegas

Red Rock Canyon National Conservation Area   PARK

(☎ 702-515-5350; www.redrockcanyonlv.org; Auto/Fahrrad pro Tag 7/3 US$; ☻ Rundweg April–Sept. 6–20 Uhr, Okt.–März früher, Visitor Center 8–16.30 Uhr) Der eindrucksvolle Park ist das perfekte Kontrastprogramm zur grellen Künstlichkeit von Las Vegas. Der Canyon liegt 20 Meilen (32 km) westlich des Strips und ist tatsächlich eher ein Tal als eine Schlucht. An der Westkante ragt eine ca. 900 m hohe Klippe aus rotem Stein auf. Eine Touristenstraße (13 Meilen bzw. 21 km lang) mit Zugang zu verschiedenen Wanderwegen führt durch den Park. 2 Meilen (3 km) östlich des Visitor Center kann man von September bis Mai **campen**; eine Reservierung der Stellplätze ist nicht möglich. Der 2,5 Meilen (4 km) lange Rundwanderweg zu den Calico Tanks führt durch die roten Felsen und endet mit einer tollen Aussicht auf Las Vegas.

Lake Mead & Hoover Dam   SEE, HISTORISCHE STÄTTE

Der Lake Mead und der Hoover Dam sind die meistbesuchten Attraktionen der **Lake Mead National Recreation Area** (☎ Infoschalter 702-293-8906, Visitor Center 702-293-8990; www.nps.gov/lake; Auto/Fahrrad 10/5 US$; ☻ 24 Std., Visitor Center Mi–So 9–16.30 Uhr). Zu dem Erholungsgebiet gehören neben dem 110 Meilen (177 km) langen Lake Mead der 67 Meilen (108 km) lange Lake Mohave sowie die riesigen Wüstengebiete rund um die Seen. Das großartige **Alan Bible Visitor**

Center (☎ 702-293-8990; www.nps.gov/lake; Lakeshore Scenic Dr, beim US Hwy 93; ⏱ 9–16.30 Uhr) am Hwy 93 auf halber Strecke zwischen Boulder City und dem Hoover Dam liefert Infos zu Freizeitaktivitäten und der Wüste. Zudem gibt's dort eine Karte des River Mountains Loop Trail (www.rivermountains trail.com), eines 32 Meilen (51 km) langen Wander- und Radwegs rund um den See. Vom Visitor Center schlängeln sich die North Shore Rd und die Lakeshore Rd um den See, eine wirklich malerische Route. Die Lakeshore Rd verläuft bis zum Valley of Fire Hwy, der zum eindrucksvollen Valley of Fire State Park führt.

Der weich geschwungene 220 m hohe **Hoover Dam** (☎ 866-730-9097, 702-494-2517; www.usbr.gov/lc/hooverdam; Visitor Center 8 US$, inkl. Kraftwerk-Führung Erw./Kind 11/9 US$, komplette Führung 30 US$; ⏱ 9–18 Uhr, Ticketverkauf bis 17.15 Uhr), ein Bauwerk im Art-déco-Stil, überspannt die Grenze zwischen Arizona und Nevada und schafft einen großartigen Kontrast zur kargen Landschaft. Sehr lohnend ist ein Abstecher zur neuen **Mike O'Callaghan-Pat Tillman Memorial Bridge**. Die Brücke hat auch einen Fußgängerweg und gewährt einen wunderschönen Blick auf den Fluss und den Hoover Dam – für Menschen mit Höhenangst ist sie aber ungeeignet. Parkplätze für Besucher befinden sich beim Hwy 172 an der Hoover Dam Access Rd. Besucher können sich der 30-minütigen **Führung durchs Kraftwerk** (Erw./Kind 11/9 US$) oder der detaillierteren einstündigen **Hoover-Dam-Tour** (nicht für Kinder unter 8 Jahren; Führung 30 US$) anschließen. Wer sich für Geschichte und Architektur interessiert, sollte sich für die längere Variante entscheiden.

Tickets für beide Führungen sind beim **Visitor Center** erhältlich. Karten für die Kraftwerkführung gibt's auch online.

Im nahen Boulder City lebten die Männer und Frauen, die den Damm bauten. Heute bietet sich das einladende Zentrum der Stadt für eine Stärkung oder Übernachtung an. Beliebtester Treffpunkt ist das **Milo's** (www.miloswinebar.com; 538 Nevada Hwy; Hauptgerichte 9–13 US$; ⏱ So–Do 11–22, Fr & Sa bis 24 Uhr), das an Straßentischen vor der Weinbar frische Sandwiches, Salate und Gourmet-Käseplatten serviert. Direkt um die Ecke liegt das hübsche **Boulder Dam Hotel** (☎ 702-293-3510; www.boulderdamhotel.com; 1305 Arizona St; Zi. inkl. Frühstück 72–89 US$, Suite 99 US$; ✳ @ 🛜); im Preis inbegriffen sind nach Gäs-

---

VALLEY OF FIRE STATE PARK

In diesem 55 Meilen (88 km) von Vegas entfernten **Park** (☎ 702-397-2088; www. parks.nv.gov/parks/valley-of-fire-state-park; 10 US$/Auto; ⏱ Visitor Center 8.30–16.30 Uhr) findet man eine traumhafte Wüstenszenerie voller psychedelisch anmutender Sandsteinformationen. Der Hwy 169 führt direkt am Visitor Center vorbei; dort erhält man Infos zu Wanderungen und **Camping-Möglichkeiten** (Stellplatz Zelt/Wohnmobil 20/30 US$), zudem gibt's tolle Ausstellungen zum Lebensraum Wüste.

---

tewunsch zusammengestelltes Frühstück und der Eintritt für das hauseigene Museum zu Boulder City und dem Hoover Dam.

West-Nevada

Der westliche Teil des Staates ist eine weitläufige, größtenteils unberührte Steppe mit Wüstenbeifuß, durchzogen von Bergketten und ausgetrockneten Tälern. In dieser Gegend wurde das moderne Nevada geboren, u.a. durch die Entdeckung der berühmten Comstock-Silbermine bei Virginia City. Heute sind Outdoor-Abenteuer in Form von Wandern, Fahrrad- und Skifahren die Hauptanziehungspunkte für Besucher. Es ist ein Ort der Kontraste; sie sind ähnlich extrem wie beim Wetter: In einem Moment fährt man durch ein niedliches altes Städtchen voller stattlicher Villen, die von den Silberbaronen erbaut wurden, und im nächsten Augenblick beobachtet man, wie eine Kugel Buschgras an einer heimeligen Bar vorüberweht, von der man später erfährt, dass es sich tatsächlich um das hiesige (legale) Bordell handelt.

Reno

In Renos Downtown können Besucher morgens in einem der zwei Dutzend Kasinos spielen, dann die Straße hinunterlaufen und die Stromschnellen im Truckee River Whitewater Park in Angriff nehmen. Genau diese Kontraste machen den Reiz der „größten Kleinstadt der Welt" aus, die sowohl ihre Glücksspiel-Wurzeln hochhält als auch als erstklassige Ausgangsbasis für Outdoor-Abenteuer bekannt ist. Die Sierra Nevada und der Lake Tahoe sind nicht einmal eine

Autostunde entfernt, und die Region wartet mit jeder Menge Seen, Wanderwegen und Skigebieten auf.

⊙ Sehenswertes

Der Riverwalk District (www.renoriver.org) im Zentrum erstreckt sich entlang des Truckee River. Im Wildwasserpark, der ostwärts vom Wingfield Park zur Virginia St verläuft, kann man Fahrten mit dem Kajak und im Gummischlauch unternehmen.

National Automobile Museum MUSEUM
(☎ 775-333-9300; www.automuseum.org; 10 S Lake St; Erw./Kind 10/4 US$; ⊙ Mo–Sa 9.30–17.30, So 10–16 Uhr; ⊕) Stilisierte Straßenszenen illustrieren ein Jahrhundert Automobilgeschichte in diesem fesselnden Museum. Die riesige eindrucksvolle Sammlung umfasst einzigartige Fahrzeuge wie ein Ford Modell A von 1928, das Douglas Fairbanks Mary Pickford schenkte, und ein 1935er Dusenburg von Sammy Davis Jr. Wechselausstellungen zeigen viele weitere frisierte und wunderbar altmodische Gefährte.

Nevada Museum of Art MUSEUM
(☎ 775-329-3333; www.nevadaart.org; 160 W Liberty St; Erw./Kind 10/1 US$; ⊙ Mi–So 10–17, Do 10–20 Uhr) In einem prachtvollen Gebäude, dessen Design von den Steinformationen im Black Rock Desert nördlich der Stadt inspiriert ist, führt eine Treppe zu den Galerien, in denen Wechselausstellungen und Bilder mit Bezug zum Westen der USA gezeigt werden. Vom Dach des Gebäudes hat man einen tollen Blick auf die Sierra Nevada. Das Café ist super, um die Batterien nach dem Kultur-Boost wieder aufzuladen.

Virginia Street

In Downtown Reno, zwischen der I-80 und dem Truckee River, verläuft die N Virginia St, Renos Kasinomeile. Südlich des Flusses heißt diese Straße S Virginia St. Alle im Folgenden genannten Hotelkasinos sind rund um die Uhr geöffnet.

Circus Circus KASINO
(www.circusreno.com; 500 N Sierra St; ⊕) Das familienfreundlichste Kasino in der Gegend wartet mit kostenlosen Zirkuseinlagen in einem riesigen, buntgestreiften Zelt für die Kleinen auf. Dort findet man allerdings auch zahlreiche Videospiele.

Silver Legacy KASINO
(www.silverlegacyreno.com; 407 N Virginia St) Ein viktorianisch anmutendes Kasino, das anhand der auffälligen weißen Kuppel leicht zu erkennen ist. Hin und wieder ist der riesige nachgebaute Förderturm die Bühne für eine bescheidene Sound-and-Light-Show.

Eldorado KASINO
(www.eldoradoreno.com; 345 N Virginia St) Angesichts des kitschigen Glücksbrunnens würde sich der große italienische Bildhauer Bernini wahrscheinlich im Grabe herumdrehen.

Harrah's KASINO
(www.harrahsreno.com; 219 N Center St) Nevadas Glücksspiel-Pionier William Harrah gründete dieses Kasino 1946. Es ist nach wie vor eins der größten und beliebtesten der Stadt.

🏃 Aktivitäten

Von Reno aus fährt man nur 30 bis 60 Minuten bis zu den Skigebieten beim Lake Tahoe. In vielen Hotels und Kasinos gibt's Pauschalangebote für Übernachtungen plus Skifahren.

Truckee River Whitewater Park WASSERSPORT
(www.reno.gov) In diesem Park, der nur wenige Schritte von den Kasinos entfernt liegt, sind die Stromschnellen der Kategorien II und III sowohl für Kinder zur Fahrt mit einem Gummischlauch (Tubing) als auch für

---

ABSTECHER

BURNING MAN

Ende August macht das Festival **Burning Man** (www.burningman.com; Eintritt 380 US$) eine Woche lang die sonnenverbrannte Black Rock Desert unsicher. Dann entsteht in Nevada vorübergehend ein drittes großes Ballungsgebiet: Black Rock City. Burning Man ist ein Feuerwerk experimenteller Kunst mit Motto-Camps wie von einem anderen Stern und staubüberzogenen Fahrrädern. Überall finden bizarre Tauschgeschäfte statt, Nacktheit wird mittels Kostümen dürftig kaschiert, und Hemmungen werden bereitwillig über Bord geworfen. Höhepunkt ist die Verbrennung einer überdimensionalen menschlichen Figur – des Burning Man.

ambitioniertere Kajakfahrer geeignet. Zwei Parcours führen um Wingfield Park herum, eine kleine Flussinsel, auf der kostenlose Konzerte stattfinden. **Tahoe Whitewater Tours** (☎775-787-5000; www.gowhitewater.com) und **Wild Sierra Adventures** (☎866-323-8928; www.wildsierra.com) bieten Kajakausflüge und -kurse an.

Historic Reno Preservation Society
STADTSPAZIERGANG

(☎775-747-4478; www.historicreno.org; Führung 10 US$) Der Veranstalter bietet Führungen und Radtouren zu verschiedenen Themen wie Architektur, Politik und Literaturgeschichte an.

🛏 Schlafen

Die Hauptfaktoren für die extrem schwankenden Übernachtungspreise sind der jeweilige Wochentag und lokale Events. Sonntags bis donnerstags kommt man gewöhnlich am günstigsten davon, die Freitage sind teurer, und an Samstagen zahlt man manchmal dreimal so viel wie werktags.

Im Sommer lädt der **Mt. Rose** (☎877-444-6777; www.recreation.gov; Hwy 431; Wohnmobile & Stellplatz für Zelte 17–50 US$) zum Zelten in luftigen Höhen ein. Traumhaft!

Sands Regency
KASINOHOTEL $

(☎775-348-2200; www.sandsregency.com; 345 N Arlington Ave; Zi. So–Do ab 29 US$, Fr & Sa 69 US$; P❄🐾🛜🏊) Die Fassade ist nicht mehr ganz frisch, dafür überzeugen die Zimmer in tropischen Farbtönen wie Blau, Rot und Grün. Die beste Wahl sind die Empress-Tower-Zimmer. Gutes Preis-Leistungs-Verhältnis.

Wildflower Village
MOTEL, B&B $

(☎775-747-8848; www.wildflowervillage.com; 4395 W 4th St; Hostel 30 US$, Motel 55 US$, B&B 125 US$; P❄@🛜) Die recht baufällig wirkende Künstlerkolonie an den westlichen Ausläufern der Stadt ist dennoch einladendend und versprüht kreatives Flair. Wandbilder zieren das Äußere der einzelnen Zimmer, und man kann die Frachtzüge vorbeirumpeln hören. Gäste können zwischen Hostel-, Motel- und B&B-Unterkünften wählen.

★ Peppermill
KASINOHOTEL $$

(☎866-821-9996, 775-826-2121; www.peppermillreno.com; 2707 S Virginia St; Zi./Suite So–Do ab 70/130 US$, Fr & Sa ab 170/200 US$; P❄@🛜🏊) Das beliebte Peppermill präsentiert sich heute in einer Üppigkeit, die hervorragend nach Vegas passen würde. Im neuesten Turm befinden sich 600 Zimmer mit toska-

nischem Dekor, und die Renovierung der älteren Räumlichkeiten ist fast abgeschlossen. Die drei glitzernden Pools (einer davon ist überdacht) sind traumhaft, und es gibt ein Spa mit Rundum-Programm. Geheizt wird mit geothermischer Energie.

🍴 Essen

Renos Restaurantszene geht weit über die typischen Kasinobuffets hinaus.

Peg's Glorified Ham & Eggs
IMBISS $

(www.eatatpegs.com; 420 S Sierra St; Frühstück 9–14 US$, Mittagessen 8–12 US$; ⏱6.30–14 Uhr; 🚼) Hier bekommt man den Einheimischen zufolge das beste Frühstück der Stadt. Die gegrillten Speisen sind lecker, aber nicht zu fettig. Einfach nach der mintgrün-weiß-gestreiften Markise Ausschau halten.

★ Old Granite Street Eatery
AMERIKANISCH $$

(☎775-622-3222; www.oldgranitestreeteatery.com; 243 S Sierra St; Mittagessen 9–14 US$, Abendessen 11–26 US$; ⏱Mo–Do 11–23, Fr 11–24, Sa 10–24, So 10–16 Uhr) Ein schönes Restaurant voller Antiquitäten, in dem Wohlfühlgerichte aus lokalen Bio-Zutaten, altmodische Cocktails und, je nach Saison, selbst gebraute Biere serviert werden. Die Gäste lieben die stattliche Holzbar, die umfangreiche Speisekarte und den Umstand, dass das Wasser in alten Likörflaschen kredenzt wird. Keine Reservierung? Dann kann man sich die schrägen Wandbilder ansehen und an einem Gemeinschaftstisch (bestehend aus einer umgebauten Stalltür) auf einen eigenen Tisch warten.

Silver Peak Restaurant & Brewery
PUB $$

(124 Wonder St; Hauptgerichte mittags 8,25–11 US$, abends 9,25–22 US$; ⏱Restaurant So–Do 11–22, Sa

---

❶ (RAD-)WANDERWEGE RUND UM RENO

Wer umfassende Infos zu Wander- und Radwegen in der Region sucht, z. B. zum Mt. Rose Summit Trail oder zum Tahoe Pyramid Bikeway, kann den **Truckee Meadows Trails Guide** (www.reno.gov/Index.aspx?page=291) herunterladen. Der Wanderführer ist außerdem beim **Galena Creek Visitor Center** (www.galenacreekvisitorcenter.org; 18250 Mt Rose Hwy; ⏱Di–So 9–18 Uhr) im Galena Creek Regional Park erhältlich, wo man drei der beschriebenen Routen findet.

& So bis 23 Uhr, Pub öffnet 1 Std. später) Entspannt und unprätentiös wirkt dieser Pub, der vom Geplapper Einheimischer erfüllt ist, denen der Sinn nach leckerem Bier und gutem Essen wie Pizza mit Pesto-Schrimps, Spinat-Ricotta-Ravioli und Filet Mignon steht. Im Herzen des Riverwalk District im Zentrum.

⚑ Ausgehen

Great Basin Brewing Co
BRAUEREI $$

(www.greatbasinbrewingco.com; 5525 S Virginia St; Hauptgerichte 8–19 US$; ⊙ So–Do 11–24, Fr & Sa 11–1.30 Uhr) In der Stadt wird heiß diskutiert, ob nun Great Basin oder Silver Peak das beste Bier braut. Wir bleiben neutral, allerdings erhält das Great Basin Extrapunkte für das Natur-Ambiente, für das u. a. die Bergland-schaft an der Wand sorgt. Serviert werden fünf Klassiker des Hauses, 13 saisonale Sorten sowie eine nette Auswahl belgischer Ales. Die Brauerei liegt 3 Meilen (5 km) süd-lich von Downtown an der Virginia St.

Imperial Bar & Lounge
BAR

(150 N Arlington Ave; ⊙ Fr & Sa 11–2, So–Do bis 22 Uhr) Stilvolle Bar in einem Relikt aus vergan-genen Zeiten: Dies war früher eine Bank. Die zementierte Stelle im Holzboden be-zeichnet den früheren Standort des Tresors. Sandwiches, Pizzas, 16 Fassbiere und eine le-bendige Atmosphäre an den Wochenenden zeichnen das Imperial aus.

Jungle Java & Jungle Vino
CAFÉ, WEINBAR

(www.javajunglevino.com; 246 W 1st St; ⊙ Kaffee 6–24 Uhr, Wein Mo–Fr 15–24, Sa & So 12–24 Uhr; 🛜) Café/Weinbar mit hübschem Mosaikbo-den und Internetcafé in einem.

☆ Unterhaltung

Die beste Infoquelle zu Veranstaltungen & Co. ist das wöchentlich erscheinende, kostenlose Magazin Reno News & Review (www.newsreview.com).

Edge
CLUB

(www.edgeofreno.com; 2707 S Virginia St, Pepper-mill; Eintritt 10–20 US$; ⊙ Do & So ab 21 Uhr, Fr ab 19 Uhr) Das Peppermill lockt die Nachteulen mit seinem großen, schillernden Nachtclub an. Die Go-Go-Tänzerinnen, Nebelmaschi-nen und Laser sorgen eventuell für akute Reizüberflutung. Dann kann man auf die Terrasse hinaustreten und vor den gemütli-chen Feuerstellen „wieder runterkommen".

Knitting Factory
LIVEMUSIK

(☎ 775-323-5648; http://re.knittingfactory.com; 211 N Virginia St) Dieser mittelgroße Schuppen

wurde 2010 eröffnet und füllt eine zuvor be-stehende Lücke in der lokalen Musikszene: Hier stehen Mainstream und Indie-Hits im Vordergrund.

❶ Praktische Informationen

Neben der Gepäckausgabe des Reno-Tahoe International Airport befindet sich ein Informa-tion Center mit kostenlosem WLAN.

Reno-Sparks Convention & Visitors Authority Visitor Center (☎ 775-682-3800; www.visitrenotahoe.com; 135 N Sierra St; ⊙ 9–18 Uhr) Im RENO eNVy Store im Riverwalk District. Bietet Broschüren, Karten und kostenlose Kundenparkplätze. Auch am Flughafen.

❶ An- & Weiterreise

Der **Reno-Tahoe International Airport** (RNO; www.renoairport.com; 🛜), 5 Meilen (8 km) südöstlich von Downtown Reno, wird von den meisten großen Airlines angeflogen.

North Lake Tahoe Express (☎ 866-216-5222; www.northlaketahoeexpress.com) betreibt ein Shuttle (einfache Strecke 45 US$, ca. 6–8-mal tgl., 3.30–24 Uhr), das zwischen dem Flughafen und zahlreichen Orten am Nordufer des Lake Tahoe verkehrt, z. B. Truckee, Squaw Valley und Incline Village. Im Voraus reservieren.

Um den südlichen Teil des Lake Tahoe zu er-reichen (nur wochentags), nimmt man den **RTC Intercity-Bus** (inkl. WLAN; www.rtcwashoe.com) bis zur Nevada DOT-Haltestelle in Carson City (45 US$, 1 Std., an Werktagen 6-mal tgl.) und dann den 21X-Bus von **BlueGo** (www.bluego.org) zum Stateline Transit Center (2 US$ mit RTC Intercity-Transfer, 1 Std., 5–6-mal tgl.).

Greyhound (☎ 775-322-2970; www.grey hound.com; 155 Stevenson St) bietet tägliche Verbindungen nach Truckee, Sacramento und San Francisco (11–41 US$, 5–7 Std.), genauso wie die California Zephyr-Zuglinie von **Amtrak** (☎ 800-872-7245, 775-329-8638; 280 N Center St); sie fährt einmal täglich. Der Zug ist langsa-mer und teurer, aber auch bequemer, und die Strecke ist schöner. Ab Emeryville geht ein Bus nach San Francisco (60 US$, 8 Std.).

❶ Unterwegs vor Ort

Zum Service der Kasinohotels für die Übernach-tungsgäste gehören kostenlose, regelmäßige Shuttle-Fahrten zum Flughafen.

Die Nahverkehrsbusse von **RTC Ride** (☎ 775-348-7433; www.rtcwashoe.com; 2 US$/Fahrt, Tageskarte Vorverkauf/im Bus 4/5 US$) decken das ganze Stadtgebiet ab; die meisten Linien steuern die RTC 4th St Station in Downtown an. Praktisch sind die RTC-Rapid-Linie zur Center St und S Virginia St, die Nr. 11 nach Sparks und die Nr. 19 zum Flughafen. Der kostenlose Sierra-

Spirit-Bus (mit WLAN) fährt alle Attraktionen in Downtown Reno an, auch die Kasinos und die Universität (von 7–19 Uhr alle 15 Min.).

Carson City

Die unterschätzte Stadt ist von Reno oder dem Lake Tahoe aus bequem mit dem Auto zu erreichen und eignet sich bestens für ein Mittagessen und einen Spaziergang durch das ruhige altmodische Zentrum.

Der **Kit Carson Blue Line Trail** führt durch hübsche baumbestandene Straßen mit charmanten historischen Häusern. Karten zu dem Weg gibt's im **Visitor Center** (☎800-638-2321, 775-687-7410; www.visitcarsoncity.com; 1900 S Carson St; ⏱Mo–Fr 8–17, Sa & So 9–17 Uhr), 1 Meile (1,6 km) südlich des Zentrums, sowie auf dessen Website als Download.

Mitten in der Innenstadt steht das **Nevada State Capitol von 1870** (Ecke Musser & Carson; ⏱Mo–Fr 8–17 Uhr) GRATIS, wo man gelegentlich den Gouverneur höchstpersönlich im Gespräch mit ein paar Bürgern antrifft. Im 2. Stock zeigt ein kleines Museum verschiedene Ausstellungsstücke, z.B. einen Stuhl mit Elchgeweih. Eisenbahnfans sind im **Nevada State Railroad Museum** (☎775-687-6953; http://museums.nevadaculture.org; 2180 S Carson St; Erw./Kind 6 US$/frei; ⏱Fr–Mo 9–17 Uhr) richtig, in dem rund 65 Waggons und Lokomotiven aus dem 19. bis frühen 20. Jh. ausgestellt sind.

Im einladenden **Comma Coffee** (www.commacoffee.com; 312 S Carson St; Frühstück 6–8 US$, Mittagessen 8–10 US$; ⏱Mo & Mi–Do 7–20, Di, Fr & Sa bis 22 Uhr; 🛜📶🎵) kann man sich mittags stärken und den Politikern an den Nachbartischen lauschen. Am Abend lockt die lokale Mikrobrauerei **High Sierra Brewing Company** (www.highsierrabrewco.com; 302 N Carson St; Hauptgerichte 9–17 US$; ⏱11–22 So–Do, Fr & Sa bis 2 Uhr) mit tollem Bier und Burgern.

Der Highway 395 bzw. die Carson St ist die Hauptstraße. Informationen zu Wanderungen und Campingmöglichkeiten in der Gegend liefert das **Carson-Ranger-Bezirksbüro** (☎775-882-2766; 1536 S Carson St; ⏱Mo–Fr 8–16.30 Uhr) des United States Forest Service (USFS).

Virginia City

Die Entdeckung der legendären Comstock Lode 1859 löste in den Bergen 25 Meilen (40 km) südlich von Reno ein regelrechtes Silberfieber aus. Während des Goldrauchs in den 1860er-Jahren war Virginia City eine florierende Boom-Stadt im Wilden Westen. Zu ihrer Blütezeit verbrachte der Journalist Samuel Clemens alias Mark Twain einige Zeit in dem rauen Ort. Jahre später wurden seine Augenzeugenberichte vom Alltag in einer Minenstadt in dem Buch *Durch dick und dünn* veröffentlicht.

Die hochgelegene Stadt ist ein National Historic Landmark (NHL). Viktorianische Gebäude und ein paar kitschige, aber unterhaltsame Museen säumen die Hauptstraße mit hölzernen Gehwegen. Wer sehen möchte, wie die Minenbesitzer lebten, sollte die **Mackay Mansion** (☎775-847-0173; 129 South D St; Erw./Kind 5 US$/frei; ⏱Sommer 10–17 Uhr, im Winter unterschiedlich) und das **Castle** (B St) besuchen. Im alten Zeitungsgebäude zeigt das **Mark Twain Museum at The Territorial Enterprise** (53 South C St; Erw./Kind 4/3 US$; ⏱10–17 Uhr) eine willkürlich zusammengestellte Sammlung von Artefakten wie den Schreibtisch und die Toilette von Mark Twain. Das Kellergeschoss überstand den verheerenden Brand, der 1878 in der Stadt tobte.

Die Einheimischen sind sich einig: Das beste Essen in Virginia City gibt's im **Cafe del Rio** (www.cafedelriovc.com; 394 S C St; Abendessen 19–15 US$, Brunch 9,25–14 US$; ⏱Mi–Sa 11–20, So 10–19 Uhr), das eine gute Mischung aus *nuevo*-mexikanischen und leckeren kleinen Gerichten (auch Frühstück) serviert. Gegen den Durst hilft der alteingesessene Familienbetrieb **Bucket of Blood Saloon** (www.bucketofbloodsaloonvc.com; 1 S C St; ⏱So–Do 9–19, Fr & Sa bis 21 Uhr). Neben Bier erwarten Gäste in der alten hölzernen Bar klassische Bar-Weisheiten („Wenn der Barkeeper nicht lacht, bist du nicht lustig").

Die Hauptstraße ist die C St. Dort befindet sich auch das **Visitor Center** (☎800-718-7587, 775-847-7500; www.visitvirginiacitynv.com; 86 S C St; ⏱10–17 Uhr).

Great Basin, Nevada

Eine Tour durch das Great Basin ist ein tolles Erlebnis, das einen nicht mehr loslassen wird. All jene, die von einem echten „Road Trip" träumen, werden die faszinierenden alten Städte und ungewöhnlichen Sehenswürdigkeiten an den einsamen Wüstenhighways lieben.

An der I-80

Wenn man Reno in östliche Richtung verlässt, ist **Winnemucca**, 150 Meilen (241 km)

DER CATHEDRAL GORGE STATE PARK

Wow! Wer den **Cathedral Gorge State Park** (☎ 775-728-4460; www.parks. nv.gov/parks/cathedral-gorge; Hwy 93; Eintritt 7 US$, Stellplatz f. Zelt & Wohnmobil 17 US$; ☺ Visitor Center 9–16.30 Uhr) betritt, hat das Gefühl, in einer traumhaften Kathedrale mit vielen Türmen zu stehen, wobei der Himmel das Dach ist. Wer möchte, kann hier unter dem Sternenzelt schlafen – inmitten von tief zerfurchten Felsklippen gibt es ein einige Stellplätze für Zelte und Wohnmobile (17 US$; keine Reservierung möglich).

nordöstlich, der erste sehenswerte Ort. Die altmodische Innenstadt und ein paar baskische Restaurants sowie das jährlich stattfindende baskische Festival sind die Hauptattraktionen. Weitere Informationen hält das **Winnemucca Visitor Center** (☎ 775-623-5071, 800 962 2638; www.winnemuc ca.com; 30 W Winnemucca Blvd; ☺ Mo–Fr 8–17 Uhr) bereit. Ein Abstecher in die dortige *buckaroo*-(Cowboy-)Ruhmeshalle und das Großwild-Museum lohnt sich. Ebenfalls sehenswert ist das **Griddle** (www.thegridd le.com; 460 W Winnemucca Blvd; Hauptgerichte 10–15 US$; ☺ 6–14 Uhr), eines der besten Retro-Cafés in Nevada. Seit 1948 werden dort leckeres Frühstück, klassische Dinergerichte und hausgemachte Desserts serviert.

Der Geist des Amerikanischen Westens wird nirgendwo fleißiger kultiviert als in **Elko**. Möchtegern-Cowboys und -girls sollten das **Western Folklife Center** (www. westernfolklife.org; 501 Railroad St; Erw./Kind 5/1 US$; ☺ Mo–Fr 10–17.30, Sa 10–17 Uhr) aufsuchen. Das Zentrum beherbergt Kunst- und Geschichtsausstellungen, zudem finden Jamsessions, Tanzabende und im Januar das beliebte **Cowboy Poetry Gathering** statt. Elko richtet auch das **National Basque Festival** am 4. Juli mit Spielen, traditionellen Tänzen und dem „Bullenrennen" aus. Wer noch nie baskische Küche gekostet hat, ist im **Star Hotel** (www.el kostarhotel.com; 246 Silver St; Mittagessen 6–12 US$, Abendessen 15–32 US$; ☺ Mo–Fr 11–14 & 17–21, Sa 16.30–21.30 Uhr) gut aufgehoben. Der Restaurant-Club mit familiärer Atmosphäre ist in einer ehemaligen Pension für baskische Schafhirten von 1910 untergebracht.

Am Hwy 50

Nevadas transkontinentaler Hwy 50 wird als „Loneliest Road in America" (Einsamste Straße Amerikas) bezeichnet. Er führt durch das Herz des Bundesstaats und verbindet Carson City im Westen mit dem Great Basin National Park im Osten. Früher gehörte er zum Lincoln Hwy und folgt der Route des Overland Stagecoach, des Pony Express und der ersten transkontinentalen Telegrafenlinie. Man trifft nur auf wenige Orte, und die Geräuschkulisse beschränkt sich auf das Brummen des Motors und das Rauschen des Windes.

Etwa 25 Meilen (40 km) südöstlich von Fallon lohnt die **Sand Mountain Recreation Area** (☎ 775-885-6000; www.blm.gov/nv; bei Kurzbesuch ohne Auto Eintritt frei; ☺ 24 Std.) GRATIS mit ihrer über 180 m langen Sanddüne und den Ruinen einer Station des Pony Express einen Besuch. Östlich davon kann man sich in der **Middlegate Station** (42500 Austin Hwy), einer ehemaligen Postkutschenstation, mit einem saftigen Burger stärken und dann den kurz danach folgenden neuen **Shoe Tree** an der Nordseite des Hwy 50 (der alte wurde gefällt) mit alten Turnschuhen schmücken.

Wer den Hwy 50 „überlebt" hat, wird mit dem großartigen einsamen **Great Basin National Park** (☎ 775-234-7331; www.nps.gov/ grba; ☺ 24 Std.) GRATIS belohnt. Er liegt nahe der Grenze zwischen Nevada und Utah und umfasst den 3982 m hohen Wheeler Peak, der urplötzlich über der Wüstenlandschaft aufragt. Die Wanderwege in Gipfelnähe bieten traumhafte Blicke auf die umgebende Landschaft mit Gletscherseen, alten Borstenkiefern und sogar einem permanenten Eisfeld. Im Sommer liefert das **Great Basin Visitor Center** (☎ 775-234-7331; www.nps.gov/ grba; ☺ Juni–Aug. 8–16.30 Uhr) direkt nördlich der Stadt **Baker** weitere Informationen.

Wer eine 60- oder 90-minütige Führung durch die Höhlen mit vielen seltenen Kalksteinformationen unternehmen möchte, wendet sich an das ganzjährig geöffnete **Lehman Caves Visitor Center** (☎ 775-234-7331, Tourreservierungen 775-234-7517; www.nps. gov/grba; Erw. 8–10 US$, Kind 4–5 US$; ☺ 8–16.30 Uhr, Führungen 8.30–16 Uhr), 5 Meilen (8 km) außerhalb von Baker; eine Reservierung ist empfehlenswert. In den wärmeren Monaten lohnt sich die 12 Meilen (19 km) lange malerische Fahrt zum Gipfel des Wheeler Peak. Die **Campingplätze** (☎ 775-234-7331; www.

nps.gove/grba; einfaches Campen frei, Stellplatz f. Zelt & Wohnmobil 12 US$) im Park können nicht reserviert werden.

Am Hwy 95

Der Highway 95 verläuft von Norden nach Süden durch den westlichen Teil Nevadas. Der malerische südliche Abschnitt führt an der Nevada Test Site vorbei, wo in den 1950er-Jahren über 720 Nuklearwaffen gezündet wurden.

An den Hwys 375 & 93

Der Hwy 375 wird auch der „extraterrestrische Highway" genannt, einerseits wegen der vielen Ufos, die an der Strecke gesichtet wurden, andererseits weil er den Hwy 93 in der Nähe der streng geheimen **Area 51**, eines Teils des Luftwaffenstützpunkts Nellis, kreuzt. Angeblich werden hier erbeutete Ufos versteckt. Manche halten den Hwy 375 für noch nervtötender als die Loneliest Road; auf dem einsamen asphaltierten Straßenabschnitt kommen einem kaum Autos entgegen. In dem winzigen Ort **Rachel** am Hwy 375 heißt das **Little A'Le'Inn** (☎ 775-729-2515; www.littlealeinn.com; 1 Old Mill Rd, Alamo; Wohnmobilstellplatz mit Strom 15 US$, Zi. 35–150 US$; ⏱ Restaurant 8–21 Uhr; ❉ 🛜 🐾) Erdlinge und Aliens gleichermaßen willkommen und verkauft außerirdische Souvenirs; Reisen ins Weltall sind im Preis aber nicht enthalten.

ARIZONA

Der sechstgrößte Bundesstaat der USA wartet mit großartigen Naturattraktionen auf, darunter der Grand Canyon, das Monument Valley, die Chiricahua Mountains und die roten Steine von Sedona. Im Schatten dieser Kultstätten versuchten unerschrockene Siedler und Entdecker Arizonas Wildnis zu zähmen. Sie errichteten Bewässerungskanäle in trockener Buschlandlandschaft, kartografierten das Labyrinth an Canyons und erschlossen die unterirdischen Schätze des Staates. Wunderschöne Nebenstraßen verbinden diese Naturdenkmäler und historischen Stätten miteinander und machen Arizona zum idealen Terrain für einen Roadtrip.

Der Großraum Phoenix ist von Bergen umgeben, gehört zu den größten Ballungsgebieten im Südwesten und bietet genau die Restaurants, Sehenswürdigkeiten und großartigen Wellnesszentren, die man an einem Ort erwartet, der sich Erholung und Erneuerung auf die Fahnen geschrieben hat. Das künstlerisch angehauchte Tucson ist das Tor zu den astronomischen und historischen Highlights im Süden Arizonas. Die Stadt ist nur 60 Meilen (96 km) von der mexikanischen Grenze entfernt und stolz auf ihr länder- und kulturübergreifendes Erbe.

Geschichte

Arizona war das letzte Gebiet der Lower 48 (die kontinentalen Bundesstaaten der USA ohne Alaska), das zum Bundesstaat erklärt wurde – es feierte 2012 sein hundertjähriges Bestehen. Warum wurde das kupfer- und ackerlandreiche Gebiet erst so spät Teil des Bundes? Nun, die Regierung betrachtete die Einwohner Arizonas als unbequeme Zeitgenossen, und viele Jahre lang schien die Aussicht auf die reichen Ressourcen den potenziellen Ärger, mit dem man zu rechnen hatte, nicht aufzuwiegen.

Zyniker behaupten, dass Arizonas Bevölkerung noch immer Ärger macht. 2010 wur-

---

KURZINFOS ARIZONA

Spitzname Grand Canyon State

Bevölkerung 6,5 Mio.

Fläche 295 254 km²

Hauptstadt Phoenix (1,48 Mio. Ew.)

Weitere Städte Tucson (524 000 Ew.), Flagstaff (67 400 Ew.), Sedona (10 000 Ew.)

Verkaufssteuer 6,6 %

Geburtsort von Apachen-Häuptling Geronimo (1829–1909), Aktivist Cesar Chavez (1927–93), Sängerin Linda Ronstadt (geb. 1946)

Heimat der Sedona-New-Age-Bewegung, von in Künstlerkolonien umgewandelten Minenstädte

Politische Ausrichtung mehrheitlich republikanisch

Berühmt für den Grand Canyon, Saguaro-Kakteen *(Carnegiea gigantea)*

Bestes Souvenir Pinkfarbene, wie ein Kaktus geformte Neonlampe, erstanden an einem Straßenstand

Entfernungen Phoenix–Grand Canyon Village 235 Meilen (378 km), Tucson–Sedona 230 Meilen (370 km)

de hier das strengste Anti-Einwanderungsgesetz des Landes, bekannt als SB 1070, verabschiedet. Das umstrittene Gesetz wurde kurz nach dem Tod eines beliebten Ranchbesitzers, der unter mysteriösen Umständen nahe der mexikanischen Grenze erschossen worden war, auf den Weg gebracht.

Kürzlich kippte der Supreme Court der USA mehrere Punkte des strittigen Gesetzes. Polizeibeamte dürfen jedoch noch immer den Einwanderungsstatus einer Person erfragen, wenn sie den begründeten Verdacht haben, dass sich diese illegal hier aufhält. Aktuell gibt es jedoch juristischen Widerstand gegen die Umsetzung der Bestimmung.

2011 erschütterte der Anschlag auf die demokratische Kongressabgeordnete Gabrielle Giffords bei einem öffentlichen Auftritt den ganzen Staat. Sie wurde schwer verletzt, zudem kamen sechs Zuschauer und Mitglieder ihres Stabs ums Leben.

Die anhaltende Haushaltskrise im Land bedeutet für die staatlichen Parks drastische finanzielle Einschnitte. Viele sind deswegen zu gemeinsamen Spendenaktionen mit gemeinnützigen Organisationen und lokalen Regierungseinrichtungen gezwungen.

ℹ Praktische Informationen

In Arizona gilt die Mountain Standard Time (MST). Es ist der einzige Staat im Westen ohne Sommerzeit. Die Ausnahme von der Ausnahme bildet das Navajo-Reservat: Dort werden die Uhren umgestellt.

Im Allgemeinen bezahlt man im Winter und Frühling – der Hauptsaison – im Süden von Arizona (inkl. Phoenix, Tucson und Yuma) in den Unterkünften viel mehr als in den übrigen Jahreszeiten. In den heißesten Gegenden kann man im Hochsommer tolle Schnäppchen machen.

Arizona Department of Transportation (📱 im Staat 511, 888-411-7623; www.az511.com) Aktuelles zu Straßenbedingungen und dem Verkehr im Staat mit Links zu Wetter- und Sicherheitsinfos.

Arizona Office of Tourism (📱 602-364-3700; www.arizonaguide.com) Kostenlose Infos.

Arizona Public Lands Information Center (📱 602-417-9200; www.publiclands.org) Informiert über den USFS, den NPS, das Bureau of Land Management (BLM) und staatliche Gebiete und Parks.

Arizona State Parks (📱 602-542-4174; www.azstateparks.com) 15 State Parks verfügen über Campingplätze, die gegen eine Gebühr von 5 US$ online reserviert werden können (Stellplätze 15–50 US$, Hütten & Jurten 35–75 US$).

Phoenix

Trotz der Hitze versprüht Phoenix eine gewisse frühlingshafte Leichtigkeit. Die Stadt richtet 2015 den Super Bowl aus und lockt Besucher mit seinem neuen Restaurant- und Unterhaltungsbezirk Cityscape im Zentrum an. Der SkyTrain, eine Bahnlinie zwischen Stadt und Flughafen, wurde früher als geplant eröffnet.

Mehrere „Städte" bilden die Region, die als Greater Phoenix bekannt ist; der größte städtische Raum im Südwesten: Die eigentliche Stadt Phoenix ist der Patriarch all der Städte. In Downtown ragen Hochhäuser auf, und es gibt ein paar erstklassige Museen. Scottsdale ist die stilbewusste große Schwester, die reich geheiratet hat, Tempe ist der gutmütige, aber zuweilen etwas rüpelige Student, und Mesa der Bruder, der ein ruhiges Vorstadtleben anstrebt. Und was ist mit Mama? Die ist im Juni nach Flagstaff gefahren, weil es in Phoenix einfach viel zu heiß war!

Wie heiß genau? Im Sommer klettert das Quecksilber auf über 43 °C. In dieser Zeit sinken die Preise in den Resorts erheblich (super für Budgetreisende!), aber die beste Zeit für einen Besuch sind Winter und Frühling. Dann ist das Klima angenehm.

⊙ Sehenswertes

Greater Phoenix, auch bekannt als Valley of the Sun („Sonnental"), ist von Bergen umgeben, die zwischen 750 und über 2000 m hoch sind. Die Central Ave führt von Norden nach Süden durch die Stadt und ist die Grenze zwischen den westlichen und östlichen Adressen; die Washington St verläuft von West nach Ost und ist der Übergang von den Nord- zu den Süd-Adressen.

Scottsdale, Tempe und Mesa liegen östlich vom Flughafen. Die Scottsdale Rd erstreckt sich von Norden nach Süden zwischen Scottsdale und Tempe. Der Flughafen befindet sich 3 Meilen (ca. 5 km) südöstlich von Downtown.

◎ Phoenix

★ Heard Museum   MUSEUM

(📱602-252-8848; www.heard.org; 2301 N Central Ave; Erw./Kind 6–12 Jahre & Stud./Senior 18/7,50/13,50 US$; ⊙Mo–Sa 9.30–17, So 11–17 Uhr; ♿) Das Privatmuseum öffnete 1929, als Dwight und Maie Bartlett Heard beschlossen, ihre umfangreichen Sammlungen indigener Artefakte zu vereinen. Heute zeigen zehn

Galerien Kunst, Textilien und Keramik der amerikanischen Ureinwohner und erläutern deren Geschichte und Traditionen. Der Fokus liegt auf Stämmen aus dem Südwesten.

Besonders interessant sind die Sammlung der *kachinas* (Figuren, die Hopi-Geister symbolisieren) und die Ausstellung „Boarding School Experience", die einen bewegenden Blick auf das umstrittene bundesstaatliche Programm wirft, bei dem Kinder amerikanischer Ureinwohner aus ihren Familien herausgerissen und in weit entfernte Internate geschickt wurden, um sie zu „amerikanisieren".

Musical Instrument Museum
MUSEUM

(📞 480-478-6000; www.themim.org; 4725 E Mayo Blvd; Erw. 18 US$, Jugendlicher 13–19 Jahre 14 US$, Kind 10 US$; ⊙ Mo–Sa 9–17, So 10–17, 1. Fr im Monat bis 21 Uhr) Ob ugandische Daumenklaviere, hawaiianische Ukulelen oder indonesische Gongs: Das neue Museum zeigt Musikinstrumente aus der ganzen Welt. In den fünf Galerien sind über 200 Länder und Regionen vertreten. Stoppt ein Besucher neben einem der Exponate, werden automatisch Musik- und Videovorführungen gestartet.

Die Nutzung der kostenlosen kabellosen Headsets ist obligatorisch, wobei diese leicht zu handhaben sind. Man sollte aber nicht zu schnell von der Alice-Cooper-Ausstellung zu den Fife & Drums in der United-States-Galerie gehen, sonst dröhnt einem der Kopf! Um vom Zentrum zum Museum zu kommen, folgt man dem Hwy 51 nordwärts zum Hwy 101 im Osten. Diesen verlässt man bei Exit 31. Nun biegt man rechts auf den N Tatum Blvd ab und hält sich erneut rechts.

★ Desert Botanical Garden
BOTANISCHER GARTEN

(📞 480-941-1225; www.dbg.org; 1201 N Galvin Pkwy; Erw./Kind/Student/Senior 18/8/10/15 US$; ⊙ Okt.–April 8–20 Uhr, Mai–Sept. 7–20 Uhr) Der knapp 60 ha große inspirierende Garten bietet ein erholsames Naturerlebnis und eine tolle Einführung in die Pflanzenwelt der Wüste. Rundwege wie der Wüstenwildblumenpfad und der Sonora-Wüsten-Rundweg führen an einer eindrucksvollen Vielfalt von Wüstenbewohnern vorbei, die thematisch geordnet sind. Je nach Saison gibt es besondere Events wie Führungen mit der Taschenlampe im Sommer (Juni–Aug. Di & Sa 19 Uhr).

★ Phoenix Art Museum
MUSEUM

(📞 602-257-1222; www.phxart.org; 1625 N Central Ave; Erw./Kind 6–17 Jahre/Student/Senior 15/6/10/12 US$, Mi 15–21 & 1. Fr im Monat Fr 18–22 Uhr Eintritt frei; ⊙ Mi 10–21, Do–Sa 10–17, So 12–17 Uhr; ♿) Das Phoenix Art Museum ist Arizonas erste Adresse für die Schönen Künste. Zu sehen sind u.a. Werke von Claude Monet, Diego Rivera und Georgia O'Keeffe. Die Landschaftsbilder in der Galerie über den amerikanischen Westen bringen Besucher in Abenteuerlaune.

◉ Scottsdale

Scottsdales Hauptattraktion sind die beliebten Einkaufsbezirke, zu denen die Old Town, bekannt für Gebäude aus dem frühen 20. Jh. (und auf alt gemachte Bauten) sowie der Arts District in der Nähe gehören. In den Vierteln gibt's jede Menge Kunstgalerien, Modeläden für das moderne Cowgirl und einige der besten Restaurants und Bars im Valley of the Sun.

Taliesin West
ARCHITEKTUR

(📞 480-860-2700; www.franklloydwright.org; 12621 Frank Lloyd Wright Blvd; ⊙ 9–16 Uhr, Juli & Aug. Di & Mi geschl.) Taliesin West war das Wüstenhaus und Atelier von Frank Lloyd Wright und entstand zwischen 1938 und 1940. Das Gebäude beherbergt eine Architekturschule, kann im Rahmen von Führungen besucht werden und ist mit seinen Elementen und Strukturen, die auch in der umliegenden Natur zu finden sind, ein erstklassiges Beispiel für organische Architektur. Das Haus und die Anlage sind nur im Rahmen einer Führung zu besichtigen. Die 90-minütige **Insights Tour** (Erw./4–12 Jahre/Student & Senior 32/17/28 US$; ⊙ Nov.–Mitte April 9–16 Uhr halbstündl., Mitte April–Okt. 9–16 Uhr stündl.) ist informativ und kurzweilig. Daneben gibt es noch kürzere

---

DAS FRÜHJAHRSTRAINING DER „KAKTUSLIGA"

Vor Beginn der Baseballsaison verbringen die Mannschaften den März in Arizona (Cactus League) und Florida (Grapefruit League), präsentieren neue Spieler, trainieren und führen Testspiele durch. Die Tickets sind günstiger (ca. 8–10 US$, je nach Veranstaltungsort), die Sitzplätze besser und die Spiele entspannter. Das Programm und Links zu Ticketanbietern gibt's unter www.cactusleague.com; www.visitphoenix.com informiert ebenfalls über Eintrittskarten sowie über die verschiedenen Teams.

Phoenix

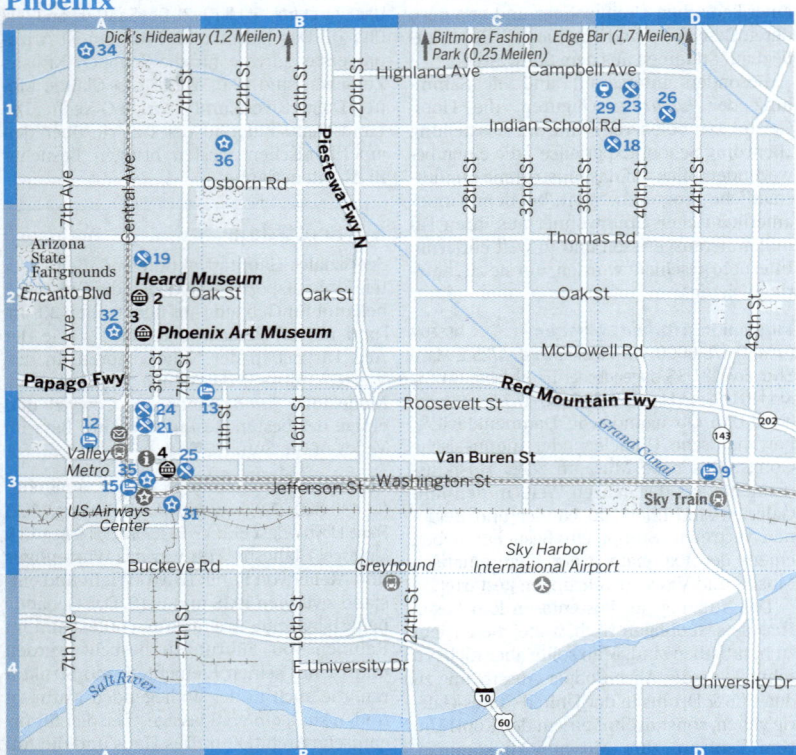

DER SÜDWESTEN ARIZONA

und längere Touren; über Preise und Termine informiert die Website.

◉ Tempe

Die **Arizona State University** (ASU; www.asu.edu) wurde 1885 gegründet, hat rund 58 000 Studenten und ist das Herz und die Seele von Tempe. Das **Gammage Auditorium** (☎Kartenverkauf 480-965-3434, Führungen 480-965-6912; www.asugammage.com; Ecke Mill Ave & Apache Blvd; Karten ab 20 US$; ☺Okt.–Mai Mo–Fr 13–16 Uhr) war Frank Lloyd Wrights letztes großes Werk.

Tempes wichtigste Straße, die **Mill Avenue**, ist von Downtown Phoenix aus problemlos mit der Straßenbahn zu erreichen. Sie wird von Restaurantketten, Mottobars und Studentenkneipen gesäumt. Wenn man schon einmal da ist, lohnt sich ein Abstecher zum künstlichen **Tempe Town Lake** (www.tempe.gov/lake), auf dem man Boot fahren kann. Die Wege am Ufer laden zu einem Spaziergang und einer Radtour ein. Kinder werden die riesigen Wassersprinkler auf dem **Cox Splash Playground** (☺April–Sept. 10–19 Uhr; ♿) im Strandpark lieben.

◉ Mesa

Das bescheidene Mesa wurde 1877 von Mormonen gegründet und ist eine der am schnellsten wachsenden Städte des Landes. Mit 452 000 Einwohnern ist sie zudem die drittgrößte Stadt Arizonas.

Arizona Museum of Natural History

MUSEUM

(☎480-644-2230; www.azmnh.org; 53 N MacDonald St; Erw./Kind 3–12 Jahre/Student/Senior 10/6/8/9 US$; ☺Di–Fr 10–17, Sa 11–17, So 13–17 Uhr; ♿) Ein Besuch lohnt sich, wenn man Kinder hat, die auf Dinosaurier stehen. Neben dem mehrstöckigen Dinosaur Mountain wird man viele lebensgroße Gipsfiguren der gigantischen Viecher und den Oberschen-

viele Leute machen die Wanderung auf den 795 m hohen Gipfel. An Winterwochenenden kann es in dem von Saguaro-Kakteen bestandenen Park voll werden. Auf ein paar Wegen sind Hunde erlaubt.

South Mountain Park
WANDERN & TREKKEN

(☎ 602-262-7393; 10919 S Central Ave, Phoenix; ⏰ 5–23, letzter Einlass 18.59 Uhr) Das über 80 km lange Netz aus Wanderwegen (Hunde an der Leine erlaubt) durchzieht Schluchten und grasbewachsene Hügel, führt an Granitwänden vorbei und gewährt Ausblicke auf die Stadt und Zugang zu indianischen Petroglyphen.

Cactus Adventures
RADFAHREN

(☎ 480-688-4743; www.cactusadventures.com; Halbtagesmiete ab 45 US$; ⏰ unterschiedlich) Cactus Adventures verleiht Fahrräder, organisiert geführte Wanderungen sowie Radtouren und transportiert Räder zu Ausgangspunkten von Wegen im South Mountain Park oder zum Arizona Grand Resort. Ist beim Abholen der Räder flexibel.

Ponderosa Stables
REITEN

(☎ 602-268-1261; www.arizona-horses.com; 10215 S Central Ave, Phoenix; ½-stündiger Ausritt 33/55 US$; ⏰ Juni–Sept. 6–17 Uhr, übriges Jahr 8–17 Uhr) Veranstaltet Ausritte durch den South Mountain Park. Die meisten Touren müssen vorher reserviert werden.

☞ Geführte Touren

Arizona Detours
SIGHTSEEING

(☎ 866-438-6877; www.detoursaz.com) Arizona Detours veranstaltet Tagestouren zu weit entfernten Zielen wie Tombstone (Erw./Kind 145/75 US$) und dem Grand Canyon (Erw./Kind 155/90 US$) sowie Halbtagestouren nach Phoenix/Scottsdale (Erw./Kind 80/45 US$).

Arizona Outback Adventures
WANDERN & TREKKEN

(☎ 480-945-2881; www.aoa-adventures.com; 16447 N 91st St, Scottsdale) Halbtageswanderungen (95 US$, min. 2 Pers.), Mountainbikefahren (115 US$, min. 2 Pers.) und Kajakfahren am Salt River (150 US$, min. 2 Pers.).

✹ Feste & Events

Tostitos Fiesta Bowl
SPORT

(☎ 480-350-0911; www.fiestabowl.org) Diesem Footballspiel Anfang Januar im Stadion der University of Phoenix in Glendale geht eine riesige Party mit jeder Menge bunter Paraden voraus.

kelknochen eines Apatosaurus (den man auch anfassen darf) zu sehen bekommen. Weitere Ausstellungsstücke (darunter ein prähistorisches Hohokam-Dorf und ein Gefängnis mit 8 Zellen) illustrieren Arizonas bewegte Vergangenheit.

🏃 Aktivitäten

Informationen über Wege zum Piestewa Peak, im South Mountain Park, im Camelback Park und in anderen Gegenden gibt's unter http://phoenix.gov/recreation/rec/parks/preserves/index.html.

Piestewa Peak/Dreamy Draw Recreation Area
WANDERN & TREKKEN

(☎ 602-261-8318; www.phoenix.gov/parks; Squaw Peak Dr, Phoenix; ⏰ Wanderungen 5–19 Uhr, letzter Einlass 18.59 Uhr) Dieser leicht zugängliche Aussichtspunkt war früher als Squaw Peak bekannt. Später wurde er nach der einheimischen Soldatin Lori Piestewa, einer Indianerin, benannt, die 2003 im Irak fiel. Sehr

Phoenix

◉ Highlights
1 Desert Botanical Garden E2
2 Heard Museum.. A2
3 Phoenix Art Museum............................. A2

◎ Sehenswertes
4 Arizona Science Center A3
5 Arizona State University F4
   Cox Splash Playground...............(siehe 8)
6 Gammage Auditorium............................F4
7 Old Town Scottsdale F1
8 Tempe Town Lake E4

🛏 Schlafen
9 Aloft Phoenix-Airport D3
10 Bespoke Inn, Cafe & Bicycles F1
11 Best Western Inn of Tempe...................F4
12 Budget Lodge Downtown A3
13 HI Phoenix Hostel B3
14 Hotel Valley Ho F1
15 Palomar Phoenix.................................... A3
16 Royal Palms Resort & Spa E1
17 Saguaro Inn F1

✖ Essen
18 Beckett's Table D1
19 Durant's... A2

20 Essence..E4
21 Food Truck Friday A3
22 Herb Box F1
23 La Grande Orange Grocery D1
24 Matt's Big Breakfast A3
25 Pizzeria Bianco A3
   Sugar Bowl .... (siehe 7)
26 Tee Pee Mexican Food............................ D1
27 The Mission F1

🍸 Ausgehen & Nachtleben
28 Four Peaks Brewing Company F4
29 Postino Winecafé Arcadia D1
30 Rusty Spur Saloon F1

✪ Unterhaltung
31 Arizona Diamondbacks A3
32 Arizona Opera...A2
33 BS West F1
34 Char's Has the Blues A1
35 Phoenix Symphony A3
36 Rhythm Room B1
   Symphony Hall .... (siehe 35)

🛍 Shoppen
   Heard Museum Shop & Bookstore...(s. 2)
37 Scottsdale Fashion Square...................F1

🛏 Schlafen

Der Großraum Phoenix ist mit Hotels und Resorts gut bestückt, B&Bs und gemütliche Gästehäuser sind hingegen spärlich gesät. Im brütend heißen Sommer fallen die Preise deutlich. Dann stürzen sich die Valley-Bewohner auf ihre Lieblingsresorts.

🛏 Phoenix

HI Phoenix Hostel
HOSTEL $

(☎602-254-9803; www.phxhostel.org; 1026 N 9th St; B ab 20 US$, EZ/DZ 37/47 US$; ❄@🛜) Das einladende Hostel mit 14 Betten steht in einem Arbeiterviertel und bietet einige lauschige Plätzchen. Die Besitzer sind sympathisch und kennen ihre Stadt gut. Check-in ist zwischen 8 und 10 bzw. freitags und samstags bis 12 Uhr sowie um 17 und 22 Uhr. Im Juli und August geschlossen. Kreditkartenzahlung ist nicht möglich.

Budget Lodge Downtown
MOTEL $

(☎602-254-7247; www.blphx.com; 402 W Van Buren St; Zi. inkl. Frühstück 60–67 US$; P❄🛜) Das einfache zweistöckige Motel im Herzen der Innenstadt ist eine saubere, günstige Option mit solider Ausstattung. Jedes Zimmer bietet Mikrowelle und Kühlschrank, zudem ist das Frühstück im Preis inbegriffen.

Aloft Phoenix-Airport
HOTEL $$

(☎602-275-6300; www.aloftphoenixairport.com; 4450 E Washington St; Zi. 109–149 US$; P@🛜♿🏊) Die Zimmer vereinen Pop-Art-Elemente mit scharfkantig-klarem, modernem Design. Das Hotel nahe Tempe liegt gegenüber vom Pueblo Grand Museum. Für Haustiere fällt keine Extra-Gebühr an.

Palomar Phoenix
HOTEL $$$

(☎877-488-1908, 602-253-6633; www.hotelpalomar-phoenix.com; 2 E Jefferson St; Zi. 349–359 US$; P❄🛜♿🏊) Zottelige Kissen, Lampen in Geweihform und Porträts blauer Kühe: Uns gefallen die Eigenarten des neuen 242 Zimmer fassenden Palomar. Die Unterkünfte sind überdurchschnittlich groß, modern eingerichtet und mit Yogamatte und Bademänteln mit Tiermotiven ausgestattet. Für stilvolle Entspannung sorgt der Außenpool im dritten Stock mit Lounge und hübschem Blick auf das Zentrum. In direkter Nachbarschaft liegt der Restaurant- und Unterhaltungsdistrikt CityScape. Am Wochenende sind die Preise etwas niedriger.

Royal Palms Resort & Spa
RESORT $$$

(☎602-840-3610; www.royalpalmsresortandspa.com; 5200 E Camelback Rd; Zi. 333–423 US$, Suite ab 342–519 US$; P❄@🛜♿🏊) Das noble Boutiqueresort am Fuß des Camelback

Mountain ist eine dezente, elegante Anlage mit Villen im spanischen Kolonialstil, mit blumengesäumten Wegen und aus Ägypten importierten Palmen. Für vierbeinige Gäste gibt's weiche Betten, persönliche Leckerlis und Gassi-Service. Pro Tag wird eine Resortgebühr von 34 US$ erhoben.

Scottsdale

Sleep Inn
HOTEL $$

([phone] 480-998-9211; www.sleepinnscottsdale.com; 16630 N Scottsdale Rd; Zi. inkl. Frühstück 139–159 US$; [P][icons]) Dieser Außenposten der landesweiten Hotelkette in North Scottsdale sahnt Extrapunkte für das opulente Frühstück, die netten Angestellten und die Nähe zum Taliesin West ab. Die Zimmer haben Mikrowelle und Kühlschrank.

Saguaro Inn
HOTEL $$

([phone] 480-308-1100; www.jdvhotels.com; 4000 N Drinkwater Blvd; Zi. 189 US$; [P][icons]) In dem grell-bunten Refugium mit schräger junger Atmosphäre neben der Old Town kommen Hipster auf ihre Kosten. Es fehlt etwas an der Liebe zum Detail, dafür überzeugen die Lage, der von Palmen gesäumte Pool und die im Vergleich zur umliegenden Konkurrenz niedrigen Preise.

★ Hotel Valley Ho
BOUTIQUEHOTEL $$$

([phone] 480-248-2000; www.hotelvalleyho.com; 6850 E Main St; Zi. 249–299 US$, Suite 399–509 US$; [P][icons]) Im Valley Ho ist alles in Butter. In dem tollen Hotel haben schon Größen wie Bing Crosby, Natalie Wood und Janet Leigh ihr müdes Haupt gebettet. Heutzutage wird das Flair der Rat-Pack-Ära mit Bebop-Musik, gut gelauntem Personal und einem „Eiskamin" wieder aufgegriffen. Auch die Zimmer (mit Balkon) verkörpern diesen Stil. Haustiere dürfen hier umsonst „übernachten", WLAN ist 12 Stunden pro Tag gratis.

Bespoke Inn, Cafe & Bicycles
B&B $$$

([phone] 480-664-0730; www.bespokeinn.com; 3701 N Marshall Way; Zi. ab 299 US$; [P][icons]) Oh là là: Sind wir hier in Frankreich auf dem Land oder in Downtown Scottsdale? In dem luftigen neuen B&B können Gäste im schicken Café einen Kaffee trinken, sich im Infinity Pool räkeln oder mit dem Pashley-Rad das Viertel erkunden. Die eleganten Zimmer bieten ansprechende Details wie handgearbeitete Möbel und Badarmaturen aus Nickel. Das Gourmet-Frühstück wird an einer rustikalen gemeinschaftlichen Tafel serviert. Im Sommer ab 199 US$.

SCENIC DRIVES: PANORAMA-STRECKEN IN ARIZONA

Oak Creek Canyon Auf dem Hwy 89A zwischen Flagstaff und Sedona geht's an Badelöchern, Felsstürzen und purpurfarbenen Steinwänden vorbei.

Hwy 89/89A Wickenburg–Sedona Der „Alte Westen" trifft den „Neuen" – eine entspannte Tour, vorbei an Viehfarmen, Minenstädten, Kunstgalerien und schicken Weingütern.

Patagonia–Sonoita Scenic Road Die richtige Route für Vogelfans führt durch die Weinregion im südlichen Arizona (Hwys 82 & 83).

Kayenta–Monument Valley Man fühlt sich wie der Hauptdarsteller in seinem eigenen Western, wenn man die filmreifen roten Felsen im Navajo-Land gleich neben dem Hwy 163 passiert.

Vermilion Cliffs Scenic Road Der Hwy 89A ist eine einsame Straße, die „Condor Country", den North Rim des Grand Canyon und Mormonensiedlungen miteinander verbindet.

Boulders
RESORT $$$

([phone] 480-488-9009; www.theboulders.com; 34631 N Tom Darlington Dr, Carefree; Casitas (Häuschen) 319–369 US$, Villen 599–1149 US$; [P][icons]) Die Wüstenoase fügt sich nahezu perfekt in die natürlichen Felsformationen der Umgebung ein und ist luxuriös und entspannt zugleich. Gästen wird ein Maximum an Erholung geboten, so hilft ein Besuch des äußerst noblen Spas gegen ein gestresstes Gemüt. Die Resortgebühr beträgt 30 US$ pro Tag, und im Sommer fallen die Preise am Wochenende auf bis zu 125 US$.

Tempe

Best Western Inn of Tempe
HOTEL $

([phone] 480-784-2233; www.innoftempe.com; 670 N Scottsdale Rd; Zi. inkl. Frühstück 89–99 US$; [P][icons]) Das gepflegte Hotel mit hilfsbereitem Personal liegt in Gehweite zum Tempe Town Lake in der Nähe der ASU und der lebendigen Mill Ave. Es gibt ein 24-Stunden-Flughafen-Shuttle.

★ Sheraton Wild Horse Pass Resort & Spa
RESORT $$$

([phone] 602-225-0100; www.wildhorsepassresort.com; 5594 W Wild Horse Pass Blvd, Chandler; Zi. 209–

279 US$, Suite 284–520 US$, Hauptgerichte 44–54 US$; ⓟ✳@🛜🏊) Von der eindrucksvollen Anlage aus sind am Horizont manchmal die namensgebenden Wildpferde zu entdecken. Sie wurde von der indigenen Gemeinschaft des Gila River als Luxuskomplex gestaltet, der Gästen Heilkunde und Wissen der Indianer nahebringen soll. Geboten werden komfortable Zimmer, geräumige Aufenthaltsbereiche, zwei 18-Loch-Golfplätze, ein Reitzentrum, Tennisplätze, ein Spa und eine Wasserrutsche, die den Hohokam-Ruinen nachempfunden ist.

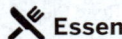 Essen

In Phoenix-Scottsdale gibt es die größte Konzentration von Restaurants im Südwesten. Wer verschiedene für Arizona typische Leckereien probieren möchte, steuert den **Food Truck Friday** (www.phxstreetfood.org; 721 N Central Ave, Phoenix Public Market, Downtown; ⊙Fr 11–13.30 Uhr) beim Phoenix Public Market im Zentrum an.

PHOENIX MIT KINDERN

Der Wasserpark **Wet 'n' Wild Phoenix** (☎623-201-2000; www.wetnwildphoenix. com; 4243 W Pinnacle Peak Rd, Glendale; über/unter 106 cm 39/30 US$, Senior 30 US$; ⊙So–Mi 10–18, Do–Sa 10–22 Uhr, Mai, Aug. & Sept. unterschiedlich; 👶) bietet Swimmingpools, Wasserrutschen, Wellenbecken und Rafting-Anlagen. Er liegt in Glendale, 2 Meilen (3 km) westlich der I-17 am Exit 217.

In der nachgebauten Grenzstadt **Rawhide Western Town & Steakhouse** (☎480-502-5600; www.rawhide. com; 5700 W Loop Rd, Chandler; Eintritt frei, 5 US$/Attraktion oder Show, Tagesticket 15 US$; ⊙Mi–So 17–22 Uhr, saisonabhängig; 👶) aus den 1880er-Jahren, die rund 20 Meilen (32 km) südlich von Mesa zu finden ist, gibt's jede Menge kitschigen, aber witzigen Hokuspokus für Kinder. Wer mal etwas anderes probieren möchte: Das Steakhaus serviert Klapperschlange.

Das **Arizona Science Center** (☎602-716-2000; www.azscience.org; 600 E Washington St; Erw./Kind 3–17 Jahre/ Senior 15/11/13 US$; ⊙10–17 Uhr; 👶) ist ein High-Tech-Tempel für Entdecker mit über 300 Exponaten zum Anfassen sowie einem Planetarium.

⭐**Matt's Big Breakfast** FRÜHSTÜCK $
(☎602-254-1074; www.mattsbigbreakfast.com; 825 N 1st St, bei der Garfield St; Frühstück 5–10 US$, Mittagessen 7–10 US$; ⊙6.30–14.30 Uhr) Auch nach der Wiedereröffnung von Matts legendärem Frühstücksladen in größeren Räumlichkeiten den Häuserblock hinunter, warten Gäste noch immer auf dem Gehsteig auf einen Tisch. Die Gerichte von der Karte sind toll, besonders lecker sind allerdings die Tagesangebote wie himmlisch gewürztes fluffiges Rührei mit Paprika und Chorizo auf einem Bett aus knusprigen Pommes.

Tee Pee Mexican Food MEXIKANISCH $
(☎602-956-0178; www.teepeemexicanfood.com; 4144 E Indian School Rd; Hauptgerichte 5–14 US$; ⊙Mo–Sa 11–22, So bis 21 Uhr) Wer brutzelnd heiße mexikanische Gerichte unter einem Berg Käse mag, die auf eine etwas chaotische amerikanische Weise zubereitet wurden, sollte sich eine Nische in diesem 40 Jahre alten beliebten Restaurant suchen. George W. Bush verspeiste hier 2004 zwei Enchiladas, Reis und Bohnen – seither heißt das Gericht Presidential Special.

La Grande Orange Grocery CAFÉ $
(www.lagrandeorangegrocery.com; 4410 N 40th St; Frühstück bis 8 US$, Mittagessen 7–9 US$, Pizza 12–15 US$; ⊙Café 6.30–22, Pizzeria Mo–Do ab 16 Uhr, Fr & Sa ab 11 Uhr) Wie wär's mit einem Kaffee und einem Muffin zum Mitnehmen zum Frühstück, einem Sandwich mit Speck, Salat, Tomate und Avocado zum Mittagessen und einer Pizza Margherita am Abend? Der betriebsame Feinkostmarkt mit Bäckerei, Café und Pizza befindet sich an der Ecke 40th St und E Campbell Ave.

⭐**Dick's Hideaway** MODERN-MEXIKANISCH $$
(☎602-241-1881; http://richardsonsnm.com; 6008 N 16th St; Frühstück 5–20 US$, Mittagessen 12–16 US$, Abendessen 12–35 US$; ⊙So–Mi 7–24, Do–Sa bis 1 Uhr) Einen Tisch an der Bar suchen oder sich an den Gemeinschaftstisch im Nebenzimmer setzen und schon geht's los: Dick's Spezialität sind herzhafte Enchiladas mit reichlich Chili und Tamales sowie andere Gerichte aus New Mexico. Wir lieben das „Hideaway" zum Frühstück, zu dem die Bloody Marys mit einem Schuss Bier verfeinert werden. Der unbeschilderte Eingang liegt zwischen den hohen Büschen.

Pizzeria Bianco PIZZERIA $$
(☎602-258-8300; www.pizzeriabianco.com; 623 E Adams St; Pizza 12–16 US$; ⊙Mo 11–21, Di–Sa 11–22 Uhr) Der Speiseraum ist klein und die

Karte übersichtlich, Geschmack wird in dem berühmten Lokal unter Leitung des James-Beard-Gewinners Chris Bianco jedoch groß geschrieben. Die knusprig dünnen Holzofenpizzas gibt's z. B. als „Rosa" mit roten Zwiebeln, Parmesan, Rosmarin und Pistazien aus Arizona oder als „Wiseguy" mit über Holz gerösteten Zwiebeln, hausgeräuchertem Mozzarella und Fenchelwurst.

Beckett's Table
MODERN-AMERIKANISCH $$
(✆ 602-954-1700; www.beckettstable.com; 3717 E Indian School Rd; Hauptgerichte 13–21 US$; ◷ Di-Sa 17–22, So 17–21 Uhr) In der schicksten Scheune im Dorf wird inmitten von Betonböden, Fachwerk und Holzelementen ländliche Küche kredenzt. Das urbane Farm-Konzept geht auf, dafür sorgen die Gerichte aus lokalen Zutaten des Kochs Justin Beckett wie zartes *osso bucco* vom Schwein oder Short Ribs mit Kartoffelbrei. Sehr zu empfehlen sind die Speck-Cheddar-Plätzchen mit karamellisierter Jalapeño-Apfel-Butter. Wer allein kommt, findet am Gemeinschaftstisch aus dunklem Walnussholz Gesellschaft.

Durant's
STEAK $$$
(✆ 602-264-5967; 2611 N Central Ave; Mittagessen 10–30 US$, Abendessen 20–50 US$; ◷ Mo–Fr 11–16 Uhr, tgl. abends) Lust auf große saftige Steaks mit Kartoffelbeilage? Dann ist dieses dunkel-maskuline, wunderbar altmodische Steakhaus genau das Richtige. Auch das Ambiente überzeugt: In den gemütlichen Sitznischen mit rotem Samt hat man das Gefühl, dass das Rat Pack jederzeit hier auftaucht.

Scottsdale

Sugar Bowl
EISCREME $
(✆ 480-946-0051; www.sugarbowlscottsdale.com; 4005 N Scottsdale Rd; Eiscreme 2,25–9 US$, Hauptgerichte 6–12 US$; ◷ So–Do 11–22, Fr & Sa 11–24 Uhr; ⊕) Die rosa-weiße „Zuckerdose" ist eine echte Institution im Valley. Seit den 1950er-Jahren gibt's hier Eiscreme. Wer Hunger auf etwas Herzhaftes hat, kann Sandwiches oder Salate bestellen.

The Mission
MEXIKANISCH $$
(✆ 480-636-5005; www.themissionaz.com; 3815 N Brown Ave; Mittagessen 9–12 US$, Abendessen 12–32 US$; ◷ So–Do 11–15 & 17–22, Fr & Sa bis 23 Uhr) Mit dem dunklen Innenraum, den leuchtenden Kerzen und religiösen Figuren erinnert das Mission im *nuevo*-Latino-Stil ans 15. Jh., wobei die sonnigen Terrassen mit orangefarbenen Schirmen für Leichtigkeit sorgen. Gegen den Hunger helfen mittags Steak-

Tacos samt Salsa mit grünen Chilis, Avocado und in Tecate mariniertem Rindfleisch. Die Guacamole wird neben dem Tisch zubereitet, und Margaritas und Mojitos runden das ansprechende Gesamtpaket ab.

Herb Box
AMERIKANISCH $$
(✆ 480-289-6160; www.theherbbox.com; 7134 E Stetson Dr; Mittagessen 10–19 US$, Abendessen 15–28 US$; ◷ tgl. mittags, Di–Sa abends) Das extravagante Bistro hat mehr zu bieten als nur den äußeren Schein und flüchtige Luftküsschen: Hier gibt's frische regionale Zutaten, toll angerichtete Speisen und aufmerksamen Service.

Tempe

Essence
CAFÉ $
(✆ 480-966-2745; 825 W University Dr; Frühstück 5–9 US$, Mittagessen 7,25–9 US$; ◷ Mo–Sa 7–15 Uhr; ⊕) Das luftig-kleine kulinarische Paradies serviert zum Frühstück Eierspeisen und Arme Ritter sowie mittags Salate, Gourmet-Sandwiches und ein paar mediterrane Spezialitäten. Der geeiste Karamellkaffee und die Makronen versüßen jeden Nachmittag.

Kai Restaurant
INDIANISCH $$$
(✆ 602-225-0100; www.wildhorsepassresort.com; 5594 W Wild Horse Pass Blvd, Chandler; Hauptgerichte 44–54 US$, Degustationsmenü 135–225 US$; ◷ Di–Do 17–21, Fr & Sa bis 21.30 Uhr) Einfache Zutaten, in erster Linie von indianischen Farmen, werden hier in etwas ganz Außergewöhnliches verwandelt. Zum Abendessen gibt's z. B. Colorado-Lamm in einer Pekannusskruste mit Mole. Die Gerichte schaffen genau das richtige Maß zwischen Abenteuer und Wohlfühl-Genuss. Es herrscht eine Kleiderordnung (keine kurzen Hosen oder Hüte). Das Kai ist im Sheraton Wild Horse Pass Resort & Spa im Gila-River-Indianerreservat. Im August geschlossen!

Ausgehen

Scottsdale hat die größte Konzentration von angesagten Bars und Clubs zu bieten, Tempe hingegen ist vor allem bei Studenten beliebt.

Postino Winecafé Arcadia
WEINBAR
(www.postinowinecafe.com; 3939 E Campbell Ave, bei der 40th St, Phoenix; ◷ Mo–Do 11–23, Fr 11–24, Sa 9–24, So 11–22 Uhr) Die gesellige Indoor-Outdoor-Weinbar ist genau das Richtige für ein Treffen mit ein paar Freunden. Wer allein kommt, wird sich aber ebenfalls wohlfühlen. Toll sind die Terrasse, die zum

Schwärmen anregende Bruschetta und die Weine, für die man zwischen 11 und 17 Uhr nur 5 US$ pro Glas zahlt.

Edge Bar
BAR

(5700 E McDonald Dr, Sanctuary on Camelback Mountain, Paradise Valley) In der stylishen Cocktailbar „Edge" am Hang des Camelback Mountain im Sanctuary Resort ist der Sonnenuntergang einfach fantastisch. Keinen Platz draußen gefunden? Die ähnlich schicke Jade Bar mit den großen Fenstern ist eine prima Alternative.

Four Peaks Brewing Company
BRAUEREI

(480-303-9967; www.fourpeaks.com; 1340 E 8th St, Tempe; Mo-Sa 11-2, So 10-2 Uhr) Die allseits beliebte Brauerei-Kneipe in einem hübschen Gebäude im Missionsstil ist der Treffpunkt schlechthin und die perfekte Anlaufstelle für Bierliebhaber.

Rusty Spur Saloon
BAR

(480-425-7787; www.rustyspursaloon.com; 7245 E Main St, Scottsdale; So–Do 10–1, Fr & Sa bis 2 Uhr) Der witzigen, immer gut gefüllten Country-Bar ist aufgesetztes Getue fern, stattdessen lockt sie mit günstigen Getränken und lauten Country-Bands in die Jahre gekommene Budweiser-Liebhaber an; über das aktuelle Musikprogramm informiert die Website. Der Saloon ist in einem alten Bankgebäude untergebracht, das während der Weltwirtschaftskrise schließen musste.

☆ Unterhaltung

Das **Phoenix Symphony Orchestra** (Verwaltung 602-495-1117, Kartenverkauf 602-495-1999; www.phoenixsymphony.org; 75 N 2nd St, Kartenschalter 1 N 1st St, 75 N 2nd St) tritt in der **Symphony Hall** (75 N 2nd St) auf. Im Jahr 2013 zog die **Arizona Opera** (602-266-7464; www.azopera.com; 1636 N Central Ave) in ein neues Opernhaus gegenüber dem Phoenix Art Museum.

Das Basketballteam der Männer, die **Phoenix Suns** (602-379-7900; www.nba.com/suns; 201 E Jefferson St, Phoenix), und die Basketballdamen, die **Phoenix Mercury** (602-252-9622; www.wnba.com/mercury; 201 E Jefferson St, Phoenix), spielen im US Airways Center. Das Heimstadion des Footballteams **Arizona Cardinals** (602-379-0101; www.azcardinals.com; 1 Cardinals Dr, Glendale) ist das neue University of Phoenix Stadium in Glendale, wo der Super Bowl 2015 stattfinden wird. Die Baseballmannschaft **Arizona**

Diamondbacks
(602-462-6500; www.arizona.diamondbacks.mlb.com; 401 E Jefferson St, Phoenix) spielt im Chase Field Stadium.

Rhythm Room
LIVEMUSIK

(602-265-4442; www.rhythmroom.com; 1019 E Indian School Rd, Phoenix; normalerweise ab 19.30 Uhr geöffnet) Einige der besten Livebands aus dem Valley treten in diesem kleinen Schuppen auf. Im Rhythm Room hat man bei jedem Konzert das Gefühl, in der ersten Reihe zu stehen! Wie gesagt, das Ganze ist eher lokal-regional geprägt – richtig große Namen sind eher ungewöhnlich, aber das ist uns gerade recht.

Char's Has the Blues
BLUES

(602-230-0205; www.charshastheblues.com; 4631 N 7th Ave, Phoenix; Mo–Mi Eintritt frei, Do & So 3 US$, Fr & Sa 7 US$; So–Mi 20–1, Do–Sa 19.30–1 Uhr) In dem dunklen intimen und sehr einladenden Laden stehen an den meisten Abenden Blues und R&B auf dem Programm. Solide Bands ziehen jede Menge Gäste an, dennoch wirkt das Ganze wie ein gut gehütetes Geheimnis.

BS West
SCHWULENCLUB

(480-945-9028; www.bswest.com; 7125 E 5th Ave, Scottsdale; 14–2 Uhr) In dem stimmungsgeladenen Videobar/Tanzclub für Schwule in der Old Town von Scottsdale gibt's Gogo-Tänzer und Karaoke am Sonntag.

🛍 Shoppen

Im Valley befinden sich mehrere gute Einkaufszentren. Hochpreisige Läden findet man im **Scottsdale Fashion Square** (www.fashionsquare.com; 7014 E Camelback, bei der Scottsdale Rd, Scottsdale; Mo–Sa 10–21, So 11–18 Uhr), noch exklusiver geht's im **Biltmore Fashion Park** (www.shopbiltmore.com; 2502 E Camelback Rd, bei der 24th St, Phoenix; Mo–Sa 10–20, So 12–18 Uhr) zu. Im Norden von Scottsdale lockt das **Kierland Commons** (www.kierlandcommons.com; 15205 N Kierland Blvd, Scottsdale; Mo–Do 10–20, Sa 10–21, So 12–18 Uhr) unter freiem Himmel jede Menge Kunden an.

Heard Museum Shop & Bookstore
KUNSTHANDWERK

(www.heardmuseumshop.com; 2301 N Central Ave, Phoenix; Geschäft 9.30–17, So ab 11 Uhr, Buchladen Mo–Sa 9.30–17.30, So bis 17 Uhr) Verschiedene Bücher über die amerikanischen Ureinwohner sowie eine umfassende und verlässliche Auswahl indianischen Kunsthandwerks, beispielsweise Schmuck und Kachina-Puppen.

ℹ Praktische Informationen

Infos im Internet & Medien

Arizona Republic (www.azcentral.com) Die auflagenstärkste Zeitung Arizonas; jeden Donnerstag erscheint der kostenlose Veranstaltungsführer *Calendar.*

Burton Barr Central Library (☎ 602-262-4636; www.phoenixpubliclibrary.org; 1221 N Central Ave, Phoenix; ☺ Mo, Fr & Sa 9–17, Di–Do 9–21, So 13–17 Uhr; ☏) Kostenloser Internetzugang.

KJZZ 91,5 FM (http://kjzz.org) Öffentlich-rechtliches Radio (National Public Radio; NPR).

Phoenix New Times (www.phoenixnewtimes. com) Die größte kostenlose Wochenzeitung mit jeder Menge Infos zu Veranstaltungen und Restaurants.

NOTFALL & MEDIZINISCHE VERSORGUNG

Banner Good Samaritan Medical Center (☎ 602-839-2000; www.bannerhealth.com; 1111 E McDowell Rd, Phoenix) Rund um die Uhr besetzte Notfallaufnahme.

Polizei (☎ 602-262-6151; http://phoenix.gov/ police; 620 W Washington St, Phoenix)

POST

Postfiliale Downtown (☎ 602-253-9648; 522 N Central Ave, Phoenix; ☺ Mo–Fr 9–17 Uhr)

TOURISTENINFORMATION

Downtown Phoenix Visitor Information Center (☎ 877-225-5749; www.visitphoenix.com; 125 N 2nd St, Suite 120; ☺ Mo–Fr 8–17 Uhr) Die beste Infoquelle für Reisende im Valley.

Mesa Convention & Visitors Bureau (☎ 800-283-6372, 480-827-4700; www.visitmesa.com; 120 N Center St, Mesa; ☺ Mo–Fr 8–17 Uhr)

Scottsdale Convention & Visitors Bureau (☎ 800-782-1117, 480-421-1004; www.experien cescottsdale.com; 4343 N Scottsdale Rd, Suite 170; ☺ Mo–Fr 8–17 Uhr) Im Galleria Corporate Center. Das Personal ist sehr hilfsbereit, und der kostenlose Desert Discovery Guide umfasst eine umfangreiche Liste mit Routen in der Region.

Tempe Convention & Visitors Bureau (☎ 866-914-1052, 480-894-8158; www.tempetouri sm.com; 51 W 3rd St, Suite 105; ☺ Mo–Fr 8.30–17 Uhr)

ℹ Anreise & Unterwegs vor Ort

Der **Sky Harbor International Airport** (☎ 602-273-3300; http://skyharbor.com; 3400 E Sky Harbor Blvd; ☏) liegt 3 Meilen (ca. 5 km) südöstlich des Zentrums von Phoenix und wird von 17 Fluggesellschaften angeflogen, darunter United, American, Delta und British Airways. Zwischen den drei Terminals 2, 3 und 4 (Terminal 1 wurde 1990 abgerissen) und dem Parkplatz fährt rund um die Uhr ein kostenloser Shuttlebus. Der gebührenfreie **Phoenix Sky Train** nahm 2013 den Betrieb auf und fährt aktuell zwischen dem Parkplatz für die Economy Class, dem Terminal 4 und der METRO-Station an der Ecke 44th St/E Washington St.

VERDE-VALLEY-WEINPFAD

Am Hwy 89A und an der I-17 haben ein paar Weingüter und Probierstuben ihre Tore geöffnet. Sie bringen frischen Wind und einen Hauch von Stil nach Cottonwood, Jerome und Cornville.

In Cottonwood kann man die an den Verde River angrenzenden **Alcantara Vineyards** (www.alcantaravineyard.com; 3445 S Grapevine Way) besuchen und anschließend bei einem Bummel durch die Stadt in den zwei neuen Probierstuben **Arizona Stronghold** (www.azstronghold.com; 1023 N Main St; Weinprobe 9 US$; ☺ So–Do 12–19, Fr & Sa bis 21 Uhr) und **Pillsbury Wine Company** (www.pillsburywine.com; 1012 N Main St; ☺ So–Do 11–18, Fr 11–20 Uhr) vorbeischauen. Sie liegen in der Main St einander gegenüber. In Jerome werden Kunst, schöne Ausblicke und leckere Weine geboten; überall findet man Probierstuben wie den **Cellar 433** (www.bittercreekwinery.com; 240 Hull Ave; ☺ Mo–Mi 11–17, Do–So 11–18 Uhr) nahe dem Visitor Center der Handelskammer. Von dort geht's hinauf zu den **Caduceus Cellars** (www.caduceus.org; 158 Main St; ☺ So–Do 11–18, So bis 20 Uhr) und anschließend noch ein Stück weiter hangaufwärts zur **Jerome Winery** (☎ 928-639-9067; 403 Clark St; ☺ Mo–Do 11–17, Sa 11–20 Uhr, Juni–Aug. So 11–16 Uhr, Sept.–Mai kürzer) mit einer einladenden Terrasse.

An einem kurzen Abschnitt der Page Springs Rd östlich von Cornville findet man drei Weingüter inklusive Probierstuben: die **Page Springs Cellars** (www.pagespringscellars. com; 1500 N Page Springs Rd; Weinprobe 10 US$; ☺ Mo–Mi 11–19, Do–So bis 21 Uhr) mit Bistro, die einladenden **Oak Creek Vineyards** (www.oakcreekvineyards.net; 1555 N Page Springs Rd; Weinprobe 5 US$; ☺ 10–18 Uhr) und den **Javelina Leap Vineyard** (www.javelinaleap winery.com; 1565 Page Springs Rd; Weinprobe 8 US$; ☺ 11–17 Uhr) mit sanfter Rockmusik.

Greyhound (☎ 602-389-4200; www.grey hound.com; 2115 E Buckeye Rd) bietet Verbindungen nach Tucson (21–23 US$, 2 Std., 8-mal tgl.), Flagstaff (38 US$, 3 Std., 5-mal tgl.), Albuquerque (78–85 US$, 10–12½ Std., 7-mal tgl.) und Los Angeles (38 US$, 7–8 Std., 8-mal tgl.). Die Linie 13 von Valley Metro pendelt zwischen dem Flughafen und dem Greyhound-Busbahnhof.

Valley Metro (☎ 602-253-5000; www.valley-metro.org; Tickets 2 US$) betreibt Busverbindungen im gesamten Valley sowie die Straßenbahn (mit einem 32 km langen Schienennetz) zwischen dem Norden und Downtown Phoenix, Tempe/ASU und Downtown Mesa. Die Straßenbahn und der Bus kosten 2 US$ pro Fahrt (ohne Umsteigen), das Tagesticket ist für 4 US$ zu haben. Die Busse fahren täglich, jedoch nur sporadisch. **FLASH-Busse** (www.tempe.gov) sind täglich rund um die ASU und in Downtown Tempe unterwegs, wohingegen der **Scottsdale Trolley** (www.scottsdaleaz.gov/trolley; ⊘ Fr–Mi 11–18, während des Artwalk Do bis 21 Uhr) durch Downtown Scottsdale fährt. Beide sind kostenlos.

Flagstaff

Flagstaffs entspannter Charme basiert auf mehreren Komponenten, z.B. der fußgängerfreundlichen historischen Innenstadt voller Bauwerke im lokaltypischen Stil und alten Neonreklamen sowie Aktivitäten in luftiger Höhe, z.B. Skifahren oder Wandern. Der typische Einwohner von Flagstaff ist glücklich, athletisch und knabbert eher an einem Müsliriegel, als dass er sich mit Cowboys duelliert. Die Northern Arizona University (NAU) sorgt für eine studentische Atmosphäre, und auch die Eisenbahngeschichte spielt unverändert eine wichtige Rolle für die Identität der Stadt. Außerdem schätzt man gutes Bier, frisch geröstete Kaffeebohnen und Spaß. Voilà, Flagstaff ist die Sorte Stadt, in der man länger verweilen und das Leben genießen möchte.

◉ Sehenswertes

Flagstaff punktet mit kulturellen Stätten, dem historischen Zentrum und Outdoor-Aktivitäten im Umland. Im Visitor Center gibt's Karten für Stadtspaziergänge zur Route 66 und zu Spukhäusern.

Museum of Northern Arizona   MUSEUM
(☎ 928-774-5213; www.musnaz.org; 3101 N Fort Valley Rd; Erw./Kind/Senior 10/6/9 US$; ⊘ 9–17 Uhr) 3 Meilen (5 km) nördlich des Zentrums liefert das Museum eine informative Einfüh-

rung in die Region. Der Schwerpunkt liegt auf lokaler Geologie, Biologie, Kunst und indigener Anthropologie, und es gibt Ausstellungstücke zu Archäologie, Geschichte und Gebräuchen der örtlichen Stämme zu sehen.

Lowell Observatory   OBSERVATORIUM
(☎ 928-233-3212; www.lowell.edu; 1400 W Mars Hill Rd; Erw./Kind 12/5 US$; ⊘ Juni–Aug. 9–22 Uhr, Sept.–Mai kürzer) In diesem Observatorium erhaschte man 1920 zum ersten Mal einen Blick auf Pluto. Wenn es das Wetter zulässt, kann man hier allabendlich Sterne gucken, wobei Flagstaff die erste International-Dark-Sky-Stadt (Organisation gegen Lichtverschmutzung) der Welt ist. Tagsüber von 13 bis 16 Uhr werden Touren angeboten.

Walnut Canyon National Monument   CANYON
(☎ 928-526-3367; www.nps.gov/waca; 7 Tage gültiger Eintritt Erw./Kind 5 US$/frei; ⊘ Mai–Okt. 8–17, Nov.–April 9–17 Uhr) Sinagua-Felsbehausungen befinden sich in den beinahe vertikal aufragenden Wänden eines kleinen Kalksteinbergs inmitten eines bewaldeten Canyons. Ein kurzer Wanderweg führt an vielen Felsenkammern vorbei. Das National Monument liegt 11 Meilen (18 km) südöstlich von Flagstaff (Exit 204 von der I-40 nutzen!).

🏃 Aktivitäten

Alpine Pedaler   RADFAHREN
(☎ 928-213-9233; www.alpinepedaler.com; 25 US$/ Pers.) Hier geht's in einem Gefährt, das einem Gemeinschaftsfahrrad ähnelt, in die Bars im Zentrum. In dem 15-Sitzer ist eine Kneipentour ein Klacks! Die Touren dauern zwei Stunden.

Humphreys Peak   WANDERN & TREKKEN
Die Besteigung des höchsten Berges des Staats (3851 m) ist unkompliziert, aber anstrengend und kann nur im Sommer in Angriff genommen werden. Der Weg, der im Skigebiet Arizona Snowbowl beginnt, windet sich durch den Wald, bis man die Baumgrenze erreicht. Eine Strecke ist 7 km lang; für den Hin- und Rückweg sollte man sechs bis acht Stunden einplanen.

Arizona Snowbowl   SKIFAHREN
(☎ 928-779-1951; www.arizonasnowbowl.com; Hwy 180 & Snowbowl Rd; Skipass Erw./Kind 55/15 US$; ⊘ 9–16 Uhr) Sechs Skilifte bedienen 30 Pisten und einen Snowboard-Park in Höhen zwischen 2800 und 3500 m. Der Sessellift ist auch im Sommer in Betrieb (Erw./Kind 12/8 US$).

🛏 Schlafen

Flagstaff hat das vielseitigste Unterkunftsangebot in der Region. Anders als im Süden Arizonas ist hier der Sommer die Hauptsaison.

Grand Canyon International Hostel
HOSTEL $

(📞 928-779-9421; www.grandcanyonhostel.com; 19½ S San Francisco St; B 22–24 US$; Zi. ohne Bad 44–56 US$, beide inkl. Frühstück; ❄@🛜) Das historische Anwesen ist eine von Flagstaffs Stationen auf dem Stadtspaziergang zum Thema Route 66 und beherbergt heute ein Hostel. Die Betreiber sind freundlich, die Schlafsäle sauber und klein. Zum Angebot gehören eine Küche, Waschmaschinen und Touren zum Grand Canyon sowie nach Sedona. Das Hostel liegt einen Block von der Amtrak-Haltestelle entfernt, und Gäste werden kostenlos von der Greyhound-Station abgeholt. Hier ist mehr Betrieb als im Schwesterunternehmen Dubeau Hostel.

Dubeau Hostel
HOSTEL $

(📞 928-774-6731; www.grandcanyonhostel.com; 19 W Phoenix St; B 22–24 US$, Zi. 48–68 US$, beide inkl. Frühstück; 🅿❄@🛜) Hat denselben Betreiber wie das Grand Canyon International Hostel. Die Privatzimmer mit Kühlschrank und Bad sind wie einfache Hotelzimmer gestaltet, allerdings nur halb so teuer. Das ruhigere der zwei Hostels.

Hotel Monte Vista
HOTEL $$

(📞 928-779-6971; www.hotelmontevista.com; 100 N San Francisco St; DZ 65–110 US$, Suite 120–140 US$; 🛜) Federbesetzte Lampenschirme, alte Möbel, kräftige Farben und altmodisches Design – die 50 Zimmer und Suiten versprühen historisch-verspieltes Flair und sind nach den Filmstars benannt, die dort genächtigt haben. Wen die Livemusik stört, die gelegentlich aus der Monte Vista Lounge dringt, der fragt am besten nach einem ruhigen Zimmer. Wer sich für Übernatürliches interessiert, findet an der Rezeption ein Infoblatt zu Geistern.

Drury Inn & Suites
HOTEL $$

(📞 928-773-4900; www.druryhotels.com; 300 S Milton Rd; Zi. inkl. Frühstück 155–165 US$, Suite 200 US$; 🅿❄@🛜🏊🍴) Die steinernen Säulen in der Lobby sorgen in dem sechsstöckigen LEED-zertifizierten Hotel für ein gewisses Abenteuerflair, eigentliches Highlight ist jedoch die Kickback-Happy-Hour mit Bier, Wein (begrenzte Menge) und herzhaften Aperitifs. Im Preis inbegriffen ist zudem ein sättigendes Frühstück. Alle Zimmer bieten Mikrowelle und Kühlschrank, und für Haustiere wird pro Tag eine Gebühr von 10 US$ fällig.

🍴 Essen

Bei einem Spaziergang durch das Zentrum stößt man auf jede Menge Restaurants.

Diablo Burger
BURGER $

(www.diabloburger.com; 120 N Leroux St; Hauptgerichte 10–13,25 US$; ⊙ Mo–Mi 11–21, Do–Sa 11–22 Uhr) Der Blake-Burger mit Cheddar-Käse, Hatch-Chili-Mayo und gebratenen grünen Chilis erinnert an New Mexico, ansonsten punktet der Gourmet-Burgerimbiss mit lokalem antibiotikafreiem Rindfleisch und frisch geschnittenen frittierten Pommes Frites mit Dip. Der winzige Laden umfasst nur vier Tische und ein paar Hocker an der Bar (dort gibt's Wein und Bier), deshalb sollte man früh kommen.

Beaver Street Brewery
KNEIPE $$

(www.beaverstreetbrewery.com; 11 S Beaver St; Mittagessen 8–13 US$, Abendessen 10–20 US$; ⊙ So–Do 11–23, Fr & Sa bis 24 Uhr; 👶) Die betriebsame Brauereikneipe bietet gutes Bar-Essen wie leckere Pizzas, Burger und Salate. Meist gibt's außerdem fünf selbst gebraute Biere und ein paar saisonale Sorten. Überraschenderweise sehr familienfreundlich.

Criollo Latin Kitchen
FUSION $$

(📞 928-774-0541; www.criollolatinkitchen.com; 16 N San Francisco St; Mittagessen 8–17 US$, Abendessen 10–22 US$, Brunch 8–10 US$; ⊙ Mo–Do 11–21, Fr 11–22, Sa 9–22, So 9–21 Uhr) Latino-Fusion in einem Ambiente mit Industrieromantik-Flair – der richtige Ort für ein Date mit Cocktails. Auch zu vorgerückter Stunde kann man noch leckere, kleine Gerichte bestellen. Die Blaubeerpfannkuchen aus blauem Maismehl sind ein schlagkräftiges Argument dafür, zum Sonntags-Brunch vorbeizuschauen. Das Essen wird mit Zutaten aus der Umgebung zubereitet, und man legt viel Wert auf Nachhaltigkeit.

🍷 Ausgehen & Unterhaltung

Der 1 Meile (1,6 km) lange Flagstaff Ale Trail (www.flagstaffaletrail.com) führt an Mikrobrauereien und der einen oder anderen Kneipe im Zentrum vorbei.

⭐ Museum Club
BAR

(📞 928-526-9434; www.themuseumclub.com; 3404 E Rte 66; ⊙ 11–2 Uhr) In der rustikalen Raststätte wird seit 1936 das Tanzbein geschwungen. Mit ihrer großen Tanzfläche aus Holz, Tieren an den Wänden und der gut bestückten Mahagoni-Bar erinnert sie an eine riesige Blockhütte. Der Name geht übrigens darauf zurück, dass hier 1931 ein Tierpräparationsmuseum untergebracht war.

Macy's CAFÉ

(www.macyscoffee.net; 14 S Beaver St; Hauptgerichte unter 8 US$; ⊙ 6–20 Uhr; 🐾) Der köstliche Kaffee aus eigener Röstung bringt Flagstaff schon seit mehr als 30 Jahren zum Schwärmen. Auf der tollen vegetarischen Speisekarte stehen viele vegane Gerichte und typische Café-Snacks.

Cuvee 928 WEINBAR

(☑ 928-214-9463; www.cuvee928winebar.com; 6 E Aspen Ave; ⊙ Mo–Do 11.30–21, Fr & Sa bis 22, So 10–15 Uhr) Das nette Cuvee liegt zentral am Heritage Square und bietet Sitzplätze auf der Terrasse – ideal zum Leutebeobachten!

Charly's Pub & Grill LIVEMUSIK

(☑ 928-779-1919; www.weatherfordhotel.com; 23 N Leroux St; ⊙ 8–22 Uhr) Im Restaurant des Weatherford Hotel wird am Wochenende Livemusik gespielt. Der Kamin und die Ziegelsteinwände bilden eine nette Kulisse für Blues-, Jazz- und Folkklänge. Im zweiten Obergeschoss kann man eine Runde auf der Veranda des beliebten Zane Grey Ballroom drehen.

❶ Praktische Informationen

Visitor Center (☑ 800-842-7293, 928-774-9541; www.flagstaffarizona.org; 1 E Rte 66; ⊙ Mo–Sa 8–17, So 9–16 Uhr) Im historischen Amtrak-Bahnhof.

❶ Anreise & Unterwegs vor Ort

Der Flughafen Flagstaff Pulliam, 4 Meilen (6 km) südlich der Stadt, ist über die I-17 zu erreichen. **US Airways** (☑ 800-428-4322; www.usairways.com) fliegt mehrmals täglich zwischen dem Pulliam Airport und dem Phoenix Sky Harbor International Airport hin und her. **Greyhound** (☑ 800-231-2222, 928-774-4573; www.greyhound.com; 880 E Butler Ave) hält auf dem Weg ab/nach Albuquerque, Las Vegas, Los Angeles und Phoenix in Flagstaff. **Arizona Shuttle** (☑ 800-888-2749, 928-226-8060; www.arizonashuttle.com) bietet Shuttles zum Grand Canyon (einfache Strecke 29 US$), nach Sedona (einfache Strecke 25 US$) und zum Phoenix Sky Harbor Airport (einfache Strecke 45 US$).

Der Southwest Chief von **Amtrak** (☑ 800-872-7245, 928-774-8679; www.amtrak.com; 1 E Rte 66; ⊙ 3–22.45 Uhr) hält auf der täglichen Fahrt von Chicago nach Los Angeles in Flagstaff.

Zentral-Arizona

Dieser Teil von Arizona bietet das ganze Jahr über Outdoor-Spaß. Im Sommer flüchten viele Leute vor der Hitze in die kühlere Region. Hinter Phoenix steigt das Gelände an, und die weitläufige Wüste weicht zerklüfteten Hügeln, auf denen struppige Bäume wachsen. Noch weiter nördlich ragen Berge zwischen dichten Kiefernwäldern auf.

Williams

Das freundliche Williams liegt 60 Meilen (96 km) südlich von Grand Canyon Village und 35 Meilen (56 km) westlich von Flagstaff und ist eine charmante „Tor-Stadt" zum Canyon. Klassische Motels und Imbissbuden reihen sich entlang der Route 66 aneinander, und das alte Schulgebäude sowie der ehemalige Bahnhof erinnern an rustikalere Zeiten.

Die meisten Besucher lockt eine Fahrt mit der **Grand Canyon Railway** (☑ 800-843-8724, 928-635-4253; www.thetrain.com; Railway Depot, 233 N Grand Canyon Blvd; Rundfahrt Erw./Kind ab 75/45 US$; 🚂) aus der Zeit um 1900 zum South Rim hierher; die Hinfahrt erfolgt um 9.30 Uhr, die Rückfahrt um 17.45 Uhr. Auch wer kein ausgesprochener Eisenbahnfan ist, wird die malerische entspannte Fahrt zum Grand Canyon genießen. Schauspieler in historischen Kostümen geben Einblicke in die regionale Geschichte, dazu wird Folkmusik auf dem Banjo gespielt. Von November bis Anfang Januar gibt es zudem den äußerst beliebten Polar-Express-Service (Erw./Kind ab 32/18 US$), der Kinder im Schlafanzug zum Weihnachtsmann am „Nordpol" bringt. Kids bis zum Teenager-Alter wird zudem **Bearizona** (☑ 928-635-2289; www.bearizona.com; 1500 E Rte 66; Erw./Kind/unter 4 Jahre 20/10 US$/frei; ⊙ Juni–Mitte Aug. 8–18 Uhr, restliches Jahr unterschiedl.) begeistern. Durch den Tierpark mit dem kreativen Namen fahren Besucher vorbei an Wölfen, Bisons, Dickhornschafen und Schwarzbären. Wer am Fußgängerbereich beim Fort Bearizona einen Stopp einlegt, kann einen genaueren Blick auf den Bärennachwuchs werfen.

Das B&B **Red Garter Bed & Bakery** (☑ 928-635-1484; www.redgarter.com; 137 W Railroad Ave; DZ 135–160 US$; ❄ 🐾) ist in einem ehemaligen Bordell von 1897 untergebracht, aus dessen Fenstern die Damen herauszuschauen pflegten, um Kundschaft anzulocken. Die vier Zimmer versprühen historisches Flair, und die Bäckerei im Erdgeschoss serviert guten Kaffee. Das unkonventionelle kleine **Grand Canyon Hotel** (☎ 928-635-1419; www.thegrandcanyonhotel.com; 145 W Rte 66; B 40 US$, Zi. ohne Bad 67 US$, Zi. mit Bad 74–125 US$; ⊗ März–Nov.; ❄ @ ☎) verfügt über kleine, nach verschiedenen Themen gestaltete Zimmer und einen Schlafsaal mit sechs Betten; TVs gibt es nicht. Alternativ bietet der **Canyon Motel & RV Park** (☎ 928-635-9371; www.thecanyonmotel.com; 1900 E Rodeo Rd, Williams; Stellplatz Wohnmobil 35–38 US$, Cottage 74–78 US$, Bahnwaggon 78–160 US$; ❄ ☎ 🐾) unmittelbar östlich des Zentrums Übernachtungsmöglichkeiten in einem Santa-Fe-Güterzugbegleitwagen von 1929 und einem Pullman-Waggon.

Sedona

Zwischen majestätischen Felsformationen aus rotem Sandstein am südlichen Ende des Oak Creek Canyon gelegen, übt Sedona eine magische Anziehungskraft auf Künstler, Spiritualität-Suchende, Wanderer und Radfahrer aus. Man wird aber auch viele Tagesausflügler aus Phoenix antreffen, die der erdrückenden Hitze entkommen wollen. Viele New-Age-Anhänger sind davon überzeugt, dass es in der Gegend zahlreiche Vortexe gibt – Sammelpunkte für elektromagnetische Energie. Die Mischung aus traumhafter Szenerie und Mystizismus sorgt ganzjährig für hohe Besucherzahlen. Die Downtown ist im Griff von New-Age-Unternehmen, Galerien und Gourmetrestaurants, und die umliegenden Schluchten laden zum Wandern und Mountainbiken ein.

Im Stadtzentrum befindet sich das „Y", die auffällige Kreuzung, an der die Hwys 89A und 179 aufeinandertreffen. Beide Straßen sind von Geschäften gesäumt.

👁 Sehenswertes & Aktivitäten

New-Age-Anhänger sind davon überzeugt, dass die Steine, Felsklippen und Flüsse von Sedona die Glückseligkeit von Mutter Erde bündeln. Hier befinden sich ihrer Ansicht nach die vier bekanntesten Vortexe der Welt: **Bell Rock** in der Nähe des Village of Oak Creek (östlich des Hwy 179), **Cathedral Rock** nahe Red Rock Crossing, **Airport Mesa** in der Airport Rd und **Boynton Canyon**. Die Airport Rd ist ein genialer Ort, wenn man die traumhaft vielfarbigen Sonnenuntergänge beobachten möchte.

ARIZONAS SKURRILSTE UNTERKÜNFTE

➡ **Wigwam Motel** (S. 384) Beton-Tipi.

➡ **Bisbee Grand Hotel** (S. 404) Überdachte Kutsche.

➡ **Red Garter Bed & Bakery** (S. 382) Bordell von 1897.

➡ **Jerome Grand Hotel** (S. 385) Früheres Krankenhaus für Bergarbeiter.

➡ **Shady Dell RV Park** (S. 403) Airstream-Wohnwagen im Retro-Stil.

➡ **Canyon Motel & RV Park** (s. linke Spalte) Santa-Fe-Güterzugbegleitwagen.

➡ **Grand Canyon Caverns** (S. 384) Höhle.

Coconino National Forest   PARK

(Red Rock Visitor Contact Center; ☎ 928-203-7500; www.redrockcountry.org/recreation; 8375 Hwy 179; ⊗ 8–17 Uhr) Am besten lässt sich die Gegend wandernd, per Rad oder auf dem Pferderücken erkunden. Viele Rast- und Parkplätze dürfen nur mit einem Red Rock Pass (5/15 US$ pro Tag/Woche) genutzt werden; diesen erhält man in den meisten Läden und Unterkünften der Gegend sowie an Selbstbedienungskiosken an touristischen Orten.

Wer eine Karte für die Wege der Gegend sucht, wird unter www.redrockcountry.org/maps/index.shtml fündig, wo man die Red Rock Country Map herunterladen kann; zudem gibt es diese kostenlos beim USFS Visitor Center südlich von Village of Oak Creek.

Die malerischsten Fleckchen findet man am Hwy 89A nördlich von Sedona, der dem Verlauf des Oak Creek durch den stark überlaufenen **Oak Creek Canyon** folgt, sowie an der Strecke zwischen Sedona und Village of Oak Creek im Süden.

Chapel of the Holy Cross   KIRCHE

(☎ 928-282-4069; www.chapeloftheholycross.com; 780 Chapel Rd; ⊗ Mo–Sa 9–17, So 10–17 Uhr) F Zwischen wie Skulpturen wirkenden Säulen erhebt sich 3 Meilen (5 km) südlich der Stadt diese moderne, konfessionsungebundene Kapelle. Sie wurde 1956 von Marguerite Brunwig Staude in der Tradition Frank Lloyd Wrights gebaut.

Slide Rock State Park   PARK

(☎ 928-282-3034; www.azstateparks.com/Parks/SLRO; 6871 N Hwy 89A; Memorial Day–Labor Day

SEHENSWÜRDIGKEITEN AN DER ROUTE 66

Route-66-Fans dürfen sich auf 400 Meilen (644 km) Asphalt quer durch Arizona freuen, darunter das längste ununterbrochene Stück, das von der alten Straße noch existiert (zwischen Seligman und Topock). Die sogenannte **Mother Road** (www.azrt66.com) verbindet die Revolverheldenstadt Oatman, die Minenarbeitersiedlungen von Kingman, die Downtown von Williams aus den 1940er-Jahren und das vom Wind verwehte Winslow miteinander. Unterwegs werden jede Menge kitschige Attraktionen geboten; im Folgenden sind sie von Westen nach Osten aufgelistet.

Wild Burros of Oatman Die „wilden Esel von Oatman" betteln mitten auf der Straße um Leckerli.

Grand Canyon Caverns & Inn (☎928-422-3223; www.gccaverns.com; Route 66, Mile 115; 1-stündige Führung Erw./Kind 19/13 US$, Zi. 85 US$, Stellplatz 15–30 US$; ☉ Mai–Sept. 8–18 Uhr, Okt.–April 10–16 Uhr) Eine Führung 21 Etagen unter der Erdoberfläche, vorbei an mumifizierten Rotluchsen, Zivilverteidigungsutensilien und einem Motelzimmer (800 US$).

Burma-Shave-Schilder Rot-weiße Werbeschilder für die berühmte amerikanische Rasiercreme aus längst vergangenen Tagen – zu finden zwischen den Grand Canyon Caverns und Seligman.

Seligman's Snow-Cap Drive In Burger- und Eiscremeladen mit einer Prise Selbstironie, in Betrieb seit 1953.

Meteor Crater (☎928-289-5898; www.meteorcrater.com; Erw./Kind/Senior 16/8/15 US$; ☉ Juni–Mitte Sept. 7–19 Uhr, Mitte Sept.–Mai 8–17 Uhr) 170 m tiefe „Wunde", rund 1,5 km im Durchmesser, bei Flagstaff.

Wigwam Motel (☎928-524-3048; www.galerie-kokopelli.com/wigwam; 811 W Hopi Dr, Holbrook; Zi. 56–62 US$; ✲) Beton-Wigwams mit Möbeln aus Hickory-Holzpfählen in Holbrook.

20 US$/Wagen, Sept.–Mai 10 US$; ☉Memorial Day–Labor Day 8–19, Sept.–Mai 8–17 Uhr) Die Hauptattraktion im Oak Creek Canyon. Über große Felsen kann man ins kühle Wasser rutschen. Außerdem gibt's viele Wanderwege.

Pink Jeep Tours   JEEPTOUR
(☎928-282-5000; www.pinkjeeptours.com; 204 N Hwy 89A) Zwar organisieren viele Unternehmen Jeeptouren, aber Pink Jeep Tours hat einen besonders guten Ruf und ein sehr großes Angebot.

Sedona Bike & Bean   MOUNTAINBIKEN
(☎928-284-0210; www.bike-bean.com; 75 Bell Rock Plaza; 2 Std./halber/ganzer Tag ab 30/40/50 US$) Mountainbikeverleih in der Nähe von Wegen für Radtouren, Wanderungen und Vortex-Ausflüge. Es gibt hier auch Kaffee.

🛏 Schlafen

Sedona wartet mit vielen schönen B & Bs, Hütten am Oak Creek, Motels und Resorts mit Rundum-Service auf.

Im Red Rock Canyon ist wildcampen verboten. Der **USFS** (☎877-444-6777; www.recreation.gov; Stellplatz 18 US$) unterhält Campingplätze ohne Stromanschlüsse am Hwy Alt 89 im Oak Creek Canyon. Sie liegen in den Wäldern unweit der Straße. Die Stellplätze kosten 18 US$, und man benötigt keinen Red Rock Pass. Man kann reservieren (Ausnahme: Pine Flat East). 6 Meilen (10 km) nördlich der Stadt bietet **Manzanita** 19 Stellplätze sowie Duschen; der Platz ist ganzjährig geöffnet; 11,5 Meilen (18 km) nördlich liegt **Cave Springs** mit 78 Plätzen und Duschen; **Pine Flat East** und **Pine Flat West**, 12,5 Meilen (20 km) nördlich, haben zusammen 58 Plätze (18 davon können im Voraus gebucht werden).

Star Motel   MOTEL **$**
(☎928-282-3641; www.starmotelsedona.com; 295 Jordan Rd; Zi. 80–100 US$) Niedrige Preise, herzliche Gastfreundschaft und eine erstklassige Lage in einem vornehmen Viertel sind die Highlights des Star Motel im Retro-Stil. Eine Aufmerksamkeit des Hauses auf dem Kissen sucht man vergeblich, dafür gibt's saubere Betten, Duschen mit ordentlichem Wasserdruck und Kühlschränke für ein entspanntes Bier bei Sonnenuntergang.

Cozy Cactus   B&B **$$$**
(☎928-284-0082; www.cozycactus.com; 80 Canyon Circle Dr; Zi. inkl. Frühstück 190–290 US$;

(✳ @ 🛜) Das erst kürzlich renovierte B&B mit vier Zimmern richtet sich vor allem an abenteuerlustige Naturliebhaber. Das Anwesen im für den Südwesten typischen Stil grenzt direkt an einen National Forest Trail, und der radfahrerfreundliche Bell-Rock-Pfad ist gleich um die Ecke.

🍴 Essen & Ausgehen

Coffee Pot Restaurant
FRÜHSTÜCK $

(📞928-282-6626; www.coffeepotsedona.com; 2050 W Hwy Alt 89; Hauptgerichte 6–14 US$; ⏰6–14 Uhr; 🚗) Seit Jahrzehnten *die* Adresse für Frühstück und Mittagessen; hier ist immer der Teufel los. Die Preise sind vernünftig, und die Auswahl ist riesig: Es gibt 101 verschiedene Omeletts, und das ist nur der Anfang!

Sedona Memories
FAST FOOD $

(📞 928-282-0032; 321 Jordan Rd; Sandwiches unter 7 US$; ⏰Mo–Fr 10–14 Uhr) Winziger Laden, in dem aus riesigen Scheiben Brot (selbst gebacken) Sandwiches gezaubert werden. Es gibt verschiedene vegetarische Optionen. Ausschließlich Barzahlung.

★Elote Cafe
MEXIKANISCH $$$

(📞928-203-0105; www.elotecafe.com; 771 Hwy 179, King's Ransom Hotel; Hauptgerichte 17–26 US$; ⏰Di–Sa 17 Uhr–open end) Die mexikanische Küche hier gehört zur besten und authentischsten der Region. Die außergewöhnlichen Varianten traditioneller Gerichte findet man nirgends sonst – so gehören über dem Feuer gerösteter Mais mit Limone und Cotija-Käse oder zarte geräucherte Schweinebäckchen zur Auswahl. Reservierungen sind nicht möglich, deshalb sollte man möglichst früh kommen.

Oak Creek Brewery & Grill
PUB

(📞928-282-3300; www.oakcreekpub.com; 336 Hwy 179; Bier 5,75 US$; ⏰11.30–20.30 Uhr; 🛜) Für eine Outdoor-Stadt bietet Sedona erstaunlich wenige Kleinbrauereien. Glücklicherweise befriedigt diese geräumige Brauereikneipe die Lust auf ein erfrischendes Bier nach einer langen Wanderung. Zudem gibt's anspruchsvollere Kneipenkost. Das Oak Creek betreibt auch eine kleine Brauerei (📞928-204-1300; www.oakcreekbrew.com; 2050 Yavapai Dr; ⏰Mo–Do 16–22, Fr–So 12–24 Uhr) in West Sedona; diese ist länger geöffnet und bietet regelmäßig Livemusik.

ℹ️ Praktische Informationen

Sedona Chamber of Commerce Visitor Center (📞800-288-7336, 928-282-7722; www.vi-sitsedona.com; 331 Forest Rd, Uptown Sedona; ⏰Mo–Sa 8.30–17, So 9–15 Uhr) Touristeninformation und Last-Minute-Hotelbuchungen.

ℹ️ Anreise & Unterwegs vor Ort

Das **Sedona-Phoenix Shuttle** (📞800-448-7988, 928-282-2066; www.sedona-phoenix -shuttle.com; einfache Strecke/hin & zurück 50/90 US$) pendelt achtmal täglich zwischen dem Phoenix Sky Harbor International Airport und Sedona. **Barlow Jeep Rentals** (📞800-928-5337, 928-282-8700; www.barlowjeeprentals. com; 3009 W Hwy 89A; ⏰ Sommer 8–18 Uhr, Winter 9–17 Uhr) verleiht Jeeps.

Jerome

Wenn man die Treppen in der historischen Minenstadt hinauf- und hinuntersteigt, wird man an das Leiterspiel aus Kindertagen erinnert. Jerome liegt am Hang des Cleopatra Hill – das verfallene Sliding Jail zeigt, welche architektonischen Risiken diese Lage birgt. Die schäbig-schicke wiederbelebte Geisterstadt war während des Bergbau-Booms im späten 19. Jh. als „Wickedest Town in the West" (etwa: gefährlichste Stadt im Westen) bekannt, heute beherbergen die historischen sorgfältig restaurierten Gebäude aber Galerien, Restaurants, B&Bs und Weinprobierstuben.

Unerschrockene können auf der Glasplattform im **Audrey Headframe Park** (55 Douglas Rd; ⏰8–17 Uhr) GRATIS stehend den 580 m tiefen Minenschacht, der das Empire State Building um 198 m übertrifft, bewundern. Direkt dahinter erstreckt sich der großartige **Jerome State Historic Park** (📞928-634-5381; www.azstateparks.com; Erw./ Kind 5/2 US$; ⏰8.30–17 Uhr) mit der Villa des Bergbaumagnaten Jimmy „Rawhide" Douglas von 1916 und Informationen zur Minenvergangenheit der Stadt.

Krankenhausinventar in den Fluren erinnert daran, dass das **Jerome Grand Hotel** (📞928-634-8200; www.jeromegrandhotel.com; 200 Hill St; Zi. 120–205 US$; Suite 270–460 US$; ✳🛜) zu Bergbauzeiten als Gemeindehospital diente. Kindern wird die unterhaltsame „Geistertour" gefallen. WLAN ist nur in der Lobby verfügbar. Das angrenzende **Asylum Restaurant** (📞928-639-3197; www. theasylum.biz; 200 Hill St; Mittagessen 10–16 US$, Abendessen 20–32 US$; ⏰11–21 Uhr) mit Blick aufs Tal und die roten Felsen ringsum ist die perfekte Kulisse für ein leckeres Essen und ein Glas Wein. Die beliebte **Spirit Room Bar** (📞928-634-8809; www.spiritroom.com; 166 Main

St; ☉ 10.30–1 Uhr) im Zentrum ist die betriebsamte der Stadt. Für Weinliebhaber gibt's drei Probierstuben in direkter Nähe.

Das **Flatiron Café** (☏ 928-634-2733; www.theflatironjerome.com; 416 Main St; Frühstück 3–11 US$, Mittagessen 8–10 US$; ☉ Mi–Mo 8–16 Uhr) an der Y-Kreuzung lockt mit herzhaftem Gourmetfrühstück und Mittagessen sowie köstlichen speziellen Kaffeekreationen.

Die **Chamber of Commerce** (☏ 928-634-2900; www.jeromechamber.com; Hull Ave, hinter der Kreuzung am Flatiron Café auf dem Hwy 89A gen Norden; ☉ 10–15 Uhr) residiert in einem kleinen Anhänger und liefert Informationen zu den hiesigen Attraktionen und zur Kunstszene.

Prescott

Ein historisches viktorianisches Zentrum und eine faszinierende Wild-West-Vergangenheit: In Prescott trifft der mittlere Westen auf das Land der Cowboys. Hier wohnt eine bunte Mischung aus Rentnern, Künstlern und Familien, die auf der Suche nach der schönen heilen Welt vergangener Tage sind. Über 500 Gebäude stehen auf der Liste des National Register of Historic Places, gelten also als schützenswert. Außerdem findet hier das älteste Rodeo der Welt statt. An der Plaza erstreckt sich die **Whiskey Row**, eine berüchtigte Saloon-Meile, wo immer noch jede Menge Alkohol fließt.

Gleich südlich des Zentrums bietet die **Motor Lodge** (☏ 928-717-0157; www.themotorlodge.com; 503 S Montezuma St; Zi. 99–119 US$, Suite 149 US$, Apt. 159 US$; ❊ ☎) mit ihren zwölf schicken Bungalows, die die zentrale Auffahrt säumen, ausgefallene Unterkünfte mit hohem Standard.

Gegen den morgendlichen Hunger hilft das einladende **Lone Spur Café** (☏ 928-445-8202; www.thelonespur.com; 106 W Gurley St; Frühstück & Mittagessen 8–17 US$, Abendessen 14–24 US$; ☉ tgl. 8–14, Fr 16.30–20 Uhr), in dem das Frühstück mit einem Keks und einem Teller *sausage gravy* (sämige Bratensauce) serviert wird. Die Portionen sind riesig, und auf jedem Tisch stehen drei Flaschen mit scharfer Sauce. Cajun- und Südwest-Spezialitäten bringen die nötige Würze ins einladende **Iron Springs Cafe** (☏ 928-443-8848; www.ironspringscafe.com; 1501 Iron Springs Rd; Brunch 10–13 US$, Mittagessen 10–15 US$, Abendessen 10–21 US$; ☉ Mi–Sa 8–20, So 9–14 Uhr). Dieses ist in einem alten Bahnhof, 3 Meilen (5 km) nordwestlich der Innenstadt, untergebracht.

Das **Palace** (☏ 928-541-1996; www.historicpalace.com; 120 S Montezuma St; Mittagessen 9–12 US$, Abendessen 16–27 US$; ☉ mittags & abends, Bar ab 11 Uhr) gehört zur Whiskey Row und ist ein stimmungsvoller Ort für einen Drink. Hinter der Schwingtür verbirgt sich ein großer Raum mit einer Brunswick-Bar, die 1900 vor einem Feuer gerettet werden konnte.

Die **Chamber of Commerce** (☏ 800-266-7534, 928-445-2000; www.visit-prescott.com; 117 W Goodwin St; ☉ Mo–Fr 9–17, Sa & So 10–14 Uhr) hält Besucherinfos bereit, z. B. eine praktische Broschüre mit einem Spaziergang durch das historische Prescott für 1 US$.

Die **Prescott Transit Authority** (☏ 928-445-5470; www.prescotttransit.com; 820 E Sheldon St) bietet Busverbindungen zum Phoenix Airport (einfache Strecke Erw./Kind 30/17 US$, 2 Std., 8-mal tgl.) sowie einen lokalen Taxiservice.

Grand Canyon National Park

Am Mather Point nahe des Südeingangs des Parks tummeln sich meist jede Menge mit Kameras bewaffnete Besucher. Trotz der Menschenmassen geht es angesichts der eindrucksvollen Kulisse aber recht gesittet zu. Zunächst ziehen den Beobachter die unglaublichen Ausmaße des Canyons in ihren Bann. Gleichermaßen eindrucksvoll sind die dramatischen Felsschichten, die einen genaueren Blick lohnen, sowie die kunstvollen Details in Form von zerklüfteten Plateaus, bröckeligen Steintürmen und weinroten Felsgraten, die das Spiel von Licht und Schatten angemessen in Szene setzt.

Auf dem Grund der gewaltigen Schlucht windet sich der Colorado River (genau genommen 446 km des Flusses). Er hat den Canyon in den letzten 6 Mio. Jahren geformt und Steine freigelegt, die bis zu 2 Mrd. Jahre alt sind – halb so alt wie die Erde!

North Rim und South Rim (die Nord- bzw. Südkante der Schlucht) bieten zwei recht unterschiedliche Erfahrungen. Sie sind mit dem Auto mehr als 200 Meilen (über 300 km) voneinander entfernt, und nur wenige Reisende besuchen beide Orte im Rahmen von ein und derselben Tour. Die meisten Besucher geben dem South Rim den Vorzug, weil er leicht zu erreichen ist und mit vielen Service-Einrichtungen und herrlichen Aussichten aufwartet. Der ruhigere North Rim wiederum liegt auf 2500 m (300 m höher als der South Rim). In seinem kühleren Klima wachsen Wildblumen auf den Wiesen und hohe, dichte Espen- und Fichtengehölzer.

Der Juni ist der trockenste Monat, im Juli und August regnet es am meisten. Im Januar liegt die durchschnittliche Nachttemperatur bei –11 bis –7 °C und die Tageshöchsttemperatur bei etwa 4 °C. Im Sommer herrschen im Canyon regelmäßig mehr als 38 °C. Der South Rim ist das ganze Jahr über zugänglich, aber die meisten Besucher werden zwischen Ende Mai und Anfang September gezählt. Der North Rim ist von Mitte Mai bis Mitte Oktober zugänglich.

ⓘ Praktische Informationen

Der Ort mit der besten Infrastruktur im **Grand Canyon National Park** (☏ 928-638-7888; www.nps.gov/grca; Eintritt Auto/Fahrrad & Fußgänger 25/12 US$) ist Grand Canyon Village, 6 Meilen (10 km) nördlich der South Rim Entrance Station. Der einzige Eingang zum North Rim liegt 30 Meilen (48 km) südlich von Jacob Lake am Hwy 67; der eigentliche North Rim liegt weitere 14 Meilen (23 km) in Richtung Süden. North Rim und South Rim trennen 215 Meilen (346 km) mit dem Wagen, zu Fuß quer durch den Canyon sind es 21 Meilen (34 km), per Luftlinie 10 Meilen (16 km).

Das Parkticket ist sieben Tage lang für North und South Rim gültig.

Wer eine Wanderung mit Übernachtung unternehmen und auf dem Parkgelände campen möchte, braucht eine Genehmigung. Das **Backcountry Information Center** (☏ Fax 928-638-2125 928-638-7875; ◷ 8–12 & 13–17 Uhr, Telefon Mo–Fr 13–17 Uhr) nimmt Anträge für Wandergenehmigungen (10 US$, zzgl. 5 US$/Pers. & Nacht) nur für den laufenden und darauf folgenden vier Monate an. Die Chancen stehen recht gut, wenn man sich früh darum kümmert (4 Monate im Voraus für Wanderungen im Frühling und Herbst) und Alternativrouten angibt. Reservierungen können persönlich, per Mail oder Fax vorgenommen werden. Weitere Infos gibt's unter www.nps.gov/grca/planyourvisit/backcountry-permit.htm.

Wer ohne Genehmigung im Park ankommt, muss sich zum Büro neben der Maswik Lodge begeben und auf die Warteliste setzen lassen.

Aus Gründen des Umweltschutzes werden im Park keine Wasserflaschen mehr verkauft. Stattdessen können Besucher ihre mitgebrachten Behältnisse an Wasserstationen entlang des Canyonrands und am Canyon View Marketplace auffüllen. Wasserflaschen machten früher 20 % des im Park produzierten Mülls aus.

VISITOR CENTERS

Neben den im Folgenden genannten Visitor Centers liefern im Park auch das **Yavapai** Museum of Geology (◷ März–Nov. 8–19 Uhr, Dez.–Feb. bis 18 Uhr), das **Verkamp's Visitor Center** (◷ März–Nov. 8–19 Uhr, Dez.–Feb. bis 18 Uhr), das **Kolb Studio** (☏ 928-638-2771; Grand Canyon Village; ◷ März–Nov. 8–19 Uhr, Dez.–Feb. bis 18 Uhr), das **Tusayan Ruin & Museum** (☏ 928-638-2305; ◷ 9–17 Uhr) und das **Desert View Information Center** (☏ 928-638-7893; ◷ 9–17 Uhr) Informationen.

Rund 300 m hinter dem Mather Point stößt man auf eine große Plaza mit dem **Grand Canyon Visitor Center** (www.nps.gov/grca; South Rim; ◷ März–Nov. 8–17 Uhr, Dez.–Feb. ab 9 Uhr) sowie dem Books & More Store. Dort informieren Schwarze Bretter über Wanderwege, Touren, Ranger-Programme und das Wetter. Das helle und geräumige Visitor Center verfügt außerdem noch über einen Informationsschalter, an dem Ranger Auskünfte geben, über ein Kino und einen Hörsaal, in dem täglich Vorträge stattfinden.

Das **National Geographic Visitor Center** (☏ 928-638-2468; www.explorethecanyon.com; 450 Hwy 64, Tusayan; Erw./Kind 14/11 US$; ◷ März–Okt. 8–22 Uhr, Nov.–Feb. 10–20 Uhr) befindet sich in Tusayan, 7 Meilen (11 km) südlich des Grand Canyon Village. Wer hier das Eintrittsgeld von 25 US$ pro Wagen zahlt, erspart sich die (vor allem im Sommer) eventuell lange Wartezeit am Parkeingang. Im IMAX-Kino wird der großartige 34-minütige Film *Grand Canyon – The Hidden Secrets* gezeigt.

Das North Rim Visitor Center (S. 393) neben der Grand Canyon Lodge hat Karten, Bücher, Wanderführer und Infos zu den aktuellen Bedingungen auf Lager.

South Rim

Keine Lust auf Menschenmassen? Dann sollte man im Herbst oder Winter herkommen (am besten an einem Wochentag). Etwas Luft kann man sich auch verschaffen, indem man sich ein Stück von den Aussichtspunkten am Rim Trail entfernt oder sich in die eigentliche Schlucht aufmacht.

◉ Sehenswertes & Aktivitäten
Autofahren & Wandern

Eine malerische Route führt westlich von Grand Canyon Village, auf der Hermit Rd, am Rand der Schlucht entlang. Von März bis November darf die 11 km lange Straße nicht mit Privatwagen befahren werden; stattdessen nimmt man einfach den kostenlosen Shuttle-Bus. Die Strecke kann auch gut mit dem Fahrrad befahren werden, da nur relativ wenig Verkehr herrscht. Unterwegs hat man traumhafte Aussichten. Schilder liefern Infos zum Canyon.

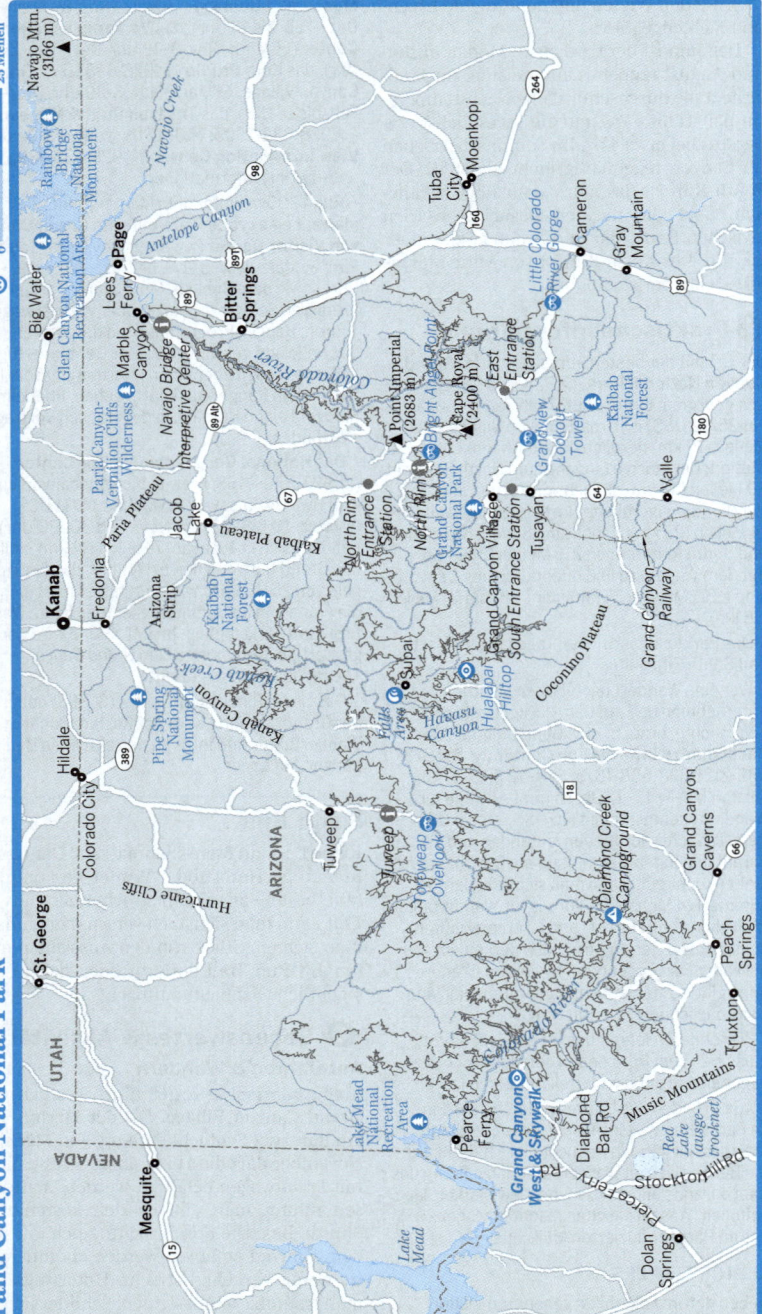

50 km
25 Meilen

Navajo Mtn.
(3166 m)

Rainbow Bridge National Monument

Navajo Creek

Moenkopi

Tuba City

Big Water

Glen Canyon National Recreation Area

Page

Antelope Canyon

Cameron

Gray Mountain

Little Colorado River Gorge

Lees Ferry

Bitter Springs

Paria Canyon-Vermilion Cliffs Wilderness

Navajo Bridge Interpretive Center

Marble Canyon

Colorado River

Point Imperial (2683 m)

Bright Angel Point

Cape Royal (2400 m)

East Entrance Station

Kaibab National Forest

Paria Plateau

Jacob Lake

North Rim Entrance Station

North Rim

Grandview Lookout Tower

Kanab

Fredonia

Arizona Strip

Kaibab Plateau

Kaibab National Forest

Grand Canyon National Park

Grand Canyon Village

Tusayan

South Entrance Station

Valle

Hildale

Colorado City

Pipe Spring National Monument

Kanab Creek

Supai

Kanab Canyon

Havasu Canyon

Hualapai Hilltop

Coconino Plateau

Grand Canyon Railway

St. George

UTAH

Hurricane Cliffs

ARIZONA

Tuweep

Tuweep

Toroweap Overlook

Grand Canyon Caverns

Diamond Creek Campground

Mesquite

NEVADA

Colorado River

Lake Mead National Recreation Area

Pearce Ferry

Grand Canyon West & Skywalk

Diamond Bar Rd

Music Mountains

Peach Springs

Truxton

Pierce Ferry Rd

Red Lake (ausge-trocknet)

Stockton Hill Rd

Dolan Springs

Lake Mead

Wanderungen entlang des South Rim stehen bei den Parkbesuchern besonders hoch im Kurs. Es ist etwas für jeden Fitnessgrad dabei. Der beliebteste (und einfachste) Wanderweg ist der **Rim Trail**. Er taucht in die struppigen Kiefernbestände des Kaibab National Forest ein und verbindet auf einer Strecke von 21 km einige Aussichtspunkte und historische Stätten miteinander. Manche Abschnitte sind asphaltiert, und sämtliche Aussichtspunkte können mit einer der drei Shuttle-Buslinien erreicht werden. Die neue Ausstellung **Trail of Time** grenzt gleich westlich vom Yavapai Geology Museum an den Rim Trail. Jeder Meter des Trails repräsentiert 1 Mio. Jahre Erdgeschichte. Die Ausstellung liefert Hintergrundinformationen dazu.

Der **Desert View Drive** beginnt östlich vom Grand Canyon Village und folgt der Schluchtkante 26 Meilen (42 km) lang bis zum Desert View (dem Osteingang des Parks). Parkbuchten gewähren fantastische Aussichten, und Schilder widmen sich verschiedenen Aspekten des Canyons und seiner Geologie.

Der beliebteste Corridor Trail ist der wunderschöne **Bright Angel Trail**. Entlang des malerischen, aber steilen 8 Meilen (13 km) langen Abstiegs zum Colorado River gibt es vier günstige Umkehrpunkte. Im Sommer kann die Hitze mörderisch sein; wer eine Tageswanderung unternimmt, könnte an einem der beiden Rasthäuser umdrehen (hin & zurück 5 bzw. 10 km) oder sich bei Sonnenaufgang auf den Weg machen, um die längeren Wanderungen zum Indian Garden oder Plateau Point (hin & zurück 15 bzw. 20 km) zu bewältigen. Man sollte nicht versuchen, innerhalb eines Tages zum Fluss zu laufen. 2013 wurde der Bright Angel Trailhead westlich der Bright Angel Lodge mit einer schattigen Plaza, neuen Toiletten und einem Markierungsstein am Startpunkt versehen.

Zu den schönsten Wegen im Park gehört der **South Kaibab Trail**, eine Kombination aus eindrucksvoller Landschaft und unverstellten Rundumblicken. Im Sommer raten die Ranger von dem steilen, rauen und ungeschützten Aufstieg ab, dann sind nur kurze Strecken sinnvoll. Zu anderen Zeiten muss man sich auf zermürbende 10 km (hin & zurück) einstellen. Umkehren sollte man am Aussichtspunkt **Cedar Ridge** (ca. 5 km hin & zurück). Dies ist die wahrscheinlich schönste Kurzstreckenwanderung im Park.

Einzelpersonen oder Reisegruppen, die tolle Canyon-Momente mit sozialem Engagement kombinieren möchten, sind bei **Grand Canyon Volunteers** (☎ 928-774-7488; www.gcvolunteers.org) richtig. Im Rahmen mehrtägiger Regionalprogramme können Freiwillige z. B. Lebensräume und Tiere kontrollieren oder sich um die Pflanzenwelt kümmern.

Radfahren

Bright Angel Bicycles FAHRRADVERLEIH
(☎ 928-638-3055; www.bikegrandcanyon.com; 10 S Entrance Rd, Grand Canyon Visitor Center; ganzer Tag Erw./Kind 40/30 US$; ⏰ Mai–Okt. 8–18 Uhr, Nov, März–April & Okt. 10–16 Uhr) Verleiht „Komforträder": Das freundliche Personal stellt die Räder individuell auf die Nutzer ein. Ein Helm ist im Preis enthalten, zudem werden auch Rollstühle (10 US$/Tag) vermietet.

☞ Geführte Touren

Xanterra
(☎ 303-297-2757, 888-297-2757; www.grandcanyonlodges.com) Xanterra veranstaltet Touren im Park und hat Infoschalter in den Lodges Bright Angel (S. 390), Maswik (S. 390) und Yavapai (S. 390). Zum Angebot gehören verschiedene Bustouren (tgl.; Tickets ab 22 US$).

Wegen der Erosionsgefahr werden halbtägige Maultiertouren vom South Rim in den Canyon hinein nicht mehr angeboten. Dafür veranstaltet der NPS eine begrenzte Zahl von Muli-Ritten innerhalb des Canyons für jene, die bis zur Phantom Ranch hinein wollen. Angeboten werden nun dreistündige Ausritte (123 US$) an der Schluchtkante entlang, durch Wacholder, Gold- und Pinyon-Kieferwälder zum Aussichtspunkt Abyss. Muli-Touren mit einer Übernachtung (1/2 Pers. 507/895 US$, ganzjährig) bzw. zwei Übernachtungen (1/2 Pers. 714/1192 US$, Nov.–März) folgen dem Bright Angel Trail zum Fluss, dann geht's Richtung Osten auf dem River Trail und über die Kaibab Suspension Bridge zum anderen Ufer. Teilnehmer übernachten auf der Phantom Ranch.

Wer im Park ankommt und gleich am folgenden Tag mit dem Muli losreiten möchte, sollte sich in der Bright Angel Lodge nach freien Plätzen erkundigen.

🛏 Schlafen

Die sechs Lodges am South Rim werden von **Xanterra** (☎ 888–297–2757, 303-297-2757; www.grandcanyonlodges.com) betrieben. Unter der angegebenen Nummer kann man für jede der im Folgenden genannten Unterkünfte vorab reservieren (dringend zu empfehlen!); bei der Phantom Ranch ruft man aber am besten direkt an. Für Reservierungen für den gleichen Tag oder wenn man einen Gast erreichen möchte beim **South Rim Switchboard** (☎928-638-2631) anrufen! Sind keine Unterkünfte im Park mehr frei, sollte man es in Tusayan (am Südeingang), Valle (31 Meilen bzw. 49,5 km südlich), Cameron (53 Meilen bzw. 85 km östlich) oder Williams (ca. 60 Meilen bzw. 100 km südlich) probieren.

Phantom Ranch HÜTTEN $

(☎Reservierungen 888-297-2727; B 46 US$, Hütte 148 US$; ☼ganzjährig; ❄) Es ist nicht die Four Seasons, doch der an ein Sommerferienlager erinnernde Komplex hat zweifellos Charme. Die Ranch steht neben dem Phantom Creek auf dem Grund der Schlucht und verfügt über einfache Hütten für vier bis zehn Personen sowie separate Schlafsäle. Interessierte rufen am 1. des Monats für Reservierungen 13 Monate im Voraus an. Im gemeinschaftlichen Essraum werden familiäre Mahlzeiten (Frühstück ab 21 US$, Abendessen 29–44 US$) serviert. Wer nicht reserviert hat, lässt sich beim Transportschalter der Bright Angel Lodge auf die Warteliste setzen und muss am nächsten Morgen um 6.30 Uhr erneut auf der Matte stehen und auf eine Buchungsstornierung hoffen.

Desert View Campground CAMPING $

(Stellplatz 12 US$; ☼Mai–Mitte Okt.) Der Campingplatz erstreckt sich nahe der East Entrance Station, 26 Meilen (42 km) östlich des Grand Canyon Village, und ist ruhiger als der Mather Campground. Reservierungen sind nicht möglich. Eine kleine Cafeteria mit Snackshop serviert warme Gerichte.

Mather Campground CAMPING $

(☎877-444-6777; www.recreation.gov; Grand Canyon Village; Stellplatz 18 US$; ☼ganzjährig) Verstreut liegende Stellplätze mit recht idyllischer Atmosphäre inmitten von Pinyon-Kiefern und Wacholder. In der Nähe gibt's Münzduschen und Waschmaschinen, Trinkwasser, Toiletten, Grills und einen kleinen Gemischtwarenladen. In den Wintermonaten ist keine Reservierung möglich.

Trailer Village CAMPING $

(☎888-297-2757, Reservierungen für denselben Tag 928-297-2631; www.xanterra.com; Grand Canyon Village; Stellplatz 35 US$; ☼ganzjährig) Eine Alternative, wenn anderswo kein Platz ist.

Reservierungen sind sowohl weit im Voraus als auch am Tag der Übernachtung möglich. Wird von Xanterra betrieben.

Bright Angel Lodge LODGE $$

(www.grandcanyonlodges.com; Grand Canyon Village; Zi. ohne/mit Bad 83/94 US$, Suite 185–362 US$, Hütte 120–340 US$; ☼ganzjährig; ❄ @ ☎) Die Lodge aus Holz und Stein bietet historischen Charme und renovierte Zimmer. Die günstigsten haben Gemeinschaftsbäder. TVs sucht man in den sehr schlichten Unterkünften im Stil eines Studentenwohnheims vergeblich, dafür entschädigt jedoch der Ausblick von den „Rim-Hütten".

Maswik Lodge LODGE $$

(Grand Canyon Village; Zi. South/North 92/176 US$, Hütte 94 US$; ☼ganzjährig; ❄ @ ☎) Ein Stück abseits der Schluchtkante stehen die 16 modernen zweistöckigen Gebäude der Maswik Lodge. Die Zimmer im Maswik North bieten Privatterrassen, Klimaanlagen, Kabel-TVs und Blicke auf den Wald, die im Maswik South sind kleiner und haben weniger Extras sowie eine weniger schöne Aussicht. Hütten sind nur im Sommer verfügbar.

Kachina & Thunderbird Lodges LODGE $$

(Grand Canyon Village; Zi. zur Straße/mit Canyonblick 180/191 US$; ☼ganzjährig; ❄) Anständige Zimmer im Motel-Stil in zentraler Lage und teilweise mit Blick in den Canyon.

Yavapai Lodge LODGE $$

(Grand Canyon Village; Zi. West/East 125/166 US$; ☼April–Okt.; ❄ ☎) Einfache Bleibe umgeben von Pinyon-Kiefern und Wacholder. Im Yavapai West gibt's keine Klimaanlage.

★ El Tovar Hotel LODGE $$$

(Grand Canyon Village; Zi. 183–281 US$, Suite 348–440 US$; ❄ ☎) Die Lodge aus dunklem Holz öffnete bereits 1905 und inspiriert auch dann zum Verweilen, wenn man hier nicht übernachtet. Hübsche Veranden säumen das weitläufige Gebäude und in der Lobby laden viele gemütliche Sitze zum Bewundern der eindrucksvollen Sammlung ausgestopfter Tiere ein. Die Aufenthaltsbereiche spiegeln die edle Eleganz wider, die für die Blütezeit des Parks typisch war. Die Standardzimmer sind klein, aber erstklassig eingerichtet, und die Suiten sind fantastisch.

✗ Essen & Ausgehen

Maswik Cafeteria CAFETERIA $

(Maswik Lodge; Hauptgerichte 7–15 US$; ☼6–22 Uhr) Cafeteria-Essen.

Yavapai Cafeteria
CAFETERIA $

(Yavapai Lodge; Frühstück 6–10 US$, Mittag- & Abendessen 5–11 US$; ☺6.30–20 Uhr) Essen, Service und Sitzgelegenheiten im Cafeteria-Stil.

Canyon Village Marketplace
MARKT $

(Market Plaza; ☺8–19 Uhr) Lebensmittel und Delikatessen (8–18 Uhr).

★ El Tovar Dining Room
INTERNATIONAL $$$

(El Tovar; ☎928-638-2631, Durchwahl 6432; Frühstück 9–13 US$, Mittagessen 10,25–16 US$, Abendessen 17,25–33; ☺6.30–10.45, 11.15–14 & 16.30–22 Uhr) Nur einen Steinwurf vom Abgrund entfernt. Dieses Restaurant hat eine der tollsten Aussichten im Staat, vielleicht sogar im ganzen Land. Die Fahrt hierher lohnt sich: Der stattliche Speisesaal aus Stein und dunklem Eichenholz ist Balsam für die Seele, und das Essen ist klasse, vor allem die Steaks. Wer nicht direkt am Fenster sitzt, sollte sich anschließend zur Veranda der El Tovar Lounge begeben, um dort den Blick auf den Grand Canyon genießen zu können.

Arizona Room
AMERIKANISCH $$$

(Bright Angel Lodge; Mittagessen 8–12 US$, Abendessen 8–28 US$; ☺März-Okt. 11.30–15 & März-Dez. 16.30–22 Uhr) 🍖 Geweih-Kronleuchter baumeln von der Decke, und durch die Panoramafenster blickt man auf den Canyon. Als Hauptgericht wählt man Steak, Huhn oder Fisch. Reservierungen sind nicht möglich; oft muss man auf einen freien Tisch warten.

Bright Angel Bar
BAR

(Bright Angel Lodge; Hauptgerichte 4–9 US$; ☺11.30–22 Uhr) Hier locken nach einer Wanderung Bier, Burger und entspannt-gesellige Stimmung, auch wenn es keine Fenster gibt und die Einrichtung recht dunkel ist. An manchen Abenden wird Musik gespielt. Die Bar befindet sich neben dem wenig ansprechenden Bright Angel Restaurant.

ℹ Anreise & Unterwegs vor Ort

Die meisten Leute erkunden den Canyon mit einem eigenen (Miet-)Wagen oder als Mitglied einer Reisegruppe. Einen Parkplatz in Grand Canyon Village zu finden, ist nicht immer einfach. Das Park-n-Ride-Programm ermöglicht Besuchern im Sommer, ihren Wagen nach dem Bezahlen des Parkscheins im **National Geographic Visitor Center** auf einem Parkplatz abzustellen und dann mit dem kostenlosen **Shuttle-Bus** (☺Mitte Mai-Anfang Sept. 8–21.30 Uhr) zu fahren, der der Tusayan Route zum Grand Canyon Visitor Center auf dem Parkgelände folgt. Parkpässe sind für diese Variante ebenfalls gültig. Die Fahrt dauert 20 Minuten, und der erste Bus fährt um 8 Uhr in Tusayan los. Der letzte Bus verlässt den Park um 21.30 Uhr.

Auf dem Parkgelände bedienen kostenlose **Shuttles** drei Routen (rund um Grand Canyon Village, Richtung Westen auf der Hermits Rest Route und Richtung Osten auf der Kaibab Trail Route). Die Busse fahren mindestens zweimal stündlich (ab einer Stunde vor Sonnenuntergang bis eine Stunde danach).

Während der Sommermonate fährt an der Bright Angel Lodge das kostenlose Shuttle **Hiker's Express** (☺Juni-Aug. 4, 5 & 6 Uhr, Mai & Sept. 5, 6 & 7 Uhr) ab. Es hält am Backcountry Information Center und am Grand Canyon Visitor Center und fährt dann zum Startpunkt des South Kaibab Trail.

RAFTING AUF DEM COLORADO RIVER

Eine Bootsfahrt auf dem Colorado ist ein geradezu episches Abenteuer. An einer Stelle stürzen die Lava Falls auf einer Strecke von nur 275 m ganze 11 m hinab. Eigentliches Highlight ist jedoch der Blick auf den Grand Canyon von unten und nicht – wie sonst üblich – von oben. Ruinen, Wracks und Felsmalereien zeugen von Entdeckungsreisen in der Vergangenheit. Die organisierten Touren dauern drei Tage bis drei Wochen, wobei verschiedene Boote zum Einsatz kommen. Die Nächte werden in Zelten an Sandstränden verbracht (Ausrüstung wird gestellt). Für die gesamte Länge des Flusses durch den Canyon von 277 Meilen (446 km) braucht man zwei bis drei Wochen. Kürzere Abschnitte von ca. 100 Meilen (160 km) sind in vier bis neun Tagen zu bewältigen. Das Angebot ist begrenzt, und die Touren sind beliebt, daher sollte man so früh wie möglich buchen, es sei denn, man entdeckt mit ein wenig Glück ein Last-Minute-Schnäppchen auf der Facebook-Seite eines Anbieters.

Arizona Raft Adventures (☎800-786-7238, 928-526-8200; www.azraft.com; 6-tägige Hybrid-/Paddeltour oberer Canyon 2025/2125 US$, 10-tägige motorisierte Tour gesamter Canyon 2965 US$)

Arizona River Runners (☎800-477-7238, 602-867-4866; www.raftarizona.com; 6-tägige Ruderboottour oberer Canyon 1925 US$, 8-tägige motorisierte Tour gesamter Canyon 2650 US$)

North Rim

Der North Rim bietet wohltuende Einsamkeit. Von den 4,4 Mio. Besuchern, die jährlich den Park besuchen, machen nur 400 000 die Tour zum North Rim. Die Wiesen liegen unter einem dicken Wildblumenteppich, und man wird dichte Espen- und Fichtenbestände entdecken, die Luft ist häufig frisch und der Himmel weit und klar.

Die touristischen Einrichtungen sind von Mitte Oktober bis Mitte Mai geschlossen, man kann aber auf dem Campingplatz übernachten, bis der erste Schnee die Straße von Jacob Lake unbefahrbar macht.

Am besten ruft man beim **North Rim Switchboard** (☎ 928-638-2612) an, wenn man mit Einrichtungen am North Rim verbunden werden möchte.

◉ Sehenswertes & Aktivitäten

Der kurze, einfache Weg (800 m) zum **Bright Angel Point** ist ein Muss. Er beginnt an der Rückseite der Grand Canyon Lodge und führt zu einem schmalen Felsausläufer, der einen genialen Ausblick gewährt.

Der **North Kaibab Trail** ist der einzige Wanderweg vom North Rim zum Fluss, der regelmäßig überprüft wird. Über ihn können Wege zum South Rim erreicht werden. Die ersten 8 km sind am steilsten. Es geht über 900 m hinunter bis **Roaring Springs**. Dies ist eine beliebte Tageswanderung. Wer eine kürzere Strecke bevorzugt, kann ca. 1 km bis zum **Coconino Overlook** oder 3 km bis zum **Supai Tunnel** laufen. So erhält man ein Gespür für das steile, anstrengende Terrain in der Schlucht. Der 45 km lange Rundweg zum Colorado River dauert mehrere Tage. Eine kürzere Wanderung (von den Rangern empfohlen), besonders geeignet für Familien, ist der 6 km lange **Cape Final** Wanderweg, der durch Gelb-Kiefer-Wälder zu beeindruckenden Aussichtspunkten am östlichen Grand Canyon führt.

Canyon Trail Rides (☎ 435-679-8665; www.canyonrides.com; Grand Canyon Lodge; ◷ Mitte Mai–Mitte Okt.) bietet einstündige (40 US$) und halbtägige (75 US$, Mindestalter 10 Jahre) Muli-Ausritte. Einer der halbtägigen Ausritte verläuft entlang der Schluchtkante, der andere führt auf dem North Kaibab Trail in den Canyon hinein.

⌂ Schlafen

Die Übernachtungsmöglichkeiten sind auf eine Lodge und einen Campingplatz be-schränkt. Wenn dort kein Platz ist, muss man sein Glück 80 Meilen (128 km) nördlich in Kanab (Utah) oder 84 Meilen (135 km) nordöstlich in Lees Ferry versuchen. Weitere Campingplätze findet man auch im Kaibab National Forest, nördlich des Parks.

North Rim Campground   CAMPING $
(☎ 928-638-7814, 877-444-6777; www.recreation. gov; Stellplatz f. Zelt 6–18 US$, Wohnmobil 18–25 US$; ◷ Mitte Mai–Okt.; ☒) Dieser Campingplatz, 1,5 Meilen (2,4 km) nördlich der Grand Canyon Lodge, hat nette Stellplätze auf ebenem Boden, der mit Kiefernnadeln bedeckt ist. Es gibt Wasser, einen Laden, eine Snackbar und münzbetriebene Duschen und Waschmaschinen, aber keine Stromanschlüsse. Wanderer und Skilangläufer können den Platz mit gültiger Zeltgenehmigung auch im Winter nutzen. Reservierung möglich.

Grand Canyon Lodge   LODGE $$
(☎ 877-386-4383 bei Vorabreservierungen, 480-337-1320 bei Reservierungen außerhalb der USA, 928-638-2611 bei Reservierungen an demselben Tag; www.grandcanyonlodgenorth.com; Zi. 124 US$, Hütte f. 2 Pers. 124–192 US$, zusätzlicher Gast über 15 Jahre 10 US$; ◷ Mitte Mai–Mitte Okt.; ☎) Die Lodge aus Holz, Stein und Glas wartet mit einer luftigen Lage am Rand des Canyons auf. Zur Wahl stehen in erster Linie rustikale, aber moderne Hütten. Die teuersten bieten zwei Zimmer, eine Veranda und herrliche Aussicht. Der Canyon-Blick im Sun Room ist atemberaubend, die Lobby geradezu königlich. Weit im Voraus reservieren!

✕ Essen & Ausgehen

Wer unterwegs picknicken möchte, kann sich in der Lodge Proviantpakete (12 US$) schnüren lassen, die ab 5.30 Uhr abgeholt werden können und am Vortag bestellt werden müssen. Das **Deli in the Pines** (Hauptgerichte 4–8 US$; ◷ Mitte Mai–Mitte Okt. 7–21 Uhr), ebenfalls in der Lodge, serviert Sandwiches, Pizzas und Frühstücks-Burritos.

★ Grand Canyon Lodge Dining Room   AMERIKANISCH $$
(☎ 928-638-2611, 928-645-6865 bei Reservierungen für die nächste Saison, die zw. 1. Jan. und 15. April vorgenommen werden müssen; www.grandcanyon lodgenorth.com; Frühstück 7–12 US$, Mittag- & Abendessen 12–30 US$; ◷ Mitte Mai–Mitte Okt. 6.30–10, 11.30–14.30 & 16.45–21.45 Uhr) Die Fenster sind so groß, dass von jedem Tisch einen tollen Ausblick hat. Auf der Speisekarte findet man u.a. Regenbogenforelle, Bi-

sonsteak, verschiedene vegetarische Gerichte und Bier von Mikrobrauereien in Arizona. Abends ist eine Reservierung erforderlich. Nebenan befindet sich der atmosphärische **Rough Rider Saloon** (Snacks 2–5 US$; ☉ Frühstück 5.30–10.30, Getränke & Snacks 11.30–22.30 Uhr) mit jeder Menge Andenken an den abenteuerlustigsten Präsidenten Amerikas, Theodore Roosevelt. Morgens gibt's hier Kaffee, Gebäck sowie Frühstücks-Burritos und später am Tag Drinks.

Grand Canyon Cookout Experience
AMERIKANISCH **$$**
(Erw./Kind/Kinder unter 6 Jahren 30/15 US$/frei; ☉ Juni–Sept. 18.15 Uhr; 🚐) Abenteuer in einem *chuck wagon* (Verpflegungswagen) unter freiem Himmel mit Gegrilltem und Maisbrot. Hier zählt vor allem das Event – Kids werden begeistert sein! In der Grand Canyon Lodge nachfragen.

❶ Praktische Informationen

North Rim Visitor Center (☎ 928-638-7864; www.nps.gov/grca; North Rim; ☉ Mitte Mai–Mitte Okt. 8–18 Uhr, 16.–31. Okt. 9–16 Uhr) Das Zentrum neben der Grand Canyon Lodge bietet Infos zum Park. Außerdem ist es *der* Treffpunkt für Naturführungen unter der Leitung von Rangern sowie für Abendprogramme.

❶ Anreise & Unterwegs vor Ort

Das **Transcanyon Shuttle** (☎ 877-638-2820, 928-638-2820; www.trans-canyonshuttle.com; einfache Strecke/hin & zurück 85/160 US$; ☉ 15. Mai–31. Okt.) nimmt täglich von der Grand Canyon Lodge aus Kurs auf den South Rim (5 Std.) – prima für Wanderer, die von einer Seite des Canyon zur anderen laufen wollen. Mindestens ein oder zwei Wochen im Voraus reservieren! Ebenfalls an der Grand Canyon Lodge fährt um 5.45 und 7.10 Uhr ein kostenloses **Shuttle für Wanderer** zum North Kaibab Trail ab. Man muss sich in der Lodge für die Fahrt anmelden (24 Std. vor der Fahrt); steht niemand auf der Liste, wird das Shuttle am Folgetag nicht fahren.

Rund um den Grand Canyon

Havasu Canyon

Der Canyon versteckt sich in einem Tal mit eindrucksvollen, von Quellen gespeisten Wasserfällen und azurblauen Badestellen und gehört zu den schönsten Flecken in der Region. Er ist nicht leicht zu erreichen, doch

die Wanderung hin und zurück macht das Erlebnis unvergesslich und auch ein bisschen abenteuerlich.

Der Havasu Canyon liegt in der Havasupai Indian Reservation, etwa 195 Meilen (314 km) westlich des South Rim. Die vier Wasserfälle befinden sich an einer 10 Meilen (16 km) langen Strecke unterhalb der Schluchtkante. Zugang hat man über einen mittelschweren Wanderweg; Interessierte müssen eine Übernachtung im nahe gelegenen Dorf Supai einplanen.

In **Supai** gibt es zwei Unterkünfte; um die Buchung muss man sich kümmern, bevor man aufbricht. Wer über Nacht bleibt, muss eine Eintrittsgebühr in Höhe von 35 US$ entrichten. Die sehr einfachen Stellplätze des **Havasupai Campground** (☎ 928-448-2180, 928-448-2141, 928-448-2121; www.havasupai.nsn.gov.tourism.html; Havasupai Tourist Enterprise, PO Box 160, Supai, AZ 86435; 17 US$/Nacht & Pers.), 2 Meilen (3 km) nördlich von Supai, säumen einen Bach. Zusätzlich muss jeder Camper eine Umweltgebühr von 5 US$ zahlen. Die **Havasupai Lodge** (☎ 928-448-2111; www.havasupai-nsn.gov/tourism.html; PO Box 159, Supai, AZ 86435; Zi. 145 US$; ❄) verfügt über Motelzimmer mit Blick auf die Schlucht, aber ohne Telefon und TV. Check-in ist bis 17 Uhr möglich, dann schließt die Lobby. Das Dorfcafé serviert warme Küche und akzeptiert Kreditkarten.

Durch den Havasu Canyon geht's zu den Wasserfällen und blaugrünen Badelöchern. Wer nicht nach Supai laufen möchte, sollte in der Lodge oder auf dem Campingplatz anrufen, um sich ein Muli oder Pferd zu organisieren (hin & zurück zur Lodge/zum Campingplatz 135/197 US$). Losgeritten wird am Hualapai Hilltop (dort beginnt der Wanderweg). Die Straße nach Hualapai Hilltop befindet sich 7 Meilen (11 km) östlich von Peach Springs; sie zweigt von der Route 66 ab. Die Abzweigung ist ausgeschildert; nach dem Abbiegen folgt man der Straße 62 Meilen (100 km).

Grand Canyon West

Grand Canyon West gehört nicht zum Grand Canyon National Park; der Nationalpark liegt ca. 215 Automeilen (346 km) weiter östlich. Die entlegene Stätte wird von den Hualapai geführt. Sie liegt 70 Meilen (113 km) nordöstlich von Kingman, und die letzten 9 Meilen (14 km) sind nicht gepflastert – Achtung: Wohnmobile schaffen diese Strecke nicht!

Grand Canyon Skywalk PARK

(☎ 928-769-2636; www.grandcanyonwest.com; 88 US$/Pers.; ⏱ April–Sept. 7–19, Okt.–März 8–17 Uhr) Ein schmales, durchsichtiges Glashufeisen schwebt mehr als 1200 m über dem Abgrund des Grand Canyon. Wer es sehen will, muss eine Tour buchen. Ein Shuttle fährt den Rundweg ab und hält an schönen Aussichtspunkten (man kann nach Belieben zu- oder aussteigen). Manche Touren umfassen ein Mittagessen, eine Planwagenfahrt oder Vorführungen von Ureinwohnern.

Nordost-Arizona

Zwischen den imposanten Tafelbergen des Monument Valley, dem blauen Wasser des Lake Powell und den versteinerten Bäumen im Petrified Forest National Park erstrecken sich wunderschöne Landschaften mit einer uralten Geschichte. Dieses Gebiet wird schon seit Jahrhunderten von Indianern bewohnt und besteht größtenteils aus dem Reservat Navajo Nation; es erstreckt sich bis

HOPI NATION

Die Hopi sind Nachfahren der frühen Pueblo-Indianer und einer der urtümlichsten Indianerstämme in den USA. Ihr Dorf **Old Oraibi** ist möglicherweise die älteste kontinuierlich bewohnte Siedlung in Nordamerika.

Das Land der Hopi ist vom Navajo-Nation-Reservat eingeschlossen. Der Hwy 264 führt an den drei Mesas (Tafelbergen) First, Second und Third Mesa vorbei, die das Kernstück des Hopi-Reservats bilden. Auf der Second Mesa, rund 10 Meilen (16 km) westlich der First Mesa, steht das **Hopi Cultural Center Restaurant & Inn** (☎ 928-734-2401; www.hopiculturalcenter.com; Hwy 264; Zi. 95–110 US$, Frühstück 5–15 US$, Mittagessen 8–20 US$, Abendessen 13–20 US$; ⏱ morgens, mittags, abends), die touristenfreundlichste Einrichtung im Hopi-Reservat. Hier gibt es etwas zu essen, Unterkünfte und ein kleines **Hopi-Museum** (☎ 928-734-6650; Erw./Kind 3/1 US$; ⏱ Mo–Fr 8–17, Sa 9–15 Uhr) mit vielen historischen Fotos und kulturellen Ausstellungen.

Hier darf man nicht fotografieren. Ebenso dürfen keine Skizzen oder Video-/Audioaufnahmen gemacht werden.

in die angrenzenden Staaten. Hier befindet sich zudem ein Hopi-Reservat, das komplett vom Land der Navajo umschlossen ist.

Lake Powell

Das zweitgrößte künstliche Wasserreservoir des Landes gehört zur **Glen Canyon National Recreation Area** (☎ 928-608-6200; www.nps.gov/glca; 7-Tages-Pass 15 US$/Auto) und erstreckt sich zwischen Utah und Arizona. Der Lake Powell, umgeben von auffälligen roten Steinformationen, einer scharfkantigen Canyon-Landschaft und einer dramatischen Wüstenszenerie, ist ein Mekka für Wassersportler.

Südlich des Sees mit Blick auf einen wunderschönen Abschnitt des Colorado River liegt **Lee's Ferry** (www.nps.gov/glca; Stellplatz f. Zelt & Wohnmobil 12 US$). Eine Reservierung der malerisch gelegenen Stellplätze ist nicht möglich.

Im Zentrum der Region liegt die Stadt **Page**. Der Hwy 89 (s. Kasten S. 395) bildet die Hauptstraße. Das **Carl Hayden Visitor Center** (☎ 928-608-6404; www.nps.gov/glca; Hwy 89; ⏱ Juni–Aug. 8–18 Uhr, übriges Jahr kürzer) findet man am Glen Canyon Dam, 2,5 Meilen (4 km) nördlich von Page. Bei den **Führungen** (☎ 928-608-6072; www.glencanyonnha.org; Erw./Kind 5/2,50 US$), organisiert von der Glen Canyon Natural History Association, sieht man sich die Staumauer von innen an.

Wer den traumhaft schönen **Antelope Canyon** (www.navajonationparks.org/htm/antelopecanyon.htm) fotografieren möchte, einen schmalen Sandstein-Canyon mit zwei Hauptabschnitten, muss sich einer Tour anschließen. Im **Upper Antelope Canyon** kann man sich einfacher fortbewegen, er ist aber auch entsprechend touristischer. Mehrere Agenturen veranstalten Touren durch den oberen Antelope Canyon, u.a. **Roger Ekis's Antelope Canyon Tours** (☎ 928-645-9102; www.antelopecanyon.com; 22 S Lake Powell Blvd; Erw./Kind 5–12 Jahre ab 35/25 US$); Teilnehmer erwarten eine recht holprige Fahrt und viele andere Touristen. Sehr viel weniger Besucher gibt's am **Lower Antelope Canyon**.

Die 1,5 Meilen (2,5 km) lange Rundwanderung zum **Horseshoe Bend**, wo sich der Colorado hufeisenförmig um einen dramatischen Felsen windet, ist zu Recht beliebt. Der Ausgangspunkt des Weges befindet sich südlich von Page beim Hwy 89 gegenüber der Meilenmarkierung 541.

Hotelketten säumen den Hwy 89 in Page. In der 8th Ave stehen ein paar unabhängige

Pensionen. Das renovierte **Lake Powell Motel** (928-645-3919; www.powellmotel.com; 750 S Navajo Dr; Zi. 69–159 US$; April–Okt.;), das ehemalige Bashful Bob's, diente ursprünglich als Herberge für die Arbeiter, die den Glen Canyon Dam errichteten. Vier der Unterkünfte haben Küchen und sind schnell ausgebucht. Ein fünftes kleineres Zimmer wird meist für spontane Gäste freigehalten.

Lust auf Frühstück? Das **Ranch House Grille** (www.ranchhousegrille.com; 819 N Navajo Dr; Hauptgerichte 7–16 US$; 6–15 Uhr) in Page punktet mit gutem Essen, riesigen Portionen und schnellem Service. Das **Bonkers** (www.bonkerspagaz.com; 810 N Navajo Dr; Hauptgerichte 9–22 US$; Mo–Sa ab 16 Uhr) serviert inmitten eindrucksvoller Wandmalereien, die lokale Landschaften zeigen, sättigende Steaks, Meeresfrüchte, Pasta sowie ein paar Burger und Sandwiches.

Navajo Nation

Die Wunden heilen, aber es bleiben Narben im Navajo Land in Arizona zurück, die an die erzwungene Umsiedlung von Tausenden Indianern in Reservate erinnern.

Mitten in der Abgeschiedenheit liegen einige der spektakulärsten Landschaften Nordamerikas, u.a. das Monument Valley und der Canyon de Chelly. Der Stolz auf die Kultur ist bei den Menschen immer noch sehr ausgeprägt, viele sprechen sogar Navajo als Muttersprache. Die Navajo sind auf den Tourismus angewiesen, um zu überleben; man kann ihnen bei der Bewahrung ihres kulturellen Erbes helfen, indem man sich dafür entscheidet, innerhalb von Reservaten zu übernachten oder ihre berühmte Handwerkskunst zu kaufen. Ein Halt an einem der Verkaufsstände an der Straße ist eine gute Möglichkeit, direkt bei den einheimischen Kunsthandwerkern etwas zu erwerben und so sicherzugehen, dass das bezahlte Geld auch tatsächlich bei ihnen landet.

Anders als das restliche Arizona hat die Navajo Nation die Sommerzeit. Im Sommer ist das Reservat dem Staat Arizona also eine Stunde voraus.

Unter www.navajo-nationparks.org findet man Infos zum Wandern, Campen und die erforderlichen Genehmigungen.

CAMERON

Cameron ist das Tor zum Osteingang des Grand Canyon South Rim, Besucher kommen aber auch wegen der historischen Siedlung **Cameron Trading Post** (www.

ⓘ HIGHWAY 89

Achtung: Der 24 Meilen (39 km) lange Abschnitt des Hwy 89 zwischen Page und Bitter Springs unmittelbar südlich von Lees Ferry ist nach einem Erdrutsch seit Februar 2013 gesperrt. Seit August 2013 werden Autofahrer auf die Navajo Route 20 umgeleitet, die asphaltiert und in 89T umbenannt wurde. Bis der 89A wieder befahrbar ist, handelt es sich dabei um die direkteste Route.

---

camerontradingpost.com) gleich nördlich der Abzweigung zum Grand Canyon am Hwy 64 her. Hier gibt es Essen, Schlafgelegenheiten, einen Souvenirshop und eine Postfiliale. Es ist einer der wenigen sehenswerten Orte am Hwy 89 zwischen Flagstaff und Page.

CANYON DE CHELLY NATIONAL MONUMENT

Dieser vielfingerige Canyon (*du-schei* ausgesprochen) umfasst ein paar schöne Stätten der frühen Pueblo-Indianer, die von Bedeutung für die Geschichte der Navajo sind, u.a. sehr alte Felsbehausungen. Nach wie vor bestellen Familien das Land. Sie überwintern am Rand der Schlucht und verbringen den Frühling und Sommer in Hogans auf dem Grund des Canyons. Der Canyon gehört den Navajo; der NPS verwaltet das Land. Hogans dürfen nur mit einem Touristenführer betreten werden, und bevor man Fotos von Menschen macht, immer erst um Erlaubnis bitten.

Die **Sacred Canyon Lodge** (800-679-2473; www.sacredcanyonlodge.com; Zi. 122–129 US$; Suite 178 US$; Cafeteria Hauptgerichte 5–17 US$; morgens, mittags & abends;), die ehemalige Thunderbird Lodge, ist die einzige Unterkunft im Park. Sie bietet gemütliche Zimmer und eine günstige Cafeteria, die Navajo- und amerikanische Küche serviert. Der von Navajo-Angehörigen betriebene Campingplatz in der Nähe verfügt über rund 90 Stellplätze (10 US$) mit Wasser, jedoch ohne Duschen; Reservierungen sind nicht möglich.

Das **Visitor Center** (928-674-5500; www.nps.gov/cach; 8–17 Uhr) des Canyon de Chelly befindet sich 3 Meilen (5 km) von der Rte 191 entfernt im kleinen Dorf Chinle. Zwei malerische Straßen verlaufen entlang den Rändern des Canyons. Wer eine Tour in die Schlucht unternehmen möchte, findet beim Visitor Center oder auf der Website des Parks eine Liste mit verschiedenen Anbietern.

FOUR CORNERS NAVAJO TRIBAL PARK

Nur nicht schüchtern sein und die Arme ausbreiten für ein Foto an der **Four-Corners-Markierung** (☎ 928-871-6647; www.navajo-nationparks.org; Eintritt 3 US$; ⏱ Mai–Sept. 8–19, Okt.–April. 8–17 Uhr), jenem „Wahrzeichen" im Nirgendwo! Seit der Renovierung 2010 sieht der zentrale Platz richtig schick aus. Dies ist der einzige Ort in den USA, an dem man gleichzeitig in vier Staaten stehen kann (Arizona, New Mexico, Colorado und Utah) – ein nettes Fotomotiv, wenn auch nicht 100%ig korrekt, denn Landvermesser der Regierung sind der Auffassung, dass sich die Markierung ca. 600 m zu weit östlich befindet (dennoch ist dies hier der gesetzlich anerkannte Grenzpunkt).

MONUMENT VALLEY NAVAJO TRIBAL PARK

Glühend rote Tafelberge und unfassbar schlanke Felssäulen, die den Himmel kitzeln wollen, sind die Markenzeichen des Monument Valley abseits des Hwy 163. Es hat schon in zahllosen Hollywood-Streifen als Kulisse gedient und steht bei vielen Reisenden auf der To-do-Liste.

Wer sich die Steinformationen genauer ansehen will, muss den **Monument Valley Navajo Tribal Park** (☎ 435-727-5874; www.navajonationparks.org/htm/monumentvalley.htm; Erw./Kind 5 US$/frei; ⏱ Zufahrt Mai–Sept. 6–20.30 Uhr, Okt.–April 8–16.30 Uhr, Visitor Center Mai–Sept. 6–20 Uhr, Okt.–April 8–17 Uhr) besuchen. Dort verläuft ein unbefestigter Scenic Drive (17 Meilen/27 km) mit traumhaften Aussichtspunkten. Man kann ihn mit dem eigenen Wagen abfahren oder sich einer Tour anschließen (75 US$, 1½; 95 US$, 2½ Std.). Die Tourgruppen gelangen auch in Bereiche, die den übrigen Besuchern verborgen bleiben. Einfach bei einem der Stände am Parkplatz nachfragen!

Auf dem Parkgelände befindet sich das **View Hotel at Monument Valley** (☎ 435-727-5555; www.monumentvalleyview.com; Hwy 163; Zi. 209–265 US$, Suite 299–329 US$; ✳ @ 🛜). Das sandsteinfarbene Gebäude fügt sich harmonisch in die umliegende Landschaft ein und beherbergt 96 Zimmer, die größtenteils private Balkone mit Blick auf die Tafelberge haben. Die Navajo-Spezialitäten im angrenzenden Restaurant (Hauptgerichte 10–30 US$, kein Alkohol) sind mittelmäßig, dafür ist das Panorama aus roten Felsen

großartig. In der Lobby ist WLAN verfügbar, und zur Hotelanlage gehören ein Souvenirladen und ein kleines Museum. Zum Zeitpunkt der Recherche war der Campingplatz wegen Umbaus geschlossen.

Die historische **Goulding's Lodge** (☎ 435-727-3231; www.gouldings.com; Zi. 205–242 US$, Stellplatz f. Zelt 26 US$, Wohnmobil 5 US$, Hütte 92 US$; ✳ 🍴 🛜 🐾) kurz hinter der Staatsgrenze in Utah bietet Zimmer, Stellplätze für Zelte und kleine Hütten. Im Sommer sollte man früh buchen. In Kayenta, 20 Meilen (32 km) südlich, gibt's ein paar recht akzeptable Hotels. Wenn es im Monument Valley keine freien Zimmer mehr gibt, ist das **Wetherill Inn** (☎ 928-697-3231; www.wetherill-inn.com; 1000 Main St/Hwy 63; Zi. inkl. Frühstück 136 US$; ✳ @ 🛜) eine Alternative.

Winslow

Standing on a corner in Winslow, Arizona, such a fine sight to see … Diese Textzeile hat man doch schon mal irgendwo …? Dem Eagles-Song *Take it Easy* aus den 1970er-Jahren verdankt das unspektakuläre Winslow sein Plätzchen im Pop-Kultur-Himmel. Der kleine **Park** (www.standinonthecorner.com; 2nd St) an der Route 66 (Ecke Kinsley Ave) ist eine Hommage an die berühmte Band.

Gerade mal 50 Meilen (80 km) östlich des Petrified Forest National Park bietet sich Winslow als Basis für Ausflüge in die Umgebung an. Die Route 66 ist von alten Motels gesäumt und in Downtown findet man zahlreiche Restaurants. Die einladende **La Posada** (☎ 928-289-4366; www.laposada.org; 303 E 2nd St; Zi. 119–169 US$; ✳ 🍴 🛜), eine restaurierte Hacienda (erb. 1929), wurde von der damaligen Stararchitektin Mary Jane Colter geschaffen. Fein gearbeitete Fliesen, Kronleuchter aus Glas und Zinn, Navajo-Teppiche und andere Dekoelemente unterstreichen die palastartige Western-Eleganz. Das hochgelobte hauseigene Restaurant **Turquoise Room** (www.theturquoiseroom.net; La Posada; Frühstück 8–12 US$, Mittagessen 9–13 US$, Abendessen 19–40 US$; ⏱ 7–21 Uhr) bietet die beste Küche *(new Southwestern)* zwischen Flagstaff und Albuquerque.

Petrified Forest National Park

Die farbenprächtige Painted Desert ist hier übersät mit versteinerten Holzstücken, die noch aus einer Zeit vor jener der Dinosaurier stammen. Dieser **Nationalpark** (☎ 928-524-6228; www.nps.gov/pefo; Auto/zu Fuß, Fahrrad

& Motorrad 10/5 US$/; Juni & Juli 7–20 Uhr, Aug.–
Mai kürzere Öffnungszeiten) ist ein absolut au-
ßergewöhnlicher Ort. Das unentbehrliche
Visitor Center liegt nur 800 m nördlich der
I-40 und hält Kartenmaterial sowie Informationen zu geführten Touren und Fachbü-
cher bereit.

Der Park grenzt an die I-40 (Exit 311),
25 Meilen (40 km) östlich von Holbrook.
Von dieser Ausfahrt aus gibt eine 28 Meilen
(45 km) lange, geteerte Parkstraße mit einen
fantastischen **Scenic Drive** ab. Es existieren keine Campingplätze, sondern nur kurze, höchstens 2 oder 3 km lange Pfade, die
aber durch Ansammlungen wunderschöner
versteinerter Holzfragmente und vorbei an
ehemaligen Felsbehausungen der hiesigen
Ureinwohner führen. Wer in dem wilden
Hinterland campen will, muss sich dafür
am Visitor Center eine kostenlose Genehmigung besorgen.

West-Arizona

In Lake Havasu City tummeln sich Sonnenanbeter an den Ufern des Colorado River. Die Route 66 bietet bei Kingman gut
erhaltene, klassische Highway-Abschnitte.
Südlich der I-10 erstreckt sich wildes, leeres
Land, eines der kärgsten Gebiete im Westen. Wenn man sowieso in der Gegend ist,
gibt es ein paar sehenswerte Anlaufpunkte,
wirkliche Attraktionen fehlen jedoch – es sei
denn, man ist ein erklärter Route-66- oder
Bootsliebhaber.

Kingman & Umgebung

In die Jahre gekommene Motels und Tankstellen en masse säumen die Hauptstraße
von Kingman, es sind aber auch ein paar
Gebäude aus der Zeit um 1800 erhalten. Ein
kurzer Bummel lohnt sich für diejenigen,
die der Route 66 folgen (hier auch als Andy
Devine Ave bekannt) oder nach einer günstigen Unterkunft suchen.

Karten und Broschüren gibt's im historischen **Powerhouse Visitor Center** (☎ 866-
427-7866, 928-753-6106; www.gokingman.com; 120
W Andy Devine Ave; ◷ 8–17 Uhr) mit dem kleinen, aber faszinierenden **Route 66 Museum** (☎ 928-753-9889; www.kingmantourism.org;
120 W Andy Devine Ave; Erw./Kind/Senior 4 US$/
frei/3; ◷ 9–17 Uhr).

Ein schickes Neonschild lockt Autofahrer
ins **Hilltop Motel** (☎ 928-753-2198; www.hilltop
motelaz.com; 1901 E Andy Devine Ave; Zi. 44 US$;

✻ @ 🛜 📧 🞂) an der Route 66. Die Zimmer
sind etwas enttäuschend, aber gepflegt, und
die Aussicht ist großartig. Für Hunde (keine anderen Haustiere erlaubt) wird eine
Gebühr von 5 US$ fällig. Echte Rednecks
kommen im **Redneck's Southern Pit BBQ**
(www.redneckssouthernpitbbq.com; 420 E Beale St;
Hauptgerichte 5–22 US$; ◷ Di–Sa 11–20 Uhr; 🞂)
auf ihre Kosten; neben leckerem Schweinefleisch gibt's „Sammiches" (Sandwiches)
und „Big Ole Tater" (Kartoffelgerichte).

Lake Havasu City

Ende der 1960er-Jahre versteigerte die Stadt
London ihre Brücke von 1831. Der Unternehmer Robert McCulloch schlug zu, ließ
sie auseinandernehmen und nach Lake
Havasu City transportieren, wo sie wieder
zusammengesetzt wurde und nun an einem
abgedämmten Abschnitt des Colorado River
steht. In den Frühjahrsferien und an den
Wochenenden wimmelt es hier von jungen
Leuten, die sich ins Wasser stürzen und
auf Party aus sind. Rings um die Brücke erstreckt sich ein „englisches Dorf" mit pseu-
dobritischen Pubs und Souvenirläden. Dort
findet man auch das **Visitor Center** (☎ 928-
855-5655; www.golakehavasu.com; 422 English Village; ◷ 9–17 Uhr; 🞂) mit Touristeninfos und
Internetzugang.

Das hippste Hotel der Stadt ist das **Heat**
(☎ 928-854-2833; www.heathotel.com; 1420 N Mc-
Culloch Blvd; Zi. 209–299 US$, Suite 249–439 US$;
✻ 🞂). In dem schicken Boutique-Komplex
fungiert die Rezeption gleichzeitig als Bar.
Die modernen Zimmer haben meistens eigene Terrassen mit Blick auf die London
Bridge. Wen es nach einem herzhaften Frühstück unter freiem Himmel gelüstet, der ist
im beliebten **Red Onion** (☎ 928-505-0302;
www.redonionhavasu.com; 2013 N McCulloch Blvd;
Hauptgerichte 7–12 US$; ◷ 7–14 Uhr) richtig, das
jede Menge Omeletts und kalorienreiche
Kost serviert. Bei **Barley Brothers** (☎ 928-
505-7837; www.barleybrothers.com; 1425 N McCulloch Blvd; Hauptgerichte 9–24 US$; ◷ So–Do
11–21, Fr & Sa bis 22 Uhr) erwarten Gäste Bier
von Kleinbrauereien, gute Kneipenküche
und tolle Ausblicke auf den See.

Tucson

Die zweitgrößte Stadt Arizonas liegt in der
Sonora-Wüste, deren Markenzeichen unendliche sandige Hügel und Ansammlungen
von Kakteen sind. Im Vergleich zum schil-

lernden, ausgedehnten Phoenix wirkt Tucson gemütlich und etwas marode, aber auf eine coole Art. An der University of Arizona (kurz U of A) sind 40 000 Studenten eingeschrieben. Tucson (das „c" wird nicht gesprochen) war bereits alternativ, als es noch nicht „in" war, alternativ zu sein. Trockener Boden hin oder her, hier schlagen vielseitige Geschäfte und jede Menge ausgefallene Restaurants und Bars Wurzeln. Apropos Wurzeln: Mehr als 35 % der Einwohner von Tucson sind mexikanischer oder mittelamerikanischer Abstammung, und die Bevölkerung ist stolz auf die geografische und kulturelle Nähe zu Mexiko (die Grenze verläuft nur 65 Highway-Meilen (105 km) weiter südlich).

◉ Sehenswertes & Aktivitäten

Downtown Tucson und das historische Viertel liegen östlich des I-10-Exit 258. Etwa 1 Meile (1,6 km) nordöstlich von Downtown erstreckt sich der U-of-A-Campus; die Hauptstraße dort ist die 4th Ave. Sie bietet jede Menge Cafés, Bars und interessante Geschäfte. Im Visitor Center (S. 401) bekommt man die Presidio-Trail-Wanderkarte mit den historischen Highlights von Downtown Tucson.

Saguaro National Park PARK
(🗷 Tucson Mountain District 520-733-5158, Zentrale 520-733-5100; www.nps.gov/sagu; 2700 N Kinney Rd, Western District; 7-Tages-Pass pro Auto/Fahrrad 10/5 US$; ⊘ Auto Sonnenaufgang–Sonnenuntergang, Fußgänger & Radfahrer 24 Std.) Ein 30 Meilen (48 km) langes Stück Freeway und verschiedene Farmen teilen dieses Meer aus grünen Kakteen und Wüstengestrüpp in zwei Hälften. Beide Abschnitte erstrecken sich am Rande von Tucson, gehören aber offiziell zum Stadtgebiet.

Sehenswert sind beide, aber wer ein komplettes Tagesprogramm absolvieren will, sollte **Saguaro West** (Tucson Mountain District) besuchen; dort werden verschiedene Aktivitäten angeboten. Für Karten und Führungen mit Rangern ist das **Red Hills Visitor Center** (🗷 520-733-5158; 2700 N Kinney Rd; ⊘ 9–17 Uhr) die richtige Anlaufstelle. Dort beginnt zudem der **Cactus Garden Trail**, ein kurzer, auch für Rollstuhlfahrer geeigneter Pfad mit Erklärungen zu vielen Kakteen im Park. Ein nicht asphaltierter, 6 Meilen (10 km) langer Rundweg, der **Bajada Loop Drive**, beginnt 1,5 Meilen (2,4 km) westlich vom Visitor Center. Er führt vorbei an Kakteen-Wäldern, einigen Picknickplätzen und Startpunkten verschiedener Wanderwege.

Saguaro East liegt 15 Meilen (24 km) östlich von Downtown Tucson. Das **Visitor Center** (🗷 520-733-5153; 3693 S Old Spanish Trail; ⊘ 9–17 Uhr) informiert über Tageswanderungen, Ausritte und Zelten im Hinterland. Wer im Hinterland *(backcountry)* campen möchte, braucht eine spezielle Genehmigung (6 US$/Stellplatz & Tag). Sie muss bis 12 Uhr mittags desselben Tages beantragt werden. Dieser Parkabschnitt trumpft mit einem insgesamt 210 km langen Netz aus Wanderwegen und 9 km für Mountainbikes auf. Der 8 Meilen (13 km) lange **Cactus Forest Scenic Loop Drive**, eine geteerte Straße für Autos und Fahrräder, schlängelt sich vorbei an Picknickplätzen, Aussichtspunkten und den Startpunkten von Wanderwegen.

★ Arizona-Sonora Desert Museum MUSEUM
(🗷 520-883-2702; www.desertmuseum.org; 2021 N Kinney Rd; Erw./Kind Sept.–Mai 14,50/5 US$, Juni–Aug. 12/4 US$; ⊘ Okt.–Feb. 8.30–17 Uhr, März–Mai 7.30–17 Uhr, Juni–Aug. So–Fr 7.30–17, Sa 7.30–22 Uhr, Sept. 7.30–17 Uhr) Eine Hommage an die Sonora-Wüste, die einen Zoo, einen botanischen Garten und ein Museum umfasst. Diese Mischung wird Alt und Jung problemlos einen halben Tag lang fesseln. Alle Arten von Wüstenbewohnern, von Nasenbären bis hin zu verspielten Präriehunden, tummeln sich in „natürlichen" Käfigen hinter unsichtbaren Zäunen. Das Gelände ist mit Wüstenpflanzen überwuchert. Fachleute stehen Rede und Antwort. Man kann Kinderwagen und Rollstühle ausleihen. Weitere Einrichtungen: ein Souvenirshop, eine Galerie, ein Restaurant und ein Café. Die Öffnungszeiten sind saisonal unterschiedlich.

Old Tucson Studios FILMKULISSE
(🗷 520-883-0100; www.oldtucson.com; 201 S Kinney Rd; Erw./Kind 17/11 US$; ⊘ unterschiedlich; ♦) Die Old Tucson Studios, ein paar Meilen südöstlich vom Arizona-Sonora Desert Museum, dienten früher als Western-Kulisse. Mittlerweile wurde das Gelände in einen Western-Mottopark mit Schießeisen und Postkutschenfahrten umgewandelt. Die Öffnungszeiten erfährt man telefonisch oder auf der Website.

Pima Air & Space Museum MUSEUM
(🗷 520-574-0462; www.pimaair.org; 6000 E Valencia Rd; Erw./Kind/Senior & Militärmitarbeiter 16/9/13 US$; ⊘ 9–17, letzter Einlass 16 Uhr; ♦) Die SR-71-Blackbird-Aufklärer und JFKs Air Force One sind die Highlights dieses priva-

DER SÜDWESTEN ARIZONA

ten Flugzeugmuseums mit über 300 Maschinen. Echte Fans sollten vorab die 90-minütige Bustour zum nahen 309. **Aerospace Maintenance & Regeneration Center** (AMARG; Erw./Kind 7/4 US$; ☺ Mo–Fr, Abfahrtszeiten saisonal unterschiedlich) buchen. Das Gelände ist auch als „Friedhof" bekannt, da hier fast 4000 Flugzeuge eingemottet wurden. Reservierungen nimmt das Pima Air & Space Museum vor.

✴ Feste & Events

Fiesta de los Vaqueros   RODEO
(Rodeo Week; ☎ 520-741-2233; www.tucsonrodeo. com; ☺ letzte Woche im Feb.) Der riesige nicht-motorisierte Umzug mit Wild-West-Wagen ist ein regional bekanntes Spektakel.

🛏 Schlafen

Die Preise schwanken stark, wobei man im Sommer und Herbst am billigsten davonkommt. Wer unterm Sternenhimmel zwischen Kakteen nächtigen möchte, steuert den **Gilbert Ray Campground** (☎ 520-877-6000; www.pima.gov/nrpr/camping; Kinney Rd; Stellplatz f. Zelt/Wohnmobil 10/20 US$) nahe dem westlichen Abschnitt des Saguaro National Park an.

Roadrunner Hostel & Inn   HOSTEL **$**
(☎ 520-940-7280; www.roadrunnerhostelinn.com; 346 E 12th St; B/Zi. inkl. Frühstück 22/45 US$; ✳ @ 🛜) Das gemütliche Hostel liegt in Gehweite zum Künstlerviertel und bietet eine große Küche, kostenlosen Kaffee und Waffeln am Morgen sowie einen großen TV zum Filmegucken. Die Mehrbettzimmer werden zwischen 12 und 15 Uhr gereinigt und dürfen in dieser Zeit nicht betreten werden. Bezahlung in bar oder mit Reiseschecks.

Quality Inn Flamingo Hotel   MOTEL **$**
(☎ 520-770-1910; www.flamingohoteltucson.com; 1300 N Stone Ave; Zi. inkl. Frühstück 65–80 US$; ✳ @ 🛜 🏊 🐾) Das Motel ist zwar nicht mehr so schick wie früher, hat sich jedoch seinen 1950er-Jahre Glamour bewahrt. Zudem hat hier sogar Elvis übernachtet! Die Zimmer haben stilvolle gestreifte Bettwäsche, gemütliche Betten und Flachbild-TVs. Für Haustiere werden pro Tag 20 US$ fällig.

★ Catalina Park Inn   B&B **$$**
(☎ 520-792-4541; www.catalinaparkinn.com; 309 E 1st St; Zi. 140–170 US$; ☺ Juli & Aug. geschl.; ✳ @ 🛜) Stil, Gastfreundlichkeit und Komfort verschmelzen in diesem einladenden B & B westlich der Universität zu einem

MINI TIME MACHINE MUSEUM OF MINIATURES

„Leg' dich nicht mit Drachen an, denn du bist knusprig und schmeckst lecker mit Gewürzen" steht auf dem Schild neben den Pocket Dragons, die zu den magischen Kreaturen in der Galerie „Enchanted Realm" (Verzaubertes Reich) des unterhaltsamen **Museums** (www. theminitimemachine.org; 4455 E Camp Lowell Rd; Erw./Kind 9/6 US$; ☺ Di–Sa 9–16, So 12–16 Uhr; ♿) gehören. Besucher können durch ein Weihnachtsdorf mit Schneekugel-Flair spazieren, eindrucksvolle Minihäuser aus dem 17. und 16. Jh. bewundern und nach den winzigen Bewohnern eines verzauberten Baums suchen. Ein tolles Museum für Familien und jung gebliebene Erwachsene!

Um vom Zentrum hierher zu gelangen, folgt man dem E Broadway Blvd ostwärts 3,5 Meilen (5,5 km), biegt links in den N Alvernon Way und fährt 3 Meilen (5 km) lang bis zur E Fort Lowell Rd, die zum Camp Lowell führt. Nun biegt man rechts ab und folgt der Straße rund 1 Meile (1,6 km).

charmanten Ganzen. Die Besitzer, Mark Hall und Paul Richard, haben die Villa im mediterranen Stil (erb. 1927) liebevoll restauriert. Das Resultat kann man in den sechs Zimmern bewundern, z. B. im riesigen, überladenen Catalina Room, der in Pfauenblau und Gold gehalten ist, oder im weißen, ordentlichen East Room mit eisernem Himmelbett.

Hotel Congress   HISTORISCHES HOTEL **$$**
(☎ 520-622-8848; www.hotelcongress.com; 311 E Congress St; Zi. 89–129 US$; 🅿 ✳ @ 🛜 🐾) Ein wenig Coolness, ein wenig Historie und jede Menge Spaß: Im Congress ist immer etwas los, dafür sorgen vor allem die beliebte Bar, das Restaurant und der Nachtclub. Hier wurden 1934 der berüchtigte Bankräuber John Dillinger und seine Bande gefasst; die Wand mit Fotos und Artikeln neben der Lobby zeugt von dem Ereignis. Viele Zimmer sind mit alten Möbeln, Telefonen mit Wählscheiben und hölzernen Radios ausgestattet, Fernseher gibt es allerdings nicht. Wer geräuschempfindlich ist, sollte nach einem Zimmer am hinteren Ende des Hotels fragen. Für Haustiere wird pro Nacht eine Gebühr von 10 US$ fällig.

Windmill Inn at St. Philips Plaza HOTEL $$

(☑520-577-0007; www.windmillinns.com; 4250 N Campbell Ave; Zi. inkl. Frühstück 120–134 US$; ❄@🛜🏊🐾) Das moderne, freundliche Hotel punktet mit geräumigen Zwei-Zimmer-Suiten (Kinder unter 18 Jahren zahlen nichts), Leihbücherei, beheiztem Pool und kostenlosen Fahrrädern. Das kontinentale Frühstück ist im Preis enthalten, und Haustiere kosten nichts extra.

Arizona Inn RESORT $$$

(☑800-933-1093, 520-325-1541; www.arizonainn. com; 2200 E Elm St; Zi. 329–399 US$, Suite 459–579 US$; ❄@🛜🏊) Der grüne Garten und die altmodische Eleganz bilden ein wunderbares Gegengewicht zum urbanen Alltag und zum Tempo des 21. Jhs. Die Veranda lädt zu einem Kaffee ein, die Bücherei zum High Tea und der kleine Pool zum Entspannen. Wer möchte, kann eine Partie Krocket spielen und sich dann auf sein mit Antiquitäten ausgestattetes Zimmer zurückziehen. Das hauseigene Spa ist für uns das beste der Stadt.

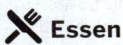 Essen

Die beste Anlaufstelle für leckeres Essen ist die 4th Ave. Im Folgenden sind ein paar herausragende Adressen in Tucson aufgelistet.

Mi Nidito MEXIKANISCH $

(☑520-622-5081; www.minidito.net; 1813 S 4th Ave; Hauptgerichte 6–13 US$; ⊘Mi–So mittags & abends) Im „Mein kleines Nest" lohnt sich die Wartezeit. Bill Clintons Bestellung wurde zum Aushängeschild des betriebsamen Lokals: Der „Präsidententeller" besteht aus einem Berg Tacos, Tostadas, Burritos, Enchiladas usw., begraben unter geschmolze-

---

DER HOT DOG MIT DEM GEWISSEN ETWAS

Tucsons „Spezialität" ist der Sonoran Hot Dog, ein tolles Beispiel dafür, was passiert, wenn amerikanisches Formfleisch und mexikanische Zutaten erfolgreich gepaart werden. Die Zutaten? Ein in Speck gewickelter Hot Dog mit Tomatillo-Salsa, Pintobohnen, geriebenem Käse, Mayo, Ketchup oder Senf oder allem, gehackten Tomaten und Zwiebeln. Uns haben z.B. die Hot Dogs im El Guero Canelo (www.elguerocane lo.com; 5201 S 12th Ave; Sonoran-Hot-Dog 3 US$) sehr gut geschmeckt.

---

nem Käse. Ebenfalls zu empfehlen sind das scharfe Kaktusfeigen-Chili oder die *birria* (würziger Hackfleischeintopf).

★ Cafe Poca Cosa SÜDAMERIKANISCH $$

(☑520-622-6400; www.cafepocacosatucson.com; 110 E Pennington St; Mittagessen 12–15 US$, Abendessen 18–26 US$; ⊘Di–Do 11–21, Fr & Sa bis 22 Uhr) In dem preisgekrönten neumexikanischen Bistro wird die Speisekarte mit Kreide auf eine Tafel geschrieben, da sich das Angebot zweimal täglich ändert. Alle Gerichte werden frisch zubereitet, sind innovativ und schön angerichtet. Mit dem Plato Poca Cosa kann man nichts falsch machen – dann entscheidet Köchin Suzana D'avila, was auf den Teller kommt. Auch die Margaritas sind lecker.

Cup Cafe AMERIKANISCH, INTERNATIONAL $$

(☑520-798-1618; www.hotelcongress.com/food; 311 E Congress St; Frühstück 7–12 US$, Mittagessen 10–12 US$, Abendessen 13–23 US$; ⊘So–Do 7–22, Fr & Sa bis 23 Uhr; ✐) Kerzenleuchter aus Weinflaschen, mit Münzen gefliester Boden und 1970er-Jahre Musik – hier lässt es sich aushalten! Morgens gibt's z.B. ein kreolisches Gericht mit Andouille-Wurst, Eiern und Kartoffeln oder Spiegeleier mit Gruyere in der gusseisernen Pfanne, mittags und abends einen bunten Mix internationaler Speisen sowie eine anständige Auswahl vegetarischer Hauptgerichte. Der Kaffee ist exzellent.

Lovin' Spoonfuls VEGAN $$

(☑520-325-7766; 2990 N Campbell Ave; Frühstück 7–9 US$, Mittagessen 6–8 US$, Abendessen 8–12 US$; ⊘Mo–Sa 9.30–21, So 10–15 Uhr; ✐) Burger, Brathähnchen, BLT-Sandwich, Salate – die Speisekarte wirkt wie in einem typischen Café, es gibt jedoch einen großen Unterschied: Tierische Produkte kommen hier nicht auf den Tisch.

Hub Restaurant & Creamery AMERIKANISCH $$

(☑520-207-8201; www.hubdowntown.com; 266 E Congress Ave; Mittagessen 9–16 US$, Abendessen 10–21 US$ ⊘So–Mi 11–24, Do–Sa bis 2 Uhr) Nobles Wohlfühlessen ist das Zauberwort – das und ein paar Sandwiches und Salate. Wer keine komplette Mahlzeit essen will, kann auf eine Kugel Gourmet-Eiscreme vorbeikommen (wie wär's mit Bacon Scotch?).

El Charro Café MEXIKANISCH $$

(☑520-622-1922; www.elcharrocafe.com; 311 N Court Ave; Mittagessen 6–10 US$, Abendessen

7–18 US$; ☺mittags & abends) Seit 1922 bereitet die Familie Flin in dieser gut besuchten Hacienda innovative mexikanische Küche zu. Sie ist berühmt für *carne seca*, sonnengetrocknetes, mageres Rind, das zerkleinert und mit grünen Chilis und Zwiebeln gegrillt wird.

Ausgehen & Unterhaltung

Die 4th Ave in Downtown, nahe der 6th St, ist eine gute Anlaufstelle für eine Kneipentour. In der Congress St (ebenfalls Downtown) sind ein paar Nachtclubs angesiedelt.

Che's Lounge
BAR
(☎520-623-2088; 350 N 4th Ave; ☺12–2 Uhr) Leicht verlotterte, aber sehr beliebte kleine Bar, in der jeden Samstagabend Livemusik gespielt wird. Eintritt wird nicht verlangt.

Thunder Canyon Brewery
KLEINBRAUEREI
(www.thundercanyonbrewery.com; 220 E Broadway Blvd; ☺So–Mi 11–23, Do–Sa bis 2 Uhr) Die verwinkelte neue Kleinbrauerei in Gehweite zum Hotel Congress kredenzt eigene Brauerzeugnisse sowie Biere der Konkurrenz. Zur Auswahl stehen 40 Sorten vom Fass.

Chocolate Iguana
CAFÉ
(www.chocolateiguanaon4th.com; 500 N 4th Ave; ☺Mo–Do 7–20, Fr 7–22, Sa 8–22, So 9–18 Uhr) Die Adresse für Kaffeeliebhaber und Schokoladensüchtige.

Club Congress
LIVEMUSIK
(☎520-622-8848; www.hotelcongress.com; 311 E Congress St; Eintritt frei–24 US$) Livemusik und DJs bietet dieses extrem beliebte Lokal, das sich manchmal als Rocker-Schuppen und manchmal als Tanzclub präsentiert. Das Publikum ist entsprechend immer anders, aber normalerweise herrscht gute Stimmung.

ℹ Praktische Informationen
INTERNETZUGANG
Joel D Valdez Main Library (☎520-594-5500; 101 N Stone Ave; ☺Mo–Mi 9–20, Do 9–18, Fr 9–17, Sa 10–17, So 13–17 Uhr; 📶) Kostenloses Internet, auch WLAN.

MEDIEN
Arizona Daily Star (http://azstarnet.com) Tucsons regionale Tageszeitung.

Tucson Weekly (www.tucsonweekly.com) Kostenlose Wochenzeitung mit Veranstaltungskalender und Infos zu Restaurants.

NOTFALL & MEDIZINISCHE VERSORGUNG
Polizei (☎520-791-4444; http://cms3. tucsonaz.gov; 270 S Stone Ave)

Tucson Medical Center (☎520-327-5461; www.tmcaz.com/TucsonMedicalCenter; 5301 E Grant Rd) Die Notaufnahme ist rund um die Uhr besetzt.

POST
Post (☎520-629-9268; 825 E University Blvd, Suite 111; ☺Mo–Fr 8–17, Sa 9–12.30 Uhr)

TOURISTENINFORMATION
Tucson Convention & Visitors Bureau (☎800-638-8350, 520-624-1817; www.visittucson.org; 100 S Church Ave; ☺Mo–Fr 9–17, Sa & So bis 16 Uhr) Nach dem kostenlosen *Official Destination Guide* fragen.

ℹ Anreise & Unterwegs vor Ort

Der **Tucson International Airport** (☎520-573-8100; www.flytucson.com; 7250 S Tucson Blvd) liegt 15 Meilen (24 km) südlich des Zentrums. **Arizona Stagecoach** (☎520-889-1000; www.azstagecoach.com) betreibt Sammeltransporter zwischen Downtown und Flughafen (ca. 25 US$). **Greyhound** (☎520-792-3475; www.greyhound.com; 471 W Congress St) bietet u. a. Verbindungen nach Phoenix (21–23 US$, 2 Std., tgl.). Das Greyhound-Terminal befindet sich am westlichen Ende der Congress St, 3 Meilen (5 km) von Downtown entfernt. **Amtrak** (☎800-872-7245, 520-623-4442; www.amtrak.com; 400 E Toole Ave), gegenüber vom Hotel Congress, hat eine Zugverbindung nach Los Angeles (ab 56 US$, 10 Std., 3-mal wöchentl.), den *Sunset Limited*.

Das **Ronstadt Transit Center** (215 E Congress St, Ecke Congress St & 6th Ave) ist der größte Verkehrsknotenpunkt im Zentrum. Von dort aus machen sich die Busse von **Sun Tran** (☎520-792-9222; www.suntran.com) auf den Weg quer durch Tucson (Tagesticket 3.50 US$).

Rund um Tucson

Die im Folgenden genannten Ziele sind weniger als eineinhalb Stunden Fahrt von der Stadt entfernt und geben hervorragende Tagesausflüge ab.

Westlich von Tucson

Wer die Einsamkeit sucht, folgt dem Hwy 86 von Tucson aus nach Westen in die Teile der Sonora-Wüste, die am dünnsten besiedelt sind. Man wird jedoch allenthalben den grün-weißen Trucks der Grenzpatrouillen begegnen.

Das **Kitt Peak National Observatory** (☎520-318-8726; www.noao.edu/kpno; Hwy 86; Visitor Center Spende erbeten; ☺9–16 Uhr) westlich von Sells beherbergt die größte Sammlung optischer Teleskope der Welt. Die Führungen (Erw./Kind Nov.–Mai 9,75/4,25 US$, Juni–Okt. 7,75/3,25 US$, um 10, 11.30 & 13.30 Uhr) dauern etwa eine Stunde. Die all-abendlichen Demonstrationen lohnen sich; zwei bis vier Wochen im Voraus buchen (Erw./Kind 49/45 US$; kein Programm von Mitte Juli–Aug.: Regenzeit) – trockene, klare Nächte ermöglichen einen ehrfurchtgebie-tenden Blick ins All. Tipps: warm anziehen, in Tucson volltanken (die dem Observato-rium am nächsten gelegene Tankstelle ist 30 Meilen, 48 km, entfernt) und Kinder un-ter acht Jahren zu Hause lassen (sie haben aus Sicherheitsgründen keinen Zutritt bei den abendlichen Führungen). Der Picknick-platz ist nachts ein beliebter Treffpunkt von Hobby-Astronomen. Die Fahrt von Tucson aus dauert etwa 75 Minuten.

Wer einfach mal alles hinter sich lassen will, sollte das riesige, exotische **Organ Pipe Cactus National Monument** (☎520-387-6849; www.nps.gov/orpi; Hwy 85; 8 US$ pro Wagen; ⊙Visitor Center 8.30–16.30 Uhr) an der mexikanischen Grenze besuchen. Das traumhaft schöne, unwirtliche Terrain bie-tet einer erstaunlich großen Zahl von Tieren und Pflanzen einen Lebensraum, darunter 28 Kaktusarten. Am wichtigsten ist natür-lich der namensgebende Orgelpfeifenkak-tus. Der große Säulenkaktus unterscheidet sich durch die von der Basis ausgehenden Zweige von dem häufiger vorkommenden Saguaro. Der 21 Meilen (34 km) lange **Ajo Mountain Drive** führt durch eine spekta-kuläre Landschaft aus steilen, zerklüfteten Felswänden und feuerroten Steinen. Der **Twin Peaks Campground** (www.nps.gov/orpi; Stellplatz für Zelt/Wohnmobil 12 US$) nahe dem Visitor Center hat 208 Stellplätze (wer zuerst kommt, …).

Südlich von Tucson

Südlich von Tucson ist die I-19 die Haupt-route nach Nogales und Mexiko. Unterwegs locken einige nette Sehenswürdigkeiten.

Die eindrucksvolle **Mission San Xavier del Bac** (☎520-294-2624; www.patronatosan xavier.org; 1950 W San Xavier Rd; Spenden erbe-ten; ⊙Museum 8.30–17 Uhr, Kirche 7–17 Uhr), 9 Meilen (14 km) südlich von Downtown Tucson, ist das älteste europäische Gebäu-de in Arizona. Die elegante Fassade ist eine Mischung aus maurischer und byzantini-scher Architektur sowie Elementen der mexikanischen Spätrenaissance, das Innere der Mission ist überraschend kunstvoll ge-schmückt.

Am Exit 69, 16 Meilen (26 km) südlich der Mission, wartet das **Titan Missile Museum** (☎520-625-7736; www.titanmissilemuseum.org; 1580 W Duval Mine Rd, Sahuarita; Erw./Kind/Senior 9,50/6/8,50 US$; ⊙8.45–17 Uhr) mit einer un-terirdischen Abschussrampe für Interkonti-nentalraketen aus der Zeit des Kalten Krie-ges auf. Die informativen Führungen lassen einem Schauer über den Rücken laufen.

Wer sich für Geschichte oder Kunsthand-werk interessiert, wird **Tubac** (www.tubacaz. com) lieben. Das kleine Dorf 48 Meilen (77 km) südlich von Tucson hat über 100 Ga-lerien, Ateliers und Geschäfte.

Patagonia & Mountain Empire

Das wunderschöne Ufergebiet zwischen der Grenze zu Mexiko, den Santa Rita Moun-tains und den Patagonia Mountains gehört zu den schönsten Landschaften Arizonas. Die idyllische Gegend lockt Vogelbeobachter und Weinfans gleichermaßen an.

Die schönen Pfade des Schutzgebiets **Pa-tagonia-Sonoita Creek Preserve** (☎520-394-2400; www.nature.org/arizona; 150 Blue Heaven Rd; Eintritt 6 US$; ⊙April–Sept. Mi–So 6.30–16 Uhr, Okt.–März Mi–So 7.30–16 Uhr) sind bei Vogel- und Naturliebhabern beliebt. Die zauberhaften Weiden- und Baumwollwälder an Bächen werden von der Naturschutzor-ganisation Nature Conservancy verwaltet. Die Hauptzugvogelsaison dauert von April bis Mai bzw. Ende August bis September. Wer einen entspannten Nachmittag lang Weine probieren möchte, sollte die Dörfer **Sonoita** und **Elgin** nördlich von Patagonia ansteuern (s. www.arizonavinesandwines. com). Die Aussicht unter dem weiten Him-mel ist traumhaft.

Wer bis zum Abendessen bleibt, sollte sich die fantastischen Gourmetpizzas bei **Velvet Elvis** (☎520-394-2102; www.velvetelvis pizza.com; 292 Naugle Ave, Patagonia; Hauptgerich-te 10–26 US$; ⊙Do–Sa 11.30–20.30, So bis 19.30 Uhr) nicht entgehen lassen. Im **Stage Stop Inn** (☎520-394-2211; www.stagestophotelpatago nia.com; 303 McKeown, Patagonia; EZ 79 US$, DZ 89–99 US$, Suite 109 US$; ⊛⊠⊛) erwarten Gäste der einfache Charme des alten Wes-tens und Zimmer, die um einen zentralen Garten mit Pool angeordnet sind. Einst hielt hier die Postkutsche auf ihrem Weg entlang des Butterfield Trail.

Mariposa Books & More in Patagonia be-herbergt ein kleines **Visitor Center** (☎888-794-0060; www.patagoniaaz.com; 307 McKeown Ave, Patagonia; ⊙Mo–Do & Sa 10–17, Fr 11–16 Uhr).

Südost-Arizona

Im Süden Arizonas gibt es zahlreiche Stätten, die in der Geschichte des Wilden Westens eine wichtige Rolle gespielt haben. Dazu gehören die wunderbar erhaltene Minenstadt Bisbee, der OK Corral in Tombstone und das Chiricahua National Monument mit seiner Traumlandschaft aus bizarren Steinsäulen.

Kartchner Caverns State Park

Im **Kartchner Caverns State Park** (☑ Informationen 520-586-4100, Reservierungen 520-586-2283; http://azstateparks.com; Hwy 90; Parkgebühr 6/3 US$ pro Auto/Fahrrad, Rotunda Tour Erw./Kind 23/13 US$, Big Room Tour Mitte Okt.–Mitte April 23/13 US$; ☺ Juni–Sept. 8–17 Uhr, Okt.–Mai 7–18 Uhr), einer 4 km langen Vision aus nassem Kalkstein, steht der pädagogische Aspekt im Vordergrund. Zwei Führungen konzentrieren sich auf unterschiedliche Bereiche der Höhlen, die 1974 „entdeckt" wurden. Die Rotunda/Throne Room Tour findet ganzjährig statt, die Big Room Tour wird ab Mitte April fünf Monate lang ausgesetzt; in dieser Zeit wird das Gelände von Fledermäusen in Beschlag genommen. Der Park liegt 9 Meilen (14 km) südlich von Benson und ist über die I-10 zu erreichen (Exit 302). Wer vorab Tickets für eine Führung reserviert hat, muss die 6 US$ Parkgebühr nicht bezahlen.

Chiricahua National Monument

Die hoch aufragenden Felssäulen des abgeschiedenen **Chiricahua National Monument** (☑ 520-824-3560; www.nps.gov/chir; Hwy 181; Erw./Kind 5 US$/frei) in den Chiricahua Mountains sind teilweise Hunderte Fuß hoch und sehen oft aus, als wollten sie jeden Moment umkippen. Der 8 Meilen (13 km) lange **Bonita Canyon Scenic Drive** führt zum Massai Point (fast 2100 m). Dort stehen Tausende Steinsäulen an den Hängen wie eine versteinerte Armee. Es gibt zahlreiche Wanderwege; wer nur wenig Zeit hat, sollte mindestens eine halbe Meile auf dem **Echo Canyon Trail** bleiben, um sich die Grottoes anzusehen, eine umwerfende „Kathedrale" aus gigantischen Felsbrocken. Dort kann man sich eine Weile still hinlegen und dem sachten Rauschen des Windes lauschen. Das National Monument befindet sich 36 Meilen (58 km) südöstlich von Willcox, abseits des Hwy 186/181.

Tombstone

Zu Tombstones Blütezeit als pulsierende Minenstadt im 19. Jh. floss der Whisky in Strömen, und bei Auseinandersetzungen wurde schnell mal der Revolver gezogen. Besonders berühmt ist die Schießerei im OK Corral. Heute ist dieser Ort eine National Historic Landmark und eine Touristenattraktion mit alten Western-Gebäuden, Postkutschenfahrten und nachgestellten Schießereien.

Ohne Zweifel, den **OK Corral** (☑ 520-457-3456; www.ok-corral.com; Allen St, zw. 3rd St & 4th St; Eintritt 10 US$, ohne Duell 6 US$; ☺ 9–17 Uhr) muss man einfach gesehen haben: den Platz, an dem am 26. Oktober 1881 die legendäre Schießerei zwischen den Earp-Brüdern und Doc Holliday auf der einen und den McLaury-Brüdern und Billy Clanton auf der anderen Seite ausgetragen wurde. Die McLaury-Brüdern und Clanton ruhen jetzt auf dem **The Boot Hill Graveyard** am Hwy 80 nördlich der Stadt. Ebenfalls einen Abstecher wert ist das verstaubte **Bird Cage Theater** (☑ 520-457-3421; 517 E Allen St; Erw./Kind/Senior 10/8/9 US$; ☺ 9–18 Uhr). Der frühere Saloon, in dem auch getanzt wurde, ist heute mit historischen Gegenständen vollgestopft – und mit einem Nix (genau – dem männlichen Gegenstück zu einer Meerjungfrau!).

Das **Visitor & Information Center** (☑ 520-457-3929; www.tombstonechamber.com; Ecke 395 E Allen St & 4th St; ☺ 9–17 Uhr) hat Wanderkarten und Tipps parat.

Bisbee

Die frühere Kupferminenstadt Bisbee hat ein altmodisches Flair, das von alternden Bohemiens, eleganten Gebäuden, tollen Restaurants und netten Hotels geprägt ist. Die meisten Geschäfte haben sich im Historic District (Old Bisbee) angesiedelt, in der Subway St und der Main St.

Wer möchte, kann den pensionierten Arbeitern, die früher in der Mine tätig waren, bei der **Queen Mine Tour** (☑ 520-432-2071; www.queenminetour.com; 478 Dart Rd, abseits Hwy 80; Erw./Kind 13/5,50 US$; ☺ Touren 9–15.30 Uhr; ♿) unter die Erde folgen. Die **Lavender Pit** außerhalb der Stadt ist ein hässliches, aber beeindruckendes Andenken an den Tagebau.

Übernachten kann man im **Shady Dell RV Park** (☑ 520-432-3567; www.theshadydell.com; 1 Douglas Rd; 87–145 US$, Anfang Juli–Mitte Sept. geschl.; ✱), einem kitschigen Wohnwagenpark par excellence in witziger Retro-Aufmachung. Für kalte Luft sorgen Verdampfungskühler. Im skurrilen, aber unterhaltsamen **Bisbee Grand Hotel** (📋520-432-5900; www.bisbeegrandhotel.com; 61 Main St, Bisbee; Zi. inkl. Frühstück 89–175 US$; ❋🐾🛜) können Gäste in einer überdachten Kutsche nächtigen. Viktorianisches Dekor und ein Cowboy-Saloon sorgen für Wild-West-Ambiente.

Leckeres Essen bieten die Restaurants der Main St. Gute amerikanische Küche gibt's im stilvollen **Cafe Roka** (📋520-432-5153; www.caferoka.com; 35 Main St; Abendessen 17–24 US$; ⊙Sa–Sa 17–21 Uhr). Die Vier-Gänge-Menüs umfassen Salat, Suppe, Sorbet und wechselnde Hauptgerichte. Weiter die Main St hinauf lockt **Screaming Banshee Pizza** (📋520-432-1300; 200 Tombstone Canyon Rd; Pizzas 7–15 US$; ⊙Di & Mi 16–21, Do–Sa 11–22, So 11–21 Uhr) im Punk-Rock-Stil mit Holzofenpizzas. Bars findet man vor allem im Brewery Gulch am Südende der Main St.

Das **Visitor Center** (📋520-432-3554; www.discoverbisbee.com; 478 Dart Rd; ⊙Mo–Fr 8–17, Sa & So 10–16 Uhr) im Queen Mine Tour Building südlich des Zentrums versorgt Besucher mit wichtigen Basisinfos.

UTAH

Psssst... nicht weitersagen! Es muss ja nicht gleich jeder wissen, dass dieser oft übersehene Staat tatsächlich eine der traumhaftesten Spielwiesen von Mutter Natur ist. Utahs raues Terrain ist wie gemacht zum Wandern, Radfahren, Raften, Abseilen, Klettern, Skifahren und Snowboarden, Reiten und Jeepfahren. Reicht das für den Anfang?

Mehr als 65 % der Fläche sind öffentlich zugänglich, dazu gehören die zwölf Nationalparks und National Monuments mit ihrer atemberaubenden Topografie – vielen Besuchern bleibt sprichwörtlich die Spucke weg! Das Red Rock Country (Land der roten Steine) im Süden Utahs prägen Felsklippen, -türme und -säulen in kräftigen Farbschattierungen und eine schier endlose Wüste voller Sandsteinskulpturen. Den Norden Utahs kennzeichnen derweil die bis zu 3600 m hohen Gipfel der Wasatch Mountains, die von Wäldern und Schnee bedeckt sind.

In ganz Utah stößt man auf gut strukturierte Kleinstädte voller Bauten aus jener Zeit, als die ersten Mormonen sich hier niedergelassen haben; noch immer gehören mehr als 50 % der angenehm höflichen Bevölkerung dieser Kirche an. Die Städte auf dem Land sind teilweise ruhig und konservativ, doch die raue Schönheit der Umgebung hat auch viele Outdoor-Fans und Querdenker angelockt. Salt Lake City und Park City haben ein besonders lebendiges Nachtleben und eine tolle Restaurantszene.

Unterwegs kann man das Kaleidoskop unterschiedlichster Landschaften am Autofenster vorbeiziehen sehen, man kann wandern gehen, wo noch nie zuvor jemand einen Fuß hingesetzt hat, oder eines jener feinen Bierchen aus einer der vielen Kleinbrauereien genießen. Auf jeden Fall wollen wir um Diskretion bitten – schließlich soll Utah unser Geheimnis bleiben.

Geschichte

Die frühen Pueblo-Indianer („Anasazi") und die Fremont-Indianer waren die ersten Bewohner in der Gegend. Sie haben Spuren in Form von Felsbildern und Ruinen hinterlassen. Als die europäischstämmigen Siedler Utah in großen Scharen erreichten, lebten hier aber bereits moderne Völker: die Ute, Paiute und Navajo. In den späten 1840er-Jahren kamen die ersten Mormonen, religiöse Flüchtlinge, in die Region. Angeführt wurden sie vom zweiten Präsidenten der „Kirche Jesu Christi der Heiligen der Letzten Tage", Brigham Young. Sie versuchten noch das letzte Fleckchen Erde in ihrem neuen Staat zu besiedeln, wie ungastlich es auch sein mochte, was unweigerlich zu Scharmützeln mit den Ureinwohnern führte – und in mehr als nur einer Geisterstadt resultierte.

In den fast 50 Jahren, nachdem die USA das Territorium von Mexiko bekommen hatten, scheiterten mehrere Versuche Utahs, als Bundesstaat anerkannt zu werden, weil die Mormonen Polygamie praktizierten (sprich: Männer hatten mehrere Ehefrauen). Diese war illegal in den Vereinigten Staaten. Die Situation verschärfte sich bis 1890, als der Mormonenanführer Wilford Woodruff eine göttliche Offenbarung hatte, woraufhin die Kirche die „Vielweiberei" offiziell aufgab. 1896 wurde Utah der 45. Staat der USA. Die moderne Mormonenkirche, die Church of Jesus Christ of Latter Day Saints (LDS), hat unverändert großen Einfluss im Staat.

ⓘ Praktische Informationen

Außerhalb von Salt Lake City wird man möglicherweise Schwierigkeiten haben, Geld zu wechseln, aber man findet auf jeden Fall ein paar Geldautomaten.

Utah Office of Tourism (📋800-200-1160; www.utah.com) Gibt den kostenlosen *Utah*

Travel Guide heraus und betreibt mehrere Visitor Centers in Utah.

Utah State Parks & Recreation Department
(☑ 801-538-7220; www.stateparks.utah.gov) Produziert einen umfassenden Guide zu den mehr als 40 State Parks, der online und in Visitor Centers erhältlich ist.

ℹ An- & Weiterreise

In Salt Lake City (SLC) befindet sich der einzige internationale Flughafen im Bundesstaat. Eventuell ist es preiswerter, nach Las Vegas zu fliegen (425 Meilen, d. h. 684 km, südlich); dort mietet man dann einfach einen Wagen.

ℹ Unterwegs vor Ort

Wer sich außerhalb von SLC und Park City bewegen will, braucht einen eigenen fahrbaren Untersatz. Die meisten Städte in Utah sind in einem schachbrettartigen Gitternetz gestaltet, und die Straßen verlaufen von Norden nach Süden und von Osten nach Westen. Im Zentrum befindet sich ein „neutraler Punkt" an der Kreuzung zwischen zwei Hauptverkehrsadern (oft heißen sie Main St und Center St). An diesem Punkt orientieren sich die Straßennamen und Hausnummern, wobei jeder Häuserblock einem 100er-Schritt entspricht. D. h., dass sich 500 South 400 East fünf Häuserblocks südlich und vier Häuserblocks östlich des neutralen Punkts befindet. Das System ist nicht so leicht zu erklären, hat sich in der Praxis aber als recht anwenderfreundlich bewährt.

Salt Lake City

Salt Lake City liegt zu Füßen der hohen Wasatch Mountains. Die eher kleine Stadt hat gerade eben genug Ecken und Kanten, um auch Großstädter glücklich zu machen. Ja, in gewisser Weise ist sie so eine Art Vatikanstaat für Mormonen, Utahs Hauptstadt ist allerdings recht modern. Das neu aufgemachte Zentrum und die tolle Restaurantszene bügeln andere – durchaus charmante – anachronistische Makel wieder aus.

◉ Sehenswertes & Aktivitäten

Die LDS-Attraktionen findet man in der Nähe des „Neutralen Punkts" für Straßen und Adressen in Downtown: Ecke S Temple (Ost-West-Achse) und Main St (Nord-Süd-Achse). Die breiten Straßen (40 m) wurden so konzipiert, dass ein von vier Ochsen gezogener Wagen problemlos auf ihnen wenden konnte. Gerade mal 45 Minuten Fahrtzeit entfernt locken die Wasatch Mountains mit hervorragenden Wander-, Kletter- und Wintersportmöglichkeiten (S. 411).

◉ Rund um den Temple Square

Temple Square PLATZ
(www.visittemplesquare.com; Ecke S Temple St & N State St; ◷ Gelände 24 Std., Visitor Centers 9–21 Uhr) 🅿 GRATIS Die berühmteste Sehenswürdigkeit der Stadt ist dieser 4 ha große Platz mit vielen erstaunlichen LDS-Anlagen, Blumengärten und Springbrunnen – bombastisch! Entwaffnend liebenswerte LDS-„Schwestern" und -„Brüder", alles Freiwillige, beantworten Fragen und nehmen Besucher auf 30-minütige Führungen mit. Sie starten an den Visitor Centers (jeweils in den Straßen S und N Temple).

Das beeindruckendste Bauwerk am Platz ist der 64 m hohe **Salt Lake Temple**. Am „himmlischsten" wirkt er bei nächtlicher Beleuchtung. Den höchsten Turm ziert eine Statue des Engels Moroni, der dem ersten Mormonen-Propheten Joseph Smith erschien und ihn zum Buch Mormon führte. Der Tempel und die Zeremonien sind nicht öffentlich; einzig LDS-Mitglieder haben Zutritt. Abgesehen von den genannten Sehenswürdigkeiten findet man an dem Platz

SALT LAKE CITY MIT KINDERN

Den University-Foothill District lieben Jung und Alt, es gibt aber auch ein paar Sehenswürdigkeiten ganz speziell für Kinder.

Discovery Gateway (www.childmuseum.org; 444 W 100 South; Eintritt 8,50 US$; ◷ Mo–Do 10–18, Fr & Sa 10–20, So 12–18 Uhr; 🚼) ist ein Kindermuseum mit Exponaten zum Anfassen. Das nachgebaute Nachrichtenstudio ist ideal für den Reporternachwuchs.

Mehr als 800 Tiere leben u. a. in dem Bereich „Asiatisches Hochland" des 17 ha großen **Hogle Zoo** (www.hoglezoo.org; 2600 E Sunnyside Ave; Erw./Kind 13/10 US$; ◷ 9–17 Uhr; 🚼). Bei den täglichen Vorführungen können Kinder mehr über die Tiere erfahren.

auch ein Museum zur Kirchengeschichte, ein Joseph-Smith-Theater und Restaurants.

Tabernacle
RELIGIÖSES BAUWERK

(http://mormontabernaclechoir.org; Temple Sq; ◷ 9–21 Uhr) GRATIS Das Auditorium mit Kuppeldach von 1867 beherbergt eine riesige Orgel mit 11 000 Pfeifen. Die Akustik ist unglaublich. Würde man vorn eine Nadel fallenlassen, könnte man den „Aufprall" noch im hinteren Teil, fast 60 m entfernt, hören. Montags bis samstags finden um 12 Uhr kostenlose Orgelkonzerte statt. Infos zu den berühmten Chor-Auftritten stehen unter „Unterhaltung".

Beehive House
GEBÄUDE

(☎ 801-240-2671; www.visittemplesquare.com; 67 E South Temple St; ◷ Mo–Sa 9–20.30 Uhr) GRATIS Das Beehive House war Brigham Youngs Hauptwohnsitz während seiner Amtszeit als Gouverneur und Kirchenpräsident in Utah. Die obligatorischen Führungen beginnen bei Ankunft und variieren in Gewichtung des Inhalts von Guide zu Guide – manchmal überwiegen die historischen Infos, manchmal die religiöse „Erziehung".

Family History Library
BIBLIOTHEK

(www.churchhistory.org; 35 N West Temple St; ◷ Mo 8–17, Di–Fr 8–21, Sa 9–17 Uhr) GRATIS Auf der Suche nach den eigenen Vorfahren? Dann wäre dies ein guter Ausgangspunkt. Diese unglaubliche Bücherei beherbergt mehr als 3,5 Mio. Mikrofilme, Mikroplanfilme, Bücher und andere Aufzeichnungen zum Thema Genealogie, die aus mehr als 110 Ländern stammen.

◉ Downtown

Utah State Capitol
HISTORISCHES GEBÄUDE

(www.utahstatecapitol.utah.gov; 350 N State St; ◷ Gebäude Mo–Fr 7–20, Sa & So 8–18 Uhr, Visitor Center Mo–Fr 8.30–17 Uhr) GRATIS Im State Capitol von 1916 können bunte Wandbilder der Works Progress Administration (WPA)

von Pionieren, Trappern und Missionaren bewundert werden. Sie zieren die Kuppel. Stündlich (Mo–Fr 9–17 Uhr) starten am Visitor Center im 1. Stock kostenlose Führungen. Audiotouren gibt's auch.

City Creek
PLATZ

(www.shopcitycreekcenter.com; Social Hall Ave, zw. Regent St & Richards St) Der 8 ha große Platz mit vielen netten Brunnen, Grillstellen, mehreren Restaurants und einer teilweise überdachten Shopping Mall liegt genau in der Mitte der Stadt.

◉ University-Foothill District & Umgebung

★ Natural History Museum of Utah
MUSEUM

(http://umnh.utah.edu; 301 Wakara Way; Erw./Kind 11/6 US$; ◷ Do–Di 10–17, Mi 10–20 Uhr) Die atemberaubende Architektur des Rio Tinto Centers zeigt sich insbesondere in einem mehrstöckigen „Canyon" im Inneren, in dem die Exponate ihre ganze Wirkung entfalten können. Schicht um Schicht kann man so die geschichtliche Entwicklung der Natur wie auch die der indigenen Völker erkunden. Am eindrucksvollsten ist die Ausstellung *The Past Worlds*, die einem unglaubliche – und höchst unterschiedliche! – Perspektiven auf eine riesige Dinosaurier-Fossilien-Sammlung gestattet.

This Is the Place Heritage Park
HISTORISCHE STÄTTE

(www.thisistheplace.org; 2601 E Sunnyside Ave; Erw./Kind 17 US$; ◷ Mo–Fr 9–17, Sa 10–17 Uhr; 🚼) In diesem 180 ha großen Park stieß Brigham Young die bedeutungsvollen Worte „Dies ist der Ort!" hervor. Im Mittelpunkt steht ein „historisches Dorf", in dem von Juni bis August kostümierte Darsteller das Leben Mitte des 19. Jhs. nachstellen. Das Eintrittsgeld umfasst die Fahrt mit dem Touristenzug und andere Aktivitäten. In der

Nebensaison können Besucher das Dorf zu reduzierten Preisen besichtigen.

Red Butte Garden
GARTEN

(www.redbuttegarden.org; 300 Wakara Way; Erw./Kind 10/6 US$; ☉ 9–19.30 Uhr) An den Ausläufern der Wasatch Mountains erstreckt sich das wunderschöne 60 ha große Areal mit wilden und gepflegten Gärten, die durch Wege erschlossen sind. Online kann man nachschauen, wer bei der beliebten Open-Air-Konzertreihe im Sommer dabei ist.

Church Fork Trail
WANDERN

(Millcreek Canyon, abseits des Wasatch Blvd; Tagesnutzung 3 US$) Auf der Suche nach der am nächsten gelegenen sportlichen Herausforderung mit toller Aussicht? Dann bietet sich der Wanderweg zum Gipfel des Grandeur Peak (2530 m) an. Hin und zurück sind es (10 km), und der Hund darf auch mit. Der Millcreek Canyon liegt 13,5 Meilen (22 km) südwestlich von Downtown Salt Lake.

☞ Geführte Touren

Utah Heritage Foundation
STADTSPAZIERGANG

(☎ 801-533-0858; www.utahheritagefoundation.com; Führung 5–20 US$/Person) Der örtliche Heimatverein bietet Führungen durch diverse Stadtteile an, sowie „Thirst Fursday"-Kneipentouren. Ausführliche Broschüren der Utah Heritage Foundation für Stadtspaziergänge im Alleingang gibt's online oder im Visitor Center.

🛏 Schlafen

Die Preise in Downtown schwanken enorm je nach besonderen Events oder Auslastung. Billigere Kettenhotels findet man an der I-80 beim Flughafen und im Süden, im Vorort Midvale. Außerhalb der Skisaison sind die Unterkünfte in den Skiorten in den Wasatch Mountains, ca. 45 Minuten von Downtown entfernt, viel günstiger.

Crystal Inn & Suites
MOTEL $

(☎ 800-366-4466, 801-328-4466; www.crystalinnsaltlake.com; 230 W 500 South; Zi. inkl. Frühstück 78–120 US$; P ✳ @ 🛜 ⛱) Staatliches, mehrstöckiges Hotel mit supernettem Personal und jeder Menge kostenlosen Extras (z. B. ein großes, warmes Frühstücksbuffet).

Avenues Hostel
HOSTEL $

(☎ 801-539-8888, 801-359-3855; www.saltlakehostel.com; 107 F St; B 18 US$, EZ/DZ ohne Bad 40/46 US$, mit Bad 56/60 US$; ✳ @ 🛜) Abgerocktes Hostel; wirkt ein bisschen wie eine

WG, weil einige Gäste schon lange hier wohnen, aber die Lage ist günstig.

★ Inn on the Hill
INN $$

(☎ 801-328-1466; www.inn-on-the-hill.com; 225 N State St; Zi. inkl. Frühstück 135–220 US$; P ✳ @ 🛜) Exquisite Holzarbeiten und Maxfield-Parrish-Tiffany-Glas sind nur einige der hübschen Auffälligkeiten dieses weitläufigen 1906 im Neorenaissance-Stil erbauten Herrenhauses. Die Zimmer sind klassisch-komfortabel und in keiner Weise muffig. Gemütlich machen kann man es sich zudem auf zwei Terrassen, im Billardzimmer, der Bibliothek und dem Speisesaal. Wie der Name sagt, ist man hier auf einem Hügel, hoch über dem Temple Sq, was zur tollen Aussicht beiträgt – und eine kleine Bergtour auf dem Weg zurück von der Stadt erforderlich macht.

Peery Hotel
HOTEL $$

(☎ 801-521-4300, 800-331-0073; www.peeryhotel.com; 110 W 300 South; Zi. 90–130 US$; P ✳ @ 🛜) Dieses prächtige historische Hotel von 1910 erhebt sich mitten im Broadway-Ave-Unterhaltungsviertel. Restaurants, Bars und Theater nur einen kurzen Fußmarsch entfernt. Zu den noblen Extras zählen Bademäntel aus ägyptischer Baumwolle, iPod-Ladestationen und Tempur-Pedic-Matratzen.

SVEA
B&B $$

(☎ 801-832-0970; www.svea.us; 720 Ashton Ave; Zi. inkl. Frühstück 155–165 US$; P ✳ 🛜) Zu-

POLYGAMIE HEUTE

Die Mormonenkirche distanzierte sich zwar 1890 von der „Vielweiberei", aber es gibt nach wie vor sektenartige Ableger, die die Polygamie als eine göttlich verfügte Praktik betrachten. Die meisten der etwa 7000 Bewohner in Hilldale-Colorado City an der Grenze zwischen Utah und Arizona sind Anhänger der Fundamentalist Church of Jesus Christ of Latter-Day Saints (FLDS) und leben als solche polygam. Wenn man in Washington oder Hurricane in einem Walmart mehreren Frauen begegnet, die pastellfarbene Kleider im Prärie-Stil tragen und lange Zöpfe bzw. aufwendige Hochsteckfrisuren haben, handelt es sich wahrscheinlich um Ehefrauen von ein und demselben Mann. Im südlichen Teil des Staates gibt es aber noch andere Sekten, in denen die Polygamie weniger auffällig ist.

gleich elegant und eklektisch, wartet das viktorianische B&B aus den 1890er-Jahren mit allerlei merkwürdigen Winkeln und Raumkonfigurationen auf. Das kontinentale Frühstück bekommt man allmorgentlich in einem Korb an die Tür geliefert.

Grand America
HOTEL **$$$**

(☎ 800-621-4505; www.grandamerica.com; 555 S Main St; Zi. 199–289 US$; P ❄ @ 🛜 ➳) SLCs einzige wahre Luxusunterkunft. Die Bäder sind mit italienischem Marmor ausgestattet, die Zimmer warten mit englischen Wollteppichen, Damaststoffen mit Quasten und anderen bequemen Extras auf. Außerdem gibt's nachmittags High Tea und einen opulenten Sonntags-Brunch.

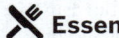 Essen

Salt Lake City bietet ein Potpourri aus internationalen und umweltbewussten Kochstilen. Viele Lokale drängen sich in Downtown. Ein paar weitere interessante Möglichkeiten finden sich zudem an der 9th und 9th (Ecke 900 East St und 900 South St): darunter ein Spezialist für Leckeres aus dem Mittleren Osten, ein Nudel-Lokal, gehobene neu-amerikanische Küche, ein Café...

Lion House Pantry Restaurant
AMERIKANISCH **$**

(www.templesquarehospitality.com; 63 E South Temple St; Hauptgerichte 7–13 US$; ⊙ Mo-Sa 11–20 Uhr) Bodenständige, kohlenhydratreiche Cafeteria-Küche, so ganz nach mormonischer Großmutterart. Übrigens: mehrere der Frauen von Brigham Young lebten in diesem historischen Gebäude (darunter auch die Ur-Ur-Uroma des Autors).

Ekamai Thai
THAI **$**

(http://ekamaithai.com/; 336 W 300 South; Gerichte 6–9 US$; ⊙ Mo-Sa 11–21 Uhr) Bei schönem Wetter kann man das leckere Thai-Curry an den Tischen im Freien auf der Terrasse genießen.

★ Tin Angel
MODERN-AMERIKANISCH **$$**

(http://thetinangel.com; 365 W 400 South; kleine Gerichte & Sandwiches 10–16 US$, Hauptgerichte abends 19–25 US$; ⊙ Mo-Sa 11–15 & 17–22 Uhr) Unter Verwendung von Zutaten lokaler Erzeuger zaubert der Küchenchef aus unterschiedlichsten Stilen neue, frische amerikanische Esserlebnisse, z. B. Wildschweinrippchen mit Gorgonzola-Gnocchi. Altes Porzellan und einheimische Kunst an den Wänden unterstreichen den eklektischen Vibe dieses großen kleinen Lokals zusätzlich.

Red Iguana
MEXIKANISCH **$$**

(www.rediguana.com; 736 W North Temple; Hauptgerichte 8–16 US$; ⊙ 11–22 Uhr) Am besten fragt man nach einem Probierteller, wenn man sich nicht für eine der sieben Saucen auf Chili- und Schokoladenbasis entscheiden kann – dabei kann man in diesem familienbetriebenen Restaurant mit den liebevoll zubereiteten Gerichten gar nicht falsch liegen. Der Laden ist immer proppenvoll!

Squatters Pub Brewery
AMERIKANISCH **$$**

(www.squatters.com; 147 W Broadway; Gerichte 10–22 US$; ⊙ So-Do 11–24, Fr & Sa bis 1 Uhr) Auf ein Emigration Pale Ale vorbeischauen und sich dann noch einen Buntbarsch-Salat gönnen! Die lebendige Pub-Atmosphäre hier ist immer ein Vergnügen.

Copper Onion
INTERNATIONAL **$$$**

(☎ 801-355-3282; www.thecopperonion.com; 111 E Broadway Ave; Brunch & kleinere Gerichte 7–15 US$, Hauptgerichte abends 22–29 US$; ⊙ 11–15 & 17–22 Uhr) Die Einheimischen halten das Copper Onion beim Mittagessen auf Trab, beim Abendessen, beim Wochenend-Brunch, bei der Happy Hour an der Bar...eigentlich immer. Und das aus gutem Grund: Kleine Gerichte wie Tartar vom Wagyu-Rind und Pasta Carbonara verlangen geradezu danach, mit Freunden geteilt zu werden. Die design-orientierte, rustikale Einrichtung sorgt für den passenden gastlichen Rahmen.

Takashi
JAPANISCH **$$$**

(☎ 801-519-9595; 18 W Market St; Reisrollen 10–18 US$, Hauptgerichte 18–30 US$; ⊙ Mo-Sa 11.30–14 & 17.30–22Uhr) Die Nr. 1 einer ganzen Reihe überraschend guter Sushi-Restaurants in SLC; sogar Gourmets aus L.A. schwärmen von den leckeren Reisrollen im schicken Takashi.

Ausgehen & Nachtleben

Epic Brewing Company
CAFÉ

(www.epicbrewing.com; 825 S State St; ⊙ Mo-Do 11–21, Fr & Sa 10–23, So 11–19 Uhr) Utah erste richtige Starkbierbrauerei. An der kleinen Probierstation muss man zunächst etwas Kleines zum Essen bestellen (das ist in Utah Gesetz), doch dann legt das Personal los und schenkt Proben in kleinen Gläsern aus (0,40–1 US$) – oder füllt große mit einem der 30 Ales, darunter IPAs (Indian Pale Ale), Lagerbiere und Stouts.

Gracie's
BAR

(326 S West Temple; ⊙ 11–2 Uhr) Gehobenes Lokal, das sich über zwei Ebenen mit vier

KANN MAN IN UTAH EINEN TRINKEN GEHEN?

Auf jeden Fall! Es gelten zwar nach wie vor ein paar ungewöhnliche Alkoholgesetze, aber in den letzten Jahren sind die Bestimmungen lockerer geworden. Private Clubmitgliedschaften gibt's nicht mehr, heute ist eine Bar wirklich eine Bar (Zutritt für Minderjährige verboten!) – und dort muss man nicht länger etwas zu essen bestellen, um Alkohol konsumieren zu dürfen. Bars gibt's aber nicht allzu viele. Die meisten Einrichtungen, auch Brauereigaststätten, sind, in welcher Form auch immer, „Restaurants", in denen man eine Kleinigkeit zum Essen bestellen muss, um an Alkohol zu gelangen. Nur wenige Restaurants haben eine vollständige Ausschanklizenz; oft gibt's dann aber nur Bier und Wein.

Folgende Regeln müssen weiterhin beachtet werden:

➡ In einem Restaurant mit umfassender Ausschanklizenz bekommt man Alkohol wirklich nur in Verbindung mit einer Mahlzeit.

➡ Mixgetränke und Wein gibt's erst nach 12 Uhr. In Bars und Restaurants darf ab 10 Uhr Bier ausgeschenkt werden.

➡ Hochprozentiges darf nur in staatlich betriebenen Liquor Stores verkauft werden (So geschl.). In Lebensmittelläden bekommt man Bier.

➡ Die meisten Biere, die man hier erhält, haben einen Alkoholgehalt von nicht mehr als 3,2 % (ein typisches Budweiser hat 5 %).

Bars erstreckt und trotzdem regelmäßig aus allen Nähten platzt. Die besten Orte zum entspannten Zusammensein sind die zwei riesigen Terrassen. Fast jeden Abend sorgen Livebands oder DJs für Unterhaltung.

Beerhive Pub
PUB

(128 S Main St; ⊙ 12–1 Uhr) Mehr als 200 verschiedene Biere, darunter auch viele aus Utah, gibt's in dieser kleinen Innenstadt-Bar.

Coffee Garden
CAFÉ

(895 E 900 South; ⊙ So–Do 6–23, Fr & Sa 6–24 Uhr; 📶) Tolle Location mit viel Flair, köstlichem Kaffee und Backwaren.

☆ Unterhaltung

Musik

Eine Übersicht über die lokale Musikszene findet man unter www.cityweekly.net. Zeiten für Orchester, Orgel, Chor und andere Aufführungen mit LDS-Bezug sind unter www.mormontabernaclechoir.org gelistet.

Mormon Tabernacle Choir
LIVEMUSIK

(☎ 801-570-0080; www.mormontabernaclechoir.org) GRATIS Einen Auftritt des weltbekannten Mormon Tabernacle Choir zu erleben ist ein absolutes Muss bei einem Besuch in Salt Lake City. Jeden Sonntag um 9.30 Uhr wird von hier eine Liveshow gesendet. Einlass ist um 8.30 Uhr und kostenlos. Bis 9.15 Uhr muss man Platz genommen haben.

Von September bis November und Januar bis Mai kann man im Tabernacle live dabei sein. Von Juni bis August und im Dezember, wenn die meisten Besucher kommen, tritt der Chor im LDS Conference Center (Ecke N Temple St & Main St) mit 21 000 Sitzplätzen auf. Öffentliche Proben finden jeden Donnerstag (20–21 Uhr) im Tabernacle statt.

Theater

Die Website des Salt Lake City Arts Council liefert einen Kulturkalender (www.slcgov.com/city-life/ec). Veranstaltungsorte sind z. B. die **Abravanel Hall** (www.slccfa.org; 123 W South Temple St), das **Capitol Theater** (http://theatresaltlakecity.com; 50 W 200 South) und das **Rose Wagner Performing Arts Center** (www.slccfa.org; 138 W 300 South). Reservieren kann man über **ArtTix** (☎ 888-451-2787, 801-355-2787; www.arttix.org).

Sport

Energy Solutions Arena
STADION

(☎ 801-355-7328; www.energysolutionsarena.com; 301 W South Temple St) Utah Jazz, das Profi-Basketball-Team der Männer, spielt in Downtown SLC – wie auch die Hallenfussball-Liga. Konzerte finden hier ebenfalls statt.

Maverik Center
STADION

(☎ Tickets 800-745-3000; www.maverikcenter.com; 3200 S Decker Lake Dr, West Valley City) Die Utah Grizzlies spielen in der International Hockey League und haben ihre Heimat 8,5 Meilen (ca. 14 km) außerhalb der Stadt.

🔒 Shoppen

City Creek (S. 406), die teilweise überdachte Shopping Mall, ist erste Wahl in Downtown, wenn es um große Markennamen geht. Eine kleine, aber feine Auswahl interessanter Boutiquen, Antiquariate und Cafés säumen die **Broadway Avenue** (300 South) zwischen 100 und 300 East. Kunsthandwerk und Galerien findet man im 300er-Block der **W Pierpont Avenue**.

❶ Praktische Informationen

GELD

Wells Fargo (www.wellsfargo.com; 79 S Main St; ⊘ Mo–Fr 9–18, Sa 9–15 Uhr) Geldwechsel.

INFOS IM INTERNET

Downtown SLC (www.downtownslc.org) Kunst und Unterhaltung sowie Infos zu Unternehmen in Downtown.

INTERNETZUGANG

Main Library (www.slcpl.org; 210 E 400 South; ⊘ Mo–Do 9–21, Fr & Sa 9–18, So 13–17 Uhr; 🛜) Kostenloser Internetzugang (auch WLAN).

MEDIEN

City Weekly (www.cityweekly.net) Kostenlose alternative Wochenzeitung mit gutem Restaurant- und Unterhaltungsteil.

Salt Lake Tribune (www.sltrib.com) Utahs auflagenstärkste Zeitung; eine Liste mit Restaurants und Events gibt's unter „Entertainment".

NOTFALL & MEDIZINISCHE VERSORGUNG

Salt Lake Regional Medical Center (☎ 801-350-4111; www.saltlakeregional.com; 1050 E South Temple; ⊘ 24 Std.; Notaufnahme)

THE BOOK OF MORMON, DAS MUSICAL

Schon seit 2011 lassen singende und tanzende Mormonenmissionare den Broadway erstrahlen. Gerüchte besagen, dass das Musical *The Book of Mormon* in Salt Lake City aufgeführt werden soll, noch bevor die ursprünglich dafür vereinbarte Frist von 10 Jahren verstrichen ist. Die heitere Satire über Brüder und Schwestern auf ihrer Missionsreise durch Uganda entstammt den selben Köpfen, die zuvor das Musical *Avenue Q* und die TV-Serie *South Park* erdachten. Kein Wunder, dass es die Show zu neun Tony Awards gebracht hat. Die offizielle Antwort der LDS-Kirche? Ausgewogen, wobei allerdings Wert darauf gelegt wurde, festzuhalten, dass das Musical unterhalten, die Heilige Schrift der LDS aber das Leben eines Menschen verändern kann.

TOURISTENINFORMATION

Public Lands Information Center (☎ 801-466-6411; www.publiclands.org; REI Store, 3285 E 3300 South; ⊘ Mo–Fr 10.30–17.30, Sa 9–13 Uhr) Im REI-Geschäft. Infos zu Freizeitmöglichkeiten im Wasatch-Cache National Forest.

Visit Salt Lake (☎ 801-534-4900; www.visitsaltlake.com; Visitor Center 90 S West Temple, Salt Palace Convention Center; ⊘ Mo–Fr 9–18, Sa & So 9–17 Uhr) Großes Büro mit jeder Menge Infos und angeschlossenem Andenkenladen.

❶ An- & Weiterreise

BUS

Greyhound (☎ 800-231-2222; www.greyhound.com; 300 S 600 West) bietet Verbindungen zwischen SLC und Städten im Südwesten wie Las Vegas, NV, (86 US$, 8 Std.) oder Denver, CO, (114 US$, 10 Std.).

FLUGZEUG

Ein neues Terminal befindet sich in Planung. Momentan bietet der **Salt Lake City International Airport** (SLC; www.slcairport.com; 776 N Terminal Dr), 5 Meilen (8 km) nordwestlich von Downtown SLC, neben einigen Non-Stop-Flügen nach Kanada und Mexiko in erster Linie Inlandsverbindungen. **Delta** (☎ 800-221-1212; www.delta.com) ist die wichtigste Fluggesellschaft in SLC.

ZUG

Amtraks (☎ 800-872-7245; www.amtrak.com) Der *California Zephyr* pendelt zwischen Chicago und Oakland/Emeryville und hält täglich am **Union Pacific Rail Depot** (340 S 600 West). Ziele im Südwesten sind u. a. Denver, CO, (150 US$, 15 Std.) und Reno, NV, (68 US$, 10 Std.). Manchmal kommt es zu erheblichen Verspätungen. Gewöhnungsbedürftige Abfahrtszeiten.

❶ Unterwegs vor Ort

VOM/ZUM FLUGHAFEN

2013 stellte die **Utah Transit Authority** (UTA; www.rideuta.com; one-way $2) ein 6 Meilen (9,5 km) Teilstück seiner TRAX-Straßenbahn fertig, womit der Flughafen mit der Haltestelle „Energy Solutions Arena" (Green Line) verbunden wurde. Mit dem Bus Nr. 453 gelangt man ebenfalls vom Flughafen nach Downtown SLC.

Express Shuttle (☎ 800-397-0773; www.xpressshuttleutah.com) Sammeltransporter; ca. 16 US$ bis Downtown SLC; Taxis um die 25 US$.

ÖFFENTLICHER NAHVERKEHR

Die Utah Transit Authority (s. oben) erweitert weiterhin ihr TRAX-Straßenbahnnetz. Die sieben

DER GREAT SALT LAKE

Der Große Salzsee, einst Teil des prähistorischen Lake Bonneville, hat aktuell eine Fläche von 5180 km² und einen weit höheren Salzgehalt als das Meer – so hoch, dass man an der Oberfläche treibt. Der hübsche, 15 Meilen (24 km) lange **Antelope Island State Park** (☎ 801-773-2941; http://stateparks.utah.gov; Antelope Dr; 9 US$/Auto/Tag; ☉ Juli–Sept. 7–22 Uhr, Okt.–Juni 7–19 Uhr), 40 Meilen (64 km) nordwestlich von SLC, bietet Wanderwege und die schönsten Strände für einen Hüpfer in den See (manchmal riecht es allerdings etwas streng!). Hier streift eine der größten Büffelherden des Landes umher. Der einfache **Campingplatz** (Stellplatz f. Zelt & Wohnmobil 13 US$) ist ganzjährig geöffnet. Sechs Plätze werden nach dem „Wer zuerst kommt, mahlt zuerst"-Prinzip vergeben, die restlichen 20 können reserviert werden.

Haltestellen in Downtown SLC gehören zur Kostenlos-Zone und werden von allen drei (farblich unterschiedlich codierten) Linien angefahren. Im Winter steuern die UTA-Busse die lokalen Skigebiete an (einfache Strecke 4,50 US$).

Park City & Wasatch Mountains

Utah ist das Paradies für Skifahrer und Snowboarder. Hier findet man mit die besten Pisten Nordamerikas. Jedes Jahr fallen zwischen 0,75 bis 1,30 m lockerer, trockener Schnee, und man hat Tausende Hektar hochalpines Terrain zum Austoben – Utah war Gastgeber der Olympischen Winterspiele 2002. In den Wasatch Mountains, die hinter SLC aufragen, liegen viele Skiorte, man kann wandern, zelten und mountainbiken. Und dann wäre da natürlich noch das mondäne Park City mit seiner luxuriösen Infrastruktur und dem berühmten Filmfestival.

Skiresorts bei Salt Lake City

40 Minuten von SLC entfernt, in den Canyons Little Cottonwood und Big Cottonwood an der Westseite der Wasatch Mountains, liegen vier tolle Skigebiete, die Unterkünfte und Restaurants bieten. Mit dem für ein bis zehn Tage erhältlichen **Super Pass** (www.visitsaltlakecity.com/ski/superpass; 3-Tages-Pass Erw./Kind 219/114 US$) hat man freien Zugang zu allen Resorts (eines pro Tag). Auch der Transport (ab SLC & zurück) ist inklusive.

Eine vollständige Liste aller Sommer-Wander- und Fahrradwege findet man unter www.utah.com/saltlake/hiking.htm.

BIG COTTONWOOD CANYON

Solitude　　　　　　　　　　WINTERSPORT
(☎ 801-534-1400; www.skisolitude.com; 12000 Big Cottonwood Canyon Rd; Tagespass Skilift Erw./Kind 72/46 US$) Exklusives Dorf im europäischen Stil, umgeben von hervorragenden Pisten. Das Nordic Center bietet Langlaufen im Winter und Naturpfade für die Sommermonate.

Brighton Resort　　　　　　　WINTERSPORT
(☎ 800-873-5512; www.brightonresort.com; 12601 Big Cottonwood Canyon Rd; Tagespass Skilift Erw./Kind 57/31 US$) Kleine, aber sehr feine Abfahrten. Hier hat ganz SLC das Skifahren gelernt; altmodisches Resort, unverändert beliebt bei Familien und Anfängern.

LITTLE COTTONWOOD CANYON

Snowbird　　　　　　　　　　WINTERSPORT
(☎ 800-232-9542; www.snowbird.com; Hwy 210, Little Cottonwood Canyon; Tagespass Skilift Erw./Kind 65/42 US$) Das größte Skiresort mit den meisten Besuchern. Hervorragende Bedingungen für alle Ansprüche, auch steile Pisten und Tiefschnee. Außerdem: zahlreiche Wanderwege für den Sommer (Zugang per Lift), und die Seilbahn ist das ganze Jahr über in Betrieb.

Alta Ski Area　　　　　　　　SKIFAHREN
(☎ 800-258-2716; www.alta.com; Highway 210, Little Cottonwood Canyon; Tagespass Skilift Erw./Kind 65/42 US$) Entspanntes Gebiet exklusiv für Skifahrer. Ja, tatsächlich: Dies ist eine snowboardfreie Zone. Im Sommer kann man wunderbar zwischen Hunderten Wildblumen durch das Albion Basin wandern.

Park City

Auf der I-80 sind es gerade mal 35 Meilen (56 km) von SLC nach Park City (2134 m). Die Stadt wurde 2002 als Austragungsort der olympischen Winterspiele erstmals international bekannt. Nach wie vor trainiert die Ski-Nationalmannschaft der USA in dem beliebtesten Skigebiet im Südwesten. Während der Sommermonate tauschen die 7873 Einwohner die Skier gegen Wanderschuhe bzw. schwingen sich aufs Mountainbike, um das Gelände zwischen den Gipfeln zu erkunden.

Die Stadt selbst war im 19. Jh. eine Silbermine. Die nette Hauptstraße wird von teuren Galerien, Geschäften, Hotels, Restaurants und Bars gesäumt. Mit Ausnahme der Fertighäuser im Tal ist die Szenerie nach wie vor ganz hübsch. Die Hauptsaison ist der Winter (ca. Ende Dez.–März), den Rest des Jahres bleiben die Geschäfte teilweise an verschiedenen Tagen geschlossen, und die Dienstleistungen in den Resorts sind eingeschränkt.

◉ Sehenswertes

Park City Museum
MUSEUM
(www.parkcityhistory.org; 528 Main St; Erw./Kind 10/4 US$; ⊙ Mo–Sa 10–19, So 12–18 Uhr) Das gut aufgemachte, interaktive Museum zeigt die Höhepunkte der Geschichte der Stadt – Bergbau-Boom, Hippie-Zeit und die Gegenwart als Top-Skigebiet.

Utah Olympic Park
ABENTEUERSPORT
(☎ 435-658-4200; http://utaholympiclegacy.org; 3419 Olympic Pkwy; Führungen Erw./Kind 10/7 US$; ⊙ 10–18 Uhr, Führungen 11–16 Uhr) GRATIS Hier kann man die olympischen Einrichtungen von 2002 besuchen (z. B. die Skisprung-Anlagen und die Bobbahn), das Skimuseum anschauen und mit etwas Glück sogar beim Training der Profis während einer Freestyle-Show zusehen (Sommer & Winter; 10 US$). Weitere angebotene Aktivitäten (15–200 US$/Fahrt): Winter-/Sommerrodeln, Rodelbahn, Seilrutschen und ein Sessellift.

⚡ Aktivitäten

Abgesehen von den Wintersportmöglichkeiten bieten die Resorts elegante Schlafmöglichkeiten nahe der Pisten, Restaurants und verschiedene Sommeraktivitäten wie Mountainbikeverleih oder Wanderungen (Zugang zu den Wegen mit dem Lift). In den Bergen ringsum verläuft ein fast 500 km langes Netz aus Wander-/Fahrradwegen; Karten gibt's im Visitor Center oder online unter http://mountaintrails.org. Zwei der neueren Strecken, **Armstrong** (4 Meilen, 6,4 km; Start: Park City Mountain Resort) und **Pine-cone Ridge** (4 Meilen, 6,4 km) lassen sich für einen exzellenten Mountainbike-Ausflug miteinander kombinieren.

Park City Mountain Resort
ABENTEUERSPORT
(☎ 435-649–8111; www.parkcitymountainresort. com; 1310 Lowell Ave; Tagespass Lift Erw./Kind 80/50 US$) Familienfreundlich und sehr zentral wartet dieses Resort mit zahlreichen Aktivitäten auf: mehr als 1330 ha Skipisten, Snowtubing (hierbei geht's in einem Reifen den Hang hinunter), Rodelbahnen, ein ganzjährig geöffneter Lift in der Nähe und eine Zipline für die Sommermonate.

Deer Valley
ABENTEUERSPORT
(☎ 800-424-3337; www.deervalley.com; Deer Valley Dr; Tagespass Lift Erw./Kind 100/64 US$) Das exklusivste Resort der Gegend ist bekannt für seine tollen Restaurants, die Luxushotels, darunter das St. Regis, die supergepflegten Pisten und den Ski-Service. Achtung: Snowboarden ist verboten!

Canyons
ABENTEUERSPORT
(☎ 888-226-9667; www.thecanyons.com; 4000 Canyons Resort Dr; Tagespass Lift Erw./Kind 80/60 US$) Das größte Wintersportgebiet in Utah mit ganzjährigem Gondelbetrieb umfasst neun Berggipfel und drei Geländeparks. Im Sommer gibt's zusätzlich zu den Zipline-Touren geführte Wanderungen und Mountainbike-Ausflüge.

✦ Feste & Events

Sundance Film Festival
FILMFESTIVAL
(☎ 888-285-7790; www.sundance.org/festival) Independent-Streifen, ihre Macher, Filmstars und Fans lassen die Stadt Ende Januar zehn Tage lang aus allen Nähten platzen. Pässe, Festival-Pauschalangebote und die wenigen Einzeltickets sind schon weit im Voraus ausgebucht und ausverkauft. Lange vorher planen!

⌨ Schlafen

Park City wartet mit mehr als 100 Wohnungen, Hotels und Resorts auf. Eine vollständige Übersicht findet man unter www.visit parkcity.com. Hier sind die Winterpreise (Hauptsaison) aufgeführt; manchmal wird ein Mindestaufenthalt verlangt; in der Nebensaison sind die Unterkünfte nur halb so teuer (oder noch billiger!). Günstiger kommt man in den Kettenhotels in SLC und an der Kreuzung der I-40 und dem Hwy 248 weg.

Chateau Apres Lodge
HOSTEL $
(☎ 800-357-3556, 435-649-9372; www.chateauap res.com; 1299 Norfolk Ave; B 40 US$, DZ/4BZ 125/175 US$; 🐾) Die einzige Budgetunter-

kunft im Ort ist diese einfache Lodge von 1963 in der Nähe des Skilifts. Im 1. Stock gibt's sogar ein Mehrbettzimmer. Im Voraus reservieren.

★ Old Town Guest House B&B $$
(☑ 800-290-6423, 435-649-2642; www.oldtown guesthouse.com; 1011 Empire Ave; Zi. inkl. Frühstück 169–199 US$; ❄ @ 🛜) Rein in den Flanell-Bademantel, Taschenbuch aus dem Regal gefischt und dann ab unter die kuschelige Decke auf dem rustikalen Bett aus Kieferstämmen! Man kann aber auch im Whirlpool auf der großen Terrasse entspannen. Der Gastgeber dieses bequemen, zentral gelegenen B&Bs bietet ein Plätzchen für die Ausrüstung seiner Gäste und teilt gern sein Wissen über die vielen Outdoor-Möglichkeiten der Gegend mit ihnen.

Park City Peaks HOTEL $$
(☑ 800-333-3333, 435-649-5000; www.parkcity peaks.com; 2121 Park Ave; Zi. 149–249 US$; ❄ @ 🛜 ☲) In diesem Hotel zwischen Downtown und Olympiapark trifft man auf die Mitglieder des Junior-Teams der Bobfahrer und andere US-Sportler. Von Dezember bis April gibt's die bequemen, modernen Zimmer inklusive Frühstück.

Sky Lodge LUXUSHOTEL $$$
(☑ 888-876-2525, 435-658-2500; www.theskylod ge.com; 201 Heber Ave; Suite 400–1000 US$; ❄ @ 🛜 ☲) Die urbane Architektur im Loft-Stil mit den schicken Sky-Lodge-Suiten stellt einen interessanten Kontrast zu den drei historischen Gebäuden dar, in denen die zur Anlage gehörenden Sterne-Restaurants untergebracht sind. Stilvoller und zentraler geht es nicht!

St. Regis Deer Valley LUXUSHOTEL $$$
(☑ 866-932-7059, 435-940-5700; www.stregisdeer valley.com; 2300 Deer Valley Dr E; Zi. 700–1300 US$; ❄ @ 🛜 ☲) Mit der privaten Seilbahn geht's hinauf ins St. Regis. Entsprechend der Lage gibt's also immer eine grandiose Aussicht zu bestaunen – egal, ob vom Liegestuhl neben einem knisternden Feuerchen im Freien, beim Essen auf der weitläufigen Terrasse, oder vom Balkon des Zimmers aus. Das zurückhaltend-elegante rustikale Hotel ist wortwörtlich der Höhepunkt unter den Luxusunterkünften von Deer Valley.

✕ Essen

Park City ist bestens bekannt für extrem feines Essen; eine bodenständige, günstige Mahlzeit ist schwieriger zu finden. In

---

SCENIC DRIVE: MIRROR LAKE HIGHWAY

Diese Höhenstraße, auch als Hwy 150 bekannt, beginnt ca. 12 Meilen (19 km) östlich von Park City in Kamas und klettert auf der 65 Meilen (105 km) langen Strecke nach Wyoming auf mehr als 3000 m. Unterwegs eröffnen sich atemberaubende Bergpanoramen, man passiert viele Seen, Campingplätze und Startpunkte von Wanderwegen durch den **Uinta-Wasatch-Cache National Forest** (www.fs.usda.gov/uwcnf). Achtung: Wegen starker Schneefälle sind Abschnitte der Straße manchmal bis in die Frühlingsmonate hinein gesperrt; online informieren!

Deer Valley gibt's einige der besten Resort-Restaurants. Im entsprechenden Guide des Park City Magazine (www.parkcitymaga zine.com) findet man aktuelle Empfehlungen. Nicht vergessen: Von April bis November sind die Öffnungszeiten teilweise verkürzt, und manchmal wird z. B. länger Mittagspause gemacht. Reservierung ist in allen Top-Restaurants ($$$) geboten.

Java Cow Coffee & Ice Cream CAFÉ $
(402 Main St; Gerichte 3–8 US$; ⊙ 7–22 Uhr; 🛜) Zum Ibis-Kaffee passt eine Kugel hausgemachtes Eis, z. B. Mooana (mit Bio-Bananen-Stückchen). Sandwiches und Crêpes gibt's in dem gut besuchten Café ebenfalls.

Uptown Fare CAFÉ $
(227 Main St; Sandwiches 6–11 US$; ⊙ 11–15 Uhr) In dem gemütlichen Café unterhalb des Treasure Mountain Inn erwarten einen leckere gebratene Truthahn-Sandwiches und hausgemachte Suppen.

★ Silver Star Cafe MODERN-AMERIKANISCH $$
(www.thesilverstarcafe.com; 1825 Three Kings Dr; Frühstück & kleine Gerichte 9–14 US$, Hauptgerichte abends 15–20 US$; ⊙ 8–21 Uhr) Schwer zu sagen, ob es die einfallsreichen, herzhaften Western-Gerichte sind oder es die perfekte Lage ist, die das Silver Star zu einem derart wunderbaren Ort machen. So oder so, die sonnige Terrasse ist für entspanntes Après-Ski, mit oder ohne Auftritt eines Singer-Songwriters, ein Traum.

Good Karma FUSION $$
(www.goodkarmarestaurants.com; 1782 Prospector Ave; Frühstück 7–12 US$, Hauptgerichte 12–22 US$;

NICHT VERSÄUMEN

ROBERT REDFORDS SUNDANCE RESORT

Hat man sich auf dem schmalen, Haken schlagenden Hwy 92 bergauf vorgearbeitet, darf man sich auf etwas ganz Besonderes freuen: Robert Redfords **Sundance Resort** (☏800-892-1600, 801-225-4107; www.sundanceresort. com; 9521 Alpine Loop Rd, Provo; Zi. 199–500 US$; 🛜) 🍽. Wer sich die Übernachtung in der elegant-rustikalen, umweltbewussten Wildnisoase nicht leisten kann, könnte sich zumindest ein tolles Essen im Treehouse Restaurant oder Deli gönnen, eine Vorführung im Amphitheater unter freiem Himmel mitverfolgen oder beim Töpfern in der „Kunsthütte" zusehen (die Tonwaren stehen auch zum Verkauf). Weitere Aktivitäten vor Ort: skilaufen, wandern und Wellnessbehandlungen. Auch einfach in der Anlage herumzulaufen, ist ein Erlebnis. Das Resort liegt 30 Meilen (38 km) südlich von Park City und 50 Meilen (80 km) südöstlich von SLC.

⏱7–22 Uhr) 🍽 Soweit möglich werden lokale Bio-Zutaten für die indisch-persischen Gerichte mit asiatischem Touch verwendet. Das Good Karma ist anhand der tibetischen Gebetsflaggen, die draußen vor sich hinflattern, leicht auszumachen.

Vinto   ITALIENISCH $$
(www.vinto.com; 900 Main St, Summit Watch Plaza; Gerichte 8–17 US$; ⏱Mo–Sa 11–22, So 16–21 Uhr) Die minimalistische Aufmachung entspricht der Lage in der Main St. Überraschenderweise treiben einen die Holzofenpizza und die leichten, frischen italienischen Gerichte dennoch nicht in den Ruin.

Riverhorse on Main   MODERN-AMERIKANISCH $$$
(☏435-649-3536; http://riverhorseparkcity.com; 540 Main St; Brunch 25–35 US$, Hauptgerichte abends 35–45 US$; ⏱Mo–Do 17–22, Fr & Sa 17–23, So 11–14.30 & 17–22 Uhr) Immer unter den Top-Adressen der Stadt gelistet, ausgezeichnet mit unzähligen Preisen für seine anspruchsvolle, amerikanische Küche – wie Utah-Forelle mit Pistazien. Im Winter gibt's abends Livemusik.

Wahso   ASIATISCH $$$
(☏435-615-0300; www.billwhiterestaurantgroup. com/wahso.html; 577 Main St; Hauptgerichte

30–50 US$; ⏱Mi–So 17.30–22 Uhr) Einnehmend exotisches Fusion-Restaurant mit anspruchsvollen indochinesischen Kreationen und einem Publikum, das sehen und gesehen werden will.

Ausgehen & Unterhaltung

Die Main St ist die Anlaufstelle mit mehr als einem halben Dutzend Bars, Clubs und Pubs. Im Winter geht jeden Abend die Post ab, selbst in den Restaurants gibt's dann Musik, in der Nebensaison ist am ehesten an den Wochenenden etwas los. Einen Veranstaltungskalender findet man unter www. thisweekinparkcity.com.

High West Distillery & Saloon   BAR
(703 Park St; ⏱11–22 Uhr, Führungen 15 & 16 Uhr) In einer früheren Werkstatt aus der Ära von Livrees und Ford-A-Mobilen ist heute Park Citys kleine Destillerie untergebracht. Es gibt Führungen und hausgemachten Roggenwhiskey (mit oder ohne Limonade). Warum nicht gleich zum Abendessen bleiben? Eben.

No Name Saloon & Grill   BAR
(447 Main St; ⏱11–1 Uhr) Ein Motorrad hängt von der Decke, aus den Boxen erklingt Johnny Cashs „Jackson", und die Kellnerin schwindelt vielleicht, wenn es um die Geschichte dieser mit Nostalgie-Krimskrams gefüllten Bar geht.

ℹ Praktische Informationen

Library (☏435-615-5600; http://parkcity library.org; 1255 Park Ave; ⏱Mo–Do 10–21, Fr & Sa 10–18, So 13–17 Uhr; 🛜) Kostenloser Internetzugang und WLAN.

Main Street Visitor Center (☏435-649-7457; 528 Main St; ⏱Mo–Sa 10–19, So 12–18 Uhr) Kleines Büro im geschäftigen Park City Museum.

Visitor Information Center (☏800-453-1360, 435-649-6100; www.visitparkcity.com; 1794 Olympic Pkwy; ⏱9–18 Uhr; 🛜) Große Touristeninformation mit Kaffee-Bar, Terrasse und einem unglaublichen Blick auf die Berge in der Nähe des Olympiaparks. Besucher-Guides online verfügbar.

ℹ Anreise & Unterwegs vor Ort

Park City Transportation (☏800-637-3803, 435-649-8567; www.parkcitytransportation. com) und **Canyon Transportation** (☏800-255-1841; www.canyontransport.com) betreiben Sammel- (40 US$/Strecke) und private Transporter (ab 100 US$ für 1–3 Pers.) vom/ zum Salt Lake City Airport. Beide Unternehmen bieten zudem Shuttles (ab 50 US$), die von Park City aus Kurs auf die Resorts bei Salt Lake City nehmen.

Mit PC-SLC Connect (Bus 902) kommt man aus der Innenstadt von SLC zum **Park City Transit Center** (www.parkcity.org; 558 Swede Alley). Das hervorragende öffentliche Nahverkehrssystem deckt den Großteil der Stadt ab, darunter auch die historische Altstadt, Kimbell Junction und die drei Skiresorts, und macht einen eigenen Wagen überflüssig. Die kostenlosen Elektrobusse fahren von 8 bis 23 Uhr ein- bis sechsmal stündlich (im Sommer seltener). Online gibt's einen Fahrplan.

Nordost-Utah

Die meisten Touristen fahren wegen des Dinosaur National Monument in den Nordosten des Staates, diese ländliche, ölreiche Gegend hat aber noch mehr fesselnde Wildnis zu bieten. Sämtliche Städte liegen 1 Meile über dem Meeresspiegel.

Vernal

Es ist nicht wirklich überraschend, dass Vernal als das dem Dinosaur National Monument nächstgelegenes Städtchen seine Besucher mit einer riesigen rosafarbenen Dino-Figur empfängt. Seit die Öl-und Gasförderung in der Region ausgeweitet wurde und das Monument nach vielen Jahren, in denen nicht viel vorwärts ging, inzwischen wieder voll zugänglich ist, tut sich auch in der Stadt laufend was.

Der informative Film im **Utah Field House of Natural History State Park Museum** (http://stateparks.utah.gov; 496 E Main St; ⊙ Mo–Sa 9–17 Uhr; 🅿) liefert eine umfassende Einführung zum Thema Dinosaurier in Utah. Die interaktiven Ausstellungen, Videos und natürlich die riesigen Fossilien stehen in direktem Bezug zur Region.

Don Hatch River Expeditions (☑ 435-789-4316, 800-342-8243; www.donhatchrivertrips. com; 221 N 400 East; Tagesausflug Erw./Kind 99/76 US$) organisiert Rafting und Bootsfahrten auf dem Green River und dem Yampa River.

Entlang der Main St gibt's viele Kettenhotels. Da diese allerdings durch hier arbeitende Pendler stark nachgefragt werden, sollte man keine Sonderangebote erwarten. **Holiday Inn Express & Suites** (☑ 435-789-4654; www.vernalhotel.com; 1515 W Hwy 40; Zi. inkl. Frühstück 100–170 US$, Suite 130–200 US$; ❄ 🛜 🛝) hat die meisten Annehmlichkeiten. Die **Eco-**

no Lodge (☑ 435-789-2000; www.econolodge. com; 311 E Main St; Zi. 69–99 US$) bietet sich an, wenn man sein Budget im Auge behalten will/muss. Wer etwas anderes ausprobieren möchte, sollte das **Landmark Inn & Suites** (☑ 888-738-1800, 435-781-1800; www.landmark -inn.com; 301 E 100 S; Motel Zi. inkl. Frühstück 129–169 US$, B&B 80–100 US$; 🛜) ansteuern, wo man die Wahl hat zwischen einem edlen Motel und einem nahe gelegenen Gästehaus.

Bei **Backdoor Grille** (87 W Main St; Hauptgerichte 5–8 US$; ⊙ Mo–Sa 11–18 Uhr) gibt's frische Sandwiches und Cookies – ideal für ein Picknick. Im angeschlossenen Buchladen findet man Wanderführer. Abends bietet sich das **Porch** (www.facebook.com/theporchver nal; 251 E Main St; Mittagessen 8–12 US$, Abendessen 14–22 US$; ⊙ Mo–Sa 11–14 & 17–21, Sa 17–21 Uhr) an, das mit seiner Südstaaten-Küche punktet. Das **Don Pedro's Mexican Family Restaurant** (http://klcyads.com/don-pedros; 3340 N Vernal Ave; Gerichte 8–15 US$; ⊙ 11–14 & 17–22 Uhr) nördlich der Stadt serviert opulente Gerichte von südlich der Grenze.

Informationen über die gesamte Region erhält man im **Vernal Chamber of Commerce** (☑ 800-477-5558; www.dinoland.com; 134 W Main; ⊙ Mo–Fr 9–17 Uhr), darunter auch jede Menge Broschüren über die hiesige Felsenmalereien und die Dinosaurierspuren.

Dinosaur National Monument

Im **Dinosaur National Monument** (www. nps.gov/dino; abseits Hwy 40; 7-Tages-Pass 10 US$/ Wagen; ⊙ 24 Std.), beiderseits der Grenze zwischen Utah und Colorado gelegen, wurde 1909 eines der größten Felder mit Dinosaurierfossilien in Nordamerika entdeckt. Auch wenn die jeweiligen Abschnitte beider Bundesstaaten wunderschön sind, ist es doch Utah, das mit den Knochen aufwarten kann – denn das Highlight dieses National Monuments ist eine Art überdachter **Steinbruch** (Quarry Exhibit; 9–16 Uhr) mit Hunderten Knochen, die zwar teilweise freigelegt, aber nicht aus dem Stein entfernt wurden. Ein bemerkenswerter Anblick!

Im Sommer muss man ein Shuttle benutzen, um zum Steinbruch zu gelangen. Möglicherweise ist dann auch etwas länger geöffnet. Außerhalb der Saison kann es vorkommen, dass man in einem von Rangern geführten Konvoi mitfahren muss.

Um ein paar riesige Oberschenkel und ähnliches aus dem Felsen ragen sehen zu können, folgt man dem Fossil Discovery Trail (hin & zurück 3,5 km). Los geht's unterhalb des Steinbruch-Parkplatzes. Die erklärenden Wanderungen, die die Ranger anbieten, sind sehr zu empfehlen. Außerdem gibt's auf der Utah-Seite des Monuments auch noch einfach zugängliche indigene Felsmalereien.

Der Canyon-Abschnitt auf der Colorado-Seite liegt höher, was einige atemberaubende Aussichtspunkte zur Folge hat, dafür ist dieser Teil oft wegen Schnee bis ins späte Frühjahr geschlossen. In beiden Abschnitten gibt's zahlreiche Wanderwege, informative Fahrtouren (Broschüren können gekauft werden), Zugang zum Green und dem Yampa River sowie Campingplätze (Stellplatz f. Zelt/Wohnmobil 8–15 US$).

Der zu Utah gehörende Teil umfasst sämtliche Fossilien und liegt ca. 15 Meilen (24 km) östlich von Vernal, am Hwy 149. Der Canyon-Abschnitt liegt rund 30 Meilen (48 km) weiter östlich, außerhalb von Dinosaur, CO.

Es gibt zwei Visitor Centers: das **Quarry Visitor Center** (⊙ Mitte Mai–Ende Sept. 8–18 Uhr, Ende Sep.–Mitte Mai 9–17 Uhr) und, in Colorado, das **Canyon Area Visitor Center** (☏ 970-374-3000; www.nps.gov/dino; Dinosaur, CO; ⊙ Juni–Anfang Sept. 9–17 Uhr, Mitte April–Mai nur Sa & So 10–16 Uhr).

Flaming Gorge National Recreation Area

Die Flaming Gorge National Recreation Area ist nach dem glühendroten Sandstein benannt. Das Ufer des Wasserreservoirs ist über 600 km lang und Teil des Green-River-Systems. Die **Red Canyon Lodge** (☏ 435-889-3759; www.redcanyonlodge.com; 790 Red Canyon Rd, Dutch John; Hütte 115–145 US$) bietet Aktivitäten wie Angeln, Rudern, Rafting und Reiten an. Die angenehm rustikalen Hütten sind garantiert fernseherfrei! Das **Flaming Gorge Resort** (☏ 435-889-3773; www.flaming gorgeresort.com; 155 Greendale/Hwy 191, Dutch John; Zi. 90–120 US$, Suite 120–160 US$) hat ähnliche Wasseraktivitäten und vermietet Motelzimmer und Suiten. Beide Unterkünfte besitzen vernünftige Restaurants.

Allgemeines Infos gibt's unter www.fla minggorgecountry.com, übers Campen informieren die **USFS Flaming Gorge Headquarters** (☏ 435-784-3445; www.fs.fed.us/r4/ ashley; 25 W Hwy 43, Manila; ⊙ Mo–Fr 8–17 Uhr). Die Lage des Sees auf 1840 m verspricht angenehm warme, aber nicht zu heiße Sommer; die Tageshöchsttemperaturen liegen bei etwa 27 °C.

Moab & Südost-Utah

Die schneebedeckten Gipfel in der Ferne bilden einen starken Kontrast zu den roten Canyons, dem Markenzeichen dieser rauen Ecke des Colorado Plateaus. 65 Mio. Jahre lang haben sich der Colorado und der Green River in gewundenen Serpentinen durch den Stein gefressen und Schluchten mit steil aufragenden Felswänden geschaffen. Diese bilden heute die Grenzen des weitläufigen Canyonlands National Park (S. 419). Im nahen Arches National Park (S. 419) sind durch Erosionsvorgänge Tausende Steinbogen und andere Felsformationen entstanden. Am besten sucht man sich eine Unterkunft zwischen den Parks, etwa in Moab, einem Mekka für alle Arten von Aktivitäten von Mountainbiken über Rafting bis zu Jeeptouren. In den entlegenen Wildnisgebieten und Parks ganz im Südosten des Staates liegen verstreut Stätten der frühen Pueblo-Indianer. Am bekanntesten ist ohne Zweifel das Monument Valley, das sich bis nach Arizona erstreckt.

Green River

Die „Wassermelonenhauptstadt der Welt", Green River ist eine gute Basis für Raftingabenteuer auf dem gleichnamigen Fluss und auf dem Colorado. Der legendäre einarmige Bürgerkriegsveteran, Geologe und Ethnologe John Wesley Powell nahm die beiden Flüsse 1869 und 1871 als Erster in Augenschein. Im **John Wesley Powell River History Museum** (www.jwprhm.com; 885 E Main St; Erw./Kind 3/1 US$; ⊙ April–Okt. 8–19 Uhr, Nov.–März 8–16 Uhr) kann man mehr über seine fantastischen Reisen erfahren. Darüber hinaus beherbergt das Museum Exponate zu den Fremont-Indianern, zur Geologie sowie zur örtlichen Geschichte und dient als Vistor Center.

Die Tourenveranstalter **Holiday Expeditions** (☏ 800-624-6323, 435-564-3273; www. holidayexpeditions.com; 10 Holiday River St; Erw./ Kind 195/175 US$/Tag) und **Moki Mac River Expeditions** (☏ 800-284-7280, 435-564-3361; www.mokimac.com; 160 US$/Tag) organisieren ganztägige Raftingtouren im Westwater Canyon sowie mehrtägige Touren.

Das saubere **Robbers Roost Motel** (☏ 435-564-3452; www.rrmotel.com; 325 W Main St; EZ/DZ 35/45 US$; ❖ 🛜 🐾) ist ein Familienbetrieb, ist eine nette, kleine Budgetunterkunft. Darüber hinaus gibt's dort, wo die W Main St (Business 70) auf die I-70 trifft, unzählige Kettenhotels. **Ray's Tavern** (25 S Broadway; Hauptgerichte 8–26 US$; 11–22 Uhr), die örtliche Kneipe, ist bei Einheimischen und Touristen gleichermaßen beliebt. Was wahrscheinlich an den besten Hamburgern in ganz Südost-Utah (und den selbst gemachten, frischen Pommes) liegt.

In Südost-Utah ist der Bahnhof von Green River der einzige, an dem der *California Zephyr* von **Amtrak** (800-872-7245; www.amtrak.com; 250 S Broadway) auf der täglichen Fahrt nach Denver, CO, hält (90 US$, 10¾ Std.). Green River liegt 182 Meilen (293 km) südöstlich von Salt Lake City und 52 Meilen (84 km) nordwestlich von Moab.

Moab

Die größte Stadt im Südosten von Utah hat 5093 Einwohner und bezeichnet sich selbst als „Freizeithauptstadt"…Junge, Junge, wie sie diesem Titel gerecht wird! Jede Menge Anbieter von Rafting-, Mountainbike-, Reit- und Jeepabenteuern haben sich hier niedergelassen und führen Besucher in die umliegenden Parks. Wer den Ort zu seiner Basisstation macht, kann tagsüber durch den Arches oder den Canyonlands National Park streifen und sich abends auf ein gemütliches Bett, einen Whirlpool und jede Menge erstaunlich guter Restaurants freuen. Man muss sich allerdings im Klaren darüber sein, dass dieser Abenteuerspielplatz unter freiem Himmel längst kein Geheimtipp mehr ist: Die Stadt ist total überlaufen, vor allem anlässlich der Feste im Frühling und Herbst. Immerhin: Wenn einen der Verkehr einmal allzu sehr nerven sollte, kann man sich jederzeit in die weitläufige Wüste ringsum verkrümeln.

Aktivitäten

Das Moab Visitor Center gibt verschiedene Broschüren zu nahe gelegenen Stätten mit Felszeichnungen, zu Wanderwegen, malerischen Autorouten usw. aus. Hier bekommt man auch eine Liste der lokalen Veranstalter, die halb- bis mehrtägige Ausflüge im Angebot haben (von rund 60 US$ für eine Sonnenuntergangstour mit Jeep bis zu 170 US$ für einen Rafting-Tag; oft inklusive des Transports und manchmal auch der Mahlzeiten). Vorab buchen!

Veranstalter

Sheri Griffith Expeditions RAFTEN (800-332-2439; www.griffithexp.com; 2231 S Hwy 191; Tagestour 170 US$) Angesehener Raf-

ting-Anbieter, der noch weitere Sportarten im Programm hat.

Poison Spider Bicycles MOUNTAINBIKEN (800-635-1792, 435-259-7882; www.poisonspiderbicycles.com; 497 N Main St; Leihgeb./Tag 45–70 US$) Mountainbike- und City-Bike-Verleih sowie Touren; gute Infos, toller Service.

Farabee's Jeep Rental & Outlaw Tours ABENTEUERSPORT (877-970-5337; www.farabeesjeeprentals.com; 1125 S Highway 191; Leihgebühr Jeep/Tag 150–225 US$) Jeepverleih und Geländetouren auf eigene Faust oder mit Guide.

Moab Desert Adventures ABENTEUERSPORT (877-765-6622, 435-260-2404; www.moabdesertadventures.com; 415 N Main St; halber/ganzer Tag 165/285 US$) Erstklassige Klettertouren auf Felstürme und -wände. Canyoning- und Multisport-Kombinationen werden ebenfals angeboten.

Red Cliffs Lodge REITEN (866-812-2002, 435-259-2002; www.redcliffslodge.com; Mile 14, Hwy 128; halber Tag 80 US$) Täglich Ausritte (halber Tag). Auch im Reit-Angebot: Querfeldeintouren.

Schlafen

Die meisten Unterkünfte haben Abstellgelegenheiten für Fahrräder und einen Whirlpool, in dem man überstrapazierte Muskeln einweichen kann. Obwohl es Motels wie Sand am Meer gibt, ist die Stadt manchmal komplett ausgebucht; von März bis Oktober sollte man unbedingt reservieren! Außerhalb der Hauptsaison wird's hier deutlich günstiger!

Auf den **BLM Campsites** (www.blm.gov/utah/moab; Stellplatz f. Zelt & Wohnmobil 10–12 US$; ganzjährig) werden die Plätze nach dem „Wer zuerst kommt, mahlt zuerst"-Prinzip vergeben. In der Hauptsaison kann man im Moab Information Center nachfragen, welche Campingplätze belegt sind.

Adventure Inn MOTEL $ (866-662-2466, 435-259-6122; www.adventureinnmoab.com; 512 N Main St; Zi. inkl. Frühstück 80–105 US$; Nov.–Feb. geschl.;) Ein großartiges kleines Indie-Motel mit makellosen Zimmern (einige mit Kühlschrank), anständiger Bettwäsche und einer Wäscherei.

Cali Cochitta B&B $$ (888-429-8112, 435-259-4961; www.moabdreaminn.com; 110 S 200 East; Hütte inkl. Frühstück

135–170 US$; ) In den gemütlichen Backsteinhäuschen, einen kurzen Spaziergang vom Zentrum Moabs entfernt, fühlt man sich wie zu Hause. Der lange Holztisch auf der Terrasse lädt zum Frühstücken in großer Runde ein.

Sunflower Hill   INN $$
(☎800-662-2786, 435-259-2974; www.sunflowerhill.com; 185 N 300 East; Zi. inkl. Frühstück 165–225 US$; ✳🔊🏊) Inmitten der gepflegten Gärten des weitläufigen, 100 Jahre alten Bauernhauses aus dem frühen 20. Jh. lässt es sich wunderbar entspannen. Alle zwölf Zimmer verströmen Country-Flair.

Gonzo Inn   MOTEL $$
(☎800-791-4044, 435-259-2515; www.gonzoinn.com; 100 W 200 South; Zi. inkl. Frühstück April–Okt. 160–180 US$; ✳@🔊🏊) Dieses wüstenfarbene Motel hat sich mit gebürstetem Metall, hölzernen Kopfteilen, Duschkabinen aus Waschbeton und bunten Retro-Gartenmöbeln herausgeputzt.

Sorrel River Ranch   LODGE $$$
(☎877-359-2715, 435-259-4642; www.sorrelriver.com; Mile 17, Hwy 128; Zi. 420–530 US$; ✳@🏊) Das einzige Luxusresort mit Restaurant und allen weiteren „Schikanen" im Südosten von Utah (erb. 1803) diente ursprünglich als Wohnhaus. Die Lodge und die Blockhütten stehen auf einem ca. 100 ha großen Gelände am Colorado River. Hier werden jede Menge Aktivitäten angeboten.

✗ Essen

In Moab gibt's jede Menge Orte für einen Boxenstopp, von Backpacker-Cafés bis zu Nobelrestaurants für Gourmets. In den Unterkünften liegt normalerweise der *Moab Menu Guide* (www.moabmenuguide.com) aus. Manche Restaurants schließen von Dezember bis März früher bzw. bleiben an einigen Tagen komplett geschlossen.

Love Muffin   CAFÉ $
(www.lovemuffincafe.com; 139 N Main St; Hauptgerichte 6–8 US$; ⊙7–14 Uhr; 🔊) Das quirlige Café bietet originelle Sandwiches, Frühstücks-Burritos und kreative Eiergerichte wie „Verde" mit Rinderbrust und Salsa. Es werden vor allem Bio-Zutaten verwendet.

Milt's   BURGER $
(356 Mill Creek Dr; Hauptgerichte 5–10 US$; ⊙Mo-Sa 11–20 Uhr) Ein klassischer Burgerstand von 1954: frisch geschnittene Pommes und dickflüssige Milchshakes…soooo lecker!

Miguel's Baja Grill   MEXIKANISCH $$
(www.miguelsbajagrill.com; 51 N Main St; Gerichte 14–24 US$; ⊙17–22 Uhr) Fisch-Tacos, Fajitas und Margaritas auf der luftigen Terrasse mit bunter Wand.

Cowboy Grill   AMERIKANISCH $$
(☎435-259-2002; http://redcliffslodge.com; Meile 14, Hwy 128, Red Cliffs Lodge; morgens & mittags 10–16 US$, abends 14–28 US$; ⊙6.30–10, 11.30–14 & 17–22 Uhr) Durch die riesigen Panoramafenster oder von der Terrasse aus lassen sich unfassbare Sonnenuntergänge über dem Colorado River bestaunen. Die herzhaften Fleisch-und Fischgerichte sind auch nicht von schlechten Eltern.

★ Sabuku Sushi   FUSION $$$
(☎435-259-4455; http://sabakusushi.com; 90 E Center St; Reisrollen 12–18 US$, kleine Gerichte 14–19 US$; ⊙Di–So 17–22 Uhr) Besonders beeindruckend ist, derart frisches Sushi mitten in der Wüste aufgetischt zu bekommen. Empfehlenswert: die leckeren Reisrollen und kleinere Gerichte wie Elch-*tataki* (wie Carpaccio – mit einem asiatischen Twist).

Desert Bistro   SOUTHWEST $$$
(☎435-259-0756; http://desertbistro.com; 36 S 100 West; Hauptgerichte 20–50 US$; ⊙März–Nov 17.30–22 Uhr) Die edle Zubereitung von Wild und Meeresfrüchten ist die Spezialität dieses gehobenen Restaurants, das noch dazu eine großartige Weinkarte bietet.

🛍 Shoppen

Nahe der Kreuzung von Center St und Main St sollte man die Augen offenhalten nach Kunst- und Fotogalerien sowie Souvenir-T-Shirts und indianischem Nippes.

Arches Book Company & Back of Beyond   BÜCHER
(83 N Main St; ⊙9–20 Uhr; 🔊) Hervorragende Indie-Buchläden direkt nebeneinander mit einer tollen Auswahl regionaler Titel, Reiseführer und Karten.

ℹ Praktische Informationen

Die meisten Geschäfte und Dienstleister, Tankstellen und Geldautomaten findet man am Hwy 191, der im Zentrum Main St heißt.

BLM (Bureau of Land Management; ☎435-259-2100; www.blm.gov/utah/moab) Unterstützung bei Fragen zu den öffentlichen Ländereien (u. a. Nationalparks, Canyons, usw.) aber nur per Telefon oder E-Mail.

Grand County Public Library (www.moab library.org; 257 E Center St; kostenlos; ⊙Mo–

Fr 9–20, Sa bis 17 Uhr) 15 Minuten ohne Anmeldung, für längere Sitzungen muss man sich registrieren.

Moab Information Center (www.discover moab.com; Ecke Main St & Center St; ⊙ Mo–Sa 8–19, So 9–18 Uhr) Exzellente Infoquelle (deckt die Parks, Wanderwege, Aktivitäten, Campingplätze und das Wetter ab). Gut sortierter Buchladen. Kostenloses Infomaterial auch online erhältlich.

ℹ Anreise & Unterwegs vor Ort

Great Lakes Airlines (☑ 800-554-5111; www. flygreatlakes.com) fliegt regelmäßig vom **Canyonlands Airport** (CNY; www.moabairport. com; via Hwy 191), 16 Meilen (26 km) nördlich der Stadt (via Hwy 191), nach Denver, CO, und Prescott, AZ.

Transporter von **Moab Luxury Coach** (☑ 435-940-4212; www.moabluxurycoach.com) fahren regelmäßig ab/nach SLC (einfache Strecke 160 US$, 4¾ Std.) und Grand Junction (einfache Strecke 90 US$, 3¾ Std.). **Roadrunner Shuttle** (☑ 435-259-9402; www.roadrunnershuttle. com) und **Coyote Shuttle** (☑ 435-260-2097; www.coyoteshuttle.com) bieten bei Bedarf Shuttles für Radfahrer und Wanderer zum Fluss und zum Flughafen an.

Moab liegt 235 Meilen (378 km) südöstlich von Salt Lake City und 150 Meilen (241 km) nordöstlich vom Capital Reef National Park.

Arches National Park

Arches (☑ 435-719-2299; www.nps.gov/arch; Hwy 191; 7-Tages-Pass 10 US$/Wagen; ⊙ 24 Std., Visitor Center März–Okt. 7.30–18.30, Nov.–Feb. 9–16 Uhr), einer der schönsten Parks im Südwesten, wartet mit der größten Konzentration an Sandsteinbogen weltweit auf. Bei der letzten Zählung waren es mehr als 2000 Stück, die zwischen 1 bis 100 m hoch sind. Fast 1 Mio. Besucher pilgern Jahr für Jahr in diesen Nationalpark, der nur 5 Meilen (8 km) nördlich von Moab liegt. Viele besonders schöne Formationen sind über asphaltierte Straßen und relativ kurze Spazierwege zu erreichen, und der Großteil des Parks kann problemlos an einem Tag besichtigt werden. Keine Lust auf Menschenmassen? Dann sollte man eine Exkursion bei Mondschein in Betracht ziehen; dann ist es zudem kühler, und die Felsen verbreiten eine beinahe gespenstische Stimmung.

Zu den Highlights gehören **Balanced Rock**, der **Delicate Arch**, ein sehr beliebtes Fotomotiv (die schönsten Bilder entstehen am späten Nachmittag), der lang gestreckte **Landscape Arch** und die populären **Windows Arches**. Für die beiden täglichen Ranger-Führungen durch die schmalen Schluchten des **Fiery Furnace** sollte man mindestens zwei Tage im Voraus reservieren, entweder persönlich oder online unter www.recreation.gov.

Wegen der Wasserknappheit und der Hitze sieht man nur wenige Wanderer, längere Wanderungen sind aber erlaubt (mit kostenloser Genehmigung, erhältlich im Visitor Center). Der malerische **Devils Garden Campground** (☑877-444-6777; www.recreation. gov; Stellplatz Zelt & Wohnmobil 20 US$), 18 Meilen (29 km) von Visitor Center entfernt, ist von März bis Oktober heiß begehrt, eine rechtzeitige Reservierung also dringend empfohlen. Keine Duschen, keine Anschlüsse.

Canyonlands National Park

Lamellen, Brücken, spitze Nadeln, Türmchen, Krater, Tafelberge und kleine Hügel aus rotem Stein – **Canyonlands** (www.nps. gov/cany; 7-Tages-Pass 15 US$/Wagen, Stellplatz f. Zelt & Wohnmobil 10–15 US$, ohne Anschlüsse; ⊙ 24 Std.) ist eine Vision der Alten Welt, eine verfallende, schwindende Schönheit. Straßen und Flüsse bahnen sich ihren Weg durch diese Wildnis, eine Hochwüste mit einer Fläche von 1365 km² – doch die Landschaft ist größtenteils unberührt. Besucher können wandern, raften (der **Cataract Canyon** bietet so ziemlich die gewaltigsten Stromschnellen im Westen) oder Jeeptouren unternehmen. Wichtig ist, dass man ausreichend Benzin, Proviant und Wasser dabei hat! Ausrüster gibt's in Moab und in Green River.

Die Schluchten des Colorado und des Green River unterteilen den Park in drei Abschnitte. **Island in the Sky** ist am einfachsten zu erreichen und gewährt fantastische Ausblicke. Das **Visitor Center** (☑ 435-259-4712; Hwy 313, Canyonlands National Park; ⊙ März–Okt. 8–18 Uhr, Nov.–Feb. 9–16 Uhr) liegt 32 Meilen (51 km) nordwestlich von Moab. Unsere liebste Kurzwanderung ist der 800 m lange Rundweg zum viel fotografierten **Mesa Arch**, einer schlanken Brücke zwischen den Felsen, die den perfekten „Bilderrahmen" für den Washer Woman Arch und den Buck Canyon liefert. Eine kurze Fahrt bringt einen weiter zum Ausgangspunkt des Wanderwegs, zum **Grand View Overlook**. Der Weg führt an der Schluchtkante entlang und endet an einem halsbrecherischen Abgrund. **Needles**, der zweite Parkabschnitt, ist wilder und abgeschiedener – ideal für

NEWSPAPER ROCK RECREATION AREA

Dieses winzige, kostenlose Erholungsgebiet trumpft mit einer riesigen Sandsteinwand voller **Petroglyphen** auf (mehr als 300 Stück!), die den Ute und den frühen Pueblo-Indianern zugeschrieben werden. Die ältesten Zeichnungen haben 2000 Jahre auf dem Buckel. Viele Reisende machen auf dem Weg zum 8 Meilen (13 km) weiter gelegenen Needles-Abschnitt des Canyonlands National Park einen kurzen Abstecher zum Newspaper Rock; vom Hwy 191 kommend, muss man dem Hwy 211 12 Meilen (19 km) weit folgen.

eine längere Wandertour mit dem Rucksack. Zum **Visitor Center** (☑ 435-259-4711; Hwy 211; ◷ März–Okt. 8–18 Uhr, Nov.–Feb. 9–16.30 Uhr) geht's auf dem Hwy 191 Richtung Süden und dann über den Hwy 211 nach Westen. In beiden Parkabschnitten gibt's jeweils einen einfachen, kleinen Campingplatz (ohne Duschen), wo nach dem „Der frühe Vogel fängt den Wurm"-Prinzip verfahren wird. Also rechtzeitig auf den Weg machen!

Neben den üblichen Parkgebühren muss man auch für Genehmigungen zahlen (10–30 US$), um im Hinterland campen, bzw. Jeep- oder Flusstouren machen zu dürfen. Weitere Infos erhält man im **Backcountry Reservations Office** (☑ 435-259-4351; http://www.nps.gov/cany/planyourvisit/backcountrypermits.htm; Canyonlands National Park).

Dead Horse Point State Park

Der kleine, wunderschöne **Dead Horse Point State Park** (www.stateparks.utah.gov; Hwy 313; Parkeintritt Tagespass 10 US$/Auto, Stellplatz f. Zelt & Wohnmobil 20 US$; ◷ Park 6–22 Uhr, Visitor Center März–Okt. 8–18 Uhr, Nov.–Feb. 9–16 Uhr) hat schon in mehreren Filmen als Kulisse gedient, z.B. in der Anfangsszene von *Mission Impossible II* und beim großen Finale von *Thelma & Louise*. Der Park liegt gleich neben dem Hwy 313 (dem Canyonlands-Highway) und bietet atemberaubende Aussichtspunkte an Schluchten aus rotem Stein, eingefasst von weißen Felsen, mit Blick auf den Colorado River, den Canyonlands National Park und die La Sal Mountains in der Ferne. Der Campingplatz hat 21 Stellplätze. Wasser ist nur in begrenzter

Menge vorhanden (eigenen Vorrat mitbringen!), Duschen gibt's keine, ebensowenig Anschlüsse. Rechtzeitig reservieren!

Bluff

Dieser kleine Ort (258 Ew.), umgeben von roten Felsen, eignet sich gut als entspannte Basis für Ausflüge in die einsamen Südosten Utahs. Er liegt am San Juan River, an der Kreuzung zwischen Hwy 191 und Hwy 162, 100 Meilen (161 km) südlich von Moab. Bluff wurde 1880 von Mormonen-Pionieren gegründet. Abgesehen von ein paar Gebäuden, wo man etwas zu essen bekommt oder übernachten kann, gibt's hier aber nicht viel.

Wer sich für Felskunst und -behausungen interessiert, sollte **Far Out Expeditions** (☑ 435-672-2294; www.faroutexpeditions.com; Halbtagestour ab 125 US$) als Führer für eine ein- oder mehrtägige Wanderung in die abgelegene Region anheuern. Wer mit **Wild Rivers Expeditions** (☑ 800-422-7654; www.riversandruins.com; 101 Main St; Tagesausflug Erw./Kind 175/133 US$) raften geht, wird auch einige historische Stätten besuchen; diesem Anbieter liegen Geschichte und Geologie besonders am Herzen.

Eine rustikale, gemütliche Unterkunft, in der Gästen ein herzlicher Empfang bereitet wird, ist die **Recapture Lodge** (☑ 435-672-2281; www.recapturelodge.com; Hwy 191; Zi. inkl. Frühstück 70–90 US$; ✳@⌂⛌). Bei den Besitzern, die die Gegend wie ihre Westentasche kennen, kann man Karten kaufen. Von der Lodge aus führen Wanderwege zum Fluss. Ebenfalls nett sind die geräumigen holzverkleideten Zimmer im **Desert Rose Inn** (☑ 888-475-7673, 435-672-2303; www.desertroseinn.com; Hwy 191; Zi 105–119 US$, Hütte 139–179 US$; ✳@⌂).

Das künstlerisch-angehauchte **Comb Ridge Coffee** (www.combridgecoffee.com; 680 S Hwy 191; Gerichte 3–7 US$; ◷ Di–So 7–17 Uhr, Nov.–Feb. unterschiedlich; ☑) verwöhnt in einem Gebäude aus Adobe und Holz seine Gäste mit Espresso, Muffins und Sandwiches. Mittags und abends ist die nachhaltige **San Juan River Kitchen** (www.sanjuanriverkitchen.com; 75 E Main St; Hauptgerichte 14–20 US$; ◷ Di–Sa 17.30–22 Uhr) eine gute Adresse für ausgefallene mexikanisch-amerikanische Gerichte aus regionalen Zutaten.

Hovenweep National Monument

Markenzeichen des traumhaften, aber untouristischen **Hovenweep National Monu-**

ment (www.nps.gov/hove; Hwy 262; 7-Tage-Pass für den Park 6 US$/Wagen, Stellplatz f. Zelt & Wohnmobil 10 US$; ⊙ Sonnenaufgang–Sonnenuntergang, Visitor Center Juni–Sept. 8–18 Uhr, Okt.–Mai 9–17 Uhr) sind die prähistorischen Türme und Kornspeicher der frühen Pueblo-Indianer („Anazasi"). Der Name des Gebiets bedeutet „verlassenes Tal" in der Sprache der Ute. Die Bauten der Square Tower Group befinden sich in der Nähe des Visitor Centers, zu den übrigen Stätten muss man lange Wanderungen unternehmen. Der Campingplatz bietet 31 einfache Stellplätze (wer zuerst kommt, mahlt zuerst), aber keine Duschen und auch keine Anschlüsse. Der Hauptzugangspunkt befindet sich östlich des Hwy 191 auf dem Hwy 262 (via Hatch Trading Post), rund 40 Meilen (64 km) nordöstlich von Bluff.

Monument Valley

25 Meilen (40 km) westlich von Bluff, hinter dem Dorf **Mexican Hat** (es ist nach einem leicht auszumachenden Felsen in Form eines Sombreros benannt), führt der Hwy 163 nach Südwesten auf das Gebiet der Navajo-Indianer. 30 Meilen (48 km) weiter südlich erheben sich die unglaublichen Tafelberge und Hügel des **Monument Valley**. Der Großteil dieses Gebiets, darunter auch der Tribal Park mit einem 17 Meilen (27 km) langen, unbefestigten Rundweg, gehört zu Arizona (S. 396).

Natural Bridges National Monument

55 Meilen (88 km) nordwestlich von Bluff und 40 Meilen (64 km) westlich von Blanding befindet sich dieses wirklich abgeschiedene **National Monument** (www.nps.gov/nabr; Hwy 275; 7-Tage-Pass für den Park 6 US$/Auto, Stellplatz f. Zelt & Wohnmobil 10 US$; ⊙ 24 Std., Visitor Center Mai–Sept. 8–18 Uhr, Okt.–April 9–17 Uhr) mit seinem Canyon aus weißem Sandstein (jawohl, weiß, nicht rot!), in dem drei imposante und leicht zugängliche natürliche Brücken zu bestaunen sind. Die älteste, die Owachomo Bridge, ist 55 m lang, aber nur 3 m breit. Auf einer ebenen, 9 Meilen (14 km) langen Panoramastraße kann man sich einen Überblick verschaffen. 13 einfache Stellplätze für Zelt & Wohnmobil (10 US$; keine Duschen, keine Anschlüsse) werden nach dem „Wer zuerst kommt, mahlt zuerst"-Prinzip vergeben; es gibt genug Platz für zusätzliche Zelte, aber keine sonstigen Dienstleistungen (also: kein Essen, kein Benzin und keine Geschäfte) vor Blanding (40 Meilen/64 km östlich).

Zion & Südwest-Utah

Die Einheimischen sprechen vom „Color Country", dem Land der Farben, doch selbst diese Bezeichnung wird einer Landschaft, die von innen heraus zu strahlen scheint, nicht gerecht. Zu nennen sind die karmesinroten Schluchten des Zion Canyon, die zierlichen rosa- und orangefarbenen Minarette des Bryce Canyon und die gelbweißen Kuppeln von Capitol Reef. Diese umwerfende Region beherbergt drei Nationalparks und das gigantische Grand Staircase-Escalante National Monument (GSENM).

Capitol Reef National Park

Nicht so überlaufen wie die übrigen Nationalparks und dabei nicht minder schön ist der **Capitol Reef National Park** (☏ 435-425-3791, Durchwahl 4111; www.nps.gov/care; Ecke Hwy 24 & Scenic Dr; Eintritt frei, 7-Tage-Pass für Scenic Drive 5 US$/Auto, Stellplatz f. Zelt- & Wohnmobil 10 US$; ⊙ 24 Std., Visitor Center & Scenic Drive April–Okt. 8–18 Uhr, Nov.–März bis 16.30 Uhr). Innerhalb seiner Grenzen verläuft der Großteil des 100 Meilen (161 km) langen Waterpocket Fold, einer Erdfalte, die vor 65 Mio. Jahren entstanden ist. Die freigelegten Gesteinsschichten liefern eine Art Querschnitt durch die Erdgeschichte und sind von einer geradezu künstlerischen Farbintensität. Der Hwy 24 führt quer durch den Park, aber man sollte auf jeden Fall auf dem **Scenic Drive** nach Süden fahren, um sich die Obstgärten anzusehen, ein Vermächtnis der Mormonensiedler. Je nach Jahreszeit kann man Kirschen, Pfirsiche und Äpfel pflücken und zudem das historische **Gifford Farmhouse** besichtigen, einen alten Bauernhof. Dort werden Mini-Obstpasteten verkauft. Von Frühling bis Herbst sind die schattigen, grasbewachsenen **Stellplätze für Zelte & Wohnwagen** (10 US$) schnell belegt (keine Duschen, keine Anschlüsse; wer zuerst kommt, mahlt zuerst).

Torrey

Nur 15 Meilen (24 km) westlich von Capital Reef entfernt dient die kleine Pionierstadt Torrey den meisten Besuchern als Basis für Entdeckungstouren in die Umgebung. Neben ein paar Gebäuden aus der Zeit des

ℹ DIE HÖHE IST ENTSCHEIDEND

Es stimmt schon, dass es im Süden Utahs im Allgemeinen wärmer ist als im Norden. Bevor man allerdings anfängt, Vermutungen über das Wetter anzustellen, sollte man vor allem einen Blick auf die Höhenmeter werfen. Orte, die dicht beieinander liegen, können durchaus einen Temperaturunterschied von 6 °C oder mehr aufweisen, weil sie unterschiedlich hoch liegen.

➡ St. George (900 m)

➡ Zion National Park – Springdale Eingang (1200 m)

➡ Cedar Breaks National Monument (3050 m)

➡ Bryce National Park Lodge (2470 m)

➡ Moab (1227 m)

➡ Salt Lake City (1288 m)

➡ Park City (2134 m)

alten Westens gibt's hier rund ein Dutzend Restaurants und Motels.

Das **Austin's Chuckwagon Motel** (☏ 435-425-3335; www.austinschuckwagonmotel.com; 12 W Main St; Zi 75–85 US$, Hütte 135 US$; ⊙ März–Okt.; ✱ ☎ ☎ ☎) mit Western-Flair bietet saubere, einfache und geräumige Motelzimmer. Sie sind mit robusten Möbeln eingerichtet. Im Gemischtwarenladen im Untergeschoss kann man sich mit Proviant oder Sandwiches eindecken.

Das **Torrey Schoolhouse** (☏ 435-633-4643; www.torreyschoolhouse.com; 150 N Center St; Zi. inkl. Frühstück 118–148 US$; ⊙ April–Okt.; ✱ ☎) von 1914 dient jetzt als B&B. Die Zimmer haben hohe Decken und verströmen eine dezente Country-Eleganz. Butch Cassidy soll hier mal an einem Tanz teilgenommen haben. Nach dem Gourmetfrühstück kann man sich im Garten oder einer der großen Lounges im 1. Stock entspannen, bevor man sich aufmacht, die Umgebung zu erkunden.

Sofern möglich verwendet das **Capitol Reef Cafe** (☏ 435-425-3271; www.capitolreefinn.com; 360 W Main St; Frühstück & Mittagessen 6–12 US$, Abendessen 16–22 US$; ⊙ April–Okt. 7–21 Uhr) lokale Bio-Zutaten für seine Gerichte. Die hausgemachten Kuchen sind der Hit. Aber auch eher gesündere Speisen wie Forelle sind nicht von schlechten Eltern.

Zum Zeitpunkt der Recherche stand dem angesehenen **Cafe Diablo** (☏ 435-425-3070; http://cafediablo.net; 599 W Main St; Mittagessen 10–14 US$, Abendessen 22–40 US$; ⊙ Mitte April–Okt. 11.30–22 Uhr; ✏) ein Besitzerwechsel bevor.

Das **Wayne County Travel Council** (☏ 800-858-7951, 435-425-3365; www.capitolreef.org; Ecke Hwy 24 & Hwy 12; ⊙ April–Okt. 12–19 Uhr) liefert eine Fülle von Infos, z. B. zu Reiseveranstaltern in der Gegend.

Boulder

Boulder (www.boulderutah.com), ein winziger Ort (227 Ew.), liegt nur 32 Meilen (51 km) südlich von Torrey. Um dorthin zu gelangen, muss man allerdings den Boulder Mountain überqueren. Das Terrain ist rau und einsam, und der geteerte Hwy 12 führt erst seit 1985 bis Boulder. Von hier aus geht's auf dem hübschen Burr Trail nach Osten durch die nordöstliche Ecke des Grand Staircase-Escalante National Monument. Zuletzt landet man auf einem Schotterweg, der zur Waterpocket Fold im Capital Reef National Park und noch weiter zur Bullfrog Marina am Lake Powell führt.

Wer sich die Schluchten und Felsbilder in der Region ansehen will, kann eine Tageswanderung (auch für Kinder geeignet) mit **Earth Tours** (☏ 435-691-1241; www.earth-tours.com; Ausflüge ab 150 US$/Person; ⊙ März–Okt.; ☎) buchen. Das kleine, aber exzellente **Anasazi State Park Museum** (www.stateparks.utah.gov; Main St/Hwy 12; Eintritt 5 US$; ⊙ März–Okt. 8–18, Nov.–April 9–17 Uhr) umfasst allerlei Artefakte und eine indianische Stätte, die von 1130 bis 1175 bewohnt war. Infos zu den öffentlichen Ländereien in der Gegend erhält man im Museum am GSENM Interagency Desk.

Die vornehmen Zimmer in der **Boulder Mountain Lodge** (☏ 435-335-7460; www.boulder-utah.com; 20 N Hwy 12; Zi. 110–175 US$; ✱ @ ☎) sind nicht schlecht, aber der eigentliche Kracher ist das 16 ha große Tierschutzgebiet ringsum. Der Whirlpool im Freien mit Blick auf die Berge ist genau die richtige Art Belohnung nach einem anstrengenden Wandertag. Vielleicht wird man auch ein paar Vögel erspähen. Der zur Lodge gehörende **Hell's Backbone Grill** (☏ 435-335-7464; http://hellsbackbonegrill.com; 20 N Hwy 12, Boulder Mountain Lodge; Frühstück 8–12 US$, Mittagessen 12–18 US$, Abendessen 18–27 US$; ⊙ März–Nov. 7.30–14.30 & 17–21.30 Uhr) ist ein Muss. Das Essen hat Seele; die bodenständigen, lokaltypischen Gerichte bestehen aus regionalen Zutaten. Reservieren!

Das bekanntere Restaurant nebenan, **Burr Trail Grill & Outpost** (http://burrtrail grill.com; Ecke Hwy 12 & Burr Trail Rd; Gerichte 8–18 US$; ☺ März–Okt. Grill: 11–14.30 & 17–21.30 Uhr, Outpost: 7.30–20 Uhr; ☎), ist mit seinen Bio-Gemüsekuchen, Burgern und hausgemachten Desserts eine ernstzunehmende Konkurrenz. Zum Geschäft gehören ein Café und eine Galerie.

Grand Staircase-Escalante National Monument

Das **Grand Staircase-Escalante National Monument** (GSENM; www.ut.blm.gov/monu ment; ☺ 24 Std.) GRATIS ist mit 6879 km² fast doppelt so groß wie Mallorca. Es erstreckt sich zwischen dem Capitol Reef National Park, der Glen Canyon National Recreation Area und dem Bryce Canyon National Park. Die nächstgelegenen Einrichtungen für Besucher und die GSENM-Visitor Centers befinden sich in Boulder und Escalante am Hwy 12 im Norden bzw. Kanab am US 89 im Süden. Davon abgesehen ist die Infrastruktur minimal. Was bleibt, ist ein weitläufiges, unbewohntes Canyon-Land voller Jeep-Pisten, die abenteuerlustige Reisende mit genug Zeit und der richtigen Ausrüstung jauchzen lassen. Um sich ein Bild davon machen zu können, wie absolut trocken und unwirtlich die Gegend ist, folgende Info: Sie war die letzte der kontinentalen USA, die kartografiert wurde.

Der 10 km lange Wanderweg (hin & zurück) zu den **Lower Calf Creek Falls** (Meile 75, Hwy 12; Tagespass 2 US$; ☺ Tagespass Sonnenaufgang–Sonnenuntergang) zwischen Boulder und Escalante ist der am besten zugängliche und entsprechend auch am meisten genutzte. Die 13 **Stellplätze für Zelte & Wohnmobile** (7 US$; keine Duschen, keine Anschlüsse) am Creek sind schnell belegt (sie können nicht reserviert werden).

Escalante

Der Ort mit seinen 792 Einwohnern ist die größte Siedlung im Umkreis von vielen, vielen Meilen. Sie eignet sich gut als Basis für Ausflüge oder aber, um Vorräte zu kaufen und Infos einzuholen, bevor man ins angrenzende GSENM aufbricht. Das **Escalante Interagency Office** (☎ 435-826-5499; www.ut.blm.gov/monument; 775 W Main St; ☺ April–Sept. tgl. 8–16.30 Uhr, Okt.–März Mo–Fr)

ist eine geniale, umfassende Informationsquelle. Es deckt das National Monument sowie die umliegenden Wälder ab. Escalante ist 65 Meilen (105 km) von Torrey, nahe dem Capital Reef National Park, und 30 (langsame und windige) Meilen (48 km) von Boulder entfernt.

Escalante Outfitters & Cafe (☎ 435-826-4266; www.escalanteoutfitters.com; 310 W Main St; ☺ 8–21 Uhr) ist eine Oase für Traveller. Hier werden Karten, Bücher, Campingausrüstung, Alkohol (!), Espresso, Frühstück und hausgemachte Pizzas und Salate verkauft. Außerdem kann man winzige, rustikale Hütten (45 US$) und Mountainbikes (ab 35 US$/Tag) mieten. Der alteingesessene Ausrüster **Excursions of Escalante** (☎ 800-839-7567; www.excursionsofescalante.com; 125 E Main St; ganztägige Touren ab 145 US$; ☺ 8–18 Uhr) organisiert Canyoning- und Kletterabenteuer sowie Fotowanderungen. Zudem gibt's hier ein Café.

In Escalante gibt's eine ganze Reihe recht anständiger Unterkünfte, darunter das **Canyons Bed & Breakfast** (☎ 866-526-9667, 435-826-4747; www.canyonsbnb.com; 120 E Main St; Zi. inkl. Frühstück 135–165 US$; ✳☎) mit seinen gediegenen Zimmern im Hüttenstil, die um eine schattige Terrasse liegen, sowie das etwas betagtere, aber modernisierte **Circle D Motel** (☎ 435-826-4297; www.escalantecircledmo tel.com; 475 W Main St; Zi. 65–75 US$; ✳☎☺) mit Restaurant (und einem netten Besitzer).

Kodachrome Basin State Park

Dutzende roter, rosafarbener und weißer Sandsteinkamine sind die Markenzeichen dieses farbenprächtigen **State Parks** (☎ 435-679-8562; www.stateparks.utah.gov; via Cottonwood Canyon Rd; Tagespass 6 US$/Auto, Stellplatz f. Zelt & Wohnmobil mit/ohne Anschlüsse 25/16 US$; ☺ Tagespass gültig von 6–22 Uhr), der seinen Namen von der National Geographic Society bekommen hat. Einige der Stellplätze auf dem Campingplatz (Duschen vorhanden) können online vorab reserviert werden. Reit- und Hüttengenehmigungen gibt's ebenfalls vor Ort.

Bryce Canyon National Park

Die Grand Staircase, die große Treppe, ist eine Reihe von stufenähnlich aufgeworfenen Gesteinsschichten, die nördlich des Grand Canyon aufsteigen. Ihren Höhepunkt bilden die Pink Cliffs in diesem verdientermaßen beliebten **Nationalpark** (☎ 435-834-5322;

SCENIC DRIVE: HWY 12

Der **Hwy 12 Scenic Byway** (http://scenicbyway12.com) ist angeblich die abwechslungsreichste und schönste Autostrecke in Utah. Er beginnt westlich des Bryce Canyon und windet sich dann 124 Meilen (200 km) lang durch das zerklüftete Canyon-Land fast bis zum Capitol Reef National Park. Das Stück zwischen Escalante und Torrey ist eine Mondlandschaft aus *slickrock*-Sandstein, und die Straße führt über schmale Grate und einen 3350 m hohen Berg.

www.stateparks.utah.gov; Hwy 63; 7-Tages-Pass 25 US$/Auto, Stellplatz f. Zelt & Wohnmobil ohne Anschlüsse 15 US$; ⊙24 Std.; Visitor Center Mai–Sept. 8–20 Uhr, Okt.–April bis 16.30 Uhr). Er ist eine Schatzkiste voller Säulen und Türmchen, Zinnen und Nadeln und an Totempfähle erinnernde Hoodoos (vom Wind geformte Kalksteingebilde). Der Canyon ist gleichsam ein Amphitheater aus erodierten Felsen. Vom Hwy 12 aus geht's auf den Hwy 63 nach Süden. Der Park liegt 50 Meilen (80 km) südwestlich von Escalante.

Der **Rim Road Scenic Drive** auf 2400 m ist 18 Meilen (29 km) lang. Er folgt (grob) der Schluchtkante – vorbei am Visitor Center, der Lodge, atemberaubenden Aussichtspunkten (**Inspiration Point** ist ein Muss!) sowie den Startpunkten von Wanderwegen und endet am **Rainbow Point** (2800 m). Von Anfang Mai bis Anfang Oktober fährt ein kostenloses Shuttle (8–mind. 17.30 Uhr) von einem Sammelpunkt nördlich des Parks bis zum **Bryce Amphitheater** im Süden.

Im Park gibt's zwei Campingplätze. Für beide lässt sich eine begrenzte Anzahl Stellplätze über die Webseite des Parks reservieren. Der **Sunset Campground** hat etwas mehr Bäume, ist aber nicht das ganze Jahr über geöffnet. Wer Wäsche waschen, duschen und Lebensmittel kaufen will, muss zum **North Campground** fahren. Im Sommer sind die Campingplätze gewöhnlich schon vor Mittag belegt.

Die **Bryce Canyon Lodge** (☏877-386-4383, 435-834-8700; www.brycecanyonforever.com; Hwy 63, Bryce Canyon National Park; Zi. & Hütte 175–200 US$; ⊙April–Okt.; @) aus den 1920er-Jahren verströmt ein rustikal-alpines Flair. Zur Auswahl stehen Zimmer wie im Hotel mit modernen Möbeln oder in dünnwandigen Doppelhütten mit Gaskaminen und Ve-

randen. Keine TVs. Das Lodge-**Restaurant** (☏435-834-8700; Bryce Canyon National Park; morgens 6–12 US$, mittags & abends 18–40 US$; ⊙April–Okt. 7–10.30, 11.30–15 & 17.30–22 Uhr) ist hervorragend, aber teuer.

Nördlich der Parkgrenze befindet sich **Ruby's Inn** (☏435-834-5341; www.rubysinn.com; 1000 S Hwy 63; Zi. 115–170 US$, Stellplatz f. Zelt 26–55 US$, f. Wohnmobil mit Anschlüssen 35–60 US$; ❋@🛜🐾), fast so etwas wie eine kleine Stadt: Es gibt mehrere Motel-Unterkunftsoptionen sowie einen Campingplatz. Der Motelkomplex bietet Hubschrauberflüge, Rodeos, einen Wäscheservice und mehrere Restaurants. Man kann Western-Kunst bestaunen, Lebensmittel kaufen, tanken und eine Postkarte abschicken, auf der man über all das berichtet.

Noch mehr Essen und Unterkünfte findet man 11 Meilen (18 km) östlich (via Hwy 12) in der kleinen Stadt **Tropic** (www.brycecanyoncountry.com/tropic.html).

Kanab

Am südlichen Ende des Grand Staircase-Escalante National Monument liegt Kanab (3564 Ew.), umgeben von einer riesigen rauen Wüste. Von den 1920er- bis 1970er-Jahren wurden hier Dutzende Western gedreht, und die Stadt hat nach wie vor den altmodischen Charme einer Wild-West-Kulisse.

Im **Kanab GSENM Visitor Center** (☏435-644-1300; www.ut.blm.gov/monument; 745 E Hwy 89; ⊙8–16.30 Uhr) bekommt man Informationen zum National Monument, das **Kane County Office of Tourism** (☏800-733-5263, 435-644-5033; www.kaneutah.com; 78 S 100 East; ⊙Mo–Fr 9–19, Sa bis 17 Uhr) konzentriert sich auf die Stadt und die Filmdrehorte. John Wayne, Maureen O'Hara und Gregory Peck sind ein paar der Hollywood-Größen, die in der etwas aus der Mode gekommenen **Parry Lodge** (☏888-289-1722, 435-644-2601; www.parrylodge.com; 89 E Center St; Zi. 70–125 US$; ❋🛜🐾) übernachtet haben.

Ein bunter, retro-cooler Stil zieht sich durch alle 13 Zimmer der **Quail Park Lodge** (☏435-215-1447; www.quailparklodge.com; 125 N 300 W; Zi. 115–159 US$; ❋@🛜🐾), eines renovierten Motels von 1963, in dem man gut übernachten kann. Zum Essen geht's dann ins **Rocking V Cafe** (www.rockingvcafe.com; 97 W Center St; Mittagessen 9–14 US$, Abendessen 15–29 US$; ⊙11.30–22 Uhr; 🍴). Büffelfilet, Curry-Quinoa & Co. bestehen aus frischen Zutaten.

Zion National Park

Wenn man sich dem **Zion National Park** (www.nps.gov/zion; Hwy 9; 7-Tages-Pass 25 US$/ Wagen; ☉ 24 Std.; Zion Canyon Visitor Center Juni– Aug. 8–19.30 Uhr, kürzere Öffnungszeiten während der übrigen Monate) auf dem Hwy 9 von Osten her nähert, passiert man gelbe Sandstein-formationen und die **Checkerboard Mesa,** bevor man einen beeindruckenden Tunnel mit diversen „Galerien" und einen 3,5 Mei-len (ca. 6 km) langen Serpentinenabschnitt erreicht, der sich in einen Raum aus rotem Stein hinabwindet. Das Netz aus Wanderwe-gen hat eine Gesamtlänge von über 160 km und bietet alle Möglichkeiten – vom gemüt-lichen Spaziergang bis zu längeren Wildnis-wanderungen mit Zelt.

Wer nur Zeit für eine einzige Aktivität hat, sollte dem 6 Meilen (10 km) langen **Scenic Drive** den Vorzug geben, der in das Herz des Zion Canyon vorstößt. Von April bis Oktober muss man das kostenlose Shuttle am Visitor Center nehmen, aber man kann nach Belie-ben an den Aussichtspunkten und den Start-punkten der Wanderwege aus- und wieder zusteigen. Der berühmte **Angels Landing Trail** ist ein anstrengender, 9 km langer Wanderweg; man überwindet 430 Höhen-meter und passiert steil abfallende Hänge – nichts für Leute mit Höhenangst! –, aber der Blick auf den Zion Canyon ist phänome-nal. Hin und zurück braucht man etwa vier Stunden.

Für die 16 Meilen (26 km) lange Wande-rung durch die **Narrows** (nur Juni–Sept.) benötigt man ein Hiker-Shuttle (Buchung bei Zion Adventure Company, s. rechte Spal-te) und eine Backcountry-Genehmigung des Visitor Centers. Um sie zu bekommen, muss man sich normalerweise, zumal während der Saison, vorab auf der Website des Parks anmelden. Wer nur einen Teil der Strecke zurücklegen möchte, läuft vom **Riverside Walk** 5 Meilen (8 km) hinauf zu den **Big Springs**. Dort wird der Canyon schmaler; dies ist der Umkehrpunkt für Tagesausflüg-ler. Nicht vergessen: Egal, in welche Rich-tung man läuft, man watet die meiste Zeit über durch den Virgin River.

Auf dem von Kanadischen Pappeln bestandenen **Watchman Campground** (☑ Reservierung 877-444-6777; www.recreation. gov; Hwy 9, Zion National Park; Stellplatz f. Zelt 16 US$, f. Wohnmobil mit Anschlüssen 18–20 US$) am Canyon sollte man weit im Voraus re-servieren und um einen Stellplatz am Fluss

bitten. Für den angrenzenden **South Camp-ground** (Hwy 9, Zion National Park; Stellplatz f. Zelt & Wohnmobil ohne Anschlüsse 16 US$; ☉ Anfang März–Okt.) kann nicht reserviert werden. Die beiden Campingplätze bieten Raum für fast 300 Zelte und Wohnmobile.

Direkt am Scenic Drive steht die rustika-le **Zion Lodge** (☎ 435-772-7700, 888-297-2757; www.zionlodge.com; Zion Canyon Scenic Dr; Zi. 185 US$, Hütte 195 US$, Suite 225 US$; ❄ @ ☎) mit 81 gut ausgestatteten Motelzimmern und 40 Hütten mit Gaskaminen. TVs gibt's zwar keine im Zimmer, dafür aber Holz-veranden mit genialem Ausblick auf die ro-ten Felsen. Das angeschlossene Restaurant, der **Red Rock Grill** (☎ 435-772-7760; Zion Can-yon Scenic Dr, Zion Lodge; Frühstück & Sandwiches 8–14 US$, Abendessen 18–30 US$; ☉ März–Okt. 6.30–10.30, 11.30–15 & 17–22 Uhr, Nov.–Feb. un-terschiedlich), gewährt eine ähnlich umwer-fende Aussicht. Gleich außerhalb des Parks gelegen, bietet die Stadt Springdale sehr viel mehr Infrastruktur.

Achtung: Um den Hwy 9 durch den Park nehmen zu dürfen, muss man die Parkge-bühr zahlen – selbst wenn man nur auf der Durchreise ist. Wohnmobilbesitzer müssen zudem 15 US$ für die „Eskorte" durch den 1,1 Meilen (knapp 2 km) langen Zion-Mt.-Carmel-Tunnel am Osteingang bezahlen.

Springdale

Da es in der Nähe des südlichen Hauptein-gangs zum Zion National Park liegt, eignet sich Springdale hervorragend als Basislager für Ausflüge in den Park. Rote Felsen bilden eine traumhafte Kulisse für die diversen Cafés, Bio-Restaurants, Kunstgalerien und unabhängigen Motels und B&Bs.

Abgesehen von Wanderungen im Natio-nalpark kann man auch geführte Kletter-, Canyoning-, Mountainbike und Gelän-dewagen-Touren (ab 140 US$ für einen halben Tag) auf dem angrenzenden BLM-Land unternehmen. Alle Ausflüge mit den erstklassigen **Rock & Mountain Guides** (☎ 435-772-3303; www.zionrockguides.com; 1458 Zion Park Blvd; ☉ März–Okt. 8–20 Uhr, Nov.–Feb. verschiedene Öffnungszeiten) sind privat orga-nisiert, auch Familienausflüge. Alleinrei-sende können Geld sparen, indem sie sich in der **Zion Adventure Company** (☎ 435-772-1001; www.zionadventures.com; 36 Lion Blvd; ☉ März–Okt. 8–20 Uhr, Nov.–Feb. 9–12 & 16–19 Uhr) einer bestehenden Gruppe anschließen. Das Unternehmen bietet im Sommer Tubing auf dem Fluss an. Beide Veranstalter haben

Narrows-Ausflüge im Angebot und betreiben Shuttles für Wanderer und Radfahrer.

Springdale hat ein umfassendes Angebot von guten Restaurants und netten Unterkünften. Die modernisierten Zimmer des **Canyon Ranch Motel** (☏ 866-946-6276, 435-772-3357; www.canyonranchmotel.com; 668 Zion Park Blvd; Zi. 99–119 US$, Apt. 120–140 US$; ✱⊚⊠) umgeben einen schattigen Rasen mit Picknicktischen und Schaukeln. Das mit Blumen übersäte, 2 ha große Grundstück der **Cliffrose Lodge** (☏ 800-243-8824, 435-772-3234; www.cliffroselodge.com; 281 Zion Park Blvd; Zi. 159–189 US$; ✱⊚⊠) erstreckt sich bis zum Virgin River.

Unter den B & Bs in der Gegend ist das **Zion Canyon B & B** (☏ 435-772-9466; www.zioncanyonbandb.com; 101 Kokopelli Circle; Zi. inkl. Frühstück 135–185 US$; ✱⊚) das tradionenellste. Das **Red Rock Inn** (☏ 435-772-3139; www.redrockinn.com; 998 Zion Park Blvd; Cottage inkl. Frühstück 127–132 US$; ✱⊚) überzeugt mit seinen gehoben ausgestatteten Cottages und den perfekten Leckereien, die einem aufs Zimmer gebracht werden.

Jede Ecke des Bungalows aus den 1930er-Jahren, der das **Under the Eaves Inn** (☏ 435-772-3457; www.undertheeaves.com; 980 Zion Park Blvd; Zi. inkl. Frühstück 110–160, Suite 185 US$; ✱⊚) bildet, wurde von den Eigentümern des Gästehauses auffällig dekoriert. Das Frühstück kommt in Form eines Gutscheins für eines der örtlichen Restaurants daher.

Wegen seines Kaffees und der *trés bonnes* Crêpes – süß oder salzig – sollte man das **Meme's Cafe** (www.facebook.com/memescafezion#!; 975 Zion Park Blvd; Gerichte 6–10 US$; ⊙ 7–21 Uhr) morgens zu seiner ersten Anlaufstelle machen. Hier gibt's auch Paninis und Waffeln und, während der Saison, Livemusik und BBQs auf der Terrasse. Die beliebtesten Treffpunkte der Einheimischen zum gemütlichen abendlichen Beisammensein und zum Essen und Trinken sind **Oscar's Cafe** (www.cafeoscars.com; 948 Zion Park Blvd; Frühstück & Burger 10–15 US$, Hauptgerichte Abendessen 16–30 US$; ⊙ 8–22 Uhr), inklusive Terrasse mit mexikanischen Kacheln und Lichterketten, sowie das rustikale **Bit & Spur Restaurant & Saloon** (www.bitandspur.com; 1212 Zion Park Blvd; Hauptgerichte 16–28 US$; ⊙ März–Okt. 5–22 Uhr, Nov.–Feb. Do–Sa 17–22 Uhr).

Das **Zion Canyon Visitors Bureau** (☏ 888-518-7070; www.zionpark.com) kann nicht wirklich mit einem Büro aufwarten. Informationen gibt's nur per E-Mail und auf der Website. Jeden Frühling erscheint ein Restaurantguide; er ist in den Unterkünften erhältlich.

St. George

Das warme Klima und die Lage im Süden haben dem beliebten Rentnerdomizil St. George (75 561 Ew.) den Spitznamen „Dixie" eingetragen. Die weitläufige Mormonenstadt mit dem auffälligen Tempel und den Pionierwohnhäusern eignet sich gut für einen Zwischenstopp auf dem Weg von Las Vegas (120 Meilen, 193 km) nach Salt Lake City (304 Meilen, 489 km) bzw. auf dem Weg in den Zion National Park. Die lohnende **Dinosaur Discovery Site** (www.dinotrax.com; 2200 E Riverside Dr; Erw./Kind 6/3 US$; ⊙ Mo–Sa 10–18 Uhr) umfasst ein 1350 m² großes Gelände mit Dinosaurierspuren und Exponaten.

In St. George sind fast alle Hotelketten vertreten. Hier wird sicher fündig werden, wer nach einer Unterkunft sucht, die günstiger ist, als das, was 40 Meilen (64 km) östlich, in Springdale, im Angebot ist. Vom **Best Western Coral Hills** (☏ 800-542-7733, 435-673-4844; www.coralhills.com; 125 E St George Blvd; Zi. inkl. Frühstück 80–139 US$; ✱@⊚⊠) ist es ein kurzer Spaziergang zu den Restaurants und historischen Bauten im Zentrum. Das charmante B & B **Seven Wives**

Inn (☎ 800-600-3737, 435-628-3737; www.seven
wivesinn.com; 217 N 100 West; Zi. & Suite inkl. Frühstück 99–185 US$; ✺ @ 📶 🏊), das mit einem
kleinem Pool aufwartet, erstreckt sich über
zwei schöne Gebäude aus dem späten 19. Jh.

Das **Utah Welcome Center** (☎ 435-673-
4542; http://travel.utah.gov; 1835 S Convention
Center Dr, Dixie Convention Center; ⊙ 8.30–17.30
Uhr) abseits der I-15 bearbeitet Anfragen
zum gesamten Staat.

NEW MEXICO

Der Spitzname *Land of Enchantment*, Land
der Verzauberung, kommt nicht von ungefähr. Das Sonnenlicht malt Muster auf die
mit Wacholder bestandenen Hügel, die Berg-
dörfer im lateinamerikanischen Stil zieren
alte Lehmziegelbauten mit Spitzdächern aus
Blech, die 4000 m hohen Sangre de Cristo
Mountains beeindrucken mit ihrer stillen
Erhabenheit, Vulkane, Canyons und unendliche Wüstenplateaus erstrecken sich unter
einem weiten Himmel – die Schönheit der
Landschaft lässt den Betrachter nicht mehr
los, wenn sie ihn einmal zu fassen bekommen hat. Auch kulturell ist New Mexico ein
magischer Ort: Kreuze stehen auf den Dä-
chern historischer Kirchen aus Lehmziegeln,
man kann antike und intakte indianische
Pueblos besuchen, in Chilisauce „ertränkte"
Enchiladas verspeisen, „echte" Cowboys beobachten und dieses ausgeprägte Gefühl von
Andersartigkeit genießen: Fast hat man den
Eindruck, nicht mehr in den USA zu sein.

An nahezu jeder Straßenecke wird man
an Billy the Kid, den legendären Gesetzlosen, erinnert, die Kunde von Wunderhei-
lungen lockt scharenweise gläubige Pilger
nach Chimayo, Fledermäuse beanspruchen
die bildschönen Carlsbad Caverns für sich,
und in der Nähe von Roswell sind angeblich
Außerirdische gelandet …

Den unbeschreiblichen Charme dieses
Staats hat wohl niemand besser ausdrücken
können als Georgia O'Keeffe mit ihren zau-
berhaften Bildern. Sie verbrachte viele Jahre
in New Mexico. Bei ihrem ersten Besuch rief
sie aus: „Das ist wundervoll! Keiner hat mir
gesagt, dass es so sein würde."

Aber mal ernsthaft: Wie auch?

Geschichte

Schon um 10 500 v. Chr. durchstreiften
Menschen diesen Landstrich; als Coronado
im 16. Jh. in die Gegend kam, dominierten
hier *pueblos* (Dörfer der amerikanischen
Ureinwohner). Santa Fe wurde 1610 zur Ko-
lonialhauptstadt gekrönt, danach strömten
spanische Siedler und Bauern ins nördliche
New Mexico, und die Missionare begannen
mit ihren oft gewalttätigen Versuchen, die in
der Region lebenden Pueblo-Indianer zum
Katholizismus zu bekehren. Nach einem
erfolgreichen Aufstand 1680 hielten die Ureinwohner Santa Fe bis 1692 besetzt, dann
eroberte Diego de Vargas die Stadt zurück.

1851 wurde New Mexico ein Territorium
der USA. Die Indianerkriege, die Besiedlung
durch Cowboys und Goldgräber und die
Ausbreitung des Handels über den Santa Fe
Trail veränderten die Region weiter. Schließlich sorgte der Bau der Eisenbahn in den
1870er-Jahren für einen Wirtschafts-Boom.

Maler und Schriftsteller gründeten im
frühen 20. Jh. Künstlerkolonien in Santa Fe
und Taos. 1943 ließen sich Wissenschaftler
in Los Alamos nieder und entwickelten dort
die Atombombe. Seit einigen Jahren wird
der Bundesstaat von einer starken Dürre
geplagt.

ℹ Praktische Informationen

Dort, wo saisonale Öffnungszeiten angegeben
sind (nicht bei Monatsangaben!), sollte man
vorab anrufen und sich nach den aktuellen
Zeiten erkundigen, da die sich schnell ändern
können, sei's wegen des Wetters, des Budgets,
oder einfach so.

New Mexico Route 66 Association (www.
rt66nm.org) Infos zum berühmten Highway.
New Mexico State Parks Division (☎ 888-
667-2757; www.emnrd.state.nm.us/SPD) Infos
zu State Parks und ein Link für Campingplatz-
Reservierungen.
Public Lands Information Center (☎ 877-851-
8946; www.publiclands.org) Alles zum Thema
Campen und Freizeitangebote.

Albuquerque

Dieser lebendige Knotenpunkt besitzt einen eher verborgenen Charme, den er mehr
den Einheimischen verdankt als irgend-
welchem Großstadtglanz. Die Bewohner
Albuquerques sind stolz auf ihre Stadt und
sie schätzen sich glücklich, ein Teil ihrer Geschichte zu sein, ihre Highlights zu bewundern und in den Genuss ihrer vorzüglichen
Restaurants zu kommen. Dadurch ist die
einwohnerstärkste Stadt New Mexicos mehr
als nur ein weiterer Punkt am Verlauf der
Route 66 von Los Angeles nach Chicago.

DER SÜDWESTEN NEW MEXICO

KURZINFOS NEW MEXICO

Spitzname Land of Enchantment

Bevölkerung 2 Mio.

Fläche 314 940 km²

Hauptstadt Santa Fe (68 700 Ew.)

Weitere Städte Albuquerque (553 000 Ew.), Las Cruces (99 700 Ew.)

Verkaufssteuer 5–8 %

Geburtsort von John Denver (1943–1997), Smokey Bear (1950–1976)

Heimat des International UFO Museum & Research Center (Roswell) und von Julia Roberts

Politische Ausrichtung ein „violetter Staat" (auch Swing State) mit eher demokratischem Norden (blau) und eher republikanischem Süden (rot)

Berühmt für alte Pueblos, die erste Atombombe (1945) und Bugs Bunnys Spruch: „Ich wusste es, ich hätte in Albuquerque links abbiegen sollen."

Typische Frage „Rot oder grün?" (Es geht um Chilisaucen)

Höchster/niedrigster Punkt Wheeler Peak (4011 m) / Red Bluff Reservoir (866 m)

Entfernungen Albuquerque–Santa Fe 50 Meilen (80 km), Santa Fe–Taos 71 Meilen (114 km)

Jahrhundertealte Lehmziegelgebäude säumen die lebhafte Old Town, und die Geschäfte, Restaurants und Bars im angesagten Viertel Nob Hill liegen alle in angenehmer Gehweite voneinander. Auf den Felsen außerhalb der Stadt sind noch uralte Felszeichnungen zu sehen, während die modernen Museen der Innenstadt Ausstellungen zu kosmischer und nuklearer Energie zu bieten haben. Der Alltag ist geprägt von der pulsierenden Mischung aus Studenten, Indianern, Hispaniern, Schwulen und Lesben. Albuquerque ist eine Stadt, in der man Square-Dance- und Yoga-Kurse belegen kann und in der Rancharbeiter und Immobilienmakler in Taco-Bars oder altmodischen Cafés Seite an Seite sitzen.

Albuquerques wichtigste Begrenzungen sind der Paseo del Norte Dr im Norden, die Central Ave im Süden, der Rio Grande Blvd im Westen und der Tramway Blvd im Osten.

Die Hauptader der Stadt, die Central Ave, ist die alte Route 66. Sie durchquert Old Town, Downtown, das Unigelände und Nob Hill. Die Stadt ist in vier Planquadrate unterteilt (NW, NE, SW & SE), den Mittelpunkt bildet die Kreuzung der Central Ave mit den Bahngleisen östlich von Downtown.

Sehenswertes

◉ Old Town

Die Plaza war von der Fertigstellung 1706 bis zur Ankunft der Eisenbahn 1880 Albuquerques Dreh- und Angelpunkt; heute ist die Old Town das touristische Zentrum.

Ebenfalls in der Altstadt befinden sich die **San Felipe de Neri Church** (www.sanfelipedeneri.org; Old Town Plaza; ⊙ 7–17.30 Uhr, Museum: Mo–Sa 9.30–16.30 Uhr) aus dem Jahre 1793, ¡Explora! (S. 429) und das **New Mexico Museum of Natural History & Science** (www.nmnaturalhistory.org; 1801 Mountain Rd NW; Erw./Kind 7/4 US$; ⊙ 9–17 Uhr; ♿).

★ **American International Rattlesnake Museum**   MUSEUM
(www.rattlesnakes.com; 202 San Felipe St NW; Erw./Kind 5/3 US$; ⊙ Mai–Sept. Mo–Sa 10–18, So 13–17 Uhr, Sept.–Mai Mo–Fr 11.30–17.30, Sa 10–18, So 13–17 Uhr) Nirgendwo auf der Welt wird man mehr Klapperschlangenarten auf einem Fleck finden, darunter Diamant-, aber auch die seltenen Tigerklapperschlangen. Wenn man die erste Angst- und Panikattacke überstanden hat, wird man verblüfft sein angesichts der schönen Zeichnungen der Tiere, der Arten- und Farbvielfalt. Hoffentlich wird man ihnen in freier Wildbahn niemals so nahe kommen wie hier! Im Sommer sind die Öffnungszeiten wochentags ein wenig länger.

Albuquerque Museum of Art & History   MUSEUM
(www.cabq.gov/museum; 2000 Mountain Rd NW; Erw./Kind 4/1 US$; ⊙ Di–So 9–17 Uhr) Die Rüstungen und Waffen von Konquistadoren sind die Highlights der Sammlung. Die Besucher können den multikulturellen Vergangenheit der Stadt (indianisch, hispanisch, englisch) auf den Grund gehen. Ebenfalls interessant: die Arbeiten von Künstlern aus New Mexico.

◉ Im Stadtgebiet

Die Gegend um die University of New Mexico (UNM) wimmelt von guten Restaurants, lockeren Bars, unkonventionellen Läden und hippen Studententreffpunkten. Die wichtigste Straße ist der Central-Ave-Abschnitt zwischen University Blvd und Carlisle Blvd. Östlich befindet sich das angesagte Nob Hill, ein fußgängerfreundliches Viertel mit Cafés, Boutiquen und von Terrassen eingefassten Restaurants.

⭐ **Indian Pueblo Cultural Center**   MUSEUM
(IPCC; ☎ 505-843-7270; www.indianpueblo.org; 2401 12th St NW; Erw./Kind 6/3 US$; ⊙ 9–17 Uhr) Wird von den 19 Pueblos in New Mexico betrieben. Das Zentrum ist ein Muss, wenn man die Zusammenhänge in der Geschichte Nord-New-Mexicos verstehen möchte. Ansprechende Darstellungen zeichnen die Entwicklung der Pueblo-Kulturen nach und erklären verschiedene Bräuche. Außerdem wird Kunsthandwerk gezeigt, und es finden Wechselausstellungen statt.

**National Museum
of Nuclear Science & History**   MUSEUM
(www.nuclearmuseum.org; 601 Eubank Blvd SE; Erw./Kind & Senior 8/7 US$; ⊙ 9–17 Uhr; ♿) Die Ausstellungsstücke beschäftigen sich mit dem Manhattan-Projekt (Atombombenprojekt im Zweiten Weltkrieg), der Geschichte der Waffenkontrolle und der Nutzung von Kernkraft als Energiequelle. Die Guides sind pensionierte Militärangehörige und echte Experten.

**Petroglyph
National Monument**   ARCHÄOLOGISCHE STÄTTE
(www.nps.gov/petr; ⊙ Visitor Center 8–17 Uhr) 🏃 Das National Monument nordwestlich der Stadt wartet mit mehr als 20 000 Felszeich-

nungen auf. Am besten lässt man sich im Visitor Center (am Western Trail beim Unser Blvd) beraten, welcher der drei Wanderwege durch unterschiedliche Abschnitte des Parks am besten zu den eigenen Interessen passt. Wer wandern und einen schönen Ausblick genießen will, sollte den Volcanoes Trail ablaufen (dort gibt's aber keine Petroglyphen zu sehen). Achtung: Auf ein paar Parkplätzen an Startpunkten von Wanderwegen sind Autoeinbrüche gemeldet worden; keine Wertgegenstände im Wagen lassen! Auf der I-40 nach Westen über den Rio Grande fahren und dann Exit 154 North nehmen.

Sandia Peak Tramway   SEILBAHN
(www.sandiapeak.com; Tramway Blvd; Wagen 1 US$; Erw./Jugendl. 13–20 Jahre/Kind 20/17/12 US$; ⊙ Sept.–Mai Mi–Mo 9–20, Di ab 17 Uhr, Juni–Aug. 9–21 Uhr) Die 4 km lange Seilbahnstrecke der Sandia Peak Tramway beginnt im Wüstenreich der Cholla-Kakteen und endet da, wo die Kiefern wachsen: auf dem 3163 m hohen Sandia Peak. In 15 Minuten ist man oben. Die Aussicht ist gigantisch – und genauso sind die Preise im Restaurant vor Ort.

🏃 Aktivitäten

Die Sandia Mountains und die weniger überlaufenen Manzano Mountains sind optimales Terrain für eine Fülle von Outdoor-Aktivitäten, darunter Wandern, Skifahren (alpin oder Langlauf), Mountainbiken, Klettern und Zelten. Infos und Karten sind im **Cibola National Forest Office** (☎ 505-346-3900; 2113 Osuna Rd NE; ⊙ Mo–Fr 8–16.45 Uhr) oder in der **Sandia Ranger Station** (☎ 505-281-3304; 11776 Hwy 337, Tijeras; ⊙ Mo–

ALBUQUERQUE MIT KINDERN

Das ambitionierte **iExplora! Children's Museum** (www.explora.us; 1701 Mountain Rd NW; Erw./Kind 8/4 US$; ⊙ Mo–Sa 10–18, So 12–18 Uhr; ♿) wird Kinder stundenlang beschäftigen. Ein Hochseilrad, Wasser, eine Werkstatt für Kunsthandwerk … Für jedes Kind ist etwas dabei (unbedingt den Aufzug benutzen!). Und wenn man gar nicht mit Kindern unterwegs ist? Dann sollte man auf der Website nachsehen, wann die beliebte „Adult Night" (Nacht für Erwachsene) stattfindet, eine der coolsten Veranstaltungen in der Stadt. Normalerweise ist der Gastgeber ein bekannter lokaler Künstler.

Das auch für Jugendliche interessante **New Mexico Museum of Natural History & Science** (S. 428) beherbergt einen Evolator (kurz für *evolution elevator*, Evolutionsaufzug), der die Besucher durch 38 Mio. Jahre Erd- und Evolutionsgeschichte New Mexicos führt. Die neue Ausstellung Space Frontiers zeigt, welchen Beitrag der Staat zur Erforschung des Weltalls geleistet hat, angefangen mit uralten Chaco-Observatorien bis zu einer beeindruckenden, maßstabsgetreuen Mars-Rover-Imitation. Im Museum sind außerdem ein **Planetarium** (Erw./Kind 7/4 US$) und das mit einer 3D-IMAX-Leinwand ausgestattete **DynaTheater** (Erw./Kind 10/6 US$) untergebracht.

Fr 8–16.30 Uhr) erhältlich. Exit 175 South der I-40 nehmen (ca. 15 Meilen, 24 km, östlich von Albuquerque)!

Sandia Crest National Scenic Byway
AUTOFAHREN, WANDERN & TREKKEN

(I-40 Exit 175 North) Auf dem schönen Sandia Crest National Scenic Byway kommt man über den Osthang zum höchsten Punkt der Sandias. Unterwegs hat man Zugang zu vielen Wanderwegen. Alternativ nimmt man die Sandia Peak Tramway oder den Hwy 165 ab Placitas (I-25-Exit 242), eine unbefestigte Straße durch den Las Huertas Canyon, die an einer prähistorischen Felsbehausung vorbeiführt, der **Sandia Man Cave**.

Sandia Peak Ski Park
SKIFAHREN, RADFAHREN

(☎ 505-242-9052; www.sandiapeak.com; Skipass Erw./Kind 50/40 US$; ⊗ Dez.–März & Juni–Sept. 9–16 Uhr) Manchmal ist der Schnee prima, manchmal weniger gut. Am besten vorher nach den aktuellen Bedingungen fragen! Im Sommer (Juni–Sept.) ist das Skigebiet an Wochenenden und in den Ferien für Mountainbikefahrer geöffnet. Man kann ein Rad an der Basisstation leihen (58 US$ plus 650 US$ Kaution) oder mit dem Sessellift und dem eigenen Rad zum Gipfel hochfahren (14 US$). Dem Scenic Byway 536 folgen oder die Sandia Peak Tramway nehmen (in der Seilbahn sind Skier, aber keine Fahrräder erlaubt)!

Discover Balloons
BALLONFAHREN

(☎ 505-842-1111; www.discoverballoons.com; 205c San Felipe NW; Erw./unter 12 J. 160/125 US$) Es gibt verschiedene Anbieter für Ballonfahrten über der Stadt und dem Rio Grande, darunter Discover Balloons. Man ist etwa eine Stunde in der Luft. Es geht oft schon früh am Morgen los, um vom Sonnenaufgang und den besten Windbedingungen zu profitieren.

☞ Geführte Touren

Von Mitte März bis Mitte Dezember werden im Albuquerque Museum of Art & History (S. 428) informative **Führungen durch die Old Town** (⊗März–Dez. Di–So 11 Uhr) veranstaltet. Sie dauern 45 Minuten bis eine Stunde und sind für Museumsbesucher kostenlos.

✷ Feste & Events

Gathering of Nations Powwow
KULTUR

(www.gatheringofnations.com; ⊗April) Der größte indianische Powwow der Welt, mit traditioneller Musik, Tanz, Essen, Kunsthandwerk und der Krönung der Miss Indian World findet jedes Jahr im April statt.

International Balloon Fiesta
BALLONFAHREN

(www.balloonfiesta.com; ⊗Anfang Okt.) Dieses einwöchige Spektakel lockt bis zu 800 000 Zuschauer an. Das Highlight ist der Massenstart: Dann heben mehr als 500 Heißluftballons beinahe zeitgleich ab.

🛏 Schlafen

Route 66 Hostel
HOSTEL $

(☎ 505-247-1813; www.rt66hostel.com; 1012 Central Ave SW; B 20 US$, Zi. ab 25 US$; P ✳ 🛜) Saubere, günstige und schlichte Unterkunft mit fröhlicher Atmosphäre. Sie hat echtes Backpacker-Flair. Für die Gäste stehen eine Küche, eine Bücherei und eine offene Terrasse zur Verfügung.

Hotel Blue
HOTEL $

(☎ 877-878-4868; www.thehotelblue.com; 717 Central Ave NW; Zi. inkl. Frühstück 60–99 US$; P ✳ @ 🛜 🐾) In günstiger Lage neben einem Park im Zentrum kann man in einem der 134 Art-déco-Zimmer mit Tempur-Pedic-Matratzen übernachten. Das Flughafen-Shuttle ist kostenlos. Weitere Pluspunkte gibt's für den ordentlich großen Pool und die 40-Zoll-Flachbild-TVs.

★ Andaluz
BOUTIQUEHOTEL $$

(☎ 505-242-9090; www.hotelandaluz.com; 125 2nd St NW; Zi. 160–290 US$; P ✳ @ 🛜) Albuquerques bestes Hotel haut einen förmlich um, so stilvoll und detailverliebt ist es: In der Lobby laden sechs gemütliche Alkoven mit Tischen und Sofas zum Zusammensitzen bei einem Drink ein, und auf den Zimmern erwartet einen italienische Allergikerbettwäsche. Das Restaurant ist eines der besten der Stadt, die Gästebücherei ist wunderschön, und auf dem Dach befindet sich eine Bar. Das Andaluz ist ein „grünes" Hotel: Man kann die Solarheizungsanlage besichtigen, die größte im ganzen Staat. Wenn man online bucht, sind die Tarife viel günstiger.

Mauger Estate B&B
B&B $$

(☎ 800-719-9189; 505-242-8755; www.maugerbb.com; 701 Roma Ave NW, Ecke 7th St NW; Zi. inkl. Frühstück 99–195 US$, Suite 160–205 US$, Stadthaus 129–195 US$; P 🛜 🐾) Das restaurierte Herrenhaus im Queen-Anne-Stil (Mauger wird wie *major* ausgesprochen) hat komfortable Zimmer mit Daunendecken, Kühlschränken und frischen Schnittblumen. Das B&B ist kinder- und tierfreundlich; es gibt ein

Zimmer extra für Gäste mit Hund inklusive Wild-West-Dekor und kleinem Hof (20 US$ zusätzlich).

Böttger Mansion
B&B $$

(☎ 505-243-3639; 800-758-3639; www.bottger. com; 110 San Felipe St NW; Zi. inkl. Frühstück 104–179 US$; P ❄ @ ☎) Durch den netten, ortskundigen Besitzer hebt sich das gut ausgestattete viktorianische Gebäude von der Konkurrenz ab. Die Villa (erb. 1912) mit acht Schlafzimmern steht in der Nähe der Old Town Plaza, toller Museen und einiger guter Restaurants mit New Mexico-Küche. Der mit Geißblatt bewachsene Hof ist beliebt bei Vogelfans. Zu den illustren Gästen zählten Elvis, Janis Joplin und Machine Gun Kelly.

✗ Essen

★ Frontier
NEW MEXICO $

(www.frontierrestaurant.com; 2400 Central Ave SE; Hauptgerichte 3–11 US$; ⊙ 5–1 Uhr; 🖉 🚻) Das Frontier ist ein echter Traditionsladen. Die Zimtschnecken hier sind riesig, der Eintopf mit grünen Chilischoten macht süchtig, und die *huevos rancheros* sind unschlagbar. Außerdem kann man hier wunderbar Leute beobachten, und die Studenten lieben die günstigen Preise für Frühstück, Burger und mexikanisches Essen.

Flying Star Café
AMERIKANISCH $

(www.flyingstarcafe.com; 3416 Central Ave SE; Hauptgerichte 6–12 US$; ⊙ So–Do 6–23, Fr & Sa bis 24 Uhr; ☎ 🖉 🚻) **Juan Tabo Blvd** (4501 Juan Tabo Blvd NE; ⊙ So–Do 6–22, Fr & Sa bis 23 Uhr; ☎) Die beste Anlaufstelle, wenn man kreative Gerichte aus regionalen Zutaten mag, z. B. hausgemachte Suppen, Sandwiches und Pfannengerührtes als Hauptgericht oder leckere Desserts. Für jeden ist etwas dabei – deshalb platzen die sieben Filialen wohl auch ständig aus allen Nähten.

Golden Crown Panaderia
BÄCKEREI $

(☎ 505-243-2424; www.goldencrown.biz; 1103 Mountain Rd NW; Hauptgerichte 5–20 US$; ⊙ Di–Sa 7–20, So 10–20 Uhr) Wer liebt sie nicht, die netten Bäckereien an der Ecke? Und zwar insbesondere, wenn das Personal so nett ist und Brot und Pizza frisch aus dem Ofen sowie mit Obst gefüllte Empanadas und leckeren Kaffee verkauft. Hin und wieder gibt's auch mal einen Keks umsonst. Das Chili-Brot ist ruckzuck ausverkauft – am besten anrufen und eines reservieren! Auf der Website kann man einen Blick auf das Sortiment werfen.

Annapurna
INDISCH $$

(www.chaishoppe.com; 2201 Silver Ave SE; Hauptgerichte 7–12 US$; ⊙ Mo–Fr 7–21, Sa 8–21, So 10–20 Uhr; ☎ 🖉) Mit das frischste, leckerste und gesündeste Essen der Stadt gibt's in diesem mit Wandmalereien übersäten Restaurant. Die mild gewürzten, ayurvedischen Gerichte sind vegetarisch oder vegan und so gut, dass auch Fleischliebhaber problemlos etwas finden werden.

Artichoke Café
MODERN-AMERIKANISCH $$$

(☎ 505-243-0200; www.artichokecafe.com; 424 Central Ave SE; Mittagessen 10–16 US$, Abendessen 19–30 US$; ⊙ Mo–Fr 11–14.30, tgl. 17–21, Fr & Sa bis 22 Uhr) Dieses Café nennen viele ihr Lieblingsrestaurant in Albuquerque. Hier nimmt das Personal einfach das Beste, was die italienische, französische und amerikanische Küche zu bieten haben, und serviert es den Gästen mit einem Hauch von Eleganz.

🍷 Ausgehen & Unterhaltung

Die **Popejoy Hall** (www.popejoypresents.com; Central Ave, an Cornell St SE) und das historische **KiMo Theatre** (www.cabq.gov/kimo; 423 Central Ave NW, Downtown) sind die Top-Veranstaltungsorte. Dort treten bekannte Bands, Opern- und Theaterensembles und Symphonieorchester auf. Was wann und wo los ist, steht in der wöchentlich erscheinenden Zeitschrift *Alibi* (www.alibi.com). Die meisten der in Albuquerque angesagten Cafés und Bars liegen in den Nob Hill-/UNM-Bezirken, obwohl's auch im Zentrum ein paar gute gibt.

Satellite Coffee
CAFÉ

(2300 Central Ave SE; ⊙ 6–23 Uhr; ☎) Von der hippen spacigen Optik sollte man sich nicht abschrecken lassen. Die Angestellten sind nett und das Publikum besteht aus lauter Leuten mit Laptop und Lattes. Acht Filialen sind übers Stadtgebiet verteilt. Nett ist auch die in Nob Hill (3513 Central Ave NE, Nob Hill).

Anodyne
BAR

(409 Central Ave NW; ⊙ Mo–Fr 16–1.30, Sa 19–1.30, So 19–23.30 Uhr) Das Anodyne ist ein riesiger, aber gemütlicher Ort mit zehn roten Billardtischen, Holzdecken, ausreichend gepolsterten Stühlen – und mehr als 100 verschiedenen Sorten Flaschenbier. Hier findet sich ein vielfältiges Publikum, wo jeder dazugehört.

Kelly's Brewery
BRAUEREI

(www.kellysbrewpub.com; 3222 Central Ave SE; ⊙ So–Do 8–22.30, Fr & Sa bis 24 Uhr) An einem der großen Gemeinschaftstische darf man sich auf einen geselligen Abend mit viel Bier freuen und Leute beobachten. Früher war dies ein Ford-Autohaus mit Tankstelle. An warmen Frühlingsabenden scheint sich ganz Albuquerque auf der riesigen Terrasse zu tummeln.

Launch Pad
LIVEMUSIK

(www.launchpadrocks.com; 618 Central Ave SW, Downtown) Indie-, Reggae-, Punk- und Country-Bands rocken den Laden fast jeden Abend. Nach dem Raumschiff auf der Central Ave Ausschau halten! Gleich nebenan ist das **El Rey Theater** (www.elreytheater.com; 620 Central Ave SW, Downtown), ein weiterer heißer Tipp für Livemusik.

Shoppen

Alle Arten von Souvenirs erhält man in Nob Hill östlich der Universität. Boutiquen und ausgefallene Geschäfte laden zum Bummeln ein. Parken kann man in der Central Ave SE oder in einer der Seitenstraßen mit den College-Namen.

Palms Trading Post
KUNSTHANDWERK

(1504 Lomas Blvd NW; ⊙ Mo–Dr 9–17.30, Sa 10–17.30 Uhr) Wer indianisches Kunsthandwerk kaufen und von Experten beraten werden will, sollte im Palms Trading Post vorbeischauen.

Silver Sun
SCHMUCK

(116 San Felipe St NW; ⊙ 10–16.30 Uhr) Gleich südlich der Plaza befindet sich dieser Juwelier, der für seine Türkise und Silber bekannt ist. Manchmal kann man beim Schmieden zuschauen.

Mariposa Gallery
KUNSTHANDWERK

(www.mariposa-gallery.com; 3500 Central Ave SE, Nob Hill) Wunderschöne, ausgefallene Kunst, Handwerk und Schmuck, vor allem von Künstlern aus der Region.

❶ Praktische Informationen
INFOS IM INTERNET

Albuquerque.com (www.albuquerque.com) Attraktionen, Hotels und Restaurants.
City of Albuquerque (www.cabq.gov) Informationen zum öffentlichen Nahverkehr, zu lokalen Sehenswürdigkeiten und mehr.

INTERNETZUGANG

Viele Restaurants und Cafés bieten WLAN.
Main Library (☎ 505-768-5141; 501 Copper Ave NW; ⊙ Mo & Do–Sa 10–18, Di & Mi 10–19 Uhr; 🛜) Nach dem Kauf einer SmartCard für 3 US$ ist der Internetzugang kostenlos. WLAN ist gratis, man benötigt aber eine Zugangskarte.

NOTFALL & MEDIZINISCHE VERSORGUNG

Polizei (☎ 505-764-1600; 400 Roma Ave NW)
Presbyterian Hospital (☎ 505-841-1234, Notfall 505-841-1111; 1100 Central Ave SE; ⊙ 24 Std. Notaufnahme)
UNM Hospital (☎ 505-272-2411; 2211 Lomas Blvd NE; ⊙ 24 Std. Notaufnahme) Wer keine Versicherung hat, sollte hierhin kommen.

POST

Post (201 5th St SW; ⊙ Mo–Fr 9–16.30 Uhr)

TOURISTENINFORMATION

Albuquerque Convention & Visitors Bureau (www.itsatrip.org; Albuquerque International Airport; ⊙ So–Fr 9.30–20, Sa bis 16.30 Uhr) An der Gepäckausgabe auf der unteren Ebene.
Old Town Information Center (☎ 505-243-3215; www.itsatrip.org; 303 Romero Ave NW; ⊙ Okt.–Mai 10–17 Uhr, Juni–Sept. bis 18 Uhr)

❶ Anreise & Unterwegs vor Ort
BUS

Das **Alvarado Transportation Center** (100 1st St SW, cnr Central Ave) ist Sitz von **ABQ RIDE** (☎ 505-243-7433; www.cabq.gov/transit; 100 1st St SW; Erw./Kind 1/0,35 US$; Tagesticket 2 US$), dem öffentlichen Busbetrieb. Er deckt montags bis freitags den Großteil von Albuquerque ab und nimmt täglich Kurs auf die wichtigsten Sehenswürdigkeiten. Die meisten Linien fahren bis 18 Uhr. Die ABQ-RIDE-Linie 50 verbindet den Flughafen und Downtown (Mo–Fr letzter Bus um 20 Uhr, Sa eingeschränkter Dienst). Auf der Website findet man Karten und Fahrpläne. Bus Nr. 36 hält nahe der Old Town und dem Indian Pueblo Cultural Center.

Greyhound (☎ 800-231-2222, 505-243-4435; www.greyhound.com; 320 1st St SW) fährt Ziele in ganz New Mexico an. **Sandia Shuttle** (☎ 888-775-5696; www.sandiashuttle.com; einfache Strecke/hin & zurück 28/48 US$; ⊙ 8.45–23.45 Uhr) bietet tägliche Shuttle-Verbindungen von Albuquerque zu vielen Hotels in Santa Fe.
Twin Hearts Express (☎ 575-751-1201; www.twinheartsexpresstransportation.com) betreibt einen Shuttle-Service vom Flughafen zu Zielen im Norden von New Mexico wie Taos.

FLUGZEUG

Albuquerque International Sunport (☎ 505-244-7700; www.cabq.gov/airport; 2200 Sunport Blvd SE) ist der wichtigste Flughafen von New Mexico. Er wird von fast allen großen US-amerikanischen Fluggesellschaften angeflogen. Ein Taxi nach Downtown kostet 20 bis 25 US$; ein Anbieter ist z. B. **Albuquerque Cab** (☎ 505-883-4888; www.albuquerquecab.com).

ZUG

Täglich hält der *Southwest Chief* auf dem Weg nach Chicago (173 US$, 26 Std.) oder in die andere Richtung, via Flagstaff, AZ, (91 US$, 5 Std.) nach Los Angeles, CA, (ab 114 US$, 16 ½ Std.) am **Amtrak Bahnhof** (☎ 800-872-7245, 505-842-9650; 320 1st St SW; ☺10–17 Uhr).

Am selben Bahnhof hält auch der **New Mexico Rail Runner Express** (www.nmrailrunner.com), ein Pendlerzug. Werktags geht's achtmal täglich nach Santa Fe (einfache Strecke/Tagesticket 8/9 US$), samstags vier- und sonntags dreimal, es ist aber wahrscheinlich, dass die Wochenendverbindungen eingestellt werden. Die Fahrt dauert etwa eineinhalb Stunden.

An der I-40

Zwar kann man theoretisch in weniger als fünf Stunden von Albuquerque nach Flagstaff, AZ, fahren, doch die National Monuments und die Pueblos an der Strecke sind einen Besuch wert. Wer eine landschaftlich schöne Tour machen möchte, nimmt ab Grants den Hwy 53 nach Südwesten, der zu allen im Folgenden genannten Sehenswürdigkeiten (außer nach Acoma) führt. Der Hwy 602 verläuft gen Norden nach Gallup.

Acoma Pueblo

Die „Himmelsstadt" thront auf einer Mesa 2133 m über dem Meeresspiegel und 112 m über dem umliegenden Plateau. Dieses Dorf ist eine der ältesten durchgehend bewohnten Siedlungen Nordamerikas. Seit der zweiten Hälfte des 11. Jhs. leben hier Menschen, die Töpferwaren herstellen. **Geführte Touren** (Erw./Senior/Kind 23/20/15 US$; ☺April–Anfang Nov. 9.30–15.30 Uhr stündl.; Zeiten im Winter telefonisch od. online erfragen) beginnen am **Visitor Center** (☎800-747-0181; www.acomaskycity.org; ☺April–Anfang Nov. 9–17 Uhr; Zeiten im Winter telefonisch od. online erfragen) am Fuß der Mesa und dauern zwei Stunden oder eine Stunde, wenn man nur die historische Tour bucht. Von der I-40 nimmt man Exit 102, etwa 60 Meilen (96 km) westlich von Albuquerque, und fährt 12 Meilen (19 km) nach Süden.

El Morro National Monument

Der 60 m hohe Sandsteinvorsprung an diesem **National Monument** (www.nps.gov/elmo; Eintritt frei; ☺9–17 Uhr; letzter Einlass 16 Uhr) GRATIS, auch bekannt als der „Felsen der Inschriften", ist seit Jahrhunderten ein Reiseziel. Mehr als 2000 eingeritzte Zeichen – von Petroglyphen der Pueblo-Indianer (um 1275) an der Spitze bis zu Inschriften spanischer Eroberer und englischer Pioniere – bieten eine einzigartige Möglichkeit, sich auf die Spuren der Geschichte zu begeben. El Morro liegt ca. 38 Meilen (61 km) südwestlich von Grants und ist über den Hwy 53 erreichbar.

Zuni Pueblo

Die Zuni sind weltweit für ihre feinen Silberintarsien bekannt. Sie verkaufen sie in

---

SCENIC DRIVES: PANORAMASTRECKEN IN NEW MEXICO

Billy the Kid National Scenic Byway Diese Berg-und-Tal-Strecke (www.billybyway. com) im Südosten von New Mexico führt durch Billy the Kids Revier, vorbei an Smokey Bears Grab und durch das von Obstgärten gesäumte Hondo Valley. Von Roswell aus nimmt man den Hwy 380 nach Westen.

High Road nach Taos Auf der Nebenstraße zwischen Santa Fe und Taos fährt man durch eine Wüste mit Sandsteinskulpturen, erfrischende Kiefernwälder und ländliche Dörfer mit alten Kirchen aus Lehmziegeln und Pferdekoppeln. Die 4000 m hohen Truchas Peaks dominieren die Szenerie. Von Santa Fe aus nimmt man den Hwy 84/285 bis zum Hwy 513 und folgt dann der Beschilderung.

NM Highway 96 Auf dieser kleinen Straße zwischen Abiquiu und Cuba lernt man im Schatten des auffälligen Cerro Pedernal das Herz von Georgia O'Keeffes New Mexico kennen. Dann geht's vorbei an marsroten Tafelbergen und Sandsteinfelsen in Purpur-, Gelb- und Elfenbeintönen.

NM Highway 52 Von der Kleinstadt Truth or Consequences fährt man nach Westen in die spektakulären Ausläufer der Black Range hinein, durch die alten Bergarbeitersiedlungen Winston und Chloride. Weiter Richtung Norden kommt man an der Monticello Box vorbei – wo Geronimo schlussendlich aufgab – und dann zu den weiten Plains of San Augustin, bevor man das bizarre Very Large Array erreicht.

Geschäften am Hwy 53. Im **Visitor Center** (☎505-782-7238; www.zunitourism.com; 1239 Hwy 53; Führungen 10 US$; ☉Mo–Fr 8.30–17.30, Sa 10.30–16, So 12–16 Uhr) erhält man Infos und Fotogenehmigungen und kann Touren durch das Pueblo buchen. Vorbei an den Steinhäusern und wie Bienenkörbe geformten Lehmziegelöfen geht's zur **Our Lady of Guadalupe Mission**. Die Kachina-Wandbilder sind beeindruckend. Im **Ashiwi Awan Museum & Heritage Center** (www.ashiwi-museum.org; Ojo Caliente Rd; Eintritt gegen Spende; ☉Mo–Fr 9–17 Uhr) sind alte Fotos und Stammesartefakte ausgestellt.

Das nette **Inn at Halona** (☎800-752-3278, 505-782-4547; www.halona.com; Halona Plaza; Zi. ab 79 US$; P🖥) zieren Zuni-Kunst und -Handwerk. Es hat acht Zimmer und ist die einzige Unterkunft im Pueblo. Das Frühstück gehört mit zum Besten, was man in New Mexico in einem B&B bekommen kann.

Gallup

Gallup ist eine typische Route-66-Stadt – und das wichtigste Handelszentrum der Navajo und Zuni. Deshalb befinden sich zahlreiche *trading posts*, Pfandleiher, Schmuckgeschäfte und Handwerksgalerien im historischen Bezirk. Dies ist die wohl beste Adresse in New Mexico für qualitativ hochwertige Waren zu fairen Preisen.

Die schönste Schlafgelegenheit ist **El Rancho** (☎505-863-9311; www.elranchohotel.com; 1000 E Hwy 66; Zi. ab 85 US$; P🖥). Viele berühmte Schauspieler der 1940er- und 1950er-Jahre haben hier übernachtet. Der Stil der tollen Lobby ist typisch für den Südwesten, es gibt ein Restaurant, eine Bar und verschiedene einfache Zimmer. In der Lobby hat man WLAN-Empfang. Die meisten Kettenhotels befinden sich entlang der Route 66, westlich des Stadzentrums.

Santa Fe

Santa Fe hat ohne Zweifel ein zeitloses, erdiges Flair – das merkt man spätestens, wenn man durch die historischen Viertel mit den Adobe-Bauten geht, aber auch auf der Plaza, auf der sich die Touristen tummeln. Santa Fe, gegründet 1610, ist die zweitälteste Stadt der USA und die älteste Landeshauptstadt. Hier steht das älteste öffentliche Gebäude des Landes und hier steigt die älteste jährliche Party der USA (Fiesta). Davon abgesehen ist Santa Fe ein Synonym für modernen Stil, die Stadt trumpft mit dem zweitgrößten Kunstmarkt der Vereinigten Staaten auf und bietet neben Gourmetrestaurants, erstklassigen Museen und Spas auch noch eine hochkarätige Oper.

Santa Fe ist auch die höchstgelegene Landeshauptstadt der USA (auf über 2100 m). Sie befindet sich am Fuß der Sangre de Cristo Mountains und ist ein idealer Ausgangspunkt für Wanderungen, Mountainbiketouren oder Skiausflüge.

Die Cerrillos Rd (I-25-Exit 278), eine 6 Meilen (10 km) lange Straße voller Hotels und Fast-Food-Restaurants, führt von Süden her in die Stadt. Der Paseo de Peralta beschreibt einen Kreis durch das Zentrum, der St. Francis Drive (I-25-Ausfahrt 282) bildet die westliche Grenze von Downtown Santa Fe und geht in den Hwy 285 über, der nach Norden führt, Richtung Los Alamos und Taos. Die meisten Restaurants, Galerien, Museen und Sehenswürdigkeiten in Downtown können von der Plaza, dem historischen Kern der Stadt, aus zu Fuß erreicht werden.

◉ Sehenswertes

Kunstfans, die ein Wochenende in Santa Fe verbringen wollen, sollten darüber nachdenken, halbwegs früh am Freitag anzureisen – in vielen Museen ist der Eintritt freitagabends kostenlos.

★ Georgia O'Keeffe Museum   MUSEUM

(☎505-946-1000; www.okeeffemuseum.org; 217 Johnson St; Erw./Kind 12/frei; ☉10–17, Fr bis 20 Uhr) Dieses Museum besitzt die größte Georgia-O'Keeffe-Sammlung der Welt. Es zeigt Gemälde mit den bekannten Blumen- und Schädelmotiven sowie Adobe-Architektur. Führungen durch das Haus der Künstlerin in Abiquiu müssen vorab reserviert werden.

Canyon Rd   GALERIEN

(www.canyonroadarts.com) Das Epizentrum der Edel-Kunstszene der Stadt. Mehr als 100 Galerien, Ateliers, Geschäfte und Restaurants säumen die schmale historische Straße. Man kann Meisterwerke der Santa Fe School, seltene indianische Antiquitäten und zügellose moderne Kunst betrachten. Bei den Vernissagen am frühen Freitagabend und vor allem an Heiligabend geht es in dem Viertel besonders lebendig zu.

Wheelwright Museum of the American Indian   MUSEUM

(www.wheelwright.org; 704 Camino Lejo; ☉Mo–Sa 10–17, So 13–17 Uhr) GRATIS 1937 ließ Mary Cabot

MUSEUM OF NEW MEXICO

Das Museum of New Mexico verwaltet vier (oder fünf, je nachdem wie man sie zählt) einzigartige und hervorragende Museen in der Stadt. Der Eintritt ist für Jugendliche und Kinder bis 16 Jahre kostenlos. Erwachsene können einen Vier-Tages-Pass mit Eintritt zu allen vier (oder fünf) Museen für 20 US$ kaufen. Zwei (oder drei) liegen an der Plaza, zwei auf dem Museums Hill.

Museum of International Folk Art (www.internationalfolkart.org; 706 Camino Lejo; Erw./ Kind 9 US$/frei, im Sommer Fr 17–20 Uhr freier Eintritt; ◷10–17 Uhr, Sept.–Mai Mo geschl.) Auf dem Museum Hill warten gleichermaßen skurrile wie überwältigende Galerien mit der weltweit größten Sammlung traditioneller Volkskunst auf. Wenn es zeitlich passt, sollte man seinen Besuch in diesem Museum auf den Juli legen. Dann findet hier ein fantastischer Volkskunstmarkt statt.

Museum of Indian Arts & Culture (www.indianartsandculture.org; 710 Camino Lejo; Erw./ Kind 9 US$/frei, im Sommer Fr 17–20 Uhr freier Eintritt; ◷10–17 Uhr, Sept.–Mai Mo geschl.) Auf dem Museum Hill kann man eine der umfassendsten Sammlungen indianischer (Handwerks-)Kunst bestaunen – thematisch passt ein Besuch des nahe gelegenen Wheelwright Museum.

Palace of the Governors (☎505-476-5100; www.palaceofthegovernors.org; 105 W Palace Ave; Erw./Kind 9 US$/frei; ◷10–17 Uhr, Okt.–Mai Mo geschl.) Das 400 Jahre alte Bauwerk an der Plaza war einst Sitz der spanischen Kolonialregierung. Zu sehen sind Relikte aus der Region, die meisten Exponate befinden sich aber inzwischen im angrenzenden **New Mexico History Museum** (113 Lincoln Ave), einer 8640 m² großen, schicken Erweiterung. Das Ticket gilt für Palast und Museum.

New Mexico Museum of Art (www.nmartmuseum.org; 107 W Palace Ave; Erw./Kind 9 US$/ frei; ◷ Sept.–Mai 10–17 Uhr, Mo geschl.) Etwas abseits der Plaza zeigt dieses Museum mehr als 20 000 Kunstwerke. Der Großteil der Künstler stammt aus dem Südwesten.

das Wheelwright Museum of the American Indian – es gehört zum Museum Hill – einrichten, um die zeremonielle Kunst der Navajo auszustellen. Das Highlight sind unverändert die Navajo-Exponate, mittlerweile umfasst die Sammlung aber auch moderne indianische Kunst und historische Artefakte.

St. Francis Cathedral   KIRCHE
(www.cbsfa.org; 131 Cathedral Pl; ◷8.30–17 Uhr) Beherbergt die älteste Madonna-Statue Nordamerikas.

Shidoni Foundry   GÄRTEN, GALERIE
(www.shidoni.com; 1508 Bishop's Lodge Rd, Tesuque; ◷Mo–Sa 9–17 Uhr; ⊞) Skulpturengarten (Sonnenaufgang–17 Uhr), Galerie und ein Glasbläseratelier, 5 Meilen (8 km) nördlich der Plaza. Samstags kann man Künstlern beim Gießen riesiger Bronzegegenstände zusehen (5 US$).

Loretto Chapel   KIRCHE
(www.lorettochapel.com; 207 Old Santa Fe Trail; Eintritt 3 US$; ◷Mo–Sa 9–17, So 10.30–17 Uhr) Die Kirche ist berühmt für ihre „magische" Wendeltreppe, die ohne sichtbare Abstützung errichtet wurde.

Aktivitäten

Die **Pecos Wilderness** und der **Santa Fe National Forest** östlich der Stadt bieten ein über 1600 km langes Wanderwegenetz. Manche Wege führen auf über 3600 m hohe Gipfel hinauf. Der beliebte und hübsche **Winsor Trail** beginnt am Santa Fe Ski Basin. Gewitter sind im Sommer keine Seltenheit; vor dem Losmarschieren die Wettervorhersage anschauen! Karten und Infos liefert das Public Lands Information Center. Wer gern Mountainbike fährt, kann bei **Mellow Velo** (☎505-995-8356; www.mellowvelo.com; 132 E Marcy St; Leihgebühr ab 35 US$/Tag; ◷Mo–Sa 9–17.30 Uhr) vorbeischauen. Dort werden Räder verliehen und man bekommt Infos zu den Radwegen in der Gegend.

Rafting auf dem Rio Grande und dem Rio Chama ist sehr beliebt (Tagesausflüge, aber auch mehrtägige Touren), und Besucher werden busweise herangekarrt. Ein guter Anbieter ist **Santa Fe Rafting Co** (☎505-988-4914; www.santaferafting.com; ◷April–Sept.). Man kann die Rio Grande Gorge erforschen (halber Tag/ganzer Tag 65/99 US$), die wilde Taos Box bezwingen (ganzer Tag 110 US$)

Santa Fe

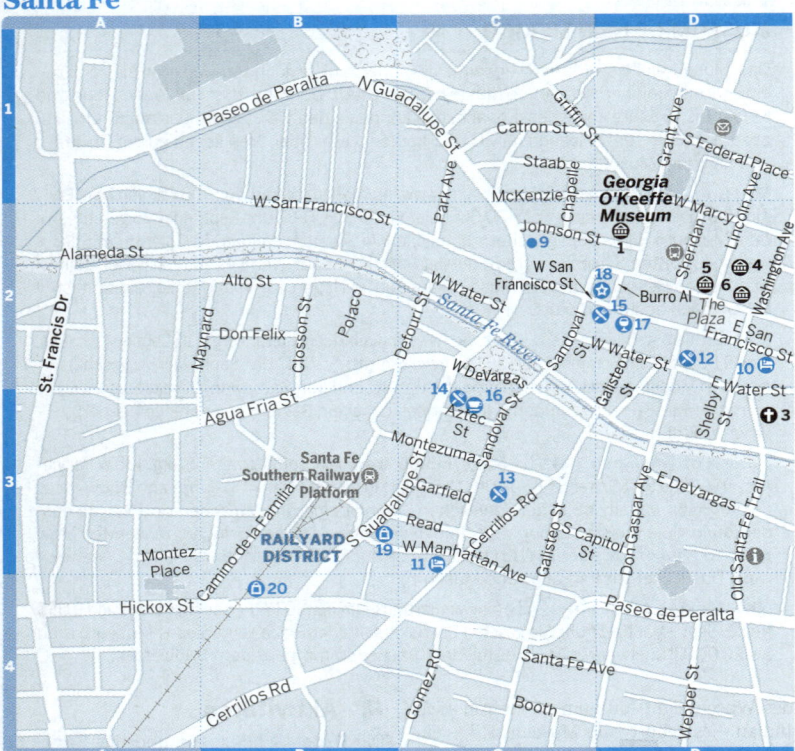

oder die Rio Chama Wilderness erkunden (3 Tage 595 US$).

Ski Santa Fe
SKIFAHREN

(☎ 505-982-4429, Schneeinformationen 505-983-9155; www.skisantafe.com; Skipass Erw./Kind 66/46 US$; ⏰ Ende Nov.–April 9–16 Uhr) Fährt man von der Plaza aus den Hwy 475 hinauf, erreicht man nach nur einer halben Stunde das am zweithöchsten gelegene Skigebiet der USA. Wenn frischer Pulverschnee liegt und die Sonne scheint, ist das hier das Paradies für Wintersportler.

Ten Thousand Waves
SPA

(☎ 505-982-9304; www.tenthousandwaves.com; 3451 Hyde Park Rd; Gemeinschaftsbecken 24 US$, private Becken 31–51 US$/Pers.; ⏰ Juli–Okt. Di 12–22.30, Mi–Mo 9–22.30 Uhr, Nov.–Juni unterschiedliche Öffnungszeiten) Das 10 000 Waves wurde im japanischen Stil entworfen. Auf dem künstlich angelegten Gelände verstecken sich acht hübsche Zen-Becken. Wasserfälle, Eiswasserbecken, Massagen und Aufguss-

sowie Trockensaunen vervollständigen die Anlage. Wer ein Becken für sich allein haben will, muss telefonisch reservieren.

🛶 Kurse

Santa Fe School of Cooking
KOCHEN

(☎ 505-983-4511; www.santafeschoolofcooking. com; 125 N Guadalupe St; Kurse 75–98 US$; ⏰ Mo-Fr 9.30–17.30, Sa 9.30–17 Uhr, So 12–16 Uhr) Wer seine Liebe zur Küche New Mexicos entdeckt hat, kann Kochunterricht nehmen. Die Einheiten dauern meistens zwischen eineinhalb und drei Stunden, grüne und rote Chilis spielen dabei auch eine Rolle.

★☆ Feste & Events

★ Spanish Market
KULTUR

(www.spanishcolonial.org; ⏰ Ende Juli) Kulturelles Fest der Extraklasse mit traditioneller spanischer Kolonialkunst. Man kann *retablos* (Malereien auf Holztafeln) und *bultos* (religiöse Holzfiguren), handgefertigte Mö-

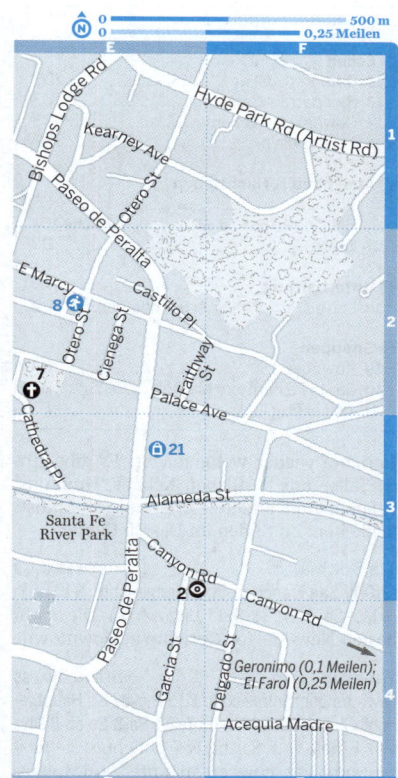

Map labels:
0 — 500 m
0 — 0,25 Meilen
Bishops Lodge Rd
Kearney Ave
Hyde Park Rd (Artist Rd)
Paseo de Peralta
Otero St
E Marcy
Castillo Pl
8
Otero St
Cienega St
7
Faithway St
Palace Ave
Cathedral Pl
21
Alameda St
Santa Fe River Park
Canyon Rd
Paseo de Peralta
2
Canyon Rd
Garcia St
Delgado St
Geronimo (0,1 Meilen);
El Farol (0,25 Meilen)
Acequia Madre

bel und Metallarbeiten bewundern. Eine Jury bewertet die Werke.

★ Santa Fe Indian Market
KULTUR

(www.swaia.org) Findet typischerweise am Wochenende nach dem dritten Donnerstag im August statt und lockt die besten indianischen Kunsthandwerker des Landes auf die Plaza – und mit ihnen Zehntausende Besucher.

★ Santa Fe Fiesta
KULTUR

(www.santafefiesta.org; ⊙ Anfang Sept.) Zwei Wochen vollgepackt mit Veranstaltungen, darunter Konzerte, Tänze, Umzüge und die Verbrennung von Zozobra (dem Old Man Gloom, etwa „Alter-Mann-Trübsinn"), einer riesigen Marionette.

🛏 Schlafen

Motelketten und unabhängige Unterkünfte säumen die Cerrillos Rd. Sowohl im Santa Fe National Forest als auch im Hyde State

Park am Hwy 475, der Straße zum Ski Basin, kann man auf ausgebauten Plätzen campen. Weitere Informationen gibt's beim Public Lands Information Center (S. 427).

Silver Saddle Motel
MOTEL $

(☎ 505-471-7663; www.santafesilversaddlemotel. com; 2810 Cerrillos Rd; Zi. Winter/Sommer ab 45/ 62 US$; P ❄ @ 🛜 🏊) Schattige Holzarkaden draußen und ein rustikales Cowboy-Dekor drinnen sind die Markenzeichen dieses Motels. Ein paar Zimmer haben hübsch gekachelte Küchenzeilen. Lust auf ein bisschen Kitsch? Dann einfach nach dem Kenny-Rogers- oder dem Wyatt-Earp-Zimmer fragen! Das Preis-Leistungs-Verhältnis ist wirklich hervorragend.

Rancheros de Santa Fe Campground
CAMPING $

(☎ 505-466-3482; www.rancheros.com; 736 Old Las Vegas Hwy; Stellplatz Zelt/Wohnmobil 25/ 41 US$, Hütten 49 US$; ⊙ März–Okt.; 🛜 🏊 🐾) Ein bewaldeter Campingplatz 7 Meilen (11 km) südöstlich der Stadt. Supernette Atmosphäre. Außerdem: Warmwasserduschen, günstiger Kaffee und Filmvorführungen am Abend.

Santa Fe Motel & Inn
MOTEL $$

(☎ 505-982-1039; www.santafemotel.com; 510 Cerrillos Rd; Zi. 89–155 US$, Casitas 129–169 US$; P ❄ @ 🛜 🏊) Das Motel unweit vom Zentrum hat in puncto Ästhetik und Technik einiges zu bieten: Kacheln in kräftigen Farben, Lehmwände mit Sunburst-Lackierung, LCD-TVs und die Willkommens-Chilischote auf den Handtüchern sind nur ein paar der netten Details. Und wie wär's mit einem warmen Frühstück auf der Terrasse?

El Rey Inn
HOTEL $$

(☎ 505-982-1931; www.elreyinnsantafe.com; 1862 Cerrillos Rd; Zi. inkl. Frühstück 105–165 US$, Suite ab 150 US$; P ❄ @ 🛜 🏊) Ein sehr empfehlenswertes klassisches Hotel mit Innenhof, tollen Zimmern, einem schönen Schwimmbecken, Whirlpool und sogar einem Kinderspielplatz auf einem ca. 2 ha großen Grundstück. Auf dem Gelände wird recycelt und verantwortungsbewusst mit den Ressourcen umgegangen. Die meisten Zimmer sind klimatisiert.

★ La Fonda
HISTORISCHES HOTEL $$$

(☎ 800-523-5002; www.lafondasantafe.com; 100 E San Francisco St; Zi./Suite ab 140/260 US$; P ❄ @ 🛜 🏊) Der Eigenwerbung zufolge ist dies das „Original Inn am Ende des Santa Fe

Santa Fe

◉ **Highlights**
1 Georgia O'Keeffe Museum D2

◉ **Sehenswertes**
2 Canyon Rd E3
3 Loretto Chapel D3
4 New Mexico History Museum D2
5 New Mexico Museum of Art D2
6 Palace of the Governors D2
7 St. Francis Cathedral E2

◎ **Aktivitäten, Kurse & Touren**
8 Mellow Velo E2
9 Santa Fe School of Cooking C2

◉ **Schlafen**
10 La Fonda D2
11 Santa Fe Motel & Inn C3

◉ **Essen**
12 Cafe Pasqual's D2
13 Cleopatra's Cafe C3
14 Cowgirl Hall of Fame C3
15 Tia Sophia's D2

◉ **Ausgehen & Nachtleben**
16 317 Aztec C3
   Bell Tower Bar ....(siehe 10)
17 Evangelo's D2

◎ **Unterhaltung**
18 Lensic Performing Arts Theater D2

◉ **Shoppen**
19 Kowboyz B3
20 Santa Fe Farmers Market B4
21 Travel Bug E3

Trail". In der einen oder anderen Form steht das 2013 frisch renovierte Hotel hier schon seit 1610! Seit jeher ist La Fonda eine der besten Unterkünfte der Stadt, ein Ausbund an authentischem, qualitativ hochwertigem Santa-Fe-Stil. Hier verschmelzen moderner Luxus und Volkskunst-Elemente.

✗ Essen

★ San Marcos Café   NEW MEXICO $
(☎505-471-9298; www.sanmarcosfeed.com; 3877 Hwy 14; Hauptgerichte 7–10 US$; ⊙8–2 Uhr; 🚺) Die zehnminütige Fahrt hierher lohnt sich (auf dem Hwy 14 nach Süden). Abgesehen vom bodenständigen Flair und dem besten Red Chili, das einem je untergekommen ist, muss man das authentische Western-Feeling dieses Restaurants einfach lieben – draußen stolzieren Truthähne und Pfauen umher, und es gibt einen Tierfutterladen. Heißhunger auf etwas Süßes? Den kann man mit Gebäck und Desserts stillen, insbesondere mit dem Bourbon-Apfelkuchen. An den Wochenenden reservieren!

Horseman's Haven   NEW MEXICO $
(4354 Cerrillos Rd; Hauptgerichte 8–12 US$; ⊙Mo–Sa 8–20, So 8.30–14 Uhr; 🚺) Ohne Frage: Hier gibt's das schärfste Green Chili der Stadt! Vorsichtshalber lieber als Beilage bestellen! Der Service ist nett und flink, und der gigantische Burrito reicht unter Umständen für den kompletten Tag.

Cleopatra's Cafe   ORIENTALISCH $
(www.cleopatrasantafe.com; 418 Cerrillos Rd, Design Center; Hauptgerichte 6–14 US$; ⊙Mo–Sa 11–20 Uhr; ☎) Das eher unspektakuläre Ambiente wird durch Geschmack und Preis der Gerichte wieder wettgemacht: Es gibt große Teller mit köstlichen Kebabs, Hummus, Falafeln und anderen orientalischen Köstlichkeiten. Zu finden im Design Center.

Tia Sophia's   NEW MEXICO $
(210 W San Francisco St; Hauptgerichte 7–10 US$; ⊙Mo–Sa 7–14, So 8–13 Uhr; 🗷🚺) Die wohl besten New-Mexico-Gerichte in Downtown.

Tune-Up Café   INTERNATIONAL $$
(www.tuneupsantafe.com; 1115 Hickox St; Hauptgerichte 7–14 US$; ⊙Mo–Fr 7–22, Sa & So ab 8 Uhr; 🚺) Eines von Santa Fes beliebtesten Restaurants hat eine entspannte Atmosphäre und ist immer gut besucht, denn das Essen ist super. Der Koch kommt aus El Salvador und verpasst den klassischen amerikanischen und New-Mexico-Gerichten eine besondere Note, es gibt aber auch salvadorianische *pupusas* (gefüllte Maistortillas), *huevos* (Eier) und andere Spezialitäten. Besonders lecker schmecken die Fisch-Tacos und die *mole colorado enchiladas* (mit rotem Chili und einem Hauch Schokolade) – wenn das Wetter o.k. ist, raus auf die Terrasse!

Cowgirl Hall of Fame   GRILL $$
(www.cowgirlsantafe.com; 319 S Guadalupe St; Hauptgerichte 8–18 US$; ⊙So–Do 11–23, Fr & Sa bis 24 Uhr; 🚺) Im Hof mit dem Kopfsteinpflaster kann man sich über Lachs-Tacos, *butternut-squash*-(Kürbis-)Auflauf oder eine Grillplatte hermachen, serviert mit einem Hauch Feminismus im Western-Stil. Dies ist ein kinderfreundlicher Laden mit einem Spielplatz draußen und Eimern voller Buntstifte, mit denen man die lange Kinderkarte bemalen kann. Auch die Bar (oft mit

Livemusik) und die angeschlossene Billard-
halle sind total beliebt.

★ Cafe Pasqual's INTERNATIONAL $$$
(☎ 505-983-9340; www.pasquals.com; 121 Don
Gaspar Ave; Hauptgerichte morgens & mittags
9–17 US$, Hauptgerichte abends 16–30 US$;
☉ 7–15 & 17.30–21 Uhr; 🖉 🏃) Die berühmteste
Frühstücksadresse in Sante Fe – berechtigterweise.

Geronimo MODERN-AMERIKANISCH $$$
(☎ 505-982-1500; www.geronimorestaurant.com;
724 Canyon Rd; Hauptgerichte 30–45 US$; ☉ Mo-
Do 5.45–22, Fr & Sa bis 23 Uhr) Eines der edelsten und romantischsten Restaurants der
Stadt ist in einem Lehmziegelbau von 1756
untergebracht. Auf der kurzen, aber ab-
wechslungsreichen Karte stehen z. B. gegrillte Garnelen mit Honig-Marinade und Elchfi-
let mit über Apfelholz geräuchertem Speck.

🍷 Ausgehen & Unterhaltung

Livemusik und eine gute Atmosphäre für
ein paar Drinks bietet auch die Cowgirl Hall
of Fame (S. 438) fast jeden Abend.

★ 317 Aztec CAFÉ
(317 Aztec St; ☉ Mo-Sa 8–22 Uhr; 🔊) Auch
unter den neuen Eigentümern bleibt das
ehemalige Aztec Café mit seiner Kunstprä-
sentation und der Terrasse unsere erste
Wahl wenn's um ein Café oder eine Saft-/
Smoothie-Bar geht. Das Essen ist großartig
(und auch noch gesund)!

Evangelo's BAR
(200 W San Francisco St; ☉ Mo-Sa 12–1.30, So bis
24 Uhr) Jeden Abend gibt's Livemusik zum
Im-Takt-Mitwippen. Bereits auf der Straße
hört man die Klänge von Rock, Blues, Jazz
und Latino-Combos.

Bell Tower Bar BAR
(100 E San Francisco St; ☉ Mai–Okt. Mo-Do 15
Uhr–Sonnenuntergang, Fr–So 14 Uhr–Sonnenuntergang, übriges Jahr geschl.) Im Hotel La Fonda
geht's fünf Stockwerke hinauf in die soeben
renovierte Bell Tower Bar. Dort kann man
die legendären New-Mexico-Sonnenunter-
gänge bewundern.

★ El Farol TANZ, LIVEMUSIK
(www.elfarolsf.com; 808 Canyon Rd; ☉ Mo-Sa 11–
24, So 11–23 Uhr) Santa Fes älteste *cantina* ist
Restaurant und Bar in einem. Die hiesigen
Spezialitäten sind Tapas (8 US$), Livemusik,
Flamenco auf Weltklasseniveau – und natürlich das Ambiente.

★ Santa Fe Opera OPER
(☎ 505-986-5900; www.santafeopera.org; Hwy
84/285, Tesuque; Backstage-Führungen Erw./Kind
5 US$/frei; ☉ Ende Juni–Ende Aug., Juni–Aug.
Mo–Fr Backstage-Führungen 9 Uhr) Hier kann
man im feinen Zwirn auflaufen, Cowboystiefel und Jeans sind aber auch o.k. Echte
Fans, aber auch Leute, die noch nie in ihrem
Leben eine Oper gesehen haben, kommen
allein wegen der Architektur des Bauwerks
nach Santa Fe. Vom Opernhaus hat man einen Blick auf die vom Wind geformte Sand-
steinwildnis und traumhafte Sonnenunter-
bzw. Mondaufgänge – und auf der Bühne
geben sich international bekannte Sänger
ein Stelldichein.

Lensic Performing Arts
Theater DARSTELLENDE KUNST
(☎ 505-984-1370; www.lensic.com; 211 W San Francisco St) Lust auf darstellende Kunst oder
einen Film? Dann sollte man sich das Programm des Lensic Performing Arts Center
anschauen. Das liebevoll restaurierte Kino
aus den 1930er-Jahren ist der Hauptveran-
staltungsort für darstellende Kunst in Santa
Fe. Es ist seiner Geschichte als Lichtspiel-
haus treu geblieben: Klassische Filmvorführungen kosten 5 US$.

🛍 Shoppen

Geschnitzte heulende Kojoten, Türkis-
schmuck und hochwertige Kunstwerke –
Santa Fe hat Mitbringsel für jedes Budget zu
bieten. Auf dem Bürgersteig vor dem Palace
of the Governors kann man indianischen
Schmuck direkt von den Künstlern kaufen.

★ Santa Fe Farmers Market MARKT
(☎ 505-983-4098; 50 m westlich der Guadalupe
St, Paseo de Peralta; ☉ April–Nov. Sa & Di 7–12
Uhr; 🏃) Den Markt auf dem neu gestalteten
Eisenbahnbetriebshof sollte man sich unbedingt ansehen. Kostenlose Probierhäppchen
und die festliche Stimmung versprechen einen netten Morgen.

Pueblo of Tesuque Flea Market FLOHMARKT
(Hwy 84/285; ☉ März–Nov. Fr–So 8–16 Uhr) Der
Markt unter freiem Himmel ist ein paar
Autominuten von Santa Fe entfernt (nach
Norden fahren!) im Tesuque Pueblo. Dort
werden hochwertige Teppiche, Schmuck,
Kunst und Kleidung zu günstigen Preisen
feilgeboten.

Kowboyz KLEIDUNG
(www.kowboyz.com; 345 W Manhattan Ave)
Dieser Secondhand-Laden hat alles, was

man braucht, um sich in einen Cowboy zu verwandeln. Shirts für 10 US$ sind ein Schnäppchen, anders dagegen die irre Auswahl an Stiefeln – für die muss man sich von mehr als nur einer Handvoll Dollar trennen. Filmleute, die auf der Suche nach authentischer Westernkleidung sind, gehören zu den Stammkunden.

Travel Bug   KARTEN
(www.mapsofnewmexico.com; 839 Paseo de Peralta; ☉Mo–Sa 7.30–17.30, So 11–16 Uhr; 🛜) Hat eine große Auswahl von Reiseführern, Karten und Reiseausrüstung auf Lager. Samstags finden Diavorträge statt.

ⓘ Praktische Informationen

INTERNETZUGANG

Santa Fe Public Library (☎505-955-6781; 145 Washington Ave) Man kann bis zu einer Stunde Internetzugang reservieren (kostenlos).

Travel Bug (☎505-992-0418; 839 Paseo de Peralta; 🛜) Kostenloses WLAN und Internetzugang an den Computern vor Ort.

NOTFALL & MEDIZINISCHE VERSORGUNG

Polizei (☎505-955-5000; 2515 Camino Entrada)

St. Vincent's Hospital (☎505-983-3361; 455 St. Michael's Dr) 24-Stunden-Notaufnahme.

POST

Post (120 S Federal Pl)

TOURISTENINFORMATION

New Mexico Tourism Bureau (☎505-827-7440; www.newmexico.org; 491 Old Santa Fe Trail; ☉8–17 Uhr) Broschüren plus eine Hotelbuchungsnummer. Kaffee sowie Internetzugang sind gratis.

Public Lands Information Center (☎505-438-7542; www.publiclands.org; 301 Dinosaur Trail; ☉Mo–Fr 8.30–16 Uhr) Jede Menge Karten und Infos zu New Mexicos Staatsforsten, Parks, National Monuments, Naturschutzgebieten und anderen öffentlichen Ländereien. Gleich südlich der Kreuzung zwischen der Cerillos Rd und der I-25.

INFOS IM INTERNET

New Mexican (www.santafenewmexican.com) Tageszeitung mit den aktuellsten Schlagzeilen.

SantaFe.com (www.santafe.com) Verzeichnisse mit anstehenden Konzerten, Vorträgen und Neueröffnungen im Norden von New Mexico.

Santa Fe Information (www.santafe.org) Offizielle Tourismuswebsite.

Santa Fe Reporter (www.sfreporter.com) Kostenloses alternatives Wochenblatt. Im Kulturteil ist genau beschrieben, was wann und wo los ist.

ⓘ Anreise & Unterwegs vor Ort

Einige Fluglinien bieten tägliche Verbindungen zwischen Dallas, Denver, Los Angeles, Phoenix und dem **Santa Fe Municipal Airport** (SAF; ☎505-955-2900; wwwsantafenm.gov; 121 Aviation Dr). In der Vergangenheit wurden diese Flüge allerdings häufig gestrichen (und dann wieder eingeführt). Man sollte sich also entsprechend vorab über den aktuellen Stand der Dinge informieren. Von Albuquerque (mit dem Auto 1 Std. südlich von Santa Fe) aus gibt's sehr viel mehr Flugverbindungen.

Sandia Shuttle Express (☎888-775-5696; www.sandiashuttle.com) pendelt zwischen Santa Fe und dem Albuquerque Sunport (28 US$). **North Central Regional Transit** (www.ncrtd. org) bietet einen kostenlosen Shuttle-Bus nach Espanola; dort fahren Shuttles nach Taos, Los Alamos, Ojo Caliente und zu anderen Zielen im

---

NICHT VERSÄUMEN

CHIMAYO

28 Meilen (45 km) nördlich von Santa Fe liegt das so genannte „Lourdes Amerikas": **El Santuario de Chimayo** (www.elsantuariodechimayo.us; ☉Okt.–April 9–17 Uhr, Mai–Sept. bis 18 Uhr) ist eine der wichtigsten kulturellen Stätten in New Mexico. 1816 wurde die zweistöckige Adobe-Kapelle an einer Stelle errichtet, an der die Erde angeblich wundersame Heilkräfte besaß. Noch heute kommen die Gläubigen her, um die *tierra bendita* – die heilige Erde – aus dem kleinen Loch im Boden zu nehmen und auf schmerzenden Körperteilen zu verreiben. Manche trinken die Erde mit etwas Wasser vermischt sogar. In der Karwoche wandern ca. 30 000 Pilger von Santa Fe, Albuquerque und noch weiter entfernt nach Chimayo. Es ist die größte katholische Wallfahrt in den Vereinigten Staaten. Allein schon die Kunstwerke im *santuario* sind die Fahrt hierhin wert. Anschließend könnte man zum Mittag- oder Abendessen in der **Rancho de Chimayo** (☎505-984-2100; www.ranchodechimayo.com; County Rd 98; Hauptgerichte 8–18 US$; ☉Sa & So 8.30–10.30, tgl. 11.30–21 Uhr, Nov.–April Mo geschl.) einkehren.

Norden ab. Abfahrt bzw. Ankunft in Downtown Santa Fe ist in der Sheridan St, einen Häuserblock nordwestlich der Plaza.

Der Pendlerzug **Rail Runner** (www.nmrailrunner.com) nimmt mehrfach täglich Kurs auf Albuquerque, mit Umsteigeverbindungen zum Flughafen und zum Zoo. Die Fahrt dauert ca. eineinhalb Stunden. Die Wochenendfahrten werden eventuell eingestellt. **Amtrak** (☎800-872-7245; www.amtrak.com) hält in Lamy; die letzten 17 Meilen (27 km) bis Santa Fe legt man mit dem Bus zurück.

Santa Fe Trails (☎505-955-2001; www.santafenm.gov; Erw./Kind 1 US$/frei, Tagespass 2 US$) stellt die Nahverkehrsbusse. Ein lokales Taxiunternehmen ist **Capital City Cab** (☎505-438-0000; www.capitalcitycab.com).

Wer die Strecke Santa Fe–Albuquerque zurücklegt, sollte möglichst den Hwy 14 nehmen, den Turquoise Trail. Er führt durch die alte Minenstadt Madrid, die heute eine Künstlerkommune voller Galerien 28 Meilen (45 km) südlich von Santa Fe ist.

Rund um Santa Fe

Pueblos

Nördlich von Santa Fe errichtet man das Herz des Pueblo-Landes. **Eight Northern Indian Pueblos** (www.enipc.org) gibt den hervorragenden Leitfaden *Eight Northern Indian Pueblos Visitors Guide* heraus, der in den Visitor Centers der Region erhältlich ist (kostenlos). Die jährliche Kunst-und-Handwerks-Show findet im Juli statt; das genaue Datum und der Veranstaltungsort sind auf der ENIPC-Website nachzulesen.

Folgt man dem Hwy 502 von Pojoaque aus 8 Meilen (13 km) nach Westen, gelangt man in das sehr alte **San Ildefonso Pueblo** (☎505-455-3549; 10 US$/Auto, Genehmigung f. Foto/Video/Zeichnungen 10/20/25 US$; ⊙8–17 Uhr), den Geburtsort von Maria Martinez. Sie hauchte 1919 einem speziellen traditionellen Schwarz-Weiß-Töpferstil neues Leben ein. In dem Pueblo arbeiten ein paar herausragende Töpfer, darunter auch Nachfahren von Maria; verkauft werden die Waren z.B. im **Maria Poveka Martinez Museum** (⊙Mo–Fr 8–16 Uhr) GRATIS.

Gleich nördlich von San Ildefonso, am Hwy 30, liegt **Santa Clara Pueblo**. Dort können **Puye-Felsbehausungen** (☎888-320-5008; www.puyecliffs.com; Führungen Erw./Kind 20/18 US$; ⊙stündl. Mai–Sept. 9–17 Uhr, Okt.–April 10–14 Uhr) an schroff abfallenden Felsen und auf Mesas bestaunt werden.

Las Vegas

Nicht zu verwechseln mit dem schillernden Paradiesvogel und Namensvetter in Nevada ist dieses Vegas eine der niedlichsten Städte New Mexicos und zugleich eine der größten und ältesten östlich der Sangre de Cristo Mountains. Die Innenstadt ist ideales Bummel-Terrain, vor allem dank ihrer hübschen Old Town Plaza und den rund 900 historischen Bauten, die im National Register of Historic Places aufgeführt sind. Die Architektur ist ein Mix aus Southwestern- und viktorianischem Stil.

Das 1882 erbaute und ein Jahrhundert später liebevoll restaurierte elegante **Plaza Hotel** (☎800-328-1882, 505-425-3591; www.plazahotel-nm.com; 230 Old Town Plaza; Zi. inkl. Frühstück ab 89 US$; P✲@☎☎) ist die historischste und gefeiertste Unterkunft der Stadt. Man hat die Wahl zwischen den viktorianischen Räumen voller Antiquitäten im Originalgebäude oder hellen, modernen Zimmern im neuen Flügel.

Direkt an der Plaza kann man im **El Encanto Restaurant** (1816 Plaza; Hauptgerichte 5–9 US$; ⊙6–14 Uhr) seinen Chili-Gelüsten frönen, im **World Treasures Travelers Cafe** (1814 Plaza St; Snacks 3–6 US$; ⊙Mo–Sa 7.30–16.30 Uhr; ☎) den Koffeinspiegel anheben und sich schließlich im **Plaza Drug** (178 Bridge St; ⊙Mo–Sa 8–18 Uhr) ein leckeres Eis gönnen.

Von der Plaza führt der Hot Springs Blvd 5 Meilen (8 km) nördlich in den Gallinas Canyon und zum gewaltigen **Montezuma Castle**; das ehemalige Hotel beherbergt heute das United World College of the West. An der Straße kann man in einem der natürlichen **Thermalquellenpools** entspannen. Deshalb: Badeutensilien mitbringen, aber immer erst den großen Zeh ins Wasser halten – manche Quellen sind kochend heiß! Nicht verpassen sollte man das **Dwan Light Sanctuary** (Eintritt frei; ⊙6–22 Uhr) GRATIS auf dem College-Campus. Prismen in den Wänden des Meditationsraums zaubern Regenbogen herbei.

Im **Visitor Center** (☎800-832-5947; www.lasvegasnewmexico.com; 500 Railroad Ave; ⊙9–17 Uhr) sind Broschüren mit Spazierwegen erhältlich.

Los Alamos

Das streng geheime Manhattan-Projekt nahm 1943 in Los Alamos seinen Anfang und verwandelte das verschlafene Nest auf einem Mesa-Plateau in ein geschäftiges Labor, in dem Superhirne vor sich hintüftelten. Hier, in der „Stadt, die nicht existierte", wurde die erste Atombombe entwickelt, und so gut wie niemand wusste davon. Heutzutage versprüht Los Alamos einen faszinierenden, energiegeladenen Charme. In einem Shop werden neben Büchern zur Pueblo-Geschichte oder zum Wandern in der Wildnis T-Shirts mit aufgedrucktem Atompilz und „La Bomba"-Wein verkauft.

Das Los Alamos National Laboratory ist nicht öffentlich zugänglich; dort laufen auch heute noch bahnbrechende Forschungsprojekte. Aber man kann das gut aufgemachte, interaktive Bradbury Science Museum (www.lanl.gov/museum; 1350 Central Ave; ☉ Di–Sa 10–17, So & Mo 13–17 Uhr) GRATIS besuchen, das sich mit der Geschichte der Atombombe beschäftigt sowie Exponate zum Thema Sicherheitstechnologie zeigt. Ein kurzer Film berichtet von Los Alamos' Rolle während der Kriegszeit und lüftet ein paar faszinierende Geheimnisse. Das kleine, interessante Los Alamos Historical Museum (www. losalamoshistory.org; 1050 Bathtub Row; ☉ Mo–Fr 10–16, Sa ab 11, So ab 13 Uhr) GRATIS befindet sich auf dem nahe gelegenen Grundstück der früheren Los Alamos Ranch School; die reine Jungenschule wurde geschlossen, als die Wissenschaftler auf der Bühne auftauchten.

Im Coffee House Café (www.thecoffee booth.com; 723 Central Ave; Hauptgerichte 6–12 US$, Pizzas 21–30 US$; ☉ Di–Fr 6–20, Sa 7–15, So 8–15, Mo 6–15 Uhr) gegenüber von Smith's Supermarket kann man gemeinsam mit lokalen Intelligenzbestien seinen Hunger stillen.

Bandelier National Monument

Frühe Pueblo-Indianer lebten in den Felsen des wunderschönen Frijoles Canyon, der heute als Teil des Bandelier National Monuments (www.nps.gov/band; 12 US$/Fahrzeug; ☉ Visitor Center 9–16.30 Uhr, Park bis Anbruch der Abenddämmerung; ♿) geschützt ist. Entdeckertypen können Leitern hochklettern, um zu den uralten Höhlen und Kivas zu gelangen, die bis Mitte des 16. Jhs. genutzt wurden. Hier erstrecken sich auf einer Fläche von fast 130 km² der Canyon, Mesas (Tafelberge) und wunderschöne Wanderwege. Außerdem kann man auf dem Juniper Campground (Camping 12 US$) zwischen den Kiefern zelten, ganz in der Nähe des Parkeingangs. Achtung! Von Ende Mai bis Mitte

Oktober muss man in der Zeit zwischen 9 und 15 Uhr zum Bandelier einen Shuttle-Bus (über den Hwy 4) vom White Rock Visitor Center nehmen!

Abiquiu

Die winzige Gemeinde Abiquiu (ja, klingt tatsächlich fast wie „Barbeque") am Hwy 84 nordwestlich von Santa Fe (mit dem Auto ca. 45 Min.) ist berühmt, weil die Künstlerin Georgia O'Keeffe hier von 1949 an bis zu ihrem Tode 1986 lebte und malte. Die wunderschöne Umgebung – der Chama River windet sich an Ackerland und spektakulären Felsformationen vorbei – zieht nach wie vor viele Künstler an, von denen viele auch in Abiquiu leben und arbeiten. O'Keeffe's Lehmziegelhaus ist eingeschränkt zugänglich; das Georgia O'Keeffe Museum organisiert von März bis November immer dienstags, donnerstags und freitags und dienstags bis samstags von Juni bis Oktober einstündige Führungen (☎ 505-685-4539; www.okeeffemuseum.org; Führung 35–45 US$), die häufig schon Monate im Voraus ausgebucht sind.

Die Ghost Ranch (☎ 505-685-4333; www. ghostranch.org; US Hwy 84; empfohlene Spende 3 US$; ♿) ist ein Rückzugsort auf einem 84 km² großen Gelände. Ganz offensichtlich inspirierten die vielen kräftigen Farben O'Keeffe bei ihrer Arbeit. Außerdem wurde hier der Film *City Slickers* mit Billy Crystal gedreht. Es gibt Wanderwege, ein Dinosauriermuseum (empfohlene Spende 2 US$; ☉ Mo–Sa 9–17, So 13–17 Uhr), und man kann Ausritte machen (ab 50 US$) bzw. Reitunterricht für die Kleinen (ab 4 Jahren; 30 US$) buchen. Darüber hinaus werden hier einfache Schlafgelegenheiten (Stellplatz f. Zelt 19 US$, Stellplatz f. Wohnmobil 22–29 US$, B inkl. Frühstück 50 US$, Zi. ohne/mit Bad inkl. Frühstück ab 70/80 US$) angeboten.

Das hübsche Abiquiú Inn (☎ 888-735-2902, 505-685-4378; www.abiquiuinn.com; US Hwy 84; Stellplatz f. Wohnmobil 18 US$, Zi. 110–150 US$, Casita ab 179 US$; P ☎) besteht aus großzügig verteilten, schattigen (Möchtergern-) Lehmziegelbauten; die geräumigen Casitas haben Küchenzeilen. In der Lobby und im hauseigenen Restaurant, dem Cafe Abiquiú (Hauptgerichte morgens unter 10 US$, Hauptgerichte mittags & abends 10–20 US$; ☉ 7–21 Uhr), hat man WLAN-Empfang. Auf der Mittags- und Abendkarte stehen zahlreiche Fischgerichte (Lachs mit Chipotle-Honig-Glasur, Forellen-Tacos etc.).

Ojo Caliente

Das 140 Jahre alte **Ojo Caliente Mineral Springs Resort & Spa** (☏800-222-9162; 505-583-2233; www.ojospa.com; 50 Los Baños Rd; Zi. 139–169 US$, Cottage 179–209 US$, Suite 229–349 US$; ✳☎) ist eines der ältesten Wellness-Resorts im Land. Die Pueblo-Indianer nutzten die Quellen schon lange vor dieser Zeit. Das kürzlich restaurierte Resort liegt 50 Meilen (80 km) nördlich von Santa Fe am Hwy 285 und bietet zehn Becken mit verschiedenen Mineralienkombinationen (gemeinschaftlich/privat ab 18/40 US$). Zusätzlich zu den netten, wenn auch nicht total ausgefallenen historischen Hotelzimmern wartet das Resort mit zwölf eleganten Suiten in grellen Farben auf, mit Kiva-Feuerstellen und privaten Wasserbecken sowie elf Cottages im New Mexico-Stil. In der Lobby hat man WLAN-Empfang. Im zugehörigen **Artesian Restaurant** (Frühstück 5–10 US$, Mittagessen 9–12 US$, Abendessen 16–28 US$; ⊙So–Do 7.30–11, 11.30–14.30 & 17–20.30, Fr & Sa bis 21 Uhr) weiß man mit den lokalen Bio-Zutaten umzugehen.

Taos

Taos ist vor allem von der Schönheit der Landschaft ringsum geprägt: Über 3700 m hohe, schneebedeckte Berge ragen hinter der Stadt auf, ein mit Salbei gesprenkeltes Plateau erstreckt sich gen Westen, bevor es plötzlich 250 m steil abfällt – voilà: die Rio Grande Gorge. Manchmal ist der Himmel saphirblau und die Luft trocken, manchmal bauschen sich die Gewitterwolken turmhoch auf, sodass die Berge daneben zwergenhaft klein wirken. Und dann sind da diese traumhaften Sonnenuntergänge!

Taos Pueblo soll die älteste kontinuierlich bewohnte Siedlung der Vereinigten Staaten sein. Die lange Stadtgeschichte ist eng verwoben mit einem reichen Kulturerbe, mit Konquistadoren, Katholiken und Cowboys. Im 20. Jh. strömten Künstler, Schriftsteller und kreative Köpfe herbei, darunter D.H. Lawrence und Dennis Hopper. Taos ist nach wie vor ein relaxter, exzentrischer Ort mit klassischer Lehmziegel-Architektur, edlen Kunstgalerien, ausgefallenen Cafés und hervorragenden Restaurants. Die Bevölkerung (5000 Ew.) setzt sich aus Künstlern, Anhängern alternativer Energien und alteingesessenen hispanischen Familien zusammen. Taos ist ländlich und irgendwie auch ein bisschen weltfremd.

◉ Sehenswertes

Die Museum Association of Taos verkauft einen 5-Museen-Pass (25 US$), mit dem man Zutritt zu folgenden Museen hat: Harwood Museum of Art, Taos Historic Museums, Millicent Rogers Museum und dem Taos Art Museum & Fechin Institute.

★ **Millicent Rogers Museum** MUSEUM
(www.millicentrogers.org; 1504 Millicent Rogers Rd; Erw./Kind 10/2 US$; ⊙Nov.–März 10–17 Uhr, Mo geschl.) Eine der besten Sammlungen indianischer und spanischer Kolonialkunst in den USA. Zu sehen gibt es Tonwaren, Schmuck, Körbe und Textilien.

Harwood Foundation Museum MUSEUM
(www.harwoodmuseum.org; 238 Ledoux St; Erw./Kind 10 US$/frei; ⊙Di–Sa 10–17, So 12–17 Uhr) Das Harwood Museum ist in einem historischen Adobe-Komplex (erb. Mitte 19. Jh.) untergebracht. Zu den Ausstellungstücken gehören Gemälde, Drucke, Skulpturen und Fotografien von früheren und modernen Künstlern aus dem Norden New Mexicos.

Taos Historic Museums MUSEUM
(www.taoshistoricmuseums.org; je Museum Erw./Kind 8/4 US$; ⊙Mo–Sa 10–17, So 12–17 Uhr) Vor Ort gibt es zwei Museen: Das **Blumenschein Home** (222 Ledoux St) ist eine kleine Schatzkiste mit Kunstwerken aus den 1920er-Jahren der Taos Society of Artists, die **Martínez Hacienda** (708 Hacienda Way, abseits der Lower Ranchitos Rd) ist das ehemalige Wohnhaus eines Händlers aus der Kolonialzeit. Es wurde 1804 erbaut und hat 21 Zimmer.

Taos Art Museum & Fechin Institute MUSEUM
(www.taosartmuseum.org; 227 Paseo del Pueblo Norte; Erw./Kind 8 US$/frei; ⊙Di–So 10–17 Uhr, im Winter kürzere Öffnungszeiten) Allein das Gebäude ist sehenswert – der in Russland geborene Künstler Nicolai Fechinust lebte viele Jahre hier – und die Sammlung aus Gemälden, Zeichnungen und Skulpturen natürlich auch.

San Francisco de Asís Church KIRCHE
(St. Francis Plaza; ⊙Mo–Fr 9–16 Uhr) 4 Meilen (6 km) südlich von Taos in Ranchos de Taos steht die Kirche San Francisco de Asís, die für die Winkel und Kurven ihrer Lehmziegelwände berühmt ist. Sie stammt aus der Mitte des 18. Jhs., wurde aber erst 1815 eröffnet. Georgia O'Keeffe hat sie auf die Leinwand gebannt, Ansel Adams auf Fotopapier. Die angegebenen Öffnungszeiten sind nicht

NICHT VERSÄUMEN

TAOS PUEBLO

Das an einem Fluss gelegene **Taos Pueblo** (📞505-758-1028; www.taospueblo.com; Taos Pueblo Rd; Erw./Kind 10 US$/frei, Genehmigung Foto/Video 6 US$; ⏰8–16.30 Uhr) wurde um 1450 errichtet und ist seither ununterbrochen bewohnt gewesen. Es ist das größte mehrstöckige Pueblo im Land und eines der besten Beispiele für traditionelle Adobe (Lehmziegel)-Architektur. Während des Powwow (im Juli) und am San Geronimo Day (Sept.) sind die Tänze im Pueblo für die Öffentlichkeit zu sehen. Die genauen Daten erfährt man über einen Anruf oder auf der Webseite. Zwischen Februar und März ist das Pueblo für zehn Wochen geschlossen.

wirklich fix, die Kirche kann auch mal samstags geöffnet sein. Sonntagmorgens werden drei Messen gelesen, eine davon auf Spanisch.

Rio Grande Gorge Bridge   BRÜCKE, CANYON

Die stählerne Rio Grande Gorge Bridge spannt sich in einer Höhe von 200 m über den Fluss und ist damit die zweithöchste Hängebrücke der USA. Der Blick in die Tiefe ist ehrfurchtgebietend! Wer ein tolles Foto von der Brücke selbst machen möchte, hält am besten an dem Rastplatz am Westende der Gorge Bridge.

Earthships   ARCHITEKTUR

(www.earthship.com; US Hwy 64; Audiotouren 7 US$; ⏰10–16 Uhr) 🚗 Nur 1,5 Meilen (2,4 km) westlich der Brücke befindet sich die faszinierende Gemeinde Earthships mit den clever konzipierten Passivhäusern, die aus Recyclingmaterialien bestehen. Wer mag, kann in einem davon übernachten.

🏃 Aktivitäten

Im Sommer ist **Rafting** ein beliebter Zeitvertreib in der **Taos Box**, jenen steilen Felswänden, die den Rio Grande einrahmen. Tagestouren kosten mindestens 100 US$ pro Person; im Visitor Center erfährt man mehr über lokale Anbieter. Dort gibt's auch gute Infos zu **Wander-** und **Mountainbikewegen**.

Taos Ski Valley   SKIFAHREN

(www.skitaos.org; Skipass halb-/ganztägig 64/77 US$) Die höchste Erhebung liegt auf über 3600 m, und es gibt einen Abhang mit 800 m Höhenunterschied – kein Zweifel, das Taos Ski Valley bietet ein paar der anspruchsvollsten Pisten des Landes, hat sich aber trotzdem ein entspanntes Flair bewahrt. Mittlerweile dürfen auch Snowboarder die Pisten nutzen.

🛏 Schlafen

Sun God Lodge   MOTEL $

(📞575-758-3162; www.sungodlodge.com; 919 Paseo del Pueblo Sur; Zi. ab 55 US$; P❄🐾📶) Die gastfreundlichen Betreiber dieses gut geführten zweistöckigen Motels informieren gern über die lokale Geschichte und die verrückteste Bar im Ort. Die Zimmer sind sauber, wenn auch etwas dunkel, und haben ein dezentes Southwestern-Flair. Das Sun God ist eine tolle Budgetunterkunft, 1,5 Meilen (2,4 km) südlich des Plaza.

Abominable Snowmansion   HOSTEL $

(📞575-776-8298; www.snowmansion.com; 476 Hwy 150, Arroyo Seco; Stellplatz f. Zelt 22 US$, B 27 US$, Zi. ohne/mit Bad 50/55 US$, Tipi 55 US$; P@📶🐾) Ca. 9 Meilen (14 km) nordöstlich von Taos stellt dieses einladende Hostel eine gemütliche Alternative zu Unterkünften im Stadtzentrum dar. Am großen, runden Kamin können sich die Gäste im Winter aufwärmen, und im Sommer stehen kitschige Tipis zum Übernachten zur Verfügung.

⭐Earthship Rentals   BOUTIQUEHOTEL $$

(📞505-751-0462; www.earthship.com; US Hwy 64; Earthship 145–305 US$; 📶🐾) Weitab vom Schuss liegt diese schicke, solarzellenbetriebene Unterkunft im Boutiquestil. Die umweltfreundlichen Gebäude sind eine Mischung aus organischer Architektur à la Gaudí und einer Raumzeitalterfantasie – sie sind zusammengeschustert aus wiederverwerteten Reifen, Aluminiumdosen und Sand. Die Betreiber sammeln Regenwasser, und es gibt ein Abwasser-Recycling-System. Die Häuser sind halb vergraben in einem Tal umringt von Bergen und *könnten* auch halbherzig getarnte Raumschiffe sein. Man weiß ja nie.

Historic Taos Inn   HISTORISCHES HOTEL $$

(📞575-758-2233; www.taosinn.com; 125 Paseo del Pueblo Norte; Zi. 75–275 US$; P❄📶) Vielleicht nicht der eleganteste Ort in der Stadt, aber mit der gemütlichen Lobby, einem tollen Restaurant, schweren Holzmöbeln, einem in den Boden eingelassenen Kamin und jeder Menge Livemusik in der berühmten Adobe

Bar dennoch eine großartige Anlaufstelle. Teile dieses historischen Wahrzeichens stammen noch aus dem 19. Jh. Die älteren Zimmer sind am schönsten.

 Essen

Michael's Kitchen
NEW MEXICO **$**
(www.michaelskitchen.com; 304c Paseo del Pueblo Norte; Hauptgerichte 7–16 US$; ⊙ Mo–Do 7–14.30, Fr–So bis 20 Uhr; 🐾) Tolles Frühstück, frische Backwaren und leckere New-Mexico-Küche. Empfehlenswert: gefüllte Sopaipilla! Bemerkenswert: sich anschließend einen Spaziergang zuzutrauen…

El Gamal
ORIENTALISCH **$**
(www.elgamaltaos.com; 12 Doña Luz St; Hauptgerichte 7–12 US$; ⊙ So–Mi 9–17, Do–Sa bis 21 Uhr; 🛜🍴🐾) Vegetarier frohlocket! Hier gibt's ein fantastisches orientalisches Angebot ohne Fleisch. Hinten befindet sich ein großes Spielzimmer für Kinder, es gibt einen Billardtisch und außerdem kostenloses WLAN.

Taos Pizza Out Back
PIZZA **$**
(www.taospizzaoutback.com; 712 Paseo del Pueblo Norte; Stück Pizza 4–8 US$, komplette Pizza-Pies 13–29 US$; ⊙ Mai–Sept. 11–22 Uhr, Okt.–April bis 21 Uhr; 🍴🐾) Achtung: Diese Pizzas haben Suchtpotenzial. Es werden Bio-Zutaten verwendet und epikureische Leckereien wie Portabella Pie mit sonnengetrockneten Tomaten und Gorgonzola serviert. Die Pizzastücke haben in etwa die Größe eines kleinen Staates.

Taos Diner
DINER **$**
(www.taosdiner.com; 908 Paseo del Pueblo Norte; Hauptgerichte 4–14 US$; ⊙ 7–14.30 Uhr; 🐾) Ein bisschen widerwillig berichten wir von der Existenz dieses fantastischen Diners mit den holzvertäfelten Wänden, tätowierten Kellnerinnen, frisch gebackenen Keksen und Kaffeetassen, die immer mindestens halbvoll sind. Na gut, jetzt ist es kein Geheimnis mehr. Hier gibt's feinste Imbissküche, zubereitet mit der Finesse des Südwestens und Bio-Zutaten. Hier geben sich Trappertypen, Muskelmänner, einsame Hungrige und glückliche Touristen die Klinke in die Hand – einfach jeder ist willkommen. Gut geschmeckt haben uns die Copper-John's-Eier mit grüner Chilisauce als Beilage. Eine weitere Filiale gibt es südlich der Plaza.

★ Love Apple
BIO **$$**
(📞 575-751-0050; www.theloveapple.net; 803 Paseo del Pueblo Norte; Hauptgerichte 13–22 US$; ⊙ Di–So 5–21 Uhr) Das Love Apple befindet sich in der Lehmziegel-Kapelle Placitas Chapel (erb. im 19. Jh.). Die dezente, rustikale Atmosphäre macht dieses einzigartige Restaurant ebenso aus wie das Essen. Von der Gemüselasagne bis zur gegrillten Antilope mit Couscous: Sämtliche Gerichte werden aus Bio-Zutaten oder Produkten aus der Region hergestellt. Reservierung empfohlen!

★ Trading Post Cafe
INTERNATIONAL **$$$**
(📞 575-758-5089; www.tradingpostcafe.com; Hwy 68, Ranchos de Taos; Hauptgerichte mittags 8–14 US$, abends 15–32 US$; ⊙ Di–Sa 11–21 Uhr) Das alteingesessene Trading Post bietet die perfekte Mischung aus entspannter und gediegener Atmosphäre. Das Essen, von Paella bis zu Schweinekoteletts, ist verlässlich gut. Manchmal sind die Portionen so riesig, dass man sich ein Hauptgericht mit einer zweiten Person teilen könnte. Wer gut und günstig essen möchte, kann einen kleinen Salat und eine kleine Suppe bestellen, das reicht auf jeden Fall!

🍷 Ausgehen & Unterhaltung

Adobe Bar
BAR
(125 Paseo del Pueblo Norte, Historic Taos Inn; ⊙ 11–23 Uhr) Willkommen in „Taos' Wohnzimmer". Die Stühle, die Geschichte des Taos Inn, die lockere Atmosphäre, der Tequila – das alles hat was. Im Sommer werden auf der gut besuchten Terrasse an der Straße erstklassige Margaritas serviert, im Winter kann man sich drinnen am Feuer wärmen – und das ganze Jahr über spielen tolle Livebands.

KTAO Solar Center
LIVEMUSIK
(www.ktao.com; 9 Ski Valley Rd; ⊙ Bar ab 16 Uhr) In der Bar Solar Center kann man den DJs in der „leistungsfähigsten Solarradiostation der Welt" zusehen und dabei die Happy Hour voll auskosten. Hier befindet sich die Top-Konzertbühne der Stadt; wer Glück hat, wird eine lokale oder sogar eine richtig bekannte Band zu sehen bekommen. Für die Kleinen gibt's einen Spielbereich im Garten.

Alley Cantina
LIVEMUSIK
(121 Terracina Lane; ⊙ 11.30–23 Uhr) Fast ein bisschen zu cool, aber das ist vielleicht einfach unvermeidbar, wenn man das älteste Gebäude der Stadt einnimmt. Fast jeden Abend gibt's Livemusik: Rock, Blues, Hip-Hop oder Jazz.

Shoppen

Taos ist seit jeher ein Mekka für Künstler, was man schon allein an der großen Zahl von Galerien und Ateliers in und rund um die Stadt sieht. Unabhängige Geschäfte und Galerien säumen die Fußgängerzone **John Dunn Shops** (www.johndunnshops.com) zwischen der Bent St und der Taos Plaza. Dort findet man z. B. den gut sortierten **Moby Dickens Bookshop** (www.mobydickens.com; 124A Bent Street; ⌚10–18 Uhr) und den winzigen Laden **G Robinson Old Prints & Maps** (124D Bent St; ⌚11–17 Uhr) – ein Mekka für Freunde der Kartographie.

Auf der Suche nach klassischen Western-Memorabilien kann man gleich östlich der Plaza in der **El Rincón Trading Post** (114 Kit Carson Rd; ⌚10–17 Uhr) und bei **Horse Feathers** (109 Kit Carson Rd; ⌚10.30–17.30 Uhr) vorbeischauen.

🛈 Praktische Informationen

Taos.org (www.taos.org) Hervorragende Informationsquelle mit vielen anwenderfreundlichen Links.

Taos Visitor Center (☎575-758-3873; Paseo del Pueblo Sur, Paseo del Cañon; ⌚9–17 Uhr; 📶)

Wired? (705 Felicidad Lane; ⌚Mo–Fr 8–18, Sa & So 8.30–18 Uhr, im Winter kürzere Öffnungszeiten) Funkiges Café mit Computern (7 US$/Std.). Für Kunden ist die WLAN-Nutzung kostenlos.

🛈 An- & Weiterreise

Von Santa Fe aus folgt man entweder der malerischen „High Road" (Höhenstraße) – den Hwys 76 und 518 –, die von Galerien, Dörfern und anderen sehenswerten Attraktionen gesäumt ist, oder man nimmt den Hwy 68 durch die hübsche Flusslandschaft des Rio Grande.

North Central Regional Transit (www.ncrtd. org) hat einen kostenlosen Shuttle-Bus-Service nach Espanola; von dort aus kann man weiter nach Santa Fe und in andere Städte gelangen.

Twin Hearts Express (www.twinhearts-express transportation.com; ☎800-654-9456) bringt Passagiere nach Santa Fe (40 US$) und zum Flughafen von Albuquerque (50 US$).

Nordwestliches New Mexico

Diese Gegend heißt nicht umsonst „Indian Country" (Indianerland): Der Großteil des Landes gehört den Apachen, den Navajo-, Pueblo-, Zuni- und Laguna-Indianern. In dieser Ecke New Mexicos liegen uralte Stätten der Ureinwohner gleich neben abgeschlossenen indianischen Siedlungen und farbenfrohen geologischen Badlands.

Farmington & Umgebung

Farmington ist die größte Stadt in diesem Teil New Mexicos und macht sich deshalb gut als Basis für Entdeckungstouren ins Four-Corners-Gebiet (Vierländereck). Das **Visitors Bureau** (☎505-326-7602; www.farming tonnm.org; 3041 E Main St, Farmington Museum at Gateway Park; ⌚Mo–Fr 8–17 Uhr) hat genauere Infos.

Shiprock, ein 518 m hoher Vulkanschlot, ragt düster über der Landschaft im Westen aus. Er ist den Navajo heilig und diente den angelsächsischen Pionieren als Orientierungspunkt.

Der **Salmon Ruin & Heritage Park** (www. salmonruins.com; Erw./Kind 3/1 US$; ⌚Mo–Fr 8–17, Sa & So 9–17 Uhr; Nov.–April So ab 12 Uhr) umfasst ein großes Dorf, das Anfang des 12. Jhs. von den Chaco-Indianern erbaut wurde. Die Stätte wurde verlassen, dann von Ureinwohnern aus Mesa Verde übernommen und noch vor 1300 erneut verlassen. Vor Ort können die Überreste eines Gehöfts, Petroglyphen, ein Navajo-Hogan und ein Wickiup (eine einfache Hütte aus Unterholz) besichtigt werden. Einfach dem Hwy 64 11 Meilen (18 km) nach Osten (Richtung Bloomfield) folgen!

14 Meilen (23 km) nordöstlich von Farmington wartet das ca. 11 ha große **Aztec Ruins National Monument** (www.nps.gov/ azru; Erw./Kind 5 US$/frei; ⌚Sept.–Mai 8–17 Uhr, Juni–Aug. bis 18 Uhr) mit der größten nachgebauten Kiva (Zeremonien- und Versammlungsraum der Pueblo-Kulturen) des Landes auf; sie hat einen Innendurchmesser von annähernd 15 m. Ein paar Schritte entfernt kann man seine Fantasie schweifen lassen, wenn man unter niedrigen Türrahmen hindurchschlüpft und die dunklen Räume der West Ruin durchwandert. Im Sommer referieren Ranger am frühen Nachmittag über antike Architektur, Handelsrouten und Astronomie.

Etwa 35 Meilen (56 km) südlich von Farmington (über den Hwy 371) kann man die unberührte **Bisti Badlands & De-Na-Zin Wilderness** entdecken, eine surreale Landschaft voller eigentümlicher, bunter Steinformationen, die in den Stunden vor Sonnenuntergang besonders schön anzusehen sind. Wüstenfans sollten sich das nicht entgehen lassen! Infos erhält man beim **BLM Office** (☎505-564-7600; www.nm.blm. gov; 6251 College Blvd; ⌚Mo–Fr 7.45–16.30 Uhr) in Farmington.

Das nette **Silver River Adobe Inn B&B** (☎ 800-382-9251, 575-325-8219; www.silveradobe. com; 3151 W Main St, Farmington; Zi. 115–175 US$; ❄🛜) mit drei Zimmern ist eine Oase der Ruhe und zwischen Bäumen entlang des San Juan River gelegen.

Das **Three Rivers Eatery & Brewhouse** (www.threeriversbrewery.com; 101 E Main St, Farmington; Hauptgerichte 8–26 US$; ⏱ 11–21 Uhr; 🖰) schafft es irgendwie, trendy und kinderfreundlich zu sein und bietet neben Bieren aus eigener Herstellung leckere Steaks und typische Kneipen-Gerichte. Mit Abstand das beste Restaurant der Stadt!

Chaco Culture National Historic Park

Dieser faszinierende **Park** (www.nps.gov/chcu; pro Auto/Fahrrad 8/4 US$; ⏱ 7 Uhr–Sonnenuntergang) besticht durch riesige Bauten der frühen Pueblo-Indianer („Anasazi") in einer isolierten Hochwüstenumgebung und liefert Beweise für eine 5000-jährige Besiedlungsgeschichte. Zu ihrer Blütezeit war die Gemeinde im Chaco Canyon ein bedeutendes Handels- und Zeremonialzentrum, und die Stadt, die die Pueblo-Indianer hier gründeten, war hoch entwickelt, was Grundriss und Design betrifft. Das Pueblo Bonito umfasst vier Ebenen und hatte wohl zwischen 600 und 800 Räume. Die Rundstrecke durch den Park kann man auf eigene Faust abfahren. Außerdem gibt's mehrere **Wanderwege durchs Hinterland**. Wer die Sterne liebt, sollte sich das **Night-Skies**-Programm genauer anschauen. Es wird von April bis Oktober immer dienstags, freitags und samstags angeboten.

Der Park liegt in einer abgeschiedenen Gegend, ca. 80 Meilen (129 km) südlich von Farmington. Der **Gallo Campground** (Stellplatz 10 US$) befindet sich 1 Meile (1,6 km) östlich des Visitor Center (keine Anschlüsse für Wohnwagen!).

Chama

9 Meilen (14 km) südlich der Grenze zu Colorado stößt man auf die **Cumbres & Toltec Scenic Railway** (☎ 575-756-2151; www.cumbres toltec.com; Erw./Kind ab 89/49 US$; ⏱ Ende Mai-Mitte Okt.) in Chama, die längste (64 Meilen/103 km) und höchste Eisenbahnstrecke für eine authentische Schmalspur-Dampflokomotive (sie führt über den 3053 m hohen Cumbres Pass) in den USA. Die Fahrt durch die Berge, Canyons und die Hochwüste ist

wunderschön, vor allem im September und Oktober, wenn sich das Laub verfärbt. Das Mittagessen ist im Preis enthalten, und viele Ausflüge sind für Kinder kostenlos. Näheres zu den Ausflugsoptionen findet man auf der Website.

Nordöstliches New Mexico

Östlich von Santa Fe weichen die Sangre de Cristo Mountains ausgedehnten Ebenen. Staubige Grasflächen erstrecken sich bis zum Horizont und noch weiter, bis nach Texas. Das platte Land wird von Vulkankegeln unterbrochen, und allenthalben stößt man auf Rinder- und Dinosaurierspuren. Die Viehzucht ist eine der wichtigsten Säulen der lokalen Wirtschaft, und auf vielen Straßen sieht man mehr Kühe als Autos.

Der Santa Fe Trail, dem die Pioniere mit ihren Planwagenzügen folgten, verlief von New Mexico nach Missouri. An manchen Stellen abseits der I-25 zwischen Santa Fe und Raton kann man noch die Spurrillen erkennen. Wer den Wilden Westen erleben will, und das ganz ohne die Patina des Konsums, ist hier genau richtig.

Cimarron

Cimarron gehörte einst zu den gefährlichsten Pflastern im Wilden Westen; der spanische Name bedeutet zu deutsch „wild". Es heißt, dass Mord in den 1870er-Jahren an der Tagesordnung war und es eine Schlagzeile wert war, wenn mal zur Abwechslung nichts geschehen war. Eine Zeitung titelte z.B.: „Alles ruhig in Cimarron. Seit drei Tagen wurde niemand ermordet."

Heute ist die Stadt ruhig und lockt vor allem Naturliebhaber und Outdoor-Fans an. Wer von Taos aus nach Cimarron fährt, passiert den wunderschönen **Cimarron Canyon State Park**, eine Schlucht mit steil aufragenden Wänden und verschiedenen Wanderwegen, tollen Angelmöglichkeiten und einem Campingplatz.

Übernachten (und essen; Hauptgerichte 7–20 US$) kann man aber auch im **St. James** (☎ 888-376-2664; www.exstjames.com; 617 Collison St; Zi. 85–135 US$; ❄🛜). In dem Hotel von 1872 spukt es; ein Zimmer ist so verwunschen, dass es nie vermietet wird! Viele Legenden des Westens gehörten zu den Gästen, z.B. Buffalo Bill, Annie Oakley, Wyatt Earp und Jesse James, und an der Rezeption gibt's eine lange Liste, die darüber informiert, wer wen in der renovierten Hotelbar erschossen hat. Die Zimmer mit den authentischen zeitgenössischen Möbeln tragen dazu bei, dass das St. James eines der geschichtsträchtigsten Hotels in ganz New Mexico ist.

Capulin Volcano National Monument

Von den diversen Vulkanen in der Gegend ist der 400 m über der Hochebene aufragende **Capulin** (www.nps.gov/cavo; Eintritt 5 US$/Wagen; ☉ 8–16 Uhr) der am einfachsten zugängliche. Vom Visitor Center schlängelt sich eine 2 Meilen (3 km) lange Straße bergauf zu einem Parkplatz am Kraterrand (2494 m); Wanderwege führen am Rand entlang und in den Krater hinein. Der Eingang befindet sich 3 Meilen (5 km) nördlich vom Dorf Capulin, das 30 Meilen (48 km) östlich von Raton liegt (den Hwy 87 nehmen!).

Südwestliches New Mexico

Das Rio Grande Valley erstreckt sich von Albuquerque bis zu den blubbernd heißen Thermalquellen von Truth or Consequences und darüber hinaus. Bevor der Fluss die Grenze nach Texas erreicht, versorgt er einen der größten landwirtschaftlichen Schätze New Mexicos mit Wasser: Hatch, die „Chili-Hauptstadt der Welt". Die erste Atomwaffe detonierte an der Trinity Site, in der knochentrockenen Wüste östlich des Rio Grande, die seit der Zeit der spanischen Konquistadoren als Jornada del Muerto bekannt ist: die Reise des Todes.

Im Westen erstreckt sich der zerklüftete Gila National Forest, ein wildes Terrain für Rucksackwanderungen und Angelabenteuer. Die südlichen Hänge der Berge laufen in der Chihuahua-Wüste aus. Dort liegt Las Cruces, die zweitgrößte Stadt von New Mexico.

Truth or Consequences & Umgebung

Die kleine Stadt Truth or Consequences verströmt eine unkonventionelle Lebensfreude. Sie wurde in den 1880er-Jahren an ein paar natürlichen Thermalquellen errichtet. Ein wenig skurril ist, dass die Stadt 1950 umgetauft wurde und seither nicht mehr Hot Springs heißt, sondern den Namen einer

beliebten Radioquizshow trägt (Truth or Consequences oder kurz „T or C"). Heutzutage sorgen der Vorstandsvorsitzende von Virgin Galactic, Richard Branson, und andere Weltraum-Visionäre für Schlagzeilen: Sie treiben die Entwicklung des nahe gelegenen **Spaceport America** voran; von dort aus sollen bald wohlhabende Weltraumtouristen in den Orbit um die Erde fliegen. **Spaceport-Führungen** (☎ 575-740-6894; www.ftstours.com; Erw./unter 12 Jahren 59/29 US$; ☉ Fr & Sa 9 & 13, So 9 Uhr) gewähren einen Blick auf die Startbahn und Kontrollstation.

Ca. 60 Meilen (97 km) nördlich der Stadt überwintern Kanadakraniche und Schneegänse auf den Feldern und Marschen des 233 km² großen **Bosque del Apache National Wildlife Refuge** (www.fws.gov/southwest/refuges/newmex/bosque; 5 US$/Auto; ☉ Sonnenaufgang–Sonnenuntergang). Es gibt ein Visitor Center, und man kann eine Autofahrt durch den Park machen. Das Festival of the Cranes (Kranichfest) findet Mitte November statt.

🛏 Schlafen & Essen

Viele Motels dienen gleichzeitig als Spas.

⭐**Blackstone Hotsprings**   BOUTIQUEHOTEL **$**
(☎ 575-894-0894; www.blackstonehotsprings.com; 410 Austin St; Zi. 75–135 US$; ⊞ ❄ 🛜) Das Blackstone hat eine edle Note und zollt dem T-or-C-Geist Respekt: Die sieben Zimmer sind im Stil verschiedener Fernsehserien dekoriert (mit dabei sind die *Jetsons*, die *Golden Girls* und *I Love Lucy*). Und das Beste daran? Jeder Raum wartet mit einer Thermalwanne oder einem Wasserfall auf. Und der Haken? Nachts wird es nicht ganz dunkel in den Zimmern: Das Licht aus dem Hof kriecht herein.

Riverbend Hot Springs   BOUTIQUEHOTEL **$**
(☎ 575-894-7625; www.riverbendhotsprings.com; 100 Austin St; Zi. ab 70 US$; ❄ 🛜) Das frühere Hostel Riverbend Hot Springs bietet mittlerweile Schlafgelegenheiten im Motel-Stil – Tipis gibt's nicht mehr. Die Lage am Rio Grande ist fantastisch. Die Zimmer verströmen einen fröhlichen, schrulligen Charme, und manche Apartments sind gut für Gruppen geeignet. Private Thermalwannen können stundenweise gemietet werden (Gäste/Nicht-Gäste 10/15 US$), man kann sich aber auch in den öffentlichen Thermalpool stürzen (für Gäste kostenlos/Nichtgäste 10 US$).

Happy Belly Deli
DELI **$**

(313 N Broadway; Hauptgerichte 2–8 US$; ⊙ Mo–Fr 7–15, Sa 8–15, So 8–12 Uhr) Das Happy Bell ist morgens ziemlich voll. Grund dafür sind die frischen Frühstücks-Burritos.

★ Café Bellaluca
ITALIENISCH **$$**

(www.cafebellaluca.com; 303 Jones St; Hauptgerichte mittags 8–15 US$, Hauptgerichte abends 13–38 US$; ⊙ Mo, Mi & Do 11–21, Fr & Sa bis 22, So bis 20 Uhr) Bekommt viel Lob für seine italienischen Spezialitäten. Die Pizzas sind grandios.

Las Cruces & Umgebung

In der zweitgrößten Stadt New Mexicos befindet sich die New Mexico State University (NMSU), aber es gibt nur überraschend wenig Sehenswertes für Besucher.

◉ Sehenswertes

Für viele ist der Besuch des benachbarten **Mesilla** (auch als Old Mesilla bekannt) das Highlight eines Aufenthalts in Las Cruces. Wenn man sich ein paar Querstraßen von der Plaza in Old Mesilla entfernt, kann man sich einen Eindruck von der Essenz einer typischen Stadt im Südwesten aus dem 19. Jh. mit hispanischer Tradition verschaffen.

★ New Mexico Farm & Ranch Heritage Museum
MUSEUM

(www.nmfarmandranchmuseum.org; 4100 Dripping Springs Rd, Erw./Kind 5/2 US$; ⊙ Mo–Sa 9–17, So 12–17 Uhr; ♿) Dieses fantastische Museum in Las Cruces hat mehr zu bieten als ein paar Darstellungen zur landwirtschaftlichen Geschichte des Staates: lebendes Milchvieh! Jeden Tag wird vor den Zuschauern gemolken, und gelegentlich gibt's eine „Rassenparade" mit verschiedenen Rindern. Davon abgesehen leben auf dem Hof auch Pferde, Esel, Schafe und Ziegen. Es sind noch mehr Aktivitäten möglich: Freitags und sonntags ist der Schmied zugange, mittwochs wird gesponnen und gewebt, und dann wird noch traditionell gekocht (anrufen und nach den genauen Zeiten fragen!).

White Sands Missile Test Center Museum
MUSEUM

(www.wsmr-history.org; Bldg. 200, Headquarters Ave; ⊙ Mo–Fr 8–16, Sa 10–15 Uhr) GRATIS Dieses Gelände, ca. 25 Meilen (40 km) östlich von Las Cruces am Hwy 70 (nach dem Schild „White Sands Missile Range Headquarters" Ausschau halten!), ist seit 1945 eine wichtige Versuchseinrichtung des Militärs

INS ALL LAUSCHEN

Hinter der Stadt Magdalena am Hwy 60 befindet sich die Radioteleskopanlage **Very Large Array** (VLA; www.nrao.edu; abseits des Hwy 52; ⊙ 8.30 Uhr–Sonnenuntergang) GRATIS, ein Komplex aus 27 riesigen Satellitenschüsseln, die auf der Hochebene wie gigantische Pilze aus dem Boden „sprießen". Im Visitor Center kann man einen Kurzfilm anschauen und einen Spaziergang in Eigenregie unternehmen, bei dem man auch einen Blick durchs Fenster des Kontrollgebäudes werfen kann. Das VLA liegt 4 Meilen (6 km) südlich des Hwy 60 abseits des Hwy 52.

und diente als alternativer Landeplatz für Spaceshuttles. Der Raketenpark unter freiem Himmel ist ziemlich abgefahren. Da dies Teil einer Militärbasis ist, müssen Besucher über 18 ihren Ausweis zeigen, und jeder Fahrer muss die Papiere und Versicherungspolice für den Wagen vorlegen können.

🛏 Schlafen

★ Lundeen Inn of the Arts
B&B **$$**

(☏ 505-526-3326; www.innofthearts.com; 618 S Alameda Blvd, Las Cruces; Zi. inkl. Frühstück 80–125 US$, Suite 99–155 US$; P ❄ 🛜) Das große Gästehaus im mexikanischen Territorialstil in Las Cruces ist über 100 Jahre alt und vermietet sieben ganz unterschiedliche Zimmer. Es gibt außerdem ein luftiges Wohnzimmer mit hoher Decke (aus gepresstem Blech) und serviert ein beeindruckendes, frisches Frühstück. Die Besitzer sind sehr freundlich.

✕ Essen

Nellie's Café
NEW MEXICO **$**

(1226 W Hadley Ave; Hauptgerichte 5–8 US$; ⊙ Di–So 8–14 Uhr) Ein beliebtes Restaurant mit lokaltypischer Küche. Hervorragendes Frühstück und Mittagessen. Ausschließlich Barzahlung!

La Posta
NEW MEXICO **$$**

(www.laposta-de-mesilla.com; 2410 Calle de San Albino; Hauptgerichte 8–15 US$; ⊙ 11–21 Uhr) Das bekannteste Restaurant von Old Mesilla ist in einem 200 Jahre alten Lehmziegelgebäude untergebracht. Das Dekor und die touristische Atmosphäre wirken vielleicht zunächst abschreckend, doch die typischen

New-Mexico-Gerichte sind zuverlässig gut, die Portionen groß, und der Service ist flott.

ℹ️ Praktische Informationen

Las Cruces Visitors Bureau (📞 575-541-2444; www.lascrucescvb.org; 211 N Water St; ⊘ Mo– Fr 8–17 Uhr)

ℹ️ An & Weiterreise

Die Busse von **Greyhound** (📞 575-524-8518; www.greyhound.com; 800 E Thorpe Rd, Chucky's Convenience Store) nehmen die beiden Interstate-Routen I-10 und I-25 und fahren täglich nach Albuquerque (29 US$, 3½ Std.), Roswell (52 US$, 4 Std.) und El Paso (12,60 US$, 1 Std.).

Silver City & Umgebung

Hier ist der Geist des Wilden Westens noch lebendig, und es würde einen nicht groß wundern, wenn plötzlich Billy the Kid höchstpersönlich (er lebte früher einmal hier) vorbeispazieren würde. Die Zeiten haben sich aber dennoch geändert: Das Cowboy- und Trapper-Flair wird mehr und mehr von den Kunstgalerien, Cafés und Eisdielen überlagert. Ein kleiner Tipp: Beim Bummel durch Downtown Silver City sollte man vorsichtig sein, wenn man den Bürgersteig verlässt. Wegen starker Regenfälle im Sommer wurden die Bordsteinkanten extra hoch gebaut, um die viktorianischen Bauten und die Häuser aus Ziegel und Gusseisen vor dem schnell steigenden Wasser zu schützen.

Silver City ist das Tor zum **Gila National Forest**, dessen urtümlich-wildes Terrain sich für allerlei Outdoor-Aktivitäten wie Skilanglauf, Wandern, Campen, Angeln usw. anbietet.

Fährt man auf einer 42 Meilen (68 km) langen Straße von Silver City aus nach Norden (ca. 2 Std.), gelangt man zum **Gila Cliff Dwellings National Monument** (www.nps. gov/gicl; Eintritt 3 US$; ⊘ Rundweg 9–16 Uhr, Visitor Center bis 16.30 Uhr), das im 13. Jh. von den Mogollon bewohnt wurde. Die rätselhaften und relativ abgeschieden gelegenen Felsbehausungen sind über einen 1,5 km langen Rundweg zu erreichen und sehen noch genauso aus wie zur Wende des 1. Jts. Wer sich für **Piktogramme** interessiert, sollte am Lower Scorpion Campground für einen Moment anhalten und dem kurzen markierten Pfad folgen.

Eigentümlich abgerundete Monolithen sind die Stars im **City of Rocks State Park** (www.nmparks.com; Hwy 61; 5 US$ Tagesgebühr, Stellplatz f. Zelt/Wohnmobil 8/10 US$). Zwischen den Gesteinsformationen kann man erstklassig zelten (Tische und Feuerstellen sind vorhanden). Besonders tolle Felsen stehen am Stellplatz 43 („The Lynx" – der Luchs). Um hierher zu kommen folgt man zuerst dem Hwy 180 ab Deming 24 Meilen (39 km) nach Nordwesten, dann fährt man auf dem Hwy 61 nach Nordosten (3 Meilen bzw. 5 km).

Wer einen Einblick in Silver Citys Architekturgeschichte bekommen will, sollte in einem der 22 Zimmer des **Palace Hotel** (📞 575-388-1811; www.silvercitypalacehotel.com; 106 W Broadway; Zi. ab 51 US$; ❄️🛜) übernachten. Das Palace (um 1900 erbaut) hat einen unaufdringlichen Charme und verkörpert das Flair alter Zeiten (keine Klimaanlage, ältere Ausstattung) – genau richtig, wenn man keine Lust mehr auf Motelketten-Einheitsbrei hat. An einer Ecke steht das vornehme **Javalina** (201 N Bullard St; Gebäck ab 2 US$; ⊘ Mo–Do 6–21, Fr & Sa bis 22, So bis 19 Uhr; 🛜). Dort gibt's Kaffee, Snacks und WLAN in einer gemütlichen Sei-wie-du-bist-Atmosphäre.

Im Zentrum befinden sich verschiedene Restaurants, z. B. das berechtigterweise beliebte **Diane's Restaurant & Bakery** (📞 575-538-8722; www.dianesrestaurant.com; 510 N Bullard St; Mittagessen 8–10 US$, Abendessen 15–30 US$; ⊘ Di–Sa 11–14 & 17.30–21, So 11–14 Uhr) und die **Peace Meal Cooperative** (www.peacemealcoop.com; 601 N Bullard St; Hauptgerichte 6–10 US$; ⊘ Mi–Mo 11–19 Uhr; 📞), in dem man sich Burritos zusammenbauen kann, ganz wie's einem beliebt. Lust auf ein echtes Stück Lokalkultur? 7 Meilen (11 km) weiter nördlich, in Pinos Altos, befindet sich der **Buckhorn Saloon** (📞 575-538-9911; www. buckhornsaloonandoperahouse.com; Main St, Pinos Altos; Hauptgerichte 10–39 US$; ⊘ Mo–Sa 17–21 Uhr). Die Spezialität ist Steak, und an den meisten Abenden wird Livemusik gespielt. Reservierungen per Telefon.

ℹ️ Praktische Informationen

Infos zur Umgebung erhält man im **Visitor Center** (📞 575-538-3785; www.silvercity.org; 201 N Hudson St; ⊘ Mo–Fr 9–17, Sa & So 10–14 Uhr) und in der **Gila National Forest Ranger Station** (📞 575-388-8201; www.fs.fed.us/r3/gila; 3005 E Camino Del Bosque; ⊘ Mo–Fr 8–16.30 Uhr). Wer sich für die umstrittene Bergbaugeschichte der Stadt interessiert, sollte sich den Film *Das Salz der Erde* von 1954 ansehen, der auf der schwarzen Liste stand.

Südöstliches New Mexico

Zwei der größten Naturwunder New Mexicos – das faszinierende White Sands National Monument und der Carlsbad Caverns National Park – befinden sich in diesem Teil des Staates, einer trockenen Gegend. Sie hat aber noch weit mehr zu bieten: Legenden vom Feinsten nämlich. Zu nennen wären beispielsweise die Aliens in Roswell, Billy the Kid in Lincoln und Smokey Bear in Capitan. Der Großteil des Tieflands ist von der heißen, rauen Chihuahua-Wüste geprägt. Wer der sengenden Hitze entfliehen will, kann ein paar Höhenmeter überwinden, um das kühlere Klima der von Wald umgebenen Ferienorte wie Cloudcroft und Ruidoso zu genießen.

White Sands National Monument

Hier kann man zwischen fantastischen, hoch aufragenden weißen Sandhügeln umherrutschen, -rollen und -schlittern. 16 Meilen (26 km) südwestlich von Alamogordo (15 Meilen/24 km südwestlich des Hwy 82/70) bedeckt Kalziumsulfat – Gips – ein mehr als 710 km² großes Gebiet und schafft so eine faszinierende, hell leuchtende Mondlandschaft: das **White Sands National Monument** (www.nps.gov/whsa; Erw./unter 16 Jahren 3 US$/frei; ⏰ Juni–Aug. 7–21 Uhr, Sept.–Mai bis Sonnenuntergang). Die windverwehten Dünen sind eine der Top-Sehenswürdigkeiten in New Mexico. Auf keinen Fall die Sonnenbrille vergessen: Der Sand ist blendend weiß wie Schnee!

Für 17 US$ kann man eine Plastikpfanne im Andenkenladen des Visitor Center kaufen, auf der man dann die Dünenhänge hinunterrutschen kann. Das macht einen Riesenspaß, und anschließend verkauft man die Pfanne für 5 US$ wieder (um Haftungsfälle auszuschließen, gibt es keinen Verleih). Im Park-Kalender kann man nachlesen, wann Sonnenuntergangsspaziergänge und Vollmond-Radtouren (Erw./Kind unter 16 Jahren 5/2,50 US$) stattfinden; man muss sie weit im Voraus reservieren! Im Hinterland, 1 Meile (1,6 km) vom Scenic Drive entfernt, kann man zelten (kein Wasser, keine Toiletten). Die wenigen Genehmigungen (3 US$; wer zuerst kommt, mahlt zuerst) müssen persönlich im Visitor Center gekauft werden, und zwar spätestens eine Stunde vor Sonnenuntergang.

Alamogordo & Umgebung

Alamogordo ist das Zentrum eines der historisch bedeutendsten Weltraum- und Nuklear-Forschungsprogramme des Landes. Das vierstöckige **New Mexico Museum of Space History** (www.nmspacemuseum.org; Hwy 2001; Erw./Kind 6/4 US$; ⏰ 9–17 Uhr; ♿) beherbergt sehenswerte Darstellungen zu Weltraum-Forschung und -flügen. Im **Tombaugh IMAX Theater & Planetarium** (Erw./Kind 6/4,50 US$; ♿) werden gute wissenschaftliche Filme auf einer Panoramaleinwand gezeigt.

Den White Sands Blvd säumen zahlreiche Motels, u.a. das **Best Western Desert Aire Hotel** (☎ 575-437-2110; www.bestwestern.com; 1021 S White Sands Blvd; Zi. ab 78 US$; ❄ @ 🛜 🏊) mit 08/15-Zimmern und Suiten (manche mit Küchenzeilen) und einer Sauna. Wer lieber campt, ist im **Oliver Lee State Park** (www.nmparks.com; 409 Dog Canyon Rd; Stellplatz f. Zelt & Wohnmobil 8/14 US$), 12 Meilen (19 km) südlich von Alamogordo, gut aufgehoben. Pizza, Pasta, große Salate und Bier vom Fass gibt's im netten **Pizza Patio & Pub** (2203 E 1st St; Hauptgerichte 7–15 US$; ⏰ Mo–Do & Sa 11–20, Fr bis 21 Uhr; ♿).

Cloudcroft

Das hübsche Cloudcroft wartet mit 100 Jahre alten Gebäuden und vielen Outdoor-Aktivitäten auf. Es ist eine nette Basis für Ausflüge mit unaufgeregtem Flair. Während in der Ebene im Osten Hitze angesagt ist, herrscht in der kleinen Stadt in den Bergen ein angenehmes Klima. Gute Infos zu Wanderwegen, kostenlose Pläne mit Waldstraßen sowie topografische Karten gibt's in der **Lincoln National Forest Ranger Station** (4 Lost Lodge Rd; ⏰ Mo–Fr 7.30–16.30 Uhr). **High Altitude** (☎ 575-682-1229; www.highaltitude.org; 310 Burro Ave; ⏰ Mo–Do 10–17.30, Fr & Sa bis 18, So bis 17 Uhr) verleiht Mountainbikes und hat Karten mit Mountainbikerouten in der Umgebung.

Das **Lodge Resort & Spa** (☎ 888-395-6343; www.thelodgeresort.com; 601 Corona Pl; Zi. ab 125 US$; @ 🛜 🏊) ist eines der besten historischen Hotels im Südwesten. Die Zimmer im Haupthotel im bayerischen Stil sind mit alten und viktorianischen Möbeln eingerichtet. Das Restaurant in der Lodge, **Rebecca's** (☎ 575-682-3131; Lodge Resort & Spa, 601 Corona Pl; Hauptgerichte 8–36 US$; ⏰ 7–10, 11.30–14 & 17.30–21 Uhr), ist nach dem Hausgeist benannt und bietet das mit Abstand beste Essen in der Stadt.

Ruidoso

Ruidoso (das spanische Wort für „laut") hat das Flair eines Ferienorts und platzt im Sommer förmlich aus allen Nähten. Es ist beliebt bei Pferderenn-Fans und dank der Waldlage nahe der Sierra Blanca (ca. 3700 m) ein angenehmes Klima. Der Ort erstreckt sich am Hwy 48 (bekannt als Mechem Dr bzw. Sudderth Dr).

◉ Sehenswertes & Aktivitäten

Wer sich die Beine vertreten möchte, könnte die einfach zugänglichen **Waldwege** an der Cedar Creek Rd westlich der **Smokey Bear Ranger Station** (🗹 575-257-4095; 901 Mechem Dr; ⊙ganzjährig Mo–Fr 7.30–16.30 Uhr & zusätzlich im Sommer Sa) ablaufen, z.B. den USFS Fitness Trail oder die mäandernden Wege der Cedar Creek Picnic Area. Zu kurz? Für längere Tages- oder mehrtägige Touren bieten sich die zahlreichen Treks in der White Mountain Wilderness nördlich der Stadt an. In dieser Gegend muss man immer auf dem Laufenden sein, was die Bestimmungen zu offenen Feuern betrifft. Wenn es sehr trocken ist, wird der Wald manchmal gesperrt.

Ski Apache   SKIFAHREN
(www.skiapache.com; Skipass Erw./Kind 51/ 33 US$) Das beste Skigebiet südlich von Albuquerque, 18 Meilen (29 km) nordwestlich von Ruidoso an den Hängen des wunderschönen Sierra Blanca Peak (3652 m). Es ist über den Hwy 48 zu erreichen (Exit 532).

Ruidoso Downs Racetrack   PFERDERENNEN
(www.raceruidoso.com; Hwy 70; Sitzplatz Tribüne kostenl.; ⊙ Ende Mai–Anfang Sept. Fr–Mo) Pferderennen, wie sich's gehört.

Hubbard Museum of the American West   MUSEUM
(www.hubbardmuseum.org; 26301 Hwy 70; Erw./ Kind 6/2 US$; ⊙10–16.30 Uhr; 🏛) Hier stehen alte Postkutschen, indianische Artefakte und alles rund ums Pferd im Mittelpunkt.

🛏 Schlafen & Essen

Viele Motels, Hotels und niedliche kleine Hüttenkomplexe säumen die Straßen. Entlang der Waldstraßen zum Skigebiet findet man jede Menge einfache Campingplätze.

Sitzmark Chalet   HOTEL $
(🗹800-658-9694; www.sitzmark-chalet.com; 627 Sudderth Dr; Zi. ab 60 US$; ❄🐾) Aufgemacht wie eine Skihütte, mit 17 einfachen, netten Zimmern. Willkommene Extras sind die Picknicktische, Grills und der Whirlpool für acht Personen.

Upper Canyon Inn   LODGE $$
(🗹 575-257-3005; www.uppercanyoninn.com; 215 Main Rd; Zi./Hütten ab 79/119 US$; 🐾) Die Zimmer und Hütten decken das gesamte Spektrum von einfach und preiswert bis zu rustikal-schickem Luxus ab.

Cornerstone Bakery   FRÜHSTÜCK $
(www.cornerstonebakerycafe.com; 359 Sudderth Dr; Hauptgerichte unter 10 US$; ⊙7–14 Uhr; 🐾) Wer lang genug in der Gegend bleibt, wird hier wahrscheinlich Stammgast. Alles auf der Karte, von den Omeletts bis zu den belegten Croissants, ist lecker, und der Kaffee mit Pinyon-Geschmack ein Gedicht.

Café Rio   PIZZERIA $
(2547 Sudderth Dr; Hauptgerichte 8–25 US$, nur Barzahlung; ⊙11.30–20 Uhr, außerhalb der Saison Mi geschl.; 🐾🏛) Zuvorkommender Service ist vielleicht nicht der erste Gedanke, der einem beim Besuch dieser Pizzabude in den Sinn kommt, aber wenn man den ersten Haps abgebissen hat, hat man alles auch schon wieder vergeben und vergessen.

☆ Unterhaltung

Flying J Ranch   WILD-WEST-SHOW
(🗹888-458-3595; www.flyingjranch.com; 1028 Hwy 48; Erw./Kind 27/15 US$; ⊙Ende Mai–Anfang Sept. Mo–Sa ab 17.30 Uhr, Sa nur bis Mitte Okt.; 🏛) 1,5 Meilen (2,4 km) nördlich von Alto gibt's was zu essen, aber auch Schießereien im Western-Dorf und Planwagenfahrten.

❶ Praktische Informationen

Infos für Reisende stellt die **Chamber of Commerce** (🗹 575-257-7395; www.ruidoso.net; 720 Sudderth Dr; ⊙ Mo–Fr 8–16.30, Sa 9–15 Uhr) bereit.

Lincoln & Capitan

Western-Fans werden das kleine Lincoln unbedingt sehen wollen. Hier, 12 Meilen (19 km) östlich von Capitan, fand die Schießerei statt, die Billy the Kid unsterblich machte. Man muss dem **Billy the Kid National Scenic Byway** (www.billybyway.com) folgen. Die komplette Stadt ist sehr schön erhalten (sie sieht noch fast genauso aus wie damals) und die Hauptstraße wurde zum **Lincoln State Monument** (www.nmmonuments.org/lincoln; Erw./Kind 5 US$/frei; ⊙8.30–

16.30 Uhr) erklärt. „Moderne Einflüsse" wie Neonschilder, Souvenirläden, Fast-Food-Imbisse und Co. sind verboten.

Eintrittskarten für die ältesten Gebäude gibt's im **Anderson-Freeman Museum**. Dort kann man sich Ausstellungsstücke zu den Buffalo Soldiers, Apachen und zum Lincoln County War ansehen. Das faszinierende **Courthouse Museum** sollte der letzte Halt sein; hier legte Billy seine wagemutigste und gewalttätigste Flucht hin. Eine Tafel hängt an der Stelle, an der eine seiner Kugeln in die Wand eingeschlagen ist.

Wer über Nacht bleiben will, kann eines der drei mit Antiquitäten ausgestatteten Zimmer im Haupthaus des **Ellis Store Country Inn** (☎800-653-6460; www.ellisstore.com; Hwy 380; Zi. inkl. 129 US$) beziehen (inkl. Holzofen); fünf weitere Räume befinden sich in einer alten Mühle auf dem Gelände. Von Mittwoch bis Samstag gibt's abends ein geniales Sechs-Gänge-Menü (75 US$/Pers.), das im hübschen Speisesaal serviert wird. Ideal für besondere Anlässe! Man sollte besser reservieren.

Ein paar Meilen westlich an der Straße nach Capitan liegt die **Laughing Sheep Farm and Ranch** (☎575-653-4041; www.laughing sheepfarm.com; Hwy 380; Hauptgerichte 10–35 US$; ☉Do–Sa 17–21 Uhr; 🚗). Dort werden Schafe, Kühe und Bisons gezüchtet und Obst und Gemüse angebaut. Die Erzeugnisse landen dann mittags oder abends auf dem Teller. Der Speisesaal ist komfortabel, und es geht locker zu.

Abends ist Livemusik zu hören, und es gibt eine Spielecke für Kinder. Gemütliche Hütten mit Whirlpool kosten 130 US$ pro Nacht.

Ähnlich wie Lincoln ist auch das gemütliche Capitan von den wunderschönen Bergen des **Lincoln National Forest** umgeben. Der Hauptgrund für einen Besuch ist der **Smokey Bear Historical State Park** (118 W Smokey Bear Blvd; Erw./Kind 2/1 US$; ☉9–17 Uhr), in erster Linie natürlich für die Kleinen. Dort wurde Smokey begraben (ja, es gab einen echten Smokey Bear!).

Roswell

Wenn man à la *Akte X* daran glaubt, dass „die Wahrheit irgendwo da draußen ist", hat man unter Garantie schon vom Roswell Incident, dem Roswell-Zwischenfall, gehört. 1947 stürzte ein mysteriöses Objekt bei einer Ranch in der Umgebung ab. Das hätte niemanden groß interessiert, wenn nicht das Militär eine riesige Vertuschungsaktion angeleiert hätte. Für viele war das der Beweis: Die Außerirdischen waren gelandet! Das internationale Interesse (und lokale Erfindungsgabe) haben die Stadt in eine schräge extraterrestrische Zone verwandelt. Weiße Köpfe, geformt wie aufgeblasene Ballons, zieren Straßenlaternen, und Touristen werden busweise herangekarrt, um seltsame Souvenirs zu kaufen.

Suchende, Glaubende und Kitschfans müssen sich unbedingt das **International**

NICHT VERSÄUMEN

CARLSBAD CAVERNS NATIONAL PARK

Unmengen erstaunlicher Höhlen verstecken sich unter den Hügeln dieses einzigartigen **Nationalparks** (☎575-785-2232, Fledermaus-Hotline 505-785-3012; www.nps.gov/cave; 3225 National Parks Hwy; Erw./Kind 6 US$/frei; ☉Höhlen Ende Mai–Anfang Sept. 8.30–17 Uhr, Anfang Sept.–Ende Mai 8.30–15.30 Uhr; 🚗) mit einer Fläche von 190 km². In den Höhlen verbirgt sich ein Wunderland aus Stalaktiten und fantastischen geologischen Formationen. Am **Visitor Center** (☉8–17 Uhr, Ende Mai–Anfang Sept. bis 19 Uhr) kann man den Aufzug nehmen, der ca. 380 m (die Höhe des Empire State Buildings) in unter einer Minute zurücklegt, oder aber man folgt einem 3 km langen unterirdischen Weg vom Höhleneingang zum Big Room, einer 550 m langen und 80 m hohen Kammer, die mehr als 240 m unter der Erdoberfläche liegt. Unterwegs mit kleinen Kindern? Oder einfach nur gern albern drauf? Im Andenkenladen werden Plastikhelme mit Lampen verkauft.

Geführte Touren (☎877-444-6777; www.recreation.gov; Erw. 7–20 US$, Kind 3,50–10 US$) durch weitere Höhlen sollten weit im Voraus reserviert werden. Langärmelige T-Shirts und geschlossene Schuhe anziehen – hier unten ist's kalt!

Die Höhlen sind auch für eine riesige Fledermauskolonie mit mehr als 300 000 Tieren der Gattung *Tadarida brasiliensis* bekannt, die hier von Mitte Mai bis Mitte Oktober rasten. Wenn man bei Sonnenuntergang hier ist, kann man dabei zusehen, wie sie die Höhle verlassen, um auf nächtlichen Insektenfang zu gehen.

UFO Museum & Research Center (www. roswellufomuseum.com; 114 N Main St; Erw./Kind 5/2 US$; ⊙ 9–17 Uhr) ansehen. Dort sind Dokumente ausgestellt, die im Zusammenhang mit der Verschleierung stehen, sowie ungewöhnliche Kunstwerke. Das jährliche **Roswell UFO Festival** (www.roswellufofestival. com) findet Anfang Juli statt und umfasst eine außerirdische Kostümparade, Vorträge, Workshops und Konzerte.

Hotelketten haben sich in der N Main St angesiedelt. Etwa 36 Meilen (58 km) südlich von Roswell bietet das **Heritage Inn** (☎ 575-748-2552; www.artesiaheritageinn.com; 209 W Main St, Artesia; Zi. inkl. Frühstück ab 119 US$; ❋@✿❐) in Artesia elf Zimmer im Wild-West-Stil – die netteste Schlafgelegenheit in der Gegend!

Einfache, aber verlässlich gute mexikanische Küche bekommt man in **Martin's Capitol Cafe** (110 W 4th St; Hauptgerichte 7–15 US$; ⊙ Mo–Sa 6–20.30 Uhr); wem der Sinn nach amerikanischen Klassikern steht, der kommt im **Big D's Downtown Dive** (www. bigdsdowntowndive.com; 505 N Main St; Hauptgerichte 7–10 US$; ⊙ 11–21 Uhr) auf seine Kosten: Hier gibt's die besten Salate, Sandwiches und Burger der Stadt.

Informationen (und Erinnerungsfotos mit Aliens!) erhält man im **Visitors Bureau** (☎ 575-624-6860; www.seeroswell.com; 912 N Main St; ⊙ Mo–Fr 8.30–17.30, Sa & So 10–15 Uhr; ❐).

Am **Greyhound Bus Depot** (☎ 575-622-2510; www.greyhound.com; 1100 N Virginia Ave) fahren Busse nach Carlsbad (30 US$, 1½ Std.) und El Paso, TX, via Las Cruces (52 US$, 5 Std.) ab.

Carlsbad

Reisende nutzen Carlsbad als Basis für Ausflüge in den nahe gelegenen Carlsbad Caverns National Park und die Guadalupe Mountains. Das **Park Service Office** (☎ 575-885-8884; 3225 National Parks Hwy; ⊙ Mo–Fr 8–16.30 Uhr) am südlichen Ende der Stadt liefert Informationen zu den beiden Attraktionen.

An den nordwestlichen Ausläufern der Stadt, abseits des Hwy 285, erstreckt sich der **Living Desert State Park** (www.nmparks. com; 1504 Miehls Dr, abseits Hwy 285; Erw./Kind 5/3 US$; ⊙ Juni–Aug. 8–17 Uhr, Sept.–Mai 9–17 Uhr), ein toller Ort, wenn man mehr über die Wüstenflora und -fauna lernen möchte. Auf einem netten, ca. 2 km langen Pfad werden verschiedene Lebensräume der Chihuahua-Wüste erläutert, mit lebenden Antilopen, Wölfen, Rennkuckucken und mehr.

Die meisten Unterkünfte in Carlsbad gehören zu Motelketten. Sie sind in der S Canal St oder am National Parks Hwy zu finden. Jeden Dollar wert ist das **Stagecoach Inn** (☎ 575-887-1148; 1819 S Canal St; Zi. ab 50 US$; ❋❐❑). Seine Zimmer sind sauber, es gibt einen Pool und einen netten Kinderspielplatz. Die beste Bleibe im Ort ist das neue, luxuriöse **Trinity Hotel** (☎ 575-234-9891; www.thetrinityhotel.com; 201 S Canal St; Zi. ab 169–219 US$; ❋❐), ein historisches Gebäude, das ursprünglich Sitz der First National Bank war. Das Wohnzimmer in einer Suite war früher mal der Tresorraum! Auch das zugehörige Restaurant hat mehr Klasse als die übrigen Lokale in Carlsbad.

Den besten Kaffee in dieser Ecke New Mexicos bekommt man im **Blue House Bakery & Cafe** (609 N Canyon St; Hauptgerichte 4–8 US$; ⊙ Mo–Sa 6–12 Uhr), zu dessen Spezialitäten Frühstück und Gebäck gehören. Für ein Dinner im Country-Style gibt's kaum etwas Besseres als das **Red Chimney Pit Barbecue** (www.redchimneypitbarbecue.com; 817 N Canal St; Hauptgerichte 7–15 US$; ⊙ Mo–Fr 11–14 & 16.30–20.30 Uhr), in dem man ganz sicher auf seine Kosten kommen wird.

Insidertipps und mehr erhält man bei der **Chamber of Commerce** (☎ 575-887-6516; www.carlsbadchamber.com; 302 S Canal St; ⊙ Mo 9–17, Di–Fr 8–17 Uhr).

Die Busse von **Greyhound** (☎ 575-628-0768; www.greyhound.com; 3102 National Parks Hwy) fahren von der Shamrock-Tankstelle im Food Jet South ab. Die beiden Reiseziele sind El Paso (52 US$, 3 Std.) und Lubbock, TX (52 US$, 4 Std.).

Den Westen der USA verstehen

DER WESTEN DER USA AKTUELL 456

Finanzielle Nöte, Einwanderung, Dürre und Waldbrände beschäftigen die Politik. Für viele sind die fortschrittlichen neuen Gesetze aber Lichtblicke.

GESCHICHTE 458

Von Felsbehausungen und Cowboys bis hin zur Atombombe und Apple – an der Geschichte des amerikanischen Westens wird immer noch geschrieben.

LAND & LEUTE 468

Völker, Religionen und kulturelle Vielfalt – darum geht es hier.

AMERIKANISCHE UREINWOHNER 472

Ein Besuch in einem Pueblo oder einem Reservat bereichert eine Reise durch den Westen der USA um den kulturellen und historischen Kontext.

DIE KÜCHE DES WESTENS. 477

Eintopf mit grünem Chili, koreanisches *kalbi,* Wildpilze und das *horno*-Brot der Ureinwohner ... im Wilden Westen kommen eben nicht nur Steak und Kartoffeln auf den Tisch!

KUNST & ARCHITEKTUR. 483

Alles, was man über Literatur, Film, Musik, Kunst, Fotografie und aufsehenerregende Gebäude wissen muss.

NATUR & UMWELT. 490

Mutter Natur war nicht immer zimperlich – Überflutungen, zusammenprallende tektonische Platten, Vulkanausbrüche –, hat sich dann aber mit Elchen, Weißkopfseeadlern und Wildblumen wieder von ihrer besten Seite gezeigt.

Der Westen der USA aktuell

Die großen Neuigkeiten im Westen? Die Einwohner von Colorado und Washington haben dafür gestimmt, ab 2012 die medizinische Nutzung von Marihuana zu erlauben, und das Oberste Gericht hat 2013 beschlossen, in Kalifornien die gleichgeschlechtliche Ehe weiterhin zu gestatten. Wirtschaftlich erholt sich die Region noch von der Rezession. Es gibt auch klimabedingte Probleme, die von der anhaltenden Dürreperiode im Südwesten, den Katastrophenfluten in Colorado und verheerenden Bränden in der gesamten Region herrühren.

Top-Bücher

Früchte des Zorns (John Steinbeck; 1939) Verarmte Landarbeiter aus Oklahoma reisen in den Westen nach Kalifornien.

Desert Solitaire (Edward Abbey; 1968) Essays über den Südwesten und den Industrietourismus von einem kompromisslosen Öko-Griesgram.

Das Bohnenbaumglück (Barbara Kingsolver; 1988) Nachdenklicher Blick auf Mutterschaft und kulturübergreifende Adoption in Tucson.

In die Wildnis: Allein nach Alaska (Jon Krakaurp; 1996) Alexander Supertramp durchwandert den Westen auf der Suche nach dem Sinn des Lebens.

Top-Filme

Ringo (1939)
Boulevard der Dämmerung (1950)
Zwei Banditen (1969)
Chinatown (1974)
Einer flog über das Kuckucksnest (1975)
Shining (1980)
Thelma & Louise (1991)
Boyz n the Hood – Jungs im Viertel (1991)
Sideways (2004)
Hangover (2009)
127 Hours (2010)

Alles dreht sich um Politik, …

In den vergangenen Jahren war das brisanteste politische Thema in Kalifornien die gleichgeschlechtliche Ehe. 2008 hob der Oberste Gerichtshof des Bundesstaats ein konstitutionelles Verbot der gleichgeschlechtlichen Ehe auf, aber später in jenem Jahr beschränkte die von zahlreichen Wählern unterstützte Proposition 8 die Ehe auf Mann und Frau. 2013 entschieden die Bundesgerichte, dass „Prop 8" nicht verfassungsgemäß sei. Ein Einspruch gegen diese Entscheidung beim Obersten Gerichtshof der USA wurde abgelehnt – die gleichgeschlechtliche Ehe darf in Kalifornien weiterhin geschlossen werden.

Im Herbst 2012 stimmten die Einwohner von Colorado und Washington für den Einsatz von Marihuana zu medizinischen Zwecken. Die Wähler von Colorado verabschiedeten den Zusatzartikel 64, der erlaubt, dass jeder Einwohner ab 21 Jahren eine begrenzte Menge Marihuana besitzen und einnehmen darf, und im September 2013 wurden die Regelungen für den Anbau und Verkauf des medizinischen Marihuanas in Colorado getroffen. Die Regeln für die medizinische Nutzung werden für Ende 2013 erwartet (und können je nach Region variieren); Anfang 2014 könnten die ersten Marihuana-Geschäfte öffnen. Eine ähnliche Initiative wurde in Washington verabschiedet. Die Bundesregierung hat zu verstehen gegeben, sie werde diese Gesetze, die im Konflikt mit den Bundesgesetzen stehen, nicht anfechten.

Illegale Einwanderung bleibt ein brisantes Thema, und in Südarizona sind auf den Landstraßen überall Grenzpatrouillen mit ihren grün-weißen Geländewagen zu sehen. Arizona hat auch ein strenges Anti-Immigrations-Gesetz verabschiedet: Es legt fest, dass Polizeibeamte jeden nach dem Ausweis fragen dürfen, der ihnen wie ein illegaler Einwanderer erscheint. Anfechtungen des Gesetzes, das als SB 1070 bekannt ist, durchlaufen gerade das Gerichtssystem.

... Feuer, Wasser ...

Obwohl die Gründe unklar sind – Klimawandel, Einwohnerentwicklung, die Regierungspolitik –, ist der Westen immer wieder schwer von Waldbränden betroffen. Im Juni 2013 kamen beim verheerenden Brand von Yarnell in Zentralarizona 19 Mitglieder der Granite Mountain Hotshots, einer Elitetruppe von Feuerwehrmännern, ums Leben, und 27 Häuser verbrannten. Der Rim-Brand im und um den Yosemite National Park im selben Jahr zerstörte über 101000 ha Land und war damit die drittgrößte Feuersbrunst in Kalifornien seit den 1930er-Jahren. 2011 verwüstete der Las-Conchas-Brand über 632 km^2 bei Los Alamos, New Mexico.

Aber Brände sind nicht die einzigen Naturkatastrophen im Westen. Eine zehnjährige Dürreperiode hat den Wasserpegel des Lake Mead extrem niedrig zurückgelassen. Das andere Extrem waren die schweren Überflutungen im September 2013, die in der Front Range, Colorado, eine Fläche von 11654 km^2 in Mitleidenschaft zogen. Dabei starben mindestens sechs Menschen, Hunderte wurden vermisst und zahlreiche Straßen und Häuser zerstört.

... & Geld

Die Bundesstaaten im Westen haben noch große Finanzprobleme, und die Gesetzgeber haben die Haushaltsbudgets immer weiter gekürzt. In Arizona, Kalifornien und Utah sind besonders die State Parks betroffen; in Arizona haben viele nur fünf Tage pro Woche geöffnet. Nevadas Arbeitslosenquote lag im Frühjahr 2011 bei 12 %, höher als der nationale Durchschnitt.

Weitere Aussichten

Die Rezession bleibt. Gleiches gilt aber auch für den technologischen Fortschritt. In welchem Maß Letzteres der Fall ist, belegt die Anerkennung der Leistungen des verstorbenen Apple-Mitbegründers und gebürtigen Kaliforniers Steve Jobs. Unzählige Innovationen gingen von Kalifornien aus um die Welt: PCs, iPods, Google. Doch Nordkalifornien ist mehr als das Silicon Valley – hier entsteht auch eine Biotech-Industrie. Im Nordwesten der USA liegen um Seattle herum die Hauptquartiere von Microsoft, Nintendo und Amazon. Zweigstellen von Intel, Tektronix und Google tragen das Ihre zu Oregons „Silicon Forest" bei.

Im Südwesten plant Richard Bransons Virgin Galactic, vom neuen Raumfahrtzentrum in New Mexico Zivilpersonen ins All zu schicken. Am Grand Canyon gewinnen umweltfreundliche Initiativen an Zugkraft, z. B. ein Park-&-Ride-Shuttle ab Tusayan und ein Fahrradverleih. Der Online-Gigant Zappos verlegt seinen Hauptsitz ins Zentrum von Las Vegas und belebt damit die verwahrlosten Blocks um die Fremont Street wieder. Umwelttechnisch hat Colorado die Nase vorn, mit fortschrittlichen erneuerbaren Energiestandards, Prämien für die Einwohner, die grüne Energien nutzen, sowie einem bedeutenden Zuwachs von Jobs im Bereich der Solarenergie.

BEVÖLKERUNG (USA): **317 MIO.**

FLÄCHE (USA): **9,83 MIO. KM^2**

BIP (USA): **15,9 BILLIONEN**

ARBEITSLOSENQUOTE (USA): **7,3 %**

Gäbe es nur 100 Leute in den USA, wären ...

65 Weiße
15 Hispanics
13 Afroamerikaner
4 Amerikaner mit asiatischen Wurzeln
3 anderer Abstammung

Religionen
(% der Bevölkerung)

51 Protestanten · 24 Katholiken · 21 Andere · 2 Juden · 2 Mormonen

Einwohner pro km^2

USA · DEUTSCHLAND · SCHWEIZ

≈ 30 Einwohner

Geschichte

Im Westen erlebt man Geschichte hautnah, persönlich und fesselnd: Die Plaza im Zentrum von Santa Fe, wo einst der Santa-Fe-Pfad endete, ist stets voller Besucher. Der Temple Square in Salt Lake City, der Mitte des 18. Jhs. entstand, ist noch heute Treffpunkt der Mormonen. Außerdem lüften hier verlassene Bergbaustädte alte Geheimnisse. Entdecker, Siedler und Eroberer – ob indianische Jäger, spanische Konquistadoren, Glücksritter von der Ostküste, Mormonenpioniere oder asiatische Unternehmer – hinterließen im Westen die Spuren ihres Lebens und ihrer Träume.

Von Revolverhelden und Goldsuchern bis hin zu Ureinwohnern aus vergangener Zeit und von heute: Die Website www.desertusa.com informiert über Menschen und Stätten, deren Heimat die südwestliche Wüste ist (oder war).

Die eigentlichen Ureinwohner der Region kamen vor ca. 20 000 Jahren aus dem Westen über die Beringstraße (zwischen dem heutigen Russland und Alaska) hierher. Diese kühnen Menschen strömten nach Süden und teilten sich in Stämme auf, die sich dem Klima und der Umgebung anpassten. In den 1540er-Jahren trafen die Spanier im Südwesten der USA ein und suchten nach den Sieben Goldenen Städten. Im 18. Jh. kamen Missionare, die ihr Territorium entlang der kalifornischen Küste ausdehnten.

Wie die Spanier suchten auch Briten und Amerikaner schon bald nach der Nordwestpassage, einem Wasserweg von Osten nach Westen. US-Präsident Thomas Jefferson kam der Konkurrenz dann mit dem Louisiana Purchase (Louisianakauf; 1803) zuvor. Als Abgesandte marschierten Meriwether Lewis und William Clark von St. Louis aus gen Westen, um den neuen Grundbesitz zu erkunden. Auf sie folgte eine Welle von Pionieren.

Angelockt von Geschichten über Gold, verheißener Religionsfreiheit und Hoffnungen auf fruchtbares Ackerland zogen zwischen 1840 und 1860 schätzungsweise 400 000 Menschen quer durch Amerika nach Westen. Darauf folgten die „Wildwestjahre" mit Ranchern, Cowboys, Bergmännern und Unternehmern, die Grenzen absteckten und für viel Unruhe sorgten. Danach hielten Recht, Ordnung und Zivilisation Einzug – beschleunigt vom Telegrafen, der transkontinentalen Eisenbahn und einem konstanten Strom von Neuankömmlingen, die sich einfach nur in Frieden niederlassen und ihr Stück vom amerikanischen Kuchen genießen wollten.

Dieses Ziel war im trockenen Westen schwerer zu erreichen als im Süden, weil dort Wassermangel die Expansion einschränkte. Die großen

ZEITLEISTE	20 000–40 000 v. Chr.	8000 v. Chr.	7000 v. Chr.–100 n. Chr.
	Über eine breite Landbrücke zwischen Sibirien und Alaska (damals war der Meeresspiegel niedriger als heute) ziehen die ersten Menschen von Zentralasien aus nach Amerika.	Wegen der Klimaerwärmung und der Jagd sterben viele Säugetiere der Eiszeit aus, z. B. das Fellmammut. Die Menschen beginnen, kleinere Wildtiere zu jagen und Pflanzen zu sammeln.	Die Nomaden des „Archaischen Zeitalters" sind Jäger und Sammler. Am Ende dieser Periode sind Sesshaftigkeit und der Anbau von Mais, Bohnen und Kürbis weit verbreitet.

Dammbauprojekte in den frühen 1900er-Jahren milderten das Wasserproblem und ermöglichten den Bau von Großstädten (L. A., Las Vegas, Phoenix) an Orten, an denen Großstädte eigentlich nicht hingehörten.

Während des Zweiten Weltkriegs gewann der Westen an wirtschaftlicher und technologischer Bedeutung. In der geheimen Stadt Los Alamos entwickelten Wissenschaftler die Atombombe. Kriegsrelevante Industriezweige wie die Holzwirtschaft sowie Marinewerften oder Flugzeugfabriken florierten in Kalifornien und im Nordwesten. Nach dem Krieg entstanden dort neue Industrieformen. In den 1990er-Jahren zog die „dot.com"-Branche des Silicon Valley talentierte Unternehmer in die Bay Area. L. A. ist immer noch eine Bastion der Kinoindustrie. Wegen steuerlicher Anreize manche Filmemacher aber inzwischen andere westliche Enklaven (vor allem New Mexico) bevorzugen.

Heute ist der Westen Amerikas gezwungen, sich mit den Folgen des schnellen Wachstums zu beschäftigen. Einwanderung, Verkehr, längere Trockenperioden, sinkende Wasserstände oder Umweltprobleme sorgen für Schlagzeilen und wirken sich auf den Lebensstil der Einheimischen aus. Ob die bisher ungebrochene Faszination für den Westen in Zukunft andauern wird, hängt davon ab, wie diese Themen angegangen werden.

Die ersten Amerikaner

Die ersten Einwohner des amerikanischen Westens überquerten vor mehr als 20 000 Jahren die Beringstraße. Bei Ankunft der Europäer lebten nördlich des heutigen Mexikos zwischen 2 und 18 Mio. amerikanische Ureinwohner, die mehr als 300 verschiedene Sprachen sprachen.

Nordwesten

Die frühen Küstenbewohner des Nordwestens jagten Wale oder Seelöwen auf dem offenen Meer. Außerdem lebten sie vom Lachs-, Kabeljau- und Schalentierfang. Zu Lande stellten die Menschen Hirschen und Elchen nach und sammelten Beeren oder Wurzeln. Nahrungsmittel wurden für die langen Winter eingelagert. In den kalten Monaten blieb auch Zeit für künstlerische, religiöse und kulturelle Tätigkeiten. Der Bau aufwendig geschnitzter Zedernholzkanus führte zu ausgedehnten Handelsnetzen entlang der Küste.

Landeinwärts entwickelte sich unter den Stämmen mit saisonalen nomadischen Perioden eine räumlich begrenzte Kultur. So versammelten sich die Stämme während der Lachswanderungen an Flüssen, um an Stromschnellen und in der Nähe von Wasserfällen Fische per Netz oder Harpune zu erbeuten. Die Indianerstämme in der rauen Wüstenlandschaft des südlichen Oregon waren Nomadenvölker, die in den nördlichen Ausläufern der Great Basin Desert Tiere jagten bzw. nach Nahrung suchten.

Fels-behaus-ungen

Mesa Verde National Park, NM

Bandelier National Monument, NM

Gila Cliff Dwellings National Monument, NM

Montezuma Castle National Monument, AZ

Walnut Canyon National Monument, AZ

GESCHICHTE DIE ERSTEN AMERIKANER

1300	1492	1598	1600
Die gesamte Zivilisation der Pueblo-Vorfahren, die in Mesa Verde, CO, lebt, verlässt die Region, wahrscheinlich wegen einer Dürre. Sie hinterlässt eine komplexe Stadt aus Klippenhäusern.	Der Italiener Christoph Columbus „entdeckt" Amerika bei seinen insgesamt drei Karibikreisen. Er nennt die Ureinwohner „Indianer", da er fälschlicherweise glaubt, Indien erreicht zu haben.	Nahe dem heutigen El Paso, TX, nimmt eine große spanische Forschungsexpedition unter Don Juan de Onate das nördlich liegende Land als Neumexiko für Spanien in Besitz.	Gründung von Santa Fe, der ältesten US-Bundeshauptstadt. Der Gouverneurspalast ist heute der einzige erhaltene Bau aus dem 17. Jh.; die restliche Stadt brannte 1914 nieder.

Kalifornien

Um 1500 n.Chr. lebten in dieser Region über 300000 indigene Amerikaner mit rund 100 verschiedenen Sprachen. Die Fischergemeinden am mittleren Küstenabschnitt bauten unterirdische Rundhäuser und Saunen, wo sie Rituale abhielten, erzählten und zockten. Die Jäger des Nordwestens konstruierten Häuser und Einbaumkanus aus Rotholz. Im Südwesten Kaliforniens entstanden Töpferarbeiten und Bewässerungssysteme, die Landwirtschaft in der Wüste ermöglichten. Die Ureinwohner hatten keine Schrift, hielten sich aber an mündliche Verträge und vereinbarte Grenzen.

Nach der Ankunft spanischer Kolonisten (1769) dezimierten aus Europa eingeschleppte Krankheiten, Zwangsarbeit und Hungersnöte die indigene Bevölkerung innerhalb von nur 100 Jahren auf 20000 Einwohner.

Südwesten & Südliches Colorado

Archäologen glauben, dass die ersten Bewohner hier Jäger waren. Doch als die Bevölkerung wuchs und die Wildtiere ausstarben, mussten die Jäger Samen, Wurzeln und Früchte essen. Nach 3000 v.Chr. blühte die Landwirtschaft nach Kontakten zu Bauern im heutigen Zentralmexiko auf.

Dort entstanden um ca. 100 n.Chr. drei Hauptkulturen: die Hohokam in der Wüste, die Mogollon in den zentralen Bergen bzw. Tälern und die alten Stämme der Pueblo-Indianer (früher als Anasazi bekannt; in den USA werden sie heute Ancestral Puebloans genannt).

Die Hohokam passten sich den Bedingungen in der Wüste Arizonas an, indem sie ein unglaubliches, von Flüssen gespeistes Bewässerungssystem bauten. Zudem entwickelten sie Erdpyramiden und Ballspielplätze mit Erdwänden. Um 1400 waren ihre Dörfer verwaist. Zum Verschwinden des Volks gibt es viele Theorien. Am wahrscheinlichsten ist eine Kombination aus Faktoren wie Dürre, Überjagung, Krankheiten und Stammesfehden.

Zwischen 200 v.Chr. und 1400 n.Chr. siedelten die Mogollon nahe der heutigen mexikanischen Grenze. Die einfachen Grubenhäuser ihrer kleinen Gemeinschaften standen oft auf Mesas (Tafelbergen) oder Bergrücken. Obwohl die Mogollon auch Landwirtschaft betrieben, waren sie vorrangig Jäger und Sammler. Im 13. oder 14. Jh. wurden sie wohl auf friedliche Weise in die alten Pueblo-Indianerstämme aus dem Norden integriert.

Die alten Pueblo-Indianer besiedelten das Colorado-Plateau zwischen den „Four Corners" (Vierländereck zwischen Utah, Colorado, New Mexico und Arizona). Auf sie gehen uralte (teils noch heute bewohnte) Siedlungen und die reichsten Ausgrabungsstätten des Südwestens zurück. Ihre Nachkommen sind die heutigen Pueblo-Indianergemeinden in New Mexico. Die ältesten Verbindungen zu den alten Pueblo-Indianern weist der Hopi-Stamm im Norden Arizonas auf: Das Dorf Old Oraibi auf einem Tafelberg ist seit den 1100er-Jahren bewohnt und damit Nordamerikas älteste durchgängig genutzte Siedlung.

Das Buch *Those Who Came Before* (Robert H. und Florence C. Lister; 1993) informiert ausgezeichnet über die Urgeschichte des Südwestens und die archäologischen Stätten in dessen National Parks bzw. Monuments.

Die Bezeichnung *Anasazi* („Alte Feinde" auf Navajo) wird heute von vielen Pueblo-Indianern abgelehnt und in der Regel nicht mehr verwendet.

1787–1791

In Philadelphia formuliert die verfassungsgebende Versammlung die Verfassung der USA. Die zehn Zusatzartikel der Bill of Rights, die unveräußerlichen Grundrechte, werden später ratifiziert.

1803

Napoleon verkauft das Louisiana Territory für 15 Mio. US$ an die USA. Dies erweitert die Grenzen der neuen Nation vom Mississippi bis hin zu den Rocky Mountains.

STEPHEN SAKS / GETTY IMAGES ©

➜ Rocky Mountain National Park (S. 285), Colorado

Die Ankunft der Europäer

Francisco Vasquez de Coronado führte 1540 die erste große Expedition nach Nordamerika. Dabei waren 300 Soldaten, Hunderte indigener Führer und Nutzviehherden. Diese Expedition markierte auch den ersten gewaltsamen Großkonflikt zwischen spanischen Eroberern und Ureinwohnern.

Ziel waren die sagenhaften, unermesslich reichen Sieben Städte von Cíbola. Zwei Jahre lang zogen die Spanier durch das heutige Arizona und New Mexico ostwärts bis nach Kansas. Statt Gold und Edelsteinen fanden sie jedoch nur Pueblos, indianische Siedlungen aus Lehmziegeln, die sie gewaltsam beschlagnahmten. Anschließend versuchten die Eroberer, die Pueblos mit großem Blutvergießen zu unterwerfen. Um 1610 errichteten die Spanier ihre Hauptstadt Santa Fe. Bis heute ist sie die Hauptstadt New Mexicos und die älteste Hauptstadt in den modernen USA.

Als russische und britische Pelzjäger im 18. Jh. mit dem Handel von wertvollen Otterfellen aus Alta California begannen, entwarf Spanien einen Kolonisationsplan. Zum Ruhme Gottes und für Spaniens Staatssäckel wurden Missionsstationen erbaut. Die entwickelten sich innerhalb von zehn Jahren unter Leitung örtlicher Konvertiten zu florierenden Betrieben.

Spaniens Missionierungsplan wurde 1769 genehmigt. Der Franziskanerpater Junípero Serra sicherte sich Unterstützung, um während der 1770er- und 1780er-Jahre *presidios* (Militärposten) neben Missionsstationen zu errichten. Der Klerus verließ sich auf das Militär, um Zwangsarbeiter für den Missionsbau zu rekrutieren. Als Gegenleistung für ihre Schufterei erhielten die Indianer gnädigerweise eine Mahlzeit pro Tag (falls verfügbar) und einen Platz in Gottes Reich – und letzteren früher als erwartet, da die Spanier auch die Pocken mitgebracht hatten. Im Südwesten starben über 50 % der Pueblo-Bevölkerung an Pocken, Masern und Typhus.

Lewis & Clark

Nachdem US-Präsident Thomas Jefferson das Louisiana-Territorium 1803 für 15 Mio. US$ von Napoléon erworben hatte (Louisiana Purchase), schickte er seinen Sekretär Meriwether Lewis aus, um den Westen Nordamerikas zu vermessen. Ziel der Expedition war es, einen Wasserweg zum Pazifik zu finden, das Territorium zu erkunden und eine Basis zur Durchsetzung amerikanischer Interessen zu schaffen. Lewis war nicht für Forschungsreisen ausgebildet. So überredete er seinen guten Freund William Clark (Armeeveteran und erfahrener Grenzbewohner), ihn zu begleiten. 1804 brach das 40 Mann starke Corps of Discovery in St. Louis auf.

Die Expedition verlief relativ gut – teilweise dank der jungen Schoschonen-Squaw Sacagawea, die mit einem frankokanadischen Pelzjäger aus der Begleitgruppe verheiratet war. Denn Sacagawea entpuppte sich als unschätzbar wertvolle Führerin, Dolmetscherin und Botschafterin ge-

Während des Pueblo-Aufstands schlossen sich die Pueblos des nördlichen New Mexico im Jahr 1680 zusammen, um die Spanier zu vertreiben. Letztere hatten zuvor einen blutigen Feldzug durchgeführt, um Zeremonienobjekte der Pueblo-Indianer zu zerstören. Die Spanier wurden südlich des Rio Grande gedrängt; die Pueblo-Indianer hielten Santa Fe bis 1682.

Die außergewöhnliche Westreise der Lewis-und-Clark-Expedition an die Pazifikküste und zurück kann man online unter www.pbs.org/lewisandclark nachverfolgen. Die Website umfasst historische Karten, Fotoalben und Tagebuchauszüge.

1803–1806	1811	1841	1844
Präsident Jefferson schickt Meriwether Lewis und William Clark nach Westen. Geführt von der Schoschonen-Squaw Sacagawea reisen sie von St. Louis, Missouri, zum Pazifik und zurück.	John Jacob Astor gründet Fort Astoria, die erste dauerhafte US-Siedlung an der Pazifikküste. Der mächtige Chef der Pacific Fur Company wird später der erste Millionär des Landes.	Die ersten Planwagentreks fahren auf dem Oregon Trail nach Westen. 1847 ziehen über 6500 Auswanderer in Richtung Oregon, Kalifornien und ins mormonisch geprägte Utah.	Die erste Telegrafenlinie wird mit der Frage „Was hat Gott geschaffen?" eingeweiht. 1845 wird die transkontinentale Bahnstrecke genehmigt und 1869 fertiggestellt. Die Wildnis wird erschlossen.

genüber der indigenen Bevölkerung. Auch Clarks afroamerikanischer Diener York milderte Spannungen im Verhältnis zu den Ureinwohnern.

In rund zwei Jahren absolvierte man knapp 12 900 km und hielt alle Beobachtungen in Tagebüchern fest. Unterwegs wurden etwa 122 Tier- und 178 Pflanzenarten akribisch dokumentiert – darunter einige Neuentdeckungen. 1805 erreichte die Gruppe schließlich die Mündung des Columbia River und den Pazifik bei Cape Disappointment. In der Nähe richtete sie sich für den Winter ein und gründete zu diesem Zweck Fort Clatsop.

Bei ihrer Rückkehr nach St. Louis (1806) wurde Lewis und Clark ein Heldenempfang zuteil.

Auf nach Westen!

Als die junge Nation ins 19. Jh. startete, herrschte überall Optimismus. Auf den automatischen Baumwollentkörner (erfunden 1793) folgten Dresch-, Ernte- und Mähmaschinen, später auch Mähdrescher. So wurde die Landwirtschaft industrialisiert, während der US-Handel kräftig zunahm. Der Louisiana Purchase (1803) verdoppelte das US-Territorium; danach begann die Expansion westlich der Appalachen.

In den 1840er-Jahren wurde die Ausbeutung der Ressourcen des Westens zur patriotischen Pflicht – ein Schlüsselelement von Amerikas Glauben an seine Manifest Destiny, seine „offensichtliche Bestimmung". In Anlehnung an das expansionistische Credo des US-Präsidenten James Polk drängte der Herausgeber John O'Sullivan die Amerikaner, „sich auszubreiten und den Kontinent in Besitz zu nehmen, den die Vorsehung uns für das große Experiment Freiheit und zu einem Bündnis vereinigter Souveräne anvertraut hat". Während der frühen Expansion gelangten Güter und Menschen noch langsam von Osten nach Westen: Pferde, Maultierkarawanen und Postkutschen waren die modernsten Transportmittel der Zeit.

Als eine der Hauptrouten durchquerte der Oregon Trail sechs Bundesstaaten – eine harte Probe für die Familien, die sich auf die gefährliche, bis zu acht Monate lange Reise wagten. Die Siedler verstauten ihre Besitztümer in Planwagen, hinter denen das Nutzvieh herlief. Wenn sie schließlich den Osten Oregons erreichten, waren ihre Lebensmittelvorräte fast aufgebraucht. Zu den anderen Hauptrouten zählten der Santa Fe Trail und der Old Spanish Trail, der von Santa Fe aus ins zentrale Utah und durch Nevada nach L.A. in Kalifornien führte. Ab 1849 verkehrten Postkutschenlinien auf dem Santa Fe Trail; der Mormon Trail erreichte Salt Lake City 1847.

Die Ankunft von immer mehr Menschen und Ressourcen per Eisenbahn führte zum Fortschreiten der Landerkundung sowie zur regelmäßigen Entdeckung von Mineralvorkommen. Viele Bergbaustädte des Westens wurden in den 1870er- und 1880er-Jahren gegründet. Manche davon sind heute Geisterstädte (z. B. Santa Rita), andere wie Tombstone oder Silver City werden immer noch bewohnt.

Zu den empfohlenen Reisevorräten für den Oregon Trail gehörten Kaffee (6,8 kg/Pers.), Speck (11,3 kg/Pers.), Olivenölseife (0,45 kg), Zitronensäure gegen Skorbut sowie eine lebendige Kuh als Milchquelle und Fleischlieferant für den Notfall.

Reiter auf schnellen Pferden waren das Rückgrat des Pony-Express (1860–1861). In verblüffenden zehn Tagen transportierten sie Briefe zwischen Missouri und Kalifornien!

1846–1848	1847	1849	1859
Mit dem Mexikanisch-Amerikanischen Krieg tobt die Schlacht um den Westen. Der Krieg endet mit dem Vertrag von Guadalupe Hidalgo, der den Großteil des heutigen Arizona und New Mexico den USA zuschreibt.	Die ersten Mormonen fliehen vor religiöser Verfolgung in Illinois nach Salt Lake City. In den nächsten 20 Jahren ziehen über 70 000 Mormonen auf dem Mormon Pioneer Trail nach Utah.	Der Goldfund bei Sacramento von 1848 löst landesweit einen sagenhaften Goldrausch aus. 60 000 „Forty-Niner" strömen zu Kaliforniens Hauptader; San Franciscos Bevölkerung steigt auf 25 000 Köpfe.	Mit der Comstock Lode entdeckt man die bislang ergiebigste US-Silberader in Virginia City, NV. Die Siedlung wird schnell zur berüchtigtsten Bergbaustadt des Wilden Westens.

Der Goldrausch

Als der Immobilienspekulant, Ex-Mormone und Boulevardverleger Sam Brannan 1848 kalifornisches Sumpfland zum Kauf anbot, hörte er Gerüchte über Goldnuggets, die 193 km von San Francisco entfernt beim Sägewerk Sutter's Mill gefunden worden seien. Da er sich von dieser Nachricht steigende Zeitungsauflagen und Grundstückspreise erhoffte, veröffentlichte Brannan das Gerücht als Tatsache. Anfänglich erregte der Artikel kaum Aufsehen. So brachte Brannan eine zweite Story heraus – bezeugt von mormonischen Angestellten der Sutter's Mill, die ihn zur Geheimhaltung verpflichtet hatten. Brannan aber rannte mit dem Ruf „Gold am American River!" durch San Franciscos Straßen und schwenkte Gold umher, das ihm als Zehnt für die mormonische Kirche anvertraut worden war.

Andere Zeitungen druckten hastig Artikel über „Goldberge" bei San Francisco. Als Kalifornien den USA auf der Überholspur als 31. Bundesstaat beitrat (1850), war seine nicht-indigene Bevölkerung von 15 000 auf 93 000 Köpfe angestiegen. Die meisten Neuankömmlinge waren Peruaner, Australier, Chilenen und Mexikaner. Einige Goldsucher stammten auch aus China, Irland, Hawaii oder Frankreich.

Am 1. Februar 1906 stanzte und prägte die Denver Mint ihre ersten Gold- bzw. Silbermünzen. Bei einem Überfall am 18. Dezember 1922 wurde die bis heute weltgrößte Münzanstalt am helllichten Tag um 200 000 US$ erleichtert.

Langer Marsch & Apachenkriege

Jahrzehntelang stieß die US-Armee über den Kontinent nach Westen vor und tötete oder deportierte ganze Indianerstämme, die ihr im Weg waren. Der bekannteste Vorfall hierbei ist die Zwangsumsiedlung vieler Navajo im Jahre 1864: US-Truppen unter Kit Carson zerstörten Felder, Obstplantagen und Häuser der Navajo. Diese waren gezwungen, sich zu ergeben oder sich in entlegene Teile des Canyon de Chelly zurückzuziehen. Schließlich wurden sie ausgehungert. Die US-Soldaten trieben rund 9000 Navajo zusammen und ließen sie einen 643 km langen Marsch zu einem Lager bei Bosque Redondo nahe Fort Sumner (New Mexico) antreten. Hunderte indigener Amerikaner starben unterwegs an Krankheiten, Hunger oder Schusswunden. Die Navajo nennen dieses Ereignis den „Langen Marsch", der bis heute wichtiger Teil ihrer Stammesgeschichte ist.

Die letzten ernsthaften Auseinandersetzungen fanden zwischen US-Truppen und Apachen statt – auch deshalb, weil Raubzüge für die Apachen ein unerlässlicher Weg zur Männlichkeit waren. Als Soldaten und Siedler ins Apachengebiet vordrangen, wurden sie zum Ziel jener Überfälle, die Teil der Lebensart des Stammes waren. So ging es unter Führung der Häuptlinge Mangas Coloradas, Cochise, Victorio und schlussendlich Geronimo weiter. Letzterer kapitulierte 1886, nachdem man ihm versprochen hatte, dass er und die Apachen nach zweijähriger Haft in ihr Heimatgebiet zurückkehren dürften. Doch wie viele Versprechen in jener Zeit wurde auch dieses nicht gehalten.

Der Ruf „Geronimo!" kam bei Fallschirmspringern in Mode, nachdem eine trainierende Luftlandeeinheit der US-Armee an einem Abend des Jahres 1940 den Film *Geronimo* (1939) gesehen hatte. Forthin brüllten die Männer den Namen des großen Kriegers und Indianerhäuptlings beim Springen, um sich selbst Mut zu machen.

1861–1865	1864	1881	1882
US-Bürgerkrieg zwischen den Nord- und den Südstaaten; das Kriegsende am 9. April 1865 wird fünf Tage später vom Mord an Präsident Lincoln überschattet.	Kit Carson zwingt 9000 Navajo zum „Langen Marsch" (644 km) nach Fort Sumner. Unterwegs sterben Hunderte Indianer an Krankheit, Hunger und Schusswunden.	1881 töten die Brüder Wyatt, Virgil und Morgan Earp mit Doc Holliday die McLaury-Brüder und Billy Clanton bei einer wilden Schießerei am OK Corral in Tombstone, AZ.	Seit 1848 sind über 50 000 Chinesen in Kalifornien eingewandert, das von Rassismus geprägt ist. Folge ist das einzige US-Einwanderungsgesetz, das eine Ethnie gezielt ausgrenzt (Chinese Exclusion Act).

Noch nach dem Ende der Kriege wurden Ureinwohner jahrzehntelang wie Bürger zweiter Klasse behandelt. Nicht-indigene Amerikaner nutzten Gesetzeslücken, um sich Reservatsgebiete anzueignen. Bis in die 1930er-Jahre hinein wurden Kinder von Indianern in Internate gesteckt. Dort mussten sie Englisch lernen und wurden für „indianisches Verhalten" oder das Benutzen ihrer Stammessprache bestraft.

Die besten Städte im Wilden Westen

Bisbee, AZ

Tombstone AZ

Silverton, CO

Lincoln, NM

Virginia City, NV

Der Wilde Westen

Romantisierte Geschichten von Revolverhelden, Viehdieben, Gesetzlosen und Zugräubern nähren Wildwest-Legenden. Gut und Böse waren wankelmütig: Manch brutaler Bandit wurde in einem anderen Bundesstaat zum beliebten Sheriff. Schießereien waren häufiger das Resultat politischer Alltagsquerelen als sagenumwobener Blutfehden. Quasi über Nacht entstanden viele neue Bergbaustädte, deren Arbeiter in rüden Saloons oder Bordellen becherten, zockten und Schlägereien anzettelten.

Billy the Kid und Sheriff Pat Garrett waren in den späten 1870er-Jahren aktiv. Die beiden legendären Charaktere nahmen auch am berühmt-berüchtigten Lincoln-County-Rinderkrieg teil. In seiner kurzen Karriere als Revolverheld erschoss Billy the Kid angeblich über 20 Männer. Er selbst starb mit 21 Jahren durch Garretts Kugeln. 1881 kam es am OK Corral in Tombstone zu einer wilden Schießerei. Dabei töteten die Brüder Wyatt, Virgil und Morgan Earp mit Doc Holliday die McLaury-Brüder und Billy Clanton in nicht einmal einer Minute. Zuvor hatten sich beide Parteien des Viehdiebstahls bezichtigt – die Wahrheit wird wohl nie ans Licht kommen.

Wasser & Entwicklungen im Westen

Die Amerikaner begannen, über die Inbesitznahme des Landes zwischen den Küsten nachzudenken. Die Vorstellung von der Großen Amerikanischen Wüste – ein Mythos, der von frühen Forschungsreisenden verbreitet worden war – hatte landwirtschaftliche Besiedlung und Stadtentwicklung verhindert. Der innere US-Westen war keine Wüste; doch war Wasser ein begrenztes Gut, als Städte wie Denver an der Front Range entstanden.

Der Kampf um eine ausreichende Wasserversorgung für die wachsende Wüstenbevölkerung prägte die frühen Tage des 20. Jhs. Dies führte zu föderativ finanzierten Dammbauprojekten wie dem Hoover Dam (1936) oder dem Glen Canyon Dam bzw. Lake Powell (1963). Die Wasserversorgung stellt die Region bis heute vor eine elementare Herausforderung.

Reformen im Wilden Westen

Das San-Francisco-Erdbeben (1906) und der folgende Großbrand zeigten, dass sich Kalifornien im Wandel befand. San Francisco besaß nur eine einzige funktionierende Wasserquelle. Die Hauptwasserleitungen der Stadt wurden durch staatliche Mittel finanziert, was korrupte Bosse

1919	1938	1945	1946
Der Grand Canyon wird der 15. US-Nationalpark (Im Jahr 2007 besuchten 4,4 Mio. Besucher den Park); eine unbefestigte Straße entsteht zwischen Kanab und dem North Rim.	Als erster nationaler Highway erhält die Route 66 eine Asphaltdecke – darunter auch mehr als 1207 km in Arizona und New Mexico. Die Mutter aller Straßen wird 1984 offiziell stillgelegt.	Die erste Atombombe detoniert ironischerweise im Jornada del Muerto Valley (Todesreisen-Tal; heute Teil der White Sands Missile Range) im Süden New Mexicos.	Die Eröffnung des prächtigen Flamingo-Kasinos in Las Vegas löst einen Bauwahn der Mafia aus. Die sagenhaften 1950er-Jahre markieren „Sin Citys" erste Glanzzeit.

zum Anzapfen der Feuerlöschhydranten animierte. Als sich der Rauch verzog, war eines klar: Der Wilde Westen war reif für einen Wandel.

Während San Franciscos Wiederaufbau mit 15 Gebäuden pro Tag voranschritt, nahmen Kaliforniens Reformer die städtische, bundesstaatliche und nationale Ebene in Angriff. Bürger, denen öffentliche Gesundheit und Frauenhandel Sorgen bereiteten, drängten auf Verabschiedung des Antiprostitutionsgesetzes (Red Light Abatement Act; 1914). Die Mexikanische Revolution (1910–1921) brachte eine neue Einwanderungswelle und revolutionäre Ideen wie ethnisches Selbstbewusstsein oder Arbeitersolidarität mit sich. Als Kaliforniens Häfen wuchsen, organisierten Gewerkschaften an der Westküste einen historischen Streik (83 Tage; 1934), der Zugeständnisse in puncto Arbeitssicherheit und gerechte Bezahlung erzwang.

Auf dem Höhepunkt der Großen Depression (1935) verließen rund 200 000 Farmerfamilien die dürregeplagte Dust Bowl (Staubschüssel) in Texas und Oklahoma und zogen gen Kalifornien. Dort schufteten sie bei unter erbärmlichen Bedingungen für Landwirtschaftskonzerne. Kaliforniens Künstler machten Amerikas Mittelschicht auf das Elend der Wanderarbeiter aufmerksam. So stellte sich die Nation hinter Dorothea Langes eindringliche Doku-Fotos von hungerleidenden Familien und hinter John Steinbecks fiktionalisierte Romandarstellung *Früchte des Zorns* (1939).

Zweiter Weltkrieg & Atomzeitalter

Los Alamos

Bis 1943 war Los Alamos (New Mexico) eine Knabenschule auf einem 2255 m hohen Tafelberg. Dann war es die Geheimzentrale des Manhattan Project, des Forschungsprojekts zur Atombombe. Das 312 ha große Gelände inmitten von Wäldern war über unbefestigte Pisten erreichbar und hatte weder Öl- noch Gasleitungen und nur einen einzigen Telegrafendraht.

Sicherheitsmaßnahmen prägten alle Lebensbereiche auf dem „Hügel": Die Bewohner konnten sich nur begrenzt bewegen, Post wurde zensiert, es gab kein Radio oder Telefon. Vielleicht noch beunruhigender: Die meisten Bewohner wussten nicht, warum sie in Los Alamos lebten. Ihr Wissen war auf das „Notwendigste" beschränkt – alle wussten nur so viel, wie für ihre jeweilige Arbeit erforderlich war. Nach knapp zwei Jahren zündeten die Wissenschaftler die erste Atombombe auf dem Trinity-Testgelände (heute White Sands Missile Range). Nach den Atombombenangriffen auf Japan erfuhr die Öffentlichkeit von Los Alamos, aber bis zum Wegfall der Besuchsbeschränkung (1957) umgab die Stadt ein Geheimnis.

Neue Arbeiterschaft & Industriezweige

Im Zweiten Weltkrieg veränderte sich Kaliforniens Arbeiterschaft ständig: Die Kriegsindustrie rekrutierte Frauen und Afroamerikaner, mexi-

Am 7. November 1893 führte Colorado als erster US-Bundesstaat und als eine der ersten Regionen weltweit das Frauenwahlrecht ein.

GESCHICHTE ZWEITER WELTKRIEG & ATOMZEITALTER

In den frühen 1930ern erkundete der zwanzigjährige Künstler und Vagabund Everett Ruess die Four-Corners-Region. Im November 1934 verschwand er unter mysteriösen Umständen bei Escalante, Utah. Seine aufrüttelnden Briefe kann man im Buch *Everett Ruess: A Vagabond for Beauty* nachlesen.

RICHARD CUMMINS / GETTY IMAGES ©

1947
In der Wüste bei Roswell stürzt ein unbekanntes Objekt ab. Die US-Regierung spricht erst von einer havarierten Scheibe, einen Tag darauf von einem Wetterballon. Rätselhafterweise sperrt sie das Gebiet.

1963
Der Lake Powell verschluckt, nach Vollendung des umstrittenen Glen Canyon Dam, indigene Ahnenstätten und herrliche Felsformationen. Dafür entsteht ein Bootsfahrer-Paradies mit 3154 km langer Uferlinie.

1973
Die Eröffnung des MGM Grand im Jahr 1973 markiert die Geburt des firmeneigenen „Megaresorts" und initiiert am Las Vegas Strip einen Bauboom, der bis heute anhält.

→ Flamingo (S. 353), Las Vegas

KALIFORNIENS BÜRGERRECHTSBEWEGUNG

Als US-Präsident Roosevelt im Jahr 1942 rund 110 000 japanisch-amerikanische Westküstenbewohner in Internierungslager schicken ließ, klagte die in San Francisco ansässige Japanese American Citizen's League dagegen. Diese Prozesse gingen bis zum Obersten US-Gerichtshof (Supreme Court) hinauf und begründeten bahnbrechende Präzedenzfälle in Sachen Bürgerrechte. 1992 erhielten frühere Internierte Entschädigungszahlungen und ein Entschuldigungsschreiben mit der Unterschrift von Präsident George H. W. Bush.

Die Arbeiterführer César Chávez und Dolores Huerta übernahmen von Mahatma Gandhi bzw. Martin Luther King Jr. die Praxis des gewaltlosen Widerstands. 1962 gründeten sie eine Landarbeitergewerkschaft (United Farm Workers), die für die Rechte der Gastarbeiter kämpfte. Während Bürgerrechtsführer auf Washington zumarschierten, zog Chávez mit kalifornischen Traubenpflückern nach Sacramento. So machten sie die USA auf die Themen gerechter Lohn und Risiken durch Pestizide aufmerksam. Als Bobby Kennedy Ermittlungen aufnahm, ergriff er für Chávez Partei und brachte Latinos auf die US-Politbühne.

kanische Gastarbeiter schlossen Personallücken. Der Kommunikations- und Luftfahrtsektor lockte Elite-Ingenieure aus aller Welt an, die später Kaliforniens Hightech-Industrie gründeten. Innerhalb der ersten zehn Nachkriegsjahre wuchs Kaliforniens Bevölkerung um 40% auf 13 Mio. an.

Der Zweite Weltkrieg kurbelte auch die Wirtschaft des Nordwestens an: Dieser wurde zum größten US-Holzlieferanten, die Marinewerften von Oregon und Washington brummten – ebenso William Boeings Flugzeugfabrik. Der Boom setzte sich bis zum Ende des 20. Jhs. fort und zog Wellen von gebildeten Zuwanderern aus dem Osten oder Süden der USA an.

Der Film Chinatown (1974) ist ein fiktionalisiertes, aber überraschend präzises Porträt der brutalen Wasserkriege, die wegen der Errichtung von Los Angeles und San Francisco geführt wurden.

Hollywood & Gegenkultur

Dank beständigen Sonnenscheins und vielfältiger Drehorte galt Kalifornien ab 1908 als Revier für Filmproduktionen. Dennoch beschränkte sich seine Rolle zunächst auf das Imitieren exotischerer Orte und die Bereitstellung von Kulissen für Historienstreifen. Aber mit der Zeit dominierten Kaliforniens wehende Palmen Spielfilme und TV-Kultserien.

Nicht alle Kalifornier identifizierten sich mit *Surf Beach Party* (1965). Matrosen des Zweiten Weltkriegs, die wegen Ungehorsams und Homosexualität entlassen wurden, fühlten sich in Bebop-Jazzclubs, Künstlercafés und dem City Lights Bookstore zu Hause. San Francisco wurde Heimat der freien Rede und des freien Geists. Doch bald wurden bekannte Gesichter verhaftet – z. B. Beatpoet Lawrence Ferlinghetti wegen Veröffentlichung von Allen Ginsbergs Gedicht *Das Geheul* (1955), Komiker Lenny Bruce wegen Benutzung des F-Worts auf der Bühne oder Carol Doda wegen Herumlaufens mit blanker Brust. Als Flower Power verblasste, traten Bay-Area-Rebellionen wie Black Power, Gay Pride oder Marihuanaclubs in Aktion.

1980	1995	2000	2008
Die Explosion des Gipfels des Mt. St. Helens (vorher/nachher 2949/2546 m hoch) tötet 57 Menschen und zerstört 250 Häuser. Die Vulkanspitze weicht einem 1,6 km breiten Krater.	Mit Amazon geht in Seattle einer der ersten Online-Großhändler an den Start. Die Firma ist ursprünglich ein reiner Buchversand und wirft vor 2003 keinen Jahresgewinn ab.	Die Bürger von Colorado stimmen bei den Staatswahlen für Zusatzartikel 20. Dieser erlaubt die Abgabe von Cannabis an registrierte Patienten. In der Folge entstehen viele Marihuana-Kliniken.	Die kalifornischen Wähler stimmen für Proposition 8, das die Homo-Ehe verbietet. Die Bundesgerichte halten das Gesetz für nicht verfassungsgemäß.

Doch während Nordkaliforniens Gegenkultur zwischen den 1940er- und 1960er-Jahren die meiste Aufmerksamkeit erregte, erschütterte der Nonkonformismus im sonnigen Südkalifornien die USA bis ins Mark. 1947 versuchte Senator Joseph McCarthy, angebliche Kommunisten aus der Filmindustrie zu entfernen. Zehn Drehbuchautoren und Regisseure weigerten sich, kommunistische Verbindungen zuzugeben oder Namen zu nennen. Sie wurden dann wegen Missachtung des Kongresses verurteilt und erhielten Arbeitsverbot in Hollywood. Die Berufung der „Hollywood Ten" auf den ersten Zusatzartikel der US-Verfassung fand landesweit Gehör. Große Hollywood-Mogule äußerten kühn ihren Unmut und engagierten Talente von der Schwarzen Liste, bis kalifornische Prozessanstrengungen der McCarthy-Ära 1962 ein gerichtliches Ende setzten.

Am 28. Januar 1969 kippte eine Bohrinsel mehr als 757 000 l Öl in den Santa Barbara Channel und tötete Delfine, Robben sowie ca. 3600 Küstenvögel. Die Strandgemeinschaft organisierte eine höchst effektive Protestaktion, die zur Gründung der Environmental Protection Agency führte.

Der oscarprämierte Film *There Will Be Blood* (2007) nach Upton Sinclairs Romanvorlage *Petroleum* (1927) porträtiert einen kalifornischen Ölmagnaten und basiert auf dem Leben des südkalifornischen Großindustriellen Edward Doheny.

GESCHICHTE COMPUTERBOOM

Computerboom

Als das Silicon Valley den ersten PC vorstellte (1968), verkündete eine Flut von Werbeanzeigen, dass Hewlett-Packards „leichte" (18,1 kg schwere) Maschine „Bessel-Funktionen, elliptische Integrale, Regressionsanalysen und Wurzeln von ganzrationalen Funktionen des fünften Grades" berechnen könne – und das alles für nur 4900 US$ (heute ca. 29 000 US$). In der Hoffnung, jedem das Potenzial des Computers zugänglich zu machen, präsentierten Steve Wozniak und der 21-jährige Steve Jobs auf der West Coast Computer Faire 1977 den Apple II. Der hatte eine gigantische Speicherkapazität (4 KB RAM) und Mikroprozessor-Geschwindigkeit (1 MHz).

Mitte der 1990er-Jahre ließen neu gegründete Internetfirmen im Silicon Valley eine ganze „dot.com"-Industrie florieren. Plötzlich flatterten Post, Nachrichten, Politisches und, jawohl, Sex online ins eigene Heim. Als aber die „dot.com"-Profite ausblieben, nahm auch die Risikokapitalfinanzierung ab. Am 10. März 2000 vernichtete ein extremer Nasdaq-Absturz viele Aktienvermögen. Dadurch wurden sowohl 26-jährige Firmen-Vizepräsidenten als auch das Dienstleistungspersonal in der Bay Area über Nacht arbeitslos. Doch da User auf Websites weiterhin Infos und Kontakte suchten, trat ein Boom bei Suchmaschinen und sozialen Netzwerken ein.

Inzwischen ist Kaliforniens Biotech-Industrie auf dem Vormarsch. 1976 klonte ein neu gegründetes Unternehmen namens Genentech erstmals menschliches Insulin und führte einen Impfstoff gegen Hepatitis B ein. 2004 stimmten Kaliforniens Wähler einem 3 Mrd. US$ schweren Anleihegeschäft zugunsten der Stammzellenforschung zu. Vier Jahre später war Kalifornien zum größten Finanzierer dieses Forschungssektors und zum Rückgrat des neuen Nasdaq-Biotech-Indexes geworden.

2008	2010	2012	2013
Barack Obama wird zum Präsidenten der Vereinigten Staaten gewählt – er ist der erste Afro-Amerikaner, der dieses Amt besetzt.	Arizona verabschiedet ein umstrittenes Gesetz: Polizisten müssen die Identität aller Personen überprüfen, die sie für illegale Immigranten halten. Aktivisten rufen zum Boykott auf.	New Mexico und Arizona feiern das 100. Jubiläum ihres USA-Beitritts als 47. bzw. 48. Bundesstaat.	In Kalifornien dürfen gleichgeschlechtliche Ehen – die Proposition 8 verbot – nach Entscheidung des Obersten Gerichtshofs der Vereinigten Staaten weiterhin praktiziert werden.

Land & Leute

Wer lebt im Westen der USA? Glaubt man den Schlagzeilen, sind es wütende Bewohner Arizonas, die wegen der illegalen Einwanderer in Aufruhr sind, schwule Pärchen, die in San Francisco heiraten, sich die Haare raufende Hausfrauen in Orange County und Marihuana rauchende Gammler in Colorado. Und laut der Comedy-Sketche der Serie *Portlandia* leben in Portland reichlich fahrradbegeisterte, umweltbewusste Hipster, die aus allem Alltäglichen etwas Besonderes hypen wollen. Stimmt das? Ja und nein. Diese Schlagwörter spiegeln zwar regionale Einstellungen wider, aber die meisten Leute versuchen einfach nur, mit so wenig Drama wie möglich durch ihr Leben zu kommen.

Wichtige Sport-Websites

....

Baseball
www.mlb.com

....

Basketball
www.nba.com

....

Football
www.nfl.com

....

Hockey
www.nhl.com

....

Nascar
www.nascar.com

....

Fußball
www.mlssoccer.com

Regionale Identität

Der Cowboy ist seit Langem ein Symbol des Westens und steht für Tapferkeit und Eigenverantwortung – sowie die einsame Suche nach Wahrheit, Gerechtigkeit und einem Schluck Whiskey. Was stimmt daran? Die Menschen, die den Westen besiedelten, waren tatsächlich tapfer und handelten eigenverantwortlich, aber nur, weil es nicht anders ging. In der rauen Umwelt lauerten hinter jeder Chance auch Gefahren. Als die Gefahren schwanden und die Siedler zur Ruhe kamen, wurde der Cowboy dann immer mehr zu einem der Wirklichkeit nicht länger entsprechenden Klischee. So wie die roten Sandstein-Mesas im Verlauf der Jahre zu neuen, vielfältigen Formen verwitterten, entwickelten sich auch die Eigentümlichkeiten der Bevölkerung weiter. Die heutigen typischen Charakterzuweisungen haben sich, ob sie nun zutreffen oder nicht, regional verteilt, und die Einwohner von Portland, San Diego, Santa Fe oder Phoenix nehmen sich wechselseitig als sehr unterschiedlich wahr.

Kalifornien

Die Kalifornier gelten als entspannt, gesundheits- und umweltbewusst, egozentrisch, aber auch offen. Die Fakten hinter diesen Klischees? Der Na-

---

SPORT

Im Westen der USA liebt man den Sport, gleichgültig ob man sich selbst in einer Sportart betätigt oder nur seiner Lieblingsmannschaft zujubelt. Hier eine Übersicht der Teams in den wichtigsten Profisportarten im Westen der USA:

National Football League AFC West: Denver Broncos, Oakland Raiders, San Diego Chargers; NFC West: Arizona Cardinals, San Francisco 49ers, Seattle Seahawks

National Basketball Association Western Conference Pacific: Golden State Warriors, Los Angeles Clippers, Los Angeles Lakers, Phoenix Suns, Sacramento Kings; Nordwesten: Denver Nuggets, Portland Trailblazers, Utah Jazz

Women's National Basketball Association Los Angeles Sparks, Phoenix Mercury, Seattle Storm

Major League Baseball American League: Los Angeles Angels, Oakland Athletics, Seattle Mariners; National League: Arizona Diamondbacks, Colorado Rockies, Los Angeles Dodgers, San Diego Padres, San Francisco Giants

tional Oceanic and Atmospheric Administration (NOAA) zufolge lebten 2010 über 25,5 Mio. Kalifornier in einem Bezirk direkt an der Küste – mehr als in jedem anderen Küstenstaat landesweit. Die südlichen Strände Kaliforniens sind am sonnigsten und am besten zum Baden geeignet; daher steigen beim Gedanken an Südkalifornien auch unweigerlich Assoziationen mit Surfen, Sonne und TV-Serien wie *Baywatch* und *O.C., California* auf. Selbsthilfe, Fitness und Körperkult sind die Hauptindustriezweige in ganz Kalifornien, die seit den 1970er-Jahren erfolgreich vermarktet werden, und körperliche Betätigung und gutes Essen machen die Kalifornier zu den fittesten Menschen der Nation. Einige Städte in Kalifornien erhalten jedoch Millionen Dollar Steuergelder durch Apotheken, die medizinisches Marihuana verkaufen – allein Oakland hat 2011 damit 1,4 Mio. US$ an Steuern eingenommen. Umfragen ergaben, dass 45 % der Kalifornier die Demokraten und 32 % die Republikaner wählen sowie dass 19 % Unabhängige seien. Umwelt- und energietechnisch sind die Einwohner des „Golden State" mit ihren smoggeprüften Autos allen anderen voraus – in keinem anderen Bundesstaat werden so viele Hybridautos verkauft.

Die Zahl der Gefängnisinsassen in Kalifornien erreichte im Jahr 2006 mit 163 000 den vorläufigen Höchstwert; diese Zahl sank bis Herbst 2011 wieder auf 144 000.

Der Nordwesten

Und wie steht's mit den Leuten in Washington und Oregon? Sind das tatsächlich Bäume umarmende Hipster mit politisch progressiver Einstellung und einer Vorliebe für Milchkaffee? Im Wesentlichen stimmt das schon. Viele Einwohner sind stolz auf ihre unabhängige Gesinnung, geben sich naturverbunden und trennen auch ihren Müll. Insgesamt sind die Einwohner freundlich und stammen, trotz ihrer Neigung, die Kalifornier schlecht zu machen, vielfach selbst aus dem südlichen Nachbarstaat. Warum sie hierher kamen? Beispielsweise wegen der üppigen Landschaft, der hohen Lebensqualität und des Verzichts auf das affektierte Gehabe, das sich in größeren, bekannteren Städten nur zu gern einstellt. Anzugehen sich in Schale zu werfen, gehört nicht zum alltäglichen Lebensstil im Nordwesten, und wer in Restaurants, bei Konzerten oder gesellschaftlichen Veranstaltungen in Gore-Tex-Klamotten auftaucht, wird hier kaum ein Naserümpfen ernten.

Die Rocky Mountain States

Wer immer noch auf der Suche nach Cowboys ist, sollte es hier versuchen. Die Ranches sind hierzulande ein großer Wirtschaftsfaktor, und der einsame Cowboy – auf den Nummernschildern Wyomings dargestellt auf einem bockenden Wildpferd – ist ein passendes Symbol für die Region. Man muss schon ein abgehärteter Individualist sein, um sich in den einsamen, windigen Ebenen, in denen Großstädter sich leicht verloren vorkommen, seinen Lebensunterhalt zu verdienen.

In politischer Hinsicht sind die Staaten in den nördlichen Rocky Mountains – Wyoming, Montana und Idaho – recht konservativ, auch wenn es in den College- und Resortstädten einige liberale Enklaven gibt. Wyoming führte zwar als erster US-amerikanischer Bundesstaat das Frauenwahlrecht (1869) ein, aber dieser liberale Anflug ist lange her. Heute denkt man bei Wyoming eher an den umstrittenen ehemaligen US-Vizepräsidenten Dick Cheney, der Wyoming sechsmal als gewählter republikanischer Abgeordneter im Kongress vertrat. Der zweite große Gewerbezweig hier ist neben den Ranches die Energiewirtschaft.

Colorado ist der Wechselwählerstaat schlechthin im Westen. Jeder liberalen Hochburg wie Boulder steht eine gleichermaßen entschieden konservative wie Colorado Springs gegenüber.

Die Phoenix Suns protestierten 2010 gegen das neue Einwanderungsgesetz in Arizona, indem sie den Teamnamen auf ihren Trikots für ein Spiel auf „Los Suns" änderten.

Der Südwesten

Der Südwesten hat lange Zeit beherzte Siedler angezogen – Mormonen, Viehbarone, Goldgräber –, die etwas andere Lebenspläne verfolgten als

EHE: GLEICHE RECHTE FÜR ALLE

40 000 Kalifornier waren bereits als Lebenspartner registriert, als Gavin Newsom, der Bürgermeister von San Francisco, ungeachtet des kalifornischen Verbots der Homo-Ehe Ehelizenzen an gleichgeschlechtliche Paare ausstellte. 4000 gleichgeschlechtliche Paare liefen auch prompt in den Hafen der Ehe ein. Das Eheverbot wurde im Juni 2008 von kalifornischen Gerichten aufgehoben, aber im November 2008 wurde die Proposition 8 verabschiedet, um die Verfassung des Staates zu ändern und gleichgeschlechtliche Ehen zu verbieten. Bürgerrechtsaktivisten stellten die Verfassungsmäßigkeit des Antrags infrage, und die Bundesgerichte entschieden schließlich, dass der Gesetzesantrag verfassungswidrig sei, da er den Grundsatz der Gleichstellung und die Rechtsstaatlichkeit verletze. 2013 legte der Oberste Gerichtshof der USA keine Berufung ein; damit sind gleichgeschlechtliche Ehen im „Golden State" weiterhin akzeptiert.

die Durchschnittsamerikaner. Eine neue Generation idealistischer Unternehmer hat die früheren Bergbaustädte in New-Age-Kunst-Enklaven und Wildwest-Touristenattraktionen verwandelt. Wissenschaftler kamen in die menschenleere Region, um Atombomben und Raketen zu entwickeln und zu testen. Astronomen bauten Sternwarten auf verlassenen Hügeln und Bergen, wo sie den Nachthimmel ungehindert beobachten und den freien Blick optimal nutzen konnten.

In den letzten Jahren haben die Bestrebungen der Regierung, die illegale Einwanderung zu stoppen, die relaxte Atmosphäre stark beeinträchtigt, vor allem im südlichen Teil Arizonas. Die Anti-Immigrations-Rhetorik wird zwar nicht unbedingt im Alltag praktiziert, führt aber zu zahlreichen Pressenachrichten voller hasserfüllter Kommentare. Zusammen mit den vielen Grenzpatrouillen wirft dies einen dunklen Schatten auf die sonst sonnige Region. In anderen Gebieten im Südwesten hingegen herrscht eine eher integrative Einstellung vor.

Es ist kein Mythos: Colorado genießt jährlich tatsächlich 300 Sonnentage, und im Jahr 2012 versuchten sich über 411 000 Menschen auf den Flüssen Colorados im Rafting.

Bevölkerung & Multikulturalismus

Kalifornien ist mit seinen 38 Mio. Einwohnern der bevölkerungsreichste Bundesstaat der USA. Über 30 % der asiatisch-amerikanischen Bevölkerung der USA leben derzeit in Kalifornien, und die hispanische Einwohnerschaft des Bundesstaates (ca. 14,1 Mio. Menschen) dürfte bis 2020 die größte ethnische Gruppe Kaliforniens darstellen. Die Latinokultur ist eng mit der kalifornischen Kultur verbunden, und die meisten Einwohner sehen den Staat als eine unbeschwerte, multikulturelle Gesellschaft an, die jedem eine Chance gibt, den amerikanischen Traum zu leben. In Kalifornien leben Schätzungen zufolge 2,5 Mio. illegale Einwanderer.

In Colorado, Arizona und New Mexico gibt es große indigene und hispanische Bevölkerungsanteile. Diese Menschen sind stolz darauf, sich ihre kulturellen Identitäten durch überlieferte Traditionen und die mündliche Weitergabe von Geschichten zu bewahren. Im Allgemeinen haben die südwestlichen Staaten eine Leben-und-leben-lassen-Philosophie entwickelt, obwohl sich die Beziehungen zwischen Arizona und Mexiko, die eine 563 km lange Grenze teilen, verschlechtert haben, seit die Gesetzgeber Arizonas im Jahr 2010 ein umstrittenes Gesetz verabschiedeten, das Polizeibeamten erlaubt, jeden nach seinem Ausweis zu fragen, den sie für einen illegalen Einwanderer halten.

Religion

Obwohl die Kalifornier seltener in die Kirche gehen als die Durchschnittsamerikaner und einer von fünf Kaliforniern Atheist ist, hat der Staat eine große religiöse Vielfalt zu bieten. Rund ein Drittel der Kalifornier sind Katholiken, was sich aufgrund des großen hispanischen Bevölkerungsanteils ergibt; ein weiteres Drittel sind Protestanten. Es leben aber auch über 1 Mio. Muslime im Bundesstaat, und Los Angeles erfreut sich der zweitgrößten jüdischen Gemeinde in Nordamerika. Etwa 2 % der kalifornischen Bevölkerung bekennen sich zum Buddhismus.

Ein Viertel der Bewohner des Nordwestens sind Atheisten. Die, die religiös sind, bekennen sich zum Christentum, Judentum oder zur Mormonenkirche. Die asiatischen Amerikaner haben den Buddhismus, Hinduismus, Sikhismus und Islam ins Land gebracht, und auch New Age ist hier kein Fremdwort.

Der Südwesten hat seine eigenen Besonderheiten. In Utah bekennen sich 62 % der Bevölkerung zum Mormonentum. Diese Kirche legt Wert auf traditionelle Familienwerte, und Trinken, Rauchen sowie vorehelicher Geschlechtsverkehr sind verpönt. Familie und Religion sind auch sehr wichtige Werte für die Ureinwohner und Hispanics im Südwesten. Für die Hopi sind Stammestänze so heilige Rituale, dass sie für Außenstehende meist tabu sind. Und obwohl viele amerikanische Ureinwohner und Hispanics heute in städtischen Regionen leben und berufstätig sind, spielen große Familientreffen und traditionelle Sitten noch immer eine sehr bedeutende Rolle im Alltag.

Im September 2013 versammelten sich über 61100 euphorische Menschen in der Wüste Nevadas zum Burning Man, einem jährlichen Spektakel – zugleich Kunstfestival und Tanzorgie –, das zu freiem Selbstausdruck, Kostümierungen und zum Ausleben von Lust aufruft.

Amerikanische Ureinwohner

Die indigenen Völker des amerikanischen Westens sind extrem vielfältig; sie haben einzigartige Sitten und Glaubenssätze, die teilweise durch die Landschaft geformt wurden, die sie bewohnen. Sie verfolgen ebenso vielfältige Lebenswege, denn sie sind von ihren Vorfahren und von fremden Kulturen gleichermaßen geprägt. Einige leben als Weber in Reservaten, andere als Webdesigner in Phönix. Manche züchten Mais und Kürbisse, andere ernten Sonnenenergie in Solarbetrieben. Einige sind Medizinmänner, andere Chirurgen. Man kann also keinen Stereotyp festlegen.

Eines der besten Museen zum Leben und zur Kultur amerikanischer Ureinwohner im Südwesten der USA ist das Heard Museum in Phoenix.

In allen Regionen der USA leben Ureinwohner – insgesamt mehr als 5 Mio. (teils Vollblut-, teils Halbblutindianer). Es gibt 556 anerkannte Indianervölker und 175 indianische Sprachen. Den größten indianischen Bevölkerungsanteil des Landes hat Kalifornien, den drittgrößten Arizona; New Mexico rangiert an fünfter Stelle. Die Navajo sind die größte Nation im Westen; landesweit stehen sie auf Platz zwei nach den Cherokee.

In Bezug auf ihre Kultur müssen sich die Völker heute die Frage stellen, wie sie im modernen Amerika leben und gleichzeitig ihre Traditionen vor dem Verfall bewahren, ihr Land vor weiterer Ausbeutung schützen und ihre Angehörigen von der Armut befreien können, ohne den Sinn für ihre eigene Identität und das ihnen Heilige zu verlieren.

Die Völker

Die meisten der großen westlichen Indianervölker sind im Südwesten angesiedelt. Bekannte Völker mit großen Reservaten in Arizona sind u. a. die Navajo, die Hopi und die Apachen. Ebenfalls in Arizona beheimatet, aber kleiner, sind die Völker der Walapai und der Havasupai, die in Reservaten am Grand Canyon leben. Die Völker in New Mexico verteilen sich auf 19 Pueblos in der nördlich-zentralen Region des Bundesstaats.

Apachen

The People von Stephen Trimble ist ein umfassendes und intimes Porträt der Ureinwohner des Südwestens und voller Wortmeldungen und wunderschöner Fotos der amerikanischen Ureinwohner.

Im Südwesten gibt es drei große Apachen-Reservate: in New Mexico die Jicarilla Apache Reservation und in Arizona die San Carlos Apache Reservation sowie die Fort Apache Reservation, wo die White Mountain Apache beheimatet sind. All diese Völker sind Nachkommen der Athapasken, die um 1400 aus Kanada hierher kamen. Sie waren nomadische Jäger und Sammler. Später wurden sie zu Kriegern, die Raubzüge vor allem gegen die Pueblo-Indianer und gegen europäische Siedlungen durchführten und sich der Vertreibung in Reservate widersetzten.

Der berühmteste Apache ist Geronimo, ein Chiricahua-Apache, der gegen die US-amerikanische Annexion des Land der Ureinwohner kämpfte und erst mithilfe von White-Mountain-Apache-Spähern im Dienst der US-Armee besiegt werden konnte.

Havasupai

Die Havasupai Reservation grenzt an den Grand Canyon National Park in Arizona und liegt unterhalb des Südrands des Canyons. Das einzige

Dorf der Nation trägt den Namen Supai und ist mit dem Auto nicht zu erreichen. Die Straße endet am Hualapai Hilltop; von dort muss man noch rund 13 km wandern oder auf einem Maulesel reiten. Wer will, kann aber auch mit dem Hubschrauber fliegen.

Havasupai bedeutet „Volk vom blaugrünen Wasser". Das Leben war hier immer geprägt vom Havasu Creek, einem Nebenfluss des Colorado. Der gesicherte Zugang zum Wasser ermöglichte die Bewässerung der Felder, und durch den Ackerbau war das Leben im Dorf von den Jahreszeiten bestimmt. Der tiefe Havasu Canyon schützte das Volk vor dem Kontakt mit anderen, und das friedfertige Volk mied auch bis ins 19. Jh. die Berührung mit westlichen Menschen. Heute setzen die Havasupai auf Tourismus, und die Wasserfälle des Havasu Canyon locken einen steten Strom von Besuchern an. Das Volk ist verwandt mit den Walapai.

Hopi

Die Hopi Reservation mit einer Gesamtfläche von 6070 km² befindet sich innerhalb des Navajo-Reservats. Die meisten Hopi leben in den elf Dörfern am Fuß und auf dem Gipfel der drei Mesas, die aus der Haupt-

Jahrzehntelang haben die traditionellen Navajo und Hopi die Versuche der US-Industrie unterbunden, Bergbau in ihrem heiligen Big Mountain zu betreiben. Nachlesen kann man die Geschichte auf der Website von Black Mesa Indigenous Support (www.blackmesais.org)

ETIKETTE

Wer ein Reservat besuchen will, sollte sich informieren, ob dort bestimmte Verhaltensregeln zu beachten sind. In fast allen Reservaten sind Alkoholika verboten, manchmal auch Haustiere. Fotografieren ist manchmal nur eingeschränkt erlaubt. Wer campen, angeln oder anderen Aktivitäten nachgehen will, braucht in jedem Fall eine Genehmigung. Die Regeln sind zuweilen am Eingang des Reservats angeschlagen; auf jeden Fall erfährt man sie bei der Stammesverwaltung oder auf der Website des Reservats.

Wer ein Reservat besucht, lernt eine einzigartige Kultur mit vielleicht ungewohnten Bräuchen kennen. Besucher sollten immer höflich, respektvoll und offen sein und nicht erwarten, dass die Einheimischen sie an allen Einzelheiten ihres Lebens teilhaben lassen.

Erst fragen, dann knipsen

In den Gebieten mancher Völker ist das Fotografieren oder Zeichnen gänzlich verboten, in anderen nur gegen eine Gebühr oder nur bei Zeremonien und in bestimmten Bereichen eingeschränkt möglich. *Immer zuerst fragen, ob man ein Foto oder eine Zeichnung machen darf!* Wer eine Person ablichten möchte, sollte zuerst um ihre Erlaubnis bitten; ein Trinkgeld gilt als höflich und wird oft auch erwartet.

Pueblos sind keine Museen

Die unglaublichen Lehmziegelbauten sind Wohnhäuser. Öffentliche Gebäude sind beschildert; bei Häusern ohne Beschilderung kann man davon ausgehen, dass sie privat sind. Nicht herumklettern! Kivas sind fast immer tabu.

Zeremonien sind keine Theateraufführungen

Bei Zeremonien sollte man sich verhalten wie beim Gottesdienst: leise und respektvoll zuschauen, nicht reden oder anderweitig lärmen, keine Fotos machen und angemessene Kleidung tragen! Bei den Powwows geht es nicht ganz so formell zu, aber auch hier gilt: Sofern diese Versammlungen nicht extra für Zuschauer inszeniert sind, dienen sie nur dem Indianervolk und nicht den Gästen.

Privatsphäre & Kommunikation

Viele amerikanischen Ureinwohner haben nichts dagegen, die Glaubensüberzeugungen ihres Volkes zu beschreiben. Aber das ist nicht immer und schon gar nicht immer im gleichen Ausmaß der Fall. Einzelheiten über Rituale und Zeremonien sind oft geheim. Wer also über Religion sprechen will, sollte immer erst nachfragen, ob das o. k. ist, und es immer respektieren, wenn Grenzen gezogen werden. Außerdem gilt es bei amerikanischen Ureinwohnern als höflich, seinem Gegenüber kommentarlos zuzuhören. Das wechselseitige stille Zuhören ist ein Zeichen des Respekts.

Mesa, der Black Mesa, hervorragen. Old Oraibi, auf der Third Mesa, gilt (neben Acoma Pueblo) als die älteste ununterbrochen bewohnte Siedlung des Kontinents. Wie alle Pueblo-Völker stammen die Hopi von den frühen Pueblo-Indianern ab.

Hopi bedeutet „die Friedlichen" oder „der Friedfertige", und es gibt wohl kein anderes Volk, das für seine bescheidene, traditionelle und zutiefst spirituelle Lebensweise bekannter wäre. Die Hopi verwenden eine ungewöhnliche Technik beim Trockenfeldbau: Sie pflügen ihre Felder nicht, sondern pflanzen die Samen in windgeschützte, wasserspeichernde Gebiete. Ihre wichtigste Anbaupflanze war schon immer Mais (der auch in ihrer Schöpfungsgeschichte eine zentrale Rolle spielt).

Das zeremonielle Leben der Hopi ist komplex und äußerst privat. Ihr Glauben beeinflusst alle Aspekte des Alltags. Nur wenn sie dem „Weg der Hopi" folgen, wird ihnen lebensspendender Regen geschenkt. Die Hopi sind auch davon überzeugt, dass dies der ganzen Menschheit zugute kommt. Die Rolle jedes Einzelnen ist vom Clan vorbestimmt; die Zugehörigkeit ergibt sich aus der matrilinearen Erbfolge. Selbst untereinander halten die Hopi die besonderen Traditionen ihres jeweiligen Clans geheim.

Die Hopi sind begnadete Künstler: Berühmt sind ihre Ton-, Korb- und Silberwaren sowie ihre zeremoniellen Kachina-Figuren (spirituelle Holzpuppen).

Der Hopi-Kunstpfad präsentiert Künstler und Galerien auf den drei Hochebenen im Herzen des Hopi-Reservats. Eine Landkarte sowie Listen der Künstler und Galerien gibt's unter www.hopiartstrail.com.

Hualapai

Die Hualapai Reservation umfasst ein rund 4047 km² großes Gebiet am Südrand des Grand Canyon mit einer Länge von 174 km. Walapai bedeutet „Volk der hohen Kiefern". Weil das Land in diesem Abschnitt des Grand Canyon nicht gut zu bebauen ist, waren die Walapai ursprünglich Halbnomaden, die Pflanzen sammelten und kleine Tiere jagdt haben.

Heute bilden Forstwirtschaft, Rinderhaltung, Landwirtschaft und Tourismus die wichtigsten Einnahmequellen. Der Regierungssitz der Walapai befindet sich in Peach Springs, Arizona, das die Inspiration für „Radiator Springs" in dem Animationsfilm Cars war. Das Reservat lockt vor allem mit der Möglichkeit zum Jagen, Angeln und Raften Besucher an. Die neueste Touristenattraktion ist der einzigartige Skywalk.

Im Pacific Theater sendeten und empfingen im Zweiten Weltkrieg Navajo-„Codesprecher" Militärbotschaften in der Navajosprache Athabasca, die unglaublich komplex und schwierig ist. Japan gelang es nie, den Code zu knacken, und die Codesprecher sollen einen essenziellen Beitrag zum amerikanischen Sieg geleistet haben.

Navajo

Landesweit gibt es um die 300 000 Navajo, was diese in den USA zum zweitgrößten Volksstamm nach den Cherokee werden lässt. Die **Navajo Reservation** (www.discovernavajo.com) ist das bei Weitem größte und bevölkerungsreichste Reservat in den USA. Es wird auch Navajo Nation oder Navajoland genannt und nimmt ein 70 822 km² großes Gebiet in Arizona und in Teilen von New Mexico und Utah ein.

Die Navajo waren Nomaden und gefürchtete Krieger, die mit den Pueblo-Völkern Handel trieben, sie aber auch überfielen und gleichermaßen gegen Siedler und die US-Truppen kämpften. Sie haben auch von anderen Völkern viele Traditionen übernommen: von den Spaniern die Schaf- und Pferdezucht, von den Pueblo-Völkern das Töpfern und Weben und von den Mexikanern das Silberschmieden. Heute sind die Navajo für Teppiche, Tonwaren und Silberschmuck mit Intarsien bekannt, aber auch für die Sandmalerei, die bei Heilungszeremonien zum Einsatz kommt.

Nicht alle Pueblos haben Websites, aber das Indian Pueblo Cultural Center (www.indianpueblo.org) bietet weiterführende Links und Infos zu allen Pueblos.

Pueblo-Völker

In New Mexico gibt es 19 Pueblo-Reservate. Vier Reservate liegen westlich von Albuquerque: Isleta, Laguna, Acoma und Zuñi. 15 Pueblos liegen im Rio Grande Valley zwischen Albuquerque und Taos: Sandia, San Felipe, Santa Ana, Zia, Jemez, Santo Domingo, Cochiti, San Ildefonso, Pojoaque, Nambé, Tesuque, Santa Clara, Ohkay Owingeh (oder San Juan), Picuris und Taos.

Diese Völker sind sich ähnlich und auch wieder nicht. Der Begriff „Pueblo" (spanisch für „Dorf") ist einfach nur eine bequeme Bezeichnung für alles, was sie miteinander verbindet: Alle halten sich für Nachkommen der frühen Pueblo-Indianer (Ancestral Puebloans; die frühere Bezeichnung Anasazi wird nicht mehr verwendet, da sie als abwertend empfunden wird) und haben sich ihre Bauweise sowie ihre auf Ackerbau basierende dörfliche Lebensweise – oft oben auf Mesas – erhalten.

Die Pueblos sind einzigartig unter den Ureinwohnern Amerikas. Diese Lehmziegelbauten können bis zu fünf Stockwerke hoch sein, die mit Leitern miteinander verbunden werden. Beim Bau kommen Lehmziegel, Steine, Holzbalken und Verputz zum Einsatz. Auf der zentralen Plaza eines jeden Pueblos befindet sich eine Kiva, ein kreisrunder, unterirdisch angelegter Zeremonien- und Versammlungsraum, der die Verbindung mit der Geisterwelt schafft. In den Pueblos gibt es oft auch katholische Kirchen – ein Erbe der Missionare. Viele Pueblos verbinden heute christliche und indigene religiöse Bräuche.

N. Scott Momadays mit dem Pulitzer-Preis ausgezeichneter Roman *Haus aus Morgendämmerung* (1968) über einen jungen Pueblo-Indianer setzte einen Trend in der indigenen nordamerikanischen Literatur.

Kunst

Die Kunst der amerikanischen Ureinwohner hat fast immer einen zeremoniellen Zweck und eine religiöse Bedeutung. Die Muster und Symbole sind durchdrungen von spirituellen Bedeutungen und stellen ein Fenster in die Herzen der Menschen dar.

Den zeitgenössischen indianischen Künstlern geht es aber nicht nur um die Bewahrung ihrer Kultur. Vielmehr nutzen sie seit Mitte des 20. Jhs., insbesondere seit der Bürgerrechtsbewegung in den 1960er-Jahren und der kulturellen Renaissance in den 1970er-Jahren, ihre Skulpturen, Bilder, Stoffe, Filme, Literatur und Darbietungen auch zur Kritik an der Moderne. *Native North American Art* von Janet Berlo und Ruth Phillips ist eine tolle Einführung in die vielfältige indigene Kunst Nordamerikas von der präkolumbischen Zeit bis in die Postmoderne.

Indem Reisende Kunstwerke direkt bei den Ureinwohnern kaufen, tragen sie unmittelbar zur Wirtschaft der Gemeinden bei, die teilweise auf die Dollar der Touristen angewiesen sind. Viele Völker betreiben Kunsthandwerksläden und Galerien, meistens in den Hauptstädten ihrer Reservate. Das **Indian Arts & Crafts Board** (www.iacb.doi.gov) bietet auf seiner Website eine nach Bundesstaaten sortierte Liste mit Galerien und Läden im Besitz indigener Amerikaner – einfach auf „Source Directory of Businesses" klicken!

Töpfer- & Korbwaren

Fast jedes Volk im Südwesten fertigt traditionell Töpfer- und/oder Korbwaren an. Ursprünglich hatte jede Nation und selbst jede einzelne Familie ihren eigenen unverwechselbaren Stil. Die Töpfer und Korbmacher von heute mischen, übernehmen und reinterpretieren die klassischen Formen und Methoden ihres Handwerks.

Die Pueblo-Töpferwaren sind die wohl begehrtesten. Der vor Ort gewonnene Ton war ausschlaggebend für die Farbe. Dementsprechend waren die Töpferwaren der Zia rot, die der Acoma weiß, die der Hopi gelb, die der Cochiti schwarz usw. Die Santa Clara sind berühmt für ihre Gravur-Töpferwaren und die San Ildefonso für ihren Schwarz-auf-Schwarz-Stil, dessen Wiederbelebung der weltberühmten Töpferin Maria Martinez zu verdanken ist. Auch die Töpferwaren der Navajo und der Ute Mountain Ute sind sehr geschätzt.

Die Herstellung von Töpferwaren ist nahezu immer mit dem dörflichen Leben verbunden. Nomadenvölker ziehen eher die Kunst des Korbflechtens vor. Für ihre ausgezeichneten Korbwaren sind beispielsweise die Jicarilla-Apachen (Jicarilla bedeutet „Korbmacher"), die Kaibab-Paiute, die Walapai (Hualapai) und die Tohono O'Odham bekannt. Bemerkenswert sind auch die gewickelten Korbwaren der Hopi mit ihren lebhaften Mustern und Kachina-Figuren.

Webkunst der Navajos

Eine Legende der Navajo besagt, dass die Spinnenfrau den Menschen das Weben beigebracht hätte. Und tatsächlich ist es, als schiene sie heute in den Navajo-Frauen wieder auf, wenn diese geduldig die handgesponnene Wolle netzartig auf Webstühlen hin- und herführen und so die legendären Navajo-Teppiche (die ursprünglich als Decken verwendet wurden) herstellen, die so fest geknüpft sind, dass sie kein Wasser durchlassen. Die Wolle wird noch immer per Hand hergestellt, und auch das Färben geschieht manchmal noch manuell. Bis ein Teppich fertig ist, vergehen Monate (wenn nicht sogar Jahre).

Echte Navajo-Teppiche sind teuer – und das zu Recht. Für einen Teppich muss man Hunderte bis Tausende Dollar hinblättern. Dies sind keine einfachen Souvenirs, sondern echte Kunstwerke, an denen man sich ein Leben lang erfreuen kann, ob man sie nun an die Wand hängt oder auf den Boden legt. Man sollte sich die Zeit nehmen und sich zumindest ein wenig schlaumachen. Dann wird man lernen, dass die Qualität den Preis rechtfertigt. Infos über Navajo-Teppiche gibt's unter www.go navajo.com.

Silber- & Türkisschmuck

Die Verwendung von Steinen und Muscheln als Verzierung für Schmuck war schon immer eine Tradition der Indianer. Silberschmiede gibt es bei ihnen aber erst seit dem Kontakt mit Angloamerikanern und Mexikanern im 19. Jh. Vor allem die Navajo, Hopi und Zuñi machten sich einen Namen, indem sie diese Materialien mit türkisbesetztem Silberschmuck kombinierten. Außer mit Türkisen sind die Schmuckstücke oft auch mit Lapislazuli, Onyx, Korallen, Karneolen und Muscheln besetzt.

Echter Schmuck ist oft mit einem Stempel oder dem Zeichen des Künstlers versehen. Manchmal beweisen auch Zertifikate des Indian Arts & Crafts Board die Echtheit der Stücke – daher immer danach fragen! Der Preis kann ebenfalls ein Indikator sein: Ein hoher Preis garantiert zwar nicht die Echtheit, aber wenn der Schmuck spottbillig ist, sollten gleich die Alarmglocken schrillen. Wer sich für einen Crashkurs interessiert, sollte sich an den Santa Fe Indian Market (S. 437) im August halten.

Die Küche des Westens

„Küche des Westens" ist eigentlich irreführend – die Speisen, die im westlichen Teil der USA serviert werden, können nicht einer einzigen Kategorie zugeordnet werden, denn es gibt zahlreiche regionale Spezialitäten. Gerichte auszuprobieren, die kulturell und landwirtschaftlich an eine Region gebunden sind, ist der halbe Spaß an einer Reise: von herzhaften Steaks im südlichen Arizona und Enchiladas mit grünen Chilis in New Mexico bis hin zu gegrilltem Lachs im Nordwesten. Und dann wären da natürlich noch die Fischtaco-Orgien in San Diego ...

Klassiker & Spezialitäten

Frühstück

Wie im Rest des Landes fällt das Frühstück auch im Westen üppig aus, z.B. gibt es eine Portion herzhafte Biscuits and Gravy in einem Cowboy-Diner, einen schnellen Egg McMuffin beim Drive-in oder einen ausgiebigen Sonntags-Brunch – viele Amerikaner lieben Eier mit Speck, Waffeln, Hash Browns und ein großes Glas Orangensaft. Und vor allem bestehen sie auf ihr scheinbar unveräußerliches Recht auf dampfenden Kaffee, nachgeschenkt so oft wie nötig.

Mittagessen

Nach einer Kaffeepause am Vormittag hat der amerikanische Arbeitnehmer mittags höchstens Zeit für ein Sandwich, einen Burger oder einen Salat. Der formelle „Business Lunch" ist eher in Großstädten wie Los Angeles üblich, wo das Essen meist nicht so wichtig ist wie das Gespräch.

Abendessen

Die Amerikaner nehmen – auch werktags – ein reichhaltiges Abendessen zu sich, meist früh am Abend. Angesichts der Arbeitslast in so vielen Familien, bei denen beide Partner ihre Karriere vorantreiben, wird es entweder geliefert (z.B. Pizza oder chinesisches Essen) oder besteht aus Fertiggerichten für die Mikrowelle. Zum Dessert gibt's meist Eiscreme, Pies und Kuchen. Einige Familien kochen immer noch ein traditionelles Dinner am Sonntagabend, wenn Verwandte und Freunde sich zu einem großen Fest treffen oder draußen grillen und an den Wochenenden picknicken gehen.

Regionale Spezialitäten

Fischtacos (San Diego, Kalifornien)

Frito-Pie (New Mexico)

Cheeseburger mit grünem Chili (New Mexico)

Navajo-Tacos (Nordost-Arizona)

Sonoran Dogs (Tucson, Arizona)

Rocky Mountain Oysters (Kalbshoden; Colorado)

FRÜHSTÜCKS-BURRITOS

Es gibt ein mexikanisch inspiriertes Gericht, bei dessen Zubereitung man es im Westen zur Meisterschaft gebracht hat: den Frühstücks-Burrito. Er wird in Diners und Delis in Colorado, Coffeeshops in Arizona und Strandcafés in Kalifornien serviert. In vielerlei Hinsicht ist er das ideale Frühstück – billig (meist unter 6 US$), proteinreich (Eier, Käse, Bohnen), mit frischem Gemüse (oder zählt Avocado als Obst?), heißer Salsa (ist das Gemüse?) und zusammengerollt in Papier oder Folie zum Mitnehmen bereit. Man schält ihn wie eine Banane und lässt sich vom aufsteigenden herzhaften Duft berauschen.

Schnelle Mahlzeiten

Fast-Food-Restaurants mit Drive-in-Schaltern sind allgegenwärtig im Westen, und in der Regel gibt's an den großen Autobahnausfahrten mindestens eines. Einen Hotdog oder Taco von einem Imbissstand oder einem Food Truck zu essen, ist eine praktische Option in den Geschäftsvierteln der Innenstädte. Sorgen bezüglich Gesundheitsrisiken braucht man sich nicht machen – diese Händler werden meist von den lokalen Gesundheitsämtern überwacht. Bei Festivals und Volksfesten werden Zuckerwatte, Corn Dogs, kandierte Äpfel, Fettgebackenes, gefrorene Bananen mit Schokoglasur und zahlreiche leckere regionale Spezialitäten angeboten. Auf den Bauernmärkten gibt's meist gesündere und preiswerte Gerichte zu kaufen.

Kalifornien

Aufgrund seiner Größe und der verschiedenen Mikroklimata gedeihen in Kalifornien Obst und Gemüse gut, zudem gibt es zahllose Asia-Märkte. Das kulinarische Angebot beeindruckt mit Wildlachs, Taschenkrebsen und Austern aus dem Meer, ganzjährig frisch Geerntetem und handgemachten Leckereien wie Käse, Brot, Olivenöl, Wein und Schokolade.

In den 1970er- und 1980er-Jahren prägten Spitzenköche wie Alice Waters und Wolfgang Puck den Begriff der „California Cuisine", indem sie beste lokale Zutaten zu einfachen, aber köstlichen Kreationen verarbeiteten. Der Zustrom asiatischer Einwanderer, insbesondere nach dem Vietnamkrieg, bereicherte die urbane Esskultur durch Chinatowns, Koreatowns und Japantowns. Daneben pflegen riesige Enklaven von aus Mexiko stammenden Amerikanern im ganzen Staat ihre kulinarischen Traditionen. Internationale Fusion-Restaurants sind ein weiteres Merkmal der kalifornischen Gastronomie.

Nordküste & Sierras

In den 1970er-Jahren traten San Franciscos Hippies für einen autarkeren Lebensstil ein. Sie belebten die Tradition der eigenen Brot- und Käseherstellung wieder und bauten ihre Lebensmittel selbst an (gut gemeinter Tipp: Farmer von Mendocino bis Humboldt meinen es ernst mit ihren No Trespassing-Schildern!). Diese alternativen Landwirte praktizierten bereits damals pestizidfreien Anbau und schufen eine bodenständige Bio-Küche, die gesund und lecker zugleich ist.

An der Nordküste trifft man auf Einflüsse der naturverbundenen Ohlone- und Miwok-Küche. Die in Nordkalifornien beheimateten Stämme angelten, jagten, stellten Brot aus Eichelmehl her, legten Obstgärten an und widmeten sich entlang der Küste dem nachhaltigen Anbau. Unter solch verantwortungsvollen Verwaltern konnte die Natur ungestört gedeihen und so gibt es hier jede Menge Wildhonig und Brombeeren. An der Küste werden Meeresfrüchte traditionell von Hand gesammelt und gefangen, daneben sind nachhaltige Kaviar- und Austernfarmen entstanden. Furchtlose Forscher haben jede essbare Pflanze identifiziert, vom Sauerklee der Sierras bis hin zu Seetang aus Mendocino, die besten Plätze zur Pilzsuche hingegen bleiben das Geheimnis der Einheimischen.

Bucht von San Francisco

San Francisco hat mehr Restaurants pro Kopf als jede andere Großstadt der USA. 2011 gab es 3588 Restaurants in der Stadt – also eines pro 227 Einwohner. Neben den Restaurants gab es noch 200 lizenzierte Food Trucks und 29 Farmers Markets.

Einige Neuerfindungen der Stadt haben sich zu Dauerbrennern entwickelt, darunter das stets beliebte *cioppino* (Taschenkrebseintopf), die von der Familie Ghirardelli erfundenen Schokoriegel oder Sauerteigbrot mit Originalteig aus der Goldgräberzeit, das bis heute die Gaumen erfreut. Dim Sum ist Kantonesisch für die in Mandarin als *xiao che* (kleine Snacks) oder *yum cha* (Tee trinken) bekannten Köstlichkeiten, und es gibt Dutzende Lokale in San Francisco, in denen man zu Mittag essen kann.

Mexikanisches, französisches und italienisches Essen zählt zu den ganzjährigen Lokalfavoriten; daneben gibt's auch viele neuere ethnische Gastro-Verrücktheiten: *izakaya* (japanische Bars, die kleine Gerichte servieren), koreanische Tacos, *banh mi* (vietnamesische Sandwiches mit mariniertem Fleisch und eingelegtem Gemüse auf französischen Baguettes) oder *alfajores* (arabisch-argentinische Shortbread-Kekse, gefüllt mit Creme).

Süd-Kalifornien

Los Angeles ist schon seit Langem für seine Starköche und berühmten Restaurantbetreiber bekannt. Nach Robert H. Cobb, Besitzer des Brown Derby Restaurant in Hollywood, ist der Cobb-Salat (Blattsalat, Tomaten, Eier, Hühnchen, Speck und Roquefort) benannt. Wolfgang Puck läutete den Trend zu Promiköchen 1982 mit der Eröffnung des bei Stars beliebten Spago auf dem Sunset Strip ein.

Wer in Los Angeles authentische multikulturelle Küche sucht, findet in Koreatown würzige *kalbi* (marinierte gegrillte Rippchen vom Rind), in East L.A. Tacos *al pastor* (mariniertes, geröstetes Schweinefleisch) und in Little Tokyo täglich frisch zubereitete Ramen-Nudeln.

Weiter südlich locken die Strandorte am Hwy 1 wie Laguna Beach oder La Jolla mit tollen Surfwellen und kleinen, herzhaften Snacks wie Frühstücks-Burritos und Fisch-Tacos. Nicht entgehen lassen sollte man sich zudem einen Shake bei Ruby's Crystal Cove Shake Shack südlich von Newport Beach.

Der Nordwesten

James Beard (1903–1985), ein aus Oregon stammender Koch und Kochbuchautor, war der Meinung, dass Gerichte einfach – also ohne zu viele Zutaten und komplizierte Kochtechniken – zubereitet werden müssen, um ihre natürlichen Aromen zu entfalten. Diese Philosophie prägte die moderne Nordwest-Küche entscheidend. In Washington und Oregon mag man keine trendige Show-Küche, dafür wird Wert auf Innovation gelegt, besonders wenn es um nachhaltiges, bewusstes Essen geht.

Ackerland, Naturprodukte & Fisch

Die verschiedenen geografischen und klimatischen Bedingungen – eine milde, dunstige Küstenregion mit sonnigem Sommer sowie dürres Ackerland im Osten – begünstigen den Anbau von Obst und Gemüse, u.a. Melonen, Trauben, Äpfel, Birnen, Erdbeeren, Kirschen und Heidelbeeren. Auch Kartoffeln, Linsen, Mais, Spargel und süße Walla-Walla-Zwiebeln gedeihen bestens und werden für den lokalen Verzehr und den Export gezogen.

Vieles wächst hier auch wild, besonders in feuchten Regionen wie der Coast Range. Naturverbundene Feinschmecker suchen sich die gleichen

Wer brutal ehrliche Restaurantkritiken aus L.A. lesen will, besucht www.laweekly.com und www.la.eater.com.

Manche Fischarten des Pazifiks wurden durch Überfischung fast ausgerottet – mit schlimmen Auswirkungen auf den marinen Lebensraum. Monterey Bay Aquarium's Seafood Watch (www.montereybayaquarium.org/cr/seafoodwatch.aspx) informiert darüber, welche Arten gegessen werden können und von welchen man die Finger lassen sollte.

„SLOW", LOKAL, BIOLOGISCH

Ein Trend in amerikanischen Restaurants ist neben der wiederaufgeflammten Begeisterung für lokal und biologisch erzeugte Zutaten auch die Slow-Food-Bewegung. Sie entstand 1971 in Amerika in der Küche von Alice Waters im Chez Panisse in Berkeley. Seit Kurzem entstehen im ganzen Land immer mehr Farmers Markets – sie sind großartige Fleckchen, um Einheimische zu treffen und die amerikanische Aromenvielfalt kennenzulernen, angefangen bei alten Obst- und Gemüsesorten bis hin zu frischen, herzhaften und süßen regionalen Delikatessen.

Nahrungsmittel, die einst ortsansässige Ureinwohner sammelten: das ganze Jahr über Wildpilze sowie im Sommer Früchte und Beeren.

Mit seiner langgezogenen Küste und einem eindrucksvollen Flusssystem hat der Nordwesten jede Menge frische Meeresfrüchte zu bieten. Zu den saisonalen Spezialitäten zählen Scheidenmuscheln, Miesmuscheln, Garnelen, Weißer Thun, Taschenkrebse und Stör. Lachs – geräuchert oder gegrillt, im Salat, in Quiche oder als Sushi – bleibt eines der Lieblingsgerichte der Region.

Der Südwesten

Hier heißt es das Steakmesser zücken und die Hose lockern, denn die Küche in Arizona, New Mexico, Utah, im südlichen Colorado und in Las Vegas ist nichts für Kalorienzähler. Sonoran Hotdogs, Grüne-Chili-Cheeseburger, Huevos Rancheros, saftige Steaks und endlose Buffets – Maßhalten ist hier keine Tugend.

Zwei Länder prägten die Esskultur des Südwestens entscheidend: Spanien und Mexiko kontrollierten bis weit ins 19. Jh. das Gebiet von Texas bis Kalifornien. Spanische Gerichte findet man zwar kaum noch, doch die damaligen Entdecker brachten die Viehwirtschaft nach Mexiko. Diese ist die Basis für die mais- und chililastige Gastronomie des Landes. Zu deren Klassikern gehören Tacos, Tortillas, Enchiladas, Burritos, Chimichangas und andere Speisen aus Mais- oder Weizenfladen, die mit Hackfleisch, Hühnchen, Bohnen u. v. m gefüllt werden. In Arizona und New Mexico werden nach Vorbestellung oder auf Folklorefesten ein paar indianische Gerichte serviert. Steaks und Barbecue sind überall im Südwesten beliebt. Und zum Abendessen und Ausgehen ist für viele Bier der perfekte Begleiter.

Eine kosmopolitische Gastroszene bietet Las Vegas, wo Spitzenköche aus New York City, L.A. und sogar Paris ihre Filialen eröffnet haben.

Steak & Kartoffeln

Lust auf ein saftiges Stück Rindersteak mit Salat, Backkartoffel und Bohnen? Dann ab in den Südwesten, wo es jede Menge Farmen, Lokale, familienfreundliche Steakrestaurants und Grillpartys gibt. In Utah beeinflussen die Mormonen die kulinarischen Optionen – hier dominieren die guten, altmodischen amerikanischen Gerichte wie Hühnchen, Steak, Kartoffeln, hausgemachte Pies und Eis.

Mexikanische & New-Mexico-Speisen

Die mexikanische Küche ist meist scharf und würzig. Empfindliche sollten deshalb erst den Schärfegrad der Salsa testen, bevor es ans Essen geht. In Arizona wird die Sonora-Variante zubereitet, beispielsweise *carne seca* (getrocknetes Rind). Die Gerichte werden meist mit Bohnenmus, Reis sowie Weizen- oder Mais-Tortillas serviert, die Chilis sind relativ mild. Die Einwohner von Tucson bezeichnen ihre Stadt gerne als universelle Hauptstadt mexikanischer Küche; trotz der großen Konkurrenz ist da durchaus etwas dran. Auch Restaurants in Colorado servieren mexikanische Gerichte, halten sich bei der Eigenwerbung jedoch eher zurück.

Die Küche New Mexicos unterscheidet sich von der mexikanischen, dennoch gibt es Ähnlichkeiten. Pintobohnen werden im Ganzen und nicht als Mus serviert, *posole* (Maiseintopf) ersetzt oft den Reis. Chilis werden nicht nur als zusätzliches Gewürz (wie in Salsas) eingesetzt, sondern vielmehr als grundlegende Zutat in fast jedem Gericht. Zu den Spezialitäten gehört *carne adobada* (marinierte Schweinefleischstücke).

Finden sich auf einer Speisekarte Gerichte und Saucen mit grünem oder rotem Chili, handelt es sich meist um Speisen nach New-Mexico-Art. Der Bundesstaat ist für seine mit Chili verfeinerten mexikanischen

Manche Chilis werden bei der Ernte an der Pflanze gelassen, bis sie sich leuchtend rot verfärben. Zu *ristras* gebunden, schmücken sie Wände und Hauseingänge im gesamten Südwesten.

1991 gründete Kim Jordan zusammen mit ihrem Ex-Ehemann Jeff Lebesch die Brauerei New Belgium mit Sitz in Fort Collins. Heute leitet sie das Unternehmen, und New Belgium – das für seine Kleinbrauereien bekannt ist, die Fat Tire herstellen – ist die siebtgrößte Brauerei im Land. New Belgium wird regelmäßig zu einem der Unternehmen mit der besten Arbeitsumgebung in den USA ernannt.

Klassiker bekannt. Besonders berühmt für grüne Chilis ist die Stadt Hatch in New Mexico.

Indianisches Essen

Die heutige Küche der Ureinwohner hat nur noch wenig Ähnlichkeit mit den Essgewohnheiten der Indianer vor der spanischen Eroberung, unterscheidet sich jedoch von der Küche des Südwestens. Navajo und Indian Tacos – gebratene Brotfladen mit Bohnen, Fleisch, Tomaten, Chili und Salat – sind am weitesten verbreitet. Das zähe *horno*-Brot wird in Lehmöfen in Bienenkorbform unter freiem Himmel gebacken.

Die meisten anderen Gerichte indigenen Ursprungs bestehen aus Wildfleisch, Kürbis und lokalen Zutaten wie Beeren und Pinienkernen. Zwar steigt ihr Bekanntheitsgrad, dennoch sind sie recht schwer zu finden. Gute Chancen hat man an Imbissständen auf Festen, bei Powwows, Rodeos, an Pueblo-Feiertagen und in Kasino-Restaurants.

Getränke

Die hart arbeitenden Amerikaner wissen sich zu vergnügen und sind sicherlich keine Abstinenzler. Rund 66 % der Bevölkerung konsumieren Alkohol, wobei die Mehrheit lieber Bier als Wein trinkt.

Eine Kleinbrauerei vertreibt das meiste Bier außer Haus. Ein Brewpub verkauft hingegen das meiste Bier direkt im Haus, wobei in der Regel ein Restaurant angeschlossen ist.

Bier

Bier ist so amerikanisch wie Chevrolet, Football und Apple Pie. Laut einer Gallup-Meinungsumfrage trinken 39 % aller Amerikaner regelmäßig Bier, während 35 % regelmäßig Wein trinken. Weitere Spirituosen landen ganz hinten – nur 22 % der Amerikaner trinken jede Woche Likör oder Schnaps.

Kleine & lokale Brauereien

Heute verkosten Bierliebhaber den Gerstensaft ähnlich stilvoll wie Weinliebhaber den teuren Tropfen. Manche Restaurants in Großstädten bieten gar Bierprogramme, -sommeliers und -keller. Mini- und Kleinbrauereien schießen wie Pilze aus dem Boden, ob in Großstädten, Kleinstädten oder auch an den überraschendsten Orten; besonders beliebt sind an Nationalparks grenzende Touristenziele wie Moab, Flagstaff und Durango. 2012 stammten beachtliche 12 % der in den USA ausgeschenkten Biere aus lokalen Brauereien.

BIER VON HIER

In vielen Orten im Westen gilt die Nachbarschaftsbrauerei als inoffizielles Gemeindezentrum – als Platz, um sich zu entspannen, Klatsch und Tratsch auszutauschen, sich mit Freunden zu treffen und die Biere der Saison zu genießen. Hier einige unserer Favoriten:

Beaver Street Brewery (S. 381) Flagstaff, Arizona.

Four Peaks Brewing Company (S. 378) Tempe, Arizona.

Kelly's Brewery (S. 431) Albuquerque, New Mexico.

Great Divide Brewing Company (S. 277) Denver, Colorado.

Steamworks Brewing (S. 309) Durango, Colorado.

Snake River Brewing Co (S. 325) Jackson, Wyoming.

North Coast Brewing Co (S. 174) Fort Bragg, Kalifornien.

Amnesia Brewing (S. 241) Portland, Oregon.

Pike Pub & Brewery (S. 213) Seattle, Washington.

San Diego besitzt so viele gute Brauereien, dass wir eine separate Liste aufgestellt haben; Details auf S. 108.

Wein

Es gibt über 700 Weingüter in den USA, und 2010 war das erste Jahr, in dem die Amerikaner mehr Wein konsumierten als die Franzosen. Zum Missfallen der europäischen Weinhersteller, die die kalifornischen Weine lange als zweitklassig betrachteten, gewinnen viele amerikanische Weine heute sogar (schluck!) internationale Preise. Hinter Italien, Frankreich und Spanien sind die USA heute der viertgrößte Weinhersteller der Welt.

Wein ist in den USA nicht billig, aber für etwa 10 bis 12 US$ bekommt man in den Spirituosen- und Weingeschäften schon eine wunderbare Flasche amerikanischen Weins.

Weinregionen

Heute stammen fast 90 % der US-Weine aus Kalifornien, aber auch Erzeugnisse aus Oregon und Washington werden international geschätzt.

Das Zentrum des amerikanischen Weintourismus ist zweifellos Nord-Kalifornien mit dem Napa Valley und dem Sonoma Valley unweit der Bay Area. Auch andere Anbaugebiete wie das Willamette Valley in Oregon, Kaliforniens Central Coast und Arizonas Patagonia-Region haben sich zu beliebten Zielen für Traveller auf der Pirsch nach dem besten Pinot Noir entwickelt und eine Fremdenverkehrsindustrie mit B & B-Unterkünften aufgebaut.

Auf dem fruchtbaren amerikanischen Boden gedeihen viele exzellente Weine der Neuen Welt. Die beliebtesten Weißweine sind Chardonnay und Sauvignon Blanc; bei den Rotweinen kommt diese Ehre u. a. dem Cabernet Sauvignon, Merlot, Pinot Noir und Zinfandel zu.

Margaritas

Im Südwesten dreht sich alles um Tequila. Die Margarita ist das alkoholische Getränk schlechthin und steht quasi sinnbildlich für die Region, besonders im lateinamerikanisch geprägten New Mexico, Arizona und südwestlichen Colorado. Der Geschmack einer Margarita hängt von der Qualität der Zutaten ab, alle bestehen jedoch aus Tequila, einem Zitruslikör (Grand Marnier, Triple Sec oder Cointreau) sowie frisch gepresster Limette oder vorgemischtem Sweet & Sour.

Margaritas werden entweder „frozen“, „on the rocks“ oder ohne Eis serviert. Die meisten bestellen sie mit Salz. Traditionelle Margaritas sind mit Limette verfeinert, es gibt das beliebte Getränk jedoch in allen möglichen Geschmacksrichtungen, die man am besten in der Frozen-Variante genießt.

Kaffee

Amerika ist koffeinsüchtig. Und die Sucht wird schlimmer: In den letzten 25 Jahren hat sich der Kaffeekult noch intensiviert, woran Starbucks wohl nicht ganz unschuldig ist. Die weltweit größte Kaffeekette entwickelte sich aus der progressiven Kaffeekultur des Nordwestens; die erste Filiale öffnete 1971 gegenüber dem Pike Place Market in Seattle. Die Idee, Kaffee von verschiedenen gerösteten Bohnen aus der ganzen Welt in einem gemütlichen Café zu servieren, verhalf der amerikanischen Kaffeetasse zu einem raffinierteren, komplexeren (und teureren) Inhalt, als ihn die allgegenwärtige Marke Folgers und der herkömmliche Filterkaffee bieten konnte. Anfang der 1990er-Jahre entstanden im ganzen Land Kaffeehäuser.

Unabhängige Coffeeshops bieten gemütliche Kaffeehauskultur, beispielsweise mit kostenlosem WLAN und bequemen Sitzbereichen. Dazu noch ein guter Tipp: Wer in einem Café kostenlosen Internetzugang nutzt, sollte jede Stunde etwas bestellen, seinen Laptop nicht unbeaufsichtigt lassen und über Störungen gnädig hinwegsehen!

Tipps zu den besten Weinen und aktuellen Weintrends Kaliforniens sind auf dem Blog von Steve Heimoff, dem Herausgeber des Wine Enthusiast's West Coast, nachzulesen: http://steve heimoff.com.

Beliebte Veggie-Restaurants

Lovin' Spoonfuls (Tucson, Arizona)

Macy's (Flagstaff, Arizona)

Greens (San Francisco, Kalifornien)

Veggie Grill (West Hollywood, Kalifornien)

Kunst & Architektur

Die Kunst der westlichen Bundesstaaten ist von einer einzigartigen Mischung aus Individualität, Lebenseinstellung und Landschaft geprägt – man denke an die provokanten Kuhschädel von Georgia O'Keeffe, die berühmten Schatten auf den Half-Dome-Fotos von Ansel Adams und den Gonzo-Journalismus von Hunter S. Thompson im ausgedörrten Südwesten. Sogar Nirvanas Grunge scheint unzertrennlich mit dem verregneten Seattle verbunden zu sein. Die Landschaft spielt in jedem Fall eine bedeutende Rolle.

Literatur

Kalifornien ist der bevölkerungsreichste Bundesstaat in einer Region, die lange Zeit Schriftsteller, Poeten und Geschichtenerzähler inspiriert hat.

Social Realism

Der 1902 in Salinas geborene John Steinbeck ist der wohl bedeutendste Autor Kaliforniens. Sein Meisterwerk des Social Realism *Früchte des Zorns* erzählt von den Problemen der Wanderarbeiter.

Der Dramatiker Eugene O'Neill zog mit dem Preisgeld seines 1936 gewonnenen Nobelpreises in die Nähe von San Francisco, wo er das autobiografische Theaterstück *Eines langen Tages Reise in die Nacht* verfasste.

Bei Upton Sinclairs skandalumwittertem Werk *Öl!*, das Paul Thomas Anderson zu seinem Film *There Will Be Blood* inspirierte, handelt es sich um historische Fiktion mit sozialistischen Untertönen.

Pulp Noir & Krimis

In den 1930er-Jahren entwickelten sich San Francisco und Los Angeles zu Zentren des Kriminalromans. Durch Dashiell Hammett *(Der Malteser Falke)* wurde San Franciscos Nebel zu einem düsteren Nebendarsteller, während der König der hartgesottenen Krimiautoren, Raymond Chandler, seine Heimatstadt Santa Monica oberflächlich als Bay City tarnte.

Seit den 1990er-Jahren erlebt Kaliforniens Kriminalliteratur eine Renaissance durch James Ellroy *(L.A. Confidential)*, Elmore Leonard *(Jackie Brown)* und Walter Mosley *(Teufel in Blau)*, dessen Easy-Rawlins-Detektivromane in den Armenvierteln in South Central L.A. spielen.

Es gibt auch preisgekrönte Krimis, die in Indianer-Reservaten spielen. So bei Tony Hillerman *Die Nacht der Skinwalkers, Tod der Maulwürfe, Der Skelett-Mann* und *Dunkle Kanäle*.

Kreativ & provokativ

Nach den Schrecken des Zweiten Weltkriegs entwickelte die Beat Generation eine neue provokante Art des Schreibens: kurz, scharfsinnig, spontan und lebendig. Bedeutende Vertreter der in San Francisco ansässigen Bewegung waren Jack Kerouac *(Unterwegs)*, Allen Ginsberg *(Das Geheul)* und Lawrence Ferlinghetti, Unterstützer und Autor der Beat Generation.

In *Stunde der Bestie* setzte sich Joan Didion mit zeitgenössischer kalifornischer Kultur auseinander; die Essay-Sammlung wirft einen sarkastischen Blick auf die Flower-Power-Bewegung der 1960er-Jahre und den

Der Abenteurer Jack London wuchs im nördlichen Kalifornien auf und sammelte erste Erfahrungen in Oakland. Er veröffentlichte jede Menge einflussreicher Literatur, darunter Geschichten zum Klondike-Goldrausch Ende des 19. Jhs.

Das National Cowboy Poetry Gathering (www.westernfolklife.org), das wichtigste Event der Cowboy-Dichtkunst, findet im Januar in Elko, Nevada, statt. Seit über 25 Jahren geben Lassoschwinger hier ihre Lyrik zum Besten.

Stadtteil Haight-Ashbury. Auch *Unter Strom. Die legendäre Reise von Ken Kesey und den Pranksters* von Tom Wolfe setzt das San Francisco der 1960er-Jahre in Szene.

In den 1970er-Jahren zeichnete Charles Bukowski in dem halb-auto-biografischen Roman *Der Mann mit der Ledertasche* ein düsteres Bild von Downtown L. A., während Richard Vásquez in *Chicano* einen dramatischen Blick auf das Latino-Viertel warf.

Hunter S. Thompson, der Anfang 2005 Selbstmord beging, verfasste *Angst und Schrecken in Las Vegas*. Der ultimative Road-Trip-Roman spielt in der Wüstenhochburg der amerikanischen Exzesse.

Umweltaktivismus & Gesellschaftskritik

Edward Abbey, bekannt für seine radikalen Ansichten zu Umwelt und Politik, schrieb die anregenden und einflussreichen Werke *Desert Solitaire* und *The Journey Home: Some Words in Defense of the American West*. Sein Klassiker *Die Monkey-Wrench-Gang* erzählt auf witzige Art die Geschichte einer Gruppe von Menschen, die vor der Flutung des Glen Canyon den Glen Canyon Dam in die Luft sprengen will.

Wallace Stegners Roman *Angle of Repose* spielt vor einer Western-Kulisse und gewann 1972 den Pulitzer-Preis. Seine Essay-Sammlung *Where the Bluebird Sings to the Lemonade Springs* handelt von den schädlichen Folgen der Mythisierung des Westens. Barbara Kingsolver, die früher in Tucson wohnte, veröffentlichte zwei im Südwesten spielende Romane, *The Bean Trees* und *Animal Dreams*. In der Aufsatzsammlung *High Tide in Tucson* schreibt sie über das Leben im Südwesten.

Musik

Große Teile der US-Musikbranche sind in L. A. angesiedelt und die südkalifornische Film- und Fernsehindustrie erwies sich als Garant für Talente. So verdanken die heutigen Pop-Prinzessinnen und *American-Idol*-Gewinner ihre Karrieren den musikalischen Revolutionen der vergangenen Jahrzehnte, die von Country Folk bis zu Urban Rap innovative Genres hervorbrachten.

Let's rock

Das erste einheimische Rock'n'Roll-Talent war Richie Valens in den 1950er-Jahren, der dem mexikanischen Volkslied „La Bamba" eine rockige Note verlieh. Anfang der 1960er-Jahre fanden Joan Baez und Bob Dylan in Nordkalifornien zueinander, wobei Dylan seine E-Gitarre anschloss und Folk Rock spielte. Als Janis Joplin und die Big Brother & the Holding Company ihren ganz eigenen Musikstil in San Francisco entwickelten, spaltete sich der Psychedelic Rock vom Folk Rock ab. Währenddessen rockten Jim Morrison, The Doors und die Byrds in L. A. den berühmten Sunset Strip. Das Epizentrum der Psychedelic-Rock-Szene war der Stadtteil Laurel Canyon über dem Sunset Strip und der legendäre Nachtclub Whisky a Go Go.

Rap & Hip-Hop

Seit den 1980er-Jahren ist L. A. die Talentschmiede für Rapper und Hip-Hopper der Westküste. Eazy-E, Ice Cube und Dr. Dre veröffentlichten 1989 das N. W. A. (Niggaz With Attitude)-Album *Straight Outta Compton*. Death Row Records, das von Dr. Dre mitbegründet wurde, nahm Rap-Talente erster Klasse unter Vertrag, darunter Snoop Dog, der Badboy aus Long Beach, und Tupac Shakur, der seine Karriere in Marin County startete und 1996 in Las Vegas, angeblich wegen einer Fehde zwischen den Raperszenen der Ost- und Westküste, erschossen wurde.

In den 1980er- und 1990er-Jahren blieb Kalifornien wichtiges Zentrum einer Hip-Hop-Szene, die von Los Angeles' Straßen und der Black-

---

Cheryl Strayeds Bestseller-Memoiren *Der große Trip* beschreiben ihre lange Wanderung auf dem Pacific Coast Trail nach dem Tod ihrer Mutter. Reese Witherspoon, deren Produktionsfirma die Filmrechte kaufte, spielt im Film die Hauptrolle. Der Film soll Ende 2014 in die Kinos kommen.

Wer die nächste große Indie-Band vor ihrem Durchbruch anhören möchte, schaltet die Show „Morning Becomes Eclectic" des südkalifornischen Radiosenders KCRW (www.kcrw.com) mit Live-Konzerten im Studio und Interviews mit Musikern ein. Entweder online mithören, den kostenlosen Podcast herunterterladen oder die Handy-App kaufen.

Power-Bewegung in Oakland geprägt war. Ende der 1990er-Jahre brachte die Bay Area Underground-Künstler wie E-40 und das „Hyphy Movement" hervor, das sich gegen die zunehmende Kommerzialisierung des Hip-Hop richtete. Michael Franti & Spearhead, ebenfalls aus Oakland, mischten Botschaften für soziale Gerechtigkeit und Frieden in Hip-Hop-, Funk-, Reggae-, Folk-, Jazz- und Rock-Rhythmen, während Korn aus Bakersfield und Linkin Park aus L.A. (zwischen den späten 1990er-Jahren und dem frühen 21. Jhs.) County Hip-Hop, Rap und Metal zu „Nu Metal" vermischten.

Grunge & Indie-Rock

Grunge hat seinen Ursprung in der Mitte der 1980er-Jahre und wurde stark von der Kultband Melvins geprägt. Verzerrte Gitarrenklänge, starke Riffs, intensives Schlagzeug und ein düsterer Stil machten den ungeschliffenen Musikstil aus. Seinen Durchbruch hatte er erst, als das Plattenlabel Sub Pop 1991 Nirvanas Album *Nevermind* veröffentlichte, das den „Seattle Sound" zur Mainstream-Musik machte. Puristen kritisierten Nirvana dafür, sich der Kommerzialisierung hingegeben zu haben und ebenbürtige Bands wie Soundgarden und Alice in Chains zu verdrängen. Die Beliebtheit des Grunge hielt einige Jahre an, doch dann sorgte dessen ureigene Kultur für den Niedergang des Genres. Die Bands lebten ein schnelles, intensives Leben, ohne sich wirklich ernst zu nehmen. Viele lösten sich aufgrund von internen Streitigkeiten und Drogenproblemen auf. Der letzte Vorhang fiel schließlich 1994, als sich Kurt Cobain, die Seele Nirvanas, das Leben nahm.

In ein paar Städten im Westen nimmt Indie-Musik eine wichtige Rolle ein. Seattle gilt als Revier von Modest Mouse, Death Cab for Cutie und The Postal Service, während Olympia, WA, als Nährboden für Indie-Rock und die Riot Grrrls diente. Portland, OR, wiederum brachte so vielfältige Gruppen wie die Folktronic-Hip-Hop-Band Talkdemonic, die alternativen Decemberists, die genreübergreifenden Pink Martini sowie the Shins – ursprünglich aus Albuquerque, NM –, the Dandy Warhols, Blind Pilot und Elliot Smith hervor.

Film

Seit dem Siegeszug des Films – und später des Fernsehens – als Unterhaltungsmedium nimmt Kalifornien in der Welt der Popkultur eine Vormachtstellung ein. Jedes Jahr werden hier rund 40 TV-Serien und zig Filme gedreht, hinzu kommen Studioproduktionen in Südkalifornien.

Die Filmindustrie

Die Filmindustrie entstand in den bescheidenen Obstgärten von Hollywoodland, einem Wohnbezirk von L.A., in dem geschäftstüchtige Filmemacher, viele davon europäische Einwanderer, Anfang des 20. Jhs. Studios gründeten. Der in Deutschland geborene Carl Laemmle baute 1915 die Universal Studios auf und verkaufte neugierigen Besuchern, die sich für die magische Welt der Filmproduktion ansehen wollten, auch gleich noch ein Mittagessen. Der polnische Einwanderer Samuel Goldwyn gründete gemeinsam mit Cecil B. DeMille die Paramount Studios, ein paar Jahre später folgte der aus Kanada eingewanderte, polnischstämmige Jack Warner mit seinen Brüdern ihrem Beispiel.

Im ganzjährig milden Klima von L.A. konnten die meisten Außenaufnahmen problemlos gedreht werden. Die frühen Stummfilmstars wie Charlie Chaplin, Buster Keaton und Harold Lloyd waren beim Publikum äußerst beliebt und 1920 wurde die erste große Hollywood-Ehe zwischen Douglas Fairbanks und Mary Pickford geschlossen – das erste Hollywood-Traumpaar war geboren. 1927 wurde dann mit der Premiere von *Der Jazzsänger*, einem Musical von Warner Bros mit Al Jolson, in

KUNST & ARCHITEKTUR FILM

Die handgeschriebenen Texte von Kurt Cobain, dem in Aberdeen, WA, geborenen Sänger und Songschreiber von Nirvana, gibt's im Experience Music Project im Seattle Center zu sehen.

Top Film-Festivals

AFI Fest
(www.afi.com)

Outfest
(www.outfest.org)

San Francisco International Film Festival
(www.sffs.org)

Sundance Film Festival
(www.sundance.org)

Telluride Film Festival
(www.telluridefilmfestival.org)

Seattle International Film Festival
(www.siff.net)

Downtown L.A. die Ära des Tonfilms und das glamouröse Golden Age Hollywoods eingeläutet.

Hollywood & Co.

Ab den 1920er-Jahren wurde Hollywood zum gesellschaftlichen und finanziellen Zentrum der Filmindustrie, obwohl sich nur ein großes Studio, Paramount Pictures, tatsächlich dort befand. Die meisten Filme wurden in der Gegend um L.A. gedreht, sei es in Culver City (MGM, heute Sony Pictures), Studio City (Universal Studios) oder in Burbank (Warner Bros. sowie später Disney).

Heute werden Filmset-Scouts aufgrund der hohen Drehkosten auf die Suche nach anderen Locations geschickt. Während seiner zwei Amtszeiten als Gouverneur von New Mexico (2002–2010) lockte Bill Richardson mit einem Steuererlass von 25% auf Spesen Produktionsteams in seinen Staat. So flossen über 3 Mrd. US$ in die Staatskasse. Film- und Fernsehteams drehen außerdem weiter nördlich in Kanada, beispielsweise in Vancouver, Toronto und Montréal.

Western

Viele Western wurden zwar in Südkalifornien gedreht, doch einige Orte in Utah und Arizona kamen so oft als Film- und Fernsehkulisse zum Einsatz, dass sie zum Inbegriff des amerikanischen Westens wurden. Neben dem Monument Valley in Utah, das der Regisseur John Ford mit *Ringo* als erster in Szene setzte, gehören dazu Moab, bekannt durch *Thelma & Louise* (1991), der Dead Horse Point State Park, bekannt durch *Mission Impossible II* (2000), der Lake Powell, bekannt durch *Planet der Affen* (1968) und Tombstone, bekannt durch den gleichnamigen Film von 1993. Szenen aus *127 Hours*, der von den grauenvollen Stunden erzählt, in denen Aron Ralston im Blue John Canyon im Canyonlands National Park festsaß, wurden im und um den Canyon gedreht.

Fernsehen

Der erste Fernsehsender wurde 1931 in Los Angeles gegründet. In den folgenden Jahrzehnten wurden in Wohnzimmern in ganz Amerika kultige Bilder von Los Angeles ausgestrahlt, darunter *Polizeibericht* (1950er-Jahre), *The Beverly Hillbillies* (1960er-Jahre), *Drei Mädchen und drei Jungen* (1970er-Jahre), *L.A. Law* (1980er-Jahre), *Baywatch, Melrose Place* und *Der Prinz von Bel-Air* (1990er-Jahre). Auch Teenager-Dramödien wie *Beverly Hills 90210* (1990er-Jahre) und *O.C., California* (2000er-Jahre) waren dabei; letztere Serie spielte in Newport Beach, Orange County. Wer Reality-TV liebt, kann Südkalifornien in Serien wie *Top Chef* oder *Real Housewives of Orange County* kennenlernen.

Südkalifornien war auch eine vielseitige Kulisse für Dramen im Kabelfernsehen, von *Weeds – Kleine Deals unter Nachbarn* über eine hanfanbauende Witwe auf Showtime bis hin zur Polizeiserie *The Closer* auf TNT über Mordkommissare in Los Angeles und *The Shield – Gesetz der Gewalt* auf FX, das die Polizeikorruption in der Stadt der Engel fiktionalisierte.

Aber Südkalifornien ist nicht die einzige Fernsehkulisse. Der frühere *Akte X*-Autor Vince Gilligan brachte 2008 mit der Premiere von *Breaking Bad* eine weitere brillante Serie auf den kleinen Bildschirm. Das mit dem Emmy prämierte Drama ist im sonnigen Albuquerque angesiedelt und dokumentiert den Aufstieg und Fall des Chemielehrers Walter White, der zum Chrystal Meth-Dealer wird, und seines Assistenten-Pechvogels Jesse Pinkman.

Einige Außenaufnahmen für David Lynchs bizarres *Twin Peaks* (1990–1991) wurden in Snoqualmie und North Bend, Washington, gedreht. Aufgrund der Steueranreize war auch Vancouver lange ein beliebter Dre-

In Albuquerque können Fans von *Breaking Bad* das Twisters (4257 Isleta Blvd) besuchen, das auch in Gus Frings Los Pollos Hermanos vorkam. Zum Dessert verkauft Rebel Donut (www.rebeldonut.com; 400 Gold Ave) einen Blue-Sky-Donut mit blauen Zuckerkristallen – eine Anspielung auf das Blue Meth von Walter White.

hort für TV-Produktionsgesellschaften. Viele ihrer Serien, von *Akte X – Die unheimlichen Fälle des FBI* (1993–2002) über *Battlestar Galactica* (2004–2009) bis hin zu *Fringe – Grenzfälle des FBI* (2008–2013) handeln aber an anderen Orten.

Architektur

Den Westen prägen importierte Stilrichtungen, die dem Klima und den verfügbaren Materialien angepasst sind. Die Bandbreite reicht von kühlen, von Lehmziegeln inspirierten Häusern in Tucson bis zu nebelbeständigen, roten Schindelbauten in Mendocino.

Spanische Missionen & viktorianische Königinnen

Die ersten spanischen Missionen wurden rund um Innenhöfe gebaut. Zum Einsatz kamen Materialien, die Ureinwohner und Kolonisten vor Ort vorfanden: Lehmziegel, Kalkstein und Gras. Viele Missionen verfielen mit dem schwindenden Einfluss der Kirche, doch der für das Klima geeignete Stil blieb erhalten. Frühe kalifornische Siedler entwickelten daraus später Lehmziegelhäuser im Rancho-Stil, die z. B. in El Pueblo de Los Angeles und in der Altstadt San Diegos zu sehen sind.

Während des Goldrauschs Mitte des 19. Jhs. importierten Kaliforniens neue Reiche Materialien, um prächtige Villen nach europäischem Vorbild zu bauen, die sich durch üppigen Dekor auszeichneten. Viele Millionäre zogen den königlichen Queen Anne Style vor. Herausragende Beispiele viktorianischer Architektur, darunter die „Painted Ladies" und „Gingerbread" (Lebkuchen)-Häuser, sind in nordkalifornischen Städten wie San Francisco, Ferndale und Eureka zu finden.

Viele Architekten zogen dem glamourösen viktorianischen Stil klassische spanische Kolonialarchitektur vor. Der zurückhaltende, funktionelle Mission Revival Style zeichnet sich durch bogenförmige Türen und Fenster, lange überdachte Veranden, Springbrunnen, Innenhöfe, solide Wände und rote Ziegeldächer aus.

Arts & Crafts und Art déco

Typisch für den Arts and Crafts Style ist seine Schlichtheit. Er ist von japanischen Elementen und Englands Arts-and-Crafts-Bewegung geprägt, wobei Holzarbeiten und handgemachte Details eine bewusste Abkehr von der Industriellen Revolution darstellen. Die südkalifornischen Architekten Charles und Henry Greene sowie Bernard Maybeck in Nordkalifornien verhalfen dem vielseitigen einstöckigen Bungalow um die Jahrhundertwende zu Popularität. Sie zeichnen sich durch ausladende Dachvorsprünge, Terrassen und Schlafterrassen, die Außen- und Innenbereiche harmonisch miteinander verbinden, aus und sind heute in Pasadena und Berkeley zu finden.

In den 1920er-Jahren machte sich der internationale Art-déco-Stil Elemente aus der Antike wie Maya-Glyphen, ägyptische Säulen und babylonische Tempeltürme zu eigen und verarbeitete sie zu modernen Motiven, mit denen einfache Fassaden und moderne Wolkenkratzer, besonders in L. A. und in der Downtown von Oakland, geschmückt wurden. Die schlichte Moderne reduzierte Deko-Elemente auf ein Minimum und ahmte das aerodynamische Äußere von Ozeandampfern und Flugzeugen nach; ein gutes Beispiel ist die Union Station in L. A.

Ein paar Jahre später entwarf Meisterarchitekt Frank Lloyd Wright Häuser im Romanza-Stil, der dem Prinzip folgte, dass jeder Innen- einem Außenbereich entspricht. Das fließende Design ist am besten am Beispiel des Hollyhock House in L. A. zu bewundern, das für die Erbin Alice Barnsdale errichtet wurde. Taliesin West, das Zweithaus und Atelier des Architekten in Scottsdale, AZ, setzt wunderbar die umliegende Wüstenlandschaft in Szene.

KUNST & ARCHITEKTUR ARCHITEKTUR

1915 beauftragte der Zeitungsmagnat William Randolph Hearst Julia Morgan, die erste lizenzierte weibliche Architektin, mit dem Bau seines Hearst Castle – ein zweifelhaftes Vergnügen, denn Morgan benötigte mehrere Jahrzehnte für den Auftrag, der umsichtige Diplomatie erforderte, da die Pläne ständig verändert werden mussten und der von Hearst präferierte Mix aus spanischem, gotischem und griechischem Stil zu einem heiklen Balanceakt führte.

California Crazy & Beyond: Roadside Vernacular Architecture von Jim Heimann ist eine Tollerei durch die verrückte, skurrile Welt von Kalifornien, wo Limonadenstände wie riesige Limoflaschen aussehen und Motels wie Tipis geformt sind.

Postmoderne Entwicklungen

Der Architekturstil entfernte sich von der strikten Moderne und neuartige postmoderne Elemente hielten Einzug. Richard Meier machte sich mit dem Getty Center, weißen Bauwerken mit geschwungenen Fassaden auf einem ausgedörrten Berg in West L.A. einen Namen. Der in Kanada geborene Frank Gehry zog nach Santa Monica und entwarf die wogende, einer Skulptur ähnelnde Walt Disney Concert Hall in L.A., die mit den klaren Linien der kalifornischen Streamline-Moderne spielt. Renzo Pianos unverkennbarer naturnaher Industriestil spiegelt sich in dem Sheddach und den roten Stahlträgern des Erweiterungsbaus des Los Angeles County Museum of Art wider, dem Broad Contemporary Art Museum.

In San Francisco ist der postmoderner Stil von Architekten, die mit dem Pritzker-Preis ausgezeichnet wurden, auf dem Vormarsch. Dieser nimmt Kaliforniens wunderbare Natur zum Vorbild und ahmt sie nach; ein gutes Beispiel dafür ist der Golden Gate Park. Die Schweizer Architekten Herzog & de Meuron verkleideten das M.H. de Young Memorial Museum mit Kupfer, das sich mit der Zeit grün verfärben und in die Parklandschaft einfügen wird. Ganz in der Nähe ist Renzo Piano für die nachhaltige Architektur der mit dem LEED-Platin-Zertifikat ausgezeichneten California Academy of Sciences verantwortlich, die von einem grünen Garten bedeckt wird.

Bildende Kunst

Kunst an ungewöhnlichen Orten

Bisbee, AZ

Jerome, AZ

Aspen, CO

Park City, UT

Bellingham, WA

Obwohl die frühen europäischen Künstler ausgebildete Kartografen waren, die westliche Entdecker begleiteten, zeigen ihre Darstellungen von Kalifornien als Insel mehr Fantasie als wissenschaftliche Genauigkeit. Diese Tendenz zur Mythologisierung setzte sich auch während des Goldrauschs fort, als westliche Künstler abwechselnd Karikaturen der Ausschweifungen des Wilden Westens und schicksalsträchtige Propaganda schufen, die Pioniere dazu anregten, im Goldenen Westen zu siedeln. Mit der Fertigstellung der transkontinentalen Eisenbahnlinie im Jahre 1869 kamen zahlreiche romantische Maler ins Land, die traumhafte Bilder von der kalifornischen Wildnis zeichneten.

Anfang des 20. Jhs. entstanden Kolonien von kalifornischen Pleinair-Impressionisten, besonders in Laguna Beach und Carmel-by-the-Sea. Im Südwesten malte Georgia O'Keeffe (1887–1986) beeindruckende südwestliche Landschaften, die heute in Museen auf der ganzen Welt ausgestellt werden.

Der Fotograf Pirkle Jones zeigte großes Potential in der kalifornischen Landschaftsfotografie nach dem Zweiten Weltkrieg, während die grandiosen Fotografien des in San Francisco geborenen Ansel Adams sogar Yosemite gerecht wurden. Zusammen mit Edward Weston aus Carmel und Imogen Cunningham gründete Adams die Group f/64 in

---

KUNST IN NEW MEXICO

In Taos und Santa Fe sind große, aktive Künstlergemeinden ansässig, die die Kunst des Südwestens entscheidend prägen. Wer Kunst und indigenes Kunsthandwerk bewundern oder kaufen möchte, ist in Santa Fe, dem drittgrößten Kunstmarkt der USA, genau richtig. Rund 100 der dort ansässigen über 200 Galerien säumen die Canyon Rd, Stammesangehörige verkaufen hochwertigen Schmuck und Kunsthandwerk neben der Plaza: freitags finden um 17 Uhr Kunstführungen statt. Kunstliebhaber können zudem eine Atelierführung unternehmen oder die High Rd, eine idyllische Seitenstraße zwischen Santa Fe und Taos, entlangfahren, die an Galerien, historischen Gebäuden und einem Kunstmarkt vorbeiführt.

San Francisco. Die in Berkeley lebende Fotografin Dorothea Lange zeigte mit ihrer unerschrockenen Linse das Leid der kalifornischen Migrantenarbeiter in der Weltwirtschaftskrise und der japanischen Amerikaner, die während den Zweiten Weltkriegs dazu gezwungen wurden, in Gefangenenlager zu gehen. Glasbläserei ist eine Spezialität der Region Puget Sound und wird von Künstlern aus der Pilchuk-Schule angeführt. Der in Washington geborene Künstler Dale Chihuly, der für seine Kreationen aus geblasenem Glas bekannt ist, wird in über 200 Galerien weltweit ausgestellt.

Nach dem Krieg wurde der Westen der USA mit Autobahnen erschlossen und viele geplanten Gemeinden entstanden. Kalifornische Maler widmeten sich den abstrakten Formen der künstlich angelegten Landschaften. In San Francisco wurden Richard Diebenkorn und David Park zu führenden Vertretern der Bay Area Figurative Art, während der Bildhauer Richard Serra urbane Ästhetik mittels massiver, rostender Monolithe darstellte, die Schiffsbugs und industriellen Stonehenges ähneln. Pop-Art-Künstler fingen das Ethos des offenkundigen Materialismus ein, man denke an Wayne Thiebauds Kaugummiautomaten, die Pools in L.A. des britischen Einwanderers David Hockney und Ed Ruschas Studien über südkalifornische Popkultur. In San Francisco entdeckten Künstler in den 1950er-Jahrenn ihre Liebe zu provisorischen Beat-Collagen, in den 1960er-Jahren zu psychedelischen Fillmore-Postern, in den 1970er-Jahren zu Funk und buntem Punk und in den 1980er-Jahren zur Graffiti- und Skate-Kultur.

Die heutige Kunstszene vereint all diese Einflüsse in gesellschaftskritischen Wandmalereien, einer leidenschaftlichen Hingabe zum Handwerk und einem von den neuen Medien geprägten Milieu, das sich für hochmoderne Technologie begeistert. Das Museum of Contemporary Art in L.A. zeigt Provokatives und Avantgarde-Shows, ebenso das Broad Contemporary Art Museum des LACMA und das Museum of Contemporary Art San Diego, das sich auf die Popkultur nach den 1950er-Jahren und Konzeptkunst spezialisiert hat. Kalifornische Kunst in ihrer experimentellsten Form gibt's in Südkaliforniens Galerien in der Innenstadt von L.A. und Culver City sowie in den alternativen Kunstszenen Nordkaliforniens im Mission District von San Francisco und den laborähnlichen Galerien im Yerba Buena Arts District des SOMA zu sehen.

Fotografie-Fans können ihre Kalifornienreise rund um das Getty Center in Los Angeles (mit über 100 000 Bildern) und das erstklassige SFMOMA in Nordkalifornien planen, dessen herausragende Sammlung von früher Wildwest-Daguerreotypie bis hin zu experimentellen japanischen Nachkriegsfotos reicht.

Natur & Umwelt

Marc Reisners Buch *Cadillac Desert: The American West and Its Disappearing Water* stellt ausführlich dar, wie die explosionsartig wachsende Bevölkerung im Westen Nordamerikas praktisch jeden verfügbaren Tropfen Wasser verbraucht.

Kollidierende tektonische Platten, mächtige Fluten, speiende Vulkane, Eisfelder: Viele Millionen Jahre lang war der amerikanische Westen eine ziemlich unangenehme Region. Aber aus Feuer und Eis entsprang eine kaleidoskopische Vielfalt an faszinierenden Landschaften, die eines gemeinsam haben: Sie inspirieren und ziehen Entdecker, Naturfreunde, Künstler und Outdoor-Abenteurer gleichermaßen an. Für Touristen ist dies der richtige Ort, um endlich die gute Kamera auszupacken.

Geografie

Der aus dem Westen stammende Romancier und Essayist Wallace Stegner bemerkte in seinem Buch *Where the Bluebird Sings to the Lemonade Springs,* dass der Westen „eigentlich aus einem halben Dutzend Subregionen besteht, die sich voneinander so sehr unterscheiden wie der Regenwald der Olympic Peninsula von den Erosionsfelsen Utahs oder Seattle von Santa Fe". Das einzig Gemeinsame der Regionen sieht Stegner in der Trockenheit. Trockenheit, so schrieb er, sorgt in den meisten Gebieten des Westens für helles Licht und eine klare Luft, aber auch für Kämpfe um Wasserrechte. Dieses Thema spielte in der Vergangenheit eine große Rolle – und tut es auch heute noch.

Kalifornien

Mit 423 970 km² ist Kalifornien nach Alaska und Texas der drittgrößte Bundesstaat der USA.

Geologie & Erdbeben

Ein vollständig hydratisierter Riesensaguaro kann über eine Tonne Wasser speichern.

In geologischer Hinsicht ist Kalifornien eine sehr komplexe Landschaft, die sich aus Felsen und Erde bildete, als im Verlauf Hunderter Millionen Jahre der nordamerikanische Kontinent nach Westen driftete. Die verwitterten Küstengebirge, das tiefe Central Valley und die stetig wachsende Sierra Nevada sind Zeugnisse der gigantischen Kräfte beim Zusammenstoß der Kontinental- und der ozeanischen Platten.

Vor rund 25 Mio. Jahren endete der Aufprall der Nordamerikanischen auf die Pazifische Platte; seither driften sie seitlich aneinander vorbei. So entstand die gewaltige San-Andreas-Verwerfung. Da sich die Platten in dieser Kontaktzone nicht mit gleichmäßiger Geschwindigkeit, sondern unregelmäßig und ruckweise verschieben, bebt in Kalifornien immer wieder die Erde.

Nach Angaben des US Geological Survey liegt die Wahrscheinlichkeit, dass Kalifornien ein Erdbeben der Stärke 6,7 oder höher in den nächsten 30 Jahren trifft, bei 99,7 %.

Das berühmteste Erdbeben ereignete sich im Jahre 1906; es hatte die Stärke 7,8 auf der Richter-Skala und zerstörte San Francisco, wobei mehr als 3000 Menschen starben. Die Bay Area machte auch 1989 wieder Schlagzeilen, als beim Loma-Prieta-Erdbeben (7,1) ein Abschnitt der Bay Bridge zusammenbrach. Das letzte größere Beben in Los Angeles war das Northridge-Erdbeben (6,7), bei dem im Jahr 1994 Teile des Santa Monica Fwy einstürzten, wodurch es das bislang kostspieligste Beben der US-amerikanischen Geschichte war.

Von der Küste zum Central Valley

Der Großteil der kalifornischen Küste ist von Bergen gesäumt, die die Winterstürme abfangen. San Francisco teilt die Küstengebirge in zwei Hälften: die kaum bewohnte neblige Nordküste und die viel stärker besiedelte Küste Zentral- und Südkaliforniens, die ein milderes Klima hat.

In den nördlichsten Ausläufern der Küstengebirge haben die nährstoffreiche Erde und die hohe Feuchtigkeit ganze Wälder mit Riesenbäu-

Viele der im Südwesten weit verbreiteten Blumen sind in dem Buch *Canyon Country Wildflowers* von Damian Fagan beschrieben.

NATUR & UMWELT GEOGRAFIE

DIE FLORA DES WESTENS

Die vielen großen Gebirgszüge des Westens sorgen für eine bemerkenswerte Vielfalt ökologischer Nischen für die Flora. Um die Pflanzenwelt der Region zu verstehen, muss man etwas über die Lebenszonen wissen und über die Art und Weise, in der die jeweiligen Pflanzen in der von ihnen bevorzugten Zone gedeihen.

In den am tiefsten liegenden Gebieten des Südwestens, d. h. unter 1200 m, schaffen hohe Temperaturen und Wassermangel eine Wüstenzone, in der dürrebeständige Pflanzen wie Kakteen, Beifußgewächse und Agaven wachsen. Viele dieser Pflanzen haben kleine Blätter, um den Wasserverlust zu reduzieren, oder sie können Wasser speichern, um lange Dürreperioden zu überstehen – wie die Kakteen.

Auf mittlerer Höhe, zwischen 1200 und 2100 m, ist es etwas kühler und feuchter, sodass hier verholzte Sträucher und kleine Bäume gedeihen. In vielen Teilen von Nevada, Utah, im nördlichen Arizona und New Mexico bedecken Pinyon-Kiefern und Wacholder die unteren Berghänge und Hügel. Beide Baumarten sind klein und gedrungen.

An vielen Berghängen im Westen finden sich auf 2100 m Höhe fast unvermischte Bestände der stattlichen, duftenden Gelbkiefern. Dieser Baum bestimmt die Landschaft wie kein zweiter, und viele Tiere sind auf ihn angewiesen. Auch für die Holzindustrie ist er der profitabelste Baum. Boreale Wälder des Hochgebirges, bestehend aus Fichten, Tannen, Amerikanischen Zitterpappeln und weiteren Koniferen, finden sich auf den Gipfeln im Südwesten – ein Terrain kühler, feuchter Wälder und üppiger Wiesen voller Wildblumen.

Unglaublich vielfältige Blumen finden sich alljährlich in den Wüsten und den Bergen im Südwesten. Die Blüte der Wüstenblumen beginnt im Februar, die Blumen der Bergwiesen blühen nach der Schneeschmelze oder wenn Sommergewitter für feuchten Boden gesorgt haben. Manche der größten und prächtigsten blühenden Pflanzen gehören zu den rund 100 Kakteenarten, die im Südwesten gedeihen.

Die Hauptblütezeit in den Wüstenregionen Südkaliforniens ist der März, während andere, tief liegende Gebiete dieses Bundesstaats erst im April in voller Blüte stehen. Da der Schnee in den Hochlagen der Sierra Nevada später schmilzt, dauert die Spitzensaison zum Wandern in den Tuolumne Meadows des Yosemite National Park, während der man Wildblumen bewundern und fotografieren kann, meist von Ende Juni bis Mitte Juli.

Im Nordwesten fängt die feuchte, raue Westseite des Kaskadengebirges die meisten vom Ozean kommenden Regenwolken ab. Die Niederschläge sorgen dort für üppig grüne Wälder, in denen sich die Pflanzen den Platz gegenseitig streitig machen. Die Ostseite empfängt deswegen wenig Regen und ist trocken und wüstenartig. Überwiegend wachsen hier Beifuß und andere Savannenpflanzen, doch gibt es, vor allem in den Gebirgsausläufern, auch Inseln üppigeren Pflanzenwuchses.

In Sachen Bäume ist Kalifornien das Land der Superlative: Hier wachsen die höchsten (Küstenmammutbäume mit bis zu 115 m), die dicksten (die Riesenmammutbäume der Sierra Nevada mit einem Stammdurchmesser von mehr als 11 m an der Basis) und die ältesten (die Langlebigen Kiefern der White Mountains mit fast 5000 Jahren) Bäume der Erde. Der Riesenmammutbaum ist ausschließlich in Kalifornien zu finden; er gedeiht in isolierten Hainen an den Westhängen der Sierra Nevada, z. B. in den Nationalparks Yosemite, Sequoia und Kings Canyon.

men hervorgebracht. An ihren Ostflanken gehen die Küstengebirge in sanfte Hügellandschaften und schließlich in das 724 km lange Central Valley über – ein landwirtschaftliches Zentrum, in dem über 250 verschiedene Nutzpflanzen angebaut werden, von Nüssen über Obst bis hin zu Gemüse, was jährlich über 17 Mrd. US$ einbringt.

Hochgebirge

An der Ostseite des Central Valley ragt die berühmte Sierra Nevada auf. Mit einer Länge von 644 km und einer Breite von 80 km ist sie einer der größten Gebirgszüge der Welt; zu ihr gehören 13 Berggipfel mit einer Höhe von mehr als 4200 m. Die ausgedehnte Wildnis der High Sierra (in einer Höhe von meist über 2700 m) besteht aus Gletschern, wie gemeißelt wirkenden Granitgipfeln und einsamen Canyons. Die hoch aufragende Sierra Nevada hält die Niederschlagsfronten auf und lässt sie abregnen, wobei die Niederschläge ab 900 m Höhe überwiegend als Schnee fallen. Die Niederschläge speisen ein halbes Dutzend größerer Flusssysteme, die den größten Anteil des in San Francisco und L.A. gebrauchten Wassers stellen und die Farmen im Central Valley bewässern.

Die Wüsten

Da der Westhang der Sierra Nevada den Löwenanteil der Niederschläge empfängt, sind alle Gebiete östlich des Gebirgskamms der Sierra trocken und wüstenartig; die Niederschlagsmenge liegt hier unter 250 mm pro Jahr. Einige Täler am östlichen Fuß der Sierra Nevada sind jedoch durch Bäche gut bewässert und dadurch bestens für Land- und Viehwirtschaft geeignet.

Die Gebiete in der Nordhälfte Kaliforniens und vor allem auf dem hoch gelegenen Modoc-Plateau im Nordosten bilden eine kalte Wüste am westlichen Rand des Great Basin, wo robuste Beifußsträucher und kleine Wacholderhaine wachsen. Die Temperaturen steigen, je weiter man nach Süden kommt – besonders auffällig ist dies beim Abstieg vom Mono Lake hinunter in das Owens Valley östlich der Sierra Nevada. Zu dieser südlichen heißen Wüste (einem Teil der Mohave-Wüste) gehört auch das Death Valley, einer der heißesten Orte auf Erden.

Der Südwesten

Extrem alte Felsen (die zu den ältesten unseres Planeten zählen), die in der Tiefe des Grand Canyon liegen, bezeugen, dass das Gebiet vor 2 Mrd. Jahren unter Wasser lag. Jüngere Felsschichten im südlichen Utah verraten, dass die Region einst ständig oder zumindest periodisch unter Wasser stand. Vor rund 286 Mio. Jahren, am Ende des Paläozoikums, stießen die Kontinente aufeinander und bildeten die Landmasse Pangaea; dabei wurde die Erdkruste verformt und unter dem Druck erhoben sich die sogenannten „Ancestral Rocky Mountains". Obwohl diese frühe Gebirgskette im Osten lag, formte sie Flüsse und Sedimentablagerungen, mit denen der Südwesten seine heutige Gestalt anzunehmen begann.

Der Vorgang endete vor rund 60 Mio. Jahren, als sich Nordamerika von Europa abtrennte, über den als Ostpazifische Platte bekannten Teil der Erdkruste nach Westen glitt und dabei einen immer breiter werdenden Golf hinterließ, der schließlich zum Atlantik wurde. Die Ostpazifische Platte kollidierte dann mit der Nordamerikanischen. Bei diesem Zusammenstoß, der sogenannten Laramischen Orogenese, entstanden die modernen Rocky Mountains und ein altes Becken wurde angehoben und zum heutigen Colorado-Plateau. Fragmente der Ostpazifischen Platte lagerten sich an die Nordamerikanische Platte an, sodass der Südwesten, einst eine Küstenregion, zu einem Binnenland in immer größerer Entfernung zum Ozean wurde.

In Kalifornien liegen sowohl der höchste Punkt der kontinentalen USA außerhalb Alaskas (der Mt. Whitney; 4421 m) als auch die tiefste Senke Nordamerikas (Badwater, Death Valley; 86 m u.d.M.). Beide Stellen sind in Luftlinie gerade einmal 145 km voneinander entfernt.

In seinem Klassiker *Desert Solitaire: A Season in the Wilderness* berichtet Edward Abbey über seine Wüstenphilosophie und seine Einsichten. Das Buch ist ein Muss für Wüstenfans und Umweltschützer.

LANDSCHAFTLICHE BESONDERHEITEN IM SÜDWESTEN

➡ **Badlands** Zerfallende, mineralhaltige, weiche Felsen im Painted Desert im Petrified Forest National Park, im Capitol Reef National Park und in den Bisti Badlands.

➡ **Hoodoos** Skulptural wirkende, zu hohen Pfeilern verwitterte Felsspitzen; zu bewundern im Bryce Canyon National Park und im Arches National Park.

➡ **Felsentore** Sie entstanden, als sich die Ströme einst ihren Weg durch Sandsteinschichten bahnten; drei eindrucksvolle Felsentore sind im Natural Bridges National Monument zu sehen.

➡ **Goosenecks** Die „Gänsehälse" entstanden, als sich Ströme in u-förmigen Kurven durch die Landschaft bewegten. Betrachten kann man diese Formationen vom Goosenecks Overlook im Capitol Reef National Park.

➡ **Mesas** Diese massigen Formationen aus Sandstein blieben übrig, nachdem die umliegenden Gebiete abgetragen worden waren; typische Beispiele finden sich im Monument Valley und an der Grenze zwischen Arizona und Utah.

Während bis zu diesem Zeitpunkt Kompression und Kollisionen die Entwicklung bestimmten, begann sich die Erdkruste vor rund 30 Mio. Jahren in Ost-West-Richtung zu strecken. Die dünnere, gestreckte Kruste in New Mexico und Texas riss in Schwächezonen sogenannte Verwerfungen auf, und es bildete sich ein Rifttal, wo heute der Rio Grande durch New Mexico fließt. Die gleichen Kräfte schufen die Stufenplateaus im nördlichen Arizona und südlichen Utah.

Während der Eiszeiten im Pleistozän bildeten sich überall im Südwesten große Gewässer. Utahs Great Salt Lake ist das berühmteste Überbleibsel dieser einst mächtigen eiszeitlichen Seen. Vollständig ausgetrocknete ehemalige Seebecken mit Salzkruste fallen besonders zahlreich bei einer Fahrt durch Nevada ins Auge.

In den letzten Jahrmillionen war wohl die Erosion die vorherrschende Kraft. Starke Stürme und Regenfälle zersetzten das weiche Sedimentgestein, und gleichzeitig sorgte die Auffaltung der Rocky Mountains dafür, dass die Flüsse, die sich durch den Südwesten wanden, größer und reißender wurden und tiefe Canyons in die Landschaft gruben. Fast alle neueren geologischen Merkmale im Südwesten, von den Felstoren (im Arches National Park gibt es mehr als 2500 Sandsteinbögen) bis hin zu den Hoodoos, sind das Resultat von Verwitterung und Erosion.

Der geographische Aufbau der Region

Das Colorado-Plateau ist ein äußerst eindrucksvolles, fast undurchdringliches, 336 700 km² großes Tafelland in jenem Gebiet, wo Colorado, Utah, Arizona und New Mexico aufeinandertreffen. Das Plateau entstand in einem uralten Becken als eine bemerkenswert kohärente Formation klar erkennbarer Sedimentschichten und blieb vergleichsweise unverändert, auch wenn das Land ringsum von mächtigen Kräften zusammengequetscht, gedehnt und verformt wurde.

Das beste Zeugnis für die lang anhaltende Stabilität des Plateaus sind die deutlichen Sedimentschichten der Felsen, die sich über ganze 2 Mrd. Jahre zurückverfolgen lassen. Tatsächlich entstand deshalb auch die Wissenschaft der Stratigrafie – die Entschlüsselung von Erkenntnissen zur Erdgeschichte mithilfe der Felsschichten – aus verschiedenen Arbeiten am Grand Canyon, wo der tief einschneidende Colorado eine erstaunliche Abfolge von Schichten freilegte. Überall im Südwesten, vor allem aber auf dem Colorado-Plateau, künden diese Schichten von einer vielfältigen Vorzeit mit uralten Ozeanen, Küstensümpfen und Sanddünen.

Am Abend des 5. Juli 2011 wurde Phoenix von einem kilometerhohen Staubsturm mit einem geschätzten Ausmaß von 160 km umhüllt, der eine Geschwindigkeit von über 50 Meilen pro Stunde erreichte. Die Sichtweite sank auf 0 bis 0,25 Meilen. Es gab Stromausfälle und der Internationale Flughafen von Phoenix musste vorübergehend geschlossen werden.

Landschaftliche Merkmale

Der Südwesten hat jede Menge beeindruckender Felsformationen zu bieten. Ein Grund dafür ist, dass die vielen Sedimentschichten der Region so weich sind, dass Regen und Erosion sie in fantastische Formen meißeln konnten. Aber nicht jede Art von Regen kann dies bewirken – es muss schon ein harter, sporadischer Regen sein; häufiger Regen hingegen würde die Formationen einfach wegspülen. Zwischen den Regenfällen müssen außerdem lange Trockenphasen herrschen, die die erodierenden Formationen intakt halten können. Die große Farbvielfalt stammt von der einzigartigen Mineralzusammenstellung der unterschiedlichen Steinarten.

Geologie des Grand Canyon

Arizonas Grand Canyon ist das bekannteste geologische Merkmal im Südwesten der USA, und das aus gutem Grund: Er ist so riesig, dass die menschliche Vorstellungskraft ihm gegenüber winzig wirkt, und zudem sind in ihm 2 Mrd. Jahre der Erdgeschichte „aufgezeichnet" – eine gewaltige Zeitspanne, wenn man bedenkt, dass das Alter der Erde gerade einmal 4,6 Mrd. Jahre beträgt. Die Schlucht selbst ist demgegenüber jung, nämlich lediglich 5 bis 6 Mio. Jahre alt. Die 446 km lange Schlucht wurde vom mächtigen Colorado geformt, als sich das Land hob, und spiegelt die unterschiedliche Härte der mehr als zehn Gesteinsschichten wider, aus denen seine Wände bestehen. Schiefer zerbröselt beispielsweise leicht und bildet Schutthänge, während die robusteren Kalk- und Sandsteine auffällige Klippen ausbilden.

Die Schichten, die den Großteil der Wände des Canyons bilden, lagerten sich während des Paläozoikums, zwischen 542 und 251 Mio. Jahre vor der heutigen Zeit, hier an. Diese Formationen ruhen auf einer Reihe 1 bis 2 Mrd. Jahre alter Gesteine auf dem Grund der inneren Schlucht des Canyons. Zwischen diesen beiden deutlich erkennbaren Gesteinssorten befindet sich die „Great Unconformity", eine mehrere Hundert Millionen Jahre umfassende Lücke in der geologischen Aufzeichnung, wo die Erosion über 3600 m Gestein abgetragen hat und damit ein großes Rätsel hinterließ.

Unter www.publiclands.org gibt's eine Zusammenfassung von Freizeitmöglichkeiten auf regierungseigenem Land im Südwesten, die unabhängig von Verwaltungsagenturen ist. Auf der Website findet man auch Landkarten, einen Buchindex, Links zu relevanten Agenturen sowie Updates zu aktuellen Beschränkungen, Wetterbedingungen und Konditionen.

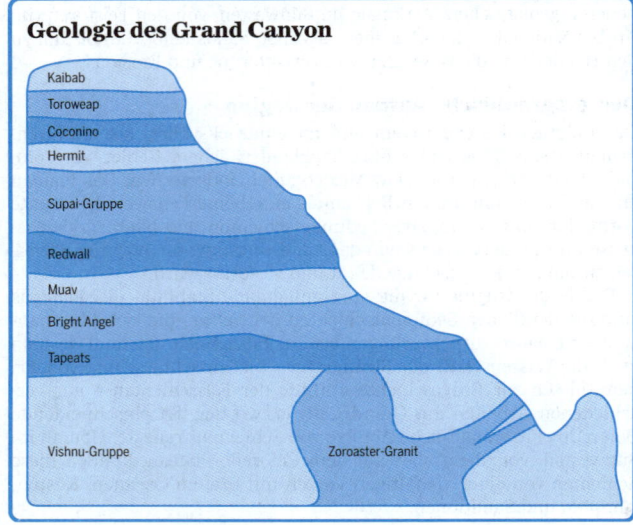

Geologie des Grand Canyon

Kaibab
Toroweap
Coconino
Hermit
Supai-Gruppe
Redwall
Muav
Bright Angel
Tapeats
Vishnu-Gruppe
Zoroaster-Granit

Der Nordwesten

Zwischen 16 und 13 Mio. Jahre vor unserer Zeit erlebten das heutige östliche Oregon und Washington eine der erdgeschichtlich frühesten Episoden vulkanischer Aktivität. Aufgrund sich verändernder Spannungen innerhalb der Erdkruste begannen große Teile des westlichen nordamerikanischen Binnenlands entlang Tausender Risse aufzubrechen, wobei riesige Mengen von Lava freigesetzt wurden und das Land überfluteten. Oft wurde so viel Lava frei, dass sie den Kanal des Columbia River ausfüllte und in Oregon die Küste erreichte, wo sie dann zu vorspringenden Landzungen wie dem Cape Lookout erstarrte. Heute sind die erstarrten Lavaströme im östlichen Oregon und Washington noch leicht an den spektakulären, nackten Felskanten und abgeflachten Mesas erkennbar.

Außerdem bildete sich in den Eiszeiten der letzten 2 Mio. Jahre immer wieder ein zusammenhängender, massiver Eisschild, der von Washington bis nach British Columbia reichte – und praktisch jeder Gebirgszug im Rest der Region war von Gletschern bedeckt.

Tiere & Pflanzen

Obwohl die überwältigenden Massen von Tieren, die es bei der Ankunft der ersten europäischen Siedler hier gab, längst der Vergangenheit angehören, kann man im Westen an den richtigen Stellen und zur richtigen Jahreszeit immer noch eine ganze Menge Wildtiere beobachten.

Reptilien & Amphibien

An Frühlingsabenden kann man in den Canyons im Südwesten die lauten Rufe der Schluchtenbaumfrösche oder der Rotpunktkröten vernehmen. Nach dem Sonnenaufgang tummeln sich Eidechsen und Schlangen vieler verschiedener Arten zwischen den Felsen und Sträuchern. Westliche Zaunleguane sind in den Parks der Region besonders häufig, Besucher können aber immer darauf hoffen, auch seltenere Arten wie die merkwürdige giftige Gila-Krustenechse zu Gesicht zu bekommen. Ebenso faszinierend sind die vielen farbenfrohen Klapperschlangen, die im Südwesten leben. Werden sie aufgestört, können sie zubeißen – ihr Biss ist wegen des Giftes gefährlich und auf alle Fälle schmerzhaft –, doch sind diese Tiere ruhig und scheu, solange man sie in Frieden lässt.

Vögel

Vogelzüge

Im Südwesten der USA gibt es viele interessante Vögel – insgesamt 400 Arten. Für viele Menschen sind sie sogar der Hauptgrund, in diese Region zu reisen. Das Frühjahr ist für Vogelfreunde besonders toll, weil die Singvögel aus ihren Winterquartieren im Süden eintreffen und nun überall ihre Lieder zwitschern. Im Herbst ziehen Kanadakraniche und Schneegänse in langen Reihen das Rio Grande Valley hinunter, um im Bosque del Apache National Wildlife Refuge zu überwintern. Der Great Salt Lake in Utah ist eine der wichtigsten Stationen für die Zugvögel Nordamerikas; Millionen Enten und Lappentaucher machen hier in jedem Herbst Rast, bevor sie weiter nach Süden ziehen.

Kalifornien liegt an der wichtigsten Wanderroute von mehr als 350 Vogelarten, die hier entweder durchziehen oder in dem Bundesstaat den Winter verbringen. Dementsprechend ist Kalifornien eines der wichtigsten Gebiete für Vogelbeobachter in Nordamerika. Jeden November kann man beispielsweise erleben, wie sich 1 Mio. Enten, Gänse und Schwäne im Klamath Basin National Wildlife Refuge Complex versammeln. Im Winter fliegen diese Wasservögel nach Süden in die Reservate im Central Valley – eine weitere Gegend, in der man große Scharen von Zug- und Standvögeln beobachten kann.

Pages of Stone: Geology of the Grand Canyon & Plateau Country National Parks & Monuments von Halka und Lucy Chronic ist eine ausgezeichnete Einführung in die vielfältige Landschaft des US-amerikanischen Südwestens.

In den Carlsbad Caverns lebten einst etwa 9 Mio. Bulldoggfledermäuse. Obwohl sie in den letzten Jahren weniger geworden sind, ist ihr Abendflug immer noch eins der faszinierendsten Naturspektakel in Nordamerika.

NATUR & UMWELT TIERE & PFLANZEN

Kalifornien-Kondore & Weißkopfseeadler

Mit seiner 2,75 m langen Flügelspanne erinnert der Kalifornien-Kondor eher an einen prähistorischen Flugsaurier als an einen Vogel. Diese ungewöhnlichen Tiere – die sich in prähistorischer Zeit von Mastodon- und Säbelzahnkatzen-Kadavern ernährten – wurden fast an den Rand des Aussterbens gebracht, erleben aber heute ein kleines Comeback am Grand Canyon. Nach mehreren Jahrzehnten, in denen es keine wildlebenden Kondore gab, nisten jetzt wieder einige Paare am Canyonrand. Am ehesten sieht man sie an den Vermilion Cliffs in Arizona. In Kalifornien sollte man bei der Fahrt entlang der Big-Sur-Küste oder beim Pinnacles National Monument nach ihnen Ausschau halten.

Der Nordwesten ist eine Hochburg für Weißkopfseeadler, die sich von den jährlichen Lachswanderungen ernähren und in den Wäldern nisten. Die beeindruckenden Vögel mit einer Flügelspannweite von 2,2 m versammeln sich massenhaft an Orten wie der Upper Skagit Bald Eagle Area in Washington und den nationalen Tierschutzreservaten in der Klamath-Basin-Region in Nordkalifornien und Südoregon. In Kalifornien haben die Weißkopfseeadler wieder Fuß auf den Channel Islands gefasst, und manchmal verbringen sie den Winter am Big Bear Lake unweit von L. A. Zu ihren schlechten Zeiten nisteten nur zwei oder drei Brutpaare in Colorado, aber diese Zahl ist jährlich um acht oder neun Paare gestiegen, und 2011 gab es über 100 Nester. Etwa 400 bis 1000 Weißkopfseeadler verbringen den Winter im Nordwesten.

> 1990 wurde der nördliche Fleckenkauz zu einer bedrohten Art erklärt, sodass die Holzindustrie bestimmte Wälder nicht mehr roden durfte. Der Streit darüber entfachte eine hitzige Debatte im gesamten Nordwesten, die Holzfäller und Umweltschützer gegeneinander aufbrachte.

Säugetiere

Viele der eindrucksvollsten Säugetierarten des Westens – Grizzlys, Bisons, Präriehunde – wurden bis um 1900 fast ausgerottet. Glücklicherweise tummeln sich aber noch viele andere Säugetiere in den Wäldern und Wüsten im Westen der USA. Wer Augen und Ohren offen hält, entdeckt mit Sicherheit zumindest ein paar Maultierhirsche und Kojoten.

Bären

Der Schwarzbär ist das vielleicht bekannteste Säugetier in den Rocky Mountains. Erwachsene Männchen haben ein Gewicht von 125 bis 204 kg, Weibchen erreichen 80 bis 113 kg. Auf allen Vieren sind sie bis zu 91 cm groß, auf die Hinterbeine aufgerichtet aber mehr als 1,50 m.

Schwarzbären gibt es auch im Nordwesten, im Südwesten sowie in Kalifornien. Sie ernähren sich von Beeren, Nüssen, Wurzeln, Insekten, Eiern, kleinen Säugetieren und Fischen, können aber auch rund um Campingplätze und Berghütten lästig werden, wenn dort Nahrungsmittel unachtsam gelagert worden sind.

Der Grizzlybär, der auf der Flagge Kaliforniens abgebildet ist, war einst zahlreich an den kalifornischen Küsten und auf Wiesen zu finden und fraß einfach alles – von Walkadavern bis hin zu Eicheln. Besonders viele Grizzlys lebten im Central Valley. Doch der Grizzlybär wurde Anfang des 20. Jhs. dort nach gnadenloser Jagd ausgerottet. Grizzlys gelten in Colorado als gefährdete Spezies, sind aber mit fast hundertprozentiger Sicherheit aus dem Staat verschwunden; der letzte dokumentierte Grizzly in Colorado wurde 1979 getötet. Im Jahr 2010 schätzten Wissenschaftler, dass noch 603 Grizzlys im Yellowstone National Park lebten. Eine aktuelle Studie legt nahe, dass die Einführung von Wölfen in Yellowstone der Grizzly-Population helfen könne – Wölfe fressen Rothirsche, wodurch es mehr Beeren für die Grizzlys gäbe.

> In den Gebirgswäldern Kaliforniens leben etwa 25 000 bis 35 000 Schwarzbären, deren Fell aber nicht unbedingt schwarz sein muss, sondern auch ins Dunkelbraune, Zimtfarbene oder sogar Hellbraune spielen kann.

Wapitis

Etwa 2350 Wapitis ziehen im Rocky Mountain National Park umher, der über eine beheimatete Herde von etwa 1700 Tieren verfügt. Ausgewachsene Wapiti-Bullen können bis zu 550 kg, Hirschkühe bis zu 300 kg wiegen. Beide haben dunkle Hälse und helle Körper. Wie Dickhornschafe wurden auch Wapitis bis zum Jahr 1890 im Estes Park durch extensive Jagd praktisch ausgerottet. 1913 und 1914, vor der Gründung des Parks, brachten Tierschützer 49 Wapitis von Yellowstone in den Estes Park. Die seit der Gründung des Rocky Mountain National Park steigende Wapiti-Population ist einer der größten Erfolge des National Park Service.

Zu den typischen Tieren des Nordwestens gehört der Olympic-Wapiti, dessen unheimliche Brunftschreie im September und Oktober überall in den Waldgebieten der Region zu hören sind. Ausgewachsene Bullen können bis zu 500 kg schwer sein und tragen ein 1,5 m ausladendes Geweih. Im Winter sammeln sich große Gruppen der Hirsche in den Tälern des Tieflands und am Spirit Lake Memorial Highway im Mt. St. Helens National Volcanic Monument, wo man sie beobachten kann. Im Olympic National Park gibt es die größte völlig frei lebende Herde von Olympic-Wapitis.

Dickhornschafe

Der Rocky Mountain National Park ist schon ein besonderer Ort: Das Verkehrszeichen „Dickhornschaf-Wildwechsel" wird man wohl nirgendwo sonst zu Gesicht bekommen. Vom Ende des Frühlings bis zum Ende des Sommers wechseln Gruppen von bis zu 60 Schafen – in der Regel nur Mutterschafe mit ihren Lämmern – vom Moränenkamm nördlich des Highways über die Straße zu den Sheep Lakes im Horseshoe Park. Während geschlechtsreife Widder große, eingerollte Hörner tragen, haben die Weibchen säbelförmig nach hinten gerichtete Hörner, die nur etwa 25 cm lang werden. Die Sheep Lakes sind Verdunstungsbecken, an deren Rändern sich Salz ablagert, das die Mutterschafe anlockt, nachdem sie im Mai oder Juni geworfen haben. So kann man sie am Morgen und am frühen Nachmittag an den Becken beobachten. Im August schließen sie sich dann wieder den Widdern in der Mummy Range an.

Gabelböcke

Die offenen Ebenen im östlichen Oregon und in Washington sind der Tummelplatz der Gabelböcke, seltsam anmutender, hirschähnlicher Kreaturen, die anstelle eines Geweihs zwei einzelne schwarze, oben gegabelte Hörner tragen. Sie sind die einzigen rezenten Vertreter der Familie der Gabelhornträger in der Unterordnung der Wiederkäuer (und trotz ihres englischen Namens *pronghorn antelope* mit Antilopen nicht näher verwandt). Man findet sie nur im amerikanischen Westen. Bekannt sind sie dafür, dass sie über längere Strecken mit einer Geschwindigkeit von bis zu 97 km pro Stunde rennen können – damit sind sie das zweitschnellste Landtier auf Erden.

Umweltfragen

Der Wachstum im Westen hat seinen Preis. Im Nordwesten haben die Erzeugung billiger Wasserkraft sowie massive Bewässerungsprojekte entlang des Columbia River zu einer womöglich unwiderruflichen Zerstörung des Fluss-Ökosystems geführt. Die zahlreichen Dämme haben die meisten Wanderungen der einheimischen Lachse beendet und behindern außerdem das Leben der verbliebenen amerikanischen Ureinwohner, die vom Fluss abhängig sind. Die Rodung der Altholzwälder hat hässliche Narben hinterlassen. Die Puget-Sound-Region in Washington und die riesigen Vororte Portlands ächzen unter dem Gewicht der rapide wachsenden Bevölkerungszentren.

Anhaltende Kontroversen im Südwesten sind etwa die Lage von Atomkraftwerken sowie der Transport und die Lagerung nuklearer Abfälle – besonders am Yucca Mountain, der nur 145 km von Las Vegas entfernt liegt. 2013 fasste eine Schlagzeile des *Las Vegas Review-Journal* diese Debatten mit den Worten „Kein Ende in Sicht für die juristischen Kämpfe um Yucca" zusammen.

Auch die Wasserverteilung und -verfügbarkeit geben Anlass zur Sorge. In einer trockenen Gegend wie dem Südwesten drehen sich viele der bedeutenden Umweltfragen um Wasser. Dürreperioden haben die Region so stark beeinträchtigt, dass Forscher warnten, der 177 km lange Lake Mead könne mit einer Wahrscheinlichkeit von 50 % bis zum Jahr 2021 völlig austrocknen und damit geschätzte 12 bis 36 Mio. Menschen in Städten wie Las Vegas, Los Angeles oder San Diego ganz direkt mit Wasserknappheit konfrontieren.

Der Bau von Dämmen und vom Menschen geschaffene Wasserläufe im gesamten Südwesten haben die heikle Wasserbalance, die zahllose Jahrtausende lang für Leben sorgte, radikal verändert. Die Dämme zum Beispiel stauen die Fluten von warmem Wasser auf und zwingen sie so, ihren Gehalt an lebensspendenden Nährstoffen zurückzuhalten. Diese Sedimente sorgten einst für die Regeneration von Überschwemmungsebenen, reicherten unzählige Nahrungsketten an und waren Voraussetzung für das Fortbestehen uralter endemischer Fischarten, die heute vom Aussterben bedroht sind. Statt der reichhaltigen jährlichen Fluten geben die Dämme heute unentwegt kaltes Wasser frei, das vor allem die importierten Fische und Unkrautpflanzen nährt, die in den Flüssen des Westens inzwischen überhand nehmen.

Im August 2013 gab es in den westlichen Staaten wie Arizona, Kalifornien, Idaho, Montana, Nevada, Oregon, Washington und Wyoming über 50 große Flächenbrände. Neueste Erkenntnisse belegen, dass die Brände im Westen regelmäßiger und intensiver als früher auftreten. Der Grund? Wissenschaftler haben drei Faktoren im Blick. Der erste ist die globale Erwärmung, die zu den weitverbreiteten Dürren im Westen beitragen könnte. Die trockenen Wetterbedingungen werden von den niedrigen Schneedecken noch verschärft. Ein weiterer Faktor könnte die zunehmende Erschließung der Naturlandschaften sein, die mehr Menschen – und potentielle Brandstifter – in die Wälder führt. Schließlich hat wahrscheinlich auch die jahrelange Forstpraxis der Feuerunterdrückung dazu geführt, dass mehr Unterholz entstehen konnte, das das Feuer nährt.

Bemühungen zum Schutz der Lachse beinhalten Schutzmaßnahmen von Lachspopulationen im gesamten Pazifischen Raum vom russischen Osten bis hin nach Nordkalifornien. Weitere Infos gibt's unter www.wildsalmon center.org.

Praktische Informationen

ALLGEMEINE INFORMATIONEN .. 500

Botschaften & Konsulate. 500
Ermäßigungen 500
Essen 500
Feiertage & Ferien 500
Fotografie & Video 501
Frauen unterwegs 501
Geld 502
Gesundheit 502
Internetzugang 503
National & State Parks 504
Öffnungszeiten 504
Post. 504
Rechtsfragen. 504
Reisen mit Behinderung 505
Schwule & Lesben 506
Strom 507
Telefon 507
Touristeninformation. . . .507
Unterkünfte. 508
Versicherung. 510
Visa. 510
Zeit 512
Zoll 512

VERKEHRSMITTEL & -WEGE 513

AN-& WEITERREISE. 513
Einreise 513
Flugzeug 514
Auf dem Landweg 515
UNTERWEGS VOR ORT . . 516
Auto & Motorrad 516
Bus 519
Fahrrad. 519
Flugzeug 520
Nahverkehr 521
Schiff/Fähre 522
Zug 522

SPRACHE. 524

Allgemeine Informationen

Botschaften & Konsulate

Ausländische Reisende, die in den USA die Botschaft ihres Heimatlandes kontaktieren möchten, finden unter **Embassy.org** (www.embassy.org) alle Infos zu den Botschaften in Washington, D. C. Die meisten Länder haben aber auch eine UN-Botschaft in New York City, manche auch Konsulate in anderen Großstädten. Für weitere Informationen in den gelben Seiten unter „Consulates" nachschlagen oder die lokale Telefonauskunft anrufen. Zuerst empfiehlt es sich jedoch, einen Blick auf die Website des eigenen Außenministeriums zu werfen.

Ermäßigungen

America the Beautiful Interagency Annual Pass (http://store.usgs.gov/pass; 80 US$) Die Jahreskarte berechtigt ein Jahr lang vier Erwachsene und alle Kinder unter 16 Jahren in deren Begleitung zum freien Eintritt in alle Nationalparks und bundesstaatlich (z.B. von USFS, BLM) verwalteten Erholungsgebiete. Sie kann online und an allen Nationalpark-Eingängen erworben werden.

American Association of Retired Persons (AARP; ☎888-687-2277; www.aarp.org; Jahresmitgliedschaft Amerikaner/Ausländer 16/28 US$) Interessengemeinschaft für Traveller ab 50 Jahren. Mitglieder erhalten Rabatte (meistens von 10 %) in Hotels, Autovermietungen u. a.

American Automobile Association (AAA; ☎877-428-2277; www.aaa.com; Jahresmitgliedschaft ab 48 US$) Mitglieder der AAA und seiner ausländischen Partner (z. B. ADAC) erhalten kleine Ermäßigungen (normalerweise von 10 %) in Amtrak-Zügen, Autovermietungen, Motels und Hotels, Restaurantketten, bestimmten Geschäften, bei Touren und in Themenparks. Personen ab 65 (teilweise 55, 60 oder 62) Jahren erhalten oft die gleichen Ermäßigungen wie Studenten. Zum Nachweis des Alters muss man einen Ausweis mit Geburtsdatum vorlegen.

International Student Identity Card (ISIC; www.isic.org; bis zu 22 US$) Mit dem internationalen Studentenausweis erhalten Vollzeitstudenten Ermäßigungen bei Fluglinien, Reiseversicherungen und lokalen Sehenswürdigkeiten. Nichtstudenten unter 26 Jahren profitieren in ähnlicher Weise von der International Youth Travel Card (IYTC; 22 US$). Die Ausweise werden von Studentenvereinen, Hostel-Organisationen und Reisebüros ausgestellt.

Student Advantage Card (☎877-256-4672; www.studentadvantage.com; 23 US$) US-amerikanische und ausländische Studenten sparen 15 % bei Amtrak und Greyhound und satte 10 bis 20 % bei einigen Fluglinien, Ladenketten, Hotels und Motels.

Essen

Herausragende Restaurants sind in diesem Buch mit dem Icon ★ gekennzeichnet. Die Lokale sind nach Preiskategorien geordnet (Budget, Mittelklasse, Luxusklasse). Innerhalb der Kategorien sind die Restaurants nach den Empfehlungen des Autors geordnet. In den Beschreibungen beziehen sich die Preise meist auf einen Hauptgang zum Abendessen und sind in die Kategorien **$** (unter 10 US$), **$$** (10 bis 20 US$) oder **$$$** (über 20 US$) eingeteilt. In den Preisen sind keine Getränke, Vorspeisen, Desserts, Steuern oder Trinkgelder enthalten. Achtung: Die Gerichte sind mittags meist billiger, manchmal kosten sie sogar nur die Hälfte. Viele Restaurants in Utah haben sonntags geschlossen.

Feiertage & Ferien

An folgenden öffentlichen Feiertagen sind landesweit alle Banken, Schulen und Behörden (auch die Post) geschlossen, und bei Verkehrsmitteln, Museen und anderen Einrichtungen gelten die Sonntagspläne. Feiertage, die aufs Wochenende fallen, werden meist am folgenden Montag nachgeholt.

Neujahr 1. Januar

Martin Luther King Jr. Day Dritter Montag im Januar

Presidents' Day Dritter Montag im Februar

Memorial Day letzter Montag im Mai

Independence Day 4. Juli

Labor Day Erster Montag im September

Columbus Day Zweiter Montag im Oktober

Veterans Day 11. November

Thanksgiving Vierter Donnerstag im November

Weihnachten 25. Dezember

Während der Spring Break (März and April) haben High-School- und College-Schüler eine Woche frei. Sommerferien sind von Juni bis August.

Fotografie & Video

Filme gibt's in speziellen Fotogeschäften. Speicherkarten für Digitalkameras sind häufig erhältlich bei Kaufhausketten wie Best Buy und Target.

In einigen Stammesgebieten der amerikanischen Ureinwohner ist das Fotografieren und Filmen streng verboten; und wenn es erlaubt ist, muss man vielleicht eine Genehmigung erwerben. Man sollte vorher immer um Erlaubnis fragen, wenn man jemanden aus der Nähe fotografieren will; die Leute, die damit einverstanden sind, erwarten vielleicht ein kleines Trinkgeld.

Für weitere Infos zum Fotografieren empfiehlt sich der Lonely Planet Band *Guide to Travel Photography*.

Frauen unterwegs

Frauen – egal, ob sie allein reisen oder in Gruppen unterwegs sind – dürften in den USA eigentlich keine Probleme haben. In puncto Sicherheit sollten alleinreisende Frauen natürlich die üblichen Vorsichtsmaßnahmen berücksichtigen. Wenn man jemanden gerade erst kennengelernt hat, sollte man ihm nicht gleich sagen,

TIPPS FÜR VIELKNIPSER

➡ Wer eine Digitalkamera hat, sollte zusätzliche Batterien und ein Ladegerät mitbringen.

➡ Wer noch einen normalen Fotoapparat hat, sollte sich für einen Film mit 100 ASA entscheiden, mit dem man selbst bei schwachen Lichtverhältnissen noch gute Fotos machen kann, weil es der langsamste Film ist und er die Auflösung verstärkt.

➡ Sehr nützlich ist eine Zoom-Linse; die meisten Spiegelreflexkameras haben eine. Damit kann man Nahaufnahmen von Details machen. Viele machen den Fehler, zu viel Landschaft rund um die Person aufzunehmen und sich nicht auf ein Element zu konzentrieren.

➡ Morgens und abends ist die beste Zeit für ein Foto. Derselbe Sandsteinfelsen kann im Laufe des Tages in vier oder fünf Farbtönen aufscheinen und die wärmsten Töne erwischt man bei Sonnenuntergang. Wenn das Foto leicht unterbelichtet ist, kommen Rottöne besser zur Geltung.

➡ Beim Fotografieren von roten Felsen sorgt ein Filter vor der Spiegelreflexlinse für wärmere Farben und reduziert das Blau an bewölkten oder dunkleren Tagen. Den gleichen Effekt erzielt man mit einer Digitalkamera, wenn man beim Weißabgleich die automatische Einstellung für „wolkig" vornimmt (oder die Farbtemperatur reduziert).

➡ Niemals in Richtung Sonne fotografieren; sie muss immer im Rücken liegen. Wer an sehr hellen Tagen Porträts in Nahaufnahme machen will, sollte die Person(en) im Schatten positionieren.

wo man wohnt, und schon gar nicht, dass man alleine unterwegs ist. Amerikaner helfen Alleinreisenden manchmal bereitwillig oder nehmen sie sogar auf. Aber man sollte nicht jedes Angebot für bare Münze nehmen. Wenn man bei jemandem eingeladen ist, der einem vertrauenswürdig erscheint, sollte man trotzdem jemand anderem (z.B. dem Hostel- oder Hotelmanager) über seine Pläne Bescheid geben und sagen, wohin man geht. Gleiches gilt auch, wenn man sich allein zu einer Wanderung aufmacht. So kann man sicher sein, dass, falls etwas passiert und man zur angesetzten Zeit nicht zurück sein sollte, das nicht unbemerkt bleibt und sich schließlich auch jemand auf die Suche nach einem begeben wird.

Einige Frauen haben immer eine Trillerpfeife, Reizgas oder Pfefferspray zur Selbstverteidigung dabei. Wer Pfefferspray kaufen will, sollte sich bei der örtlichen Polizei nach den entsprechenden Bestimmungen erkundigen. Die Gesetze sind diesbezüglich von Bundesstaat zu Bundesstaat verschieden. Allerdings verbieten die US-Bundesgesetze deren Mitnahme in Flugzeugen.

Opfer sexueller Übergriffe wenden sich am besten zuerst an die Hotline für Vergewaltigungsopfer und rufen danach die Polizei an. Wenn man in unmittelbarer Gefahr schwebt, sollte man aber die 911 anrufen. Achtung: Nicht alle Polizeibeamten besitzen genug Sensibilität oder Erfahrung im Umgang mit Opfern sexueller Gewalt.

Die Angestellten der Krisenzentren hingegen setzen sich unermüdlich für solche Opfer ein und fungieren als Vermittler in Bezug auf andere Einrichtungen wie Krankenhäuser und Polizei. In Telefonbüchern sind örtliche Anlaufstellen für Vergewaltigungsopfer aufgeführt. Zudem steht die **National Sexual Assault Hotline** (☑800-656-4673; www.rainn. org) rund um die Uhr zur Verfügung. Man kann auch direkt die Notaufnahme eines Krankenhauses aufsuchen!

Geld

Bargeld

Die meisten Leute haben nicht viel Bargeld dabei, sondern verlassen sich auf Geldautomaten, Kredit- und Bankkarten. In manchen Geschäften werden keine Scheine akzeptiert, die größer als 20 US$ sind.

Geldautomaten

➡ Geldautomaten gibt es in den meisten Banken, Einkaufszentren, Flughäfen, Lebensmittel- und Gemischtwarenläden.

➡ Pro Transaktion wird eine Gebühr von mindestens 2 bis 3 US$ fällig; hinzu kommen die Gebühren der eigenen Bank. Einige Geldautomaten in Las Vegas berechnen 5 US$ fürs Geldabheben.

➡ Die meisten Geldautomaten sind an internationale Netzwerke angeschlossen und haben ordentliche Wechselkurse.

➡ Wer mit der Kreditkarte Geld vom Automaten abhebt, muss mit heftigen Gebühren und Zinssätzen rechnen. Achtung: Sich vom Kreditkartenunternehmen eine PIN-Nummer geben lassen.

Geldwechsel

➡ Geld wechseln kann man an den großen Flughäfen, in einigen Banken und in Wechselstuben wie **American Express** (☑800-528-4800; www.

americanexpress.com) oder **Travelex** (☑877-414-63589; www.travelex.com). Immer zuerst nach den Wechselkursen und Gebühren fragen.

➡ Außerhalb der Großstädte könnte es schwierig werden, Geld umzutauschen. Deshalb immer eine Kreditkarte und ausreichend Bargeld dabeihaben.

Kreditkarten

Bekannte Kreditkarten (wie Visa, MasterCard und American Express) werden fast überall akzeptiert. Tatsächlich ist es fast unmöglich, ohne eine Kreditkarte ein Auto zu mieten, ein Zimmer zu buchen oder telefonisch Tickets zu kaufen. Im Notfall können sie sogar die Rettung sein.

Reiseschecks

Reiseschecks werden nur noch selten genutzt. Größere Restaurants, Hotels und Kaufhäuser nehmen sie oft noch an (nur in US-Dollar), aber kleinere Geschäfte, Märkte und Fastfoodketten lehnen sie wahrscheinlich ab.

Steuern

➡ Die Mehrwertsteuer variiert je nach Bundesstaat und County; die staatlichen Verkaufssteuern reichen von 0 % in Montana bis hin zu 7,5 % in Kalifornien.

➡ Die Hotelsteuern variieren je nach Stadt.

Trinkgeld

Trinkgelder sind in den USA mehr oder weniger als obligatorisch anzusehen. Nur wenn der Service wirklich extrem schlecht ist, sollte man gar nichts geben.

Barkeeper 10–15 %/Runde, mind. 1 US$/Getränk

Concierge Für einfache Infos nichts, aber bis hin zu 20 US$ beispielsweise für schwierige Restaurantreservierungen, Karten für ausverkaufte Shows usw.

Gepäckträger am Flughafen und Hotelpagen 2 US$/ Gepäckstück, mind. 5 US$/ Gepäckwagen

Parkservice Mind. 2 US$ bei Rückgabe des Autoschlüssels

Restaurantkellner und Zimmerservice 15–20 % (sofern nicht bereits in der Rechnung enthalten)

Taxifahrer 10–15 % des Fahrpreises (auf den nächsten vollen Dollarbetrag aufrunden)

Zimmermädchen 2–4 US$/Tag, die man unter der Karte ablegt; mehr, wenn man große Unordnung hinterlässt

Gesundheit

Gesundheitsfürsorge & Versicherung

➡ Die medizinische Versorgung in den USA ist von bester Qualität, aber auch immens teuer. Viele Mediziner bestehen auf sofortiger Bezahlung, besonders bei der Behandlung von ausländischen Travellern und Leuten, die fremd in der Stadt sind.

➡ Bei medizinischen Notfällen die ☑911 anrufen oder zum nächsten Krankenhaus mit Tag und Nacht geöffneter Notaufnahme gehen. Ansonsten telefonisch einen Arzt suchen, der die Versicherung akzeptiert.

➡ Alle Rezepte und Dokumente für Abrechnungs- und Versicherungszwecke zum Nachweis für Erstattungsansprüche aufheben.

➡ Manche Versicherungen verlangen, dass man vor der medizinischen Behandlung ihre Zustimmung einholt.

➡ Ausländische Besucher mit Reise-Krankenversicherung müssen vielleicht ein Callcenter zur telefonischen Einschätzung des Falls kontaktieren, bevor sie sich in medizinische Behandlung begeben.

➡ Alle benötigten Medikamente in deutlich beschrifteten Originalverpackungen transportieren. Auch den Arztbrief mitbringen, der detailliert Aufschluss über den ganzen Gesundheitszustand und alle verordneten Medikamente (inkl. internationaler Freinamen, d. h. Arzneimittelwirkstoffe) gibt.

Gesundheitsrisiken

DEHYDRATION, HITZEERSCHÖPFUNG & HITZSCHLAG

➜ Man sollte es leicht angehen lassen, während man sich akklimatisiert – besonders an heißen Sommertagen und in den Wüsten Südkaliforniens.

➜ Viel Wasser trinken. Bei körperlicher Anstrengung im Freien werden täglich 3,5 l pro Person empfohlen.

➜ Dehydration (Wassermangel) und Salzmangel können zur Hitzeerschöpfung führen, was sich oft durch starkes Schwitzen, Blässe, Müdigkeit, Kopfschmerzen, Übelkeit, Erbrechen, Schwindel, Muskelkrämpfe und Kurzatmigkeit zeigt.

➜ Wer sich über längere Zeit ununterbrochen hohen Temperaturen aussetzt, könnte einen schlimmstenfalls tödlichen Hitzschlag erleiden. Warnzeichen sind Bewusstseinstrübung, Hyperventilation sowie rote, heiße und trockene Haut (durch das Ausbleiben der Schweißabsonderung).

➜ Der Weg ins Krankenhaus ist unerlässlich. Sofortmaßnahmen: Aus der Sonne gehen, wärmespeichernde Kleidung ablegen (Baumwolle ist o. k.) und den überhitzten Körper kontinuierlich mit Wasser und Ventilator abkühlen. Hilfreich sind Eispackungen im Nacken, unter den Achseln und in der Leistengegend.

HÖHENKRANKHEIT

➜ Besucher aus tiefer gelegenen Gebieten erleben starke physiologische Veränderungen, wenn sich der Körper an die Höhe anpasst.

➜ Zu den Symptomen, die am ersten Tag auftreten, zählen Kopfschmerzen,

Müdigkeit, Appetitlosigkeit, Übelkeit, Schlaflosigkeit, verstärkter Harndrang und Hyperventilation wegen Überanstrengung.

➜ Die Symptome klingen normalerweise innerhalb von 24 bis 48 Stunden ab.

➜ Die Faustregel ist, dass man vor Abklingen der Symptome niemals noch weiter hinaufsteigen darf.

➜ In schweren Fällen können auch extreme Desorientierung, Ataxie (Störungen der Bewegungskoordination und des Gleichgewichts), Atemprobleme (vor allem hartnäckiger Husten) und Erbrechen auftreten. In so einem Fall sofort absteigen und ein Krankenhaus aufsuchen.

➜ Um die Beschwerden der zuvor genannten leichten Symptome abzumildern, sollte man viel Wasser trinken und es leicht angehen lassen – in 2100 m Höhe setzt einem ein kleiner Spaziergang in Santa Fe stärker zu als eine steile Wanderung in Höhe des Meeresspiegels.

HYPOTHERMIE (UNTERKÜHLUNG)

➜ Skifahrer und Wanderer werden feststellen, dass die Temperaturen in den Bergen und Wüsten sehr schnell unter den Gefrierpunkt fallen können, besonders im Winter. Selbst ein plötzlicher Frühlingsregen oder starke Winde können gefährlich schnell eine Absenkung der Körpertemperatur verursachen.

➜ Statt Baumwollsachen sollte man Kleidung aus Synthetik oder Wolle anziehen, weil diese auch bei Feuchtigkeit Wärme speichern. Auf jeden Fall auch wasserdichte Kleidung (z. B. Gore-Tex-Jacken, Regencapes und Regenhosen) und energiespendende, leicht verdauliche Snacks wie Schokolade, Nüsse und Dörrobst dabeihaben.

➜ Anzeichen einer Unterkühlung sind u. a. Erschöpfung,

Benommenheit, Schüttelfrost, unsicherer Gang, Lallen, Schwindel, Muskelkrämpfe und Beeinträchtigung des Urteilsvermögens bis hin zur Gewalttätigkeit.

➜ Zur Behandlung von Hypothermie umgehend den Schlechtwetterbereich verlassen und trockene, warme Kleidung anziehen. Heiße Getränke (aber nichts koffein- oder alkoholhaltiges) und kalorienreiche Nahrung zu sich nehmen.

➜ Patienten in fortgeschrittenen Stadien der Hypothermie vorsichtig in einen warmen Schlafsack in einem wind- und wassergeschützten Bereich packen. Keinesfalls den Körper warmreiben – die Opfer müssen sachte behandelt werden.

Internetzugang

In diesem Reiseführer kennzeichnet das Symbol (@) das Vorhandensein öffentlich zugänglicher Computer mit Internetzugang, das Symbol (📶) steht für WLAN (kostenlos oder gebührenpflichtig).

➜ Internetcafés nehmen meist 6 bis 12 US$ (Stunde).

➜ In den meisten Städten und Ortschaften gibt es Filialen von **Federal Express** (FedEx; ✆800-463-3339; www.fedex.com), die Computer mit Internetzugang (0,30 US$/Min.) bieten. Manchmal gibt's auch kostenloses WLAN, Drucker für digitale Fotos und CD-Brenner.

➜ WLAN-Hotspots (kostenlos oder gebührenpflichtig) findet man an großen Flughäfen, in vielen Hotels, Motels und Cafés (wie Starbucks) sowie in manchen Touristeninformationen, Museen, Bars, Restaurants (z. B. Ketten wie McDonalds und Panera Bread) und Geschäften (wie Apple) sowie auf Campingplätzen (z. B. KOA).

➜ Es gibt immer mehr öffentliche WLAN-Hotspots, sogar schon in manchen State Parks.

→ Öffentliche Bibliotheken haben Internetterminals, aber oft darf man sie nur für begrenzte Zeit nutzen. Besucher ohne Bibliotheksausweis müssen sich im Voraus anmelden und eine Gebühr entrichten. Immer mehr Bibliotheken bieten kostenloses WLAN an.

→ Wer aus dem Ausland kommt, braucht einen Wechselstromadapter für seinen Laptop und einen passenden Adapter für US-amerikanische Steckdosen. Beides erhält man in größeren Elektronikläden wie **Best Buy** (☎888-237-8289; www.bestbuy.com).

National & State Parks

Vor dem Besuch eines Nationalparks sollte man dessen Website besuchen – einfach mit dem Navigationstool auf der Website der NPS (www.nps.gov) nach dem jeweiligen Park suchen. Auf der Website des Grand Canyon (www.nps.gov/grca) kann man die aktuelle Lokalzeitung *The Guide* herunterladen, wo man aktuelle Infos zu Preisen, Öffnungszeiten und Rangern bekommt. Es gibt verschiedene Ausgaben für die Nord- und Südgebirge.

Am Eingang zu den National und State Parks muss man sich darauf einstellen, bar zu zahlen (Kreditkarten werden nicht immer akzeptiert). Die Preise reichen von 0 bis 25 US$ pro Fahrzeug für einen Siebentagespass. Wer mehrere Parks im Südwesten besucht, kann mit dem Kauf der Jahreskarte „America the Beautiful" (80 US$) viel Geld sparen.

Aufgrund von Finanzproblemen haben viele Landesregierungen im Westen ihre Budgets für die State Parks gesenkt. Besonders schwer getroffen hat es die Parks in Arizona, Kalifornien und Utah. In Arizona arbeiten einige Parks nur noch auf Fünf-Tages-Basis und haben dienstags und mittwochs geschlossen. Bevor man einen staatlichen Park besucht, sollte man auf dessen Webseite die aktuellen Gegebenheiten prüfen.

Öffnungszeiten

Die folgenden Zeiten sind nur eine allgemeine Info zu den Öffnungszeiten; die genauen Zeiten sind in den Einzelbeschreibungen aufgelistet.

Banken	Mo–Do 8.30–16.30, Fr bis 17.30 Uhr (und teilweise Sa 9–12 Uhr)
Bars	So–Do 17–24 Uhr, Fr & Sa bis 2 Uhr
Nachtclubs	Do–Sa 22–2 Uhr
Postämter	Mo–Fr 9–17 Uhr
Einkaufszentren	9–21 Uhr
Geschäfte	Mo–Sa 10–18 , So 12–17 Uhr
Supermärkte	8–20 Uhr, manche haben 24 Std. geöffnet

Post

Die Post in den USA ist verlässlich und günstig. Alle Informationen, z. B. Adressen und Öffnungszeiten von Postämtern, bekommt man rund um die Uhr telefonisch oder auf der Website des **US Postal Service** (USPS; ☎800-275-8777; www.usps.com).

Für Eilsendungen, wichtige Briefe oder Pakete lohnen sich Kurierdienste wie **Federal Express** (FedEx; ☎800-463-3339; www.fedex.com) und **United Parcel Service** (UPS; ☎800-742-5877; www.ups.com), die zwar teurer sind, die Sendung aber im In- und Ausland direkt zustellen.

Versandpreise

1st Class Mail innerhalb der USA kostet bis zu einem Gewicht von 28 g (1 oz) 0,46 US$ (jede weitere Unze 0,20 US$), Postkarten kosten 0,33 US$. Im Jahr 2013 führte die US-amerikanische Post die Global-Forever-Briefmarke mit einem Wert von 1,10 $ ein, die sich für jeden internationalen Brief mit bis zu 29 g Gewicht eignet.

Versenden & empfangen

Wer die korrekte Frankierung hat, kann Post (die weniger als 13 Unzen, also etwa 368 g, wiegt) in jeden blauen Postkasten werfen. Um Pakete zu verschicken, die 368 g und mehr wiegen, muss man zu einer Poststelle gehen.

Post kann in der Regel als „c/o General Delivery" zu jedem Postamt gesendet werden, das eine eigene Postleitzahl hat. Dort wird sie 30 Tage aufbewahrt, bis sie zum Absender zurückgeht; vielleicht bittet man den Absender, „Hold for Arrival" auf den Umschlag zu schreiben.

Rechtsfragen

Bußgelder für alltägliche Ordnungswidrigkeiten (z. B. im Straßenverkehr) sind von ertappten Sündern keineswegs an Ort und Stelle zu bezahlen: Wer Bußgelder direkt beim Polizisten begleichen möchte, wird bestenfalls schief angeguckt und schlimmstenfalls wegen Bestechungsversuch angeklagt. Bei Verkehrsverstößen erklärt der jeweilige Ordnungshüter die Optionen für die Zahlung. Normalerweise muss man die Strafe innerhalb von 30 Tagen bezahlen. Die meisten rechtlichen Angelegenheiten lassen sich postalisch regeln.

Wer festgenommen wird, hat das Recht zu schweigen und einen Anwalt zu verlangen. Es gibt also rechtlich gesehen keinen Grund, mit einem Polizisten zu sprechen, wenn man das nicht möchte. Aber man sollte sich

PRAKTISCHE INFORMATIONEN

Maße & Gewichte

➡ Gewichte: Unze (*ounce*, Abk. oz, 28,35 gr), Pfund (*pound*, Abk. lb, 453 gr), Tonne (*ton*, Abk. t, 907,18 kg)

➡ Volumen: Unze (*ounce*, Abk. oz, 30 ml), US-Pint (*pint*, 473 ml), US-Quart (*quart*, 0,95 l), US-Gallone (*gallon*, Abk. gal, 3,79 l)

➡ Längenmaße: Fuß (*foot*, Abk. ft, 30,48 cm), Yard (Abk. yd, 91,44 cm), Meile (*mile*, Abk. mi, 1,609 km)

Radio & TV

➡ Radio-Nachrichten: National Public Radio (NPR), unteres Ende der FM-Frequenz

➡ TV-Sender: ABC, CBS, NBC, FOX, PBS (öffentlich-rechtliches Fernsehen)

➡ Wichtige Fernsehsender: CNN (Nachrichten), ESPN (Sport), HBO (Filme), Wetterkanal

Video & DVD

➡ NTSC-Norm (inkompatibel mit PAL und SECAM)

➡ DVDs, Regionencode 1 (nur USA und Kanada)

Zeitungen & Zeitschriften

➡ Nationale Zeitungen: *New York Times, Wall Street Journal, USA Today*

➡ Zeitungen im Westen: *Arizona Republic, Denver Post, Seattle Times, Los Angeles Times, San Francisco Chronicle*

➡ Etablierte landesweite Nachrichtenmagazine: *Time, US News, World Report*

---

nie ohne ausdrückliche Erlaubnis von ihm entfernen. Allen Verhafteten ist grundsätzlich ein Telefonat gestattet. Wer sich keinen Anwalt leisten kann, dem wird kostenlos ein Pflichtverteidiger gestellt. Traveller ohne anwaltliche, familiäre oder anderweitige Unterstützung sollten ihre Botschaft kontaktieren; die Nummer erhält man bei Bedarf von der Polizei.

Prinzipiell gilt im US-amerikanischen Rechtssystem jeder bis zum Beweis des Gegenteils als unschuldig. Alle Bundesstaaten haben eigene Zivil- und Strafgesetze, und was im einen Staat erlaubt ist, kann im anderen illegal sein.

Autofahren

Überall ist Autofahren unter Alkohol- oder Drogeneinfluss strengstens verboten und wird mit Geldbußen oder sogar Haftstrafen geahndet.

Drogen

Partydrogen sind laut Bundes- und vieler Landesgesetze verboten. Die Wähler in Washington und Colorado haben dafür gestimmt, den medizinischen Gebrauch von Marihuana zu erlauben, aber die rechtlichen Rahmenbedingungen sind immer noch eingeschränkt. Es ist in jedem Staat verboten, öffentlich Hanf zu rauchen. Einige Staaten, wie Kalifornien und Alaska, behandeln den Besitz von kleinen Mengen Marihuana als geringfügiges Vergehen, obwohl es noch immer mit Strafgeldern und/oder Verhaftung geahndet werden kann. Die Bundesregierung hat inzwischen zu verstehen gegeben, dass sie die Landesgesetze, die Marihuana legalisieren, nicht anfechten werde, aber der Gebrauch von Hanf gilt laut dem Bundessuchtmittelgesetz immer noch als illegal.

Der Besitz von illegalen Drogen wie Kokain, Ecstasy, LSD, Heroin, Haschisch oder mehr als einer Unze (etwa 29 g) Marihuana ist eine schwere Straftat, die möglicherweise mit langen Gefängnisstrafen geahndet werden kann. Ein Ausländer, der eines Drogendelikts überführt wird, wird ausgewiesen.

Reisen mit Behinderung

Für Reisende mit Körperbehinderung sind die USA ein verhältnismäßig gut zu bereisendes Ziel. Dank des Americans with Disabilities Act (ADA) müssen alle öffentlichen Gebäude, alle nach 1993 entstandenen Privatimmobilien (auch Hotels, Restaurants, Theater und Museen) sowie öffentliche Verkehrsmittel behindertengerecht zugänglich sein. Sicherheitshalber sollte man sich telefonisch nach den Einrichtungen erkundigen. Einige Touristeninformationen veröffentlichen Führer, in denen die behindertengerechten Einrichtungen detailliert aufgeführt sind.

US-Telefongesellschaften offerieren über Fernschreibernummern (TTY) einen speziellen Service für Gehörlose. Die Geldautomaten der meisten Banken bieten Bedienungshinweise in Blindenschrift und Kopfhöreranschlüsse für hörgeschädigte Nutzer. Alle großen Fluglinien, Greyhound-Busse und Amtrak-Züge sind auf Passagiere mit Behinderungen eingestellt: Mindestens 48 Stunden im Voraus reservieren und seine Bedürfnisse anmelden, damit alles Nötige veranlasst wird. Auch Hilfstiere wie Blindenhunde dürfen gegen offiziellen Nachweis mit an Bord.

Manche Autovermieter wie Budget und Hertz bieten handgesteuerte Fahrzeuge und Vans mit Rollstuhllift ohne Aufpreis an. Diese müssen aber lange im Voraus reserviert werden. **Wheelchair Getaways** (☎800-642-2042; www.wheelchairgetaways.com) vermietet landesweit behindertengerechte Vans. Manche Städte und Ortschaften betreiben barrierefreie bzw. absenkbare Nahverkehrsbusse – einfach dem Fahrer mitteilen, dass der Lift oder die Rampe benötigt wird.

Viele National Parks, aber auch einige State Parks und Erholungszentren haben verschiedene rollstuhlfreundliche, asphaltierte Straßen, unbefestigte Staubstraßen oder Pfade. Auf der Webseite von **Rails-to-Trails Conservancy** (www.traillink.com) findet man eine nach Staaten geordnete Auflistung aller rollstuhlfreundlichen Wanderwege.

US-Bürger und Einwohner mit unbefristeter Aufenthaltsgenehmigung und dauerhaften Behinderungen haben kostenlos Anspruch auf den Zugangspass „America the Beautiful", der freien Eintritt zu allen bundesstaatlichen Erholungsregionen (z. B. Nationalparks) gewährt.

Einige hilfreiche Informationen für Reisende mit Behinderung gibt's bei folgenden Organisationen:

Access-Able Travel Source (www.access-able. com) Eine allgemeine Reisewebseite mit hilfreichen Tipps und Links.

Access Northern California (www.accessnca.com) Umfangreiche Linkliste zu Reisezielen, Publikationen, Touren und Transportmöglichkeiten für Reisende mit Behinderung.

Access San Francisco (www.sanfrancisco.travel/accessibility/San-Francisco-Access-Guide.html) Kostenlose Reiseinfos zum Herunterladen (etwas veraltet, aber dennoch hilfreich).

Accessing Arizona (www.accessingarizona.com) Brandaktuelle Infos über rollstuhlfreundliche Aktivitäten in Arizona.

Disabled Sports USA (☎301-217-0960; www.disabledsportsusa.org) Bietet Sport- und Erholungsprogramme für Reisende mit Behinderung und veröffentlicht die Zeitschrift *Challenge*.

Flying Wheels Travel (☎877-451-5006, 507-451-5005; www.flyingwheelstravel.com) Eine Reiseagentur mit Komplettservice, sehr empfehlenswert für Reisende mit Mobilitätsproblemen oder chronischen Krankheiten.

Mobility International USA (☎541-343-1284; www.miusa.org) Hilft bei Mobilitätsproblemen, betreibt aber in erster Linie ein Bildungsaustausch-Programm.

Moss Rehabilitation Hospital (☎215-663-6000; www.mossresourcenet.org/travel.htm) Bietet zahlreiche Links und Tipps für Reisende mit Behinderung.

Society for Accessible Travel & Hospitality (SATH; ☎212-447-7284; www.sath.org) Diese Interessenvertretung gibt allgemeine Informationen für Reisende mit Behinderung heraus.

Splore (☎801-484-4128; www.splore.org) Bietet Outdoor-Abenteuertrips in Utah für Reisende mit Behinderung

Schwule & Lesben

Schwule und lesbische Reisende werden viele Orte finden, wo sie ganz sie selbst sein können, ohne zweimal nachdenken zu müssen. Strände und Großstädte sind meist die schwulenfreundlichsten Reiseziele.

Akzeptanz

Die meisten großen US-Städte haben eine sichtbare und offene schwul-lesbische Gemeinde. In diesem Führer gibt es in vielen Städtekapiteln Abschnitte, in denen die besten Angebote für Schwule, Lesben, Bi- und Transsexuelle beschrieben werden.

Die Akzeptanz ist im Westen je nach Region sehr unterschiedlich. Mancherorts ist Toleranz ein absolutes Fremdwort, anderswo werden Schwule, Lesben, Bi- und Transsexuelle geduldet, solange sie ihre sexuellen Neigungen nicht öffentlich zur Schau stellen. In ländlichen und extrem konservativen Gegenden wäre es unklug, sich offen zu outen, zumal man manchmal mit Gewalt und Beschimpfungen konfrontiert wird. Im Zweifel sollte man sich lieber bedeckt halten. Gleichgeschlechtliche Ehen – ein stark umstrittenes Thema – sind inzwischen in einigen Bundesstaaten legal.

Hotspots

Jeder hat schon von San Francisco gehört, der glücklichsten Schwulenstadt in Amerika. Aber auch in Los Angeles und Las Vegas ist für Schwule und Lesben fast alles möglich. Und wenn es einem in L. A. oder Vegas mal zu viel werden sollte, kann man einfach mal in die Wüstenresorts von Palm Springs fliehen.

Infos im Internet

Advocate (www.advocate.com) Schwulenorientierte Website mit Neuigkeiten aus Business, Politik, Kunst, Unterhaltung und Tourismus.

Gay Travel (www.gaytravel.com) Online-Führer für Dutzende interessanter Ziele in den kompletten USA.

GLBT National Help Center (☎888-843-4564; www.glbtnationalhelpcenter.org; ☎Mo–Fr 13–21, Sa 9–14 Uhr nach Pacific Standard Time, also MEZ −9 Std.) Landesweite Hotline für Beratung, Informationen und Tipps.

National Gay & Lesbian Task Force (www.thetaskforce.org) Website der landesweiten Aktivistengruppe mit News und Infos zu Politik und Aktuellem.

OutTraveler (www.outtraveler.com) Hier bekommt man nützliche Online-Stadtführer sowie verschiedene Artikel zu diversen Zielen im In- und Ausland.

Purple Roofs (www.purpleroofs.com) Eine Liste mit schwulenfreundlichen und von Schwulen betriebenen B & Bs und Hotels im ganzen Land.

Strom

In den USA gibt es Wechselstrom 110/120 V; für die meisten nicht in den USA hergestellten elektronischen Geräte benötigt man einen Adapter.

120V/60Hz

Telefon
Handys

➡ Wer innerhalb der USA telefonieren will, benötigt ein Multiband-GSM-Telefon. Eine aufladbare Prepaid-SIM-Karte zu kaufen ist meist billiger, als über das eigene Netz zu telefonieren.

➡ SIM-Karten werden in Telefonshops und Elektroläden verkauft. Diese Geschäfte bieten auch günstige Prepaid-Handys inklusive ein paar Freiminuten an.

➡ Wer kein kompatibles Handy hat, kann ein preisgünstiges (Prepaid-)Telefon ohne Vertrag kaufen, das eine lokale Telefonnummer hat und über eine festgelegte Zahl von Gesprächsminuten verfügt, die jederzeit neu aufgeladen werden können. Diese Handys werden in Elektrogeschäften wie Radio Shack und Best Buy verkauft.

Münz- & Kartentelefone

➡ Dort, wo es noch Telefonzellen gibt, handelt es sich in der Regel um Münztelefone. Aber es gibt auch noch einige Kartentelefone (z. B. in den Nationalparks).

➡ Ortsgespräche kosten normalerweise zwischen 0,35 und 0,50 US$.

➡ Wer ein Ferngespräch führen möchte, sollte sich besser eine Prepaid-Telefonkarte kaufen, die es in Gemischtwarenläden, Supermärkten, Elektronikläden und an Zeitungsständen gibt.

Vorwahlen

➡ In den USA bestehen die Telefonnummern aus einer dreistelligen Ortsvorwahl, stets gefolgt von einer siebenstelligen lokalen Telefonnummer.

➡ Bei einem Ortsgespräch wählt man in der Regel die siebenstellige Nummer; trotzdem muss man mancherorts selbst bei Ortsge-

sprächen die gesamte zehnstellige Nummer wählen.

➡ Für ein Ferngespräch muss man die ☎1 wählen, gefolgt von der Ortsvorwahl und der Telefonnummer.

➡ Gebührenfreie Nummern beginnen mit 800, 866, 877 oder 888, denen immer eine 1 vorangestellt wird.

➡ Wer ein Auslandsgespräch führen will, wählt zuerst die ☎011, dann die Ländervorwahl, darauf die Ortsvorwahl (dabei fällt die „0" normalerweise weg) und dann die lokale Telefonnummer.

➡ Die Vermittlung internationaler Gespräche erreicht man unter ☎00.

➡ Die internationale Vorwahl der USA ist 1 (die Vorwahl für Ferngespräche in die USA und nach Kanada ist gleich; dennoch handelt es sich zwischen beiden Ländern um Auslandsgespräche).

Touristeninformation

Die Touristeninformationen der einzelnen US-Staaten sind jeweils unter „Praktische Informationen" am Anfang der entsprechenden Kapitel genannt, die in den Städten und Countys werden überall im Text erwähnt.

Alle empfehlenswerten Touristeninformationen haben eine Website, auf der man sich kostenlos e-Guides herunterladen kann. Sie geben auch telefonisch Auskunft. Manche aktualisieren täglich ihr Verzeichnis mit freien Hotelzimmern, aber nur wenige nehmen auch Reservierungen vor. Alle haben Regale mit kostenlosen Broschüren und Rabattgutscheinen; einige verkaufen auch Karten und Bücher.

Die Welcome Center der Bundesstaaten befinden sich meistens an den Autobahnen. Sie bieten Infomaterial zu größeren Gebieten und haben in der Regel auch länger geöffnet – auch an Wochenenden und Feiertagen.

Viele Städte unterhalten offizielle Convention & Visitor Bureaus (CVB), die zum Teil auch als Touristeninformation fungieren. Da ihr Hauptinteresse aber vor allem Geschäftsreisenden gilt, sind sie für Individualreisende möglicherweise weniger interessant.

Achtung: In kleineren Städten wird die Touristeninformation häufig von der örtlichen Handelskammer betrieben. In aller Regel führen sie in ihren Hotel-, Restaurant- und Dienstleistungsverzeichnissen nur Mitglieder der Kammer auf und unterschlagen vielleicht die preisgünstigsten Adressen.

Auch versteckt sich in beliebten Touristenorten hinter einem privaten Touristenbüro manchmal eine Agentur, die gegen Provision Hotelzimmer und Touren bucht. Service und Angebote sind manchmal exzellent, aber man bekommt eben nur das, was sie verkaufen und darüber hinaus nichts anderes.

Unterkünfte

Außergewöhnliche Hotels sind in diesem Buch mit dem Icon ★ markiert. Jede Unterkunft, die hier empfohlen wird, entspricht innerhalb ihrer Preisklasse einem hohen Qualitätsstandard. Die Unterkünfte sind nach Budgetklassen geordnet.

B&Bs

In den USA sind viele B&Bs erstklassige, romantische Refugien in restaurierten historischen Häusern, die von sympathischen Gastgebern geführt werden und ein Frühstück vom Feinsten bieten. Diese B&Bs sind oft thematisch gestaltet (z. B. viktorianisch, rustikal oder im Stil der Cape-Cod-Häuser an der Ostküste) und die Einrichtung reicht von komfortabel bis opulent. Die Zimmerpreise beginnen in der Regel bei 100 US$, die besten kosten 200 bis 300 US$. Manche B&Bs verlangen einen Mindestaufenthalt, andere nehmen keine Kleinkinder auf und in vielen sind Haustiere verboten.

Es gibt aber auch noch B&Bs im Stil europäischer Frühstückspensionen: Das sind meistens private Wohnhäuser, die schlicht möblierte Zimmer mit einfachem Frühstück und Gemeinschaftsbad zu günstigeren Preisen anbieten – oft eine ideale Option für Familien.

Manche B&Bs sind außerhalb der Saison geschlossen. Reservierungen sind vor allem im Luxussegment ein Muss. Um unangenehme Überraschungen zu vermeiden, sollte man die Badezimmerfrage (privates oder Gemeinschaftsbad) vorab klären. In den Regionenkapiteln dieses Reiseführers sind lokale B&B-Vermittlungsagenturen aufgeführt. Ansonsten kann man sich auch online schlau machen:

Bed & Breakfast Inns Online (www.bbonline.com)

BedandBreakfast.com (www.bedandbreakfast.com)

BnB Finder (www.bnbfinder.com)

Camping

Campingmöglichkeiten gibt es in den meisten von Bundesbehörden verwalteten Gebieten und State Parks. Die „primitiven" Campingplätze (kostenlos–10 US$/ pro Nacht), die man nicht reservieren kann, bieten keine Einrichtungen. Einfache Campingplätze (5–15 US$/ Nacht) haben in der Regel Toiletten (WCs oder Plumpsklos), Trinkwasser, Feuerstellen und Picknicktische; bei manchen muss vorab reserviert werden. Gut ausgebaute, moderne Campingplätze (12–45 US$/Nacht), normalerweise in Nationalparks oder State Parks, sind mit besseren Einrichtungen und Annehmlichkeiten ausgestattet: Duschen, Grillstellen, Stellplätze mit Stromanschluss usw. Viele kann man vorab reservieren.

Über **Recreation.gov** (☎877-444-6777, international 518-885-3639; www.recreation.gov) lassen sich Stellplätze in den meisten staatlich verwalteten Gebieten reservieren. Dazu gehören Nationalparks, National Forests, vom Bureau of Land Management (BLM) verwaltete Gebiete usw. Campingaufenthalte sind in der Regel auf 14 Tage beschränkt und können bis zu sechs Monate im Voraus gebucht werden. Auch über **ReserveAmerica** (☎staatlicher Campingplatz 877-444-6777; www.reserveamerica.com) können Campingplätze in manchen State Parks reserviert werden. Beide Websites ermöglichen eine gezielte Campingplatzsuche nach verschiedenen Kriterien wie Lage und angebotene Einrichtungen. Man kann online freie Stellplätze suchen, reservieren, Karten einsehen und Anfahrtsbeschreibungen abrufen. Private Campingplätze zielen meist auf Familien und Wohnmobilurlauber (Stellplätze für Zelte sind eher selten und wenig ansprechend) ab. Ihr Angebot umfasst z. B. Spielplätze, Gemischtwarenläden, WLAN-Zugang, Swimmingpools und weitere Einrichtungen und Aktivitäten. Manchmal werden auch Campinghütten vermietet – von einfachen Konstruktionen mit Holzplattformen und Zeltwänden bis hin zu beheizten

---

UNTERKÜNFTE ONLINE BUCHEN

Unter hotels.lonelyplanet.com/usa/ findet man diverse Unterkunftsbewertungen und unabhängig recherchierte Infos von Lonely Planet Autoren – dazu gehören auch Empfehlungen für die besten Adressen. Außerdem kann online gebucht werden.

Blockhütten mit richtigen Betten und eigenem Bad.

Kampgrounds of America (KOA, ☎406-248-7444; www. koa.com) ist ein landesweites Netz privater Campingplätze mit Rundumservice. Auf der Website kann man den alljährlich erscheinenden, kostenlosen KOA-Führer bestellen (Porto zahlt der Empfänger), das umfangreiche Verzeichnis der Campingplätze durchforsten und Online-Buchungen vornehmen.

Ferienranches

Die meisten Gäste von Ferienranches sind Städter, die ein wenig Abstand von der schnelllebigen Hightech-Welt suchen. Dementsprechend reicht das Angebot von ganz normalen Arbeitsranches (in denen man um 5 Uhr früh aufstehen und auch geruchsintensive Aufgaben erledigen muss) bis hin zum Western Club Med. Der typische einwöchige Aufenthalt kostet ab 100 US$ pro Person und Tag inklusive Unterkunft, Verpflegung, Aktivitäten und Ausrüstung.

Bei einem Urlaub auf einer Ferienranch dreht sich natürlich erst einmal alles ums Reiten. Viele Ranches verfügen aber auch über einen Swimmingpool und haben ihr Aktivitätsangebot ausgebaut, Sie bieten inzwischen auch Fliegenfischen, Wandern, Mountainbiken, Tennis, Golf, Tontaubenschießen sowie Skilanglauf an. Die Unterkünfte reichen von rustikalen Blockhütten bis hin zu gemütlichen Suiten mit Whirlpool und Kabel-TV. Das Essen reicht von Spaghetti bis hin zum viergängigen Gourmetschmaus.

Arizona Dude Ranch Association (☎520-823-4277; www.azdra.com)

Colorado Dude & Guest Ranch Association (☎866-942-3472; www.coloradoranch.com)

Dude Ranchers' Association (☎866-399-2339, 307-587-2339; www.duderanch.org)

DAS BLM

Das Bureau of Land Management (www.blm.gov) ist eine Behörde des Energieministeriums und kümmert sich um die Verwaltung von öffentlichen Ländereien mit einer Größe von insgesamt etwa 1 Mio. km², die überwiegend im Westen der USA liegen. Die Ländereien dienen verschiedenen Zwecken – zur Energieerzeugung, als Viehweiden oder als Erholungsgebiete. Für Traveller bedeutet das: Outdoor-Spaß, gut ausgebaute Campingplätze und die Möglichkeit zum Campen in freier Natur. Prinzipiell gilt: Auf BLM-Land kann man überall campen, solange man sein Zelt mindestens 275 m entfernt von Wasserstellen aufstellt, die von wilden Tieren und Nutzvieh aufgesucht werden. An einem Ort darf man maximal 14 Tage zelten. Beim Aufbruch alles wieder mitnehmen und Feuerstellen niemals unbeaufsichtigt lassen. In manchen Regionen gelten Sonderregelungen – deshalb auf der BLM-Website die Campingbestimmungen des Bundesstaats nachlesen und telefonisch im jeweiligen Distrikt-Büro die Einzelheiten erfragen.

Hostels

Im Westen der USA findet man Hostels überwiegend in städtischen Gebieten im Nordwesten, in Kalifornien und im Südwesten.

Hostelling International USA (☎240-650-2100; www.hiusa.org) betreibt mehr als 50 Hostels in den USA, 19 davon in Kalifornien. Die meisten bieten nach Geschlechtern getrennte Schlafsäle, ein paar private Zimmer, Gemeinschaftsbäder und eine Gemeinschaftsküche. Ein Bett im Schlafsaal kostet von etwa 23 bis 40 US$ pro Nacht, Mitglieder von HI-USA erhalten eine kleine Ermäßigung. Reservierungen sind möglich (man kann online buchen) und empfehlen sich für die Hauptsaison, in der oft eine Mindestbuchung für drei Nächte verlangt wird.

In den USA gibt es auch viele private, nicht an HI-USA angeschlossene Hostels, vor allem im Südwesten. Online-Infos gibt's unter:

Hostels.com (www.hostels.com)

Hostelworld.com (www.hostelworld.com).

Hostelz.com (www.hostelz.com)

Hotels

Hotels aller Preisklassen bieten in aller Regel Zimmer mit Telefon, Kabel-TV, Wecker, Bad und einfachem kontinentalen Frühstück. In vielen Mittelklasseunterkünften gibt es Mikrowellen, Föne, Internetzugang, Klimaanlagen und/oder Heizung, Swimmingpools und Schreibtische, in Spitzenklassehotels zusätzlich noch Conciergedienste, Fitness- und Wellnesscenter. Geschäftsräume, Restaurants, Bars und schicke Möbel.

Auch wenn manche Hotels damit werben, dass Kinder „kostenlos" übernachten, können Extrakosten für Klapp- oder Beistellbetten anfallen. Man sollte sich auf jeden Fall vorab nach den Telefongebühren erkundigen, denn alle Hotels stellen exorbitante Summen für Fern- und Auslandsgespräche in Rechnung und manche verlangen sogar Gebühren für Ortsgespräche und eigentlich gebührenfreie Anrufe.

Lodges

Die normalerweise in Nationalparks gelegenen Lodges sehen oft rustikal aus, sind aber drinnen recht komfortabel. Die Zimmerpreise beginnen in der Regel bei 100 US$, können aber in der Hauptsaison schnell aufs Doppelte ansteigen. Da sie in Parks – abgesehen vom Campen – die einzige Übernachtungsmöglichkeit sind, sind viele von ihnen schon weit im Voraus ausgebucht. Wer trotzdem kurzfristig nach einem Zimmer sucht, sollte aber sein Glück versuchen und dort anrufen, denn vielleicht hat jemand abgesagt. Die Lodges bieten oft Restaurants sowie Touren auf ihrem Gelände an.

Motels

Motels unterscheiden sich von Hotels vor allem darin, dass die aneinandergereihten Zimmer direkt an einem Parkplatz liegen. Man findet sie in der Regel an Highwayausfahrten und den Hauptzubringern zur Stadt. Einige sind bis heute relativ kleine, günstige Familienbetriebe. Manchmal ist im Zimmerpreis auch ein kleines kontinentales Frühstück enthalten. Die Extras beschränken sich oft auf Telefon und Fernseher (manchmal mit Kabel-TV). Viele Motels haben auch ein paar Zimmer mit einfachen Kochnischen.

Zwar sind viele Motels eher durchschnittlich, lohnen sich aber trotzdem als preisgünstige Unterkunft oder wenn alle anderen Optionen wegfallen. Wer ein Schnäppchen abstauben will, sollte sich Rabattgutscheine besorgen, die kostenlos in Besucherzentren, Raststätten und Reisebüros ausliegen. Wenn der Parkplatz nicht voll ist und man zur Not auch weiterfahren könnte, kann man in unabhängigen Motels versuchen, den Preis herunterzuhandeln.

Bei der Auswahl des Motels sollte man nicht nur vom äußeren Erscheinungsbild ausgehen. Manchmal verstecken sich hinter verblassten, alten Fassaden blitzblanke Zimmer. Auch das Gegenteil kann natürlich der Fall sein.

Daher sollte man sich die Zimmer anschauen, ehe man zusagt.

Preiskategorien

➡ Die Preiskategorien in diesem Buch sind mit **$** (unter 100 US$), **$$** (100–200 US$) oder **$$$** (über 200 US$) gekennzeichnet. Wenn nicht anders erwähnt, beinhalten sie keine Steuern – diese liegen im Durchschnitt bei mehr als 10 %.

➡ Unter der Woche sind die Preise im Allgemeinen billiger, außer in Hotels, die sich auf Geschäftsreisende spezialisieren. Diese Hotels locken Freizeit-Traveller mit speziellen Wochenendpreisen.

➡ Die hier angegebenen Preise gelten für die Hauptsaison, die landesweit von Juni bis August gilt, außer in den Wüsten und Skigebieten, wo von Dezember bis April am meisten los ist.

➡ Um die Feiertage und bei Festivals steigen Nachfrage und Preis; dann fordern einige Anlagen Mindestaufenthalte von mehreren Tagen.

Rabatte

➡ Rabattkarten und Mitgliedschaften in Autoclubs gewähren manchmal 10 % Rabatt von den Standardpreisen in teilnehmenden Hotels und Motels.

➡ Man sollte in Tankstellen, Touristenzentren, Highway-Raststätten und Touristeninformationen nach kostenlosen Werbemagazinen Ausschau halten. Sie enthalten unzählige Rabattcoupons für Hotels und Motels.

➡ Günstigere Preise gibt's häufig, wenn man über Billigwebsites wie **Priceline** (www.priceline.com) und **Hotwire** (www.hotwire.com) oder Hotels.com (www.hotels.com) bucht. Für Last-Minute-Angebote in Großstädten empfiehlt sich die App Hotel Tonight.

➡ Gäste ohne Reservierung können manchmal auch um den Preis handeln, vor allem außerhalb der Saison.

Resorts

In Luxusresorts sollte man mehrere Tage verweilen, um sie wirklich würdigen zu können. Oft sind sie an sich schon ein Reiseziel: Da beginnt der Tag mit einer Runde Golf oder Tennis, danach genießt man den Luxus bei einer Massage, beim Schwimmen, Sonnenbaden oder bei einem Drink. Viele Resorts sind inzwischen auch kinderfreundlich und bieten ein umfangreiches Programm für Kinder an.

Versicherung

Bei einer Reise in die USA ist es ratsam, eine Reiseversicherung abzuschließen, die Diebstahl, Verlust und medizinische Notfälle abdeckt. Manche Versicherungen schließen jedoch risikoreiche Aktivitäten wie Tauchen, Motorradfahren und Skifahren aus – daher auch das Kleingedruckte lesen. Auf jeden Fall sollte die Police zumindest Krankenhausaufenthalte und einen Notfallflug nach Hause abdecken.

Zahlt man mit Kreditkarte ein Flugticket oder einen Mietwagen, erhält man möglicherweise eine eingeschränkte Unfallversicherung. Wer bereits eine Kranken- oder Hausratversicherung hat, sollte feststellen, was diese abdeckt und eine Zusatzversicherung abschließen. Auch eine Reiserücktrittsversicherung kann sich lohnen.

Weltweit geltende Reiseversicherungen gibt es unter www.www.lonelyplanet.de/travel-insurance. Hier kann man jederzeit online noch eine Versicherung abschließen, verlängern oder Ansprüche geltend machen – auch wenn man bereits unterwegs ist.

Visa

Achtung: Die folgenden Informationen können sich jederzeit ändern. Die Vorschriften zur Einreise in die USA ändern sich so schnell wie die nationalen Sicherheitsbestimmungen. Alle Touristen sollten vor der Einreise die aktuellen Visa- und Reisepassbestimmungen am besten doppelt nachprüfen.

Das **Außenministerium der USA** (☑Visafragen 202-663-1225, Telefonzentrale 202-647-4000; www.travel.state.gov) hat die umfassendsten Visainformationen: Es bietet z. B. herunterladbare Formulare und Listen von US-Konsulaten im Ausland. Für weitere Infos zur Einreise in die USA, siehe S. 513.

Einreise in die USA

Seit April 2013 wird das Ein-/Ausreise-Formular (Form I-94), das einst alle Besucher ausfüllen mussten, nicht mehr benötigt. Die Infos werden jetzt elektronisch von den Reiseunterlagen der Traveller gespeichert, die auf dem Luft- oder Seeweg anreisen. Das Papierformular wird nur noch an den Landesgrenzen genutzt (www.cbp.gov). Man wird aufgefordert, die US-Zollerklärung auszufüllen, die meist im Flugzeug ausgehändigt wird. Man sollte sie vollständig ausfüllen, bevor man zum Einreiseschalter geht. Bei der Frage „US Street Address" die Adresse angeben, wo man die erste Nacht verbringen wird (eine Hoteladresse reicht völlig aus).

Egal, was sonst gilt, die Beamten der Einwanderungsbehörde haben die absolute Autorität, die Einreise in die USA zu verweigern oder bestimmte Bedingungen für die Einreise aufzulegen. Sie werden nach den Reiseplänen fragen, und ob man genug Geld dabeihat; es ist eine gute Idee, eine Reiseroute aufzuschreiben und ein Ticket für die Weiter- oder Rückreise und mindestens eine Kreditkarte einer etablierten Bank vorweisen zu können. Man sollte nicht zu viel von seinen Freunden, Familienmitgliedern oder Geschäftskontakten in den USA erzählen; die Einreise-

beamten könnten glauben, man werde den Aufenthalt überziehen. Es hilft auch, ordentlich angezogen und höflich zu sein.

Das Registrierungsprogramm des Department of Homeland Security, das vormals als **US-VISIT** (www.dhs.gov/us-visit) bekannt war, ist jetzt das „Office of Biometric Identity Management" (OBIM). An den US-amerikanischen Visaposten werden die biometrischen Informationen gesammelt und gegen einen Beobachtungsindex gecheckt. Diese Informationen werden bei der Einreise in die USA nachgeprüft (www.dhs.gov/us-visit-traveler-information). Von den meisten Besuchern werden Fingerabdrücke genommen; das dauert weniger als eine Minute.

Kurzfristige Aus- & Wiedereinreise

Es ist verlockend einfach, einen kurzen Trip über die Grenze nach Kanada oder Mexiko zu machen. Aber bei der Wiedereinreise in die USA werden Nicht-Amerikaner erneut der vollen Einreiseprozedur unterzogen. Deshalb beim Überqueren der Grenze unbedingt immer den Reisepass dabeihaben. Wenn die Einreisebescheinigung noch lange gültig ist, wird eine Einreise damit kein Problem darstellen. Ist sie aber fast abgelaufen, muss eine neue beantragt werden – die Grenzbeamten werden dann die gleichen Dokumente sehen wollen wie bei der ersten Einreise (Rück- oder Anschlussflugticket, Finanzierungsnachweis usw.). Bürger der meisten westlichen Länder benötigen kein Visum für Kanada. Es ist also relativ unproblematisch bis nach Alaska zu fahren. Wer per Bus aus Kanada in die USA einreist, könnte aber eingehend überprüft werden. Eine Rückfahrkarte nach Kanada dürfte die US-Beamten weniger misstrauisch machen. Mexiko

hat eine visumsfreie Zone entlang seiner Grenze zu den USA, die auch die Baja Peninsula und die meisten mexikanischen Grenzstädte wie Tijuana und Ciudad Juárez mit einschließt. Wer aber über diese Zone hinaus nach Mexiko einreisen will, benötigt ein mexikanisches Visum oder eine Touristenkarte (s. Grenzübergänge, S. 515).

Visumsantrag

Besucher aus der EU und der Schweiz brauchen nur für einen Aufenthalt von mehr als 90 Tagen ein Visum von einem US-Konsulat oder einer Botschaft (zur obligatorischen Registrierung über das ESTA). Sofern ein Visum erforderlich ist, benötigt man normalerweise einen Termin für ein persönliches Gespräch, zu dem alle erforderlichen Dokumente und die Quittungen für die gezahlten Gebühren mitzubringen sind. Die Wartezeiten für ein solches Gespräch sind unterschiedlich; im Anschluss daran wird das Visum innerhalb von wenigen Tagen bis höchstens einigen Wochen ausgestellt.

Der Reisepass muss noch mindestens sechs Monate nach dem geplanten Termin für die Abreise aus den USA gültig sein, außerdem ist ein neueres Passfoto mit dem Antrag vorzulegen (ca. 5 x 5 cm); die Bearbeitungsgebühr beträgt 160 US$ und ist nicht erstattungsfähig, in einigen Fällen kommt noch eine Visumempfangsgebühr hinzu. Außerdem muss man noch das Antragsformula DS-160 für Nicht-Immigranten ausfüllen.

In fast allen Fällen müssen Visumantragssteller folgende Nachweise vorlegen: die Kreditwürdigkeit oder einen US-Bürgen, der im Bedarfsfall finanzielle Unterstützung leisten würde, ein Rück- bzw. Anschlussflugticket sowie „bindende Verpflichtungen" zur Heimkehr (darunter fallen Familienangehörige, ein fester Wohnsitz, feste Arbeit etc.).

Wer plant, über Drittstaaten in die USA einzureisen, sollte aufgrund dieser Anforderungen das US-Visum sinnvollerweise vor Reiseantritt in seinem Heimatland und nicht erst im Drittstaat beantragen.

VISA WAIVER PROGRAM

Dank des Visa Waiver Program (VWP) können sich Bürger bestimmter Staaten maximal 90 Tage lang visumfrei in den USA aufhalten. Inklusive Deutschland, Österreich und der Schweiz gilt diese Regelung derzeit für 35 Länder.

Achtung: Bürger dieser Länder brauchen *nur dann* kein Visum, wenn ihr Reisepass allen aktuellen US-Bestimmungen entspricht *und* vorab eine Registrierungsbestätigung des Electronic System for Travel Authorization (ESTA) erfolgt ist. Die ESTA-Registrierung muss mindestens 72 Stunden vor der Einreise beim Department of Homeland Security online unter https://esta.cbp.dhs.gov erfolgen. Nach Erteilen der Einreisegenehmigung ist sie zwei Jahre lang gültig. Die Gebühr von 14 US$ kann man online begleichen.

Auch Besucher aus den VWP-Staaten müssen bei der Einreise die gleichen Bedingungen wie Besucher mit einem herkömmlichen Besuchervisum erfüllen. Sie müssen also beispielsweise nachweisen, dass ihr Aufenthalt nicht länger als 90 Tage dauern wird, ein Rück- bzw. Anschlussflugticket vorweisen, einen Nachweis über ausreichende finanzielle Mittel vorlegen und ihre Verpflichtungen im Heimatland glaubhaft machen.

Zeit

→ US-amerikanische Daten werden als Monat/Tag/Jahr geschrieben. Daher wird aus dem 8. Juni 2008 die Schreibweise 6/8/08.

→ Zur Sommerzeit wird die Uhr um eine Stunde vorgestellt. Die Sommerzeit gilt vom zweiten Sonntag im März bis zum ersten Sonntag im November.

→ In Arizona gilt keine Sommerzeit; in dieser Zeit ist es also eine Stunde zurück hinter den anderen südwestlichen Staaten. Das Navajo-Reservat, das in Arizona, New Mexico und Utah liegt, verwendet aber die Sommerzeit. Das Hopi-Reservat, das vom Navajo-Reservat in Arizona umgeben ist, folgt zeitlich dem Rest Arizonas.

Zoll

Für eine vollständige und aktuelle Liste der US-amerikanischen Zollbestimmungenbesucht man das offizielle Portal der Zoll- und Grenzschutzbehörde **US Customs and Border Protection** (www.cbp.gov).

Folgende Waren darf man in der Regel zollfrei einführen (Angaben pro Person):

→ 1 Liter Spirituosen (Mindestalter 21 Jahre)

→ 100 Zigarren und 200 Zigaretten (Mindestalter 18 Jahre)

→ Geschenke und Einkäufe im Wert von 200 US$ (800 US$ für rückkehrende US-Bürger)

→ Wer mit 10 000 US$ oder mehr in US- oder ausländischer Währung einreist, muss das beim Zoll angeben.

Es gibt schwere Strafen für die Einfuhr illegaler Drogen. Weitere verbotene Waren sind Drogenzubehör, Schusswaffen, Lotterietickets, Waren mit gefälschten Marken und die meisten Produkte, die in Kuba, im Iran, Myanmar (Birma) und dem Großteil des Sudan hergestellt wurden. Obst, Gemüse und weitere Speisen oder Pflanzenmaterialien müssen beim Zoll angegeben (wo man eine zeitaufwendige Durchsuchung in Kauf nehmen muss) oder in den Abfalleimern der Ankunftshalle entsorgt werden.

Verkehrsmittel & -wege

AN- & WEITER-REISE

Flüge und geführte Touren können online unter www.lonelyplanet.com/bookings gebucht werden.

Einreise

Wer in die USA fliegt, muss am ersten Ankunftsflughafen die Einreise- und Zollformalitäten durchlaufen, selbst wenn er nur umsteigt und zu einem anderen Ziel weiterfliegt. Bei der Einreise werden Fingerabdrücke genommen und biometrische Daten geprüft (www.

dhs.gov/us-visit-traveler-information). Weitere Infos rund ums Visum und zur Einreise in die USA gibt's auf S. 510.

Reisepass

➡ Gemäß der Western Hemisphere Travel Initiative (WHTI) dürfen grundsätzlich nur Touristen mit maschinenlesbarem Reisepass (*machine-readable passport*; MRP) auf dem Luft-, Land- oder Seeweg in die USA einreisen.

➡ Davon ausgenommen sind nur die meisten US-Bürger sowie manche Kanadier und Mexikaner, die auf dem Land-

oder Seeweg einreisen und andere WHTI-konforme Dokumente wie den offiziellen US-Sonderausweis für „vertrauenswürdige Reisende" (*trusted travellers*) vorlegen können. Weitere Details finden sich unter www.getyouhome.gov.

➡ Ausländische Reisepässe haben grundsätzlich allen aktuellen US-amerikanischen Bestimmungen zu entsprechen und müssen nach dem geplanten Ausreisedatum noch mindestens sechs Monate lang gültig sein.

➡ Alle ab dem 26. Oktober 2006 ausgestellten oder erneuerten Reisepässe

---

REISEN & KLIMAWANDEL

Der Klimawandel stellt eine ernste Bedrohung für unsere Ökosysteme dar. Zu diesem Problem tragen Flugreisen immer stärker bei. Lonely Planet sieht im Reisen grundsätzlich einen Gewinn, ist sich aber der Tatsache bewusst, dass jeder seinen Teil dazu beitragen muss, die globale Erwärmung zu verringern.

Fast jede Art der motorisierten Fortbewegung erzeugt CO_2, doch Flugzeuge sind mit Abstand die schlimmsten Klimakiller – wegen der großen Entfernungen und der entsprechend großen CO_2-Mengen, aber auch, weil sie diese Treibhausgase direkt in hohen Schichten der Atmosphäre freisetzen. Die Zahlen sind erschreckend: Zwei Personen, die von Europa in die USA und wieder zurück fliegen, erhöhen den Treibhauseffekt in demselben Maße wie ein durchschnittlicher Haushalt in einem ganzen Jahr.

Die englische Website www.climatecare.org und die deutsche Internetseite www.atmosfair.de bieten CO_2-Rechner. Damit kann jeder ermitteln, wie viele Treibhausgase seine Reise produziert. Das Programm errechnet den zum Ausgleich erforderlichen Betrag, mit dem der Reisende nachhaltige Projekte zur Reduzierung der globalen Erwärmung unterstützen kann, z.B. Projekte in Indien, Honduras, Kasachstan und Uganda.

Lonely Planet unterstützt gemeinsam mit Rough Guides und anderen Partnern aus der Reisebranche das CO_2-Ausgleichs-Programm von climatecare.org. Alle Reisen von Mitarbeitern und Autoren von Lonely Planet werden ausgeglichen. Weitere Informationen gibt's auf www.lonelyplanet.com.

müssen maschinenlesbare, elektronische Varianten (e-Passports) mit Digitalfoto, Chip und biometrischen Daten sein. Wenn er vor dem 26. Oktober 2005 ausgestellt wurde, hat der Pass nur maschinenlesbar zu sein (zweizeiliger Zahlen- und Buchstabencode plus <<< am unteren Dokumentrand). Maschinenlesbarkeit und Digitalfoto sind Pflicht, wenn der Pass zwischen dem 26. Oktober 2005 und dem 25. Oktober 2006 ausgegeben wurde.

➜ Weitere Details hierzu gibt's unter www.cbp.gov/ travel.

Flugzeug

Flughäfen

Die wichtigsten internationalen Flughäfen der USA:

Los Angeles International Airport (LAX; ☎310-646-5252; www.lawa.org/lax; 1 World Way; 📶) Der größte und geschäftigste Flughafen Kaliforniens liegt 32 km südwestlich vom Zentrum von L.A. unweit der Küste.

San Francisco International Airport (SFO; www.flysfo.com) Das Hauptdrehkreuz für Nord-Kalifornien befindet sich 22 km südlich des Zentrums an der San Francisco Bay.

Seattle-Tacoma International (SEA; www.portseattle.org/Sea-Tac) Lokal als Sea-Tac bekannt.

Bedeutende regionale Flughäfen mit begrenztem internationalem Service (die meisten haben WLAN – s. Website):

Albuquerque International Sunport (☎505-244-7700; www.cabq.gov/airport; 2200 Sunport Blvd SE) Bedient Albuquerque und ganz New Mexico.

Denver International Airport (DEN; ☎303-342-2000; www.flydenver.com; 📶) Bedient Süd-Colorado; wer ein Auto in Denver mietet, kann problemlos innerhalb von vier Stunden im Nordosten New Mexicos sein.

LA/Ontario International Airport (ONT; www.lawa.org/welcomont.aspx) In Riverside County, östlich von Los Angeles.

McCarran International Airport (LAS; ☎702-261-5211; www.mccarran.com; 5757 Wayne Newton Blvd; 📶) Bedient Las Vegas, Nevada und Süd-Utah. Las Vegas liegt 467 km vom South Rim des Grand Canyon National Park und 446 km vom North Rim entfernt.

Mineta San José International Airport (SJC; ☎408-501-0979; www.sjc.org) In San Franciscos South Bay.

Oakland International Airport (OAK; ☎510-563-3300; www.oaklandairport.com) In San Franciscos East Bay.

Palm Springs International Airport (PSP; ☎760-323-8299; www.palmspringsairport.com; 3400 E Tahquitz Canyon Way) In der Wüste, östlich von Los Angeles.

Portland International Airport (PDX; ☎503-460-4234; www.flypdx.com; 7000 NE Airport Way) Etwa 19 km vom Zentrum Portlands, Oregon, entfernt.

Salt Lake City International Airport (SLC; www.slcairport.com; 776 N Terminal Dr) Bedient Salt Lake City und Nord-Utah; eine gute Wahl, wenn man zum North Rim und zum Arizona Strip reisen will.

San Diego International Airport (SAN; ☎619-400-2404; www.san.org; 3325 N Harbor Dr) 6,4 km nordwestlich des Zentrums.

Sky Harbor International Airport (☎602-273-3300; http://skyharbor.com; 3400 E Sky Harbor Blvd; 📶) Bedient Phönix und den Grand Canyon und ist einer der zehn geschäftigsten Flughäfen des Landes. Phönix liegt 354 km vom South Rim des Grand Canyon National Park und 539 km vom North Rim entfernt.

Tucson International Airport (☎520-573-8100; www.flytucson.com; 7250 S Tucson Blvd) Bedient Tucson und Süd-Arizona.

Vancouver International Airport (YVR; www.yvr.ca) Liegt 9,7 km südlich von Vancouver auf Sea Island, zwischen Vancouver und dem Stadtbezirk Richmond.

Sicherheitsbestimmungen

➜ Um durch die Sicherheitskontrollen am Flughafen zu kommen (durchschnittliche Wartezeit 30 Min.), sind eine Bordkarte und ein Lichtbildausweis erforderlich.

➜ Eventuell kommt es zu einer zweiten Kontrolle, bei der man u.a. abgetastet wird und sein Handgepäck durchsuchen lassen muss.

➜ Die Bestimmungen zur Flughafensicherheit verbieten derzeit das Mitführen vieler Alltagsgegenstände (z.B. Taschenmesser) in Flugzeugen. Der aktuelle Stand sollte rechtzeitig über die Website der **Transportation Security Administration** (TSA; ☎866-289-9673; www.tsa.gov) ermittelt werden.

➜ Gemäß der aktuellen TSA-Vorschriften müssen alle Flüssigkeiten und gelartigen Substanzen in Behältern mit maximal 3.4 oz (85 ml) Volumen abgefüllt sein, die wiederum in einen durchsichtigen, vollständig verschließbaren Kunststoffbeutel (max. 1 Quart bzw. 1 l) zu packen sind. Die wenigen Ausnahmen (z.B. Medikamente) haben Reisende grundsätzlich unaufgefordert den Kontrolleuren anzugeben.

➜ Das ganze Bordgepäck wird auf Sprengstoffe untersucht. Die TSA unterzieht den Kofferinhalt eventuell einer Sichtprüfung und bricht nötigenfalls die Schlösser auf. Entweder schließt man sein Gepäck gar nicht erst ab oder man verwendet Schlösser mit offizieller TSA-Zulassung, die z.B. von **Travel Sentry** (www.travelsentry.org) hergestellt werden.

Auf dem Landweg
Auto & Motorrad

➡ Kraftfahrer, die ab Kanada oder Mexiko in die USA einreisen möchten, brauchen neben sämtlichen Zulassungs- und Versicherungspapieren auch einen gültigen nationalen Führerschein. Eine Internationale Fahrerlaubnis (International Driving Permit; IDP) ist eine sinnvolle Ergänzung, aber nicht offiziell vorgeschrieben.

➡ Nutzer von Mietwagen bzw. -motorrädern sollten unbedingt vorab ermitteln, ob die jeweilige Verleihfirma Trips nach Mexiko oder Kanada erlaubt – höchstwahrscheinlich tut sie's nicht!

NACH/AB KANADA

➡ Kanadische Autoversicherungen gelten normalerweise in den USA und umgekehrt.

➡ Mit allen erforderlichen Papieren lässt sich die amerikanisch-kanadische Grenze in der Regel recht zügig und problemlos überqueren.

➡ Vor allem im Sommer kann der starke Grenzverkehr an Wochenenden und Feiertagen lange Wartezeiten mit sich bringen.

➡ Gelegentlich durchsuchen die Beamten auf beiden Seiten manche Fahrzeuge richtig gründlich. Dann unbedingt ruhig und höflich bleiben!

NACH/AB MEXIKO

➡ Nur ganz wenige US-Autovermieter gestatten Mexikotrips mit ihren Fahrzeugen.

➡ Sofern kein längerer Aufenthalt in Tijuana geplant ist, bringt die Ausfuhr eines Fahrzeugs nach Mexiko mehr Ärger als Nutzen. Stattdessen lässt man das Auto besser auf US-Boden stehen und überquert die Grenze per pedes oder Shuttleservice ab San Diego.

➡ Amerikanische Kfz-Versicherungen gelten in Mexiko nicht. Selbst kurze Ausflüge ins mexikanische Grenzgebiet erfordern daher eine mexikanische Police, die an den meisten Grenzübergängen oder bei der **AAA** (📞800-874-7532; www.aaa.com) für ca. 25 US$ pro Tag erhältlich ist.

➡ Für längere Autofahrten durch Mexiko, die über das Grenzgebiet oder Baja California hinausführen, ist zudem ein mexikanischer *permiso de importación temporal de vehículos* (Genehmigung zur zeitweiligen Kfz-Einfuhr) vonnöten.

➡ Wegen verschärfter Sicherheitsmaßnahmen sind die Wartezeiten seit ein paar Jahren ziemlich lang.

➡ Weitere Details liefern der Lonely Planet Band *Mexiko* oder Mexikos **Touristen-Infohotline** (📞800-446-3942) in den USA.

Bus

➡ Dank der Kooperation von **Greyhound USA** (📞in den USA 800-231-2222, internationaler Kundenservice 214-849-8100; www.greyhound.com) mit **Greyhound Mexico** (📞01-800-010-0600; www.greyhound.com.mx) verkehren Direktbusse zwischen amerikanischen und mexikanischen Großstädten.

➡ Der Grenzübertritt in Richtung Norden kann eine Weile dauern, da die US-Einwanderungsbeamten eventuell alle Buspassagiere einzeln kontrollieren.

➡ Wer mit **Greyhound Canada** (📞800-661-8747; www.greyhound.ca) zwischen Kanada und Amerika unterwegs ist, muss in der Regel an der Grenze umsteigen.

Grenzübergänge

➡ Von den USA aus kommt man relativ leicht nach Kanada oder Mexiko. In Gegenrichtung gibt's schon eher Probleme, wenn erforderliche Papiere fehlen. Es ist also sehr wichtig, die sich ständig verändernden Bestimmungen für Reisepass und Visum rechtzeitig anhand der Website des **US-Außenministeriums**

GRENZÜBERGANG NACH/AB MEXIKO

Zum Recherchezeitpunkt sorgte Gewaltkriminalität in Mexiko weltweit für Schlagzeilen. Nogales (Arizona) ist z.B. immer noch sicher für Traveller, Nogales (Mexiko) war dagegen eine Hochburg des Drogenhandels und der damit verbundenen Gewalt. Auch in Tijuana sollten Touristen allergrößte Vorsicht walten lassen. Solange sich die Sicherheitslage nicht grundlegend ändert, ist daher stark von längerfristigen Aufenthalten dort abzuraten. Tagesausflüge nach Mexiko sind o.k., alles andere könnte gefährlich werden.

Vor Mexikotrips wird Travellern offiziell empfohlen, die Website des **US-Außenministeriums** (US State Department; http://travel.state.gov/travel/cis_pa_tw/cis/cis_970.html) zu besuchen. Dort gibt's aktuelle Reiseinfos und -warnungen sowie Details zu den neuesten Bestimmungen für die Aus- bzw. Einreise. Letztere ändern sich regelmäßig und sind auch unter www.cbp.gov ermittelbar. Zudem empfiehlt sich stets ein Blick auf die Mexiko-Reisewebsite des eigenen Außenministeriums.

Zur Ein- oder Ausreise in die/aus den USA bzw. nach/aus Mexiko benötigen EU-Bürger und Schweizer grundsätzlich einen gültigen Reisepass sowie gegebenenfalls ein entsprechendes Visum.

([icon] 1888 407 4747; US State Department; http://travel.state.gov) zu überprüfen. Die **amerikanische Zoll- & Grenzschutzbehörde** (US Customs & Border Protection; www.cbp.gov) informiert online über die momentanen Wartezeiten an allen Grenzübergängen nach Mexiko.

➡ Die Grenzübergänge in die USA sind nur selten rund um die Uhr offen.

➡ Bei jedem Grenzübertritt sollte man alle Papiere bereithalten und immer höflich zu den Beamten sein. Wichtig: Vor allem US-Grenzer mögen Witze, Smalltalk oder Ähnliches nicht!

➡ Achtung: Zum Recherchezeitpunkt litt die ganze amerikanisch-mexikanische Grenzregion unter starker Gewaltkriminalität (u. a. Kasten S. 515)!

Zug

➡ **Amtrak** ([icon] 800-872-7245; www.amtrakcascades.com) betreibt den täglich verkehrenden *Cascades* mit Direktbusservice zwischen Vancouver, British Columbia, in Kanada und Seattle, Washington.

➡ **VIA Rail** ([icon] 888-842-7245; www.viarail.ca) bedient ebenfalls Vancouver mit Routen, die nach Norden und Osten durch Kanada verlaufen.

➡ Die Zoll- und Einreiseformalitäten werden an der Grenze abgewickelt, nicht beim Einstieg.

➡ Der *Coast Starlight* von Amtrak, der von Seattle nach Süden bis Los Angeles fährt, verbindet unterwegs zahlreiche Ziele in Kalifornien.

➡ Derzeit fahren keine Züge von Arizona oder Kalifornien nach Mexiko.

UNTERWEGS VOR ORT

Auto & Motorrad

Vor allem für Trips durch die Weiten der ländlichen USA gilt: Wer möglichst flexibel und komfortabel reisen möchte, braucht ein eigenes Fahrzeug.

Automobilclubs

Folgende Organisationen bieten neben Pannenhilfe rund um die Uhr u. a. kostenlose Karten und Rabatte bei Unterkünften, Sehenswürdigkeiten, Unterhaltungsoptionen oder Mietwagen an:

American Automobile Association (AAA; [icon] 800-874-7532; www.aaa.com) Zusatzversicherungen für Motorräder oder Wohnmobile und wechselseitige Kooperation mit internationalen Partnerorganisationen (z. B. ADAC; Mitgliedsausweis mitbringen!).

Better World Club ([icon] 866-238-1137; www.betterworldclub.com) Alternative zur AAA; unterstützt Umweltschutzprojekte und leistet Pannenhilfe für Radfahrer.

Führerschein

➡ Ausländer können mit ihrem Führerschein von zu Hause bis zu zwölf Monate lang legal Auto fahren. Eine internationale Fahrerlaubnis (IDP) genießt bei den amerikanischen Verkehrspolizisten jedoch eine größere Glaubwürdigkeit, besonders wenn die eigene Fahrerlaubnis kein Foto hat oder in einer anderen Sprache verfasst ist. Der Automobilclub zu Hause kann gegen eine kleine Gebühr eine IDP ausstellen, die ein Jahr lang gültig ist. Man sollte den eigenen Führerschein immer zusammen mit der IDP bei sich tragen.

➡ Um in den USA ein Motorrad zu fahren, braucht man einen gültigen amerikanischen Motorradführerschein. Besucher benötigen eine Fahrerlaubnis aus ihrem Heimatland oder eine IDP, die speziell für Motorräder ausgestellt wurde.

Mieten

AUTO

➡ Mietwagenkunden müssen bei den meisten Verleihfirmen mindestens 25 Jahre alt sein, einen gültigen Führerschein und eine bekannte Kreditkarte besitzen (Scheck- oder Lastschriftkarten reichen nicht!). Gegen einen Aufpreis von 15 bis 25 US$ pro Tag akzeptieren ein paar Autovermieter eventuell auch Fahrer zwischen 21 und 24 Jahren. Wer keine Kreditkarte hat, kann manchmal auch eine große Barsumme hinterlegen.

➡ Bei Reservierung im Voraus gibt's Mittelklassemietwagen inklusive unbegrenzter Fahrtkilometer oft ab ca. 30 US$ pro Tag (zzgl. Versicherung, Steuern und Gebühren). Pauschalangebote für ganze Wochenender oder Wochen sind normalerweise günstiger. An Flughäfen sind die Tarife manchmal niedriger, aber mit höheren Gebühren verbunden. Bei Pauschalangeboten mit Flug und Mietwagen sind mitunter separate örtliche Steuern beim Abholen des Fahrzeugs zu entrichten. Vermieterfilialen in Stadtzentren haben teilweise einen Gratisservice, der Autos beim Kunden vorbeibringt oder dort abholt.

➡ Im Allgemeinen beinhaltet der Mietpreis unbegrenzte Fahrtkilometer. Wenn mehrere Leute fahren wollen oder das Auto an einem anderen Ort zurückgegeben werden soll, kostet das aber oft extra. Manche Verleiher lassen Kunden vorab die letzte Tankfüllung bezahlen. Dies rechnet sich aber praktisch nie: Man bezahlt mehr als an einer normalen Tankstelle und sollte das Auto dann sinnvollerweise auch mit fast leerem Tank zurückgeben.

Große internationale Autovermieter:

Alamo ([icon] 877-222-9075; www.alamo.com)

Avis ([icon] 800-331-1212; www.avis.com)

Budget ([icon] 800-527-0700; www.budget.com)

Dollar ([icon] 800-800-3665; www.dollar.com)

Enterprise (☎800-261-7331; www.enterprise.com)

Hertz (☎800-654-3131; www.hertz.com)

National (☎877-222-9058; www.nationalcar.com)

Thrifty (☎800-847-4389; www.thrifty.com)

Bessere Preise sind über Billigreise-Websites wie **Priceline** (www.priceline.com) oder **Hotwire** (www.hotwire.com) zu kriegen oder indem man auf Reise-Websites wie **Expedia** (www.expedia.com), **Orbitz** (www.orbitz.com) oder **Travelocity** (www.travelocity.com) bucht. Einen Preisvergleich bieten Websites wie **Kayak** (www.kayak.com) an.

Einige große Autovermieter (darunter Avis, Budget, Enterprise, Hertz und Thrifty) haben „grüne" Hybrid- oder Biotreibstofffahrzeuge an, aber die sind nur begrenzt verfügbar und sollten weit im Voraus reserviert werden. Wir empfehlen auch **Simply Hybrid** (☎323-653-0011, 888-359-0055; www.simplyhybrid.com) in Los Angeles, wo bei einer Mindestbuchung von drei Tagen ein kostenloser Abhol- und Bringdienst inklusive ist. **Zipcar** (☎866-494-7227; www.zipcar.com) vermietet in Kalifornien (Los Angeles, San Diego und San Francisco Bay) und Denver, Portland sowie Seattle. Dieser Car-Sharing-Club berechnet Nutzungsgebühren (pro Stunde oder Tag), in denen Benzin, die Versicherung (es kann eine Schadensgebühr von bis zu 750 US$ anfallen) und eine begrenzte Zahl von Fahrtkilometern enthalten sind. Traveller können online Mitglied werden. Eine Jahresmitgliedschaft kostet 60 US$ und die Anmeldegebühr beträgt 25 US$.

Um unabhängige Autovermietungen zu vergleichen, bietet sich **Car Rental Express** (www.carrentalexpress.com) an. Sehr hilfreich, wenn man günstige Langzeitmietangebote sucht! Hier sind einige unabhängige Unternehmen aufgelistet,

die auch an Fahrer unter 25 Jahren vermieten:

Rent-a-Wreck (☎877-877-0700; www.rentawreck.com) Mindestalter erforderlich; die Aufpreise variieren je nach Region.

Super Cheap Car Rental (www.supercheapcar.com) Berechnet normalerweise Aufpreise für Fahrer von 21 bis 24 Jahren; Fahrer von 18 bis 21 Jahren müssen eine Tagesgebühr zahlen.

MOTORRAD & WOHNMOBIL

Wer schon immer mal auf einer (gemieteten) Harley durch Amerika cruisen wollte, kann sich z. B. an **Eagle-Rider** (☎888-900-9901; www.eaglerider.com) wenden. Diese Firma mit Großstadtfilialen in den ganzen USA verleiht auch andere Abenteuergefährte. Achtung: Motorradausleihe und -versicherung sind teuer!

Spezialisten für den Verleih von Wohnmobilen (Recreational Vehicles; RVs) und Campervans:

Adventures on Wheels (☎800-943-3579; www.wheels9.com)

Cruise America (☎800-671-8042; www.cruiseamerica.com)

Happy Travel Campers (☎800-370-1262; www.camperusa.com)

Straßenzustand & Gefahren

➡ Zu den Gefahren auf der Straße zählen Schlaglöcher, der Großstadtpendlerverkehr, Wildwechsel und abgelenkte oder wütende Fahrer.

➡ Wo Schnee fällt, haben viele Autos mit Spikes besetzte Winterreifen. In Bergregionen braucht man manchmal Schneeketten. Fahren auf unbefestigten Pisten oder im Gelände wird von vielen Autovermietern untersagt und kann bei feuchter Witterung sehr gefährlich sein!

➡ In Wüsten- und Weidengebieten grast das Vieh manchmal uneingezäunt direkt am Straßenrand. Meist weisen Schilder mit der Aufschrift

„Open Range" oder einem Rindersymbol auf diese Gefahr hin. An Strecken mit regelmäßigem Wildwechsel ist stattdessen die Silhouette eines springenden Hirsches abgebildet. Vor allem nachts sind solche Verkehrszeichen sehr ernst zu nehmen!

Landesweite Verkehrs- und Straßeninfos (inkl. Streckensperrungen) gibt's unter www.fhwa.dot.gov/trafficinfo/index.htm.

Im gerade bereisten Bundesstaat erfährt man unter ☎511 den aktuellen Straßenzustand. Um Letzteren von außerhalb zu ermitteln, gibt es folgende Telefonnummern bzw. Webadressen:

Arizona (☎888-411-7623; www.az511.com)

Colorado (☎303-639-1111; www.cotrip.org)

Idaho (☎888-432-7623; http://511.idaho.gov/)

Kalifornien (☎800-427-7623; www.dot.ca.gov)

Montana (☎800-226-7623; www.mdt.mt.gov/travinfo/)

Nevada (☎877-687-6237; www.safetravelusa.com/nv)

New Mexico (☎800-432-4269; http://m.nmroads.com)

Oregon (☎503-588-2941; www.tripcheck.com)

Utah (☎866-511-8824; www.commuterlink.utah.gov)

Washington (☎800-695-7623; www.wsdot.wa.gov/traffic/)

Wyoming (☎888-996-7623; www.wyoroad.info)

Tanken

Viele Tankstellen im Westen haben Kraftstoffpumpen mit Bildschirmen für automatische Kreditkartenzahlungen. Die meisten Automaten fragen nach der Postleitzahl. Ausländische Traveller und Besitzer von Kreditkarten, die außerhalb der USA ausgestellt wurden, müssen vor dem Tanken in die Tankstelle bezahlen. Man muss dem Tankwart mitteilen, welchen Betrag man auf die Karte

ENTFERNUNGEN (MEILEN)

	Denver	Grand Canyon National Park (South Rim)	Las Vegas	Los Angeles	Phoenix	Portland	San Francisco	Santa Fe	Seattle
Grand Canyon National Park (South Rim)	68								
Las Vegas	750	270							
Los Angeles	1020	485	270						
Phoenix	825	215	285	375					
Portland	1260	1330	1020	965	1335				
San Francisco	1270	790	570	380	750	635			
Santa Fe	395	455	635	850	530	1450	1145		
Seattle	1330	1365	1165	1135	1500	175	810	1545	
Yellowstone National Park	530	810	670	950	920	795	1000	820	875

laden möchte. Wenn nach dem Tanken noch Guthaben übrig ist, geht man wieder rein und lässt sich die Differenz auszahlen.

Verkehrsregeln

➜ In den ganzen USA herrschen Rechtsverkehr, Kindersitz- und Gurtpflicht.

➜ Kindersitze können bei den meisten Autovermietern ausgeliehen werden (ca. 12 US$/Tag), bedingen aber Reservierung beim Buchen.

➜ In manchen US-Bundesstaaten gilt Helmpflicht für Motorradfahrer.

➜ Auf Interstate-Highways dürfen manchmal 75 mph (121 km/h) gefahren werden. Sofern nicht anderweitig durch Schilder angezeigt, beträgt das allgemeine Tempolimit 55 oder 65 mph (88 oder 105 km/h) auf Highways und 25 bis 35 mph (40–56 km/h) innerhalb geschlossener Ortschaften. Achtung: In der Nähe von Schulen sind teilweise nur 15 mph (24 km/h) erlaubt – während der Unterrichtszeit wird dies streng kontrolliert! Zudem ist es grundsätzlich verboten, Schulbusse mit blinkenden Warnlichtern zu passieren oder zu überholen.

➜ Wenn sich Notfall- oder Einsatzfahrzeuge (Polizei, Feuerwehr, Rettungsdienst) nähern, sollte man in Fahrt- und Gegenrichtung schnellstens, aber vorsichtig eine ausreichende Gasse zu bilden.

➜ Immer mehr US-Bundesstaaten verbieten Handygespräche am Steuer. Darum benutzt man am besten eine Freisprecheinrichtung oder stoppt bei Anrufen verkehrsgerecht am Straßenrand – wie in Deutschland auch.

➜ Fahren unter Alkohol- und/oder Drogeneinfluss (*driving under the Influence*; DUI) wird streng bestraft. Die Polizei kann Kraftfahrer jederzeit einer Alkohol- und Drogenkontrolle unterziehen. Bei Verdacht auf Drogenkonsum bzw. zu viel Promille (Grenze 0,8‰) hat man zur Feststellung des Wertes einen Atem-, Urin- oder Bluttest zu absolvieren. Wird dieser verweigert, gilt er automatisch als nicht bestanden.

➜ In einigen US-Bundesstaaten dürfen geöffnete Behälter mit alkoholischen Getränken (*open containers*) nicht im Fahrzeuginnenraum mitgeführt werden – selbst wenn sie bereits leer sein sollten!

Versicherung

➜ Bevor man ein Auto mietet, sollte man in seiner Auto- oder Reiseversicherungspolice nachprüfen, ob man bereits versichert ist und wogegen genau. Die Policen beinhalten wahrscheinlich eine Haftpflichtversicherung; wenn das nicht der Fall ist, muss man etwa 7 bis 14 US$ pro Tag für die Haftpflicht einplanen. Die Versicherung gegen Schäden am Auto selbst heißt Collision Damage Waiver (CDW) oder Loss Damage Waiver (LDW) und kostet weitere 20 bis 40 US$ pro Tag; wenn Reparaturen nötig werden, muss man wahrscheinlich die ersten 100 bis 500 US$ zahlen. Einige Kreditkarten decken dies ab, vorausgesetzt, man zahlt die gesamten Kosten für das Auto mit der Karte. Bei einem Unfall muss man die Kosten zunächst selbst an das Vermietungsunternehmen zahlen und dann eine Rückerstattung von der Kreditkartengesellschaft beantragen. Vor dem Mieten eines Autos sollte man sich also genau über die Konditionen seines Kreditkartenunternehmens informieren.

Bus

→ Als größte US-Fernbus-firma deckt **Greyhound** (☎800-231-2222; www.greyhound.com) ganz Amerika und Kanada ab. Um Effizienz und Profit zu steigern, steuert das Unternehmen viele Kleinstädte seit Kurzem nicht mehr an. Allgemein folgen die Busse den wichtigsten Highways und halten in größeren Ballungszentren. Um ländliche Städte über Nebenstrecken zu erreichen, muss man daher manchmal in Regional- oder Lokalbusse umsteigen. Greyhound hält normalerweise entsprechende Kontaktinfos bereit.

→ Das meiste Gepäck ist aufzugeben; eine deutlich erkennbare Beschriftung verringert das Verlustrisiko. Größere Gegenstände wie Ski, Surfbretter oder Fahrräder werden ebenfalls mitgenommen – allerdings eventuell nur gegen Zuschlag (vorher anrufen!).

→ Die Verbindungshäufigkeit variiert gewaltig. Obwohl viele kleine Ziele vom Fahrplan gestrichen wurden, halten normale Greyhound-Busse immer noch alle 80 bis 160 km. Auf Fernstrecken gibt's Pausen zum Essen und zum Fahrerwechsel.

→ Greyhound-Busse sind im Allgemeinen sauber, komfortabel und zuverlässig. Am besten nimmt man einen der vorderen Sitze in ausreichendem Abstand zur Bordtoilette. Eine Klimaanlage (manchmal zu effektiv – Pulli mitbringen!) und ein wenig verstellbare Sitze sorgen für etwas Komfort. Vereinzelt sind auch Bordsteckdosen und WLAN vorhanden. An Bord herrscht grundsätzlich Rauchverbot.

→ US-Busbahnhöfe sind oft sicher und sauber, liegen aber teilweise in zwielichtigen Ecken. Manche Ortschaften haben nur simple Haltestellen ohne Schalter – dort den Fahrpreis genau passend bereithalten!

Preise

→ Die Preise sind niedriger, wenn man die Tickets sieben bis 14 Tage im Voraus kauft. Hin- und Rückfahrtstickets sind manchmal billiger als Einzelstrecken, und der Preis variiert abhängig vom Wochentag, an dem man reist.

→ Rabatte (nur auf normale Fahrpreise) gibt's für Senioren ab 62 Jahren (5%) und für Studenten mit einer Student Advantage Card (20%); außerdem erhalten zwei Familienmitglieder bis zu 50% Rabatt, sofern ein weiterer Familienteil den vollen Fahrpreis bezahlt. Auf der Website von Greyhound finden sich weitere Details zu Rabatten.

→ Auf der Website von Greyhound gibt's oft spezielle Promotion-Ermäßigungen, die aber manchmal Einschränkungen unterliegen oder nur zu bestimmten Zeiten gültig sind. Der Discovery Pass, mit dem man uneingeschränkt reisen konnte, wurde abgeschafft.

Reservierungen

→ Bustickets für Greyhound können telefonisch oder online gekauft werden. Man kann die Fahrkarten zu Hause ausdrucken oder am Terminal abholen, indem man den *Will Call*-Service nutzt (einen Ausweis mit Foto mitbringen!).

→ Bei der Sitzplatzverteilung gilt grundsätzlich: Wer zuerst kommt, mahlt zuerst. Greyhound empfiehlt Travellern, eine Stunde vor der Abfahrt vor Ort zu sein, um den gewünschten Sitzplatz zu bekommen.

→ Reisende mit Behinderung, die spezielle Hilfe brauchen, sollten mindestens 48 Stunden vor der Abreise ☎800-752-4841 (TDD/TTY ☎800-345-3109) anrufen; es gibt nur beschränkten Platz für Rollstühle, obwohl sie auch als Gepäck akzeptiert werden. Blindenhunde oder andere Helfertiere sind an Bord erlaubt.

Fahrrad

Fahrradtouren durch einzelne Regionen sind sehr beliebt. Man radelt auf kurvigen Nebenstraßen (denn Fahrradfahrer dürfen oft nicht auf Schnellstraßen radeln) und sollte die Strecken eher in Kilometer pro Tag, nicht pro Stunde kalkulieren. Radfahrer müssen dieselben Regeln beachten wie Autofahrer, viele Radler respektieren allerdings die Vorfahrtsregeln nicht. Für Radler unter 18 Jahren besteht in Kalifornien und vielen Städten im Westen Helmpflicht.

Einige hilfreiche Informationsquellen für Radfahrer sind die folgenden:

Adventure Cycling Association (www.adventurecycling.org) Exzellente Online-Quelle für den Erwerb von für Radler geeigneten Landkarten und Reiseführern für Langstreckenrouten.

Better World Club (☎866-238-1137; www.betterworldclub.com) Wer eine Jahresmitgliedschaft (40 US$ zzgl. 12 US$ Aufnahmegebühr) eingeht, kann sich in Notfällen zweimal auf der

NÜTZLICHE BUSVERBINDUNGEN

STRECKE	PREIS (US$)	DAUER (STD.)
Las Vegas–Los Angeles	60	5–7
Los Angeles–San Francisco	59–65	7½–12
Phoenix–Tucson	18	2
Seattle–Portland	30–33	4
Denver–Salt Lake City	101–105	10–12¼

AUF NACH ALASKA & HAWAII!

Alaska

An der Nordwestspitze Nordamerikas liegt Alaska, der 49. Bundesstaat der USA. Er ist bei Weitem der größte Bundesstaat und weist beeindruckende Berge, massive Gletscher und eine faszinierende Tierwelt auf. Hier erhebt sich der Mt. McKinley (der höchste Gipfel des Kontinents), und in der Region leben unzählige Buckelwale und Weißkopfseeadler. Details sind im englischsprachigen Lonely Planet Band *Alaska* zu finden.

Die meisten Besucher Alaskas reisen über den **Ted Stevens Anchorage International Airport** (ANC; www.dot.state.ak.us/anc; ☎) ein. **Alaska Airlines** (☎800-252-7522; www.alaskaair.com) bietet Direktflüge von Seattle, Chicago, Las Vegas und Los Angeles nach Anchorage an. Die Fluggesellschaft verbindet auch viele Städte innerhalb Alaskas und hat ganzjährig Flüge nach Süden oder Norden durch Südost-Alaska mit Stopps in allen Großstädten (darunter auch Ketchikan und Juneau). **Delta** (☎800-221-1212; www.delta.com) bietet Direktflüge ab Minneapolis, **US Airways** (☎800-428-4322; www.usairways.com) und **United** (www.united.com) fliegen nonstop von Phönix nach Alaska. Mit **JetBlue** (www.jetblue.com) fliegt man direkt ab Seattle. Es gibt auch Direktflüge von Seattle nach Juneau.

Mit der Fähre braucht man fast eine Woche auf dem **Alaska Marine Highway** (AMHS; ☎800-642-0066; www.dot.state.ak.us/amhs/pubs/), der Bellingham, Washington, mit über zwölf Städten im Südosten Alaskas verbindet. Wer die vollständige Reise (Bellingham–Haines; einfache Strecke 353 US$, 2½–3 Tage) macht, legt unterwegs an mehreren Häfen an und sollte vorher reservieren. Die Fähren des Alaska Marine Highway sind für Autos ausgerüstet (einfache Strecke 462 US$), aber Plätze müssen Monate im Voraus reserviert werden.

Der Alaska–Canada Military Highway heißt heute Alcan (the Alaska Highway). Diese 2237 km lange Straße beginnt in Dawson Creek in British Columbia und endet in Delta

Straße aufgabeln lassen. Dieser Service gilt rund um die Uhr; man wird zum nächsten Fahrradshop innerhalb eines Radius von 48 km gebracht.

Fahrradtransport

➡ Manche Lokalbusse und -züge sind mit speziellen Fahrradständern ausgerüstet.

➡ Greyhound-Busse nehmen Drahtesel als aufgegebenes Gepäck mit (zzgl. 30–40 US$). Dafür müssen die Bikes zerlegt und in Transportboxen verstaut sein, die bei manchen Busbahnhöfen für 10 US$ ausgeliehen werden können.

➡ Die meisten *Cascades-, Pacific Surfliner-, Capital Corridor-* und *San Joaquin-*Züge von Amtrak verfügen über bordinterne Radständer, an denen unverpackte Räder sicher angeschlossen werden können. Diese Option (zzgl. 5–10 US$) sollte man möglichst gleich zusammen mit der Zugfahrkarte reservieren.

➡ Bei Amtrak-Zügen ohne Radständer sind Bikes in Boxen (15 US$) zu verpacken und als Gepäck aufzugeben (5 US$). Diese Möglichkeit besteht aber nicht bei allen Bahnhöfen oder Zügen!

➡ Bei allen Flügen muss man Fahrräder demontiert in Transportboxen stecken und als Gepäck aufgeben. Vorab ist es sinnvoll, bei der jeweiligen Fluglinie nach allen Details und Zusatzgebühren (meist 50–100 US$ oder mehr) zu fragen.

Mieten & Kaufen

➡ In den meisten Großstädten und Regionalzentren kann man Fahrräder gegen Stunden-, Tages- oder Wochensätze ausleihen.

➡ Ein Leihfahrrad kostet ab 20 US$ pro Tag (für einen Beach Cruiser) und bis zu 40 US$ oder noch mehr (für einfache Mountainbikes); wer werktags ein Fahrrad mieten oder mehrere Tage unterwegs sein will, sollte nach Rabatten fragen.

➡ Die meisten Fahrradverleihs verlangen von den Mietern eine Kreditkarten-Kaution von mehreren Hundert Dollar.

➡ Neue Fahrradmodelle gibt's in Spezialgeschäften, Sportgeschäften und bei Billigkaufhausketten. Gebrauchte Räder werden oft an den Schwarzen Brettern der Hostels, Cafés und Universitäten inseriert.

➡ Um gebrauchte Fahrräder zu kaufen oder zu verkaufen, geht man online auf Schwarze Bretter wie **Craigslist** (www.craigslist.org).

Flugzeug

Das amerikanische Inlandsflugnetz ist umfassend und zuverlässig. Hierfür sorgen etliche konkurrierende Airlines, Hunderte Flughäfen und Tausende täglicher Flugverbindungen. Fliegen ist meist teurer als Bus-, Zug- oder Autoreisen, aber die schnellste Option.

Junction (nordöstlich von Anchorage); unterwegs windet sie sich durch die unendliche Wildnis von Nordwestkanada und Alaska. Die Fahrtdistanz zwischen Seattle und Anchorage beträgt 3621 km.

Hawaii

Hawaii liegt sehr isoliert über 4023 km vor der Küste Kaliforniens und hat aufgrund der Entfernung vom amerikanischen Festland ein ganz eigenes Flair entwickelt. Auf den Inseln kann man über uralte erkaltete Lavaströme wandern, surfen und paddeln lernen, mit Schildkröten schnorcheln oder mit dem Kajak zu seiner eigenen einsamen Insel fahren. Die Hauptinseln heißen Oahu, Hawaii (Big Island), Maui, Lanai, Molokai und Kauai. Egal welches Abenteuer man wählt und welche Insel man besucht – den einzigartigen Naturlandschaften wird hier mit den typisch hawaiianischen Einstellungen *aloha ' aina* und *malama ' aina* begegnet – also mit Liebe und Sorge für das Land. Weitere Details finden sich im auch auf Deutsch erhältlichen Lonely Planet Reiseführer *Hawaii*.

99 % der Besucher Hawaiis reisen mit dem Flugzeug an, und die meisten Flieger – internationale wie inländische – landen auf dem **Honolulu International Airport** (HNL; ☎808-836-6411; http://hawaii.gov/hnl; 300 Rodgers Blvd) auf Oahu. Auf Maui befindet sich der **Kahului Airport** (OGG; ☎808-872-3830; www.hawaii.gov/ogg; 1 Kahului Airport Rd). Er liegt etwa 25 Minuten von Kihei und 45 Minuten von Lahaina entfernt.

Die meisten Schiffe nach Hawaii stoppen unterwegs in Honolulu und auf Maui, Kauai und Big Island. Die Fahrt dauert in der Regel zwei Wochen und kostet rund 100 US$ pro Person und Tag. Beliebte Schifffahrtsgesellschaften sind **Holland America** (☎877-932-4259; www. hollandamerica.com), **Princess** (☎800-774-6237; www.princess.com) und **Royal Caribbean** (☎866-562-7625; www.royalcaribbean.com).

Inlandsfluglinien im Westen

Allgemein sind Inlandsflüge sehr sicher und weitaus weniger gefährlich als Fahrten auf amerikanischen Highways. **Airsafe.com** (www. airsafe.com) liefert umfassende Sicherheitsdetails zu einzelnen Gesellschaften.

Die größten Inlandsfluglinien im Westen der USA sind die folgenden:

Alaska Airlines (☎800-252-7522; www.alaskaair.com) Bedient Alaska, Hawaii, die Ostküste und den Westen der USA.

American Airlines (☎800-433-7300; www.aa.com) Landesweites Streckennetz.

Delta Air Lines (☎800-221-1212; www.delta.com) Landesweites Streckennetz.

Frontier Airlines (☎800-432-1359; www.frontierairlines. com) Drehscheibe Denver; landesweites Streckennetz inklusive Alaska.

Hawaiian Airlines (☎800-367-5320; www.hawaiianair.

com) Bedient neben Hawaii die Westküste, Las Vegas und Phoenix.

JetBlue Airways (☎800-538-2583; www.jetblue.com) Sorgt für Direktverbindungen zwischen einigen Städten im Westen und Osten der USA; auch Flüge nach Florida, New Orleans und Texas.

Southwest Airlines (☎800-435-9792; www.southwest. com) Landesweites Streckennetz ohne Alaska und Hawaii.

Spirit Airlines (☎801-401-2200; www.spiritair.com) Drehscheibe Florida; steuert viele große US-Verkehrsknotenpunkte an.

United Airlines (☎800-864-8331; www.united.com) Die Fluglinie hat ein landesweites Streckennetz.

US Airways (☎800-428-4322; www.usairways.com) Landesweites Streckennetz.

Virgin America (☎877-359-8474; www.virginamerica.com) Flüge zwischen Las Vegas, Ost- und Westküste.

Nahverkehr

Außer in Großstädten kommt man mit öffentlichen Verkehrsmitteln allgemein nur sehr zäh voran: Der Nahverkehr bedient abgelegene Kleinstädte und Vororte oft nur spärlich. Dennoch sind öffentliche Verkehrsmittel in den USA normalerweise günstig, relativ sicher und verlässlich.

Bus

Die meisten größeren Städte haben zuverlässige lokale Busnetze, die allerdings oft auf Pendler zugeschnitten sind und abends sowie an den Wochenenden nur begrenzt bedient werden. Die Kosten liegen bei rund 2 US$ pro Fahrt. Einige Strecken in Touristengebieten sind kostenlos.

Fahrrad

Manche Großstädte sind radlerfreundlicher als andere. Meist gibt's aber zumindest ein paar ausgewiesene Fahrradspuren und -wege. Öffentliche Verkehrsmittel nehmen Drahtesel normalerweise problemlos mit.

Flughafenshuttles

In den meisten Großstädten stehen Reisenden günstige und praktische Shuttle-Services zum bzw. ab dem Flughafen (ca. 15–22 US$/Pers.) zur Verfügung. Meist handelt es sich dabei um zwölfsitzige Vans, die teilweise feste Routen und Ziele (u.a. die größten Hotels) bedienen. Innerhalb ihres jeweiligen Zuständigkeitsbereichs bringen manche Shuttle-Busse ihre Passagiere auch direkt vom Flughafen zur Unterkunft bzw. holen sie dort ab (*Door to Door*-Service).

Taxi

➡ Taxifahrer benutzen Gebührenzähler (Startpreis 2,50–5 US$, zzgl. 2–3 US$/Meile) und akzeptieren, wenn es um die Bezahlung geht, eventuell Kreditkarten.

➡ Gepäcktransport und/oder das Abholen am Flughafen kosten mitunter extra.

➡ Die Fahrer erwarten ein Trinkgeld von 10 bis 15% des Fahrpreises, aufgerundet auf den nächsten vollen Dollarbetrag.

➡ Taxis lassen sich in den geschäftigsten Großstadtbezirken auch mal auf der Straße anhalten, müssen aber anderswo oft telefonisch bestellt werden.

U-Bahn & Zug

L.A. und die San Francisco Bay Area haben die größten Regionalzugnetze. Anderswo existieren teilweise kleinere Varianten mit ein bis zwei Linien, die vor allem das jeweilige Stadtzentrum abdecken.

Schiff/Fähre

Im Westen der USA gibt's keinen öffentlichen Schiffsverkehr auf Flüssen oder Kanälen. Nichtsdestotrotz existieren viele kleinere, oft staatlich betriebene Küstenfähren. Die größeren davon nehmen meist Privatautos, -motorräder und -fahrräder

mit. Die entsprechenden Regionalkapitel informieren über Details.

Fähren schippern z.B. zu den malerischen San Juan Islands vor der Küste Washingtons. Mehrere der kalifornischen Channel Islands und Catalina Island vor Los Angeles sind ebenfalls mit Booten erreichbar. Ab San Francisco geht's per Schiff regelmäßig über die gleichnamige Bucht nach Sausalito, Larkspur, Tiburon, Angel Island, Oakland, Alameda und Vallejo.

Zug

Die **Amtrak** (☎800-872-7245; www.amtrak.com) betreibt landesweit ein ziemlich umfangreiches Streckennetz. Die Preise variieren je nach Zugtyp und -klasse (z.B. Großraumwagen, Businessoder Schlafwagenklasse, mit oder ohne Reservierung usw.). Auf Fernstrecken verfügen die komfortablen, wenn auch etwas lahmen Züge über Lounge- und Speisewagen.

MALERISCHE ZUGSTRECKEN

Im gesamten Westen tuckern historische Lokomotiven durch die Bergregionen und andere malerische Landschaften. Die meisten Züge verkehren nur in den wärmeren Monaten, und Fahrten mit ihnen sind extrem beliebt – daher sollte man im Voraus buchen.

Cumbres & Toltec Scenic Railroad (☎575-756-2151; www.cumbrestoltec.com; Erw./Kind ab 89/49 US$; ⊙Ende Mai–Mitte Okt.) „Lebendiges" fahrendes Museum, das von Chama, New Mexico, zu Colorados Rocky Mountains tuckert.

Durango & Silverton Narrow Gauge Railroad (☎970-247-2733, kostenlos 877-872-4607; www.durangotrain.com; Erw./Kind ab 85/51 US$; ⊙Abfahrten 8, 8.45 & 9.30 Uhr) Endet in der historischen Bergbaustadt Silverton in Colorados Rocky Mountains.

Mount Hood Railroad Windet sich durch die malerische Schlucht des Columbia River außerhalb von Portland, Oregon.

Skunk Train (☎707-964-6371; www.skunktrain.com; Erw./Kind ab 20/10 US$) Verkehrt zwischen Fort Bragg, Kalifornien, die Küste entlang bis nach Willits weiter landeinwärts und passiert unterwegs viele Redwood-Wälder.

Grand Canyon Railway (☎928-635-4253, 800-843-8724; www.thetrain.com; hin & zurück Erw./Kind ab 75/45 US$) Die alten Dampf- und Diesellokomotiven mit familienorientiertem Unterhaltungsangebot verkehren zwischen Williams, Arizona, und dem Grand Canyon National Park.

Es lohnt sich auch eine Fahrt den Pikes Peak Cog Railway entlang, eine 14 km lange Zugstrecke außerhalb von Colorado Springs, die von einer Schlucht bis hinauf in die Berge verläuft.

NÜTZLICHE ZUGVERBINDUNGEN

SERVICE	PREIS (US$)	DAUER (STD.)
Los Angeles–Flagstaff	70	10½
Los Angeles–Oakland/San Francisco	61	11¼
San Francisco/Emeryville–Salt Lake City	97	17
Seattle–Oakland/San Francisco	104	23

Amtrak-Routen im Westen der USA:

California Zephyr Tägliche Verbindung zwischen Chicago und Emeryville bei San Francisco (ab 163 US$, 52 Std.); über Denver, Salt Lake City, Reno, Sacramento.

Coast Starlight Folgt der Westküste jeden Tag von Seattle nach L.A. (ab 115 US$, 35 Std.) und hat eventuell WLAN an Bord; über Portland, Sacramento, Oakland, Santa Barbara.

Southwest Chief Fährt täglich von Chicago nach L.A. (ab 169 US$, 44 Std.); über Kansas City, Albuquerque, Flagstaff, Barstow.

Sunset Limited Pendelt zwischen New Orleans und L.A. (ab 205 US$, 48 Std., 3-mal wöchentl.); über Houston, San Antonio, El Paso, Tucson, Palm Springs.

PREISE

➡ Tickets sind in den Bahnhöfen, telefonisch oder online erhältlich. Die Preise hängen u.a. von Reisetag, Route und Sitzplatz ab. In Hauptreisezeiten wie im Sommer können die Preise steigen. Hin- und Rückfahrkarten kosten dasselbe wie zwei einfache Fahrkarten.

➡ Senioren über 62 Jahren, Veteranen und Studenten mit einem ISIC oder einer Student Advantage Card erhalten 15% Rabatt. Bis zu zwei Kinder im Alter von zwei bis 15 Jahren, die in Begleitung eines Erwachsenen reisen, erhalten 50% Rabatt. AAA-Mitglieder sparen 10%. Es gibt immer mal Werbe- und Rabattaktionen, daher die Website besuchen oder einfach nachfragen!

RESERVIERUNGEN

Reservierungen sind ab elf Monaten vor der Reise möglich. Die Sitzplätze der meisten Züge sind beschränkt; bestimmte Züge können überfüllt sein, besonders im Sommer und in der Urlaubszeit – daher so weit im Voraus buchen wie möglich!

Zugpässe

➡ Der **USA Rail Pass** (www.amtrak.com) der Amtrak gilt für Fahrten im Großraumwagen (Erw. 15/30/45 Tage 439/669/859 US$, Kind 2–15 Jahre jeweils 50%).

➡ Dabei beschränkt sich die konkrete Reisestrecke je nach gebuchter Taganzahl auf acht, zwölf oder 18 einzelne „Abschnitte" (*segments*) in einfacher Fahrtrichtung. Ein solcher Abschnitt entspricht nicht der einfachen Strecke! Wenn zum Erreichen des Ziels mehr als ein Zug vonnöten ist, verbraucht dies mehrere *segments*.

➡ Zugpässe kauft man am besten online. Für jedes einzelne *segment* sollte man rechtzeitig reservieren.

➡ Der California Rail Pass (7 Tage, Erw./Kind 159/80 US$) ist interessant bei Trips in Kalifornien.

Sprache

Briten, Amerikaner, Australier und Neu-
seeländer, deutsche Geschäftsleute und
norwegische Wissenschaftler, der indische
Verwaltungsbeamte und die Hausfrau in
Kapstadt – fast jeder scheint Englisch zu
sprechen. Und wirklich: Englisch ist die am
weitesten verbreitete Sprache der Welt
(wenn's auch nur den zweiten Platz für die
am meisten gesprochene Muttersprache
gibt – Chinesisch ist die Nr. 1).

Und selbst die, die nie Englisch gelernt
haben, kennen durch englische Musik oder
Anglizismen in Technik und Werbung immer
ein paar Wörter. Ein paar Brocken mehr zu
lernen, um beim Smalltalk zu glänzen, ist
nicht schwer. Hier sind die wichtigsten
Wörter und Wendungen für die fast perfekte
Konversation in fast allen Lebenslagen aufgelistet.

Konversation & Nützliches

Hallo.	Hello.
Guten...	Good...
Tag	day
Tag (nachmittags)	afternoon
Morgen	morning
Abend	evening
Auf Wiedersehen.	Goodbye.
Bis später.	See you later.
Tschüss.	Bye.

NOCH MEHR GEFÄLLIG?

Noch besser kommt man mit dem
Sprachführer Englisch von Lonely Planet
durch die USA. Man findet den Titel
unter **http://shop.lonelyplanet.de**
und im Buchhandel.

Wie geht es Ihnen/dir?	How are you?
Danke, gut.	Fine. And you?
Und Ihnen/dir?	... and you?
Wie ist Ihr Name?/ Wie heißt du?	What's your name?
Mein Name ist...	My name is...
Wo kommen Sie her?/ Wo kommst du her?	Where do you come from?
Ich komme aus...	I'm from...
Wie lange bleiben Sie/ bleibst du hier?	How long do you stay here?
Ja.	Yes.
Nein.	No.
Bitte.	Please.
Danke/Vielen Dank.	Thank you (very much).
Bitte (sehr).	You're welcome.
Entschuldigen Sie,...	Excuse me,...
Entschuldigung.	Sorry.
Es tut mir leid.	I'm sorry.
Verstehen Sie (mich)?	Do you understand (me)?
Ich verstehe (nicht).	I (don't) understand.
Könnten Sie...?	Could you please...?
bitte langsamer sprechen	speak more slowly
das bitte wieder-holen	repeat that
es bitte aufschreiben	write it down

Fragewörter

Wer?	Who?
Was?	What?
Wo?	Where?
Wann?	When?

Wie?	How?
Warum?	Why?
Welcher?	Which?
Wie viel/viele?	How much/many?

Gesundheit

Wo ist der/die/das nächste ...?
Where's the nearest ...?

Apotheke	chemist
Zahnarzt	dentist
Arzt	doctor
Krankenhaus	hospital

Ich brauche einen Arzt.
I need a doctor.

Gibt es in der Nähe eine (Nacht-)Apotheke?
Is there a (night) chemist nearby?

Ich bin krank.	I'm sick.
Es tut hier weh.	It hurts here.
Ich habe mich übergeben.	I've been vomiting.
Ich habe ...	I have ...
Durchfall	diarrhoea
Fieber	fever
Kopfschmerzen	headache
(Ich glaube,)	(I think)
Ich bin schwanger.	I'm pregnant.
Ich bin allergisch ...	I'm allergic ...
gegen Antibiotika	to antibiotics
gegen Aspirin	to aspirin
gegen Penizillin	to penicillin

Mit Kindern reisen

Ich brauche ...	I need a/an ...
Gibt es ...?	Is there a/an ...?
einen Wickelraum	baby change room
einen Babysitter	babysitter
einen Kindersitz	booster seat
eine Kinderkarte	children's menu
einen Kinderstuhl	highchair
(Einweg-)Windeln	(disposable) nappies
ein Töpfchen	potty
einen Kinderwagen	stroller

Stört es Sie, wenn ich mein Baby hier stille?
Do you mind if I breastfeed here?

NOTFALL

Hilfe!
Help!

Es ist ein Notfall!
It's an emergency!

Rufen Sie die Polizei!
Call the police!

Rufen Sie einen Arzt!
Call a doctor!

Rufen Sie einen Krankenwagen!
Call an ambulance!

Lassen Sie mich in Ruhe!
Leave me alone!

Gehen Sie weg!
Go away!

Sind Kinder zugelassen?
Are children allowed?

Papierkram

Name	name
Staatsangehörigkeit	nationality
Geburtsdatum	date of birth
Geburtsort	place of birth
Geschlecht	sex/gender
(Reise-)Pass	passport
Visum	visa

Shoppen & Service

Ich suche ...
I'm looking for ...

Wo ist der/die/das (nächste) ...?
Where's the (nearest) ...?

Wo kann ich ... kaufen?
Where can I buy ...?

Ich möchte ... kaufen.
I'd like to buy ...

Wie viel (kostet das)?
How much (is this)?

Das ist zu viel/zu teuer.
That's too much/too expensive.

Können Sie mit dem Preis heruntergehen?
Can you lower the price?

Ich schaue mich nur um.
I'm just looking.

Haben Sie noch andere?
Do you have any others?

Können Sie ihn/sie/es mir zeigen?
Can I look at it?

mehr	*more*
weniger	*less*
kleiner	*smaller*
größer	*bigger*

Nehmen Sie ...?	*Do you accept ...?*
Kreditkarten	*credit cards*
Reiseschecks	*traveller's cheques*
Ich möchte ...	*I'd like to ...*
Geld umtauschen	*change money*
einen Scheck einlösen	*cash a cheque*
Reiseschecks einlösen	*change traveller's cheques*

Ich suche ...	*I'm looking for ...*
einen Arzt	*a doctor*
eine Bank	*a bank*
die ... Botschaft	*the ... embassy*
einen Geldautomaten	*an ATM*
das Krankenhaus	*the hospital*
den Markt	*the market*
ein öffentliches Telefon	*a public phone*
eine öffentliche Toilette	*a public toilet*
die Polizei	*the police*
das Postamt	*the post office*
die Touristen-information	*the tourist information*
eine Wechselstube	*an exchange office*

Wann macht er/sie/es auf/zu?
What time does it open/close?

Ich möchte eine Telefonkarte kaufen.
I want to buy a phone card.

Wo ist hier ein Internetcafé?
Where's the local Internet cafe?

Ich möchte ...	*I'd like to ...*
ins Internet	*get Internet access*
meine E-Mails checken	*check my email*

Uhrzeit & Datum

Wie spät ist es?	*What time is it?*
Es ist (ein) Uhr.	*It's (one) o'clock.*
Zwanzig nach eins	*Twenty past one*
Halb zwei	*Half past one*
Viertel vor eins	*Quarter to one*

morgens/vormittags	*am*
nachmittags/abends	*pm*

jetzt	*now*
heute	*today*
heute Abend	*tonight*
morgen	*tomorrow*
gestern	*yesterday*
Morgen	*morning*
Nachmittag	*afternoon*
Abend	*evening*

Montag	*Monday*
Dienstag	*Tuesday*
Mittwoch	*Wednesday*
Donnerstag	*Thursday*
Freitag	*Friday*
Samstag	*Saturday*
Sonntag	*Sunday*

Januar	*January*
Februar	*February*
März	*March*
April	*April*
Mai	*May*
Juni	*June*
Juli	*July*
August	*August*
September	*September*
Oktober	*October*
November	*November*
Dezember	*December*

Unterkunft

Wo ist ...?	*Where's a ...?*
eine Pension	*bed and breakfast guesthouse*
ein Campingplatz	*camping ground*
ein Hotel/Gasthof	*hotel*
ein Privatzimmer	*room in a private home*
eine Jugend-herberge	*youth hostel*

Wie ist die Adresse?
What's the address?

Ich möchte bitte ein Zimmer reservieren.
I'd like to book a room, please.

Für (drei) Nächte/Wochen.
For (three) nights/weeks.

EIN ZIMMER RESERVIEREN

(per Brief, Fax oder E-Mail)

An ...	To ...
Vom ...	From ...
Datum	Date

Ich möchte reservieren ...
I'd like to book ...

auf den Namen ...	in the name of ...
vom ... bis zum ...	from ... to ...

(Bett-/Zimmeroptionen s. Liste
Unterkunft)

Kreditkarte	credit card
Nummer	number
gültig bis	expiry date

**Bitte bestätigen Sie Verfügbarkeit
und Preis.**
Please confirm availability and price.

Haben Sie ein ...?	Do you have a ... room?
Einzelzimmer	single
Doppelzimmer	double
Zweibettzimmer	twin

Wieviel kostet es pro Nacht/Person?
How much is it per night/person?

Kann ich es sehen?
May I see it?

Kann ich ein anderes Zimmer bekommen?
Can I get another room?

Es ist gut, ich nehme es.
It's fine. I'll take it.

Ich reise jetzt ab.
I'm leaving now.

Verkehrsmittel & -Wege

Öffentliche Verkehrsmittel

Wann fährt ... ab?
What time does the ... leave?

das Boot/Schiff	boat/ship
die Fähre	ferry
der Bus	bus
der Zug	train

Wann fährt der ... Bus?
What time's the ... bus?

erste	first
letzte	last
nächste	next

Wo ist der nächste U-Bahnhof?
Where's the nearest metro station?

Welcher Bus fährt nach ...?
Which bus goes to ...?

U-Bahn	metro
(U-)Bahnhof	(metro) station
Straßenbahn	tram
Straßenbahnhaltestelle	tram stop
S-Bahn	suburban (train) line

Eine ... nach (Sydney).
A ... to (Sydney).

einfache Fahrkarte	one-way ticket
Rückfahrkarte	return ticket
Fahrkarte 1. Klasse	1st-class ticket
Fahrkarte 2. Klasse	2nd-class ticket

Der Zug wurde gestrichen.
The train is cancelled.

Der Zug hat Verspätung.
The train is delayed.

Ist dieser Platz frei?
Is this seat free?

Muss ich umsteigen?
Do I need to change trains?

Sind Sie frei?
Are you free?

Was kostet es bis ...?
How much is it to ...?

Bitte bringen Sie mich zu (dieser Adresse).
Please take me to (this address).

Private Transportmittel

Wo kann ich ein ... mieten?
Where can I hire a/an ...?

Ich möchte ein ... mieten.
I'd like to hire a/an ...

Allradfahrzeug	4WD
Auto	car
Fahrrad	bicycle
Fahrzeug mit Automatik	automatic
Fahrzeug mit Schaltung	manual
Motorrad	motorbike

VERKEHRSSCHILDER

Danger	Gefahr
No Entry	Einfahrt verboten
One-way	Einbahnstraße
Entrance	Einfahrt
Exit	Ausfahrt
Keep Clear	Ausfahrt freihalten
No Parking	Parkverbot
No Stopping	Halteverbot
Toll	Mautstelle
Cycle Path	Radweg
Detour	Umleitung
No Overtaking	Überholverbot

Wieviel kostet es pro Tag/Woche?
How much is it per day/week?

Wo ist eine Tankstelle?
Where's a petrol station?

Benzin	petrol
Diesel	diesel
Bleifreies Benzin	unleaded

Führt diese Straße nach ...?
Does this road go to ...?

Wo muss ich bezahlen?
Where do I pay?

Ich brauche einen Mechaniker.
I need a mechanic.

Das Auto hat eine Panne.
The car has broken down.

Ich habe einen Platten.
I have a flat tyre.

Das Auto/Motorrad springt nicht an.
The car/motorbike won't start.

Ich habe kein Benzin mehr.
I've run out of petrol.

Wegweiser

Können Sie mir bitte helfen?
Could you help me, please?

Ich habe mich verirrt.
I'm lost.

Wo ist (eine Bank)?
Where's (a bank)?

In welcher Richtung ist (eine öffentliche Toilette)?
Which way's (a public toilet)?

Wie kann ich da hinkommen?
How can I get there?

Wie weit ist es?
How far is it?

Können Sie es mir (auf der Karte) zeigen?
Can you show me (on the map)?

links	left
rechts	right
nahe	near
weit weg	far away
hier	here
dort	there
an der Ecke	on the corner
geradeaus	straight ahead
gegenüber ...	opposite ...
neben ...	next to ...
hinter ...	behind ...
vor ...	in front of ...

Norden	north
Süden	south
Osten	east
Westen	west

Biegen Sie ... ab.	Turn ...
links/rechts	left/right
an der nächsten Ecke	at the next corner
bei der Ampel	at the traffic lights

Zahlen

0	zero
1	one
2	two

SCHILDER

Police	Polizei
Police Station	Polizeiwache
Entrance	Eingang
Exit	Ausgang
Open	Offen
Closed	Geschlossen
No Entry	Kein Zutritt
No Smoking	Rauchen verboten
Prohibited	Verboten
Toilets	Toiletten
Men	Herren
Women	Damen

3	three	20	twenty
4	four	21	twentyone
5	five	22	twentytwo
6	six	23	twentythree
7	seven	24	twentyfour
8	eight	25	twentyfive
9	nine	30	thirty
10	ten	40	fourty
11	eleven	50	fifty
12	twelve	60	sixty
13	thirteen	70	seventy
14	fourteen	80	eigthy
15	fifteen	90	ninety
16	sixteen	100	hundred
17	seventeen	1000	thousand
18	eighteen	2000	two thousand
19	nineteen	100 000	hundred thousand

Hinter den Kulissen

WIR FREUEN UNS ÜBER EIN FEEDBACK

Post von Travellern zu bekommen, ist für uns ungemein hilfreich – Kritik und Anregungen halten uns auf dem Laufenden und helfen, unsere Bücher zu verbessern. Unser reiseerfahrenes Team liest alle Zuschriften ganz genau durch, um zu erfahren, was an unseren Reiseführern gut und was schlecht ist. Wir können solche Post zwar nicht individuell beantworten, aber jedes Feedback wird garantiert schnurstracks an die jeweiligen Autoren weitergeleitet, rechtzeitig vor der nächsten Auflage.

Wer uns schreiben will, erreicht uns über **www.lonelyplanet.de/kontakt**.

Hinweis: Da wir Beiträge möglicherweise in Lonely Planet Produkten (z. B. Reiseführer, Websites, digitale Medien) veröffentlichen, gegebenenfalls auch in gekürzter Form, bitten wir um Mitteilung, falls ein Kommentar nicht veröffentlicht oder ein Name nicht genannt werden soll. Wer Näheres über unsere Datenschutzpolitik wissen will, erfährt das unter www.lonelyplanet.com/privacy.

DANK VON LONELY PLANET

Vielen Dank den Reisenden, die uns nach der letzten Auflage des Reiseführers hilfreiche Hinweise, nützliche Ratschläge und interessante Anekdoten schickten:
Erika Hellin, Georgina Pitts, Rudolf Rolelofsen, Stefan Zinte

DANK DER AUTOREN

Amy C. Balfour

Ein großer Dank geht an meine Freunde und Fachleute im Südwesten, besonders an den BLM-Maestro Chris Rose für seine unschätzbaren Einblicke in Nevada und sein Wissen über Elvis. Ich danke auch Justin Shepherd, Tracer Finn, Jim Christian, Alex Amato, Mike Roe, Catrien van Assendelft, Lewis Pipkin, Sara Benson, Dan Westermeyer und meinen Reisepartnern Sandee McGlaun, Lisa McGlaun, Paul Hanstedt sowie der Grand-Canyon-Powerwalkerin Karen Schneider.

Sandra Bao

Ich danke meinem Ehemann Ben Greensfelder, der unser Haus (beinahe) intakt gehalten hat, während ich auf Recherchereise war. Hut ab vor meinen erstklassigen Mitautoren beim Nordwesten (deren Infos ich für dieses Buch übernommen habe), Celeste Brash und Brendan Sainsbury. Eine große Umarmung geht am die verantwortliche Redakteurin Suki Gear – danke für den Auftrag und viel Glück für deine kommenden Lebensabenteuer! Außerdem hätte ich bei diesem Buch nicht ohne die Unterstützung meiner Eltern und meines Bruders mitwirken können.

Michael Benavav

Ein großer Dank geht an Suki, die mich davon überzeugt hat, zu all den kleinen Ecken dieses Staats zu fahren, den ich so sehr liebe, und für ihre perfekte Mischung aus Professionalität und Humor. Ich danke auch Kelly und Luke, die mich immer wieder gehen, aber auch immer wieder zurückkommen lassen.

Greg Benchwick

Mein besonderer Dank gilt meiner Freundin und verantwortlichen Redakteurin Suki, meinem Koautor und dem Rest des Lonely Planet Teams.

Sara Benson

Dank an Suki Gear, Sasha Baskett, Alison Lyall, Regis St. Louis und alle anderen bei Lonely Planet, die dieses Buch haben entstehen lassen. Ich bin dankbar für jeden, den ich unterwegs getroffen habe, von Park-Rangern bis hin zu den Bierkennern und Gourmets, die ihre Kenntnisse großzügig mit mir geteilt haben. Ein großer Dank geht an meine Freunde und die Familie im Golden State, besonders die Picketts,

Starbins und Boyles. Jonathan, du bist weitergefahren, auch wenn du nicht wusstest, wo wir die Reise beenden würden – danke.

Alison Bing

Herzlichen Dank an die Drahtzieherin bei Lonely Planet, Suki Gear, den leitenden Redakteur Sasha Baskett sowie meinen Koautor und Mitreisenden John Vlahides; an meine furchtlosen Recherchepartner Sahai Burrowes, Haemin Cho, Lisa Park, Yosh Han, Rebecca Bing, Tony Cockrell und Akua Parker; aber vor allem an Marco Flavio Marinucci, der eine Muni-Busfahrt zur Reise meines Lebens gemacht hat.

Celeste Brash

Ich danke meiner Familie, die mir geholfen hat, Strände und Berge zu entdecken, und die zu Hause auch ohne mich zurechtgekommen ist. Danke auch an meine alten Freunde, die ich in Washington wiedergefunden habe: Oliver Irwin, Kati Halmos Jones, Dan Jones, die Familie Forster und Jackie Capalan-Auerbach. Und ich danke den neuen Freunden, die ich gewonnen habe: Es sind zu viele, um sie hier alle zu nennen!

Lisa Dunford

Es gab so viele gute Seelen in Utah – ich danke euch allen, vor allem Karla Player für ihre wunderschöne Handwerkskunst. Karen und John, es war toll, mit euch zu quatschen. Und ich bin so froh, wieder in Kontakt mit meiner Freundin Trista Kelin Rayner zu sein; ich wünsche ihr und ihrer Tochter Mechelle alles, alles Gute.

Carolyn McCarthy

Ich bin einer Menge toller Leute aus den Rocky Mountains zu Dank verpflichtet. Mein ganz besonderer Dank gilt aber Lance und seinen Ourayitenfreunden für das Bett und den Grillabend, Melissa und Steve für die Billings-Tour, dem genialen Jones in Steamboat und Jennifer in Crested Butte. Richard und Rachel waren wirklich die besten Fahrer und Reisepartner. Danke auch an Coraline für ihr unerschütterliches Fahren und an den großzügigen Conan Bliss. Ein Bier auf Regis St. Louis, Greg Benchwick und Chris Pitts, mit denen man wunderbar zusammenarbeiten kann.

Brendan Sainsbury

Ich danke all den Busfahrern, Mitarbeitern von Touristeninformationen, Gastwirten, Kaffee-Baristas und Indie-Punk-Rockern, die mir bei meiner Recherche so freundlich geholfen haben. Mein besonderer Dank gilt aber meiner Frau Liz und meinem siebenjährigen Sohn Kieran für ihre wundervolle Gesellschaft unterwegs.

QUELLENNACHWEIS

Die Klimakartendaten stammen von Peel MC, Finlayson BL & McMahon TA (2007) *Updated World Map of the Köppen-Geiger Climate Classification* erschienen in der Zeitschrift *Hydrology and Earth System Sciences*, Ausgabe 11, 1633–44. Abbildungen S. 146/147 von Michael Weldon. Titelfoto: Monument Valley Arizona–Utah, Alan Copsom/AWL.

ÜBER DIESES BUCH

Dies ist die 3. deutschsprachige Auflage von *USA Westen*, basierend auf der 2. englischsprachigen Auflage von *Western USA*, die von Amy C. Balfour, Sandra Bao, Michael Benanav, Greg Benchwick, Sara Benson, Alison Bing, Celeste Brash, Lisa Dunford, Carolyn McCarthy, Chris Pitts und Brendan Sainsbury recherchiert und geschrieben wurde. Amy, Michael, Sara, Alison, Lisa, Carolyn und Brendan waren bereits an der vorigen Auflage beteiligt – gemeinsam mit Andrew Bender, Nate Cavalieri, Sarah Chandler, Bridget Gleeson, Beth Kohn, Bradley Mayhew, Andrea Schulte-Peevers und John A. Vlahides. Dieser Reiseführer wurde vom Lonely Planet Büro in Oakland, Kalifornien, in Auftrag gegeben und von folgenden Mitarbeitern betreut:

Verantwortliche Redakteurin Suki Gear
Leitende Redakteure Katie O'Connell, Martin Power
Leitende Kartografin Alison Lyall
Buchdesignerin Wendy Wright
Associate Product Directors Sasha Baskett, Angela Tinson

Redaktion Cathrine Naghten, Karyn Nobel
Redaktionsassistenz Kate James
Layoutassistenz Virginia Moreno
Kartografieassistenz Rachel Imeson
Umschlagrecherche Naomi Parker

Dank an Brendan Dempsey, Ryan Evans, Larissa Frost, Briohny Hooper, Genesys India, Jouve India, Indra Kilfoyle, Chad Parkhill, Trent Paton, Alison Ridgway, Dianne Schallmeiner, Lyahna Spencer, John Taufa, Amanda Williamson, Juan Winata

Register

ABKÜRZUNGEN

AZ Arizona
CA Kalifornien
CO Colorado
ID Idaho
MT Montana
NM New Mexico
NV Nevada
OR Oregon
UT Utah
WA Washington
WY Wyoming

A

Abiquiu 442
Absaroka Beartooth Wilderness 329
Acoma Pueblo 433
Aktivitäten 26 46
Alabama Hills 192
Alamogordo 451
Alaska, Reisen nach 520
Alcatraz 9, 146, **146**, 148
Alvord Desert 258
American Automobile Association 516
Amerikanische Ureinwohner 16, 472
  Essen 481
  Etikette 473
  Feste & Events 430
  Museen 435
Amtrak 522
Anaheim 95
Anderson Valley 171
Angeln
  Montana 328
  Missoula 331
  Stanley 340
Angels Camp 180
Angels Landing 48

Verweise auf Karten 000
Verweise auf Fotos 000

Antelope Canyon 394
Anza-Borrego Desert State Park 115
Apachen (Volk) 472
Apache Trail 43
Aquarien 57
  Los Angeles 83
  Newport 262
  Monterey 128
  San Diego 104
  Seattle 210
Arcata 176
Arches National Park 419
Area 51 369
Arizona 11, 15, 369
Ashland 254
Aspen Music Festival 28
Astoria 259
Atombombe 464
Auburn 180
Auskunft 20
Auto, Reisen mit dem 36, 516
  American Automobile Association 516
  An- & Weiterreise 515
  Better World Club 516
  Entfernungstabelle 518
  Los Angeles 93
  Mietwagen 516
Avenue of the Giants 175
Avila Beach 123
Aztec Ruins National Monument 446

B

Bandelier National Monument 442
Bären 496
Bargeld 502
Baseball 27, 371
Bauernmärkte siehe Farmers Markets
Bay Bridge **9**
B & Bs 508
Beartooth Highway 42

Behinderung, Reisen mit 505
Bellingham 223
Bend 251
Better World Club 516
Beverly Hills 79, **80**
Bevölkerung 457, 470
Bibliotheken 83
Bier 275 siehe auch Brauereien
  Feste & Events 28
  Great American Beer Festival 29
Bighorn Mountains 325
Big Sur 125
Billings 329
Billy the Kid Highway 43
Bi-Rite 156
Bisbee 403
Bishop 192
Bisti Badlands & De-Na-Zin Wilderness 446
Bluff 420
Bob Marshall Wilderness Complex 333
Bodega Bay 172
Bodie State Historic Park 191
Boise 336
Book of Mormon, The 410
Bosque del Apache National Wildlife Refuge 448
Botschaften 500
Boulder (CO) 19, **19**, 280
Boulder (UT) 422
Bozeman 326
Brände 457
Brauereien 18, **18**, 481
  Aspen 296
  Boulder (CO) 283
  Colorado Springs 300
  Denver 277
  Estes Park 287
  Fort Bragg 174
  Fort Collins 283
  Reno 366
  San Diego 108

Bryce Canyon National Park 17, 423
Bücher 456
Bureau of Land Management 509
Burning Man 29, 364
Burritos 478
Bus, Reisen mit dem 521
  An- & Weiterreise 515
  Unterwegs vor Ort 519

C

Cactus League 27
Calistoga 167
Cambria 125
Cameron 395
Campen 46, 508
Canyon de Chelly National Monument 19, 395
Canyoning 55
Canyonlands National Park 419
Cape Flattery 222
Cape Kiwanda 261
Cape Lookout 261
Cape Meares 261
Cape Perpetua 262
Capitan 452
Carlsbad 454
Carlsbad Caverns National Park 453
Carmel 127
Carson City 367
Cataract Canyon 419
Central Valley 491
Chapin Mesa 306
Chelan 227
Cheyenne 311
Chinook 200
Chiricahua National Monument 403
Clark, William 260
Cloudcroft 451
Cody 314
Coloma 180
Colorado 271

Colorado Springs 297
Columbia River Gorge 18, **18**, 248
Columbia River Highway 45
Cornville 379
Cottonwood 379
Cougar 230
Coupeville 222
Crater Lake National Park 253
Cripple Creek 300
Cumbres & Toltec Scenic Railroad 522
Custer, General George 330

D

Dead Horse Point State Park 420
Death Valley National Park 117
Dehydration 503
Denver 272, **273**
    An- & Weiterreise 279
    Ausgehen 277
    Essen 276
    Feste & Events 275
    Sehenswertes 272
    Shoppen 279
    Touristeninformation 279
    Unterhaltung 278
    Unterkunft 275
Destillerien 133
Devil's Tower National Monument 325
Dickhornschafe 497
Dinosaurier 112
Dinosaur National Monument 415
Disneyland 12, 95
Disney's California Adventure 12, 96
Drogen 505
Dry Creek Valley 171
Dunsmuir 182
Durango & Silverton Narrow Gauge Railroad 522
Dürren 457

E

Eastern Sierra Scenic Byway 43
Einreise 511
Elgin 402
Elko 368
Ellensburg 231
El Morro National Monument 433

Empire Mine State Historic Park 180
Enchanted Valley 48
Enterprise 258
Erdbeben 490
Escalante 423
Essen 477, 500, siehe auch einzelne Regionen und Orte
    Amerikanischer Ureinwohner 481
    Etikette 478
    Feste & Events 275
    Hot Dog 400
    Trinkgeld 478, 502
Estes Park 286
Etikette
    Amerikanische Ureinwohner 473
    Essen 478
Eugene 246
Eureka 175

F

Fahrradfahren siehe Radfahren
Fairy Falls 318
Farmers Markets siehe auch Märkte
    Arcata 176
    Olympia 218
    San Francisco 153
    San Luis Obispo 123
    Seattle 203
Farmington 446
Feiertage 500
Ferien 500
Ferienranches 509
Ferry Building 140, 153
Feste & Events 26 siehe auch einzelne Orte
    Amerikanische Ureinwohner 27, 29
    Ballons 299
    Bier 238
    Bumbershoot 29
    Cactus League 27
    Eisklettern 302
    Essen 238, 275
    Film 26, 149, 210, 303
    Kunst 29, 238
    Literatur 29
    Musik 27, 29, 295
    Rodeo 399
    Rosen 237
    San Francisco 149
    Schwule & Lesben 27, 29, 149
    Shakespeare 255

Skifahren 30
    Theater 29
    Tournament of Roses 26
Fidalgo Island 222
Film 456
    Drehorte 22, 76, 77, 398
    Feste & Events 149
    Film- & Fernsehstudios 76, 77
    Sundance Film Festival 26
Flagstaff 380
Flathead Lake 332
Flora 491
Flugzeug, Reisen mit dem 514, 520
    Flughäfen 514
    Fluglinien 521
    Sicherheitsbestimmungen 514
Forks 222
Fort Bragg 173
Fotografie 501
Four Corners Navajo Tribal Park 396
Frauen unterwegs 501
Freestone 171
Freizeitparks siehe Themen- & Vergnügungsparks
Führerschein 516

G

Gabelböcke 497
Galerien siehe Museen & Galerien
Gallup 434
Garberville 174
Gefahren & Ärgernisse
    Frauen unterwegs 502
    Straßenzustand 517
    Verkehrsregeln 518
Geführte Touren siehe einzelne Orte
Geisterstädte 118
Geld 20, 21, 500
Geldautomaten 502
Geldwechsel 502
Geografie 490
Geologie 490
Geschäftszeiten 504
Geschichte 458
    Amerikanische Ureinwohner 458, 463
    Ankunft der Europäer 461
    Atomzeitalter 465
    Bürgerrechtsbewegung 466
    Clark, William 461

Goldrausch 463
    Große Depression 465
    Langer Marsch 463
    Lewis, Meriwether 260, 461
    Lewis-&-Clark-Expedition 200, 461
    Zweiter Weltkrieg 465
Gesundheit 502
Getränke 481
Gila Cliff Dwellings National Monument 450
Gila National Forest 450
Glacier National Park 19, **19**, 48
Glacier Point 185
Glass Mountain 184
Gleichgeschlechtliche Ehe 470
Glen Canyon National Recreation Area 394
Going-to-the-Sun-Road 44
Gold Country 179
Golden Gate Bridge 148
Grand Canyon (Geologie) 494, **494**
Grand Canyon National Park 11, **11**, 386, **388**
    Grand Canyon Skywalk 394
    Grand Canyon West 393
    Wanderwege 48
Grand Canyon Railway 382, 522
Grand Coulee Dam 229
Grand Staircase-Escalante National Monument 423
Grand Teton National Park **316**, 321
Grants Pass 256
Grass Valley 180
Great American Beer Festival 29
Great Northern Traverse 48
Great Salt Lake 411
Great Sand Dunes National Park 310
Green River 416
Grenzübergänge 515
Guadalupe 122
Guerneville 171

H

Half Moon Bay 133
Halloween 29
Handys 20, 507
Havasu Canyon 393
Havasupai (Volk) 472
Hawaii, Reisen nach 520

Hayden Valley 318
Healdsburg 171
Hearst Castle 125
Hearst, William Randolph 125
Heißluftballonfahren 29
Helena 329
Hells Canyon 258
Hells Canyon National Recreation Area 266
Hemingway, Ernest 339
Hetch Hetchy 186
High Road to Taos 43
Highway 12 42
Highway 89/89A 39
Historische Stätten 25
Hitzeerschöpfung 503
Hitzschlag 503
Höhenkrankheit 503
Hohokam (Volk) 345
Hoh River Rainforest 219
Hollywood 75, **78**
Hollywood Walk of Fame **11**
Hood River 248
Hoover Dam 362
Hopi (Volk) 394, 473
Horseshoe Bend 394
Hostels 509
Hot Dog 400
Hotels 509
Hovenweep National Monument 420
Hualapai (Volk) 474
Hypothermie 503

I
Idaho 336
Idaho Panhandle 342
Independence (CO) 295
Indianer siehe Amerikanische Ureinwohner
Infos im Internet 21
  Canyoning 55
  Klettern 55
  Schwule & Lesben 506
  Surfen 52
  Unterkunft 48, 509
  Wandern & Trekken 50
  Wein 482
Internetzugang 503

J
Jackson 323
Jacksonville 256

Jenner 172
Jerome 11, **11**, 379
John Day Fossil Beds National Monument 257
Joseph 258
Joshua Tree National Park 113

K
Kaffee 482
Kajakfahren siehe Kanu- & Kajakfahren
Kalifornien **10**, **15**, 63, **66**
  Anreise & Unterwegs vor Ort 64
  Essen 63
  Infos im Internet 64
  Klima 63
  Regionale Küche 478
  Reiserouten 68
  Reisezeit 63
Kalifornien-Kondor 496
Kanab 424
Kanu- & Kajakfahren 52
  Lake Tahoe 194
  Monterey 129
  Portland 237
  Santa Barbara 120
  Santa Cruz 131
Kartchner Cavens State Park 403
Kasinos 300, 352, 364
Ketchum 338
Kindern, Reisen mit 56
  Las Vegas 352
  Los Angeles 85
  Phoenix 376
  San Francisco 150
  Seattle 210
Kingman 397
Kings Canyon National Park 189
Kirchen & Kathedralen
  Cathedral of Our Lady of the Angels 74
  Grace Cathedral 141
  Mission Santa Barbara 119
Kleinbrauereien siehe Brauereien
Klettern 55
  Bend 252
  Estes Park 286
  Grand Teton National Park 321
  Yosemite National Park 186
Klima 20
Klimawandel 457

Kodachrome Basin State Park 423
Konsulate 500
Korbflechten 475
Kreditkarten 502
Küche 477
Kultur 468, 472
Kunst 475

L
Laguna Beach 99
Lake Chelan 227
Lake City 302
Lake Cushman State Park 219
Lake Havasu City 397
Lake Mead 362
Lake Powell 394
Lake Quinault 220
Lake Tahoe 193, 48
Lamar Valley 318
Lander 313
Laramie 312
Lassen Peak 184
Las Vegas (NM) 441
Las Vegas (NV) 10, **10**, 348, **350**
  An- & Weiterreise 362
  Ausgehen 359
  Essen 357
  Geschichte 349
  Kindern, Reisen mit 352
  Praktische Informationen 361
  Sehenswertes 351
  Shoppen 361
  Unterhaltung 360
  Unterkunft 355
  Unterwegs vor Ort 362
Lava Beds National Monument 183
Leavenworth 226
Leggett 175
Lesbische Reisende 506
  Feste & Events 27, 29, 149
  Los Angeles 90
  Portland 242
  San Francisco 158
Lewis-&-Clark-Expedition 200, 461
Lewis, Meriwether 260, 461
Lincoln 452
Lincoln National Forest 453
Literatur 29, 456, 483
Lodges 509
Lopez Island 225
Los Alamos 441
Los Angeles 11, **11**, 69, **70**

Aktivitäten 83
An- & Weiterreise 93
Ausgehen 89
Beverly Hills 79, **80**
Downtown 71, **72**
Essen 86
Feste & Events 84
Geführte Touren 84
Griffith Park 76
Hollywood 75, 77, **78**
Infos im Internet 92
Kindern, Reisen mit 85
Klima 63
Long Beach 82
Malibu 79
Mid-City 78, **80**
Pasadena 83
Reiserouten 69
Santa Monica 80, **82**
Sehenswertes 70
Shoppen 91
Stadtspaziergang 84
Touristeninformation 93
Unterhaltung 90
Unterkunft 84
Unterwegs vor Ort 93
Venice 82, **82**
Los Olivos 122

M
Mammoth 315
Mammutbäume 175, 176, 188
Margaritas 482
Marin County 163
Marin Headlands 164
Märkte
  Amerikanische Ureinwohner 29
  Auburn 180
  Los Angeles 92
  Olympia 218
  Seattle 203
Medicine Bow Mountains 325
Medicine Lake 184
Medizinische Versorgung 502
Mehrwertsteuer 502
Mendocino 173
Mesa Verde National Park 306
Methow Valley 227
Mexikanisch-Amerikanischer Krieg 462
Mexiko 65
Meyer, Stephenie 222
Million Dollar Highway 41

Missionsstationen 65
Missoula 330
Mobiltelefone 507
Mogollon (Volk) 345
Mojave National Preserve 116
Mokelumne Hill 180
Mono Lake 191
Montana **19**, 326
Monterey 128
Monument Valley 19
Morro Bay 124
Motels 510
Motorrad, Reisen mit dem 516
  An- & Weiterreise 515
  Entfernungstabelle 518
Mountainbiken 51
  Cloudcroft 451
  Durango 307
  Moab 417
  Santa Fe 435
  Springdale 425
Mount Hood Railroad 522
Mt. Anderson 219
Mt. Baker 226
Mt. Hood 249
Mt. Rainier National Park 14, **14**, 229
Mt. Shasta 182
Mt. St. Helens 230
Mt. Whitney 192
Muir Woods National Monument 164
Multikulturalismus 470
Murphys 180
Museen & Galerien 24
  American International Rattlesnake Museum 428
  Arizona-Sonora Desert Museum 398
  Colorado Springs Fine Arts Center 298
  Columbia River Maritime Museum 259
  Denver Art Museum 272
  di Rosa Art + Nature Preserve 167
  Exploratorium 141
  Georgia O'Keeffe Museum 434
  Getty Center 79
  Getty Villa 80
  Grammy Museum 74
  Griffith Observatory 77
  Heard Museum 370
  Hess Collection 167
  High Desert Museum 251
  Huntington Library 83

  Indian Pueblo Cultural Center 429
  Klondike Gold Rush National Historical Park 203
  Los Angeles County Museum of Art 78
  Maritime Museum, San Diego 99
  Millicent Rogers Museum 443
  Mob Museum 353
  Moraine Park Museum 285
  Museum of Contemporary Art 72
  Museum of New Mexico **17**, 435
  Natural History Museum of Utah 406
  New Mexico Farm & Ranch Heritage Museum 449
  Phoenix Art Museum 371
  Seattle Art Museum 203
  USS Midway Museum 99
Musik
  Denver 278
  Feste & Events 27, 29, 295, 303
  Los Angeles 90
  San Francisco 159, 160

N
Napa 167
Napa Valley 10, **10**, 167
Nationalparks & Naturschutzgebiete 24, 344, 504
Andrew Molera State Park 127
Año Nuevo State Park 133
Antelope Island State Park 411
Anza-Borrego Desert State Park 115
Arches National Park 419
Bryce Canyon National Park 17, 423
Canyonlands National Park 419
Cape Blanco State Park 263
Cape Lookout State Park 261
Carlsbad Caverns National Park 453
Cathedral Gorge State Park 368
Channel Islands National Park 120

City of Rocks State Park 450
Coconino National Forest 383
Columbia State Historic Park 181
Dead Horse Point State Park 420
Death Valley National Park 117
Deception Pass State Park 222
Del Norte Coast Redwoods State Park 176
Donner Memorial State Park 195
Emerald Bay State Park 194
Flaming Gorge National Recreation Area 416
Genehmigungen 50
Glacier National Park 19, **19**, 48, 266
Golden Gate Canyon State Park 274
Grand Canyon National Park 11, **11**, 48, 386, **388**
Grand Teton National Park 266, 321
Great Basin National Park 368
Great Sand Dunes National Park 266, 310
Humboldt Redwoods State Park 175
Humbug Mountain State Park 263
Jack London State Historic Park 169
Jedediah Smith Redwoods State Park 177
Jerome State Historic Park 385
Joshua Tree National Park 113
Kalifornien 64
Kings Canyon National Park 189
Kodachrome Basin State Park 423
Lake Chelan State Park 227
Lake Tahoe-Nevada State Park 195
La Purísima Mission State Historic Park 122
Lassen Volcanic National Park 184
Lewis and Clark National & State Historical Parks 260

Lime Kiln Point State Park 224
Living Desert State Park 454
Manzanar National Historic Site 192
Marshall Gold Discovery State Historic Park 180
Mesa Verde National Park 266, 306
Modoc National Forest 184
Mojave National Preserve 116
Montaña de Oro State Park 124
Mt. Rainier National Park 14, **14**, 229
Mt. Tamalpais State Park 164
Muir Woods National Monument 164
Natural Bridges National Monument 421
North Cascades National Park 227
Old Town State Historic Park 103
Olympic National Park 48, 219
Patrick's Point State Park 176
Pfeiffer Big Sur State Park 126
Pinnacles National Park 124
Point Reyes National Seashore 165
Prairie Creek Redwoods State Park 176
Railtown 1897 State Historic Park 181
Red Rock Canyon National Conservation Area 362
Redwood National Park 176
Rocky Mountain National Park 16, 266, 48
Saguaro National Park **15**, 398
Salt Point State Park 173
Sequoia National Park 189
Smokey Bear Historical State Park 453
Staunton State Park 274
Sutter's Fort State Historic Park 178
Torrey Pines State Natural Reserve 104

Uinta-Wasatch-Cache National Forest 413
Valley of Fire State Park 363
Van Damme State Park 173
Yellowstone National Park **8**, 9, 48, 266
Yosemite 48
Yosemite National Park 12, **13**, 48, 184
Zion National Park 17, **17**, 48, 425
Navajo (Volk) **16**, 395, 474
Neah Bay 222
Nevada 345
Nevada City 179
Newberry National Volcanic Monument 253
New Mexico 427
  Geschichte 427
  Praktische Informationen 427
Newport 262
Newspaper Rock Recreation Area 420
Nordwesten 196, **198**
  An- & Weiterreise 201
  Essen 196
  Highlights 198
  Infos im Internet 197
  Klima 196
  Regionale Küche 479
  Reiserouten 200
  Unterkunft 196
  Unterwegs vor Ort 201
North Cascade Mountains 226
Notfall 21

O
Observatorien 77
Occidental 171
Öffnungszeiten 21, 504
O. K. Corral 403
Old Faithful 315
Olympia 217
Olympic National Park 48
Olympic Peninsula 218
Ophir Pass 302
Oregon 232
Oregon Caves National Monument 257
Oregon Dunes National Recreation Area 263

Organ Pipe Cactus National Monument 402
Orkas **14**
Ouray 301, 302

P
Pacific Coast Highway 38
Page 394
Palm Springs 110
Panoramastraßen 36, *siehe auch* Road Trips
  Arizona 375, 397, 403
  Big Sur 126
  Colorado 295
  New Mexico 433
  Oregon 261
  Sierra Nevada 190
  Utah 413, 424, 425
  Yellowstone National Park 320
Paramount Pictures 76
Parks & Gärten
  Alamo Square Park 144
  Audrey Headframe Park 385
  Chautauqua Park 280
  Confluence Park 274
  Crissy Field 143
  Desert Botanical Garden 371
  Discovery Park 209
  Forest Park 236
  Garden of the Gods 298
  Griffith Park 76
  San Francisco Botanical Garden 148
  Tilden Regional Park 166
  Tom McCall Waterfront Park 233
Patagonia 402
Patagonia-Sonoita Creek Preserve 402
Pecos Wilderness 435
Perseiden 29
Petrified Forest National Park 396
Pflanzen 495
Phoenix 370, **372**
  Aktivitäten 373
  An- & Weiterreise 379
  Ausgehen 377
  Essen 376
  Kindern, Reisen mit 376
  Sehenswertes 370
  Shoppen 378
  Unterhaltung 378
  Unterwegs vor Ort 379
Pikes Peak 298
Pinnacles National Park 124

Pioneertown 114
Pismo Beach 122
Plymouth (CA) 180
Point Lobos State Reserve 127
Politik 456
Polson 332
Ponderosa Pine Scenic Byway 341
Port Angeles 221
Portland 13, **13**, 233, **234**
  Aktivitäten 237
  An- & Weiterreise 244
  Ausgehen & Nachtleben 241
  Essen 239
  Feste & Events 237
  Geführte Touren 237
  Sehenswertes 233
  Shoppen 244
  Touristeninformation 244
  Unterhaltung 242
  Unterkunft 238
  Unterwegs vor Ort 245
Port Orford 263
Port Townsend 220
Post 504
Prescott 386
Pueblo-Indianer 345, 474

Q
Quandary Peak 291

R
Rachel 369
Radfahren 50, 519
  Aspen 294
  Bend 252
  Colorado 289
  Flagstaff 380
  Grand Canyon National Park 389
  Lopez Island 225
  Missoula 331
  Monterey 129
  Phoenix 373
  Port Angeles 221
  Portland 237
  San Francisco 148
  Santa Barbara 120
  Seattle 209
  Steamboat Springs 288
  Vail 292
Radio 505
Rafting 52, 288, 296
  Bluff 420
  Colorado River 391

Green River 416
  Moab 417
  Reno 364
  Santa Fe 435
  Stanley 340
  Vernal 415
  Yellowstone National Park 318
Rechtsfragen 504
Redding 182
Reisepass 513
Reiseplanung
  Auto, Reisen mit dem 36
  Feste & Events 26
  Grundwissen 20
  Infos im Internet 21
  Kindern, Reisen mit 56
  Reisekosten 20, 21, 48, 50, 516, 517
  Reiserouten 31
  Reisezeit 20, 26
  Road Trips 36
  Überblick 59
Reiseschecks 502
Reiten 289
  Grand Canyon National Park 392
  Kodachrome Basin State Park 423
  Moab 417
  Phoenix 373
Religion 457, 470
Reno 363
Reptilien 495
Resorts 510
Rhyolite 118
Road Trips 36
  Apache Trail 43
  Beartooth Highway 42
  Billy the Kid Highway 43
  Columbia River Highway 45
  Eastern Sierra Scenic Byway 43
  Going-to-the-Sun-Road 44
  High Road to Taos 43
  Highway 12 42
  Highway 89/89A 39
  Million Dollar Highway 41
  Pacific Coast Highway 38
  Route 66 36
  Turquoise Trail 43
Rocky Mountain National Park 16, **16**, 284
Rocky Mountains 265, **268**
  Essen 265
  Highlights 268

Infos im Internet 266
Reiserouten 34
Unterkunft 265
Rodeo 312, 314
Roswell 453
Route 66, 13, **13**, 36, 384
Russian River Valley 170

S

Sacramento 177
Saguaro-Kaktus 15, **15**
Saguaro National Park **15**, 398
Salem 246
Salida 296
Salish 200
Salmon River Scenic Byway 341
Salmon Ruin & Heritage Park 446
Salt Lake City 405
　Aktivitäten 405
　An- & Weiterreise 410
　Ausgehen 408
　Essen 408
　Geführte Touren 407
　Praktische Informationen 410
　Sehenswertes 405
　Shoppen 409
　Unterhaltung 409
　Unterkunft 407
　Unterwegs vor Ort 410
Salton Sea 115
Salvation Mountain 115
Sandia Crest National Scenic Byway 430
Sandia Man Cave 430
San Diego 99, **100**, **102**
　Aktivitäten 105
　An- & Weiterreise 109
　Ausgehen 108
　Essen 106
　Geführte Touren 105
　Sehenswertes 99
　Touristeninformation 109
　Unterhaltung 108
　Unterkunft 105
Sand Mountain Recreation Area 368
San Francisco 9, **9**, 133, **135**, **136**, **138**
　Aktivitäten 148
　An- & Weiterreise 162
　Ausgehen 157
　Castro, the 144
　Chinatown 140
　Civic Center 137
　Essen 153

Financial District 137
Fisherman's Wharf 141
Geführte Touren 149
Golden Gate Park 144
Haight, the 144
Japantown 149
Kindern, Reisen mit 150
Mission, the 143
Presidio 143
Reiserouten 134
Sehenswertes 134
Shoppen 161
SoMa 136
Stadtspaziergang 142, **142**
Touristeninformation 162
Union Square 137
Unterhaltung 159
Unterkunft 150
Unterwegs vor Ort 163
San Ildefonso Pueblo 441
San Juan Island 14, **14**, 224
San Juan Mountain Pass 302
San Luis Obispo 123
Santa Barbara 119
Santa Clara Pueblo 441
Santa Fe 17, **17**, 434, **436**
Santa Fe National Forest 435
Santa Monica 80, **82**
Sawtooth Scenic Byway 341
Schmetterlinge 122, 129
Schmuckherstellung 476
Schneeschuhwandern 54
Schwule Reisende 506
　Feste & Events 27, 29, 149
　Los Angeles 90
　Portland 242
　San Francisco 158
Seattle 14, **14**, 202, **204**
　Aktivitäten 209
　An- & Weiterreise 216
　Ausgehen 213
　Capitol Hill 208
　Essen 211
　Feste & Events 210
　Geführte Touren 209
　Nachtleben 213
　Pioneer Square 203
　Seattle Center 207
　Sehenswertes 203
　Shoppen 216
　Touristeninformation 216
　Unterhaltung 214
　Unterkunft 210
　Unterwegs vor Ort 217

SeaWorld 104
Sebastopol 170
Sedona 383
Seeelefanten 125
Senioren 500
Sequoia National Park 189
Shakespeare, William 255
Shasta Lake 182
Shelter Cove 175
Sheridan 325
Shiprock 446
Sicherheit *siehe* Gefahren & Ärgernisse
Sierra Nevada 184
Silver City 450
Silverton 309
Sisters 251
Skifahren & Snowboarden 53
　Ashland 254
　Aspen 289, 294, 295
　Bend 252
　Big Sky 328
　Bozeman 326
　Breckenridge 289, 290
　Colorado 289
　Crested Butte 301
　Durango 308
　Feste & Events 30
　Flagstaff 380
　Jackson Hole 289
　Jackson 323
　Kings Canyon National Park 190
　Lake Tahoe 194
　Mt. Baker 226
　Mt. Hood 250
　Ouray 302
　Park City 412
　Ruidoso 452
　Salt Lake City 411
　Santa Fe 436
　Steamboat Mountain 287
　Sun Valley 339
　Telluride 289
　Truckee 195
　Vail 292
　Winter Park 289
　Yosemite National Park 186
Skunk Train 522
Slide Rock State Park 383
Slow-Food-Bewegung 479
Solvang 122
Sonoita 402
Sonoma Valley 169
Sony Pictures Studios 76
Spaceport America 448

Spas 148
Spokane 228
Sport 91, 161, 468 *siehe auch einzelne Sportarten*
Sprache 20, 524
Springdale 425
Stadtspaziergänge 142, **142**
Stanley 340
Steamboat Springs 287
Steens Mountain 258
Stehekin 227
Steuern 502
St. George 426
St. Helena 167
Strände
　Kalifornien 64
　Orange County 98
　San Francisco 143
　Santa Cruz 131
Strip, The 352
Strom 507
Südwesten 343, **346**
　Essen 343
　Highlights 346
　Klima 343
　Regionale Küche 480
　Reiseplanung 343
　Reiserouten 31, 348
　Reisezeit 343
　Unterkunft 343
Sundance Film Festival 26
Sun Valley 338
Supai 393
Surfen 51
　Bodega Bay 172
　Los Angeles 84
　Orange County 98
　San Diego 105
Surprise Valley 184
Sutter Creek 180

T

Tahoe City 194
Taos 17
Tauchen 129
Taxis, Reisen mit dem 95, 522
Technologie 457
Telefon 507
Telluride 303
Thanksgiving 30
Theater 29, 91, 160, 409
Themen- & Vergnügungsparks 57
　Disneyland 95
　Disney's California Adventure 12, 96

Knott's Berry Farm 96
Legoland 110
San Francisco 143
Santa Cruz 130
Santa Monica Pier 81
SeaWorld 104
Soak City OC 96
Universal Studios
  Hollywood 77
Thermalquellen 247
Tiere & Pflanzen 318,
  323, 495
Tioga Pass 185
Toketee Falls 257
Tombstone 403
Töpferei 475
Torrey 421
Tournament of Roses
  26
Trinidad 176
Trinity Alps 182
Trinkgeld 478, 502
Truckee 195
Truth or Consequences
  448
Tucson 398
Tuolumne Meadows 185
Turquoise Trail 43
TV 505
Twilight 222

U
Überfischung 479
Überflutungen 457
Überschwemmungen 281
Ukiah 174
Umweltprobleme 457,
  497
Universal Studios Holly-
  wood 77
University of California
  (Berkeley) 165
University of California
  (Los Angeles) 79
Unterkunft 508
  Infos im Internet 50, 509
  Kindern, Reisen mit 57
  Reisekosten 48
Utah 404
  An- & Weiterreise 405
  Ausgehen 409
  Geschichte 404
  Praktische Informa-
    tionen 404

V
Vail 292
Venice 82, **82**
Vergnügungsparks *siehe*
  Themen & Vergnü-
  gungsparks
Vernal 415
Versicherung
  Auto 518
  Gesundheit 502
  Reise 510
Virginia City 367
Visa 20, 511
Vögel 495
Vogelbeobachtung 104,
  183, 402
Vorwahlen 21, 507

W
Währung 20
Walbeobachtung 27, 53,
  223
Walla Walla 231
Wallowa Mountains 258
Walnut Canyon National
  Monument 380
Wandern & Trekken 24,
  50
  Angels Landing 48
  Boulder (UT) 422
  Cloudcroft 451
  Colorado 274
  Colorado Springs 298
  Denver 274
  Enchanted Valley 48
  Flagstaff 380
  Ghost Ranch 442
  Glacier National Park
    48, 266
  Grand Canyon National
    Park 48, 392
  Grand Teton National
    Park 321
  Great Northern Tra-
    verse 48
  Great Sand Dunes
    National Park 310
  Infos im Internet 50
  Kalifornien 63
  Kings Canyon National
    Park 189
  Lake Powell 394
  Lake Quinault 220
  Lake Tahoe 48

Longs Peak Trail 48
Lost Coast 175
Marin Headlands 164
Mesa Verde National
  Park 306
Mt. Hood 250
Mt. Rainier 230
Mt. St. Helens 231
Mt. Washburn Trail 48
Olympic National Park
  48, 219
Pacific Crest Trail 48
Rocky Mountain National
  Park 48
Sandia Crest National
  Scenic Byway 430
Santa Fe 435
Sequoia National Park
  190
South Kaibab/North
  Kaibab Trail 48
Springdale 425
Südwesten 344
Tahoe Rim Trail 48
Telluride 305
Vail 292
Wallowa Mountains 258
Yellowstone National
  Park 48, 266
Yosemite National Park
  48, 186
Wapama Falls 186
Warner Bros. Studios 76
Warner Mountains 184
Wasatch Mountains 411
Washington 202
Wasserfälle
  Multnomah 248
  Toketee 257
  Wapama 186
  Watson 257
  Yosemite National
    Park 185
Wawona 185
Weaverville 182
Webkunst (Navajo) 476
Wechselkurse 21
Wein 482
Weinregionen 482
  Arizona 379
  Kalifornien 10
  Napa Valley 167
  Paso Robles 125
  Russian River Valley 170

Santa Barbara 122
Sonoma Valley 169
Walla Walla 231
Willamette Valley 245,
  246
Yakima Valley 231
Weißkopfseeadler 496
Wetherill Mesa 306
Wetter 20
Whatcom Falls Park 223
Whidbey Island 222
Whitefish 333
Wigwam Motel 13, **13**, 384
Wilder Westen, Stätten 22
Wild Rogue Wilderness 256
Willamette Valley 245
Williams 382
Windy Ridge 230
Winnemucca 367
Winslow 396
Winter Park 289
Wintersport *siehe* Skifah-
  ren & Snowboarden
Wirtschaft 457
Wölfe 318
Wüsten 492
Wyoming 311

Y
Yachats 262
Yakima 231
Yellowstone National Park
  8, 9, 30, 48, 266, **316**
Yosemite National Park 12,
  13, 48, 184
Yountville 167

Z
Zeit 20, 512
Zeitschriften 505
Zeitungen 505
Zephyr Cove 194
Zion National Park 17, **17**,
  48, 425
Zollbestimmungen 512
Zoos 57
  Los Angeles 77
  Palm Springs 111
  San Diego 101, 110
  Seattle 210
Zug, Reisen mit dem
  516, 522
Zuni Pueblo 433

Kartenlegende

Sehenswertes

- Strand
- Vogelschutzgebiet
- buddhistisch
- Schloss/Palast
- christlich
- konfuzianisch
- hinduistisch
- islamisch
- jainistisch
- jüdisch
- Denkmal
- Museum/Galerie/historisches Gebäude
- Ruine
- Sento-Bad/Onsen
- schintoistisch
- sikhistisch
- taoistisch
- Weingut/Weinberg
- Zoo/Tierschutzgebiet
- andere Sehenswürdigkeit

Aktivitäten, Kurse & Touren

- bodysurfen
- tauchen
- Kanu/Kajak fahren
- Kurs/Tour
- Ski fahren
- schnorcheln
- surfen
- Schwimmbecken
- wandern
- windsurfen
- andere Aktivität

Schlafen

- Unterkunft
- Camping

Essen

- Lokal

Ausgehen & Nachtleben

- Bar/Kneipe
- Café

Unterhaltung

- Unterhaltung

Shoppen

- Shoppen

Praktisches

- Bank
- Botschaft/Konsulat
- Krankenhaus/Arzt
- Internetzugang
- Polizei
- Post
- Telefon
- Toilette
- Touristeninformation
- andere Einrichtung

Geografisches

- Strand
- Hütte/Unterstand
- Leuchtturm
- Aussichtspunkt
- Berg/Vulkan
- Oase
- Park
- Pass
- Picknickplatz
- Wasserfall

Städte

- Hauptstadt (Staat)
- Hauptstadt (Bundesland/Provinz)
- Großstadt
- Kleinstadt/Ort

Verkehrsmittel

- Flughafen
- BART-Station
- Grenzübergang
- T-Station (Boston)
- Bus
- Seilbahn/Gondelbahn
- Fahrrad
- Fähre
- Metro/Muni-Station
- Einschienenbahn
- Parkplatz
- Tankstelle
- U-Bahn/SkyTrain-Station
- Taxi
- Bahnhof/Zug
- Straßenbahn
- U-Bahnhof
- anderes Verkehrsmittel

Achtung: Nicht alle der abgebildeten Symbole werden auf den Karten im Buch verwendet

Verkehrswege

- Mautstraße
- Autobahn
- Hauptstraße
- Landstraße
- Verbindungsstraße
- sonstige Straße
- unbefestigte Straße
- Straße im Bau
- Platz/Promenade
- Treppe
- Tunnel
- Fußgänger-Überführung
- Stadtspaziergang
- Abstecher (Stadtspaziergang)
- Pfad/Wanderweg

Grenzen

- Internationale Grenze
- Bundesstaat/Provinz
- umstrittene Grenze
- Region/Vorort
- Meerespark
- Klippen
- Mauer

Gewässer

- Fluss/Bach
- periodischer Fluss
- Kanal
- Wasser
- Trocken-/Salz-/periodischer See
- Riff

Gebietsformen

- Flughafen/Startbahn
- Strand/Wüste
- Friedhof (christlich)
- Friedhof
- Gletscher
- Watt
- Park/Wald
- Sehenswürdigkeit (Gebäude)
- Sportgelände
- Sumpf/Mangrove

DIE LONELY PLANET STORY

Ein ziemlich mitgenommenes, altes Auto, ein paar Dollar in der Tasche und eine Vorliebe für Abenteuer – 1972 war das alles, was Tony und Maureen Wheeler für die Reise ihres Lebens brauchten, die sie durch Europa und Asien bis nach Australien führte. Die Tour dauerte einige Monate und am Ende saßen die beiden – erschöpft, aber voller Inspiration – an ihrem Küchentisch und schrieben ihren ersten Reiseführer *Across Asia on the Cheap*. Innerhalb einer Woche hatten sie 1500 Exemplare verkauft. Lonely Planet war geboren.

Heute hat der Verlag Büros in Melbourne, London und Oakland und mehr als 600 Mitarbeiter und Autoren. Und alle teilen Tonys Überzeugung: „Ein guter Reiseführer sollte drei Dinge tun: informieren, bilden und amüsieren." Und an diesem Grundsatz änderte sich auch nichts, als 2011 BBC Worldwide alleiniger Inhaber von Lonely Planet wurde.

UNSERE AUTOREN

Amy C. Balfour
Hauptautorin, Südwesten Amy ist durch den Südwesten gewandert, geradelt und Ski gefahren. In Arizona hat sie die Phantom Ranch besucht und ist den South Kaibab Trail vom Südrand herunter- und auf dem Bright Angel zurückgewandert. Amy hat als Autorin und Koautorin an über 15 Lonely Planet Bänden mitgewirkt und für *Backpacker, Every Day with Rachael Ray, Redbook, Southern Living* und *Women's Health* geschrieben.

Sandra Bao
Nordwesten Sandra lebte schon in Buenos Aires, New York und Kalifornien, aber in Oregon hat sie sich schließlich niedergelassen. Den Biberstaat zu erkunden war ein Highlight in Sandras vierzehnjähriger Autorenkarriere bei Lonely Planet, die vier Kontinente und Dutzende Reiseführer abdeckt. Jetzt bevorzugt sie die wundervolle Schönheit ihres Heimatstaats und das, was er für Traveller und Einheimische alles zu bieten hat – und sie ist immer wieder begeistert davon, wie freundlich die Menschen in den Kleinstädten im Nirgendwo sind.

Michael Benanav
Südwesten Michael kam erstmals 1992 nach New Mexico und ist dem Staat sofort verfallen. Er zog in ein Dorf in den Hügeln von Sangre de Cristo, wo er heute lebt. Seitdem hat er Jahre damit verbracht, als Ausbilder die Gebirge, Wüsten und Flüsse der Region zu erkunden. Neben seiner Arbeit für Lonely Planet hat er zwei Sachbücher verfasst und ist als Autor und Fotograf für Zeitschriften und Zeitungen tätig. Näheres erfährt man auf seiner Website www.michaelbenanav.com.

Greg Benchwick
Rocky Mountains Greg stammt aus Colorado und hat den gesamten Staat bereist. Er war Skilehrer in Vail, hat sich nach seinen Erkundungstouren an den Feuerstellen von Campingplätze im gesamten Bundesstaat aufgewärmt und eine Journalistenschule in Boulder besucht. Er lebt im Hochland von Denver.

Sara Benson
Kalifornien Nachdem sie das College in Chicago abgeschlossen hatte, sprang Sara in einen Flieger nach San Francisco, mit nur einem Koffer als Gepäck und 100 US$ in der Tasche. Seitdem bereist sie Kalifornien und lebt zwischendurch in Asien und auf Hawaii; außerdem arbeitet sie als Ranger in Nationalparks. Die Autorin von 55 Reise- und Sachbüchern hat die Gipfel der Sierra Nevada bestiegen, die Lost Coast erkundet und das Death Valley überlebt, während sie für diesen Reiseführer recherchierte. Ihre Abenteuer kann man online unter www.indietraveler.blogspot.com und auf @indie_traveler bei Twitter verfolgen.

Alison Bing

Kalifornien Alison lebt seit über 15 Jahren in San Francisco und hat alles getan, was man in der Stadt tun, aber auch vieles, was man nicht tun sollte – sie hat sich zum Beispiel im Haight-Street-Bus verliebt und einen Job im Silicon Valley gekündigt, um an 43 Lonely Planet Bände mitzuarbeiten sowie Kommentare für Zeitschriften und andere Medien zu verfassen. Auf Twitter@AlisonBing kann man an ihren Abenteuern teilhaben.

Celeste Brash

Nordwesten Es ist schwer zu glauben für die Einheimischen, aber nach 15 Jahren auf Tahiti hat die Schönheit des Nordwestens Celeste wieder zurück in die USA gezogen. Sie war begeistert, für dieses Buch die Reichtümer ihrer neuen Heimat erforschen zu können, schneebedeckte Gipfel zu besteigen, nach Schwertwalen Ausschau zu halten und ihre Cowboy- und indianischen Wurzeln zu entdecken. Mehr über Celeste und ihre preisgekrönten schriftstellerischen Werke erfährt man auf www.celestebrash.com.

Lisa Dunford

Südwesten Als eine der (wahrscheinlich tausenden) Ururenkelinnen Brigham Youngs zog es Lisa erstmals aufgrund ihrer Vorfahren nach Utah. Aber die unglaublichen roten Felsen lassen sie seit zehn Jahren immer wiederkommen. Wenn sie durch den rosa Sand von Zion oder Arches läuft, fühlt sie sich zuhause. Sie hat ständig schmutzige und abgetragene Schuhe vom Wandern über die purpur-, karmesin- und rosafarbenen Klippen. Lisa war Koautorin für den Lonely-Planet-Reiseführer *Zion & Bryce Canyon National Parks*.

Carolyn McCarthy

Rocky Mountains Bereits als sie am Colorado College studierte, hat sich Carolyn in die Rockys verliebt, wo sie ihre ersten Semesterferien beim Zelten während eines Schneesturms in der Sangre de Christo Range verbrachte. Für diesen Band hat sie hausgebraute Biere probiert, Wölfen nachgespürt und sich unzählige Geistergeschichten aus dem Wilden Westen angehört. Carolyn hat an über 21 Lonely Planet Bänden mitgewirkt und sich vor allem auf den amerikanischen Westen und Lateinamerika spezialisiert. Zudem schreibt sie für *National Geographic, Outside, Lonely Planet Traveller* und andere.

Christopher Pitts

Rocky Mountains Chris besuchte den Westen erstmals auf einem Road Trip durch die USA, den er mit seiner Familie verbrachte, und hat sich dabei sofort in die Sternennächte Colorados verliebt. Nach vier Jahren am Colorado College beschloss er, nach Boulder zu ziehen und seinen Studienabschluss dort zu machen – aber erst, nachdem er Chinesisch gelernt hatte. 15 Jahre, mehrere Kontinente und zwei Kinder später hat er endlich geschafft, was eigentlich nur eine 90-minütige Fahrt entfernt ist. Chris teilt seine Zeit zwischen dem Schreiben, dem Vatersein und der Erkundung der wilden Ecken Colorados auf. Seine Homepage ist www.christopherpitts.net.

Brendan Sainsbury

Nordwesten Brendan ist ein Brite aus Hampshire, England, der heute bei Vancouver, Kanada, lebt. Er liebt das Nirvana und hausgemachtes Bier, Outdoor-Abenteuer, Busfahren und Kunst. Er ist ein Kaffeesüchtiger, der kein Problem damit hatte, Gleichgesinnte in Seattle zu finden. Er schreibt seit neun Jahren an Lonely Planet Reiseführern mit und sammelt seit 2009 Informationen über Seattle. Er ist Autor des aktuellen Lonely Planet Bandes über Seattle und hat zu zahlreichen Titeln über die USA beigetragen.

Lonely Planet Publications,

Locked Bag 1, Footscray,
Melbourne, Victoria 3011,
Australia

Verlag der deutschen Ausgabe:
MAIRDUMONT, Marco-Polo-Str. 1, 73760 Ostfildern,
www.lonelyplanet.de, www.mairdumont.com
info@lonelyplanet.de

Chefredakteurin deutsche Ausgabe: Birgit Borowski
Übersetzung: Julie Bacher, Tobias Ewert, Derek Frey, Christina Kagerer, Claudia Riefert, Dr. Christian Rochow,
An früheren Auflagen haben außerdem mitgewirkt: Dorothee Büttgen, Berna Ercan, Karen Gerwig, Joachim Henn, Jürgen Kucklinski,
Dr. Alwin Letzkus, Marion Matthäus, Dr. Frauke Sonnabend
Redaktion: Annegret Gellweiler, Olaf Rappold, Julia Wilhelm (red.sign, Stuttgart)
Redaktionsassistenz: Adriana Popescu, Sylvia Scheider-Schopf
Satz: Stefan Dinter, Susanne Junker (red.sign, Stuttgart)

USA Westen

3. deutsche Auflage August 2014, übersetzt von *Western USA, 2nd edition*,
April 2014, Lonely Planet Publications Pty

Deutsche Ausgabe © Lonely Planet Publications Pty, August 2014

Fotos © wie angegeben

Printed in China

MIX
Paper from
responsible sources

FSC
www.fsc.org

FSC® C021256